KB090699

심리평가 핸드북 _{제6판}

Handbook of Psychological Assessment

심리평가 핸드북 제6판

Gary Groth-Marnat, A. Jordan Wright 지음

신민섭 · 김은정 · 민병배 · 박수현 · 박중규 · 송현주 · 신민영 · 이혜란

이훈진 · 최진영 · 하승수 · 현명호 · 홍상황 · 황순택 옮김

사회평론아카데미

역자 소개

신민섭　서울대학병원 정신건강의학과 교수

김은정　아주대학교 심리학과 교수

민병배　마음사랑인지행동치료센터 소장

박수현　연세대학교 심리학과 교수

박중규　대구대학교 재활심리학과 교수

송현주　서울여자대학교 특수치료 전문대학원 교수

신민영　삼성 생명과학연구소 선임연구원

이혜란　가천대학교 특수치료대학원 특수치료학과 교수

이훈진　서울대학교 심리학과 교수

최진영　서울대학교 심리학과 교수

하승수　한양사이버대학교 상담심리학과 교수

현명호　중앙대학교 심리학과 교수

홍상황　진주교육대학교 교육학과 교수

황순택　전 충북대학교 심리학과 교수

심리평가 핸드북 제6판

Handbook of Psychological Assessment 6th Edition

2017년 12월 10일 초판 1쇄 발행

2023년 9월 1일 초판 5쇄 발행

지은이 Gary Groth-Marnat, A. Jordan Wright

옮긴이 신민섭·김은정·민병배·박수현·박중규·송현주·신민영·이혜란·이훈진·최진영·하승수·현명호·홍상황·황순택

펴낸이 권현준　펴낸곳 ㈜사회평론아카데미

편집 임현규　디자인 김진운　마케팅 김현주　조판 민들레

등록번호 2013-000247(2013년 8월 23일)　전화 02-326-1545　팩스 02-326-1626

주소 03978 서울특별시 마포구 월드컵북로 6길 56

홈페이지 www.sapyoung.com　이메일 academy@sapyoung.com

ISBN 979-11-88108-35-0

역자 서문

　　임상심리학자, 임상심리 전문가의 주된 업무는 크게 심리평가, 심리치료 그리고 연구 활동입니다. 그중에서 심리학적 진단 평가, 즉 심리평가는 임상심리 전문가만이 할 수 있는 가장 고유하고 중요한 업무라고 할 수 있습니다. 따라서 임상심리 전문가가 되기 위한 수련 과정에서 전문가의 지도감독하에 환자나 내담자에게 심리평가를 실시하고 보고서를 작성하는 것은 지도감독자나 수련생이 가장 많은 시간을 할애하는 중요한 교육·수련 활동입니다.

　　심리평가란 다양한 심리검사, 면담, 행동 관찰을 실시하고 인간의 발달과 성격, 정신병리에 대한 전문적 지식과 경험에 입각해서 평가가 의뢰된 환자나 내담자의 인지적, 정서적, 성격적인 특성과 정신병리나 신경심리학적 결함의 유형 및 심각성에 대한 깊은 이해를 바탕으로 정확한 진단적 소견과 그에 적합한 치료적 권고를 제공하는 포괄적이고 전문적인 과정입니다. 그러므로 심리평가를 전문적으로 적절히 수행하기 위해서는 대학원 과정에서 정신병리와 면담, 심리검사 등에 대한 지식을 습득한 후 3년간 임상 현장에서 지도감독을 받으며 심리평가를 실시하는 임상수련 경험이 요구됩니다. 대학원 학생들이나 임상심리 전문가 혹은 정신보건 임상심리사 수련생들에게는 복잡하고 어렵게 느껴지는 심리평가 과정 전반에 대해 알기 쉽게 안내해 줄 참고서가 절실하게 필요할 것으로 생각됩니다. 대표 역자인 저도 임상 장면에서 20년 이상 지도감독자로서 일을 해 오면서, 개별 검사나 면담 기법 등을 각각 소개하는 단행본이 아니라 심리평가 절차의 단계를 쉽고 명쾌하게 안내해 주는 한 권으로 된 종합선물세트 같은 참고 서적이 없을까 늘 아쉬워하고 있었습니다.

　　저자 서문에도 기술되어 있듯이, 이 책은 검사 이론에 초점을 두기보다는 심리평가의 전 과정, 즉 평가가 의뢰된 사유를 명확히 이해하는 것에서부터 출발하여 적합한 심리검사를 선택하여 실시하고 면담이나 행동 관찰에서 수집된 모든 자료를 취합하고 통합하여 역동적으로 깊이 있게 해석하고 심리평가 보고서를 작성하는 과정에 도움이 되는 이론적,

실제적인 내용이 체계적으로 구성되어 있으므로, 훌륭한 참고용·교육용 지침서가 될 수 있을 것이라고 생각합니다.

이 책의 1, 2장에서는 심리평가를 실시하기 전에 알아야 할 실용적인 고려사항들, 사용하게 될 검사의 표준화 표본의 적합성 그리고 검사의 신뢰도, 타당도 및 임상평가 단계에서 고려해야 할 사항들에 대해 기술하고 있습니다. 3, 4장에서는 심리검사 해석 시 매우 중요한 정보를 제공하는 면담 및 행동 평가 방법에 대해 소개하고 있습니다. 이어서 5장부터 13장까지는 현재 가장 많이 사용되는 빈도에 근거해서, 웩슬러 지능검사, 웩슬러 기억검사, 미네소타 다면적 인성검사(MMPI), 성격평가 질문지(PAI), 밀론 다축 임상성격검사(MCMI), NEO 성격검사, 로르샤하 검사, 신경심리적 손상 선별검사 그리고 치료 계획, 점검, 결과 평가를 위한 간편 도구에 대해 각각의 검사의 역사와 발전, 시행 절차, 다양한 전집에서의 사용에 대한 논의를 포함하여 풍부한 해석 지침을 제공합니다. 14장에서는 치료 계획과 임상적 의사결정, 마지막으로 15장에서는 심리평가 보고서 작성 및 보고서 형식에 대한 일반적인 지침을 제시하고 의학적 장면, 법률적 장면, 교육적 장면 그리고 심리 클리닉에서 의뢰된 네 가지 보고서 예시를 제시합니다. 각각의 장은 논리적인 순서에 따라서 심리평가에 매우 유용한 실제적인 지식을 제공할 수 있도록 구성되어 있습니다.

이 책의 각 장은 대부분 그 분야에서 우리나라 최고 전문가인 교수님들께서 번역에 참여해 주셔서 특히 감사하고 자긍심을 느낍니다. 여러 가지 업무로 매우 바쁘신데도 흔쾌히 번역을 담당해 주신 김은정, 민병배, 박수현, 박중규, 송현주, 신민영, 이혜란, 이훈진, 최진영, 하승수, 현명호, 홍상황, 황순택 선생님께 깊이 감사드립니다. 예정보다 번역 일정이 지연되었지만 늘 이해해 주고 끊임없는 지지와 수고를 아끼지 않은 사회평론아카데미의 임현규, 장원정 선생님께도 감사드립니다. 가능한 한 정확하게 우리말로 옮기려고 노력했지만, 혹시 오역을 발견하거나 더 좋은 표현이 있으면 알려 주기를 바랍니다. 다음에 수정할 때 꼭 반영하도록 하겠습니다. 이 책이 심리평가라는 심오하고 복잡한 과정을 정확하고 친절하게 안내해 주는 나침반과 같은 길잡이가 될 수 있기를 기대합니다.

노란 은행잎이 내리는 늦가을에
역자 대표 신민섭 드림

저자 서문

이 책을 구입하여 읽고 있는 여러분들의 지지에 매우 감사드린다. 우리는 평가의 A에서 Z까지 모두 다루는 책을 저술하려고 하였다. 다시 말해 우리의 목표는 의뢰 사유를 명확히 하는 것에서부터 시작하여 보고서를 작성하고 피드백을 제공하며 검사 의뢰인 및 수검자와의 면담 실시 그리고 평가 과정에서 특정 단계뿐만 아니라 평가에 대한 더 큰 쟁점을 포함하는 지침을 제공하는 것까지 모든 과정을 포함하는 책을 저술하는 것이다. 우리는 이 책이 여러분들의 평가 작업을 명료하게 하고, 실제적인 지침과 통찰 그리고 유용한 전략을 제공하기를 바란다. 우리는 이전 판에 대한 반응을 통해서 이에 대한 확신을 얻었다. 이러한 사실은 우리가 작은 방에서 생각을 키우고, 읽고, 쓰고, 퇴고하고, 편집을 했던 오랜 시간들을 가치 있게 해 주었다.

이전 판과 마찬가지로, 우리는 최고의 과학적 이론과 최고의 임상 실제를 통합시키려고 노력해 왔다. 심리평가는 필연적으로 기술적 지식을 포함한다. 이러한 기술적 지식을 행하는 데 있어서, 우리는 임상가들이 유능하게 수행하는 데 필요한 핵심 정보를 가능한 한 명확한 방식으로 구분하고 추출하며 요약하려고 노력했다. 동시에 평가는 또한 사람들을 이해하고 도우며 사람들에 대해 의사결정을 하는 매우 인간적인 측면을 포함하기도 한다. 우리는 이 기술적인 (과학) 측면이 인간적인 측면과 편리하게 결합되었기를 소망한다. 적어도 어느 정도의 인간미가 있지 않은 평가는 냉정한 면이 있고, 수검자의 경험을 이해하기에는 부족하다. 우리는 평가의 임상적/인간적인 측면과 계속 접촉을 유지하기 위해 끊임없이 평가 작업을 적극적으로 지속하면서, 임상가들 가까이에서 그들의 개인적이고 전문적인 도전과 상호 교류하기 위해 노력해 왔다. 이 책의 행간에서 그리고 임상 실제에서 우리가 이렇게 능동적으로 참여한 것이 분명히 드러나기를 바란다.

이전 판(5판)이 출판된 지 7년이 지났다. 그동안 많은 것이 변했고, 많은 것이 여전히 그대로였다. 심리 전문가들이 가장 자주 사용하는 중요한 검사들은 전문가마다 다소 다르기 때문에, 이 점이 6판의 개정에 반영되었다. 이러한 변화에는 캘리포니아 성격검사(CPI)

에 대한 장이 삭제되고 더 폭넓게 사용되는 NEO 성격검사-3(NEO Personality Inventory-3)이 이를 대체한 것이 포함된다. 두 가지 모두 일반적인 성격 특질에 초점을 맞추고 있지만, NEO는 경험적으로 강력하게 지지되는 성격 5요인 모형에 근거를 두고 있다. 또한 6판에서는 주제통각검사(TAT)에 대한 장을 삭제했다. 임상 현장에서 이 검사의 사용은 분명하지 않지만(이것은 여전히 비교적 널리 사용되는 것으로 보인다), TAT는 반응 내용의 부호화와 채점에 관한 합의의 부족 그리고 강력하고 일관된 경험적 증거가 부족하다는 문제를 지니고 있다. 우리는 TAT 대신에 강력한 경험적 증거와 폭넓은 임상적 인기를 모두 가지고 있는 성격평가 질문지(Personality Assessment Inventory, PAI)를 새로운 장으로 포함시켰다.

이 책에서 다루는 검사에 대한 주된 변화와 더불어, 특정 장의 내용에서도 중요한 변화가 있다. 웩슬러 지능검사에 관한 장은 새롭게 개발된 웩슬러 아동 지능검사 5판(WISC-V)에 대한 최신 정보를 포함한다. 이에 더하여 두 개의 장은 더 크게 확장되었다. 구체적으로 미네소타 다면적 인성검사(MMPI)에 대한 장은 MMPI-2와 MMPI-2 재구성판(MMPI-2-Restructured Form, MMPI-2-RF) 모두에 대한 정보를 포함하며, 로르샤하에 대한 장은 종합체계(Comprehensive System)와 로르샤하 수행 평가체계(Rorschach Performance Assessment System, R-PAS)의 모든 정보를 포함한다. 두 검사 모두 향후 10년 혹은 그 후에는 각기 두 버전 중 하나가 주로 사용될 것으로 생각되지만, 지금으로서는 해당 검사 분야가 양분되어 있어 두 검사의 두 버전 모두 광범위하게 사용되고 있다. 마지막으로 우리는 "다양한 집단에서의 사용"에 관한 부분을 강화했다. 이는 광범위하게 다양한 전집에 대한 평가를 위해 검사를 더 집중적으로 사용하는 것과 다양한 집단에 더 능숙하고 섬세한 작업을 하는 것이 중요하다는 점을 반영한다.

6판에는 이전에 비해 전반적으로 많은 작은 변화가 있다. 해당 분야마다 새로운 연구로 완전히 갱신하였고, 평가를 더욱 사용자 친화적이고 소비자 지향적으로 만들고자 강조하였다. 이는 보고서에서 일상 언어를 사용하고, 해석을 실제 내담자 행동과 연결하고, 내담자의 성장을 향상시킬 수 있는 방식으로 해석 전략을 세우고, 내담자와 협력하는 것이 중요하다는 제안을 반영한 것이다. 치료 계획과 임상적 의사결정에 대한 장은 전적으로 새롭게 갱신되었고, 심리평가 보고서 작성에 관한 장은 성격 평가에서의 숙련도에 대한 미국심리학회와 성격평가협회(Society for Personality Assessment, SPA)의 현재의 견해를 포함하여 갱신되었다. 우리는 이러한 변화들이 평가 시 사용할 수 있는 가장 적절하고 가장 최신의 그리고 가장 실용적인 것을 제공하기를 바란다.

『심리평가 핸드북』의 개정에는 공동의 노력이 들어갔다. 수년 전부터 이 책에 대한 구상을 시작했고, Gary Groth-Marnat의 동료 Dorothy Morena와 공동 집필을 했다. 우리는 심리평가의 모든 단계를 포함하는 책을 저술하여 심리평가를 배우는 학생들을 지원하고자 했다. 그녀에게 진심으로 감사한 마음을 표한다. Herb Reich, Jennifer Simon, Tracey Belmont, Lisa Gebo, Peggy Alexander, Marquita Flemming을 포함하여, John Wiley & Sons의 여러 편집자들의 도움은 헤아릴 수 없을 만큼 매우 소중했다. Wiley와의 작업은 정말 즐거웠고 매우 감사하게 생각한다. 우리를 존경받는 작가로 대우해 주었을 뿐만 아니라 우리를 Wiley의 "가족"으로 환영해 주었다. 귀중한 조언을 아끼지 않은 동료들에는 Steve Smith, Larry Beutler, Steve Finn, Alan Kaufman, Dawn Flanagan, Greg Meyer, Joni Mihura, Aasha Foster가 있고, Kenneth Pope 웹사이트와 listerv의 많은 자료들 또한 매우 유용했다. Pearson Assessment의 Seth Grossman, C. J. Thompson 그리고 그들의 동료들이 제공한 MCMI-IV에 대한 최신의 정보가 매우 도움이 되었다. 마지막으로 우리의 방대한 전문적 작업이 학생들이 할 수 있는 최고의 성취를 이루는 데 기여했으면 한다. 6판을 개정하는 데 학생들과의 작업이 절대적으로 도움이 되었다. 끝으로 무조건적인 도움을 준 Jordan의 남편 Matt와 딸 Millie 그리고 Gary의 부모 Barbara와 Rudy를 기리며, 그들에게 이 책을 헌정한다.

2015년 7월 28일
Gary Groth-Marnat와 A. Jordan Wright

---

* 참고문헌은 www.sapyoung.com 아카데미 자료실을 참고하십시오.

차 례

6장   웩슬러 기억검사 · 297

제1장

도입

『심리평가 핸드북』은 적절한 실용적인 연구와 이론적 정보를 제공하여 임상가의 역량을 더 높은 수준으로 발전시킬 수 있도록 저술되었다. 이 책은 참고용 지침서와 교육용 지침서의 두 가지 역할을 모두 할 수 있다. 참고 도서로서, 이 책은 검사를 선택하고 상당히 많고 다양한 해석적 가설을 세우는 것을 돕는다. 교육용 교재로서, 이 책은 학생들에게 통합적인 심리평가를 수행하기 위한 기본적인 도구를 제공한다. 이 책에서 특히 최우선으로 강조한 것은 임상 장면에서 개인들을 평가하는 데 실용적으로 사용되는 평가영역들에 관한 것이다. 이것은 이 책이 지향하는 바에 적용되었다. 즉 이 책의 거의 대부분에서 이론적 논의는 최소로 유지되었다. 심리검사에 관한 많은 책들과 이러한 책들을 위주로 구성된 강의들은 많은 검사에 대해서는 간략하게 개관하고 주로 검사 이론에만 초점을 두고 있다. 이와는 반대로 이 책의 취지는 임상가들이 평가를 수행하는 동안 겪게 되는 실제적인 과정에 초점을 두기 위한 것이다. 우리는 역할 명료화와 의뢰 사유의 평가와 같은 문제에서 시작하여 치료 계획과 보고서를 실제적으로 준비하는 것으로 끝을 맺는다.

우리가 이 책에서 독자들이 발달시키거나 적어도 향상시키기를 바라는 필수적인 기술 중 하나는 평가의 강점과 제한점에 대한 현실적인 인식을 하는 것이다. 이는 특정한 평가 도구와 절차의 강점과 제한점을 아는 것뿐만 아니라 일반적인 책략으로서의 심리평가에 대한 판단을 포함한다. 평가에서 주된 제한점은 검사 자료를 부정확하게 취급하는 데 있는데, 이로 인해 정보의 다른 출처(행동 관찰, 개인력, 다른 검사 점수)의 맥락과 통합이 되지 않는다. 또한 이러한 평가 결과는 내담자나 의뢰원이 직면하고 있는 고유한 문제를 해결하는 데 도움을 주는 방식으로 제시되지 않는다. 이러한 제한점에 대응하기 위해, 이 책은 임상가들에게 가능한 한 유용한 방식으로 평가 자료를 통합하고 제시하기 위한 지침을 지속적으로 제공한다. 따라서 이 책은 검사 해석뿐만 아니라(이것이 중요한 요소라고 할지라도) 더 넓은 평가 맥락 내에서 검사 결과의 통합에 관한 것이다. 결과적으로 심리학자들은 정확하고 효과적이며 간결하고, 보고서를 받는 사람들로부터 높게 평가되는 보고서를 작성할 수 있을 것이다.

핸드북의 구성

『심리평가 핸드북』은 임상가들이 평가를 할 때 따라야 하는 순서를 되풀이하는 것에 중점을 두는 계획에 입각하여 구성되었다. 임상가들은 맨 처음에 자신의 역할을 명확하게 하고, 의뢰 사유가 가진 모든 함의를 이해했는지 확인하고, 어떤 절차가 평가에 가장 적절한지를 결정하고, 임상적 판단과 관련된 잠재적인 문제점들을 상기하는 것에 관심을 가진다. 또한 그들은 자신이 평가를 수행하는 맥락을 이해해야 한다. 이러한 이해는 평가 문제에 대한 이해, 관심사, 전문용어 그리고 이러한 맥락에 있는 사람들의 가능한 역할들을 인식하는 것을 포함한다. 또한 임상가들은 명확한 윤리 지침을 따라야 하고, 다양한 배경을 가진 사람들과 어떻게 작업해야 하는지를 알아야 하며, 컴퓨터 기반 평가와 관련된 쟁점들 그리고 선행 요인들이 그들이 평가 절차를 선택하는 데 영향을 줄 수 있는 방식에 대해 인식하고 있어야 한다(2장 참고).

일단 임상가들이 1장과 2장에서 다루고 있는 사전의 예비적인 문제들을 완전히 이해한 후에 여러 가지 다른 평가 전략을 선택해야 한다. 세 가지 주요 전략은 면담을 하고, 행동을 관찰하고, 심리검사를 실시하는 것이다. 면담은 평가의 초기 단계에서 할 가능성이 높은데, 검사 점수를 해석하고 행동 관찰을 이해하는 데 핵심적이다(3장 참고). 실제 행동에 대한 평가 역시 수행될 수 있다(4장 참고). 행동 평가는 그 자체가 목적일 수 있고, 검사에 부가적인 것일 수도 있다. 외현적 행동과 인지의 측정, 생리적인 변화 또는 자기보고형 검사에서 얻은 적절한 측정치와 같은 다양한 전략이 포함될 수 있다.

이 책의 중간 부분(5장에서 13장)에서는 가장 자주 사용되는 검사에 대한 전반적인 개관을 제공한다. 각 장은 검사의 역사와 발전, 현행의 평가, 시행 절차, 다양한 전집에서의 사용에 대해 논의하는 형식으로 검사를 소개하며 시작한다. 이러한 장에서 주된 부분은 해석 지침을 제공하는 것인데, 여기에는 서로 다른 척도들의 의미, 척도들 간의 중요한 관계, 빈번한 경향성 그리고 현저하게 높거나 낮은 점수들의 의미와 같은 영역이 포함되며, 필요한 경우에는 추가적인 세부 영역을 제시한다. 예를 들어 5장의 "웩슬러 지능검사"는 IQ 점수의 의미, 병전 IQ의 추정 그리고 특수 전집의 평가를 포함한다. 마찬가지로 여러 장에서는 대안적인 검사 사용 절차를 포함하고 있는데, 7장 "미네소타 다면적 인성검사(MMPI)"는 MMPI-2와 MMPI-2-RF의 절차를 포함하고, 11장 "로르샤하(Rorschach) 검사"는 로르샤하 종합체계와 로르샤하 수행 평가체계(R-PAS) 판을 포함한다. 12장 "신경심리적 손상 선별검사"는 좀 더 개괄적이고 가장 빈번하게 사용되는 일부 단축형 신경심리 검사들에 대한 개요 및 해석 지침을 제공한다는 점에서 이전 책의 형식과 다소 다르다. 또한 12장은 신경심리적 면담을 수행할 때 특별히 고려해야 할 사항에 대한 부문을 포함한다. 이러한 구성은 신경심리적 기능장애의 가능성이 있는 환자들의 평가에 대한 현재의 강조점과 전략을 반영한다.

심리검사에 관한 몇몇 장은 꽤 길다. 특히 웩슬러 지능검사, 미네소타 다면적 인성검사 그리고 로르샤하에 대한 장이 그렇다. 이러한 장들은 임상가들이 특수한 검사 점수에 기초해서 해석적 가설을 고안해 내야 하는 경우에 참고할 수 있도록 매우 다양한 해석적 가설에 대한 방대한 요약을 포함한다. 초기에 검사에 친숙해지기 위해서는 임상가 또는 학생들이 첫 부문들(검사의 역사와 발전, 심리 측정적 속성 등)을 주의 깊게 읽은 다음에 해석 부문들을 보다 빠르게 훑어보는 것을 추천한다. 이렇게 하는 것은 독자들에게 검사 절차와 검사에서 얻을 수 있는 자료 유형에 대한 기본 지식을 제공한다. 실제 심리평가 작업이 진행됨에 따라, 임상가들은 좀 더 심도 있게 해석적 가설에 대해 배우고 척도와 그 해석에 대한 더 폭넓은 지식을 서서히 발전시켜 나갈 수 있을 것이다.

다음의 검사들이 주로 현재 사용 빈도에 근거해서 이 책에 포함되었다. 웩슬러 성인 지능검사(WAIS-IV/WISC-V), 웩슬러 기억검사(Wechsler Memory Scales, WMS-IV), 미네소타 다면적 인성검사(MMPI-2와 MMPI-2-RF), 밀론 다축 임상성격검사-IV(Millon Clinical

Multiaxial Inventory, MCMI-IV), 성격평가 질문지(PAI), NEO 성격검사-3(NEO-PI-3), 벤더 시각 운동 게슈탈트 검사 2판(Bender Visual Motor Gestalt Test-2), 반복 가능한 신경심리 상태 평가집(Repeatable Battery for the Assessment of Neuropsychological Status, RBANS), 로르샤하[종합체계와 수행 평가체계(R-PAS); Camara, Nathan, & Puente, 2000; C. Piotrowski & Zalewski, 1993; Rabin, Barr, & Burton, 2005; Watkins, 1991; Watkins, Campbell, Nieberding, & Hallmark, 1995]. NEO-PI-3은 우수한 기법의 발전과 상대적으로 큰 연구 기반뿐만 아니라 정상 기능에 대한 광범위한 척도를 포함하고 있다는 점에서 중요하기 때문에 선택되었다. 또한 우리는 비용과 시간 대비 효과적인 관리 의료 환경에서 치료 경과 및 결과를 관찰하는 것의 중요성이 증가함에 따라(Eisman et al., 2000; C. Piotrowski, 1999), 가장 빈번하게 사용되는 짧은 증상-초점 척도들에 중점을 둔 13장을 포함시켰다. 앞에 상술한 평가 도구들은 대부분의 임상가가 사용하는 핵심적인 평가 도구들을 대표한다.

마지막으로 임상가는 적절한 치료적 권고를 하고 평가 결과를 심리평가 보고서에 통합시켜야 한다. 14장은 실제적인 근거기반 치료적 권고를 발전시키기 위해 평가 결과를 가지고 작업하는 체계적인 접근 방법을 제공한다. 15장은 보고서 작성, 보고서 형식에 대한 지침을 제시하고, 네 가지 가장 일반적인 의뢰 장면—의학적 장면, 법률적 장면, 교육적 장면, 심리 클리닉—을 대표하는 네 가지 보고서 예시를 제시한다. 그러므로 각 장은 논리적인 순서를 따르고 있으며, 유용하고 간결하고 실제적인 지식을 제공한다.

임상가의 역할

평가를 수행하는 임상가의 중요한 역할은 특정 문제에 대한 답변을 제시하고 기능을 향상시키는 것을 돕기 위해 명확하고 구체적이며 합리적인 권고를 하는 것이다. 임상가들은 이러한 역할을 완수하기 위해 다양한 자료를 통합하여야 하고 다양한 지식 분야에 초점을 맞춰야 한다. 따라서 그들은 단지 검사를 수행하고 채점을 하는 게 아니다. 이러한 점을 강조하는 유용한 구분은 심리측정학자와 심리평가를 수행하는 임상가를 비교하는 것이다(Maloney & Ward, 1976; Matarazzo, 1990). 심리측정학자들은 단지 자료를 얻기 위해 검사를 실시하는 경향이 있고, 그들의 과업은 대개 검사의 형식적이고 기술적인 측면을 강조하는 것이라고 인식된다. 그들의 접근법은 주로 자료-지향적이며, 최종 결과물은 보통 일련의 특질이나 능력에 대한 기술(descriptions)이다. 이러한 기술은 일반적으로 개인의 전반적인 맥락과 관련이 없으며, 그 사람이 직면하고 있는 고유한 문제를 다루지는 않는다. 이와는 반대로 심리평가는 문제를 가진 한 개인을 평가하는 것이므로, 평가에서 얻은 정보는 어떻게든 개인이 가진 문제에 도움을 제공할 수 있다. 검사는 자료를 수집하는 단지 한 가지 방법일 뿐이며, 검사 점수는 최종 결과물이 아니라 단지 가설을 산출하는 수단일 뿐이다. 그리고 심리평가는 문제해결과 의사결정에 초점을 두고 폭넓게 조망하여 자료를 보게 된다.

심리측정적 접근법이 발달하게 된 역사적이고 방법론적인 이유를 간단히 설명함으로써 심리측정 검사와 심리평가 간의 차이가 더 잘 이해될 수 있으며, 임상가의 이상적인 역할이 더 명확하게 정의될 수 있다. 심리검사가 처음 개발되었을 때 집단적인 지능 측정은 초기에 주목할 만한 성공을 거두었는데, 특히 개별 면담을 진행하고 개인력을 수집하는 것이 비용과 시간이 많이 드는 군대 및 산업 장면에서 성공을 거두었다. 자료-지향적 지능 검사들의 장점은 객관적인 검사처럼 보이므로 면담자 편향이 나타날 가능성을 줄여 준다는 것이다. 더 중요하게는 자료-지향적 지능 검사들은 분류 목적을 위해 사용되는 경우에 상대적으로 높은 정확한 분류율을 보인다는 점에서 상당히 성공적이었다. 검사에서 제공한 예측은 일반적으로 정확하고 유용했다. 그러나 이러한 사실들은 초기에는 모든 평가가 동일한 방법을 사용하여 수행될 수 있고 유사한 수준의 정확성과 유용성을 제공할 수 있을 것이라는 기대를 불러일으켰다. 따라서 이후의 평가 전략들은 성격 및 정신의학적 진단과 같은 변인들에 대해서도 초기의 지능 검사방법들을 모방하려는 시도를 종종 보였다.

심리측정 접근법에 부합하는 이후의 발전은 "검사집(test battery)"을 사용하는 전략이었다. 만약 단일 검사가 개인의 능력이나 특질에 대한 정확한 기술을 제공할 수 있다면, 일련의 검사를 시행하는 것은 그 사람에 대한 전체적인 그림을 그려 낼 수 있을 것이라고 추론되었다. 그러므로 목표는 순전히 객관적인 방법들을 사용하여 개인에 대한 전반적이지만 명확한 기술을 하는 것이었다. 이러한 목표는 도구(심리검사)가 종합적인 평가 절차에서 단지 한 가지 기법이라기보다는 목표를 달성하기 위한 최선의 과정이라는 생각을 굳혀 주었다. 이러한 접근법의 이면에는 **개인차와 특질심리학**(individual differences and trait psychology)에 대한 개념이 있었다. 이러한 개념은 개인 간의 차이점을 기술하는 가장 좋은 방법 중 하나는 다양한 특질들에서 그들의 강점과 약점을 측정하는 것이라고 가정한다. 이에 성격 연구에서 가장 명확한 접근법은 적절한 특질 분류법을 개발하고 그러한 특질을 측정하는 검사를 만드는 것을 포함하였다. 다시 말하자면, 주된 도구로서 검사를 강조하였고, 임상가의 의견은 덜 중요시하였다. 이러한 추세는 검사 시행과 형식적인 기술에 대한 편향을 초래하였다. 이러한 맥락에서, 심리측정학자들은 검사를 시행하고 채점하며 해석하는 것 이외에는 임상 전문 지식을 거의 필요로 하지 않았다. 이러한 관점에 따르면, 가장 선호되는 검사는 고도로 표준화되고 가능하면 자동적으로 채점되어서, 심리측정학자보다 규준점수가, 해석을 제공하는 검사이다.

객관적인 심리측정적 접근법은 지능이나 기계적인 기술의 측정과 같은 능력 검사에 가장 적절하게 적용될 수 있다. 그러나 개인의 의존성, 권위주의 혹은 불안 같은 성격 특질을 평가하려고 하는 경우에 이러한 접근법의 유용성은 감소한다. 성격 변인은 훨씬 더 복잡하므로, 개인력, 행동 관찰 그리고 대인관계 맥락에서 타당화되어야 할 필요가 있다. 예를 들어 높은 활력 수준을 측정하는 척도 상에서 중간 정도로 높은 점수는 기분 장애의 개인력을 지닌 그리고 관련된 직업 및 대인관계에서 어려움이 있는 사람과 높은 기능을 보이는 의사에게서 전적으로 다른 의미를 지닌다. 순전히 객관적인 심리측정적 접근법이 일상생활의 문제들(대인관계 문제에 보다 효과적으로 대처하고 해결하기 등)을 평가하는 데 사용될 때, 그 유용성은 의심스러워진다. 검사 점수들은 서로 관련이 있어야 하며, 그러한 문제들이 발생한 맥락과 연관이 있어야 한다.

심리평가는 성격을 이해하고 평가하는 데 그리고 일상생활 문제에서 가장 가능성이 높은 기저의 원인을 설명하는 데 가장 유용하다. 이러한 사안은 특정한 사람과 관계가 있는 특정한 문제 상황을 포함한다. 심리평가를 수행하는 임상가의 주된 역할은 한 개인의 삶의 맥락에서 복잡한 과정을 다루고 검사 점수를 이해해야 하는 인간 행동에 관한 전문가 역할을 하는 것이다. 임상가는 문제 영역에 대한 지식이 있어야 하고, 이 지식에 근거하여 관찰할 행동 및 관련 자료를 수집할 영역에 대한 전반적인 견해를 형성해야 한다. 여기에는 복합적인 원인, 상호적인 영향 그리고 복합적인 관계에 대한 자각과 인식이 포함된다. Woody(1980)가 말한 것처럼, "임상 평가는 개인 지향적이지만 항상 사회적 존재를 고려한다. 임상 평가의 목적은 대체로 개인이 문제해결하는 것을 돕는 것이다."

심리평가에서 시사된 역할에 대한 자각 외에도, 임상가는 측정 및 임상 현장과 관련된 핵심적인 지식을 잘 알아야 한다. 이는 기술 통계, 신뢰도(그리고 측정 오차), 타당도(그리고 검사 점수의 의미), 규준적 해석, 적절한 검사의 선택, 검사 실시 절차, 다양성 관련 변인들(민족, 인종, 연령, 성별, 문화 등), 장애가 있는 사람들에 대한 검사 그리고 지도감독을 받은 적절한 경험을 포함한다(Turner, DeMers, Fox, & Reed, 2001). 또한 심리평가를 수행하는 사람들은 요구, 의뢰 사유의 유형 그리고 다양한 맥락—특히 고용, 교육, 직업/경력, 건강 관리(심리적, 정신의학적, 의학적) 그리고 법의학적—의 기대와 관련된 기본 지식을 갖추고 있어야 한다. 게다가 임상가들은 심리검사의 주요 해석적 가설을 알아야 하며, 또한 어떤 것이 가장 적합하고 정확한지 판단하기 위해 일련의 가설들을 확인하고 꼼꼼하게 살피며 평가할 수 있어야 한다. 예를 들어 임상가들은 단순히 불안이나 사고 장애의 다양한 유형에 대한 명칭과 정의를 아는 것보다 그것들에 대한 심도 있는 조작적 준거를 가지고 있어야 한다. 또 다른 예로, IQ 점수로 대표되는 지능에 대한 개념은 때때로 오해를 살 정도로 간단해 보인다. 그렇지만 지능검사 점수는 여러 인지 능력, 문화적 요인의 영향, 서로 다른 조건에 따라 변동이 있는 수행 그리고 지능의 본질에 대한 쟁점과 관련이 있기 때문에 복잡할 수 있다. 임상가들이 이러한 영역에 익숙하지 않다면, IQ 자료를 다루기 위한 준비가 적절히 되어 있지 않은 것이다.

앞서 언급한 지식은 이상심리학, 적응심리학, 성격 이론, 임상신경심리학, 심리치료 그리고 기본적인 사례 관리를 포함하여 관련된 전반적인 교과과정과 통합되어야 한다. 많은 수련 프로그램에서 발생하는 문제는, 비록 학생들이 흔히 이상심리학, 성격 이론 그리고 검사 개발에 관한 지식을 가지고 있다고 하더라도, 대개는 그들이 가진 지식을 검사 결과 해석에 통합시킬 만큼 충분한 훈련을 받지 못했다는 것이다. 그들이 받는 수련은 시행하는 검사와 관련된 지식보다는 검사 실시 및 채점 역량을 계발하는 데 초점을 둔다.

이 책의 접근법은 심리평가의 접근법과 일치한다. 임상가들은 심리학의 전통적인 내용 영역과 다양한 평가 맥락에 대한 지식이 있어야 할 뿐만 아니라 개인에 대한 적절한 기술을 하는 데 검사 자료를 통합할 수 있어야 한다. 이러한 기술은, 비록 개인에 초점을 두지만, 개인의 사회적 환경, 개인력 그리고 행동 관찰의 복잡성을 고려해야만 한다. 평가의 목표는 단지 개인에 대해 기술하는 것이 아니라, 특정 문제들과 관련된 적절한 해결책을 제시하고, 문제해결을 돕고, 의사결정을 수월하게 하는 명확하고 구체적이며 합리적인 권고를 하는 것이다.

임상 평가에서 검사의 사용 양식

심리평가는 전문직 심리학(professional psychology)의 정의, 수련 그리고 실제에 있어서 매우 중요하다. 자료가 오래된 것이기는 하지만, Watkins 등(1995)은 활동 중인 모든 심리학자의 무려 91%가 심리평가를 수행하고 있으며, 비학문적으로 하는 광고에서 64%가 평가를 중요한 필수 조건(Kinder, 1994)으로 기술하고 있음을 발견했다. 또한 평가 기술은 인턴십 과정과 박사후 수련과정에서 강력한 필수 조건이다. 평가 이론과 도구들은 임상 연구, 응용 연구 그리고 프로그램 평가에서 가장 기본이 되는 것으로 간주될 수 있다. 심리평가는 여러 면에서 전문직 심리학이 임상 현장의 보다 넓은 영역에 특별한 기여를 한 영역이다. 초기의 전문직 심리학자들은 그들이 수행하는 역할의 맥락에서 대부분이 자신을 심리검사자로 정의하기까지 했다. 활동 중인 심리학자들은 그들 시간의 10%에서 25%를 심리평가를 수행하는 데 썼다(Camara et al., 2000; Watkins, 1991; Watkins et al., 1995).

비록 심리평가가 항상 핵심이었지만, 전문직 심리학의 특성에 대한 정의, 평가의 사용과 그것의 상대적인 중요성의 양상은 시대가 바뀜에 따라 변화했다. 심리검사는 1940년대와 1950년대에 흔히 전문직 심리학자들의 가장 중요한 단일한 활동이었다. 그와는 반대로, 심리학자들은 지난 60년간 훨씬 더 다양한 활동에 참여하였다. Lubin과 동료들(Lubin, Larsen, & Matarazzo, 1984; Lubin, Larsen, Matarazzo, & Seever, 1985, 1986)은 5개의 임상 장면에서 평가를 하는 데 소요된 평균 시간이 1959년에는 업무시간의 44%, 1969년에는 29% 그리고 1982년에는 단지 22%였다는 것을 발견했다. 1982년에 5개의 서로 다른 장면에서 평가를 하는 데 소요된 평균 시간은 상담센터에서 14%에서부터 정신병원에서 31% 범위였다(Lubin et al., 1984, 1985, 1986). Camara 등(2000)은 전문직 심리학자들의 대다수(81%)가 공식적인 심리평가를 수행하는 데 걸린 시간이 일주일에 0시간에서 4시간 정도였고, 15%는 일주일에 0시간에서 20시간 그리고 4%는 20시간 이상이었다는 것을 발견했다. 평가를 하는 데 소요된 시간은 지난 20년 동안 훨씬 더 감소한 것으로 보인다. 평가를 하는 데 걸린 총 시간의 점진적인 감소는 부분적으로는 심리학자들의 역할이 확장되었기 때문이다. 1940년대와 1950년대에 활동을 한 심리학자는 검사자와 거의 같다고 여겨진 반면에, 현재에는 전문직 심리학자들이 행정 업무, 상담, 조직 발전 그리고 많은 직접적인 치료 분야에 점점 더 많이 참여하고 있다(Bamgbose, Smith, Jesse, & Groth-Marnat, 1980; Groth-Marnat, 1988; Groth-Marnat & Edkins, 1996). 그리고 많은 평가 도구의 신뢰도와 타당도에 대한 비판에 근거한 검사 과정에 대한 환멸(Garb, Wood, Nezworski, Grove, & Stejskal, 2001; Wood, Lilienfeld, Garb, & Nezworski, 2000; Ziskin & Faust, 2008)과 검사 비용 환급의 감소(Cashel, 2002)로 인해서 검사 실시가 감소되었다. 게다가 심리평가는 단순히 전통적인 검사의 실시와 해석에 그치지 않고 매우 다양한 활동을 포함하게 되었다. 이러한 활동들에는 전반적인 치료 과정의 일부로서 구조화된 면담과 비구조화된 면담, 실제 환경에서의 행동 관찰, 다른 사람과의 상호작용에 대한 관찰, 신경심리 평가, 행동 평가 그리고 평가 결과의 사용이 포함된다(Finn, 2007; Garb, 2007).

1935년부터 여러 가지 각기 다른 전통적인 심리검사들의 상대적인 인기가 학문 기관, 정신병원, 상담센터, 재향군인센터, 발달장애가 있는 사람들을 위한 기관, 개인 진료소, 다양한 회원 집단 그리고 전문적인 조직과 같은 많은 장면에서 조사되었다. 검사 사용에 대한 조사연구(다소 오래된)는 일반적으로 가장 빈번하게 사용되는 열 가지 검사가 웩슬러 지능검사, 미네소타 다면적 인성검사(MMPI), 로르샤하, 벤더 시각 운동 게슈탈트 검사, 주제통각검사(TAT), 투사적 그림 검사(인물화 검사, 집-나무-사람 검사), 웩슬러 기억검사, 벡 우울 척도(Beck Depression Inventory, BDI), 밀론 다축 임상성격검사(MCMI) 그리고 캘리포니아 성격검사(Camara et al., 2000; Kamphaus, Petoskey, & Rowe, 2000; Lubin et al., 1985; C. Piotrowski & Zalewski, 1993; Watkins, 1991; Watkins et al., 1995)라는 것을 발견하였다. 10가지 가장 인기 있는 검사 양상은 인물화 검사의 순위가 하락한 것 외에는 (Camara et al., 2000), 1969년 이래 계속 안정적으로 유지되어 왔다. 특히 성격평가 질문지(PAI) 같은 몇 가지 새로운 측정치의 사용 순위가 꽤 높아 보인다. 그러나 최근에 이루어진 검사 사용에 대한 조사 연구는 출판되지 않았다. 검사 사용 양상은 여러 연구마다 다소 다르고, 사용되는 장면마다 상당히 다양하다. 지적 장애가 있는 사람들을 위한 학교와 센터는 웩슬러 아동 지능검사(WISC-IV)와 행동 평정척도들 같은 지적 능력에 대한 검사를 강조한다. 상담센터에서는 직업 흥미검사를 사용할 가능성이 더 많다. 정신과 장면에서는 MMPI나 MCMI 같은 병리적인 수준을 평가하는 검사를 강조한다.

실제 검사 상황에서 한 가지 명확한 변화는 투사적 검사 기법의 사용과 중요도가 상대적으로 감소하고 있다는 것이다(Groth-Marnat, 2000b; C. Piotrowski, 1999). 투사적 검사에 대한 비판은 폭넓게 있어 왔지만, 지나치게 복잡한 채점 체계, 문제가 있는 규준, 채점의 주관성, 유용성이 낮은 예측 그리고 부적합한 타당도, 심지어는 타당도가 존재하지 않는다는 점에 집중되어 왔다(Garb, 2005a; Garb et al., 2001; D. N. Miller, 2007; Pruitt, Smith, Thelen, & Lubin, 1985; D. Smith & Dumont, 1995). 한층 더 나아가서 투사적 기법들에 대한 비판은 투사적 검사를 효과적으로 배우기 위해서는 많은 시간이 필요하다는 점, 투사적 기법의 정신분석 이론에 대한 심한 의존성 그리고 대안적인 객관적 검사가 가진 시간과 비용 대비 더 큰 효율성 등을 포함한다. 이러한 비판들은 대체로 학계 내에서 발생한 것이므로, 그러한 장면에서는 투사적 기법들이 연구 목적을 위해 점점 덜 사용되었다(Cl Piotrowski, 1999; C. Piotrowski & Zalewski, 1993; Watkins, 1991). 이러한 비판의 결과, 임상 실제에서 표준 투사적 검사들의 사용이 경미하지만 주목할 만큼 감소되었다(Archer, Buffington-Vollum, Stredny, & Handel, 2006; Camara et al., 2000; Kamphaus et al., 2000; C. Piotrowski, 1999). 비록 이전에 비해 사용이 감소되기는 했지만, 로르샤하와 주제통각검사(TAT)는 임상 현장에서 계속 강력한 기반을 가지고 있다. 이는 임상가들이 새로운 검사 기법을 배울 시간의 부족, 인턴십 수련 중인 학생들이 투사적 검사를 사용하는 방법을 아는 것에 대한 기대, 임상가들이 대개 경험적 증거보다 임상적 경험에 더욱 비중을 둔다는 사실에 기인했을 수 있다. 이는 양적이고 이론적인 학계와 실용적이고 문제 지향적인 임상 실제 간에 거리가 있음을 시사한다. 사실 많은 전문적인 평가 현장은 평가 도구에 관한 많은 조사 연구들, 학계의 태도 또는 검사의 심리측정적 특성과 거의 관계가 없는 것처럼 보인다(Garb, Wood, Lilienfeld, & Nezworski, 2002). 성인을 주로 대상으로 하는 임상 장면에서 투사적 검사를 지속적으로 사용하는 것과 대조적으로, 아동 대상 임상 장면에서 심리학자들은 투사적 검사보다 행동 평정척도(예를 들어 아동 행동 평가척도)를 더욱 신뢰한다(Cashel, 2002; Kamphaus et al., 2000; D. N. Miller, 2007).

평가의 초기 형태는 임상 면담을 통한 것이었다. Freud, Jung 그리고 Adler 같은 임상가들은 개인력, 진단 그리고 성격의 기저 구조에 관한 정보를 얻기 위해 비구조화된 상호작용을 이용했다. 그 후에 임상가들은 면담에서 논의되어야 할 영역의 개요를 이용하여 면담을 구조화했다. 1960년대와 1970년대에는 면담에 대한 상당한 비판이 있었으며, 이는 많은 심리학자들로 하여금 면담이 신뢰할 수 없고 경험적 타당도가 부족하다고 인식하게 하였다. 검사는 여러 면에서 면담 기법의 주관성과 편향에 대응하기 위해 제작되었다. 1980년대와 1990년대에 매우 다양한 종류의 구조화된 면담 기법이 인기를 얻었고, 내담자의 기능 수준을 알려 주는 신뢰롭고 타당한 지표라는 점이 종종 확인되었다. 진단 면담 스케줄(Diagnostic Interview Schedule, DIS; Robins, Helzer, Cottler, & Goldring, 1989), *DSM*의 구조화된 임상적 면담(Structured Clinical Interview for the DSM, SCID; Spitzer, Williams, & Gibbon, 1987) 그리고 르나드 진단적 면담(Renard Diagnostic Interview; Helzer, Robins, Croughan, & Welner, 1981)과 같은 구조화된 면담이 종종 심리검사보다 더 선호되었다. 그러나 이러한 면담들은 전통적인 비구조화된 접근법들과 매우 다르다. 구조화된 면담 기법은 덜 구조화된 상호작용의 특징이라고 할 수 있는 라포, 풍부한 개인 특유적인 특성 그리고 유연성이라는 중요한 요소들이 부족함에도 불구하고 심리측정적으로 명확하다는 장점이 있다(Garb, 2007; R. Rogers, 2001).

실제 검사 상황에서의 또 다른 추세는 신경심리 평가의 개발이 이루어져 온 것이다(Groth-Marnat, 2000a; Lezak, Howieson, Bigler, & Tranel, 2012). 신경심리 평가의 원칙은 행동신경학과 심리측정학 간의 통합이며, 한 개인의 기질적 결함의 특성, 결함의 심각도, 국재화 그리고 기능적 손상과 기질적 손상 간의 변별과 같은 문제에 대한 해답을 제공하기 위한 필요에 의해 개발되었다. 질병특유적 징후 접근법(pathognomonic sign approach)과 심리측정적 접근법(psychometric approaches)은 이러한 원칙에서 발전된 두 가지 명확한 전통이다. 질병특유적 징후 접근법에 주로 의존하는 임상가들은 한쪽 신체의 위약감이나 보속증(perseverations)과 같은 특정 행동을 해석할 가능성이 더 높으며, 이는 기질적 결함의 존재 및 특성을 나타내 주는 고도의 지표가 된다. 이러한 임상가들은 Luria와 관련된 전통적인 평가 방식(Bauer, 2000; Luria, 1973)에 의존하는 경향이 있으며, 그들이 하는 면담의 설계 및 검사들은 다른 유형의 손상에 관한 가능한 가설을 검증하는 융통성 있는 검사 방법에 기반을 두는 경향이 있다. 이와는 반대로 Reitan과 그의 동료들(Reitan & Wolfson, 1993; Russell, 2000)에 의해 대표되는 더 양적인 방식은 정상인과 뇌 손상을 입은 사람을 구별하는 임계 절단점수(critical cutoff scores)에 더 의존할 가능성이 있다. Reitan과 Wolfson(1985, 1993)은 손상 지표(impairment index)를 사용할 것을 권고

했는데, 이것은 뇌 손상 범위에 속하는 뇌-민감성 검사(brain-sensitive tests)의 비율이다. 실제 현장에서는 대부분의 임상 신경심리학자들이 심리측정적 접근법과 질병특유적 징후 접근법을 병행할 가능성이 더 크다(Rabin, Barr, & Burton, 2005). 두 가지 주요 신경심리 검사집은 루리아-네브라스카 신경심리검사집(Luria-Nebraska Neuropsychological Battery; Golden, Purisch, & Hammeke, 1985)과 헬스테드 레이탄 신경심리검사집(Halstead Reitan Neuropsychological Test Battery; Reitan & Wolfson, 1993)이다. 전형적인 신경심리검사집은 MMPI, 웩슬러 지능검사 그리고 광범위 성취 검사(Wide Range Achievement Test, WRAT-4) 같은 검사들과 마찬가지로 기질적 손상을 평가하도록 특별히 설계된 검사들을 포함할 수 있다. 그 결과 더 오래되고 전통적인 검사들이 여러 다른 유형 및 수준의 뇌기능 장애와 어떻게 관련되어 있는지에 대한 더 큰 이해를 돕기 위해 지난 15년에서 20년 동안 방대한 연구들이 이루어져 왔다.

1960년대와 1970년대에는 행동치료가 점점 더 많이 사용되고 수용되었다. 행동치료자들은 처음에 기능적 행동 분석에 대한 개별적 접근법에 관심이 있었다. 그들의 행동 분석 기법이 더 정교해지자, 행동 평가에 대한 공식적인 방법이 대두되기 시작했다. 이러한 기법들은 평가를 치료 및 그 효과와 더 직접적으로 관련시킬 필요성뿐만 아니라 부분적으로는『정신질환의 진단 및 통계 편람』2판(the second edition of the *Diagnostic and Statistical Manual of Mental Disorders, DSM-II*; American Psychiatric Association, 1968)의 진단 방법에 대한 불만에서 야기되었다. 또한 시간에 따른 행동 변화의 기록이 더 타당하기를 바라는 면이 있었다. 예를 들어 행동이 치료 후 감소된 불안과 관련이 있다면, 치료자는 치료가 성공적이었음을 보여 줄 수 있을 것이다. 행동 평가는 움직임의 측정(행동 평가척도, 행동 분석), 생리적 반응(피부 전류 반응, GSR), 근전도 검사(EMG) 또는 자기보고(자기감찰), 증상 체크목록-90-R(Symptom Checklist-90-R), 자기주장성 척도들(assertiveness scales)을 포함할 수 있다. 초기 행동 평가 기법들은 이러한 도구들의 심리측정적 속성에 거의 관심을 가지지 않았으나, 적절한 수준의 신뢰도와 타당도를 충족해야 한다는 압력이 점점 더 증가되었다(First, Frances, Widiger, Pincus, & Davis, 1992; Follette & Hayes, 1992). 행동 평가에 대한 많은 공식적인 기법에도 불구하고, 많은 행동치료자들은 비구조화된 개별적 접근법이 가장 적절하다고 느꼈다.

그 후 심리학자들의 다른 활동이 전반적으로 증가되고 평가의 정의가 확장되었기 때문에 전통적인 평가를 실시하는 목적이 감소하였다. 현재 평가를 수행하는 심리학자는 면담과 전통적인 심리검사(MMPI-2/MMPI-A/MMPI-2-RF, WAIS-IV 등)를 실시하고 해석하는 것, 자연스러운 관찰, 신경심리평가 그리고 행동 평가를 그러한 기법에 포함시킬 것이다. 게다가 전문직 심리학자들은 1980년대 이전에는 많이 강조되지 않았던 분야를 평가하도록 요청을 받을 수 있다. 그러한 것들로는 성격장애(경계성 성격, 자기애), 스트레스 및 대처 방법(삶의 변화, 소진, 대처 자원의 존재), 최면 반응성, 심리적 건강, 새로운 문화에의 적응, 현대화의 증가에 따른 변화 그리고 강점(긍정심리학의 움직임과 관련된)을 들 수 있다. 추가적인 영역들은 가족 체계의 상호작용, 한 개인과 그의 환경(사회적 분위기, 사회적 지지)과의 관계, 행동 장애와 관련된 인지 과정 그리고 개인의 통제 및 자기효능감의 수준을 포함할 수 있다. 이 모든 것은 임상가들로 하여금 계속적으로 더 새롭고 더 특수한 평가 도구에 대해 자각하도록 하고, 그들이 취하는 접근법에서 유연성을 유지하게끔 하였다.

심리평가의 미래는 전산화된 평가, 건강관리 의료체계에의 적용 그리고 원격 의료 관리 보급을 향한 추세에 가장 많은 영향을 받게 될 것이다(Groth-Marnat, 2000b, 2009; Kay, 2007). 전산화된 평가는 빠른 채점, 복잡한 의사결정 규칙, 내담자-임상가 접촉의 감소, 자극의 새로운 제시(예를 들어 가상현실) 그리고 해석적 가설의 산출(Lichtenberger, 2006)을 통해 효율성을 증진시킬 가능성이 높다. 또한 향후에는 평가에서 내담자의 이전 반응에 기초하여 내담자에게 맞추어진 검사 문항을 제시할 가능성이 높다(Forey & Ben-Porath, 2007). 상대적으로 더 적은 수의 평가 문항을 통해서 더 많은 정보를 얻을 수 있으므로 불필요한 문항은 제시되지 않을 것이다. 이러한 시간 효율성은 부분적으로는 심리학자들에게 그들이 제공하는 서비스의 비용 대비 효과성을 보여 주기를 요구하는 관리의료(managed care) 비용 절감 정책에 의해 자극을 받은 것이다(Groth-Marnat, 1999; Groth-Marnat & Edkins, 1996). 이것은 평가에서 치료 계획과 평가를 연결 짓는 것을 의미한다. 따라서 앞으로 심리평가 보고서는 내담자 역동을 직접적으로 치료적 권고 및 치료 선택과 관련시킬 필요가 있을 것이다. 조직 맥락(organizational contexts)에서는 심리검사의 사용이 비용 대비 효과적이라는 것을 지지하는 상당한 증거가 있는 반면, 건강관리 영역에서는 평가가 치료 효과를 최적화할 뿐만 아니라 치료의 속도를 증가시킬 수 있다는 것을 보여 줄 필요가 있다(Blount et al., 2007; Groth-Marnat, 1999; Groth-Marnat, Roberts, & Beutler, 2001; Lambert & Hawkins, 2004; Yates & Taub, 2003).

발전을 위한 또 다른 도전과 분야는 평가에서 원격 의료관리가 하게 될 역할일 것이다(Leigh & Zaylor, 2000; M. J. Murphy, Levant, Hall, & Glueckauf, 2007). 수단으로서 그리고 그 자체로서 원격 평가(distance assessment)가 중요해질 가능성이 높다. 전문직 심리학자들은 컴퓨터에서 얻은 평가 결과에 대해서 내담자들과 상담/협력할 뿐만 아니라 새로운 적용법을 발전시키며 감찰하는 역할을 하기 위해 그들의 전통적인 면대면 역할(face to face role)을 변화시켜야 할 필요가 있을 것이다.

심리검사의 평가

임상가들은 심리검사를 사용하기 전에 검사의 이론적 지향(theoretical orientation), 실용적인 고려사항, 표준화 표본의 적합성 그리고 검사의 심리 측정적 속성(신뢰도와 타당도)의 적합성을 알아보고 이해해야 한다. 이러한 주제와 관련된 도움이 되는 설명과 개관은 종종 『정신 측정 연보』(*Mental Measurements Yearbook*)의 이전 판과 개정판뿐만 아니라 검사 매뉴얼에서도 찾을 수 있다(Carlson, Geisinger, & Jonson, 2014). 검사 매뉴얼로는 『출간된 검사』(*Tests in Print*; L. L. Murphy, Geisinger, Carlson, & Spies, 2011), 『검사: 심리, 교육, 기업에서의 평가에 대한 종합적인 참조사항』(*Tests: A Comprehensive Reference for Assessment in Psychology, Education, and Business*; Maddox, 2003), 『임상 실제의 측정: 자료집』(*Measures for Clinical Practice: A Source-book*; Fischer & Corcoran, 2007)이 있다. 「성격 평가 저널」(*Journal of Personality Assessment*), 「심리교육 평가 저널」(*Journal of Psychoeducation Assessment*), 「교육 및 심리 측정」(*Educational and Psychological Measurement*)에서도 그러한 개관을 볼 수 있다. 표 1.1에 응답해야 할 더 중요한 질문들에 대한 개요가 제시되어 있다. 이 표에 나온 각각의 쟁점들은 앞으로 논의될 것이다. 그 논의는 심리검사를 사용하는 임상가들이 직면할 수 있는 문제들에 대한 실제적 초점을 반영해 준다. 이는 검사의 이론과 구성을 포괄적으로 포함하기 위한 것은 아니다. 만약 더 자세한 논의가 필요하다면, 심리평가에 대한 많은 책 중의 하나를 참고하기 바란다(예, Aiken & Grouth-Marnat, 2006; R. M. Kaplan & Saccuzzo, 2005).

표 1.1 심리검사의 평가

이론적 지향

1. 검사가 측정하고자 하는 이론적인 구성개념을 검사자가 적절히 이해하고 있는가?
2. 검사 문항이 구성개념의 이론적 기술과 일치하는가?

실용적인 고려사항

1. 수검자의 독해력을 요하는 검사라면, 수검자는 검사에서 요구하는 독해력 수준을 갖추고 있는가?
2. 검사의 길이는 얼마나 적절한가?

표준화

1. 검사를 실시하는 집단이 그 검사가 표준화될 때 사용했던 집단과 유사한가?
2. 표준화 연구에 사용된 표집의 크기가 적절한가?
3. 특정 하위집단 규준이 확립되어 있는가?
4. 검사 지시가 얼마나 적절하게 표준화된 실시 절차를 따르고 있는가?

신뢰도

1. 신뢰도가 충분히 높은가(임상적인 의사결정 시에는 일반적으로 .90 정도, 연구 목적에서는 .70 정도)?
2. 심리적 특성의 상대적인 안정성, 신뢰도를 측정하는 방법, 검사 형식이 신뢰도에 어떤 함의를 가지고 있는가?

타당도

1. 검사를 타당화하기 위해 어떤 준거와 절차가 사용되었는가?
2. 특정 검사가 그 검사를 사용하고자 하는 맥락과 목적에 맞게 정확한 측정치를 제공하는가?

이론적 지향

임상가들은 검사가 적합한지의 여부를 실질적으로 평가하기 전에 반드시 검사의 이론적 지향을 이해해야 한다. 임상가들은 특정 검사가 측정하려고 하는 구성개념에 대해 연구해야 하고, 어떻게 그 검사가 그러한 구성개념에 접근하는지를 살펴보아야 한다. 이러한 정보는 대개 검사 매뉴얼에서 발견할 수 있다. 만약 어떤 이유에서든 매뉴얼에 있는 정보가 불충분하다면, 임상가들은 그 정보를 다른 곳에서 찾아야 한다. 임상가들은 개별검사 문항을 주의 깊게 살펴봄으로써 측정되는 구성개념과 관련된 추가적으로 유용한 정보를 얻을 수 있다. 대개 매뉴얼은 검사 문항에 대한 개별적인 분석을 제공하며, 그러한 분석은 검사 사용자가 그 문항들이 측정되는 특성들과 관련이 있는지 없는지의 여부를 평가하는 데 도움을 줄 수 있다.

실용적인 고려사항

여러 실제적인 쟁점들은 검사의 구성개념보다는 검사가 사용되는 맥락 및 방식과 더 관련이 있다. 첫째로, 심리검사들은 수검자들이 검사를 적절하게 이해할 수 있도록 하기 위해 요구되는 교육(특히 읽기 기술) 수준의 측면에서 볼 때 다양하다. 수검자는 검사를 읽을 수 있고, 이해할 수 있어야 하며, 검사에 적절하게 반응할 수 있어야 한다. 둘째로, 일부 검사들은 너무 길어서 수검자와의 라포를 저하시키거나 수검자에게 큰 좌절을 줄 수 있다. 단축형 검사들이 적절하게 개발되고 신중하게 적절히 해석된다면, 단축형 검사를 실시하는 것은 이러한 문제점들을 줄여 줄 수 있다. 마지막으로, 임상가들은 평가 도구를 실시하고 해석하는 데 어느 정도의 훈련이 필요한지 그 정도를 평가해야 한다. 더 나아가 훈련이 필요하다면, 이러한 훈련을 위한 계획을 발전시켜야 한다.

표준화

다른 중요한 쟁점은 규준의 적합성과 관련된 것이다(Ciccheetti, 1994 참고). 각각의 검사는 표준화 표본에 의해 얻어진 점수의 분포를 반영하는 규준을 가지고 있다. 개별검사 점수가 가진 의미의 기반이 되는 것은 검사를 받은 개인과 표본 사이의 유사성과 직접적으로 관련되어 있다. 만약 검사받은 집단이나 개인과 표준화 표본 간에 유사성이 존재한다면 적절한 비교가 이루어질 수 있다. 예를 들어 검사가 18세에서 22세 사이의 미국 백인 대학생들을 대상으로 표준화되었다면, 그러한 인종 및 연령층에 있는 대학생들에 대해서 유용한 비교가 이루어질 수 있다(검사가 충분히 신뢰롭고 타당하다고 가정할 수 있다면). 특정 개인이 이 표준화 집단과 다르면 다를수록(예를 들어 70세 이상의 다른 나라 사람), 그 검사는 그 개인을 평가하는 데 덜 유용할 것이다. 검사자는 검사 매뉴얼을 출판한 이후에 이루어진 연구에서 여러 다른 집단에 대한 규준을 개발했는지를 알아보기 위해 문헌들을 참고할 필요가 있을 것이다. 이는 MMPI와 로르샤하 같은 검사에서 특히 중요하기 때문에, 다양한 국가의 전집에 대해서 규준이 발표되어 왔다.

규준의 적합성과 관련된 세 가지 주요 질문들은 반드시 해결되어야 한다. 첫 번째 질문은 표준화 집단이 검사자가 그 검사를 사용하고자 하는 전집을 대표하고 있는가이다. 검사 매뉴얼은 표본 집단의 대표성을 결정하기 위한 충분한 정보를 포함하고 있어야 한다. 만약 이 정보가 불충분하거나 어떤 면에서 불완전하다면, 임상가들이 이 검사를 사용할 수 있다는 신뢰도의 수준은 크게 감소할 것이다. 이상적이고 통용되는 실제적인 방법은 층화된 무선 표본(stratified random sample)을 이용하는 것이다. 하지만 이는 비용이 많이 들고 시간도 많이 걸리는 절차이기 때문에, 많은 검사들이 이 기준을 충족시키지 못한다. 두 번째 질문은 표준화 집단의 크기가 충분한지 아닌지에 관한 것이다. 표준화 집단의 크기가 너무 작으면 무선적인 변동의 크기가 매우 크기 때문에 검사 결과가 안정된 추정치를 제공하지 못한다. 마지막으로 어떤 검사는 광범위한 국가 규준뿐만 아니라 특정 하위집단 규준을 가지고 있을 수 있다. 만약 유사한 하위집단 전집에 그러한 검사가 사용된다면 하위집단 규준과 관련된 정보는 검사자들에게 큰 유연성과 신뢰도를 제공해 준다(Dana, 2005 참고). 이것은 하위집단이 일반 표본집단과 유의미하게 다른 점수를 제공할 때 특히 중요하다. 이런 하위집단은 민족, 성별, 지리적 위치, 나이, 교육 수준, 사회경제적 지위, 도시 대 시골의 환경 또는 심지어 진단받은 과거력과 같은 요인들에 입각한 것일 수 있다. 이러한 각각의 하위집단 규준에 대한 지식을 통해 검사 점수를 더 적절하고 의미 있게 해석할 수 있다.

또한 표준화는 시행 절차와 관련이 있을 수 있다. 잘 구성된 검사는 한 검사자가 다른 검사자와 유사한 방식으로 검사를 실시하게 하며, 한 검사 회기와 다음 검사 회기를 시행하는 방식이 유사하도록 명확한 지시문을 가지고 있어야 한다. 한 시행과 다음 시행에서 지시문을 다르게 줄 경우에 수검자가 하는 반응의 유형과 질이 달라질 수 있으며, 그에 따라 검사의 신뢰도가 달라진다는 것을 연구에서 보여 주었다. 검사 시행 절차의 표준화는 일관된 검사 실시 절차에 관련된 것뿐만 아니라 적절한 조명과 조용함, 방해가 없는 것, 좋은 라포를 보장하는 것과도 관련된다.

신뢰도

검사의 신뢰도는 검사의 안정성, 일관성 그리고 예측 가능성을 말한다. 이는 한 개인으로부터 얻은 점수의 범위에 관한 것이거나 혹은 그 사람이 다른 경우에 같은 검사로 재검사를 받았을 때 동일한 결과를 얻는 정도에 대해 말해 준다. 신뢰도에 기초가 되는 개념은 어떠한 단일 점수의 가능한 오차 범위 또는 측정 오차이다. 이것은 한 개인의 점수에서 기대될 수 있는 가능한 무선적인 변동의 범위에 대한 추정치이다. 심리적 구성개념은 직접적으로 측정할 수 없기 때문에(예를 들어 혈액 농도를 측정하는 것처럼) 검사 점수는 기껏해야 이러한 구성개념에 대한 추정치이며, 따라서 오차는 항상 추정 체계 내에 있기 마련이다. 오차는 검사 문항을 잘못 읽거나 부적절한 검사 시행 절차 또는 수검자의 기분 변화와 같은 요인으로 인해 발생할 수 있다. 만약 오차 범위가 크다면, 검사자는 개인의 점수를 크게 신뢰할 수 없을 것이다. 검사 개발자의 목표는 가능한 한 많이 측정 오차의 정도를 줄이는 것이다. 만약에 이런 오차를 감소시킬 수 있다면, 검사에서 측정된 특질 상에서 한 점수와 다른 점수 간의 차이는 어떤 우연한 변동 때문이 아니라 그 특질에서의 실제적인 차이에 기인되었을 가능성이 높다.

　　두 가지 중요한 쟁점은 검사에서 발생하는 오차의 정도와 관련된 것이다. 첫 번째는 사람들이 검사 수행 시에 보이는 피할 수 없는 자연적인 변화이다. 일반적으로 성격과 개인의 상태를 측정할 때보다는 능력을 측정할 때 변산성(variability)이 더 적다. 능력 변인들(지능, 기술적인 적성 등)은 성장과 발전에 기인된 점진적인 변화를 보여 줄 수 있는 반면에, 많은 성격적 특질과 상태는 기분과 같은 요인에 더욱 많이 좌우된다. 이는 불안 같은 특성일 경우에 특히 사실이다. 검사를 평가하는 데 이것이 실질적으로 중요한 이유는 검사 외적인 특정한 요인이 실제적으로 달성될 수 있는 것으로 예상되는 검사 그 자체의 신뢰도를 저하시킬 수 있기 때문이다. 그러므로 평가자는 일반적으로 불안과 같은 성격 변인을 측정하는 검사보다는 지능검사에서 더 높은 신뢰도를 기대해야 한다. 측정되는 것이 무엇인지, 특히 측정된 특질에서 예상될 수 있는 변산성의 정도를 아는 것이 검사자의 책임이다.

　　신뢰도와 관련된 두 번째 중요한 쟁점은 심리검사 방법들이 필연적으로 부정확하다는 것이다. 연구자들은 자연과학 분야에서 화학 용액의 농도나 한 유기체와 다른 유기체의 상대적인 무게를 비교하거나 방사선의 강도와 같이 직접적인 측정을 할 수 있다. 반면에 많은 심리적 구성개념은 종종 간접적으로 측정된다. 예를 들어 지능은 직접적으로 인식될 수 없다. 똑똑하다고 규정된 행동을 측정함으로써 추론해야만 한다. 이러한 추론에서의 변산성이 내적인 심리적 구성개념을 정의하고 관찰하는 데 정확성의 결여를 초래하게 되어 어느 정도의 오차가 생기게 될 가능성이 많다. 또한 측정에서 변산성은 단순히 사람들이 한 검사 회기와 다음 검사 회기의 수행에서 정말로 변동(오차 때문이 아닌)을 보이기 때문에 발생한다. 사람들이 검사를 수행할 때 자연적으로 보이는 변산성은 통제하기가 불가능한 반면에, 검사를 적절하게 개발하면 검사 자체의 기능이 부정확하기 때문에 생긴 변산성은 감소시킬 수 있다. 인간의 자연적인 변산성과 검사의 부정확성은 측정 작업을 매우 어렵게 만든다. 검사에서 어느 정도의 오차는 불가피하지만, 검사 개발의 목적은 측정 오차를 비교적 허용된 한계 내로 유지하는 것이다. 높은 신뢰도 측정치는 일반적으로 .80 또는 그 이상이지만, 측정되는 변인 또한 통계치에 대한 기대 강도를 변화시킨다. 마찬가지로 신뢰도를 결정하는 방법이 통계치의 상대적 강도를 변화시킨다. 임상가들은 이상적으로 그들이 개인에 대해 결정을 내리기 위해 사용하는 검사의 신뢰도 통계치가 .90 또는 그 이상이 되기를 바라지만, 일반적으로 .70 또는 그 이상의 신뢰도가 연구 목적을 위해 사용하는 데 적합하다.

신뢰도의 목적은 오차에 의한 검사 점수 변산의 정도를 추정하는 것이다. 신뢰도를 얻는 4가지 주요 방법은 (1) 검사-재검사에서 일관된 결과가 산출되는 정도 (2) 주어진 시간에 실시된 어떤 검사의 상대적 정확성(동형 검사) (3) 검사 문항의 내적 일치도(반분 신뢰도와 알파 계수) (4) 두 검사자(채점자) 간의 일치하는 정도를 결정하는 것을 포함한다. 이것을 요약하는 다른 방식은 시간 대 시간(검사-재검사), 형태 대 형태(동형 검사), 문항 대 문항(반분 신뢰도/알파 계수) 또는 채점자 대 채점자(채점자 간)이다. 이러한 것들이 주된 신뢰도 유형이기는 하지만, 쿠더-리처드슨 신뢰도(Kuder-Richardson reliability)라는 다섯 번째 유형이 있다. 이것은 반분 신뢰도와 알파 계수처럼 검사 문항들의 내적 일치도에 대한 측정치이다. 하지만 이 방법은 단일 변인에 대해 상대적으로 순수한 측정을 하는 검사에만 적합하다고 간주되기 때문에 이 책에서는 다루지 않았다.

검사-재검사 신뢰도

검사-재검사 신뢰도(test-retest reliability)는 검사를 실시하고 그것을 두 번째 경우에 다시 반복 실시함으로써 결정된다. 신뢰도 계수는 동일인에게 두 번의 검사 실시를 통해서 얻어진 점수의 상관을 구해서 산출된다. 두 점수 간의 상관 정도는 검사 점수가 하나의 상황에서 다음 상황에 일반화될 수 있는 정도를 나타낸다. 만약 상관이 높다면, 그러한 결과가 수검자나 검사가 수행된 환경 조건 내에서의 무선 변동에 의해 생겼을 가능성은 적다고 할 수 있다. 따라서 그 검사가 실제 임상 장면에서 사용될 경우에 검사자는 검사 점수상에서의 차이가 오차 때문이라기보다는 측정된 특성에서의 실제 변화의 결과라고 비교적 확신할 수 있다.

검사-재검사 신뢰도의 적합성을 평가할 때 여러 요인들을 고려해야 한다. 하나는 한 상황에서 검사를 받은 경험과 기억이 다음 상황에서의 수행에 영향을 줄 가능성인데, 이를 연습 효과(practice effect)라고 한다. 어떤 과제는 단순히 연습으로 인해 첫 번째 시행과 다음 시행 간의 수행이 증진될 수 있다. 이것은 WAIS-IV의 기호 쓰기(Coding)와 산수(Arithmetic) 소검사와 같이 빠른 속도와 기억을 측정하는 검사들에서 특별한 문제가 된다. 고려해야 할 또 다른 요인은 검사 시행 사이의 간격인데, 이것이 신뢰도에 영향을 줄 수 있다. 검사 매뉴얼에는 상담, 직업 변화 또는 심리치료와 같이 수검자가 경험했을 수 있는 중요한 삶의 변화뿐만 아니라 검사를 받은 시간 간격도 명시해야 한다. 예를 들어 미취학 아동용 지능검사는 첫 번째 시행 후 몇 개월 이내에 두 번째 시행이 이루어졌을 경우 종종 매우 높은 상관을 보여 준다. 하지만 후기 아동기 또는 성인기 IQ와의 상관관계는 그 사이에 있었던 셀 수 없을 만큼 많은, 피할 수 없는 삶의 변화들로 인해 대체적으로 낮다. 변산성의 추가적인 원천은 수검자의 무선적이고 단기적인 변동성 또는 검사 조건에서의 변동성의 결과일 수 있다. 일반적으로 검사-재검사 신뢰도는 측정되는 변인이 상대적으로 안정적인 경우에만 선호되는 방법이다. 변인이 매우 가변적이라면(예를 들어 불안), 이 방법은 대개 적합하지 않다.

동형 검사 신뢰도

동형 검사(alternate forms) 방법은 검사-재검사 신뢰도가 가진 많은 문제를 피할 수 있게 해 준다. 동형 검사 신뢰도의 기본 논리는 어떤 검사의 유사한 형태를 사용하여 여러 차례 동일한 사람에게서 특질을 측정한다면 여러 번 달리 측정을 해도 동일한 결과를 나타낸다는 것이다. 점수 간 유사성의 정도가 그 검사의 신뢰도 계수를 나타낸다. 검사-재검사 방법에서와 같이, 검사를 받는 기간 중에 일어난 중요한 삶의 경험뿐만 아니라 검사 시행 간 시간 간격도 매뉴얼에 항상 포함되어야 한다. 만약 첫 번째 검사 실시 직후에 바로 두 번째 검사를 실시한다면, 그 결과 얻은 신뢰도는 두 상황에 걸친 시간적 안정성이 아니라 두 검사 형태 간의 상관관계의 측정치를 더 잘 반영해 줄 것이다. 두 달 또는 그 이상의 긴 시간 간격을 두고 실시된 검사에 의해 측정된 상관관계는 두 검사 형태 간의 상관관계와 시간적 안정성 정도라는 두 가지 측정치를 제공한다.

동형 검사 방법은 이전의 특정 검사 문항을 회상하는 것과 같은 이월 효과(carryover

effect)를 제거해 준다. 하지만 여전히 수검자는 한 검사와 다른 검사의 특정 문항 내용이 비슷하지 않을 때조차도 검사의 전반적인 스타일에 적응하는 것을 배울 수 있다는 점에서 어느 정도 이월 효과가 있을 가능성이 있다. 특정 검사가 하나의 문제를 해결하는 원칙이 다음 검사에서 문제를 해결하는 데 사용될 수 있는 어떠한 종류의 동일한 문제해결 전략을 포함하고 있을 때 특히 이월 효과가 나타날 가능성이 높다. 예를 들어 수검자는 WAIS-IV 숫자 소검사의 동형 검사에서 자신의 수행을 높이기 위해 연상기호 같은 기억술을 사용하는 것을 배울 수 있다.

아마도 동형 검사 신뢰도가 가진 주된 어려움은 두 가지 형태의 검사가 실제로 동등한지의 여부를 결정하는 데 있을 것이다. 예를 들어 한 검사가 그것의 동형 검사보다 더 어렵다면, 두 검사 점수의 차이는 측정치를 신뢰할 수 없는 점에 기인되었다기보다는 두 검사 수행에서의 실제적인 차이를 나타내 줄 수 있다. 검사 개발자는 검사 간의 차이가 아니라 검사 그 자체의 신뢰도를 측정하려고 한 것이기 때문에, 검사 점수 간의 차이는 다른 오염 요인 때문이며 신뢰도 계수가 낮아지게 된다. 동형 검사는 같은 수의 문항, 동일한 유형의 내용과 형태 그리고 동일한 실시 방식을 포함하는 동일한 설명서를 사용하지만 서로 독립적으로 구성된 검사여야 한다.

마지막으로 어려운 점은 첫 번째 실시와 그 다음 실시 사이에 발생하는 수검자의 개인적인 차이이다. 만약 동형 검사가 다른 날 수행된다면, 수검자는 기분, 스트레스의 수준 또는 전날 밤 수면의 상대적인 질과 같은 단기간의 변동 때문에 다르게 수행할 수 있다. 따라서 수검자의 능력이 한 시행과 다른 시행에서 다소 달라질 수 있으며, 이것이 검사 결과에 영향을 주게 된다. 이런 문제점에도 불구하고, 동형 검사 신뢰도는 검사-재검사 방법의 이월 효과와 연습 효과를 완전히 제거해 주지는 못하지만 적어도 감소시킨다는 장점이 있다. 또 다른 장점으로 동형 검사는 (사전-사후 검사로 사용되어) 치료 프로그램의 효과를 평가하거나 서로 다른 상황에서 다른 형태의 검사를 실시함으로써 시간에 따른 환자의 변화를 관찰하는 것과 같은 다른 목적을 위해서도 유용하게 사용될 수 있다.

내적 일치도: 반분 신뢰도와 알파 계수

반분법(split-half method)과 알파 계수(coefficient alpha)는 높은 변동성을 가진 특질(trait)의 신뢰도를 결정하는 데 최적의 기법이다. 검사가 단지 한 번만 주어지고 검사 문항들은 서로 상관이 있기 때문에, 이 방법에서는 단지 검사를 한 번만 시행하면 되고 검사-재검사 방법처럼 시간 효과가 검사에 영향을 줄 가능성은 없다. 따라서 반분법과 알파 계수는 같은 검사를 다른 시간에 실시하여 알아보는 시간적 안정성에 대한 측정치라기보다는 검사 문항의 내적 일치도에 대한 측정치이다. 반분 신뢰도를 측정하기 위해 종종 검사 문항들을 홀수 및 짝수 문항으로 나누는데, 이 방법은 보통 대부분의 검사에 적합하다. 검사를 전반과 후반으로 나누는 것은 일부 검사에서는 효과적일 수 있지만, 종종 워밍업이나 피로, 지루함 등이 누적된 효과로 인해 검사의 전반기 수행과 후반기 수행 수준이 달라질 수 있기 때문에 부적합하다. 또한 이 방법은 검사가 진행될수록 점진적으로 문항이 더 어려워지는 검사에서는 효과적이지 않다. 반면에 알파 계수는 그들의 일관성을 결정하기 위해 모든 문항들 간의 상관관계를 산출한다.

신뢰도를 구하는 다른 방법들과 마찬가지로, 반분 신뢰도와 알파 계수도 제한점을 가지고 있다. 검사가 반으로 분할되면 각각의 반에는 더 적은 문항들이 포함되며, 이로 인해 각각의 반응이 평균 주위로 쉽게 안정화될 수 없기 때문에 더 큰 변산성이 나타날 수 있다. 일반적인 원칙은 검사가 더 길어질수록 문항 수가 많아지기 때문에 신뢰도가 더 높아지며, 다수의 문항이 나머지 소수 문항에 대한 반응 상의 작은 변동을 보완하기가 더 쉬워진다는 것이다.

채점자 간 신뢰도

채점은 일부 검사에서 부분적으로 검사자의 판단에 기초한다. 판단은 한 검사자와 다음 검사자 간에 달라질 수 있기 때문에, 신뢰도가 영향을 받을 수 있는 정도를 평가하는 것이 중요하다. 이는 투사적 검사에서 특히 그러하며, 심지어 몇몇의 능력검사에서도 그렇다. 왜냐하면 엄격한 검사자는 관대한 검사자와는 다른 결과를 산출할 수 있기 때문이다. 채점자 간 신뢰도(interscorer reliability)에서의 변산은 뇌 손상이 있는 사람인지 정상인인지와 같이 검사 점수에 근거한 전반적인 판단 혹은 어떤 사람이 로르샤하 검사에서 음영 반응을 했는지 재질 반응을 했는지와 같은 채점의 작은 세부사항에도 적용될 수 있다. 채점자 간 신뢰도를 결정하는 기본 전략은 어떤 단일한 수검자에게서 일련의 검사 반응을 얻고 두 명의 다른 사람이 이러한 반응들을 채점하게 하는 것이다. 변형된 방법은 두 명의 다른 검사자가 동일한 검사를 사용해서 한 명의 수검자를 검사한 후 그 수검자에 대한 그들의 점수나 평가치가 얼마나 비슷한지를 결정하는 것이다. 채점자 간 신뢰도 계수는 일 치율(percentage agreement), 상관관계, 카파 계수(우연에 의해서 얼마나 많은 일치가 발생 했는지를 고려한)를 이용하여 산출될 수 있다. 채점할 때 부분적으로라도 주관성이 개입되 는 어떤 검사에서든 채점자 간 신뢰도에 대한 정보를 제공해야 한다.

신뢰도 유형 선택하기

최고의 신뢰도 유형은 측정되는 변수의 특성과 검사가 사용되는 목적에 달려 있다. 만 일 측정되는 특질 혹은 능력이 매우 안정된 것이라면 검사-재검사 방법이 선호되는 반면 에, 변하기 매우 쉬운 특성에는 내적 일치도가 더 적합하다. 예측을 위한 목적으로 검사를 사용할 때는 검사를 한 번 실시하고 다음번에 실시할 때 검사의 신뢰도에 대한 추정치를 제공하기 때문에 종종 검사-재검사 방법이 선호된다. 이는 신뢰도를 평가할 때, 두 시행 간에 존재하는 시간 간격이 늘어날 때 특히 사실이라고 할 수 있다. 반면에 만약 검사자가 개인의 상태(예를 들어 최근 상황과 관련된 불안감)를 측정하려고 한다면, 반분법 또는 알 파 계수가 가장 좋은 방법일 것이다.

신뢰도의 허용 가능한 범위를 평가할 때 또 다른 고려사항은 검사의 형식이다. 긴 검 사는 짧은 검사보다 대체로 신뢰도가 더 높다. 또한 대답의 형식도 신뢰도에 영향을 준다. 예를 들어 진위형 검사는 우연에 의해 각 문항에 맞게 반응할 가능성이 50%이기 때문에 선다형 검사보다 신뢰도가 낮을 가능성이 있다. 5지 선다형 검사의 각 질문들은 우연에 의 해 각 문항에 정답을 할 가능성이 20%밖에 되지 않는다. 마지막 고려사항은 다양한 하위 검사 또는 하위척도를 가진 검사들은 전체 검사의 신뢰도뿐만 아니라 각 하위검사의 신뢰 도도 보고해야 한다는 것이다. 전체 검사 점수는 대개 각 하위검사보다 유의미하게 더 높 은 신뢰도를 가진다. 예를 들어 WAIS-IV의 전체지능(overall IQ)은 그것을 산출하기 위해 사용된 더 특정적이고 길이가 짧은 어떤 하위검사들보다도 더 높은 신뢰도를 가진다. 검 사 점수가 해석될 수 있는 신뢰도를 추정할 때, 검사자는 하위검사의 더 낮은 신뢰도를 고 려해야 한다. 예를 들어 단지 신뢰도만을 기초로 한 경우에는 WAIS-IV의 전체지능이 특 정한 하위검사 점수보다 더 확신을 가지고 해석될 수 있다.

대부분의 검사 매뉴얼은 검사 점수에 대해 예측될 수 있는 오차 양에 대한 통계적 지 표를 포함하고 있는데, 이것은 측정의 **표준오차**(SEM)라고 불린다. SEM의 기저의 논리는 검사 점수가 참과 거짓 점수의 두 가지로 구성되어 있다는 것이다. 따라서 검사 체계 내에는 항상 잡음 혹은 오차가 있다. 그리고 SEM은 오차가 얼마나 클 가능성이 있는지를 나타내 주는 범위를 제공해 준다. 그 범위는 검사의 신뢰도에 달려 있으므로, 신뢰도가 더 높을수 록 오차의 범위는 좁아진다. 예를 들어 SEM은 표준편차 점수이므로 지능검사에서 SEM 3 은 개인의 점수가 참값 추정치로부터 IQ 3점 이내의 범위에 있을 가능성이 68%라는 것을 나타내 준다. 이것은 SEM 3이 평균 주위로 −1에서 +1 표준편차로 확장된 점수 범위를 나 타내 주기 때문이다. 마찬가지로 개인의 점수가 참값 추정치로부터 6점 이내의 범위에 포 함될 가능성은 95%일 것이다. 이론적 관점에서 볼 때, 표준오차는 특정 검사에서 한 개인 의 반복된 점수들이 얼마나 정상 분포 주위에 위치할 것으로 기대되는지에 대한 통계적 지표이다. 따라서 표준오차는 수검자 개인이 받은 점수, 그 사람의 이론적인 참 점수(true score) 그리고 검사의 신뢰도 간의 관계에 대한 진술이다. 이는 점수의 가능한 범위에 대 한 경험적 진술이기 때문에, 표준오차는 검사의 신뢰도에 대한 지식보다 더 실제적으로 유용하다. 또한 이 오차의 범위는 신뢰 구간(confidence interval)이라고 불린다.

신뢰도의 허용 가능 범위는 파악하기가 어렵고 몇몇 요인들에 의해 좌우된다. 첫째 는 사용된 신뢰도 방법이다. 동형 검사 방법이 한 검사의 실제 신뢰도에 대한 가장 낮은 추 정치인 반면에, 반분법은 가장 높은 추정치를 제공한다. 다른 고려사항은 검사의 길이이 다. 앞서 진술한 바와 같이, 긴 검사가 짧은 검사보다 더 높은 신뢰 계수를 가지는 것으로 기대된다. 신뢰도의 적합성을 추정하는 한 가지 방법은 같은 구성요소 또는 비슷한 구성 을 갖든지 간에 서로 비슷한 다른 검사에서 도출된 신뢰도를 비교하는 것이다. 그렇게 하 면 검사자는 예상되는 신뢰도 수준에 대한 감을 잡을 수 있으며, 그것이 비교를 위한 기준 치를 제공한다. 예를 들어 불안을 측정하는 검사를 평가할 때, 임상가는 어느 정도의 신뢰 도가 허용 가능한 수준인지 잘 모를 수 있다. 일반적인 추정치는 같거나 비슷한 변인을 측 정하는 것으로 생각되는 다른 검사의 신뢰도를 비교함으로써 얻을 수 있다. 다른 한편으 로 임상가는 검사 구성(질문의 방식, 길이 등)에서는 유사하지만 다른 구성요인을 측정하 는 검사를 비교할 수도 있다. 유념해야 할 가장 중요한 점은 흔히 낮은 신뢰도는 검사 자료 에 기초한 해석과 예측에서 확신감이 낮아지게 할 수 있음을 시사한다는 것이다. 하지만 전문가들은 만일 그들이 어떤 검사가 평가하는 동안에 내담자의 상태를 타당하게 측정한 다고 믿는 어떤 근거(예를 들어 이론적인)를 가지고 있다면 통계적으로 낮은 신뢰도에 대해 덜 염려하게 될 것이다. 주된 고려사항은 한 검사 점수가 한 번은 어떤 것, 다른 때는 또 다른 어떤 것을 의미해서는 안 된다는 것이다.

타당도

검사 개발에서 가장 중요한 문제는 타당도이다. 신뢰도가 일관성의 문제를 다루는 반면에, 타당도는 어떤 검사가 측정하려고 하는 특질을 정말로 측정하는지의 여부를 평가한다. 임상적 평가에서 타당한 검사는 그것이 측정하려고 의도한 것을 측정해야 하며 임상가에게 유용한 정보를 제공해야 한다. 심리검사는 어떤 추상적이고 절대적인 의미에서 타당하다고 말할 수 없으며, 좀 더 실제적으로, 특정한 맥락에서 그리고 특정한 집단에서 타당해야 한다(Messick, 1995). 비록 어떤 검사가 타당하지 않아도 신뢰로울 수는 있지만, 그 반대는 사실이 아니다. 타당도의 필수 전제조건은 검사가 적합한 수준의 신뢰도를 가지고 있어야 한다는 점이다. 즉 어떤 검사가 실시할 때마다 동일한 것을 측정할 수 없다면, 그 검사는 측정해야 할 것을 실제로 측정할 수 없다. 따라서 타당한 검사는 측정하고자 의도한 변인을 정확하게 측정하는 검사이다. 예를 들어 개인의 음악적 선호도에 대한 질문을 포함하는 검사가 창의성에 대한 검사라고 잘못 언급될 수 있다. 만약 그 검사가 다른 시점에 같은 사람에게 실시되었고 각 시점마다 비슷한 결과를 제시해 준다면, 그런 의미에서 그 검사는 신뢰롭다고 할 수 있을 것이다. 하지만 그 검사가 다른 더 타당한 창의성 측정치와 상관이 높지 않다는 점에서 그 검사는 타당하지 않을 것이다.

검사의 타당도를 확립하는 것은 심리적 변인들이 지능, 불안 그리고 성격과 같이 대개 추상적이고 무형의 개념이기 때문에 매우 어려울 수 있다. 이러한 개념들은 실재하는 것이 아니어서 이들의 존재는 간접적인 방식으로 추론되어야 한다. 게다가 구성개념에 대한 개념화와 연구는 시간에 걸쳐 변화되어 왔기 때문에 검사에 대한 타당화도 지속적인 개선을 필요로 한다(G. Smith & McCarthy, 1995). 검사를 구성할 때, 검사 개발자는 두 가지 필수적인 초기 단계를 따라야 한다. 첫째, 구성개념(construct)은 이론적으로 평가되고 기술되어야 한다. 둘째, 그것을 측정하기 위한 특정한 작전(검사 질문)이 개발되어야 한다. 검사 개발자가 이러한 단계들을 꼼꼼하게 양심적으로 따를 때조차 어떤 검사가 진짜로 측정하려는 것을 정의하기가 때때로 어렵다. 예를 들어 IQ 검사가 학업적 성공에 대한 좋은 예측자가 될 수 있지만, 많은 연구자들은 그 검사가 정말로 이론적으로 기술된 것과 같은 지능의 개념을 적절하게 측정했는지의 여부에 대해 의문을 갖는다. 각 문항 내용에 입각하여 음악적 적성으로 기술된 것을 측정하는 것처럼 보일 수 있는 또 다른 가설적인 검사는 실제로는 언어 능력과 높은 상관이 있을 수 있다. 따라서 그것은 음악 적성보다는 언어 능력에 대한 측정치일 수 있다.

타당도에 대한 어떠한 추정은 한 검사와 독립적으로 관찰된 외적인 사건의 상관관계와 관련이 있다. 『교육 및 심리검사 기준』(*Standards for Educational and Psychological Tests*; American Educatioal Research Association, American Psychological Association, & National Council for Measurement in Education, 1999; G. Morgan, Gliner, & Harmon, 2001)에서는 타당도를 확립하는 3개의 주요 방법(내용-관련, 준거-관련, 구성요인-관련)을 열거하고 있다.

내용 타당도

개발자들은 어떤 검사의 처음 구성 단계에서 먼저 검사의 내용 타당도에 관심을 가져야 한다. 내용 타당도(content validity)란 측정될 구성개념에 대한 평가 도구의 대표성과 적합성을 말한다. 검사 개발자들은 초기 문항 개발 시에 그들이 측정하고자 하는 변인에 대한 기술과 지식 또는 내용 영역을 주의 깊게 고려해야 한다. 그리고 나서 변인에 대한 이러한 개념화에 입각해서 문항들이 만들어진다. 어떤 지점에서 문항 내용이 너무 많거나 너무 적거나 특정 영역을 배제해야 하거나 하는 것을 결정할 수 있으며, 그에 상응하게 문항들을 변화시킬 수 있다. 만약 해당 주제에 대한 전문가들이 문항들을 결정한다면, 그 전문가들의 수와 자격이 검사 매뉴얼에 포함되어야 한다. 전문가들이 받은 지시문과 판단자 간의 의견 일치의 정도도 매뉴얼에 제공해야 한다. 좋은 검사는 측정되는 주제뿐만 아니라 추가적인 변인들도 포함한다. 예를 들어 실제적인 지식이 하나의 기준이 될 수 있지만, 그 지식의 활용과 자료를 분석하는 능력 역시 중요하다. 따라서 높은 내용 타당도를 가진 검사는 내용 영역의 모든 주요 측면들을 다 포함해야 하며, 정확한 비율 내에서 그렇게 해야 한다.

내용 타당도와 다소 관련된 개념이 안면 타당도이다. 그러나 두 용어가 동의어는 아니다. 내용 타당도는 전문가의 판단과 관련이 있는 반면, 안면 타당도는 검사 사용자에 의한 판단과 관련이 있기 때문이다. 안면 타당도(face validity)는 검사가 측정하고자 하는 것을 측정하는 것처럼 보이는 정도를 나타낸다. 예를 들어 풀어야 할 수학적 연산 문제로 구성된 산수 검사는 높은 안면 타당도를 가진다. 안면 타당도에서 한 가지 문제점은 수검자의 라포이다. 수학 기본 능력을 평가받게 될 기술직 종사 대상자 집단은 상거래와 관련된 것보다 기계와 관련된 단어 문제를 더 잘 풀 것이다. 하지만 일부 검사는 수검자가 고의로 결과를 왜곡할 기회를 감소시키기 위해서 의도적으로 낮은 안면 타당도를 갖게 할 수 있다. 예를 들어 로르샤하 같은 검사는 정신증적 사고와 같은 구성개념을 측정하는 데 낮은 안면 타당도를 가진다. 수검자는 로르샤하 검사가 정신증적 사고를 측정한다는 것을 인식하지 못할 수 있다. 특히 수검자가 특정한 방향으로 결과를 조작하기가 매우 어렵다. 수검 태도와 관련해서 안면 타당도의 중요성에도 불구하고, 실망스럽게도 안면 타당도에 대해서는 공식적 연구가 매우 적으며 검사 매뉴얼에도 보고되지 않는다.

과거에는 내용 타당도가 검사 개발자의 주관적 판단에 입각하여 개념화되고 조작적으로 정의되어 왔다. 결과적으로 내용 타당도가 검사 개발의 초기 단계에서 필수적일지라도, 검사 타당도에서 가장 낮게 선호되는 형태로 간주되었다. 게다가 그것의 유용성은 성취도 검사(이 학생이 수업 내용을 얼마나 잘 학습했는가?)와 인사 선발(이 지원자는 자신이 지원한 직업과 관련된 정보를 알고 있는가?)에 주로 초점이 맞추어져 왔다. 내용 타당도는 보다 최근에 성격과 임상적 평가에서 더 광범위하게 사용되었다(Ben-Porath & Tellegen, 2008/2011; Butcher, Graham, Williams, & Ben-Porath, 1990; Harkness, McNulty, Ben-Porath, & Graham, 2002; Millon, Grossman, & Millon, 2015). 최근에 내용 타당도는 다양한 관점에서 타당도를 확립하기 위해 보다 더 엄격하고 경험에 기반한 접근법과 병행해서 사용되어 왔다.

준거 타당도

타당도를 결정하는 두 번째 주요 접근은 준거 타당도인데, 이는 공존 타당도(concurrent validity), 경험 타당도(empirical validity), 예언 타당도(predictive validity)라고 불리기도 한다. 준거 타당도(criterion validity)는 검사 점수와 외부 측정에서 얻은 일련의 수행을 비교함으로써 결정된다. 이때 외부 측정치는 그 검사가 측정하고자 하는 변인과 이론적인 관련이 있어야 한다. 예를 들어 지능검사는 평균 학업성적과, 적성검사는 직업에 관한 개인의 다른 독립적인 평정치와, 불안검사는 유사한 구성요소를 측정하는 다른 검사들과 상관이 있을 것이다. 두 측정치들 간의 관계는 대개 상관 계수로 표현된다.

준거-관련 타당도는 자주 공존 타당도와 예언 타당도로 구분된다. 공존 타당도는 해당 검사가 실시된 시점과 동시에 혹은 거의 동시에 얻어진 측정치에 대한 것이다. 예를 들어 지능검사는 집단 학업 성취 수준 평가와 동시에 실시될 수 있다. 예언 타당도는 해당 검사 점수가 산출된 이후에 얻어진 외부 측정치를 말한다. 그러므로 예언 타당도는 지능검사를 처음 실시하고 일 년 뒤에 실시한 학업 성취 측정치 간의 상관관계를 통해 평가될 수 있다. 공존 타당도는 종종 예언 타당도 대신에 사용된다. 공존 타당도가 더 간단하고, 더 비용이 적게 들며, 시간이 덜 소요되고, 연구 대상자의 감소가 문제가 되지 않기 때문이다. 그러나 공존 타당도와 예언 타당도 중 어떤 것이 더 선호되는지를 결정할 때 중요한 것은 검사의 목적이다. 예언 타당도는 인사 선발과 분류를 위한 검사에 가장 적합하다. 여기에는 지원자 고용, 특정 직업 훈련 프로그램에 군대 인력 배치, 정서장애 가능성이 있는 개인을 선별하는 것, 정신장애 집단의 어떤 범주가 특정 치료적 접근에 적합한지를 파악하는 것 등이 포함될 것이다. 이러한 상황들은 모두 미래 결과에 대한 예측을 제공하는 측정 도구를 필요로 한다. 이와 달리 공존 타당도는 미래 어느 시점에 수검자에게 발생할 일에 대한 예측보다는 수검자의 현재 상태에 대한 평가가 필요할 때 선호된다. 이러한 구분은 다음과 같은 질문을 통해 요약될 수 있다. "존스 씨가 적응하지 못하고 있는가?"(공존 타당도) 혹은 "존스 씨가 향후에 부적응 문제를 보일 것 같은가?"(예언 타당도)

중요한 고려사항은 특정 검사가 고유의 직업-관련 환경에 적용될 수 있는 정도이다 (Hogan, Hogan, & Roberts, 1996 참고). 이러한 고려사항은 검사 지침에 보고되어 있는 공식적인 타당도보다 사회적 가치 및 평가 결과와 더 많은 관련이 있다(Messick, 1995). 즉 고려중인 해당 검사가 수검자의 작업 환경에 대한 정확한 평가와 예측을 제공할 수 있는가 하는 것이다. 이 질문에 적절하게 대답하기 위해서는 검사자가 검사 지침을 참고해야 하고, 검사의 타당도를 확립하기 위해 사용했던 규준과 피검사자들과 그 검사를 적용하고자 하는 상황 간의 유사성을 평가해야 한다. 예를 들어 고등학교 평균성적 예측에 적절한 준거-관련 타당도를 지닌 적성검사가 대학생 집단의 학업 성취도를 예측할 수 있는가? 만약 검사자가 해당 검사의 상대적인 적용 가능성에 관한 확신이 없다면, 보다 구체적인 일련의 작업을 해야 할 것이다. 첫 번째는 관련된 상황에서 적합한 수행에 필요한 기술을 확인하는 것이다. 예를 들어 성공적인 교사의 기준에는 언어 유창성, 유연성, 좋은 대중

연설 능력 등의 특성이 포함될 수 있다. 다음으로 검사자들은 고려 중인 검사가 각 기술들을 얼마만큼 측정하는가를 평가해야 한다. 마지막 단계는 검사가 측정하는 특성이 검사자가 예측하고자 하는 기술과 관련된 정도를 평가하기 위한 것이다. 검사자는 이러한 평가에 기초하여 해당 검사에서 도출된 예측에 확신을 가질 수 있게 된다. 이와 같은 접근법은 검사자가 검사 지침에 보고된 기준과 임상적 또는 구조적인 환경에서 접하는 변인들을 통합하거나 종합해야 하기 때문에 종종 합성 타당도(synthetic validity)라고 칭하기도 한다.

준거 타당도의 장점은 측정된 변인의 유형에 따라 달라지기도 한다. 보통 일반적으로 지능보다 성격에 영향을 미치는 변인이 더욱 많기 때문에 지능검사나 적성검사가 성격검사에 비해 상대적으로 높은 타당도 계수를 갖는다. 측정되는 특성에 영향을 미치는 변인의 수가 증가함에 따라 이를 파악하는 것은 더욱 어려워진다. 많은 수의 변인이 파악되지 않는 경우, 특성은 예측할 수 없는 방식으로 영향을 받을 수 있다. 이러한 경우 검사 점수가 크게 변동될 수 있기 때문에 타당도 계수가 낮아질 수 있다. 그러므로 검사자는 성격검사 평가 시에 지능이나 적성검사와 같은 높은 타당도 계수를 기대해서는 안 된다. 여기서 유용한 지침은 유사한 검사의 타당도에 대해 조사하고 이것을 고려 중인 검사와 비교하는 것이다. 예를 들어 만약 검사자가 MBTI 외향성 척도에서 예상되는 타당도의 범위를 추정하기를 원한다면, 검사자는 NEO-PI-3이나 아이젱크(Eysenck) 성격검사에 있는 유사한 척도의 타당도와 비교할 수 있다. 따라서 타당도의 상대적인 수준은 검사 구성개념의 특성과 연구되는 변인 모두에 달려 있다.

중요한 고려사항은 측정되는 특성이 비교되는 특성을 예측하는 것이 현실적으로 얼마나 기대할 수 있는 정도인지이다. 예를 들어 지능검사와 학업성취 간의 전형적인 상관은 약 .50이다(Neisser et al., 1996). 그러나 평균 성적이 전적으로 지능의 결과라고는 할 수 없기 때문에, 평균 성적을 결정하는 지능의 상대적인 정도를 추정해야 한다. 이것은 상관 계수를 제곱하고 이것을 다시 비율로 변경하여 계산할 수 있다. 즉 만약 .50의 상관을 제곱하면 25%가 되는데, 이는 지능검사를 통해 측정된 IQ로 학업 성취의 25%가 설명될 수 있음을 의미한다. 나머지 75%는 동기, 수업의 질, 과거의 교육적 경험과 같은 요인을 포함할 것이다. 여기서 검사자가 직면하는 문제는 변산의 25%가 검사가 측정하고자 의도한 목적에 충분히 유용한지의 여부를 결정하는 것이다. 이와 같은 결정은 궁극적으로는 검사자의 개인적인 판단에 달려 있다.

준거 타당도의 주요 문제는 정의할 수 있고 수용 가능하며 실현 가능한 합의된 외부 준거를 찾는 것이다. 지능검사에는 평균 성적이 수용 가능한 준거가 될 수 있는 반면, 대부분의 성격검사에는 적절한 준거를 찾는 것이 더 어렵다. 그러나 많은 연구자들은 소위 지능검사조차도 지능검사보다는 학업 적성검사로 간주하는 것이 좀 더 적절하다고 주장한다. 그러나 준거 타당도의 또 다른 문제점은 준거 측정이 의도치 않게 편향될 가능성이 있다는 것이다. 검사에 대한 지식이 개인의 이후의 수행에 영향을 미칠 때 준거 오염(criterion contamination)이라고 불리는 경우가 발생한다. 예를 들어 부하직원들에 대한 검사 정보를 받은 조직의 관리자가 검사 후에 특정 범주에 속하는 점수를 받은 직원에게 다르게 행동할 수 있다. 이러한 상황은 그 직원에 대한 긍정적 혹은 부정적인 기대를 갖게 할 수 있고, 이것이 그의 수행 수준에 영향을 미칠 수 있다. 이러한 결과로 인해 타당도 계수 수준이 인위적으로 증가할 가능성이 있다. 특히 성격검사와 관련된 이러한 문제들을 해결하기 위해서 타당도를 결정하기 위해 세 번째 주요 방법을 사용해야 한다.

구성 타당도

구성 타당도(construct validity) 방법은 부분적으로는 내용 및 준거 타당도 접근법에서 직면하게 된 부적합성 및 문제점을 해결하기 위해 개발되었다. 내용 타당도의 초기 형태는 주관적인 판단에 너무 많이 의존한 반면, 준거 타당도는 측정되는 구성개념의 영역이나 구조에 대한 작업에서 너무 제한적이었다. 준거 타당도는 종종 적절한 외적 준거를 결정하는 데 합의가 어렵다는 점에서 더욱 문제가 있었다. 구성 타당도의 기본 접근법은 이론적 구성개념 또는 특질을 측정하는 검사의 강력한 사례를 구축하는 것이다. 이러한 구성 타당도 평가는 일반적인 세 단계를 포함한다. 처음에 검사 개발자는 특질에 대해 신중하게 분석해야 한다. 다음으로 그 특질이 다른 변인들과 관련된 방식을 고려해야 한다. 마지막으로는 이러한 가설적 관계가 실제로 존재하는지의 여부를 검증해야 한다(Foster & Cone, 1995). 예를 들어 지배성(dominance)을 측정하는 검사는 리더 역할을 하는 개인과 높은 정적 상관관계가 있어야 하고, 순종성 측정치와는 강한 부적 상관관계가 있어야 하며, 개방성과 같이 해당 특질과 관련이 없는 측정치와는 상관이 낮아야 한다. 마찬가지로 불안을 측정하는 검사는 일종의 신체적 고통을 포함하는 실험과 같이 불안을 유발하는 상황에서의 개인의 측정치와 강한 정적 상관관계가 있어야 한다. 이러한 가설적 관계가 연구에 의해 검증됨에 따라, 측정치의 구성 타당도의 사례는 보다 강력해지고 검사의 신뢰도 또한 증가한다.

구성 타당도를 측정하기 위한 단일한 최선의 방법은 없다. 다만 다양한 가능성들이 존재한다. 예를 들어 만약 어떤 능력이 연령에 따라 증가할 것으로 예상된다면, 일반 전집의 검사 점수와 연령 간의 상관관계를 구할 수 있다. 이러한 방법이 일반 지식의 축적이나 운동-협응과 같은 변인에는 적절할 수 있으나, 대부분의 정서 측정치에는 적용할 수 없을 것이다. 또한 축적된 지식이나 운동-협응 측정에서도 이 방법이 성숙한 연령을 넘어서는 경우에는 적합하지 않을 수 있다. 구성 타당도를 결정하는 또 다른 방법은 실험 혹은 치료적 개입의 효과를 측정하는 것이다. 그러므로 만일 이전의 사전검사 측정치와 관련하여 치료적 개입이 검사 점수에 영향을 주었는지를 알아보려 한다면, 개입 기간 직후에 사후검사 측정을 수행할 수 있다. 예를 들어 수검자가 산술 연산 과정을 이수한 뒤에는 산술 능력 시험 점수가 증가할 것으로 예상될 것이다. 많은 경우에 상관관계는 유사한 변인을 측정하는 것으로 생각되는 다른 검사 간에 산출될 수 있다. 단축형이거나 시행이 용이하거나 예측 타당도가 더욱 우수하다는 등의 부가적인 장점이 없는 한, 기존의 검사와 지나치게 높은 상관관계가 있는 새로운 검사는 불필요하게 중복된 것이다. 이러한 타당도와 관련된 것으로, 검사 방법이 검사 점수에 주된 책임이 있지는 않다는 데 대한 논쟁이 있었다. 즉 불안을 측정하기 위해 개발된 진위형 검사(true-false test)는 음식에 대한 선호를 측정하는 검사의 진위형 검사와는 상관이 낮아야만 한다. 만약 이 점수가 이론적으로 관련이 없음에도 상관이 높다면, 해당 검사 점수가 측정하고자 하는 내용보다는 진위형 검사라는 사실에 크게 영향을 받은 것일 수 있다.

요인분석은 서로 다른 심리적 특질의 상대적인 강점을 확인하고 평가하기 위해 사용되기 때문에 특히 구성 타당도에 적합하다. 또한 요인분석은 다른 검사를 통해 측정된 요인들 및 주요인을 파악하기 위해 개발된 검사에서도 사용될 수 있다. 그러므로 요인분석은 범주들을 공통 요인이나 특질들로 축소함으로써 하나 이상의 검사를 단순화하는 데 사용될 수 있다. 검사의 요인 타당도(factorial validity)는 해당 검사의 어떠한 요인에 대한 상대적인 가중치 혹은 부하량(loading)이다. 예를 들어 만일 불안 측정치에 대한 요인분석을 통해 그 검사가 불안의 인지적, 정서적, 심리적 측면을 측정하는 3개의 명확한 요인으로 구성되어 있음을 결정할 수 있다면, 해당 검사는 요인 타당도가 있다고 할 수 있을 것이다. 만일 세 요인이 검사가 측정하고자 한 것의 상당한 부분을 명확하게 설명한다면, 이는 특히 사실일 것이다.

구성 타당도를 확립하기 위한 요소로 사용되는 또 다른 방법은 특정한 하위검사와 그 검사의 총점 간의 상관관계를 산출하여 내적 일치도의 정도를 추정하는 것이다. 예를 들어 만일 지능검사의 하위검사가 전체지능과 적절한 상관이 없으면, 이 하위검사를 배제하거나 상관관계를 증진시키는 방향으로 수정되어야 한다. 구성 타당도를 확립하기 위한 마지막 방법은 검사가 이론적으로 유사한 변인들과 수렴(converge)되거나 높은 상관관계가 있는지를 살펴보는 것이다. 검사는 이와 같은 수렴 타당도를 보여 줄 뿐만 아니라 해당 검사와 유사하지 않은 변인들과는 상관이 낮다는 것을 제시해 줌으로써 변별 타당도가 있음을 보여 주어야 한다. 따라서 독해 점수는 문학 수업에서의 수행과는 높은 정적 상관관계가 있고 수학과 관련된 수업에서의 수행과는 낮은 상관관계가 있을 것이다.

변별 및 수렴 타당도와 관련된 것이 평가 도구가 다양한 범주를 식별하는 민감성과 특수성의 정도이다. 민감성이 평가 도구가 감별한 진 양성(true positives)의 백분율을 나타낸다면, 특수성은 진 음성(true negatives)의 상대적인 백분율을 말한다. 구조화된 임상 면담은 병동에 입원하는 조현병 환자들의 90%를 정확하게 감별해 준다는 점에서 매우 민감한 것일 수 있다. 그러나 이것은 조현병이 아닌 30%의 사람들을 조현병 환자라고 잘못 분류할 수도 있다는 점에서 특수성을 충분히 갖고 있지는 않을 수 있다(70%의 진 음성 비율). 민감성과 특수성을 결정하는 데서의 어려움은 정신과적 진단, 지능 또는 성격 특성과 같은 범주들에 대한 객관적으로 정확하고 공인된 외적 준거를 개발하는 데 있다.

논의된 다양한 접근법들에서 나타난 바와 같이, 구성 타당도를 결정하는 빠르고 효율적이며 단일한 방법은 존재하지 않는다. 구성 타당도를 수립한다는 것은 강력한 사례를 구축하고 증거를 축적하는 것이다. 이러한 과정은 연구 결과가 이후의 검사 점수에 부여될 수 있는 의미를 결정하기 위해 일련의 가설을 검증하는 것과 유사하다(Foster & Cone, 1995; Messick, 1995). 내용 타당도 접근법과 준거 타당도 접근법으로부터 얻은 자료들을 포함하여 거의 모든 자료가 사용될 수 있으며, 지지하는 자료가 많을수록 해당 검사가 사용될 수 있다는 신뢰도 수준도 향상된다. 결과적으로 구성 타당도가 타당성을 검증하는 가장 강력하고 정교한 방법이라는 것을 알 수 있다. 모든 유형의 타당도는 여러 면에서 구성 타당도의 하위 범주로 간주될 수 있다. 구성 타당도는 측정 가능한 특질이나 능력에 대한 이론적인 지식, 관련된 다른 변인들에 대한 지식, 가설 검증 그리고 지금껏 검토되어 온 다른 변인들의 구조적 망(network)과 해당 검사 변인의 관계에 대한 진술을 포함한다(G. T. Smith, 2005). 그러므로 구성 타당도는 새로운 관계가 항상 확인되고 탐색될 수 있는 끊임없는 과정이다.

임상 실제에서의 타당도

비록 어떤 검사가 개발되는 동안 높은 수준의 타당도를 지니고 있음이 밝혀졌다고 하더라도, 그 검사가 특정한 내담자의 특수한 상황에서도 역시 타당하다는 점이 반드시 뒤따르지는 않는다. 실제로는 다양한 변인들이 검사 결과에 영향을 끼치기 때문에, 검사는 어떤 절대적인 기준에서는 결코 타당할 수 없다. 따라서 중요한 쟁점은 검사가 도출해 낸 타당도의 일반화 정도이다. 이러한 일반화는 부분적으로 검사를 개발하는 다양한 단계 동안 사용된 집단과 실제 검사 대상이 된 집단 및 상황의 유사성에 달려 있다. 또한 임상 실제에서의 타당도는 각 검사의 정확성을 증진시키기 위해 검사들을 함께 사용할 수 있는 범위에 달려 있다. 따라서 일부 검사들은 사용된 정보 수가 늘어나는 만큼 전반적인 정확성이 향상된다는 점에서 증분 타당도(incremental validity)를 보여 준다. 즉 증분 타당도는 이미 알려진 것 이상의 정보를 만들어 내는 검사의 역량을 말한다. 또 다른 중요한 고려사항은 가설을 세우고 그 가설들을 검증하며 가설 검증을 통해 얻은 자료를 종합하여 한 개인에 대한 일관성 있고 통합적인 모습을 그려 내는 임상가의 능력이다(이 과정에 대한 전체적인 논의에 관해서는 Wright, 2010 참고). Maloney와 Ward(1976)는 타당도에 대한 후자의 접근을 개념 타당도(conceptual validity)라고 언급했는데, 이는 한 개인에 대해 개념적으로 일관적인 설명을 만들어 내는 것을 포함하기 때문이다.

증분 타당도

한 검사가 유용하고 효율적이라고 여겨지기 위해서는 더 쉽고 적은 비용으로 얻어질 수 있는 결과 이상의 그것을 넘어서는 정확한 결과를 산출할 수 있어야 한다(Hunsley & Meyer, 2003). 만일 임상적인 기술이 개인력이나 의뢰 사유를 통해 알 수 있는 기본 정보만큼 정확하다면, 심리검사는 필요가 없을 것이다. 또한 증분 타당도는 비용-효과와 관련하여 평가되어야 한다. 심리검사는 2% 정도 정확한 진단의 상대적인 비율을 증가시키거나 적중률을 높임으로써 증분 타당도를 제시할 수 있을 것이다. 그러나 임상가는 정확도의 작은 증가가 해당 검사를 진행하고 해석하는 데 필요한 추가 비용과 시간만큼 가치가 있는지에 대해 의문을 가질 필요가 있다. 임상가들은 자신의 시간을 보다 생산적으로 직접 치료에 투입할 수 있을 것이다.

1950년대에 신뢰도와 타당도가 낮은 검사들에 대한 이론적 방어 중 하나는 검사를 조합해서 사용하는 경우 그 정확성이 향상될 수 있다는 것이었다. 즉 여러 다른 검사들에서 도출된 결과가 부정확한 해석을 수정할 수 있도록 견제와 균형을 제공할 수 있다는 것이었다. 이를 경험적으로 검증하기 위해 사용한 일반적인 전략은 첫째, 개인력을 얻고 이러한 자료들에 입각해서 검사 결과를 해석하고 결정을 내린 후 외적 준거에 입각하여 검사의 정확성을 검증하는 것이었다. 다음으로 MMPI와 같은 검사를 실시할 수 있으며, 그것에 기반하여 해석과 결정의 정확성을 평가할 수 있다. 마지막으로 임상가는 처음 두 조건 중 어느 하나와 2개를 조합한 정보 간에 해석/결정에서 향상된 정도를 평가하기 위해 두 정보 세트 모두를 사용할 수 있다.

사용된 검사 수가 많아질수록 평가집(assessment battery)의 전반적인 타당도가 더 증가될 것이라는 생각은 논리적인 것처럼 보인다. 그러나 임상 실제에서 사용되는 심리검사들에 대한 연구는 심리검사들이 낮은 증분 타당도를 가지고 있음을 종종 보여 주었다. 오래되기는 했지만 대표적인 Kostlan(1954)의 연구에서는 정신과 외래 남자 환자들을 대상으로 개인력, 로르샤하, MMPI, 문장완성검사들과 같은 검사들의 유용성을 비교했다. 20명의 경험이 풍부한 임상가들은 검사 자료의 각기 다른 조합을 해석하였다. 그들의 결론은 성격 기술에 대한 긴 평정척도를 사용한 준거 평정지들과 반대되게 조합되었다. 연구의 결론은 대부분의 정보들 중 나이, 직업, 학력, 결혼 여부, 간략한 의뢰 사유만을 사용한다면 임상가들이 더 이상 정확하지 않다는 것이다. 예외적인 것은 바로 사회적 개인력과 MMPI의 조합에 기반한 것이 가장 정확한 기술(description)이었다는 점이다. 이와는 반대로, 심리검사는 때때로 증분 타당도를 명확하게 제시하기도 하였다. Schwartz와 Wiedel(1981)은 신경과 수련의들이 MMPI를 과거력, 뇌전도(EEG), 신체검사 자료와 함께 사용할 때 더 정확한 진단을 내린다는 것을 보여 주었다. 이는 아마도 MMPI의 특정한 신경학적 프로파일 때문이라기보다는 MMPI가 수련의들이 다른 가능한 진단들을 배제하도록 함으로써 진단의 정확성을 높였기 때문일 것이다.

임상 심리학자들은 종종 복잡한 심리검사들에 입각해서 일련의 행동 예측을 하려는 시도를 한다. 비록 이런 예측들의 정확도 수준은 다양하지만, 이러한 정보를 획득하는 보다 간단하고 효율적인 방법은 단순히 내담자들에게 자신의 행동을 예측하도록 요청하는 것이다. 어떤 상황에서는 자기예측이 심리검사보다 더 정확한 것으로 밝혀진 반면, 다른 상황에서는 검사들이 더 정확한 것으로 밝혀졌다(Shrauger & Osberg, 1981). 자기평가의 장점은 시간과 비용 면에서 더 효율적이고 평가자와 내담자 간의 유대적 관계를 촉진시킬 수 있다는 것이다. 반대로 공식적인 검사와 비교했을 때 자기평가는 사회적 바람직성, 귀인 오류, 부적응에 기인된 왜곡, 내담자의 상대적인 자기인식 등에 더 취약하다는 단점이 있다. 임상가들은 자기평가와 공식적인 심리검사들 중 어떤 것을 사용할지 결정하기 전에 이러한 요인들을 신중하게 고려해야 한다. 비록 자기평가를 공식 검사와 함께 사용하는 것의 증분 타당도는 충분히 연구되어 오지 않았지만, 이것은 개념적으로 향후 연구를 위해 잠재적으로 유용한 전략이 될 수 있다.

증분 타당도 연구에 대한 개관(Garb, 1998, 2003, 2005b)은 많은 일반적인 결론을 제공해 주었다. 비록 MMPI가 광범위한 정보에 추가될 때는 그 증가치가 매우 작지만, MMPI를 배경 정보(background data)에 추가하는 것은 일관성 있게 타당도를 증가시켰다. 그러나 검사집에 투사적 검사를 추가하는 것은 일반적으로 증분 타당도를 높이지는 않았다. Lanyon과 Goodstein(1982)은 일반적으로 개인력이 심리검사 정보보다 더 선호된다고 주장했다. 더 나아가 단일 검사를 개인력과 함께 결합하여 사용하는 것이 많은 수의 검사들을 개인력과 함께 사용하는 것만큼이나 일반적으로 효과적이라고 주장했다. 어떤 연구들은 단지 MMPI가 MMPI, 로르샤하, 문장완성검사 등을 포함한 검사집보다 더 낮다는 것을 발견했으나(Garb, 1984, 1994a, 1998, 2005b), 그와는 반대로 다른 연구들은 로르샤하가 검사집의 증분 타당도를 높인다는 것을 확인하기도 했다(G. Meyer, 1997; Weiner, 1999).

많은 전통적인 심리검사가 낮은 증분 타당도를 가지고 있음이 제시된 것은 연구의 취약점과 해결되지 않은 질문들과도 관련이 있을 것이다. 첫째, 최적의 다중 절단점(multiple cutoff scores)과 다중회귀식에 입각하여 통계적으로 도출된 예측과 해석에 대한 연구가 거의 이루어진 바 없다. 그러나 MMPI-2, CPI(California Personality Inventory)와 같은 검사에 대한 최근 연구에서는 이와 같은 접근을 강조해 왔다. 예를 들어 CPI 점수, SAT 점수, GPA, IQ와 같은 변인에 대한 통합된 가중치는 특정 프로그램에서의 성공을 예측하기 위해 통합될 수 있다는 것이다(예를 들어 Aegisdottir, White, Spengler, Maugherman, Anderson, Cook et al., 2006; Grove, Zald, Lebow, Snitz, & Nelson, 2000). 이러한 접근법을 이용한 추후 연구들은 광범위한 평가 기법을 위한 더 높은 증분 타당도를 산출할 수 있을 것이다. 둘째, 여러 다른 검사들이 특정 집단(population)의 특수한 상황에서 더 높은 증분 타당도를 나타낼 수 있는 방법에 대해 조사한 연구들이 거의 없다. 대신에 거의 대부분의 연구는 특수한 환경과 맥락, 개인을 포함하려는 시도 없이 전반적 성격 기술의 타당도에만 초점을 맞춰 왔다. 마지막으로 대부분의 선행 연구가 전반적인 성격 기술에 초점을 맞춰 왔기 때문에, 어떤 검사들은 매우 구체적인 특질과 행동을 예측할 때보다 높은 증분 타당도를 나타내 준다.

개념 타당도

임상 실제에 매우 적절한 타당도를 결정하기 위한 또 다른 방법은 개념 타당도(conceptual validity)이다(Maloney & Ward, 1976). 검사 자체의 이론적인 구성개념을 평가하는 것과 주로 관련이 있었던 전통적인 방법(내용 타당도 등)과는 달리, 개념 타당도는 고유한 개인력과 행동을 가진 개인에 초점을 둔 것이다. 이는 임상가의 결론이 수검자에 대한 정확한 진술이 될 수 있도록 검사 정보를 평가하고 통합하는 수단이다. 구성 타당도 또한 구성개념들 간의 특정 가설적 관계를 검증하고자 한다는 점에서 개념 타당도와 유사하다. 마찬가지로 개념 타당도 역시 구성개념을 검증하는 것에 관심이 있지만, 개념 타당도에서의 구성개념은 검사 자체보다 개인과 관련이 있다.

개념 타당도를 결정할 때, 검사자는 일반적으로 어떤 구성개념도 발달시키지 않은 개인에서부터 시작한다. 그 다음 단계는 관찰하고 정보를 모으며 다양한 가설들을 만드는 것이다. 만약 검사 자료, 행동 관찰, 개인력, 추가적인 정보 등에서 일관적인 추세를 통해 이러한 가설들이 입증될 수 있다면, 해당 가설들은 개인에 대한 타당한 구성개념을 대표하는 것으로 간주될 수 있다. 특정한 상황에 있는 개인에게 초점을 두고 다양한 출처로부터 정보를 얻어야 한다. 구성개념에 대한 개념 타당도는 그러한 자료의 논리와 내적 일치도에 기반을 두고 있어야 한다. 이전에 발달된 구성개념으로부터 시작하는 구성 타당도와는 달리, 개념 타당도는 최종 결과물로서 구성개념을 산출한다. 이것의 목적은 이러한 구성개념들이 개인이 직면할 수 있는 고유의 문제를 해결하도록 돕기 위해 사용될 수 있는 타당한 정보원을 제공하는 것이다.

임상적 판단

모든 인간의 상호작용은 상호적이고 지속적으로 변화하는 지각을 포함한다. 임상적 판단은 내담자에 대한 정확한 기술을 하기 위해 가능한 모든 정보원을 사용하려고 시도하는 임상가의 특별한 지각의 일례이다. 이러한 정보원은 검사 자료, 개인력, 진료 기록, 개인 면담일지, 언어적/비언어적인 행동 관찰 등을 포함할 수 있다. 임상적 판단과 관련된 쟁점과 절차는 자료를 취합하고 종합하는 것, 임상적 기술과 통계적 기술 간의 상대적인 정확성, 심리평가 보고서에 포함되어야 할 정보를 결정하는 판단력 등을 포함한다. 이러한 일련의 과정은 임상가가 내담자를 평가할 때 진행하는 과정과 유사하다.

자료 수집과 통합

자료 수집과 통합의 강점 및 약점과 관련된 대부분의 연구는 평가 면담에 초점을 두어 왔다(3장 참고). 그러나 면담 동안 이루어지는 임상적 판단과 관련된 쟁점과 문제점 또한 검사 자료의 수집과 통합에 함의를 지닌다. 모든 정보원에서 자료를 수집할 때 가장 필수적인 요소 중 하나는 최적의 수준의 라포를 형성하는 것이다. 라포는 내담자들이 최적의 수준으로 수행할 가능성을 증가시킨다. 만약 라포가 충분히 형성되지 않는다면, 개인으로부터 얻는 자료는 부정확할 가능성이 높다.

또 다른 중요한 문제는 면담 자체가 일반적으로 내담자의 반응 및 이러한 반응에 대한 임상가의 반응에 의해 유도된다는 것이다. 면담에서 보인 내담자의 반응은 그를 잘 나타내 주는 대표적인 반응이 아닐 수 있는데, 이는 일시적인 조건(스트레스가 많은 날, 잠이 부족한 날 등) 또는 의식적/무의식적 반응 왜곡 같은 요인들 때문이다. 또한 내담자의 반응에 대해 임상가의 해석이 필요하기도 하다. 이러한 해석은 성격 이론, 연구 자료, 임상가의 전문적이고 개인적인 경험 등의 조합에 의해 영향을 받는다. 일반적으로 임상가는 내담자의 반응을 근거로 가설을 형성하고 그가 관찰한 것을 해당 문제에 대한 임상가의 이론적인 이해와 통합하게 된다. 이와 같은 가설은 면담을 통한 질문과 검사 자료를 통해 보다 상세하게 탐색되고 검증되며, 그 결과 가설을 확인하고 수정하며 삭제할 수 있다. 따라서 질문의 유형, 첫인상, 라포 수준 또는 이론적 관점을 포함한 여러 가지 다른 방향에서의 정보로 인해 잠재적으로 이러한 과정에 편견이 포함될 수 있다.

임상가는 보통 비구조화된 그리고 반구조화된 면담(unstructured and semistructured interview)을 통해 내담자에 관한 많은 초기 정보를 수집한다. 비구조화된 접근법은 정보를 수집하고 해석하는 과정에서 유연성을 제공하고, 개인의 고유성에 초점을 두고 있으며, 개인적인 의미에 있어서 풍부하다. 반면에 비구조화된 접근법의 중요한 단점은 임상가 역시 대부분의 다른 사람들처럼 다양한 개인적, 문화적 편견에 영향을 받을 수 있다는 것이다. 예를 들어 임상가는 첫인상에 입각해서 부정확한 가설을 형성할 수도 있다(초두 효과(primacy effect)). 임상가는 결국 부당한 근거들을 객관적으로 탐색하려고 하기보다는 기대되는 반응을 얻으려고 하는 등 부정확한 가설을 잘못 확증하려고 할지 모른다. 이에 임상가는 자신이 선호하는 성격 이론, 후광 효과, 기대 편향(expectancy bias) 그리고 문화적 고정관념에 의해 과도하게 영향을 받을 수 있다. 잠재적인 오류의 근원이 되는 이러한 영역들은 임상적 판단이 믿을 만한지에 대해 많은 의문을 갖게 한다.

임상적 판단의 정확성

임상가는 자료를 수집하고 조직화한 후 내담자에 대해 최종 판단을 내려야 한다. 이러한 판단의 상대적인 정확성을 결정하는 것이 매우 중요하다. 어떤 경우에는 임상적 판단이 명백하게 오류인 경우도 있는 반면에, 다른 경우에는 매우 정확할 수도 있다. 문화적 편향이 개입될 수 있기 때문에, 임상가는 임상적 판단을 내릴 때 문화적 맥락과 개인적 신념을 고려해야 한다. 임상가는 정확성을 높이기 위해 어떻게 오류가 발생할 수 있는지, 오류를 어떻게 수정할 수 있는지를 알아야 하며, 전문화된 훈련의 상대적인 장점에 대해서도 알아야 한다.

부정확한 판단의 가능한 원인 중 하나는, 임상가들이 종종 일반 전집에서 특정 행동, 기질 혹은 진단이 발생할 기저율을 고려하지 않는 것이다(faust, 1991; S. Hawkins & Hastie, 1990; Wedding & Faust, 1989). 예를 들어 정신병원의 접수 면접에서 아마도 검사 시행의 5%는 위 양성(false positive)을 보일 수 있으며, 5% 정도는 위 음성(false negative)를 보일 수 있다. 만약 어떤 사람이 검사를 받고 조현병 양성 결과가 나왔다면, 그 사람이 정말로 조현병일 것이라는 90%나 95%의 확률은 별로 필요가 없다. 왜냐하면 조현병은 기저율이 낮기 때문에(예를 들어 일반 전집의 대략 1% 정도가 조현병을 가지고 있으므로), 그 사람이 조현병이 아닐 확률은 실제로는 10%보다 더 높다.

임상가들이 그들이 내린 진단의 정확성 혹은 행동적 예측이나 성격적 기질같이 빈번하게 사용되는 판단 혹은 그들이 제시한 권고 사항의 상대적인 성과에 대해서 피드백을 받는 경우는 거의 드물다(Garb, 1989, 1994a, 1998, 2005b). 그렇기 때문에 결론에 이르게 한 부정확한 책략은 거의 수정되지 않은 채 계속될 가능성이 있다.

오류의 또 다른 원인으로는 자료 수집 과정에서 초기에 얻은 정보가 나중에 얻은 정보보다 더 중요하게 여겨지는 경향이 자주 있다는 것이다(초두 효과). 이는 의사결정 과정에서 다른 시작점이 다른 결론을 초래할 수 있음을 의미한다. 임상가가 초기에 판단을 내리고 이 판단이 맞는지 확증하기 위해 이를 뒷받침할 정보를 찾는다면 이러한 오류는 더욱 강화될 수 있다. 확증적 편향(confirmatory bias)의 결과는 특히 가설-검증 상황에서도 일어나기 쉬운데, 이는 임상가가 그들의 가설을 지지하는 정보뿐만 아니라 지지하지 않는 정보 모두를 충분히 찾지 않기 때문이다(Haverkamp, 1993). 가장 문제가 되는 예는 임상가가 내담자의 행동을 해석하고 나서 내담자와 작업할 때 임상가가 내린 해석이 맞다는 것을 설득할 때 발생한다(Loftus, 1993).

대인지각 정확성(person perception accuracy)에 대한 연구는, 어느 누구도 한결같이 정확하게 판단하기 어렵다고 할지라도, 어떤 사람은 타인을 더 잘 정확하게 지각한다는 것을 보여 주었다. Taft(1955)와 P. E .Vernon(1964)은 대인지각 정확성에 대한 초기 연구를 요약하였는데, (성인에서) 정확도가 연령과 관련되어 있지 않으며 남성과 여성 간에는 정확도에서 경미한 차이가 있었다(여성이 약간 더 정확하였다). 이들은 다른 사람에 대한 정확한 지각이 지능, 예술적/극적 관심, 사회적 무관심 그리고 좋은 정서적 적응 능력과 정적으로 연관되어 있다는 것을 제시하였다. 권위주의적인 성격은 정확하지 않은 판단을 하는 경향이 있다. 정확성은 많은 사례에서 인종과 문화적 배경에서의 유사성과 관련이 있었다(P. Shapiro & Penrod, 1986). 어떤 경우에는 심리학자의 임상적 경험의 양과 정확성이 단지 약하게 관련되어 있다는 연구 결과도 있으며(Garb, 1989, 1992, 1994a, 1998, 2005b), 어떤 판단에서는 심리학자가 자연과학자와 인사과 직원과 같은 비전문가 그룹보다 더 나은 판단을 내리지 못한다는 결과도 존재한다(Garb, 1992, 1994a, 1998, 2005b). 공식적인 심리평가와 면담이 함께 이루어져야 하고, 통계적 해석 방법이 함께 사용될 때 임상적 판단의 정확성이 더 향상될 수 있다. 주관적인 검사 해석이 임상적 판단과 결합되는 경우에 정확성의 향상이 있을지에 대해서는 의문의 여지가 있다(Garb, 1984, 1989).

논리적으로 생각해 볼 때, 임상가가 그들의 판단의 정확성에 대해 더 자신감을 느낄수록 그들의 판단이 정확할 것이라고 추정할 수 있다. 하지만 여러 연구 결과에 따르면, 자신감은 정확성과 별 관련이 없는 것으로 나타났다(E. Kelly & Fiske, 1951; Kleinmuntz, 1990). Kelly와 Fiske는 심지어 재향군인센터의 훈련 프로그램에서 피훈련자에게 성공적인 효과를 예측하는 데 자신감의 정도가 역상관이 있다는 것을 발견하였다. 여러 연구(Kareken & Williams, 1994; Lichtenstein & Fischoff, 1977)들은 사람들이 일반적으로 판단에 대해 과신하는 경향이 있다는 결론을 내렸다. 결과에 대한 지식을 얻을 수 있을 때, 임상가들은 일반적으로 결과 지식을 얻기도 전에 그들이 알고 있었다고 생각한 것을 과대 추정하였다. 이러한 과신은 흔히 사후 과잉 확신 편향(hindsight bias)과 관련이 있는데("난 이미 모두 다 알고 있었어"), 이로 인해 결과에 대한 지식이 판단에 영향을 미쳤다는 것을 부인하게 된다. 역설적으로 어떤 영역에서의 경험과 지식이 증가할수록 판단에 대한 자신감이 일반적으로 감소하게 된다. 임상가가 매우 지식이 많지 않는 한 그리고 그러한 경우에 중간 수준의 자신감을 가지고 있는 경향이 있을 때 이러한 관찰이 특히 사실인 것으로 밝혀졌다(Garb, 1989). 또한 자신감은 그들의 판단이 사회적으로 책임감이 필요할수록 더 높았다(Ruscio, 2000). 따라서 더 경험이 풍부한 임상가와 더 사회적으로 책임이 있는 사람들이 그들의 자신감 수준을 더 높게 평정하였다. 임상적 판단에서 중요한 것은 임상가가 법조인보다 더 판단을 잘 내릴 수 있는지 그리고 임상 훈련의 양이 정확성을 향상시킬 수 있는지의 여부이다. 이는 만일 심리학자가 전문가 참고인으로서 법적 판결 시스템에서 서비스를 제공한다면 특히 중요한 문제라고 할 수 있다. 연구에 대한 개관에서는 임상 훈련의 가치를 일반적으로 지지하고 있지만, 이는 평가된 영역에 달려 있다. 예를 들어 Garb(1922)는 "임상가는 많은 과제에서 신뢰롭고 타당한 판단을 내릴 수 있으며, 그들의 판단은 법조인의 판단보다 종종 더 타당하다(p. 451)"라고 결론을 내렸다. 특히 임상가는 임상적 진단, 정신 상태에 대한 평정, 면담 정보와 관련된 많은 영역, 폭력에 대한 단기적(그리고 장기적으로도 가능한) 예측, 심리검사 해석(WAIS, MMPI), 법의학적인 지식, 역량 평가, 신경심리검사 결과, 심리치료 자료 그리고 신상 자료와 같이 상대적으로 복잡한 기술적(technical) 영역에서 더 정확한 판단을 내린다고 밝혀졌다(먼저 Garb, 1998을 보고, 1984, 1989, 1992, 1994a도 참고하라). 이와 반대로, 훈련된 임상가가 투사적 검사 결과에 입각한 판단과 면대면 상호작용에 입각한 성격 기술에서 경험이 부족한 사람(비전문가, 초보 수련자)에 비해 더 나은 수행을 보이지 않았다(Garb, 2005b; Witteman & van den Bercken, 2007).

앞서 기술한 자료들은 임상적 판단에서 오류가 발생할 수 있고 실제로 발생한다는 것을 나타내 준다. 따라서 이는 중요하며, 특히 재판에서 전문가로서 역할을 할 때 중요하다. 임상가는 임상적 판단에 관한 문헌에 친숙해야 하며, 이러한 정보를 기반으로 판단의 정확성을 향상시켜야 한다. 이에 Garb(1994a, 1998, 2005b)와 Wedding과 Faust(1989)는 다음과 같은 권고를 하고 있다.

1. 중요한 정보를 간과하는 것을 피하기 위해, 임상가는 면담할 때 종합적이며 구조화된 혹은 적어도 반구조화된 접근법을 사용해야 한다. 이는 긴급한 임상적 판단(타해나 자해의 위험)을 해야 할 때 특히 중요하다.

2. 임상가는 자신의 가설을 지지하는 자료뿐만 아니라 지지하지 않는 증거 역시 주의 깊게 고려하고 포함시켜야 한다. 이러한 방법은 사후 과잉 확신 편향과 확증적 편향의 가능성을 줄여 줄 수 있다.

3. 진단은 『정신질환의 진단 및 통계 편람』(DSM-5; American Psychiatric Association, 2013)이나 『국제질병분류』(ICD-10; World Health Organization, 1992)에 포함된 구체적인 준거에 입각한 것이어야 한다. 특히 이는 성별이나 민족성에 의한 편향에 기인된 추론 때문에 발생하는 오류를 막을 수 있다.

4. 기억은 오류가 발생하기 쉬운 재구조화 과정이므로, 임상가는 기억에 의존하는 것을 가급적이면 피하고 가능한 한 주의 깊게 기록한 것을 참고해야 한다.

5. 임상가는 예측을 할 때 가능한 한 기저율에 주목해야 한다. 이를 고려하는 것은 잠재적으로 해당 전집이나 맥락에서 얼마나 자주 그러한 행동이 나타나는지에

대한 대략적인 추정치를 제공한다. 그러면 어떤 임상적 예측도 이러한 기저 발생률에 의해 유도되며, 기저율을 기반으로 임상적 예측이 향상될 가능성이 있다.

6. 임상가는 가능하면 그들이 내린 판단의 정확성과 유용성에 대한 피드백을 구해야 한다. 예를 들어 심리평가 보고서는 이상적으로는 그것의 명확성, 신중성, 정확성 그리고 정보의 유용성에 대해서 평가 양식을 사용하여 추적 조사가 이루어져야 하며(의뢰원에 의해 완성될 수 있는), 권고사항이 보고서에 포함되어야 한다.

7. 임상가는 가능한 한 많이 그들이 평가하는 사람이나 집단과 관련된 이론적 그리고 경험적 자료들에 대해 배워야 한다. 이렇게 하는 것은 임상가가 종합적인 정보를 취득하는 전략을 발전시키는 것을 잠재적으로 도울 수 있고, 그들이 내린 판단의 정확성에 대해 정확한 평가를 할 수 있게끔 하며, 기저율에 대한 적합한 정보를 그들에게 제공한다.

8. 임상가는 과거와 최근의 추세에 대한 그들의 지식을 끊임없이 새롭게 갱신하기 위해 임상적 판단에 대한 문헌에 친숙해야 한다.

때때로 심리학자들은 법정 절차에서 임상적 판단과 연관된 문제에 봉착할 때가 있다. 만일 앞서 기술한 단계를 취했다면, 심리학자들은 그들이 그러한 문제에 대한 문헌을 잘 알고 있으며 임상적 판단 시 부정확성을 경계하기 위해 적절한 단계를 취했다고 정당하게 응대할 수 있을 것이다. 더 중요하게는 이러한 단계를 취함으로써 내담자 및 의뢰원과 관련된 임상가의 서비스의 질이 향상될 가능성이 높다는 것이다.

임상적 예측 대 보험통계적 예측(Clinical Versus Actuarial Prediction)

Meehl(1954)은 60여 년 전에 똑같은 자료 모음(개인력, 인구통계학적 자료, 검사 프로파일)을 사용하여 임상적 판단과 통계적 공식의 상대적인 정확성을 비교하는 연구들에 대한 개관을 출판하였다. 임상적 접근은 내담자에 대한 결정에 도달하기 위해서 임상가들의 판단을 사용하는 반면에, 보험통계적 접근은 단일/다중 절단점과 회귀방정식과 같은 경험적으로 도출된 공식을 사용한다. Meehl의 개관은 군대 배치, 대학에서의 성공, 범죄 재범,

심리치료에서 이득을 얻는 것과 같은 많은 장면을 포괄하였다. 그는 통계적 결정이 일관성 있게 임상적 판단을 능가한다고 결론을 내렸다(Meehl, 1954, 1965). 일부 연구자들은 뒤이은 논문들에서 활발히 이에 대해 논쟁을 했지만, Meehl의 결론이 일반적으로 지지되었다(Aegisdottir et al., 2006; Garb, 1994b; Grove et al., 2000; Kleinmuntz, 1990). 임상적 판단과 비교했을 때, 보험통계적 방법을 사용하는 것이 13% 더 정확한 것으로 추정되었다.

보험통계적 접근 방법에 대한 경험적 지지에도 불구하고 몇 가지 실용적 그리고 이론적 쟁점이 함께 고려될 필요가 있다. 자료를 통합하고 결론에 이르게 하는 임상적 접근은 많은 영역에서 임상가로 하여금 탐색하고 조사하게 하고 임상가의 이해를 깊이 있게 한다. 이러한 탐색은 통계적 공식이나 검사가 측정할 수 없는 영역을 포함하는 경우가 많다. 면담이 종종 행동 관찰과 개인력의 독특한 측면에 대한 자료를 얻을 수 있는 유일한 방법일 때가 있다. 발생률이 낮은 특유한 사건은 비록 이러한 사건을 감안한 통계 공식이 없다고 할지라도 임상가의 결론을 유의미하게 변화시킬 수 있다. 특이하고 잘 일어나지 않는 사건들이 내담자 삶의 어느 한 시점에서 발생하는 경우가 상당히 흔하다. 그리고 그러한 사건들이 평가 과정 중에 자주 관련성이 있으며, 대부분의 임상 평가에서 그렇지는 않지만, 많은 임상 평가의 결론을 종종 변화시킬 수 있다. 개인의 고유한 특성이 해석을 변화시킬 수 있을 뿐만 아니라 전형적으로 한 사람에 대한 평가는 그 사람이 처해 있는 특정한 맥락 및 상황에 초점을 맞춰야 할 필요가 있다. 획일적인 의사결정에서 개별적인 의사결정으로 초점이 바뀔 때, 통계적 법칙의 적합성은 덜 실용적이 된다(McGrath, 2001; Vane & Guaranaccia, 1989). 개인은 단순한 보험통계 공식에 적용하기에는 너무나 다면적일 뿐만 아니라 그들의 특수한 상황, 맥락 그리고 그들이 직면하고 있는 결정들도 훨씬 더 다면적이기 때문이다.

순수한 보험통계적 방법이 가진 더 큰 어려움은 보험통계적 공식뿐만 아니라 검사 신뢰도와 타당도의 개발이 모두 세상이 안정적이고 통계적이라는 가정을 필요로 한다는 것이다. 이러한 접근 방식이 유용하려면 사람이나 준거가 변하지 않는다는 것이 암묵적으로 가정되어야 한다. 하지만 이와는 반대로 임상가는 불완전하고, 끊임없이 변하며, 특정한 규칙을 따를 필요도 없고, 끊임없이 변하는 지각으로 가득 찬, 예측할 수 없는 사건이나 확률에 영향 받기 쉬운 세계를 다루어야 하기 때문에, 통계적인 공식을 사용할 수 있다고 하더라도 적용하지 못할 수 있다. 심리측정학자(psychometrician)의 통계적 지향과 임상가의 실제적인 환경 간의 구분은 두 세계 간의 불일치의 근간이 된다(Beutler, 2000). 임상가는 이러한 두 가지 분석 모델을 모두 고려해야 하지만, 이것은 종종 어려운 일이다. 그러나 통제된 연구들은 임상적인 접근보다 통계적인 접근을 일반적으로 더 선호하지만, 임상가가 몸담고 있는 고유하고 변화하는 임상 현장의 세계에서는 거의 유용하지 않다는 것이 사실이다 .

Bonarius(1984)는 이러한 딜레마에 개념적인 대안을 제시하였다. 첫 번째 단계는 예측에 대한 기계론적 관점(mechanistic views of prediction)을 바꾸는 것이다. 임상가는 예측(prediction)이라는 용어를 피하는 대신에 예상(anticipation)이라는 단어를 사용할 수 있다. 미래의 가능성을 예상하는 것은 기계적인 과정이라기보다는 인지적 구성 과정을 의미한다. 이것은 세상은 결코 기계론적 의미에서 완벽할 수 없다는 것과, 평균적인 상호작용에 관여하고 평균적인 상황에 놓여 있는 평균적인 사람과 같은 것은 없음을 인정한다. 게다가 미래 사건의 발생은 공동참여자에 의해 공유된다. 내담자들은 그들의 목표를 확립하고 평가하는 데 적극적인 역할을 취한다. 미래 목표의 성공은 내담자가 기꺼이 참여하려는 노력 여하에 달려 있으며, 공동참여자는 미래에 대한 책임을 함께 공유한다. 그러므로 미래 사건이 일어날 확률은 특유한 세계에 대한 인지적 구성과 참여자 간의 상호작용 모두와 연관되어 있다.

이상적으로 임상가는 다중 절단점과 회귀방정식과 같은 보험통계적 접근법이 가능하다면 언제든 이를 사용할 수 있다는 것을 자각하고 있을 필요가 있다. 이는 분명히 정의된 결과가 있고 오류가 치명적이며 임상가가 최대한의 책임감을 가져야 하는 상황에서 특히 중요할 수 있다. 이러한 상황은 자살, 폭력, 성범죄, 상습적인 범행, 재발, 가석방 후 적응, 꾀병, 심리치료에 대한 반응, 학업 수행, 직업적 성공, 정신과적 예후, 수련 프로그램에서의 성공을 포함할 수 있다. 50년이 넘는 연구와 논의에도 불구하고 보험통계적 접근은 아직도 법의학적 맥락 이외에는 광범위하게 사용되지 않고 있다. 게다가 많은 통계 공식들은 아직은 적용하기에 적절한 시점이 아니다(Aegisdottir et al., 2006). 언젠가 최적의 타당화가 잘된 보험통계적 공식이 사용자 친화적인 프로그램으로 널리 사용되기를 바란다(Groth-Marnat, 2000b, 2009). 이러한 공식을 통해 얻은 결과 역시 임상적인 방법으로만 얻을 수 있는 자료 및 추론들과 통합될 필요가 있을 것이다. 비록 보험통계적 예측이 임상적 판단을 완전히 대체하지는 못할 것 같지만, 수학적인 예측의 법칙은 임상적 의사결정의 정확도를 향상시키기 위한 하나의 자원으로서 좀 더 넓게 사용될 수 있고 사용되어야 한다.

심리평가 보고서

정확하고 효율적인 심리평가 보고서(psychological report)는 임상가가 그들의 생각을 명확하게 하고 그들의 해석을 구체화하는 것을 필요로 한다. 보고서는 모든 원천의 정보를 서로 엮어야 하며, 종종 복잡한 전문가 간의 쟁점과 대인관계적인 쟁점도 통합해야 한다. 임상적 판단과 관련된 모든 장점과 제한점이 직접적 혹은 간접적으로 보고서에 영향을 미칠 수 있다. 임상가의 해석, 결론, 제언에 대한 명확한 의사소통에 초점을 맞추어야 한다. 15장에서 관련 연구, 지침, 형식, 보고서의 예와 같은 심리평가 보고서에 대한 깊이 있는 정보를 제공한다.

임상 평가 단계

임상 평가 단계의 개요는 평가의 접근에 있어서 개념적 틀뿐만 아니라 이미 논의된 주안점에 대한 요약을 제공해 줄 수 있다. 비록 평가에서 이러한 단계가 개념적 편의성과는 분리되어 있을 수 있지만, 실제로 이들은 동시에 발생하기도 하고 서로 영향을 주기도 한다. 임상가는 이러한 단계를 통해서 단순히 검사 점수 해석자가 아니라 자료를 통합하고 인간 행동에 대한 전문가의 역할을 해야 한다. 이렇게 하는 것은 심리평가가 특정 개인의 문제를 다루고 이러한 문제에 대한 의사결정 시 지침을 제공할 때 가장 유용하다는 신념과 일치한다.

의뢰 사유의 평가

심리평가의 실제적인 제한점의 대부분은 문제를 부정확하게 명료화한 것으로부터 야기된다. 임상가는 심리검사의 강점과 제한점을 자각하고 있기 때문에, 또한 유용한 정보를 제공할 책임이 있기 때문에, 그들이 받은 평가 요청을 명확하게 하는 것이 그들의 의무이다. 더욱이 그들은 평가를 위한 초기 의뢰가 적절하게 언급되었다고 추정할 수 없다.

임상가는 숨겨진 의제, 무언의 기대 그리고 복잡한 대인관계를 밝혀야 할 필요가 있을 수 있다. 가장 중요하게 일반적으로 요청되는 것 중의 하나는 임상가가 그들이 작업하게 될 의뢰 장면에서의 어휘, 개념적 모델, 역동 그리고 기대를 이해해야 한다는 것이다(Turner et al., 2001). 또한 임상가는 의뢰 사유가 심리평가에 적절한지의 여부를 평가해야 하며, 이러한 구체적인 질문에 답할 수 있도록 심리평가를 수행할 능력이 있는지를 평가해야 한다.

임상가가 전반적이고 광범위한 평가를 하도록 요청받는 경우는 드물지만, 대신에 구체적인 질문에 응답해야 한다. 이 문제에 응답하기 위해, 평가 과정에서 다른 단계에 의뢰원을 만나는 것이 때때로 도움이 된다. 예를 들어 교실에서 학생을 관찰하기 위해 교육적 평가를 하는 것은 중요하다. 이러한 관찰에서 얻은 정보는 의뢰 사유를 더 명확하게 하고 변경하기 위해 다시 의뢰원에게 전달될 수 있다. 마찬가지로 변호사는 임상가가 내담자의 초기 면담에서 얻은 기초적인 정보에 입각해서 그의 의뢰 사유를 다소 변경하기를 원할 수 있다.

자료 수집

임상가는 의뢰된 문제와 관련된 정보를 얻고 의뢰 사유를 명확하게 한 후 실제 정보 수집 절차를 진행할 수 있다. 면담 자료, 부수적 자료, 행동 관찰, 검사 점수와 같은 광범위하고 다양한 출처에서 정보를 얻을 수 있다. 부수적인 정보는 학교 성적, 이전의 심리평가 보고서, 의학적 기록, 경찰 기록 혹은 선생님이나 부모님과 한 면담을 포함할 수 있다. 검사 결과 그 자체는 자료를 얻기 위한 하나의 도구에 불과하다는 것을 항상 인식하고 있는 것이 중요하다. 개인력은 내담자의 현재 문제를 이해할 수 있는 맥락을 제공하기 때문에 중요하며, 이러한 이해를 바탕으로 검사 점수를 의미 있게 해석할 수 있다. 많은 경우에 내담자의 개인력이 검사 점수보다 내담자에 대한 예측이나 상태의 심각도를 평가하는 데 더 중요하다. 예를 들어 MMPI-2에서의 우울 점수가 높은 것은 자살 위험을 평가할 때 이전에 자살 시도를 몇 번 했는지, 이전의 자살 시도에 관한 자세한 사항들, 우울한 기분이 얼마나 지속되어 왔는지 등 개인적인 요인들만큼 도움이 되지 않는다. 게다가 검사 점수 그 자체는 대부분 의뢰 사유에 답하기에 충분하지 않다. 임상가는 더 구체적인 문제해결과 의사결정을 위해 검사 점수를 포함하여 여러 출처에서 얻은 정보에 의존해야 하며, 그들이 관찰한 것들의 일관성을 평가하기 위해 점검을 해야 한다.

검사자는 실제로 검사 절차를 시작하기 전에 의뢰 사유, 그들이 사용할 검사의 적합성, 내담자가 처한 고유의 상황에 그 검사를 구체적으로 적용할 수 있는지를 신중하게 고려해야 한다. 이러한 준비는 검사 매뉴얼과 부가적인 외부 정보들을 모두 참고할 것을 필요로 한다. 임상가는 불안장애, 정신증, 성격장애, 기질적 손상과 같은 문제의 조작적 정의에 친숙해야 하며, 그럼으로써 평가 절차 동안 내담자가 한 표현에 가능한 한 주의를 기울일 수가 있다. 임상가는 의학적 상태와 물질 사용으로 인해 야기될 수 있는 문제도 잘 알고 있어야 한다. 단지 검사를 채점하고 시행하는 데 유능한 것만으로는 효과적인 평가를 하기에 충분하지 않다. 예를 들어 IQ 점수의 개발은 검사자가 지능의 다양한 문화적 표현이나 평가 도구의 한계점을 알고 있음을 필수적으로 나타낼 필요는 없다. 하지만 측정하는 많은 변인에 대한 심도 깊은 지식을 가지고 있어야 하며, 그렇지 않으면 그들의 평가가 극도로 제한될 가능성이 있다.

임상가는 어떤 검사가 특정 사례에 유용할 것인지를 평가할 때 몇 가지의 요인을 고려해야만 한다. 검사의 상대적인 적합성은 특정한 임상적 고려, 표준화 표본 그리고 신뢰도와 타당도에 대한 질문을 포함한다(표 1.1 참고). 특히 검사는 특정 사례에서 흥미 있는 구성개념을 실제로 측정해야 한다. 또한 검사자가 특정 검사들이 집단용 혹은 개인용으로 사용되는 것이 적합한지의 여부를 고려하는 것도 중요하다. 이렇게 하는 것은 내담자의 연령, 성별, 민족성, 인종, 문화, 교육적 배경, 검사에 대한 동기, 예상되는 저항의 수준, 사회적 환경 그리고 대인관계와 같은 범위의 지식을 필요로 한다. 마지막으로 임상가는 치료 과정에 도움이 되는 특정 검사의 효과성이나 유용성을 평가할 필요가 있다.

자료 해석하기

평가의 최종 산물은 명확하고 구체적이며 합리적인 권고사항의 집합이어야 한다. 임상가는 이러한 권고사항을 지지하기 위해 내담자의 현재의 기능 수준, 병인 및 예후와 관련하여 고려한 점을 기술할 수 있어야 한다. 병인에 대한 기술은 단순하게 정형화된 방식으로 설명되기보다는 여러 상호작용하는 요인들에 의해 가해진 영향에 초점을 맞춰야 하며, 이는 주요하고 소인적이며 촉발적이고 강화하는 요인들을 모두 포함해야 한다. 임상가는 개인을 체계적 관점에서 평가하려는 시도를 통해 추가적으로 정교한 설명을 할 수 있는데, 여기서 임상가는 상호작용의 패턴, 상호 양방향의 영향 그리고 특정한 상보적인 정보 피드백을 평가할 수 있다. 추가적인 중요한 영역은 치료를 위한 효과적인 계획을 마련하기 위해 자료를 사용하는 것이다. 임상가는 현재 진행되는 연구들, 함의점, 증분 타당도, 임상적 판단과 관련된 한계와 부정확성에 세심한 주의를 기울이고 지속적으로 인식하고 있어야 한다. 보험통계적 공식을 사용할 수 있다면, 가능하다면 이를 사용해야 한다. 이러한 고려는 내담자에 대한 설명이 단지 분류나 명명이 되어서는 안 되며, 한 사람에 대한 더 깊고 정확한 이해를 제공해야 한다는 것을 나타내 준다. 이러한 이해는 검사자로 하여금 내담자의 내적 경험과 다른 사람과의 관계 측면에서 내담자 개인의 새로운 면을 인식하게끔 한다.

임상가는 구체적인 기술을 하기 위해서 검사 자료를 통해 추론해야 한다. 비록 그러한 자료가 객관적이고 실증적이라고 할지라도, 가설을 발전시키는 과정, 이러한 가설을 지지하는 증거를 얻는 것 그리고 결론으로 통합하는 것은 임상가의 이론적 지식과 이해, 경험, 훈련에 달려 있다. 이 과정은 일반적으로 가설을 세우고, 적절한 사실을 확인하며, 추론하고, 관련 있고 일관된 자료를 가지고 이를 지지하는 일련의 순서를 따른다. Wright(2010)는 심리평가에서 자료를 사용하는 8단계 접근법을 개념화하였다. 알아 두어야 할 점은 임상 실제에서 이러한 단계가 표에 제시된 것처럼 명확하게 정의되지 않을 수 있으며 종종 동시에 일어나기도 한다는 것이다. 예를 들어 임상가가 의뢰 사유를 읽거나 내담자를 처음 관찰했을 때, 임상가는 이미 그 사람에 대한 가설을 세우고 이러한 관찰의 타당성을 평가하기 위해 확인하기 시작한다는 것이다.

단계 1

첫 단계에서는, 위에서 논의한 것처럼, 의뢰 사유를 명확하게 하고 평가한다. 의뢰 사유가 하나의 자료원이기 때문에, 임상가는 내담자에게 어떤 일이 일어나고 있는지, 그것이 내담자의 삶에 어떤 영향을 주었는지, 어떤 상황에서 현재의 문제가 생겼는지 그리고 내담자의 기능과 삶을 일반적으로 증진시키기 위해서 가능한 권고사항이 무엇인지에 대해 이미 가설을 만들기 시작한다.

단계 2

단계 2에서는 임상 면담과 다른 배경 정보(예를 들어 부모나 교사와 부가적인 면담을 통

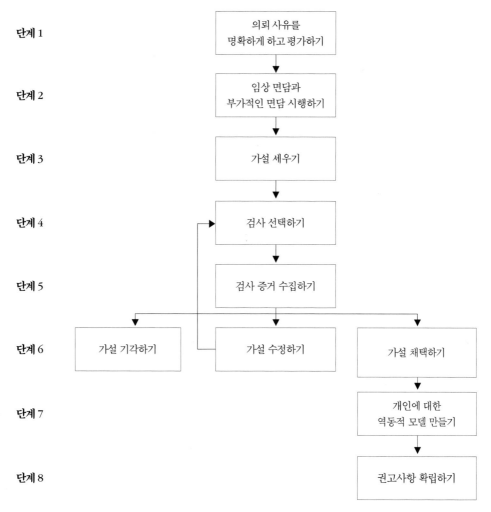

그림 1.1 평가 자료를 해석하기 위한 가설 검증 모델

출처 Wright, 2010. *Conducting Psychological Assessment: A Guide for Practitioners*, by A. J. Wright, Hoboken, NJ: Wiley에서 허락을 받고 인용.

통해서 혹은 이전의 검사 기록이나 결과들의 검토를 통해서)와 같은 다른 출처의 자료를 수 집하는 데 초점을 둔다. 임상가는 임상 면담을 통해 모아진 자료의 강점과 제한점을 이해 하고 있어야 한다(3장 참고). 내담자의 인지적, 정서적, 성격적, 학업적, 신경심리학적, 적 응적 그리고 다른 기능 영역에 대한 초기 가설이 보다 더 명확하게 형성되는 것은 이러한 자료를 통해서이다.

단계 3

단계 1, 단계 2에서 수집된 정보에 입각해서, 단계 3에서는 어떤 요인들(상황들, 내적 역동 등)이 지금 내담자가 갖고 있는 문제를 야기하거나 강화하는지에 대한 가설을 세우는 것에 초점을 둔다. 이러한 가설은 임상가로 하여금 성격 이론, 발달심리학, 이상심리학, 발달신경생물학을 포함한 심리학의 많은 영역에 대한 지식뿐만 아니라 심리학 밖의 영역인 생물학, 사회학, 문화인류학적 지식에 대한 깊은 이해를 갖기를 요구한다. 이러한 가설은 이론적 지향과 관계없이 명확하고 논리적인 임상 과학과 이론에 기반을 두어야 한다. 예를 들어 내담자의 낮은 자아존중감의 원인에 대한 가설은 부정적인 자기말(인지행동적 관점에서)이나 어머니의 비판을 내면화한 것(정신역동적 관점에서) 위주로 생각해 볼 수 있다. 가설은 이론적인 지향과 관계없이 특정한 심리학적 틀 내에서 이해되어야 한다.

단계 4

특정한 평가집에서 사용될 검사들을 선택할 때 신중해야 하는 것의 중요성은 과장해서 말해도 지나치지 않다. 앞서 논의한 고려사항들 외에(그림 1.1 참고), 임상가는 선택한 검사가 단계 3에서 확립된 특정 가설을 입증하거나 배제할 수 있는지 확신할 수 있어야 한다(또한 나중에 가설이 수정될 수 있는지도 함께). 고려된 검사의 개발, 표준화 그리고 규준 확립 절차에 대한 정보를 가지고 있다면, 그 검사가 적합한지 확신하기 위해 항상 내담자의 문화적, 사회인구학적 특성에 특별한 주의를 기울여야 한다.

단계 5와 단계 6

단계 5는 단계 3에서 확립된 가설을 평가하기 위한 자료를 수집하기 위해 검사를 실시하고 채점하는 데 중점을 둔다. 단계 6은 가장 어려운 단계 중 하나로, 이전에 생성된 가설의 맥락에서 검사 자료에 대한 실제적인 평가를 하는 것과 관련되어 있다. 단계 4부터 단계 6은 순환되고 반복된다. 검사 자료가 수집됨에 따라 가설은 기각되거나 변경되거나 혹은 채택될 수 있다. 기각된 가설은 폐기되며, 임상가는 자신 있게 다른 가설의 평가로 이동한다. 수정된 가설로 인해 다른 검사를 선택하는 것이 필요해질 수도 있다. 일부 검사들은 가설을 변경하는 데 도움이 될 수 있는 반면에, 새로 추가된 검사는 이러한 새로운 가설을 실제로 평가하는 데 종종 필요하다.

가설을 기각하고 수정하는 것이 비교적 간단하지만 가설을 채택하는 것은 한층 더 어려우며, 가설이 성격이나 정서적 기능과 관련된 것일 때 특히 그렇다. 검사나 검사 점수가 가설을 배제할 수는 있지만, 가설을 채택하는 것을 할 수 없는 경우가 종종 있다. 예를 들어 WISC-V에서의 높은 작업기억 지수(WMI)는 ADHD 부주의 하위유형 진단을 배제할 수 있다. 왜냐하면 ADHD 진단을 받은 아동이 선택적 주의력, 지속적 주의력을 모두 필요로 하는 WMI 과제를 매우 잘 수행하기란, 물론 불가능하지는 않지만, 매우 어렵기 때문이다. 그러나 WMI에서의 낮은 점수만으로는 ADHD라고 진단할 수 없다. 왜냐하면 여러 요인이 WMI의 수행에 영향을 줄 수 있으며, ADHD인지 아닌지 알아보기 위해서 더 많은 검사가 필요하기 때문이다.

단계 7

단계 7은 임상가가 내담자 및 의뢰원과 명확하게 의사소통할 수 있도록 수집한 모든 자료를 이해해야 하는 복잡한 단계이다. 임상가는 내담자의 강점과 약점을 맥락 없이 제시하기보다는, 심지어 더 나쁘게, 자료를 검사별로 제시하는 것보다는(이는 듣는 사람에게 어떤 결과가 중요한지 결정하게 하고, 피드백을 이해하기 위해 단편적인 사실들을 연결 짓게 한다), 내담자에게 무슨 일이 일어나고 있는지 설명하기 위해 요인들이 어떻게 상호작용하는지에 대한 역동적인 이해를 확립해야 한다. 이 과정을 잘 수행하기 위해서는 좋은 훈련과 지도감독 그리고 경험이 필요하다.

단계 8

자료 해석 과정의 마지막 단계는 내담자의 삶과 기능을 향상시킬 수 있도록 검사 결과를 명확하고 구체적이며 합리적인 권고와 연결시키는 것이다. 14장은 이 과정에 초점을 두고 있다. 짧게 말하자면, 임상가는 두 가지 다른 관점에서 치료 방법을 이해해야 한다. 첫 번째로, 단계 7에서 임상적으로 파악한 역동을 포함하여 평가에서 드러난 특정한 문제들이 무엇과 연결되어 있고 다뤄지고 있는지를 이해해야 한다. 두 번째로, 임상가는 치료적 개입 이면에 있는 연구를 이해해야 한다. 즉 그러한 치료적 개입이 얼마나 효과적인 것으로 밝혀졌는지, 그것이 무엇을 시사하는지 혹은 어떤 이유 때문에 효과적이라고 알려졌는지를 이해해야 한다. 임상가는 치료적 개입에 대한 경험적인 지지와 함께 내담자가 처한 특유의 맥락과 상황에서 도움을 주는 치료적 개입의 가능성을 고려해야 한다. 권고사항은 내담자에게 "치료"를 권고함과 같이 모호하거나 광범위해서는 안 되며 명확하고 구체적이어야 한다. 또한 권고사항은 주어진 상황에서 합리적이어야 한다. 비록 특정한 치료가 어떤 특정한 내담자에게 최선의 선택이라고 할지라도, 몇 가지 이유 때문에 그 치료는 내담자에게 불가능할 수 있다(예를 들어 재정적이거나 지리적 위치와 같은 문제 때문에). 따라서 이와 같은 치료에 대한 권고사항은 내담자에게 궁극적으로 도움이 되지 않을 것이다.

읽을거리

Aiken, L. R. & Groth-Marnat, G. (2006). *Psychological testing and assessment* (12th ed.). Boston, MA: Pearson Education.

Garb, H. N. (2005). Clinical judgment and decision making. *Annual Review of Psychology, 1*, 67–89.

Groth-Marnat, G. (2000). Visions of clinical assessment: Then, now, and a brief history of the future. *Journal of Clinical Psychology, 56*, 349–365.

Kubiszyn, T. W., Meyer, G. J., Finn, S. E., Eyde, L. D., Kay, G. G., Moreland, K. L., ... Eisman, E. J. (2000). Empirical support for psychological assessment in clinical care settings. *Professional Psychology, 31*, 119–130.

Matarazzo, J. D. (1990). Psychological assessment versus psychological testing: Validation from Binet to the school, clinic, and courtroom. *American Psychologist, 45*, 999–1017.

Meyer, G. J., Finn, S. E., Eyde, L., Kay, G. G., Moreland, K. L., Dies, R. R., ... Reed, G. M. (2001). Psychological testing and psychological assessment. *American Psychologist, 56*, 128–165.

Wright, A. J. (2010). *Conducting psychological assessment: A guide for practitioners*. Hoboken, NJ: Wiley.

제2장

임상 평가의 맥락

임상가는 검사 및 검사 구성에 대한 일반적인 지식을 갖추고 있을 뿐 아니라, 검사 절차 및 검사 점수를 적절한 맥락 내에 위치시키는 것과 관련하여 다양한 범위의 부가적인 주제들을 고려해야 한다. 이에는 의뢰 문제를 명확히 하는 것, 의뢰 맥락을 이해하는 것, 윤리적인 지침을 따르는 것, 검사 편파를 알고 다루는 것, 연구하는 변인 또는 문제에 가장 적절한 도구를 선별하는 것, 컴퓨터 지원 해석을 적절하게 사용하는 것 등이 포함된다.

의뢰 장면의 유형

임상가는 평가의 전 과정을 통해서 다양한 의뢰 장면에서 부딪히는 고유한 문제와 요구를 이해하려고 노력해야 한다. 그렇지 않으면 검사자가 검사를 실시하고 해석할 때 능숙한 기술을 가지고 있음에도 불구하고 일련의 불필요한 검사들을 실시할 수 있고, 최악의 경우에는 의뢰자와 환자에게 쓸모없는 정보를 제공할 수 있다. 의뢰의 이면 동기를 철저히 이해하면, 때로 검사를 통한 평가 자체가 정당화되지 않는다는 사실을 발견하게 될 수도 있다.

검사 해석의 오류가 흔히 발생하는 이유 중 하나는 임상가가 의뢰 문제에 대해서 폭넓은 맥락에서 반응하지 않기 때문이다. 또한 심리검사를 요청하는 문장이 모호한 표현으로 그치는 경우도 많이 있다. "김○○ 씨에 대한 심리평가를 원합니다" 또는 "이△△ 군이 학교에서 문제가 있는데 심리평가를 해 주실 수 있을까요?" 의뢰서에 대답해야 할 구체적인 질문 혹은 이루어져야 할 구체적인 결정이 언급되어 있지 않은 경우가 많다. 예를 들어 학교 관리자는 배정을 위한 결정을 하려고 심리검사를 필요로 할 수 있고, 교사는 아동에게 심각한 문제가 있다는 것을 보호자에게 입증해 줄 자료를 원할 수 있으며, 정신과 전공의는 어느 환자를 관리하는 데 불편함을 느껴서 심리검사를 원할 수도 있는데, 그 의뢰자가 자주 그러한 입장에 처함에도 불구하고 의뢰서에는 모호한 요청만이 포함되어 있을 수 있다. 의뢰 기관의 검사에 대한 표면 동기 또한 모호할 수 있다. 이때 임상가가 유용한 문제해결 정보를 제공할 수 있으려면, 먼저 의뢰 사유를 명료화할 필요가 있다. 더욱이 이러한 의뢰 상황 속에는 심리검사만으로는 적절히 다룰 수 없는 숨은 의제들이 포함되어 있는 경우가 많이 있다. 이러한 문제를 다루기 위해 가장 유용한 질문 중 하나는 그 환자에 대해 어떤 결정이 이루어질 필요가 있는지를 질문하는 것이다.

의뢰 문제를 탐색하고 명료화하는 책임은 임상가에게 있다는 것을 강조할 필요가 있는데, 그는 환자의 어려움을 실제적인 맥락에 위치시키기 위해서 의뢰자와 적극적으로 논의해야만 한다. 임상가는 의뢰자가 당면한 결정뿐만 아니라 잠재적인 대안들과 각각의 가능한 함의를 이해해야 한다. 또한 임상가는 다양한 대안들과 각각의 가능한 결과를 결정하는 데 있어서 심리평가의 잠재적 유용성을 구체화할 필요가 있다. 그는 심리검사의 장점과 유익을 명확히 이해할 뿐만 아니라 그 과정에 내재된 한계를 설명해야만 한다.

임상가는 의뢰 문제를 명확히 이해하고 그에 적합한 심리평가를 수행하기 위해서 자신이 일하는 환경의 유형에 익숙해져야 한다. 가장 흔한 환경은 정신과 장면, 일반 의료 장면, 법적 맥락, 교육 맥락 및 심리 클리닉이다.

정신과 장면

Levine(1981)은 정신과 장면에서 심리학자가 인식해야 할 중요한 요인들을 요약하였다. 정신과 장면에서는 주로 정신과 의사에 의해 의뢰가 이루어지는데, 그는 관리자, 치료자 또는 의사의 입장에서 의뢰할 문제를 질문하게 된다. 정신과 의사가 취하는 입장 또는 역할이 무엇이냐에 따라 각기 고유한 주제가 드러나게 되며, 임상가는 당면한 문제를 직접적으로 다룰 수 있는 평가를 발전시키는 일차적 책임을 지니게 된다.

정신과 의사가 담당하는 주요 역할 중 하나는 병동 관리자 역할이다. 병동 관리자는 수시로 자살 위험, 입원과 퇴원, 다양한 의료 절차의 적합성 등의 문제에 대해 결정을 내려야 한다. 정신과 의사는 의사결정의 최종적인 책임을 지니지만, 그러한 결정을 내리기 위해 종종 다른 사람들로부터 정보를 구하게 된다. 이는 진단과 치료가 주된 관심사였던 40여 년 전의 정신과 의사의 전형적인 역할이 변화되었음을 반영한다. 현 시대에는 법적 보호, 환자의 자유, 사회의 안전 등과 같은 주제가 중요한 초점으로 부각되었다. 평가를 수행하는 심리학자의 시각에서 보자면, 이는 공식적인 *DSM-5*(American Psychiatric Association, 2013) 진단을 내리는 것이 그 자체로는 충분하지 않다는 것을 의미한다. 예를 들어 한 환자에게 양극성장애의 진단을 내릴 수는 있지만, 이 진단명이 그 환자가 스스로에게 또는 다른 사람에게 제기하는 위험의 수준을 드러내는 것은 아니다. 일단 어느 환자가 정신과 장면에 입원하게 되면, 그를 어떤 유형의 병동에 입원시킬 것인지, 어떤 활동에 참여시킬 것인지, 그에게 어떤 치료법이 가장 유익할 것인지 등의 많은 실제적인 질문에 대해 대답이 이루어져야 한다.

심리학자는 초기에, 특히 환자에게 이루어져야 하는 결정과 관련하여 병동 관리자가 어떤 정보를 구하는지를 정확히 이해해야 한다. 정신과 장면에서 일하는 심리학자가 "심리평가"라는 모호한 요청을 받게 될 때, 그는 때로 평소 이 용어가 그 장면에서 내포한다고 알고 있는 것에 기초하여 표준적인 평가를 실시하게 된다. 그는 이루어져야 할 구체적인 결정에 대해서는 언급하지 않은 채, 환자의 방어기제, 진단, 인지 양식, 심리사회적 개인력 등만을 평가할 수 있다. 검사자는 평가의 유용성을 최대화하기 위해서, 특히 병동 관리자의 법적, 보호적 책임을 인식하고 이에 민감해야 한다.

병동 관리자의 관심사와는 달리 정신과 의사가 심리치료를 위해 한 환자를 평가해 달라고 요청할 때, 표준적인 의뢰 질문은 그러한 치료에 대한 환자의 적합성, 가장 효과적일 것으로 생각되는 전략, 치료의 있을 법한 결과 등을 포함한다. 이러한 평가는 대개 그 방향이 뚜렷하며 큰 어려움을 제기하지 않는다. 이와 같은 평가는 치료 과정에서 나타날 수 있는 문제, 통찰 능력, 진단, 대처 양식, 저항 수준, 기능 수준, 문제의 복잡성 등을 정교하게 드러낼 수 있다(14장 참고).

그러나 치료가 진행되는 도중에 의뢰가 이루어질 경우, 의뢰서에는 뚜렷하게 드러나

지 않는 많은 문제 영역이 존재할 수 있다. 평가자는 이러한 미묘하고 까다로운 요인들을 잘 조사해야 한다. 정신과 의사가 관리자와 치료자의 역할을 동시에 수행하려고 하면서 스스로 이러한 두 역할의 경계를 명확히 정의하지 못할 때 어떤 잠재적 갈등 영역이 나타날 수 있다. 이렇게 역할이 모호할 경우, 환자는 방어적이고 저항적인 모습을 보일 수 있고, 정신과 의사는 환자가 치료자의 기대에 따르지 않는다고 느낄 수 있다. 이때 환자의 특정한 특질이나 필요를 정교하게 기술한다고 해서 이러한 갈등이 해결될 수는 없으며, 치료자와 환자 간의 상호작용의 맥락에서 정교한 평가가 이루어져야 한다. 환자의 내적 구조를 조사하는 표준적인 심리평가만으로는 이러한 주제를 다룰 수 없다.

치료 도중에 평가가 의뢰될 때, 또 다른 문제 영역은 치료자의 개인적 불안과 불편감의 결과로 나타날 수 있다. 이러한 때에는 치료자의 편파나 불합리한 기대와 같은 주제들이 환자의 특성만큼이나 혹은 그 이상으로 더 중요할 수 있다. 만일 역할 모호성, 역전이, 편파 혹은 비합리적 기대가 발견된다면, 이를 잘 다듬어서 현명한 방식으로 전달할 필요가 있다.

만일 정신과 의사가 의사의 역할을 수행하고 있다면, 그와 심리학자는 한 환자의 장애를 기술하는 데 서로 다른 개념 모델을 지니고 있을 수 있다. 정신과 의사는 주로 질병 모델 혹은 의학 모델로 개념화하는 반면, 심리학자는 환자의 어려움을 사람들 및 사회 내에서의 삶의 관점에서 볼 수 있다. 심리평가 결과를 효과적으로 의사소통하려면, 검사자는 서로 다른 개념들 간에 다리를 놓아야 한다. 예를 들어 정신과 의사는 한 환자가 해리장애를 지니고 있는지에 관심을 두고 있는 반면, 심리학자는 해리장애라는 진단명이 유용한지 그리고 과학적으로 타당한 개념인지에 대해 의문을 품고 있을 수 있다. 그러나 더 중요한 문제는 그 정신과 의사가 여전히 어떤 실제적인 결정에 직면해 있다는 것이다. 사실상 그 정신과 의사는 해리장애에 대해 일부 비슷한 견해를 공유하고 있을 수 있지만, 이러한 개념적 문제는 지금 그 환자를 다루는 데 특별한 관련이 없을 수 있다. 단지 법적인 필요상 또는 병원 정책상 그 환자에게 전통적인 진단을 내릴 것이 요구되고 있을 수 있다. 또한 정신과 의사는 그 환자에게 항정신병 약물을 처방해야 할지 아니면 전기충격치료나 심리치료를 시행해야 할지를 결정해야 하는 상황일 수도 있다. 효과적인 검사자라면 둘 간의 개념적 차이를 넘어서 상황을 이해하고 현실적인 고려사항을 언급할 수 있어야 한다. 어떤 정신과 의사는 자신의 문제나 관심사를 잘 드러내지 않으려고 하는 방어적인 환자를 의뢰하면서, 그 환자가 조현병을 지니고 있는지에 대해 질문할 수 있다. 물론 이러한 진단을 넘어서 그 환자의 사고과정의 질과 자해 혹은 타해 위험성과 같은 요인들이 발견될 수 있다. 따라서 효과적인 검사자는 자신의 발견을 정신과 의사가 이해할 수 있으면서도 그의 과제 지향적 관점에 유용한 개념 모델로 번역하여 전달해야 한다.

일반 의료 장면

추정되기로는, 내과 의사가 보는 환자들의 3분의 2는 주로 심리사회적 어려움을 지니고 있고, 분명한 의학적 진단을 지닌 환자들의 25~50%는 의학적 장애에 더하여 심리적 장애를 지니고 있다(Asaad, 2000; Katon & Walker, 1998; McLeod, Budd, & McClelland, 1997; Mostofsky & Barlow, 2000). 이러한 심리적인 어려움에 대해서는 대부분 진단이 내려지지 않거나 치료 의뢰가 이루어지지 않는다(American Journal of Managed Care, 1999; Blount et al., 2007; Borus, Howes, Devins, & Rosenberg, 1988; Mostofsky & Barlow, 2000). 이에 더하여 관상동맥성 심장병, 천식, 알레르기, 류머티스 관절염, 위궤양, 두통과 같은 많은 전통적인 "의학적" 장애들이 유의미한 심리사회적 요소를 지니고 있다는 것이 밝혀졌다(Blount et al., 2007; Groth-Marnat & Edkins, 1996). 심리적 요인들은 질병에 관련될 뿐만 아니라 건강의 발달 및 유지에도 관련된다. 이에 더하여 "의학적" 호소의 심리사회적 측면을 치료하고 예방하는 것은 수술 준비, 금연, 만성 통증 환자의 재활, 비만, 관상동맥성 심장병과 같은 영역에서 비용효과적임이 밝혀지고 있다(Blount et al., 2007; Chiles, Lambert, & Hatch, 1999; Groth-Marnat & Edkins, 1996; Groth-Marnat, Edkins, & Schumaker, 1995; Sobel, 2000). 그렇다면 한 환자에 대한 보다 더 완전한 접근은 신체적, 심리적, 사회적 변인들 간의 상호작용에 대한 인식을 포함한다(Kaslow et al., 2007; G. Schwartz, 1982). 따라서 심리학자들은 매우 중요한 기여를 할 수 있는 잠재력을 지니고 있다. 심리학자가 일반 의료 장면에서 적절히 기능하려면 의학 용어에 친숙해야 하는데, 이는 종종 복잡하고 광범한 용어를 학습해야 함을 의미한다(J. D. Robinson & Baker, 2006). 또 다른 주제는 의사가 종종 의사결정의 도움을 얻기 위해 다양한 원천으로부터 정보를 구하지만 결정에 대한 최종적인 책임은 의사 자신에게 있다는 것이다.

의사가 심리학자의 서비스를 이용하게 되는 가장 빈번한 상황은 기저의 심리장애가 존재하는 경우, 의학적 호소와 연관하여 정서적 요인이 관여하는 경우, 신경심리학적 결함의 평가, 만성 통증의 심리학적 치료, 약물 의존의 치료, 환자 관리, 사례 자문을 포함한다(Bamgbose et al., 1980; Groth-Marnat, 1988; Pincus, Pechura, Keyser, Bachman, & Houtsinger, 2006). 의학 검사가 환자가 호소하는 증상의 신체적 기초를 밝혀내는 것과 상관없이, 의사는 여전히 어떤 형태의 치료를 고안해야 하거나 적어도 적절한 전문가에게 의뢰해야 한다. 이 과정은 매우 중요한데, 의사에게 의뢰된 환자들의 상당 비율에서 탐지할 만한 어떤 신체적 곤란이 없으며 그들의 주된 호소는 심리적인 것으로 보이기 때문이다(Asaad, 2000; Blount et al., 2007; Maruish & Nelson, 2014; Mostofsky & Barlow, 2000). 이때 심리학자는 가능한 심리사회적 어려움에 대해서 환자가 어떻게 치료될 수 있는지를 정교하게 구체화할 수 있다(Kaslow et al., 2007; Wickramasekera, 1995a, 1995b). 이를 위해서는 표준적인 평가 도구뿐만 아니라 밀론 행동건강검사나 밀론 행동의학진단(Bockian, Meagher, & Millon, 2000; Maruish, 2000; Millon, 1997)과 같은 더 특수한 도구를 사용할 수 있다.

중요성이 크게 증가한 또 다른 영역은 환자의 신경심리학적 상태에 대한 심리평가이다(12장 참고). 의사는 신경계에서의 신체적 손상을 탐지하려고 하는 반면, 신경심리학자는 전통적으로 고차적 피질 기능의 상태에 더 관심을 지녀 왔다. 이를 다른 방식으로 표현하자면, 의사는 뇌가 어떻게 기능하고 있는지를 평가하는 반면에, 신경심리학자는 뇌 이상의 결과로 개인이 어떻게 기능하고 있는지를 평가한다. 전형적인 평가영역은 주로 기억, 순서 배열, 추상적 추론, 공간 조직화, 집행 능력 등과 같은 영역에서 인지적 퇴화가 있는지에 초점을 둔다(Groth-Marnat, 2000b). 이와 같은 신경심리학적 평가를 위한 의뢰는 정신과 장면과 일반 의료 장면에서 이루어지는 모든 심리학적 의뢰의 대략 3분의 1을 차지한다. 과거에 신경심리학자들은 환자의 호소가 "기능적"(functional)인지 "기질적"(organic)인지를 결정하는 데 도움을 달라는 요청을 받았다면, 이제는 이러한 이분법적 구분보다는 관찰된 행동상의 어려움에 기여하거나 이를 설명할 수 있는 신경심리학적 결함이 있는지에 더 초점이 주어진다(Loenberger, 1989). 의사들은 종종 검사 프로파일이 특히 꾀병, 전환장애, 건강염려증, 기질성 뇌 증후군, 유사신경학적 특징을 지닌 우울증과 같은 특정 진단을 나타내는지를 알고 싶어 한다. 신경심리학자들이 종종 언급하는 추가적인 주제들은 확인된 손상의 성질과 정도, 손상의 부위, 정서 상태, 능력 저하의 정도 그리고 인지 재활, 직업 훈련, 가족 및 친구와의 재적응과 같은 치료 계획을 위한 제언을 포함한다(Lemsky, 2000; Lezak, Howieson, Bigler, & Tranel, 2012; P. J. Snyder, Nussbaum, & Robins, 2006).

또한 의사는 수술에 대해 심각한 스트레스 반응을 보일 가능성을 평가하기 위해서 심리학자에게 수술 전 평가를 요청하기도 한다. 마지막으로 의사(특히 소아과 의사)는 종종 심각한 심리장애의 조기 징후를 탐지하는 데 관심을 보일 수 있는데, 많은 경우 그는 부모, 다른 가족 또는 교사를 통해 이에 관심을 갖게 된다. 이와 같은 상황에서 심리학자는 환자의 현재 심리 상태뿐만 아니라 환경의 기여 요인을 평가해야 하며, 다음 수개월 또는 수년 동안의 환자의 상태에 대한 예측을 제공해야 한다. 검사자는 환자의 현재 상태, 현재 환경 및 미래 전망을 평가하고 난 후 다음 단계의 개입 과정을 제안할 수 있다. 또한 심리학자는 의사가 환자 또는 보호자와 검사 결과를 효과적으로 논의할 수 있도록 자문을 제공할 수 있다.

법적 맥락

법적 장면에서 심리학자의 역할은 지난 40년 동안 그 범위가 더 넓어지고 그 중요성이 더 커졌다(Goldstein, 2007; Otto & Heilburn, 2002 참고). 법적 의사결정의 모든 단계에서 심리학자가 요청될 수 있다. 조사 단계에서 심리학자에게 증인이 제시한 정보의 신뢰성과 질을 평가하기 위한 자문이 요구될 수 있다. 또한 검사는 심리학자에게 다른 정신건강 전문가의 보고서의 질을 평가하거나 피고인의 능력을 평가하거나 범죄의 특정 사항을 결정하는 데 도움을 요청할 수 있다. 변호사는 심리학자에게 정신이상 항변을 지지하거나 배심원을 선별하거나 뇌 손상이 있다는 것을 입증하기 위해 도움을 요청한다. 판사는 선고를 결정하는 데 많은 요인들 중의 하나로서 심리학자의 보고서를 채택하고, 형사집행관은 구금의 유형과 위험 수준을 결정하기 위해 심리학자의 자문을 원하며, 가석방집행관은 재활 프로그램을 계획하는 데 심리학자의 도움을 필요로 할 수 있다. 심리학자가 법적 보고서를 작성하기는 하지만, 실제 법정에 나가는 것은 대략 열 번에 한 번 정도인 것으로 보인다.

법적 맥락에서 심리학자의 역할이 증가함에 따라 점차적으로 그 역할에 대한 명료화가 이루어졌고(Goldstein, 2007; Otto & Heilurn, 2002), 법정 장면에 특정적인 평가 도구들이 급격히 증가하였다(Archer, 2006; Archer, Buffington-Vollum, Stredny, & Handel, 2006; Heilburn, Marczyk, & Dematteo, 2002). 그러나 법정 환경에 순응하는 과정은 종

종 여러 가지 이유로 어려운데, 그 이유 가운데에는 법정과 진료실 간에 매우 뚜렷한 차이가 있다는 것과 능력 저하(diminished capacity)나 정신이상(insanity)과 같은 전문화된 법적 용어에 익숙해질 필요가 있다는 것이 포함된다. 이에 더하여 많은 변호사들은 심리학자가 읽는 것과 동일한 전문 문헌에 익숙하며, 이러한 정보를 심리학자의 자격과 평가 방법, 결론에 의혹을 제기하는 데 이용하기도 한다(Ziskin & Faust, 2008). 또한 심리학자는 있을 수 있는 꾀병과 속임수를 평가하는 데 고도로 세련될 것이 요구된다(개관을 위해서는 kspope.com/assess/malinger.php 참고).

법정에 나가는 심리학자는 그 자격이 입증되어야 한다. 중요하게 고려할 영역은 자신이 전문으로 하는 장애를 치료하는 데 있어서의 임상적 전문성과 이와 관련된 출판물을 통한 신망이다. 심리학자들의 법정 업무를 평가한 결과에 따르면, 심리학자들은 일반적으로 법정으로부터 긍정적인 신망을 얻고 있고 정신과 의사와 대등한 위치에 오른 것으로 보인다(Sales & Miller, 1994).

미국 법정심리학 분과에서 개관한 바에 따르면(www.abfp.com), 법정심리학의 실무는 법정 임상가의 훈련/자문, 법정 제도에서 만나게 되는 임상 집단에 대한 평가 그리고 관련된 심리학 지식을 활용 가능한 정보로 변환하는 일을 포함한다. 심리학자가 가장 빈번히 참여하는 법정 업무는 자녀 양육권 소송, 한 개인의 사유재산 처분 능력, 미란다 원칙의 이해, 거짓 자백의 가능성, 개인적 피해 소송 등과 관련되며, 이러한 업무에서 심리학자는 소송 당사자의 고통 또는 무능력(예를 들어 스트레스, 불안, 인지적 결핍)의 성질과 정도를 증거 자료를 통해 입증하게 된다.

법적 맥락에서 일할 때 필수적으로 요청되는 사항은 심리학자가 자신의 언어를 수정할 필요가 있다는 것이다. 많은 법적 용어들은 정확하면서도 특수한 의미를 지니고 있어서 잘못 이해될 경우 매우 부정적인 결과를 낳을 수 있다. 무능력(incompetent), 정신이상(insane) 또는 합리적 확실성(reasonable certainty)과 같은 단어는 다양한 사법제도마다 또는 주마다 다른 의미를 지닐 수 있다. 심리학자는 이러한 전문 용어와 그 속에 포함된 서로 다른 미묘한 의미에 익숙해져야 한다. 심리학자는 자신이 내린 결론의 의미와 어떻게 이러한 결론에 도달하게 되었는지를 상세히 설명하도록 요청받을 수 있다. 변호사는 심리학자가 생성한 실제 자료에 대해서는 좀처럼 의문을 제기하지 않지만, 심리학자의 추론과 그 추론의 일반화 가능성에 대해서는 자주 세밀한 의문을 제기하며 심지어는 공격을 가하기도 한다. 이러한 질문이 종종 무례하거나 적대적인 것으로 보일 수 있지만, 변호사는 단지 자신의 의뢰인을 변호하기 위해 최선을 다하고 있는 것뿐이다. 심리학자는 그 질문에 직접적으로 대답할 것이 요구될 뿐 그 질문에 내포된 함의나 기저의 언어에 반응할 필요는 없다. 더욱이 변호사(또는 배심원)는 심리학자들의 배경의 주춧돌이 되는 과학적 방법에 익숙하지 않으며 그 진가를 알지 못한다. 대신에 변호사는 법적 분석과 추리에 잘 훈련되어 있어서 개인을 통계적인 규범 집단과 비교하기보다는 각 개인의 독특성에 주관적으로 초점을 맞춘다(Hilsenroth & Stricker, 2004).

두 가지 잠재적인 문제 영역은 정신이상과 능력(competence)을 평가할 때 나타난다. 정신이상 항변(insanity plea)은 많은 공적인 관심을 받았지만 실제 탄원을 한 사람은 거의 없었고, 그 중에서 탄원이 인용된 사람도 거의 없었다. 좀 더 경미한 선고를 받으려는 꾀병 가능성의 문제와 정신이상이라는 용어의 모호성으로 인해서 전문가 참고인이 그와 같은 사례를 평가한다는 것은 쉽지 않다. 통상적으로 한 개인은 맥노튼 규칙(McNaughton Rule)에 따라 정신이상으로 판정되는데, 그 규칙에 따르면 한 개인이 자신의 행위의 성질과 정도를 알지 못하고 자신의 행위가 사회 규범에 비추어 잘못된 것임을 구분하지 못한다면 그는 책임이 없다는 것이다. 어떤 주에서는 피고가 사건 당시에 정신이상이었음이 입증될 수 있다면 피고의 정신이상 항변이 인용될 수 있기 때문에, 그 용어의 모호성은 더 커진다. 다른 주에서는 정신이상의 정의에 "불가항력적인 충동(irresistible impulse)"의 문구를 포함시키기도 한다. 피고가 재판을 견딜 수 있는 능력이 있는지 또한 정신이상의 정의와 관련된다. 이때 능력은 보통 그 개인이 변호사와 의미 있는 방식으로 협조하고, 소송 절차의 목적을 이해하며, 형벌의 함의를 이해할 수 있는 능력으로 정의된다. 정신이상과 능력에 대한 평가의 신뢰도와 타당도를 증가시키기 위해서 전문화된 평가 도구들이 개발되어 왔다. 이에는 맥아더 능력 평가 도구(MacArthur Competence Assessment Tool; Poythress et al., 1999), 소송 능력의 평가 개정판(Evaluation of Competency to Stand Trial-Revised; R. Rogers, Tillbrook, & Sewell, 2004), 로저스 범죄 책임 평가척도(Rogers Criminal Responsibility Assessment Scales; R. Rogers, 1984) 등이 있다.

위험성의 예측 또한 또 다른 문제 영역이 될 수 있다. 실제 폭력 행동 또는 자기파괴 행동은 비교적 희소한(기저율이 낮은) 행동이기 때문에, 절단선의 기준을 어디로 잡더라도 전형적으로 많은 수의 오류 양성이 나타날 수 있다(Mulvey & Cauffman, 2001). 따라서 부정확하게 양성으로 파악된 사람들이 잠재적으로 구금될 수 있다. 그러나 잠재적으로 폭력적인 사람들을 파악하여 적절한 행동을 취하지 못함으로써 나타나는 부정적인 결과는 지나치게 조심스러워서 나타나는 결과보다 더 위험할 수도 있다. MMPI의 적대감 과잉통제 척도(Overcontrolled Hostility Scale; Megargee & Mendelsohn, 1962) 또는 4-3 상승척도 쌍(7장 참고)을 사용하려는 시도는 개별적인 의사결정을 위해 충분히 정확하지 않음이 밝혀졌다. 그러나 반사회적 특성의 존재를 평가하고 보험통계적 책략, 부차적인 자료, 공식적인 평정 그리고 (발달적인 영향, 역치를 낮추는 사건들, 체포 혹은 구류 기록, 생활 상황, 대인관계 스트레스나 물질 중독과 같은 상황적 촉발 요인 등에 대한 관련 정보를 포함하는) 평정치의 합산 자료를 사용함으로써 위험성과 재범 가능성을 예측하는 데 의미 있는 진전이 이루어졌다(Monahan & Steadman, 2001; Monahan et al., 2000; Tolman & Rotzien, 2007). 법/정의 체계는 상습 범행 통계치, 위험성을 예측하도록 특별히 고안된 검사들, 다양한 평정치의 합산 자료, 시간에 따른 변화를 평가하기 위한 심리검사의 이중적 실시 등을 결합한 개별적 평가 전략을 가장 선호하는 것으로 보인다. 자주 사용되는 검사로는 폭력 위험 평가를 위한 시기별 임상적 위험-20(Historical Clinical Risk-20; Webster, Douglas, Eaves, & Hart, 1997)과 성범죄 재범 위험 평가를 위한 Static 99(Hanson & Thornton, 1999)가 있다. 반면 비공식적인 임상 면접은 충분하지 않은 것으로 밝혀졌다(Tolman & Rotzien, 2007).

심리학자는 때로 자녀 양육권 결정을 돕기 위한 요청을 받게 된다. 미국심리학회는 자녀 양육권 평가와 아동 보호 평가를 진행하기 위한 지침을 개발하였다(Guidelines for Child Custody Evaluations in Family Proceedings, 2010; www.apa.org/practice/guide-lines/child-custody.aspx). 가장 중점적으로 고려할 사항은 어떤 조정이 아동에게 가장 유익한지를 결정하는 것이다. 고려할 영역으로는 부모의 정신건강, 부모와 아동 간의 애정의 질, 부모-자녀 관계의 성질, 각각의 결정이 아동에게 장기적으로 미칠 영향 등이 있다(M. J. Ackerman, 2006a, 2006b). 심리평가는 종종 가족의 각 구성원에 대해 전통적인 검사 도구를 실시하는 형태로 이루어진다. 또한 브리클린 지각 척도(Bricklin Perceptual Scales; Bricklin, 1984)와 같은 특수 검사가 개발되기도 하였다.

마지막으로 빈번히 요청되는 서비스는 교정 장면에서 재소자 분류를 돕는 것이다. 단순히 한 사람을 관리하는 것과 재활 프로그램을 실시하는 것은 구분되어야 한다. 재소자 관리에서 중요하게 고려할 사항으로는 자살 위험 수준, 독실 대 공동 침실의 적절성, 다른 재소자들의 괴롭힘 가능성, 다른 재소자들에 대한 위험의 정도 등이 포함된다. 재활에 대한 적절한 권고를 위해서는 개인의 교육 수준, 흥미, 기술, 능력 그리고 일과 관련한 개인적 특성을 고려할 필요가 있다.

학술/교육 맥락

심리학자는 학교 제도에서 어려움을 보이는 아동 혹은 특별한 배치를 요하는 아동을 평가하도록 요청된다. 가장 중요한 영역으로는 아동의 학습상의 어려움의 성질과 정도를 평가하는 것, 지적 강점과 약점을 측정하는 것, 행동상의 어려움을 평가하는 것, 교육 계획을 만들어 내는 것, 개입에 대한 아동의 반응성을 추정하는 것, 아동에 대한 프로그램이나 배치에서의 변화를 권고하는 것 등이 포함된다(Sattler, 2008, 2014). 어떤 교육 계획도 아동의 능력, 다양성에 대한 고려, 아동의 인성, 교사의 특성 그리고 부모의 욕구와 기대 간의 상호작용에 민감해야 한다.

전형적인 교육적 배치는 자연적 조건하에서의 아동의 행동을 관찰하기 위해서 교실을 방문하는 것으로부터 시작된다. 이러한 방문의 값진 측면은 교사와 아동 간의 상호작용을 관찰하는 것이다. 아동의 행동상의 어려움은 종종 아동-교사 상호작용과 밀접하게 연결되어 있다. 때로 아동에게 반응하는 교사의 양식이 아동의 양식만큼이나 문제의 일부분이 될 수 있다. 그러나 교실에서의 관찰은 교사에게 불편을 야기할 수 있으므로 민감하게 다뤄져야 한다.

더 넓은 맥락에서 아동을 관찰하는 것은 많은 측면에서 개인 검사의 전통과 상반된다. 그러나 개인 검사는 유감스럽게도 종종 비교적 제한적이고 협소한 범위의 정보만을 제공하는데, 특히 아동이 신뢰할 만한 자기보고자가 아니고 부모나 보호자가 편파를 보일 수 있기 때문이다. 검사가 가족 평가 혹은 교실 평가와 결합된다면 부가적인 중요한 자료가 수집될 수 있는데, 또한 이 과정에는 의미 있는 저항이 따를 수 있다. 이러한 저항은 학교가 제공할 수 있는 서비스 범위 혹은 심리학자가 아동의 부모에게 요구할 수 있는 권한과 관련한 법적, 윤리적 제한으로부터 기인할 수 있다. 종종 "문제 아동" 혹은 "표적 환자"로서의 아동에 우선적인 초점이 주어진다. 이러한 초점은 부부 갈등, 교사의 혼란, 교사와 부모 간의 오해, 학교와 부모 간의 갈등과 같이 더 크고 복잡하면서도 중요한 주제를 덮어 버릴 수 있다. 아동을 둘러싼 개인들은 그 아동을 문제 아동으로만 지각하려고 할 뿐 학교 제도 혹은 가족 갈등에도 책임이 있음을 인정하지 않을 수 있다. 개인 지향 평가가 탁월한 해석을 내놓을 수도 있지만, 더 넓은 맥락을 고려하고 이해하고 언급하지 않는다면 그러한 평가가 개인의 어려움과 조직 및 대인관계의 문제를 해결하는 데 효과적이지 못한 것은 당연하다.

학교 맥락에서 이루어지는 대부분의 아동 평가는 (1) 행동 관찰 (2) 웩슬러 아동 지능검사 5판, 스탠포드 비네 5판, 우드콕-존슨 심리교육 검사집 4판(Woodcock, Schrank, Mather, & McGrew, 2014), 카우프만 아동 지능검사-II(K-ABC-II; Kaufman & Kaufman, 2004)와 같은 지능검사 (3) 정서 및 행동 기능 검사를 포함한다. 과거에는 아동의 정서 기능 평가는 주로 투사 기법에 의존하였다. 그러나 많은 투사법 검사들은 심리측정적 속성이 빈약함이 밝혀졌고, 실시, 채점 및 해석을 위해 많은 시간이 소요된다. 결과적으로 다양한 행동 평정 도구들이 투사법 검사를 대체하기 시작하였다(Kamphaus, Petoskey, & Rowe, 2000). 그중 대표적인 것으로는 아켄바흐 아동 행동 평정척도(Achenbach & Rescorla, 2001), 코너스 부모 및 교사 평정척도 3판(Conners, 2008), 아동 행동 평가체계 3판(BASC-3; C. R. Reynolds & Kamphaus, 2015) 등이 있다. 또한 아동용 성격검사 2판(PIC-2; Lachar & Gruber, 2001)과 같은 많은 객관적 도구들이 개발되었다. 이 검사는 MMPI와 유사한 선상에서 고안되었는데, 다만 아동의 부모가 작성하도록 되어 있다. 가장 반응을 탐지하기 위한 4개의 타당도 척도와 우울, 가족 관계, 비행, 불안, 과잉 활동 등을 측정하는 12개의 임상 척도로 구성되어 있다. 청소년의 성격 평가를 위해서는 MMPI-A와 밀론 청소년 임상 검사(MACI; Millon, 1993)가 효과적으로 사용될 수 있다. 점차로 더 많이 사용되고 있는 부가적인 척도로는 바인랜드 적응행동척도-II(Sparrow, Cicchetti, & Balla, 2005), 웩슬러 개인 성취 검사 3판(WIAT-III; Pearson, 2009a), 광범위 성취 검사 4판(WRAT-IV; Wilkinson & Robertson, 2007) 등이 있다.

교육 장면에서 작성되는 보고서는 아동의 약점뿐만 아니라 강점에도 초점을 두어야 한다. 아동의 강점을 이해하는 것은 잠재적으로 넓은 맥락에서 변화를 만들어 낼 뿐만 아니라 아동의 자존감을 높이는 데에도 이용될 수 있다. 권고는 현실적이고 실제적이어야 한다. 임상가가 지역사회, 학교 제도 및 교실 환경에서의 관련 자원을 철저히 이해하고 있을 때 가장 효과적인 권고가 이루어질 수 있다. 이러한 이해는 특히 중요한데, 한 학교 또는 학교 제도에서 가용한 자원이 다른 곳에서와 매우 다를 수 있기 때문이다. 권고에는 전형적으로 어떤 기술이 학습될 필요가 있는지, 이러한 기술은 어떻게 학습될 수 있는지, 목표의 위계, 학습을 어렵게 만드는 행동을 감소시키기 위한 기법 등이 구체적으로 담겨 있어야 한다.

특수교육을 위한 권고는 정규 학습이 명백히 동등한 유익을 줄 수 없을 때에만 이루어져야 한다. 그리고 권고는 최종적인 결과물이 아님을 명심해야 한다. 권고는 그에 따른 결과에 따라 정교화되고 수정되어야 하는 시작점이다. 심리평가 보고서는 이상적으로 지속적인 모니터링이 뒤따라야 한다.

아동에 대한 심리교육적 평가는 두 단계로 수행되어야 한다. 첫 번째 단계에서는 아동의 학습 환경의 성질과 질을 평가해야 한다. 만일 아동이 적절한 질의 교육에 노출되어 있지 않다면, 그가 잘 수행할 것이라고 기대할 수 없다. 따라서 적절한 교육에도 불구하고 아동이 어려움을 겪고 있는 것임을 먼저 입증해야 한다. 두 번째 단계에서는 포괄적인 평가 배터리가 실시되는데, 이에는 지적 능력, 학업 기술, 적응 행동의 평가와 학습을 방해할 수 있는 생의학적 장애의 선별이 포함된다. 지적 능력은 기억, 공간 조직화, 추상적 추론, 순서 배열 등을 포함할 수 있다. 아동의 지적 및 학업 능력과 관계없이, 그가 사회 기술, 적절한 동기 및 주의, 충동 조절 능력과 같은 적응 능력을 지니고 있지 않다면, 그는 학업을 잘 수행할 수 없을 것이다. 교육에 대한 아동의 가치 및 태도를 평가하는 것 또한 특히 중요할 수 있는데, 왜냐하면 가치 및 태도는 그가 가지고 있는 자원을 기꺼이 활용할 것인지를 결정할 수 있기 때문이다. 마찬가지로 한 개인의 개인적 효능감 수준은 그가 가치를 두는 목표를 달성하기 위한 행동을 수행할 수 있는지를 결정하는 데 도움을 준다. 학습을 방해할 수 있는 신체적 어려움에는 빈약한 시력, 빈약한 청력, 심한 피로, 영양 결핍, 내분비계 이상 등이 포함된다.

앞선 논의들은 교육 장면에서의 아동 평가를 단순한 검사 점수 해석을 넘어서 훨씬 더 넓은 맥락에 위치시키고 있다. 학습 환경의 질과 함께 교사, 가족 및 아동의 관계를 평가할 필요가 있다. 이에 더하여 아동의 생의학적 어려움과 함께 아동의 가치, 동기, 개인적 효능감을 고려할 필요가 있다. 검사자는 비교적 높은 수준의 신뢰도와 타당도를 갖춘 아동 특수 도구들뿐만 아니라 학교 및 지역사회 자원에 관하여 많은 지식을 지니고 있어야 한다.

심리 클리닉

심리학자가 전형적으로 의사결정자에 대한 자문 역할을 담당하게 되는 의료, 법정, 교육 장면에서와 달리, 심리 클리닉에서 일하는 심리학자는 종종 자신이 의사결정자이다. 심리 클리닉에서는 다양한 유형의 의뢰가 이루어진다. 가장 흔한 유형은 심리적 혼란으로부터 위안을 얻고자 스스로 찾아온 개인들이다. 이러한 사람들 중 다수에게는 집중적인 심리검사가 적절하지 않을 수 있으며, 그들의 진단과 문제가 비교적 분명하다면 검사에 소비할 시간을 치료에 할애하는 것이 더 바람직할 것이다. 그러나 치료 계획과 관련하여 내담자의 특성을 평가하기 위한 간단한 도구들은 성과를 최적화하고 향상을 가속화할 수 있는 치료를 개발하는 데 도움을 줄 수 있다(13장과 14장 참고). 또한 간단한 도구들은 치료에 대한 반응을 관찰하거나 치료와 관련된 변화를 알려주는 데 활용될 수 있어서 치료의 성공 가능성을 증가시킨다(Lambert & Hawkins, 2004). 이에 더하여 스스로 찾아온 내담자들 중에는 심리학자가 심리 클리닉에서 제공할 수 있는 치료가 그에게 적절한지를 질문해 보아야 할 내담자도 있다. 이러한 내담자들에는 의학적인 문제를 지닌 사람, 부가적인 명료화를 요하는 법적 분규에 휘말린 개인, 더 높은 강도의 치료가 필요한 사람 등이 포함된다. 이러한 사례에 대해서는 심리검사를 통해 부가적인 정보를 얻는 것이 필요하다. 이러한 검사의 주된 목적은 내담자에게 직접적인 도움을 주기 위해서보다는 의사결정에 도움을 주기 위해서일 것이다. 심리 클리닉에서 심리검사를 통해 도움을 얻을 수 있는 또 다른 내담자들은 지금 치료를 받고 있지만 진단이 불분명하거나 치료의 진전이 없거나 답보 상태인 사람들이다. 이러한 사례에서는 포괄적인 평가를 통한 명확한 안내가 도움이 될 수 있다.

심리평가가 정당화될 수 있는 두 가지 다른 상황은 부모가 학교 문제 혹은 행동 문제로 아동을 의뢰하는 경우와 다른 의사결정자가 의뢰하는 경우이다. 저조한 학업 수행 또는 법적 소송 문제로 의뢰가 이루어지는 경우에는 검사 전에 특별한 주의가 필요하다. 일차적으로 임상가는 내담자의 사회적 관계망과 의뢰 사유에 대해 철저히 이해해야 한다. 또한 철저히 이해해야 할 영역에는 이전의 치료 역사와 부모, 학교, 법정 및 아동 간의 관계가 포함된다. 의뢰는 대개 사건이 오래 진행된 끝 무렵에 이루어지는데, 이러한 사건에 대한 정보를 구하는 것은 중요하다. 의뢰 사유가 명확해지고 나면, 임상가는 학교 교장, 이전 치료자, 보호관찰관, 변호사, 교사와 같이 그 사례에 관여된 다양한 사람들과의 만남을 계획할 수 있다. 이러한 만남을 통해서 결정이 필요한 각양각색의 주제들이 드러날 수 있는데, 가령 가족치료의 필요성, 특수교육에의 배정, 이혼한 부모 간의 양육권 합의 변경, 가족의 다른 성원의 치료 필요성, 전학 등이 그것이다. 이러한 모든 주제들은 검사의 적절성과 검사에 대한 접근에 영향을 미칠 수 있는데, 이들은 초기 의뢰 문제만을 액면 그대로 받아들였을 경우 드러나지 않았던 것일 수 있다. 또한 심리학자에게 때로 다른 의사결정자로부터 의뢰가 요청될 수 있다. 예를 들어 변호사는 자신의 의뢰인이 재판을 받을 능력이 있는지를 알고 싶어 할 수 있다. 한 의사는 뇌 손상 환자가 작업 환경에 재적응할 수 있는지 혹은 운전할 수 있는지를 알고 싶어 할 수 있고, 다른 의사는 환자의 회복 과정에서의 변화를 입증할 수 있는 자료를 요청할 수 있다.

지금까지 심리검사가 이용되는 다양한 장면에 대한 논의는 언제 검사할지와 검사가 의사결정에 가장 도움이 되는 방식을 어떻게 명료화할지에 초점을 맞추었다. 이제 몇 가지 부가적인 요약을 강조할 필요가 있다. 앞서 논의한 것처럼, 의뢰자는 때로 의뢰 질문을 적절히 개념화하지 못한다. 사실 의뢰 질문은 대개의 경우 명확하지도 않고 간결하지도 않다. 의뢰 질문을 넘어서 의뢰 사유를 가장 넓은 조망에서 결정하는 것은 평가자의 몫이다. 따라서 심리학자는 대인관계 요인, 가족 역동, 의뢰로 이끈 사건의 진행 과정 등을 포함하는 내담자의 복잡한 사회적 환경을 이해해야 한다. 의뢰 질문을 명료화하는 것에 더하여, 두 번째 주요 요점은 심리학자는 자신이 보고서를 작성하는 장면에 대한 지식을 갖는 것에 책임이 있다는 것이다. 이러한 지식에는 그 장면에 고유한 언어, 그 장면에서 일하는 개인의 역할, 의사결정자가 당면한 결정, 그가 지지하는 철학적 신념 등이 포함된다. 또한 임상가는 그 장면에서 추구하는 배후의 가치를 이해하고 이러한 가치가 자신의 가치와 일치하는지를 평가하는 것이 중요하다. 예를 들어 혐오치료나 전기충격치료를 신뢰하지 않는 심리학자는 어떤 특정 장면에서 일하면서 갈등을 겪게 될 수 있다. 따라서 심리학자는 자신이 의뢰원에게 제공하는 정보가 어떻게 사용될지를 명확히 이해해야 한다. 그는 자신에게 중요한 책임이 있음을 인정하는 것이 중요한데, 왜냐하면 평가 결과에 기초하여 내담자에 대해 이루어진 결정이 내담자의 삶에는 중요한 변화를 초래할 수 있기 때문이다. 만일 그 정보가 평가자의 가치 체계와 맞지 않는 방식으로 사용될 가능성이 존재한다면, 그는 의뢰 장면과의 관계를 재고하거나 명료화하거나 변화시켜야 한다.

마지막 요점은 임상가는 자신을 "검사 기사" 혹은 "심리측정 기술자"의 위치로 전락시키지 않아야 한다는 것이다. 이러한 역할은 궁극적으로 내담자, 임상가 그리고 그 전문직에 도움이 되지 않는다. 임상가는 단순히 검사를 실시하고 채점, 해석해서는 안 되며, 전체 의뢰 맥락을 가장 넓은 의미에서 이해해야 한다. 이는 검사 자료를 다른 원천으로부터의 다양한 자료들과 통합할 수 있는 전문가가 되어야 함을 의미한다. 검사는 그 자체만으로는 복잡한 의뢰 문제를 다룰 수 있을 만큼 유연하거나 세련되지 않다는 것을 유념해야 한다. D. Levine(1981)은 다음과 같이 말하였다.

> (검사의 타당도에 관한 공식적인 연구는) 심리검사의 실제적인 활용과 직접적으로 관련되지 않는다. 검사의 가치에 대한 질문은 "이 검사는 어떤 특정 준거와 상관을 보이는가?" 또는 "이 검사는 법칙론적 개념과 일치하는가?"가 아니라 (의사결정 과정을 더 효율적이거나 더 경제적이거나 더 정확하거나 더 합리적이거나 더 적절하게 만들어 줌으로써) "이 검사를 사용함으로써 의사결정 과정이 향상되는가?"가 되어야 한다(p. 292).

이러한 모든 관심은 심리측정 기술자가 아니라 심리평가를 수행하는 전문적인 임상가의 역할을 강조하는 것과 일치한다.

평가의 윤리적 실제

윤리 지침에는 전문직 심리학이 승인하는 가치들이 반영되어 있다. 이러한 가치들에는 내담자의 안전, 비밀 보장, 괴로움의 감소, 공정성, 과학의 발전 등이 포함되어 있다. 이러한 지침은 이러한 가치들이 이상적인 실무에서 어떻게 표현될 수 있는지를 주의 깊게 고려함으로써 진화되어 왔다. 주목할 만한 점은 많은 윤리 규정들이 평가 절차와 관련한 갈등과 비판에 직면하여 다듬어져 왔다는 것이다. 그동안 가해진 비판은 주로 부적절한 맥락에서의 검사의 사용, 비밀 보장, 문화적 편파, 사생활 침해, 검사 자료의 유출, 타당하지 않은 검사의 지속적 사용 등에 대한 것이었다. 이 같은 비판의 결과로 어떤 검사에는 사용의 제한이 가해졌고, 윤리 기준이 더 명확해졌으며, 불운하게도 대중의 회의가 증가하였다. 유용하고 정확한 평가를 수행할 뿐만 아니라 이러한 잠재적인 어려움에 대처하기 위해서, 임상가는 평가 도구의 윤리적 사용에 대해 잘 인식하고 있어야 한다. 미국 교육연구학회(American Educational Research Association, AERA)와 다른 전문 집단들은 『교육 및 심리검사 기준』(*Standards for Educational and Psychological Tests*, 1999)과 『심리학자의 윤리적 원칙 및 행위 규범』(*Ethical Principles of Psychologists and Code of Conduct*; American Psychological Association, 2002) 등을 통해서 검사자를 위한 윤리 지침을 마련하였다. 또한 「성격 평가 저널」(*Journal of Personality Assessment*)의 특별호(Russ, 2001)에서도 훈련, 의료, 학교 및 법정 장면에서 부딪히는 윤리적 딜레마를 다루었다. 다음에서는 이러한 지침의 가장 중요한 골자와 함께 부가적인 관련 주제들을 개관하고 있다.

전문적 관계를 발전시키기

평가는 명확히 정의된 전문적 관계의 맥락에서만 시행되어야 한다. 이는 관계의 성질, 목적 및 조건이 서로 논의되고 동의되어야 함을 의미한다. 일반적으로 임상가가 관련 정보를 제공하고 내담자의 동의 서명이 뒤따르게 된다. 내담자에게 전달되는 정보는 평가의 유형과 시간, 대안적인 절차, 약속과 관련한 세부사항, 비밀 보장의 성질과 한계, 금전과 관련한 사항 그리고 그 평가의 독특한 맥락과 관련될 수 있는 부가적인 정보를 포함한다(사전 동의를 위한 구체적인 지침과 형식에 대해서는 Pope, 2007a, 2007b와 Zuckerman, 2003 참고).

잘 알고 있어야 할 중요한 영역은 관계의 질이 평가 결과와 전반적인 작업 관계에 미칠 수 있는 영향이다. 검사자가 내담자에게 미칠 수 있는 영향력을 인식하는 것과 라포 수준을 최적화하는 것은 검사자의 책임이다. 예를 들어 언어적 강화와 친근한 의사소통을 통해 더 나이 든 아동들(더 어린 아동들이 아니라)과 라포가 향상될 경우, 중립적인 상호작용을 통해 검사가 실시되는 경우와 비교하여 WISC-R의 IQ 점수가 평균 13점이 증가하는 것으로 나타났다(Feldman & Sullivan, 1971). 이는 거의 1표준편차에 해당하는 차이이다. 또한 "나는 당신이 그것보다는 더 잘할 수 있으리라고 생각했습니다"와 같이 가볍게 불승인의 말을 했을 때, 중립적이거나 승인하는 말을 했을 때와 비교하여 유의미한 수행 저하를 초래하는 것으로 나타났다(Witmer, Bornstein, & Dunham, 1971). Fuchs와

Fuchs(1986)는 22개의 연구를 개관하면서, 검사자가 아동과 친숙하지 않았을 때와 비교하여 검사자가 아동과 친숙했을 때 IQ 점수가 평균 4점이 상승한다고 결론지었다. 이러한 경향은 특히 사회경제적 지위가 낮은 아동들에게서 더 현저하였다. 아프리카계 미국인 아동이 유럽계 미국인 검사자에게 검사를 받았을 때 수행이 더 저하된다는 믿음을 지지하는 증거는 별로 없지만(Lefkowitz & Fraser, 1980; Sattler, 1973a, 1973b; Sattler & Gwynne, 1982), 아프리카계 미국인 학생은 유형의 강화물(돈, 사탕)에 더 반응적인 반면 유럽계 미국인 학생은 일반적으로 언어적 강화에 더 잘 반응하는 것으로 나타났다(Schultz & Sherman, 1976). 그러나 이후의 연구에서 Terrell, Taylor 및 Terrell(1978)은 주요 요인은 반응의 문화적 관련성임을 보여 주었다. 이들은 아프리카계 미국인 학생이 아프리카계 미국인 검사자에 의해서 "좋아" 또는 "잘했다, 꼬마야"와 같이 문화적으로 관련된 말로 격려를 받았을 때 IQ 점수가 무려 17.6점이 증가함을 발견하였다. 따라서 긍정적 라포와 피드백은, 특히 그 피드백이 문화적으로 관련된다면, 검사 수행을 유의미하게 향상시킬 수 있다. 결과적으로 피드백과 라포 수준은 검사 시행마다 가능한 한 일정하게 유지되어야 한다.

Rosenthal과 그의 동료들에 의해 집중적으로 연구된 변인은 연구자/검사자의 기대가 다른 사람의 수행 수준에 영향을 미칠 수 있다는 것이다(Rosenthal, 1966). 이러한 결과는 사람뿐만 아니라 실험실 쥐들에게서도 나타났다. 예를 들어 실험자가 어떤 쥐에 대해 더 나은 수행을 기대할 수 있는 말을 들었을 때, 그 쥐의 수행에 대한 실험자의 기술은 실험자의 기대와 일치하였다(R. Rosenthal & Fode, 1963). 그의 연구에 비판이 쏟아졌고 그의 연구 결과에서 효과 크기가 크지 않았음에도 불구하고(Barber & Silver, 1968; Elashoff & Snow, 1971), Rosenthal은 어떤 상황에서는 기대 효과가 존재한다고 주장하였고 그 기제는 미세한 비언어적 행동을 포함한다고 제안하였다(H. Cooper & Rosenthal, 1980). 그는 한 개인의 수행에 대한 전형적인 효과는 보통 작고 미묘하며 어떤 상황에서는 나타나지만 다른 상황에서는 나타나지 않을 수 있다고 주장하였다. 이러한 주장이 임상가에게 주는 함의는 임상가는 내담자에 대한 자신의 기대에 대하여 지속적으로 의문을 품어야 하며, 자신이 어떤 식으로든 결과를 오염시킬 수 있는 방식으로 내담자에게 자신의 기대를 전달하고 있지는 않은지를 점검하여야 한다는 것이다.

검사자와 내담자의 관계의 성질에 영향을 미칠 수 있는 부가적인 요인은 내담자의 정서 상태이다. 내담자의 동기 정도와 불안 수준을 평가하는 것은 특히 중요하다. 상황적인 정서 상태가 검사 결과에 유의미하게 영향을 미칠 수 있을 때에는 검사를 중단하거나 연기하는 것이 바람직할 수 있다. 검사자는 최소한 정서적 요인의 잠재적 효과를 고려하여 이를 검사 해석에 반영하여야 한다. 예를 들어 내담자가 지능검사를 실시하는 동안에 뚜렷하게 매우 불안함을 보였다면, 그의 최적의 지적 기능 추정치를 상향하는 것이 필요할 수 있다.

검사 실시와 반응 채점을 잠재적으로 오염시킬 수 있는 마지막 고려사항은 검사자가 내담자를 좋아하고 그를 따뜻하고 친근한 사람으로 지각하는 정도이다. 몇몇 연구들(Sattler, Hillix, & Neher, 1970; Sattler & Winget, 1970)에서는 검사자가 내담자를 좋아할수록 검사자는 모호한 반응을 내담자에게 유리한 방향으로 채점하는 경향이 있음이 나타났다. 이러한 경향은 심지어 반응이 모호하지 않은 문항에 대해서도 나타날 수 있다(Egeland, 1969; Simon, 1969). 따라서 부분적으로는 검사자가 내담자에게 느끼는 주관적 선호도에 따라서 더 엄격하거나 더 관대한 채점이 이루어질 수 있다. 검사자는 내담자와의 관계가 검사 실시 및 채점의 객관성과 표준화를 방해하고 있지는 않은지를 끊임없이 점검하여야 한다.

사전 동의와 관련한 주제들

심리학자는 평가 절차에 대한 사전 동의(informed consent)를 받아야 한다. 모든 사전 동의에는 어떤 절차가 이루어지는지, 검사의 관련성, 결과가 어떻게 사용되는지가 포함된다(Pope, 2007a; kspope.com/consent/index.php 참고). 이는 검사자가 늘 검사 실시의 구체적인 이유에 대해 명확한 개념을 지니고 있어야 함을 의미한다. 어떤 정보에 대해서 비밀이 보장되며 비밀 보장의 한계는 무엇인지에 대해서도 강조되어야 한다. 비밀 보장에 대한 예외는 아동 학대 혹은 노인 학대, 자해 혹은 타해의 위험, 법적 명령에 의한 정보 등을 포함하는 상황에서 인정될 수 있다. 정보는 내담자가 이해할 수 있는 명확하고 솔직한 언어로 제공되어야 한다. 불행하게도 공식적인 동의서가 내담자의 독해 수준을 넘어서는 수준으로 작성되는 경우가 많이 있다.

사전 동의에는, 그 정보가 검사 결과에 영향을 미치지 않는 한에서, 검사의 이론적 근거뿐만 아니라 검사를 통해 얻게 될 자료의 종류와 그 자료의 잠재적 용도에 대한 정보 전달이 포함된다. 이는 구체적인 검사 소척도를 내담자에게 사전에 보여 주어야 함을 의미하는 것이 아니라 검사의 성질과 목적을 일반적인 방식으로 전달해야 함을 의미한다. 예를 들어 한 검사가 "사회성"을 측정한다고 내담자에게 미리 말해 주면, 이러한 사전 지식이 검사의 타당도를 변화시킬 수도 있다. 검사의 형식과 의도를 간단하면서도 정중하고 솔직한 방식으로 소개하면, 내담자가 검사 상황을 사생활 침해로 지각할 가능성이 유의미하게 줄어들 수 있다.

임상가는 분명한 정보를 제공하고 내담자는 그 절차에 동의하겠지만, 때로 그 정보에 포함되지 않은 예견하지 못한 사건이 일어날 수 있다. 내담자가 드러내지 않고 비밀로 간직하고 싶은 내담자의 측면을 검사자가 발견하게 될 때 이러한 일이 벌어질 수 있다. 따라서 평가는 사생활 침해의 가능성을 내포하게 된다. 과학기술사무국(Office of Science and Technology, 1967)은 "사생활과 행동 연구"라는 제목의 보고서에서, 사생활을 "개인이 자신의 생각, 감정 및 개인 생활의 사실을 타인과 어느 정도까지 나눌지를 스스로 결정할 수 있는 권리"로 정의하였다. 이러한 권리는 "자기결정권의 존엄성과 자유를 보장하는 데 필수적"(p. 2)인 것으로 간주된다. 사생활 침해의 주제는 성격검사에서 동기, 정서, 태도의 특질과 관련된 문항들이 위장되어 표현될 때 가장 많은 논쟁을 불러일으킬 수 있다. 이때 개인은 자신이 비밀로 간직하고 싶은 자신의 특성을 자신도 모르게 드러낼 수 있다. 이와 유사하게 많은 사람들은 자신의 IQ 점수를 매우 사적인 것으로 간주한다. 이러한 주제에 대한 공공의 관심은 "헌법적 권리에 대한 상원 소위원회"와 "사생활 침해에 대한 의회 소위원회"의 연구에서 정점에 이르렀다. 이 두 연구에서는 심리검사에 대한 의도적인 오용의 증거를 발견하지 못하였다(Brayfield, 1965).

Dahlstrom(1969)은 사생활 침해에 대한 대중의 관심은 두 가지 기본적인 주제에 기초한다고 주장하였다. 첫 번째는 검사가 대중에 너무 많이 알려져서 결과적으로 검사의 범위와 정확성이 과장되었다는 것이다. 대중은 일반적으로 검사 자료의 한계를 알지 못하고 검사가 실제보다 숨겨진 정보를 더 잘 발견할 수 있을 것이라고 생각한다. 두 번째 오해는 자신이 알지 못하거나 혼자서만 사적으로 간직하고 싶은 개인 정보를 얻는 것이 반드시 잘못된 것은 아니라는 생각이다. 더 중요한 주제는 그 정보를 어떻게 사용할지에 대한 것이다. 더욱이 그 정보를 언제 어디서 어떻게 사용할지를 통제하는 사람은 일반적으로 내담자 자신이다. 미국심리학회의 윤리 규정(2002)에서는 특별히 심리학자가 다양한 원천으로부터 얻어낸 정보는 오로지 내담자의 허락하에서만 유출될 수 있다고 언급하고 있다. 소수자의 권리 혹은 자해와 타해의 위험이 있을 때와 관련한 예외가 있기는 하지만, 정보를 통제하는 능력은 일반적으로 내담자가 쥐고 있다고 명확하게 정의되어 있다. 따라서 대중은 자신의 권리에 대해서 제대로 교육을 받지 못하였을 수 있고, 검사 자료가 어떻게 사용될지를 결정하는 데 자신이 가진 힘을 과소평가할 수 있다.

사생활 침해에 대한 관심이 주로 내담자가 사적으로만 간직하고 싶은 정보의 발견 및 오용과 관련되지만, 불가침(inviolacy)은 내담자가 검사 자체 또는 검사 상황에 직면했을 때 일어날 수 있는 실제의 부정적인 감정을 포함한다. 불가침은 특히 내담자가 생각하고 싶지 않은 정보에 대한 논의가 요청될 때와 관련된다. 예를 들어 MMPI에는 성적 습관, 배변 행동, 신체 기능, 인간의 본성에 대한 개인적 신념 등 통상적으로 금기시되는 주제에 관한 문항들이 포함되어 있다. 이러한 문항들은 수검자로 하여금 기괴한 생각이나 억압된 불쾌한 기억에 대해 생각하게 함으로써 불안을 유발할 수 있다. 많은 사람들은 평소 친숙한 사고 영역에 머묾으로써 어느 정도의 안전함과 편안함을 얻으려고 한다. 일상적이지 않은 생각의 존재를 묻는 질문을 받는 것만으로도 개인적 규칙과 규준에 대해 불안을 유발하는 도전이 될 수 있다. 이러한 문제는 사생활 침해의 주제와 어느 정도 관련될 수 있으며, 평가 절차에 대한 분명하고도 정확한 정보 공개와 함께 일대일의 민감성이 요구된다.

또 다른 주제는 인사 선발을 위한 평가를 실시하는 동안에 지원자가 어떤 특정 자리를 원하기 때문에 검사에서 개인적인 정보를 부득이 드러내야 한다는 압박을 느낄 수 있다는 것이다. 또한 지원자는 문항의 모호함과 불분명함 때문에 잘 모르는 채 정보를 드러낼 수 있으며, 아마도 더 중요한 점은 그에게는 검사자가 검사 자료에 대해서 어떤 추론을 할지에 대한 통제권이 없다는 것이다. 그러나 어떤 자리가 주의 깊은 선별 과정을 요한다면 그리고 선별 과정을 소홀히 했을 때 심각한 부정적인 결과가 파생될 수 있다면, 한 개인에 대해 가능한 한 세밀하게 평가가 이루어져야 한다. 따라서 경찰 요원, 까다로운 임무를 수행하는 전투 요원, 중요한 임무를 수행하는 해외주재 요원 등의 인사 선발을 위해서는 세심한 평가가 요구될 수 있다.

임상 장면에서는 내담자에 대한 개인적인 정보를 얻는 것이 보통은 문제가 되지 않는다. 내담자가 새로운 통찰을 얻고 자신의 행동을 변화시킬 수 있도록 돕는 데 그 정보를 사용할 것이라는 동의는 분명하고 솔직한 것이다. 그러나 아동 학대, 비자의적 구속, 자해 혹은 타해의 위험 상황과 같은 영역과 관련하여 법적인 문제가 발생할 때 종종 윤리적인 질문이 제기된다. 정보가 공개되어야 하는 방식과 정도에 관한 일반적인 지침이 있다. 이는 미국심리학회의 『심리학자의 윤리적 원칙 및 행위 규범』(2002)에 잘 나와 있으며, 검사자는 이러한 지침에 익숙해지도록 권장된다. 또한 전문직 심리학자는 동료, 보험회사 그리고 미국심리학회 윤리위원회(apa.org/ethics)에 자문을 요청할 수 있다.

명명하기와 자유의 제한

한 개인이 신체적인 질병으로 의학적 진단을 받았을 때 사회적인 낙인은 비교적 경미하다. 그러나 많은 정신과적 진단이 초래하는 잠재적으로 파괴적인 결과는 적지 않다. 주요 위험은 특정 진단명과 관련하여 기대되는 역할에 기초하여 자기충족적 예언을 만들어낼 수 있다는 것이다. 이러한 기대는 대부분 비언어적으로 전달되며, 개인이 즉각적으로 인식할 수 있는 수준을 넘어서 이루어진다(H. Cooper & Rosenthal, 1980; R. Rosenthal, 1966). 다른 자기충족적 예언은 더 명백하게 이루어진다. 예를 들어 성적인 경계가 부족한 청소년이 "성 범죄자"로 불릴 수 있고, 이로 인해 그 명칭이 공공연히 퍼질 수 있으며, 그 청소년은 많은 제약을 받을 수 있다.

타인에 의해 부여된 진단명이 부정적인 결과를 낳을 수 있듯이, 스스로 진단명을 받아들인 결과 또한 유해할 수 있다. 내담자들은 자신의 진단명을 자신의 행동에 대한 책임을 부인하거나 변명하는 데 이용할 수 있다. 이는 의학 모델과도 일치하는데, 이 모델에서는 일반적으로 "아픈" 사람은 "침입하는 장애"의 희생자라고 가정한다. 따라서 우리 사회에서는 "아픈" 사람은 자신의 장애에 책임이 없다고 간주한다. 그러나 행동적인 문제에 대해서도 이 모델을 수용할 경우 행동장애가 지속될 수 있는데, 왜냐하면 개인은 자기 자신을 정신건강 전문가의 힘 아래 놓여 있는 무력하고 수동적인 희생자로 볼 수 있기 때문이다(Szasz, 1987). 이러한 무력감은 새로운 스트레스를 효과적으로 다룰 수 있는 개인의 능력을 무력화시키는 데 기여할 수 있다. 내담자가 자신의 행동을 효과적으로 변화시키기 위해서 자신의 삶과 행위에 책임감을 지닐 필요가 있다는 믿음은 이러한 무력감과 상반된다.

명명하기와 관련한 또 다른 부정적인 결과는 명명하기가 발전과 창조성을 제약함으로써 개인 혹은 조직에 불필요하게 제한을 부과할 수 있다는 것이다. 예를 들어 어떤 조직이 특정 유형의 직무에 성공적이었던 직원의 유형을 결정하는 연구를 수행하고 이 연구에 기초하여 미래의 인사 선발 기준을 개발하였다고 하자. 이는 비교적 동질적인 직원들을 선발하게 되는 결과를 초래할 수 있고, 이는 또다시 조직의 변화와 발전을 저해할 수 있다. 새롭고 다양한 생각을 지닌 사람들에게 기회가 주어지지 않음으로써 "재능 풀(pool)"의 협소화가 이루어질 수 있다. 달리 표현하면 과거에 적응적이라고 명명되었던 사람이 미래에도 적응적이지 않을 수 있다. 이러한 곤경에 대한 하나의 대안은 미래의 흐름을 내다보고 이러한 흐름에 기초하여 선발 기준을 개발하는 것이다. 이에 더하여 서로 다르면서도 공존 가능한 유형의 사람들이 같은 프로젝트에서 일할 수 있도록 선발함으로써 다양성이 그 조직에 흡수될 수 있다. 따라서 임상가는 명명하기가 지니는 제한 효과뿐만 아니라 타인의 명명 혹은 자기명명에서 기인하는 잠재적인 부정적 영향에 민감해야 한다.

평가 도구의 유능한 사용

검사자는 심리검사를 올바르게 실시하고 해석하기 위해서 반드시 적절한 훈련을 받아야 하며, 이에는 일반적으로 대학원 과정의 수업과 긴 시간의 지도감독 경험이 포함된다(Turner, DeMers, Fox, & Reed, 2001). 임상가는 검사 및 검사의 한계에 대한 지식을 지니고 있어야 하며, 검사의 유능한 사용에 대한 책임을 기꺼이 수용해야 한다. 특히 개인적으로 실시되는 지능검사와 대부분의 성격검사에 대해서는 집중적인 훈련이 필요하다. 수업의 일환으로 검사를 실시하는 학생은 일반적으로 아직 검사를 전문적으로 실시하고 해석하기 위한 적절한 훈련을 받지 못하였다. 따라서 학생이 실시한 검사 결과는 그 타당도가 의심될 수 있으며, 학생은 그 검사가 훈련 목적으로만 이루어지는 것임을 내담자에게 명확하게 알려야 한다.

앞서 언급한 전반적인 훈련 지침에 더하여, 검사자는 또한 많은 구체적인 기술을 지니고 있어야 한다(Moreland, Eyde, Robertson, Primoff, & Most, 1995; Turner et al., 2001). 이에는 한 검사의 기술적 강점과 한계, 적절한 검사의 선별, 그 검사의 신뢰도와 타당도와 관련된 지식 그리고 다양한 집단에 대한 해석이 포함된다. 검사자는 검사 매뉴얼에 나와 있는 자료뿐만 아니라 그 검사가 측정하고 있는 변인에 대한 연구들과 출간 이후의 그 검사의 지위에 대해서 잘 알고 있어야 한다. 특히 새로이 개발된 하위집단 규준과 후속 연구를 통해 척도의 의미가 변화된 것에 대해서도 잘 알고 있어야 한다. 검사자는 한 검사 자체를 평가한 후에, 또한 그 검사를 사용하고자 하는 목적과 맥락이 적절한지에 대해서도 평가할 수 있어야 한다. 때로 어떤 목적에서는 타당한 검사가 그것이 의도하고 있지 않은 목적을 위해서 사용될 수 있고, 결과적으로 그 검사 자료에 기초한 추론이 타당하지 않거나 쓸모없는 것이 될 수 있다. 이에 더하여 검사자는 수검자의 수행에 영향을 미치는 조건을 잘 알고 이에 민감해야 한다. 이러한 조건들에는 검사자의 기대, 표준화된 지시의 사소한 변화, 라포 수준, 수검자의 기분, 수검자의 삶의 변화와 관련한 검사 실시 시기 등이 포함된다. 검사자는 정확한 결론에 이르기 위하여 인간 행동의 다양성에 대한 일반적인 지식을 지니고 있어야 한다. 다양한 인종, 성, 성적 지향, 민족에 대해서 다양한 고려와 해석 전략이 필요할 수 있다(Dana, 2005; Nguyen, Huang, Arganza, & Liao, 2007 참고). 마지막으로 고려할 사항은 인턴 혹은 기사가 검사를 실시할 경우에 적절히 훈련된 심리학자가 자문 혹은 지도감독 역할을 해야 한다는 것이다.

검사 사용자의 자격을 위한, 자료에 기초한 구체적인 지침이 관련 전문직 단체(American Psychological Association, 1987; Turner et al., 2001)에 의해 개발되었고, 심리검사를 판매하는 대부분의 조직들은 이러한 지침을 따르고 있다. 자격을 위한 서류에서는 검사 사용 목적(상담, 연구, 인사 선발), 전문 영역(부부 및 가족, 사회복지, 학교), 훈련 수준(학위, 자격증), 구체적인 수강 과목(기술 통계, 진로 평가), 검사 사용에 대한 질 관리(검사의 안전성, 적절한 해석) 등을 요구한다. 서류를 작성하는 개인은 자신이 적절한 훈련을 받았고 능력을 갖췄으며 검사 사용과 관련한 윤리 지침과 법규를 따르겠다는 것을 증명해야 한다.

심리학자는 자신이 검사 사용을 위한 적절한 훈련을 받는 것에 더하여 자격을 갖추지 않은 사람이 검사를 사용하는 것을 조장해서는 안 된다. 이는 모든 심리검사가 심리학자에 의해서만 독점적으로 사용되어야 함을 의미하는 것은 아니다. 다른 전문직이 사용할 수 있는 검사도 많이 있다. 그러나 심리학자는 높은 수준의 훈련을 요하는 검사(예를 들어 개인 지능검사)와 일반적으로 가용한 검사를 잘 인식하고 있어야 한다.

검사의 유능한 사용과 관련하여 중요한 측면 중 하나는 검사가 원래 고안된 목적으로만 사용되어야 한다는 것이다. 전형적으로 검사가 원래 고안된 목적을 넘어서 확장되어 사용되는 경우에는 상당한 신뢰를 가지고 좋은 의도로 사용되어야 한다. 예를 들어 검사자는 주제통각검사(TAT)나 로르샤하 검사를 개인의 IQ를 추정하기 위한 목적으로 사용할 수 있다. 이와 유사하게 한 개인의 정신병리의 정도를 평가하기 위한 목적으로 개발된 MMPI-2나 MCMI-IV를 정상인의 기능 수준을 평가하기 위해 부적절하게 사용할 수 있다. 물론 MMPI-2로부터 정상인의 기능 수준에 관하여 어떤 결론을 도출할 수 있고, 또한 투사법 검사에 기초하여 IQ 추정치를 산출할 수 있지만, 이러한 결론은 매우 조심스럽게 잠정적으로 고려되어야 한다. 이러한 검사들은 본래 이러한 목적을 위해서 개발된 것이 아니며, 따라서 그러한 추론은 그 검사의 강점을 반영하지 않는다. MMPI-2와 같은 검사가 어떤 유형의 인사 선발을 위해 지원자를 선별하는 데 사용될 경우에 다소 더 심각한 오용이 발생할 수 있다. MMPI-2와 같은 유형의 검사는 대부분의 직업과 관련된 기술을 평가하는 데 적절하지 않은 것으로 보인다. 또한 MMPI-2로부터 도출된 정보는 전형적으로 매우 개인적인 성질의 것이어서, 많은 유형의 인사 선발에서 부적절하게 사용된다면 사생활 침해의 소지가 있을 수 있다.

검사 결과의 해석과 사용

검사 결과의 해석을 단순한 기계적인 절차로 생각해서는 결코 안 된다. 정확한 해석은 단순히 규준과 절단점을 사용하는 것이 아니라 개인의 고유한 특성과 검사 자체의 관련된 측면을 결합하는 것을 의미한다. 검사 자체를 타당화할 수 있지만, 검사 배터리를 통해 통합된 정보를 타당화하는 것은 훨씬 더 어려운 일이다. 예를 들어 서로 다른 원천으로부터의 자료들 간에 상충되는 정보를 발견하는 것은 드물지 않은 일이다. 이러한 상반된 정보를 평가하여 가장 적절하고 정확하면서도 유용한 해석을 만들어 내는 것은 임상가의 몫이다. 만일 임상가가 검사 해석과 관련하여 중요한 유보 사항이나 단서 사항을 가지고 있다면, 심리평가 보고서를 통해 이들을 전달해야 한다.

첫 번째 주제는 검사 자극과 검사 규준은 결국 시간이 지나면 시대에 뒤떨어지게 된다는 것이다. 그 결과로 이러한 검사에 기초한 해석은 부정확한 것이 될 수 있다. 이러한 이유 때문에 임상가는 그 검사의 최신판을 사용하고 최근의 연구 결과에 익숙할 필요가 있다. 만일 임상가가 지난 10년간 자신의 검사 지식을 최신의 것으로 갱신하지 않았다면, 그는 아마도 임상 실무를 유능하게 수행하고 있지 않다고 말할 수 있을 것이다.

최신지견을 유지한다고 함은 부분적으로 심리학자는 검사 도구를 선별하고 채점 및 해석을 수행할 때 그 프로그램 또는 검사의 타당도에 관한 증거에 기초하여야 한다는 것을 의미한다. 이러한 선별 과정은 그 상황의 맥락에 대한 지식을 요구한다(Turner et al., 2001). 타당도가 높은 검사라고 할지라도 어떤 맥락 또는 집단에서는 매우 타당하지만, 다른 맥락 또는 집단에 대해서는 그렇지 않을 수 있다. 윤리적인 고려가 필요한 또 다른 주제는 컴퓨터 기술 또는 인터넷 기반 기술로의 변환 또는 이러한 기술의 사용과 관련한 것이다(McMinn, Bearse, Heyne, Smithberger, & Erb, 2011; McMinn, Buchanan, Ellens, & Ryan, 1999; McMinn, Ellens, & Soref, 1999). 궁극적으로 내담자에 대한 해석과 권고는 임상가의 책임이다. 보고서에 서명을 한다 함은 임상가가 그 보고서의 내용에 책임을 진다는 것을 의미한다. 실로 보험통계적 공식 또는 자동화된 보고서와 임상가의 중요한 차이는 임상가는 궁극적으로 책임을 지는 존재라는 것이다.

검사 결과의 전달

심리학자는 통상적으로 내담자 및 의뢰자에게 평가 결과에 대한 피드백을 주어야 한다(Lewak & Hogan, 2003; 형식과 지침에 대해서는 Pope, 1992, 2007b, kspope.com/assess/feedabs1.php 참고). 이러한 피드백은 분명하고 일상적인 언어로 전달되어야 한다. 심리학자가 피드백을 전달하는 사람이 아닐 경우에 사전에 이에 대해 고지하여야 하고, 심리학자는 피드백을 전달하는 사람이 그 정보를 분명하고 유능한 방식으로 제시할 수 있는지에 대해서 보증할 수 있어야 한다. 검사 결과가 효과적으로 전달되지 않는다면, 그 검사의 목적은 달성되기 어려울 것이다. 효과적인 피드백은 그 검사 결과에 영향을 받을 수 있는 의뢰자, 내담자 그리고 부모나 교사와 같은 사람들의 욕구나 어휘를 이해하는 것을 포함한다. 처음에는 검사의 이론적 근거와 성질에 대한 명확한 설명이 이루어져야 한다. 이러한 설명에는 도출된 결론의 일반적 유형, 검사의 한계, 검사 또는 검사 변인을 둘러싼 일반적인 오해 등이 포함될 수 있다. 만일 교육 장면에서 한 아동에 대한 검사가 실시된다면, 학교심리학자, 부모, 교사 및 다른 관계자들과의 만남이 이루어져야 한다. 이러한 접근은 특히 IQ 검사에서 중요한데, 이 검사는 성취검사보다 잘못 해석될 가능성이 더 많다. 평가 결과에 대한 피드백은 듣는 사람이 쉽게 이해할 수 있는 용어로 전달되어야 한다. 피드백은 행동적인 참조와 함께 수행 수준이 명확하게 진술될 때 일반적으로 가장 의미 있는 것으로 보인다. 예를 들어 부모에게 IQ 결과를 알려 주면서 아동의 IQ는 130이며 공간 조직화에 상대적인 강점이 있다고 말한다면, 이는 공식적인 심리평가에는 적절한 언어일 수 있지만 부모에게는 적절하지 않을 수 있다. 더 효과적인 기술은 "아동은 또래들과 비교하여 현재 상위 2% 수준의 지능을 보이고 있으며, 퍼즐을 맞추거나 자전거를 조립하거나 장난감을 만드는 것과 같이 비언어적 재료를 조직화하는 데 특히 더 유능하다"와 같은 말일 것이다.

또한 임상가는 효과적인 피드백을 제공하기 위해서 듣는 사람의 개인적 특성(예를 들어 교육 수준, 심리검사에 대한 지식, 피드백에 대한 감정 반응 등)을 고려해야 한다(Finn, 2007). 감정 반응은 아동이 자신의 개인적 강점이나 단점을 듣게 될 때 특히 중요하다. 필요하다면 부가적인 상담의 편의가 제공되어야 한다. 적절히 주어진 피드백은 단순히 정보를 제공하는 것뿐만 아니라 실제로 증상의 고통을 감소시키고 자존감을 증진하는 데 기여할 수 있다(Armengol, Moes, Penney, & Sapienza, 2001; Finn & Tonsager, 1992; Lewak & Hogan, 2003). 따라서 피드백의 제공은 실제로 개입 과정의 일부가 될 수 있다. 심리평가는 종종 인생의 중요한 결정을 내리기 위한 목적으로 요청되기 때문에, 그 정보가 줄 수 있는 잠재적인 영향을 결코 과소평가해서는 안 된다. 내담자가 받게 되는 정보와 그 정보에 기초하여 내리게 되는 결정은 내담자 자신에게는 종종 수년의 기간과 관련될 수 있기 때문에, 일반적으로 힘의 지위를 지니고 있는 임상가에게는 그 힘과 함께 책임이 뒤따르게 된다.

검사의 보안 유지와 검사 자료의 유출

검사 재료가 쉽게 입수 가능하다면, 개인들이 그 검사를 검토하고 정답을 학습하며 자신이 보이고 싶은 인상에 따라 반응하기가 쉬워질 것이다. 검사의 보안 유지는 윤리적 의무일 뿐만 아니라 검사를 구매할 때 검사 출판사와 이루어진 약속이자 업무상 기밀과 관련한 법적 요구사항이다. 심리학자는 검사 재료의 보안을 보장하기 위해서 모든 합당한 노력을 기울여야 한다. 구체적으로 모든 검사는 안전한 장소에 자물쇠로 잠긴 채로 보관되어야 하며, 훈련을 받지 않은 사람에게 검사를 검토할 수 있는 기회가 주어져서는 안 된다. 판권이 있는 검사의 어떤 재료도 복제되어서는 안 된다(형식과 지침을 위해서는 Zuckerman, 2003 참고).

평가 결과의 보안 유지 또한 이루어져야 한다. 이러한 보안은 일반적으로 내담자가 지명한 사람(종종 의뢰자와 내담자 자신)만이 그 결과를 볼 수 있어야 함을 의미한다. 그러나 현실적으로는 때로 이러한 윤리 원칙이 준수되기 어려울 수 있다. 예를 들어 많은 의료 장면에서는 대부분의 치료 관련 정보(심리평가 결과를 포함하여)가 내담자의 차트에 보관되는데, 전형적으로 치료 팀의 모든 구성원들이 그 차트에 접근할 수 있다(Claassen & Lovitt, 2001). 한 수준에서, 이러한 접근은 심리학적 지침과 의학적 지침 간의 갈등을 반영한다. 다른 수준에서는, 환자의 유익(치료 팀이 그의 기록에 접근할 수 있음으로써 증가되는 유익)과 환자의 자율성(환자가 자신의 정보를 누구에게 어디로 유출할지를 통제함) 간의 갈등을 반영한다. 또한 다수의 조직(예를 들어 보험회사, 재활 제공자, 의뢰자)이 모두 환자의 기록에 접근하기를 원하기 때문에 평가 결과의 보안에 대한 타협이 이루어질 수밖에 없다. 이러한 문제는 흔히 관리의료 환경에서 발생한다. 또한 환자 기록의 보안은 서로 연결된 대규모의 데이터베이스가 잠재적으로 환자 자료에 접근할 수 있을 때 더 취약해지지 않을 수 없다(McMinn, Bearse et al., 2011; McMinn, Buchanan et al., 1999; McMinn, Ellens et al., 1999).

　　어떤 임상적 맥락과 법적 맥락에서는 법정 혹은 반대쪽 변호인단이 실제 내담자 자료를 보고 싶어 할 수 있다. 소환장이 발부되거나 내담자가 승인할 경우에 그 자료를 유출할 수 있다. 그러나 이상적으로 검사자는 그 결과를 설명할 수 있는 자격 있는 사람이 있어야 한다고 권고해야 한다. 이러한 권고는 검사자는 내담자를 잠재적인 위해로부터 보호해야 한다는 원칙과 일치한다. 만일 검사자가 판단하기에 검사 자료의 유출이 내담자에게 "실제적인 위해"를 초래하거나 "자료의 오용 또는 오해석"(American Psychological Association, 2002, P. 12)을 초래할 것으로 예상된다면, 그는 그 자료의 제출을 거부할 수도 있다. 이러한 상황은 법적 요청과 윤리적 요청 간의 갈등을 초래할 수 있다.

　　한 가지 중요한 구분은 "검사 자료"(test data)와 "검사 재료"(test material) 간의 구분이다. 검사 자료란 소척도 점수와 검사 프로파일과 같은 원점수와 척도 점수를 지칭한다. 반면 검사 재료는 "매뉴얼, 도구, 프로토콜 및 검사 문항 혹은 자극"(American Psychological Association, 2002, P. 13)을 지칭한다. 흥미롭게도 검사 재료는 심리학자가 그 재료 위에 내담자의 이름을 기입하면 검사 자료로 바뀐다. 실제 문항을 유출해서는 안 되기 때문에, 임상가는 판권이 있는 검사 재료 위에 내담자의 개인신상 정보가 기입된 자료가 유출되지 않도록 유의하여야 한다. 심리학자가 검사 자료를 유출할 수는 있지만 검사 재료(예를 들어 실제 검사 문항)를 유출해서는 안 되기 때문에, 이는 매우 중요하다. 앞서 언급하였듯이, 검사 재료의 유출은 업무상 기밀, 판권 및 구매 조건의 위반 사항이다(Behnke, 2004). 한 가지 예외는 적절한 자격을 갖춘 사람에게는 검사 재료를 유출할 수 있다는 것이다(Tranel, 1994). 또 다른 예외는 법적 소환장이 발부되었을 때이다.

다양한 집단의 평가

다양한 집단을 평가할 수 있는 유능성은 전문적인 임상 실무의 요구 조건이다. 세계화의 진전, 이민의 증가, 다양한 집단에서의 잠재적인 검사 편파를 둘러싼 논쟁, 공통적인 도구의 범국가적 적용 그리고 전문 심리학자는 다양한 집단을 대상으로 일할 수 있는 훈련을 받아야 한다는 미국심리학회의 필수 조건으로 인해 이러한 사실은 더 강조되었다. 미국에서는 소수 인종 집단이 전체 인구의 3분의 1 이상을 차지한다(United States Census Bureau, 2015). 미국에서 많은 소수자 집단은 더 적은 비율로 표집되고 더 부족한 서비스를 받는다(A. Levine, 2007). 따라서 유능한 평가를 위한 지침을 개발하는 것은 매우 중요하다. 언어 기술, 문화적 유능성, 문화/인종 정체성의 평가, 도구의 적절한 사용, 진단적인 문제 그리고 해석 지침과 관련하여 전반적인 지침이 요구된다(Dana, 2005 참고).

언어 기술

내담자의 언어 기술을 평가하는 것은 다양한 집단을 평가하는 데 첫 번째 단계이다. 이러한 평가에 기초하여 내담자의 모국어로 평가를 진행하는 것이 필요할 수 있다. 그 언어를 충분히 잘 구사할 수 있는 임상가라면 자신이 평가를 진행할 수 있으나, 때로는 통역자가 요구되기도 하며 그 언어를 사용하는 다른 임상가에게 평가를 의뢰할 수도 있다. 만일 내담자가 어느 정도 영어에 능숙하다면, 영어로 평가를 시행하는 것이 가능할 것이다. 그러나 임상가는 언어적인 차이가 어떻게 상호작용에 영향을 미칠 수 있는지를 잘 알고 있어야 하며, 검사 점수를 해석할 때 이러한 잠재적인 차이를 고려해야 한다. 예를 들어 힘들게 영어를 구사하는 내담자는 비협조적이거나 단조로운 정서를 지닌 것으로 보일 수 있지만, 실제로 이러한 인상은 언어적인 어려움 때문에 나타난 것일 수 있다. 또한 내담자의 모국어로 번역된 평가 도구가 있다면 이를 사용하는 것이 더 바람직할 수 있다.

문화적 유능성

임상가 편에서의 문화적 유능성은 자신의 개인적인 역사, 태도 및 지식을 스스로 탐색하는 것에서 시작된다. 이에는 자신의 다양한 문화에 대한 노출, 다양한 문화에 대한 편견, 이러한 문화에 대한 불편감의 정도를 이해하는 것을 포함한다. 어떤 문화에 대해서는 더

공명을 느낄 수 있지만 다른 문화에 대해서는 그렇지 않은 것은 자연스러운 일이다. 종종 어떤 태도들은 미묘하고 무의식적일 수 있다. 예를 들어 한 임상가는 백인으로서의 특권 의식을 지니고 있지만 이러한 감정을 인정하는 데에는 어려움을 보일 수 있다. 이러한 태도는 전형적으로 미묘한 비언어적 수단을 통해 전달된다.

임상가는 한 문화에 대한 개인적인 탐색과 지식에 기초하여 적절한 서비스 예절 전략을 개발할 필요가 있다. 한 가지 전략은 공식성의 수준과 관련된다. 예를 들어 본토박이 미국인들은 공식적인 태도가 최소화될 때 더 편안함을 느끼는 반면, 아시아계 미국인들은 일반적으로 논리적이고 구조화된 접근을 특징으로 하는 공식적인 상호작용을 더 기대하는 경향이 있다. 다른 요인들로는 시선 접촉의 정도, 신체적 근접성, 목소리의 크기, 감정이 전달되는 정도 등이 있다. 예를 들어 어떤 문화에서는 높은 지위를 지닌 것으로 지각되는 사람에게는 목소리를 낮추고 시선 접촉을 최소화함으로써 경의를 표한다. 이러한 차이를 아는 임상가는 이러한 행동을 받아들이면서 이것이 우울증이나 회피적 태도를 나타내는 것이라고 잘못 해석하지 않아야 한다. 이와 동시에 우울증이 실제 존재할 때 이러한 행동은 우울증의 탐지를 더 어렵게 만들기도 한다. 또 다른 변인은 내담자가 자신을 개방하기까지 걸리는 시간이다. 어떤 문화에서는 공식적인 임상 작업을 시작하기 전에 서로 친숙해질 때까지 긴 준비 시간을 기대하는 반면, 다른 문화에서는 자신을 개방하는 데 큰 어려움이 없어서 별 준비 시간 없이 과제를 시작하기도 한다. 이러한 요인들을 고려하는 것은 좋은 라포 관계를 통해 정확한 평가 자료를 얻는 것과 빈약한 라포 관계를 통해 부정확한 평가 자료를 얻는 것의 차이를 만들어 낼 수 있다.

문화/인종 정체성

문화 정체성은 개인의 생각, 감정 및 행동을 설명하는 데 중요한 측면이다. 따라서 개인 평가를 시행할 때 이러한 사실을 이해하는 것은 중요하다. 그러나 문화 정체성은 개인이 자신의 문화와 동일시하는 정도에 따라 다양하게 나타날 수 있다. 어떤 개인은 자신의 문화와 강하게 동일시한다. 그 결과 그에게 표준적인 검사를 사용하는 것이 적절한지에 대해서 신중하게 고려할 필요가 있다. 그 문화에 특수한 도구, 검사 번역문 및 규준을 사용하는 것이 필요할 수도 있다. 이에 더하여 검사 점수를 해석할 때에도 문화 정체성을 고려하여야 한다. 반면 다른 내담자들은 인생 초기에 한 문화를 경험하였지만 이후에는 지배적인 문화에 잘 동화되었을 수 있다. 그들에게는 더 확신을 가지고 표준적인 검사를 사용할 수 있을 것이다.

정체성의 정도는 면접을 통해 비공식적으로 평가될 수 있다. 또한 언어 유창성/선호, 종교적 신념, 음식, 가족 구조, 가치 지향, 사회경제적 지위, 개인주의/집단주의 그리고 문화특수적 전통, 관습 및 동일시와 같은 변인들에 관하여 질문하는 공식적인 도구들도 많이 개발되었다. 흔히 사용되는 도구들은 다음과 같다(Dana, 2005의 개관 참고).

아프리카계 미국인: 아프리카계 미국인 문화적응 척도(Landrine & Klonoff, 1994)

아시아계 미국인: 아시아인 가치 척도(Kim, Atkinson, & Yang, 1999)

히스패닉/라틴계: 멕시코계 미국인을 위한 문화적응 평정척도(Cuellar, Arnold, & Maldonado, 1995)

아메리카 원주민 및 알래스카 원주민: 북부 평원 이중문화 몰입 척도(Allen, 1998)

이러한 도구들을 사용할 때 주의할 점은 개인들은 때로 그 도구가 측정하고자 하는 일반 집단 내에서도 매우 다른 기원을 지니고 있을 수 있다는 것이다. 이는 특히 히스패닉과 아시아계 미국인에게서 그럴 수 있다. 예를 들어 멕시코계 히스패닉과 아르헨티나계 히스패닉 간에는 유의미한 차이가 있다. 이와 비슷하게 일본인, 중국인, 한국인의 문화 간에도 많은 차이가 있다. 이러한 사실에도 불구하고 아시아인 가치 척도와 같은 척도는 이 집단의 공통적인 문화적 가치를 볼 수 있는 출발점이 될 수 있다.

검사 등가성과 도구의 적절한 사용

한 도구가 문화적으로 적절한지에 대한 판단은 내담자의 문화적응 수준, 언어 유창성, 선호 언어, 번역된 도구가 있는지, 그 구성개념이 내담자의 문화에 대해서도 동일한지, 규준이 있는지, 내담자의 문화에 특수한 더 적절한 대안이 있는지 등을 포함하여 많은 요인들을 고려하여 이루어질 수 있다. 검사 등가성(test equivalence)의 평가는 그 검사가 적절한지를 판단하는 핵심이다. 등가성은 언어, 개념, 측정 등가성에 따라 조직화될 수 있다(표 2.1 참고).

만일 어떤 검사가 동등하지 않다면, 그것이 평가하고자 하는 개인 또는 집단에 대해서

표 2.1 검사 등가성의 요약

유형	정의	이슈/전략
언어	용어와 내용	새 언어로 번역하고 다시 역번역함. 숙어와 그림을 고려함. 단순한 문자적 번역을 넘어선 번안.
개념	동일한 의미의 구성개념	동일한 구성 타당도를 보임. 유사한 예측, 상관, 요인 구조를 보임.
측정	동일한 심리측정적 속성	분포, 범위, 안정성, 유사한 신뢰도와 타당도. 점수가 같은 것을 의미함.

편파가 초래될 수 있다. 검사에서의 편파(bias in testing)란 어떤 요인(예를 들어 학업 잠재력, 지능, 정신병리)을 측정할 때 어떤 개인 혹은 집단 간에 체계적인 오류가 존재함을 지칭하는 용어이다(Suzuki & Ponterotto, 2007). 소수자 집단에 대해서 편파가 존재하면 심리검사에서 가장 논쟁적인 주제의 하나가 초래될 수 있다. 구체적으로 말하자면, 많은 비평가들은 심리검사가 유럽계 미국인 중류층 사회에 유리한 방향으로 편파되어 있으며 그러한 사회의 가치를 반영한다고 믿고 있다. 그들은 소수자 집단에 그러한 검사를 적용한다면 지능이나 성격을 적합하게 평가할 수 없다고 주장한다. 가장 큰 논쟁은 지능검사를 둘러싸고 이루어졌지만, 성격검사를 사용할 때에도 문화적 편파의 가능성은 상존한다. 편파에 대한 논의는 지난 20년 동안 편파의 성질과 정도에 대한 논쟁으로부터 현존하는 지식에 기초하여 어떻게 가장 타당하고 공정한 평가를 수행할 것인가의 생산적인 논의로 옮아갔다(Dana, 2005; Geisinger, 2003; Handel & Ben-Porath, 2000 참고).

검사 편파에 대한 원래의 논쟁은 검사가 비소수자에 대해서만큼이나 소수자 집단에 대해서도 타당한가를 결정하는 것에 관한 것이었다. 종종 평균 검사 점수에서 실제로 차이가 존재한다. 그러나 이러한 차이에 대해서 귀인할 수 있는 의미가 무엇인가는 뜨거운 논쟁거리였다. 중요한 질문은 이러한 차이의 원인에 대한 것이다. 검사 점수에서의 차이는 환경적인 요인의 결과로 나타날 수 있는 실제 능력에서의 차이(Kamin, 1974; R. Rosenthal & Jacobson, 1968) 또는 유전적인 요인으로 인한 차이(A. R. Jensen, 1969, 1972; Rushton, 1994)에서 기인하거나 검사에 내재하는 편파로 인한 인공적 산물일 수 있다. 논쟁이 해결된 것은 아니지만, 고용기회균등위원회(Equal Employment Opportunity Commission, EEOC, 1970)는 교육 및 산업 장면에서 소수자 집단에 심리검사를 사용하기 위한 지침을 만들었다. 그 기본 전제는 어떤 선별 도구(심리검사)가 비소수자보다 소수자를 비율적으로 더 많이 선별해 낸다면 그 도구는 악영향을 미칠 수 있다는 것이다. 이에 더하여 고용주가 심리검사 절차를 사용하려는 구체적인 목적을 위해서 그 절차가 타당한 추론을 산출한다는 것을 입증하는 것은 고용주의 책임이다. 만일 산업체 혹은 교육기관이 EEOC(1970)가 정의한 지침을 따르지 않는다면, 연방계약준수사무국(Office of Federal Contract Compliance)은 그 기관이 정부와 체결한 계약을 취소할 수 있는 직접적인 권한을 지닌다.

언어 등가성

표 2.1에 요약되어 있는 것처럼, 첫 번째 관심 영역은 언어 등가성(linguistic equivalence)인데, 이는 그 검사가 정확하게 번역되어 있는지와 관련된다. 표면적으로 이는 단순히 검사 지시문과 검사 문항을 다른 언어로 번역하는 것을 의미할 수 있다. 이 과정을 돕기 위한 한 가지 전략은 "역번역"(back-translation)을 하는 것이다. 역번역에서는 일단 한 검사를 번역하면 그 번역문을 다시 원래 언어로 번역한다. 만일 원 문항과 역번역된 문항의 의미가 여전히 동일하다면, 역번역 과정은 그 번역이 개념적으로 적합하다는 것을 보장해 준다. 또 다른 주제는 관용구가 동등한 의미를 지녀야 한다는 것이다. 언어적 표현뿐만 아니라 그림 또한 유사한 의미를 지녀야 한다. 예를 들어 한 문화에서 상투적으로 보이는 어떤 인물에 대한 그림이 그 검사가 번역된 문화에서도 비슷한 의미를 지닐 수 있도록 그림의 수정이 필요하다. 이러한 과정은 검사에 대한 단순한 번역을 넘어서 검사의 "번안"(adaptation)을 요구한다[이는 때로 "기능 등가성"(functional equivalence)이라고 불린다].

개념 등가성

다음 관심사는 개념 등가성(conceptual equivalence)인데, 이는 그 구성개념이 다양한 문화에서 동일한 의미를 지녀야 함을 의미한다. 구성개념의 등가성은 때로 명백하지만, 어떤 경우에는 그 결정이 쉽지 않다. 예를 들어 성격 특질로서의 "지배성"은 모든 문화에서 개념적으로 동등한 어떤 것으로 보일 수 있다. 이것이 부분적으로는 사실이지만, 그 미묘한 의미는 다양한 문화에서 서로 다소 다를 수 있다. 많은 집단주의 문화에서는 개인주의 문화에 비해 집단 혹은 가족에 대한 의무를 지배성의 더 중요한 측면으로 강조할 수 있다. 개념 등가성의 다양한 측면들이 검사의 번역 과정에서 나타날 수 있다. 이러한 이유로 인해서 언어 등가성과 개념 등가성은 다소 중첩되는 전략이라고 할 수 있다.

개념 등가성을 확립하는 더 공식적인 절차는 수렴 및 변별 타당도의 패턴을 탐구하는 것을 포함한다. 개념 등가성을 결정하는 데 선호되는 수단은 요인분석이다. 만일 그 구성 개념들이 실제로 서로 유사하다면, 서로 다른 문화의 표본들에서 같은 요인 구조가 나타나야 한다.

측정 등가성

등가성을 확보하는 마지막 수단은 측정 등가성(metric equivalence)을 통한 것이다. 이는 그 도구가 다양한 집단/문화에서 유사한 심리측정적 속성을 지니고 있는가를 가리킨다. 심리측정적 속성이 서로 다른 정도를 평가하는 것은 내용 타당도, 준거 타당도 및 구성 타당도와 같은 영역을 평가하는 것을 포함한다. 측정 등가성의 전제조건은 먼저 개념 등가성이 입증되어야 한다는 것임을 주목할 필요가 있다.

검사를 검토하는 사람이 곧바로 주목할 수 있는 사실은 다른 집단에는 부적절하고 불공정한 듯 보이는 검사 문항들이 포함되어 있다는 것이다. 예를 들어 다른 나라 사람은 그 검사가 개발된 나라의 유명한 정치 지도자를 알지 못할 수 있다. 표면적으로만 살펴보아도 그러한 검사는 문화적으로 편파적이라고 말할 수 있을 것이다. 초기의 직관적 관찰에 따르면, 미국 내에서도 많은 아프리카계 미국 아동들과 다른 소수민족 아동들은 많은 검사들에 포함된 재료 유형을 학습할 기회가 없었음이 분명해 보였다. 따라서 그들의 낮은 점수는 "지능"의 결핍을 반영하는 것이 아니라 유럽계 미국인의 중산층 문화에 친숙하지 않음을 반영하는 것일 수 있다. 검사에 대한 비평가들은 한 개인이 어떤 인종 혹은 국가 집단에 특수한 사실이나 관용구를 알고 있느냐에 기초하여 유럽계 미국인의 "지능"을 평가하는 것은 명백히 불공정하다고 지적하였다. 점수의 높고 낮음은 한 개인의 구체적인 "정신적 강점"이 아니라 단지 그 집단과 관련된 지식에의 친숙성의 정도를 반영하는 것일 수 있다.

이러한 추론을 이용한다면, 많은 IQ 검사와 적성검사는 표면적으로 문화적인 편파를 포함하고 있는 것으로 보인다. 그러나 연구자들이 소수자와 비소수자를 통계적으로 구분하는 편파적인 검사 문항들을 제거했을 때 전체 검사 점수는 변화되지 않는 것으로 나타났다(C. R. Reynolds, 2000). 한 대표적인 연구에서는 SAT에서 소수자와 비소수자를 일관적으로 구분하는 27개 문항을 제거하였다. 그 결과 수검자의 개인 점수나 두 집단 간의 차이에서 거의 변화가 나타나지 않았다(Flaugher & Schrader, 1978). 따라서 많은 심리검사에 대한 피상적인 평가에 기초하여 편파 문항들이 검사 결과의 차이에 책임이 있을 것이라는 일반의 신념은 연구에 의해서 지지되지 않는 것으로 보인다.

소수자 집단과 비소수자 집단의 검사 결과의 차이가 빈번하게 발견되지만, 이러한 차이의 의미와 원인에 대해서는 지속적인 논쟁이 이어져 왔다. 예를 들어 아프리카계 미국인은 WISC-III와 WAIS-III상에서 유럽계 미국인에 비해 IQ 점수가 12~15점이 더 낮은 것으로 나타났다(Heaton, Taylor, & Manly, 2003; Prifitera, Weiss, & Saklofske, 1998). 사회경제적 지위가 비슷한 아프리카계 미국인과 유럽계 미국인을 비교했을 경우, IQ 점수의 차이는 11~13점으로 줄어들었다(Heaton et al., 2003). 히스패닉의 IQ 점수는 유럽계 미국인에 비해 약 7점이 더 낮았고, 아시아계 미국인의 IQ 점수는 유럽계 미국인과 대략 비슷한 것으로 나타났다. 성격검사 또한 미국 내에서 다양한 인종 집단들 간에 차이를 보이는 것으로 밝혀졌다. 예를 들어 일부 연구(Dahlstrom, Lachar, & Dahlstrom, 1986; Timbrook & Graham, 1994)에서 아프리카계 미국인은 MMPI의 F척도, 8번 척도, 9번 척도에서 평균 T점수가 5점이 더 높은 것으로 나타났다. 그러나 연령과 교육 수준을 통제했을 때 이러한 차이는 줄어들거나 유의미하지 않은 것으로 나타났다. 이러한 사실은 사회경제적 요인이 점수 차이의 중요한 이유가 될 수 있음을 시사한다. 그러나 사회경제적 지위는 여전히 인지적 검사에서의 수행 차이를 낳는 이유의 일부를 설명한다(Sackett, Borneman, & Connelly, 2008). 다른 가능한 이유로는 노력의 영향력에 대한 믿음의 결핍, 문화 적응 수준, 차별의 효과, 일반적인 기술에서의 차이, 유전적 차이 등이 있다. 점수 차이를 낳는 다양한 이유에 대해서 뜨거운 논쟁이 이루어져 왔고, 지금의 시점에서도 그 이유는 여전히 분명하지 않다(Neisser et al., 1996; W. M. Williams, 2000 참고).

측정 등가성과 관련한 또 다른 고려사항은 다양한 검사가 소수자 집단에 적용되었을 때 그 검사의 예언 타당도가 적절한지에 관한 것이다. 이러한 검사의 주요 목적 중 하나는 미래의 수행을 예측하는 것이기 때문에, 검사 점수가 다양한 집단에서 대학에서의 학업 수행과 같은 영역을 적절히 예측하는 정도를 평가하는 것은 필수적인 일이다. 대표집단에 대한 연구들에 따르면, SAT 점수는 소수자들이 대학에서 학업을 얼마나 잘 수행하는지를 실제로 잘 예측하는 것으로 밝혀졌다(Hunter & Schmidt, 1996, 2000; A. R. Jensen, 1984; Sackett et al., 2008). 또한 지능검사 점수는 아프리카계 미국인의 직무 수행을 유럽계 미국인의 수행만큼이나 정확하게 일관적으로 예측하는 것으로 나타났다(J. E. Hunter

& Schmidt, 2000). 이에 더하여 WISC와 WISC-R은 초등학교 및 중등학교에서 아프리카계 미국인과 유럽계 미국인의 학업 수행을 예측하는 데 동등하게 효과적인 것으로 밝혀졌다(Neisser et al., 1996; Reynolds & Hartlage, 1979).

많은 검사들이 소수 인종 집단과 이중국적 집단의 평가에 사용하기 위한 부분적인 목적으로 개발되었는데, 이들은 비언어적 과제를 강조하는 경향이 있다. 이에는 라이터 비언어성 지능검사, 피바디 그림 어휘력 검사-IV, 레이븐 진행 행렬, 전반적인 비언어적 지능검사-2 그리고 비언어적 능력검사(Bracken & McCallum, 2015; McCallum, Bracken, & Wasserman, 2001)가 있다. 이 검사들 중 일부는 문화적 편파가 거의 없는 것으로 밝혀졌다(Kaufman & Lichtenberger, 2006 참고). 이에 더하여 K-ABC-II(Kaufman et al., 2005) 또한 문화적 편파가 거의 없음을 보여 주었다. 유럽계 미국인, 아프리카계 미국인 및 히스패닉의 평균 IQ 점수가 비교적 서로 근접한 것으로 나타났고, 다양한 인종 집단에 대해서 신뢰도와 공존 타당도가 비슷하다는 증거를 보였다(Kaufman et al., 2005).

능력검사와 학업 적성검사에서처럼 성격검사도 편파의 가능성을 지니고 있다. 이 영역에서 특히 MMPI/MMPI-2에 대해 많은 연구들이 수행되었는데, 이 연구들은 소수자 집단이 비소수자 집단과 다른 점수를 보이지 않음을 일관적으로 보여 주었다(7장의 "다양한 집단에서의 사용" 절 참고). 그러나 이러한 차이는 모든 집단에 걸쳐 일관적이지는 않음이 밝혀졌다(Greene, 1987, 1991, 2000). 예를 들어 법정, 정신과 및 직업 장면에서 아프리카계 미국인은 유럽계 미국인과 비교하여 다양한 패턴의 평균 척도 상승을 보여 주었다. 일관적인 점수 차이가 나타난다 해도 이러한 차이가 임상가의 해석을 변화시킬 만큼 충분한 크기임을 의미하는 것은 아니며, 경험적 준거에 기초한 예측이 달라질 수 있음을 의미하지도 않는다. 예측을 위해 경험적 준거를 사용한 연구들은 아프리카계 미국인과 비교하여 유럽계 미국인에 대해서 MMPI를 기초로 이루어진 기술이 더 정확하지는 않음을 보여 주었다(Elion & Megargee, 1975; Greene, 1991, 2000).

아시아계 미국인, 아프리카계 미국인, 히스패닉 및 유럽계 미국인의 MMPI/MMPI-2 수행을 검토한 후의 결론은, 다양한 인종 집단들 간에 일관적인 패턴이 관찰되지 않았기 때문에 다양한 인종에 기초한 규준을 사용하는 것은 섣부르다는 것이다(J. R. Graham, 2011; Greene, 1987, 1991; G. C. N. Hall, Bansal, & Lopez, 1999; Schinka, LaLone, & Greene, 1998). MMPI 프로파일에 인종보다 더 큰 영향을 미치는 것은 사회경제적 지위,

지능, 교육 수준과 같은 조절 변인인 것으로 보인다. 이에 더하여 현존하는 차이는 소수자들이 종종 부딪히게 되는 더 큰 스트레스에 의해 야기된 행동 및 성격에서의 실제적인 차이에 기인할 수 있다. J. R. Graham(1987)은 MMPI에서 일탈된 점수가 관찰될 때 임상가는 잠정적으로 이 점수를 받아들이지만, 개인의 생활 상황과 적응 수준을 탐색하기 위해 각별한 노력을 기울여서 이러한 정보를 검사 점수와 통합하여야 한다고 제안하였다.

이러한 논의를 통해서 볼 때, 검사 등가성을 확립하는 과정은 복잡하며 다양한 점수 패턴의 의미를 해명하는 것은 좀처럼 쉽지 않음이 분명하다. 그래서 몇 가지 해결책이 제안되었다(Suzuki & Ponterotto, 2007 참고). 이에는 선별 지략을 증진하는 것, 다양한 평가 기준을 개발하는 것, 일반적인 기술을 증진하는 것, 사회 환경을 변화시키는 것 등이 포함된다. 선별 지략을 증진하는 것은 다양한 하위집단에서 다양한 점수가 갖는 의미에 끊임없이 주의를 기울이는 것과 이에 대한 지식을 갖추는 것을 포함한다. 이러한 일을 하는 과정에는 특정한 검사 점수를 개인이 삶에서 내리고자 하는 결정의 유형에 맞추는 것이 포함될 수 있다.

잠재적인 검사 등가성 및 편파의 문제를 해결하기 위한 또 다른 접근은 기존 검사와 다르면서도 더 적합한 준거 측정치를 개발하는 것이다. 예를 들어 직무 수행에 대한 객관적인 측정치는 공식적인 검사보다 더 정확한 예언자가 될 수 있다. 직무 수행에 대한 이러한 예측이 동일한 인종 배경을 공유하는 사람에 의해 이루어진다면 더 정확할 수 있다. 이 점과 관련하여 다양한 장면의 영향을 고려하는 것이 중요할 수 있다. 예를 들어 한 유럽계 미국인 변호사와 한 라틴계 변호사가 주로 라틴계 사람들이 의뢰인인 장면에서 일한다면, 라틴계 변호사가 의뢰인의 언어와 가치에 더 친숙하기 때문에 더 효과적으로 일할 수 있을 것이다.

또 다른 해결책은 사회 환경을 변화시키는 것이다. 이러한 접근의 부분적인 이론적 근거는 소수자와 비소수자 간의 검사 점수상의 차이는 검사 편파 때문이 아니라 검사가 불평등한 환경과 불평등한 기회의 영향을 정확하게 반영하기 때문에 나타나는 것이라는 신념이다(C. R. Reynolds, 2000). 어떤 상황에서는 소수자를 위한 다른 규준과 소수자 집단을 대상으로 한 부가적인 예언적 연구가 필요하지만, 많은 문헌들은 심리검사가 지금까지 비난받아 온 것처럼 그렇게 편파적이지는 않음을 시사한다(Sackett et al., 2008 참고). 편파적이거나 차별적인 것으로 보이는 문항들을 제거했을 때 여전히 같은 평균 검사 점수가 산출되었고, 능력검사들은 소수자와 비소수자 모두에 대해서 평균 학점에 대한 정확한 예측을 제공하였으며, MMPI-2는 다양한 인종 집단에 대해서 동등하게 정확한 정도로 행동을 예측하였다. 이러한 사실은 검사는 종종 그 자체로 문제가 아니며, 오히려 인종 집단 간에 불평등이 존재한다는 것을 확증하는 수단이 될 수 있음을 시사한다. 이때 목표는 불평등한 환경을 변화시켜서 소수자 집단에서 지능, 적성 및 성취 검사가 측정하려는 기술을 증진시키는 것이 되어야 한다. 선별 지략을 증진하고 다른 준거 측정치를 개발하는 것은 여전히 중요하지만, 미래의 노력은 또한 교육 및 다른 기회에 더 평등하게 접근하는 것을 강조해야 한다.

아마도 가장 중요한 전략은 대안적인 평가 전략을 사용하면서 유연한 태도를 유지하는 것이다. 이를 위해서는 단순히 검사 등가성을 확보하려는 것으로부터 다양한 대안적인 평가 전략을 사용하는 것으로 그 초점이 변화될 필요가 있다. 따라서 전반적인 비언어적 지능검사(Bracken & McCallum, 1998), 레이븐 진행 행렬 또는 WAIS-IV/WISC-V의 지각적/비언어적 소검사와 같은 비언어적 기법이 사용될 수 있다. 이에 더하여 한 개인이 학습 상황에서 얻는 이득을 실제적으로 관찰하는 것과 같은 "역동적 검사"는 내담자가 교육적인 개입으로부터 얻을 수 있는 유익의 정도를 평가하는 데 밝은 전망을 보여 준다(학습 잠재력; Grigorenko & Sternberg, 1998). 또한 교사의 보고, 부모와의 논의, 역사, 행동 관찰 등과 같이 검사를 넘어선 자료들에도 더 큰 중요성이 부여되어야 한다.

진단적 문제

DSM-5 진단은 문화적인 맥락 내에서 고려될 필요가 있다. 내담자의 문화적 정체성을 주목하는 것에 더하여 그 내담자의 어려움에 대한 문화적 설명을 주의 깊게 경청하는 것이 중요하다. 주목해야 할 한 가지 범주는 *DSM-5*에 개관되어 있는 고통의 문화적 개념이다. 예를 들어 다트 증후군(dhat syndrome, 주로 남부 아시아에서 나타남)은 불안, 우울 및 다양한 신체적 호소를 포함하는 증상들의 군집이다. 인종 집단들 간의 억압과 차별이 어떻게 한 개인을 편집적인 사람으로 잘못 진단하는 데 기여할 수 있는지를 이해하는 것 또한 중요하다. 또 다른 예는 우울증과 같은 장애가 어떤 문화에서는 어떻게 주로 생리적인 증상으로 표현될 수 있는지와 관련된 것이다. 이와 같은 경우에는 외적으로 표현된 증상을 해독함으로써 기저의 우울증을 확인할 필요가 있다. 한 연구는 다양한 문화에서 진단

의 비율이 서로 다르다는 것을 분명히 보여 주고 있다(Nguyen et al., 2007). 이렇게 서로 다른 진단이 실제 비율에서의 차이를 반영하는 것인지, 아니면 과소진단, 과잉진단 혹은 오진단을 반영하는 것인지는 분명하지 않다. 실용적인 함의는 진단상의 오류가 발생할 때 이것이 잘못된 결정과 부적절한 치료를 초래할 잠재력을 지닌다는 것이다. 또한 표준적인 심리학적 치료와 함께 문화특수적 개입을 결합하는 것을 고려할 필요가 있다.

해석 지침

앞선 논의를 통해 다양한 집단에 대해 정확한 해석에 이르려고 노력하는 것은 도전적이면서도 필수적인 일임을 분명히 알게 되었다. 정확한 해석을 위해서는 문화 적응, 등가성, 문화적 유능성, 문화적 맥락 내에서의 내담자의 자기기술 등을 모두 참작할 필요가 있다. 또한 임상가는 번역, 관용구, 규준, 다양한 유형의 타당도를 포함하여 그 검사가 다양한 문화 내에서 어떻게 기능하고 있는지에 대하여 알려진 지식을 병합할 필요가 있다. 그러나 등가성을 분명하게 입증하는 것은 사실상 거의 불가능한데, 왜냐하면 그 과정에 포함된 단계와 이슈가 많을 뿐만 아니라 서로 다른 문화를 동등하게 만들려는 어떤 과정에도 오류가 내재되어 있을 수밖에 없기 때문이다. 이러한 사실로 인해서, 임상가는 유연하면서도 동시에 민감할 필요가 있다. 예를 들어 MMPI-2 6번 척도상의 높은 점수가 지니는 병리적 의미는 만일 그것이 심각한 인종 차별을 경험한 내담자에서의 상승이라면 조절될 필요가 있을 것이다. 이와 유사하게 로르샤하 검사에서 낮은 정서적 표현성 지표의 해석은, 내담자가 제2언어로서의 영어와 씨름하면서 그의 정서 반응이 무뎌진 것으로 보인다면 역시 조절될 필요가 있을 것이다. 보고서에 종종 "이 검사가 내담자의 문화에 맞게 적절하게 번안된 것이 아니어서, 이러한 검사 결과는 조심스럽게 다뤄져야 한다"는 문구가 삽입될 필요가 있다. 이와 같은 문구의 삽입은 명확하고 구체적인 전략은 존재하지 않으며 단지 일반적인 지침이 있을 뿐이라는 것을 말해 준다. 구체적인 검사와 관련된 정보와 지침은 그 검사와 관련된 장에 "다양한 집단에서의 사용"이라는 제목으로 기술되어 있다.

심리검사의 선별

검사 선별에서 가장 중요한 요인은 그 검사가 의뢰 질문에 대답하는 데 유용한 정도이다. 신경학적 환자를 평가하는 데에는 대뇌 손상에 민감한 검사를 사용할 수 있고, 우울증 환자에게는 벡 우울 척도-II(A. T. Beck, Steer, & Brown, 1996)를 사용할 수 있으며, 통증 환자에게는 맥길 통증 질문지(Melzack, 1975), 밀론 행동 건강 검사(Millon, Green, & Meagher, 2000) 또는 질병 행동 질문지(Pilowski, Spence, Cobb, & Katsikitis 1984)가 주어질 수 있다.

검사 선별에서 또 다른 중요한 요인은 특정 임상가의 훈련, 경험, 개인적 선호 및 관련 문헌에의 친숙성이다. 예를 들어 MMPI-2의 훈련을 받은 임상가는 그 검사가 성격장애를 제대로 평가할 수 있는지를 염려할 수 있으며, 차라리 MCMI-IV(Millon, Grossman, & Millon, 2015)와 같은 도구를 선택할 수 있다. 또한 임상가는 검사가 지니는 시간 및 경제적 관점에서의 실용적 효율성 때문에 어떤 검사를 선택할 수 있다(Groth-Marnat, 1999). 따라서 그는 비용이 많이 들고 많은 시간을 소요하는 검사보다는 내담자의 단순한 행동 예측을 선호할 수 있을 것이다(Shrauger & Osberg, 1981). 또한 컴퓨터 활용 도구들은 임상가의 시간을 줄여 주고 채점 및 가설 생성의 속도를 높여 줌으로써 평가 비용을 낮추는 데 도움을 줄 수 있다. 마지막으로 중요한 요인은 평가 도구는 좋은 심리측정적 속성을 지니고 있어야 한다는 것이다(Hunsley & Mash, 2008 참고).

가장 자주 사용되는 평가 도구들에 대해서는 3장부터 13장에 걸쳐 논의될 것이다. 주요 심리학 출판사와의 접촉을 위한 세부 정보가 그들이 출판한 부분적인 검사 목록과 함께 〈부록 A〉에 소개되어 있다. 검사와 평가에 대한 부가적인 정보는 평가에 초점을 두는 다양한 기관과 접촉하여 얻을 수 있으며, 그 목록은 〈부록 B〉에 열거되어 있다. 다양한 검사들의 조합을 통해 전형적으로 임상가들이 사용하는 핵심 배터리가 구성된다. 그러나 의뢰 질문의 구체적인 사항이 무엇이냐에 따라 종종 이러한 핵심 배터리를 확장할 필요성이 제기된다. 표 2.2에는 평가영역의 목록이 그 영역과 관련된 검사들과 함께 열거되어 있다.

표 2.2에 열거된 검사들 중 일부는 그것에 할애된 각 장에서 상세히 기술될 것이다. 그러나 다른 일부 검사들은 비교적 생소할 수도 있는데, 임상가는 그에 대한 부가적인 정보를 얻어야 한다. 이 검사들과 다른 검사들에 대한 정보는 다양한 출처에서 입수 가능하다.

표 2.2 특수 반응 영역에 적절한 평가 도구

1. 인지 기능

일반 기능
정신상태검사(MSE)

간이 정신상태검사(MMSE)

지적 기능
웩슬러 성인 지능검사 4판(WAIS-IV)

웩슬러 아동 지능검사 5판(WISC-V)

스탠포드 비네 5판(SB5)

카우프만 아동 지능검사 2판(K-ABC-II)

우드콕-존슨 심리교육 검사집 4판(WJ-IV)

기억 기능
웩슬러 기억검사 4판(WMS-IV)

레이 청각-언어 학습 검사

캘리포니아 언어 학습 검사(CVLT)

벤턴 시각 운동 기억 검사

시각 구성 능력
벤더 시각 운동 게슈탈트 검사 2판(Bender-2)

그림 검사

사고 과정의 내용
주제통각검사(TAT)

아동용 주제통각검사(CAT)

로버츠 아동용 통각검사(RATC)

2. 학업 성취
우드콕-존슨 성취 검사 4판(WJ-IV)

광범위 성취 검사 3판(WRAT-III)

웩슬러 개인 성취 검사 3판(WIAT-III)

3. 성격 기능, 정서 기능 및 정신병리 수준

일반적 패턴과 심각도
미네소타 다면적 인성검사 2판(MMPI-2)

미네소타 다면적 인성검사 2판 RF(MMPI-2-RF)

밀론 다축 임상성격검사 4판(MCMI-IV)

밀론 청소년 임상 검사(MACI)

로르샤하 검사

증상 체크지 90-개정판(SCL-90)

간이 증상 질문지(BSI)

아동용 성격검사 2판(PIC-2)

표 2.2 계속

일반 성격 측정

16 성격 요인 검사(16-PF)

NEO-PI-R

감정 형용사 평정척도

문장완성검사(SCT)

진단

진단 면담 스케줄(DIS)

정동장애 및 조현병 스케줄(SADS)

DSM의 구조화된 임상적 면담(SCID)

DSM 성격장애의 구조화된 면담(SCID-2)

아동 및 청소년을 위한 진단 면담(DICA)

우울

벡 우울 척도 2판(BDI-2)

해밀턴 우울증 평정척도

아동 우울 척도

불안

상태-특성 불안 검사(STAI)

두려움 조사 스케줄

불안장애 면담 스케줄

성 장애

드로가티스 성 기능 검사

알코올 남용

미시간 알코올중독 선별 검사

알코올 사용 검사

대인관계 패턴

캘리포니아 성격검사(CPI)

래서스 주장 스케줄(RAS)

치료 저항 척도

테일러 존슨 기질 분석

부부/가족 장애

2자관계 적응 척도

가족 환경 척도

부부 만족도 검사

학업/학교 적응

아켄바흐 아동 행동 평정척도(CBCL)

바인랜드 사회 성숙도 검사

코너스 행동 평정척도

운동 학교 그림

아동 행동 평가체계 2판(BASC-2)

표 2.2 계속

적응 수준

　　AAMD 적응행동 척도

　　바인랜드 적응행동 척도

예후 및 위험

　　자살 가능성 척도

　　자살 사고 척도

　　벡 절망감 척도

　　조현병 예후 척도

　　캠버웰 가족 면담

4. 직업 흥미

　　경력 평가 검사

　　쿠더 직업 흥미 조사

　　자기주도적 탐색

　　스트롱 흥미검사(SII)

이러한 출처들은 그 검사를 구입하여 배터리에 포함시킬지를 결정하는 데 중요한 정보를 제공할 수 있을 것이다. 아마도 가장 유용한 것은 『정신 측정 연보』(*Mental Measurement Yearbook*)일 텐데, 이에는 다양한 검사들에 대한 평가와 개관이 담겨 있다. 『정신 측정 연보』(19판)는 2014년에 발간되었는데(Carlson, Geisinger, & Johnson, 2014), 모든 검사들이 새로운 판에서 다시 개관되는 것이 아니기 때문에 어떤 검사에 대해서는 이전 판들을 찾아보는 게 필요할 수 있다. 개관은 책자 형식으로뿐만 아니라 온라인(*Mental Measurement Database*; www.buros.org)으로도 입수 가능하다. 『출간된 검사 VIII』(*Tests in Print VIII*; L. L. Murphy, Geisinger, Carlson, & Spies, 2011)은 『정신 측정 연보』와 관련된 것이지만, 검사에 대한 평가에 초점을 맞추기보다는 각 검사의 제목, 검사 대상, 소검사, 최신판 정보, 저자, 출판사와 같은 정보를 열거하고 있다. 검사들에 대한 추가적인 목록, 기술 및 평가는 Maddox(2003)의 『검사: 심리, 교육, 사업에서의 평가에 대한 종합적인 참조사항』에서 발견할 수 있는데, 이 책에는 3,500개 이상의 검사에 대한 기술 정보가 실려 있다. 임상 실무에서 사용되는 평정척도들과 다른 척도들에 대한 정보를 얻으려면, 『임상 실제의 측정과 연구: 자료집』(*Measures for Clinical Practice and Research: A Sourcebook*; Fischer & Corcoran, 2007)을 찾아보면 도움이 될 것이다. Hunsley와 Mash(2008)의 『효과적인 평가에 대한 지침서』(*A Guide to Assessments That Work*)에서는 장애의 유형에 따라 검사들을 제시하고 각 검사의 심리측정적 속성에 대한 평정과 함께 각 검사에 대한 기술을 제공하고 있다. 신경심리학적 검사는 앞에 소개한 출처들에서 그 개관을 찾아볼 수 있을 뿐만 아니라 Lezak과 그 동료들(2012)의 『신경심리 평가』(*Neuropsychological Assessment*), Strauss, Sherman 및 Spreen(2006)의 『신경심리검사의 개론』(*Compendium of Neuropsychological Tests*) 그리고 「신경심리 리뷰」(*Neuropsychology Review*)를 위시한 신경심리학 전문 저널에서도 찾을 수 있을 것이다. 이러한 문헌들에 포함된 정보를 주의 깊게 검토하면, 한 검사의 심리측정적 속성, 유용성, 다양한 집단에의 적절성, 구매를 위한 세부사항, 장점과 한계 등과 관련하여 임상가가 지닐 수 있는 의문에 대한 답을 얻을 수 있을 것이다. 또한 이러한 문헌들을 검토함으로써 표 1.1(1장 참고)에 열거된 질문들의 대부분에 대해서 답을 얻을 수 있을 것이다.

심리평가에 대한 연구 및 실무에서 최근의 중요한 경향은 치료 계획을 수립하는 데 검사를 활용하는 것이다(Harwood, Beutler & Groth-Marnat, 2011; Groth-Marnat & Davis, 2014; Jongsma, Peterson, & Bruce, 2006; Maruish, 2004; Wright, 2010). 실로 심리평가의 주요 목적은 치료의 계획, 실행 및 평가에 관한 유용한 정보를 제공하는 것이다. 이러한 목표는 치료와 평가 각각을 더 구체화함으로써 실현 가능해질 수 있다. 예를 들어 반항적이고 저항적인 내담자는 자기주도적 개입 혹은 역설적인 개입을 통해서 최선의 치료 성과를 얻을 수 있는 것으로 밝혀졌다(Beutler, Clarkin, & Bongar, 2000; Beutler, Sandowicz, Fisher, & Albanese, 1996). 이에 더하여 문제의 심각도는 치료 기간과 치료 강도뿐만 아니라 치료의 제한성(입원, 주간치료, 외래치료)에 대해서도 명백한 함의를 지닌다. 따라서 임상가는 단순히 진단적 정확성이나 심리측정적 속성에 기초해서만 검사를 선별해서는 안 되며, 치료 계획을 위한 검사의 기능적 유용성을 함께 고려해야 한다. 14장에는 평가 결과를 일련의 명확한 치료 권고로 전환하기 위한 체계적이고 통합적인 접근이 제시되어 있다.

검사를 선별함에 있어서 한 가지 특별한 관심사는 가장 반응(faking)이다. 임상가는 많은 상황에서 개인이 의식적으로 혹은 무의식적으로 부정확한 반응을 하지 않을까 우려할 수 있다(kspope.com/assess 참고). 꾀병("비일관적인 노력")은 특히 "부정 가장"(fake bad) 반응을 통해 개인적인 이득을 얻을 수 있는 법정 장면에서 점차로 더 중요한 주제가 되고 있다. 따라서 임상가는 검사 자체에 구축된 타당도 척도(예를 들어 MMPI-2, MCMI-

IV)에 특별한 주의를 기울이려고 할 수 있고, 가장 반응을 탐지하기 위해 개발된 전문 도구(예를 들어 기억 꾀병 검사, 보고된 증상에 대한 구조화된 면담)를 사용할 수도 있다. 논쟁의 여지가 있지만, 많은 투사법 검사들은 가장 반응에 저항적일 수 있다.

검사 선별에서의 또 다른 관심사는 평가에 소요되는 시간과 관련되는데, 이로 인해 검사자는 WAIS-IV나 WISC-V와 같은 도구들의 단축형을 선택하고 싶을 수 있다. 많은 인지적 검사들의 단축형은 선별 목적을 위해서는 충분히 타당할 수 있지만, 원판의 대체물로서 사용하는 것은 받아들일 수 없다(Kaufman, Kaufman, Balgopal, & McLean, 1996; Kaufman & Lichtenberger, 2002). MMPI-2처럼 원래의 긴 객관적 성격검사의 단축형을 개발하려는 대부분의 시도는 성공적이지 않았다(Butcher, 2011). 그러나 내담자의 이전 반응들에 맞추어 문항을 만들어 내는 컴퓨터 응용 도구(적응해 가는 검사(adaptive testing))는 적절한 심리측정적 속성을 지닌 단축된 도구의 개발을 가능케 해 줄 수도 있을 것이다(Forbey & Ben-Porath, 2007). 이에 더하여 338문항으로 이루어진 최근의 MMPI-2 재구성판(MMPI-2-RF; Ben-Porath & Tellegen, 2008/2011)은 문항수가 줄어들었음에도 심리측정적으로는 개선이 이루어진 검사이다.

임상가는 임상적 진단과 상담에서처럼 단일 사례를 평가하는 경우에 일반적으로 검사 점수들의 공식적인 조합을 사용하지 않는다. 오히려 그는 검사 점수를 해석하고 통합하기 위해서 자신의 과거 판단, 임상 경험 및 이론적 배경에 의존한다. 그러나 인사 선발, 학업 예측 그리고 일부 임상적 결정(상습적 범죄 가능성, 자살 위험도)을 위해서는 임상가가 통계적인 공식을 사용하는 것이 더 나을 수 있다(Aegisdottir et al., 2006). 검사 결과들을 조합하기 위한 두 가지 기본적인 접근은 중다 회귀방정식(multiple regression equation)과 중다 절단점수(multiple cutoff scores)이다. 중다 회귀방정식은 각 검사 또는 소검사 점수와 어떤 준거 간의 상관계수를 산출함으로써 개발된다. 전체 배터리와 준거 측정치의 상관은 그 배터리의 최대 예언 타당도의 지표를 제공한다. 예를 들어 학업 성취는 IQ와 캘리포니아 성격검사(CPI)의 소검사들을 조합한 회귀방정식으로 예측될 수 있다.

성취 = .786 + .195 Responsibility + .44 Socialization - .13 Good Impression
        + .19 Achievement via Conformance + .179 Achievement via Independence
        + .279 IQ

IQ를 단독으로 사용했을 때 평균 학점과의 상관은 .60인 데 비해서, 이 방정식은 평균 학점과의 상관을 .68로 상승시켰다(Megargee, 1972). 이러한 상관이 의미하는 것은, 학업 성취가 지능 요인에만 의존하는 것이 아니라 CPI로 측정한 심리사회적 요인(책임감, 사회화, 독립을 통한 성취, 순응을 통한 성취)에도 의존한다는 것이다. 두 번째 전략인 중다 절단점수는 각 검사 혹은 소검사에 대해 최적의 절단점수를 찾아내는 것을 포함한다. 만일 개인이 어떤 구체화된 점수(예를 들어 뇌 손상 혹은 조현병의 범위)를 넘어서면, 그 점수는 어떤 특성이 존재한다는 것을 가리키는 지표로 사용될 수 있다. 모든 검사들에 대해서 방정식이나 절단점수를 개발하지는 않았지만, 어떤 배터리에 한 검사를 포함시키기 위한 결정은 부분적으로 그 검사에 그러한 공식적인 확장성이 존재하는지에 달려 있다. 이에 더하여 많은 컴퓨터 지원 해석 패키지는 해석을 개발하기 위하여 (대개는 전문가의 해석과 조합하여) 다양한 보험통계적 공식을 사용한다.

컴퓨터 지원 평가

컴퓨터 지원 평가는 지난 40년 동안 기하급수적으로 증가하였다. 1990년에는 실무 심리학자의 17%가 컴퓨터 생성 진술을 자주 사용하였고, 36%는 그것을 가끔 사용하였다(Spielberger & Piotrowski, 1990). 1999년에 이르면, 어떤 형태의 컴퓨터 지원 검사를 이용한다고 응답한 심리학자의 비율은 40%로 증가하였다(McMinn, Buchanan et al., 1999). 400개 이상의 소프트웨어 패키지가 개발되었고, 이들의 목록은 검사 출판사의 다양한 카탈로그에 열거되어 있다. 현재로서는 컴퓨터가 주로 채점, 자료 저장, 해석 보고서 생성 등에서의 사무적인 효율성을 위해 사용되고 있다. 그러나 검사는 점점 더 컴퓨터 지원 형식으로 변해 가고 있다. 미래의 컴퓨터 사용은 혁신적인 문항 제시 방식(예를 들어 적응해 가는 검사), 네트워크로 이루어진 규준, 참신한 자극 제시(예를 들어 가상현실), 심리생리적 모니터링, 인공지능과 같은 기능을 중심으로 하여 지속적인 실험이 이루어질 것으로 보인다(Garb, 2000; Groth-Marnat, 2000a, 2009). 정신건강 영역에서의 컴퓨터 사용은 컴퓨터 지원 평가뿐만 아니라 컴퓨터 면접, 컴퓨터 진단, 컴퓨터 지원 지시, 직접적인 치료 개입, 임상적 자문 등을 포함한다(Lichtenberger, 2006; McMinn, Buchanan et al., 1999).

신경심리학 분야에서는 컴퓨터 지원 실시 및 해석에서 많은 진전이 이루어졌다(Kane, 2007 참고). 배터리는 주로 큰 조직의 맥락(군대, 연방항공국)에서 개발되었고 특별한 유형의 문제에 초점을 맞추었다. 예를 들어 신경행동 평가체계(NES)는 환경 독소의 영향에 특히 민감하며(Groth-Marnat, 1993), CogScreen은 항공 조종사의 선발에 사용되어 왔고, 통합 삼군 인지 수행 평가집(UTC-PAB)은 원래 작업장에서의 약물의 영향을 평가하기 위해 개발되었다. 케임브리지 신경심리검사 자동화 검사집(CANTAB)은 알츠하이머병, 파킨슨병 및 헌팅턴병의 조기 징후를 포함하여 뇌 손상을 탐지하고 그 부위를 확인하기 위하여 개발되었다(Fray, Robbins, & Sahakian, 1996; Luciana, 2003). 컴퓨터 지원 프로그램이 좋은 전망을 보여 주고 있지만, 현재로서는 개인적으로 실시되는 신경심리검사 혹은 검사집보다는 덜 사용되고 있다(Camara, Nathan, & Puente, 2000; Luciana, 2003).

컴퓨터 지원 평가는 많은 장점을 지니고 있다. 컴퓨터 사용은 전문가의 소중한 시간을 절약해 주고, 표준화된 실시 절차의 신뢰도와 충실도를 높여 주며, 검사자 편파 가능성을 감소시키고, 효율성 증진을 통해 소비자의 비용을 줄여 줄 수 있다(Butcher, Perry, & Hahn, 2004; Groth-Marnat, 1999; Kane, 2007; Luciana, 2003). 장차 해석에서 더 복잡한 결정 규칙을 통합하고, 반응 잠재 시간 및 자판 압력에 대한 자료를 수집하며, 컴퓨터에 기초한 성격 모델을 통합하고, 내담자의 과거 반응에 기초하여 새로운 질문을 생성하며, 다양한 해석의 확신도를 추정함으로써 더 큰 유익이 실현될 수 있을 것이다(Groth-Marnat, 2000a, 2000b; Lichtenberger, 2006).

한때 컴퓨터 지원 평가는 정신건강 분야 출판물(Faust & Ziskin, 1989; Groth-Marnat & Schumaker, 1989), 대중매체(C. Hall, 1983) 그리고 정신건강 분야 외의 전문 출판물(Groth-Marnat, 1985) 내에서 큰 논쟁을 불러일으켰다. 일차적인 이슈는 검증되지 않은 신뢰도와 타당도의 문제였다. 그러나 신뢰도에 대한 연구들은 컴퓨터 실시가 일반적으로 지필식 검사와 최소한 동등한 정도로 우수한 신뢰도를 지니고 있음을 보여 주었다(Campbell et al., 1999; Kane, 2007; Luciana, 2003). 이에 더하여 전통적인 검사를 컴퓨터로 실시한 결과와 지필식으로 실시한 결과를 비교했을 때 일반적으로 점수 차이가 거의 나타나지 않았다(Butcher et al., 2004; Finger & Ones, 1999). 이러한 결과는 어떤 지필식 검사가 타당하다면 그것의 컴퓨터 버전 또한 동등한 타당도를 지닐 것이라는 견해를 지지한다.

추가적인 주제는 컴퓨터에 기초한 검사 해석의 타당도이다. Butcher 등(2004)은 대부분의 컴퓨터 기반 해석에서 해석의 60%가 적절하다고 결론지었다. 짧거나 중간 정도의 분량을 지닌 진술은 긴 분량의 진술에 비해 일반적으로 타당한 해석의 비율이 더 높은 것으로 나타났다. 이러한 결과는 일반적으로 컴퓨터 기반 해석의 사용을 지지하지만, 40%의 해석이 정확하지 않을 수 있다는 사실은 컴퓨터 기반 해석이 조심스럽게 평가되어야 한다는 것을 의미한다. 따라서 컴퓨터 진술을 보고서에 오려 붙일 때 받아들이기 어려운 수준으로 높은 오류 비율이 초래될 수 있다. 실제로 조사에 응답한 심리학자의 42%는 이러한 절차에 윤리적인 문제가 있다고 느꼈다(McMinn, Ellens et al., 1999). 컴퓨터 기반 보고서는 임상적 판단을 대체하여 사용되어서는 안 되며, 대신에 임상가가 고려해 볼 수 있는 가능한 해석을 제공하는 보조물로 사용되어야 한다.

검사출판협회(Association of Test Publishers, 2000)는 『컴퓨터 기반 검사에 대한 지침』(Guidelines for Computer-Based Testing)에서 그 표준을 명확히 하려고 시도하였다(미국심리학회의 2010 윤리 규정에서처럼). 협회는 심리검사를 사용할 자격을 갖춘 사람만이 컴퓨터 기반 평가를 사용해야 한다고 강조하였다(Turner, DeMers, Fox, & Reed, 2001). 검사 사용자는 구체적으로 심리학적 측정, 타당화 절차 및 검사 연구에 대한 이해를 지니고 있어야 한다. 또한 그는 컴퓨터 기반 검사의 사용을 자신이 유능하게 사용할 수 있는 영역으로만 제한하여야 한다. 그는 어떻게 컴퓨터 기반 점수가 생성되며 어떻게 해석이 이루어지는지에 관하여 알고 있어야 한다.

컴퓨터 지원 평가와 관련하여 앞서 기술한 어려움들은 사용자를 위한 많은 지침을 시사한다(Butcher et al., 2004; Groth-Marnat & Schumaker, 1989). 첫째, 임상가는 컴퓨터 기반 진술을 맹목적으로 받아들여서는 안 되며, 그 진술들이 경험적인 연구와 연결되어 있다는 것과 내담자의 고유한 역사 및 상황의 맥락에 놓여 있다는 것을 확실하게 보장해야 한다. 컴퓨터는 많은 장점 중에서도 특히 임상가에게 많은 다양한 잠재적 해석을 제공할 수 있다는 강력한 장점을 지니고 있지만, 이러한 해석은 여전히 비판적으로 평가될 필요가 있다. 컴퓨터 기반 검사 점수의 의미와 컴퓨터 기반 해석에 대해 훨씬 더 많은 연구가 수행되어야 한다. 또한 소프트웨어 개발자들은 그 프로그램에 대한 적절한 평가가 가능할 수 있도록 매뉴얼에 충분한 정보를 제공해야 하며, 시대에 뒤진 프로그램이 지속적으로 갱신될 수 있는 장치를 개발해야 한다.

읽을거리

Butcher, J. N., Perry, J. N., & Hahn, J. (2004). Computers in clinical assessment: Historical developments, present status, and future challenges. *Journal of Clinical Psychology, 60,* 331–345.

Dana, R. H. (2005). *Multicultural assessment: Principles, applications, and examples.* Mahwah, NJ: Erlbaum.

Heilbrun, K., Marczyk, G. G., & Dematteo, D. (2002). *Forensic mental health assessment: A casebook.* New York, NY: Oxford University Press.

Hunsley, J. & Mash, E. J. (Eds.). (2008). *A guide to assessments that work.* New York, NY: Oxford University Press.

Pope, K. (2007a). Informed consent in psychotherapy and counseling: Forms, standards & guidelines, & references. Retrieved from http://kspope.com/consent/index.php.

Pope, K. (2007b). Responsibilities in providing psychological test feedback to clients. Retrieved from http://kspope.com/assess/feedabs1.php.

Yalof, J. & Brabender, V. (2001). Ethical dilemmas in personality assessment courses: Using the classroom for in vivo training. *Journal of Personality Assessment, 77,* 203–213.

Zuckerman, E. L. (2003). *The paper office: Forms, guidelines, and resources to make your practice work ethically, legally, and profitably.* New York, NY: Guilford Press.

제3장

평가 면담

평가 면담은 심리평가를 위한 맥락을 제공하기 위해 자료를 수집하는 가장 중요한 방법이다. 대부분의 심리평가 자료는 면담 자료 없이는 무의미하다. 면담은 행동 관찰, 내담자의 특이한 특징, 현재의 생활환경에 대한 반응 등과 같은 다른 데서 얻을 수 없는 잠재적으로 중요한 정보를 제공한다. 게다가 면담은 라포를 발달시키는 데 주요한 방법이다. 때때로 면담은 단순히 대화로 오해를 받는다. 사실 면담과 대화는 여러 면에서 다르다. 면담은 정해진 목표에 도달하려고 하기 때문에, 전형적으로 명확한 순서가 있고 특정적이고 관련된 주제에 의해 조직화된다. 면담의 일반적 목표는 다른 방법으로는 쉽게 얻을 수 없는 정보를 수집하고, 정보를 얻는 데 도움이 되는 관계를 형성하며, 피면담자가 문제를 다루는 데 도움이 되는 안내와 지원을 제공하는 것이다. 면담자는 특정한 목표를 달성하기 위해 면담 동안 다루는 영역에 대한 지식을 가지고 상호작용을 안내하고 통제해야 한다.

면담의 기본 차원은 구조화의 정도이다. 어떤 면담에서는 참가자가 이 영역에서 다른 영역으로 자유롭게 왔다 갔다 하도록 허용해야 한다. 반면 다른 면담은 종종 구조화된 평정과 체크리스트를 사용하여 매우 지시적이고 목표 지향적이다. 더 비구조화된 형태에서는 융통성, 가능한 더 높은 수준의 라포, 내담자가 자신의 반응을 구조화하는 능력의 정도에 대한 평가, 내담자의 과거력에 대한 독특한 세부사항을 탐색할 수 있는 여지를 제공한다. 그러나 비구조화된 면담은 신뢰도와 타당도에 대한 전반적인 불신을 초래한다는 비판을 빈번히 받아 왔다. 따라서 양호한 심리측정적 자질, 연구의 사용에 대한 잠재력, 덜 훈련된 인원이 실시할 수 있는 능력을 제공하는 매우 구조화된 그리고 반구조화된 면담이 개발되어 왔다.

어떤 면담에서나 구조화의 정도에 상관없이 내담자의 장점, 적응의 정도, 문제의 특성과 이력, 관련된 개인력과 가족력과 같은 특정 목표를 달성할 필요가 있다. 이런 목표를 달성하기 위한 기법은 면담자에 따라 다르다. 대부분의 임상가는 자료와 과거력의 기본 요소를 파악할 수 있는 초기 면담 형식과 같이 최소한 어떤 구조화된 도움을 사용한다. 임상가는 초기 면담 형식에서 직접적인 질문을 통해 정보를 얻음으로써 좀 더 열린 방식으로 자유롭게 내담자의 다른 측면들을 조사할 수 있다. 또한 임상가는 모든 관련된 영역들을 다룰 수 있다고 확신하는 데 도움이 되는 체크리스트를 사용한다. 다른 임상가는 정동장애 및 조현병 스케줄(SADS)이나 *DSM-IV*의 구조화된 임상적 면담(SCID)과 같은 공식적으로 개발된 구조화된 면담을 사용한다.

역사와 발전

초기 발전

내담자에게서 정보를 얻는 최초의 방법은 임상적 면담이다. 이런 면담은 처음에 질문과 대답의 의학적 형식을 따랐으나, 이후에는 정신분석적 이론의 영향으로 인해 좀 더 개방적이고 자유로운 양식으로 바뀌었다. 정신분석 지향적인 면담의 출현과 함께, 1902년에 Adolf Meyer에 의해 독창적으로 만들어진 좀 더 구조화되고 목표 지향적인 정신상태검사가 개발되었다. 정신상태검사는 전반적인 외모, 행동, 사고 과정, 사고 내용, 기억, 주의, 말, 통찰 및 판단력과 같은 내담자의 현재 기능과 관련된 영역을 평가하였다. 전문가들도 자서전적 자료와 직업적 성공의 예측이나 특정 장애의 예후 간의 관계에 대한 초기 관심을 표현하였다. 면담은 사용된 양식에 상관없이 모두 다음의 공통 목표를 가진다. 개인의 심리적 상을 얻는 것, 개인의 현재 어려움을 일으키고 있는 것을 개념화하는 것, 진단을 내리는 것, 치료 계획을 공식화하는 것이다. 비구조화된 면담의 어려움은 그것들이 의심스러운 신뢰도와 타당도 및 비용효과성을 가졌다고(가지고 있다고) 간주된다는 것이다. 첫 번째 심리검사는 이러한 한계점을 극복하기 위해 개발되었다. 검사는 평가 대상이 되는 개인과 조금 더 적은 대면 접촉을 요구하기 때문에, 엄격한 심리측정적 검토를 받아야 하며 좀 더 경제적이어야 하였다.

1940년대와 1950년대 동안의 발전

연구자와 임상가들은 1940년대와 1950년대 동안 면담의 5개 결정적 차원을 개념화하고 조사하기 시작하였다.

1. 내용 대 과정
2. 목표 지향(문제해결) 대 표현 요소
3. 지시성의 정도
4. 구조화의 양
5. 참가자들에 의해 표현된 활동의 상대적 양

이러한 문제들은 수많은 연구의 초점이 되어 왔다. 면담자의 양식에 대한 대표적이고 빈번히 인용되는 연구는 Snyder(1945)의 것인데, 그는 비지시적 접근이 내담자에게서 호의적인 변화와 자기탐색을 가장 많이 이끌어 낸다는 것을 발견하였다. 대조적으로 설득, 해석 및 면담자 판단을 사용한 지시적 양식은 내담자로 하여금 어려움을 드러내는 데 방어적이고 저항적이 되게 하였다. Strupp(1958)은 경험-비경험의 차원을 조사하여, 다른 것 중에서도 경험이 많은 면담자가 따뜻함을 더 많이 표현하고 활동성이 더 높으며 더 많은 해석 수를 보인다는 점을 발견하였다. 공감의 수준은 면담자의 경험의 정도에서 다르지 않았다. 더 대표적인 연구들은 상이한 반응 유형(평가적, 탐색적, 지지적)의 효과에 대한 심층 평가에 관한 Porter(1950)의 연구와 고용 면담의 신뢰도와 타당도에 대해 질문하고 있는 Wagner(1949)의 초기 개관 연구이다.

1960년대 동안의 발전

1960년대의 상당히 많은 연구는 적절한 치료적 관계에 필요한 적절한 대인관계 요소(온정, 긍정적 존중, 솔직성)를 강조한 Rogers(1961)에 의해 자극을 받았다. Truax와

Carkhuff(1967)는 Rogers의 생각을 정교화해서 면담자의 내담자 이해를 측정하는 5점 척도를 개발하였다. 이 척도는 면담과 치료자 훈련에 대한 연구와 내담자중심 이론 지향의 지지 도구로 사용되었다. 명료화, 요약, 직면과 같은 상호작용의 상이한 범주에 대해 목록화하고 정교화하는 데 부가적인 연구 노력이 기울여졌다.

다른 연구자들은 면담을 참가자들이 동시에 서로에게 영향을 주는 상호작용 체계로서 개념화하였다(Matarazzo, 1965; Watzlawick, Beavin, & Jackson, 1966). 상호작용적이고 자기유지적인 체계에 대한 이러한 강조는 가족치료의 초기와 이후 대부분의 개념화의 핵심이 되었다. 1960년대도 역시 행동 평가의 발달과 개념화가 있었는데, 주로 강화자로서 현재와 과거를 이해하고 작업 가능한 목표 행동을 설정하는 데 초점을 둔 목표 지향적 면담의 형태에서 주로 나타났다. 행동 평가의 지지자들도 역시 우울, 주장성, 두려움과 같은 영역에서 공식적 평정 도구와 자기보고를 개발하였다.

상이한 사고의 학파들을 일관된 모습으로 통합하려는 몇몇 시도들이 있었는데, 예를 들어 무의식적 과정이 비언어적 행동을 통해 표현되고 이후에 이것이 내현적 사회적 강화를 받게 된다는 Beier(1966)의 개념화와 같은 것이다. 그러나 1960년대(와 1970년대 일부)는 대부분 갈등하고 경쟁하는 상이한 학파의 사상들로 쪼개지는 것으로 특징지을 수 있다. 예를 들어 내담자중심 접근에서는 내담자의 자기탐색에 머무르는 것을 강조하였다. 행동 면담에서는 행동의 선행 요인과 결과를 강조하였다. 가족치료에서는 상호작용적인 체계 과정을 강조하였다. 이러한 상이한 학파와 상이한 원칙 내에 유사한 진전이 일어났으나, 상호 교류와 통합에 대한 노력은 거의 기울이지 않았다.

1950년대와 1960년대 동안 아동 평가는 부모와의 면담을 통해 주로 행해졌다. 아동과의 직접적인 면담은 평가보다는 치료 과정으로 간주되었다. 상이한 진단은 일상적이지 않았다. 정신과 진료소에 의뢰된 거의 모든 아동은 "적응 반응"이라고 진단 내려졌거나 진단 내려지지 않았다(Rosen, Bahn, & Kramer, 1964). 구조화된 면담을 사용한 Lapouse와 Monk(1958, 1964)의 초기 연구에 따르면, 어머니들은 어른들에게 성가신 외현적 행동(손가락 빨기, 성질부리기)을 좀 더 보고하는 경향이 있었으나, 아동들은 내현적 어려움(두려움, 악몽)을 드러내는 경향이 더 많았다. 좀 더 이후에 Graham과 Rutter(1968)는 (부모보다는) 아동의 구조화된 면담을 사용하여, 전반적 정신과적 손상에 대한 평정자 간 일치율(.84)은 높으나 주의력 결핍, 운동 행동 및 사회적 관계에 대한 일치율은 중간 정도

(.61~.84)였으며 우울증, 두려움 및 불안과 같은 좀 더 내현적 어려움에 대한 일치율(.30)은 낮다고 보고하였다.

1970년대 동안의 발전

1970년대 동안 성인과 아동에 대한 평가는 구조화된 면담에 대한 강조를 증가시켰을 뿐만 아니라 1960년대의 추세를 더 정교화시키고 발전시켰다. 구조화된 면담에 대한 관심은 대체로 정신과적 진단의 낮은 신뢰도에 의해 더 불붙었다. 전형적인 구조화된 면담 자료는 기질성, 비구조화 또는 우울·불안과 같은 척도로 전환되었다.

구조화된 성인 면담(예를 들어 현재 상태 검사, 르나드 진단적 면담)의 초기 성공으로 인해 전반적인 평정과 특정 내용 영역에 대한 아동의 구조화된 면담의 심화된 발달에 대한 사고가 촉진되었다. 아동 평가는 부모에게서 얻은 정보뿐만 아니라 아동 자신의 표현에도 관심을 가지게 되었다. 아동에 대한 직접 면담에 대한 추세, 상이한 집단에 대한 더 큰 강조 및 부모와 아동 모두를 위한 구조화된 면담 유형의 발전이 있었다.

아동과 성인 모두를 위한 행동 면담의 전략은 피면담자의 독특한 상황을 강조했을 뿐만 아니라 관련된 고려 영역에 대한 전반적인 목록을 제공하였다. Kanfer와 Grimm(1977)은 면담자가 평가해야 할 영역을 개관하였다.

1. 행동 결핍
2. 행동 과다
3. 부적절한 환경 자극 통제
4. 부적절한 자기생성 자극
5. 문제적인 강화 유관성

이 범주와 유사하게 Lazarus(1973, 2005)도 BASIC-ID를 개발하였는데, 이 모델에서는 행동, 감정, 감각, 심상, 인지, 대인관계, 약물학적 개입이나 약물의 필요성을 포함하는 완전한 평가를 기술하였다.

1970년대의 부가적인 주제는 자서전적 자료, 온라인 컴퓨터 기술 및 면담자 기술 훈련이었다. 특히 미래의 행동(자살 위험성, 조현병에 대한 예후)을 예측하고 현재 특질을 추론하기 위해 자서전적 자료를 통합하려는 노력이 있었다. Johnson과 Williams(1980)는 자서전적 자료를 수집하고 이것을 검사 결과와 통합하기 위해 초기 컴퓨터 기술을 개발하는 데 산파 역할을 하였다. 훈련 프로그램이 면담 기술을 포함하고 있지만, 핵심적 논쟁은 이런 기술들이 실제로 중요하게 학습되고 향상될지에 대한 것이었다(Wiens, 1976).

1970년대의 대부분의 문헌 개관에서는 포괄적인 구조화된 형식의 장점을 강조하고 있는 반면, 가족치료자들은 공식적 면담 구조가 전형적으로 덜 강조되는 집단 과정을 다루고 있었다. 대부분의 가족치료자들은 유동적인 상호작용 과정을 관찰하기 때문에, 전통적인 정신과적 진단에 사용되는 것과는 다른 어휘를 개발할 필요가 있었다. 사실 *DSM* 범주는 진행되는 집단 과정보다는 개인의 안정적 특징을 기술하기 때문에 종종 관련이 없어 보였다. 매우 구조화된 형식은 드물게 가족 관계를 평가하기 위해 사용되었다.

1980년대 동안의 발전

1960년대와 1970년대에 개발된 많은 추세, 개념 및 도구는 1980년대에 더 정교화되고 적용되었다. 한 가지 중요한 노력은 많은 도구들을 *DSM-III*(1980)와 *DSM-III-R*(1987)에 적용시키는 것이었다. 게다가 아동기 장애를 기술하는 것이 증가됨에 따라, 감별 진단과 관련된 지식이 더 요구되고 평가의 부속물로서 구조화된 면담에 대한 요구가 더 많아졌다. 이런 많은 노력은 효율성, 비용효과성 및 책임성에 대한 요구와 함께 특정 진단 기준을 사용하는 것과 일치한다. 컴퓨터 기반 해석(Groth-Marnat & Schumaker, 1989)에 관한 우려에도 불구하고, 이런 기능의 몇 개는 특정 컴퓨터 프로그램에 의해 수행되기 시작하였다. 척도와 특정 진단 전략들의 포함과 함께 면담이 점차 구조화되기 시작하였기 때문에, 검사와 면담 간의 구분은 점차 덜 명확해졌다. 이러한 맥락에서 면담의 몇몇 측면은 심지어 컴퓨터에 의해 요청되고 통합되는 정보에 의해 대체되었다. 즉 DIANO III(Spitzer, Endicott, & Cohen, 1974)과 CATEGO(Wing, Cooper, & Sartorius, 1974)와 같은 진단을 돕기 위한 간단한 프로그램과 결합되었다. 1980년대 중후반 동안, 특히 큰 기관에서 일하는 대부분의 임상가들은 구조화된 면담과 개방형 비구조화된 접근을 결합한 것을 사용하였다. 몇몇 연구는 임상적 의사결정과 이후의 치료 효과에 관한 초기 면담의 중요성에 주목하였다(Hoge, Andrews, Robinson, & Hollett, 1988; Turk & Salovey, 1985). 상이한 규칙과 상이한 이론적 설득으로부터 나온 연구의 평가와 통합이 더 많아졌다(Bellack &

Hersen, 1988). 마지막으로 평가 과정에 대한 문화와 성별의 영향과 시사점에 대해서는 더 많이 강조되었다(L. Brown, 1990).

1990년대 동안과 21세기를 향한 발전

1990년대의 심리학을 정의하는 두 가지 특징은 건강 돌봄 관리와 억압된 기억의 타당성에 대한 논쟁이다. 이 두 문제들은 면담에 대해 중요한 시사점을 가진다. 건강 돌봄 관리는 건강 서비스를 제공하는 것의 비용효과성을 강조한다. 이는 면담과 관련해서는 최소한의 시간 안에 요구된 정보를 발달시키는 것이다. 이렇게 함으로써 컴퓨터로부터 나온 정보나 스스로 실시하는 형식을 최대화하여 면담을 간소화하는 것이다. 컴퓨터 지원 면담은 임상가가 다른 방법으로부터 정보를 얻는 것보다 내담자와 면대면으로 시간을 어느 정도 보내야 하는지의 문제를 야기한다. 단일 회기 치료의 발달(Hoyt, 1994)은 치료적 개입 전에 요구되는 정보 수집의 잠재적 간결성을 보여 준다. 정확한 환자-치료 매칭은 치료와 심리사회적 개입의 비용효과성을 잠재적으로 최적화할 수 있다(Antony & Barlow, 2011; Beutler & Clarkin, 1990; Beutler, Clarkin, & Bongar, 2000).

억압된 기억에 대한 논쟁은 면담자들이 내담자에게서 얻은 정보가 서사적 진실과 반대되는 정도를 명확히 하도록 하는 것이다. 연구들은 일관되게 내담자의 자기보고가 사건의 재구성이고(Henry, Moffitt, Caspi, Langley, & Silva, 1994; Loftus, 1993), 심리사회적 변인들의 회고적 보고에 대해 특히 의문시할 만하다고 나타내고 있다(Garb, 2007; Henry et al., 1994; Piasecki, Hufford, Solhan, & Trull, 2007). 면담자에게 더 큰 도전은 면담 방식과 질문 방법이 내담자에게서 나온 정보를 왜곡하지 않는다고 확신하는 것이다. 이 문제는 아동기 성 학대의 가능성을 조사하는 면담 동안 더 많이 강조된다[S. White & Edel-stein(1991)의 지침 참고].

1990년대와 밀레니엄 시대의 더 심화된 주제는 특별한 전집에 대한 면담 전략의 중요성과 새로운 기술의 발달에 대한 것이다. 많은 다양한 전집은 잘못 진단될 가능성이 많다. 부분적으로 최소한, 이러한 오진단은 다수 집단에 비해 더 나쁜 결과를 초래한다(Neigh-bors et al., 2007; Nguyen, Huang, Arganza, & Liao, 2007). 임상가들은 소수 집단에 내린 오진단의 가능성으로 인해 자신의 편향에 대해 인식하고 이러한 하위집단에 대한 지식을 쌓고 면담에 대해 적절한 수정을 할 필요가 있다(Ponterotto & Grieger, 2007). 몇몇 새로운 기술은 이용 가능하고 점차적으로 더 많이 사용될 것이다. 이런 것들에는 컴퓨터로 실시하는 면담(Garb, 2007)뿐만 아니라 임상적 면담의 일부가 된 전자 일기로부터의 정보(Piasecki et al., 2007)와 이동 센서(Haynes & Yoshioka, 2007) 등이 포함된다. 비용효과성, 환자-치료 매칭, 회복된 기억, 새로운 면담 기술, 특별한 전집에 대한 면담을 위한 방략 등과 관련된 주제와 문제들은 밀레니엄 시대의 몇 십 년 동안 계속해서 중요한 주제가 될 것이다.

신뢰도 및 타당도와 관련된 쟁점

비록 면담이 표준화된 검사는 아니지만, 자료를 수집하는 수단이자 엄밀히 말하면 형식적인 검사처럼 여러 가지 유형의 심리측정적 고찰의 하나로 여겨질 수도 있다. 면담의 심리측정적 속성을 평가하는 것은 중요하다. 왜냐하면 면담은 수많은 편향으로 실행될 수 있고, 특히 면담이 상대적으로 비구조화되어 있다면 더 그럴 수 있기 때문이다. 면담자의 신뢰도는 대개 평정자 간 일치도와 관련 있는 것으로 논의된다. 문헌을 통한 R. Wagner(1949)의 초기 개관에서는 상당한 변산이 있음을 발견하였는데, 사람의 특질에 관한 평가에서는 .23에서 .97까지(중앙값 .57)의 범위를 가지고, 전체적인 능력을 평가하는 것은 .20에서 .85까지(중앙값 .53)의 범위를 보여 주었다. 이후의 개관들은 평정자 간 일치도에서 유사한 변동을 발견하였다(Arvey & Campion, 1982; L. Ulrich & Trumbo, 1965). 문제는 신뢰할 만한 평정과 회의적인 관점으로 볼 평정을 알아내는 방법이다. 이것은 몇몇 면담자들이 다른 영역에 초점을 기울이고 다른 편향을 가지고 있는 이유와 특히 관련이 있다. 일관적인 결론은 면담자들에게 제한된 영역을 측정하도록 했을 때와 면담자의 전략을 훈련시켰을 때 평정자 간 일치도가 증가하였다는 것이다(Dougherty, Ebert, & Callender, 1986; Zedeck, Tziner, & Middlestadt, 1983). 매우 구조화된 면담이 좀 더 신뢰롭다는 것은 일치되는 점이다(Garb, 2007; Huffcutt & Arthur, 1994). 그러나 증가된 구조화는 면담의 가장 훌륭한 강점 중의 하나인 유연성을 훼손한다. 많은 상황들에서 자유로운 형식과 개방형 접근은 어떤 유형의 정보를 얻는 데는 최적의 방법일 수 있다.

면담 타당도에 관한 연구들은 전형적으로 면담자들의 다양한 편향에 초점이 맞춰져 있다. 후광 효과는 면담자가 사람에 관한 일반적인 인상을 형성하여 외관상 관련 있는 특질을 추론하는 경향성들로부터 생기게 된다. 예를 들어 따뜻함을 표현하고 있다고 생각되는 내담자들은 실제보다 좀 더 능력이 있거나 정신적으로 건강하다고 여겨지기 쉽다. 특성들의 이러한 군집화는 정확하지 않을 수 있고, 그래서 왜곡과 과장이 만들어진다. 이와 유사하게 첫 번째 인상이 이후의 판단에 편향을 일으킨다(W. Cooper, 1981). 확증적 편향은 면담자가 내담자와 관련한 추론을 하고 원래의 추론을 확증하는 방식으로 정보를 이끌어 내는 면담을 진행할 때 발생한다. 이러한 편향은 전형적으로 임상가가 초기의 진단적 인상을 가지고 이후의 관련 정보를 무시할 때 발생한다. 왜냐하면 그들은 자신의 초기 인상을 확증하는 방식으로 어떻든지 간에 시간을 쏟기 때문이다. 이와 유사하게 정신분석학적으로 지향되어 있는 면담자들은 초기의 어린 시절 외상과 관련한 질문에 초점이 맞춰져 있을 수 있고, 가능한 한 현재 성인의 행동에 대해 전통적인 정신분석학적 설명을 부정확하게 확증하는 것에 초점을 맞출 수 있다. 후광 효과와 비슷하게 하나의 상세하고 눈에 띄게 현저한 특징들(예를 들어 교육 수준, 신체적 외양)로 인해 면담자가 다른 특징들을 그 또는 그녀들이 부정확하게 믿고 있는 현저한 특징들과 관련이 있을 것이라고 판단할 수 있다. 예를 들어 신체적 매력도는 구직 신청자들에게 면담자의 편향을 만들어 내는 기초가 된다(Gilmore, Beehr, & Love, 1986). 임상적 맥락에서 신체적 매력도는 임상가들이 병리성을 깎아내리거나 경우에 따라서는 병리성을 과장하기도 하는 결과를 가져오는데, 이는 그들의 매력도에서 면담자들이 불편감을 느끼기 때문이다(L. Brown, 1990). 또한 면담자들은 상황적 결정 요인들보다 특질을 강조하는 행동을 설명하는 데 더 부정확하게 초점을 기울일 때도 있다(Ross, 1977).

이에 더하여 면담자들의 지각적, 상호작용적 편향에 따라, 면담을 받는 사람들이 스스로 자신의 반응을 왜곡하기도 한다. 왜곡의 이런 구체적인 영역에는 교통사고 희생자들이 포함되는데, 이들은 전형적으로 자신이 일을 못하는 시간을 과장한다. 반응자의 40%가 자선행동에 관한 자신의 기여를 과대평가했고, 반응자의 17%가 자신의 연령을 부정확하게 보고하였다(R. Kahn & Cannell, 1961). 몇몇 피면담자들은 스스로를 너무나 호의적인 관점으로 표현할 수 있다. 자신의 동기에 대해 상대적으로 잘 모를 때조차도 그렇다. 그러나 미묘하게도 왜곡은 민감한 영역, 예를 들어 성 행동과 같은 것에서 종종 발견되기도 한다. 허위에 관한 좀 더 극단적인 사례들은 완벽한 거짓말(의식적인 거짓말), 망상, 작화증, 병리적인(강박적인) 거짓말쟁이들의 거짓말에 의해 발생하기도 하는데, 그들은 일부분 스스로 그렇게 믿기도 한다(Kerns, 1986). 회고적 설명에 기초한 부정확성은 주거환경, 읽기 기술, 키, 몸무게와 같은 변수들보다는 심리사회적 정보(예를 들어 가족 불화, 정신증적 증상의 발병)와 관련하여 발생하는 것으로 알려져 있다(B. Henry et al., 1994).

    면담 타당성과 관련한 개관에서 면담자 평가는 외부 측정 준거들과 비교되는데, 이는 신뢰도 측정과 같이 엄청난 변산성을 보여 준다. 범위는 -.05에서 +.75까지이다(Arvey & Campion, 1982; Henry et al., 1994; Huffcutt & Arthur, 1994; J. Hunter & Hunter, 1984; L. Ulrich & Trumbo, 1965). 한 가지 분명한 발견은 면담 형식의 구조가 증가함에 따라 타당도가 증가한다는 것이다(Huffcutt & Arthur, 1994; Marchese & Muchinsky, 1993). 예를 들어 Wiesner와 Cronshaw(1988)의 메타 분석에서 비구조화된 면담은 .20의 타당도 계수를 가진 반면 구조화된 면담은 타탕도가 .63으로 증가하였다. 구조화된 면담에서는 패널들이 일치된 평정을 사용하면서 상당히 좋은 수준인 .64까지 타당도 계수가 증가하였다. 그러나 타당도는 평가되는 변인의 유형에 따라 변화하는 듯 보인다. 상황적 고용 면담(예를 들어 피면담자들은 그/그녀가 특정한 상황에서 할 수 있는지 없는지를 묻게 된다)은 직업 관련 행동을 평가하는 면담(.39)보다 또는 의존성과 같은 심리학적 특질을 평가하는 면담(.29)보다 높은 타당도(.50)를 갖게 된다(McDaniel, Whetzel, Schmidt, & Maurer, 1994). 면담 정확성은 피면담자가 자신의 예측의 정확성(결과의 정확성)에 책임이 있는 것으로 면담이 진행될 때보다는 자신의 결정에 관여하는 동안의 과정에 책임감 있게 임하는 것으로 진행될 때 좀 더 증가하는 경향이 있다고 밝혀졌다(과정적 대 결과적 책임성; Brtek & Motowidlo, 2002).

    선행된 간단한 개관들은 면담에 구조를 추가하는 것과 결정이 내려지는 과정에 면밀하게 주의하는 것이 결과적으로 좀 더 높은 수준의 타당도를 가져온다는 점을 보여 주었다. 또한 이는 비구조화된 면담으로부터 유도된 정보들이 신중하게 다뤄지고 다른 도구들에 의해 지지되어야 하는 가설들로서 순수하게 다뤄져야 한다는 것을 의미한다. 또한 면담자들은 자신의 특정한 방식, 태도, 기대의 범위 내에서 질문을 계속하는데, 이는 면담의 타당도를 훼손시킬 수도 있다. 비구조화된 형식과 관련된 이러한 어려움 때문에 형식적으로 구조화된 다양한 임상적 면담이 개발되어 왔다. 가장 빈번하게 사용되는 구조화된 임상적 면담들의 신뢰도와 타당도에 관한 추가적인 정보는 이 장의 "구조화된 면담"에서 제공될 것이다.

이점과 한계

구조화된 면담과 비구조화된 면담 둘 다 임상가가 폭넓고 좀 더 의미 있는 맥락에서 검사 결과들을 볼 수 있도록 한다. 더불어 면담을 통한 자서전적 정보들은 미래의 행동들을 예측하는데 도움이 되도록 쓰일 수 있다. 그 사람이 과거에 무엇을 했는지는 그/그녀가 미래에 지속적으로 무엇을 할지를 안내하는 데 훌륭한 자료가 된다. 자살 위험성, 특정한 직업에서의 성공 그리고 특정 장애의 진행 정도에 관한 예측들에 도움이 되는 것은 검사 점수보다는 전기적 자료에서 종종 효과적으로 얻을 수 있다.

왜냐하면 검사는 거의 항상 구조화되어 있거나 "닫힌" 상황에 놓여 있기 때문에 비구조화 또는 반구조화된 면담들은 평가 과정에서 임상가가 내담자를 열려 있고 모호한 상황에서 관찰할 수 있는 유일한 시간이 된다. 개인이 자신의 반응을 조직화하는 방법에 대해 관찰할 수 있고 미묘하고 비언어적인 단서로부터 추론할 수 있다. 이러한 추론은 더 심도 있고 자세한 질문이 이어지게 한다. 비구조화 그리고 반구조화된 면담에서 이러한 융통성 있는 특성들은 표준화된 검사를 뛰어넘는 강력한 이점이 된다. 비구조화된 면담 동안의 초점은 큰 규준적 비교 집단에 비해 그 개인이 얼마나 잘하고 못했는가보다는 거의 대부분 오로지 한 개인에게만 맞춰진다. 어떤 종류의 정보들은 이런 유연한 개인 중심적 접근을 통해서만 얻을 수 있고, 그 면담자들이 특질적인 요인에만 주의를 기울이도록 한다. 상대적으로 빠른 결정을 내려야 하는 위기 상황에서는 검사를 실행하고 해석하는 데 필요한 시간을 내는 것은 비실용적이고, 면담을 떠나 하나의 평가 수단으로서 빠른 선별 도구를 만들어 내야 한다. 마지막으로 면담은 임상가가 신뢰를 형성하고 내담자가 자기탐색적이 될 수 있게끔 격려한다. 만약 내담자들이 신뢰, 개방성, 이해되는 느낌을 처음에 느끼지 못한다면, 내담자가 검사에서 자신을 자발적으로 드러내거나 검사를 최적의 상태로 수행하기란 매우 드물 것이다.

비구조화된 면담에서 가장 큰 어려움은 후광 효과, 확증적 편향, 초두 효과와 같은 지각적, 상호작용적 과정에서 오는 면담자 편향이다. 이 편향은 신뢰도와 타당도에 고려할 만한 변산성을 가지고 올 뿐만 아니라 다음에 다른 사람과 비교하는 것에도 어려움을 야기한다. 진단적 비동의에 관한 주요한 원인 중 하나는 얻어진 정보의 변산성과 조건의 유무를 포함하는, 사용하는 준거의 변산성이다. 면담의 변산성이란 다른 임상가들이 넓은 범위의 다양한 질문을 개발하고 묻고 어떤 조건(예를 들어 우울증)에 관한 기준을 비일관적인 방식으로 적용하는 것이다.

구조화된 면담은 비구조화된 면담에 비해서 명백한 이점들이 많이 있다. 구조화된 면담은 좀 더 심리측정적 정확성을 가지기 때문에, 하나의 사례의 결과를 다른 사례(또는 모집단)와 비교 가능하게 한다. 표준화된 제시는 신뢰로운 평정을 발달시켜서 정보의 변산성을 감소시키고 일관된 진단적 준거를 사용한다(Garb, 2007; Summerfeldt & Antony, 2002). 더불어 많은 구조화된 면담들의 대부분이 진단 또는 일련의 적합한 증상들이 누락될 가능성을 줄인다. 부분적으로 이런 이점들 때문에 구조화된 임상 면담이 초기의 연구에서 사용되었던 것들에서 수많은 임상적 장면에서 사용되는 것으로 발전하여 왔다. 그러나 구조화된 면담을 위해 시간이 요구된다는 것이 문제이다. 좀 더 최근에 개발된 것으로는, 널리 사용되지는 않지만, 컴퓨터 지원 프로그램이 이러한 어려움에 대응하는 잠재적인 방법으로 제공되고 있다. 더불어 컴퓨터로 시행되는 면담은 포괄적이다. 그리고 임상가가 시행하는 면담과 비교해서 더 쉽고, 내담자들이 좀 더 민감한 정보에 개방적이게 된다(Garb, 2007). 진단 면담 스케줄(DIS)과 같은 도구들과 아동 및 청소년을 위한 진단 면담(DICA)은 면담자들이 있는 것처럼 시행되도록 고안되었기 때문에 전문가들에게 요구되는 시간이 줄어들었다.

비록 구조화된 면담이 비구조화된 형식보다 일반적으로 더 강력한 심리측정적 특질들을 가진다고 해도, 구조화된 면담은 개인의 특이성과 풍성한 정보를 간과하는 경향이 있다. 많은 사례에서 이러한 독특한 측면이 감지되지 못하고 있고, 여전히 검사 점수를 해석하거나 치료를 추천하는 것에서 유의한 차이가 발생하게 된다. 여전히 다소 논쟁의 여지가 있을지라도(Helzer & Robins, 1988), 많은 임상가와 연구자들의 또 다른 회의적 입장에서 매우 구조화된 접근은 내담자와 매우 개인적인 정보를 드러내기에 충분히 편안한 라포를 만들어 내지 못한다고 본다. 이는 초기에 상대적으로 비구조화된 요소들을 포함하고 있는 반구조화된 도구들(예를 들어 SADS)보다 매우 구조화된 면담(예를 들어 DIS)에 더 해당된다. 그러나 M. Rosenthal(1989)은 구조화된 도구에서 생긴 라포는 좀 더 구조화된 접근의 중요성과 과정을 내담자에게 주의 깊게 교육하는 것을 통해 향상될 수 있다고 보았다.

비록 수많은 구조화된 면담이 적합한 신뢰도로 증명이 되었다고 하더라도, 타당도와 관련된 연구에서는 손상의 일반적인 수준 또는 정신과적 집단과 비정신과적 집단을 구별하는 간단한 판별에 주로 초점을 둔다. 여기에서 주요한 논쟁점은 "정확한" 진단을 하는 데 정확하게 수용할 만한 외적 준거 측정치가 무엇인가 하는 것이다. 구성 타당도 또는 증분 타당도와 관련된 심층 연구는 아직 수행되지 않았다. 더욱이 약물이나 심리적 개입과 같은 특정한 형태에 반응하기 쉽거나 예후를 고려하여 치료를 선택하는 그런 영역에서 구조화된 면담의 치료적 유용성에 관한 연구가 더 많이 이뤄질 필요가 있다.

평가 면담과 사례사

일반적인 고려사항

이전에 언급된 역사적 및 심리측정적 고려사항에 따르면, 비구조화된 또는 반구조화된 면담을 실행하기 위한 단 하나의 올바른 방법은 존재하지 않는다. 면담자의 방식은 이론적 지향과 실제적인 고려사항의 영향을 강하게 받는다. 내담자중심 이론에 영향을 많이 받은 사람들은 비지시적이거나 매우 구조화된 질문들을 피하는 경향이 있다. 이는 사람들이 자신의 행동을 변화시키고 구성하는 내적 능력을 가지고 있다는 기저 신념과 일치한다. 따라서 내담자중심 면담의 목표는 자기변화를 증진시키기 쉬운 대인관계 유형을 만들어 내는 것이다. 이와 반대로 행동 면담은 변화가 특정한 외부 영향과 결과 때문에 발생한다는 가정을 기반으로 할 가능성이 높다. 그 결과 행동 면담은 외부 조건들을 바꿀 수 있는 전략을 세우는 데 도움을 주는 특정한 정보를 얻는 방향을 지향하기 때문에 상대적으로 구조화되어 있다. 게다가 서로 다른 면담 방식과 전략은 몇몇의 내담자들에게는 크게 효과가 있지만 다른 사람들에게는 상대적으로 효과적이지 않을 수 있다.

유용한 구분은 진단 면담과 보다 비공식적이고 탐색적인 면담을 구별하는 것이다. 진단 면담의 목표는 특정한 진단을 내리는 것이며, 주로 이전에는 다축 *DSM-IV* 모형(Othmer & Othmer, 1994; R. Rogers, 2001; Sommers-Flanagan & Sommers-Flanagan, 2013 참고)을 기반으로 하였지만 현재는 *DSM-5*(American Psychiatric Association, APA, 2013) 분류법을 기반으로 한다. 진단을 개발하는 것은 임상가가 진단적 단서들을 개발하고, 이것을 진단적 준거와 비교하여 고려해 보며, 정신과적 병력을 알아보고, 이 정보들을 기반으로 그에 상응하는 예후에 대한 추정치와 함께 진단을 내리는 다섯 가지 단계의 과정을 따른다(Othmer & Othmer, 1994). 이러한 면담은 서로 다른 장애들의 포함 기준과 배제 기준을 주의 깊게 고려하며 지시적일 가능성이 있다. 이는 정신과 또는 일반적인 의료 장면에서 나타날 가능성이 있다. 이와 반대로 많은 임상가들은 형식적인 진단의 가치를 믿지 못해서 형식적인 *DSM-5* 진단을 따르지 않는다. 형식적인 진단을 가치 있게 여기는 사람들이라 할지라도 임상적 면담의 목적이 상황, 과거력 및 피면담자의 관점을 이해하는 것이며 충분한 평가는 형식적인 진단을 내리는 데 효과적일 수 있다고 믿는다. 면담자들은 내담자의 대처 양식, 사회적 지지, 가족 역동 또는 장해 특성과 같은 영역들에 더 관심이 있을지도 모른다. 엄밀히 말해서 그들의 면담은 덜 지시적이고 좀 더 융통성이 있을 수도 있다. 다시 말해 옳거나 틀린 양식은 없고, 하나의 양식이 어떠한 상황에서(또는 내담자에게) 적절하거나 효과적일 수 있지만 이것이 또 다른 상황에서는 효과가 없거나 부적절할 수도 있다.

면담자는 종종 개인에게 물어보기를 원하는 질문의 유형을 순서대로 나열함으로써 반구조화된 면담 형식을 구성하는 것을 희망한다. 면담자는 이러한 목록을 구성하기 위해 혹시라도 관련이 있을지 모르는 영역들에 대해 언급하고 있는 표 3.1을 참고할 수 있을 것이다(이 목록이 완벽하지 않다는 것을 명심하라). 각 영역들은 이후 특정한 질문으로 바뀔 수 있고, 종종 가장 광범위하고 일반적인 질문으로 시작되며, 필요에 따라서 점진적으로 더 구체화될 수 있다. 예를 들어 첫 번째 몇 개의 영역들은 다음의 일련의 질문들로 바뀔 수 있다.

- "현재 당신이 하고 있는 가장 중요한 걱정들에 대해 이야기해 보세요."
- "어떻게 이것들이 당신의 삶에 영향을 미쳤나요?"
- "어려움이 언제 처음 시작되었나요?"
- "그것이 얼마나 자주 발생하였나요?"
- "그것이 더 나아지거나 나빠졌던 때가 있었나요?"
- "그 행동이 발생한 후에 무슨 일이 있었나요?"

내담자의 개인 특성(예를 들어 나이, 교육 수준, 협력하는 정도)과 현존하는 문제의 유형(예를 들어 어린 시절의 어려움, 법적 문제, 정신이상)은 다양하기 때문에, 면담 질문은 반드시 사람마다 다를 필요가 있다. 더욱이 면담하는 동안 나타나는 독특하지만 관련 있는 영역들을 탐색하기 위해서, 다른 일련의 질문들을 경직되게 하기보다는 어느 정도 융통성 있게 진행하여야 한다.

임상가-내담자 상호작용과 관련하여 부분적으로 서로 다른 이론적 관점들이 존재하기 때문에 좋은 면담을 정의하기는 어렵다. 더 나아가 임상가는 무엇을 말하거나 무엇을 했는지가 아니라 적절한 태도를 보였는지에 따라 성공적으로 면담을 할 수 있다. 반면에 대안적인 이론 지향을 가진 임상가들은 지시적인 정도 또는 그들이 얻어야 하는 정보의 유형들의 영역이 다를 수 있지만 대부분 특정한 관계 양상이 핵심이 된다는 것에는 동의한다(Patterson, 1989). 이러한 양상은 면담자의 진실성에 대한 표현, 수용, 이해, 진정한 관심, 온정 그리고 사람의 가치에 대한 무조건적 존중을 포함한다. 만약 임상가가 이러한 자질들을 보여 주지 않는다면, 목표가 어떻게 정의되었는지에 상관없이 면담의 목표를 달성할 가능성은 매우 적다.

면담의 자질에 대한 환자 평가는 면담자가 환자의 정서를 이해하는 정도, 특히 부분적으로만 표출되는 정서 메시지를 감지하는 정도에 달려 있다고 알려져 있다. 왜냐하면 이러한 정서들이 비지시적이며 비언어적 행동을 통해 전달될 가능성이 있기 때문이다. 내담자의 반응을 이해하는 것은 특히 내담자의 개인적인 어려움에 초점을 맞추는 임상적 면담과 관련이 있다. 일반적으로 단어는 문제 정서에 대해서 정확하게 기술하기에는 부적절하다. 그래서 면담자는 그것들을 유사언어적이거나 비언어적 표현으로부터 추론해야만 한다. 비언어적 단서에의 의존은 의사소통에서 비언어적 측면이 정보를 전달하는 데 강력한 방법이라는 가정에 의해 강조된다. 예를 들어 눈맞춤은 적극적인 참여의 뜻을 전달할 수 있다. 엄격한 태도는 내담자가 방어적으로 되는 계기가 될 수도 있다. 그리고 손동작은 종종 개인의 의식적인 의도를 뛰어넘어 발생하며 긴장감, 경직성 또는 이완을 나타낸다. Mehrabian(1972)은 전달된 메시지가 55%는 얼굴 표정에 의해 좌우되며, 38%는 목소리 톤 그리고 단 7%만이 말한 것의 내용에 의해 좌우된다는 추정들과 함께 이러한 관점을 지지하였다.

면담자는 면담 중에 필기하는 정도가 서로 다르다. 몇몇은 면담 중 필기가 내담자의 불안을 증가시키고, 익명과 관련된 문제가 제기될지도 모르며, 내담자가 조사를 받는 대상

표 3.1 평가 면담 평정척도와 사례사

현재 문제 및 과거력

문제의 기술	강도 및 기간
초기 발병	이전의 치료
빈도의 변화	해결 시도
선행사건/결과	공식 치료

가족 배경

사회경제적 수준	문화적 배경
부모의 직업	부모의 현재 건강
정서적/의학적 가족력	가족관계
기혼/별거/이혼	도시/시골 양육
가족 지표	

개인력

유아기

발달적 사건	초기 의학적 과거력
가족 분위기	배변 훈련
부모와의 접촉의 양	

초기 및 중기 아동기

학교 적응	또래관계
학업 성취	부모와의 관계
취미/활동/흥미	중요한 삶의 변화

청소년기

초기 및 중기 아동기에 명시된 모든 영역	초기 연애
행동화의 존재(법적, 약물, 성적)	사춘기에 대한 반응
	아동기 학대

초기 및 중기 성인기

경력/직업	가정 폭력
대인관계	의학적/정서적 과거력
인생 목표에 대한 만족감	부모와의 관계
취미/흥미/활동	경제적 안정성
낭만적 관계/결혼	물질 남용

후기 성인기

의학적 과거력	쇠퇴하는 능력에 대한 반응
자아 통합감	경제적 안정성

기타

자기개념(호/불호)	신체적 염려(두통, 복통 등)
가장 행복한/가장 슬픈 기억	행복/슬픔을 만드는 사건
초기 기억	반복되는/주목할 만한 꿈
두려움	

처럼 느낄 수 있는 가능성을 증가시킬 수 있고, 부자연스러운 분위기를 조성할지도 모른다고 주장한다. 이와 반대로 많은 면담자들은 당연히 면담자가 여전히 내담자에게 충분한 양의 시간 동안 주의를 기울이고 있다고 가정을 하면서 라포의 손실이 단지 면담 중 필기

에 의한 결과일 수 없음을 지적함으로써 이러한 논의들을 반박한다. 또한 계속해서 필기를 하는 것은 더 많은 세부사항들을 포착할 가능성이 있으며, 면담이 완료된 후 녹음 장비보다 기억 왜곡이 덜 한 결과를 보였다. 따라서 면담 중 중간 정도의 필기는 권장된다. 만약 면담이 녹음되거나 녹화된다면, 비밀 보장과 서명된 합의서를 입수하는 것과 함께 이 절차의 이유에 대해 완전히 설명할 필요가 있다. 비록 녹음이나 녹화가 처음에는 어색할지도 모르지만 면담자와 내담자는 종종 이러한 상황에 대해 빠르게 잊어버린다.

면담 전략

무수한 면담 전략들과 진술 유형이 제안되고 연구되고 있다. 이것들은 명료화 진술, 축어록 녹음, 추가 질문, 직면, 이해, 적극적 경청, 반영, 피드백, 요약 진술, 무작위 탐색, 자기개방, 인지한 것 확인, 구체적인 예시 사용 그리고 치료적 이중 구속을 포함한다. 추가적으로 적절한 주제들은 눈맞춤, 자기개방, 적극적 경청 그리고 접촉의 중요성이다. 이 영역들은 이번 장의 범위를 넘어서지만, 흥미가 있는 독자에게 Cormier와 Cormier(1998), Sommers-Flanagan과 Sommers-Flanagan(2013), Sattler(2014) 그리고 Zucker-man(2005)의 훌륭한 논의들을 제안한다. 면담을 위한 가장 적절한 기술들은 면담 기술을 기억하려고 하는 데서 길러지는 것이 아니라 경험적 실습과 실제적 삶이나 녹화된 면담 회기에서 검토해 보는 데서 길러진다. 하지만 여러 가지 중요한 면담의 전략들은 그것들이 일반적인 면담 전략을 제공하기 때문에 기술된다.

사전 준비

전문가들은 면담 초기 단계 동안 다음 일곱 가지 문제들을 적절하게 다루는 것에 대해 확실히 할 필요가 있다.

1. 방이 지저분해 보이지 않도록 하기 위해 면담 상황의 물리적 특성을 구조화해라. 가장 바람직한 밝기의 빛을 이용해라. 그리고 면담자와 내담자가 너무 가깝거나 너무 떨어져 있지 않도록 하기 위해 눈높이가 대략적으로 비슷하게 자리를 배치해라.
2. 자신(면담자)을 소개하고 자신이 어떻게 불리는 것을 선호하는지

안내하며(선생님, 이름 등) 내담자가 어떻게 불리는 것을 선호하는지에 대해서 명료화해라.

3. 면담의 목적을 이야기하고 과정에 대한 내담자의 이해를 확인하며 이 두 이해 간의 불일치를 명료화해라.

4. 면담을 통해 도출된 정보들이 얼마나 유용할 것인지에 대해 설명해라.

5. 정보에 대한 비밀 보장의 특성, 비밀 보장의 한계 그리고 비밀 보장과 관련된 특정 문제들(예를 들어 법률 제도에 의해 정보들이 어떻게 얻어지고 사용될 수 있는지)에 대해 설명해라. 더욱이 내담자는 개방하기를 원치 않는 어떠한 정보에 대해서도 논하지 않을 권리를 가지고 있다는 것에 대해 설명해라.

6. 면담자가 내담자에게 참여하기를 원하는 역할과 활동들, 평가에서 사용될 가능성이 있는 도구들 그리고 요구되는 총 시간에 대해 설명해라. 이는 몇몇의 상황에서 서면 계약으로 형식을 갖출 수 있을 것이다(Handelsman & Galvin, 1988).

7. 어떠한 상담료 계획도 명료화하는 것을 확실히 해야 한다. 이는 시간당 금액, 총 견적 금액, 내담자 대 제삼자가 지불할 가능성이 있는 정도 그리고 청구 금액과 예상 지불 금액 간의 차이를 포함한다.

상담료 계획의 가능한 예외와 함께(7번 항목), 앞선 항목들은 비서나 접수원보다는 정신보건 전문가에 의해 다뤄져야만 한다. 면담의 예비 단계 동안 이러한 영역들을 다루는 것은 잘못된 의사소통과 이후 어려움들의 가능성을 줄여 줄 것임에 틀림없다.

지시적 대 비지시적 면담

면담 중 임상가가 구조화와 지시적인 것을 선택하는 정도는 이론적이고 실질적인 고려사항들에 달려 있다. 만약 시간이 제한적이라면, 면담자는 지시적이고 간단명료할 필요가 있을 것이다. 면담자는 의뢰된 환자를 평가하기 위해 서로 다른 접근을 사용할 것이고, 그 또는 그녀를 대상으로 치료를 수행하기 전에 그 사람을 평가하기보다는 의뢰한 사람에게 다시 돌려보낼 것이다. 지시적인 접근이 좀 더 효과적임이 입증된 반면에, 모호하고 비구조적인 접근은 극도로 불안한 사람을 더 불안하게 만들 것이다. 또한 수동적이고 내성적인 내담자는 초기에 더 지시적인 질의응답 양식을 요구할 가능성이 있다. 이전에 언급하였듯이, 덜 구조화된 양식은 종종 더 심각한 내담자가 자기탐색을 하도록 격려하고, 임상가가 내담자의 조직화 능력에 대한 관찰을 가능하게 하며, 결과적으로 더 나은 라포, 융통성 그리고 내담자의 독특함에 대한 민감성을 만들어 낼 수 있다.

행동 면담은 종종 실제 행동과 관련된 인지, 태도, 신념의 종합적인 설명을 얻기 위해 구조적이고 지시적인 것이 특징이다(4장 참고). 행동 면담은 종종 비구조적인 정신역동 면담과 상반되는데, 정신역동 면담은 기저의 동기와 숨겨진 역동을 탐색하고 사람의 일상적인 자각 안에 없는 정보를 평가한다. 일반적으로 이러한 접근들은 경쟁적이고 상호 배타적인 것으로 인식된다. 각 면담 양식은 다른 것의 약점을 잠재적으로 보완해 줄 수 있는 서로 다른 정보 유형을 제공하기 때문에, Haas, Hendin, Singer(1987)는 이러한 이분법적인 자세는 불필요할 뿐만 아니라 비생산적이라고 지적하였다. 두 접근을 사용하는 것은 면담에 활력을 불어넣고 타당도를 증가시킬 것이다. 사람의 다양한 측면을 탐색하는 것은 직접적인 행동 자료(공적 의사소통), 자기기술 그리고 사적인 상징화를 포함한다(Leary, 1957). 각각의 수준들은 서로 다른 목적에 유용할지도 모르고, 각 수준으로부터 나온 결과들은 또 다른 하나와는 꽤 다를지도 모른다.

면담 전략의 순서

대부분의 저자들은 면담자가 개방형 질문으로 시작을 하고 나서 내담자의 반응을 살핀 뒤 그들이 이해하고 있는 것의 차이를 채우기 위해 더 직접적인 질문을 사용하도록 권장한다(Harwood, Beutler, & Groth-Marnat, 2011; Othmer & Othmer, 2002; Sommers-Flanagan & Sommers-Flanagan, 2013). 비록 이 순서가 개방형 질문으로 시작한다고 할지라도, 일반적으로 지시성의 수준에서 중간이 될 수 있는 면담자 반응이 나올 수 있어야 한다. 이를테면 응답을 촉진하는 것, 명료화를 요구하는 것 그리고 가능한 불일치에 대해 내담자를 직면시키는 것을 들 수 있다.

개방형 질문의 중요한 장점은 표면적인 구조화가 거의 없어도 내담자로 하여금 스스로 이해하고 조직화하며 표현하도록 요구한다는 것이다. 이 기회는 아마도 평가 과정에서 내담자에 대한 요구사항을 구성하는 유일한 방법일 것이다. 왜냐하면 대부분의 검사들 또는 구조화된 면담은 구체적이고 명확한 자극에 대한 지침을 제공하기 때문이다. 내담자가 개방형 질문을 받았을 때, 그들은 자신에 대해 중요하지만 특이한 특징들을 표현할 가능성이 높다. 언어 유창성, 자기주장의 수준, 목소리 톤, 에너지 수준, 망설임 그리고 불안에 대한 영역 등이 기록될 수 있다. 가설들은 이러한 관찰들로부터 생성될 수 있으며, 추가적인 질문과 검사는 이러한 가설들을 검증하는 데 사용될 수 있다. 이러한 장점들과는 반대로, 개방형 질문은 잠재적으로 세부적이고 애매하거나 이탈된 정보를 과잉해서 제공할 수 있다.

중간 수준의 지시를 보이는 면담자 반응은 촉진, 명료화, 공감 그리고 직면이 있다. 응답 촉진은 대화의 흐름을 유지하고 장려한다. 이는 언어적으로("더 이야기해 보세요." "계속해 주세요.") 또는 비언어적으로(눈맞춤, 끄덕임) 이뤄질 수 있다. 내담자들은 아마도 미묘한 단서들을 통해 논의 주제와 관련해서 충분히 표현하지 못한다는 것을 나타낼 때 명료화에 대한 요구를 해 볼 수 있다. 명료화 요구는 오로지 함축되었던 정보를 열어 볼 수 있도록 촉진할 수 있다. 특히 내담자에게 매우 구체적인 내용을 요청함으로써 더 나은 명료화가 이루어질 수 있는데, 이를테면 그(혹은 그녀)에게 구체적인 예시(예를 들어 전형적인 날 혹은 문제행동을 가장 잘 보여 주는 날)를 제공하도록 요청하는 것을 들 수 있다. 공감적 진술("그것은 분명히 당신에게 어려웠을 거예요.") 또한 내담자의 자기개방을 촉진할 수 있다.

면담자는 가끔 내담자의 정보나 행동의 불일치에 대해 직면하거나 또는 적어도 언급하기를 바랄지도 모른다. Carkhuff(1969)는 불일치의 잠재적인 유형을 범주화하였는데, 이에는 내담자 대 내담자가 원하는 것 사이, 내담자가 말하는 것 대 내담자가 행동하는 것 사이 그리고 내담자의 자기지각 대 그 내담자에 대한 면담자의 경험 사이에서 오는 불일치가 있다. 또한 직면은 내담자가 보고하는 것 중 사실이 아닐 것 같은 내용에 대해 도전할 수 있다.

평가 중 직면의 목적은 내담자에 대해 보다 심층적인 정보를 얻는 것이다. 이와 반대로 치료적 직면은 내담자에게 자기탐색과 행동 변화를 장려하기 위해 사용된다. 만약 전문가가 치료의 전반부 작업으로서 초기 면담과 평가를 사용한다면 이러한 차이는 덜 중요하다. 하지만 직면적인 양식은 상당한 불안을 야기할 수 있으며, 이는 불안을 훈습하는 기회가 충분할 때에만 생겨나야 한다. 직면을 직접적인 도전보다는 면담자가 호기심의 일부로 혹은 가설적으로 고려해야 할 가능성으로 여길 때 사용한다면, 내담자들은 주로 직면에 대해 좀 더 수용적일 것이다. 또한 직면이 유지되기 위해서는 어느 정도 충분한 라포가 필요하다. 만약 라포가 존재하지 않는다면, 직면은 내담자로 하여금 방어적이게 하고 관계 악화를 초래할지도 모른다.

　마지막으로 직접적이고 폐쇄적인 질문들은 내담자가 보고한 것들 간의 간격을 채우기 위해 사용될 수도 있다. 따라서 연속적인 흐름은 내담자 주도적이거나 내담자가 조직화한 반응과 임상가 주도적인 반응들 간에 형성될 수 있다. 개방형 질문으로 시작하고 그후 중간 정도로 구조화된 반응들(촉진, 명료화, 직면)로 바꾸며 마지막으로 직접적인 질문으로 마무리하는 이 순서는 엄격할 필요는 없지만 면담 전체에 걸쳐 차이를 주어야 한다.

종합하기

　평가 면담의 기본적인 초점은 문제행동(문제의 특성, 심각도, 관련된 영향을 받은 영역들)과 그것의 내용(그것을 악화시키거나 완화시키는 조건, 기원, 선행사건, 결과)을 정의하는 것에 맞춰져 있어야 한다. 면담자는 대부분의 관련 있는 영역들을 다루고 있는지 확인하기 위해 표 3.1 중 하나처럼 체크리스트를 사용하기를 원할 수 있다. 이러한 체크리스트를 사용할 때, 면담자는 "당신은 어떻게 이곳에 의뢰되었나요?" 또는 "당신이 염려하는 영역은 무엇인가요?"와 같은 일반적인 질문으로 시작할 수 있을 것이다. 이후 내담자가 자신의 반응을 조직화하는 방법, 말하는 것 그리고 그것을 말하는 방법에 대해 관찰과 기록이 이루어질 수 있다. 면담자는 더 많은 정보를 얻기 위해 촉진하기, 명료화하기, 직면하기 반응들을 사용할 수 있다. 마지막으로 면담자는 모든 관련 있는 영역들—예를 들어 가족 배경—이 충분히 다뤄지고 있는지의 여부를 확인하기 위해 체크리스트를 검토할 수 있다. 만약 일부 영역들 또는 영역의 측면들이 모두 다뤄지지 않는다면, 면담자는 "아버지의 직업은 무엇이었나요?" 또는 "어머니와 아버지는 언제 이혼을 하셨습니까?"와 같은 직접적인 질문을 할 수 있을 것이다. 이후 면담자는 유아기, 중기 아동기 등과 관련된 개인력을 알기 위해 동일한 순서로 시작할 수 있다. 표 3.1은 포괄적이지는 않지만 대부분의 면담 상황에 대한 일반적인 지침으로 생각된다. 만약 전문가들이 일반적으로 특정한 내담자 유형(예를 들어 아동 학대, 자살, 뇌 손상 등)을 평가한다면, 이 체크리스트는 수정이 필요할지도 모른다. 혹은 성격장애 검사(Personality Disorder Examination; Loranger, 1988), 신경심리 상태 검사(Neuropsychological Status Examination; Schinka, 1983) 또는 로렌스 심리-법정 검사(Lawrence Psychological-Forensic Examination; Lawrence, 1984)와 같이 통상적으로 이용 가능한 구조화된 면담들의 부수적인 형태로 사용될 수도 있을 것이다.

"왜?" 질문 피하기

"왜?"로 질문하는 것은 내담자의 방어를 증가시킬 수 있기 때문에 피하는 것이 상책이다. "왜?"로 질문하는 것은 문책하거나 비판하는 것처럼 들릴 수 있으며, 이에 따라 내담자의 행동에 대해 설명하도록 강요하게 된다. 게다가 내담자는 상황에 대해 지적인 상태로 될 수 있으며, 스스로와 자신의 정서를 분리시킬지도 모른다. 대안적인 접근은 "왜?"보다 "당신이 이해한 것은 무엇인가요?" 또는 "어떻게 그 일이 일어날 수 있었나요?"라며 질문을 시작하는 것이다. 이러한 선택사항들은 정당화보다 설명으로 이어지고 내담자가 계속해서 자신의 정서에 더 집중할 수 있도록 할 가능성이 높다.

비언어적 행동

또한 면담자는 내담자의 비언어적 행동뿐만 아니라 자신의 비언어적 행동도 알아차려야만 한다. 특히 눈맞춤을 유지하고 표정으로 반응하며, 때때로 앞으로 몸을 기울이는 것과 같이 언어적 그리고 비언어적으로 주의를 기울임으로써 자신의 관심을 표현할 수 있다.

면담 끝내기

면담은 시간 제한에 얽매인다. 면담자는 계획된 면담 완료까지 5분에서 10분 정도 남았을 때 내담자의 주의를 환기함으로써 제한 준수를 확실히 하도록 도와야 할 수 있다. 이는 내담자 또는 면담자가 관련된 정보들에 최종적으로 집중하도록 한다. 또한 내담자가 질문을 하거나 논평을 제공할 기회 역시 있어야 한다. 면담자는 면담이나 평가 회기 마지막에 면담의 주요한 주제를 요약하고 적절한 경우에 권고사항을 이야기할 수 있다.

정신상태검사

정신상태검사는 원래는 신체의학적 검사를 모델로 해서 만들어졌다. 신체의학적 검사가 주요한 기관계들을 검토하기 위해 고안된 것처럼, 정신상태검사는 주요한 정신과적 기능의 체계(외모, 인지 기능, 병식 등)를 검토한다. 이는 Adolf Meyer가 1902년에 미국 정신의학에 소개한 이래로 대부분의 정신과 현장에서 환자의 평가에 중심이 되어 오고 있다. 대부분의 정신과 의사들은 일반 내과의 신체검사로 이를 활용하는 것을 필수적인 것으로 여긴다(Rodenhauser & Fornal, 1991).

정신상태검사는 다양한 이유에서 전형적인 심리평가의 일부로 사용될 수 있다. 간이 정신상태검사는 더욱 전형적인 심리평가를 시행하는 것이 적절한지를 판단하기 전에 시행하는 것이 적합할 수 있다. 예를 들어 만일 내담자가 유의미한 기억 손상이 있는지를 판단하기 어렵다면, 대부분의 도구들은 너무 어려울 수 있고 불필요한 고통을 야기할 수 있다. 간이 선별은 기본적인 사례 관리 주제를 판단하는 데에도 사용될 수 있다. 이를테면 입원해 있거나 면밀한 관찰이 필요한 환자들이 이에 해당한다. 정신상태검사는 정규 심리검사를 사용한 평가의 일부로서 사용될 수 있다. 검사에서의 "원자료"는 사람의 일관성 있는 모습을 제시해 주고 진단을 돕기 위해 전반적인 배경 정보로 선택적으로 통합될 수 있다.

정신과 의사들 사이에서의 이러한 인기에도 불구하고, 이러한 면담 형태는 심리학자들의 경우에 전형적으로 사용되지 않는다. 이에 대한 부분적인 이유는 정신상태검사에 의해 검토되는 많은 영역이 이미 평가 면담과 심리평가 결과의 해석을 하는 동안 이루어지기 때문이라고 볼 수 있다. 많은 심리평가는 이러한 영역을 보다 정확하고 깊이 있게 객관적으로 다루고, 적절한 규준과 비교할 수 있는 점수를 사용하여 타당화된 방식으로 다룬다. 내담자의 외모, 정동, 기분은 보통 행동 관찰에서 수집된 것에 의해 기록된다. 문제에 대한 이력이나 특성의 검토를 통해 망상이나 오해석, 지각적 장애(환각)와 같은 영역을 주로 알아볼 수 있다. 마찬가지로 면담 자료와 심리평가 결과는 전형적으로 내담자가 지닌 축적된 지식, 주의력, 통찰력, 기억, 추상적 추론 능력, 사회적 판단력의 수준을 평가한다. 그러나 정신상태검사는 비교적 간략하고 체계적인 입장에서 앞에서 언급한 모든 영역을 검토한다. 게다가 급성 종합검진 혹은 정신과 병원에서의 초기 면담과 같은 상황은 심리평가로 내담자를 평가하기에 시간적으로 불충분하다.

정신과적인 문헌에서 수많은 자료는 정신상태검사를 수행하는 데 지침을 제공한다(Crary & Johnson, 1981; Othmer & Othmer, 2002; Robinson, 2001; Sadock & Sadock, 2010; Sommers-Flanagan & Sommers-Flanagam, 2013). 또한 R. Rogers(2001)는 더욱 구조화된 정신상태검사에 대한 고찰을 해 왔다. 이 문헌에서는 실무자들이 정신상태검사

를 어떻게 수행하는지가 크게 달라진다는 것을 보여 준다. 가장 비구조화된 형식은 단지 전반적인 지침의 한 세트로서 임상가가 정신상태검사를 사용하는 것이다. 보다 구조화된 형식은 전반적인 정신병리와 인지 손상을 평가하는 종합적인 도구에서부터 주로 인지 손상에 초점을 맞춘 도구까지를 포괄한다. 예를 들어 종합적인 노스캐롤라이나주 정신상태검사(Ruegg, Ekstrom, Evans, & Golden, 1990)는 외모, 행동, 말, 사고 과정, 사고 내용, 기분, 정동, 인지 기능, 지남력, 최신 기억, 즉각기억, 예전 기억의 중요한 임상적 차원을 다루는 3점 척도(없음, 약간 혹은 가끔, 심각한 혹은 반복적인) 평정의 36개 문항을 포함한다. 또 다른 유사한 종합적 평가 도구는 미주리주 자동화된 정신상태검사 평정척도(Hedlund, Slettem, Evenson, Altman, & Cho, 1977)로, 평가자가 기능의 아홉 가지 영역에서 평정하도록 되어 있다. 아홉 가지 영역은 전반적인 외모, 운동 행동, 말과 사고, 기분과 정동, 다른 정서적 반응, 사고 내용, 감각, 지능, 병식과 판단이다. 평정척도는 119개의 가능한 평정을 포함하지만, 평가자는 자신이 적절하다고 판단하는 영역에만 평정을 하게 된다.

더 종합적인 정신상태검사는 광범위한 발달에도 불구하고 널리 받아들여지지는 못하였다. 반면에 오로지 인지 손상에만 주력하는 좁은 개념의 구조화된 정신상태검사가 광범위하게 사용된다. 가장 유명한 것 중의 하나가 간이 정신상태검사이다(Folstein, Folstein, & McHugh, 1975). 이는 지남력, 기억 등록, 주의력, 연산 능력, 언어 능력을 평가하도록 고안된 11개의 문항을 포함하고 있다. 이는 훌륭한 평정자 간 신뢰도와 검사-재검사 신뢰도(보통은 .80 이상)를 보이고 있으며, WAIS IQ와의 상관도 높다(언어성 지능과는 .78). 그리고 전반적 손상과 좌측 반구 손상에도 민감하다(하지만 우측 반구 손상에서는 그렇지 않았다; R. Rogers, 2001; Tombaugh, McDowell, Kristjansson, & Hubley, 1996). 간이 정신상태검사를 수행하는 데 지식과 기술을 필요로 하는 임상가들은 선행하는 자료를 참고하기를 권장한다.

다음에 제시되는 전형적인 영역의 기술은 이러한 정신상태검사 면담의 형식에 대한 짧은 소개를 다룬다. 전반적인 윤곽은 Crary와 Johnson(1981)이 권고한 항목을 중심으로 조직화되며, 관련 영역의 평정척도는 표 3.1에 수록되어 있다. 면담자는 정신상태검사 동안 혹은 이후에 평정척도에 있는 다른 영역들에 응답할 수 있다. 목록으로 만들어진 정보는 의뢰된 질문과 관계가 있는 관련 질문에 대답할 수 있도록 만들어질 수 있는데, 이는 진단을 도와주며 다른 검사 자료를 추가할 수도 있다. 이러한 평정척도는 중요한데, 그 이유

정신상태검사

외모		규준 내에 있는	주목할 만한	세부사항
	차림새			
	운동 활동성			
	협응/걸음걸이			
	외모에 대한 기록			

관계성	규준 내에 있는	주목할 만한	세부사항
	협조적인	적대적인	
	우호적인	조심스러운	
	이완된	유혹적인	
	양호한 눈맞춤	저조한 눈맞춤	
	관계성에 대한 기록		

발화/언어		규준 내에 있는	주목할 만한		세부사항
	수용				
	표현		조용한	어수선한/말더듬	
			시끄러운	빠른	
			느린	압박이 있는	
	발화/언어에 대한 기록				

정동/기분		규준 내에 있는	주목할 만한		세부사항
	정동	표현적인	단조로운	불안한	
		양호한 범위의	억제된	슬픈	
			화가 난	불안정한	
			기분 불일치적인	상황에 부적절한	
	기분	유쾌한	고양된	화가 난	
			우울한		
	정동/기분에 대한 기록				

사고 과정	규준 내에 있는	주목할 만한		세부사항
	목표 지향적	사고 이탈	사고 비약	
	논리적	우회적인	느린	
	추상적 추론	마술적인	빠른	
		구체적인	느슨한	
	사고 과정에 대한 기록			

그림 3.1 정신상태 및 이력의 서식

정신상태검사

사고 내용		있음	없음	세부사항
	환각			
	망상			
	우울 사고			
	자살 경향성			
	공격성			
	살의			
	사고 내용에 대한 기록			

기억		적절한	손상됨	세부사항
	단기			
	장기			
	기억에 대한 기록			

주의/집중	규준 내에 있는		주목할 만한	세부사항
	주의/집중에 대한 기록			

기민성/ 지남력	규준 내에 있는	주목할 만한		세부사항
	기민한 지남력이 있는	기면의 과잉경계	지남력이 없는	
	기민성에 대한 기록			

판단/계획		규준 내에 있는	주목할 만한	세부사항
	판단			
	충동 통제			
	판단/계획에 대한 기록			

병식	규준 내에 있는	주목할 만한	세부사항
	병식에 대한 기록		

그림 3.1 계속

는 유사한 평정척도를 사용하지 않는 임상가들이 종종 중요한 정보를 누락할 수 있기 때문이다(Ruegg et al., 1990).

일반 외모, 행동, 관계성

이 영역은 심리평가 보고서의 "행동 관찰" 영역에서 요구되는 것과 비슷한 내용을 평가한다(15장 참고). 내담자의 옷차림, 자세, 몸짓, 말, 개인 관리/위생 상태 그리고 신체장애, 틱, 찡그림 등의 신체적 특이사항이 언급된다. 내담자의 행동이 사회적 기대와 일치하는지의 정도에 주목하지만, 그 사람의 문화적, 사회적 지위라는 맥락을 고려한다. 또한 평가자와의 관계는 중요한 요소이다. 추가적인 중요한 영역은 얼굴 표정, 눈맞춤, 활동성 수준, 협조의 정도, 주목할 만한 신체적인 특성, 조심성이다. 내담자는 친절한가, 적대적인가, 유혹적인가 아니면 무관심한가? 면담 동안 기괴한 행동이 있었는가 혹은 유의미한 사건이 발생했는가? 특히 말이 빠르거나 느릴 수 있고, 크거나 부드러울 수도 있는데, 이러한 여러 가지 추가적인 특이한 특징을 포함할 수 있다. 그림 3.1은 행동, 외모 및 관계성에 대한 관련된 영역의 체크리스트를 포함한다.

발화와 언어

내담자의 발화와 언어는 종종 그들의 사고 과정에 대해서도 알려 주게 되는데, 이는 그것이 외부 세계와 소통하는 사고의 우선적인 방식과 관련되어 있기 때문이다. 이러한 발화와 언어는 내담자들의 인지 기능이 낮은지 뛰어난지의 가능성, 초점과 혼란된 정도 그리고 가능한 사고장애를 판단하도록 도와준다. 부가적으로 발화와 언어는 종종 수줍음, 다른 사람과 상호작용하는 데서의 불안 그리고 공격성 등 대인관계적인 특성을 강조한다. 임상가들은 일반적으로 개인들이 얼마나 언어를 잘 이해하는지를 평가해야 하는데, 이는 지시와 대화에 적절히 반응하는지를 통해서도 알 수 있다(수용 언어라고 알려져 있다). 반면 표현 언어는 내담자의 실제 말과 언어의 사용과 관련되어 있다. 발화의 경우, 조용한, 큰, 빠른, 느린 등과 같이 말하기의 질과 관련되어 있다. 언어는 이를테면 단어 찾기의 어려움, 복잡하거나 적절한 단어를 사용하기 혹은 단어를 자주 오용하기 등과 같이 사용되는 단어와 관련이 있다.

감정(정동 및 기분)

내담자의 기분은 면담 동안 보고된 주된 정서를 일컫는 반면, **정동**은 내담자의 표면적으로 비춰진 감정의 범위를 일컫는다. 정동과 관련된 정보는 내담자의 말, 얼굴 표정, 신체의 움직임 등의 내용을 일컫는다. 정동의 유형은 깊이, 강도, 지속 기간, 적절성과 같은 변수에 의해 판단될 수 있다. 내담자의 정동은 차갑거나 따뜻할 수 있고, 거리를 두거나 친밀할 수 있으며, 조현병의 특징에서 보이는 것처럼 정동이 둔화되거나 무뎌질 수 있다. 내담자의 기분은 유쾌하거나 적대적이고, 불안하거나 우울할 수 있으며, 평가자는 기분과 정동 간의 일치성 정도를 언급해야 한다.

지각 및 사고

지각

각기 다른 내담자들은 자기 자신이나 세상을 다양한 관점에서 지각한다. 착각이나 환각이 있는지를 언급하는 것이 진단적으로 중요할 수 있다. 예를 들어 환청의 존재는 조현병이 있는 사람들의 주된 특징인 반면, 생생한 환시의 경우 기질적 뇌 손상이 있는 사람들에게서 더 많이 나타나는 특징이라고 볼 수 있다.

지적 기능

고차적인 지적 기능에 대한 모든 평가는 내담자의 학력 수준, 사회경제적 지위, 특정 문화와의 친숙성 및 동일시의 정도를 고려하여 이루어질 필요가 있다. 만약 낮은 지적 기능이 부진한 학업 및 직업적 성취의 전반적인 양상과 일치한다면, 지적장애의 진단은 합당할 수 있다. 그러나 내담자가 지적 기능 검사들을 부진하게 수행하였으나 과거에 좋은 성취를 보였다면 기질적 문제가 의심될 것이다. 지적 기능은 일반적으로 내담자의 읽기 및 쓰기 이해, 축적된 지식, 연산 능력, 속담과 같은 추상적인 언어를 이해할 수 있는 정도를 포함한다. 일반적으로 임상가는 평가 전반에서 내담자의 사고 및 표현이 명료한지 또는 조리 있는지의 정도를 기록한다. 때로 임상가는 지적 기능에 대한 평가를 벤더 시각 운동 게슈탈트 검사, 실어증 선별 검사, WAIS 또는 WISC의 일부 검사와 같은 짧고 공식적인 검사들의 일부와 결합해서 하기도 한다.

지남력

자신이 누구인지(사람), 어디에 있는지(장소), 현재와 과거의 사건들이 언제 발생했는지 또는 발생하고 있는지(시간)를 아는 정도에 따라 내담자의 지남력은 달라질 수 있다. 임상적 관찰은 지남력 상실의 가장 빈번한 유형이 시간에 대한 것이며 장소와 사람에 대한 지남력 상실은 덜 빈번하게 발생함을 보여 준다. 지남력 상실이 장소나 특히 사람에 대해 나타날 때는 상태가 비교적 심각할 가능성이 높다. 지남력 상실은 기질적 상태와 거의 일치한다. 어떤 한 사람이 세 영역 모두에서 지남력이 있다면, 흔히 약자로 "지남력X3"라고 표기한다.

내담자의 지남력과 관련된 것은 감각이며, 이는 정보를 받아들이고 통합하는 내담자의 신체적 감각 과정이 얼마나 온전한지를 의미한다. 감각은 청각, 후각, 시각, 촉각을 의미할 수 있고, 이는 혼탁부터 명료 사이의 범위에 있을 수 있다. 내담자가 외부세계에 주의를 기울이고 집중할 수 있는가 아니면 이러한 과정이 방해받고 있는가? 내담자는 일상적이지 않은 냄새를 맡거나 목소리를 듣거나 자신의 피부가 따끔거리는 감각을 느끼는 경험을 할 수 있다. 또한 감각은 내담자의 의식의 수준을 의미하며, 이는 과각성 및 흥분부터 졸음 및 혼돈 상태까지 다양할 수 있다. 내담자의 감각의 장애들은 대개 기질적 상태를 반영하지만, 정신병과 일치할 수도 있다.

기억, 주의력, 집중력

기억의 습득과 회상에는 주의력 및 집중력이 요구되기 때문에, 이 세 가지 기능은 흔히 함께 고려된다. 장기기억은 대개 내담자의 전반적인 정보 저장고에 있는 관련 정보들을 물어봄으로써 평가한다(예를 들어 중요한 날짜들, 나라의 주요 도시들, 1900년 이후의 대통령 3명). 어떤 임상가들은 이 정보나 WAIS/WISC의 숫자 소검사 또는 유사한 속성을 가진 다른 공식적인 검사를 포함시킨다. 문장이나 문단을 회상하게 하는 것은 더 길고 언어적으로 더 의미 있는 정보에 대한 단기기억 평가로 사용될 수 있다. 또한 내담자의 장기기억은 인생의 주요 사건들을 회상하게 하고(예를 들어 고등학교 졸업년도, 결혼한 날짜) 이 회상된 내용을 그 사건들에 대한 객관적인 기록과 비교함으로써 측정될 수도 있다. 이는 내담자가 자신의 기억에 대해 갖는 태도를 알아보는 데 유용할 뿐만 아니라 삶의 사건들과 관련된 선택적인 회상에 어떠한 중대한 왜곡이 없는지를 밝히는 데도 종종 유용하다.

단기기억은 내담자에게 최근 사건들을 회상해 보도록 요청하거나(예를 들어 가장 최근에 한 식사, 여기까지 어떻게 왔는지), 숫자 바로따라하기 및 거꾸로따라하기를 시켜 봄으로써 평가할 수 있다. 앞서 나온 것처럼 WAIS/WISC의 숫자 소검사나 이와 유사한 형태의 검사들이 사용될 수도 있다. 연속적 7(매번 7을 빼 가며 계산하는 과제)은 내담자의 주의가 얼마나 분산되어 있는지 또는 집중되어 있는지를 평가하는 데 사용될 수 있다. 불안하거나 무언가에 사로잡혀 있는 사람은 숫자 바로따라하기, 특히 거꾸로따라하기에서 어려움을 겪을 것이며, 연속적 7에서도 어려움을 겪을 것이다.

통찰과 판단

내담자들은 자신이 하는 행동의 의미나 자신의 행동이 다른 사람에게 미치는 영향에 대해 이해하는 능력에서 차이를 보인다. 또한 스스로를 책임지고 위험을 평가하며 계획을 세우는 능력에도 매우 다양하다. 적절한 통찰과 판단은 자신의 행동과 타인의 행동에 대한 가설을 세우고 검증하는 과정을 포함한다. 또한 내담자들은 자신이 평가에 왜 의뢰되었다고 생각하는지를 알아보기 위해, 또 더 넓은 맥락에서는 자신의 어려움에 대한 태도를 알아보기 위해 평가를 받을 필요가 있다. 그들은 자신의 과거력을 현재의 어려움과 어떻게 연결 짓고 이러한 어려움들을 어떻게 설명하는가? 그들이 자신의 어려움을 누구 탓으로 돌리는가? 이러한 그들의 통찰에 기반하여 얼마나 효과적으로 문제를 해결하고 결정을 내릴 수 있는가?

사고 내용

내담자의 말은 대개 그 사람의 사고를 반영하는 것으로 여겨진다. 내담자의 말은 일관되고 자연스러우며 이해가 잘될 수 있으나 비일상적인 특징들을 포함하고 있을 수도 있다. 말이 느리거나 빠를 수도 있고, 갑작스러운 침묵이 특징적으로 나타날 수도 있으며, 소리가 너무 크거나 몹시 작을 수도 있다. 내담자가 숨김없이 말하는가 둘러대는가, 개방적인가 방어적인가, 주장적인가 소극적인가, 성마르고 욕설을 하거나 빈정거리는가? 개인의 사고에 대한 고려는 사고의 내용과 사고의 과정으로 나누어진다. 망상과 같은 사고 내용은 정신병적 상태를 시사하는 것일 수 있지만, 치매나 만성적인 암페타민 사용과 같은 특정한 기질적 장애들에서 나타날 수도 있다. 강박사고나 강박행동이 존재하면, 내담자가 이러한 사고나 행동의 적절성에 대해 가지는 통찰의 정도를 반드시 뒤이어서 평가해야 한다. 주제의 급속한 변화와 같은 사고 과정이 존재할 때, 이는 사고의 비약을 반영하는 것일 수 있다. 또한 내담자는 충분히 많은 개념을 생성해 내는 데 어려움을 겪을 수도 있는데, 이는 관련 없는 연상이 지나치게 많다거나 목적 없이 횡설수설하는 것을 포함할 수 있다.

면담 자료 해석

면담 자료를 심리평가 보고서로 해석하고 통합하는 것은 필연적으로 임상적 판단을 포함한다. 심지어는 구조화된 면담을 사용하더라도, 임상가는 어떤 정보가 포함될지 배제될지를 결정해야만 한다. 그래서 임상적 판단과 관련된 모든 가능한 주의사항들이 고려되어야 한다(1장 참고). 삶의 결정들과 이후 치료의 성공이 보고서에 기술된 결론과 제언에 달려 있을 수도 있기 때문에 주의사항은 특히 중요하다.

몇몇 일반적인 원칙들이 면담 자료 해석에 사용될 수 있을 것이다. 면담은 임상가들이 내담자에 대한 잠정적인 가설을 세울 때 사용하는 일차적인 도구이다. 따라서 면담 자료는 이 가설들이 면담 외의 정보에 의해 지지되는지 그렇지 않은지를 결정하기 위해 평가될 수 있다. 검사 점수에 의해 지지된 면담 자료는 그것이 의뢰된 문제와 관련이 있다면 최종 보고서에서 더 크게 강조될 것이다. 자료들이 면담 과정의 여러 부분에 걸쳐서 강력하게 지지된다고 하더라도 의뢰된 목적과 직접적인 관련이 없다면 포함되어서는 안 된다.

면담 정보를 다루는 것은 연속체적인 것으로, 정보가 어느 정도 해석될지에 따라 달라진다. 한 방법으로 정보는 단순히 개인의 삶의 연대기에 따라 재조직화될 수 있을 것이다. 이 방법은 정보를 가능한 한 객관적이고 정확한 방식으로 되풀이하는 것을 강조할 것이다. 이는 전형적으로 심리평가 보고서의 과거력 부분에 기술된다. 반면 면담 자료는 해석되어야 할 원자료로 간주될 수도 있는데, 이는 공식적인 심리검사들로부터 나온 자료와 유사하다. 따라서 이는 내담자의 성격, 대처 양식 또는 기분 및 정동과 관련된 추론을 이끌어 내는 데 사용될 수 있을 것이다.

면담 정보를 조직화하는 한 가지 방법은 그 정보를 개인의 삶에 대한 일관된 이야기를 만들어 내는 데 사용하는 것이다. 예를 들어 어린 시절의 가족 양상이 어떻게 정서적으로 민감한 영역("상처" 조직)을 남기게 되었는지를 기술하는 것은 현재의 증상 양상과 대인관계에서의 어려움을 설명하는 데 사용될 수 있을 것이다. 다양한 종류의 과거력은 어떤 직업에 대한 흥미가 처음 어떻게 생겨나게 되었는지(초기 아동기의 직업과 관련한 백일몽) 그리고 그 사람이 성숙함에 따라 이것이 어떻게 진행되고 발전되었는지를 추적할 수 있게 할 수도 있다. 또 다른 사람은 권위적인 대상과 관련된 어려움을 보일 수 있다. 가령 내담자가 자신을 희생자처럼 느끼다가 결국은 권위적인 대상에게 극심한 분노를 부적절하게 표출한다든지 하는 어려움과 관련된 구체적인 세부사항들이 면담에서 나타날 수 있다. 내담자의 과거력에 대한 세심한 검토는 그 사람이 어떻게 이러한 반복되는 대인관계에 얽매이게 되었는지, 그 사람이 이를 해결하는 전형적인 시도는 무엇인지를 드러내 줄 수 있다. 자주 우울한 사람은 타인으로부터 거리를 두려는 행동을 스스로 하는데, 그러고는 왜 대인관계가 이렇게 어려운지 혼란스러워 할 것이다. 이러한 주제들은 세심하게 진행된 면담에서는 대개 나타나지만, 이러한 주제의 측면들이(또는 내담자 자신에 대한 주제 전체가) 피면담자에게는 분명한 것이 아닐 수 있다.

면담 자료는 다양한 영역별로 조직화될 수 있다(추가적인 논의를 위해서는 15장 참고). 이러한 영역들을 조직화하기 위해 표가 사용될 수 있다. 다양한 영역들을 표의 왼쪽에 나열하여 목록을 만들고, 표의 맨 위에 자료의 출처를 적는다(이 면담은 정보의 다양한 출처 중에 하나일 수 있다. 15장의 표 15.2 참고). 영역은 기분 및 정동, 인지, 저항의 수준, 대인관계 패턴 또는 대처 양식을 포함할 수 있다. 이 접근은 면담 자료를 심리검사들에서 나온 자료들과 거의 마찬가지로 대한다.

면담자로 하여금 면담 중에 만나게 될 반복되는 주제의 유형과 양상에 민감해지도록 하는 단일한 전략은 없다. 불가피하게 임상적 판단이 중요한 요인이 된다. 판단의 정확도와 유형은 면담자의 이론적 관점, 특정 어려움에 대해 면담자가 연구한 지식, 과거 경험, 물어본 질문의 유형, 면담의 목적에 달려 있다.

구조화된 면담

표준화된 심리검사들과 구조화된 면담들은 개방형 면담들과 연관된 문제를 감소시키기 위해 개발되었다. 이것들은 개인에게 제시되는 자극을 구조화하는 역할과 임상적 판단 (의 영향)—잠재적으로 편향된—을 줄이는 역할 모두를 하게 한다. 구조화된 면담은 일관된 영역에 대한 객관적인 평정을 만들어 내기 때문에, 한 사례 또는 전집들 그리고 그 다음 사례 간의 가능한 비교를 한다는 이점을 가진다. 이러한 면담들은 전형적으로 그 구조의 정도, 그것들을 실시하기 위해 요구되는 관련된 전문 기술 그리고 그것들이 전반적인 측정을 위해 고안된 선별 절차 또는 구체적인 진단을 하기 위해 사용되는 도구의 역할을 하는지의 정도에 따라서 다양하다.

구조화된 면담이 개발되기 전에는 증상의 양상과 진단과 관련된 분명하고 구체적인 준거가 만들어져야 하였다. 이렇듯 분명하고 구체적인 준거를 이상적으로 개발하는 것은 다른 범주의 배제 또는 포함과 관련된 모호한 지침으로 야기되는 오류를 감소시키는 데 도움이 되었다(준거 변량). 이러한 준거는 이후 면담 형식과 면담 질문으로 통합될 필요가 있었다. 정보 변량이란 내담자와의 면담에서 얻는 정보의 양과 유형의 변산성을 말한다. 정보 변량은 대부분의 비구조화된 면담들에서 이론적 지향 또는 면담자의 양식과 같은 요인들 때문에 내용과 표현에 있어서 차이가 크게 나는 것에서 비롯된다. 구조화된 면담은 각 내담자에게 같거나 유사한 질문들을 사용함으로써 이러한 측면을 수정한다.

구체적인 준거에 기초한 진단의 유명한 첫 번째 체계는 Feighner 등(1972)에 의해 개발되었으며, *DSM-II*(APA, 1968)에 기초한 16개의 정신의학적 장애에 대한 분명하고 행동 지향적인 기술을 제공하였다. Feighner 준거를 사용하는 임상가들은 평정자 간 진단적 신뢰도의 즉각적이고 뚜렷한 증가를 가져다주었다. Feighner 준거에 대한 기술과 관련 연구는 Woodruff, Goodwin, Guze(1974)의 책인 『정신의학 진단』(*Psychiatric Diagnosis*)에 수록되었다. 르나드 진단적 면담(Helzer et al., 1978)과 같은 몇몇 면담들은 Feighner 준거를 통합했다. 더 나아가 Spitzer, Endicott, Robins(1978)는 Feighner 준거를 바꾸고 정교하게 만들어 연구 진단 준거(Research Diagnostic Criteria, RDC)를 개발하였다. RDC의 개발과 동시에 Endicott과 Spitzer(1978)는 SADS(Schedule of Affective Disorders and Schizophrenia)를 개발하였는데, 이는 새로운 RDC를 근거로 한 것이었다. *DSM*의 새로운 판이 발간되었을 때(APA, 1980, 1987, 1994, 2000, 2013), 이전 면담들의 개정판은 Feighner 준거 그리고/또는 RDC의 요소와 함께 일반적으로 가장 최근의 *DSM* 준거를 통합하였다.

앞서 언급되었듯이, 구조화된 면담의 신뢰도는 평정 또는 진단의 구체성이나 정확성에 따라 다양한 것으로 발견되어 왔다. 전반적 평가(정신병리의 유무)의 경우 가장 높은 신뢰도가 보고되어 온 반면, 행동 또는 증상의 특정 유형에 대한 평가의 경우 전반적으로 훨씬 낮은 신뢰도가 보고되어 왔다. 마찬가지로 높은 신뢰도는 외현적 행동에서 발견되어 왔지만, 강박사고, 두려움, 걱정과 같은 더 내현적인 측면의 경우에는 신뢰도가 만족스러울 만큼 높지 않았다. 또한 신뢰도는 임상가들이 행동의 빈도에 대한 정확한 측정을 하도록 요청되거나 복합적인 임상적 판단에 따른 개인에 대한 다면적인 추론을 시도하도록 요청될 때 더 낮아지는 경향이 있다.

타당도에 대한 가장 초기의 연구들은 문항의 내용(내용 타당도) 또는 정신병리의 다양한 영역(정신과적/비정신과적)들 간의 구별의 정확도에 기초하였다. 보다 최근의 경향은 훨씬 더 구체적인 영역의 정확성을 평가하는 것을 시도해 왔다. 그러나 대부분의 타당도 연구들은 분명하고 일반적으로 동의되는 준거의 부재로 방해를 받아 왔다. 비록 구조화된 면담들이 이전의 불완전한 도구들(비구조화된 면담들, 표준화된 검사들)을 개선하기 위한 시도였지만, 구조화된 면담 그 자체는 더 나은 어떤 것과도 비교될 수 없다. 예를 들어 "절차 타당도" 전략은 훈련받지 않은 면담자들의 진단을 훈련받은 정신과 의사들의 진단과 비교하는 데 기초한 것이다. 비록 정신과 의사의 진단이 전문 지식이 없는 사람의 것보다 더 나을 수 있지만, 훈련받은 정신과 의사들의 진단이 여전히 궁극적이고 객관적이며 완전히 정확한 기준이라고 말할 수는 없다. 게다가 실제 타당도가 측정되는지(정신과 의사들의 진단이 사실이고 정확한 것이라고 가정하는) 아니면 단지 평정자 간 일치도의 한 형태인지에 대해 혼동이 있다. 이 쟁점의 핵심은 진단이 어떻게 정의되는지에 대한 특성 그리고 치료에서 실제로 도움이 되는 정도라고 할 수 있다(Beutler & Malik, 2002; Widiger & Clark, 2000 참고).

미래의 연구들은 이전에 구성 타당도로서 논의되어 온 것의 측면들을 포함할 필요가 있다. 구성 타당도의 초점은 병인, 경과, 예후 그리고 적절한 치료의 선택과 이 치료들에 대해 호의적으로 반응할 가능성과 같은 영역과 관련된 치료 효용성 등에서 구조화된 면담을 더 신중하게 살피는 것을 의미한다. 또한 타당도 연구들은 행동적 평가, 체크리스트, 평정척도, 자기보고 검사, 생화학적 지표 그리고 신경병리학적 변화를 포함하는 다양한 준거 측정치들 간의 상호작용을 살펴볼 필요가 있다.

1970년대 중반 이후로 광범위한 영역들에 대한 구조화된 면담이 급증해 왔다. 특정 영역에서 일하는 임상가들은 그들이 마주칠 가능성이 가장 큰 장애들을 진단하기 위해 종종 구조화된 면담을 선택한다. 예를 들어 일부 상황들은 불안장애와 물질 남용 간 그리고 정신병과 주요 정동장애들 간의 구별을 분명히 하기 위해 불안장애 면담 스케줄 4판(Anxiety Disorders Interview Schedule-IV, ADIS-IV; DiNardo, Brown, & Barlow, 1994)을 사용하여 도움을 받을 수 있다. 다른 맥락들은 섭식장애 검사(Eating Disorder Examination, EDE; Z. Cooper & Fairburn, 1987) 또는 *DSM-IV* 해리장애의 구조화된 면담(Stuctured Interview for DSM-IV Dissociative Disorders, SCID-D; Steinberg, 1993)으로 가장 잘 이용될 수 있다. 자주 사용되는 대표적인 구조화된 면담의 세 가지 범주들은 표 3.2에 포함되어 있고, R. Rogers(2001)의 『진단적 및 구조화된 면담 핸드북』(*Handbook of Diagnostic and Structured Interviewing*)에서 광범위하게 개관되어 왔다. 가장 구조화된 면담들은 지속적인 개정을 거치기 때문에, 이 도구들을 선택할 때의 한 가지 고려사항은 전문가들이 가장 최근의 개정판을 볼 수 있는 가장 최신 연구를 참고해야 한다는 것이다. 다음 부분은 가장 자주 사용되고 가장 광범위하게 연구되는 구조화된 면담의 개관을 제공한다.

*DSM*의 구조화된 임상적 면담

SCID(First, Spitzer, Gibbon, & Williams, 1996, 1997; Spizer et al., 1987)는 가장 흔히 사용되는 구조화된 면담이다(www.scid4.org 과 www.appi.org/pages/scid-5.aspx에서의 기술과 새로운 정보 참고). 이것은 임상가가 실시하는 종합적이고 광범위한 도구이며, 정신의학적 진단을 위한 *DSM* 의사결정 모형을 근접하게 고수한다. 다양한 전집과 맥락에 조정되어 실시할 수 있도록 어느 정도의 융통성이 내재되어 있다. 따라서 근소하게 다른 형태들이 정신과 환자들(SCID 입원/환자), 외래환자(SCID 외래/환자) 그리고 비환자(SCID 비/환자)를 위해 사용된다. SCID의 초기 버전이 임상적 정보를 희생해 왔다는 비판이 있었기 때문에 임상가들이 더 사용하기 쉽도록 개정되었는데, 임상적 맥락을 위한 분명하고 사용하기 쉬운 버전(SCID임상판(Clinical) 또는 SCID-CV; First et al., 1997)과 연구를 위한 더 길고 상세한 버전(SCID-I 또는 SCID 연구판(Research Version); First, Spitz et al., 1996) 이 개발되었다. *DSM-5*에 맞추어 조정된 새로운 버전 또한 현재 이용할 수 있다(SCID-5; First, Williams, Karg, & Spitzer, 2015). 이러한 SCID의 버전들이 축 I 진단으로 알려진 장애들로 방향이 맞춰져 있는 반면, 분리된 버전은 성격장애의 진단을 위해 개발

표 3.2 항목별 자주 사용되는 구조화된 면담

I. 임상적 장애의 평가
  - 정동장애와 조현병 스케줄(Schedule of Affective Disorders and Schizophrenia, SADS) 및 학령기
    아동용 정동장애와 조현병 스케줄(Schedule of Affective Disorders and Schizophrenia for School-
    Age Children, K-SADS)
  - 진단 면담 스케줄(Diagnostic Interview Schedule, DIS) 및 아동을 위한 진단 면담
    스케줄(Diagnostic Interview Schedule for Children, DISC)
  - *DSM-IV*의 구조화된 임상적 면담(Structured Clinical Interview for DSM-IV, SCID)
  - 아동 및 청소년을 위한 진단 면담(Diagnostic Interview for Children and Adolescents, DICA)

II. 성격장애의 평가
  - *DSM-IV* 성격장애의 구조화된 면담(Structured Interview for DSM-IV Personality Disorders, SIDP)
  - 성격장애 평가(Personality Disorders Examination, PDE)
  - *DSM-III-R* 성격장애의 구조화된 임상적 면담(Structured Clinical Interview for DSM-III-R
    Personality Disorders, SCID-II)

III. 초점화된 구조화 면담
  - 불안장애 면담 스케줄(Anxiety Disorders Interview Schedule, ADIS)
  - 경계선장애를 위한 진단 면담(Diagnostic Interview for Borderlines, DIB)
  - 정신병리 체크리스트(Psychopathy Checklist, PCL)
  - *DSM-IV* 해리장애의 구조화된 면담(Structured Interview for DSM-IV-Dissociative Disorders,
    SCID-D)
  - 보고된 증상의 구조화된 면담(Structured Interview of Reported Symptoms, SIRS)
  - 심리사회적 통증 질문지(Psychosocial Pain Inventory, PSPI)
  - 종합적인 음주자 프로파일(Comprehensive Drinker Profile, CDP)
  - 섭식장애 검사(Eating Disorder Examination, EDE)
  - 수면장애의 구조화된 면담(Structured Interview of Sleep Disorders, SIS-D)
  - 물질사용장애 진단 스케줄(Substance Use Disorders Diagnostic Schedule, SUDDS)

되어 왔다(SCID-II; Spizer, Willams, Gibbon, & First, 1990). 추가적인 변형인 SCID-D 개
정판(Steinberg, 1993)은 (SCID를 개발한 팀에 의해서는 아니지만) 해리장애의 평가를 위
한 *DSM-IV* 준거를 사용하여 개발되었다. SCID와 그 변형은 구조를 생략할 뿐만 아니라
몇 가지 개방형 질문들을 포함하는데, 이는 면담자가 내담자의 이전 반응들에 따라 새로
운 영역들의 질문으로 가지치기하는 것을 가능하게 한다. 임상적 판단이 면담 동안 내내
필요하기 때문에, SCID는 오직 훈련된 전문가에 의해서만 실시되어야 한다. 증분 타당도
를 증가시키기 위해 연구자들은 최종적인 진단을 결정할 때 관련된 추가적인 자료의 포함

을 권장한다.

　SCID는 그 변형들과 마찬가지로 이용 가능한 가장 종합적인 구조화된 면담이다. 결과적으로 실시 시간은 내재된 선별 질문들과 생략이 가능한 구조를 고려하더라도 상당히 많이 소요될 수 있다. 많은 개별 임상가들과 치료 현장들은 주로 그들이 가장 관심을 갖는 모듈을 실시함으로써 이 문제를 다룬다. 예를 들어 물질 남용을 전문으로 하는 치료 센터는 성격장애의 공병이 의심될 때 SCID-II와 함께 정신활성 물질사용장애 모듈을 실시할 수도 있다. 또한 실시 시간은 전산화된 간이 SCID-II(First, Gibbon, Williams, & Spitzer, 1996)를 실시함으로써 감소될 수 있는데, 이는 가능한 (이전의) 축 I 장애들을 선별하기 위해 고안되어 왔다. 게다가 임상가의 시간을 잠재적으로 감소시키는 전산화된 SCID-II(AutoSCID-II; First, Gibbon et al., 1996)가 이용 가능하다. 비록 전화로 실시될 수 있지만, 전화와 면대면 진단 간의 낮은 일치도를 고려하면 이 절차는 권장되지 않는다(Cacciola, Alterman, Rutherford, McKay, & May, 1999).

　신뢰도 연구들은 전반적으로 적당하지만 변산성이 상당한 검사-재검사 그리고 평정자 간 신뢰도들의 결과를 보여 주었다(First & Gibbon, 2004). 예를 들어 일반적인 진단 범주에 SCID-II를 사용하는 평정자 간 일치도는 .40~.86의 범위에 이르고 평균이 .59이다(First, Spitzer, Gibbon, & Williams, 1995). Riskind, Beck, Berchick, Brown, Steer(1987)는 몇 가지 구별하기 어려운 진단 범주들이 비교적 양호한 수준의 평정자 간 일치도를 가진다는 것을 발견하였다. 여기에는 범불안장애(.79, 86% 일치), 우울장애(.72, 82% 일치; Riskind et al., 1987), 공황장애(k=.86), 주요우울(k=.81; J. Reich & Noyes, 1987)이 포함된다. 2주 동안의 검사-재검사 신뢰도들은 정신과 환자의 경우 웬만큼 양호했지만〔전반적 가중 카파(weighted kappas)=.61〕비환자들의 경우에는 저조했다(전반적 가중 카파=.37; J. B. Williams et al., 1992).

　SCID의 타당도 연구들은 대부분 *DSM-IV* 진단이 진단적 정확성을 비교하는 기준이 된다고 가정해 왔다. 따라서 SCID가 *DSM*에 기인한 진단 준거와 거의 유사하기 때문에 "절차 타당도"가 종종 가정되어 왔다(R. Rogers, 2001). 대표적인 타당도 연구는 면담자 평정과 2명의 상급 정신과 의사에 의한 면담자 비디오 녹화의 교차 평정 간의 양호한 일치도(k=.83)를 보여 주었다(Maziade et al., 1992). 다른 연구들은 (이전의) 축 I 장애들 내 그리고 (이전의) 축 I 및 성격장애들 간의 상당한 진단적 일치를 발견해 왔다(Alnacs & Torgerson,

1989; Brawman-Mintzer et al., 1993). 그러나 도구 오류 대 실제 공병(즉 불안과 우울의 빈번한 동시발병)에 의해 야기되는 정도는 결정하기 어렵기 때문에 이 일치의 의미를 평가하는 것은 어렵다. 주로 긍정적인 이러한 연구들과 대조적으로, 많은 연구들이 SCID와 임상가 기반 진단 간의 전반적으로 저조한 일치도를 발견해 왔다(Shear et al., 2000; Steiner, Tebes, Sledge, & Walker, 1995). 요약하면 SCID의 강점은 인상적인 폭넓은 범위, 특정 영역들을 표적으로 하는 모듈의 사용 그리고 *DSM*과의 밀접한 평행성이다. SCID의 약점은 신뢰도의 큰 변산성과 더불어 추후의 타당도 연구를 필요로 한다는 점인데, 특히 다른 진단 측정치들과 관련짓는 연구들이 필요할 것으로 보인다.

정동장애 및 조현병 스케줄

SADS(Endicott & Spitzer, 1978)는 임상 연구 목적을 위해 가장 널리 사용되는 구조화된 면담 중 하나로 알려진, 임상가가 실시하는 포괄적이고 반구조화된 면담이다. 이것은 정동장애와 조현병을 위해 설계되었지만, 광범위한 증상을 포함하여 면담자가 많은 상이한 진단 범주를 고려하도록 발달되어 왔다. SADS 안에서 광범위한 장애는 고려되어 왔지만, 이것의 주요 장점은 정동장애와 조현병의 상이한 유형들에 관한 세부사항을 얻는 데 있다(R. Rogers, Jackson, & Cashiel, 2004). 면담에서는 Spitzer 등(1978)의 RDC로부터 나온 명확하고 객관적인 범주를 사용하여 6개의 손상 척도상에서 내담자를 평정하고 진단을 내린다. SADS는 성인용에서는 현재 증상, 평생 증상의 발병, 변화의 정도를 평가하기 위한 것으로 분화되어 있다. 아동의 어려움을 평가하기 위한 추가적 버전이 있다(K-SADS 또는 Kiddie-SADS). 불안장애(SADS-LA; Fyer, Endicott, Manuzza, & Klein, 1985, 1995)와 섭식장애(EAT-SADS-L; Herzog, Keller, Sacks, Yeh, & Lavori, 1992)에 대한 SADS의 두 가지 수정판이 포함되었다.

성인용

성인용 SADS(Endicott & Spitzer, 1978)는 두 가지 다른 부분에 실시하도록 고안되었다. 첫 번째는 내담자의 현재 질병에 두 번째는 과거 삽화에 초점을 맞춘다. 이러한 구분은 SADS의 세 가지 다른 버전과 대략적으로 일치한다. 첫 번째는 일반 버전(SADS), 두 번째는 평생 버전(SADS-L, 실제로는 SADS의 후반부) 그리고 세 번째는 내담자의 변화를 측정하는 SADS-C이다. SADS-L은 한 사람의 평생 동안의 정신의학적 장해의 존재 가능성을 진단하는 것을 목적으로 한다. SADS와 SADS-L이 가장 널리 사용된다. SADS의 문항들은 현재의 증상들 및 실시 전 1주일 동안 경험된 증상들을 나타내므로, 환자가 현재 어려움을 가지고 있을 때가 시행하기에 가장 적절하다. 이와 대조적으로 SADS-L은 현재 급성 질병이 존재하지 않을 때에 가장 적절하다. 면담자는 정확한 평정을 위해 광범위한 출처의 자료(내담자의 가족, 의학적 기록)를 사용하고 수많은 다른 질문들을 하도록 허용된다. 최종 평정은 6점 리커트형 척도로 이루어진다. 실시는 200개 이상의 문항을 포함하고, 1시간 반에서 2시간이 소요되며, 정신과 의사, 심리학자 또는 정신의학 사회복지사에 의해서만 수행되어야 한다. 최종적으로 여덟 가지 요약 척도로 정리된다.

1. 기분 및 사고
2. 내재적 특징
3. 우울 관련 특징
4. 자살 사고 및 행동
5. 불안
6. 조증 증후군
7. 망상-환각
8. 형식적 사고장애

특정적인 진단적 범주에 대한 평정자 간 신뢰도는 형식적 사고장애 척도를 제외하고는 매우 높은 것으로 나타났다(Endicott & Spitzer, 1978). 이 척도의 신뢰도가 낮은 이유는 Endicott과 Spitzer의 표본에서 사고장애의 명확한 양상을 보인 환자들의 수가 적었던 것이 평정에 대한 높은 변산성으로 이어졌기 때문일 수 있다. 검사-재검사 신뢰도는 마찬가지로 양호하였는데, 조증장애의 .88에서 만성적 및 간헐적 우울장애의 .52까지의 범위였다(Spiker & Ehler, 1984). 조현정동, 우울에 대한 낮은 신뢰도(.24)는 예외였으나, 이는 이 범주에 포함된 환자들의 수가 적었던 것이 제한된 분산으로 이어졌기 때문일 가능성이 있다. 다른 그리고 아마도 더 적절한 통계적 방법을 사용했을 때 신뢰도는 .84까지 증가하였다. 전반적으로 SADS는 특히 정신의학적 장해의 현재 삽화와 관련된 평정자 간 그리고 검사-재검사 신뢰도에서 훌륭한 신뢰도를 보여 주었다.

타당도 연구는 SADS 점수와 우울, 불안 및 정신증의 외적인 측정치 간의 예상되는 관계가 발견되었기 때문에 고무되어 왔다. 예를 들어 M. H. Johnson, Margo, Stern(1986)은 우울과 편집형 및 비편집형 조현병을 가진 환자들을 관련된 SADS 측정치를 사용해서 효과적으로 변별할 수 있다는 점을 발견했다. 추가적으로 SADS 우울 측정치는 환자의 우울의 상대적인 심각도를 효과적으로 평정하였다. 예를 들어 Coryell 등(1994)은 우울의 다양한 수준 간의 명확한 일관성을 발견하였다. 저자들은 환자들을 의학적 검사에 의뢰함으로써 중추신경계의 기능장애를 유발할 수 있는 신체적 어려움이 있는 경우를 선별해 내고 나면 증분 타당도가 증가할 수 있다고 제안하였다. 또한 저자들은 면담자들이 최적의 이용 가능한 정보(가족력, 구조화된 검사, 다른 평정 스케줄)를 항상 포함시킴으로써 타당도를 증가시키기 위해 노력할 것을 권고하였다. SADS는 주요우울장애(Coryell et al., 1994), 조현병(Stompe, Ortwein-Swoboda, Strobl, & Friedman, 2000) 그리고 양극성장애(Vieta et al., 2000)를 포함하는 다양한 장애의 임상적 특징, 경과 및 결과를 예측하기 위해 사용되어 왔다. 또한 수많은 연구들이 조현병(Stompe et al., 2000)과 강박장애(Bienvenu et al., 2000)의 가족 양상을 발견하기 위해 SADS를 효과적으로 사용해 왔다.

아동용

학령기 아동을 위한 SADS(Kiddie-SADS-P, K-SADS-P; Ambrosini, 2000; Puig-Antich & Chambers, 1978)는 6세에서 18세 사이의 아동을 위해 개발된 반구조화 면담이다. 역학 조사에 사용되기 위한(K-SADS-E), 현재 및 평생 정신병리를 평가하기 위한(K-SADS-P/L) 그리고 증상의 현재 수준을 평가하기 위한(K-SADS-P) 버전들이 나와 있다. K-SADS의 많은 부분이 사춘기 이전 아동의 주요우울장애에 대한 연구에 근거하기는 하지만, 공포증, 품행장애, 강박장애 그리고 분리불안과 같은 광범위한 다른 장애들도 다룬다.

면담은 K-SADS의 사용에 대해 훈련받았고 *DSM* 준거에 익숙한 전문적인 임상가에 의해 실시되어야 한다. 모든 버전은 부모와 아동 둘 다에게 실시된다. 정보의 두 출처 간 불일치는 최종 평정이 내려지기 전에 명확해져야 한다. 총 실시 시간은 정보 제공자마다 대략 1.5시간(총 3시간) 정도이다. 첫 단계에서는 15~20분의 비구조화된 면담으로 발현된 증상들의 지속 기간, 그것들의 발병 그리고 부모가 이전에 치료기관을 찾았었는지의 여부를 포함하는 과거력과 관련된 측면을 개관하며 라포를 형성한다. 이 면담은 "전혀 그렇지 않다"를 나타내는 1에서 "대단히 그렇다"를 나타내는 7까지의 리커트 척도로 평정되는, 증상에 관한 구조화된 질문들로 이어진다. 생략 체계가 서식에 포함되어 있으므로, 면담자들은 관련 없는 질문들을 생략할 수 있다. 면담자들은 질문들의 단어 선택, 유형, 수에 대해서 그들의 판단대로 할 수 있도록 허용된다. 마지막으로 행동적 관찰(외모, 주의, 정동)에 관한 평정이 이루어진다. 또한 면담자들은 면담의 완성도와 신뢰도를 평정하고 병리(증상의 정도 및 손상의 수준)에 대한 전반적인 평가를 할 것이 요구된다.

K-SADS에 대한 검사-재검사 및 평정자 간 신뢰도는 개선된 신뢰도를 위한 각 버전에서의 전반적인 추세에서 양호하였다. 예를 들어 Ambrosini(2000)는 K-SADS-P/L이 .55(일생의 주의력결핍 과잉행동장애 발생에 대해서)에서 1.00(일생의 주요우울 발생에 대해서)까지의 범위의 검사-재검사 신뢰도를 가진다고 보고하였다. 그러나 전반적인 신뢰도는 성인 SADS에 비해 K-SADS(그리고 K-SADS-III-R)에서 더 낮았는데, 이는 아동이 가지는 상대적인 변화 가능성과 덜 발달한 언어 기술을 고려한다면 예상되는 점이다(Ambrosini, Metz, Prabucki, & Lee, 1989; Chambers et al., 1985). 타당도 연구는 관련된 K-SADS 측정치가 품행장애, 조현병 그리고 우울의 진단과 높은 상관이 있다는 것을 나타낸다(Apter, Bleich, Plutchik, Mendelsohn, & Tyrano, 1988). 추가적으로 예상되는 상관이 SADS 측정치와 청소년 기분 평정(Costello, Benjamin, Angold, & Silver, 1991)과 아동 행동 평가척도(CBCL; Achenbach & Edelbrock, 1983; Ambrosini, 2000) 사이에서 발견되었다. 마지막으로 장애(예를 들어 우울)로 진단받은 청소년에 대한 추수 연구는 추후의 정동적인 어려움에 대한 계속되는 위험을 발견하였다(Lewinsohn, Rohde, Klein, & Seeley, 1999).

총체적으로 SADS의 다양한 버전들은 기분장애 심각도의 변화, 아형에 대한 탁월한 적용 범위를 가진 철저하고 잘 구성된 면담을 제공한다. 또한 SADS는 연구 및 임상 장면에서 잘 받아들여졌다. 그것은 강력한 평정자 간 신뢰도를 가지고, 증상 심각도의 타당한 평정을 제공하며, 관련된 증상들을 측정하고, 가능성 있는 꾀병에 대한 지침을 포함하며, 수렴 타당도에 대한 강력한 증거를 가지고 있다(R. Rogers, 2001; R. Rogers et al., 2004 참고). 반면 SADS의 약점은 SCID나 DIS와 같은 몇 가지 다른 이용 가능한 도구들과 비교하여 상대적으로 진단의 범위가 좁다는 것이다. 더불어 진단은 더 최신의 *DSM-IV-TR*이나 *DSM-5* 준거보다는 RDC를 근거로 한다. 그러나 RDC와 *DSM* 준거의 많은 부분은 특히 아동기 장애에서 거의 동일하기 때문에, 이러한 비판은 다소 완화된다. 마지막으로 SADS의 실시 및 해석은 SADS/RDC와 *DSM* 준거 간의 차이에 대해 통용되는 지식과 함께 광범위한 훈련(대개 1주)을 요구한다.

진단 면담 스케줄

반구조화되어 있으며 훈련된 전문가에 의해 시행되어야 하는 SADS와 달리, DIS(Robins, Helzer, Croughan, & Ratcliff, 1981)는 매우 구조화되어 있으며 역학 연구 목적으로 비전문적인 면담자에 의해 시행될 수 있도록 미국국립정신건강연구원(수명측정학 및 역학 부서)에서 특별히 개발한 것이다(Helzer & Robins, 1988 참고). 이것은 *DSM-III-R*(Robins et al., 1989)과 *DSM-IV*(Robins, Cottler, Bucholz, & Compton, 1996)에 대해서는 최신화되었으나 *DSM-5*에 대해서는 아직 최신화되지 않았다. 가장 최신판(DIS-IV)은 한 가지 성격장애 진단(반사회적 성격)을 포함하는 30가지 이상의 진단에 대한 19가지 모듈을 포함한다. 이러한 모듈 방식은 DIS-IV의 다양한 부분들을 연구자 혹은 임상가의 관심사에 맞출 수 있게 한다. 그러나 문자 그대로의 지시문, 특정적인 지침, 한 질문으로부터 다음 질문으로의 분명한 흐름 그리고 간단한 예-아니오 대답을 사용함으로써 임상적 판단이 최소한도로 감소된다. 따라서 DIS는 SADS에 비해서 실시하기에 훨씬 더 경제적이다. 총 실시 시간은 60분에서 90분이다. 연구들은 전반적으로 훈련된 임상가와 비전문적인 면담자가 실시한 결과가 비슷하다는 것을 보여 준다(Helzer, Spitznagel, & McEvoy, 1987).

성인용

DIS의 원판은 더 이전의 르나드 진단적 면담의 방식에서 파생되었다. 그러나 DIS-IV에서의 진단은 오직 *DSM-IV* 준거만을 근거로 한다. 처음에 질문들은 내담자의 평생에 관한 정보를 얻는 것이 목적이며, 지난 2주, 지난달, 지난 6주 그리고 지난해에 근거한 더 최근의 증상들에 관한 정보 또한 요청된다. 특정적인 탐색 질문들은 증상이 임상적으로 유의미한지의 여부를 구별한다. 총 470개의 잠정적인 임상적 평정이 이루어지고, 24가지의 주요 범주에 따라 조직화된다. 실시 시간은 대략 60분에서 90분이다.

*DSM-IV*에 근거한 진단을 내릴 수 있는 컴퓨터화된 실시 및 채점 프로그램이 이용 가

능하다. 그러나 비구조화된 면담이 평균 2.6개의 가능성 있는 진단을 내릴 수 있는 것과 비교하여 DIS의 초기 버전에서의 컴퓨터 기반 진단은 평균 5.5가지의 가능성 있는 진단을 내리는 것으로 밝혀졌다(Wyndowe, 1987). 평균 실시 시간이 임상가 면담 버전에 비해 다소 길기는 하지만, 컴퓨터 실시에 대한 환자의 수용은 높은 것으로 나타났다.

DIS의 신뢰도와 타당도에 관한 연구들은 다양하고 논란이 많다. 이들 연구의 대부분은 DIS-IV 이전 버전에 대해 이루어지기는 했지만, DIS와 DIS-IV의 방식 및 내용의 유사성은 이러한 더 이전의 연구들 대부분이 적절하다는 것을 시사한다. DIS를 사용한 전문가와 비전문가에 의한 진단은 비교할 만하다는 것이 전반적으로 지지되어 왔다. 이러한 결과는 비전문가들이 대규모의 역학 연구를 위한 자료 수집을 돕기 위해 DIS를 효과적으로 사용할 수 있다는 것을 시사한다. 예를 들어 Robins 등(1981)은 정신과 의사들과 비전문적인 면담자들 간의 진단적 합의가 .69로 나타났음을 발견하였다. DIS의 민감도(피면담자들을 정확하게 식별한 비율)는 진단의 유형에 따라 다르기는 하였지만 평균 75%였으며, 평균 특정성(질환이 없는 환자를 정확히 식별한 비율)은 94%였다. 더 최근의 연구들은 그것의 민감도보다 특정성이 더 높다는 유사한 결론을 내렸다(Eaton, Neufeld, Chen, & Cai, 2000; J. M. Murphy, Monson, Laird, Sobol, & Leighton, 2000). 그러나 민감도 및 특정성에 관한 자료는 진단적 정확성의 확실한 지표로 정신과 의사의 진단을 사용한 것이다. 타당도에 관해서 정신과 의사의 평정을 정말로 정확하거나 "황금 기준"의 준거로 간주하는 것의 문제는 이미 언급된 바 있다. 따라서 민감도 및 특정성에 대한 선행하는 자료는 공존 타당도보다는 평정자 간 일치도와 같은 유형으로 간주하는 것이 아마도 최선일 것이다. 이 연구와 대조적으로 Vandiver와 Sheer(1991)는 .37에서 .46 사이의 범위인, 다소 근소한 중간 정도의 검사-재검사 신뢰도를 발견하였다.

전문가와 전문 지식이 없는 면담자 간 DIS 평정의 많은 부분이 동일하기는 하지만, Helzer 등(1985)은 비전문적인 면담자들이 정신과 의사와 비교하였을 때 주요우울을 과잉진단하는 경향이 있다는 것을 발견하였다. Helzer 등(1987)과 대조적으로, Flostein 등(1985)은 역학 연구에서 DIS의 사용을 보증하기 위한 정신과 의사 패널에 의한 진단과 DIS에 의한 진단 간의 충분히 높은 일치율을 발견하지 못하였다. DIS는 특정적으로 우울과 조현병에서 더 많은 사례를 그리고 알코올중독과 반사회적 성격에서 더 적은 사례를 만들어 낸다는 것이 발견되었다(Cooney, Kadden, & Litt, 1990; Folstein et al., 1985). Eaton

등(2000)은 많은 사례들에 대한 부정 오류 진단의 원인이 주로 환자들이 생애 위기 또는 의학적 조건에 근거한 증상들을 보고하는 것에 실패하였기 때문일 수 있다고 언급하였다. 이와 대조적으로 DIS는 정신의학 진단적 면담과 같은 흔히 사용되는 다른 정신의학적 평정 장치들과 비교할 만한 것으로 나타났다(Folstein et al., 1985; R. Weller et al., 1985). 하지만 두 진단적 전략 모두 부정확성을 가지고 있으며, 어느 영역에서 이러한 부정확성이 발생하는지에 대해 밝히는 것은 어렵다(R. Weller et al., 1985). DIS는 경계선 상태 및 관해기에 있는 환자들을 정확히 진단하는 것에서 가장 큰 문제를 가지고 있었지만, 그 이유는 이것들이 다른 평가 전략들에서도 가장 문제가 되는 진단이기 때문인 것으로 예상할 수 있다(Robins & Helzer, 1994). 이와 대조적으로 Swarts 등(1989)은 DIS 경계선 지표를 사용하여 경계선 상태에 대한 꽤 훌륭한 민감도(85.7%)와 특정성(86.2%)을 발견할 수 있었다.

아동용

아동을 위한 진단 면담 스케줄(DISC; Costello, Edelbrock, Duncan, & Kalas, 1984; Shaffer, Fisher, Lucas, Dulcan, & Schwab-Stone, 2000)은 매우 구조화되어 있으며, 비전문적인 면담자들을 위해 고안되었다는 점에서 성인용과 유사하다. 다른 점은 아동 면담(DISC-C) 및 부모 면담(DISC-P) 둘 다를 제공하기 위해 고안되었다는 것이다. 교사(교사 DISC), 선별(DISC 예측 척도), 초기 성인(초기 성인 DISC)을 위해 고안된 버전들도 있으며, 컴퓨터 또는 음성 녹음으로 실시될 수 있다(Lucas et al., 2001; Shaffer et al., 2000). 평정은 0(전혀 그렇지 않다), 1(다소 그렇다) 또는 2(매우 자주 그렇다)로 부호화된다. 아동 및 부모 면담의 통합된 평정을 근거로 *DSM-IV*(그리고 현재는 *DSM-5*) 진단이 만들어진다. 보다 문제적인 진단(자폐증, 전반적 발달장애, 이식증)의 일부는 부모와의 면담만을 근거로 한다. 전체 면담은 정보 제공자마다 평균 70분, 환자마다 90에서 120분이 소요되지만, 명시된 생략 체계는 일부 면담이 다소 더 짧은 시간에 가능하도록 해 준다. 가장 최신의 DISC 개정판(DISC-IV; Robins et al., 1996; Shaffer et al., 2000)은 *DSM-IV* 및 *ICD-10* 준거와 호환되도록 고안되었다. DISC-IV는 각각 주요 진단적 군집을 나타내는 여섯 가지 모듈로 이루어져 있다(불안, 기분, 파괴적, 물질사용, 조현병, 기타).

임상 표본에서의 *DSM-IV* 진단에 대한 DISC의 검사-재검사 신뢰도(1년 간격)는 양호한 정도에서 적절한 정도였고 아동 면담(.25~.92)보다 부모의 평정(.54~.79)이 더 높은 신뢰도를 보였다(Shaffer et al., 2000). 그러나 지역사회 표본에서의 검사-재검사 신뢰도는 부모 면담에서는 적절했지만(.45~.68) 아동 면담에서는 전반적으로 매우 낮았다(.27~.64; Shaffer et al., 2000). 아동의 신뢰도는 나이에 따라 증가하는데, 이는 지적 능력의 증가, 더 좋은 기억력 그리고 향상된 언어 이해 및 표현을 고려하면 예상 가능하다. 이와 대조적으로 부모와의 면담으로부터의 평정에 근거한 신뢰도는 아동의 나이에 따라 감소하는데, 이는 아마도 부모가 아이와 점차 덜 접촉하기 때문일 것이다.

DISC의 타당도에 관한 연구는 정신과 및 소아과 집단 간의 변별이 고도의 진단과 고도의 증상을 가진 아이들에 대해서는 양호하였으나 경도에서 중등도의 어려움을 가진 아이들에 대해서는 그렇지 않았다는 것을 발견하였다(Shaffer et al., 2000). 부모와의 면담에 근거한 변별은 아동과의 면담에 근거한 것보다 일반적으로 더 정확하다(Costello, Edelbrock, & Costello, 1985). 또한 정확도는 내현화보다 외현화 장애들에서 더 높다(Friman et al., 2000). 더불어 정신과 및 소아과 의뢰 간의 비교는 정신과 의뢰가 소아과 의뢰보다 더 높은 증상 점수와 더 많은 정신과적 진단을 가진다는 것을 보여 준다(Costello et al., 1985). 또한 DISC는 물질 남용에 대한 위험 요인들을 식별하며(Greenbaum, Prange, Friedman, & Silver, 1991) 품행 및 적대적 장애들과 관련된 행동들을 예측하는(Friman et al., 2000) 것으로 나타났다. DISC와 임상가 기반 진단 간의 평정은 연구 장면에서 중간 정도에서 양호한 정도였으며(부모에서 .29~.74, 아동에서 .27~.79; Shaffer et al., 2000) 엄격한 진단적 지침을 따랐다. 하지만 임상가가 일상의 임상 장면에서 진단을 수행하였을 때에는 DISC와 임상가 기반 진단 간의 일치도가 매우 낮았다(A. L. Jensen & Weisz, 2002). 이러한 일치도의 부족은 DISC 자체의 약점보다는 오히려 연구에서와 실제 맥락에서 진단이 내려지는 방식에 상당한 차이가 존재한다는 사실을 더 반영하는 것일 수 있다. 요약하면 DISC는 부모 면담을 포함하는 임상 표본에 걸쳐서, 특히 외현화 장애들과 관련된 문제들의 경우에 좋은 신뢰도 및 타당도를 가진다는 점에서 강점이 있다. 그러나 DISC는 특히 지역사회 표본에서 그리고 내현화 장애에서 아동 면담에 근거하여 평정할 때에는 문제가 된다.

아동 및 청소년을 위한 진단 면담

르나드 진단적 면담(Helzer et al., 1981)은 DIS와 DICA 모두에 영감을 주었다(Herjanic & Campbell, 1977; Herjanic & Reich, 1982). DICA는 *DSM*의 다른 버전들과 DIS의 요소들을 통합하는 몇 번의 개정을 거쳤다(W. Reich, 2000). DICA는 DIS와 유사하게 전문 지식이 없는 면담자에 의해 실시될 수 있도록 고안되었다. 1997년에 출간된 가장 최신의 버전(DICA-IV)은 *DSM-IV*에 맞추어져 있고, 아동, 청소년 그리고 부모 버전으로 이용할 수 있다(W. Reich, 2000). DICA는 6세에서 17세 사이의 아동에게 실시될 수 있다. 서식은 반구조화되어 있으며 집에서의 행동, 학교에서의 행동, 또래와의 대인관계 같은 다양한 주제에 따라 조직화되어 있다. 추가적인 내용 영역은 물질 남용과 불안장애, 조증, 정동장애와 같은 증후군들의 존재이다. 부적절한 항목들을 생략하는 것에 대해 더 자세한 지시가 주어지고, 총 실시 시간은 1시간에서 2시간 사이이다. 실시는 부모와 아동 모두와의 면담으로 시작되는데, 이는 기저선 행동을 수립하고 적절한 연대기 정보를 얻기 위한 것이다. 그 다음에는 일반적인 *DSM-IV* 진단 범주의 가능성 있는 적정성을 결정하기 위해 부모에게 아이에 대해 질문한다. 마지막 단계는 "부모 질문지"를 실시하는 것으로, 추가적인 의학적 및 발달적 과거력을 요청하며 이전의 질문들에서 다루어지지 않은 가능성 있는 진단에 대해 다룬다.

DICA의 신뢰도는 변산이 꽤 심한 것으로 나타났다. 검사-재검사 신뢰도는 꽤 양호하였으며, 대개 .76에서 .90 사이의 범위였다(Bartlett, Schleifer, Johnson, & Keller, 1991; Earls, Reich, Jung, & Cloninger, 1988). 그러나 아동(6~12세)의 검사-재검사 신뢰도는 주의력결핍 과잉행동장애에서는 낮았고(.32) 적대적 장애에서는 적절한 정도였다(.46; W. Reich, 2000). 복잡하고 시간과 관련된 문항들에서 그리고 높은 수준의 기능 손상이 있는 아이들에게서 신뢰도가 더 낮은 것으로 나타났다. 이와 대조적으로 신뢰도가 가장 높은 문항들은 빈도 그리고 외현화 증상들과 관련이 있었다(Perez, Ascaso, Massons, & Chaparro, 1998). 특정 증상과 관련된 정보제공자 간(부모-아동) 일치는 대부분 매우 낮았다(.19에서 .54; Herjanic & Reich, 1982). 일치 정도는 더 나이가 많은 아이들에게서 가장 높았고 더 어린 집단에서 가장 낮았다(W. Reich, 2000). 부모들은 더 많은 행동적 증상을 보고한 반면, 아동들은 주관적 불편감을 더 많이 보고하였다.

DICA의 타당도 연구들은 중간 나이에서 더 많은 나이 사이의 아동들에 대해 일반적인 정신과 병원에 의뢰된 아동들과 소아과 병원에 의뢰된 아동들을 대략적으로 정확하게 구별할 수 있다는 것을 보여 준다(Herjanic & Campbell, 1977). 그러나 6세에서 8세 사이의 아동들에서는 상당한 중첩이 존재하는데, 이는 이 연령대의 아동들에 대한 오진단이 일어날 가능성이 더 크다는 것을 시사한다. DICA는 관계 문제를 평가할 때 가장 효과적이고, 학업적 어려움에 대해서는 덜 효과적이며, 학교 문제, 신체적 호소, 신경증적 증상에 대해서는 가장 효과적이지 않은 것으로 밝혀졌다(Herjanic & Campbell, 1977). 이와 더불어 DICA에서 우울로 진단된 청소년들은 또한 벡 우울 척도(BDI)에서 상응하는 상승을 보였다(Martin, Churchard, Kutcher, & Korenblum, 1991). W. Reich(2000)는 양극성장애로 진단된 사람들의 유전적인 유사성이 감소함에 따라 그들의 DISC에서의 정신병리의 수준도 그에 상응하여 감소한다고 보고하였다. 요약하면 DICA의 심리측정적 속성은 다양하게 나타나고 있으며, 그것의 타당도 특히 공존 타당도를 입증하기 위해 더 많은 연구가 필요하다고 할 수 있다(R. Rogers, 2001).

읽을거리

Garb, H. N. (2007). Computer-administered interviews and rating scales. *Psychological Assessment, 19*, 4–13.

Othmer, E. & Othmer, S. C. (2002). *The clinical interview using DSM-IV-TR: Vol. 1. Fundamentals*. Washington, DC: American Psychiatric Press.

Rogers, R. (2001). *Handbook of diagnostic and structured interviewing*. New York, NY: Guilford Press.

Sommers-Flanagan, R. & Sommers-Flanagan, J. (2013). *Clinical interviewing* (5th ed.). Hoboken, NJ: Wiley.

Summerfeldt, L. J., Kloosterman, P. H., & Antony, M. M. (2011). Structured and semistructured diagnostic interviews. In M. Antony & D. H. Barlow (Eds.), *Handbook of assessment and treatment planning for psychological disorders* (2nd ed., pp. 95–140). New York, NY: Guilford Press.

제4장

행동 평가

행동 평가는 다양한 전통 평가 방법 중 하나이다. 전통 평가법에는 투사 검사, 신경심리학적 평가, 객관적 검사 등이 있다. 행동 평가의 독특한 점은 행동장애에 대해 생각하는 방식과 이러한 장애가 어떻게 변할 수 있는지에 대한 구체적 기술이 있다는 것이다. 이에 중요한 가정 중 하나에 따르면, 행동은 선행사건과 결과를 살펴봄으로써 효과적으로 이해할 수 있다. 이 가정에서 수많은 평가 방법들이 나왔는데, 행동적 면담, 행동 관찰 전략들, 관련 인지 측정, 정신생리학적 평가, 다양한 자기보고 질문지 등이 있다.

행동 평가를 다른 전통적 평가법과 대조해 보면 더 명확히 정의할 수 있다. 가장 중요한 차이점은 행동 평가가 상황 결정요인과 행동의 맥락에 중점을 둔다는 것이다. 이는 행동 평가가 관련 선행사건과 행동의 결과를 완전히 이해하는 데 관여한다는 뜻이다. 이와 달리 전통적 평가 방법은 지속적이고 근원적인 특성의 결과로 나타나는 행동의 부분들에 중점을 두는 편이다. 두 가지 전통적 평가법을 대조할 때 차이점들을 설명해 주는 것이 바로 위의 인과관계에서 나타나는 근본적인 차이이다. 여기서 개념 차이를 더 벌리는 것이, 행동 평가는 행동의 맥락적 또는 상황적 특징을 이해하려는 노력을 넘어서서 행동을 변화시키려는 방법 자체로서 쓰인다는 점이다. 행동 평가 자체와 치료적 의미는 서로 밀접하다. 그러므로 행동 평가는 전통적 평가법보다 더 직접적, 실용적, 기능적이라 할 수 있다.

전통적 평가법의 한계를 아는 것은 행동 평가의 발전을 촉진하는 데 주요 요인이다.

특히 전통적 평가법은 추상적이고 관찰 불가능한 현상에 과도하게 치중을 하는데, 이는 내담자의 현실과 동떨어진 것만 다루는 셈이다. 게다가 행동주의 심리학자들은 전통 임상심리학의 개입이 충분히 강력하지 않고 언어적 상담을 과도하게 강조하기 때문에 정체기에 있다고 주장한다. 전통적 평가의 개념은 당면한 현실과 행동 변화가 필요한 상황으로부터 분리된 추상적인 세계에 있는 듯하다. 전통적인 절차의 결과를 보면, 대부분이 치료 개입 및 결과와 직접 관련이 거의 없는 정보들뿐이다. 그러나 이는 고정화되고 다소 양극화된 전통적 평가에 대한 관점이다. 즉 전통적 평가법에서 나온 정보 중 상황 맥락과 치료적 의미 둘 다에 중점을 두고 있으며 그 중점을 두는 정도도 늘고 있다. 이러한 고정화된 관점은 두 전략들 간의 복잡성과 유사성을 찾아내는 것보다 차이를 부각시킨다.

행동 평가와 전통적 평가 간의 차이를 더 살펴보면, 행동 평가는 사람이 주변 환경과 상호작용하는 방식 중 관찰 가능한 측면에만 관심을 둔다. 전형적인 행동 평가는 구체적인 **행동 측정**(외현적, 내재적), **선행사건**(내적, 외적), **행동 조건**과 **결과**를 포함할 수 있다. 그 다음에 임상가는 관련 행동을 변화시킬 방법을 밝혀내는 데 이 평가 정보를 사용할 수 있다. 일부 행동 평가자들은 성격 특성 몇 가지를 고려할 수도 있지만, 행동 또는 치료와 직접 연관이 있는 특성들만 선정하는 것이 적절하다. 예를 들어 어떤 성격 유형은 우울한 인지의 정도 및 종류와 상호작용하고(Alloy et al., 1999), 성격장애의 유무를 보면 보통 치료 성과를 예측할 수 있다(Nelson-Gray & Farmeer, 1999 참고). 이처럼 사람과 그 사람만의 상황에 초점을 두는 것은 정신역학, 생화학, 유전학, 표준화 특성 모델과 비교하였을 때 큰 차이점이다.

행동주의적 접근은 다양한 상태에 따라 행동장애가 다르게 나온다는 점을 강조한다. 이 상태에 속하는 것은 외현 행동, 인지, 생리적 상태의 변화 또는 언어 표현의 양상이다. 행동주의적 접근에 따르면, 상태에 따라 다른 평가 기술을 사용해야 한다(Haynes & O'Brien, 2000). 한 상태에서 나온 추론이 반드시 다른 상태에도 일반화되는 것은 아니다. 예를 들어 어떤 사람의 불안은 빈약한 사회적 기술에서 나온 것일수도 있지만, 주로 그 사람의 인지에 기인하고 유지된다. 또 다른 사람은 불안에 대한 인지보다는 부적절한 사회적 기술 때문에 심하게 불안에 빠질 수가 있다. 부적절한 사회적 기술을 가진 사람은 사회적 기술 훈련을 통해 효과적으로 치료될 수 있으며 비이성적인 사고를 바꾸는 접근의 도움은 최소로 받을 것이다(Breigholtz, Johansson, & Ost, 1999 참고). 또한 한 상태에서 나온 행동을 바꾸는 것은 다른 상태 요소에도 영향을 미치는 듯하며, 그 결과도 고려해야 한다.

앞서 전통적인 평가와 행동 평가 간에 상대적으로 엄격하고 고정된 구별을 해 놓았지만, 대부분의 임상가 그리고 자칭 행동 치료자들은 두 방법의 기술을 통합하고 적용하는 편이다(Haynes & Heiby, 2004; Hersen, 2005a). 자칭 행동주의라고 하는 임상가들이 50~80%나 된다는 사실 말고도 임상가들 대다수가 두 전통 방법을 통합 적용한다는 보고에 따르면, 이들도 미네소타 다면적 인성검사(MMPI; Guevrement & Spiegler, 1990; Watkins, Campbell, & McGragor, 1990)와 같은 구조화된 성격검사를 사용한다고 한다. 심지어 Watkins 등(1990)은 약 50%가 투사적 검사를 사용하고 32% 정도가 로르샤하 검사를 사용한다고 밝혀냈다. 그래서 행동 평가는 점점 절충식이 되어 가고, 현재 대조적인 대안이 아닌 주류 평가 방법으로 자리매김하고 있다. 현재 전통적 접근과 행동적 접근은 여러 영역에서 서로 유사해지고 있다. 특히 행동 평가는 전통적 심리측정 접근에 대해 내향적(inward), 외향적(outward)으로 변해 왔다. 한 개인을 완전히 이해하는 데 내적 행동 목록과 인지 측면을 이해하는 것이 필수요소로 여겨지면서 행동 평가는 내향적이 되었다(Glass & Merluzzi, 2000; Lodge, Tripp, & Harte, 2000; Nezu, Nezu, Peacock, & Girdwood, 2004). 구체적인 인지 기술로는 개인이 특정 상황에서 자기 생각을 크게 말로 하는 것, 호출기가 울릴 때 생각을 수집하는 것, 다양한 자기진술 질문지를 사용하는 것 등이 있다. 또한 행동 평가는 전통적 심리측정 관점을 점점 중요시하면서 외향적으로 변해 왔다. 이러한 심리측정 평가에는 행동 관찰의 신뢰도와 타당도 평가, 자기보고 질문지, 진단 등이 있다(Haynes, 2006; Hersen, 2005a).

행동 평가의 가정과 관점들은 수많은 접근법과 다양한 구체적 기술들을 낳았다. 이러한 접근법과 그에 상응하는 기술들은 행동적 면담, 행동 관찰, 인지행동 평가, 정신생리학적 평가, 자기보고 질문지의 영역으로 조직화될 수 있다. 각 영역은 수십 년에 걸친 역사적 배경 속에서 발달하였다.

역사와 발전

행동 이론에 기초한 치료는 긴 역사를 가졌으며, 꼬마 앨버트와 흰 털복숭이 물체에 대한 그의 두려움의 시대로 거슬러 올라간다(M. Jones, 1924). 그러나 행동치료와 일치하는 포괄적이고 정확한 행동 평가 전략들은 상대적으로 늦게 발달하였다. 초기 행동 평가를 공식적으로 사용한 것은 산업적, 조직적 배경에서 나타났지만(Hartshorne & May, 1928; Office of Strategic Services Staff, 1948), 1960년대 중기와 후기까지는 행동 평가가 임상적 의미로 널리 알려진 방법은 아니었다. 그 이유는 정신역동적 접근의 영향력이 컸기 때문인데, 당시 임상가들은 "겉모습 안쪽을 보고" 행동의 "진짜" 이유를 이해하도록 배웠다. 행동 평가의 초기 형태는 아마도 한 개인을 이해하기 위한 간접적이고 추론적인 접근에 대한 반응의 일부로 관찰 가능한 행동에만 초점을 두었다. 유기체 변수인 인지, 감정, 정신생리학적 반응들을 감안하기는 하였지만, 이것이 행동에 크고 직접적인 영향을 미치지 않는다고 여겼기 때문에 결과적으로 평가와 치료에서 두드러진 요소는 아니었다. 대신에 행동 평가는 당시 우세하던 조작적 조건 형성 패러다임과 일치하는 부분이 있는데, 구체적인 행동을 변화시킬 수 있는 별개의 행동반응, 목표 행동, 강화 인자를 밝히는 데 중점을 두었다. 이러한 영역들을 측정해서 관련 행동의 빈도수, 비율, 지속기간을 밝혀냈다(Ulman & Krasner, 1965). 그 결과에는 외현 행동에 대한 수많은 획기적 평가들이 포함된다. 보통 개입은 개별 사례들을 포함하는데, 개별 기술적 접근과 일치하는 부분이다.

초기 행동 평가는 전통적 정신역동적 접근과 대조를 이룸으로써 정의된 부분이 있다. 각 접근에는 다른 목표(문제행동의 식별 대 분류), 가정(행동이 상황으로 인한 것 대 지속적인 특성에 의한 것) 그리고 적용(직접적인 관찰 대 간접적인 추론)이 있다. 특히 Mischel(1968)은 특성(traits)이 언어의 왜곡(정적인 표현의 우세)에 기초한 허구, 역할과 상황이 일치하였을 때의 결과, 예측 가능성의 필요성에 기초한 지각적 편중 그리고 특성이 (부정확하게) 추론되었을 때 확정하려는 편견이라고 주장하며 특성의 본질 자체를 공격했다. 이 공격은 오랜 논쟁에 기름을 부었고, 이는 Mischel의 관점을 통해 행동의 상황적 결정요인에 초점을 둔 행동 평가와 관련된다. 행동 평가의 지지자들은(정신의학 자체와 마찬가지로) 과거 *DSM-II* 진단 기준에도 불만족하였는데, 이는 신뢰도와 타당도가 낮았고 내담자의 현실과 관련이 없거나 직접적인 치료 유용성도 없어 보였다.

1970년대에는 더 포괄적인 접근에 관심이 집중되었다. 일반적인 단일사례 연구 포맷은 더 큰 맥락으로, 즉 학교, 기업, 가정, 기타 사회문화적 체제 내에서 평가의 길을 마련해 주었다. 이 평가 접근은 더 큰 맥락이 개인에게 상당한 영향을 미칠 수 있다는 관찰에 일부 기초하여, 개인이 효과적으로 변화하려면 더 큰 맥락에서 변화가 있어야 한다는 주장이다. 더 큰 맥락에 대한 재조명은 엄격한 조작적 패러다임에 대한 도전으로부터 자극을 받았는데, 통제된 상황(병동, 스키너 박스, 감옥)에서 효과적인 반면 사회적 타당성이 의문스럽고 장기적 임상 효과 또한 의심스럽다(Goldfried, 1983; Milne, 1984)는 것이다. 평가도 한 개인의 더 광범위한 측면을 다뤄야 한다는 주장에 따라 확장되었고, 그 범위는 행동뿐만 아니라 정서, 감각, 내적 심상, 인지, 대인관계, 정신생리학적 기능을 포함한다(Lazarus, 1973, 2005). 다중양상, 다면적인 접근을 강조한 것은 결과적으로 행동 평가의 주류가 자기보고, 중요한 사람들에 의한 평가, 인지와 같은 수많은 간접적 측정 수단을 받아들이도록 하였다(Cone, 1977, 1978). 관련 출판물로는 『행동 평가: 실용 핸드북』(*Behavioral Assessment: A Practical Handbook*; Bellack & Hersen, 1976), 『행동 평가 핸드북』(*Handbook of Behavioral Assessment*; Ciminero, Calhoun, & Adams, 1977)의 초판이 있고, 학술지인 「행동 평가」(*Behavioral Assessment*)와 「행동 평가 저널」(*Journal of Behavioral Assessment*) 둘 다 1979년에 시작되었다.

1980년대와 1990년대에는 행동 평가 분야의 출판물이 급증하고, 가장 기본적인 가정 몇 가지를 재평가하였으며, 다른 전통과 이론들에서 받은 영향을 통합하였다. 특히 정신의학은 행동 평가 측면에서 *DSM-II*에 유사한 어려움을 겪었으며, 행동 평가 전략과 상당히 유사한 전략을 발전시키기 시작하였다. 문제 중심 기록(Weed, 1968)은 많은 종합병원과 정신과 시설에 소개되어 진단 및 치료 여건을 개선시켰는데, 행동별 데이터베이스, 문제 목록, 치료 계획, 추적 자료를 제공함으로써 개선을 시도하였다. 그 결과 평가와 치료를 더 밀접하게 연결해 주고 진단 문제에 대해 더 명확하게 기술하게 되었다. 아마도 더 중요하게는 *DSM-III-R*과 *DSM-IV*가 행동 평가의 노력과 유사한데, 이는 행동별 서술을 사용하여 각 진단 범주를 발달시켰기 때문이다. 수많은 출판물은 우울증(R. Nelson & Maser, 1988), 아동기 장애의 진단(Hersen, 2005b), 성격장애(Nelson-Gray & Farmer, 1999) 같은 영역 등의 전통적 정신의학 진단과 행동 평가를 통합시켰다(First et al., 1992; Follette & Hayes, 1992; Hersen, 2005a, 2005b; Nelson-Gray & Paulson, 1991). 정신의학과 행동 평가의 관점이 서로 연결된 부분은 학술지인「행동치료 및 실험정신의학 저널」(*Journal of Behavior Therapy and Experimental Psychiatry*)에서 다뤄 온 바 있다.

또한 행동의학과 신경심리학은 두통, 관상동맥 심장질환, 레이노병(Raynaud's disease), 천식, 만성통증, 수면장애, 두뇌–행동 관계의 검사에서 행동 평가 전략에 의지하여 발전 및 성장해 왔다(Franzen, 2004; Williamson, Veron-Guidry, & Kiper, 1998). 게다가 행동 평가 전략은 불안정하고 일시적인 행동뿐만 아니라 복잡하고 평상적인 모델에도 초점을 둔다(S. N. Haynes, 1995; O'Brien, Kaplar, & McGrath, 2004). 그래서 행동 평가는 개념화 행동에 관한 타 이론들과 대체 모형들의 기여를 받아들였을 뿐만 아니라 가장 각광받던 행동적 기술들에 대해 문제를 제기하였다(Goldfried, 1983). 예를 들어 구조화된 면담 상황에서의 임상적 판단은 일반적으로 인정되고, 현재의 진단 분류는 잠재적으로 유용하다고 여겨지며, 행동 관찰에만 의존하면 많은 경우 부적절할 수 있고, 간접 측정이 꼭 필요한 경우가 종종 있다. 게다가 더 구체적인 사고와 행동을 조직화하는 기본 인지구조(스키마, schemas)를 측정하는 것과 같이 더 추론적인 기술들에서 행동 평가의 비중이 커졌다(Linscott & DiGiuseppe, 1998). 이렇게 행동의 내적 요소에 초점을 둔다는 것은 동시에 목표행동 관찰 빈도의 측정을 중시하던 초기 전통적인 방식이 크게 줄었음을 의미한다(Glass & Merluzzi, 2000; Guevremont & Spiegler, 1990).

1980년대와 1990년대에는 본질적으로 행동 평가와 관련된 요소들이 크게 재평가되고 확장되었다. Birchler는 1989년에 행동 평가에 대한 자신의 리뷰를 요약하면서 다음 내용을 언급하였다. "최근 일반적으로 알려진 행동 평가는 혼란, 수정, 확장, 발전, 혼란 및/또는 소멸(중 한 가지)의 모습을 보이며 급변하는 과정 중이다"(p. 385). 행동 평가와 기타 평가 유형 간의 혼합과 교류가 활발히 일어났는데(Haynes & O'Brien, 2000), 이는 학술지「행동 평가」와「행동 평가 저널」의 명칭과 내용이 바뀌면서 정신병리학을 더 넓게 포함하고 전통적 평가 도구〔예를 들어 MMPI–2, 밀론 다축 임상성격검사(MCMI–IV)〕들을 더 많이 다루는 데서 일부 반영되었다. 최근 방향을 살펴보면, 아날로그와 가상현실 평가, 정신생리학적 평가의 발전, 혁신 기술의 활용, 이동 센서의 사용, 자연스러운 환경에서의 내담자 평가, 특수 모집단에의 적용 증가 등이 나타난다(Haynes & Yoshioka, 2007; Hersen, 2005a, 2005b; Piasecki, Hufford, Solhan, & Trull, 2007). Ollendick, Alvarez, Greene(2004)이 강조해 온 미래의 전망은 다중 평가 방법을 사용할 때 발달 요인과 부가적 타당도에 더 집중할 필요성 그리고 문화적 민감도가 높은 접근들을 포함시키는 것이다.

신뢰도 및 타당도와 관련된 쟁점

행동 평가에 대한 전통적 심리측정 관점들은 요약하기 어려운데, 그 이유는 기술의 종류가 다양하고 행동의 초점, 본질, 원인에 대한 가정들이 서로 다르기 때문이다. 전통적 평가는 여러 특성들의 상대적 안정성을 중요시한 반면, 행동 평가에서는 환경적, 상황적 요인들에 따라 가변성이 커진다고 가정한다. 검사-재검사 신뢰도가 낮다는 발견은 행동 맥락에 따라 해석될 수 있는데, 그 이유는 자료 수집 중의 오류보다는 환경 조건에서 기인된 진변량(true variance) 때문이다. 더군다나 행동 평가는 내담자의 독특성을 중시하는 개인 맞춤식 접근의 중요성을 강조한다. 이러한 맥락에서 규범적인 비교는 엉뚱하고 부적절해 보이기 쉽다. 이러한 논란에도 불구하고 행동 평가 분야의 사람들은 행동 평가 기술을 전통적 심리측정 접근으로 평가하도록 주장하는 데 성공적이었다(Cone, 1998; Haynes, 2006). 예를 들어 행동 관찰에서 관찰자 간 일치도는 꼭 필요한데, 그래야만 행동 평가 접근에서 수집된 데이터를 믿을 수 있기 때문이다. 관찰자 간 일치도는 보통 채점자 간 일치도 백분율을 계산함으로써 평가한다. 마찬가지로 자기주장과 두려움 등의 영역에서 실시한 자기보고의 데이터를 통해 역할극, 모의실험, 특히 일상생활과 같은 상황에서도 일반화될 수 있는 것인지 증명해야 한다.

행동 평가의 초기 형태는 주로 행동 관찰에 의존하였으며, 특정 행동의 직접 관찰은 충분히 명확하고 정확하다고 가정하였다. 일차적으로 강조한 부분은 행동과 선행사건, 결과 간의 기능 분석을 실행하는 것이다. 강화용 막대를 누르는 것과 같은 활동에서 전자감지기가 그 행동을 쉽게 기록할 수 있다. 그래서 측정 신뢰도가 매우 높게 매겨질 수 있다. 그러나 정의하기가 더 어려운 행동도 있고, 특히 행동 관찰에 의존할 경우 측정 신뢰도를 추정할 수 없다. 예를 들어 손톱을 물어뜯는 것은 단순히 자신의 얼굴을 만지는 행동으로 정의될 수도 있고, 입을 만지거나 실제로 손톱을 씹거나 손톱 일부를 떼어 낸다고 볼 수도 있다. 행동의 상세 정의와 정확한 측정은 내부 인지를 다룰 때, 특히 임상가가 직접 관찰보다는 자기보고에 전적으로 의존할 경우 문제의 소지가 훨씬 더 많다.

관찰 전략 간의 신뢰도 수준은 각기 다르다. 보통 행동 평가 중 행동 관찰에서 나온 자료는 실험연구 결과와 같이 관찰자의 기대로 인해 영향을 받을 수 있다(H. M. Cooper & Rosenthal, 1980; Orne, 1962; R. Rosenthal, 1966). 이러한 사실과 일치하는 연구 결과에 따르면, 채점자 간 일치도는 외현적 어려움과 잠재적(내적) 메커니즘 등의 영역에 따라 크게 달라질 수 있었다(Persons, Mooney, & Padesky, 1995). 자연적 관찰과 같은 상황에서는 관찰자 편견, 외부 요인(제3자의 간섭 등), 명확한 정의의 부재로 인해 관찰자 채점에 가변성이 생기므로 신뢰도가 상대적으로 낮아질 수 있다. 관찰자 오류의 원천을 더 살펴보면, 후광 효과, 초두 효과, 일어난 행동을 채점하는 데서의 실패, 척도 중 중앙값으로 채점하는 경향, 채점의 관대함이나 엄격함 등이 있다. 고도로 구조화되고 표준화된 절차를 거친다면 편차는 줄어들게 되고 신뢰도는 높아진다. 그래서 계통표본추출과 같은 방법은 행동을 측정할 시간과 방법을 정하는 데 사용할 전략이 뚜렷해서 일반적으로 자연적 관찰보다 신뢰도가 높고 정확하다(Cunningham & Thorp, 1981). 관찰자가 정확히 평가되고 있음을 스스로 인식하는 통제 상황에서 신뢰도가 증가한다고 밝혀진 바 있지만(Romanczyk, Kent, Diament, & O'Leary, 1973), 임상 현장에서는 관찰자를 외부에서 감시하는 일이 거의 일어날 수 없다. 그래서 임상 현장에서의 신뢰도는 통제된 연구 상황의 신뢰도만큼 높다고 가정할 수가 없다. 임상 현장에서 신뢰도를 높이기 위한 일반 지침으로는 두 관찰자로 하여금 결과를 서로 비교하게 하기, 내담자 스스로의 행동을 지켜보라고 할 때 지시사항을 세심하게 전달하기, 목표행동을 지정해 두기, 부모나 교사 등의 관찰자들을 철저히 교육시키기 등이 있다. 또한 임상가가 상황적 변수에 더 주의를 기울인다면 채점의 신뢰도도 높아질 수 있다(J. G. Beck, 1994; Haynes, 2006; Haynes & O'Brien, 2000).

1960년대와 1970년대에는 다양한 평가 절차의 타당도는 주로 비공식적 내용 타당도에 따라 달라졌다. 질문지와 관찰 전략들은 연구 주제와 측정 방법을 고려한 합리적인 사항들에 기초하여 세워진다. 경험적으로 파생된 범주들을 발달시키려는 노력은 거의 없었다. 예를 들어 우울증 평가는 사회적 지지와 전형적 선행사건에 대해 중요하게 여겨지는 추가적 변수뿐만 아니라 우울한 사람들이 흔히 갖는 생각에 대한 지식에 바탕을 두었다. 관찰의 다양한 영역들은 가장 중요한 고려사항들로 여겨지는 것에 기초하여 선정되었다. 1980년대 초 이후로 행동 평가의 여러 방법들의 타당도를 매기는 작업이 엄청나게 많아졌다. 일반적으로 행동적 면담과 자연적 관찰에 대한 타당도 연구는 거의 이뤄지지 않았지만, 행동 질문지에 대해서는 훨씬 많은 연구가 있었다. 대부분의 타당도 연구는 적절한 외적 준거를 사용하여 실시한다. 전통적 평가와 마찬가지로 행동 평가에서도 준거 타당도에 대한 문제들이 떠오르는데, 다른 집단, 배경, 관리 방법에서 일반화가 어렵다는 점도 포함된다.

초기 행동적 자기보고 질문지는 내용 및 안면 타당도에 의존하였다. 이러한 질문지들은 근본 철학이 다른 새로운 기술을 나타냈기 때문에, 기존의 전통적 심리측정 검사와 같은 준거를 통해 판단해서는 안 된다고 여겨졌다. 초기 행동적 자기보고 질문지는 내담자 행동의 직접 보고로 간주되어서 심리측정 타당도에 대해 거의 보고된 바가 없다. R. M. Kaplan 와 Saccuzzo(1993)는 내용 및 안면 타당도에 대한 초기 집중을 비판하면서 행동 자기보고는 "과거를 반복하고 쓸데없이 시간을 낭비하는 것"일지 모른다고 했다(p. 493). 또한 지적하기를, 1930년대에 결국 폐지된 초기 지필식 구조화된 성격검사가 오늘날 (행동적) 자기보고 방식과 구별하기가 어려울 정도라고 하였다(p. 494). 초기 행동적 자기보고 질문지들은 심리측정상 괜찮은 검사라기보다 "개별 임상 도구"라는 말이 최적이었을 정도였다. 반응이 편중되고, 신뢰도와 타당도가 의심스러우며, 규준이 없고, 내담자가 진정성을 꾸미는 문제들은 행동 평가 방식을 포함한 어떤 표준화 도구를 위해서든 해결되어야 한다.

이러한 비난의 결과로 행동 평가 기술 특히 자기보고 질문지에 많은 관심이 집중되었다. 그러나 노력의 결실도 매우 다양하게 나타났다. 예를 들어 래서스 주장 스케줄(Rathus Assertiveness Schedule, RAS; Rathus, 1973)은 전통적 심리측정 방법에 속하며 이 방식뿐만 아니라 기타 유사한 행동 평가 방식들이 겪는 어려움을 보여 준다. Heimberg, Harrison, Goldberg, Desmarais와 Blue(1979)는 수감자 집단의 RAS 점수와 역할극 관찰 보고 간에 높은 상관을 볼 수 없었지만, 치과 학생들 그룹에서 RAS와 비주장성의 연관을 찾았다(Rathus, 1972). 그러나 과거 연구에서 주로 사용한 방법이지만 역할극 상황에서 관련 자기주장이 어려운 것은 역할극에서의 자기주장이 자연적 상황에서의 자기주장과 관련이 없을 듯하기 때문이다(Bellack, Hersen, & Turner, 1979). 대상들에게 역할극을 하도록 하였을 때, 아마도 "특정 역할"을 정확히 할 수 있도록 매일 자기주장 수준을 변화시킬 수 있다(Higgins, Alonso, & Pendleton, 1979). RAS도 마찬가지로 의사소통 과정에서 관찰된 자기주장적 행동과 점수에 대한 평가자의 평가에 기초한 준거 타당도가 약하다(Tucker, Weaver, Duran, & Redden, 1983). 그래서 RAS가 연구 및 임상 현장에서 자주 사용되는 도구인데도 점수의 의미를 평가하기는 어려울 것이다. 다른 행동 자기보고 질문지도 유사한 문제를 겪고 있다.

이점과 한계

행동 평가의 가장 큰 이점은 치료자가 치료를 염두에 두면서 평가의 적절성에 지속적으로 주의를 기울일 수 있다는 것이다. 보통 문제행동의 측정은 그 행동의 변화 방법과 직접 연결되어 있다. 더군다나 관련 행동에는 경험적 기능 분석이 제공되는데, 이는 임상가들이 행동의 기준 측정을 수행하게 하고 이러한 행동들의 선행사건과 결과를 평가할 수 있게 한다. 그런 다음 임상가들은 초기 기능 분석을 통해 치료기간 동안 또는 이후에 실질적인 변화가 생기는지를 평가할 수 있게 된다. 많은 기술들이 엄격한 전통적 타당도 연구를 통과한 것은 아니지만, 치료 효용성에 중점을 두면 치료자에게 이롭다고 증명되어 왔다. 그래서 행동 평가는 특히 가설검증 접근을 사용하는 사람들과 실제로 행동 변화의 책임을 명확히 하고 싶은 사람들에게 유용하다. 그러나 행동 평가는 치료와 지나치게 밀접한 경우가 가끔 있는데, 특히 법에 따른 평가나 다른 상황들에서는 평가와 치료가 분리되어야 한다.

행동 평가의 다른 이점은 다양한 상황에서 사용하도록 가능한 기술의 범위가 더 넓다는 것이다. 이러한 전략으로는 자기보고, 자연적 관찰, 생리학적 모니터링, 이동 센서, 구조화된 관찰, 자기 모니터링 등이 있다. 기술의 다양성은 한 사람을 완전히 이해하려면 여러 평가 모드가 필요하다는 관점과 일치한다. 다른 평가 모드란 사람-환경 상호작용의 관련 측면, 생리학적 변화, 인지, 인간관계, 외현 행동, 느낌, 심상, 더 큰 사회시스템의 측면을 다 포함한다. 수많은 행동 평가 모델은 자극, 유기체, 반응, 우연성을 중심으로 행동 평가 접근을 조직화한다(Goldfried, 1982). 다른 접근들은 라자러스 BASIC-ID(Lazarus, 2005) 또는 행동과잉과 행동결손에 대한 Kanfer와 Saslow(1969)의 기능 분석에 의존한다. 이러한 접근들은 내담자를 전통적 평가 방법보다 더 다양한 맥락에 직면하게 한다.

행동 평가는 표출된 문제가 주로 환경 요인에 의해 결정된 것으로 보일 때 특히 적절하다. 예를 들어 공포증, 결혼 생활의 어려움, 행동화, 분노 발작, 부적절한 수업 태도에서 대부분의 경우 명확하고 기능적인 관계(환경적 상호작용)를 지정할 수 있다. 이러한 행동들이 자주 일어난다면(예를 들어 흡연, 수업 중 행동화), 기준선과 관찰 변화를 발달시키기가 꽤 쉽다. 그러나 어쩌다 발생하는 독특한 행동(예를 들어 약물 남용, 학내 권총 소지 등)은 측정하거나 지켜보기가 훨씬 더 어려울 것이다(J. R. Nelson, Roberts, Rutherford, Mathur, & Aaroe, 1999). 게다가 변이에 대해 환경 요인이 설명 가능한 부분이 더 작아질수록 행동 평가는 부적절해진다. 그러한 경우 기질적 요인이 환경적 요인보다 더 중요한데, 예를 들어 만성 조현병, 특정 유형의 두통, 두부손상 등이 있다. 행동 평가와 개입이 이러한 문제들에 효과적일 수는 있으나, 환경이 상대적으로 덜 중요하기 때문에 어려움도 커질 수 있다.

행동 평가 전략들의 매우 중요한 단점은 앞서 언급한 바 있는데, 심리측정적 특성이 약하거나 검증되지 않았다는 점이다. 신뢰도와 타당도를 바로잡으려는 시도는 여러 차례 실망만 안겨 주었다. 게다가 행동 관찰과 면담의 정확도는 관찰자 편견, 후광 효과, 초두효과, 낮은 관찰자 간 일치도, 확증적 편향 등으로 인해 왜곡될 수 있다.

지난 30년간 인지행동 평가의 중요성이 크게 증가하였지만, 이는 사실 직접 관찰을 중시하는 행동 평가의 본래 정신에 위배되는 것이다. 인지 평가는 어쩔 수 없이 관찰 불가능하며 내담자의 자기보고에 의존한다. 어려운 점으로는 내담자와 임상가 간의 언어 의미 차이, 반응 편중, 보고의 솔직성, 내적 대화와 언어 표현의 등가성에 대한 가정 등이 있다.

행동 평가의 마지막 제한점은 시간, 인원, 도구의 자원이 많이 필요하다는 것이다. 이는 특히 정신생리학적 방법, 관찰 방법들에 해당된다. 조사 결과에 따르면, 임상가들이 직접 관찰을 하기는 하지만 가끔씩만 한다(Elliot, Miltenberger, Kaster-Bundgaard, & Lumley, 1996; Guevremont & Spiegler, 1990). 반대로 임상가들은 내담자 면담, 중요한 타인들과의 면담, 자기모니터링, 행동 평가 척도를 훨씬 많이 사용한다. 결과적으로 행동 평가는 면담과 질문지로 제한되는 경우가 많다(Guevremont & Spiegler, 1990; Sayers & Tomcho, 2006). 또 다른 단점으로, 행동 평가 도구는 임상 현장에서 빈번히 마주하는 문제(예를 들어 해리장애, 편집증, 건강염려증 등)를 다루도록 고안되지 않았다는 점을 들 수 있다.

행동 평가 전략

행동 평가에서 수많은 다양한 기술들이 나왔으며, 이 기술들은『심리평가의 종합 핸드북: 행동 평가』3권[*Comprehensive Handbook of Psychological Assessment (Volume 3): Behavioral Assessment*; Haynes & Heiby, 2004],『성인 행동 평가에 대한 임상가 핸드북』(*Clinician's Handbook of Adult Behavioral Assessment*; Hersen, 2005a),『아동 행동 평가에 대한 임상가 핸드북』(*Clinician's Handbook of Child Behavioral Assessment*; Hersen, 2005b) 그리고『행동 평가 기술 사전』(*Dictionary of Behavioral Assessment Techniques*; Hersen & Bellack, 2002)에 설명이 되어 있다. 예를 들어 추정된 300개의 질문지들은 행동 지향적 자기보고 도구로 개념화할 수 있다(Hersen & Bellack, 2002). 이러한 다양성에도 불구하고, 행동적 평가 전략은 행동적 면담, 행동 관찰, 인지행동 평가, 정신생리학적 평가, 자기보고 질문지의 일반 범주들로 조직화할 수 있다. 각 접근은 한 개인의 측정이 직접적인지 간접적인지를 강조하는 정도에 따라 그리고 추론에 의존하는 정도에 따라 달라진다. 예를 들어 인지 평가는 행동 관찰보다 더 간접적이며, 인지 능력이 외현 행동에 영향을 미치고 상호작용하는 정도에 따라 추론에 훨씬 많이 의존한다. 그러나 모든 기술들은 개인-환경 간 상호작용을 이해함으로써 행동의 기능적 분석을 개발하는 데에 중점을 둔다. 또한 평가의 각 측면이 치료 계획과 평가에 직접적으로 관련이 있음을 강조한다.

행동적 면담

행동 지향적 면담은 일반적으로 선행사건, 행동, 결과 간의 관계를 설명하고 이해하는 데에 초점을 둔다. 게다가 행동의 기준선 또는 치료 전 측정은 적절한 행동의 빈도, 강도, 기간을 체계적으로 고려함으로써 개발된다. 또한 행동은 특정 행동의 과잉과 결함에 대한 서술과 함께 평가될 것이다(Kanfer & Saslow, 1969). 어떤 목표든지 객관적이고 신뢰성 있는 방법으로 측정하고 검사할 수 있어야 하며, 내담자는 그 타당성에 동의해야 한다(Gresham, 1984). 행동적 접근이 길고 복잡해 보이기도 하지만, 치료에 관련된 영역만 고려함으로써 그 과정을 단순화한다.

치료 효용성에 중점을 둔다고 해도 행동적 면담에서 얻은 정보의 각 측면을 넓은 맥락에 적용하는 것이 꼭 필요하다. 목표 행동에 대한 기본적인 설명은 지나치게 단순한데,

그 이유는 상호작용적 모형을 염두에 두지 않아서이다. 예를 들어 공포증은 내담자의 인간관계에서 어려움을 발생시키기 쉬운데, 이로 인해 자기효능감도 떨어질 수가 있다. 그러면 그 내담자는 기본적인 관계에 매우 의존하는 식으로 반응할 수가 있으며 무력감이 강화된다. 무력감은 대처할 수 없다는 두려움을 강화시키고 공포증과 상호작용하여 상태를 악화시킬 수 있다. 그래서 완전한 면담이란 공포증의 유무 및 기질뿐만 아니라 공포증이 인간관계, 업무 효율, 자기진술에 미치는 영향까지 평가할 것이다. 1960년대와 1970년대의 초기 행동적 면담은 편협한 관점을 보였던 반면, 행동 평가의 최신 모델은 다양한 맥락을 고려하는 데에 중점을 두었다(Nezu et al., 2004).

행동적 면담의 일반적인 목적은 다면적이다. 관련 목표행동을 알아내는 데 도움이 되거나 추가적인 행동 평가 절차를 선택할 수도 있다. 또한 고지에 입각한 동의를 받아 내는 것, 과거 병력, 현재 문제에 관한 잠재적 원인 요소를 밝히는 것, 문제행동의 기능적 분석을 발달시키는 것, 내담자의 동기를 증가시키는 것, 개입 프로그램을 고안하는 것, 이전에 시도했던 개입의 효과를 평가하는 것 등을 가능하게 해 준다.

행동적 면담의 초기 단계에는 전통적 면담에 적합한 요소들을 다수 포함해야 한다. 관계가 충분히 형성되어야 하고, 면담의 일반적, 구체적 목적에 대한 진술을 개발해야 하며, 내담자 관련 병력을 재검토해야 한다. 그러나 병력은 최근 행동을 경시하는 경향이 있는데, 내담자 행동의 주요 원인이 병력보다는 상황에 따른 것이라고 생각하기 때문이다. 일반 임상 접근법으로는 반영 언어, 탐색, 전달식 이해, 공감 표현 등이 있다. 개방형 질문을 한 다음에는 더 직접적인 질문을 할 수 있다. 그러나 비지시적 기법을 두루 사용하는 것은 부적절하며, 임상가는 뚜렷한 방향을 설정해야 하고 행동 지향적 접근에 맞는 직접적 질문에 내담자가 대답하도록 해야 한다.

어떤 내담자는 자신의 문제에 대해 자세히 잘 설명해 주고 관련 선행사건과 결과 조건들을 구체적으로 말할 수 있다. 반면 어떤 내담자는 치료를 받기로 결심한 즈음의 사건들을 설명하는 것, 자신의 느낌을 자세히 설명하는 것, 주변인들이 자신의 문제를 어떻게 생각할지에 대해 말하는 것 또는 심지어는 누가 추천했는지 말하기를 어려워한다. 세심한 행동 분석에는 문제행동에 대한 완벽한 서술이 있어야 하기 때문에, 내담자와 치료자는 어려움의 정도, 어려움이 일어난 장소와 시간 그리고 인간관계에 미치는 영향을 파악하는 작업을 함께해야 한다. 어떤 경우에는 내담자가 관련 사건과 관찰 일지를 기록하고 간직하도록 하는 것이 도움이 된다. 전자기기를 사용한 새로운 기술은 진행 중인 자기모니터링에 도움이 될 수 있다(Piasecki et al., 2007). 많은 내담자들이 자신의 어려움을 설명하고 정의할 때 행동 지향적 서술보다는 일반 특성 서술에 의존한다. 그럴 때 행동적 면담가는 내담자와 함께 구체적이면서 쉽게 구별할 수 있는 설명으로 발전시켜야 한다. 예를 들어 어떤 내담자가 자신이 "우울한 유형"이라고 말한다면, 구체적 행동 유형(느린 행동, 누워 있는 시간이 너무 많음, 대인 기피, 자기주장이 없는 편), 인지(자신이 별로이고 실패자라는 생각) 또는 느낌(절망, 무관심) 등의 다른 말로 바꿀 수 있다. 기본 영구적인 특성(질환)의 가정은 잠재적으로 바꿀 수 있는 구체적 행동 그룹으로 재구조화되어야 한다. 재구조화 과정은 그 자체로 내담자들에게 유익한데, 자신이 느끼는 방식을 바꾸기 위해 가능한 행동들을 더 잘 알 수 있게 해 줄 것이기 때문이다. 추상적인 언어 말고 구체적인 행동 용어로 말을 하면 내담자와 치료자 사이의 상호 이해가 더 좋아질 것이다.

넓은 범위의 행동 평가는 구체적으로 드러난 문제뿐만 아니라 그 문제가 다른 영역으로 일반화되는 방식도 설명해야 한다. 특히 이러한 평가는 더 큰 사회체제에 대한 정보를 다룰 수도 있다. 단기적, 장기적 성공을 위해 평가와 치료 프로그램에 내담자의 학교, 직장 또는 가족 상황을 통합시키는 경우도 종종 있다. 반대로 편협한 접근을 사용할 경우, 새로 습득된 행동을 지지받지 못하는 상황에서 표현하게 될 수도 있다. 결과적으로 이전의 문제행동은 더 새롭게 조정된 행동을 배제한 채 다시 한 번 튀어나온다. 내담자가 치료자 사무실 내의 좁은 맥락으로만 새로운 조정 행동을 학습한 경우 실제로 그럴 것이다.

면담은 내담자에게 정보 요약을 해 주고, 필요한 정보를 추가 설명해 주고 성공 가능한 치료법을 예측해 주면서 종결해야 한다(Sayers & Tomcho, 2006). 정보가 더 필요할 경우에 치료자와 내담자는 필요한 정보의 종류 및 얻는 방법에 대해 동의해야 한다. 이렇게 추가 정보가 필요한 경우에 효과적으로 일지를 유지하는 방법, 다른 사람들이 관찰하도록 요구하는 것 또는 다른 행동에 대해 자기모니터링하는 기술이 따라온다. 면담이 치료의 시작이라면 내담자의 모든 결정에 관여할 만한 가능한 개입 전략, 치료 기간, 금전적, 감정적 비용 추정, 보험에 대한 정보가 추가적으로 주어져야 한다.

대부분의 면담은 다소 비형식적이고 무계획적인 경향이 있어서, 신뢰도와 타당도가 낮을 때가 많다. 예를 들어 T. Wilson과 Evans(1983)가 밝힌 바에 따르면, 적절한 목표행동을 구체화하려고 하는 치료자들 간의 낮은 신뢰도를 발견하였다. 행동적 면담이 구조화되고 표준화되어야 한다고 주장하는 저자들도 있다. Kratochwill(1985)은 면담이 4단계 문제해결 과정에 따라 계획되어야 한다고 제안하였다. 첫 단계는 문제 규정인데, 이 단계에서 문제를 구체화하고 탐색하며 최근의 행동과 원하는 목표행동을 측정하기 위해 절차를 정한다. 대체로 내담자들의 설명이 모호하고 뭉뚱그린 것이 많기 때문에 이를 구체적인 행동 서술로 발전시킨다. 다음 단계로 문제 분석을 하는데, 내담자의 자원을 평가하고 행동에 영향을 미치는 관련 환경 조건 및 행동과잉 또는 행동결함이 나타나는 상황에 대해 알려 준다. 그 다음으로 면담을 통해 계획을 수행할 방법을 정하는데, 이때 치료에 관련된 자료를 모으려고 진행 중인 과정도 포함한다. 마지막 단계로 개입이 성공적이었는지 확인하기 위해 치료 전후의 측정을 고려하여 **치료 평가 전략**을 구체적으로 세워야 한다.

Witt와 Elliott(1983)가 제시한 것은 보통 행동적 면담에서 기대할 수 있는 좋은 결과를 다소 유사하게 개요로 짠 것으로, 내용은 다음과 같다.

1. 처음에 완수할 내용들의 전체 그림을 제공하고 문제행동을 명확히 그리고 자세히 구체화하는 것이 중요한 이유를 설명한다.
2. 목표행동을 알아내고 정확한 행동 용어로 설명한다.
3. 문제의 빈도, 기간, 강도를 알아본다("오늘 그 행동을 몇 번 하셨나요?", "그 행동이 얼마나 오래 지속되었나요?" 등).
4. 문제가 발생한 조건, 즉 선행사건, 행동, 결과에 대해 알아본다.
5. 행동의 원하는 수준을 알아보고 실현 방법과 가능한 기한을 추정한다.
6. 내담자의 강점을 알아본다.
7. 관련 행동을 측정하는 과정을 알아본다. 무엇을 기록할 것인가, 누가, 어떻게, 언제, 어디서 기록할 것인가의 내용이다.
8. 프로그램의 효과를 평가할 방법을 알아본다.
9. 위 내용의 논의를 마친 후에 내담자가 이해하고 동의하는지 확인하기 위해 다룬 내용을 요약한다.

이 개요는 반드시 지켜야 하는 것이 아니라 일반 안내로 사용되어야 한다. 그러나 각 행동 평가는 위의 9단계를 모두 다루고서 끝마쳐야 한다.

행동 관찰

행동적 면담만으로도 적절한 평가를 하기에 충분한 사례들이 있다. 그러나 실질적인 행동 관찰의 몇몇 유형은 치료 전, 중, 후에 필요한 경우가 종종 있다. 행동을 관찰하기 위한 특정 방법은 보통 초기 면담에서 결정된다. 면담은 주로 내담자에 대한 언어적 정보를 얻는 방향으로 진행되는 반면, 행동 관찰은 면담 동안 다뤄진 행동 관련 영역을 측정하기 위한 특정 전략과 기술을 결정하고 실제로 실행하기 위해 사용된다(Suen & Rzasa, 2004 참조). 발달장애, 저항하는 내담자들 또는 매우 어린아이들의 행동을 평가하는 경우에는 행동 관찰이 가장 중요한 수단이 되기도 한다. 행동 관찰은 실제로 치료를 행하는 전문가 또는 내담자의 생활에 관여하는 주변인, 예를 들어 교사, 부모, 배우자에 의해 실시되거나 내담자 자신이 자기모니터링을 할 수도 있다. 가장 많이 쓰이는 방법은 이야기 기록, 구간 기록, 사건 기록, 평정 기록이다.

행동 관찰의 첫 과제는 적절한 목표행동을 설정하는 것인데, 그 목표행동은 단일반응 집합부터 더 큰 상호작용 단위까지 다양해질 수 있다. 목표행동은 문제행동 자체에 관여하거나 유의미한 방식으로 관련이 있어야 하고, 기록한 행동의 수와 기록 방법의 상대적 복잡성에 따라 결정을 내려야 한다. 기록 방법과 목표행동은 둘 다 감당하기가 쉬워야 하고 지나치게 복잡하지 않아야 한다. 내담자의 어려움을 설명하는 것부터 시작해서 가장 적합한 목표행동을 정할 수 있으며, 문제행동에 관한 선행사건과 결과를 고려함으로써 더 구체화할 수 있다.

측정되는 모든 행동은 객관적이고 완전한 정의(조작화)를 지녀야 하는데, 이는 행동 측정에서 관찰을 명확하게 해 준다. 특히 정의에 쓰는 말은 추상적이고 고도로 추론적인 용어(예를 들어 무관심 또는 슬픔)는 피해야 하며 그런 용어를 구체적인 행동 용어로 바꿔야 한다. 목표행동의 설명은 읽기 쉬운 사전식 정의, 행동의 묘사, 행동이 일어난 시간에 대해 자세하고 구체적인 언급 그리고 모호한 사례와 분명히 예가 아닌 경우의 설명을 포함해야 한다. 행동 빈도를 측정할 때, 관찰자는 해당 행동이 시작되고 끝난 시간을 확실히 정해야 한다. 이렇게 하면 한 개인이 피운 담배 개비 수 또는 한 아이가 자신의 머리를 치는 횟수를 측정하기가 쉬울 것이다. 그러나 행동을 분명히 정의하지 않으면 측정이 더 어려워진다. 예를 들어 한 개인이 공격적인 행동을 한 횟수 또는 소극적인 행동을 한 횟수 같은 표현이다. 또한 기록을 통해 행동의 기간과 강도를 측정해야 한다. 예를 들어 한 아이가 자신의 머리를 치는 강도와 그런 행동을 한 전체 시간을 보면 치료가 시급하고 중요하다는 것을 간접적으로 알 수 있다.

기록하는 데 다양한 장비들이 사용되는데, 골프 카운터(golf counter), 스톱워치, 지필 양식 또는 전자기계 장치가 다양하게 결합된 형식이다. 예를 들어 다양한 범주의 행동이 일어나면 누를 수 있는 버튼이 달린 사건 기록기가 있다. 스마트폰 사용이 점점 더 흔해지고 있는데, 스마트폰에는 기록 기능이 내장되어 있다.

행동 관찰의 환경은 자연적인 환경부터 고도로 구조화된 환경까지 다양하다. 자연적이거나 실제적인 환경으로는 가정, 교실, 직장 또는 놀이터가 있다. 이러한 환경에서 관찰을 실시하면 내담자의 생활과 직접 관련이 있으며 직접 반영하는 경향이 있다. 자연적 환경은 빈도가 높은 행동 및/또는 더 포괄적인 행동, 즉 주의 결핍, 사회적 위축 또는 우울한 행동들을 평가할 때 가장 효과적이다. 또한 개입 이후에 내담자가 변화를 이뤄서 그 변화의 양을 측정할 때 자연적 환경이 유용하다. 그러나 자연적 환경에도 어려운 점이 있는데, 관찰을 하는 데에 엄청난 시간이 필요하다. 더군다나 자연적 환경은 드물게 벌어지는 행동들(공격성, 비주장성) 또는 주로 타인이 없을 때 벌어지는 행동들(방화, 자살 등)을 측정하려고 할 때 문제의 소지가 있다. 치료자는 자연적 관찰에 내재하는 어려움을 처리하기 위해 특정 행동 유형을 끌어내는 역할극이나 직장 시뮬레이션과 같은 가상 상황들을 만들려고 할 것이다. 이러한 가상 환경은 드문 행동들에 특히 중요하다. 그러나 이러한 구조화된 또는 가상 상황에서는 관찰로부터 추론을 조심스럽게 이끌어야 하는데, 이것이 내담자의 실제 생활을 모두 잘 나타내는 것은 아니기 때문이다.

임상가들은 내담자 또는 내담자 환경에 미리 알려지지 않은 관찰자를 두면 결과를 오염시키지 않을까 걱정을 하는데, 이럴 때 이미 내담자의 자연적 환경에서 일부인 사람들, 즉 부모, 교사 또는 배우자를 훈련시키고 싶을 것이다. 대상이 관찰되고 있음을 스스로 알게 되기 때문만으로 행동을 바꾸는 것("반응성")을 막기에 좋은 방법일 수 있다. 더 자연스러운 관찰자들은 외부 전문가들보다 훨씬 덜 드러나 보일 수 있다. 정확하고 객관적인 기록을 하는 데에 중점을 두고 행동을 측정하기 위해 관찰자를 훈련할 때에는 합리적인 근거가 뚜렷해야 한다. 관찰자들은 기록 코드, 기록하는 방법을 기억하고 기록 자료의 상대적인 정확성에 대한 피드백을 받아야 한다. 관찰자의 편견, 관대함, 집중 과실, 다른 관찰자 또는 내담자와 자료에 대한 토론 등에서 생기는 관찰자 오류를 피하기 위해 예방 조치를 따라야 한다. 같은 행동을 평가하는 관찰자들 간에 동의 정도를 비교함으로써 신뢰도를 확인할 수 있는 경우도 있다. 관찰자 간 일치 수준이 매우 다르게 나타날 수 있기 때문에, 꼭 훈련받은 관찰자들을 조심스럽게 투입해야 한다(Margoline, Hattem, John, & Yost, 1985).

기록을 압축하고 단순화하기 위해서 행동의 부호화 시스템을 개발하는 것이 필요하다. 너무 많은 부호를 사용하면 기록자가 다시 상기하기도 어렵다. 특히 행동이 빠르게 연달아 일어난 경우라면 더 어렵다. 기록 방법의 유형(이야기 기록, 사건 기록 등) 및 부호화 시스템 둘 다 평가의 목적에 따라 크게 달라진다. 표출된 문제에 단순하고도 밀접하게 연결된 부호화 시스템은 유용하면서 신뢰도가 높은 편이다. 기록 및 부호화 시스템을 선정할 때 중요한 고려사항은 특정 행동이 관찰되어야 하는 횟수, 관찰 기간, 기록을 해야 할 시점, 기록의 유형, 기록될 목표행동 등이다. 다음 절에서는 가장 많이 사용되는 기록 시스템들을 서술하고 다른 부호화 방법들의 예도 함께 설명한다.

이야기 기록

이야기 기록(narrative recording)은 관찰자가 관심을 두는 행동을 단순히 기록한다. 수량화 작업은 거의 없으며, 관찰자마다 추론의 정도에서 차이가 나타날 수 있다. 예를 들어 관찰자는 행동의 직접 서술을 고집할 수도 있다. 내담자가 친구에게 자주 웃는 행동을 직접 서술하거나 그 행동에서 내담자가 긍정적인 동료 관계를 갖는다는 내용을 추론해 낼 수도 있다. 이야기 기록의 중요한 가치는 미래의 더욱 구체적인 영역을 정의해서 더욱 양적이고 체계적인 방식으로 측정할 수 있게 하는 데 도움이 된다는 것이다. 그래서 이야기 기록은 측정의 대체 형태들 중 가장 초기 형태이다. 잠재적으로 관련된 행동을 찾아내는 이점이 있고, 이러한 행동을 묘사할 수도 있으며, 어떤 것이든 장비가 거의 필요 없고, 이야기 묘사에서 가설을 많이 만들 수 있다. 제한점은 관찰자가 관찰을 수량화할 수 없다는 것, 타당도가 의심스러울 수 있다는 것, 관찰의 유용성이 관찰자의 개인적 기술에 크게 의존한다는 것이다.

구간 기록

임상가는 선택된 행동이 예정된 간격으로 나타나는가를 기록할 것이다. 결과적으로 이 기술은 시간 표집법(time sampling), 간격 표집법(interval sampling), 간격 시간 표집법

(interval time sampling)으로도 불린다. 보통 그 간격은 5초부터 30초까지 다양하며, 각 관찰 기간(예를 들어 5분마다)에 대해 정해진 스케줄대로 또는 임의로 선정될 것이다. 구간 기록(interval recording)이 가장 유용할 때는 적절한 빈도(5~20초마다 한 번)로 외현 행동을 측정할 경우와 해당 행동들의 시작이나 끝이 분명하지 않을 경우이다. 그런 행동의 예로는 걷기, 듣기, 놀기, 읽기 또는 위아래로 보기 등이 있다.

임상가들은 구간 기록의 전략을 개발할 때 관찰들 간의 시간, 기록 방법, 관찰 기간을 결정해야 한다. 사용할 전략을 결정하는 것은 행동의 유형에 따라 크게 달라진다. 예를 들어 언어 상호작용의 유형은 길이에 따라 달라지는데, 그 이유로 관찰 기간을 조정해야 한다. 몇 가지 전략에 따르면, 관찰자는 기록하고(예를 들어 10초간) 관찰하며(예를 들어 20초간), 그런 다음 방금 한 관찰 내용을 다시 기록하는 과정을 번갈아 한다. 각 행동의 시작과 끝에 대한 신호를 명시해야 한다. 관찰상의 목표행동은 초기 면담, 자기보고 질문지, 이야기 관찰, 특히 드러난 문제에 대한 서술에서 나온 정보를 토대로 정한다. 또한 관찰의 초점은 사람마다 다를 수 있다. 예를 들어 남편, 부인, 교사, 아이 또는 내담자의 입장에 따라 다양하다. 임상가 또는 연구자들은 외부인이 같은 내담자 행동을 관찰하도록 처리하는 경우가 가끔 있다. 관찰의 평가자 간 신뢰도는 두 평가자 간에 일치도를 계산함으로써 정해질 수 있다(Suen & Rzasa, 2004 참고). 그림 4.1은 구간 기록표의 예시와 표 작성하는 방법에 대한 설명을 나타낸 것이다.

구간 기록은 시간 효율적이고 특정 행동에 매우 중점을 둔 방식이며, 거의 모든 행동을 측정할 수 있는 잠재력이 있다. 그러나 구간 기록은 목표행동의 질을 평가하고자 고안된 것이 아니며, 다른 중요한 행동을 간과할 수도 있다.

사건 기록

구간 기록은 목표행동이 주어진 시간 단위로 정의가 되는 측정에 의존하는 반면, 사건 기록(event recording)은 행동의 발생 자체에 의존한다. 관찰자는 목표행동이 일어나기를 기다리며 행동의 관련 세부사항들을 기록해야 한다. 사건 기록이 가장 적합한 행동의 예로는 공격적인 행동, 인사 또는 자기주장이나 비속어 같은 언어 표현 등이다.

사건 기록 방식의 기본적인 고안은 행동의 빈도, 기간, 강도를 기록하고 확인사항 대조표(체크리스트), 골프 카운터, 개인 휴대정보 단말기(PDA), 최근에 유용한 스마트폰 등

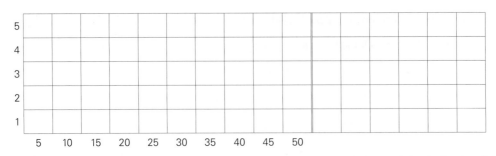

a. 기둥이 연속으로 붙어 있고 각 기둥에 5칸 높이로 쌓여 있는 그래프 용지. 두꺼운 선은 10개 기둥을 자르며 그어져 있고 50분 시간을 나타낸다.

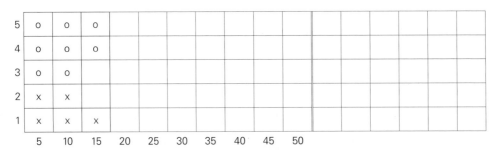

b. 한 학생의 행동을 지켜본 지 13분이 지난 도표. 처음 두 기둥은 채워졌고 세 번째 기둥은 부분적으로 채워졌다. 그 학생이 다음 순간에(14분째) 적절하게 행동한다면, 관찰자는 세 번째 기둥에서 다른 X칸 바로 위에 X를 표시할 것이다. 학생이 문제행동을 한다면, 관찰자는 그 기둥의 다른 O 두 개 아래에 O를 표시할 것이다.

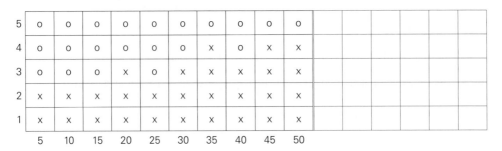

c. 관찰자가 50분 기록을 마친 도표

그림 4.1 구간 기록의 예시

의 장비들로 행동을 기록하는 것이다. 주로 중점을 두는 것이 반응의 빈도를 수량화하는 것이지만, 지속 기간도 타이머로 잴 수 있다. 행동의 강도는 단순히 강, 중, 약으로 명시할 수 있다. 그림 4.2는 사건 기록표의 예시를 나타낸 것이다.

사건 기록은 빈도가 낮은 행동을 기록하고, 시간에 따라 행동의 변화를 측정하며, 수

행동	총계	관찰 대상	5	10	15	20	25	30
좌석 이탈	27	대상	▢	L'	▢	¦	'	''
	8	비교	''	'	''	'		'
도움 요청	5	대상		'		''		'
	11	비교	''	''	''	'	'	'

그림 4.2 5분 간격 사건 기록의 예시

많은 다양한 행동을 연구하는 데에 특히 좋다. 그러나 사건 기록은 시작과 끝이 불분명한 행동을 측정하는 데에 상대적으로 취약하고, 오랜 시간 동안 행동에 대한 관찰자의 주의를 유지하기가 어렵다는 단점이 있다. 사건 기록은 연속적인 행동에 대한 정보를 제공하지 않으므로, 행동이 어떻게, 왜 일어나는가를 추론하기가 어렵다.

평정 기록

임상가들은 행동을 직접 관찰해서 기록하는 것보다 행동의 관련된 차원에 대한 일반적인 인상을 통해서 이를 체크리스트나 척도상에 채점하기를 원한다. 그런 도구들은 더 보편적인 편이고, 내담자의 협조적인 수준 또는 자기돌봄 유지 능력과 같이 더 추상적인 용어들을 포함할 수도 있다. 보통 평정 기록(ratings recording)은 관찰 기간 이후에 작성된다. 전형적인 형식에 따르면, 평가자가 내담자의 분노 발작, 동료 관계의 질 또는 드러난 양심적인 행동의 빈도를 1부터 5까지 또는 1부터 7까지의 척도상에 채점해야 한다. 예를 들어 동기 평가 척도(MAS; Durand & Crimmins, 1992)는 16문항 질문지인데, 감각, 도피/회피, 사회적 관심, 구체적 보상의 크기에 대해 행동 기능의 유의성을 평가한다. MAS는 자주 사용되는 도구이지만, 평가자 간 일치도가 일정치가 않고 내적 일치도와 요인 구조도 다르게 나온다(Kearney, Cook, Chapman, & Bensaheb, 2006 참고).

평정 기록은 다양한 행동에 광범위하게 사용될 수 있다. 다른 이점으로는 통계 분석을 실시하기 위해 데이터를 다룰 수 있고, 개인 또는 그룹으로 채점이 가능하며, 채점 기록의 시간 효율성 때문에 나타나는 비용 효과 등이 있다. 단점으로는 채점의 주관성으로 인해 평가자 간 일치도가 낮아질 수 있는 점, 선행사건과 결과에 대한 정보가 미비한 점, 관찰과 채점 사이에 시간이 너무 많이 경과할 경우 채점이 정확하지 않을 수도 있다는 점 등이 있다.

인지 행동 평가

지난 30여 년간 행동장애 아래의 더 근본적인 인지적 과정을 이해하기 위한 연구가 많이 실시되었다. 관련 영역으로는 다른 장애와 연관된 자기진술, 이러한 장애와 관련된 근본적인 구조 또는 인지 구조, 병리적인 행동 대 정상 행동에서 인지적 왜곡의 차이점, 치료 중 일어나는 인지적 변화 등이 있다. 이러한 연구는 행동 평가의 본질에 큰 영향을 미치고 바꾸기까지 한다. 특히 연구자들은 인지 과정을 평가하는 특정 기술들을 개발해 왔다. 예를 들어 내담자가 생각을 입 밖으로 내어 말하게 하는 것, 다른 생각들을 나열하는 것, 다양한 간격으로 생각 뽑아내기, 다양한 자기보고 질문지 등이다.

내적 관점은 행동 평가의 초기, 즉 거의 관찰 가능한 외현 행동에만 중점을 두었던 때와 매우 다르다. 이러한 전환은 행동과 인지의 관계에 대한 설득력 있는 증거 때문이었다(Alloy et al., 1999; Bandura, 1986; Garratt, Ingram, Rand, & Sawalani, 2007; Haaga, Dyck, & Ernst, 1991; Kendall & Treadwell, 2007). 인지 과정은 효과적인 치료 과정을 통해 변화할 뿐만 아니라 다른 유형의 장애가 발전하고 유지되는 것과 인과관계가 있을 수도 있다(Alloy et al., 1999; Breitholtz et al., 1999; Brewin, 1996; Garratt et al., 2007). 인지를 변경하면 충분히 행동을 변화시킬 수 있다고 가정하는 접근이 몇 가지 있다. 그러나 인지 행동 평가에는 중요한 제한점도 많이 있다. 내담자의 내적 과정에 대한 자기보고에서 나온 것이 모든 자료인데, 그러면 왜곡이 많이 생길 수 있다. 내담자들은 보통 자신의 인지 과정의 결과를 회상하고 서술할 수 있지만, 결론에 어떻게 도달할지를 설명하는 데 훨씬 큰 어려움을 겪는다. 실제 과정은 복잡한 평가 전략으로부터 나온 결과를 다시 복잡하게 분석해서 그것을 근거로 추론해야 할 것이다. 게다가 사건을 기억하는 것은 재구성 과정인데, 이때 연속적인 회상은 자신의 필요, 편견, 기대에 따라 달라질 수 있다(Henry et al., 1994; Lindsay & Read, 1995; Loftus, 1993). 여기서 내재하는 어려움을 통해 전통적인 행동주의자들은 인지 평가의 이론적, 실제적 적합성에 대해 의문을 갖게 되었다.

관련 사실로 밝혀진 것은 긍정적 사고의 힘에 대한 대중의 믿음이 단순하다는 것인데, 그 이유는 조정에 대한 좋은 예측 변수가 아니기 때문이다. 더 중요하게 여겨지는 것은 부정적 진술이 없는 것 또는 Kendall과 Hollon(1981)이 "부정적이지 않은 사고의 힘"이라고 일컫는 것이다. 더군다나 부정적인 혼잣말의 효과는 부정적인 내부 대화를 막으려는 긍정적인 사고의 능력보다 훨씬 크다. 예상대로 부정적 자기진술이 있을수록 치료 효과가 감소되었다(Garratt et al., 2007; Kendal & Treadwell, 2007). 또 다른 문제는 자기효능감과 같은 관련 인지가 문화에 따라 달라진다는 것이다. 예를 들어 비서양권 문화들은 자기효능감이 더 낮은 것으로 밝혀졌고, 특히 집단주의 문화일수록 더 낮다(Klassen, 2004). 이러한 사실에도 불구하고 실제로 자기효능감 수준이 문화에 따라 적절한 행동의 예측 변수였다. 인지 평가 및 기타 유형의 평가를 행하는 임상가들은 이와 같은 상황적 변인들을 고려해야 한다.

인지 평가의 두 가지 중요한 전략은 다양한 자기보고 질문지와 인지를 기록하는 기술을 통해 이뤄진다. 이러한 일반적인 전략들은 각각 장단점이 있으며, 맞는 상황도 다르고 맞는 내담자 유형도 서로 다르다.

인지 자기보고 질문지

인지 자기보고 질문지(Cognitive Self-Report Inventories)의 사용 횟수와 빈도가 엄청나게 늘었다. Guevremont와 Spiegler(1990)가 보고한 바에 따르면, 인지 자기보고 질문지는 행동적 면담과 거의 비슷하게 실시되고 직접 관찰보다 두 배로 실시되었지만, 이 연구는 이제는 지나간 자료이다. 일반적인 이점은 안면 타당도가 높다는 것과 관리하기가 쉽고 비싸지 않다는 점이다. 그러나 인지 자기보고 질문지의 심리측정적 성질은 매우 다양하며, 자주 사용되는 많은 도구들이 심리측정적으로 빈약하다. 보통 문항이 20~100가지 정도 되며, 응답자에게 각 항목의 찬성하는 정도를 리커트형 척도로 나타내도록 요청한다. 많은 도구들이 특정 영역에 치우쳐서 구성되는데, 예를 들어 우울증, 공포, 불안, 자기효능감, 심상, 사회적 기술(특히 자기주장), 섭식장애, 부부 문제 등의 영역이다. 표 4.1은 인지 자기보고 질문지의 주요 영역들과 각 영역에서 가장 많이 사용되는 도구들을 요약한 것이다. 이들을 살펴보는 것은 이번 장의 내용 범위를 벗어나는 것이지만, Bellack과 Hersen(1998) 그리고 Hersen과 Bellack(2002)을 참고하면 유용한 관련 정보를 얻을 수 있다.

우울증의 인지 과정에 대한 이론들에 따르면, 저절로 계속되는 특징적이고 반복적인 사고가 우울증을 유지한다고 하였다(Alloy et al., 1999; Garratt et al., 2007). A. T. Beck(1967)이 처음으로 우울증에 연관된 인지를 나열하였는데, 임의의 추론(증거를 입증

표 4.1 인지 자기보고 측정

영역	도구
우울증	역기능적 태도 척도
	인지적 편향 질문지(아동 및 성인 버전)
	자동적 사고 질문지
	벡 우울 척도-II
	귀인 양식 질문지
두려움과 불안	사회적 회피 및 고통 척도
	부정적 평가에 대한 두려움 척도(FNE)
	사회적 상호작용 자기진술 검사
	비합리적 신념 검사
	합리적 행동 질문지
	두려움 조사 스케줄
섭식장애	섭식 태도 검사
	폭식증 검사 개정판
	인지적 오류 질문지(섭식장애용으로 수정)
사회적 기술	래서스 주장 질문지
	울프-라자러스 주장 질문지
	갬브릴 주장 질문지
	바커 주장성 질문지
	갈등 해결 질문지
	동성애적 관계의 조사
	스탠포드 수줍음 척도
부부관계	관계 귀인 측정치
	관계 신념 질문지
	이중 귀속 질문지
	부부 태도 조사
	특정 관계 기준

하지 않고 추론하기), **선택적 추상화**(사건의 작은 측면에 의거해서 큰 판단을 내림), **과잉일반화**(작은 사건에서 정당하지 않은 방식으로 추론), **확대/축소**(부정적인 사건들을 지나치게 중시, 긍정적인 사건들은 축소)가 이에 속한다. 이러한 과정들은 우울증과 관련이 있지만, 우울증과 특정 인지 사이의 인과 모형이 확실하지 않으며 더 자세한 증명이 필요하다(Greenberg, 2008). 우울증의 원인이 되는 인지를 평가하는 데 가장 많이 사용되는 질문지로는 역기능적 태도 척도(A. Weissman & Beck, 1978), 인지적 편향 질문지(Hammen, 1978; Hammen & Krantz, 1976), 자동적 사고 질문지(Hollon & Kendall, 1980; Ingram et al., 1995), 벡 우울 척도-II (BDI-II; A. T. Beck et al., 1996)가 있다. 13장에서 BDI-II에 대해 더 자세한 내용을 볼 수 있다. 게다가 귀인 양식 질문지(Seligman, Abramson, Semmel, & von Baeyer, 1979)는 내담자가 특히 우울증과 관련된(예를 들어 학습된 무기력) 다양한 행동의 원인을 해석하는 방식을 더 잘 알아보기 위해 사용된다.

내담자의 두려움과 불안에 관련해서 다수의 검사 방법이 개발되었다(McGlyn & Rose, 1998 참고). 사회공포증을 특징짓는 주요 인지로는 대인관계와 관련된 위협을 느끼는 것과 긍정적인 대인관계 피드백이 잘못된 것이라는 신념을 들 수 있다(Kendall & Tread-well, 2007; Sewitch & Kirsch, 1984). 사회공포증에서 인지 평가의 중요성은 인지적 결핍과 왜곡이 사회적 기술의 결함보다 어려움을 유발하고 유지하는 데 더 중요하다는 연구 결과에 의해 강조된다(Heimberg, 1994). 사회공포증을 가진 사람들은 부정적인 정보를 회상하고, 사회적 당혹감을 두려워하며, 모호한 피드백을 부정적으로 해석하고, 자신의 행동을 과소평가하며, 다른 사람들로부터 부정적인 평가를 더 기대하고, 상호작용 전에 부정적인 자기진술을 하는 편이다(Breitholtz et al., 1999; Cacioppo, Glass, & Merluzzi, 1979; Hope & Heimberg, 1993). 각 인지 영역의 상대적 발생률을 평가하면 어떤 인지 과정이 수정되어야 하는지에 대한 치료 제안을 구체적으로 알 수 있다. 사회공포증의 인지 평가에서 가장 많이 사용되는 도구들은 사회적 회피 및 고통 척도(Watson&Friend, 1969), 부정적 평가에 대한 두려움 척도(FNE; Watson & Friend, 1969), 사회적 상호작용 자기진술 검사(Glass, Merluzzi, Biever, & Larsen, 1982)이다. 사회공포증 연구에서 밝혀지고 사회적 상호작용 자기진술 검사와 같은 검사로 측정된 자기진술 다수가 A. T. Beck(1967)이 우울증의 특징으로 밝힌 자기진술과 매우 유사하다. 이 유사점 때문에 아직도 해결되지 않는 문제가 생겼는데, 특정 비합리적 신념이 특정 장애와 관련이 있는지 또는 비합리적 신념에 불특정(여전히 일반적으로 부정적) 효과가 있는지의 문제이다(Heimberg, 1994 참고). 일반화된 불안에 대한 평가는 거의 이뤄지지 않지만, 많이 사용되는 두 가지 검사는 비합리적 신념 검사(R. Jones, 1969)와 합리적 행동 질문지(Shorkey, Reyes, & Whiteman, 1977)이다. 버전이 여러 개인 두려움 조사 스케줄(Wolpe & Lang, 1964, 1969, 1977)과 아동용 두려움 조사 스케줄(Ollendick, 1978, 1983)은 두려움에 대한 특정 인지를 측정하지는 않지만 둘 다 많이 사용되고 내담자가 겪는 두려움의 범주를 다양하게 세분화하는 데 매우 유용하다.

섭식장애의 평가에는 몇 가지 전략이 사용되는데, 이 장애 영역에서 인지적 왜곡이 상당히 많다는 관찰에 근거한다(Mizes & Christiano, 1994). 일부 저자들은 인지적 오류 질문지(Lefebvre, 1981)와 같이 이미 개발된 척도를 섭식장애와 관련된 특정 인지적 왜곡을 평가하기 위해 수정하였다(Dritschel, Williams, &Cooper, 1991). 섭식 태도 검사(Garner & Garfinkel, 1979)와 폭식증 검사 개정판(Thelen, Farmer, Wonderlich, & Smith, 1991)은 심리측정적 특성이 강하고 주로 섭식과 체중조절에 관련된 인지에 중점을 둔다. 또 다른 전략으로 섭식장애를 가진 내담자들로 하여금 자연적 환경에서 자신의 자기진술을 모니터하도록 한다(Zotter & Crowther, 1991). 이러한 전략들의 가치를 알 수 있는 부분은, 인지행동적 평가 도구가 특정 장애에 치우쳐서 구성될 수 있으며 위 전략들에서 나온 정보를 통해 임상가들이 다루게 될 특정 인지에 대해 알기 때문에 그 정보가 치료에 직접 관련이 있다는 점이다.

사회적 기술 평가에서 우세한 영역은 자기주장이다. 해당 평가는 보통 자기주장과 관련된 인지뿐만 아니라 구체적 행동과 기술을 평가한다. 다양한 자기보고 질문지들이 개발되었는데, 이에 속하는 것은 울프-라자러스 주장 질문지(Wolpe-Lazarus, 1966), 갈등 해결 질문지(McFall & Lillesand, 1971), 갬브릴 주장 질문지(Gambrill & Richey, 1975), 바커 주장성 질문지(Bakker, Bakker-Rabdau, & Breit, 1978)이다. 그러나 래서스 주장 스케줄(RAS)이 가장 많이 사용되며, 관련 규범적 데이터는 정신질환 집단(Rathus & Nevid, 1977)뿐만 아니라 정상 대학생들(Quillan, Besing, & Dinning, 1977)에게도 사용 가능하다. 응답자에게 각 진술이 실제 현황을 서술하는 정도를 6점 척도로 평정하도록 요청한다. +3은 해당 진술이 "나에게 매우 맞지 않다"를 뜻하고 −3은 "매우 맞다"를 뜻한다. 30문항 스케줄 본판 외에도 특정 집단을 위해 두 버전을 더 개발하였다. RAS 수정판(MRAS; Del Greco, Breitbach, & McCarthy, 1981)이 청소년을 위해 개발되었다. 단순화된 버전은 읽기 수준 6단계가 최소한으로 요구되며, 이와 달리 정규 버전에서는 10단계 읽기 수준이 요구된다(SRAS; McCormick, 1984). 추가적으로 비주장 사회적 기술 질문지로는 동성애적 관계의 조사(Twentyman & McFall, 1975)와 스탠포드 수줍음 척도(Zimbardo, 1977)가 있다.

부부관계를 평가하는 것은 관계의 장단점, 변화의 목표, 변화를 위해 과거에 해 봤던 시도들에 초점을 두며 다양한 행동에 대한 정보를 수집한다(Birchler & Fals-Stewart, 2006 참고). 이러한 정보는 면담을 통해 얻을 수 있으며 그 과정은 조심스러워야 한다. 인지 평가와 관련된 영역들은 각 배우자의 서로 다른 인식, 상대방이 행동하는 방식에 대한 이유 인식(귀인), 미래 행동에 대한 예측, 관계에 대한 가정(역할, 대본), 관계를 판단하는 기준이다. 위 영역들 중 다수가 인지 자기보고 질문지의 사용을 통해 평가될 수 있다. 더 많이 사용되고 잘 연구된 도구들에는 관계 신념 질문지(Eidelson & Epstein, 1982), 이중 귀속 질문지(Baucom, Sayers, & Duhe, 1989), 부부 태도 조사(Pretzer, Epstein, & Fleming, 1992), 특정 관계 기준(Baucom, Epstein, Rankin, & Burnett, 1996)이 있다.

자기효능감에 관심이 많이 집중되었는데, 그 이유는 치료에 맞는 예측이 다양해지고 그 예측과 관련이 있기 때문이다. 평가는 보통 내담자가 스스로 특정 기술 또는 목표(예를 들어 금연)를 달성할 수 있을 거라는 신념의 정도를 매김으로써 단순히 실시된다. 자기효능감의 수준과 상황의 일반화 가능성 간의 구분이 제대로 이뤄져야 한다. 자기효능감이 한 상황에서 다음 상황으로 넘어가는 것과 관련이 있는 정도에 대한 질문들이 있기 때문에, 특정 측정 방법을 다른 영역에서 사용하는 경우가 종종 있다(예를 들어 우울증, 주장, 흡연 등). 자기효능감 수준이 높은 사람은 상황을 판단하고 대처하는 자기효과에 대해 긍정적인 기대를 하는 편이다. 자기효능감은 과거에 성취하였던 성과, 간접(관찰) 경험, 언어적 설득, 생리학적 상태의 결과로 발달한다. 자기효능감의 평가는 특히 문제행동의 효과와 질에 대한 선행적, 회상적 설명들을 이해하는 데 중요하다. 자기효능감의 상대적 수준은 다양한 변수들, 즉 일반 치료 성과, 흡연 치료, 자기조절 훈련의 재발률을 예측할 수 있다고 밝혀졌다(Bandura, 1997 참고).

심상은 환상, 백일몽, 기타 몽상 형태로 한 개인이 표출하는 문제로 관찰되는 경우가 많다. 우울증이 있는 사람은 비판받는 모습을 계속 반복해서 떠올리고, 불안한 사람은 위험한 장면을 자꾸 떠올리며, 편집증적인 사람은 학대의 장면을 자주 떠올리는 것 같다. 한 개인이 심상을 만들고 통제하는 상대적 능력을 알아보는 것은 이미지 형성이 꼭 필요한 치료에 대한 반응을 예측하는 데 중요할 것이다(Sheikh, 2003). 이미지 형성의 예를 보면, 체계적 둔감화, 내현적 둔감화, 내현적 혐오감 유발, 특정 유형의 이완 과정 등이 있다. 심상에 관한 연구가 많이 행해진 영역들은 심상의 다른 차원(Parks, 1982), 각성 상태와 비각성 상태의 심상 간의 차이(Cartwright, 1986), 의식·무의식의 이미지가 행동에 미치는 영향(Horowitz, 1985) 등이다. 임상적 심상과 다른 측면의 인지 둘 다 평가하고 싶으면 인지를 평가하기 위해 개발된 전략들 중 한 가지 또는 몇 가지를 사용할 텐데, 그 전략들은 다음과 같다.

인지 기록

다양한 자기보고 질문지를 사용할 수 있지만, 덜 구조화된 방식으로 인지를 기록하기 위한 전략이 추가적으로 개발되었다. Parks와 Hollon(1988)은 초기와 그 이후의 연구자들이 사용한 방법들을 나열하고 요약하였다. 그 내용은 다음과 같다.

생각을 입 밖으로 내어 말하기/생각 말하기(think aloud). 내담자에게 현재 생각을 언어로 표현하도록 요청하는데, 이는 5~10분 동안 유지되어야 한다(Lodge et al., 2000). 유사한 기술은 자유연상인데, 내담자는 현재 내부 생각을 보고한다기보다 마음속에 떠오르는 것은 무엇이든 단순히 말하도록 요청받는다. 잠재적 문제는 그 과정이 부자연스럽게 느껴져서 정상적으로 일어나는 내부 생각과 다른 내용을 뽑아낼 수가 있다는 점이다. 또한 보고된 생각이 전체 인지 중 제한된 부분만 차지할 것이라는 결과대로, 내담자는 경쟁 생각까지 언어로 표현할 기회가 없을 것이다. 게다가 내담자가 모든 것을 솔직히 보고하지도 않는다. 언어로 보고된 생각이 그 순간의 실제적 과정과 다르게 하는 인자로, 보통 사람들은 현재 내부 대화의 주제를 5~6초마다 바꾼다. 반면 내부 대화의 언어 보고를 보면 주제가 평균 30초마다 바뀐다.

사적인 언어(private speech). 아동의 인지를 평가할 경우, 아동이 다양한 활동에 몰입하고 있을 때 조그맣게 들리는 말에 주의를 기울임으로써 평가를 실시할 수 있다. 이때 사적인 언어는 내적 사고와 매우 유사하게 나온다고 여겨진다.

명확한 사고(articulated thoughts). 임상가들은 내담자가 보고한 문제와 유사한 구조화된 상황 또는 가상 상황을 만들고 싶을 것이다. 예를 들어 내담자에게 자기주장을 하거나 비판 또는 공포 자극에 노출되도록 하는 가상 상황을 만들 수 있다(Rosqvist et al., 2006). 그 다음 그런 상황에서 느끼는 생각들을 분명히 표현하도록 한다. 대표적인 생각과 추론이 문제행동과 어떻게 관련이 있는지에 따라 대표 생각을 표현하고 추론할 수 있다.

산출법(production methods). 내담자에게 가상 상황에서 생각을 표현하도록 하는 대신, 실제 자연적 상황(예를 들어 비판, 공포 자극 등)이 일어나면 그 상황과 관련된 전형적인 생각을 표현하고 기록하게 한다. 이러한 방법을 일컬어 실제적 자기보고라고 한다.

인정 방법(endorsement methods). 내담자는 표준화된(예를 들어 비합리적 신념 검사, 인지적 편향 질문지) 또는 비공식적으로 개발된 항목 목록을 받게 되는데, 발생 빈도, 신념 강도 그리고 특정 항목에서 내담자의 인지에 따라 독특하게 나타나는 방식을 매기도록 요청받는다. 이러한 항목들 중에는 "무슨 소용인가요?" 또는 "난 제대로 하는 게 하나도 없어"와 같은 생각들의 빈도를 매기는 것도 있다. 이 기술의 잠재적 어려움은 상황과 사회적 바람직성의 요구 특성 효과이다. 이 기술에 숨겨진 기본적이면서 의문스러운 가정은 해당 인지가 내담자의 의식적 자각에 있다는 것이다.

생각 목록(thought listing). 내담자에게 현재 생각을 계속 서술하는 대신, 적당한 생각들을 간단히 요약하라고 한다. 이러한 생각들은 특정 자극, 문제 영역에 의해 또는 단순히 자극에 반응하거나 예측함으로써 유도할 수 있다.

사고 표집법(thought sampling). 내담자의 생각 샘플은 알람(prompt)(예를 들어 스마트폰의 호출 기능)을 설정하고 알람에 의한 개입 직전에 떠오른 생각을 표현하게 함으로써 얻을 수 있다.

사건 기록(event recording). 내담자에게 적절한 사건이 일어날 때까지 기다렸다가(예를 들어 강박장애 환자의 경우 손 씻기) 사건과 관련된 생각이 들 때 그것을 적도록 한다. 내담자가 단순히 문제 또는 자발적으로 일어나는 행동을 기다리는 대신, 새롭고 바람직한 행동의 표현에 관련된 생각을 서술하도록 한다. 이러한 행동에 대한 생각을 통해 지속적으로 행동이 일어날 가능성을 증가시킬 수도 있다.

정신생리학적 평가

한 사람에 대해 완전히 알려면, 행동 모드, 정서 모드, 인지 모드를 평가하는 것은 물론이고 이 세 모드가 생리적 기능과 상호작용하는 방식 또는 생리적 기능에 의존하는 방식을 평가해야 한다. 이러한 정신생리학적 평가는 최근에 실시하기가 더 쉬워졌는데, 그 이유는 관심과 지식이 늘었기 때문이다. 여기서 지식이란 기기 장치〔자기공명영상장치(MRI), 전자기기, 컴퓨터〕, 조작적 조건형성 행동(한때 무의식, 생리적, 신경화학적 측면의 행동으로 여겨짐), 행동의학에 대한 것이다(Larkin, 2006). 가장 많이 평가되는 생리학적 반응은 심장 박동수, 혈압, 체온, 근육 긴장도, 혈관 확장, 피부전기반응(GSR), 뇌전도(EEG)로 측정하는 뇌활성도 등이다. 기능적 자기공명영상장치(fMRI)도 유명한데, 적어도 연구 분야에서는 많이 쓰인다(Aue, Lavelle, & Cacioppo, 2009 참고). 생리학적 문제는 검사들에서 나온 데이터를 수량화함으로써 더 자세한 생리학적 지표들로 나타낼 수 있게 된다.

심리학적, 생리학적 모드에 대한 초기 연구 중 하나를 보면, 두려움과 분노는 혈압과 피부 전도도에서 다른 생리학적 반응을 보였다(Ax, 1953). 이 연구 결과에서 알게 된 점은, 이 두 가지 감정 및 기타 심리학적 변수들은 자기보고 질문지가 아닌 다른 방법으로 측정할 수도 있다는 것이다. 더 최근에 발견된 사실인데, 강박장애를 가진 환자들은 안와전두피질의 활성이 더 크다고 한다(K. E. Anderson & Savage, 2004). 또 다른 대표적인 연구 분야는 다양한 성격 변인과 정신생리학적 측정 간의 관계이다. 반사회적 인격을 지닌 내담자들은 불안장애 내담자들보다 피부 전도도가 낮게 나왔다(Lorber, 2004). 거짓말 탐지기 조사는 여전히 많이 쓰이지만, 진실을 말하는 사람과 거짓말을 하는 사람을 구별하는 데 특별한 효과가 없었다(Iacano & Patric, 2006). 이와 달리 사건관련전위(ERPs)를 사용하면 기억상실과 거짓 기억상실을 구분하는 것이 확실하다고 한다. 한 영역(예를 들어 불안)의 생리학적 기준치 측정법은 사회공포증, 범불안장애, 강박장애의 치료 효과를 지켜보는 데 유용하다(Larkin, 2006). 앞서 언급한 연구들 대부분이 변수들(정서, 성격, 행동장애, 결과 분석) 간에 매우 일반적인 상관관계가 있다고 하였지만, 미래 평가의 잠재력이 상당하므로 더 연구될 소지가 있으며 측정법도 더 정교해져야 한다.

정신생리학적 데이터를 모아서 해석하는 임상가들은 심리평가에 대한 일반 지식 외에도 해부학, 전자기기 그리고 생리학적 지식(심혈관, 근골격, 신경, 호흡, 피부전기반응, 시각기관, 소화기 반응 계통)이 있어야 한다. 이 방대한 배경 지식이 중요한 이유는 기기 장치에 문제가 생기는 경우가 많기 때문이다. 다양한 혼란 변수가 생길 수 있는데, 예를 들어 호흡률을 늦춤으로써 심박출량을 조절하는 것 또는 뇌활성 측정에서 눈을 굴리는 것의 영향 등이다. 시스템 내 불필요한 영향을 배제하기 위해 필터가 필요할 수도 있다. 평가 기술들도 침습적이어서 상황을 인위적으로 만든다. 결과적으로 내담자의 생활에서 외부 측면들을 또는 다양한 반응 모드들을 일반화하는 것은 옳지 않은 듯하다. 생리학적 데이터에 기초한 심리학적 해석 결과가 유의미해도 다양한 어려움이 나타날 수 있다. 앞으로 기기가 더 발달하고 컴퓨터 분석 방법이 개선되면 정신생리학적 평가가 더 유용해지고 많은 어려움을 극복할 수 있을 것이다.

읽을거리

Haynes, S. N. & Heiby, E. M. (Eds.). (2004) *Comprehensive handbook of psychological assessment. Behavioral assessment* (Vol. 3). Hoboken, NJ: Wiley.

Haynes, S. N., O'Brien, W., & Kaholokula, J. (2011). *Behavioral assessment and case formulation*. Hoboken, NJ: Wiley.

Hersen, M. (Ed.). (2005a). *Clinician's handbook of adult behavioral assessment.* New York, NY: Elsevier.

Hersen, M. (Ed.). (2005b). *Clinician's handbook of child behavioral assessment.* New York, NY: Elsevier.

Hersen, M. & Bellack, A. S. (Eds.). (2002). *Dictionary of behavioral assessment techiniques* (2nd ed). New York, NY: Pergamon Press.

McLeod, B. D., Jensen-Doss, A., & Ollendick, T. H.(Eds.). (2013). *Diagnostic and behavioral assessment in children and adolescents: A clinical guide.* New York, NY: Guilford Press.

Whitcomb, S. & Merrell, K. W. (2012). *Behavioral, social, and emotional assessment of children and adolescents* (4th ed.). New York, NY: Routledge.

제5장

웩슬러 지능검사

웩슬러 지능검사는 소검사들이 조합되어 총집(battery) 형식으로 구성된 개인용 지능 측정 도구이다. 이 검사는 지적 능력의 다양한 측면을 평가하며, 성격의 여러 측면을 관찰할 수 있는 상황을 제공한다. 가장 최근의 개정판(WAIS-IV와 WISC-V)은 전반적 IQ 또는 "전체척도" IQ(FSIQ)뿐만 아니라 소검사들의 다양한 조합을 통해 산출되는 세부적인 지수점수를 제공한다. 웩슬러 지능검사는 심리측정적 속성이 명확하고 임상가에게 필요한 정보를 제공하기 때문에 여러 심리검사들 중에서 가장 뛰어난 것으로 평가된다. 이 때문에 임상 실제에서 가장 빈번하게 사용되는 검사가 되었다(Archer, Buffington-Vollum, Stredny, & Handel, 2006; Camara, Nathan, & Pucntc, 2000; C. E. Watkins, Campbell, Nieberding, & Hallmark, 1995).

지능의 측정: 찬성과 반대

지능의 측정에는 오해와 논란, 때로는 남용의 역사가 꾸준히 있어 왔다(Bartho-lomew, 2006; Flanagan & Harrison, 2005; Weinberg, 1989). 지능검사에 대한 비판은 개인에게 라벨을 붙이는 데 대한 도덕적 비난에서부터 문화적 편향, 검사 점수의 남용과 관련된 법적 문제에 이르기까지 다양하다. 지능의 측정을 반대하는 비판은 근거가 있을 수 있지만 지능의 측정에는 수많은 장점이 있다.

지능검사의 장점 중의 하나는 미래의 행동을 효과적으로 예측할 수 있는 점이다. 일찍이 알프레드 비네는 검사를 사용하여 행동 예측의 정확성을 어느 정도 높였으며, 이후 검사 절차는 더욱 세련되고 정교해졌다. 최근 연구들은 지능검사가 다양한 변인들을 예측할 수 있음을 밝혔다. 특히 IQ 검사는 학업 성취(Kaufman & Lichtenberger, 2006; Neisser et al., 1996), 직업 수행(J. Hunter & Schmidt, 1996; F. L. Schmidt & Hunter, 1998, 2004; Wagner, 1997) 그리고 신경심리학적 손상 여부까지 강력하게 예측하였다(Groth-Marnat, Gallagher, Hale, & Kaplan, 2000; Lezak, Howieson, Bigler, & Tranel, 2012). 그러나 이러한 성공으로 인해 책임도 뒤따르게 되었다. 먼저 지능검사는 아동들을 정형화된 범주로 분류하는 데 사용될 수 있지만, 이는 아동들이 공부할 영역을 선택할 자유를 제한할 수 있다. 또한 IQ 검사는 학업과 시험 외의 영역을 예측하는 데는 한계가 있으며, 때로는 이러한 영역에 대한 추론에 잘못 사용되기도 하였다(Snyderman & Rothman 1987; Sternberg, 2003). 지능검사는 개인의 현재 기능 수준을 측정하는 것이며, 따라서 단기적인 예측에 사용하는 것이 적합하다는 것을 강조해야 한다. 장기적인 예측은 빈번하게 시도되었지만, 통제가 불가능한 다양한 변인들의 영향을 받기 때문에 정확성이 떨어진다. 마찬가지로 IQ 점수에만 의거하여 학업적 배치를 하는 것은 실패할 가능성이 매우 높다. 성공에 중요할 수 있는 모든 변인들을 한 검사가 다 측정할 수는 없기 때문이다. 검사 사용자가 검사 점수의 의미를 검사 제작자의 원래 취지를 넘어, 특히 현실적으로 기대해 볼 수 있는 예측과 관련지어 확대 해석해 보는 시도는 때로는 가능하다.

IQ 점수는 학업적 성취를 예측할 뿐만 아니라 직업과도 관련이 있다. 예를 들어 비숙련 노동자의 평균 IQ는 87이고 고도로 숙련된 전문가의 평균 IQ는 125에 이른다(Reynolds, Chastain, Kaufman, & McLean, 1987). 직무 능력과 일반지능 간의 상관을 살펴보면 상대적으로 유능성이 덜 요구되는 직업(.23)보다 복잡하고 어려운 직업(.58)을 예측할 때 더 높게 나타났다(F. L. Schmidt & Hunter, 2004). Schmidt와 Hunter(2004)는 일반지능이 관리자(.53), 판매원(.61), 점원(.54)의 성공과 높은 상관이 있음을 밝혔다. 지적 부하가 큰 업무의 경우 수행의 준거와 관련된 변인들 중 거의 절반이 일반지능에 의해 설명되었다(F. L. Schmidt & Hunter, 2004; F. L. Schmidt, Ones, & Hunter, 1992). 또한 인사 선발 장면에서 지능검사를 사용하는 것은 경제적으로 효율적인 것으로 입증되었다(F. L. Schmidt & Hunter, 1998). IQ 검사 사용의 정확성은 잘 만들어진 검사, 직무 표본, 구조화된 면접의 결과를 함께 고려할 때 더욱 높아질 수 있다(F. L. Schmidt & Hunter, 1998, 2004).

지능검사 특히 WAIS-IV와 WISC-V의 또 다른 장점은 개인의 인지적 강점과 약점에 관한 정보를 제공한다는 점이다. 표준화된 절차에 따라 다양한 영역에서의 개인의 수행을 동년배의 수행과 비교할 수 있으며, 비교를 통해 개인의 강점과 약점을 도출할 수 있다. WAIS-IV, WISC-V, 기타 개인별로 실시되는 검사는 수검자의 인지적 과제에 대한 접근 방식과 독특성을 관찰하기에 용이한 다양한 과제를 수행할 수 있는 구조화된 맥락을 제공한다. 검사자는 검사를 실시하는 동안 수검자, 검사자 그리고 검사 도구의 상호작용을 바탕으로 수검자의 자존감, 행동 특이성, 불안, 사회적 기술, 동기 수준 등에 대한 정보를 얻을 수 있을 뿐만 아니라 인지적 기능에 대한 구체적인 그림을 그릴 수 있다. 지능검사는 종종 임상가, 교육자, 연구자가 시간 경과에 따른 개인의 변화 정도를 파악하거나 특정 영역에서 다른 사람과 능력을 비교할 때 사용할 수 있는 기저선을 제공한다. 이는 교육 프로그램의 효과를 평가하거나 특정한 학생의 능력 변화를 평가하는 데 중요한 함의가 있다. 지능검사는 신경외과적 수술로 인한 재적응과 뇌 손상으로부터의 회복 상황에서 환자의 인지적 변화를 측정하는 데 매우 유용하다. 또한 지능검사는 교육 프로그램, 가정환경, 영양 상태와 같은 환경적 변인이 인지 기능에 미치는 영향을 검토하고 이해하는 데 중요하다. 그리하여 이러한 평가는 개인들 간의 문화적, 생물학적, 성숙적 차이와 치료로 인한 차이에 관한 유용한 정보를 제공할 수 있다.

지능검사에 대한 비판은 이들 검사가 대부분 집중적, 분석적, 과학적 사고를 강조하는 점에 대해서 제기된다. 즉 확산적, 예술적, 창의적 사고가 강한 사람은 검사의 수행에 불리하다는 것이다. 일부 비평가들은 지능검사에 대한 현재 접근 방법이 유사한 가치를 지닌 사람들이 그들과 유사한 아동들에게 교육적 이점을 전하는 데 사용되는 사회적 매커니즘이 되었다고 역설하였다. 지능검사는 창조적 사고를 지닌 사람들에게 불리할 뿐만 아니라 비학업적인 지적 능력을 평가하는 데도 제한이 있다(Gardner, 2006; Snyderman & Rothman, 1987; Sternberg, 2003). 사회적 감각, 사람들과의 상호작용, 일상에서 현실을 다루는 능력, 사회적 유능성, 물건 구입과 같은 특정 과제를 수행하는 능력은 표준화된 지능검사로 측정되지 않는다(Sternberg, 2003). 요약하면 사람들은 하나의 지능검사에서 측정할 수 있는 것보다 더 많은 인지적 능력을 가지고 있다.

지능검사에 대한 오해와 남용은 검사 점수를 개인의 타고난 능력의 측정치로 취급할 때 흔히 발생한다. IQ는 타고난 능력을 측정하는 것이 아니며, 모든 문제해결 능력을 대표하는 것도 아니다. IQ는 다양한 상황에서 변화하기 쉬운 능력으로, 특정 시점에서 만들어진 구체적이고 제한된 표본 능력이다. 또한 IQ는 개인의 풍부한 과거 경험을 잘 반영한다. 해석 지침에서 검사 점수의 제한적인 특성을 분명히 지적하고 있는데도 불구하고 검사 점수를 개인의 영구적인 특성을 반영하는 절대적인 사실로 간주하는 경향이 있다. 사람들은 타고난 인지 능력을 수량화하고 이해하고 평가할 수 있는 빠르고 쉬운 방법을 원한다. IQ 점수는 이러한 점을 충족시키기 위해 널리 남용되는 점수이다.

지능검사의 중요한 한계는 문제해결과 관련된 근본적인 절차에는 관심이 없는 점이다. 수검자가 검사를 실시할 때의 수행 과정보다는 최종적으로 나타난 결과에 중점을 둔다. 즉 "어떻게"보다 "얼마나"에 더욱 관심을 가진다(Embretson, Schneider, & Roth, 1986; E. Kaplan et al., 1999; Milberg, Hebben, & Kaplan, 1996). 낮은 산수 소검사 점수는 주의력 결핍, 이해력의 부족, 계산곤란증 또는 낮은 학업적 성취로 인해 검사자의 지시를 이해하는데 어려움이 있을 수 있음을 말해 준다. "최종적 산물(점수)"의 극단적인 예는 전체 IQ 점수이다. 검사자가 수검자의 일반 능력을 종합적으로 평가할 때 인지 기능은 지나치게 단순화될 수 있다. 검사자는 강점과 약점을 파악하지 않고도 간단하고 빠르게 치료적 중재와 권고를 할 수 있다. 이는 검사자가 수검자의 정신 능력을 절차 지향적으로 좀 더 정확하게 이해하는 데 방해가 된다.

지능검사에 관한 또 다른 우려는 다양한 문화적 배경을 가진 소수 민족에 속하는 개인을 정확하게 평가하기 어렵다는 점이다. 지능검사는 유럽계 중산층 미국인들에게 유리하도록 구성되어 있다. 비평가들은 소수 민족이 검사를 할 때 동기 결핍, 연습 부족, 문화적 특성이 포함된 문항에 대한 생소함, 라포 형성의 어려움 등의 문제 때문에 불리하다고 주장한다. 소수 민족을 평가할 때 지능검사를 사용하는 것과 관련된 수많은 논쟁은 결국 IQ 점수의 법적 제한에 이르게 되었다. 그러나 이러한 논쟁에 대하여 IQ 점수는 법적 문제로 여기는 것보다 덜 편향되어 있다고 방어하였다("다양한 집단에서의 사용" 절 참고). 이 문제는 해결되지 않았지만 임상가들은 이러한 딜레마에 대하여 지속적으로 관심을 가져야 하며 소수 민족의 규준에 유의하여 IQ 점수를 신중히 해석해야 한다.

마지막으로 많은 사람들이 IQ 점수가 깊은 사적 정보라고 생각한다. 그들은 다른 사람들, 심지어 비밀을 지킬 것으로 예상되는 심리학자도 이 정보에 접근하는 것을 허용하지 않는다. 이러한 문제는 IQ 점수가 소송 또는 인사 선발과 같이 많은 사람들에게 제공될 때 더욱 악화된다.

지능검사는 개인의 기능을 잘 평가하며 많은 유용성이 있다. 단기적인 학업 수행의 예측, 개인의 강점과 약점의 파악, 직업적 성취의 예측, 개인의 주요 성격 변인의 파악 등이 가능하며, 연구자, 교육자 그리고 임상가가 개인 또는 집단에서의 변화를 추적할 수 있다. 그러나 이러한 유용성은 지능검사의 한계가 고려된 경우여야 한다. 지능검사는 창의력, 동기 수준, 사회적 감각, 사람들과의 적절한 상호작용과 같은 직업적 성공과 비학업적 기술을 예측하는 데는 한계가 있다. 또한 IQ 점수는 선천적인 능력을 측정하지 못하며, 소수민족을 분류할 때 사용하는 것에 대해 의문이 남아 있다. 마지막으로 지능검사는 인지 기능의 최종적 산물을 이해하고 근본적인 인지 과정을 이해하는 데 한계가 있다.

역사와 발전

Wechsler는 1930년대에 표준화된 여러 가지 검사에 대해 연구하기 시작하였으며, 11개 소검사로 초기 배터리를 구성하였다. 지능은 본질적으로 총체적(global)이며 성격의 일부를 대표한다는 개념을 바탕으로 소검사가 구성되었다. 소검사 중 몇 개는 스탠포드 비네 검사 1937년 개정판으로부터 구성되었다(이해, 산수, 숫자, 공통성, 어휘). 나머지 소검사들은 군대 집단 검사(차례맞추기), 코(Koh)의 토막짜기, 군대 알파(상식, 이해), 군대 베타(바꿔쓰기-기호 쓰기), 헬리(Healy) 그림 완성 검사(빠진곳찾기), 핀더-패터슨(Pinther-Paterson) 검사(모양맞추기) 등으로부터 구성되었다. 이러한 소검사들은 1939년에 웩슬러-벨레부(Wechsler-Bellevue) 지능검사로 통합되어 출판되었다. 웩슬러-벨레부 지능검사는 소검사의 신뢰도와 규준 표본의 크기 및 대표성과 관련된 많은 기술적 문제가 있었다. 이에 따라 1955년에 웩슬러 성인 지능검사(WAIS)로 개정되었으며, 다음 개정판(WAIS-R)은 1981년에 출판되었다. 1981년에 개정된 WAIS-R은 1970년 인구조사에 의거한 전국 대표집단 1,880명에 기초하였으며, 표본은 9개 연령 집단으로 구분되었다.

표 5.1 WAIS-IV의 주요 변화

언어성 IQ와 동작성 IQ 삭제

규준의 최신화

15개 소검사(vs WAIS-III 14개 소검사)

전체척도 IQ와 10개 핵심 소검사를 기반으로 한 지수의 조합

일반능력 지수(언어이해와 지각추론의 조합, 선택적 지수)

3개 소검사 추가(퍼즐, 무게비교, 지우기)

2개 소검사 삭제(모양맞추기, 차례맞추기)

핵심 및 보충 소검사 구성

지각적 조직화 지수를 지각추론 지수로 재명명

토막짜기, 숫자, 순서화 소검사를 선택적 과정점수에 포함

10개 핵심 소검사만을 실시하여 시간 단축(FSIQ와 지수점수 산출)

천장 및 바닥 효과 개선

웩슬러 기억검사 4판과의 공통 규준 적용

신경심리학자와 노년심리학자들을 위한 업그레이드판 제공

1997년에 제작된 웩슬러 성인 지능검사 3판(WAIS-III)은 WAIS-R을 대체하였다. 개정의 주 목적은 규준의 최신화였다. 또한 연령 범위의 확대, 문항의 수정, IQ 점수의 "천장" 효과와 "바닥" 효과의 개선, 시간 제한 과제의 축소, 지수/요인 점수의 개발, 인지 기능과 성취의 측정, 신뢰도와 타당도의 제고 등이 목적이었다. 이러한 변화에도 불구하고 WAIS-R의 6개 언어성 소검사와 5개 동작성 소검사는 유지되었다. 이처럼 소검사들의 분류를 유지한 것은 임상가들이 전체척도 IQ, 언어성 IQ, 동작성 IQ를 계산할 수 있도록 하기 위해서이다. WAIS-III의 또 다른 특징은 3개의 새로운 소검사가 포함되어 4개의 지수 점수를 계산할 수 있게 한 점이다. 그리하여 WAIS-III는 단순히 규준을 최신화한 것이 아니다. 웩슬러 기억검사(WMS) 점수와 연계하고 IQ와 지수/요인 점수 둘 다를 계산함으로써 보다 높은 연령 또는 IQ 범위의 사람들에 대한 평가를 가능하게 하는 등 검사 점수로 더욱 많은 것을 파악할 수 있게 되었다.

웩슬러 성인 지능검사 4판(WAIS-IV)은 성인용 웩슬러 지능검사의 최신 개정판이다. 개정의 주된 목적은 규준의 최신화, 천장 효과와 바닥 효과의 개선, 심리측정적 속성의 증진, 검사 실시 시간의 단축 등이다. 또한 웩슬러 기억검사 4판(WMS-IV; 표 5.1 참고) 그리고 웩슬러 개인 성취 검사 2판(WIAT-II, 현재 WIAT-III 출판)과 공통 규준을 적용하였다. 가장 눈에 띄는 변화 중 하나는 언어성 IQ와 동작성 IQ를 폐기한 것이다. 대신 WAIS-IV

표 5.2 WAIS-IV 소검사의 구성

지수	핵심 소검사	보충 소검사
언어이해	공통성 어휘 상식	이해
지각추론	토막짜기 행렬추론 퍼즐	무게비교, 빠진곳찾기
작업기억	숫자 산수	순서화
처리속도	동형찾기 기호 쓰기	지우기

는 전체척도 IQ와 함께 4개의 지수점수(언어이해, 작업기억, 지각추론, 처리속도)를 사용하였다. 언어성-동작성 IQ를 폐기한 주된 이유는 이들이 특성을 순수하게 측정하는 것이 아니라 여러 다른 능력들을 통합하여 측정하기 때문이다. 예를 들어 언어성 IQ는 언어적인 능력뿐만 아니라 작업기억도 측정한다. 즉 단일한 능력을 측정하는 것이 아니었다. 반면에 4개 지수점수를 사용하면 이론적으로 타당하고 비교적 순수한 측정을 할 수 있다. 4개 지수에 더하여 전체척도 IQ에 대한 의존도는 WISC-IV와 유사하지만(Wechsler, 2003a, 2003b), 웩슬러 아동 지능검사 5판(WISC-V; Wechsler, 2014a)은 전체척도 IQ와 5개 지수점수(역자 주: Index score를 K-WAIS-IV에서는 "지수점수", K-WISC-IV에서는 "지표점수"로 번역하였다. 이 책에서는 통일을 기하기 위해 모든 index score를 지수점수로 번역하였다)를 모두 포함하도록 구조를 확장하였다. 또한 WAIS-IV에서는 언어이해 지수와 지각추론 지수점수를 합친 일반능력 지수를 선택적으로 산출할 수 있다. 신경심리학자와 노년심리학자들을 위한 WAIS-IV의 개정판은 2009년에 사용할 수 있게 되었다(*WAIS-IV/WMS-IV Advanced Clinical Solutions*; Pearson, 2009a).

WAIS-IV의 또 다른 특징은 소검사의 삭제, 추가, 수정이 이루어진 점이다. 또한 소검사는 핵심 소검사와 보충 소검사로 구분되었으며, 핵심 소검사는 지수점수 산출에 포함된다(표 5.2 참고). 그러나 핵심 소검사가 타당하지 않은 경우 또는 핵심 소검사를 실시할 수 없거나 핵심 소검사의 수행이 다른 소검사들 수행과 큰 차이가 나고 이것이 실시의 오류 때문인 것으로 의심되는 경우에는 핵심 소검사를 보충 소검사 중 하나로 대체할 수 있다.

표 5.3 WISC-V의 주요 변화

지각추론 지수를 시각공간 지수와 유동추론 지수로 분리

규준의 최신화

18개 소검사로 구성(WISC-IV에서는 15개 소검사)

7개의 핵심 소검사를 기반으로 IQ 및 지수 산출

5개의 새로운 소검사 도입: 3개 소검사 추가(그림폭, 명명속도, 기호바꾸기), 2개 WAIS-IV 소검사의 하향
    확장(퍼즐, 무게비교)

2개의 소검사 삭제(단어 추론, 빠진곳찾기)

핵심 및 보충 소검사를 새로 구성

3개의 보조적 지수점수(양적 추론, 청각기억, 비언어성)와 3개의 보충지수(명명속도, 기호바꾸기, 저장과 인출)
    추가

FSIQ(48분) 또는 5개 지수점수(65분) 산출에 필요한 10개 소검사만 실시하여 시간 단축

시간 단축을 위해 7개 핵심 소검사만 실시할 수 있음(FSIQ와 지수점수 산출)

문화적 호환성, 천장 및 바닥 효과 개선, 틀린 반응을 초래하는 혼란 감소(예를 들어 순서화) 등을 중심으로
    문항 수정

웩슬러 개인 지능검사 3판(Wechsler Individual Intelligence Test-III)과 공통 규준 적용

보충 소검사는 수검자의 기능 수준에 관한 추가적인 정보를 제공한다. 예를 들어 새로운 지우기 소검사는 동형찾기와 기호 쓰기에 더하여 신속하게 정보를 처리하는 능력 또는 다중 선택지에서 빠르게 주의를 기울이는 능력과 관련된 정보를 얻을 수 있다. 많은 소검사에서 지시문을 보다 명확하게 하고 채점 규칙을 수정하였으며 자극을 변경하고 새로운 문항들을 포함하였다.

WAIS-IV의 규준은 성, 학력, 인종, 거주 지역에 따라 16~90세 연령 2,200명의 자료에서 산출되었다. 규준집단의 인구학적 분포는 2005년 미국인구조사 자료와 매우 유사하다. 16~60세 수검자는 연령 범주별로 200명을 표집하였으나 70~90세에서는 100명만 표집하였다. WAIS-IV는 WMS-IV, WIAT-II와 공통 규준을 적용하였다. 또한 규준과 함께 경도 인지장애, 경계선 인지 기능, 외상성 뇌 손상, 알츠하이머병, 주의력결핍 과잉행동장애, 읽기장애, 산수장애, 자폐증, 아스퍼거 증후군, 우울증을 포함한 특수 집단의 반응 패턴도 제시하였다.

웩슬러-벨레부 지능검사는 원래 성인을 대상으로 개발되었지만 Wechsler는 1949년에 5세 0개월까지의 아동들을 위하여 웩슬러 아동 지능검사를 개발하였다. 아동을 위하여 원래 척도보다 더욱 쉬운 문항으로 구성하였고, 1940년 인구조사에서 2,200명의 유럽

표 5.4 WISC-IV 지수와 소검사의 구성

지수	핵심 소검	보충 소검사
언어이해	공통성 어휘	상식, 이해
시각공간	토막짜기 퍼즐	
유동추론	행렬추론 무게비교	공통그림찾기 산수
작업기억	숫자 그림폭	순서화
처리속도	기호 쓰기 동형찾기	지우기

계 미국인 아동들을 대상으로 표준화 자료를 수집하였다. 그러나 이 표본이 중산층 이상 아동을 과표집하였다는 증거가 있다. 따라서 소수 민족과 사회경제적 수준이 낮은 아동은 규준과 비교하였을 때 불리할 수 있다. WISC는 1974년에 개정되었으며, 미국 아동들을 보다 잘 대표할 수 있는 새로운 표본으로 표준화되었다. WISC-III(Wechsler, 1991)는 1991년에 출판되었다. 개정 3판의 주된 변화로는 4개 요인/지수점수(언어이해, 지각적 조직화, 주의산만성, 처리속도)를 포함하였으며, 처리속도 요인에는 기호 쓰기 소검사와 함께 새로이 동형찾기 소검사가 추가되었다. WISC-III의 신뢰도는 WISC-R과 마찬가지로 우수하였다. 이 검사의 표준화 자료는 1988년 인구조사에서 6~16세 사이의 2,200명 아동을 대상으로 수집하였으며, 표본은 각 연령마다 남자 아동 100명, 여자 아동 100명으로 구성되었다.

WISC-IV(Wechsler, 2003a)는 다른 이전 판보다 많은 변화가 포함되었다는 점에서 주목할 만하다(표 5.3 참고). 가장 눈에 띄는 변화는 오랜 전통의 언어성 IQ와 동작성 IQ를 폐지한 것이다. 그 대신 전체척도 IQ와 함께 4개 지수점수의 조합을 사용하여 해석에서 지수점수에 대한 의존도가 더욱 높아졌다(표 5.4 참고). 이들 지수에는 5개의 새로운 소검사가 포함되었다(차례맞추기, 모양맞추기, 미로는 삭제되었다). WISC-IV의 새로운 규준은 미국인구조사 자료를 충실하게 반영하였다. 또한 다른 주요 특징은 WISC-IV 통합본(the WISC-IV Integrated; Wechsler et al., 2004)의 출판을 통하여 임상가가 수검자의 반응에 기저하는 과정을 분석할 때 활용할 수 있는 12가지 절차를 제공하였다(McCloskey & Maerlander, 2005 참고).

2014년에는 새로운 개정판인 WISC-V(Wechsler, 2014a)를 출판하였다. 가장 중요한 변화는 이전의 지각추론 지수(PRI)가 시각공간 지수(VSI)와 유동추론 지수(FRI)로 분리된 것이다. 이러한 변화는 PRI가 2개의 다른 기술 구인(skill constructs)을 평가한다는 지식이 확고해짐에 따라 이루어진 것으로, 전체척도 IQ의 구조에 다섯 번째 지수를 추가하였다. 또 다른 변화로는 일부 소검사가 삭제되었으며(상식 소검사와 매우 높은 상관관계가 있는 단어추론, 그리고 시각적 능력을 충분히 측정하지 못하는 빠진곳찾기), 몇 개 소검사가 추가되었다(퍼즐, 무게비교, 그림폭, 보충 소검사인 명명속도, 기호바꾸기). 그리고 나머지 소검사들의 내용이 보다 명확하고 오류에 덜 민감하며 문화적 호환성이 있게 수정되었다. WISC-V는 전체척도 IQ와 5개 지수를 해석하고, 일반능력 지수(GAI), 인지효능 지수(CPI) 그리고 양적 추론을 계산할 수 있다.

WAIS-IV와 WISC-V 개정의 동기 중 하나는 지능검사의 이론적 토대를 최신화하는 것이었다. 이 목표는 어느 정도 달성되었다. 유동성 지능의 중요성은 이러한 지적 기능 영역을 평가하는 소검사들(행렬추론, 공통그림찾기, 무게비교)에 반영되었다. 또한 작업기억과 처리속도의 개념이 통합되고 개정되었으며, 그 결과 작업기억 지수와 처리속도 지수의 소검사가 수정되었고 심리측정적 속성이 향상되었다. 또한 웩슬러 지능검사 최신판의 요인 구조가 4/5개의 지수에 의해 측정되는 기능들이 결합된 전체척도 IQ로 정의되는 사실상의 지능 이론을 만들어냈다는 점에 주목해야 한다. 그러나 WAIS-IV는 특정한 지능 이론을 중심으로 구성된 것이 아니다. 이에 비해 카우프만(Kaufman) 아동 지능검사(K-ABC), 스텐포드 비네 5판 그리고 우드콕-존슨(Woodcock-Johnson) 성취 검사 3판은 카텔-혼-캐롤(Cattel-Horn-Carroll, CHC) 지능 이론과 밀접하게 연계되어 21세기 초반에 개정이 이루어졌다. 그리고 WISC-V도 유동추론 지수를 도입함으로써 CHC 이론과 보다 밀접하게 연결되었다. 일부 연구자들은 웩슬러 지능검사가 전통에 과도하게 의존하여 지능에 관한 지식의 발전에 적응하지 못하였다고 주장하였다(Flanagan & Kaufman, 2009).

1967년에는 4~6세 6개월 아동들을 평가하기 위해 웩슬러 유아 지능검사(Wechsler Preschool Primary Scale of Intelligence, WPPSI)가 개발되었다. WISC가 WAIS의 하향 확장인 것처럼 WPPSI 또한 WISC의 하향 확장으로 유사한 문항이 사용되었지만 좀 더 쉽게 구성되었다. WPPSI는 대부분의 소검사의 형식과 내용 면에서 WISC와 유사하지만 고유한 특징도 있다. WPPSI는 1989년(WPPSI-R; Wechsler, 1989), 2002년(WPPSI-III;

Wechsler, 2002c) 그리고 2012년(WPPSI-IV; Wechsler, 2012)에 다시 개정되었다.

신뢰도와 타당도

WAIS-IV의 신뢰도와 타당도

WAIS-IV의 신뢰도는 매우 높다(Wechsler, 2008a). 특히 전체척도 IQ의 평균 반분 신뢰도가 .98로 매우 높은 점은 주목할 만하다(Wechsler, 2008a). "조합" 점수의 평균 반분 신뢰도는 약간 낮은 수준으로, 처리속도 지수 .90에서 언어이해 지수 .96에 이른다. 그리고 소검사의 평균 반분 신뢰도는 양호한 수준(지우기 .78)에서부터 우수한 수준(어휘 .94, 숫자 .93)까지로 나타났다. 지우기를 제외한 모든 소검사의 신뢰도는 .81 이상이었다. 신뢰도는 표준화 집단뿐만 아니라 다양한 임상군(예를 들어 뇌 손상, ADHD, 알츠하이머병 환자)에서도 높게 나타났다. WAIS-IV 점수에 대한 측정의 표준오차(SEM)는 오차의 폭이 매우 좁다는 것을 보여 준다(전체척도 IQ=2.16, 언어이해 지수=2.12, 처리속도 지수=4.24). 조합 점수들의 SEM을 산출하는 것은 WAIS-IV 기록 용지의 표준 절차이므로 모든 수검자에게 보고된다. 전체척도 IQ의 평균 검사-재검사 신뢰도(8~82일, 평균 간격 22일)는 상당히 높은 수준으로 나타났다(.96). 조합 점수 또한 .87(처리속도)~.96(언어이해)으로 높게 나타났다. 이러한 신뢰도는 다른 검사들에 비해 우수한 수준이었으며, WAIS-III의 신뢰도보다 좀 더 높은 수준이다.

검사-재검사 신뢰도는 시간에 따른 안정성을 보여 주지만 연습 효과로 인해 재검사의 점수가 상승할 수 있다. 재검사로 인해 더 나아진 수행을 이해하는 것은 중요하다. 임상가는 점수의 상승이 연습 효과 때문인지 실제적인 임상적 향상 때문인지 구별할 수 있어야 한다. 재검사를 실시하는 동안(8~82일, 평균 간격 22일) 전체척도 IQ는 4.7점 향상되는 것으로 나타났다. 가장 적은 향상을 보이는 것은 언어이해(2.5점)였으며, 작업기억(3.1점), 지각추론(3.9점), 처리속도(4.4점) 순이었다. 이러한 점수의 향상은 통계적으로 유의할 뿐만 아니라 임상 장면에서 내담자의 실제 향상/하락의 정도를 추론할 때 유용하다. 따라서 재검사 시 지각추론 점수가 4점 향상된 수검자는 실제로 기능이 향상된 것이 아니라 단순히 연습 효과로 인해 나타난 것을 의미한다. 또한 WAIS-III 전체척도 IQ(16~54

세)에서 15점 차이는 실제로 능력이 향상되었음을 추론하는 데 필수적이다(Kaufman & Lichtenberger, 2006). WAIS-R 연구에 따르면 뇌 손상이 있는 환자들 또한 연습 효과가 최대 9개월 후에도 나타날 수 있음을 밝혔다. 그러나 나이가 들수록 재검사에서 향상된 점 수가 나오는 경우는 점점 줄어드는 것으로 나타났다(J. Ryan, Paolo, & Brungardt, 1990; Wechsler, 2008a, 2008b).

WAIS-III의 타당도가 광범위하게 연구되었기 때문에 WAIS-IV의 타당도 검증 과정 에서 가장 중요한 것은 두 검사 간 비교를 하는 것이다. 예상대로 WAIS-IV와 WAIS-III 의 전체척도 IQ 상관은 .94로 매우 높게 나타났다(Wechsler, 2008b). 4개 지수의 상관은 유사하게 높았으며, 지각추론/지각적 조직화 .84에서 언어이해 .91까지의 범위였다. 이러 한 결과는 WAIS-IV가 WAIS-III와 본질적으로 동일한 구조를 가지고 있음을 시사한다. WAIS-IV와 WAIS-III의 소검사 간 상관을 살펴본 결과 기호 쓰기 .85, 어휘 .87, 상식 .90 으로 높은 상관이 있었다. 이에 비해 빠진곳찾기는 상관이 비교적 낮았다(.65). 16세 청소 년들을 대상으로 실시한 WAIS-IV와 WISC-V는 높은 상관을 나타냈다(전체척도 IQ=.89, 언어이해=.83, 지각추론/시각공간=.83, 지각추론/유동추론=.62, 작업기억=.76, 처리속도=.83; Wechsler, 2014b). 유동추론은 지각추론에서 단지 하나의 소검사와 겹치며 다른 능력들 을 포함하기 때문에 다소 낮은 상관을 가질 것으로 기대되었다. WAIS-IV와 WMS-III 간 작업기억 지수의 상관은 .61로 나타났다. 또한 전체척도 IQ와 WMS-IV의 일반기억 지수 (General Memory index) 간 상관은 .59였다. WAIS-IV와 WMS-IV는 다소 차이가 있지 만 유사한 구조를 가진다는 점을 감안하였을 때 중간 정도의 상관관계가 기대된다. 예상 대로 이 검사는 성취 검사와도 높은 상관을 가졌다(WAIS-IV 전체척도 IQ와 웩슬러 개인 성취 검사 2판 Total Achievement와의 상관 .88).

또한 WAIS-IV와 능력을 측정하는 여러 검사들 간 상관관계를 살펴봤을 때 기대되었 던 결과가 나타났다(Wechsler, 2008b). 델리스-케플란 실행 기능 체계(Delis, Kaplan, & Kramer, 2001)는 수검자의 계획 능력, 행동 모니터 능력과 같이 다양한 측면을 측정하는 일련의 소검사들로 이루어져 있다. 지각추론과 사물의 해당 범주의 이름을 말하는 능력 (범주유창성 소검사) 간의 상관은 .22이며, 전체척도 IQ와 글자와 숫자를 빠르게 연결하는 능력(선 추적 소검사) 간의 상관은 .77로 나타났다. 캘리포니아 언어 학습 검사 2판(Delis, Kramer, Kaplan, & Ober, 2000)은 단어 목록을 얼마나 잘 회상하는지 측정하는 과제로,

WAIS-IV의 전체척도 IQ와 단어 목록 학습 간의 상관은 .32~.48로 나타났다(Wechsler, 2008b). 또한 반복 가능한 신경심리 상태 평가집(RBANS; Randolph, 2012)은 인지 기능의 다양한 영역을 측정한다(12장 참고). WAIS-IV의 전체척도 IQ와 RBANS의 총점 간 상관은 .75였다. WAIS-IV의 지수점수와 RBANS의 총점 간 상관은 처리속도 .54에서 지각추론 .72에 이르렀으며 약간 낮게 나타났다. WAIS-IV와 여러 표준화된 검사들 간 상관관계는 WAIS-IV의 타당도를 지지해 주는 결과이다.

WAIS-IV의 요인 구조는 대부분의 소검사가 전체척도 IQ와 상관을 가져 g요인을 지지하였다(Wechsler, 2008b). 소검사들을 4개 지수로 구분한 것은 현대의 지능 이론뿐만 아니라 요인분석에 의하여 뒷받침된다(Wechsler, 2008b). 그러나 산수는 언어이해뿐만 아니라 작업기억 요인에도 함께 부하되는 것으로 나타났다. 이는 산수가 언어 능력과 작업기억 능력 둘 다를 측정한다는 점에서 산수 소검사의 특성과 일치한다. 또한 무게비교 소검사는 지각추론과 작업기억에 함께 높은 수준으로 부하되었다. 무게비교 소검사는 시각적 추론을 측정한다는 점에서 이처럼 높은 부하가 예상되었지만, 이 추론은 양적 조작과 관련이 있다. 소검사들과 여러 요인들과의 관계는 WISC-V에서 분리된 영역인 유동추론으로 재구성할 때 반영되었다. 다양한 임상군에서 학습, 인지 그리고 기억의 결함을 보인다(Wechsler, 2008b). 따라서 WAIS-IV는 이러한 패턴에 민감할 것으로 기대된다. 이러한 결과는 알츠하이머병 환자의 WAIS-IV 전체척도 IQ(평균 81.2)와 지수점수가 동등연령 집단에 비해 낮게 나타난 것으로 지지된다. 지수점수들 간 비교에서 언어이해 지수(86.2)는 처리속도 지수(76.6)보다 상대적으로 높았는데, 이는 인지 능력의 차이를 보여 주는 것이다. 그러나 작업기억 지수는 수검자의 기억 결함을 고려하였을 때 평균 84.3보다 다소 낮을 것으로 기대된다. 외상성 뇌 손상이 있는 환자는 낮은 처리속도(80.5)와 비교하였을 때 언어 능력이 상대적으로 평균 점수와 유사하였다(언어이해 92.1). 이러한 결과는 WAIS-IV가 환자군에서 보이는 정보의 신속한 처리와 응고화(consolidation)의 어려움에 민감함을 시사한다.

ADHD 환자들의 WAIS-IV 평균 전체척도 IQ(96.9)는 표준화 표본과 크게 다르지 않다. 또한 평균 작업기억 지수점수(94.7)는 언어이해 지수점수의 평균(100.9)보다 약간 낮게 나타났다. 이러한 결과는 WAIS-IV가 ADHD 환자들의 주의 문제에 특별히 민감하지 않음을 시사한다. 이는 아마도 WAIS-IV가 방해 요소가 거의 없는 구조화된 상황에서 수행되기 때문일 것이다. 반면에 실제 환경은 환자들이 무시하기가 어려울 수 있는 동시에 주의를 요구하는 것들로 이루어져 있다. 읽기 관련 학습장애 진단을 받은 환자들은 WAIS-IV의 표본(101.1)보다 상당히 낮은 평균 작업기억 지수점수(88.9)를 가지는 것으로 나타났다. 수학적 어려움을 가진 학습장애 환자는 표준화 표본(98.7)에서 선발된 통제 집단과 비교했을 때 작업기억에서 가장 큰 어려움을 보였다(84.1). 이러한 결과는 단기기억과 주의력이 요구되는 과제와 관련된 어려움을 반영한다. 『WAIS-IV 기술 및 해석 지침서』(*WAIS-IV Technical and Interpretive Manual*; Wechsler, 2008b)에 기술된 이러한 연구 예는 WAIS-IV가 다양한 환자군에서 나타나는 인지적 장애에 민감하다는 것을 보여 준다.

WISC-V의 신뢰도와 타당도

WISC-V의 신뢰도는 매우 우수하다. 『기술 및 해석 지침서』(*Technical and Interpretive Manual*; Wechsler, 2014b)에 보고된 전체척도 IQ의 내적 일치도는 .96에서부터 .97(평균 .96), 지수점수의 평균 내적 일치도는 .88(처리속도)에서부터 .93(유동추론)에 이른다. 전체 연령대 자료로 16개 소검사의 평균 내적 일치도를 살펴보면 .81(동형찾기)에서부터 우수한 수준인 .94(무게비교)로 나타났다. 검사-재검사 신뢰도(평균 26일 간격)를 살펴본 결과 전체척도 IQ는 .92이며, 5개 지수는 유동추론 .75에서부터 언어이해 .94로, 적절한 신뢰도를 가지는 것으로 나타났다. 또한 소검사들의 평균 검사-재검사 신뢰도는 .71(공통그림찾기)에서부터 .90(어휘)까지 이르며 공통그림찾기와 행렬추론(.78)을 제외한 소검사들의 신뢰도는 .80 이상으로 양호한 수준이다.

WISC-IV의 타당도가 높은 수준으로 나타난 만큼 WISC-V에서도 그러할 것으로 조심스럽게 기대해 볼 수 있다. WISC-IV의 소검사들 중 절반 이상이 WISC-V에서 유사한 내용으로 유지되었다는 점에서 이러한 생각은 부분적으로 지지된다. 또한 WISC-IV와 WISC-V 간 전체척도 IQ, 지수점수, 소검사들은 서로 높은 상관이 있었다(예를 들어 전체척도 IQ .86, 언어이해 .85, 지각추론/시각공간 .66, 지각추론/유동추론 .63, 작업기억 .65, 처리속도 .71). 준거 타당도를 검증하기 위해 피어슨사의 다른 검사들과의 상관관계를 살펴본 결과 고무적인 수준의 타당도를 보였다. 예를 들어 WISC-V 지수점수와 카우프만 아동 지능검사-II(K-ABC-II)의 지수점수 간의 상관관계는 적절한 수준으로 나타났다. 언어이해와 지식/Gc(결정화된 능력) 간 .74, 시각공간과 비언어성 지수 간 .60, 작업기억과 정신적 처리 지수 간 .65, 유동추론과 유동성-결정화 지수 간 .63의 상관이 있었다. 또한 WISC-V와 아동 행동 평가 체계 2판(BASC-2) 간 상관관계를 살펴보면 부모 평정척도는 유의한 상관을 보이지 않았지만 이는 이론적으로 다른 변인들을 평가한다는 점에서 예측된 결과이다. 『기술 및 해석 지침서』에서는 9개 특수 집단을 대상으로 실시한 타당도 연구뿐만 아니라 다른 측정 도구들과의 관계가 제시되어 있다. 예를 들어 외상성 뇌 손상이 있는 환자들은 전체척도 IQ 평균은 83, 처리속도 평균은 84로 나타났다. 반면에 지적 능력이 있다고 여겨지는 아동들의 전체척도 IQ 평균은 127.5, 언어이해 점수 평균은 127.7로 나타났다.

　『기술 및 해석 지침서』에서 확인적 요인분석 결과 WISC-V가 5요인 구조임을 밝혔는데, 여기서 산출된 모형은 5개 지수점수를 반영한다. 그러나 개발자들은 요인분석 과정에서 2요인 모형 대신 고차 요인 모형을 사용했는데, 일부 연구자들은 이 모형이 적절하지 않다고 주장하였다(Canivez, 2014; Canivez & Watkins, 심사 중). WISC-V는 CHC 지능 이론에 입각하여 개발되었으며(Flanagan & Kaufman, 2009; Keith, Fine, Taub, Reynolds, & Kanzler, 2006), WISC-IV에 대한 선행 연구에서는 5요인 구조가 적합한 것으로 보고되었다(Keith et al., 2006; Weiss, Keith, Zhu, & Chen, 2013). 또 한편 몇몇 연구자들은 2요인이나 3요인 구조가 적합하다고 주장하였다(Kaufman, Lichtenberger, & McLean, 2001; L. C. Ward, Ryan, & Axelrod, 2000). 여러 연구 결과 개발자들은 확인적 요인분석을 통해 WISC-V가 5요인 구조를 가지며, 고차 모형의 적합도 또한 적절한 수준으로 나타나는 것을 확인하였다. Canivez와 Watkins(심사 중)는 시각공간과 유동추론이 지각추론 요인에 포함된다는 점에서 4요인 구조를 가진다고 보고하였지만, 사실 5요인 구조가 더욱 적합하다. WISC-V의 요인 구조 연구들은 여러 가지 함의를 지닌다. 첫째, 임상가들은 2개 요인의 차이에 대하여 확대 해석을 주의해야 한다. 둘째, 추후 연구에서는 시각공간과 유동추론의 구분에 관한 타당성과 임상적 유용성을 검증할 필요가 있다.

이점과 한계

웩슬러 지능검사는 출판 이후 전 세계의 수많은 연구에서 사용되었다. 따라서 이 검사는 오랜 역사를 가지고 있고 연구자와 임상가들은 검사 도구에 친숙하다. 수많은 연구를 바탕으로 임상가는 수검자에 대해 비교적 정확한 예측을 할 수 있다. 특히 임상가가 설정한 가설과 수검자의 수행이 불일치할 경우에는 주목해야 한다. 또한 소검사들은 비교적 실시하기 쉬우며, 정확한 지침을 제공하는 지침서(manual), 간결한 표와 우수한 규준을 제공한다.

WAIS-IV와 WISC-V 둘 다 규준이 더 한층 탄탄해졌다. 표본 크기는 적절하였으며 인구학적 변인은 미국인구조사 통계를 잘 반영하였다. 각 국가에서 사람들이 수행한 자료에 대한 연구를 통하여 여러 국가에서 사용할 수 있도록 개발되었다. WAIS-IV와 WISC-V의 표본에서 아프리카계와 히스패닉계 사람들의 비율은 미국인구조사 통계와 거의 유사하였다. 또 다른 중요한 특징은 WAIS-IV가 WMS-IV, WIAT와 공통 규준을 사용하는 점이다. 따라서 각 검사들 간 점수를 비교하면 보다 구체적이고 정확한 정보를 파악할 수 있다. 마지막으로 WAIS-IV는 검사 실시 연령 범위를 70~90세로 확대하였다. 65세 이상으로 표본이 확장됨에 따라 해당 연령 집단과 관련된 정보를 잘 파악할 수 있는 장점이 있다.

임상가에게 IQ, 지수 그리고 소검사 점수와 같이 개인의 인지 기능과 관련된 정확한 자료는 매우 중요하다. 예를 들어 언어이해 지수에서의 높은 점수는 정규 교육과정을 이수하였으며 우수한 언어 능력을 가졌다는 것을 말해 준다. 반면에 처리속도 지수에서의 낮은 점수는 정보처리 특히 비언어적 정보처리의 어려움을 반영한다. 임상가는 검사 점수의 다양한 패턴과 그들의 미묘한 차이 및 시사점에 매우 민감해야 한다. IQ와 지수점수에 대한 해석 지침은 탄탄한 이론과 경험적 연구를 기반으로 한다.

마지막으로 웩슬러 검사의 중요한 장점은 성격과 정서를 평가하는 데 도움이 되는 점이다. 이 영역에 대한 평가는 검사자와 상호작용하는 수검자를 직접 관찰하거나 반응 내용을 살펴보거나 소검사 점수의 패턴으로부터 추론된 정보의 검토를 통해 이루어진다. 예를 들어 숫자, 산수, 기호 쓰기에서 낮은 점수를 얻은 사람은 불안을 경험하고 있거나 주의력이 결핍되었거나 둘 다에 해당될 수 있다. 반면에 이해에서 높은 점수를 얻은 사람은 우수한 사회적 판단력을 가졌을 수 있다. 그동안 정신과 환자들의 소검사 점수 패턴을 파악하려는 여러 시도가 있었지만 많은 정보를 얻지는 못하였다(Piedmont, Sokolov, & Fleming, 1989a, 1989b). 따라서 웩슬러 검사는 "성격검사" 또는 "임상척도"와는 다르다. 수검자의 소검사 패턴, 검사 시 관찰된 행동 그리고 문항에 대한 반응 내용은 성격에 대한 가설을 설정하는 수단이 된다. 이러한 맥락에서 웩슬러 지능검사는 성격 변인과 임상적 정보를 제공할 수 있다는 점에 주목할 만하다.

웩슬러 검사의 생태학적 타당도 또는 일상생활 타당도를 지지하는 자료가 부족하다는 비판이 있어 왔다(Groth-Marnat & Teal, 2000; Reinecke, Beebe, & Stein, 1999; Sbordone & Long, 1996). 수검자의 일상생활에서의 기능 수준(예를 들어 장해의 범위, 독립적 수행 능력, 기억)과 관련된 검사 의뢰 사유가 점점 증가하는 만큼 검사의 생태학적 타당도를 확인하는 것은 중요하다. 웩슬러 검사는 스텐포드 비네를 포함한 다른 검사 도구들과의 상관이 밝혀져 왔다. 하지만 적응 행동, 유능감, 성취 욕구와 같이 특정 영역에 대한 개인의 특성이 중요함에도 불구하고 이러한 행동 특성과 비교한 연구는 많지 않다(Greenspan & Driscoll, 1997; Sternberg, 2003). 특히 소검사 점수들이 나타내는 의미는 보다 자세히 검토해야 한다. 예를 들어 빠진곳찾기는 주어진 환경에서 관련이 없는 것을 구별하는 능력을 측정하는 것으로 간주되지만 이러한 가정은 검증되지 않았다. 마찬가지로 숫자 소검사의 높거나 낮은 점수가 전화번호를 기억하는 것, 컴퓨터 프로그래밍 순서를 지키는 것, 지시에 따르는 것 등과 같은 일상생활에서의 실제 행동과 관련이 있는지를 살펴보는 연구는 이루어지지 않았다.

이러한 우려는 소검사와 지수점수에 대한 확대 해석의 가능성에 대한 비판으로까지 이어졌다(Glutting, Watkins, Konold, & McDermott, 2006; Konold, Glutting, McDermott, Kush, & Watkins, 1999). 특히 연구자들은 소검사의 신뢰도가 매우 낮으며 점수를 해석하기에 충분하지 않다고 주장하였다. 예를 들어 WISC-IV에서 지수점수는 g(전체척도 IQ)에 비하여 성취에 대한 예측력이 크지 않았다(Glutting et al., 2006). 결과적으로 지수점수의 해석이 예측을 추가적으로 향상시키지 못하였다. 또한 수검자의 개인 내 강점과 약점 패턴은 시간의 경과에 따라 불안정하다(Macmann & Barnett, 1997). 따라서 임상가는 수검자의 학업적(및 기타) 능력을 예측하거나 결정을 내릴 때 지수점수보다 전체척도 IQ를 참고하는 것이 도움이 될 것이다. 다양한 연구자들은 이러한 생각에 반대하여 가설 검증의 중요성을 강조하고 외적 준거와 해석의 결합을 강조하며, 지능 개념의 복합성에 주목하였다(Kaufman, 1994, 2000; Kaufman & Lichtenberger, 1999, 2000, 2002, 2006; Lezak, 1988; Lezak et al., 2012; Milberg et al., 1996).

또한 웩슬러 검사에는 몇 가지 부차적인 제한점이 있다. 일부 비평가들은 검사의 규준이 소수 민족이나 사회경제적 수준이 낮은 사람들에게는 적용할 수 없을지도 모른다고 주장하였다("다양한 집단에서의 사용" 절 참고). 또한 채점의 복잡성, 특히 웩슬러 지능검사 채점 시 요구되는 계산들은 검사자의 실수를 야기할 수 있다(Linger, Ray, Zachar, Underhill, & LoBello, 2007, Loe, Kadlubek, & Marks, 2007; Slate & Hunnicutt, 1988, Slate, Jones, & Murray, 1991). 또 다른 제한점은 보충 소검사로 핵심 소검사를 대체할 때 보충 소검사가 전체척도 IQ 또는 지수점수에 미치는 영향이 불분명하다는 점이다. 따라서 보충 소검사는 핵심 소검사 중 한 개를 실시할 수 없는 경우에만 사용되어야 한다.

또 다른 이슈는 몇몇 소검사의 경우 채점에 검사자의 주관이 어느 정도 개입할 수 있다는 점이다. 따라서 "엄격한" 채점자는 "관대한" 채점자들보다 다소 낮은 점수를 줄 수 있다. 이러한 현상은 특히 채점 기준이 다른 소검사들보다 덜 명확한 공통성, 이해, 어휘 소검사를 채점할 경우 나타날 수 있다. 웩슬러 검사는 다른 지능검사처럼 측정할 수 있는 범위가 제한되어 있다. 또한 성취 욕구, 동기, 창조성, 성공적인 사람들과의 상호작용과 같은 중요한 변인들은 평가하지 않는다.

마지막으로 WAIS-IV와 WISC-V는 스탠포드 비네 검사와 웩슬러 검사의 이전 개정판들에서 해 왔던 것처럼 지능에 대한 전통적인 측정을 유지해 왔다는 점에 주목해야 한다. 개정판은 최신화된 규준 및 지수점수(WISC-V에서는 작업기억, 처리속도뿐만 아니라 유동추론이 포함됨)와 같은 특징을 가졌지만, 이론 및 측정이 많은 발전을 하였음에도 불구하고 50년 넘게 검사의 이론 및 구조는 크게 변하지 않았다. 이러한 발전은 CHC 지능 이론(Flanagan & Kaufman, 2009), 루리아 PASS(계획-주의-연속-순서) 모델(Luria, 1980), 가드너의 독립 역능 모델(Gardner, 2006), 다양한 정서지능 이론(Bar-On, 1998; Ciarrochi, Chan, & Caputi, 2000), 상식적 문제해결 모델(Sternberg et al., 1995) 등을 포함한다. 그리하여 웩슬러 지능검사에 대한 또 다른 비판은 지능에 관한 보다 현대적 관점을 반영하지 않는다는 점이다(Kaufman & Lichtenberger, 2002, 2006; Sternberg, 2003; Sternberg & Kaufman, 1998). 그러나 웩슬러 검사가 심리적 요인과 생활 요인에 대하여 의미 있는 예측을 해 내기 때문에 여전히 사용되고 있다.

다양한 집단에서의 사용

다양한 문화적 배경의 사람들을 평가할 때는 2장에서 논의된 사항을 고려해야 한다 ("다양한 집단의 평가" 절 참고). 검사 결과를 해석할 때 문화를 고려하는 것은 검사자의 문화적 배경 지식뿐만 아니라 수검자의 언어적 유창성과 문화 적응 수준에 대한 평가를 포함한다. 또한 검사를 실시할 때와 결과를 해석할 때 적정한 범위 내에서 유연성을 발휘해야 하며 이러한 점들을 고려하여 판단해야 한다.

다양한 집단의 수검자들을 평가할 때 제기되는 중요한 문제 중 하나는 검사 도구의 편파(bias)를 확인하는 것이다. 검사의 편파를 평가하는 것은 웩슬러와 같은 지능검사가 미국의 다양한 소수 집단을 평가할 때 편파된 정도를 살펴본 많은 연구들을 통해 부분적으로 확인할 수 있다. 대부분의 연구는 다른 문화에 잘 적응하며 우수한 영어 기술을 가진 집단을 대상으로 이루어졌다. 연구들을 검토한 결과 지능검사는 가정하였던 것처럼 편파가 없는 것으로 밝혀졌다(예를 들어 R. M. Kaplan & Saccuzzo, 2005; Sattler, 2008). 문화적으로 편파된 내용을 포함한 문항들을 삭제를 하여도 전체 검사 점수는 큰 차이가 나타나지 않았다(Sandoval, 1979). 또한 웩슬러 검사는 비서구적 문화에서도 하위 문화에 따른 점수 차이가 없는 것으로 나타났다(Chen, Keith, Weiss, Zhu, & Li, 2010). 수많은 타당도 연구에 따르면 지능검사는 다수 집단(예를 들어 Weiss, Prifitera, & Roid, 1993; Sattler, 2008)에서와 마찬가지로 소수 민족의 학업 성취를 정확히 예측하였으며, 요인분석을 통해 소수 민족들 간에 서로 동일한 구조를 가지는 것으로 나타났다(Gutkin & Reynolds, 1981). 마지막으로 미국과 상당한 문화적 차이가 있는 일본인들의 지능검사 평균 점수는 미국의 표준화된 집단보다 더 높게 나타났다(Lynn, 1977).

따라서 여러 연구에서는 미국 내 소수 민족들에게도 웩슬러 지능검사를 사용할 것을 제안하였다. 그러나 일부 집단은 다른 수행을 보일 수 있으며, 일반적으로 규모가 큰 집단에서 우세한 쪽으로 나타난다(Goldbeck, Daseking, Hellwig-Brida, Waldmann, & Petermann, 2010; Holdnack, Drozdick, Iverson, & Weiss, 2013; Lichtenberger & Kaufman, 2012). 그러나 중요한 문제는 검사 자체가 아니다. 검사가 완벽하지 않을지라도 확인하고자 하는 정보는 어느 정도 제공할 수 있다. 주된 문제는 많은 불리한 집단들이 지능검사를 수행할 때 불공평하게 실시되는 점이다. 인지검사가 일반적으로 측정하고자 하는 것을 측정함에도 불구하고 임상가는 보다 정확한 자료와 결론을 위해 특별히 주의를 해야 한다. 다른 문화적 배경을 가진 사람들에게 검사를 실시할 때 다음과 같이 일반적이고 구체적인 지침을 고려해야 한다.

- 수검자가 환영받고 편안함을 느낄 수 있도록 한다.
- 격려를 통하여 수검자의 동기를 증진시켜야 한다.
- 검사자와 수검자 간 의사소통이 가능한 잘 이루어져야 한다.
- 검사 외에 추가적으로 얻을 수 있는 자료들은 수검자에 대해 중요한 정보를 제공할 수 있다(예를 들어 교사 평정, 부모 상담, 발달력, 행동 관찰).
- 언어와 문화가 수검자의 수행을 저하시킨다면 언어와 문화의 영향을 덜 받는 소검사(어휘, 상식과 같은 언어 기반 소검사보다 토막짜기, 행렬추론, 퍼즐과 같은 비언어적 소검사)를 중심으로 해석한다.
- 수행의 속도가 느린 문화권의 사람에게 검사를 실시할 경우(예를 들어 남태평양 섬) 속도가 요구되는 소검사에는 비중을 두지 않는다(처리속도 지수: 기호 쓰기, 동형찾기, 지우기).
- 아프리카계 미국인과 아메리카 원주민의 검사 결과 PRI<VCI를 우반구 손상으로 해석하는 것은 신중하게 해야 한다. 유럽계 미국인들에 비해 이 차이는 유의하지 않은 것으로 나타났다(WAIS-R과 WAIS-III에서 PIQ<VIQ; Kaufman & Lichtenberger, 2006 참고).
- 아프리카계 미국인의 검사 결과 VCI<PRI를 좌반구 손상으로 해석하는 것은 매우 신중하게 해야 한다. 유럽계 미국인들에서 나타나는 이 차이가 이 집단에서는 나타나지 않았다(WAIS-R과 WAIS-III에서 VIQ<PRI; Kaufman & Lichtenberger, 2006 참고).

임상가는 수검자가 문화 정체성이 높고 영어에 능숙하지 못하다고 판단하였을 때 위와 마찬가지로 몇 가지 사항을 고려해야 한다. 먼저 임상가는 검사가 수검자의 문화와 사용 언어에 적합한지 확인해야 한다(예를 들어 Wechsler, 2008a). 또한 임상가는 수검자가 환영받고 편안한 느낌을 받을 수 있도록 노력해야 하며, 격려를 통해 과제 수행의 동기를 높여 주어야 한다. 수검자와 의사소통이 잘 이루어져야 하며, 검사 외적인 정보 또한 주의 깊게 다루어야 한다. 그리고 웩슬러 지능검사를 실시한다면 비언어적 소검사들에 더 큰 비중을 두어야 한다. 영어가 능숙하지 않은 수검자에게는 언어를 강조하는 검사를 실시해서는 안 된다. 만약 수검자가 사용하는 언어로 구성된 별도의 검사가 없거나 검사자가 해당 언어로 평가를 하지 못할 경우 통역사를 통해 검사를 실시할 수 있다. 통역사를 선정하는 경우 언어뿐만 아니라 수검자의 가치, 문화, 이념에 익숙한 사람을 선정하는 것이 중요하다. 그러나 통역사를 통해 검사를 실시하는 것은 표준화된 절차가 아니며, 그 결과로 검사의 타당도가 저하될 수 있다. 특히 지시문과 반응 내용 중 번역하기 어려운 부분이 있을 수 있다. 또 일부 문항의 의미와 난이도가 변할 수 있다. 예를 들어 어휘 문항은 수검자의 모국어에 따라 더 어려울 수도 있고 덜 어려울 수도 있다. 따라서 20종에 이르는 웩슬러 지능검사 번역판 중 하나를 사용할 것을 권한다.

자신의 문화에 대한 정체성이 높고 영어에 능숙하지 않은 수검자들을 평가하기 위한 전략 중 하나는 비언어적 검사를 사용하는 것이다. 이는 웩슬러 지능검사와 함께 사용되거나 단독으로 사용될 수 있다. 예를 들어 종합 비언어성 지능검사 2판(Comprehensive Test of Nonverbal Intelligence‑2, CTONI-2; Hammill, Pearson, & Wiederholt, 2009), 전반적인 비언어적 지능검사 2판(Universal Nonverbal Intelligence Test‑2, UNIT-2; Bracken & McCallum, 2015), 비언어적 지능검사 4판(Test of Nonverbal Intelligence‑4, TONI-4; Brown, Sherbenou, & Johnsen, 2010), 웩슬러 비언어적 능력검사(Wechsler Nonverbal Scale of Ability, WNV; Wechsler & Naglieri, 2006)가 있다. 이러한 검사의 주요 개발 목적은 영어에 능숙하지 않고 문화적으로 다양한 사람들에게 사용하기 위해서이다. 그러나 영어에 능숙한 일부 집단도 비언어적 검사에서는 우수한 점수를 얻을 수 있다. 예를 들어 아메리카 원주민에게 비언어적 검사를 실시한 경우 언어적 검사와 비교하였을 때 25점 또는 30점 더 높은 점수를 얻었다(McShane & Plas, 1984). 따라서 비언어적 검사를 통해 그들의 강점을 확인할 수 있다. 또한 발달 중인 학습 능력의 측정(역동적 평가)을 통하여 수검자가 다양한 학습 환경으로부터 얻을 수 있는 이득(즉 학습 잠재력)을 평가할 수 있다(Sternberg & Grigorenko, 2001).

시각장애, 청각장애 또는 운동장애가 있는 수검자는 임상가에게 또 다른 문제를 제기한다. 수검자가 시각장애를 가진 경우 시각 요소를 포함한 소검사를 실시해서는 안 되며

(예를 들어 기호 쓰기, 동형찾기, 토막짜기, 행렬추론), 청각적/언어적인 소검사를 실시하여야 한다. 또한 청각장애를 가진 수검자의 경우에는 비언어적 검사에 좀 더 비중을 두어야 한다. 비언어적으로 특화된 검사를 실시할 수도 있다. 때때로 임상가는 미국 수화(ASL)를 사용하는 통역사를 통해 실시할 수도 있다. 이는 다양한 검사를 실시할 수 있음을 의미한다. 다만 표준화되지 않은 절차이기 때문에 타당도가 저하될 수 있다. 이에 임상가는 다양한 검사들이 이처럼 저하된 타당도를 높여 줄 수 있는지 평가해야 한다. 『WAIS-IV 실시 및 채점 지침서』(*WAIS-IV Administration and Scoring Manual*)에서는 통역사를 통해 검사를 실시할 경우 사용할 수 있는 소검사에 대한 권장사항을 제공한다. 예를 들어 수화는 의도하지 않은 단서를 제공하기 때문에 산수 소검사는 수화로 바꾸기 어렵다. 반면에 어휘 소검사는 수화로 바꿀 수 있지만 타당한 점수를 산출하지 못할 수 있다.

IQ 점수의 의미

지능 이론과 웩슬러 지능검사는 관계가 긴밀하거나 명확하지 않으므로 IQ 점수의 의미를 제대로 이해하는 것이 중요하다. 훈련되지 않은 임상가는 IQ 점수를 잘못 해석할 가능성이 있다. 그렇게 되면 잘못된 판단을 할 수 있고, 수검자, 임상가 또는 검사 절차 그 자체에 대해 부정적인 태도를 야기할 수 있다. IQ 점수의 의미는 점수에 대해 흔하게 발생하는 오해를 살펴봄으로써 자세히 확인할 수 있다. IQ는 종종 사람들에게 타고난 것이며 불변하는 것으로 잘못 인식된다. IQ 점수는 성인기 동안 매우 안정적인 경향이 있지만($r=.85$; Schuerger & Witt, 1989) 변화할 수 있으며, 특히 아동기에는 변화의 가능성이 높다(Perkins & Grotzer, 1997). 예를 들어 종단적 연구를 통하여 살펴본 결과, 가정에서 벌을 받지 않고 격려를 많이 받는 아동의 IQ 점수는 점점 상승하였다(McCall, Appelbaum, & Hogarty, 1973). Sameroff, Seifer, Baldwin 그리고 Baldwin(1993)은 여러 환경적 위험 요인들(예를 들어 주요 스트레스 사건의 수, 어머니의 정신건강)이 4~13세 시기 동안 아동들의 IQ 점수의 변화를 3분의 1에서 2분의 1 정도 예측할 수 있음을 밝혔다. 또한 교육은 결정화된 지능과 관련된 IQ 점수를 증가시킬 수 있는데, 이는 성인들에게도 해당된다. 즉 IQ는 여러 환경적 요인과 관련이 있다.

또한 IQ 점수는 정확하고 정밀한 값이 아니다. 처음 검사를 실시하였을 때와 그 이후에 실시하였을 때의 수행 간 차이가 있을 수 있다. 마지막으로 웩슬러 검사와 같은 지능검사들은 단지 제한된 범위의 능력을 측정하며, "지능"과 밀접한 관련이 있는 다양한 변인들은 대부분의 지능검사의 범위를 벗어난다. 즉 검사 또는 검사 총집은 개인에 대한 완전한 그림을 제시할 수 없다. 검사는 오직 다양한 영역에서의 기능을 평가할 수 있을 뿐이다. 요약하면 IQ는 검사에 구성된 다양한 과제들로 개인의 현재 기능의 수준을 측정한 것이다.

전반적 IQ 점수는 다양한 여러 능력의 상호작용에 의해 측정된다. 상식과 같은 소검사는 개인이 가진 지식 중 특정한 영역을 평가하는데, 이는 전반적 지능과 관련이 있다. 그러나 상식 소검사에서의 높은 수행은 성취 지향, 호기심, 문화, 흥미 그리고 교육 기회의 영향을 받는다. 검사를 실시할 때 수검자에게 필요한 보다 일반적인 전제조건이 있다. 수검자는 지시문을 잘 이해하고 검사에 대한 동기가 있어야 하며, 지시를 잘 따르고 문항에 대해 응답을 해야 하며 영어를 이해할 수 있어야 한다. 끈기, 동기와 같은 요인은 실시할 모든 유형의 과제에 영향을 미칠 수 있다. IQ 검사에 포함된 여러 과제는 심리측정학자들의 판단에 토대를 둔 것으로, 대부분 서구 사회에서 중요하게 여기는 내용들이다. 다시 말해서 여러 과제는 검사 상황 바깥에서의 해당 기술과 관련이 있고 그러한 기술을 예측할 수 있다. 이들 과제로 매우 넓은 범위의 영역(예를 들어 Guilford의 지능 구조)을 평가하는 것이 가능하지만 학업 성취 또는 직업 수행을 예측하는 데는 적합하지 않기 때문에 검사가 일상적으로 쓰이지는 않는다.

IQ 검사로 측정하기에 적합한 영역은 많지만 검사자는 검사 결과를 바탕으로 예측을 할 때 조심스러워야 한다. 높은 IQ를 가진 사람들이 성취가 적거나 거의 없는 경우도 있다. 즉 IQ가 높다는 것이 결코 성공을 보장하는 것은 아니다. 이는 단지 하나의 선행조건이 충족되었음을 의미한다. 반면에 IQ가 비교적 낮은 사람은 더 심한 제한을 받는다. 선택의 범위가 좁아 그들의 행동에 관한 예측은 좀 더 정확한 경향이 있다. 그러나 WAIS-IV/WISC-V에서 평균 또는 평균 이하의 IQ를 가진 사람들이 높은 수준의 대인관계, 실제 및 정서 "지능"을 가졌을 수 있으며, 이는 낮은 지능을 보완할 수 있다.

개인의 IQ와 상관없이 임상가는 SEM을 산출해야 한다. 산출된 SEM을 보고서에 포함시키는 것이 유용하다. 예를 들어 WAIS-IV 전체척도 IQ의 SEM은 2.16이다(Wechsler, 2008b). 따라서 특정 IQ는 수검자가 얻은 IQ 점수의 ±2.16점 범위 내일 확률이 95%이다. WISC-V에서 전체척도 IQ의 평균 SEM은 2.90으로 다소 높다(Wechsler, 2014b). IQ 검사에서 나타나는 오류는 검사 상황에서 예측하지 못한 결과일 수 있다. 아동들의 학업적 성공의 원인 중 50~75%가 비지적 요인(예를 들어 끈기, 적응, 가족 지지 등)이지만, 대부분은 IQ를 통해 평가된다. 비지적 영역 중 일부는 평가하거나 설명하기가 어려울 수 있다. 예를 들어 한 학생이 예상 외로 교사와 좋은 관계를 맺을 수 있으며, 이것이 학교에 대한 학생의 태도를 변화시켜 특정 분야에 열정적으로 될 수 있다. 따라서 IQ 점수의 의미는 측정된 점수 그 자체와 개인의 광범위한 삶에서의 불확실성 모두에 대한 가능성을 나타낸다.

IQ의 또 다른 중요한 점은 점수 차이의 통계적 의미이다. 비네 검사에서는 개인의 정신연령과 실제 생활연령을 이용하여 지능을 개념화하였다. 그러나 지능에 대한 비네의 개념은 부적절한 것으로 밝혀졌으며, 결국 편차 IQ로 대체되었다. 편차 IQ는 지능이 정규분포를 이룬다고 가정한다(그림 5.1 참고). 또한 IQ 점수는 동년배의 점수와 비교하여 수검자의 상대적 위치를 확인할 수 있으므로 해석이 복잡하지 않다. 따라서 IQ는 정규분포에서 벗어난 정도로 나타날 수 있다. 웩슬러 검사의 전체척도 IQ와 4/5개 지수의 평균은 100, 표준편차는 15이다. 이들 점수는 백분위로 쉽게 변환할 수 있다. 예를 들어 IQ 120인 사람은 평균보다 1.33 표준편차 위에 있으며 백분위 91에 해당한다(『WAIS-IV 실시 및 채점 지침서』 표 A.3~A.7, 『WISC-V 실시 및 채점 지침서』 표 A.7 참고). 따라서 이 사람은 동년배의 91%보다 높은 점수를 받았다고 해석할 수 있다. 지적장애의 IQ 절단점은 70인데, 이는 동년배들과 비교하였을 때 하위 2%에 해당함을 의미한다.

마지막으로 고려해야 할 사항은 지능의 분류이다. 표 5.5는 일반적으로 사용되는 지능의 분류와 IQ 범위 그리고 백분위를 나타낸 것이다. 이 표는 2008 WAIS-IV 기록 용지에서 발췌한 것이다. 정리하자면 IQ는 개념적으로 개인의 현재 기능 수준을 추정한 것이며, 통계적으로는 편차 점수를 백분위로 변환하여 나타낸 것이다. 그리고 이러한 점수를 흔히 사용되는 지능 분류 중 하나로 나타낼 수 있다.

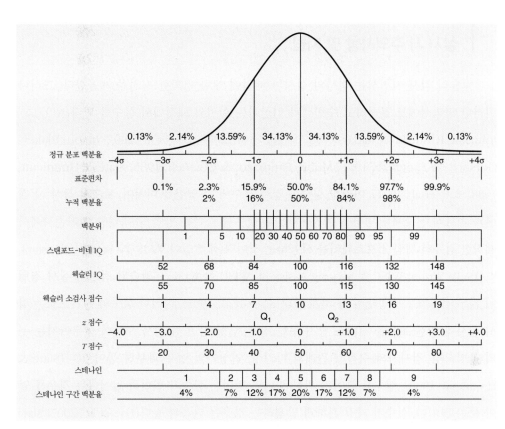

그림 5.1 표준화된 측정치의 다양한 유형과 웩슬러 점수의 관계

표 5.5 WAIS-IV/WISC-V의 지능 분류

분류	가치 중립적 용어	IQ 범위
최우수	최상	130+
우수	평균 이상	120-129
평균 상	평균 상단	110-119
평균	평균	90-109
평균 하	평균 하단	80-89
경계선	평균 이하	70-79
매우 낮은	최하	69 이하

출처 WAIS-IV와 WISC-V 기록 용지에 기재되어 있는 지능 분류

실시 시 주의사항 및 지침

웩슬러 검사 지침서는 검사의 실시와 채점에 대한 명확한 지침을 제공한다. 그러나 이러한 명확성에도 불구하고 수련생과 임상가는 실시와 채점에서 실수를 한다(Alfonso, Johnson, Patinella, & Radar, 1998; Linger et al., 2007; Loe et al., 2007; Moon, Blakey, Gorsuch, & Fantuzzo, 1991; Moon, Fantuzzo, & Gorsuch, 1986; Slate & Hunnicutt, 1988; Slate et al., 1991). 이러한 실수는 검사 점수에 큰 영향을 미치며, 보고서 작성 시 결론과 치료적 권고에도 영향을 미칠 수 있다. 실수를 줄이는 방법 중 하나는 피어슨사에서 제작한 컴퓨터 채점 소프트웨어를 사용하는 것이다(예를 들어 WAIS-IV Scoring Assistant, WAIS-IV Writer, WISC-V Scoring Assistant, WISC-V Writer). 웩슬러 검사의 실시 경험이 많은 검사자도 종종 실수를 하게 된다(Slate et al., 1991). 이러한 실수의 원인으로는 검사 실시에 대한 교육을 제대로 받지 못한 경우, 임상 장면 등 검사 수련이 이루어지는 곳의 불명확성, 검사자와 수검자 관계의 다양성, 임상가의 업무 과부하 등이 있다(Slate & Hunnicutt, 1988). 실수를 줄이기 위한 하나의 방법은 실수가 빈번히 일어나는 경우를 알아 두는 것이다. 실수가 가장 흔하게 발생하는 경우는 다음과 같다(Loe et al., 2007; Slate & Hunnicutt, 1988).

1. 수검자의 언어적 반응에 대해 질문하지 못한다.
2. 수검자의 반응에 대해 점수를 너무 후하게 준다(검사자의 관대함).
3. 수검자의 반응, 점수 번호의 체크, 반응 시간 기록 등을 하지 못한다(실시의 오류).
4. 수검자의 반응에 대하여 검사 지침서에서 요구하는 질문을 하지 못한다(지침서에 제시된 정보를 정확하게 읽지 않았거나 기억하는 데 실패).
5. 수검자에게 부적절한 질문을 한다(지침서를 제대로 읽지 않거나 정확하게 통합하지 못함).
6. 검사 지침서에 따라 점수를 부여할 때 너무 낮은 점수를 부여한다(검사자의 엄격한 채점 기준).
7. 원점수를 표준점수로 변환할 때 실수한다(표기 오류).
8. 비언어적 문항에 대해 정확한 점수를 부여하지 못한다(계산 및 시간 측정 오류).

9. 소검사의 원점수를 잘못 계산한다(계산 오류).
10. 연령 계산을 잘못한다(계산 오류).

앞서 제시된 목록들은 매우 일반적인 경우이다. Moon 등(1991)은 가장 빈번하게 발생하는 실수 목록과 이러한 실수에 대한 해결 방안을 제시하였다. 다만 이는 WAIS-IV와 WISC-V에서 빈번하게 나타나는 사항들이 아닐 수도 있다.

1. 숫자와 순서화 소검사에서 자극을 1초에 하나씩 불러 주고 마지막 숫자에서는 목소리를 조금 낮춘다.
2. 검사를 소개할 때 각 과제는 쉬운 것에서부터 시작하여 어려운 것으로 끝난다고 말해 준다. 또한 검사자는 모든 사람들이 모든 문제에 성공하지는 않는다는 것을 염두에 두어야 한다.
3. 언어 소검사에서 수검자의 반응을 그대로 기록한다. 수검자가 매우 자세하게 말하는 경우 그대로 적는 것이 어려울 수 있지만 내용 중 중요한 요소들은 꼭 기록해야 한다. 약어를 사용하면 기록을 용이하게 할 수 있다.
4. 토막짜기 소검사를 실시하는 경우 토막을 수검자의 정중앙에 제시한다.
5. 빠진곳찾기 소검사를 실시할 경우 수검자가 중요하지 않은 빠진 부분을 말하거나 지적하는 경우 "예, 그런데 빠진 것들 중 가장 중요한 것은 무엇입니까?"라고 말한다.
6. 검사 상황에 대한 수검자의 올바른 인식을 이끌어 내고 잘못 알고 있는 것은 바로잡아 준다.
7. 수검자가 편안한 상태인지 확인한다.

검사자는 명확한 지침과 빈번한 실수에 대하여 알고 있음에도 불구하고 여전히 실수를 한다. 따라서 검사 훈련은 대학원 교육과정과 그 후의 교육에 통합되어야 한다. 다음은 5단계로 이루어진 숙련 모델로 권장되는 사항이다.

1. 1~2시간 동안 지침서를 공부한다.

2. 잘 만들어진 WAIS-IV/WISC-V 실시 영상을 본다.
3. 실시 과정에서의 중요한 실수를 다룬 영상을 본다.
4. 실수가 포함된 WAIS-IV/WISC-V 실시 영상을 보고 실수를 찾아본다.
5. Sattler(2008)의 "일반 검사 시행 실제 평정척도"와 같은 평정 도구로 WAIS-IV/WISC-V를 평가한다. 이러한 절차를 통해 훈련 시간 및 필요한 훈련 감독자의 수를 줄일 수 있으며, 웩슬러 검사 실시 및 채점에 관한 역량을 키울 수 있다(Moon, Fantuzzo, & Gorsuch, 1986; Slate et al., 1991).

『WAIS-IV 실시 및 채점 지침서』에는 전체척도 IQ와 4개 지수점수를 산출하는 데 사용되는 10개 핵심 소검사의 평균 실시 시간이 67~100분으로 되어 있다. 보충 소검사를 모두 다 실시하면 평균 20~24분 더 소요된다. WAIS-III의 연구에서는 임상군을 대상으로 실시할 경우 실시 시간이 요강에 제시된 것보다 다소 길어질 수 있음을 밝혔다(Ryan, Lopez, & Werth, 1998). WAIS-IV 또한 임상군에 실시할 경우 검사 실시 시간이 지침서에 제시된 것보다 더 오래 걸릴 수 있다. WISC-V 지침서에는 전체척도 IQ와 5개 지수점수를 산출하는 데 사용되는 10개 핵심 소검사의 실시 소요 시간이 56~70분으로 제시되어 있다. 학생들을 대상으로 실시한 WISC-IV 실시 시간은 평균 72분으로 약간 더 오래 걸렸다(42~100분; Ryan, Glass, & Brown, 2007). 이는 오직 검사를 실시하는 데 걸린 시간이며, 보통 50~60분 정도 소요되는 채점, 휴식 그리고 해석에 소요되는 시간은 포함되지 않았다. 임상가는 일부 수검자, 특히 수행 속도가 느리고 쉽게 피로해지거나 매우 구체적인 반응을 하는 사람들에게는 시간을 추가로 제공할 수 있다. 어떤 경우에는 2회로 나누어서 수검자를 평가할 수도 있다. 마지막으로 임상가는 필요한 시간을 사실적으로 평가해야 하며, 지침서에 제시된 이러한 추정치는 검사가 적절하게 이루어졌는지를 판단하는 데 활용한다.

WAIS-IV/WISC-V 연속적인 수준 해석 절차

웩슬러 검사 점수를 해석하기 위한 연속적인 수준(successive-level) 접근 방식은 임상 실제에서 적용되는 주 요소들을 요약한 통합적 접근 방법이다(Flanagan & Kaufman,

표 5.6 WAIS-IV/WISC-V 연속적인 수준 해석 절차 5단계 요약

수준 I. 전체척도 IQ 해석

백분위 및 지능 분류 결정

수준 II. 지수점수 및 CHC 군집 해석

지수점수 간 유의한 차이가 나타난다면 수검자의 개인적 강점 및 약점의(개인 내적) 해석. 유의한 차이가

나타나거나 그렇지 않은 경우에도 규준적 해석 가능

　a. 지수점수: 언어이해, 지각추론(WISC-V에서 시각공간 및 유동추론), 작업기억, 처리속도

　b. CHC 군집: 유동추론, 언어적 유동추론, 비언어적 유동추론, 양적 추론, 어휘 지식, 일반 정보, 시각처리,

　인지적 효능, 시각운동 속도, 장기기억, 청각 작업기억/단기기억(모든 핵심 및 보충 소검사는 CHC 군집으로

　산출되는 점에 주의)

수준 III. 소검사 변산성 해석

수준 IV. 질적/과정 분석

수준 V. 소검사 내 변산성 분석

2009; Kaufman & Lichtenberger, 2006; Sattler, 2008; Weiss, Saklofske, Holdnack, & Prifitera, 2015). 이러한 접근은 임상가가 수검자에게 검사를 실시하고 개인의 수행에 대하여 논의하기 위한 연속적인 수준 해석 절차 5단계를 제공한다. 각 단계의 주요 목적은 수검자의 배경 정보와 점수들의 패턴을 함께 고려하여 가설을 설정하고 검증하는 것이다. 다음 절("웩슬러 지수와 소검사")에서는 소검사와 관련된 주요 능력을 포함하여 웩슬러 지능검사의 소검사에 대해 자세히 설명한다. 이 절에서는 특히 검사 프로파일을 분석하는 임상가를 위한 여러 사항들을 제공한다(수준 II, III).

웩슬러 소검사의 구성과 해석 절차가 복잡하기 때문에 검사에 익숙하지 않은 검사자는 이 해석 절차에서 각 수준의 세부 내용에 다소 당혹스러울 수 있다. 이 경우 익숙해지기 위해서는 먼저 해석 절차를 읽는 것을 추천한다. 특히 이 절을 읽기 전후에 표 5.6을 참고하는 것이 도움이 될 것이다. 또한 이 표는 실제 웩슬러 프로토콜과 함께 작업할 때 참고 지침으로 유용할 수 있다. 학생 검사자들은 "웩슬러 지수와 소검사" 절을 숙지한 후 WAIS-IV/WISC-V 프로파일에 대해 절차대로 해석을 해야 한다. 이러한 경험을 통해 자료를 명확하게 이해하고 통합할 수 있게 될 것이며, 앞으로 접하게 될 프로토콜을 보다 자신 있게 다룰 수 있게 될 것이다.

가장 이상적인 해석은 수검자의 인지 능력을 정확하게 측정하고 이를 일상적 기능과 적절하게 연결하는 것이다. 이때 기술적인 용어는 최소화하고 일상어를 사용해야 한다. 그

러나 이러한 해석 기술을 향상시키는 것은 어렵다. 다음에 제시된 다섯 가지 방법은 인지적 해석에 대하여 보다 상세히 설명하고 있다.

1. 전반적인 진술부터 한다("우수한 어휘 능력(VCI=125, 또래 상위 5%) 등).
2. 하위 능력에 대하여 보다 자세히 기술한다("우수한 상식 및 단어 지식").
3. 검사 반응("어려운 단어도 쉽게 설명할 수 있다" 또는 "두 가지 대상의 공통성을 정확하게 설명할 수 있다") 또는 검사 문항("유명한 사람들의 업적과 과학적 사실을 정확하게 설명할 수 있다")에 대하여 자세히 기술한다.
4. 행동 관찰을 자세히 기술한다("그녀는 질문에 대하여 신속하게, 간결하고 정확하게 답하였다").
5. 일상생활에 미치는 영향을 기술한다("그녀는 복잡한 대화를 잘 이해할 수 있다" 또는는 "언어 관련 직업에서 잘 수행할 것이다").

이러한 방법들이 모두 필수적으로 사용되는 경우는 드물다. 어떤 경우에는 첫 번째 항목만 필요할 수 있다. 다른 상황에서는, 특히 의뢰 질문에 대하여 해석이 매우 중요할 때는 세 번째 또는 네 번째 항목이 중요할 수 있다. 세 번째 항목과 관련된 두 가지 주의사항이 있다. 첫째, 문항의 유출은 검사 보안에 위배되는 것이므로 금지된다. 대신 실시 및 반응과 관련된 대안적 설명을 제공할 수 있다. 둘째, 이러한 설명들이 수검자들을 모호하게 하거나 그들에게 혼란을 주어서는 안 된다.

다음은 해석 절차 동안 명심해야 할 원칙이다.

- 연속적인 절차는 WAIS-IV/WISC-V(전체척도 IQ)의 가장 일반적인 측면에서부터 시작하여 점차 개인의 수행과 관련된 구체적인 측면으로 이어진다(지수, CHC 군집, 문항에 대한 질적 해석 등).
- 지수점수 간 차이가 크지 않은 경우(WAIS-IV와 WISC-V에서 가장 높은 지수점수와 낮은 지수점수 간 차이가 23점 이하)에는 보다 상위의 일반 측정치(global measures; 전체척도 IQ, 일반능력 지수)가 의미가 있고 유용하며, 이를 해석에 사용한다. 그러나 점수 간 차이가 클수록 일반 측정치는 측정하고자 하는 것을

순수하게 측정하지 못할 수 있는데, 따라서 이 경우 일반 측정치를 해석하는 것은 그다지 의미가 없다. 예를 들어 언어이해와 지각추론 지수점수 간에 23점 이상의 큰 차이가 나타난다면, 전체척도 IQ(및 일반능력 지수)보다 2개 지수에 해석을 집중하는 것이 적절하다.

- 유의한 차이를 설명하기 위하여 설정된 권장 유의수준은 .05이다. 이는 지수와 부가적인 군집을 포함하여 모든 해석 절차에 해당된다. 이러한 유의수준은 임상적 목적을 위해서도 충분히 엄격한 수준이다. 덜 엄격하거나($p = .15$) 더 엄격한 수준($p = .01$)이 필요한 경우에는 WAIS-IV와 WISC-V의 『실시 및 채점 지침서』에서 관련 표를 찾을 수 있다(Wechsler, 2008a, 2014a). 또한 비교 횟수로 인하여 결과가 변할 수 있는 통계적 오류를 바로잡기 위해 본페로니(bonferroni) 교정이 포함되었다.

- 지수점수 간 서로 유의한 차이(.05 수준)가 있는지 결정하기 위해서는 지침서에 실린 표를 보면 된다(『WAIS-IV 실시 및 채점 지침서』, 표 B.1, p. 230; 『WISC-V 실시 및 채점 지침서』, 표 B.1, p. 342). 2개 지수 간 비교를 통해 확인할 수 있다.

- 지수 간 점수 차이에 대한 앞서의 절차와는 달리 소검사 간 점수 차이는 **평균 점수와의 비교**를 기반으로 한다. 한 가지 방법은 실시된 모든 소검사들의 평균과 각 소검사의 점수를 비교하는 것이다(두 점수 간 유의한 차이가 나타난다면 소검사 점수가 평균 점수와 얼마나 차이가 나는지 계산한다). 다른 방법은 소검사 점수들이 유의한 차이가 있는지 확인하기 위하여 10개 핵심 소검사의 평균을 계산하는 대신 각 지수점수 내에서 소검사들의 평균을 계산하는 것이다.

- 보다 세부적인 수준(수준 III, IV, V)과 관련된 해석은 잠정적인 가설로 간주되어야 하며, 추가적인 정보(행동 관찰, 학교 생활 기록 등)를 통해 확인되어야 한다. 각 가설은 적어도 2개 이상의 지지 근거가 있어야 한다. 이 가설을 설정하고 검증하는 과정은 단순히 통계적 절차일 뿐만 아니라 임상적 지혜와 판단력을 필요로 한다.

수준 I. 전체척도 IQ(및 일반능력 지수)

수검자의 전체척도 IQ는 다른 인지 능력 평가의 기반을 제공하므로 가장 먼저 검토되는 점수이다. 이는 가장 신뢰롭고 타당한 측정치이다. 전체척도 IQ는 동년배와 비교하여 수검자의 상대적인 위치와 지적 능력에 대한 측정치를 제공한다. 전체척도 IQ는 백분위 점수(『WAIS-IV 실시 및 채점 지침서』, 표 A.3 – .7, pp. 220 – 225; 『WISC-V 실시 및 채점 지침서』, 부록 A.7, pp. 334 – 335) 또는 지능 분류(표 5.5 또는 WAIS-IV/WISC-V 기록 용지)로 변환하여 나타내는 것이 유용하다. 백분위 점수와 지능 분류는 IQ 점수보다 잘못 해석될 가능성이 적기 때문에 훈련받지 않은 사람에게 검사 결과를 설명할 때 유용하다. 또한 많은 검사자는 검사 점수의 정확도를 반영하는 "신뢰구간"(SEM)을 함께 고려하는 것을 선호한다. 예를 들어 전체척도 IQ가 110인 사람의 실제 IQ(진점수)는 95%의 신뢰수준에서 105-115 사이에 있을 수 있다. 즉 IQ 점수는 정확한 하나의 숫자가 아니라 예측되는 오차구간을 가지는 범위이다. 그러나 실제 보고서에 포함된 신뢰수준은 대부분의 의뢰자가 원하는 것에 비해 기술적으로 지나치게 상세하게 될 수 있다. 또한 지능 분류 중 하나인 "경계선"이 *DSM-5* 정신장애 진단 중 경계성 성격장애와 혼동되어 잘못 해석될 수 있다. 검사자는 "경계선" 범위가 "평균 이하(Well below Average)"임을 괄호로 추가하여 이 점을 명확하게 나타낼 수 있다.

전체척도 IQ는 웩슬러 검사에서 가장 안정적이고 타당한 측정치이지만, 지수 및 군집 간 점수의 차이가 증가할수록 점수의 의미가 덜 중요하게 된다. 즉 지수 간 유의한 차이가 있을 경우 전체척도 IQ는 해석하기가 쉽지 않으며 잘못 해석될 가능성이 높다. 따라서 검사자는 이러한 차이가 발생하였을 때 수검자의 상대적 강점과 약점을 좀 더 자세히 다루어야 한다. 다음으로 이러한 점들을 반영하는 연속적인 수준 해석 절차 4단계를 제시하였다.

일반능력 지수(GAI)는 IQ의 대안적 측정치이다. WAIS-IV에서는 3개 언어이해 소검사와 3개 지각추론 소검사의 점수를 합하여 계산하며, WISC-V에서는 2개 언어 소검사와 1개 시각공간 소검사 및 2개 유동추론 소검사의 점수를 합하여 계산한다. 두 검사 모두 GAI를 산출할 때 작업기억과 처리속도의 소검사는 포함되지 않는다. 이는 작업기억과 처리속도가 상황적 요인(예를 들어 수면 부족, 배고픔, 우울 등)에 매우 민감한 지수이기 때문이다. 이 점은 인지적 어려움이 있는 수검자 중 65%에서 GAI 지수점수가 전체척도 IQ보다 훨씬 높게 나타난 결과와 일치한다(Wechsler, 2008b). 따라서 전체척도 IQ와 GAI 간 차이를 통해 뇌, 연령 및 상황에 민감한 소검사들이 개인의 전반적인 기능 수준을 낮추는 정도를 알 수 있다(『WAIS-IV 기술 및 해석 지침서』 참고). 앞서 전체척도 IQ를 설명할 때 제시한 바 있는 주의해야 할 내용들은 GAI에도 적용된다.

수준 II. 지수와 부가적인 군집

해석의 두 번째 단계는 지수점수와 부가적인 군집을 검토하는 것이다. 각 점수 간 차이가 유의한지 확인하기 위해서는 앞서 언급한 것처럼 .05 유의수준이 사용된다. 경우에 따라서 원점수를 평균 100, 표준편차 15인 표준점수로 변환하고 각 점수들 간 유의한 차이가 있는지 확인하기 위한 공식과 절차가 제공된다.

수준 IIa. 지수점수

검사 점수 해석의 핵심은 지수점수이다. 이 점수는 수검자의 독특성을 가장 잘 드러내준다. 이에 비해 전체척도 IQ는 매우 종합적이며 수검자의 강점 및 약점과 관련된 많은 정보를 제공하지 못한다. 소검사는 세부적인 능력을 측정할 수 있지만 검사의 신뢰도와 타당도가 높지 않기 때문에 이들을 해석의 근거로 삼는 것은 좋지 않다(Glutting, Watkins, Konold, & McDermott, 2006; Konold, Glutting, McDermott, Kush, & Watkins, 1999). 따라서 지수를 통해 개인의 지적 기능을 경험적 및 개념적 측면에서 보다 상세하게 이해할 수 있다. 예를 들어 높은 점수 또는 낮은 점수가 개인의 일상 기능에 어떻게 반영되는지 설명할 수 있다.

지수는 단일 능력을 나타내는 경우에만 해석할 수 있다. 단일 능력이란 지수 내 소검사들 간 점수 차이가 5점 미만일 경우를 의미한다. 한 지수 내에서 소검사들 중 가장 높은 점수와 낮은 점수의 차이가 5점 이상일 경우 그 지수는 해석할 수 없다. 이 경우 수준 IIb의 단계로 진행하여 부가적으로 유의미한 군집이 있는지 확인한다.

한 가지 중요한 고려사항은 상대적 약점이 문제의 원인이 될 수 있는지 확인하는 것이다. 이는 개인의 수행 결과가 규준 집단에 비해 얼마나 낮은지에 의해 결정된다. 예를 들어 한 수검자의 언어이해 지수점수가 125이지만, 처리속도 지수점수는 100이다. 이러한 점수들 간 차이는 그 사람의 정보처리속도 능력이 상대적 약점이라는 결론을 내리는 것을 지지해 준다. 또한 다른 점수에 비하여 낮기 때문에 개인적(개인 내) 약점으로 간주될 수 있다. 그러나 처리속도는 동년배 집단과 비교하였을 때 평균 범위에 있으므로 모든 상황에서 이러한 해석을 적용할 수는 없다. 언어이해와 처리속도 지수 간에 25점 가까운 점수 차이가 나타나는 경우와 언어이해 지수 100, 처리속도 지수 75인 상황은 다르다. 처리속도가 75인 경우 사무직과 같이 최소로 요구되는 과제에도 적절하게 기능하는 데 어려움을 느낄 수 있다. 또한 동년배와 비교하였을 때도 매우 낮은 점수이므로 이는 개인적(개인 내적) 약점일 뿐만 아니라 규준적 약점일 수 있다. 각 지수에 제시된 일상 기능의 예는 단순히 개인 내의 상대적 강점과 약점이라기보다는 규준적 강점과 약점임을 이해하는 것이 중요하다.

지수점수를 해석하는 또 다른 방법으로는 여러 지수들 간에 유의한 점수 차이가 나타나는지 살펴보는 것이다. 점수의 차이를 비교하는 것은 WAIS-IV와 WISC-V 표준 채점 절차의 일부 과정이다. 점수 차이가 유의한지 살펴보고 차이가 발생한다면 표준화 표본에서 차이가 얼마나 발생하는지 계산한다(기저율; 『WAIS-IV 실시 및 채점 지침서』, 표 B.1과 B.2, pp. 230 - 231; 『WISC-V 실시 및 채점 지침서』, 표 B.1과 B.2, pp. 342 - 346 참고). 예를 들어 WAIS-IV에서 지각추론 지수가 처리속도 지수보다 15점 높게 나왔을 경우(PRI>PSI), 이러한 차이는 모든 연령 집단의 .05 수준을 넘을 것이다(표 B.1). 표 B.2에 따르면 PRI-PSI 간의 15점 차이는 표준화 표본의 15%에 불과하였다. 다음 단계는 이러한 차이가 무엇을 의미하는지 확인하는 것이다. 한편으로 이는 단순히 개인의 능력에서 자연스럽게 나타난 변산을 의미할 수도 있다. 실제로 많은 사람들, 특히 높은 IQ 범위 사람들의 경우 능력들 간 차이가 발생하는 것은 당연하다. 앞서 언급된 예와 같이 지각추론과 처리속도 간의 큰 점수 차이는 비언어적인 장면에서 일하거나(예를 들어 숙련된 기술자) 느리고 신중한 업무를 하는 사람의 특성을 반영하는 것일 수 있다. 따라서 이는 임상적으로 중요하지 않을 수 있다. 반면에 다른 사람은 앞서 제시한 사람과 동일한 점수 패턴을 보일 수 있지만 최근 뇌 손상을 입었을지도 모른다. 즉 뇌 손상으로 인해 처리속도가 느려진 것일 수 있다. 이는 신속한 정보처리가 요구되는 직업을 가진 사람에게 나타날 경우에 적합한 설명이다. 처리속도가 훨씬 느려졌다면 이는 그 사람이 다시 일하기 위해 준비를 할 경우 어려움을 겪을 수 있다는 점에서 실제적 의의를 가질 수 있다.

수준 IIb. 부가적인 군집

소검사의 부가적인 군집은 CHC 및 WAIS-IV/WISC-V의 이론적 개념에 따라 다양한 소검사로 구성된다(Flanagan & Kaufman, 2009; Flanagan & Ortiz, 2001; Lichtenberger & Kaufman, 2012). 군집점수의 경우에도 지수점수와 같이 가장 먼저 단일 능력을 나타내는지 살펴봐야 한다. 한 군집에서 단일 능력은 군집을 구성하는 소검사들 간 점수 차이가 5점 미만일 때 해당한다. 군집에 포함된 소검사들 간에 5점 이상의 차이가 있다면 해당 군집이 단일한 능력을 나타내지 않으므로 이 군집은 해석해서는 안 된다. 또한 임상가는 수검자의 인지 능력을 설명할 수 있는 다른 군집이 있는지 확인하여야 한다. Lichtenberger와 Kaufman(2012)은 WAIS-IV의 9개 CHC/WAIS-IV 소검사 군집을 제안하였다(Lichtenberger and Kaufman, 2012에서 유도됨).

1. **유동추론**(행렬추론+무게비교, WISC-V의 지수임). 자동적으로 수행할 수 없는 새로운 과제를 할 때 요구되는 정신적 조작 능력으로 정의된다. 패턴들 사이의 관계 지각, 추론 도출, 개념 인식과 형성, 문제해결, 추론 생성, 정보의 재조직과 변환 등이다. 무게비교의 경우 70세 이상은 규준이 없으므로 16~69세에서만 산출할 수 있다.

2. **시각처리**(토막짜기+퍼즐, WISC-V에서는 시각공간 지수로 명명됨). 시각 정보의 지각, 생성, 통합, 조작, 변형, 저장과 인출을 말한다. 예로는 공간 패턴의 지각과 조작, 공간 지남력의 유지, 사물이 공간을 따라 움직임에 따른 지각적 변화의 해석, 사물에 대한 정신적 역전과 회전 능력 등을 들 수 있다.

3. **언어적 유동추론**(공통성+이해). 문화와의 상호작용을 통해 축적된 지식의 폭과 깊이 그리고 언어적 자료에 대한 구체적인 유동추론 능력(1번 참조)과 이러한 지식을 추상화하고 적용하는 능력으로 정의된다.

4. **어휘 지식**(어휘+공통성). 문화에 대한 개인의 축적된 지식의 폭과 깊이 및 그러한 지식을 효과적으로 사용하는 능력 그리고 단어를 이해하고 적용하는 능력으로 정의된다.

5. **일반 정보**(이해+상식). 일반 정보의 폭으로 정의된다.

6. **장기기억**(어휘+상식). 단어 지식과 결합된 일반 정보의 폭으로 정의된다.

7. **단기기억**(순서화+숫자). 7(±2) "청크"로 제한되어 있는 정보를 즉각적인 각성 하에 보유하고 사용하는 능력으로 정의된다. 예를 들어 전화번호를 기억하고 과제를 완료할 수 있을 만큼 기억을 보유하는 능력을 말한다. WAIS-IV에서는 정신적 조작이라고도 불린다. 작업기억과 동일하지는 않지만 유사한 능력/구조를 가지고 있다.

8. **시각운동 속도**(토막짜기+기호 쓰기+동형찾기). 시각 정보에 대한 빠른 정보처리

능력으로 정의된다. 비언어적 정보에 대한 유동추론(언어적 유동추론과 대비되는)을 포함한다.

9. 시각운동 속도를 제외한 문제해결(행렬추론+퍼즐+빠진곳찾기+무게비교). 이 군집에 포함되는 소검사들은 협응과 처리속도를 요구하지 않으므로 순수하게 비언어적 문제해결 능력을 측정한다. 무게비교의 경우 70세 이상은 규준이 없으므로 16~69세에서만 이 군집점수를 산출할 수 있다.

WISC-V는 검사 내에 일부 군집을 포함하였으며, Flanagan과 Kaufman(2009)은 WISC-V에 적용할 수 있는 WISC-IV의 군집을 제안하였다. 2개 검사의 군집을 조합한 내용은 다음과 같다. 이들 군집은 WAIS-IV의 군집과 유사하지만 소검사 구성은 약간 다르다. 대부분의 정의는 위와 동일하지만 약간의 차이가 있다.

1. 비언어적 유동추론(행렬추론+공통그림찾기). 자동적으로 수행할 수 없는 새로운 과제를 할 때 요구되는 정신적 조작 능력으로 정의된다. 패턴들 사이의 관계 지각, 비언어적 개념 인식과 형성, 비언어적 문제해결, 추론 생성, 비언어적 정보의 재조직과 변환 등이다.

2. 양적 추론(무게비교+산수). 수리적 및 양적 능력과 관련된 정신적 조작으로 정의된다.

3. 일반 정보(이해+상식).

4. 청각적 작업기억 또는 단기기억(숫자+순서화). 청각적인 언어적 정보에 대한 작업기억 능력으로 정의된다. 청각적인 언어적 정보의 저장, 조작 및 결과 추론 능력이다. 7(±2) "청크"로 제한되어 있는 정보를 즉각적인 각성하에 보유하고 사용하는 능력, 전화번호를 기억하고 과제를 완료할 수 있을 만큼 기억을 보유하는 능력이다. 이 군집은 정신적 조작이라고도 불린다.

5. 장기기억(상식+어휘).

6. 인지적 효능(숫자+공통그림찾기+기호 쓰기+동형찾기). 정신적 조작의 속도와 정확성으로 정의된다. 새롭거나 어려운 과제에 대한 정신적 조작 능력의 효율성이다.

군집의 점수는 규준과 비교할 수 있다. 따라서 시각처리 점수가 85점인 개인은 또래보다 이러한 능력 수준이 1표준편차 아래에 있음을 의미한다. 이 수검자는 자신이 당면한 문제를 이해하고 해결하는 데 어려움을 겪을 가능성이 크다. 이러한 경우에는 시각 정보에 대하여 단계적으로 설명하거나 수검자에게 가장 중요한 시각 정보를 강조하는 방법을 사용하여 개입할 수 있다.

해석은 규준과의 비교와 더불어 수검자 자신의 수행과도 비교(개인 내 비교)하여 파악된 개인의 강점과 약점을 바탕으로 이루어진다. 개인 내 비교는 군집을 비교하여 확인할 수 있다. 점수의 차이가 해석되기 위해서는 각 군집들이 20점 이상 차이를 가져야 한다. 예를 들어 한 성인의 유동추론 점수가 시각처리 점수에 비해 20점 이상 높게 나타났다면, 이는 새로운 문제를 해결할 수 있는 능력이 상대적 강점임을 의미한다. 반면에 시각공간 기술을 사용하여 간단한 과제를 해결하는 데는 어려움을 겪을 수 있다.

수준 III. 소검사 변산성 해석

다음 단계에서는 FSIQ 또는 각 지수점수를 구성하는 개개 소검사들의 변산성을 살펴봐야 한다. 이는 전체척도 IQ와 지수점수를 해석하는 데 필요하며, 이에 따라 개인의 상대적 강점과 약점을 확인할 수 있다. 각 소검사 및 소검사들이 측정하는 능력은 이 장의 "웩슬러 지수와 소검사" 절에서 확인할 수 있다.

높은 점수와 낮은 점수 간의 차이에 대한 가설을 설정할 때 임상가는 이 절뿐만 아니라 다양한 집단을 평가하는 방법과 관련된 정보를 참고할 수 있다. 또한 독자들은 높은 소검사 점수와 낮은 소검사의 점수의 다양한 조합에 대한 가설과 표를 상세하게 제공한 Flanagan과 Kaufman(2009), Kaufman과 Lichtenberger(2006), Lichtenberger와 Kaufman(2012) 그리고 Sattler(2008)의 연구를 참고할 수 있다. 그러나 수준 III 해석은 소검사들의 점수가 충분한 변산성을 가질 때에만 가능하다. 만약 소검사들 간에 유의한 점수 차이가 나타나지 않는다면 소검사 프로파일은 해석하지 않아도 된다.

앞서 언급하였듯이 소검사의 해석에 대해 여러 논쟁이 있다. 일부 연구자는 소검사가 신뢰롭지 않고 특이도가 충분하지 않으며, 전체척도 IQ에서 설명할 수 있는 이상의 타당도는 없다고 주장하였다(Konold et al., 1999; McDermott, Fantuzzo, Glutting, Watkins, & Baggaley, 1992; M. W. Watkins, Glutting, & Lei, 2007). 소검사 해석에 대한 비판은 주로 경험적인 우려에 의거한 것이지만, 지능의 기저가 독립적인 여러 개의 성분들로 구성되어 있는지("splitters") 일반 요인 g로 설명되는지("lumpers")의 논쟁을 중심으로 하는 개념적인 견해차도 존재한다. 이 논쟁은 지능의 개념이 존재하는 동안은 지속될 것이다. 이 쟁점에 대한 보편적인 반응은 다음과 같다. 즉 소검사 해석은 단지 경험적 활동에 불과한 것이 아니라 가설을 검증하고 다양한 자료원을 통합하는 임상적 과정이라는 것이다(Kaufman & Lichtenberger, 2006; Lezak et al., 2012).

소검사 해석에는 어려움이 있기 때문에 지수와 CHC/군집에 중점을 두어야 한다. 지수와 CHC/군집에 대한 해석은 그 근거가 훨씬 탄탄하다. 그러나 어떤 경우에는 소검사를 살펴보는 것이 더욱 유용할 수 있다. 소검사 변산성 해석에는 다음의 세 단계가 추천된다.

1. 소검사의 변산성이 유의한지 확인한다(기록 용지의 "강점과 약점의 결정" 참고).
2. 높은 점수와 낮은 점수의 의미와 관련된 가설을 설정한다.
3. 이 가설을 수검자에 관한 추가적인 관련 정보와 통합한다.

임상가는 소검사를 해석할 때 단순히 높거나 낮은 점수의 소검사에 대해 책에서 설명하는 능력을 그대로 열거해서는 안 된다. 책에 수록된 대로 능력을 평가하면 수검자에 대해 부정확한 결론을 내릴 수 있다. 따라서 임상가는 이론, 관찰 그리고 각 사례의 특성들을 통합한 임상적 판단을 토대로 소검사의 변산성을 해석해야 한다. 그러나 이러한 절차를 뒷받침하는 연구가 거의 이루어지지 않았기 때문에 소검사 변산성을 해석할 때는 신중하게 접근해야 한다. 다시 말하지만 소검사의 변산성을 이해하는 좋은 방법은 다양한 군집을 살펴보는 것이다(해석 수준 II 참고). 한두 개의 소검사에 근거한 한 추론은 잠정적인 것으로만 간주해야 한다.

점수가 높거나 낮은 소검사를 해석할 때 어떤 소검사는 다른 능력을 포함할 수 있음을 유념해야 한다. 소검사 또는 군집이 상대적 강점이나 약점으로 나타나더라도 소검사가 반영하는 다양한 능력 중 어느 것이 강점 또는 약점인지 분명히 확인할 수 없다. 따라서 검사자는 소검사의 패턴, 행동 관찰 그리고 수검자의 능력을 판단하는 데 필요한 다른 출처의 정보들을 확인하여야 한다. 예를 들어 기호 쓰기 소검사는 숫자-기호의 신속한 처리, 계획, 순서화, 숫자-기호 쌍의 학습, 실제 반응, 속도 그리고 높은 수준의 동기를 필요로 한다. 어떤 수검자가 기호 쓰기에서 낮은 점수를 받았다면 이는 개인의 느린 수행 속도를 반영하는 것일 수 있다. 또한 단기기억의 어려움과 낮은 동기 수준을 반영하는 것일 수도 있다. 기호 쓰기에서 낮은 점수를 받은 수검자는 순서지향적인 과제(sequencing-oriented tasks, 예를 들어 숫자, 산수, 순서화)에서 낮은 점수를 얻을 수 있다. 이는 수검자의 순서화 능력에 결함이 있음을 지지하며 그렇지 않은 경우에는 대안적인 설명이 필요하다. 임상가는 수검자의 느린 수행 속도가 문제라고 생각할 수 있다. 수검자가 느린 수행 속도로 인하여 제대로 수행하지 못하면 속도가 요구되는 다른 검사들(토막짜기, 동형찾기, 지우기)에서도 점수가 낮을 것임을 예상할 수 있다. 또한 때때로 행동 관찰이 유용할 수 있다. 예를 들어 시력 문제로 인해 기호 쓰기에서 낮은 점수를 받은 사람은 상을 인식하기 위해 고심하거나 부분적으로 효과가 있는 교정 렌즈를 사용할 수 있다.

또 다른 예로 임상가는 수검자가 동시적 또는 순차적 정보처리 중 무엇을 선호하는지 관찰할 수 있다. 토막짜기 과제에서 수검자의 접근 방식을 살펴보면 각 토막들을 단계적으로 하나하나씩 움직여 그림과 동일하게 만들고자 했는지, 아니면 전체적으로 이해하려고 했는지를 확인할 수 있다. 마지막 예로는 산수, 숫자, 기호 쓰기, 순서화 그리고 동형찾기의 낮은 점수에 대해 살펴보는 것이다. 이들 소검사의 수행에는 높은 수준의 동기가 필요하다. 때때로 낮은 수준의 동기로 인해 점수가 낮게 나타날 수 있으므로 이들 소검사는 타당도 지표로 여겨진다. 임상가는 소검사가 반영하는 특성처럼 수검자가 낮은 수준의 능력을 가졌다고 해석하기보다는 행동 관찰을 통하여 충분한 노력을 하지 않는 사람이라고 좀 더 정확하게 판단할 수 있다.

소검사의 해석 절차는 강점과 약점을 확인하기 위한 통계적 절차를 따르지만, 기계적인 절차와 같이 경직된 과정이 되어서는 안 된다. 예를 들어 미숙한 순서화 능력과 관련된 주관적 어려움(예를 들어 지시를 따르는 것을 어려워 함, 잘못된 순서로 배치함)을 보이는 수검자의 WAIS-IV/WISC-V 소검사 점수가 모두 통계적으로 약점 범위 내에만 있는 것은 아니다(기록 용지에 소검사 "강점"과 "약점"으로 표시됨). 그러나 매우 명확한 증상 보고(및 행동 관찰)가 있는 경우에는 임상가가 순서와 관련된 소검사를 해석할 수 있다. 반면에 또 다른 수검자는 대부분의 순서 관련 소검사들을 통계적으로 유의한 범위 내에서 수행할 수 있다. 그러나 낮은 수준의 순서화 능력이 수검자가 호소하는 증상이 아니었으며 이와 일치하는 행동도 관찰되지 않았다면 이 경우에는 낮은 수준의 순서화에 대한 가설은 수검자에게 적용되지 않는 것으로, 기각될 수 있다. 이러한 절차들은 가설 설정을 위하여 거치는 단계이며, 이러한 가설은 기계적인 해석 절차 외의 다른 요인들에 따라 채택 또는 기각할 수도 있다.

수준 IV. 질적/과정 분석

소검사 변산성을 해석하는 또 다른 방법은 질적/과정 분석 접근을 통해 점수가 높거나 낮게 나온 이유를 확인하는 것이다. 이 분석의 일반적인 책략은 반응의 맥락을 살펴보는 것이다. 특히 상식, 어휘, 이해 그리고 공통성 소검사를 주의 깊게 살펴본다. 독특하거나 비일상적인 반응이 빈번하게 나타난다면 이는 개인의 지적 또는 성격적 기능을 반영하는 것일 수 있다(Groth-Marnat et al., 2000; E. Kaplan, Fein, Morris, & Delis, 1991; E. Kaplan, Fein, Morris, Kramer, & Delis, 1999 참고). 예를 들어 수검자의 일부 반응은 공격적 성향, 경직된 사고 또는 특이한 연상을 반영할 수 있다. 공격성이 높은 사람은 어휘 문항에서 일부 비일상적인 반응을 할 수 있으며, 편집적 성향이 있는 사람은 경직되고 조심스러우며 형식주의적인 반응을 할 수 있다. 유사하게 토막짜기 소검사에서 토막을 빠른 속도로 잘못 배열하고 토막짜기의 배열이 정확한지는 검토하지 않는 것은 높은 충동성을 시사한다.

보다 공식적인 접근은 과정점수를 살펴보는 것이다. 예를 들어 임상가가 토막짜기 소검사에서 시간 제한이 있는 절차와 시간 제한이 없는(시간 보너스가 없는) 절차에서의 점수를 확인하는 것은 빠르거나 느린 반응이 수검자의 점수에 미친 영향을 이해하는 데 도움이 될 수 있다. 이러한 절차는 전체척도, 지수 또는 부가적인 군집점수를 산출하는 데는 사용되지 않는 선택적인 절차이다. 시간이 오래 걸리는 작업이기 때문에 그 속에 유용한 정보가 들어 있을 것으로 기대할 만한 이유가 없으면 굳이 이 절차를 거칠 필요가 없다. 필수 절차가 아닌 이유는 규준의 의미를 이해하고 절단점 및 해석의 정확성을 높이기 위해 더 많은 연구가 필요한 상황이기 때문이다. 그러나 과정점수는 수검자의 기능에 관한 가설을 설정하는 데 쓰이기도 한다. 과정점수는 여러 소검사를 바탕으로 5개 군으로 분류할 수 있다.

1. 토막짜기

시간 보너스 없는 토막짜기(BDN). 토막짜기 소검사의 점수는 속도 대 시구성 기능

(visuoconstructive abilities)의 어려움이 점수에 영향을 미친 정도에 대한 정보를 제공하지 않는다. 몇몇 개인들은 온전한 시구성 능력을 가지고 있지만 신중한 문제해결 방식, 느린 인지 처리 또는 신체적 어려움으로 인해 토막짜기에서 낮은 점수를 받을 수 있다. BDN 점수의 저하는 속도의 중요성을 완전히 배제하지는 못한다. 왜냐하면 수검자는 점수를 얻기 위해 최대 제한시간 내에 과제를 올바르게 수행하여야 하기 때문이다. 토막짜기 점수와 비교하여 BDN을 훨씬 잘 수행하는 수검자는 우수한 시구성 능력을 가지고 있지만 어떠한 이유 때문에 빠르게 수행하지 못할 수 있다(이 경우 처리속도 지수와 기호 쓰기, 동형찾기, 지우기 소검사 점수를 확인해야 한다).

2. 숫자

숫자 바로따라하기(DSF), 숫자 거꾸로따라하기(DSB), 숫자 순서대로따라하기(DSS). 때로는 숫자 바로따라하기와 숫자 거꾸로따라하기 수행을 비교하는 것은 유용하다. 숫자 바로따라하기는 매우 간단한 절차이다. 따라서 인지 기능 저하의 영향을 크게 받지 않아 상당히 안정적이다. 반면에 숫자 거꾸로따라하기와 숫자 순서대로따라하기는 보다 높은 주의력, 집중력 그리고 숫자 조작 능력이 필요하다. 따라서 DSF와 DSB의 점수를 비교하는 것이 유용하다. DSF보다 DSB의 점수가 유의하게 낮은 것은 주의력, 순서화, 청킹 그리고 숫자 시각화와 관련된 인지적 약점을 반영한다. 또한 DSS는 DSB와 같이 순서화 작업이 더욱 어려워지므로 DSF와 DSS를 비교하는 것도 유용하다. DSS의 점수가 유의하게 낮은 것은 주의력, 순서화, 청킹 그리고 숫자 시각화 능력에서의 약점을 반영하는 것일 수 있다.

최장 숫자 바로따라하기(LDSF) vs 최장 숫자 거꾸로따라하기(LDSB). 이 점수는 숫자 바로따라하기와 숫자 거꾸로따라하기 과제에서 가장 길게 회상한 문항의 숫자 개수이다. 이는 환산된 점수가 아니라 원점수이다. LDSF를 평가하는 이유는 LDSF가 DSF 대 DSB를 재확인하기에 유용하기 때문이다. 해석 방법은 DSF와 DSB를 해석할 때와 동일하다.

최장 숫자 순서대로따라하기(LDSS) vs 최장 순서화(LLNS). 이 점수는 LDSF와 LDSB 점수 간의 차이를 나타낸다. 이는 바로 회상된 가장 긴 숫자와 순서화에서 가장 긴 문자를 나타내는 원점수를 기반으로 산출된다. 순서화는 숫자 순서대로따라하기를 좀 더 어렵게 변형한 것으로, 해석 방법은 LDSF와 LDSB을 해석할 때와 동일하다.

3. 순서화

최장 순서화(LLNS) 점수는 마지막 시행에서 정확하게 회상한 숫자와 문자의 개수를 기반으로 산출된 원점수이다. 이 점수는 특히 이전 문항에서의 수행이 일정하지 않고 불안정한 경우 수검자가 어떻게 순서화를 수행하였는지에 대한 추가적인 정보를 제공할 수 있다.

4. 무선적 지우기(Cancellation Random, CAR) 대 체계적 지우기(Cancellation Structured, CAS; WISC-V)

지우기의 1번 문항에는 사물들이 무작위 순서로 배열되어 있다. 반면에 2번 문항에는 몇 가지 사물들이 추가되었으며, 일렬로 줄지어 배열되어 있다. 2번 문항의 과제는 1번 문항보다 다소 쉬울 수 있다. 따라서 2번 문항과 같이 구조화된 배열에서 좀 더 나은 수행을 보일 것으로 예상된다(『WISC-V 실시 및 채점 지침서』"전환 및 비교" 표 C.15와 C.16 참고). 아동들은 구조화된 배열로 인해 향상된 수행을 보일 수 있다. 따라서 아동이 구조화된 배열에 따라 수행이 향상되는 정도는 CAR과 CAS의 비교를 통해 확인할 수 있다.

5. 명명속도(Naming Speed, NS; WISC-V)

6~8세의 아동들에게는 명명속도 과제에서 두 가지 다른 유형의 문항을 실시한다. 6세 아동들은 색깔과 사물의 이름을 빠르게 말하고(명명속도 색깔-사물, NSco) 크기에 따라 색깔과 사물의 이름을 신속하게 분리해야 한다(명명속도 크기-색깔-사물, NSsco). NSco를 NSsco보다 더 잘 수행하였을 경우, 아동들에게 무리하게 수행을 요구하였거나 사물의 이름과 색깔은 연습을 하였지만 크기(큰/작은)에 대해서는 지속적으로 학습하지 못하였기 때문일 수 있다. NSsco를 NSco보다 더 잘 수행하였을 경우에는 아동이 간단한 NSco 과제를 실시할 때 동기 또는 주의 문제로 인해 수행에 방해를 받았을 수 있다.

7~8세 아동들은 NSsco 과제를 수행할 뿐만 아니라 가능한 빨리 글자와 숫자

를 명명해야 한다(명명속도 글자-숫자, NSln). 검사 결과의 해석은 NSco와 NSsco 과제 간에 수행의 차이가 있을 경우와 유사하다. NSln보다 NSsco를 더 잘 수행하였을 경우에는 아동들이 아직 글자와 숫자를 확인하지 않았을 가능성이 크다. NSsco보다 NSln을 더 잘 수행하였을 경우에는 NSsco 과제를 실시할 때 아동의 수행이 주의 또는 동기 문제로 인해 방해받았을 수 있다.

임상가는 과정점수를 통해 소검사 수행의 의미를 보다 상세히 설명할 수 있다. 『WAIS-IV/WMS-IV 고급 임상적 해결』(*WAIS-IV/WMS-IV Advanced Clinical Soulutions*; Pearson, 2009a)에서 확장된 일련의 소검사 자극, 실시 그리고 채점 방식을 확인할 수 있다.

수준 V. 소검사 내 변산성

더 나아가 각 소검사의 문항 내 수행 패턴을 살펴볼 수 있다. 소검사에 포함된 문항은 난이도 순으로 배열되어 있다. 따라서 일반적으로 예측되는 반응 패턴은 초반의 쉬운 문항을 성공하지만 뒤로 갈수록 어려워지는 문항에서는 실패하는 것이다. 수검자가 초반의 쉬운 문항에서는 실패하지만 어려운 문항에서 성공하는 패턴이 종종 나타날 수 있다. 이는 수검자에게 인출의 어려움과 관련된 주의력 결핍 또는 특정 기억 손상이 있음을 시사할 수 있다(E. Kaplan et al., 1991, 1999). 만약 수검자가 문항 난이도에 상응하는 수행을 보이지 않는다면 추가적인 탐색이 필요하다. 예를 들어 수검자가 모든 문항에서 실패하거나 매우 쉬운 문항을 틀리거나 검사 시 실제 모습은 산출된 지능지수에 비해 훨씬 더 기민해 보였다면 이는 의도적으로 속이는 것일 수 있다. 정서적 어려움 또한 수행을 방해할 수 있으며, 미만성 피질(Mittenberg, Hammeke, & Rao, 1989) 또는 미만성 피질하(Godber, Anderson, & Bell, 2000) 뇌 손상을 가진 환자에게서도 종종 이러한 패턴이 나타날 수 있다. 소검사 내 변산성에 대한 분석은 양적인 환산점수를 살펴보는 것으로 얻을 수 있는 정보와는 다른 유형의 정보를 제공할 수 있다. 그러나 Ryan, Paul 그리고 Arb(1999)의 연구에서 보고된바 인출에 어려움이 있는 환자들은 높은 소검사 내 변산성을 보이지 않는다는 사실을 고려하면 소검사 내 변산성에 대한 연구들은 결과가 혼재된 것으로 정리할 수 있다.

웩슬러 지수와 소검사

웩슬러 지능검사를 이해하기 위해서는 지수와 소검사가 측정하는 다양한 능력을 이해하는 것이 도움이 된다. 이 절에서는 WAIS-IV와 WISC-V의 각 지수와 소검사 그리고 이들이 측정하는 다양한 능력을 설명하고 점수의 높고 낮음이 의미하는 바에 대해 논의할 것이다. WAIS-IV 소검사와 관련된 능력과 요인부하량은 『WAIS-IV 기술 및 해석 지침서』 (Wechsler, 2008b)에 제시된 연구 결과를 기반으로 하였다. WISC-IV 소검사에 제시된 능력과 요인부하량은 『WISC-V 기술 및 해석 지침서』(Wechsler, 2014b)뿐만 아니라 Kaufman과 Lichtenberger(2006), Flanagan과 Kaufman(2009), Sattler(2008)를 기반으로 하였다.

이 책의 전반적인 관점과 논의에서 일관되게 제시된 각 소검사에 대한 해석은 잠정적인 것으로 간주되어야 한다. 이러한 해석은 추후에 좀 더 연구된다면 맥락적으로 적절하게 활용될 가능성이 있다. 또한 소검사는 순수하게 단일한 지적 능력을 측정한 것이 아니라 이들이 조합되어 나타나는 능력을 측정한다. 전반적인 프로파일을 해석할 때 평가자는 특정 소검사에서 낮은 점수 혹은 높은 점수가 여러 가지 이유로 발생할 수 있다는 것을 고려해야 한다. 이 절은 WAIS-IV와 WISC-V의 지침서에 제시된 소검사 자극과 실시 절차에 대해 충분히 숙지한 후에 보면 더 유용할 것이다.

언어이해 지수/소검사

언어이해 지수[WAIS-IV(어휘, 공통성, 상식), WISC-V(공통성, 어휘)]는 비교적 순수하고 세련된 언어 능력을 측정한다. 이 지수의 소검사에서 검사자는 구두로 질문하고 수검자는 구두로 답하게 되어 있다. 언어이해 지수점수는 단어 이해력, 언어적 정보의 개념화, 언어를 매개로 한 사실적 지식의 정도, 단어를 사용하여 적절하게 표현할 수 있는 능력 등을 반영한다. 따라서 언어이해는 다음 영역에서 개인의 숙련도를 측정한다.

- 추상적 의미 정보를 활용하는 능력
- 교육 수준과 교육량
- 언어적 기억 능력

- 언어적 유창성

이 지수에서 높은 점수를 받는 사람은 언어적 의사소통에서 쉽게 이해하고 문장을 쉽게 구성할 수 있는 사람으로, 대체로 말이 유창하고 말하는 직업을 가지면 잘할 수 있으며 교육적 활동에 관심이 많다. 반면 낮은 점수를 받는 사람은 말하는 데 어려움을 겪을 수 있고 적절한 단어로 유창하게 표현하기 어려우며 교육 및 지적 추구에 대한 관심이 거의 없다.

언어이해 지수의 소검사는 다른 지수의 소검사들에 비해 문화의 영향을 더 많이 받는다. 이와 대조적으로 지각추론 지수(WISC-V에서는 시각공간과 유동추론)와 처리속도 지수는 문화적 영향에서 보다 자유롭다. 언어이해 지수와 지각추론 지수(WAIS-IV) 또는 시각공간 지수(WISC-V) 간 유의미한 차이(WAIS-IV에서 9점 이상, WISC-V에서 12점 이상)가 있다면, 이러한 차이에 대해 몇 가지 해석이 가능하다. 예를 들어 비교적 높은 교육수준, 강한 성취욕, 우울증으로 인해 느려진 정신운동 속도, 실제 과제의 어려움, 비언어적 능력의 결함, 낮은 시각운동 통합 능력, 지각추론 소검사에서 더 많은 오반응과 관련되는 빠르고 충동적인 반응 스타일 등의 해석이 가능하다(Kaufman & Lichtenberger, 2006; Lezak et al., 2012; Sattler, 2008). 또한 교육적 성취와 지능지수(IQ)가 높은 전문직 종사자도 언어이해 지수에서 상당히 높은 점수를 얻을 수 있다.

공통성(WAIS-IV와 WISC-V의 핵심 소검사)

- 논리적인 추상적 추론
- 언어적 개념 형성과 개념적 사고
- 필수적인 사항과 필수적이지 않은 세부사항의 구별
- 언어적 능력과 결합된 연상 능력

공통성 소검사는 언어적 개념 형성과 추상적 추론 능력을 요구한다. 이러한 기능은 일상생활 속에서 사물이나 상황의 소속 관계(belonging-togetherness)를 인식하는 데 사용된다. 환경에 적응하는 핵심적인 측면은 반응을 결정하는 스타일과 방식을 명료하게 하고 축소하고 분류하기 위해 이러한 능력을 사용하는 것이다. 수검자는 특정한 사실에서 일반적인 규칙과 원칙으로 전환해야 하기 때문에 귀납적 추론이 필요하다. 이 검사에 내포되어 있는 의미는 장기기억을 사용하고 우아한 표현을 적용할 수 있는 능력이다. 보다 정확하고 추상적으로 표현할수록 점수가 높아지는데, 이는 언어 구사력이 중요한 요인으로 작용한다는 것을 말해 준다. 특히 마지막 문항에서의 정반응은 높은 수준의 추상적 사고를 의미한다. 높은 통찰력을 가지고 자기성찰을 잘하는 사람은 이 소검사에서 높은 점수를 받는다. 그러므로 이는 심리치료의 좋은 예후 지표로 사용될 수 있다. 조현병과 치매 환자나 경직되고 유연하지 않은 사고를 하는 사람들은 이 소검사의 점수가 유의미하게 감소한다. 따라서 검사자는 이 소검사를 사용하여 수검자의 특이하거나 병리적인 개념 형성의 특징에 관한 추가 정보를 얻을 수 있다.

이 소검사에서 높은 점수는 언어적 개념 형성이 잘되었다는 것을 나타내는 것이며, 만약 비정상적으로 점수가 높을 경우에는 주지화 경향을 반영하는 것일 수 있다. 낮은 점수는 낮은 추상화 능력과 경직되고 유연하지 못한 사고를 반영한다. 성인 프로토콜에서 공통성 소검사는 좌반구 병변에 매우 민감한 소검사이며, 특히 좌측 측두엽과 좌측 전두엽의 병변에 민감하다(Dobbins & Russell, 1990)

어휘(WAIS-IV와 WISC-V의 핵심 소검사)

어휘 소검사는 다음과 같은 능력 또는 특성을 포함한다.

- 언어 발달
- 단어 지식
- 표현 언어 능력
- 전반적인 언어 지능
- 언어 사용 능력과 축적된 언어 학습 능력
- 지적 효율성의 대략적인 최대치
- 교육적 배경
- 생각, 표현, 관심사의 범위

어휘 소검사는 축적되어 있는 언어적 학습을 평가하며, 다양한 생각을 쉽고 유연하게 표현할 수 있는 능력을 반영한다. 또한 풍부한 아이디어, 장기기억, 개념 형성, 언어 발달 등도 관련된다. 어휘는 언어이해 지수 중 가장 신뢰로운 소검사이며[WAIS-IV 검사-재검사 신뢰도(.89), WISC-V 검사-재검사 신뢰도(.90)], 상식 소검사와 마찬가지로 신경학적 결함과 심리적 혼란에 의해 잘 손상되지 않는다(Lezak et al., 2012; Reitan & Wolfson, 1993). 비록 어휘 소검사가 연령의 영향을 덜 받지만, 시각공간 기술이 언어적 능력보다 더 중요시되는 사람들에서는 떨어지는 경향이 있다. 어휘는 대체로 학교 교육과 문화적 학습의 성숙도를 반영한다. 어휘는 주로 초기 교육 환경의 질과 양의 영향을 받지만 추후의 경험 혹은 교육으로 인해 개선될 수 있다. 어휘는 전체지능을 나타내는 가장 좋은 지표이다[FSIQ와의 상관 WAIS-IV(.72), WISC-V(.66)]. 어휘 소검사는 안정성이 높기 때문에 종종 개인의 잠재적인 지능을 나타내는 지표로 사용되며, 병전 기능 수준을 추정하기 위해 사용되기도 한다("뇌 손상 평가" 절 중 병전 지능의 추정에 관한 내용 참고).

이해, 공통성 소검사와 마찬가지로 어휘 소검사의 반응에 관한 질적 분석은 수검자의 사고 과정, 배경, 삶의 경험, 좌절에 대한 반응 등과 관련된 유용한 정보를 제공한다. 예를 들어 수검자가 음향 연상(clang association), 구체적 사고(concrete thinking), 기괴한 연상(bizarre associations), 과잉포괄적 추론(overinclusive reasoning)을 사용하는지 아닌지 추측해 볼 수 있다. 정반응일 때도 질적 분석은 단어와 특정 내용에 접근하는 방식을 검토하는 데 도움이 된다.

높은 점수는 일반지능이 높다는 것을 말해 주며, 수검자가 과거의 생각을 적절하게 회상할 수 있고 이러한 생각과 관련된 개념 형성을 잘할 수 있다는 것을 의미한다. 또한 높은 점수를 가진 사람은 관심사가 광범위하고 일반적인 정보를 충분히 가지고 있으며 높은 성취 욕구를 가지고 있을 수 있다. 어휘 소검사에서 높은 점수를 보이는 임상군은 강박적이거나 주지화를 방어기제로 사용할 수 있다. 낮은 점수는 제한된 교육적 배경, 낮은 일반지능, 지체된 언어 발달, 국어에 대한 친숙도 부족, 낮은 동기화(motivation) 등을 반영한다.

상식(WAIS-IV의 핵심 소검사, WISC-V의 보충 소검사)

- 일반적인 사실적 지식
- 오래된 학습 또는 교육

- 지적 호기심 혹은 지식 탐구 의욕
- 일상 환경에 대한 각성(alertness)
- 장기기억

상식 소검사는 보통 사람들이 습득할 수 있는 일반적인 지식의 표집이다. 이 지식은 대체로 소아기부터 성인기에 이르는 동안 경험한 관습적이고 숙달된 지식에 기초한다. 상식과 어휘 소검사 모두 신경학적 손상과 심리적 혼란의 영향을 거의 받지 않으며 높은 안정성을 보인다(Lezak et al., 2012; Reitan & Wolfson, 1993). 이러한 안정성 때문에 웩슬러는 이들 소검사를 "유지(hold)" 검사라고 칭하였다. 반면 신경학적 손상이나 심리적 혼란의 악화 그리고 불안, 피로감과 같은 상황적 변인에 더 민감한 소검사(예를 들어 산수, 기호쓰기, 토막짜기)는 "비유지(no-hold)" 검사라고 칭하였다. 또한 상식과 어휘 소검사는 일반지능을 측정하는 가장 좋은 척도이며, WAIS-IV와 WISC-V의 FSIQ뿐만 아니라 교육수준과도 높은 상관을 가진다(Kaufman & Lichtenberger, 2006). 연구에 따르면 WAIS-R의 상식과 어휘 소검사는 잘 만들어진 대학 적성검사처럼 정확하게 대학에서의 학점을 예측하였다(Feingold, 1983). 이러한 이유로 상식 소검사(어휘와 산수뿐만 아니라)는 배너틴 (Bannatyne)의 "습득된 지식(Acquired Knowledge)" 범주에 포함된다. 또 언어이해 요인과 가장 강하게 부하된다(.84).

상식 소검사의 수행이 장기기억과 환경에 대한 각성을 포함하지만, 의식적인 노력이나 불안 등에 의한 영향은 미미한 것으로 알려져 있다. 높은 점수를 받기 위해서는 과거에 매우 다양한 환경에 노출되었어야 하고 장기기억이 손상되지 않아야 하며 관심의 범위가 넓어야 한다.

이 소검사에서의 높은 점수는 수검자의 좋은 장기기억, 문화적 관심, 교육적 배경, 학교에 대한 긍정적인 태도, 좋은 언어적 능력과 관련이 있다. 이들은 아마도 주된 방어기제로 주지화를 사용할 것이다. 낮은 점수를 받는 사람들은 관심이 피상적이고 지적 호기심이 부족하며 문화적인 박탈을 경험하였고 교육의 기회가 부족하였을 수 있다. 가설을 뒷받침하는 연구가 충분하지 않지만, 보다 쉬운 문항에서 실패하고 보다 어려운 문항에서 성공하는 것(높은 소검사 내 변산성; 수준 IV 절차 참고)은 인출의 어려움을 시사한다(E. Kaplan et al., 1991; Mittenberg et al., 1989; J. J. Ryan & Paul, 1999). 높은 소검사 내 산포는 꾀병이나 낮은 동기의 가능성을 시사하기도 한다.

이해(WAIS-IV와 WISC-V의 보충 소검사)

- 실용적 지식
- 행동의 관습적인 기준과 사회적 규준에 관한 지식
- 과거 경험을 평가할 수 있는 능력. 즉 사실 및 관계의 적절한 선택, 조직화, 강조
- (뒤 문항의 경우) 추상적 사고와 일반화
- 사회적 성숙, 사회적 판단, 상식, 실제 사회적 상황에서의 판단
- 사회적 환경에 대한 이해. 예를 들어 도덕적 규범, 사회적 규칙과 규정에 관한 정보와 지식
- 일상 세계에 대한 현실적 인식, 이해, 각성

이해 소검사는 수검자가 관습적인 기준을 따르고 과거 문화적 기회를 충분히 경험했으며 양심을 잘 발달시켰는지를 볼 수 있는 것으로 알려져 있다. 그러나 이해 소검사와 사회적 지능의 다양한 측정치 간의 관계는 연구에서 지지되지 못하였다(Beebe, Pfiffner, & McBurnett, 2000 참고). 또한 이 소검사는 부분적으로 상식 소검사와 높은 상관이 있는 것으로 알려져 있다(70대 초중반 연령에서). 이해 소검사는 특정한 문제를 해결하기 위해 가장 효율적인 방법을 선택하도록 요구되는 상황에서의 적응적 반응을 포함한다. 수검자는 의사결정을 위해 관련 정보를 가지고 있어야 할 뿐만 아니라 적절하게 사용해야 한다. 이러한 의미에서 이해 소검사는 상식 소검사에서 요구되는 종합성(synthesis)과 복합성(complexity)을 한 단계 뛰어넘는다. 어휘, 상식 소검사와 같이 이해 소검사도 일반적인 언어 능력을 측정한다(WAIS-IV VCI와의 상관은 .79, WISC-V VCI와의 상관은 .65). 수검자는 필요한 정보를 가지고 있어야 할 뿐만 아니라 문제 지향적인 방식으로 통일성 있게 적용해야 한다. 따라서 상식 소검사 점수보다 유의하게 낮은 이해 소검사 점수는 수검자가 자신의 지식을 효과적으로 사용하거나 적용하지 못한다는 것을 의미한다.

수검자의 반응을 평가할 때 반응하기 위해 주어진 자료를 실제로 다루는 것과 단순히 개념을 반복하는 것을 구분하는 것이 중요하다. 예를 들어 "숲", "가석방 제도" 또는 속

담에 대한 앵무새 같은 답은 완전한 이해를 보여 주는 것이 아니며, 정확한 문제해결, 좋은 판단 또는 추상적 추론보다는 과거의 경험을 기반으로 단순하게 반응한 것일 수 있다. 따라서 단순한 주먹구구식의 답변이 정반응의 개수를 증가시킬 수 있다. 그러나 높은 수준의 문제해결을 요하는 이후 문항에서의 정반응은 단순 암기가 아닌 일반지능의 좋은 측정치가 될 수 있다.

판단과 관련된 성격 변인은 이 소검사에서 중요하게 고려해야 한다. 특히 판단력이 낮으면 이해 소검사에서 낮은 점수를 받을 수 있다. 임상가는 반응의 패턴, 상투적 표현, 축어적 표현, 제한된 반응 등에 주목해야 한다. 반면 좋은 판단력은 차별성 있는 활동에 참여하는 능력을 포함한다. 쉬운 문항에서는 실패하고 보다 어려운 문항에서는 득점을 하는 것은 판단력의 손상을 나타낸다. 이 소검사에서 정서적 영향은 중요하다. 왜냐하면 정서적 민감성이 환경적 상황을 평가하는 데 영향을 주기 때문이다. 예를 들어 매우 분석적이고 정서를 회피하기 위해 이러한 분석적 능력을 사용하는 사람들은 이 소검사에 제시된 상황의 사회적 성분을 이해하는 데 어려움이 있을 수 있다.

높은 점수는 현실에 대한 인식, 사회적 순응력, 좋은 판단력 그리고 정보를 정서적으로 적절하게 사용하는 능력과 관련이 있다. 낮은 점수, 특히 어휘 소검사 점수보다 4점 이상 낮은 경우에는 낮은 판단력, 충동성, 자신의 환경에 대한 적개심의 가능성이 있다. 정신장애가 있는 사람들은 종종 이해 소검사에서 낮은 점수를 보이는데, 이는 혼란된 지각, 기이한 사고, 충동성, 반사회적 경향성의 결과일 수 있다.

지각추론(WAIS-IV)과 시각공간(WISC-V) 지수/소검사

WAIS-IV의 지각추론 지수(토막짜기, 행렬추론, 퍼즐)와 WISC-V의 시각공간 지수(토막짜기, 퍼즐)는 수검자의 지각 능력에 대한 비교적 순수한 측정이다. 수검자의 점수는 WAIS-IV의 비언어적 유동추론뿐만 아니라 비언어적 자료의 통합, 세부적인 것에 대한 세심한 주의, 시각공간 자료에 대해 정확한 반응을 하는 데 필요한 풍부한 비언어적 추론 등을 반영한다. 이러한 능력은 대부분 정규 학교 수업에서 가르치지 않는 것으로, 문제를 해결하기 위해 시각공간 및 시각운동 기술을 사용하는 것과 관련된다. 지각추론 지수와 시각공간 지수는 다음과 같은 영역에서 능숙한 정도를 반영한다.

- 환경과의 비언어적 접촉의 정도와 질
- 운동 반응과 관련된 지각 자극을 통합할 수 있는 능력
- 제한된 상황에서 작업할 수 있는 능력
- 시각공간 정보를 평가할 수 있는 능력

지각추론과 시각공간 지수에서 높은 점수를 받는 사람은 지도를 보고 찾아가는 능력이 우수하고 장소를 이동할 때 정확하게 목적지까지 운전하며, 집이나 사무실에서 물건을 잘 찾고, 설계도를 잘 그릴 수 있으며, 비언어적인 자료로 작업할 수 있는 능력을 가지고 있다. 반면 낮은 점수를 받는 사람은 공간의 방향을 파악하는 데 오랜 시간이 걸리고 집이나 사무실에서 물건을 찾는 데 어려움이 있으며, 설계도를 정확하게 그리거나 망가진 물건을 수리하는 데 어려움을 겪고, 거리를 추정하는 데도 어려움을 겪을 수 있다.

지각추론/시각공간 소검사는 대체로 언어이해 소검사보다 학업적 배경의 영향을 덜 받는다. 언어이해 지수와 비교하였을 때 지각추론 지수 또는 시각공간 지수에서 유의미하게 높은 점수를 받은 경우(WAIS-IV 9점 이상, WISC-V 12점 이상, $p < .05$), 뛰어난 지각 조직화 능력, 낮은 학업 성취도, 행동화의 가능성(청소년 비행), 생각보다는 행동이 우선하는 사람, 상대적으로 낮은 사회경제적 배경을 가진 사람, 언어장애를 가진 사람, 청각적 개념과 처리 기술이 지체된 사람 혹은 축적된 지식에 기초하여 문제를 해결하는 것보다 즉각적인 문제해결 능력이 더 잘 발달된 것 등으로 다양하게 해석할 수 있다.

토막짜기(WAIS-IV와 WISC-V의 핵심 소검사)

- 전체를 구성요소들로 분해
- 공간의 시각화
- 비언어적 개념 형성
- 시각운동 통합과 지각 조직화
- 지속적으로 노력할 수 있는 능력. 집중력
- 시각-운동-공간 통합. 조작 및 지각의 속도

토막짜기 소검사의 수행에는 비언어적 문제해결 기술이 관여한다. 왜냐하면 이 기술에는 문제를 구성 성분들로 분해한 뒤 이 성분들을 하나의 전체로 재통합하는 것이 중요하기 때문이다. 수검자는 공간 관계 문제를 해결할 수 있는 방법으로 논리와 추론을 적용해야 한다. 비언어적 개념 형성을 측정하는 토막짜기 소검사는 지각적 조직화, 공간의 시각화, 추상적 개념화 기술을 필요로 한다. 이 소검사는 견고하고 안정적이고 일반지능과 높은 상관이 있으며, 우울 또는 기질적인 손상을 제외하면 이 소검사의 수행에 영향을 주는 조건은 거의 없다. 또한 이 소검사는 공간 능력에 대한 일상적인 측정과 관련이 있는 것으로 밝혀졌다(Groth-Marnat & Teal, 2000). 수검자는 토막짜기 소검사를 잘 수행하기 위해서 경직된 생각에서 벗어나 상당한 정도의 추상화를 할 수 있어야 한다. 이 소검사에는 높은 수준의 유연성을 유지하면서 참조틀을 변화시키는 능력이 포함된다. 또한 수검자는 충동적인 경향을 억제하고 지정된 과제를 지속할 수 있어야 한다.

토막짜기의 중요한 특징은 검사자가 수검자의 행동을 관찰할 수 있다는 점이다. 어떤 수검자는 쉽게 포기하고 낙담하지만, 다른 수검자는 과제를 완수하기 위해 제한시간을 넘기면서까지 끈기 있게 노력한다. 과제를 수행할 때 어떤 수검자는 토막을 비순차적이고 충동적으로 배치하는 반면, 다른 수검자는 세심하고 순차적으로 수행한다. 즉 수검자들은 전체적이고 동시적인 방식으로 접근하거나 보다 순차적인 문제해결 방식으로 접근한다. 또한 행동 관찰을 통해 우세한 손, 운동 조절, 정보처리 속도, 좌절 인내력, 평가로부터 이익을 얻을 수 있는 능력 등의 요인들을 확인할 수 있다. 매우 사색적이고 강박적인 스타일은 과제를 완수하는 데 오랜 시간이 걸리기 때문에 낮은 점수를 받을 수 있다. 토막을 2×2 또는 3×3 형태에서 벗어난 곳에 놓는 것은 낮은 시각공간 기술을 반영하는 추가적으로 관찰되는 행동 특성이다(Kramer, Kaplan, & Huckeba, 1999). 따라서 토막짜기 과제 수행의 차이점을 관찰하고 기록함으로써 잠재적으로 가치 있는 정보를 얻을 수 있다.

토막짜기는 비언어적이며 문화의 영향을 덜 받는 과제이다. 이 소검사는 일반지능과도 높은 상관이 있는 신뢰로운 검사이다(WAIS-IV FSIQ와의 상관=.66, WISC-V FSIQ와의 상관=.73). 다만 교육과는 상관이 비교적 낮다. 따라서 토막짜기 소검사는 수검자의 문화적 또는 교육적 배경의 영향을 최소한으로만 받는다. 토막짜기 소검사의 점수는 다양한 문화적 및 지적 배경을 가진 사람들의 잠재적인 지적 능력을 평가하는 데 중요한 도구가 될 수 있다.

토막짜기 소검사는 우반구 뇌 손상에 대한 양호한 지표이며, 특히 우측 두정부 손상에 민감하다(Lezak et al., 2012; Reitan & Wolfson, 1992, 1993). 우반구 뇌 손상이 있는 환자들은 제시된 디자인의 형태를 왜곡하거나 디자인의 양상을 오지각하거나 토막구성을 완성해 가는 과정에서 방향을 잃어버리기 때문에 오반응을 하는 경향이 있다. 반면 좌반구 뇌 손상이 있는 환자들, 특히 측두엽에 손상이 있는 경우 토막짜기 점수가 저하될 가능성이 거의 없다. 다만 그들의 검사 수행은 형태 단순화, 혼란, 디자인을 재현하기 위한 경직된 접근으로 특징지을 수 있다(Lezak et al., 2012). 수검자가 디자인의 우측 또는 좌측 부분을 완성하지 못한 경우 부주의(무시)를 반영하는 것일 수 있다. 예를 들어 9개의 토막을 가지고 완성할 수 있는 과제를 수행할 때 6개 혹은 7개의 토막만을 사용할 수 있다(Lezak et al., 2012). 토막짜기는 알츠하이머 치매 환자에서 점수가 가장 낮은 소검사 중 하나이다. 이 소검사는 질병 초기 단계에 민감하므로 알츠하이머 치매와 우울증 상태에서 나타나는 가성치매를 감별하는 데 유용하게 활용될 수 있다(Fuld, 1984; La Rue & Jarvik, 1987).

높은 점수는 우수한 시각공간 지각력, 시각운동 속도, 집중력, 비언어적 개념 형성을 반영한다. 낮은 점수는 낮은 지각 능력, 시각 통합의 어려움, 과제에 지속적인 노력을 유지하기 어려움 등의 문제가 있음을 말해 준다. 토막짜기 소검사는 시간 제한이 있는 소검사로, 정신운동 속도가 느릴수록 낮은 점수를 받을 수 있다. 단 지각적 또는 시각적 통합 능력에 문제가 없을 때도 낮은 점수를 받을 수 있음을 유의해야 한다.

퍼즐(WAIS-IV의 핵심 소검사; WISC-V의 지수 계산을 위한 핵심 소검사, 단 FSIQ 계산에는 포함되지 않음)

- 시각적 재인과 확인(identification)
- 전체와의 관계 속에서의 부분에 대한 지각
- 시각공간 추론
- 전체를 부분들로 분해하는 능력
- 시각적 노력을 유지할 수 있는 능력. 집중력

퍼즐은 WAIS-IV에서 새로 개발된 소검사이다. 수검자는 완성된 형태를 페이지의 상단에서 먼저 확인한 뒤 페이지의 하단에 제시된 여섯 가지 형태의 조각을 보고 이를 조합하여 상단에 제시된 형태를 만들 수 있는 3개의 조각을 선택해야 한다. 이는 퍼즐을 푸는 것과 유사하다. 다만 수검자는 실제로 어떤 도구도 조작하지 않는다. 과제는 오로지 시각적 추론을 기반으로 수행된다. 수검자는 원래의 형태를 분석한 뒤 제시된 형태 중 어떤 것이 올바른 것인지 찾아 조합해야 한다. 따라서 이 소검사는 시각적 및 분석적 추론을 측정한다(Wechsler, 2008b).『WAIS-IV 기술 및 해석 지침서』(Wechsler, 2008b)에서는 "시지각, 광범위한 시각적 지능, 유동성 지능, 동시적 처리, 공간의 시각화와 조작, 부분들 간의 관계를 예측하는 능력(p. 14)"을 포함하여 측정한다고 밝혔다. 그러나 일부 연구에서는 정신적 유연성, 처리 속도, 언어 능력도 이 소검사의 수행과 관련되어 있기 때문에 순수하게 시지각 능력만을 측정한 것은 아니라고 주장하였다(Fallows & Hilsabeck, 2012).

이 소검사에서 높은 점수는 우수한 비언어적 추론, 집중력, 시각공간 통합 능력을 반영한다. 반면 낮은 점수의 경우 비언어적인 자료를 통합할 때 문제가 있고, 집중하는 데 어려움이 있으며, 시각적 무시(visual neglect)가 있을 수 있다.

빠진곳찾기(WAIS-IV의 보충 소검사; WISC-V에는 없음)

- 시각적 각성(alertness)
- 시각적 재인과 변별(시각적 장기기억)
- 환경에서의 세부사항에 대한 인식. 현실 접촉
- 부분과의 관계 속에서 전체를 지각하는 능력. 시각적 개념화 능력
- 중요한 부분과 지엽적인 부분을 구분하는 능력
- 자료를 시각적으로 구성하는 능력과 결합된 시각적 집중력

빠진곳찾기 소검사는 시각적 집중력을 측정할 뿐만 아니라 일반적인 지식을 측정하는 비언어적인 검사이다. 이 소검사의 수행에는 환경에 주의를 기울이고 장기기억에서 일치성과 비일치성을 찾는 작업이 포함된다. 여기에는 자신의 문화 속에서 습득한 경험이 관여한다. 따라서 미국 및 서구 사회에서 보편적인 특징에 익숙하지 않은 사람들은 지능이 부족하기보다는 경험이 부족하여 오류를 범할 수 있다. 또한 주어진 자료에서 정서적

으로 자신을 분리할 수 없는 사람들은 정확한 식별이 어렵기 때문에 오류를 범할 수 있다. 예를 들어 수동적이고 의존적인 성격은 그림에서 행동을 통제하는 사람이 없다는 것을 알기 때문에 오류를 범할 수 있다. 전형적인 반응은 "아무도 항아리를 들고 있지 않다", "보트에 노를 젓는 사람이 없다", "깃대가 없다" 등이다. 부정적이고 융통성이 없으며 반항적인 사람들은 그림에 빠진 것이 없다고 말하기도 한다.

이 소검사에서 높은 점수를 받는 사람은 필수적인 시각적 정보를 인식하고 주의를 기울일 수 있으며 시력이 좋을 수 있다. 낮은 점수는 세부사항에 대한 집중력과 주의력의 부족과 부적절한 시각적 조직화를 반영한다. 충동성이 있는 수검자는 전체 그림을 신중하게 분석하지 않고 빠르게 응답하기 때문에 수행이 저조할 수 있다.

지각추론(WAIS-IV), 유동추론(WISC-V) 지수/소검사

유동추론 지수(WISC-V: 행렬추론, 무게비교)는 어떤 소검사는 거의 동등하게 지각적 추론과 작업기억 둘 다의 영향을 받는다는 연구 결과에 기초한 것이다(L. C. Ward, Bergman, & Hebert, 2012). WISC-V의 유동추론 지수(FRI)의 내용은 WAIS-IV의 지각추론 지수(PRI)에 포함되어 있다. 다만 행렬추론 소검사만이 지각추론 지수 산출에 포함된다. 유동추론 지수의 점수는 비언어적 유동추론이 얼마나 잘되고 있는지를 말해 준다. 또한 이 지수에서 높은 점수를 얻는 사람은 비언어적 자극에 기저하는 패턴을 찾아낼 수 있고, 하나의 기본적인 개념을 정하기 위해 서로 다른 자극 간의 관계를 이용할 수 있으며, 문제를 해결하기 위해 주제, 공통 개념, 기저 요인들을 적용할 수 있다. 유동추론 지수는 다음의 영역에서의 능숙함을 반영한다.

- 이전 지식에 기반하지 않은 문제해결 능력
- 추상적 추론(abstract reasoning)
- 추정적 추론(inferential reasoning). 자극을 개념적 범주로 분류하고 개념을 형성하는 능력
- 내포된 패턴과 구성요소를 시각공간 정보에 적용하는 능력

유동추론에서 높은 점수를 받는 사람은 대체로 일반적으로 사용되는 절차에 의존하

지 않고 새로운 방식으로 문제를 해결하고, 수학을 잘하며, 창의적이고 새로운 생각을 하고, 장애물이 존재하는 상황에서도 잘 적응할 수 있다. 반면 낮은 점수를 받는 사람은 보다 구체적이고 예상되는 과제를 할 때 편안함을 느끼고, 익숙한 처리 과정을 사용하며, 명확한 지침과 지시를 좋아하고, 직설적으로 사고한다.

시각공간 지수의 소검사와 마찬가지로 유동추론 지수의 소검사는 일반적으로 언어이해 지수의 소검사보다 교육적 배경의 영향을 덜 받는다. 유동추론 지수가 언어이해 지수보다 유의미하게 높은 점수(WISC-V에서 12점 이상, $p < .05$)인 경우 다양한 해석이 가능하다. 예를 들어 뛰어난 새로운 문제해결 능력, 낮은 학업 성취, 사고형이 아닌 행동형의 사람, 낮은 사회경제적 배경, 언어의 결핍, 청각적인 개념적/처리 기술 발달의 지연, 축적된 지식을 바탕으로 한 문제해결보다 즉각적인 문제해결 능력이 더 잘 발달된 사람 등과 같은 해석이 가능하다.

행렬추론(WAIS-IV와 WISC-V의 핵심 소검사)

- 시각공간 추론
- 추상적 추론
- 시각적 조직화
- 시각공간 정보의 동시적 처리
- 전체를 구성요소들로 분석

행렬추론 소검사에서 높은 점수는 좋은 시각정보 처리와 비언어적인 추상적 추론 기술을 반영한다. WAIS-IV에서 행렬추론은 토막짜기, 퍼즐 소검사와 함께 지각추론 지수를 구성한다. 반면 WISC-V에서는 행렬추론이 유동추론 지수에 해당된다. 행렬추론은 시간 제한이 없어(단 수검자가 30초 이내에 응답하지 않으면 오반응으로 기재됨), 다른 시간 제한이 있는 검사에 취약한 연령대의 사람들에게 유용하게 쓰일 수 있다. 또한 사색적이고 신중한 문제해결 방식을 가진 사람들에게 불이익을 주지 않는다. 행렬추론은 상대적으로 문화의 영향을 덜 받으며, 수검자가 정반응을 선택하기만 하면 되기 때문에 시각운동의 영향을 최소화할 수 있다. 개념적으로 행렬추론은 헬스테드 레이탄 범주 검사(Halstead

Reitan Category Test), 레이븐 진행 행렬 검사(Raven's Progressive Matrices)와 유사하다. 다만 아직까지 연구에서 이러한 검사의 측정치들 간 일치도 및 일치하는 특성을 밝히지는 못하였다.

행렬추론 소검사를 개발한 이유 중 하나는 모양맞추기(Object Assembly) 소검사의 저조한 심리측정적 속성 때문에 이를 대체할 수 있는 좋은 심리측정적 속성을 갖춘 시각공간 소검사들을 개발하기 위해서였다. 행렬추론 소검사는 검사-재검사 신뢰도가 .72~.92였고, SEM이 .95~.99 수준이었으며, WAIS-IV 지각추론 지수의 요인부하량이 .73, WISC-V 유동추론 지수의 요인부하량이 .67이었다. 또한 이 소검사는 일반지능을 측정하는 훌륭한 지표이다(WAIS-IV FSIQ과의 상관은 .67, WISC-V FSIQ과의 상관은 .72).

이 소검사에서의 높은 점수는 비언어적인 추상적 추론 능력이 우수하고, 정보의 동시 처리를 선호하며, 시각적 정보 처리가 훌륭함을 반영한다. 낮은 점수는 저조한 시각적 개념 형성과 융통성 없는 시각적 추론, 낮은 집중력을 반영한다. 수검자가 동기가 없어 보이거나 "맞는 게 없어요"라고 답한다면 이는 거부증(negativism)을 나타내는 것일 수 있다.

무게비교(WAIS-IV의 보충 소검사, WISC-V의 핵심 소검사)

- 비언어적인 수학적 추론
- 양적 및 유추적 추론
- 시각적 조직화 능력과 결합된 시각적 집중력
- 노력을 지속하는 능력

무게비교는 WAIS-IV와 WISC-V에서 새로 개발된 소검사이다. 수검자는 처음에 다양한 형태가 접시에 올려져 있는 두 개의 저울이 상단에 그려져 있는 그림을 보게 된다. 왼쪽 저울은 균형이 잡혀 있고, 두 접시의 눈금이 같다. 오른쪽 저울도 균형이 맞춰져 있으며 눈금이 같은 수준에 머물러 있다. 저울의 왼쪽 접시에는 물체가 올려져 있지만 오른쪽 접시는 비어 있고, 빈 접시 위에 물음표가 나타난다. 수검자는 자극 책자의 오른쪽 상단에 제시된 저울의 균형을 맞추기 위해(접시에 물음표가 있는) 자극 책자의 하단에 있는 5개의 보기 중에서 선택해야 한다. 무게비교는 유동적이고 수학적인 추론을 측정하는 비언어적 검사이다. 이 소검사는 양적 및 유추적 추론과 귀납적 또는 연역적 논리를 포함한다. 지속적인 노력과 집중이 필요한 과제라는 점에서 어느 정도는 산수 소검사와 유사하다. 그러나 산수 소검사가 수검자가 문제를 청각적으로 기억하였다가 계산을 해야 하는(언어적 작업기억) 반면, 무게비교 소검사는 시각적으로 제시된 자극을 처리해야 한다. 결과적으로 과제에서 제시된 다양한 구성요소에 대한 기억의 중요성이 최소화된다.

이 소검사에서 높은 점수는 우수한 비언어적인 양적 추론, 집중력, 비언어적 정보의 조직화 능력을 반영한다. 반면 낮은 점수는 비언어적 양적 추론과 집중력의 어려움을 말해 준다. 무게비교 소검사와 산수 소검사 점수를 비교하는 것은 가치가 있다(WAIS-IV 표 B.3, WISC-V 표 B.7). 두 소검사의 점수가 동일하면, 개인의 양적 능력이 언어적 및 비언어적 정보 모두에서 동일하다는 것을 의미한다. 그러나 산수 소검사의 점수가 유의미하게 크다면(3점 이상), 언어적인 양적 능력이 더 잘 발달되어 있다는 것을 의미한다. 반대로 무게비교 소검사의 점수가 유의미하게 더 높다면(3점 이상), 수검자의 비언어적인 양적 능력이 더 우수하다는 것을 의미한다.

공통그림찾기(WAIS-IV에는 없음, WISC-V의 보충 소검사)

- 비언어적 개념 형성
- 지각적 재인
- 추상적 및 범주적 추론

공통그림찾기 소검사는 처음에 수검자에게 두 줄의 그림을 보도록 한다. 수검자들은 첫 번째 줄의 그림 중 하나와 두 번째 줄의 그림 중 하나를 함께 선택할지 결정해야 한다(예를 들어 동물 또는 운송수단일 수 있음). 이후 문항은 그림이 3줄로 늘어난다. 수검자는 먼저 그림을 훑어보고 그림이 속한 범주를 결정해야 한다. 그런 다음 첫 번째 줄의 그림과 두 번째 줄의 그림에서 공통되는 가장 중요한 특징을 찾아야 한다. 따라서 공통그림찾기 소검사는 비언어적 개념 형성과 추상적 추론을 측정한다. 공통성 소검사에서 언어적인 기능을 측정하였다면, 이 소검사에서는 이와 유사한 내용의 비언어적 기능을 측정한다.

공통그림찾기 소검사는 전체지능에 대한 다소 약한 측정 도구이다. 예를 들어 WISC-

V의 FSIQ와 낮거나 중간 정도의 상관을 보인다(.48). 유동추론 지수에는 중간 정도로 부하되며(부하량 .54), 충분한 특이성을 가지고 있다. 신뢰도는 비교적 안정적이며(.83), 어휘 소검사와 높은 상관을 보인다(.42).

공통그림찾기 소검사를 해석하기 위해서는 시각적인 어려움이나 거부증의 징후가 있는지 살펴봐야 한다. 또한 수검자가 급하고 충동적인 방식으로 응답하는지 아니면 심사숙고하여 응답하는지 살펴보는 것도 중요하다. 이 소검사를 실시하고 나면 문제해결에 내재된 수검자의 추론을 보다 잘 이해할 수 있다. 수검자에게 어떤 점에서 그렇게 응답하였는지를 질문하는 것으로 이 점을 파악할 수도 있다. 공통성 소검사보다 높거나 낮은 점수를 받았는지 비교해 보는 것도 유용할 수 있다. 공통그림찾기 소검사에서 상대적으로 높은 점수를 받았다면 이는 추상적 추론이 언어적 자료에서보다 비언어적 자료에서 더 우수함을 의미한다. 반대로 공통그림찾기 소검사에서 더 낮은 점수를 받았다면 언어적인 추상적 추론이 더 우수하다는 것을 의미한다.

이 소검사에서의 높은 점수는 비언어적 개념 형성, 유동적 사고, 논리적 및 추상적 사고가 우수함을 의미한다. 낮은 점수는 비언어적 개념 형성이 부족하고, 사고 과정이 경직되어 있으며, 추상적 추론이 빈약한 것을 의미한다. 그러나 때로는 낮은 점수가 추상적 추론 능력이 우수함에도 더 독특하고 획기적인 방법으로 그림 간의 관계를 인식하였기 때문일 수 있다. 수검자가 문제를 이해하지 못해 응답을 잘못하였는지 아니면 정확하게 이해하고 있으나 단지 독특한 응답을 하였기 때문인지 질문을 통해 확인하는 것도 필요하다.

산수(WAIS-IV의 핵심 소검사, WISC-V의 보충 소검사)

산수는 WISC-V에서 유동추론 지수에 해당되는 소검사이기는 하나 WAIS-IV에서는 작업기억 지수(WMI)에 속해 있는 소검사이다. 따라서 다음 절 "작업기억 지수/소검사"에서 이 소검사를 다룬다.

작업기억 지수/소검사

작업기억 지수(WAIS-IV: 숫자, 산수, 순서화; WISC-V: 숫자, 그림폭)는 다른 지수들에서 측정된 구조보다 더 복합적이고 논쟁의 여지가 있다. 이 지수는 주로 집중력, 주의력, 단기기억과 관련이 있다. "~기 기억(term memory)"이란 제목이 붙기 때문에 임상가들은 때로 이 지수들이 기억을 측정한다고 생각하고 싶어 한다. 그러나 작업기억과 같은 기억을 측정하는 것은 아니다. 이 지수는 짧은 기간 동안 정보를 유지하고 조작할 수 있는 협의의 능력을 측정한다. 이러한 능력은 분명히 기억이 필수적이고 관련되어 있지만 기억과 동일하지는 않다. 따라서 임상가들은 점수의 높고 낮음만으로 수검자의 "기억력"이 좋거나 나쁘다고 해석해서는 안 된다. WAIS-IV의 소검사들은 시각적인 것보다 청각적 및 언어적 측면에서의 작업기억에 초점이 맞춰져 있다(Leffard et al., 2006 참고). WISC-V에서는 언어적 및 비언어적 작업기억을 모두 포함하고 있다. 순서화 소검사는 숫자와 기호를 적절한 순서로 배치해야 하기 때문에 중요한 작업기억 소검사이다. Wielkiewicz(1990)는 작업기억 지수에서의 낮은 점수가 집중력, 기억, 순서화의 문제만을 반영하는 것이 아니라 집행 기능의 어려움 또한 반영할 수 있다고 제안하였다. 특히 이들은 자극에 집중하기 어려우며 다른 정신적 조작 과제(예를 들어 숫자 거꾸로따라하기)를 수행할 때도 똑같이 어려울 수 있다. 또한 좋은 수행은 높은 수준의 동기화(motivation)를 필요로 한다. 이러한 다양한 기능의 결과로 저조한 작업기억은 다른 영역의 수행을 저하시킬 수 있다. 개인의 전반적인 잠재력을 평가할 때 이 점을 고려해야 한다. 따라서 높은 작업기억 지수는 다음과 같은 영역에서의 능숙함과 관련이 있다.

- 집중력과 주의력
- 단기기억에서 정보를 유지하고 조작하는 능력
- 단기기억
- 순서화
- 수에 관한 재능(특히 WAIS-IV에서)
- 정신적 유연성(특히 숫자 거꾸로따라하기, 숫자 순서대로따라하기, 순서화에서)

높은 점수를 받은 사람은 전화번호를 잘 회상하고, 식당에서 계산서를 점검하며, 일련의 지침을 순서대로 따르고, 산만해지지 않고 과제에 집중하며, 동시에 두 가지 이상의 일을 처리하는 "멀티태스킹(multitasking)"을 잘한다. 반면 낮은 점수를 받은 사람은 수업에 주의를 기울이기 어렵고, 전화번호를 회상하지 못하며, 일련의 지침을 따라 작업하는 데 어려움을 겪는다. 또한 동시에 두 가지 일을 수행하는 데 어려움이 있고, 불안이 심한 경우도 있다.

작업기억 지수를 해석하기 위해서는 다양한 해석적 가능성을 고려할 필요가 있다. 이때 행동 관찰은 매우 중요하다. 질문을 반복해 달라고 요청하는 수검자는 높은 수준의 주의산만성이 있을 수 있다. 과도한 움직임 혹은 수다스러움은 높은 수준의 불안을 의미하는 것일 수 있다. 수에 대한 기술이 발달하지 않은 경우 수검자는 손가락을 사용하여 숫자를 계산하거나 쓰면서 계산하고 싶다고 요구할 수 있다.

작업기억 지수와 ADHD 간의 관련성은 모호하다. 개념적으로 ADHD에서는 작업기억 지수의 점수가 가장 낮을 것으로 기대된다(Mayes & Calhoun, 2007). 그러나 이러한 현상은 잘 확인되지 않았다(Reinecke et al., 1999; Wechsler, 2008b, 2014b). 이는 앞서 언급한 것처럼 산만성의 요소가 대부분 배제된 구조화된 검사 상황의 특성에 부분적으로 기인한 것일 수 있다. 이와는 반대로 실제 환경에는 대체로 ADHD 환자가 주의를 집중하기 어려울 만한 다수의 집중을 방해하는 요소들이 존재한다. 결과적으로 임상가는 믿을 만한 근거가 있는 추가적인 정보 및 척도(예를 들어 코너스 평정척도, 아동 행동 평가척도, 아동 행동 평가체계 등)의 사용을 고려해야 한다.

숫자(WAIS-IV와 WISC-V의 핵심 소검사)

- 즉시 회상
- 가역성(Reversibility). 사고 패턴을 전환할 수 있는 능력(순서대로 제시된 숫자를 거꾸로 혹은 순서대로 배열)
- 집중력과 주의력
- 청각적 순서화
- 암기력

숫자 소검사는 단기기억과 주의력을 측정하는 것으로 간주된다. 수검자는 청각적 정보를 적절한 순서로 회상하고 되뇌어야 한다. Bannatyne(1974)은 이를 "청각 음성적 순서화 기억(auditory vocal sequencing memory)"이라고 기술하였다. 정반응을 하기 위해서는 두세 가지 과정이 필요하다(거꾸로따라하기와 순서대로따라하기에는 세 가지 단계가 필요하다). 첫째, 정보를 정확하게 받아들여야 하는데, 이때 주의와 부호화가 요구된다. 쉽게 산만해지는 사람들은 이 단계에서 어려움을 겪는다. 둘째, 숫자 거꾸로따라하기와 순서대로따라하기의 경우 수검자는 정보를 조작하고 순서를 변경해야 한다. 마지막으로 숫자의 세 과제 모두에서 수검자는 입력된 정보를 정확하게 회상하고 발음해야 한다. 정보를 정확하게 수신할 수 있는 사람이라도 긴 시간 동안 충분히 기억을 유지할 수 없기 때문에 단기기억에 문제가 있는 경우 회상에도 어려움이 있을 수 있다. 때로는 현재 숫자를 말하려고 할 때 이전 숫자로 인해 잊어버리는 경우도 있다. 숫자 바로따라하기는 거꾸로따라하기와 순서대로따라하기보다 간단한 암기 기억을 요구하는 과제로, 더 단순하고 직관적이다. 숫자 거꾸로따라하기와 순서대로따라하기를 하는 동안 수검자는 기억을 장시간 동안 유지하고 재입력하기 전에 변형시켜야 한다. 그러므로 숫자 거꾸로따라하기와 순서대로따라하기에서 좋은 수행을 보이는 사람은 정신적으로 유연하고 집중력을 유지할 수 있으며 스트레스에 잘 대처할 수 있다. 또한 거꾸로따라하기와 순서대로따라하기에서의 높은 점수는 청각적 자극으로부터 시각적인 정신적 심상을 형성하고 유지하며 탐색하는 능력을 가지고 있다는 의미이기도 하다(Lezak et al., 2012; Sattler, 2008; Wielkiewicz, 1990). 순서대로따라하기는 알츠하이머병과 외상성 뇌 손상에 특히 민감한 것으로 밝혀졌다(Wechsler, 2008b). 바로따라하기 점수가 순서대로따라하기 점수보다 4점 이상 높으면 유의미한 차이가 있는 것으로, 추가적인 확인이 필요하다(WAIS-IV 채점표, 표 C.2, C.3, C.4, pp. 247-249와 WISC-V 채점표, 표 C.14, C.15, C.16, C.17, pp. 98~120 참고). 수동적이고 불안하지 않은 사람들은 숫자 과제에서 가장 좋은 수행을 보인다. 또한 입력되는 정보를 개방적으로 받아들이는 것과 같이 현실 접촉이 비교적 수월하고 어려움이 없어야 한다. 불안 혹은 긴장이 증가하면 대체로 수행이 크게 저하된다. 숫자 소검사는 불안에 가장 취약한 것으로 알려져 있다. 불안에 취약한 다른 소검사로는 산수, 기호 쓰기, 순서화가 있다. WAIS-IV에서 숫자와 산수는 작업기억 지수에 해당되는 소검사로, (처리속도 지수의 소검사와 함께) 대체로 뇌 손상, 정신지체(지적장애), 학습장애에 가장 민감하다(Lezak et al., 2012; Wechsler, 2014b). 숫자 소검사(그리고 그림폭 소검사)는 WISC-V에서도 작업기억 지수(WMI)에 포함된다.

이 소검사에서 높은 점수를 받는 사람은 청각적 단기기억과 주의력이 뛰어나며, 스트레스와 불안의 영향을 비교적 덜 받는다. 그러나 단지 좋은 청각적 단기기억을 가지고 있다고 해서 음악 혹은 언어적 정보와 같은 보다 복잡한 정보에 대한 기억도 좋다는 의미는 아니다. 이러한 보다 복잡한 형태의 기억은 다른 방법으로 평가해야 할 것이다. 최장 숫자 거꾸로따라하기가 최장 숫자 바로따라하기보다 높은 점수를 받는 경우는 드물지만 (WAIS-III 성인 프로파일에서 9%, 아동 프로토콜에서 2%; Wechsler, 2003b), 이는 수에 대한 능력이 뛰어나다는 것을 의미한다. 숫자 소검사의 점수가 낮으면 불안감이 있거나 비정상적인 사고 과정이 있거나 수면 부족이나 배고픔과 같은 다른 영향의 결과일 수 있다. 바로따라하기에 비해 거꾸로따라하기 점수가 5점 또는 그 이상 낮은 점수는 기질적 결함이 있을 가능성을 말해 준다. 특히 거꾸로따라하기 점수가 상식, 어휘 소검사보다 낮은 점수를 받은 경우에 그렇다. 바로따라하기는 상당히 안정적으로 유지되는 데 비해 거꾸로따라하기와 순서대로따라하기는 손상에 더 취약하다("뇌 손상 평가" 절에서 병전 지능의 추정 부분 참고). 바로따라하기는 좌반구 병변에 의해 저하되는 경향이 있는 반면, 거꾸로따라하기는 우측 전두엽 손상에 취약하다(Lezak et al., 2012; Rapport, Webster, & Dutra, 1994). 거꾸로따라하기와 기호 쓰기는 솔벤트 종류의 약품에 노출되어 확산된 뇌 손상이 있을 때 수행이 저하된다(Groth-Marnat, 1993; Morrow, Furman, Ryan, & Hodgson, 1988).

그림폭(WAIS-IV에는 없으며, WISC-V에서는 지수 산출에 필요한 핵심 소검사이지만 FSIQ를 산출할 때는 포함되지 않음)

- 비언어적 작업기억
- 지각적 패턴화(patterning)
- 주의력과 집중력
- 시각적 단기기억
- 순행간섭이 있는 암기 학습

이 소검사에서 수검자는 짧은 시간 동안 한 페이지에서 여러 개의 그림을 보게 된다. 그런 다음 더 많은 그림이 있는 다음 페이지를 보게 되는데, 그 그림들 중 일부는 처음 본 페이지에 있었지만 다른 그림들은 없었다. 수검자는 왼쪽에서 오른쪽의 순서로 어떤 그림이 첫 페이지에 있었는지 구분해야 한다. 첫 페이지에 있었던 그림을 정확하게 찾아내면

점수를 받고, 정확하게 제시된 순서로 찾아내면 추가 점수를 받는다. 마지막 문항에는 더 많은 그림과 오답이 포함되어 있다. 특히 그림은 과제 내 다른 문항에서 재사용되므로 순행간섭이 발생할 수 있다. 즉 이전 과제에서 습득된 정보가 새로운 과제를 학습할 때 "간섭"할 수 있다. 아동들은 현재 페이지에서는 어떤 그림이 있었는지 알 수 있지만, 다음 페이지에서 그 그림을 찾도록 하였을 때 이전 문항에 있었기 때문에 앞 페이지에 없었던 그림을 "기억"하는 오류를 범할 수 있다. 이러한 순행간섭으로 인해 과제 처리 시 더 많은 작업기억을 필요로 하는 것으로 보인다(Blalock & McCabe, 2011; Carroll et al., 2010). 이 소검사가 겉으로는 숫자(특히 바로따라하기) 과제의 비언어적 유사 과제처럼 보이지만, 언어적 및 비언어적 작업기억 처리와 관련된 시각적 시연(rehearsal)과 언어적 시연 둘 다 사용하는 학습에 더 가깝다.

그림폭 소검사는 전체지능을 중간 정도로 추정하며, WISC-V의 FSIQ와 낮거나 중간 정도의 상관을 가진다(.53). 또한 작업기억 지수에서 부하량이 크고(부하량 .64) 특이성이 높다. 신뢰도는 비교적 안정적이고(.85) 숫자와 높은 상관이 있다(.51).

그림폭 소검사를 해석하기 전에 시각적 어려움이나 동기 부족의 징후를 주의 깊게 살펴봐야 한다. 이 과제는 목표에 의도적으로 초점을 맞춘 상당한 정도의 주의와 노력이 필요하기 때문에 동기의 부족은 점수를 얻는 데 부정적인 영향을 미칠 수 있다. 동기의 부족은 부주의하고 성급한 응답뿐만 아니라 "잘 모르겠어요"와 같은 응답으로도 표현될 수 있다. 시각공간 지각의 문제를 확인하기 위해 그림폭 소검사와 공통그림찾기 소검사의 점수를 비교하는 것이 유용하다. 또한 언어적 및 비언어적 작업기억 간에 현저한 차이가 있는지 확인하기 위해 숫자 소검사와 그림폭 소검사를 비교해 보는 것도 유용하다.

그림폭 소검사는 새로운 소검사여서 그다지 많은 연구가 이루어지지는 않았지만 이 소검사에서 높은 점수는 양호한 주의력과 집중력, 비언어적인 단기기억, 체계화 그리고 순서화 능력을 반영한다. 점수가 낮으면 이러한 영역 중 한 가지 이상에서 어려움이 있음을 의미한다. 이 과제의 수행에는 동기화, 주의력과 집중력, 시각적 단기기억, 순서화, 억제 등의 능력이 필요하기 때문에, 이 소검사에서 점수가 낮을 때 수검자가 어떤 어려움을 가지고 있는지 쉽게 찾기가 어렵다. 행동 관찰은 동기 부족이 점수를 낮추는 원인인지 아닌지 판단하는 데 도움을 준다. 또한 수검자가 그림을 기억하였는지, 순서대로 기억하지 않았는지, 그림을 전혀 기억하지 않아서 점수가 낮은 것인지의 여부를 질적으로 평가하는 것이 도움이 될 수 있다. 이는 비언어적 체계화 및 순서화의 문제와 시각적 단기기억의 문제를 구분하는 데 유용할 수 있다. 이 과제를 완수하는 데 반드시 필요한 일련의 능력들 중 어디에 문제가 있는지를 판단하기 위해서는 다른 소검사와 측정치들을 검토하는 것이 도움이 된다.

산수(WAIS-IV의 핵심 소검사, WISC-V의 보충 소검사)

- 계산 기술
- 청각적 단기기억
- 순서화 능력
- 수리적 추론과 수리적 조작의 속도
- 집중력과 주의력/낮은 산만성
- 현실 접촉 및 정신적 각성(예를 들어 외부세계와의 능동적인 관계)
- 학업(앞쪽 문항)/습득된 지식
- 논리적 추론, 추상화, 수리적 문제의 분석력(뒤쪽 문항)

산수 소검사는 기초적인 산수 기술과 그 활용 능력뿐만 아니라 집중력을 필요로 한다. 이 과제를 수행하는 데 필요한 기본 기술은 보통 중학교 시기까지는 습득되므로 이 과제에서의 낮은 점수는 저조한 집중력의 결과일 수 있다. 산수 소검사는 상식, 어휘 소검사보다 더 도전적이고 스트레스가 많다. 왜냐하면 과제 자체가 더 까다롭고 시간 제한이 있으며 산수와 관련되는 부정적인 느낌이 흔히 있기 때문이다. 따라서 불안에 취약한 사람들은 불리할 수 있다. 다만 검사자는 수검자가 단순히 과제를 수행하는 데 필요한 기술이 부족한 것인지 아니면 집중하는 데 어려움이 있는지를 확인할 필요가 있다. 이는 수검자가 이전에 놓친 문항에 대해 시간 제한 없이 종이와 연필을 사용하여 계산하게 해 봄으로써 평가할 수 있다. 이때 산만하지만 수리적 지식을 충분히 가진 사람은 정답을 말할 수 있다.

높은 사회경제적인 배경, 교사에게 순종적인 학생, 주지화 경향이 있는 사람은 이 소검사에서 양호한 수행을 보인다. 상식과 산수 소검사 점수를 합치면 학업 성취와 상관이 높다. 숫자는 외부 환경에서 나오고 규칙과 지시를 만들어 내기 때문에 어떤 사람들은 반항적으로 반응한다. 특히 반사회적 성격에서 그러하다. 외부의 지시를 받아들이지 않고 대체로 자신의 행동을 책임지지 않는 연극성 성격에서도 수행이 저조할 수 있다. 이는 낮은 산수 소검사의 점수가 이 임상군을 진단할 수 있다는 의미가 아니라, 이렇게 저조한 수행이 그들이 환경과 상호작용하는 방식과 일관된다는 것을 의미한다.

높은 점수를 받는 사람은 기민성, 집중력, 비산만성(freedom from distractibility), 좋은 청각적 단기기억을 보이며, 주지화를 방어기제로 사용할 수 있다. 낮은 점수를 받는 사람은 저조한 산술적 추론, 집중력의 부족, 산만성, 청각적 단기기억의 부족 등을 보인다. 적절한 수리적 기술이 발달하지 못한 낮은 학업적 배경의 사람도 저조한 수행을 보일 수 있다.

순서화(WAIS-IV와 WISC-V의 보충 소검사)

- 청각적 단기기억
- 순서화 능력
- 집중력과 주의력

순서화 소검사에서의 좋은 수행은 우수한 순서화, 주의력, 집중력을 의미한다. 이 소검사에서 수검자는 검사자가 읽어 준 문자와 숫자를 단기기억에 저장해 두었다가 새로운 순서로 조작하여 새로운 순서를 반복해서 말해야 한다. 순서화 소검사는 심리측정적으로 매우 양호하다. WAIS-IV의 검사-재검사 신뢰도는 .80, SEM은 1.03이며, 작업기억 지수에서의 요인부하량은 .69이다. WISC-V에서 검사-재검사 신뢰도는 .82이고(모든 연령에서), SEM은 1.13이며, 작업기억 지수에서의 요인부하량은 .79이다.

이 소검사에서의 높은 점수는 청각적 단기기억이 우수함을 말해 준다. 또한 청각적 정보를 효과적으로 순서화할 수 있고 끈기가 있으며 양호한 작업기억을 가지고 있음을 말해 준다. 반면 낮은 점수는 청각적 순서화에 어려움이 있고 청각적 단기기억이 좋지 않으며 불안정하다는 것을 나타낸다. 또한 충동적이고 불안하거나 동기가 낮음을 의미한다.

처리속도 지수/소검사

처리속도 지수(PSI; WAIS-IV와 WISC-V의 동형찾기, 기호 쓰기)는 비언어적인 문제를 해결할 수 있는 정신적 속도와 운동 속도(mental and motor speed)를 반영한다. 더 나아가 이 지수의 소검사들은 시간 제한이 있는 토막짜기 소검사에서 수행이 높거나 낮은 것과도 관련된다. 처리속도 지수는 정신운동 속도 외에도 계획하고 조직화하며 관련 전략을 개발하는 능력을 측정한다. 속도와 집중력은 검사 태도가 좋을 때 나올 수 있기 때문에 처리속도 지수(작업기억뿐만 아니라)는 동기가 낮을 때 수행이 저조할 수 있다. 이러한 이유로 이 두 지수(처리속도, 작업기억)는 타당도 요인으로 불리기도 한다. 수행의 저하가 낮은 동기 수준 때문인지 아닌지는 당면 과제에 대한 설명 및 고려사항과 함께 행동 관찰을 통해 가장 잘 평가할 수 있다. 지나치게 사색적인 문제해결 방식도 처리속도 지수의 수행 저하를 초래할 수 있는데, 그 이유는 각 문항마다 신중하게 고려하여 반응하느라 너무 많은 시간을 허비하기 때문이다. 따라서 처리속도 지수는 다음과 같은 영역에서의 능숙함을 반영한다.

- 정보처리 속도
- 계획과 조직화
- 운동 통제 및 시각과 운동 능력의 협응
- 동기화

이 지수에서 높은 점수를 받는 사람은 대체로 문제를 신속하게 해결할 수 있고 책을 빠르게 읽을 수 있으며 전화번호를 빠르게 누를 수 있다. 전화번호부에서 전화번호를 빠르게 찾을 수 있으며 신속한 대응이 요구되는 직종에서 업무를 잘할 수 있고 선반 위 음식물을 빠르게 찾을 수도 있다. 반면 점수가 낮은 사람은 자료를 파악하는 데 시간이 많이 걸리고 물건을 고르는 데 오래 걸리며 책도 느리게 읽는다. 말을 더듬거나 답하기 전에 오래 생각하고 선반 위에 있는 음식물을 찾는 데도 오랜 시간이 걸린다.

처리속도 지수는 치매, 외상성 뇌 손상, ADHD, 학습장애로 인한 인지적 문제에 매우 민감한 지수이다(Wechsler, 2008b). 우울증의 영향을 크게 받을 수도 있는데, 이는 우울증의 한 증상인 정신운동 속도의 저하 때문이다. 또한 이 지수는 초기 성인기(20대) 동안에 감소되기 시작하여 30대 중반부터 급격하게 저하된다(Kaufman & Lichtenberger, 2006). 처리속도 지수는 다른 지수들, 특히 언어이해 지수보다 노화의 영향을 더 많이 받는다. 처리속도 지수에서 낮은 점수는 저조한 운동 통제력을 반영하며, 감각능력의 예민성 부족 문제와도 관련될 수 있다. IQ가 높고 영재로 분류된 사람들에서 처리속도 지수는 가장 낮은 점수를 받는 지수이다(이들에게서 가장 높은 점수의 지수는 언어이해이다; Wechsler, 2008a).

기호 쓰기(WAIS-IV와 WISC-V의 핵심 소검사)

- 정신운동 속도
- 지시를 따르는 능력
- 사무 처리의 속도 및 정확도
- 시각적 단기기억
- 지필 기술
- 생소한 과제를 학습하는 능력. 새로운 시각 자극에 대한 학습 및 반응 능력
- 유연성. 정신적 태세(mental set)를 바꿀 수 있는 능력
- 지속적인 노력, 주의력, 집중력, 정신적 효율성
- 연합 학습과 새롭게 학습한 시각 자료를 모방하는 능력
- 순서화 능력

기호 쓰기 소검사에서 좋은 수행을 보이는 것은 우수한 시각운동 통합(Visuomotor integration) 능력을 시사한다. 그러나 높은 점수를 얻기 위해 필요한 가장 중요한 기능은 정신운동 속도에 기호-숫자 쌍에 대한 우수한 회상 능력이 더해진 것이다. 이 소검사에서는 새롭게 습득한 기호와 숫자를 기억하고 적절한 공간-방향으로 조합한 뒤 습관적으로 기호를 그리는 활동을 수행해야 한다. 또한 이 소검사는 익숙하지 않은 과제를 학습하는 능력, 정확한 눈-손 협응력, 주의력, 단기기억력, 시간 압력 하에서의 수행 능력 등이 요구된다. 이 활동은 섬세하고 복잡한 상호작용으로, 필요한 능력 중 일부의 곤란 때문에 방해를 받을 수도 있다. 매우 안정적인 소검사인 어휘와는 달리 기호 쓰기 소검사는 기질적 또

는 기능적 손상에 매우 민감하게 영향을 받는다. 특히 우울증 환자와 뇌 손상 환자는 이 소검사에서 어려움을 겪는다. 또한 노화의 영향을 가장 많이 받는 소검사이기도 하다. 예를 들어 WAIS-IV의 70~74세 집단에서 평균 환산점수 10점을 달성하는 데 필요한 원점수를 20~34세 참조집단에 적용하였을 때 환산점수는 6점으로 산출된다.

기호 쓰기는 동형찾기와 함께 처리속도 지수를 구성한다. 이 소검사는 일반지능을 타당하게 측정한다(WAIS-IV FSIQ와의 상관 .59, WISC-V FSIQ와의 상관 .50).

시각운동 통합(특히 시력과 운동 활동)이 포함되기 때문에 독서량이 많고 작문 경험이 풍부한 사람들이 높은 점수를 받는 것은 놀라운 일이 아니다. 이 과제에 포함된 기능은 기호를 그리는 실제 행동뿐만 아니라 시각, 공간, 운동의 신속한 협응이다. 또한 이 과제는 지속적인 주의력과 신속한 의사결정이 필요하기 때문에 불안한 망설임, 강박관념, 심사숙고, 완벽주의로 인해 점수가 낮아질 수 있다. 이러한 어려움은 완벽주의적이고 사색적인 사람들에게 응답은 알아볼 수 있게만 하면 되지 완벽할 필요는 없다고 말해 주는 것으로 상쇄할 수 있다. 경쟁 상황에서 불안을 심하게 느끼는 경우도 악영향을 미칠 수 있다. 기호 쓰기 소검사의 점수는 불안에 의해 저하될 수 있으며, 우울증으로 인한 정신운동 속도의 저하나 조현병에서의 혼란된 지각도 수행을 어렵게 한다. 그러므로 우울증의 심각도에 관한 대략적인 지표는 다른 안정적인 소검사와 기호 쓰기 소검사를 비교하여 기호 쓰기 소검사에서 상대적으로 저하된 정도를 검토하여 평가할 수 있다. 특히 기호 쓰기 소검사는 모든 종류의 기질적 손상에 가장 민감하게 영향을 받는다는 점에서 중요한 의미가 있다(Lezak et al., 2012; Reitan & Wolfson, 1993; Wechsler, 2008b). 또한 학습장애가 있는 사람도 이 소검사에서 낮은 점수를 받는 경향이 있다(Bannatyne, 1974; Groth-Marnat, 2001; Kaufman & Lichtenberger, 2006). 미소 뇌 손상(minimal brain damage)이 있는 경우 기호 쓰기는 전체 소검사 중 가장 낮은 점수를 받게 될 것이다(Lezak et al., 2012; Reitan & Wolfson, 1993). 진행 속도가 빠른 종양이 있는 환자는 진행 속도가 느린 종양이 있는 환자보다 더 낮은 점수를 받을 가능성이 높다(Reitan & Wolfson, 1993).

기호 쓰기는 다양한 범위의 능력이 필요하기 때문에 높거나 낮은 점수를 받는 것은 잠재적으로 다양한 가능성을 나타낼 수 있다. 따라서 임상가는 관련된 다른 척도의 점수, 행동 관찰, 병력 및 과거력에서 얻은 정보를 통합하여 의미 있는 정보를 얻어 내야 한다. 벤더 시각 운동 게슈탈트 검사 2판과 같은 검사는 운동, 지각 또는 시각운동 통합의 문제가 기호 쓰기 소검사에서 낮은 점수를 받는 원인인지를 파악하는 데 도움이 된다.

　이 소검사에서 높은 점수를 받는 사람은 시각운동 능력, 정신적 효율성, 새로운 자료에 대한 기계적인 암기 학습(rote learning), 빠른 정신운동 반응 등이 양호할 가능성이 있다. 낮은 점수를 받는 사람은 시각적 연합 학습과 시각운동 기능의 제한, 정신적 각성의 저하 등이 있을 수 있다.

동형찾기(WAIS-IV의 핵심 소검사, WISC-V에서는 지수 산출을 위한 핵심 소검사이나 FSIQ 산출에는 포함되지 않음)

- 시각적 검색(visual search)의 속도
- 정보처리 속도
- 계획성
- 추후의 처리를 위한 정보의 입력
- 시각운동 협응
- 학습 능력

　동형찾기 소검사는 기호 쓰기 소검사에서 필요한 운동(motor) 없이 순수하게 정보처리 속도만을 측정하도록 설계되었다. 두 소검사(기호 쓰기, 동형찾기) 간에 상대적으로 높은 상관관계(WAIS-IV에서 .65; WISC-V에서 .58)가 나타나는 만큼 이 두 소검사가 개념적으로 유사한 영역을 측정한다고 볼 수 있다. 이 두 소검사는 처리속도 지수에 해당된다. 동형찾기 소검사는 심리측정적으로 비교적 좋은 검사이다. WAIS-IV에서 8~82일(평균 22일) 간격으로 시행된 검사-재검사 신뢰도는 .81이었고, WISC-V에서 9~82일(평균 26일) 간격으로 시행된 검사-재검사 신뢰도는 .80이었다. WAIS-IV의 FSIQ와는 비교적 높은 상관을 보였으나(.64), WISC-V의 FSIQ와는 상관이 높지 않았다(.46). 처리속도 지수와는 상관이 높았다(WAIS-IV에서 .91; WISC-V에서 .89).

　이 소검사에서 높은 점수는 정보를 빠르게 받아들이며 이를 통합하고 적절하게 반응할 수 있음을 말해 준다. 또한 시각운동 협응의 수준이 우수하고 시각적 단기기억, 계획성 그리고 일반적인 학습이 양호하며, 집중력과 주의력이 우수한 수준임을 의미한다. 낮은 점수는 정신작용이 느리고 시지각에 어려움이 있으며, 동기가 부족하거나 불안감이 있을 가능성이 있다. 또한 시각적 단기기억에 제한이 있고, 사색적이거나 완벽주의적 혹은 강박적인 문제해결 방식이 있을 가능성이 있다.

지우기(WAIS-IV와 WISC-V의 보충 소검사)

- 지각적 재인
- 지각적 변별
- 지각적 스캔 능력
- 속도와 정확성
- 집중력과 주의력
- 시각운동 협응

이 소검사에서 수검자는 하나의 영역에서 선택된 몇 개의 모양 혹은 그림을 페이지 안에서 찾아야 한다. 많은 수의 모양/그림이 원래의 모양/그림과 많은 수의 다른 모양/그림과 함께 제시된다. 수검자는 일정한 수준의 주의력을 유지하여 매우 다양한 모양/그림이 있는 영역을 스캔하고, 선택된 모양/그림을 정확하게 재인하여 연필로 사선을 그어야 하며, 방해가 되는 자극들을 배제해야 한다. 이때 가능한 한 빠르게 변별하는 것이 중요하다. WAIS-IV에서는 수검자에게 모양과 색 모두를 변별하도록 요구하여 과제를 더 어렵게 만들었다. 이 소검사는 서로 다른 그림의 두 문항으로 구성된다. 한 문항은 우연한 배열로 그림이 구성되고("무작위 배열"), 두 번째 문항은 배열 순서가 일관되게 정돈되어 있다("구조화된 배열"). 이 두 문항의 점수를 합산하면 이 소검사의 총점이 된다. 다만 구조화된 배열과 무작위 배열을 각각 따로 계산하여 점수를 산출하는 것이 유용할 수 있다(『WISC-V 실시 및 채점 지침서』에서 무작위 배열 대 구조화된 배열의 점수 산출 참고).

『WAIS-IV 기술 및 해석 지침서』에 따르면, 지우기 소검사는 "처리속도, 시각적인 선택적 주의력, 경계(vigilance), 지각 속도, 시각적 운동 능력"(Wechsler, 2008b)을 측정하는 다른 소검사들과 유사하다. 신경심리학적 맥락에서 지우기 같은 소검사에서의 낮은 점수는 시각적 무시(neglect), 운동 보속성(motor perseveration), 반응 억제의 어려움이 있는 환자들에게서 볼 수 있다(Lezak et al., 2012).

지우기 소검사의 가장 큰 장점은 WAIS-IV에서 처리속도 지수에 높은 부하를 가지는 점이다(.56). 다만 WISC-V에서는 처리속도 지수와 중간 정도의 부하량을 보였다(.41). 예상하였듯이 지우기 소검사와 처리속도 지수 간의 상관은 중간 정도이다(WAIS-IV, .49; WISC-V, .36). 반면 다른 지수 및 FSIQ와의 상관은 상당히 낮았다(WAIS-IV, .26; WISC-V, .22). 따라서 지우기 소검사는 g요인을 측정하기에는 미흡하다. 신뢰도는 상당히 좋으며(WAIS-IV 검사-재검사 신뢰도 .79, WISC-V 검사-재검사 신뢰도 .82), 전체 연령에서 특이도(specificity)가 높다.

지우기 소검사는 ADHD나 외상성 뇌 손상에서 전형적으로 나타나는 산만성을 확인하는 데 매우 유용하다. 이 소검사에서의 낮은 점수가 산만성, 느린 속도, 시각적 인식의 장애로 인한 것인지 아닌지를 확인하는 것은 중요하다.

이 소검사에서 높은 점수는 우수한 처리 속도, 주의력과 집중력, 우수한 지각적 재인 능력, 스캔 능력, 충동성 억제 및 높은 동기화를 말해 준다. 반대로 낮은 점수는 느린 처리 속도, 산만성, 빈약한 지각적 재인 및 스캔 능력, 충동성, 낮은 동기화를 의미한다.

보충 지수/소검사

보충 지수인 명명속도(Naming Speed)와 기호바꾸기(Symbol Translation)는 학습장애(읽기 곤란, 전반적 학습장애, 산수장애를 포함하는)의 평가에서 중요한 과정을 측정하기 위해 추가되었다.

명명속도(WISC-V에만 있음)

- 언어적 및 의미론적 유창성과 속도
- 재인의 속도
- 집중력과 주의력
- 자동적 명명 기술

명명속도는 WISC-V에서 새로 개발된 소검사로, 사물, 색, 크기 그리고 문자/숫자(연령에 따라 다름)의 재인과 명명에서의 자동성(automaticity)을 측정한다. 수검자는 색과 물체(6~8세), 숫자와 문자(7~16세)를 신속하고 정확하게 확인하고 명명해야 한다. 그 결과 문해력(정확성) 점수와 양적(속도) 점수가 산출된다. 전자는 일반적인 학습장애에 민감하며, 후자는 산수장애에 민감하다(Pauly et al., 2011; Willburger, Fussenegger, Moll, Wood, & Landerl, 2008).

기호바꾸기(WISC-V에만 있음)

- 언어적-시각적 연합기억
- 단기기억, 장기기억, 재인이 포함된 새로운 재료의 학습
- 집중력과 주의력
- 언어적 능력과 시각적 능력 간의 연결
- 동기화

기호바꾸기는 WISC-V에 새로 추가된 소검사로, 언어적-시각적 연합 학습과 기억을 측정한다. 수검자는 하나의 기호와 하나의 언어로 이루어진 일련의 언어-시각 쌍을 학습하고 기억해야 한다. 세 번의 별도 과제는 즉각기억(단기학습 능력), 지연기억(20~30분후), 지연된 재인기억을 평가한다. 3개의 별도 과제로 분리한 목적은 학습과 관련된 세 가지 다른 과정을 평가하기 위해서이다. 첫째, 즉각기억에서 정보를 학습하는 것은 수검자가 내용을 얼마나 잘 이해하고 학습하는지에 초점을 맞추어 평가한다. 둘째, 재인을 평가하기 위한 정보 입력 단계에서는 이전에 학습한 내용이 무엇인지 단서가 주어졌을 때 기억할 수 있는지를 평가한다. 셋째, 지연기억 단계에서 평가되는 정보의 회상은 정보를 학습하고 부호화한 뒤 자유롭게 회상하는 기술에 초점을 둔다. 따라서 기억에 문제가 있다면(특히 시각적-언어적 연합과 관련된 학습과 기억), 이 지수는 임상가가 기억의 세 과정 중 어디에 문제가 있는지를 찾아내는 데 도움을 줄 수 있다. 예를 들어 수검자가 즉각 및 재인 소검사에서는 평균 점수를 받았지만 지연 회상 소검사에서는 낮은 점수를 받았다면, 실제로 문제는 학습 또는 입력이 아니라 기억에서 정보를 회상하는 데 있다는 것을 확인할 수 있다. 또는 즉각기억 과제에서는 적절한 점수를 받았으나 지연 및 지연 회상 과제에서는 모

두 수행이 저조하였다면 이는 정보를 정확하게 부호화하지 않고 기억에 저장하였기 때문일 수 있다. 동기화는 기호바꾸기와 같이 새롭고 복잡한 과제를 수행할 때 핵심적인 요인이라는 점에 유의해야 한다.

뇌 손상의 평가

일반적인 원칙

웩슬러 지능검사는 뇌 손상으로 인해 저하될 수 있는 많은 능력들을 측정한다. 여기에는 기억, 학습, 지각 조직화, 유동추론, 문제해결, 추상적 추론이 포함된다. 이 때문에 전형적으로 웩슬러 지능검사는 신경심리 배터리(battery)의 핵심으로 꼽힌다(Groth-Marnat, 2000b; Lezak et al., 2012). 웩슬러 지능검사는 한때 더 전문화된 다른 심리검사들과 함께 뇌 손상을 실제로 진단하는 데 사용될 수 있기를 기대하였다. 이 분야에서 주목할 만한 성공을 거두었음에도 불구하고, 현재는 인지 및 적응 기능에 영향을 미치는 것으로 알려져 있는 병변을 평가할 때 보다 전형적인 심리검사가 사용된다. 다른 신경인지검사와 마찬가지로 웩슬러 지능검사는 특정한 뇌 손상에 특별히 민감한 검사는 아니다. 오히려 뇌 손상의 영향뿐만 아니라 다양한 다른 상태를 반영할 수 있는 검사이다.

WAIS와 WISC의 초기 개발 과정에서 Wechsler(1958)는 다른 소검사에 비해 상대적으로 신경학적 손상에 가장 민감한 소검사의 점수가 저하되는 결과를 통해 뇌 손상을 구별할 수 있게 되기를 기대하였다. 그는 이렇게 뇌 손상에 민감한 소검사를 비유지 검사(숫자, 바꿔쓰기/기호 쓰기, 공통성, 토막짜기)라고 칭하고, 반대로 뇌 손상에도 불구하고 잘 유지되는 소검사를 유지 검사(상식, 모양맞추기, 빠진곳찾기, 어휘)라고 칭하였다. 유지 검사와 비유지 검사의 구분은 사실적인 근거가 어느 정도 있지만, 뇌 손상을 진단할 때 이러한 구분을 사용하면 오판의 가능성이 커진다. Vogt와 Heaton(1977)은 그 이유를 다음과 같이 정리하였다.

- 뇌 손상은 단일한 패턴이 없기 때문에 검사에서 매우 다양한 반응이 나타날 것으로 예상된다.

- 유지/비유지의 구분은 뇌 손상이 발생한 연령, 환경적 변인, 교육, 병변의 위치, 병변이 급성인지 만성적인지 등에 대해 설명하지 못한다.
- 웩슬러 지능검사는 뇌 손상과 관련된 많은 중요한 능력들을 측정하지 않는다.

최근의 연구에서는 뇌 손상 특유의 프로파일은 없다는 이론을 지지하였다(Groth-Marnat et al., 2000; Lezak et al., 2012). 어떤 뇌 손상 환자는 IQ가 낮은 반면 다른 뇌 손상 환자는 여전히 IQ가 높다. 때로는 높은 수준의 수행을 보이는 소검사가 있을 수도 있다. 또 다른 경우 소검사 및 지수들의 점수가 상당히 비슷할 때도 있다. 따라서 뇌 손상은 전체 또는 대부분의 소검사에서 전반적인 저하를 일으킬 수도 있고 특정한 소검사의 점수만 저하시킬 수도 있다. 뇌 손상의 가장 일반적인 지표는 사회경제적 수준, 연령, 교육, 직업, 다른 관련 영역의 과거력에 비해 전체 검사 혹은 특정한 검사의 점수가 예상보다 낮게 나오는지의 여부이다.

뇌 손상에 대한 전통적 지식 중 하나는 병변이 좌반구에 있으면 언어적 능력이 저하되고 우반구에 있으면 비언어적 능력이 상대적으로 저하된다는 것이다. 이에 따르면 좌반구 손상 환자는 WAIS-IV의 지각추론 지수보다 언어이해 지수에서 상대적으로 낮은 점수를 보일 것으로 예상된다(VCI<PRI). 반대로 우반구 손상 환자는 지각추론 지수가 언어이해 지수보다 더 낮을 것으로 예상된다(PRI<VCI; "수준 II: 지수와 부가적인 군집" 참고). 웩슬러 지능검사의 초기 버전을 사용하여 언어성 지능(VIQ)과 동작성 지능(PIQ)을 평가한 연구에서 이러한 편측성(laterality)의 영향이 나타난다는 사실을 발견하였다(Aram & Ekelman, 1986; R. A. Bornstein, 1983; Kaufman & Lichtenberger, 2002, 2006; Larrabee, 1986; Lezak et al., 2012). 일반적으로 우반구 병변은 좌반구보다 언어-비언어의 차이가 더 클 수 있다(Kaufman & Lichtenberger, 2006 참고). VCI와 PRI의 차이를 가지고 전반적인 뇌 손상이나 특정 반구의 손상으로 진단하지 않는 것이 아마도 가장 안전한 접근일 것이다. 다만 때때로 VCI와 PRI의 유의미한 차이는 이 편측성 가설과 일치할 수 있다. 특히 언어이해 지수점수가 낮은 것은 언어 기능의 손상 가능성을 나타내는 반면, 상대적으로 지각추론 지수의 점수가 낮은 것은 우반구 장애를 의미한다. 따라서 임상가는 환자의 검사 결과를 과잉 해석하지 말고 건강 상태, 병력을 포함한 검사들과 추가적인 특화된 심리검사들의 결과를 종합하여 해석해야 한다.

『WAIS-IV 기술 및 해석 지침서』(Wechsler, 2008b)에서 주목한 결과는 뇌 손상이 처리속도에 영향을 줄 가능성이 가장 높다는 것이다(Dikmen et al., 2009; Fisher, Ledbetter, Cohen, Marmor, & Tulsky, 2000; K. A. Hawkins, 1998 참고). 외상성 뇌 손상과 알츠하이머병 환자 모두 처리속도가 가장 낮은 반면 언어적 능력은 더 잘 유지되었다. 이는 뇌 손상 환자가 쉽게 피로감을 느끼며 주의집중에 어려움을 겪는 현상을 반영한다. 또한 지각추론 지수와 작업기억 지수도 뇌 손상 환자에게서 더 낮았다. 지각추론은 작업기억, 처리속도와 같이 유동성 지능에 해당된다. 이론적 관점에서 유동적 지능은 손상되지 않은 뇌 구조와 더 관련되어 있으며, 지각추론 지수의 소검사에서 제시된 문제해결 과제를 통해 명확하게 평가된다. 따라서 뇌 조직이 파괴되면 유동성 지능이 저하될 가능성이 높아 지각추론 지수의 소검사 점수가 낮아질 수 있다. 이 가설은 유동성 지능에 관한 CHC 소검사 조합을 산출하면 추가로 평가할 수 있다("WAIS-IV/WISC-V 연속적인 수준 해석 절차" 절의 수준 IIb 참고).

뇌 손상과 관련된 많은 추론은 프로파일 분석으로 확인할 수 있다. 뇌 손상에 관한 유용한 자료는 이 장의 "WAIS-IV/WISC-V 연속적인 수준 해석 절차" 절 중 단계 II~V의 논의와 "웩슬러 지수와 소검사" 절 중 각 소검사에 대한 논의에서 찾을 수 있다. 이러한 해석은 임상가가 사람에 대한 지식, 뇌 기능, 웩슬러 소검사, 그 밖의 다른 정보 등을 통합하여 세운 가설에 상당 부분 기반한다. 명확하고 경험적으로 근거가 있는 지침은 없을 수도 있다. 추론의 정확도는 신경심리학적 의미를 만드는지 아닌지에 부분적으로 근거한다. 그러나 일반적으로 받아들여지는 하나의 원칙은 비교적 최근에 생긴 국소 병변으로 인해 소검사 내 산포가 흔히 발생한다는 것이다(Kaufman & Lichtenberger, 2006). 반면 만성적병변이나 퇴행성 질환이 있는 경우에는 일반적으로 모든 능력들이 저하된다(소검사 간 산포가 적음. 예를 들어 신경독에 의한 노출; Groth-Marnat, 1993; L. Miller, 1993).

Kaplan과 동료들이 개발한 한 가지 유용한 방법은 웩슬러 지능검사에서의 점수들에 기여하는 기저 과정들끼리 따로 묶는 것이다(Milberg et al., 1996). WAIS-IV/WMS-IV에서는 대안적인 실시 지침, 오류 분류, 유용한 표 및 해석 절차가 개발되었다(『고급 임상적해결』(Advanced Clinical Solutions), Pearson, 2009a). 예를 들어 임상가는 상식이나 어휘 소검사의 저조한 수행이 인출의 문제 때문인지 아니면 지식의 부족으로 인한 것인지 확인하는 데 관심을 기울일 수 있다. 이는 문항을 인출 과정을 돕는 선다형 과제(multiple-choice formats)로 변형하여 확인해 볼 수 있다(회상 과제 대신 보다 쉬운 재인 과제를 사용함). 수검자가 표준 절차(회상)보다 선택형 절차(재인)에서 유의미하게 나은 수행을 보인다면, 이는 인출의 어려움으로 인해 수행이 저하된 것일 수 있다. WAIS-IV에서는 과정점수를 통해 이 방법들 중 일부를 포함시켰다. 예를 들어 숫자 소검사는 바로따라하기, 거꾸로따라하기, 순서대로따라하기에 대해 별도의 점수를 부여한다. 거꾸로따라하기와 순서대로따라하기는 단순히 숫자를 제시된 순서대로 반복하는 것보다 어렵다. 따라서 거꾸로따라하기와 순서대로따라하기 과제는 뇌 손상 환자들에게 더 민감하다. 이는 숫자 소검사의 총점과 비교하였을 때 상당히 낮은 점수를 받을 경우 확인할 수 있다(Wechsler, 2008b). 또 다른 방법은 다양한 오류를 신중하게 검토하는 것이다(Groth-Marnat et al., 2000; E. Kaplan et al., 1991, 1999). 예를 들어 시각적 무시(neglect)는 보통 그림의 왼쪽 면에 제시된 세부사항을 알아차리지 못하거나 토막짜기 소검사에서 자극의 왼쪽에서 오류를 범할 때 확인할 수 있다.

제시된 방법, 원칙, 주의사항을 고려하여 임상가는 소검사 점수의 다른 양상으로부터 유용한 가설을 수립하고 검증할 수 있다. 다음은 특정 소검사 혹은 소검사의 양상에 관해 가장 많이 지지받는 가설들을 요약한 것이다.

- 처리속도 지수와 소검사(동형찾기, 기호 쓰기)는 뇌 손상에 가장 민감한 웩슬러 지수이며, 뇌의 어느 위치에 병변이 생겨도 이 지수와 소검사의 점수가 저하될 수 있다. 정보처리와 학습의 속도뿐만 아니라 순서화, 암기 학습, 집중력(특히 숫자, 산수 소검사에서 저하를 보일 때), 시각운동 능력 등에서의 어려움은 이 지수와 소검사의 점수를 저하시킬 수 있다(K. A. Hawkins, 1998; Lezak et al., 2012; Reitan & Wolfson, 1992; Wechsler, 2008b, 2014b).
- 토막짜기도 뇌 손상, 특히 좌우 두정엽 병변에 민감하다(Golden, 1976; Lezak et al., 2012; McFie, 1960, 1969). 이 소검사에서 낮은 점수는 시각공간 문제 및 대상 구성의 어려움(구성실행증; 그림의 질을 검토해야 한다)을 의미한다(Kramer et al., 1999; Zilmer, Bell, Fowler, Newman, & Stutts, 1991). 시간 보너스가 없는 토막짜기 과정점수는 시간 요인을 제거한다. 그럼에도 점수가 여전히 낮으면 시각공간 문제가 존재한다는 가설을 지지한다(Wechsler, 2008b).
- 뇌 손상 특히 좌반구 병변이 있는 환자군에서 숫자와 산수 소검사 점수는 대체로

저하된다(Kaufman & Lichtenberger, 2006; Lezak et al., 2012; McFie, 1960, 1969). 낮은 점수는 빈약한 주의력과 집중력을 시사한다. 숫자 거꾸로따라하기 점수가 바로따라하기 점수보다 현저히 낮으면(평균 5자리 이상) 정신적 유연성이 제한적이고 시각적 이미지를 형성하고 유지하는 데 어려움이 있다. 또한 중요한 자극을 선택하고 주의를 기울이며 다른 정신적 과제를 수행하는 짧은 시간 동안 정보를 유지하는 것과 관련된 실행 기능에서 어려움을 겪는다고 볼 수 있다(Wielkiewicz, 1990).

- 어휘, 상식, 빠진곳찾기 소검사는 뇌병변의 영향을 받지 않기 때문에 종종 개인의 병전 기능 수준을 대략적으로 추정하는 데 사용된다. 단 뇌 손상을 입은 아동은 어휘가 가장 낮은 점수를 받는 소검사인 경우가 흔히 있기 때문에 아동의 경우 어휘 소검사는 병전 지능 추정에 사용되지 않는다(Boll, 1974; Reitan, 1974; Reitan & Wolfson, 1992). 상식, 어휘 소검사는 대체로 좌반구 손상 환자에서 더 저하된다(특히 공통성보다 상대적으로). 이는 어휘의 이해, 인출 그리고 언어 표현에 어려움이 있다는 것을 의미한다(Dobbins & Russell, 1990). 빠진곳찾기 소검사는 뇌 손상에도 불구하고 안정적으로 유지되지만 시지각의 문제 특히 시각적 실인증(agnosia)으로 인해 낮아질 수 있다(E. Kaplan et al., 1991, 1999). 따라서 어휘, 상식, 빠진곳찾기 소검사를 항상 병전 지능의 추정치로 활용하면 추론이 잘못될 수 있다. 이 세 소검사들의 점수는 뇌-행동 관계에 대한 연구/지식 등을 고려하여 해석되어야 한다.
- 상식, 어휘, 공통성 세 소검사 중에서 특히 공통성 소검사는 좌측 전두엽 병변의 영향을 받아 점수가 저하될 가능성이 가장 높다. 이 결과는 언어적 추론과 언어적 개념 형성의 어려움을 의미한다(Dobbins & Russell, 1990).
- 오류에 대한 질적 분석은 소검사 점수가 낮지 않을 때도 뇌 손상과 관련된 유용한 정보를 제공할 수 있다. 일부 응답은 저하된 판단력과 충동성을 반영하지만, 때로는 문항의 자극가(stimulus value)에 대한 개인의 구체적 사고를 나타낼 수도 있다. 예를 들어 어휘 소검사에서 "계절"에 대해 단어의 보다 추상적인 의미를 말하지 못하고 "뜨거운", "건조한"과 같은 보다 감각적 경험을 표현하는 경우가 있다. 음향 연상 반응(clang response), 예를 들어 "공감(empathy)"을 "비어 있는,

공허한(empty)"이라고 정의한 경우 그러한 면을 볼 수 있다. 또한 답을 알고 있지만 잊어버렸다고 반응할 수도 있는데, 이는 선다형으로 변형시킨 질문을 통해 평가해 볼 수 있다. 확산된 뇌 손상은 환자가 쉬운 문항은 맞히지 못하지만 보다 어려운 문항은 정확하게 답하는 소검사 내 산포와 관련된다(Mittenberg et al., 1989). 이는 이전에 저장된 정보의 인출 실패 및 무선적 손실을 의미한다. 소검사 내 산포는 어휘, 이해, 상식, 공통성, 빠진곳찾기 소검사에서 발생할 가능성이 높다.

병전 지능의 추정

심리학자에게는 내담자의 병전 기능(인지 저하를 초래한 상해 및 질병이 발생하기 전 기능) 수준의 추정이 필요할 때가 종종 있다. 이상적으로는 병전에 실시된 IQ 검사의 결과를 현재 기능 수준과 비교할 수 있다. 이때도 임상가는 병전 평가에서 나온 IQ보다 현재의 IQ가 현저하게 낮지 않다면 전반적인 기능 저하로 추정해서는 안 된다는 점을 유의해야 한다. WAIS-III의 FSIQ와 비교하였을 때 WAIS-R의 FSIQ에서 12점 이상의 점수 차이는 실제로 인지 감소를 겪은 성인의 80%를 정확하게 탐지하였다(Graves, Carswell, &Snow, 1999). 또한 전체 IQ 점수에 민감하지 않은 특정 영역에서 상당한 감소가 있을 수도 있음을 감안해야 한다.

대부분의 경우 병전에 지능검사를 실시하기는 불가능하다. 따라서 임상가는 병전 능력을 추정하기 위해 다른 방법을 찾아야 한다. 예를 들어 성취에 관한 과거력, 안정적으로 유지되는 현재의 능력("유지" 검사) 측정, 인구통계학적 회귀방정식, 이러한 자료의 종합 등이 있다. 유용한 과거력의 기록에는 학점 평균, SAT나 ACT 점수, 상장이나 상패, 성적표, 동료 평가 등이 포함된다(Baade & Schoenberg, 2004 참고). 연령뿐만 아니라 병과 관련된 양상(예를 들어 병변의 크기나 위치, 최신성)을 고려하는 것도 중요할 수 있다.

병전 능력을 평가하기 위한 추가적인 방법은 신경학적 손상에 대한 저항력이 가장 큰 것으로 알려져 있는 웩슬러 소검사의 수행을 확인하는 것이다(상식, 빠진곳찾기, 어휘 소검사). 앞서 논의된 바와 같이 이들 소검사는 종종 개인의 과거 기능 수준을 반영하는 것으로 간주되어 "유지" 검사로 언급되었다. 광범위 성취 검사(Wide Range Achievement Test, WRAT-IV) 또는 웩슬러 개인 성취 검사(Wechsler Individual Achievement Test, WIAT-III)와 같은 성취 검사를 통해 이와 비슷한 목적을 달성할 수 있다. 다만 한 가지 어려운 점은 교육수준이 높은 사람들의 경우 이 방법이 병전 지능을 과대평가한다는 것이다. 반대로 이 방법은 보통 병전 언어성 검사(Verbal Scales)에 비해 동작성 검사(Performance Scales)에서 더 큰 점수를 받는 사람들(예를 들어 아메리카 원주민, 히스패닉, 이중언어자, 교육 수준이 낮은 사람, 생산직 노동자)의 경우 병전 지능을 과소평가할 수 있다. 또한 언어장애가 있는 사람의 병전 능력도 과소평가할 수 있다.

또 다른 방법은 WAIS-IV에서 각 개인마다 가장 높은 소검사 2~3개를 선택하여 병전 기능 수준을 평가하는 데 사용하는 것이다(소검사가 뇌에 민감한지 그렇지 않은지에 상관없이). 매우 유용한 방법이기는 하지만 이 방법에서는 연령, 교육 수준, 병변의 위치와 같이 중요한 요소를 고려하지 않기 때문에 잘못 추정될 가능성이 높다(Matarazzo & Prifitera, 1989). 또한 일반적인 사람들이나 높은 IQ를 가진 사람들은 수행에서 상당한 변산성을 갖는 것이 일반적이다. 따라서 높은 IQ를 가진 사람들의 병전 기능 수준은 상당히 과장되게 추정될 가능성이 있다.

미국 성인 읽기 검사(National Adult Reading Test, NART; H. Nelson & Williams, 1991)나 웩슬러 성인 읽기 검사(Wechsler Test of Adult Reading, WTAR; Wechsler, 2001)와 같은 검사를 사용하는 것도 "유지" 측정치를 이용하는 방법이다. NART와 WTAR는 단어에 대한 사전 지식이 없으면 올바르게 발음되지 않을 가능성이 있는 50개의 불규칙한 철자 단어(예를 들어 yacht, naive)로 구성되어 있다. 이렇게 비교적 순수한 재인 과제는 기억과 문제해결 능력을 최소한으로 필요로 한다. 실제 IQ보다 NART로 추정된 WAIS-R FSIQ가 20점 이상 더 높으면 지적 능력의 감소가 있는 것으로 볼 수 있다(정확도 80%; Graves et al., 1999). WTAR은 다른 병전 기능 추정치들과 높은 상관이 있으며 인지 변화에도 불구하고 상당히 안정적인 것으로 밝혀졌다(K. Green et al., 2008). 그러나 이 안정성에는 뇌 손상이 읽기 능력에 영향을 주지 않는다는 가정이 필요하다. NART와 WTAR 모두 병전 기능과 관련된 모든 가능한 변인을 고려할 수는 없지만 일부 인구통계학적 변인을 고려하여 계산할 수 있다.

병전 지능을 추정하기 위한 다른 방법은 인구통계학적 변인(교육, 직업 등)에 근거한 회귀방정식을 사용하는 것이다. 바로나 지표(Barona Index)는 가장 활발히 연구된 것 중 하나이다(Barona, Reynolds, & Chastain, 1984). 이 지표에서 25점 이상 차이가 있을 때 인지 감소가 있는 사람들을 정확하게 분류하였다(정확도 80%; Graves et al., 1999). 불행하게도 이러한 차이는 매우 크기 때문에 더 간단한 다른 방법(예를 들어 이전의 업무 수행, 학점 평균, 의료 기록)이 더 정확할 수 있다. 또한 이 지표는 매우 높은 IQ(120 이상) 또는 매우 낮은 IQ(69 미만)의 사람에서는 부정확할 가능성이 높다(Barona et al., 1984; Graves et al., 1999; Veiel & Koopman, 2001). 이 방식은 대체로 병전 지능을 과대평가하는 경향이 있다(Eppinger, Craig, Adams, & Parsons, 1987).

WAIS-IV 연구에서 병전 지능을 추정하는 데 유용한 알고리즘을 발견하였다. 일반적인 임상 목적으로 사용할 수 있는 예는 다음에 제시된 오클라호마 병전 지능 추정치(Oklahoma Premorbid Intelligence Estimate, WAIS-IV, OPIE-4; Holdnack, Schoenberg, Lange, & Iverson, 2013)이다.

OPIE-4(2개 소검사): 어휘와 행렬추론 사용

$$FSIQ = 57.847 + .707(어휘) + 1.387(행렬추론)$$
$$- .204(만 연령) + .0000415(만 연령 도달 후의 개월 수)$$
$$- 4.231 \; [if \; 교육 \; 유치원생{\sim}7학년]$$
$$- 1.881 \; [if \; 교육 \; 8학년{\sim}10학년]$$
$$+ 1.765 \; [if \; 교육 \; 학사 \; 학위 \; 이상]$$
$$+ 1.569(성별) + 1.061 \; [if \; 중서부 \; 거주자]$$
$$- 5.143 \; [if \; 아프리카계 \; 미국인]$$

성별: 0=여자, 1=남자
참고: 소검사 점수는 원점수를 사용함

Holdnack와 동료들(2013)은 어휘와 행렬추론 소검사 점수에 차이가 있다면 대체방정식이 사용되어야 함을 분명하게 밝혔다(5장 부록 참고; Holdnack et al., 2013). 대체방정식에는 웩슬러 단축형 지능검사 2판(Wechsler Abbreviated Scale of Intelligence-II: WASI-II)과 같은 도구를 사용한 경우에 적용할 수 있는 방정식이 포함된다.

WISC-IV 표준화 표본을 기반으로 한 일련의 알고리즘으로 병전 지능을 추정할 수 있는 것으로 밝혀졌지만(Schoenberg, Lange, Brickell, & Saklofske, 2007), WISC-V에서는 아직 개발되지 못하였다. 이 알고리즘은 인구통계와 어휘, 행렬추론, 상식, 빠진곳찾기 소검사의 원점수를 조합한 것으로, 가장 정확한 것으로 밝혀졌다.

WISC-IV 소검사 및 인구통계로 병전 지능을 추정하는 공식

$$IQ = 81.64 + 0.682(어휘) + 1.088(행렬추론)$$
$$+ 0.719(상식) + 0.317(빠진곳찾기) - 4.729(만 연령)$$
$$+ 0.413(부모의 교육 수준) + 인종 + 성별$$

부모의 교육 수준: 부모의 교육 연수(부모의 평균을 사용함)
인종: 백인(0), 흑인(-1.646), 히스패닉(0.126), 아시아인(3.475)
성별: 0=여자, 1=남자
참고: 소검사 점수는 원점수를 사용함

이 공식을 이용한 IQ는 평균이 99.73, 표준편차가 13.53이었고, 추정된 FSIQ와 실제 WISC-IV의 FSIQ 간 상관계수는 .86이었다(Schoenberg et al., 2007). 추정된 IQ의 50%는 실제 FSIQ와 ±5점 가량 차이가 있었고, 82%는 ±10점 이하의 차이가 있었다. 우수한 수준의 지능을 가진 아동(>129)과 경계선 수준 이하의 아동(<80)은 정확하게 추정하지 못하였다. 이 자료는 WISC-V에 직접적으로 적용되지 않을 수도 있지만 향후 WSIC-V에도 유사한 알고리즘을 개발하는 연구가 진행되기를 기대한다. 단 한 가지 주의할 점은 앞에 제시된 알고리즘의 자료가 신경심리학적 손상이 없는 건강한 사람들로부터 얻어진 자료로 개발되었다는 것이다. 이러한 예측이 임상집단에 적용해도 정확할지의 여부는 아직 확인되지 않았다. 따라서 임상집단에 대해 WISC-V와 유사 알고리즘을 사용한 후속 연구가 있어야 정확한 예측이 가능할 수 있다. 다만 WAIS-R, WAIS-III, WISC-III을 사용하여 신경심리학적 손상이 있는 환자에게 비슷한 절차를 적용한 결과 알고리즘이 정확한 추정치를 산출하는 것으로 확인되었다(Axelrod, Vanderploeg & Schinka, 1999; Schoenberg et al., 2003; Vanderploeg, Schinka, Baum, Tremont, & Mittenberg, 1998).

오류율과 연결된 상당한 법적 함의가 존재하기 때문에 병전 지능 추정에는 논란의 여지가 있어 왔다(Veiel & Koopman, 2001). 중요한 사항을 정리하면 다음과 같다.

- 병전 지능 추정 방정식은 보충적으로 사용되어야 하며, 직업력, 의료 기록과 같은 중요한 정보를 신중하게 고려한 평가를 대체할 수는 없다.
- 공식적인 절단점(cutoff)이 사용되어야 한다. 예를 들어 실제 IQ가 추정된 "병전 IQ"보다 5~10점 낮은 정도로 수검자의 전반적인 능력상 실질적인 인지적 감소가 시사되는 것으로 보아서는 안 된다. 그렇다고 해서 매우 특정한 영역(예를 들어 안면 인식, 시각적 단기기억)에서 결함이 존재할 가능성을 미리 배제하지는 않는다.
- IQ가 매우 높거나 낮은 것으로 의심되는 사람(<80 또는 >120)에게 인구통계 또는 소검사에 기반한 방정식을 사용하였을 때 오류가 발생할 가능성이 높다.

알츠하이머병

알츠하이머병의 초기 증상은 냉담/감정 둔마(apathy), 단기기억의 감소, 문제해결의 어려움 등이다. 이러한 변화는 콜린성 신경세포의 활동 감소에 기인한다. 현재 신경심리학적 평가 특히 웩슬러 지능검사는 진단의 정확성을 높이고 환자의 어려움에 대한 특성 및 심각도를 이해하는 데 필요한 진단 절차 중 하나이다. 인지적 평가는 알츠하이머 치매의 직계가족 내 상염색체 돌연변이, 뇌척수액에서 추출된 생체 표식(biomarkers), 자기공명영상(MRI)에서 나타난 내측 측두엽 위축, 양전자방출단층촬영(PET)의 기능적 뇌 영상에서의 뇌 활동과 같은 의학적 진단 절차와 함께 사용된다(Dubois et al., 2007).

이상적인 경우 독특한 인지 패턴을 통해 알츠하이머병의 유무를 확인할 수 있다. 인지 패턴이 명확하고 뚜렷하게 밝혀지지는 않았지만 연구 결과에 따르면 언어적 능력보다 비언어적 능력에서 장애에 더 민감한 것으로 나타났다. WAIS-R을 활용한 초기 연구에서 알츠하이머병 환자 중 52%에서 언어성 IQ가 동작성 IQ보다 15점 이상 더 높은 것으로 나타났다(Fuld, 1984). 또한 경미한 수준의 알츠하이머병 환자에서 WAIS-IV의 언어이해 지수(평균 86.2)가 처리속도 지수(평균 76.6)보다 10점 가량 높은 것으로 나타났다(Wechsler, 2008b). 따라서 처리속도는 알츠하이머병의 초기에 가장 민감한 지수라고 할 수 있다. 다만 처리속도는 정서적 간섭뿐만 아니라 대부분의 인지 손상에 가장 민감한 지수이기도 하다. 또한 작업기억 지수(평균 84.3)와 지각추론 지수(평균 85.8)에서도 감소가 나타났다. 경미한 수준의 알츠하이머병에 가장 민감한 소검사는 동형찾기, 상식, 기호 쓰기, 산수였다.

WAIS-IV와 이전 버전들은 알츠하이머병의 평가에 유용하며, 특정 인지 기능뿐만 아니라 전체 인지 기능까지 광범위한 인지 기능을 평가한다. 이러한 기능들 중 상당수는 알츠하이머병 및 다른 종류의 치매로 인해 저하될 수 있다. 그러나 핵심적인 기능은 웩슬러 지능검사로 측정되지 않는다. 기억 손상은 알츠하이머병의 가장 중요한 특징 중 하나이지만 웩슬러 지능검사는 기억을 보다 심도 있게 그리고 광범위하게 측정하지 않는다. 즉 WMS-IV와 같은 전문적인 기억검사가 필수적이다. 추가 도구를 통해 평가할 수 있는 기능은 보스톤 명명 검사(Boston Naming Test; Goodglass & Kaplan, 1983), 통제된 언어적 단어 연상 검사(Controlled Oral Word Association Test; Benton & Hamsher, 1989) 그리고 델리스-케플란 실행 기능 검사(Delis-Kaplan Executive Function System, DKEFS; Delis, Kaplan, & Kramer, 2001) 등이 있다. 또한 알츠하이머병에 가장 민감한 것으로 밝혀진 검사를 토대로 CERAD 신경심리 평가집(Consortium to Establish a Registry for Alzheimer's Disease battery; Morris et al., 1989)과 같은 전문적인 치매 검사 배터리가 만들어졌다.

추가적인 임상집단 평가

학습장애

학습장애(Learning Disabilities)는 드러나는 증상이 다양하고 원인에 대한 이론이 다양한, 복잡하고 이질적이며 느슨하게 정의된 장애이다(Kaufman & Lichtenberger, 2006; Sattler, 2008). 모든 학습장애 정의의 핵심 구성요소는 읽기, 쓰기, 듣기, 말하기, 추론, 철자법, 산수 기술 등의 영역에서 발달에 어려움이 있다는 것이다. 학습장애로 진단하려면 일반적인 능력과 교육적 기회를 감안하였을 때 기대되는 것보다 낮은 수준의 학업 성취도를 보여야 한다. 특정 학업의 부족과 함께 지능 프로파일에서 상대적으로 인지적 약점이 되는 정보처리에 약간의 문제가 있다. 더 중요한 특징은 다음과 같다. 즉 학습장애를 가진 사람은 적절한 지능을 가지고 있고, 성취와 지적 능력 간에 큰 차이를 보이며, 아마도 중추신경계의 기능 손상으로 인한 내재적인 장애를 가지고 있다. 낮은 성취도는 지적장애(정신지체), 뇌 손상, 행동 문제, 감각장애, 환경적 결손의 결과로 인한 것이 아니어야 한다.

학습장애를 평가하는 주된 목적은 임상가가 적절한 치료를 결정하고 최적의 프로그램을 설계할 수 있도록 내담자의 강점과 약점을 구분하는 데 있다. 또한 인지 발달 과정, 성취, 환경적 요구, 내담자의 어려움에 대한 타인의 반응, 추가적인 요인(예를 들어 실패에 대한 두려움, 대인관계 적응 수준, 비슷한 어려움이 있는 가족력)과의 상호작용 가능성을 함께 평가해야 한다. 웩슬러 검사는 내담자의 전반적인 기능 수준과 특정한 인지적 강점과 약점을 파악하고 지적장애의 가능성을 배제하기 위해 필수 도구로 사용된다. 다른 검사로는 성취 검사, 적응행동 검사, 시각운동 검사, 시각적 및 청각적 처리 평가, 정서와 행동 문제 평가 등이 있다(Sattler, 2008). WIAT-III 또는 K-TEA－3(WISC-V와 함께 해석될 수 있는)과 같은 성취 검사가 자주 사용되며, 이 경우에 두 가지 중요한 분석이 이루어진다. 능력-성취 차이 분석(WISC-V 점수와 성취 검사 점수의 비교)과 강점과 약점 분석(WISC-V 소검사들 비교)이다. 웩슬러 지능검사의 강점과 약점 분석에 대한 논의가 다음에 제시된다. 개념적 쟁점에 관한 자세한 설명은 다음의 자료에서 찾을 수 있다. Fiorello, Hale, & Snyder(2006); Flanagan, Alfonso, Mascolo, & Hale(2010); J. B. Hale, Wycoff, & Fiorello(2011).

연구자들은 학습장애에서 특징적으로 보이는 웩슬러 검사 프로파일을 찾기 위해 상당한 노력을 기울였다. WAIS-III에 관한 연구에서는 ACID 프로파일(산수, 기호 쓰기/바꿔쓰기, 상식, 숫자)에 관한 증거를 찾았다. 학습장애로 진단된 사람 중 24%는 ACID 프로파일에 부분적으로 일치하였고(가장 낮은 소검사 4개 중 3개가 일치), 6.5%는 ACID 프로파일과 완전히 일치하였다(가장 낮은 점수의 소검사가 산수, 기호 쓰기/바꿔쓰기, 상식, 숫자; Wechsler, 1997a). 이 백분율은 표준화 표본에서의 출현율보다 더 높은 값이었다. 읽기장애로 진단된 성인 표본에서 WAIS-III의 작업기억, 처리속도 지수가 지각조직화, 언어이해 지수에 비해 더 낮은 점수를 나타냈다(Wechsler, 1997a). 이러한 결과를 바탕으로 Kaufman과 Lichtenberger(1999, 2006)는 가장 낮은 지수들 중 5개 소검사를 조합할 수 있는 SCALD 프로파일(동형찾기, 기호 쓰기, 산수, 순서화, 숫자)을 제안하였다.

WAIS-IV는 WAIS-III에 비해 상당 부분이 개정되었으며, 이러한 프로파일은 관련성이 높지 않았다. 예를 들어 WAIS-IV의 순서화는 보충 소검사에 해당된다. 『WAIS-IV 기술 및 해석 지침서』에 따르면 읽기장애를 가진 사람들에서 점수가 가장 낮은 지수는 작업기억 지수(평균 88.9)였다. 가장 낮은 점수의 소검사는 순서화, 산수, 어휘였다. 이러한 결과는 학습장애를 가진 사람이 순서화와 주의에 결함이 있다는 연구와 일치한다.

또한 ACID 프로파일은 WISC-III으로 수행된 연구에서 지지된다. 대부분의 연구에서 학습장애를 가진 사람들의 약 20%가 부분적 또는 전체적인 ACID 프로파일을 보이는 것으로 밝혀졌다(Kaufman, 1994; Kaufman & Lichtenberger, 2002; Mayes, Calhoun, & Crowell, 1998; Stanton & Reynolds, 1998). ACID와 유사한 WISC 프로파일은 동형찾기 소검사를 상식 소검사에 대체한 것이다. 그 결과는 SCAD(동형찾기, 기호 쓰기, 산수, 숫자) 프로파일이 된다. 이 4개의 소검사는 정보처리 속도, 시각적 단기기억, 시각운동 협응(동형찾기와 기호 쓰기), 수 능력과 순서화(산수와 숫자) 기능이 두드러진다. 특히 이들은 (많은 종류의 뇌 기능 장애뿐만 아니라) 학습장애를 가진 많은 사람들이 어려움을 겪는 기능이다. 따라서 학습장애 아동과 ADHD는 SCAD에서 특히 낮은 점수를 받는다(Kaufman, 1994; Mayes et al., 1998; Stanton & Reynolds, 1998). 비슷하게 ADHD로 진단받은 아동들은 WISC-III 주의산만(Distractibility) 요인에서 상대적으로 저조한 수행을 보인다(Anastopoulos, Spisto, & Maher, 1994). 이 요인에는 작업기억 지수와 관련 소검사들이 포함되었다. WISC-V에서는 ADHD 아동들이 기호 쓰기, 산수, 그림폭, 공통그림찾기에서 가장 저조한 수행을 보였다(Wechsler, 2014b). 그러나 이 결과는 ADHD가 있는 아동들 중 이 프로파일을 보이지 않는 아동의 비율이 비교적 높은 점을 고려하여 신중하게 받아들여야 한다. 또한 S. B. Ward, Ward, Hatt, Young 그리고 Mollner(1995)의 연구에서는 학습장애 아동에게서 SCAD 프로파일을 지지할 만한 증거를 찾지 못하였다.

WISC-V로 수행된 연구에서는 ACID와 SCALD 프로파일에 대한 평가가 아직 이루어지지 않았다. 그러나 WAIS-IV에서는 학습장애 환자 중 가장 낮은 점수의 지수가 작업기억 지수(평균 87.0; Mayes & Calhoun, 2007; Wechsler, 2003b)인 것으로 보고되었다. 읽기장애 환자에서 가장 낮은 점수의 소검사는 어휘, 순서화, 상식, 산수였다. WISC-V를 실시하였을 때 읽기장애가 있는 학생들도 작업기억 지수가 점수가 가장 낮은 지수였으며(평균 87.8), 그 중 그림폭과 어휘 소검사가 가장 낮은 점수를 받았다(Wechsler, 2014b). 예상대로 산수장애로 진단된 아동은 유동추론 지수(평균 82.2)에서 가장 낮은 점수를 보였고, 소검사 중에서는 산수와 무게비교 소검사에서 가장 낮은 점수를 받았다.

학습장애 및 관련 장애를 이해하는 또 다른 방법은 배너틴(Bannatyne)의 범주(categories)를 사용하는 것이다. 배너틴 범주에서는 학습장애가 있는 사람들은 공간 능력을 필요로 하는 소검사(토막짜기, 공통그림찾기, 빠진곳찾기)에서 가장 높은 수행을 보인다고 개념화한다. 이 능력에서 순서화 능력은 거의 필요하지 않다(Bannatyne, 1974). 또한 그들은 개념적 기술(이해, 공통성, 어휘)은 중간 정도를 유지하고, 순서화 능력이 필요한 소검사(숫자, 기호 쓰기, 그림폭)에서 가장 낮은 점수를 받을 것으로 기대된다. 따라서 학습장애가 있는 사람들 중 대부분은 순서화 능력보다 개념화 능력이 그리고 개념화 능력보다 공간 능력이 더 우수할 것으로 기대된다. 네 번째 범주인 획득된 지식(Acquired Knowledge; 상식, 산수, 어휘)은 학교 장면에서 축척된 지식과 기술에 대한 대략적인 지표로 사용되기도 한다. 비록 이러한 개념화는 학습장애를 가진 사람들에서 소검사 산포도가 클 수 있음을 시사하지만 이를 지지하는 경험적 연구는 아직 없다(Greenway & Milne, 1999).

전체적으로 볼 때 학습장애가 있는 많은 사람들이 전체론적이고 우뇌 주도적이며 동시적 처리를 요하는 과제(공통그림찾기, 토막짜기)에서 수행이 가장 양호하고, 순차적 처리를 요하는 과제(숫자, 기호 쓰기, 그림폭)에서 수행이 가장 저조할 것으로 기대된다. 이는 계획 세우기, 읽기, 수리적 능력에서 어려움으로 나타날 것이다. 또한 Wielkiewicz(1990)는 이들 소검사에서의 저조한 수행은 빈곤한 실행 기능을 보여 주는 것으로, 다른 정신적 과제를 수행하는 동안 동시에 자극에 주의를 기울이는 데 어려움을 경험할 것이라고 제안하였다.

배너틴 프로파일과 ACID/SCAD 프로파일에 대한 검토와 교차타당화 연구 결과는 일치하지 않았다(Groth-Marnat, 2001). 일부 연구에서 학습장애 학생들 중 일부만이 배너틴의 공간 > 개념 > 순서화 패턴을 보였다(A. Kaufman, 1994; Kaufman & Lichtenberger, 2006). 학습장애라는 포괄적인 용어하에 다른 많은 하위 장애들이 존재한다는 점을 감안하면 이러한 결과는 놀라운 일이 아니다(Kaufman & Kaufman, 2001). 배너틴의 패턴은 학습장애에서만 고유하게 나타나는 것은 아니다. 예를 들어 청소년 범죄자, 정서장애 아동을 포함한 다양한 집단에서도 이러한 패턴이 빈번하게 나타났다(Groth-Marnat, 2001). 배너틴의 범주는 학습장애 진단을 위한 최소한의 요건일 뿐 유용하지는 않다. 4개의 범주(공간적, 개념적, 순차적, 습득된 지식)는 학습장애뿐만 아니라 다른 집단에서도 상대적인 강점과 약점을 해석할 때 매우 유용하다. 학습장애 특유의 프로파일은 밝혀지지 않았지만, 이를 위한 연구자들의 노력은 웩슬러 검사의 프로파일을 분석하는 데 유용한 자료가 되었다.

이전 연구들을 바탕으로 내릴 수 있는 결론은 다음과 같다(Groth-Marnat, 2001).

- FSIQ는 학습장애가 있는 사람의 전반적인 지적 잠재력을 평가하고 학업 성취도를 저하시키는 지적장애를 감별하는 데 도움이 될 수 있다.
- 학습장애가 있는 집단은 일반인들에 비해 몇몇 프로파일(상대적으로 낮은 처리속도와 작업기억 지수점수, 공간적 > 개념적 > 순차적, ACID, SCAD, SCALD)이 더 자주 발생한다. 다만 이러한 프로파일의 근거는 아직 모호하며, WAIS-IV와 WISC-V에 맞게 업데이트되고 검증되어야 한다.
- 이러한 프로파일은 학습장애에서만 고유하게 나타나는 것은 아니며, 다른 집단(예를 들어 청소년 범죄자, ADHD, 정서장애가 있는 사람)에서도 흔히 나타난다.
- 웩슬러 검사의 "학습장애" 프로파일(ACID 등)을 보이는 사람이 반드시 학습장애로 진단받는 것은 아니다.
- 학습장애가 있는 사람들의 대부분에서 웩슬러 검사의 "학습장애" 프로파일이 나타나지 않는다. 따라서 프로파일 중 한 부분이 다르더라도 학습장애로 진단하지 못하는 것은 아니다.
- 학습장애의 개별 사례를 더 잘 이해하기 위해 다양한 패턴의 웩슬러 소검사들을 사용할 수 있다.

지적장애

지적장애(정신지체)는 초기 발달 단계(영아기~18세)에서 발생하는 비특이적이고 이질적인 장애이다(Schalock et al., 2007). 평균보다 낮은 지적 수행을 보이며, 평균보다 2표준편차 이상 차이가 있을 때 이 진단을 내린다. 지적인 능력뿐만 아니라 적응행동 기능도 중요하기 때문에 지적 장애는 낮은 지능 수준(평균보다 2표준편차 이상 낮음)과 함께 독립적인 기능을 수행하거나 일상생활을 효율적으로 영위하기 어렵다는 것이 확인되어야 한다(American Psychiatric Association, 2013). 이들에게서 나타나는 저조한 독립적인 기능에는 의사소통, 자조, 가정생활, 사회적 기술, 지역사회 활용, 자기주도, 건강과 안전, 기능적인 학업, 여가, 일 등이 포함된다. 지적장애는 개인의 심리적 및 정서적 강점과 약점, 전체적인 신체 건강, 현재 환경적 영향 등을 확인한 뒤 진단되어야 한다. 지능 및 발달장애국 (Administration on Intellectual and Developmental Disabilities, AIDD; www.acl.gov/Programs/)의 지침은 이 평가가 장애의 심각도(경도, 중등도, 심도)를 분류하는 데 역점을 두기보다는 이들에게 필요한 지원의 유형과 정도를 파악하는 데 더 역점을 두어야 한다고 강조한다. 이러한 지원은 (실제 필요한 정도에 비해) 간헐적이거나 제한적이거나 장기적이거나 광범위할 수 있다. 따라서 최근에는 단순히 장애에 대한 설명에서 벗어나 어떻게 하면 장애를 가진 사람들의 기능이 최상의 지원을 받아 최적화될 수 있을지에 대한 정보를 파악한다. 적절한 지원을 통해 이들의 기능이 시간이 지남에 따라 어느 정도 향상될 수 있어야 한다. 또한 평가 시에는 문화적 및 언어적 다양성과 지역사회의 환경적 맥락을 고려해야 하며, 개인의 능력과 적응 기술의 한계에 고르게 초점을 맞춰야 한다.

AAID 지침에서는 개인과 환경의 상호작용을 강조한다. 특히 개인의 역량 증진을 위해 필요한 지원의 수준과 강도를 평가하는 데 초점을 맞출 것을 권장한다. 상대적으로 IQ 점수와 장애의 심각도는 덜 강조된다. 이는 IQ 점수가 중요하지 않다는 의미는 아니며, 치료 및 지역사회 중심의 처방을 더 강조한다. *DSM-5*(APA, 2013)에서도 장애를 기술할 때 장애의 심각도를 분류하는 데 사용되는 IQ 점수를 강조하지 않고, 진단 기준이 까다롭기는 하지만 적응 기능에 초점을 맞추어 장애의 심각도를 결정하도록 권고하고 있다. 대부분의 맥락에서 임상가는 AAID의 지침을 따라야 하는데, 왜냐하면 이 지침이 더 유용하고, 권고가 명확하며, 임상 현장에서 가장 최근의 관점을 반영하고, 국가적 권고와 일치하기 때문이다. 그러나 많은 경우 *DSM-5*의 지침에 따라 진단을 범주화하는 것이 필요할 수도 있다.

지적장애(정신지체)는 이질적인 장애이지만 크게는 비기질적 지체와 기질적 지체의 두 범주로 구성되어 있다는 견해도 있다. 비기질적(또는 가족성) 지체는 생물학적인 유전의 영향이 적고, 환경이 좋지 않으며, 약간의 기질적 요인이 있을 수 있다. 가족성 지체를 가진 사람은 지능(IQ 50~69)과 적응 기능이 지적장애 중에서는 상위에 해당되고, 교육을 통한 기능의 향상이 가능하다. 기질적 지체는 대체로 심도 수준 범주(IQ 50 이하)에 해당되고 신경학적 기능 및 유전적 손상과 더 밀접한 관련이 있다. 이들에게는 일반적으로 더 많은 관리 감독과 치료가 필요하지만 대체로 몇 가지 반복적인 일상생활 활동은 스스로 관리하도록 가르칠 수 있다.

지적장애의 진단과 평가를 위한 대표적인 평가 배터리에는 지능검사(WISC-V 또는 K-ABC-II, 스탠포드 비네-V), 성취 검사〔광범위 성취 검사 4판(WRAT-IV), 웩슬러 개인 성취 검사 3판(WIAT-III), 카우프만 학업 성취 검사(KTEA)〕, 적응 기능 평가〔적응행동 평가 체계(ABAS), AAMD 적응행동척도, 바인랜드 적응행동척도-II〕 등이 포함된다. 면담, 행동 관찰, 의료 기록상 자세한 정보도 진단과 평가에 필수적이다. WISC-V와 같은 검사의 중요한 목적은 내담자의 일반지능 수준을 밝혀 다른 자료들과 함께 평가하는 것이다. 진단을 위해 IQ의 절단점을 결정할 때 검사의 오차범위를 고려해야 한다. 이를 고려하였을 때 IQ의 절단점 기준은 70~75 사이에 있다. 지적 장애인들이 가장 어려움을 겪는 소검사는 상식, 산수, 어휘(주로 언어이해 지수; Mueller, Dash, Matheson, & Short, 1984)이다.

영재아

영재아(gifted children)는 흔히 IQ가 130 이상인 아동으로 정의된다. 예술, 음악, 수학과 같이 한 분야에 뛰어난 능력을 지닌 아동은 IQ가 반드시 130을 넘지 않더라도 영재로 분류되는 경우가 많다. 다만 WISC-V와 WAIS-IV 중 일부는 빠른 수행 속도에 중점을 둔다는 것을 감안해야 한다. 따라서 일반적으로 타고난 재능을 가졌지만 검사에서 이 재능을 빠른 속도로 나타내지 않으면 처리속도 지수점수가 낮아져 FSIQ에서 높은 지능을 얻지 못할 수 있다. 검사 결과를 해석할 때는 이 사실을 고려하여야만 한다. 그러나 아동이 단일한 세부 영역에서 뛰어난 능력을 발휘한다면 영재인지 아닌지를 결정할 때 통상적인 IQ 검사는 오히려 좋지 않을 수 있다. 이러한 아동들을 위한 추가적인 평가 방법으로 그들의 활동, 성취 검사, 평정(rating forms) 또는 관련 분야 권위자의 추천 등을 포함시켜야 한다.

재능을 평가하는 본질적인 목적은 아동의 능력을 최대화하여 사회에 중요한 기여를 할 가능성이 더 커지도록 하기 위해서이다. 영재 평가는 일반적으로 적절한 교육적 환경을 권장하고 프로그램을 계획하기 위해 일반적 지침을 제공한다. IQ 자체는 여러 면에서 영재성(giftedness)의 제한된 정의이다. 그러나 매우 높은 수준의 IQ를 가진 많은 사람들이 유의미한 어떤 것도 성취하지 못한다. 높은 IQ(또는 특정한 영역에서의 뛰어난 재능)는 필요한 전제조건 중 하나일 뿐 충분조건은 아니다. 내적 동기, 훈육, 환경적 기회와 같은 요인들의 상호작용도 중요하다.

WISC-V와 같은 검사를 사용하여 높은 창의력을 발휘하는 재능이 있는 사람을 평가할 때도 주의해야 한다. 높은 지능을 가진 사람들이 특별히 창의적이지는 않은데, 이는 지능검사와 창의성 간의 낮은 상관관계에 의해 뒷받침된다(Amabile, 1983). 예술적 또는 음악적 창의성과 같은 능력의 경우 지능검사 외의 다른 평가 방법이 더 중요할 수 있다. 이러한 평가에는 창의적 성취, 관련 분야 전문가의 추천, 창의력 검사 등이 포함될 수 있다.

단축형

웩슬러 지능검사 단축형은 시간적으로 보다 효율적인 IQ 추정 수단을 제공하기 위해 개발되었다. 단축형은 특정 소검사를 선택하거나 일부 문항을 삭제(초기에 제시되는 쉬운 문항 혹은 특이한 문항)하여 실시 시간을 단축시킨다. 시간적으로 효율적이기는 하지만 단축형은 인지 능력에 관해 제한된 정보를 제공하고, 전체 소검사를 실시하였을 때보다 다양한 오류가 발생하며, 임상적 정보가 줄어들고, 지적장애와 같이 지능 수준에 따른 분류가 필요할 때 부정확할 수 있다(A. S. Kaufman & Kaufman, 2001; Silverstein, 1990). A. S. Kaufman과 Kaufman(2001)은 단축형을 사용하지 않기를, 특히 잘 개발된 간단한 형식의 대안적 지능검사가 있는 경우 단축형을 사용하지 않기를 권고하였다. 그러나 단축형은 스크리닝 목적으로 사용될 수도 있다. 이는 평가의 목적이 지능의 평가 외의 것이며 인지 기능이 정상 범위를 유의미하게 벗어나지 않을 때 가능하다. 즉 지능의 대략적인 수치만 알고자 할 경우 또는 보다 정밀한 인지적 평가가 필요한지의 여부를 결정하고자 할 때 사용할 수 있다. 단축형은 전체 지능 평가와 혼동해서는 안 되며, 단축형으로 산출된 IQ를 타당한 IQ라고 혼동해서도 안 된다. 따라서 심리평가 보고서에는 기재된 IQ가 추정치(Est IQ로 표기)이고 WAIS-IV/WISC-V를 단축형으로 실시하였음을 명확하게 기술하는 것이 중요하다. 이렇게 명시하지 않으면 단축형에서 나온 추정된 IQ가 전체 실시를 통해 얻은 FSIQ와 혼동될 수 있으며, 그로 인해 추후에 잘못된 판단을 할 수 있다.

단축형의 기본 전제 조건은 전체 검사와의 상관이 최소한 .90 이상이 되어야 한다는 것이다. .90 수준에서도 단축형의 오류 범위는 전체 검사의 오류 범위보다 훨씬 더 넓다. 두 방식 간의 상관이 .90일 때 3분의 2는 실제 IQ와 9점 이하로 차이가 나고 3분의 1은 실제 IQ와 10점 이상 차이가 났다(L. Schwartz & Levitt, 1960). 이러한 심리측정적 고려사항 외에도 단축형이 필요로 하는 임상 정보의 유형이나 특수한 수검자의 특성(예를 들어 장애인, 영어를 사용하지 않는 배경 등)에 따라 단축형이 사용될 수 있다.

많은 임상가들은 소검사 점수를 비례 추정하여 단축형 IQ를 계산한다. 즉 실시된 소검사의 평균 점수를 계산한다. 이 평균에 핵심 소검사의 개수(10)를 곱하여 FSIQ의 총점을 계산한다. FSIQ 총점의 추정치가 결정되면 지침서에 제시된 표를 참고하여 추정된 IQ를 결정할 수 있다.『WAIS-IV 실시 및 채점 지침서』는 9개의 소검사가 실시되었을 때(표 A. 9, 227쪽 참고) 또는 언어이해 지수와 지각추론 지수에서 각각 2개의 소검사만 실시되었을 때 FSIQ를 계산하기 위한 비례추정 자료가 제공된다(표 A.8, 226쪽 참고).『WISC-V 실시 및 채점 지침서』에서도 이와 마찬가지로 7개의 핵심 소검사 중 6개만 실시되었을 때 비례추정하기 위한 표를 제공한다(표 A.8, 336쪽 참고). 불행하게도 비례추정은 다른 소검사의 상대적 신뢰도를 고려하지 않기 때문에 오류가 발생할 수 있다. WISC-V에서 이 문제를 해결하기 위해 Sattler(2008)는 2개, 3개 혹은 5개 소검사 단축형 조합에 관한 환산표를 제공하였다. Sattler는 단축형에서 편차 IQ를 산출하기 위한 공식도 제시하였으나 WAIS-IV와 WISC-V에서는 아직 사용할 수 없다.

웩슬러 단축형 지능검사

웩슬러 지능검사의 판매처인 The Psychological Corporation에서는 WAIS-III/WISC-III과 연결되고 실시가 간단하며 신뢰할 수 있는 검사를 임상가와 연구자에게 제공하기 위해 웩슬러 단축형 지능검사(WASI; Psychological Corporation, 1999)를 개발하였다. WASI-II(Wechsler, 2011)는 심리측정적 속성을 향상시키고 WAIS-IV, WISC-IV(또는 WISC-V)와 더 긴밀하게 연결시키기 위해 2011년에 개정되었다. WASI는 WAIS-IV/WISC-V의 소검사와 유사한 형식과 내용을 가진 4개의 소검사(어휘, 공통성, 토막짜기, 행렬추론)로 구성되어 있다. 이들 소검사는 g요인과의 높은 부하량과 가장 복잡한 인지적 과제에서 양측 대뇌반구가 활성화된다는 증거에 기반하여 선택하였다(Springer & Deutsch, 1998). WASI는 FSIQ와 언어성 및 동작성 IQ를 산출한다. WASI-II는 6~89세를 대상으로 표준화되었다. WASI의 소검사들은 전체 웩슬러 지능검사와 관련되어 있기 때문에 이 검사는 전체 WAIS-IV와 WISC-IV(또는 WISC-V)에 대한 신뢰로운 추정치를 제공한다. 2개 소검사형(어휘, 행렬추론)의 실시 시간은 약 15분이나 FSIQ 추정치만 제공한다. WASI-II의 2개 소검사형과 4개 소검사형 중 전체적인 실시가 필요하다고 판단되면 4개 소검사형을 실시하며, 이들 소검사는 WAIS-IV와 WISC-IV에서 같은 이름의 소검사를 대체할 수 있다(아직 확립되지는 않았지만 WISC-V에서도 가능할 것이다). 웩슬러 지능검사를 기반으로 한 단축형 검사가 필요하다면 뒤에 나올 단축형 조합보다는 WASI-II를 사용할 것을 강하게 권고한다.

대표적인 2개 및 3개 소검사 단축형

가장 인기 있는 2개 소검사 단축형은 어휘와 토막짜기 소검사를 사용한다. 실시 시간은 약 20분이고, 전체 검사에서 산출된 FSIQ와의 상관은 대략 .90 범위이다(Sattler, 2001, 2008). 3분의 2는 실제 IQ와 7점 이내로 차이가 나고, 3분의 1은 8점 이상의 오차가 있다. 개념적으로 어휘와 토막짜기 소검사는 g요인의 좋은 측정치이고 매우 안정적이며, 언어이해 지수와 지각추론/시각공간 지수를 대표하기 때문에 단축형으로 사용하기에 좋다. 그러나 WAIS-R 연구는 이 단축형이 아프리카계 미국인의 IQ를 과소 추정할 수 있다고 주장하였다. 왜냐하면 이 두 소검사는 아프리카계 미국인들에서 일반적으로 가장 낮은 점수의 소검사이기 때문이다(Kaufman et al., 1988). 더구나 IQ가 높은 사람들의 경우 단축형으로 IQ를 추정할 때 이 집단에서 소검사의 산포도가 매우 커지기 때문에 오류폭도 더 커질 수 있다(Matarazzo, Daniel, Prifitera, & Herman, 1988). 검사자가 이 단축형에 소검사를 하나 더 추가하기를 원한다면 공통성, 상식, 이해, 빠진곳찾기를 포함하는 것이 좋다. 이들 소검사는 .90 초반의 상관을 보인다(Sattler, 2001, 2008).

대표적인 4개 소검사 단축형

공통성, 기호 쓰기, 토막짜기, 산수, 행렬추론, 숫자, 상식 소검사 중 4개 소검사 조합을 사용하는 단축형은 전체 검사의 FSIQ와 .90 중반의 상관을 보이는 것으로 나타났다(Sattler, 2008). 어떤 소검사를 선택할지의 여부는 필요한 정보의 종류에 따라 달라질 수 있다. 예를 들어 어휘 소검사가 포함된 조합은 개인의 언어 능력을 나타내는 지표이며, FSIQ를 가장 잘 예측한다. 그러나 소수 민족이나 영어를 제 2언어로 사용하는 경우 어휘와 같은 언어성 소검사보다 그들의 능력을 더 잘 추정할 수 있는 비언어성 소검사(예를 들어 토막짜기, 행렬추론)를 선택하는 것이 좋다. 손상된 인지 기능을 선별하기 위하여 기호 쓰기, 동형찾기와 같이 "뇌에 민감한" 소검사가 포함되는 것이 필요할 수 있다. 단축형 조합 시 언어성 소검사(예를 들어 어휘, 상식)가 더 많으면 기능 수준이 과대평가될 수 있다.

7개 소검사 단축형

또 다른 단축형 구성 방법은 실시 시간이 긴 소검사를 삭제하고 가능한 실시 시간이 짧은 소검사 위주로 구성하는 것이다. 예를 들어 J. J. Ryan과 Ward(1999)는 WAIS-III 7개 소검사 단축형을 개발하였다(상식, 숫자, 산수, 공통성, 빠진곳찾기, 토막짜기, 기호 쓰기). 이 단축형은 토막짜기 대신 행렬추론을 사용할 수도 있다. 이 단축형 조합은 WAIS-IV에서도 시간적 효율성이 있을 가능성이 있지만 실시 시간, 신뢰도와 타당도는 보고되지 않았다. 다만 WAIS-III의 자료에 따르면 추정된 FSIQ와 전체 검사의 FSIQ는 거의 동일하여 신뢰도가 높았고, 추정된 FSIQ 평균의 SEM은 2.80(행렬추론이 포함된 단축형의 경우 2.72)이고 전체 검사에서는 FSIQ 평균의 SEM이 2.58이었다(J. J. Ryan & Ward, 1999). J. J. Ryan과 Ward(1999)가 개발한 7개 소검사 단축형과 전체 검사 간의 상관은 FSIQ .98, 언어성 IQ .97, 동작성 IQ .95(행렬추론을 사용한 경우 .96)로 나타났다. 이를 통해 볼 때 7개 소검사의 심리측정적 속성은 우수하다. WISC-V의 경우 전체 검사에서 FSIQ를 산출할 때 7개의 소검사만 사용하므로 7개 소검사 단축형이 포함된다. 단 7개 소검사 단축형은 언어이해와 유동추론의 지수점수는 제공하지만 시각공간, 작업기억, 처리속도의 지수점수는 제공하지 않는다.

추가적인 단축형(새츠-모겔/유딘 및 수정된 방식)

단축형을 구성할 때 소검사를 다양하게 조합하는 대신 모든 소검사를 실시하지만 각 소검사의 문항수를 제한하는 방법도 있다. 가장 자주 사용되는 방법은 원래 WAIS에서 개발되었지만 WAIS-IV에도 적용할 수 있는 Satz와 Mogel(1962) 접근법이다. 절차는 상식, 어휘 소검사의 문항은 3문항에 한 번씩 건너뛰면서 실시하고 원점수에 3을 곱하는 것이다. 공통성, 산수, 토막짜기, 퍼즐 소검사는 홀수 문항만 실시하고, 각 총점에 2를 곱하여 환산점수로 산출한다. 이렇게 하였을 때 WAIS-IV에서의 소요시간은 약 40분이었고, 추정된 IQ는 4개 소검사 단축형과 유사한 상관을 보였다. 4개 소검사 단축형과 비교하였을 때 새츠-모겔 단축형의 명백한 장점은 넓은 범위의 영역을 표집할 수 있다는 것이다. 이는 보다 다양한 집단에 걸쳐 점수의 안정성을 높이고, 임상가가 행동에 대한 추론을 더 많이 할 수 있도록 한다. WAIS-III 연구에서 새츠-모겔 단축형에서 추정된 IQ와 전체 검사의 FSIQ를 비교하였을 때 보통 6점 이상 차이가 나지 않는다는 것을 밝혔다(J. J. Ryan,

Lopez, & Werth, 1999). 또한 전체 86%의 수검자가 동일한 IQ 범주로 분류되었다. 주의할 점은 각 소검사마다 점수가 주어지기는 하나 개별 소검사의 신뢰도가 안정적이지 않기 때문에 프로파일 분석이 적합하지 않다는 것이다(J. J. Ryan et al., 1999). 웩슬러 검사 전체를 실시하는 데는 이 단축형에서 추가로 20분밖에 더 걸리지 않는다는 점을 감안하면 오히려 전체 검사를 실시하는 것이 더 가치가 있을 수 있다.

새츠-모겔 접근법을 WISC-V에 적용하면 절차는 거의 동일하고 장단점도 동일하다. 그러나 산수와 상식 소검사는 선택적인 소검사이므로 실시하지 않으며, 기호 쓰기 소검사는 전체를 다 실시한다. 또한 WISC-V의 핵심 소검사인 공통그림찾기와 무게비교 소검사는 한 문항씩 건너뛰어 실시하고, 그림폭 소검사는 전체를 다 실시한다.

마지막 접근법은 각 소검사에서 처음 제시되는 쉬운 문항을 제거하는 것이다. 이 방법은 상대적으로 우수한 수검자에게 가장 적합한 반면 평균 이하의 지능을 가진 사람들에게는 조심스럽게 사용되어야 한다. Cella(1984)는 상식 소검사에서 수검자의 수행에 기초하여 삭제해도 되는 문항의 수에 관한 WAIS-R 지침을 제공하였다. 이 방법을 사용한 WAIS-IV와 WISC-V 연구는 수행되지 않았다. 그러나 WAIS-R 연구에서는 전체 검사와 거의 완벽한 상관(.99)을 보였는데, 이 접근법을 사용하면 소요시간을 전체 검사 소요시간의 25%까지 줄일 수 있다. 이러한 높은 상관관계에도 불구하고 Cella의 수정된 방식과 새츠-모겔의 접근법은 몇 가지 우려되는 부분이 있다. 첫째, 낮은 내적 일치도는 소검사의 신뢰도가 저하되었다는 의미이므로 프로파일 분석을 의심스럽게 만든다. 둘째, 수검자는 문항을 건너뜀으로 인해 더 어려운 문항을 수행하기 전에 쉬운 문항을 연습할 수 있는 기회를 충분히 갖지 못하게 되는 불이익을 받을 수 있다. 그 결과 전체 검사의 실시를 위한 규준이 단축형에는 적용되지 않을 수도 있다. 시간이 약간 단축되기는 하지만 아마도 심리측정적 질을 희생하면서 실시할 정도로 더 가치 있지는 않을 것이다.

읽을거리

Kaufman, A. S. & Lichtenberger, E. O.(2006). *Assessing adolescent and adult intelligence*(3rd ed.). Boston, MA: Allyn & Bacon.

Lichtenberger, E. O. & Kaufman, A. S.(2009). *Essentials of WAIS-IV assessment.* Hoboken, NJ: Wiley.

Sattler, J. M.(2008). *Assessment of children: Cognitive functions*(5th ed.). San Diego, CA: Author.

Sattler, J. M. & Ryan, J. J.(2009). *Assessment with the WAIS-IV.* San Diego, CA: Sattler.

Weiss, L.G., Saklofske, D., Holdnack, J., & Prifitera, A.(2015). *WISC-V assessment and interpretation.* St. Louis, MO: Elsevier.

제6장

웩슬러 기억검사

웩슬러 기억검사(Wechsler Memory Scales, WMS)는 각 개인에게 개별적으로 실시되는 종합 기억검사로, 수검자의 다양한 기억 요소를 충분히 이해할 수 있도록 만들어졌다. 웩슬러 기억검사 4판은 WAIS-IV와 공동으로 규준화되었다는 점이 특징이다. 또 하나의 중요한 특징은 이 검사가 기억 기능의 모든 요소들을 평가할 수 있으며 기억의 최신 이론들에 근거하여 고안되었다는 것이다. WMS는 이러한 장점들 덕분에 주요한 종합 인지평가 도구 중 하나로 평가받고 있으며, 임상심리학자들이 아홉 번째로 많이 사용하는 검사(신경심리학자들이 많이 사용하는 검사로는 세 번째; Camara, Nathan, & Puente, 2000)로 평가되었다(Rabin, Barr, & Burton, 2005).

기억력 저하는 환자들에게서 매우 흔하게 나타나는 증상 중 하나이다. 이러한 기억 문제들은 불안, 조현병, 우울, 뇌 손상, 뇌졸중, 학습장애, 신경독성 노출 등을 포함한 다양한 문제들과 관련되어 있을 수 있다. 예를 들어 술이나 다른 약물에 의한 기억 문제를 자세하게 평가해야 할 수 있다. 직업 현장에서 종종 다루게 되는 공업용 물질(예를 들어 납, 수은, 유기용제)도 기억 기능 손상에 영향을 미칠 수 있다. 따라서 임상가는 이러한 물질에 노출되는 것이 기억 기능 손상에 미칠 수 있는 잠재적인 영향에 대해서도 평가할 필요가 있다. 노령 인구가 증가함에 따라 정상적인 기억 기능의 저하와 치매로 인한 기억 기능의 저하를 구분하는 것은 중요한 사안이 될 수 있다. 특히 우울증으로 인한 가성치매(pseudodementia)와 알츠하이머 치매를 감별하는 것은 매우 중요한 사안이 될 것이다. 최근에는 인지 기능 문제를 치료할 수 있는 다양한 치료제들이 개발되었기 때문에, 임상가가 환자의 인지 기능, 특히 기억 기능의 향상을 지속적으로 관찰하는 것 또한 앞으로 점점 더 중요해질 것이다. 어떤 기억 문제들은 발달적인 측면에서 살펴볼 필요가 있다. 아동들은 학습장애 및 주의력 문제와 관련하여 기억 문제를 경험할 가능성이 더 높으며, 성인들은 보통 신경독성 노출이나 뇌 손상과 관련하여 기억 문제를 경험할 가능성이 높다. 또한 노인들에게서 나타나는 기억 문제는 치매와 관련되어 있는 경우가 많다.

기억에 대한 초기 개념화는 기억을 단일 과정으로 간주하였다. 그렇기 때문에 실질적인 평가의 측면에서 보았을 때, 기억의 다양한 요소들을 평가하는 종합 배터리는 필요하지 않았다. 그러나 최근에는 기억이 다양한 요소들로 구성되어 있으며 일련의 인지적인 과정(cognitive sequence)을 포함하고 있는 것으로 개념화되고 있다(Lezak, Howieson, Bigler, & Tranel, 2012 참고). 우선 기억을 하기 위해서는 제시된 자극에 주의를 기울여야 하기 때문에 주의와 집중은 기억에 중요한 역할을 한다. 주의 및 이와 관련된 후속 과정들은 시각 및 청각 처리와 같은 다양한 감각 요소들을 포함한다. 적극적인 관여 또한 중요한 요소이다. 그렇기 때문에 작업기억은 정보를 초기에 모니터링하고 평가하는 관리 기능 요소를 포함하고 있다고 개념화된다. 연구자들은 기억을 단기기억과 장기기억으로 구분하는데[경우에 따라 일차적 기억(primary memory)과 이차적 기억(secondary memory)으로 불림], 이는 종종 등록(encoding)과 저장(storage) 과정으로 논의되기도 한다. 마지막으로 기억 회상(retrieval)은 또 다른 정신 과정을 요구한다. 이러한 인지적 세분화 중에서 또 하나 지지되고 있는 구분법은 기억을 어떠한 사실이나 사건, 경험에 대해 언어적으로 보고되는 의식적인 기억(서술기억, 외현기억 혹은 일화기억)과 행동의 변화와 같이 암묵적으로 측정되는 무의식적인 기억(절차기억 혹은 암묵기억)으로 나누는 것이다.

역사와 발전

WMS의 발달은 기억에 관한 지식의 발달과 맥을 같이한다고 볼 수 있다. WMS의 네 가지 시리즈 각각은 기억에 대한 이론적 이해의 향상과 접목되어 있다. WMS 원판(original WMS; Wechsler, 1945)은 구체적이지 않은 기억에 대한 초기 개념화를 반영한다. 이 검사는 숫자 순서화, 이야기 회상, 단순한 시각 그림, 단어쌍과 같은 기억의 간단한 과정들로 구성되어 있었다. 이렇게 다양한 과정을 평가하는 것의 이점은 환자의 시각기억은 정상적이나 청각기억에는 문제가 있는지, 아니면 그 반대인지 등에 대한 정보를 제공할 수 있다는 것이다. WMS의 평가 과정은 논리적으로는 시공간 과제와 청각 과제로 나눌 수 있었으나, 최종 점수는 웩슬러 지능검사(IQ)와 비슷하게 평균 점수 100점, 표준편차 15점의 종합기억 지수(Memory Quotient)로 산출되었다. 당시 이러한 점수 체계는 매우 값진 정보를 제공해 주었는데, 임상가들은 환자의 IQ와 기억 지수(MQ)를 쉽게 비교할 수 있었고 이들 간에 편차가 클 경우에는 좀 더 세부적으로 조사할 수도 있었다. WMS를 실시하는 데 보통 15분 정도가 소요되었는데, 상대적으로 간편한 절차 때문에 상당히 인기가 있었다. 또한 재검사를 할 경우 연습 효과가 나타나게 되는데, 동형검사가 있다는 것은 매우 큰 이점이었다. 이러한 장점들로 인해 WMS는 임상가들 사이에서 널리 사용되었다.

WMS 원판이 매우 오랜 시간 동안 사용되어 왔다는 사실에도 불구하고(원판 이후 1987년까지 42년간 공식적인 신판은 출판되지 않았음), 몇 가지 제한점이 있었다. 첫째, 다양한 과정을 채점하는 데 단순한 방법을 사용하였을 뿐만 아니라 기억 지수를 결정할 때 환자 관련 변인들을 충분하게 고려하지 않고 단순한 절차를 사용하였다. 규준은 당시 뉴욕 벨레부 병원에서 모집된 25세에서 50세 사이의 환자 200명을 대상으로 제작되었는데, 이들보다 어리거나 나이가 많은 사람들의 점수는 실제 참여자가 아닌 규준에 포함된 표본을 바탕으로 추정되었다. 또한 동형검사는 잘 사용되지 않았을 뿐만 아니라 이를 뒷받침할 만한 연구도 제한되어 있었다. 마지막으로 원판은 당시 기억 과정과 관련된 진전된 지식을 반영하지 못하고 있었다.

WMS의 결점을 수정하기 위한 초기 노력 중 하나는 Russell(1975, 1988)에 의해 시도되었는데, 그는 2개의 소검사(논리기억과 시각재생)를 즉각 시행과 30분 지연 후 시행으로 실시하였다. 이러한 실시 방법은 단기기억과 장기기억 간의 비교를 가능하게 하였다. Russell의 WMS를 이용한 연구들에서 좌반구 손상(논리기억에서 상대적으로 저조한 청각 회상)과 우반구 손상(시각재생에서 상대적으로 저조한 시각 회상) 환자들 간의 수행 차이는 예견된 바와 일치하였다. 이러한 이점에도 불구하고, 심리측정적 측면에서는 여전히 문제가 있었으며 표준화도 제대로 되지 못하였다. Russell의 WMS는 웩슬러 기억검사 개정판

(WMS-R)으로 명명되었는데, 이는 나중에 Psychological Corporation이 개발한 WMS의 새 이름이 웩슬러 기억검사 개정판(WMS-R)으로 정해지는 바람에 혼란을 초래하였다. 이러한 혼란을 명확하게 하기 위해서 이후에 발행된 출판물에서는 각각 Russell의 WMS-R과 WMS-R로 명명하기도 하였다.

1987년에 발행된 개정판(WMS-R)은 WMS에 비해 뚜렷하게 향상되었다. 규준은 가장 젊은 집단인 16~17세부터 가장 나이가 많은 집단인 70~74세까지 9개의 연령 집단에 대해서 마련되었다. 표준화 집단에 포함된 사람들은 316명이었는데, 이들의 인구통계학적 특성은 1980년도 인구조사 자료에 근접하였다. 각 연령 집단에는 약 50명씩 포함되어 있었다. WMS에서 기억 지수라는 단일한 조합점수만이 산출되었던 것과는 달리, WMS-R에서는 12개의 소검사로부터 일반기억, 주의 집중, 언어기억, 시각기억, 지연 회상이라는 5개의 조합점수가 산출되었다. 각 지수는 평균 점수 100점, 표준편차 15점의 표준점수로 환산되었다. 단일점수를 지수로 나눈 것은 기억을 단기기억과 장기기억(장기기억을 평가하기 위해서 지연 회상을 사용하였음), 언어/청각기억과 시각기억(언어기억 지수와 시각기억 지수)으로 구분한 이론들과 일관되었다.

WMS-R의 신뢰도는 전반적으로 낮음에서 적절한 수준(내적 일치도는 .44~.88, 검사-재검사 신뢰도는 .51~.60)이었다. 측정의 표준오차는 시각기억 지수가 8.47로 가장 컸으며 주의 집중 지수가 4.86으로 가장 작았다(Wechsler, 1987). 신뢰도와 마찬가지로 WMS-R의 타당도도 좋음에서 적절한 수준이었다. 요인분석 연구들은 2요인(Bornstein & Chelune, 1988; Roid, Prifitera, & Ledbetter, 1988; Wechsler, 1987) 혹은 3요인(Bornstein & Chelune, 1988) 구조를 지지하였다. 많은 연구들에서 WMS-R의 유용성이 지지되었다. WMS-R을 이용하여 정상과 임상 집단을 구별할 수 있었고(K. A. Hawkins, Sullivan, & Choi, 1997; Reid & Kelly, 1993; Wechsler, 1987), 주관적인 불편감에 근거한 손상의 상대적인 심각도를 구별할 수 있었으며(Gass & Apple, 1997), 뇌 위축의 정도를 예측할 수 있었다(Gale, Johnson, Bigler, & Blatter, 1995). 또한 WMS-R은 일상생활에서의 기억 기능에 대한 환자의 평가와 관련된 지수를 제공하였다(Reid & Kelly, 1993). 이에 더하여 주의 집중 지수는 인지 손상을 확인할 수 있는 가장 예민한 측정치 중 하나인 것으로 드러났다(M.Schmidt, Trueblood, Merwin, & Durham, 1994). 그러나 시각기억과 청각기억의 손상이 뇌의 편재화와 관련이 있을 것이라는 개념적인 근거에도 불구하고 이와 관련된 연구들의 결과는 일관적이지 않다(Chelune & Bornstein, 1988; Loring, Lee, Martin, & Meador, 1989).

WMS-R은 규준적인 측면에서 뛰어나고, 다양한 표본을 대상으로 타당화가 되었으며, 이에 관한 광범위한 연구가 진행되었고, 기억을 다양한 지수로 평가함으로써 임상가들로 하여금 기억의 다양한 측면을 측정할 수 있게 하였다는 점에서 WMS에 비해서 명확한 이점이 있다. 그럼에도 불구하고 WMS-R에는 몇 가지 약점들이 있었기 때문에 이전 판에 비해 상대적으로 단기간 내에 개정판이 발행되게 되었다. 가장 심각한 제한점 중 하나는 WMS-R의 소검사 및 지수의 낮은 신뢰도(Elwood, 1991)로 인해 측정의 정확성이 심각하게 저하되었다는 점이다. 뿐만 아니라 각기 다른 지수점수들은 기억의 특정 요소들을 충실하게 측정하지 못하는 것으로 보였다. 그렇다고 해서 이 검사가 일반적인(general) 인지손상과 손상의 정도를 평가하는 데 민감하지 않다는 것은 아니다. 다만 기억 지수의 이름 자체에서 시사되고 있는 것처럼 특정 기억 지수에 의존하여 손상의 구체적인 특징을 정확하게 결정하는 것은 불가능하였다. 마지막으로 WMS-R에는 당시 기억에 관한 이론들이 반영되지 않았다(Lichtenberger, Kaufman, & Lai, 2002).

WMS-III는 WMS-R이 발행된 이후 단 10년 만에 발행되었다(Wechsler, 1997a, 2002a, 1997b, 2002b). 새로운 판은 단지 WMS-R의 형식적인 개정판으로서가 아니라 학습 및 기억과 관련된 뇌/행동 관계의 복잡성을 포괄적으로 접근할 수 있는 최신 평가 도구로 설계되었다(Edith Kaplan, WMS-III 매뉴얼 서문, 2002b, p. iii). 이러한 목적을 달성하기 위해서 새로운 소검사들이 추가되었고, 채점 과정들이 좀 더 정교해졌으며, 검사 자극들이 바뀌었고, 새로운 지수 체계가 개발되었다. 새로운 판에는 6개의 주요 소검사와 5개의 선택적 소검사가 포함되었으며, 이들로부터 지수점수들이 산출되었다. 매뉴얼에는 6개의 주요 소검사를 실시하는 데 30~35분이 소요된다고 기술되어 있었으나, 임상군을 대상으로 실시된 연구에서는 주요 소검사를 실시하는 데 42분이 소요되는 것으로 나타났다(Axelrod, 2001 참고). 2002년에 출판된 단축형 검사에서는 소요시간이 15~20분으로 단축되었다(WMS-III 단축형; Wechsler 2002b).

WMS-III의 가장 중요한 특징 중 하나는 WAIS-III와 함께 개발되었다는 것이다. 두 검사는 소검사 두 개를 공유하였을 뿐만 아니라 공동으로 규준화되었으며 규준 표본은 16세에서 89세 사이의 성인 1,250명으로 구성되었다. WMS-R에서 연령 집단이 9개로 구성되어 있었던 것과는 달리 WMS-III에서는 연령 집단이 13개로 구성되었다. WMS-III는

WMS-R에 비하여 각 연령 집단 내의 표본 수가 증가하였고(WMS-R에서는 각 연령 집단별로 50명이었던 것에 반해 WMS-III에서는 첫 11개 집단에 각각 100명씩 할당되었음) 노인 연령의 범위도 증가하였다(WMS-R에서는 74세까지였던 것에 반해 WMS-III에서는 89세까지). 기억 평가의 중요한 기능 중 하나가 노인 평가라는 것을 감안하면 규준 연령 범위의 증가는 매우 적절한 개선이었다고 할 수 있다.

WMS-III는 이전 판들에 비해서 신뢰도가 향상되었다. 『WAIS-III/WMS-III 기술 지침서』(WAIS-III/WMS-III Technical Manual)에 따르면, 주요 소검사 점수들의 내적 일치도는 모든 연령 집단에 대해서 .74~.93이었다. 주요 지수들의 내적 일치도는 .82 이상으로 더욱 우수하였다. 2주 간격으로 실시된 검사-재검사 신뢰도는 모든 연령 집단에 대해서 소검사에서는 .62~.82였고, 지수에서는 .75~.88이었다. 채점자의 주관적인 판단을 요하는 소검사들(논리기억 I과 II, 가족그림 I과 II, 시각재생 I과 II)에서조차 검사자 간 신뢰도가 .90보다 높았다.

1997년판 『WMS-III 기술 지침서』(WMS-III Technicsl Manual)에 포함된 요인분석 결과는 작업기억, 시각기억, 청각기억의 3요인 모델을 지지하였다. 그러나 2002년에 개정된 『기술 지침서』에서는 작업기억, 청각 즉각기억, 시각 즉각기억, 청각 지연기억, 시각 지연기억의 5요인 모델이 30~64세 집단과 65~89세 집단에서 가장 잘 맞는 것으로 밝혀졌다. 30~89세 연령 집단의 경우, 요인 구조는 8개의 지수점수 중 5개와 거의 일치하였다. 젊은 연령층과 좀 더 나이가 있는 연령층 간에 나타난 요인 구조의 차이는 연령이 증가할수록 기억의 요소들이 보다 명확하게 구분("분리")된다는 기존 연구 결과들과 일관된다(Dolman, Roy, Dimeck, & Hall, 2000). 그렇기 때문에 개별 지수점수들은 연령이 높은 인구에서 좀 더 의미가 있을 것이다. 하지만 대부분의 인구 집단에서 즉각기억 지수와 일반기억 지수 간에 상관이 .98로 높게 나타난다는 사실은 주목할 필요가 있다(K. A. Hawkins, 1998; Weiss & Price, 2002). 이러한 연구 결과들은 대부분의 경우 두 가지 지수가 중복된다는 것을 의미한다. 또 다른 연구들에서는 4요인 모델(청각기억, 시각기억, 작업기억, 학습; Price, Tulsky, Millis, & Weiss, 2002)과 2요인 모델(Wilde et al., 2003)을 제안하기도 하였다.

WMS-III가 임상 집단과 정상 집단을 구별하는 데에 효과적이라는 것은 많은 연구들을 통해서 지지되었다. 다양한 임상 집단(알츠하이머병, 헌팅턴병, 파킨슨병, 다발성 경화증, 만성 알코올 남용, 측두엽 뇌전증, 조현병 등)에 대한 연구에서, 환자들은 표준화 표본에 비하여 일관적으로 점수가 낮았다(Fisher, Ledbetter, Cohen, Marmor, & Tulsky, 2000; K. A. Hawkins, 1998; Psychological Corporation, 1997). 예를 들어 코르사코프병 환자들은 새로운 정보를 등록하고 저장하는 데 극심한 어려움을 보이는 반면, 주의력과 작업기억은 정상이다. 이러한 특징은 WMS-III 지수에도 그대로 드러났는데, 작업기억은 정상 범위였지만 다른 모든 지수점수들은 손상된 수준이었다(Psychological Corporation, 1997). 경도(mild) 알츠하이머병 환자들도 작업기억에서 평균적으로 80점을 받은 것을 제외하고는 모든 주요 지수에서 60~71점 정도의 점수를 받았다(Psychological Corporation, 1997). Fisher와 동료들은 중등도(moderate)에서 중도(severe) 외상성 뇌 손상 환자들이 모든 지수에서 낮은 점수를 받았다는 것을 확인하였는데, 이는 뇌 손상에 대한 임상가의 평가가 WMS-III의 점수에 정확하게 반영된다고 하였던 연구(Makatura, Lam, Leahy, Castillo, & Kalpakjian, 1999)와 일치한다. 이러한 연구들을 통해 이론적으로 혹은 임상적으로 예측된 수행 패턴 중 상당 부분이 지지되었다.

WMS-III의 개발이 비교적 성공적이었음에도 불구하고 몇몇 제한점들은 여전히 존재하였다. 요인 구조가 명확하지 않았고, 노인들을 대상으로 하기에는 실시 시간이 길었으며, WAIS-III와 소검사가 중복되었고, 몇몇 소검사들(얼굴, 가족그림, 단어연합)은 각각 세부적인 문제들을 가지고 있었다. WMS-III가 가지고 있는 이러한 제한점을 보완하고 기억 평가를 좀 더 향상시키기 위해서 2009년에 WMS-IV가 개발되고 출판되었다(Pearson, 2009c, 2009d). WMS-IV는 WMS-III의 제한점을 보완하기 위해서 명확한 요인 구조에 기반하여 지수를 구성하였으며, WAIS-IV와 중복되는 소검사들(숫자와 순서화)과 문제가 있었던 소검사들(얼굴, 가족그림, 공간폭, 단어목록)을 제거하였다. 또한 점수 범위(천장과 바닥)를 증가시켰고, (WAIS-IV가 청각 작업기억 과제에 집중한 것에 대응하여) 시각 작업기억 과제에 집중하였으며, 새로운 소검사(공간합산)를 추가함과 동시에 일부 채점 과정(시각재생)을 명확하고 단순하게 하였고, WMS-III에 있던 몇몇 소검사들(논리기억, 단어연합, 기호폭, 디자인)을 수정하였다.

이러한 노력 끝에 WMS-IV에는 6개의 소검사와 선택적으로 실시되는 간이 인지상태 검사(표 6.1 참고)가 포함되었다. 대부분의 소검사들은 처음 실시된 후 20~30분[1] 후에 재

---

1   역자 주: K-WMS-IV에서는 15~30분으로 변경되었음.

표 6.1 WMS-IV 소검사명과 설명 및 측정하는 능력들

소검사명	설명
간이 인지상태 (선택적 실시)	시간 지남력(년, 일 등), 정신통제(숫자 거꾸로세기), 시계그리기, 이름대기, 반응억제, 언어산출 등을 포함하는 기본 과제. 총점을 이용하여 어떠한 주요 인지장애(대략적인 인지장애)**가 있는지를 추정할 수 있음.
논리기억 (16~90세)	I*: 수검자는 2개의 짧은 이야기를 듣고 가능한 많은 세부사항들을 반복해서 이야기해야 함. 노인용(65~90세)에는 하나의 이야기만이 포함되어 있으며, 하나의 이야기를 두 번 읽어 줌(단기 청각-언어 기억). II: 수검자는 다시 한번 가능한 많은 세부사항들을 반복해서 이야기해야 함(장기 청각-언어 기억). 이후 수검자는 각 이야기의 세부사항에 관한 질문에 대해 '그렇다/아니다'로 대답해야 함(장기 청각-언어 재인).
단어연합 (16~90세)	I: 수검자는 단어쌍(예를 들어 "dark…light") 목록을 들은 후, 단어쌍 중 검사자가 불러 주는 첫 번째 단어(예를 들어 dark…?)를 듣고 그 단어와 함께 제시되었던 두 번째 단어를 회상해야 함(단기 청각 학습). II: 수검자는 다시 한 번 검사자가 불러 주는 첫 번째 단어를 듣고 그 단어와 함께 제시되었던 두 번째 단어(예를 들어 light)를 회상해야 함(장기 청각기억). 이후 수검자는 단어쌍을 듣고, 그 단어쌍이 이전(단어연합 검사 I)에 제시되었던 단어쌍인지 아닌지를 판단해야 함(장기 청각 재인). 마지막으로(선택적 과제) 수검자는 자신이 회상할 수 있는 가능한 많은 단어쌍들을 회상해야 함(정보의 장기 청각 회상).
디자인 (16~69세)	I: 검사자는 수검자에게 그림 카드가 놓여 있는 격자판을 10초간 보여 주고 치운 다음 빈 격자판과 그림 카드 세트를 제시함. 수검자는 어떤 그림 카드가 격자판의 어디에 놓여 있었는지를 정확하게 기억하여, 그림 카드를 골라 격자판에 놓아야 함(단기 공간 기억). II: 수검자는 다시 한 번 어떤 그림이 격자판의 어디에 있었는지를 기억하여, 정확한 위치에 놓아야 함(장기 시공간 기억). 이후 수검자는 그림 카드들이 놓여 있는 격자판을 보고 즉각 시행(I)에서 본 것과 동일한 그림이 동일한 위치에 있는 것을 골라야 함(장기 시각 재인).
시각재생 (16~90세)	I: 수검자는 5개의 도안을 각각 10초간 본 후 그 도안을 기억하여 그려야 함(단기 시각기억). II: 수검자는 다시 한 번 그 도안들을 기억하여 그려야 함(자유 회상 과제; 장기 시각기억). 이후 수검자는 6개의 비슷한 도안이 그려져 있는 자극판에서 즉각 시행(I)에서 본 것과 동일한 도안을 하나 골라야 함(장기 시각 회상). 마지막으로(선택적 과제) 수검자는 처음에 제시되었던 도형을 보고 똑같이 그려야 함(복사 시행; 시공간 구성)
공간합산 (16~69세)	수검자는 파란색과 빨간색 원이 그려져 있는 격자판을 2개 본 후 규칙에 따라서 원들의 위치를 빼거나 더해서 새로운 격자판에 원을 놓아야 함(시공간 작업기억).
기호폭 (16~90세)	검사자는 수검자에게 추상적인 기호들이 연속적으로 배열되어 있는 자극판을 5초 동안 보여 준 후 제시되었던 기호들을 포함한 여러 가지 기호들이 나열되어 있는 새로운 자극판을 보여 줌. 수검자는 처음에 제시되었던 자극판에 있던 기호들을 골라서 순서대로 제시해야 함(시각-순서화 작업기억).

* I은 검사 절차 및 수검자의 기억에 대한 평가가 즉각적으로('즉각' 조건) 실시된다는 것을 의미하고, II는 즉각 조건(I)의 변형된 시행이 20~30분 후에 시행된다('지연' 조건)는 것을 의미함.

** 고딕체로 표기되어 있는 문구는 해당 소검사에서 측정되는 기억 기능의 종류를 의미함.

출처 『WMS-IV 실시 및 채점 지침서』(*WMS-IV Administration and Scoring Manual*; Pearson, 2009, Pearson, Inc)의 표 1.1.에서 따옴.

표 6.2 WMS-IV: 성인 검사집(16~69세) 지수, 주요 소검사

지수	지수 산출에 사용된 소검사
청각기억	논리기억 I, 단어연합 I, 논리기억 II, 단어연합 II
즉각기억	논리기억 I, 단어연합 I, 시각재생 I, 디자인 I
지연기억	논리기억 II, 단어연합 II, 시각재생 II, 디자인 II
시각기억	디자인 I, 시각재생 I, 디자인 II, 시각재생 II
시각 작업기억	공간합산, 기호폭

표 6.3 WMS-IV: 노인 검사집(65~90세) 지수, 주요 소검사

지수	지수 산출에 사용된 소검사
청각기억	논리기억 I, 단어연합 I, 논리기억 II, 단어연합 II
즉각기억	논리기억 I, 단어연합 I, 시각재생 I
지연기억	논리기억 II, 단어연합 II, 시각재생 II
시각기억	시각재생 I, 시각재생 II

실시된다. 이론적으로 보았을 때나 요인분석적 측면에서 보았을 때, 소검사들은 5개의 지수로 묶이는데(표 6.2 참고), 이는 WMS-III에서 지수가 7개였던 것과 대비된다. 또 하나의 주요한 변화는 성인 검사집(WMS-IV, Adult Battery; 16~69세)과 이를 약간 변형한 노인 검사집[2](WMS-IV, Older Adult Battery; 65~90세, 표 6.3 참고)을 각각 개발하였다는 것이다. 노인 검사집은 실시 시간이 짧아졌다는 장점이 있지만, 4개의 지수점수만을 산출할 수 있다. "비교점수"는 소검사들 간의 점수 차이가 해석을 요할 만큼 충분히 큰지를 판단할 수 있도록 해 주는데, 이는 해석적 유용성을 높일 수 있다. 예를 들어 비교점수를 이용한 분석에서 어떤 사람의 시각기억 지수가 청각기억 지수에 비해 유의미하게 높다면, 이는 시각 능력이 상대적으로 강점임을 의미한다. 이러한 차이를 해석함으로써 진단 및 치료 계획을 세우는 데 도움을 줄 수 있다.

---

2   역자 주: 미국 원판인 WMS-IV는 성인용과 노인용으로 제작되었으나, 우리나라에서는 16세~69세 인구를 대상으로 한 성인 검사집만 표준화되었다.

WMS-IV 표준화 표본은 16세에서 90세 인구를 대상으로 한 2005년 미국인구조사를 바탕으로 구성되었다. 따라서 표본은 연령, 성별, 인종/민족성, 교육 수준, 지역에 따른 미국의 인구 구조를 반영한다. 14개의 연령별 집단 각각에 100명씩 총 1,400명이 포함되었으며, 규준에 부적합한 사람들이 포함되지 않도록 광범위한 제외 기준을 적용하였다(예를 들어 치매, 정신증 또는 수행에 손상을 일으킬 만한 의학적 상태가 있는 사람). WMS-IV는 WAIS-IV와 함께 규준화되었기 때문에 두 검사 도구 간 수행을 비교하는 것이 보다 적절해졌다.

신뢰도와 타당도

WMS-IV의 신뢰도는 좋음에서 훌륭한 수준이다. 규준 집단 내에서 소검사의 내적 일치도는 시각재생 II(.97)와 단어연합 검사(.94)에서 가장 높았고, 디자인 II 공간(.74)과 디자인 I 공간(.76; Pearson, 2009d)에서 가장 낮았다. 다양한 임상 집단(예를 들어 알츠하이머병, 외상성 뇌 손상)에서의 내적 일치도는 좀 더 높았다. 예견되었던 것처럼 지수점수의 내적 일치도는 모두 훌륭한 수준으로, 시각기억(SEM=3.04)에서 .98로 가장 높았고 시각 작업기억(SEM=3.71; Pearson, 2009d)에서 .93으로 가장 낮았다. 14~84일 간격(평균 23일)으로 실시된 소검사의 검사-재검사 신뢰도는 공간합산에서 .77로 가장 높았고, 디자인 I(공간 점수)에서 .59로 가장 낮았다. 지수점수는 여러 개의 문항/소검사로 이루어져 있기 때문에 검사-재검사 신뢰도가 개별 소검사들보다 높을 것으로 예상할 수 있다. 실제로 지수점수의 검사-재검사 신뢰도는 .83(청각기억과 시각 작업기억)에서 .81(시각기억과 즉각기억) 사이였다.

『WMS-IV 기술 및 해석 지침서』(WMS-IV Technical and Interpretive Manual; Pearson, 2009d)에는 WMS-IV의 타당도를 지지할 만한 광범위한 자료들이 제시되어 있다. 이러한 타당도에는 내용 타당도, WMS-IV 소검사/지수점수들 간의 상관, 요인분석, 다른 측정치들과의 상관 및 정상 집단과 특수 집단들(예를 들어 외상성 뇌 손상, 지적장애, 알츠하이머병) 간의 변별 등이 포함된다. 내용 타당도는 WMS의 이전 판들에 대한 연구와 전문가 검토, 수검자들의 의견 및 문항에 응답하는 동안 수검자들이 경험하고 있는 인지 과정에 대한 연구 등을 바탕으로 이루어졌다. 내용 타당도를 발전시키고 개선하기 위해서 상당한 노력을 기울였으며, 검사 문항들은 이러한 정보에 근거하여 수정되는 과정을 거쳐 현재의 WMS-IV에 포함되었다.

『WMS-IV 기술 및 해석 지침서』(Wechsler, 2009b)에는 소검사/지수점수들 간의 상관에 관한 추가적인 정보도 제공되고 있다. 이상적인 측면에서 고려해 볼 때, WMS-IV와 같은 검사집에 포함되어 있는 소검사/지수들은 비슷한 검사들 간에는 정적 상관(수렴 타당도)이, 비슷하지 않은 검사들 간에는 상관이 낮거나 존재하지 않을 것(변별 타당도)이 기대된다. WMS-IV의 소검사/지수들은 어느 정도는 기억의 공통된 측면을 측정하기 때문에, 최소한 상호 간에 어느 정도의 상관이 기대되며 실제로도 그러하였다. 또한 유사한 능력의 측정치들 간에는 유사하지 않은 능력을 평가하는 측정치들에 비하여 좀 더 높은 상관이 기대된다. 예를 들어 언어적 기억을 측정하는 소검사인 논리기억 I과 단어연합 간에는 중간 정도의 양의 상관(.44)이 있었던 반면, 단어연합(언어 소검사)과 시각 소검사인 공간합산 간에는 상관이 낮았다(.31). 하지만 지연기억과 즉각기억 지수 간의 상관은 .87로 상당히 높았는데, 이러한 결과는 소검사들이 상당히 비슷한 구성 개념을 측정하고 있을 수 있음을 시사한다. 반면 청각기억과 시각기억 지수 간에는 중간 정도의 상관이 있었는데 (.64), 이는 WMS-IV의 청각기억과 시각기억 요소가 적절하게 분별된다는 것을 의미한다.

WMS의 이전 판들에 대한 요인분석 결과들은 일관적이지 않았으며, 이는 검사 도구의 구조에 관한 상당한 논란과 함께 WMS-R/WMS-III의 몇몇 지수의 정확성에 대한 의문을 야기하였다. 이에 WMS-IV는 요인분석적으로 지지를 받고 있는 청각기억, 시각기억 그리고 작업기억으로 구성된 3요인 모델에 충실하였다. 즉각기억과 지연기억 지수는 두 지수 간에 상관이 높지만 모두 포함되었다. 그 이유는 단기기억은 형성되지만 시간이 지남에 따라 기억이 사라지는 증상을 보이는 일부 임상 집단에서 이 두 가지 지수의 임상적 유용성이 밝혀졌기 때문이다(Millis, Malina, Bowers, & Ricker, 1999).

WMS-IV와 비슷하지만 다른 측정치들과의 상관을 통해 WMS-IV의 공존 타당도를 확인하였다. 예를 들어 캘리포니아 언어 학습 검사 2판(California Verbal Learning Test-II, CVLT-II)의 1~5차 학습 시행과 WMS-IV의 청각기억 지수와의 상관은 .63이었다(Pearson, 2009d). 또한 아동용 기억검사(Children's Memory Scale, CMS; 16세 대상)와 WMS-IV 간의 상관은 최고 .74(WMS-IV 즉각기억-CMS 일반기억)에서부터 최저 .25(WMS-IV

청각기억-CMS 시각 즉각)였다. 『WMS-IV 기술 및 해석 지침서』(Wechsler, 2009b)에서
는 특정 기억 측정치와의 상관뿐만 아니라 보다 일반적인 능력 측정치들과의 상관도 제공
하고 있다. 예를 들어, WAIS-IV와 지수 간의 상관은 최고 .71(전체척도 IQ와 시각 작업기
억)에서부터 최저 .40(청각기억과 처리속도)로 관찰되었다. 예상대로 소검사들 간의 상관
은 WMS-IV와 WAIS-IV의 공간 측정치들(즉 공간합산-토막짜기, $r=.51$)에서 가장 높았다.
심리검사의 가장 중요한 기능 중 하나는 일상 행동과 관련된 정확한 예측이라고 할 수 있
는데, WMS-IV는 독립적인 생활의 측정치(Independent Living Scales 전체척도와 WMS-
IV 즉각기억 지수, $r=.51$)와도 정적인 상관을 보였다. 마지막으로 WMS-IV는 웩슬러 개인
성취 검사 2판(Wechsler Individual Achievement Test-II, WIAT-II)의 측정치와도 적절한
상관을 보였다(예를 들어 WMS-IV 시각 작업기억과 WIAT-II 수학, $r=.77$).

『WMS-IV 기술 및 해석 지침서』(Wechsler, 2009b)에는 경도 정신지체, 알츠하이머
병, 외상성 뇌 손상, 조현병을 포함하는 다양한 특수 집단에 대한 타당도 결과도 제시하고
있다. 이러한 집단에 대한 결과들 역시도 WMS-IV의 타당성을 지지한다. 예상하였던 대
로 중등도 정신지체인 사람들의 점수 범위는 49(즉각기억)에서 54(청각기억)로 낮았다. 초
기 알츠하이머병 환자는 전형적으로 기억 문제를 보고하기 때문에, 환자들의 WMS-IV 점
수는 WAIS-IV 점수에 비해서 낮을 것으로 기대할 수 있다. 실제로 경도 알츠하이머병 환
자들의 WMS-IV 평균 점수는 지연기억에서 64, 즉각기억에서는 72였던 반면, WAIS-IV
일반능력 지수의 경우 87로 유의하게 높았다. 경도 알츠하이머병 환자들이 가장 어려워하
였던 소검사는 논리기억(환산점수 평균 2.20)과 단어연합(환산점수 평균 2.05)이었다. 경도
에서 중도 외상성 뇌 손상 환자들의 WMS-IV 점수는 시각 작업기억에서 86부터 지연기
억에서 78의 범위로 확인되어 표준화 집단에 비해 유의하게 낮았다. 조현병 환자들도 역
시 시각기억에서 82부터 즉각기억에서 77까지 WMS-IV 점수가 낮았다.

『WMS-IV 기술 및 해석 지침서』(Wechsler, 2009b)에 보고되고 있는 연구들은 WMS-
IV가 정상 집단과 임상 집단을 잘 변별할 수 있음을 지지한다. 그러나 임상가들에게 무엇
보다도 중요한 것은 개별 지수들이 기억의 하위 요소들을 정확하게 측정할 수 있는지를
아는 것이다. 그렇기 때문에 요인분석 연구들과 점수의 패턴이 기억 이론들과 잘 맞는지
를 확인하는 연구들은 특히 중요하다. 이미 언급하였던 것처럼, WMS-IV 지수들은 요인
분석 결과에 따라서 신중하게 구성되었다. 따라서 후속 연구에서는 이러한 지수의 패턴이

특정 임상군에서 예상되는 대로 나타나는지를 확인해야 할 필요가 있다. 예를 들어 WMS-IV의 시각지수와 청각지수는 우반구 손상 환자(낮은 시각기억 점수)와 좌반구 손상 환자(낮은 언어/청각 점수)를 신뢰롭게 구별할 수 있을 것이라고 기대해 볼 수 있다. 실제로 우반구 뇌전증 환자들에 대한 연구에서 이러한 예상은 지지되었는데, 이 환자들은 청각기억 점수(평균 95)에 비해서 시각기억 점수(평균 86)가 상대적으로 낮았다. 또한 예상대로 좌반구 뇌전증 환자들은 시각기억 점수(평균 98)에 비해서 청각기억 점수(평균 78)가 낮았다. WMS-IV가 기억의 서로 다른 요소들을 어느 정도까지 변별할 수 있을지에 대한 후속 연구가 추가적으로 이루어져야 할 것이다.

이점과 한계

전반적으로 WMS-IV는 기억 기능의 다양한 측면들을 측정할 수 있는 훌륭한 도구라고 할 수 있다. 기억 과정에 관한 이론적 연구에 토대를 두었으며 표준화 과정이 매우 우수하였을 뿐만 아니라 대부분의 연구들로부터 확고한 경험적 지지를 받고 있다. WMS-III에서 문제가 있었던 소검사들은 삭제되거나 수정되었으며, 새로운 소검사가 추가되었다. WMS-IV에는 5개의 지수점수(노인용에서는 4개)만이 존재하는데, 지수점수들은 기억의 이론과 일관되며 전반적으로 훌륭한 경험적 지지를 바탕으로 하고 있고 WMS-III에 있던 7개의 지수들보다 해석이 용이하다. WMS-IV는 WAIS-IV와 공동으로 규준화되었기 때문에 임상가들은 두 도구 간의 수행을 보다 실제적으로 비교할 수 있다. 또한 노인용 검사(65~90세)는 성인용에 비해 짧기 때문에 노인들에게 좀 더 적합하게 사용될 수 있다는 장점이 있다. WMS-IV는 이전 판들에 비해서 뚜렷하게 향상되었다.

WMS-IV의 채점 및 실시 방법은 거의 대부분 지침서에 명확하게 기술되어 있다. 기록 용지에서 볼 수 있듯이 도판 또한 명확하다. 그러나 논리기억 소검사에는 이야기를 어느 정도의 속도로 읽어야 하는지에 대한 안내가 명시되어 있지 않으며, 억양이나 간격, 어조 같은 것들에 대한 안내도 없다. 이러한 세부 지침의 결여로 인해 검사자 변인이 수행 오류에 잠재적으로 영향을 미칠 수도 있다. Lilchtenberger, Kaufman, Lai(2002)는 WMS-III에 대해서 검사 개발자들이 녹음된 시행 지침을 제공할 필요가 있다고 하였는데, 이는

WMS-IV에서도 마찬가지일 것이다. 논리기억 I과 II의 문제점 중 또 하나는 논리기억 검사가 문화적으로 편향되어 있을 가능성이 있다는 것이다. 즉 영어가 모국어가 아닌 사람들의 경우, 논리기억 검사에서 불이익을 받을 수 있다.

WMS 원판의 장점은 실시 시간이 15분으로 짧다는 것이었다. WMS-III의 실시 시간은 평균 42분 정도로 증가하였으며, 몇몇 임상 환자군의 경우 실제적으로는 100분까지도 걸리는 것으로 나타났다(Lichtenberger et al., 2002). WMS-IV는 소검사와 지수의 개수가 줄었기 때문에 실시에 소요되는 시간도 WMS-III에 비해서 줄어들었을 것이라고 예상할 수 있다. 하지만 『WMS-IV 실시 및 채점 지침서』(Wechsler, 2009a, p. 14)에 따르면, 대부분의 수검자의 경우 WMS-IV 성인 검사집을 실시하는 데 소요되는 총 시간은 75분에서 77분으로 보고되고 있다. WMS-IV 노인 검사집의 경우는 35분에서 41분으로 좀 더 짧았다. 그러나 이러한 자료들은 숙련되지 않은 검사자들로부터 산출되었기 때문에 잠정적인 것으로 간주해야 할 것이다(James Holdnack, personal communication, January 1, 2008).

검사를 실시하는 데 소요되는 시간은 경험이 증가할수록 빨라지는 것이 당연하다. 다양한 임상 집단에 대한 후속 연구들을 통해 숙련된 검사자들이 검사를 실시하는 데 소요되는 시간에 대한 정보가 제공될 것으로 생각한다.

과거에는 임상가들이 시간을 절약하기 위해서 WMS-III/WMS-R의 단축형을 사용하기도 하였다. 예를 들어 논리기억과 단어연합 그리고 얼굴 또는 가족그림 중 한 가지로 구성된 WMS-III 3개 소검사 단축형은 일반기억 및 즉각기억과 .97의 상관을 보였다(Axelrod, Ryan, & Woodward, 2001). 논리기억과 단어연합으로 구성된 2개 소검사 단축형은 일반기억(그리고 즉각기억)과 .96의 상관을 보였다. 2개 소검사 단축형은 일반기억과 즉각기억 변량의 95%와 87%를 설명하였다(Axelrod & Woodward, 2000). 공식적인 단축형을 개발하고자 하는 노력으로 WMS-III 단축판이 탄생하였다(Wechsler, 2002b). 단축판은 WMS-III에 있는 소검사 4개로 구성되었으며, 시각기억 지수와 청각기억 지수를 산출할 수 있었다. 임상가들은 시간 효율성을 중요하게 생각하기 때문에 WMS-IV의 다양한 단축형들도 사용할 것이 분명하다. WMS-IV의 단축형을 지지하는 연구들 중에는 WMS-IV의 3개 소검사(혹은 2개 소검사)를 사용하여 즉각기억과 지연기억을 정확하게 예측한 연구(J. B. Miller et al., 2012)가 있다. 이러한 단축형에 포함된 소검사들은 논리기억, 시각재생, 단어연합이다.

WMS-IV는 5개의 지수점수(노인용은 4개)에 반영되어 있듯이 기억을 총체적으로 평가하기 위해서 개발되었다. WMS-IV에는 지수점수, 환산점수, 백분율, 신뢰구간, 결과의 시각적 요약, 지수 내에서의 소검사 분산, 소검사 간 비교점수, 지수 간 비교점수, WAIS-IV와 WMS-IV 간 비교점수 등 다양한 점수들의 조합을 제시하고 분석하는 해석에 관한 여러 가지 방법들이 포함되어 있다. 이렇듯 다양한 점수 제시 및 조직화 방법들은 임상가들로 하여금 검사의 점수가 가지는 다양한 의미들을 파악할 수 있게 하기 때문에 검사로서 이점이 된다. 예를 들어 임상가들은 수검자의 장기(지연)기억이 단기(즉각)기억에 비해서 유의하게 높은지 혹은 낮은지를 결정할 수 있다. 『WAIS-IV/WMS-IV 고급 임상적 해결』(Pearson, 2009a)에는 법적인 문제와 관련된 응용, 노인들을 평가할 때의 고려사항, 인구통계학적으로 교정된 규준, 반복 평가 시 점수 변화에 대한 해석적 지침 등에 관한 추가적인 전략들이 제시되어 있다. 이렇듯 선택지가 다양하다는 것은 그 자체만으로도 훈련에 요구되는 막대한 시간, 채점 절차상에서 발생하는 단순한 실수의 증가 등과 같은 어려움이 될 수도 있다(Hopwood & Richard, 2005; J. J. Ryan & Schnakenberg-Ott, 2003). 유의하여야 할 점은 점수들 간의 반복적인 비교는 이러한 비교에서의 의미 있는 차이가 단순히 우연 수준에서 일어날 가능성을 증가시킨다는 것이다. 채점상의 오류와 우연한 차이 모두 부정확한 해석과 환자에 대한 부적절한 치료로 이어질 가능성이 있기 때문에, 임상가들은 항상 해석적 정확성에 대한 특별한 주의를 기울여야 한다.

지금까지 언급되지 않은 중요한 질문 중 하나는 WMS-IV가 기억의 다양한 요소들을 실제적으로 얼마나 정확하게 측정하느냐이다. 기억을 시각기억, 청각기억 그리고 작업기억으로 세분하는 것(그리고 이에 상응하는 지수점수)은 연구들을 통해 충분히 지지되고 있다. 그러나 즉각기억과 지연기억을 구분하는 것은 그렇지 못한데, 이는 WMS-III에서도 언급되었던 바이다. 그렇기 때문에 임상가들은 수검자의 즉각기억과 지연기억 지수 간에 차이가 나타날 때에는 다른 측정치와 관련 이력을 참고하여 판단해야 할 것이다. 이와 관련되어 있는 또 하나의 중요한 사안은 기억의 다양한 요소들(그리고 이에 상응하는 지수점수)이 다양한 임상 집단과 연령 집단에 대해서 다르게 작용할 수 있다는 점이다. 마지막 질문은 WMS-IV 지수가 일상생활에서의 기억과 어느 정도 관련되어 있느냐에 관한 것인데, 이는 앞으로의 연구들을 통해 좀 더 밝혀져야 할 필요가 있다. 검사 의뢰 사유 중 상당 부분이 환자를 어느 정도로 도와주어야 하는지 혹은 수검자가 작업 현장으로 돌아갈 수 있는지에 관한 것이라는 점을 고려하면, 임상가들에게 이러한 질문들은 종종 중요할 수 있다. 이러한 분야에 관한 초기 연구들은 WMS-IV 점수와 기능적 상태와의 관련성이 일관적이지 않다(Drozdick & Cullum, 2011; Jung, 2014)고 보고하는 등 다소 엇갈리는 양상이다.

다양한 집단에서의 사용

WMS-IV는 인지 능력을 측정하는 검사이기 때문에 웩슬러 지능검사에 적용되었던 여러 가지 고려사항들이 동일하게 적용되었는데, 이러한 고려사항들에는 문화적 적응 수준, 언어적 능숙도, 라포 형성, 최적의 노력을 독려하기, 검사 외적 정보에 주의 기울이기, 언어적(청각적) 수행 대 비언어적(시각적) 수행 간 비교를 조심스럽게 해석하기 등이 포함된다. 그러나 웩슬러 지능검사와 WMS-IV 간의 가장 중요한 차이점은 웩슬러 지능검사와 같은 일반능력 측정치들은 보통 일반 인구에 비하여 수검자의 기능 수준이 어느 정도인지를 결정하기 위해서 사용된다는 것이다. 이러한 평가는 주로 심리교육적인 평가, 지적장애 평가, 직업 평가와 같은 목적으로 사용된다. 이러한 측면에서 볼 때, 인구통계학적으로 교정된 규준을 사용하는 것은 추천되지 않으며(5장의 "다양한 집단에서의 사용" 참고), 지침서에 제시된 규준을 사용하는 것이 적절하다. 반면 WMS-IV는 신경심리학적인 진단이나 손상의 수준을 결정하기 위한 목적으로 좀 더 빈번하게 사용된다. 이러한 경우에는 인구통계학적으로 교정된 규준을 사용하는 것이 보다 추천된다(Heaton, Taylor, & Manly, 2003; E. Strauss, Sherman, & Spreen, 2006; Wechsler, 2002a). 교정된 규준을 사용하는 이유는, 진단이나 손상 수준을 결정할 때에는 규준과의 비교보다는 환자의 현재 상태와 추정된 병전 기능 수준 간의 비교가 더 중요한데, 인구통계학적으로 교정된 규준이 환자의 병전 수준을 보다 정확하게 예측할 수 있기 때문이다.

WMS-III에 관한 연구들을 보면, 유럽계 미국인들이 가장 높은 점수를 받고 그 다음으로는 히스패닉계 미국인들이 높은 점수를 받으며 아프리카계 미국인들이 가장 낮은 점수를 받는 것으로 나타났다(Heaton et al., 2003; Heaton, Miller, Taylor, & Grant, 2004). 그렇기 때문에 WMS 지침서에 제시된 규준을 사용하여 "손상"을 평가할 경우, 아프리카계 미국인들과 다른 소수 민족들에게서는 그 숫자를 과대 추정할 가능성이 있다. 따라서 WMS-IV에서는 연령과 교육, 성별, 민족성의 영향을 교정한 규준을 제공하고 있다(Hold-nack, Drozdick, Iverson, & Weiss, 2013; Pearson, 2009d). 임상가들은 민족성이 교정되어야 될 변인인지를 확실하게 하기 위해서 이력을 세밀하게 조사해야 한다. 이 외에도 교육의 질, 가정환경, 사회경제적 수준, 빈곤의 수준/지속성 그리고 건강/영양 상태 등이 낮은 수행에 영향을 미칠 수 있다.

신체적, 감각적 혹은 언어적 제한이 있는 수검자들은 검사의 시행과 해석에서 특별한 고려가 필요할 수도 있다(Sattler, 2008과 E. Strauss et al., 2006에 있는 지침 참고). 예를 들어 신체적인 어려움이 있는 수검자의 경우 청각기억과 기호폭 소검사만을 실시하는 것이 적절할 수 있다(Pearson, 2009c). 반면 언어적으로 어려움이 있는 수검자의 경우 시각적 소검사만을 실시하고 청각적(언어적) 소검사는 실시하지 않는 것이 적절할 것이다. 수검자가 만약 영어에 익숙하지 않다면 WMS-IV를 수검자의 모국어로 실시할 수도 있다. 그러나 이러한 경우 검사 결과의 해석적 이해가 향상될 수 있다는 장점은 있으나 표준화된 시행 지침을 따르지 않음으로써 야기되는 타당도의 하락은 감수해야 하며 이 둘 간에는 적절한 조화가 이루어져야 할 것이다. 표준화된 검사 시행에서 변경된 사항이 있었다면, 기록 용지와 심리평가 보고서에 항상 기술하여야 한다.

▌해석 절차

WMS-IV는 서로 다른 광범위한 기능들을 측정하기 때문에 해석이 복잡할 수 있다. 아래에 제시된 해석적 전략은 지수점수들과 다양한 지수점수들 간의 비교에 초점을 맞출 것이다. 빈번하게 요청되는 검사 의뢰 사유 중 하나는 환자의 전반적인 능력에 비해서 기억 능력이 어떤지에 관한 것이기 때문에 WAIS-IV와 WMS-IV 점수들 간의 다양한 관계에 관한 내용도 다룰 것이다. 여기에서 다뤄지는 해석적 접근은 WMS-IV의 가장 중요한 차원에 초점을 맞추고 있기 때문에, 좀 더 광범위한 해석적 전략에 관한 자세한 정보는 『WMS-IV 기술 및 해석 지침서』(Wechsler, 2009b)와 『WMS-IV 평가의 핵심』(*Essentials of WMS-IV Assessment*; Drozdick, Holdnack, & Hilsabeck, 2011)을 참고하기 바란다.

임상가들은 심리평가 보고서를 작성할 때에 종종 전문적인 문구를 사용하여 해석을 하기도 한다. 예를 들어 "환자의 청각 즉각기억은 시각 즉각기억에 비해 통계적으로 높다"라고 기술할 수 있는데, 이러한 해석은 정확하기는 하지만 매우 좁은 독자층만이 이러한 해석을 이해할 수 있다. 그러나 통상적으로는 좀 더 넓은 범위의 다양한 사람들이 이러한 보고서를 읽을 가능성이 높다. 따라서 임상가들은 "환자는 청각적으로 들은 정보를 기억해 내는 능력(상위 50%)이 시각적으로 본 정보를 기억해 내는 능력(하위 2%)보다 더 좋다"라고 기술하는 것이 더 좋을 수 있다. 이러한 해석은 실제적으로 검사 시 행동과 관련지어 기술해 줄 수도 있다. 예를 들어 "환자는 그림을 보여 준 후 다시 그리게 하였을 때, 그림을 기억하는 데 어려움을 겪었다"라고 기술할 수 있다. 또 한 가지 방법은 검사 점수를 일상 행동과 관련지어 해석해 주는 것이다. 예를 들어 "이러한 결과는 환자가 이전에 만난 사람들을 기억하거나 장소를 어떻게 이동하였는지를 기억하는 데 어려움을 겪을 수 있음을 시사한다"라고 기술할 수 있다.

WMS-IV의 주요 소검사들을 실시하기 전에 간이 인지상태검사(표 6.1 참고)를 선택적으로 실시할 수 있다. 이 검사는 지남력(월, 일, 요일), 숫자 거꾸로세기, 시계그리기, 이름대기 등을 포함하는 기초 인지 과제들로 구성되어 있으며, 각 과제의 점수를 합산하여 총점을 산출할 수 있다. 총점을 이용하여 환자의 인지적인 문제에 대한 대략적인 그림을 그릴 수 있으며, 정신상태검사(3장 참고)와 유사한 정보를 제공한다. 점수는 백분위에 근거하여 평균(25~100%), 평균하(10~24%), 경계선(5~9%), 낮음(2~4%), 매우 낮음(<2%)으로 분류된다. 이러한 분류 체계에서 알 수 있듯이 간이 인지상태검사의 점수는 높은 기능보다는 낮은 기능을 좀 더 세부적으로 구분하는 데 초점을 두고 있다. 환자가 낮음 혹은 매우 낮음 점수를 받는다면, 인지적 요구가 더 높은 WMS-IV의 주요 소검사들은 실시하지 않는 것이 좋다.

WMS-IV를 해석하기에 앞서, 임상가들은 다음과 같은 핵심 원칙들을 충분히 이해하고 있어야 한다.

- WMS-IV의 지수와 소검사 점수들은 WAIS-IV와 동일한 형식으로 구성되어 있다. 지수점수는 평균이 100점이고 표준편차가 15점이며, 점수의 범위(천장과 바닥)는 평균에서 4표준편차 위(160)에서부터 4표준편차 아래(40)까지이다. 백분위는

표준 채점 과정에서 산출된다. 소검사 점수는 평균이 10점이고 표준편차가 3점이다(점수 범위는 1~19).

- 지수점수와 소검사 점수가 동일한 연령 집단 내에서 환자의 수행에 관한 정보를 제공해 준다면, "비교점수"는 두 가지 점수의 차이를 비교함으로써 개인 내에서의 기능 차이를 평가할 수 있게 해 준다. 비교점수에 사용되는 두 가지 점수 중 하나는 "통제점수"인데, 이는 다른 점수를 비교하는 기준이 된다. 또 다른 점수는 "종속점수"인데, 통제점수를 기준으로 비교하게 된다. 예를 들어 임상가들은 보여 준 정보에 대한 환자의 기억(시각기억 지수로 측정)이 들려준 정보에 대한 기억(청각기억 지수로 측정)에 비해서 유의하게 낮은지를 확인하고자 할 수 있다. 이러한 경우에는 청각기억 지수가 통제점수이며, 시각기억 지수는 이와 비교하여 평가되기 때문에 종속점수이다.

- 기억은 복잡한 기능이기 때문에 기억 자체 외에도 다른 요인들에 의해 영향을 받을 수 있다. 이러한 요인들에는 난청, 언어 손상, 시각적 어려움, 주의력 부족, 일반적인 지적 손상, 관리 기능 손상 등이 포함된다. 따라서 임상가들은 기억 손상의 원인을 결정하기에 앞서 이에 영향을 미칠 수 있는 다른 요인들(예를 들어 학습장애 혹은 약물 부작용을 함께 가지고 있는 외상성 뇌 손상)을 항상 고려해야 한다. 따라서 WMS-IV의 낮은 점수가 기억 특정적 문제와 관련된 것인지, 위에서 언급한 다른 요인들에 의해 이차적으로 발생된 것인지를 확인하는 것이 임상가에게 요구된다.

- WMS-IV의 점수 패턴은 특정한 임상적 상태를 진단하기 위해 사용될 수 없다. 즉 어떤 상태에 특정한 WMS-IV 점수의 "지문(fingerprint)"은 존재하지 않는다. 하지만 다른 정보와 함께 사용될 경우에 WMS-IV는 진단 과정에 매우 중요한 정보가 될 수 있다.

- 다양한 집단에 대해 WMS-IV를 사용할 경우, 임상가는 수검자의 문화적 배경과 언어 사용 능력을 주의 깊게 고려해야 한다. 미국 영어에 능숙한 수검자들은 검사 지시를 더 쉽게 이해하고 정보의 등록, 공고화 및 회상을 좀 더 쉽게 할 수 있다. 이는 시각 과제보다 청각 정보를 이용한 과제에 더욱 중요하다.

- 임상가들은 WMS-IV의 점수를 과잉 해석하지 않도록 주의를 기울여야 한다.

낮은 소검사 점수 하나에 의존해서 해석을 할 때 이러한 문제가 나타날 수 있다. 실제로 평균적으로 건강한 사람들에게서 낮은 점수가 1개 정도 나타나는 것은 특이한 일이 아니다(Brooks, Iverson, Holdnack, & Feldman, 2008). 통계적인 유의도와 임상적인 유의도를 헷갈리는 경우에도 과잉 해석이 발생할 수 있다. 즉 통계적으로 유의하게 점수가 낮다는 것이 임상적으로 "손상", "결핍" 혹은 "병리"를 의미하지는 않는다. 이러한 경우 누적 백분율을 잘 살펴보면 이러한 차이들이 정상 인구에서도 상대적으로 빈번하게 발생한다는 것을 알 수 있을 것이다. 그렇기 때문에 기억 능력에서 나타나는 개인차의 정상적인 패턴을 인지 손상과 혼동하여서는 안된다. 마지막으로 많은 점수들을 동시에 분석하여 몇 개의 차이가 통계적으로 유의하게 나타났을 때에도 과잉 해석이 발생할 수 있다. 이러한 경우 실제적으로는 우연히 발생한 차이임에도 불구하고 임상적으로 의미 있는 것으로 오해석될 수 있다.

• 어떤 점수를 "손상"으로 판단할 것이냐는 임상가들에 따라서 다를 수 있다. 경험적으로 보았을 때, 타당화 연구에 포함된 임상 집단 중 가장 손상된 임상 집단(알츠하이머병, 경도/중등도 정신지체)은 WMS-IV 지수점수에서 70점(평균에서 2표준편차 미만 또는 2% 미만) 미만을 받았다. 반면 덜 손상된 집단(조현병 환자, 측두엽 제거 환자, 중등도~중도 외상성 뇌 손상 환자)은 경계선~평균하(70~85)의 점수를 받았다. 그러나 이러한 손상은 수검자의 전반적인 능력 수준과 직업적인 관점에서 고려되어야 할 필요성이 있다. 예를 들어 직업적으로 청각적/언어적 기술이 매우 중요한 변호사라면 청각적/언어적 기억 수행이 평균~평균 이하 정도까지만 낮아져도 자신의 전문적인 영역에서 기능하는 데 불편감을 느낄 수 있다.

• 지수점수는 안정적이고 심리측정적으로도 타당한 측정치이기 때문에, 해석의 주된 초점은 지수점수에 맞추어져야 한다. 반면 소검사 점수들은 지수만큼 심리측정적으로 타당하지 않다. 따라서 이후의 해석 과정에서 소검사 해석은 간단하게 다룰 것이다. 그러나 소검사들은 본격적인 해석을 위한 잠정적인 가설을 세우는 데 사용될 수 있다(표 6.1 참고). 또한 소검사들은 질적인 기술을 위해 사용될 수 있는데, 이러한 기술들은 보고서를 읽는 사람들이 결과 해석의 바탕이

된 행동들을 이해하는 데 도움을 줄 수 있다(예를 들어 "수검자는 일례로 간단한 짧은 이야기를 들려준 후 기억하게 하였을 때 이야기의 세부사항을 잘 회상하지 못하였다").

- 지수에 포함되어 있는 소검사들 간에 변산이 적다면 그 지수는 신뢰롭게 해석될 수 있다. 그러나 지수 내 소검사들 간에 변산이 크다는 것은 잠재적으로 이질적인 능력들로 인해 지수의 단일성이 손상되었다는 것을 시사한다. 그렇다고 해서 지수의 타당성이 훼손되는 것은 아니지만, 임상가들은 왜 수행이 일관적이지 않은지를 파악해야 한다.

지수점수의 패턴 해석하기

지수점수의 패턴을 해석하는 목적은 기억과 관련된 피검자의 강점과 약점을 좀 더 잘 이해하기 위해서이다. 이러한 과정은 우선 지수점수의 절대적인 값을 해석하는 것으로 시작할 수 있는데, 이 점수는 표준화 집단과의 비교를 가능하게 한다. 예를 들어 시각기억에서 상대적으로 낮은 점수는 수검자와 비슷한 연령대의 집단과 비교하였을 때 이 영역이 상대적으로 약점이라는 것을 의미한다. 이와 비슷하게 청각기억에서의 낮은 점수는 의미 있는 언어적 정보를 회상하는 데 어려움이 있음을 시사할 것이다. 그러나 임상가들은 점수의 변동이 여러 가지 이유로 나타날 수 있다는 점을 명심하고 있어야 한다. 수행과 관련된 여러 가지 추가적인 정보를 통합하여 다양한 가능성을 평가하는 것은 각 임상가들에게 달려 있다. 그렇기 때문에 이후에 제시되는 지수 "해석"은 잠정적인 것으로 간주하여야 할 것이다.

해석을 하는 또 한 가지 방법은 지수점수들을 다양하게 비교하는 것이다. 지수점수들끼리 비교한다는 것은 규준 집단과의 비교 대신에 수검자 내에서의 강점과 약점을 비교하는 것을 의미한다. 이 장에서는 임상적으로 유용하고 경험적, 이론적으로 지지를 받고 있는 기억 요소들 간의 비교만을 다룰 것이다. 우선 임상가들은 수검자의 시각적 혹은 청각적 기억이 상대적으로 강점인지 약점인지에 관심이 있을 것이다. 두 번째 주제는 시각 작업기억에서의 낮은 점수가 작업기억의 문제 때문인지 전반적인 시각기억의 문제에 기인한 것인지와 관련되어 있다. 마지막으로는 즉각(단기)기억과 장기(지연)기억 간의 차이를 평가하는 문제를 다룰 것이다. 지연기억이 즉각기억에 비해서 유의하게 낮다는 것은 시간이 지남에 따라서 기억의 쇠퇴(망각)가 있다는 것을 시사한다. 이상의 세 가지 지수 비교는 WMS-IV 기록 용지에 있는 "지수 간 비교 환산점수" 칸에서 계산하고 확인할 수 있으며 (『WMS-IV 실시 및 채점 지침서』의 부록 G, 표 G.12를 참고하여 산출할 수 있음), 간략한 내용이 아래에 기술되어 있다. 이상 언급된 각각의 기억 요소들과 관련된 지식은 강점과 약점을 이해하는 것뿐만 아니라 진단과 치료 계획을 세우는 데에도 도움이 된다.

지금부터는 지수와 비교점수에 관한 해석을 간략하게 기술하고, 점수가 높고 낮다는 것이 무엇을 의미하는지를 일상생활과 관련지어 설명할 것이다. 마지막으로 지수 내 소검사들 간에 변산이 클 경우 지수를 어떻게 이해해야 하는지에 대해서도 심도 있게 다룰 것이다.

청각기억 지수

수검자들은 청각기억 지수(Auditory Memory Index, AMI)를 구성하는 소검사들을 잘 수행하기 위해서 구두로 제시된 정보에 주의를 기울여야 하고, 정보를 이해하며, 정보가 제시된 후 즉각적으로 반복해서 말해야 한다. 또한 수검자들은 20~30분 후에 이전에 제시되었던 정보를 다시 회상해야 한다. 청각기억 지수에 포함되어 있는 한 소검사(논리기억)는 수검자에게 짧은 이야기를 들려준 후 그것을 반복하게 하며, 다른 소검사(단어연합)는 수검자에게 단어쌍을 함께 불러 준 후 그것을 학습하게 한다(예를 들어 "dark.... light"; 표 6.1 참고).[3]

청각기억 지수(AMI)의 높은 점수는 수검자가 청각적으로 제시된 정보에 주의를 기울이고 회상하는 능력이 뛰어남을 의미한다. 반면 낮은 점수는 수검자가 이러한 정보에 주의를 기울이고 회상하는 데 어려움이 있을 것임을 시사한다. 이는 일상생활에서 강의 내용을 회상하거나 구두 지시를 기억하거나 대화하였던 내용을 며칠 뒤에 기억하거나 메모를 하지 않고 장을 보러 가거나 이전에 들었던 전화번호를 기억하는 것 등에서의 어려움으로 나타날 수 있다. AMI가 낮은 사람들은 구두 정보를 메모함으로써 도움을 받을 수 있

---

3 역자 주: K-WMS-IV에서는 문화적 특성을 고려하여 일부 단어가 대체되었음.

다. 만약 이들의 시각기억이 온전하다면, 청각 정보를 시각적 단서로 바꾸는 방법을 학습할 수 있을 것이다(시각적 메모나 좀 더 복잡한 정보를 위한 "심리적 지도").

실시 및 채점 지침서와 기술 및 해석 지침서에서는 WMS-IV 규준 마련 시 성별의 영향을 고려하고 있지는 않지만, 통상적으로 여성이 남성에 비해 청각기억의 수행이 뛰어나다. 1997년에 출판된 WMS-III를 대상으로 분석된 결과에 따르면, 여성의 단어연합 소검사 총 회상 점수는 10.58이었던 데 반해 남성의 점수는 8.46이었으며(Basso, Harrington, Matson, & Lowery, 2000), 최근 WMS-IV를 대상으로 분석된 결과에서도 여성이 남성에 비해 이 지수에서의 수행이 뛰어난 것으로 확인되었다(F. Pauls, Petermann, & Lepach, 2013). 이러한 성별의 효과는 중간 정도로 강하게 나타나고 있기 때문에 해석 시 고려해야 할 것이다.

검사 시의 행동 관찰은 해석에 유용한 정보를 제공한다. 수검자가 논리기억 I과 II에서 이야기를 지나치게 윤색하려는 시도는 정확한 정보가 기억나지 않는 것을 보상하거나 숨기려는 전략일 수 있다. 이러한 시도의 결과로 이야기가 좀 더 논리적으로 정교해질 수도 있고 비논리적으로 전개될 수도 있다. 또 다른 행동 관찰은 수검자가 이야기를 회상할 때 세부사항들을 차례대로 기억하지 않고 전체적인 줄거리로 시작하는지를 확인하는 것이다. 이러한 행동은 정보를 순차적으로 처리하기보다는 전체적으로 처리하는 경향을 시사하는 것일 수 있다.

청각기억을 구성하는 모든 소검사들의 점수가 비교적 비슷하다면 청각기억 지수의 해석은 어렵지 않다. 그러나 어떤 경우에는 지수 내 소검사 점수들 간에 점수 차이가 클 수 있으며(『WMS-IV 실시 및 채점 지침서』의 표 F.1과 기록 용지의 "지수 내 소검사 간 차이" 영역 참고), 이러한 점수 편차가 왜 나타났는지에 대해서 세심하게 고려해야 한다. 이러한 차이를 해석할 때에는 소검사들 간의 유사점과 차이점을 고려하는 것이 최상의 방법이다. 논리기억은 수검자로 하여금 짧은 이야기 형식으로 되어 있는 정보를 회상하도록 하는 반면, 단어연합은 네 차례의 학습시행 동안 단어쌍들을 학습하도록 한다. 두 소검사는 제시되는 정보가 청각 자극일 뿐만 아니라 청각 언어 정보(음악이나 다른 소리가 아니라)라는 점에서 유사하다. 그러나 논리기억은 수검자에게 보다 복잡하고 언어적으로 관련되어 있으며 의미 있는 정보를 학습하도록 하는 반면, 단어연합은 단순한 단어쌍을 사용하며 단서를 포함하고 있다(단어쌍 중 한 단어는 함께 제시된 다른 단어를 회상할 수 있도록 단서로 사용된다). 두 소검사의 차이점을 이해하면 두 검사 간에 수행 차이가 나타난 것에 대해서 설명할 수 있을 것이다. 예를 들어 논리기억의 점수가 상대적으로 더 높다면, 수검자가 언어적으로 의미 있는 정보들에 대해서 집중하고 공고화할 수 있는 능력이 좀 더 낫다는 것을 시사한다고 할 수 있다.

또 한 가지 주목해야 할 점수 차이는 소검사들의 지연 회상 점수들(논리기억 II, 단어연합 II)이 즉각 회상 점수들(논리기억 I, 단어연합 I)에 비해서 유의하게 높거나 낮은가이다. 즉 수검자의 단기기억이 장기기억에 비해서 더 좋은가 혹은 나쁜가이다. 예를 들어 지연 회상에서의 점수가 유의하게 낮다면, 이는 수검자가 처음에 듣고 학습하였던 정보를 시간이 흐름에 따라 망각하였다는 것을 의미한다. 이러한 차이를 좀 더 효과적으로 이해하기 위해서 즉각기억 지수와 지연기억 지수를 확인해 볼 필요가 있다. 또한 환자나 정보 제공자들을 대상으로 처음에는 정보를 학습하였으나 단기간에 망각하는 경우가 있었는지에 대해서 정보를 확인해야 한다.

시각기억 지수

시각기억 지수(Visual Memory Index, VMI)에 포함되어 있는 과제들은 수검자에게 그림을 기억하여 그리게 하거나 정확한 위치에 놓도록 요구한다(표 6.1 참고). 따라서, VMI에 포함되어 있는 소검사들은 시각적인 세부사항과 위치에 관한 시각적 정보를 얼마나 잘 기억하는지를 측정한다고 할 수 있다. 수검자들은 제시된 시각적 정보를 즉각적으로 회상한 후 20~30분 지연 후에 다시 회상해야 하기 때문에, 시각기억 지수는 단기 시각기억과 장기 시각기억을 모두 측정한다.

시각기억 지수의 높은 점수는 수검자가 시각적으로 제시된 정보의 세부사항과 위치를 회상하는 능력이 뛰어남을 의미한다. 반면 낮은 점수는 이러한 정보를 회상하는 데 어려움이 있음을 의미한다. 이는 일상생활에서 이전에 본 사람을 기억한다든지, 물건을 어디에 두었는지를 기억한다든지, 어디에서 어디로 이동했는지를 기억한다든지, 차를 주차장 어디에 세워 두었는지를 기억하는 등의 행동과 관련되어 나타날 수 있다. 시각기억 지수에서 점수가 낮은 환자들은 발생한 일들을 수첩에 적는다든지, 찾아가는 길을 글로 적어 놓는 등의 방법으로 기능 저하를 보완할 수 있을 것이다.

시각기억 지수를 해석할 때에도 청각기억 지수와 마찬가지로 성별의 영향을 고려하는 것이 유용하다. 몇몇 연구들은 일반적으로 남성이 여성에 비해 시각기억에서의 수행이 더 뛰어나다고 보고하였다. WMS-IV를 대상으로 분석된 결과에서도 남성이 여성에 비해 이 지수에서의 수행이 더 높은 것으로 나타났다(F. Pauls et al., 2013). 이러한 효과는 중간 정도로 강하게 나타나고 있기 때문에 해석 시 고려해야 할 것이다.

시각기억 지수를 구성하는 모든 소검사들의 점수가 비교적 비슷하다면, 이 검사들에서 측정되는 능력들은 비교적 단일하다고 할 수 있기 때문에 시각기억 지수를 해석하는 것은 어렵지 않다. 그러나 어떤 경우에는 지수 내 소검사 점수들 간에 점수 차이가 클 수 있으며(『WMS-IV 실시 및 채점 지침서』의 표 F.1과 기록 용지의 "지수 내 소검사 간 차이" 영역 참고), 이는 시각기억 요소들 간에 차이가 있을 수 있음을 시사한다. 시각재생(I과 II)은 그림을 한 번 보여 준 후 회상하여 그리도록 하는 소검사이다. 그렇기 때문에 수검자는 그림 자체를 회상하는 것뿐만 아니라 이전에 본 그림을 내적으로 재구성하는 지각 과정과 회상한 그림을 실제로 그리는 외적인 운동 과정을 함께 통합해야 한다. 반면 디자인(I과 II) 소검사는 그림 카드들이 놓여 있는 격자판을 보여 준 후 어떤 그림이 격자판의 어디에 있었는지를 회상하게 하는 소검사이다. 따라서 디자인 소검사는 시각재생에 비하여 공간적인 요소를 더 많이 포함하고 있다고 할 수 있다. 반면 시각재생은 디자인에 비하여 정신운동 통합과 재구성 요소를 좀 더 많이 포함하고 있다. 소검사들 간에 나타나는 점수 차이는 두 과제에서 요구되는 이러한 차이에 대한 이해를 바탕으로 해석될 수 있을 것이다. 예를 들어 디자인 소검사에 비해서 시각재생 점수가 낮다면, 이는 수검자가 시각재생 과제에서 요구되는 그리기에 어려움이 있기 때문일 수 있다. 노인 검사집에 디자인 I과 II가 포함되지 않는다는 사실은 기억해 둘 필요가 있다.

또 한 가지 주목해야 할 점수 차이는 시각기억에 포함되어 있는 소검사들의 지연 회상 점수가 즉각 회상 점수에 비해서 유의하게 높거나 낮은가이다. 만약 지연 시각기억 점수가 즉각 점수에 비해서 유의하게 낮다면, 이는 수검자가 처음에 학습하였던 시각 정보를 시간이 흐름에 따라 망각하였다는 것을 의미한다. 이러한 차이를 좀 더 효과적으로 이해하기 위해서 수검자의 일상생활에서의 정보뿐만 아니라 즉각기억 지수와 지연기억 지수를 확인해 볼 필요가 있다. 예를 들어 환자의 주변인들을 대상으로 환자가 이전에 본 정보를 빠르게 잊어버리는 일(예를 들어 회의에 참석하였던 사람이 누구인지)이 있었는지를 확인할 수 있다.

청각기억 지수 대 시각기억 지수 비교 환산점수

WMS-IV에 대한 요인분석에서 확인된 기본적인 구분 중 하나는 청각기억과 시각기억이다. 따라서 이러한 감각 양상들(그리고 그것들을 측정하는 지수들) 간의 차이는 청각과 시각의 상대적인 장단점에 관한 가설을 세우는 데 사용될 수 있다. 예를 들어 "청각기억과 시각기억 능력들이 언제 유사해지는가? 하나가 다른 하나보다 더 강하거나 약한가? 두 가지가 비슷하게 발달하는가?"와 같은 질문들에 답을 할 수 있다. 두 지수 간의 유의한 차이는 타고난 능력과 관련되어 있을 수도 있고, 특정 감각 양상의 손상과 관련되어 있을 수도 있다. WMS-IV에서는 지수점수들 간의 차이를 평균 점수 10점, 표준편차 3점인 환산점수로 변환하여 제시한다(『WMS-IV 실시 및 채점 지침서』, 부록 G, 표 G.12와 기록 용지의 "지수 간 비교 환산점수" 참고). 여기에서 청각기억 지수는 통제점수이며, 시각기억 지수는 통제점수를 기준으로 비교되는 종속점수이다. 환산점수 7점(16백분위)은 수검자의 시각기억 능력이 청각기억 능력에 비해 약점(평균 이하 수준)이라는 것을 의미한다. 더 낮은 점수는 이러한 차이가 더욱 크다는 뜻이며 시각기억 손상을 시사한다. 반면 환산점수 13점(84백분위)은 수검자의 시각기억 능력이 청각기억 능력에 비해서 상대적으로 강점이라는 것을 의미한다.

몇몇 연구들에서 시각기억 손상 환자들과 청각기억 손상 환자들 간에 반구 편재화가 있음이 밝혀졌다. 즉 좌반구 손상 환자는 시각적 정보에 비해 언어적-청각적 정보에 대한 수행이 저조하였다(K. A. Hawkins, 1998; Pearson, 2009a). 예를 들어 이러한 환자들은 길 안내를 언어적으로 제시하였을 때 특히 어려움을 겪을 것이라고 예측할 수 있다. 만약 이들에게 이동하는 방법을 시각적인 지도로 제시한다면 수행이 더 우수할 것이다. 반면 우반구 손상 환자는 시각적 기억 과제에서 수행이 저조할 것이라고 예측할 수 있다. 그렇기 때문에 이들은 길을 찾을 때 시각적인 길 안내보다는 청각적-언어적으로 길 안내를 하였을 경우에 수행이 더 우수할 수 있다. 그러나 시각기억 수행은 뇌 손상의 종류에 관계없이 손상에 가장 예민한 것으로 밝혀졌는데, 우반구 손상 환자와 좌반구 손상 환자 모두 시각기억 과제에서 수행이 저조하였다(Pearson, 2009a). 만약 하나의 감각 양상이 다른 감각 양상에 비해 상대적인 강점으로 밝혀졌다면, 상대적인 강점으로 밝혀진 감각 양상은 학습을 극대화하기 위하여 사용되었을 것이다. 예를 들어 어떤 사람이 시각기억 과제에 비해 청각기억 과제에서 유의하게 낮은 점수를 받았다면, 이 사람은 시각적인 방식을 이용하는 학습 전략을 사용했을 것이다(혹은 그 반대의 경우도 가능).

시각 작업기억

시각 작업기억 지수(Visual Working Memory Index, VWMI)는 시공간적 정보에 일시적으로 주의를 기울이고 정보를 조직화하고 조작하는 능력을 평가한다(표 6.1 참고). 이 지수는 노인 검사집에는 포함되어 있지 않다. 시각 작업기억은 WAIS-IV의 작업기억 지수(Working Memory Index, WMI)와 유사한데, 두 지수 모두 정보를 단기간 동안 보유하고 조작하는 능력을 평가한다. 그러나 WAIS-IV의 WMI는 청각적-언어적 정보에 대한 작업기억을 평가한다. 이 지수에 포함되어 있는 검사들은 수검자에게 숫자와 문자열을 불러준 후 그것을 반복하고 조직화하게 한다. 이와는 달리 WMS-IV는 시각적 정보에 특화된 작업기억 측정치를 개발하였다. WMS-IV의 시각 작업기억 소검사들은 수검자에게 시각적 정보를 더하거나 빼도록 하거나(공간합산) 시각적 정보를 올바른 순서에 따라 배열하도록 한다(기호폭).

시각 작업기억 지수의 높은 점수는 수검자가 시각 정보를 보유하고 조작하는 능력이 뛰어남을 시사한다. 반면 낮은 점수는 수검자가 이러한 시각적 과제에 어려움이 있음을 의미한다. 이는 일상생활에서 주의가 분산되지 않고 시각적 과제에 집중하거나, 집에서 가구를 재배치하는 데 집중하거나, 컴퓨터 화면에서 이미지의 순서를 재조직화하거나, 카드 게임을 하며 카드들의 이동을 추적하는 행동들과 관련되어 나타날 수 있다.

시각기억 지수와 마찬가지로 시각 작업기억에서도 남성이 여성에 비해서 일반적으로 수행이 우수하다. WMS-IV를 대상으로 한 몇몇 연구들은 남성이 여성에 비해 이 지수점수에서의 수행이 더 우수하다고 보고하였다(F. Pauls et al., 2013). 이러한 효과는 중간 정도로 강하게 나타나고 있기 때문에 해석 시 고려해야 할 것이다.

시각 작업기억 지수를 구성하는 모든 소검사들의 점수가 비교적 비슷하다면, 이 검사들에서 측정되는 능력들은 비교적 단일하다고 할 수 있기 때문에 시각 작업기억 지수를 해석하는 것은 쉽다. 그러나 소검사 점수들 간의 심한 차이는 시각 작업기억의 세부적인 면에서 차이가 있음을 시사한다(『WMS-IV 실시 및 채점 지침서』의 표 F.1과 기록 용지의 "지수 내 소검사 간 차이" 영역 참고). 앞서 언급하였던 것처럼, 임상가들은 이러한 지수점수의 의미를 더 잘 이해하기 위해서 소검사들에서 측정하는 요소들을 세부적으로 분석할 수 있어야 하며, 이는 임상가의 의무이다. 공간합산 소검사는 수검자들에게 색깔 원들이 그려져 있는 격자판 2개를 보여 준 후 규칙에 따라서 원들의 위치를 합하거나 빼도록 하는 검사인데, 이는 WAIS-IV의 산수 소검사를 공간상으로 옮겨 놓은 것과 비슷하다. 기호폭 소검사는 수검자들에게 추상적인 기호들이 연속적으로 그려져 있는 자극판을 보여 준 후, 이 기호들을 포함하여 다른 기호들이 함께 그려져 있는 다른 자극판에서 이전에 보았던 기호들을 순서대로 찾아내도록 하는 검사이다. 이 검사는 WAIS-IV 숫자 소검사를 시각 자극으로 대체해 놓은 것과 비슷하다고 할 수 있다. 공간합산이 보다 시각적 "산수" 소검사(기호들을 합산하는 과정이 포함되어 있음)와 가깝다면, 기호폭은 시각적 순서화(검사 자극들이 올바른 순서로 놓여야 함)와 좀 더 가깝다고 할 수 있다. 임상가는 소검사들 간의 점수 차이를 이해하기 위해서 이러한 과제의 차이를 이해하여야 한다. 예를 들어 기호폭 소검사의 점수가 매우 낮다면, 이는 수검자가 시각적 순서화에 특히 취약함을 시사하는 것이라고 할 수 있다.

시각 작업기억 지수 대 시각기억 지수 비교 환산점수

시각기억 과제에서 나타난 수검자의 수행을 좀 더 잘 이해하기 위해서는 시각기억에서의 저조한 수행이 기억 자체의 문제 때문인지 기억 과정을 방해하는 시각 작업기억의 문제 때문인지를 고려할 필요가 있다. 즉 시각기억 손상은 작업기억의 어려움에서 기대되는 수준을 넘어서는가? 임상가들은 시각 작업기억(통제 변인)과 시각기억(종속 변인) 간에 유의한 차이가 나타나는지를 확인함으로써 이러한 질문에 답할 수 있다. WMS-IV에서는 이러한 지수점수들 간의 차이를 평균 10점, 표준편차 3점의 환산점수로 변환해 준다(『WMS-IV 실시 및 채점 지침서』, 부록 G, 표 G.12와 기록 용지의 "지수 간 비교 환산점수" 참고). 환산점수 7점(16백분위)은 수검자의 시각기억이 시각 작업기억에 비해서 평균 이하 수준이라는 것을 의미한다. 만약 두 가지 지수 모두 규준 표본에 비해 낮다면, 이러한 결과는 수검자의 시각기억이 저조한 시각 작업기억에 의해서 야기될 것이라고 생각되는 수준에 비해서도 더 손상되어 있음을 시사하는 것이라고 할 수 있다. 예를 들어 우측 측두엽 제거 수술을 받은 환자가 비교 환산점수에서 7.7점을 받았다면(Pearson, 2009a), 이는 환자의 시각 작업기억 능력에서 기대되는 수준에 비해서 시각기억이 더 저조함을 시사한다. 우측 측두엽이 시각기억과 관련된 정보를 처리한다는 점을 고려하면 이러한 낮은 점수는 이해할 만하다. 반대로 환산점수 13점(84백분위)은 수검자의 시각기억이 시각 **작업기억**에 비해 더 좋음을 의미한다. 이렇게 점수가 높을 경우에는 시각 **작업기억**이 시각기억 능력을 제한하고 있다고 결론 내릴 수 있다. 이러한 경우에는 시각 **작업기억** 자체가 저조한 수행을 야기했다고 해석하는 것에 보다 힘이 실릴 수 있다.

어떤 경우에는 시각 작업기억과 시각기억 지수 모두 낮을 수 있는데, 이러한 경우 비교점수는 평균으로 산출된다. 이러한 현상은 시각기억 과정 자체가 전반적으로 저조하기 때문에 나타날 수 있다. 또한 이러한 현상은 손상된 시지각으로 인해 과제 수행이 방해를 받았음을 반영하는 것일 수도 있다.

즉각기억 지수

단기(즉각)기억과 장기(지연)기억은 기억을 이해하는 데 있어서 중요한 구분 중 한 가지라고 할 수 있다. WMS-IV 즉각기억 지수(Immediate Memory Index, IMI)는 수검자가 청각적, 시각적 정보를 정보가 제시된 직후 얼마나 잘 회상해 내는지를 평가한다. 이 지수에 포함되어 있는 과제들은 수검자로 하여금 한 번 들려준 이야기를 회상하게 하거나, 짝 지어져 있는 단어들을 학습하게 하거나, 그림을 기억하여 그리게 하거나, 그림이 놓여 있던 정확한 위치를 기억하게 한다(표 6.1 참고).

이 지수에서의 높은 점수는 수검자가 이전에 들었던 정보(청각적-언어적) 및 이전에 보았던 정보(시각적)를 회상하는 것에 대한 즉각기억이 좋음을 시사한다. 이와 반대로 낮은 점수는 수검자가 이러한 능력들에 어려움이 있음을 의미한다. 이는 일상생활에서 차량 번호판을 보고 기억한다든지, 전화번호를 듣고 기억한다든지, 모임에서 만난 사람들의 이름을 기억하는 등의 문제와 관련되어 나타날 수 있다. 그러나 이러한 예는 수검자가 정보를 단기간 동안(즉각적으로) 기억할 수 있는지에 관한 정보를 제공할 뿐이며, 그들이 장시간 후에도 반드시 회상을 잘할 수 있다는 것을 의미하지는 않는다.

즉각기억 지수를 구성하는 모든 소검사들의 점수가 비슷하다면 해석은 비교적 명확하다. 즉 이 검사들에서 측정되는 능력들이 비교적 단일하다고 할 수 있다. 반면 소검사 점수들 간에 점수 차이가 있다면, 이는 즉각기억 지수가 보다 더 세부적인 요인들에 의해 영향을 받았을 수 있음을 의미한다(『WMS-IV 실시 및 채점 지침서』의 표 F.1과 기록 용지의 "지수 내 소검사 간 차이" 영역 참고). 즉각기억 지수에 영향을 미칠 수 있는 가장 명확한 요인은 청각적 능력과 시각적 능력 간의 차이이다. 따라서 임상가들은 청각기억 지수 대 시각기억 지수 비교 환산점수는 물론 청각기억 지수와 시각기억 지수를 주의 깊게 확인해야 한다. 예를 들어 어떤 수검자의 즉각기억 지수점수가 낮을 때 시각기억 지수가 청각기억 지수에 비해서 훨씬 더 낮다면, 시각적 정보에 대한 상대적으로 저조한 수행이 낮은 즉각기억 지수의 원인이라고 생각할 수 있다.

지연기억 지수

WMS-IV는 단기(즉각)기억을 측정할 뿐만 아니라 수검자가 조금 더 긴 시간 동안 정보를 얼마나 잘 보유하고 있는지도 측정한다. 이는 각 소검사에서 피험자에게 정보를 제시한 후 20~30분 뒤에 제시된 정보의 세부사항을 회상하게 함으로써 측정한다. 피험자는 우선 정보에 주의를 기울여야 하고 등록, 공고화, 인출 과정을 거쳐 정확한 대답을 제시하여야 한다.

지연기억 지수(Delayed Memory Index, DMI)에서 높은 점수를 얻은 사람들은 그들이 학습한 정보를 보유하고 인출하는 능력이 뛰어날 것으로 기대할 수 있다. 반면 점수가 낮은 사람들은 정보를 보유하고 인출하는 데 어려움이 있을 것이라고 생각할 수 있다. 이러한 어려움들은 오랜 시간이 지난 후 지시 사항이나 회의 시간을 기억하거나, 물건을 어디에 두었는지를 기억하거나, 이전에 들었던 농담이나 이야기를 다시 반복해서 이야기하는 것 등 일상생활의 문제와 관련하여 나타날 수 있다.

지연기억 지수는 피험자가 우선 정보를 단기간("즉각") 동안 정확하게 등록하고 공고화한 후 나중에 회상할 것을 요구하기 때문에 많은 기억 요소들로 구성되어 있다. 또한 이 지수는 시각적이고 청각적인 정보들을 포함하고 있다. 그렇기 때문에 지연기억 지수는 전체 기억의 측정치로서 개념화될 수 있다(1997년에 출판된 WMS-III의 일반기억 지수와 유사함; James Holdnack, personal communication, January 6, 2009).

앞서 소개되었던 지수들과 마찬가지로, 지연기억 지수를 구성하는 소검사들의 점수가 유사하다는 것은 이 검사들에서 측정하는 능력이 비교적 단일한 구성 개념이라는 것을 의미한다. 따라서 이 지수는 신뢰롭게 해석될 수 있다. 반면 소검사 점수들 간에 변산이 크다면, 임상가는 이러한 격차를 야기하는 어떤 세부적인 능력이 있는지를 확인해야 한다(『WMS-IV 실시 및 채점 지침서』의 표 F.1과 기록 용지의 "지수 내 소검사 간 차이" 영역 참고). 지연기억은 다양한 연속적인 과정(검사 자극에 대한 주의, 시각적/청각적 지각, 등록, 공고화, 인출, 반응하기)의 최종 산물이기 때문에 이러한 작업은 쉽지 않을 수 있다. 즉 여러 가지 다양한 문제들이 지연기억의 수행을 방해할 수 있다. 임상가들은 소검사 점수들에서 차이가 있는지를 조사해서, 시각적 소검사 점수가 청각적-언어적 소검사 점수들에 비해서 높은지 혹은 낮은지를 확인할 수 있을 것이다. 또한 시각 혹은 청각 지수점수뿐만 아니라 시각기억 지수 대 청각기억 지수 비교 환산점수도 확인할 수 있을 것이다. 예를 들어 청각 점수들이 시각 점수들에 비해서 유의하게 낮다면, 이는 수검자의 청각기억이 지연기억 지수를 낮추는 데 기여하였다는 것을 시사한다.

　　낮은 지연기억 점수에 대한 한 가지 가능한 설명은 사람들이 성공적으로 학습을 하였더라도 그 정보를 인출하는 데 어려움을 겪을 수 있다는 것이다. 이러한 사람들은 정확한 대답을 "회상"하지는 못할지라도, 만약 기회가 있다면 정확한 대답을 "재인"할 수는 있을 것이다. 이러한 과정에서의 차이는 재인 과정을 실시함으로써 분리해 낼 수 있다(WMS-IV 기록 용지의 "과정점수표" 칸 참고). 이들은 주요 소검사들의 표준 점수에서는 저조한 수행을 보이지만, 아마도 재인 점수는 꽤 좋을 것이다. 이러한 차이는 일상생활에서 말이 혀끝에 맴도는 현상과 관련이 있다. 이러한 사람들은 "답은 알겠는데, 기억이 잘 안 난다"고 말을 하거나 약간의 단서를 주면 정확한 대답을 생각해 낼 수 있다.

즉각기억 지수 대 지연기억 지수 비교 환산점수

　　단기(즉각)기억과 장기(지연)기억을 구분하는 것은 임상가들에 종종 중요한 문제이다. 의뢰 사유 중에는 "환자가 이전에 학습한 정보를 망각하는 문제가 있는가?"와 같은 질문이 있을 수 있다. 그러나 어떤 수검자의 경우에는 정보를 공고화하는 데 시간이 필요하기 때문에 기억이 시간이 지남에 따라서 점점 향상될 수도 있다. 이러한 경우에 질문은 "수검자의 기억이 시간이 지남에 따라 향상되는가?"와 같은 것일 것이다. 지연기억이 즉각기억에 비해서 매우 낮다면(『WMS-IV 실시 및 채점 지침서』, 부록 G. 표 G.12와 기록 용지의 "지수 간 비교 환산점수" 참고), 이는 수검자가 처음에 정보를 학습하는 것은 가능하지만 시간이 지남에 따라서 정보가 점점 사라진다는 것을 시사한다. 그러나 여기에서 즉각기억의 수행이 정보 손실의 기준점이 되어야 한다는 것을 강조할 필요가 있다. 즉 초기에 학습된 것이 없다면 나중에 잃을 것도 없다는 뜻이다. 또 다른 상황은 수검자가 초기에 정보를 학습하였지만 인출상의 어려움 때문에 회상하지 못하게 되는 경우이다. 그러나 정보를 재인하는 것은 더 쉬운 과제이기 때문에, 정보를 회상하지 못하더라도 이를 정확하게 재인하는 것은 가능할 것이다. WMS-IV에는 수검자의 회상과 재인을 비교할 수 있는 다양한 과정점수들을 제공하고 있다(기록 용지의 "과정점수표"와 "소검사 간 비교 환산점수" 참고).

즉각기억 지수와 지연기억 지수를 구분할 때 고려해야 할 한 가지 사안은 요인분석에서 이 두 가지 지수를 구분하는 것이 강력한 지지를 받지 못한다는 점이다(Pearson, 2009d). 이는 두 지수 간에 상관이 높다는 것과 일관되는데, WMS-III(K. A. Hawkins, 1998; Millis et al., 1999; Weiss & Price, 2002)와 마찬가지로 즉각기억 지수와 지연기억 지수 간의 상관은 .87로 상당히 높았다. 이러한 결과가 임상적으로 의미하는 바는, 대부분의 경우에 이 지수점수들이 두 능력 간에 유의한 차이를 밝혀 내지 못할 것이라는 점이다. 이러한 현상에 대한 한 가지 가능한 이유는 즉각 회상과 지연 회상 간의 간격(20~30분)이 비교적 짧기 때문에 실제적으로 두 능력을 분별하는 데 충분하지 않았을 것이라는 점이다. 그럼에도 불구하고 즉각기억 지수와 지연기억 지수는 여전히 잠재적으로 유용한 임상적 정보를 제공하기 때문에 WMS-IV의 지수에 포함되었다(Millis et al., 1999). 다시 말해서 방금 보거나 들은 정보를 반복할 수는 있지만 짧은 시간 후에 잊어버리는 환자군(예를 들어 코르사코프병 환자들, 노인들)이 여전히 있다. 이러한 상황은 보호자들이 환자가 정보를 이해하고 후에 반복할 수는 있지만 다음날이 되면 보거나 들은 내용에 대해서 말을 하지 못한다고 보고할 경우 의심할 수 있다.

WAIS-IV와 WMS-IV의 점수 비교

중요한 의뢰 사유 중 한 가지는 환자의 기억력이 그 사람의 일반적인 능력에서 기대되는 바에 비하여 낮은가이다. 즉 다음과 같은 질문이 의뢰될 수 있다 "환자의 기억력은 그의 일반 인지 기능 수준에 부합되는 수준인가?" 임상가는 WMS-IV의 수행과 WAIS-IV의 수행을 비교함으로써 이러한 질문에 답을 할 수 있다. 이러한 비교는 기억 수행을 좀 더 큰 맥락에서 살펴볼 수 있게 해 준다. 일반능력(WAIS-IV)은 기억(WMS-IV에서의 수행)이 어느 정도로 감퇴되었는지를 잠정적으로 평가할 수 있는 기준점 역할을 한다. 물론 이러한 비교는 WAIS-IV로 측정되는 좀 더 일반적인 능력이 상대적으로 더 안정적이라는 가정을 바탕에 두고 있다. 이와는 반대로 기억은 감퇴에 좀 더 예민한 것으로 간주되는데, 이는 환자들이 기억 문제를 빈번하게 호소한다는 점과 일맥상통한다. 예를 들어 기억은 외상성 뇌 손상 또는 알츠하이머병 환자들이 호소하는 주된 문제이지만, 다른 일반적인 능력은 좀 더 안정적인 양상을 보이는 경향이 있다.

WMS의 이전 판들은 WAIS의 전체척도 IQ와 비교 가능한 전체 혹은 일반점수를 사용하기도 하였다. WMS 원판에서는 "기억 지수(Memory Quotient)"를 사용하였으며, 1997년 출판된 WMS-III에서는 일반기억 지수(General Memory Index)를 사용하였다. 일반능력과 기억 점수 간의 차이는 검사 의뢰자 혹은 가족들에게 환자의 상태에 대해서 설명하는 데 꽤 용이하였다. 임상가들은 다음과 같은 문구로 환자의 상태를 설명할 수 있었다. "환자의 전반적인 정신 능력은 평균 범위(50백분위)에 있으나 기억 기능은 하위 5% 수준에 포함되어 있어 매우 낮다." WMS-IV에서는 이러한 전체 점수를 사용하는 대신 지수점수들을 사용하였으며, 각 지수점수들과 WAIS-IV의 일반능력 지수(General Ablity Index, GAI) 간의 비교를 가능하게 하였다. 일반능력 지수를 비교의 기준으로 삼은 이유는 일반능력 지수가 대부분의 임상 질환과 상황적 요인들(수면 부족 같은)의 영향에 덜 취약하기 때문이다. 즉 일반능력 지수는 상당히 안정적이라고 할 수 있다. 반면 속도(처리속도 지수)와 주의/조작(작업기억 지수)은 다양한 임상적 상태 및 상황적인 요인에 매우 예민하다. 기억을 저하시키는 많은 상황적 요인들이 속도와 주의(처리속도 지수와 작업기억 지수) 또한 저하시킨다. 전체척도 IQ는 WAIS-IV에 있는 (속도와 주의의 측정치를 포함하는) 4개 지수 모두를 포함하기 때문에, 일반적으로 일반능력 지수가 전체척도 IQ에 비해서 좀 더 안정적인 비교 기준이라고 할 수 있다. 다시 말하면 일반능력 지수-WMS-IV 지수 비교가 전체척도 IQ-WMS-IV 지수 비교보다 기억 문제에 좀 더 민감하다고 할 수 있다.

기록 용지에는 다양한 능력-기억 비교를 할 수 있는 채점 칸이 제공되고 있다(기록 용지 "능력-기억 분석" 칸과 『WMS-IV 기술 및 해석 지침서』의 200~218쪽에 있는 표 B.1~B.16 참고). 임상가들의 대부분은 일반능력 지수와 WMS-IV 지수들간의 비교에 우선적인 관심을 가지고 있다. 따라서 이 장에서는 이들 간의 비교점수에 대해서만 기술할 것이다. 그러나 어떤 검사자들은 WMS-IV와 다른 WAIS-IV 지수들 간에 좀 더 자세한 비교를 원할 수도 있다. 두 지수들 간의 비교에서 능력(WAIS-IV) 점수가 통제 변인이며 기억 지수

(WMS-IV)가 비교 대상이 되는 종속 측정치이다. 두 지수 간의 점수 차이는 평균 점수 10점, 표준편차 3점인 환산점수로 변환된다. 7점(16백분위)은 일반능력 지수에서 기대되는 바에 비해서 기억 지수가 낮다(상대적으로 약점)는 것을 의미한다. 더 낮은 점수는 이러한 차이를 더 극대화하며, 그 지수에서 측정하는 기억 요소의 손상 가능성을 시사한다. 반면 13점(84백분위) 이상의 점수는 수검자의 기억 지수가 그 사람의 일반능력 지수에서 기대되는 바에 비해서 높다(상대적으로 강점)는 것을 시사한다. 한 가지 주의할 점은 이렇게 많은 비교를 하다 보면 우연히 발생하는 차이가 늘어날 수 있다는 것이다. 즉 "유의한" 차이 중 어떤 것들은 실제 임상적으로는 환자의 상태에 대한 정확한 기술이 아닐 수 있다. 그렇기 때문에 임상가들은 차이 점수들을 과잉 해석하지 않도록 주의를 기울여야 할 것이다.

아래에 지수들 간 비교점수에 대해서 매우 간단하게 기술하였다. 지수에 대한 설명, 지수에 포함되어 있는 과제의 종류, 높고 낮은 점수의 의미에 대한 해석, 일상생활에서의 예 등 지수에 관한 좀 더 자세한 해석에 관심이 있는 독자들은 앞서 기술한 WMS-IV 지수들에 대한 정보를 참고하기 바란다.

일반능력 지수 대 청각기억 지수

낮은 점수(7점 미만)는 피험자의 전반적인 능력에 비해서 청각적으로 제시된 정보를 회상하는 능력이 약점이라는 것을 의미한다. 높은 점수(13점 초과)는 청각적 정보에 대한 기억이 상대적으로 강점임을 의미한다.

일반능력 지수 대 시각기억 지수

낮은 점수(7점 미만)는 피험자의 전반적인 능력에 비해서 시각적으로 제시된 정보를 회상하는 능력이 약점이라는 것을 의미한다. 이 지수는 손상에 가장 민감한 측정치 중 하나로 밝혀졌다(Pearson, 2009d). 높은 점수(13점 초과)는 시각적 정보에 대한 기억이 상대적으로 강점임을 의미한다.

일반능력 지수 대 시각 작업기억 지수

낮은 점수(7점 미만)는 피험자의 전반적인 능력에 비해서 복잡한 시각적 정보에 집중하고 이를 보유하고 조작하는 능력이 상대적으로 약점이라는 것을 의미한다. 이러한 수검자들은 정보가 어디에("시각적 공간") 있었는지, 그들이 본 것의 세부사항("시각적 세부사항")은 어땠는지를 파악하는 데 어려움을 겪을 것이다. 높은 점수(13점 초과)는 시각적 정보를 보유하고 조작하는 능력이 상대적으로 강점임을 의미한다. 이에 대한 좀 더 정확한 해석을 위해서 청각적-언어적 작업기억을 측정하는 WAIS-IV의 작업기억 지수와 WMS-IV의 시각 작업기억 지수를 비교하는 것도 중요하다.

일반능력 지수 대 즉각기억 지수

낮은 점수(7점 미만)는 수검자의 전반적인 능력에 비해서 그들이 보거나 들었던 정보에 대한 단기("즉각")기억이 상대적으로 약점이라는 것을 의미한다. 높은 점수(13점 초과)는 수검자의 단기("즉각")기억이 상대적으로 강점임을 의미한다.

일반능력 지수 대 지연기억 지수

낮은 점수(7점 미만)는 수검자의 전반적인 능력에 비해서 그들이 보거나 들었던 정보에 대한 장기("지연")기억이 상대적으로 약점이라는 것을 의미한다. 이 측정치는 임상적으로 민감한 측정치들 중 하나이다(Pearson, 2009a). 높은 점수(13점 초과)는 그들이 보거나 들었던 정보에 대한 장기("지연")기억이 상대적으로 강점임을 의미한다. 이 지수에서 측정된 "장기"기억들은 20~30분의 지연 후 평가되었다. 지연기억 지수는 많은 기억 요소들로 구성되어 있기 때문에, 전체기억(1997년도에 출판된 WMS-III의 일반기억 지수와 비슷)의 측정치라고 개념지을 수 있다. 지연기억 지수가 기억에 대한 전체적인 측정치일 뿐만 아니라 손상에 민감하다는 사실을 함께 고려하면, 이 지수는 가장 중요한 비교치 중의 하나라고 할 수 있을 것이다.

추가적인 고려사항: 꾀병 및 변화 평가하기

개인 상해 소송, 산업재해 보상, 장기간의 장해, 범죄 피해 소송의 피고 등과 관련된 평가의 경우 이차적 이득은 빈번하게 거론되는 문제이다. 평가에 따라 이득의 가능성이 있기 때문에 꾀병의 가능성은 명백하다. 신경심리학자들을 대상으로 한 조사에서 개인 상해 소송 및 산업재해 보상과 관련된 꾀병은 약 30%였으며(Mittenberg, Patton, Canyock, & Condit, 2002), 외상성 뇌 손상과 관련된 소송에서는 약 40%에 육박하였다(Larrabee, 2005). 이러한 사람들이 가장 빈번하게 호소하는 문제는 기억 문제이기 때문에, 기억 문제는 특히 더 과장되는 경향이 있다. 그렇기 때문에 임상가들은 수검자가 호소하는 문제가 타당한지를 평가할 때에는 특별히 더 주의를 기울여야 할 필요가 있다. 좀 더 중립적이면서 꾀병과 유사한 용어로는 검사에 최선을 다하지 않기(suboptimal engagement), 일관되지 않은 노력(inconsistent effort), 가장하기(feigning) 등이 있다.

최선의 인지적인 노력을 다하지 않는 태도를 탐지하는 데 유용한 많은 전문적인 도구들이 있으며, 보다 정확한 평가를 위해 이러한 도구들을 사용하는 것이 추천된다(K. A. Boone, 2007; Larrabee 2005; E. Strauss et al., 2006). 가장 좋은 방법은 다양한 측정치들을 사용하는 것이다. WMS-IV에서 꾀병을 탐지할 수 있는 가능한 방법 중 하나는 논리기억 지연 재인 과제에서의 수행을 주의 깊게 살펴보는 것이다. 이 과제에서 수검자는 이전에 들었던 이야기에 관한 질문에 대해 "그렇다" 혹은 "아니다"로 대답해야 한다. 이러한 유형의 질문에서는 무선적인 추측에 의한 정답 확률이 50%이기 때문에, 이보다 낮은 정답률은 수검자가 고의적으로 오답을 말하고 있다는 것을 시사한다. 재인 과제는 자유회상 과제보다 쉽기 때문에, 재인에서의 수행이 자유회상에서의 수행보다 높지 않을 경우에도 역시 꾀병을 의심할 수 있다. 마지막으로 수검자의 일상적인 기능(정보제공자들로부터 확인된)과 WMS-IV에서의 수행 간의 차이가 큰 것도 꾀병의 일반적인 지표라고 할 수 있다. 『WAIS-IV/WMS-IV 고급 임상적 해결』(Pearson, 2009a)에는 꾀병을 탐지할 수 있는 추가적인 전략들이 제공되고 있는데, 이 중에는 논리기억 재인, 단어연합, 디자인 공간 및 내용에 대한 추측 분석(analyses of guessing) 등이 포함되어 있다. 만약 이러한 소검사들에서 수검자의 수행이 추측보다 낮다면 꾀병의 가능성이 있다고 할 수 있다.

WMS-IV 점수는 기능 감퇴를 입증하거나 향상을 관찰하기 위해서도 종종 사용된다. 사전과 사후 점수를 비교해서 환자의 기능 수준에서 나타나는 실제적인 변화를 쉽게 추론할 수 있다면 이는 매우 매력적일 것이다. 예를 들어 뇌 손상 후 바로 평가하였을 때 WMS-IV 지연기억 지수가 80이었던 환자가 3개월 후 85점을 받았다면, 이를 통해 환자의 기억력이 향상되었다고 추론할 수 있을지 모른다. 그러나 이러한 추론은 연습 효과, 평균으로의 회귀 혹은 측정의 신뢰도 같은 요소들을 고려하지 않고 있다. 사전 검사 80점과 사후 검사 85점 간에 나타난 향상은 연습 효과의 결과이거나 단순히 측정 오류(검사-재검사 신뢰도에서 반영하고 있는 것처럼) 때문일 수 있다. 『WAIS-IV/WMS-IV 고급 임상적 해결』(Pearson, 2009a)에는 실제적인 변화가 나타났는지를 계산할 수 있는 전략들("신뢰로운 변화 지수")이 제공되어 있다. 이러한 계산법들은 검사 도구의 불완전한 신뢰도를 감안하여 실제로 유의한 변화가 일어났는지 아닌지를 결정할 수 있게 해 준다. 하지만 이러한 결정이 개인적, 사회적 차원에서의 의미 있는 변화와 필연적으로 관련되어 있는 것은 아니다(Beutler & Moleiro, 2001 참고). 점수 변화에 개인적인 혹은 임상적인 의미가 있는지를 결정하기 위해서는 환자 기능의 실제적인 변화와 관련된 추론을 뒷받침할 수 있도록 다양한 정보원들로부터 정보를 취합하여 통합해야 하며, 이는 임상가의 몫이다.

읽을거리

Holdnack, J. A., Drozdick, L., Iverson, G. L., & Weiss, L. G. (2013). *WAIS-IV, WMS-IV, and ACS: Advanced clinical interpretation*. San Diego, CA: Academic Press.

Strauss, E., Sherman, E. M. S., & Spreen, O. (2006). Memory. In O. Spreen & E. Strauss (Eds.), *A compendium of neuropsychological tests: Administration, norms, and commentary* (3rd ed., pp. 679–686). New York, NY: Oxford University Press.

제7장

미네소타 다면적 인성검사[†]

미네소타 다면적 인성검사(Minnesota Multiphasic Personality Inventory, MMPI)는 개인의 정서적 적응 수준과 수검 태도를 양적으로 측정하는 광범위한 자기기술 점수를 산출하는 표준화 검사이다. MMPI는 Hathaway와 McKinley가 1940년에 처음 개발한 이래 1만 편이 넘는 연구가 이루어진 가장 널리 사용되는 임상 성격검사이다(Archer, Buffington-Vollum, Stredny, & Handel, 2006; Boccaccini & Brodsky, 1999; Camara, Nathan, & Puente, 2000; C. Piotrowski, 1999). MMPI는 그 임상적 유용성은 물론 엄청난 연구를 자극하였다. 현재 MMPI-2(Butcher, Dahlstrom, Graham, Tellegen, & Kaemmer, 1989)와 MMPI-2 재구성판(MMPI-2-RF; Ben-Porath & Tellegen, 2008/2011) 두 종류가 사용되는데, 각각 장단점이 있다. 이 장에서는 이 두 가지를 모두 소개하였다.

1943년판 MMPI는 "그렇다" 또는 "아니다"로 응답하는 504개 진술문으로 구성되었다. 후에 16개 반복 문항과 척도 5(남성성-여성성), 척도 0(내향성)이 추가되어 566문항이 되었다. 1989년 재표준화에서는 기본 형식은 유지되었지만 문항이 수정·제거·추가되어

단검표(†)로 표시한 내담자 피드백 내용 기술은 R. W. Levak, L. Seagel과 D. S. Nichols(2011)의 *Therapeutic Feedback with the MMPI-2: A Positive Psychology Approach*에서 출판사(Tayler & Francis, Inc) 허가하에 인용함.

MMPI 검사지는 University of Minnesota Press의 허가 하에 사용함.

567문항이 되었다. 반응은 수기 혹은 컴퓨터로 채점되어 프로파일로 요약된다. 프로파일 상에 표기된 개인의 점수는 여러 규준 집단의 점수와 비교 가능하다.

MMPI 원판은 3개의 타당도 척도와 10개의 임상 혹은 성격 척도를 포함해 총 13개의 표준 척도로 구성되었다. 최근의 MMPI-2 및 MMPI-A(청소년용) 역시 동일한 척도를 유지하였으나, 타당도 척도가 증가되었다(표 7.1 참고). MMPI-2-RF에서는 이론적으로는 유사하지만 새로운 임상 및 타당도 척도가 추가되었고, 3개의 상위차원 척도(higher order scale)도 추가되었다(표 7.1 참고). MMPI-2의 임상 및 성격 척도들은 번호 또는 약자로 알려져 있다. MMPI-2와 MMPI-2-RF 모두 임상 척도의 의미를 정교화하거나 추가 정보를 제공하는 추가 옵션을 제공한다. 여기에는 문항 내용에 근거한 척도(내용 및 특정 문제 척도)와 내용관련 문항들의 군집에 기초한 임상 및 성격 척도의 소척도들(Harris-Lingoes 소척도), 적절한 차원에 따른 문항 군집(결정적 문항), 성격병리 척도(성격병리 5요인 척도), 경험적으로 도출한 새로운 척도들(보충 척도) 등이 포함된다. 새로운 척도들은 계속 연구되고 보고되고 있다. 그 결과 아주 다양하고 잠재적으로 유용한 검사들이 개발되고 있고, 다양한 관점에서 해석되고 정교화되며 확장되고 있다.

대다수 MMPI 문항의 내용은 비교적 명백하고, 정신의학적, 심리적, 신경학적, 신체적 증상들을 다루고 있다. 그렇지만 일부 문항은 평가하는 기저 심리 과정이 직관적으로 명확하지 않아 심리학적으로 모호하다. 예를 들어 68번 문항 "가끔 동물을 못살게 군다"의 경우에 우울한 사람들은 그렇지 않은 사람보다 "아니다"라고 답하는 경향이 있다. 따라서 이 문항은 표면적으로는 개인의 우울 정도를 직접 평가하는 것으로 보이지 않더라도 척도 2(우울증)에 포함되었다. 그렇지만 대부분의 문항은 직접적이고 자명한데, 예를 들어 56번 문항 "나도 남들만큼 행복했으면 좋겠다", 146번 문항 "나는 쉽게 운다" 등은 수검자의 우울 수준을 반영한다. 전체 문항은 일반적 건강 상태, 직업적 흥미, 집착이나 몰두, 사기 (morale), 공포, 교육적 문제 등 다양한 영역과 관련되어 있고 매우 다양하다.

검사 프로파일이 구해지면 중요한 상승과 하강이 요약되고 부각되는 방식으로 점수와 빈도가 배열 또는 코딩된다. 그렇지만 검사를 정확하게 해석하려면 척도들의 전반적 형태와 수검자의 인구통계적 특성 모두를 고려해야만 한다. 많은 경우에 다른 척도들의 높낮이에 따라 동일한 척도 점수도 사람마다 다른 의미를 가진다. 예를 들어 6번/RC6(편집증/피해의식) 척도의 상승은 피해를 입거나 비난을 받거나 심판받는 느낌과 다른 사람

표 7.1 MMPI-2 및 MMPI-2-RF의 타당도, 상위차원 및 기본(임상 및 재구성 임상) 척도

MMPI-2	약칭 척도 번호	문항수	MMPI-2-RF	약칭	문항수
타당도 척도					
무응답	?		무응답	CNS	
무선반응 비일관성	VRIN	98	무선반응 비일관성	VRIN-r	106
고정반응 비일관성	TRIN	40	고정반응 비일관성	TRIN-r	52
비전형	F	60	비전형 반응	F-r	32
비전형(후반부)	Fb	40	비전형 정신병리 반응	Fp-r	21
비전형(정신병리)	Fp	27	비전형 신체 반응	Fs	16
증상 타당도	FBS	43	증상 타당도	FBS-r	30
부인	L	15	반응 편향*	RBS	28
교정	K	30	흔치 않은 도덕적 반응	L-r	14
과장된 자기제시	S	50	적응 타당도	K-r	14
상위차원 척도			정서적/내재화 문제	EID	41
			사고 문제	THD	26
			행동적/외현화 문제	BXD	23
기본(임상) 척도					
건강염려증	Hs (1)	32	의기소침	Rcd	24
우울증	D (2)	57	신체 증상 호소	RC1	27
히스테리	Hy (3)	60	낮은 긍정 정서	RC2	17
반사회성	Pd (4)	50	냉소적 태도	RC3	15
남성성-여성성	Mf (5)	56	반사회적 행동	RC4	22
편집증	Pa (6)	40	피해의식	RC6	17
강박증	Pt (7)	48	역기능적 부정 정서	RC7	24
정신분열증	Sc (8)	78	기태적 경험	RC8	18
경조증	Ma (9)	46	경조증적 상태	RC9	28
내향성	Si (0)	69			

* 역자 주: 한국판은 반응 편향 척도가 없음.

의 행동에 매우 민감함을 나타낼 수 있다. 그렇지만 4번/RC4(반사회성/반사회적 행동) 척도가 동반 상승한 경우 다른 사람의 행동에 대해 행동화할 가능성이 높아진다. 이러한 행동화는 갑작스럽고 부적절하게 나타날 수 있으며, 다른 사람이 보기에는 모호하거나 심지어 중성적인 자극에 의해서 흔히 촉발된다. 그러므로 임상가는 프로파일을 순전히 양적으로 또는 기계적으로 사용하는 것을 피하는 것이 중요하며, 다른 척도들의 상승 및 하강의 전반적 맥락에서만 검토해야 한다. 특정한 척도는 전체 프로파일 형태의 맥락에서뿐만 아

니라, 인구통계적 특성(연령, 학력, 사회경제적 지위, 민족성 등), 행동 관찰, 다른 심리측정 도구, 관련 이력 등 성격 기술의 정확도와 풍부함, 민감도를 높일 수 있는 다른 부가적 정보들도 활용해야 한다.

더 중요한 해석의 일반적 고려사항은 척도들이 단순한 진단 범주가 아닌 성격 특질의 측정치라는 것이다. 척도들이 본래 정상과 이상행동을 구별하기 위해 고안되기는 하였지만, 성격 변인의 군집을 나타내는 것으로 간주하는 것이 훨씬 유용하다. 예를 들어 척도 2(우울증)는 정신적 무감각, 자기비하, 작은 일에도 걱정하는 경향을 시사한다. 이러한 접근은 상승 척도 쌍의 의미에 대한 광범위한 연구의 특징인데, 이 장의 뒷부분에서 소개할 것이다. 단지 사람에게 어떤 명칭을 부여하는 대신 이렇게 기술적인 접근을 함으로써 수검자에 대한 풍부하고 보다 심층적이며 폭넓은 평가가 가능해진다.

역사와 발전

MMPI는 1939년 미네소타 대학의 Starke R. Hathaway와 J. Charnley McKinley에 의해 개발되기 시작하였다. 이들은 정신과 성인 환자의 기본 사례진단 평가에 도움이 되고 장해를 정확하게 평가할 수 있는 도구를 원하였다. 이들은 추가로 심리치료나 환자 생활의 다른 변수들에 따른 변화를 객관적으로 추정할 수 있는 도구를 개발하는 데 관심이 있었다.

MMPI 제작 과정에서 가장 중요한 접근은 경험적 준거 방식(empirical criterion keying)이었다. 이 방법은 외적 참조 준거에 입각해 척도 문항을 개발·선정·채점하는 것을 말한다. 임상 전집에 일련의 질문들을 준 후 이들이 비교 집단과 다른 답을 했는지에 기초해 질문을 선택 혹은 배제하여 검사를 개발하였다. 검사 질문을 처음 개발할 때는 이론적 접근이 활용되기도 하였으나, 최종 문항 선정에는 이론적 기준을 적용하지 않았다. 대신 임상 집단과 비교 집단의 응답이 달랐는지에만 기초해 검사 질문이 선택되었다. 예를 들어 "아침에 일어나기 힘들 때가 있다"와 같은 문항은 이론적으로는 우울증을 평가하는 것으로 볼 수 있다. 하지만 우울증 환자들이 이 문항에 대해 규준 집단과 다르게 반응하지 않는다면, 이 문항은 포함되지 않는다. 만약 연극성 특질을 가진 사람들이 이러한 특질이 없는 집단보다 "위장이 아프다"는 문항에 "그렇다"라고 더 답한다면, 경험적 관점에서 그들이 실제로 위통을 겪는지보다는 그렇게 답한 사실이 더 중요한 것이 된다. 다시 말해 문항 선정의 최종 기준은 특정한 모집단에서 유의미하게 다른 방식의 응답이 있었는지가 된다.

Hathaway와 McKinley는 이러한 방법을 사용해 이전에 개발된 성격 및 사회적 태도 척도들, 임상 보고서, 사례, 정신과 면접 매뉴얼, 개인적 임상 경험 등 다양한 자료에서 1,000개가 넘는 진술문을 추출하여 원판 문항들을 구성하기 시작하였다. 1,000개의 진술문들은 제거 또는 수정되어 504개가 남았는데, 이 문항들은 명료하고 읽기 쉬우며, 중복되지 않고, 긍정적, 부정적 표현이 균형을 이룬 것으로 간주되었다. 진술문들은 아주 다양하였고, 가능한 한 개인 삶의 폭넓은 영역을 포괄하도록 설계되었다. 다음 단계는 504개의 질문을 실시할 비임상(정상) 집단과 정신과 환자 집단을 선정하는 것이었다. 정상 집단은 일차적으로 미네소타 병원 환자의 친구나 친지로 검사를 받고자 한 사람들이었다. 이들은 226명의 남성과 315명의 여성으로 구성되었고, 연령, 교육, 결혼 상태, 직업, 주거, 현재의 의학적 상태 등 여러 가지 배경 질문을 통해 선별되었다. 선별 당시 의학적 치료를 받고 있는 사람은 제외되었다. 최근 고등학교를 졸업한 사람, 공공사업진흥국 근로자, 미네소타 대학병원 의료 환자 등이 추가로 정상 집단에 포함되었다. 724명으로 구성된 이 표본은 1930년 인구조사에서 나타난 미네소타 전집의 연령, 성별, 결혼 상태를 대표하는 것이었다. 임상 집단은 미네소타 대학병원에서 치료받고 있는 주요 정신과적 범주를 대표하는 환자들이 포함되었고, 각 진단 범주별로 50명 정도가 되도록 하위집단으로 나누었다. 진단이 확실하지 않거나 다중진단을 받은 경우 제외하였다. 그 결과 건강염려증(hypochondriasis), 우울증(depression), 히스테리(hysteria), 반사회성(psychopathic deviate), 편집증(paranoia), 강박증(psychasthenia), 조현병(schizophrenia), 경조증(hypomania)으로 구분되었다.

Hathaway와 McKinley는 정상 및 정신과 환자에게 504문항 척도를 실시한 후 그들의 반응을 비교하였다. 두 집단을 정확하게 구별해 주는 문항이 각 임상 척도에 포함되었다. 예를 들어 "위통이 느껴진다"는 건강염려증 환자의 20%가 "그렇다"라고 답한 반면, 정상인은 2%만이 그렇다고 답하였다. 따라서 이 문항은 건강염려증 척도에 포함된다. 집단 비교는 임상 집단 간이 아닌 임상 집단과 정상 집단 간에 이루어졌다. 이러한 선정 절차는 잠정적인 임상 척도 개발에 사용되었다.

다른 단계가 척도 구성에 포함되었는데, 724명의 정상 집단과 여러 임상 집단이 서로 다르게 응답하였다는 것이 임상 선별 목적에 성공적으로 사용될 수 있다는 점을 필연적으로 나타내는 것은 아니었다. 따라서 새로운 정상 집단을 선정해 그들의 반응을 여러 임상 환자 집단과 비교하였다. 여기서도 두 집단이 유의하게 다르게 반응한 문항만 최종 임상 척도에 선정되었다. 이 문항들과 이들 문항으로 구성된 임상 척도는 실제 임상 현장에서 감별 진단을 하는 데 타당할 것으로 추정되었다.

이상은 원판 임상 척도의 개발 방식을 기술하는 절차였다. 이후 다소 다른 접근을 사용한 2개의 척도가 추가되었다. 척도 5(남성성-여성성)는 원래 동성애 남성과 이성애 남성을 구분하기 위한 의도로 제작되었다. 그렇지만 이러한 기능을 효과적으로 하는 문항은 거의 없음이 밝혀졌다. 그래서 대부분의 남성이 대부분의 여성과 달리 응답하는 문항들에 초점을 두고 확장되었다. 그리고 Terman과 Miles I 척도(1936)의 문항들도 추가되었다. 두 번째로 추가된 척도는 Drake가 1946년에 개발한 사회적 내향성(Social Introversion, Si) 척도이다. 이 척도는 사교 및 교외 활동에 적극적으로 참여하는 여대생과 거의 참석하지 않는 여대생을 변별해 주는 문항들로 경험적 준거 방식을 통해 개발되었다. 이후 남녀 모두에게서 내향성 정도를 반영하도록 일반화되었다.

얼마 지나지 않아 검사 제작자들은 사람들이 검사를 받을 때 자신의 인상을 바꿀 수 있다는 것을 알게 되었다. 그래서 Hathaway와 McKinley는 임상 척도의 타당도를 위협하는 여러 수검 태도의 유형과 정도를 탐지하는 몇 개의 척도를 개발하기 시작하였다. 무응답(Cannot say, ?), 부인(Lie, L), 비전형(Infrequency, F), 교정(Correction, K) 4개의 척도가 개발되었다. 무응답(?) 척도는 단순히 응답하지 않은 문항의 개수이다. 이 척도 점수가 높으면 전체 프로파일의 타당도는 감소하게 된다. 부인(L) 척도 점수가 높으면 과도하게 바람직한 인상을 형성하려는 순진하고 정교하지 못한 노력을 나타낸다. 이 척도에 선정된 문항은 개인의 사소한 단점까지도 인정하기를 주저하는 것을 나타내는 것들이다. 비전형(F) 척도는 정상인의 10% 미만만이 그렇다고 응답한 문항들로 구성되었다. F척도 점수가 높다는 것은 많은 비정상적 일탈 반응에 대해 그렇다고 응답하였음을 반영한다.

수검자의 심리적 방어성 정도를 반영하는 교정(K) 척도는 타당도 척도 중 가장 정교하다. 이 척도의 문항들은 정신과 환자이지만 정상 MMPI를 보이는 사람(임상적으로 방어적인 사람)과 정상 MMPI를 보인 정상인을 비교하여 선정하였다. 이 두 집단을 잘 변별하는 문항들로 K 척도를 구성하였다. 후에 채점 방향으로 응답한 K 척도 문항수를 사용하여 임상 척도 "교정"에 사용하였다. 그 이유는 방어적 수검 태도로 인해 어떤 척도가 낮아지는 것이라면 그것을 상쇄하기 위해 방어성 정도를 나타내는 점수를 더한다는 것이었다. 그렇게 함으로써 이론적으로 개인의 임상 행동에 대한 더 정확한 평가가 가능해졌다. K 교정이 이루어지지 않는 척도는 원점수가 개인의 실제 행동을 정확히 기술한다고 보는 척도들이었다. 그렇지만 일부 장면에서는 K 교정의 효과에 대해 의문이 있었다. 그 결과 임상가에 따라 K 교정을 하거나 하지 않은 MMPI-2 결과지를 사용할 수 있게 되었고, 청소년용인 MMPI-A는 K 교정을 하지 않게 되었다.

원판 MMPI 출판 이후에 특수 척도들과 해석을 위한 여러 부가적 접근들이 개발되었다. 그 일차적 방략은 내용 해석이었다. Harris-Lingoes 소척도, Wiggins 내용 척도 그리고 몇 가지 결정적 문항들이 가장 빈번히 사용되었다. 이 척도들은 수검자에 대해 잠재적으로 중요한 질적 정보를 제공할 수 있다. 추가로 불안 척도, 물질 남용을 측정하는 MacAndrew 척도, 통찰지향치료에서 이득을 얻을 수 있는 정도를 추정하는 자아강도 척도(Ego Strength Scale)를 비롯한 많은 보충 척도가 개발되었다. 이 척도들은 전통적인 임상 척도 그리고 특수 집단 평가 및 연구를 위한 실험 척도에 보조적으로 사용될 수 있다(Butcher, 2006, 2011; Butcher, Graham, Williams, & Ben-Porath, 1990; J. R. Graham, 2011; C. L. Williams, Butcher, Ben-Porath, & Graham, 1992).

척도 및 해석에서의 혁신에 더해, MMPI는 매우 다양한 목적으로 폭넓은 장면에서 사용되어 왔다. 대부분의 연구들은 의학적 및 정신과적 장애의 확인 그리고 법정 맥락에 초점을 두었고(Deardorff, 2000; Greene, 2000; Pope, Butcher, & Seelen, 2000), MMPI의 심리측정적 성질을 확장하거나 심층적으로 이해하려는 것이었다. 알코올중독, 노화, 통제소재, 컴퓨터 기반 해석, 만성 통증, 다양한 직업군 평가 등도 흔한 연구 주제였다. MMPI는 많은 언어로 번역되었으며, 다양한 비교문화 맥락에서 사용되어 왔다(Butcher, 1996, 2004; Cheung & Ho, 1997; Greene, 1991; G. C. N. Hall, Bansal, & Lopez, 1999; Handel & Ben-Porath, 2000 참고).

원판 MMPI에 대한 비판은 노후화, 원판 척도 구성의 문제, 표준화 집단의 부적절성, 많은 문항에서 나타난 문제에 집중되었다(Helmes & Reddon, 1993). 문항의 문제들은 성차별적 표현, 인종 차별 가능성, 구식 표현, 문제가 되는 내용 등을 포함한다. 추가로 규준 집단이 소수를 잘 대표하지 못하고 현재 수검자와 비교하는 것이 적절치 않았다. T 점수 변환과 관련된 일관되지 못한 의미의 문제도 있었다.

이러한 비판에 따라 1982년에 MMPI의 전반적 재표준화가 시작되었다. 근본적인 변화가 요구되기는 하였으나, 재표준화위원회는 지난 50년 이상 축적된 광범위한 연구 자료를 활용하기 위해 원판의 기본 형식과 의도를 유지하고 싶어 하였다. 그 결과 6개의 목표가 설정되었다.

1. 구식 표현 또는 문제가 되는 문항 삭제
2. 타당도 및 임상 척도 유지
3. 폭넓고 대표적인 전집 개발
4. 임상적 문제를 가장 정확하게 반영하고 동등한 백분위 분류가 가능한 규준
5. 문항과 척도 평가에 활용할 새로운 임상 자료 수집
6. 새로운 척도 개발

재표준화는 원래의 550문항(그중 82문항은 수정되었다)과 새로운 척도를 위해 추가된 154문항을 가지고 이루어졌다. 82문항이 수정되기는 하였으나 그 심리측정적 성질은 변하지 않았다(Ben-Porath & Butcher, 1989). 704개 문항(Form AX)이 여러 주, 여러 군 기지, 원주민 거주 지역에서 선정된 1,138명의 남성과 1,462명의 여성에게 실시되었다. 수검자는 18세에서 90세까지였으며, 편지, 대중매체 광고, 특별한 부탁을 통해 모집하였다. 재표준화 표본은 1980년 미국 전역의 인구조사 자료와 유사하였으나, 일반 인구에 비해 학력은 다소 높았다.

MMPI-2(Butcher, Dahlstrom, Graham, Tellegen, & Kaemmer, 1989; Butcher, Graham, Ben-Porath, Tellegen, Dahlstrom, & Kaemmer, 2001)는 구판과 여러 면에서 다르다. 수검자의 T 점수는 원판보다 덜 극단적이었고, 전통적인 임상 척도(5, 0 제외)에 걸쳐 동일한 범위와 분포가 되도록 하였다. T 점수 65 이상을 임상적 범위로 하였으며(원판은 70점이 기준이었다), 임상 척도들의 백분위 분포도 동등하게 만들었다(원판은 동등하지 않았다). 검사지는 567문항으로 구성되었고, 앞부분 370문항에서 전통적 척도(3개의 타당도 및 10개의 임상 척도)가 도출되도록 순서를 바꿨다. 나머지 197문항(371번부터 567번)은 보충

척도와 내용 척도, 연구용 측정치를 제공한다. 검사 타당도를 측정하는 새롭고 치밀하며 보조적인 척도들과 남성성 및 여성성을 측정하는 별도 척도, 구체적인 성격 요인(불안, 건강염려, 냉소적 태도 등)을 측정하는 15개의 추가 내용 척도가 포함되었다. MMPI/MMPI-2 코드 타입의 타당도, 특수 집단 활용, 증상의 과잉 또는 과소 보고 구별, MMPI, MMPI-2, MMPI-A의 비교가능성 등과 관련된 광범위한 연구가 축적되었다.

MMPI-2에 대한 계속되는 두 가지 주요 비판에 대응하기 위해 Ben-Porath와 Tellegen이 2008년에 MMPI-2-재구성판(MMPI-2-Restructured Form, MMPI-2-RF, 2008/2011)을 출간하였다. 많은 비판이 있었지만, MMPI-2-RF는 두 가지 주요 비판을 다루었다. 그것은 척도가 너무 이질적이고 중복되어 있다는 점과 검사가 너무 길다는 것이었다. 임상 척도의 공통 요인인 의기소침(demoralization)을 추출함으로써 척도를 정교화하기 위한 작업이 진행되었다. 그 결과가 더 짧고 동질적인 재구성 임상 척도(Restructured Clinical, RC scales; Tellegen et al., 2003)로 MMPI-2-RF에서 주로 사용된다. 정신병리와 관련된 다섯 가지 핵심 성격 척도도 개발되었다(성격병리 5요인 척도, Personality Psychopathology Five(PSY-5); Harkness, McNulty, Ben-Porath, & Graham, 2002). 이러한 일련의 개발 과정은 기존 임상 척도의 이질성과 해석의 어려움에 대한 대안을 어느 정도 제공하였다. 이러한 척도들을 타당도 및 보충 척도들과 결합해 MMPI-2-RF는 338문항으로 심리측정적 성질과 해석에서 질적 향상을 일부 이루었다(Ben-Porath & Tellegen, 2008/2011). 추가로 앞 문항에 대한 반응을 통해 추가 문항을 선정하는 MMPI-2 단축형도 컴퓨터로 사용할 수 있다(MMPI-2-CA; Forbey & Ben-Porath, 2007). 현재 임상가와 연구자들은 MMPI-2를 고수하는 측과 MMPI-2-RF를 선호하는 측으로 양분되어 있다(단축형을 사용하는 사람은 별로 없다).

초기부터 원판 MMPI의 경우 청소년과 성인의 척도 상승도가 다르다고 알려졌다. 이러한 인식으로 인해 청소년을 위한 별도의 규준이 개발되었다(Archer, 1987; Colligan & Offord, 1989; Klinefelter, Pancoast, Archer, & Pruitt, 1990; Marks, Seeman, & Haller, 1974). 그렇지만 많은 임상가와 연구자들은 청소년용을 쓰더라도 여전히 상당한 문제가 있다고 생각하였다. 특히 검사가 너무 길고, 요구되는 독해력 수준이 너무 높으며, 현대화된 규준도 필요하고, 청소년에게 특수한 문제를 평가하는 내용이 더 필요하며, 일부 표현이 구식이거나 부적절하였다(Archer, Maruish, Imhof, & Piotrowski, 1991). 그래서

MMPI-2 재표준화위원회는 1989년에 청소년용 MMPI(MMPI-A)를 개발하기로 결정하였고, 1992년에 출시하였다(Butcher et al., 1992). 14세에서 18세 청소년을 대표하는 805명의 남자와 815명의 여자로 규준이 만들어졌다. 규준 집단과 미국 인구 자료에서 나타난 주요 차이는 규준 집단의 학력이 높다는 것이었다. MMPI 및 MMPI-2와의 유사성에도 불구하고, 몇 가지 중요한 차이가 있다. 원래의 척도 문항 중 58개가 삭제되었고, 표현이 일부 바뀌었으며, 청소년에게 적절한 새로운 문항이 추가되었다. 그 결과 4개의 새로운 타당도 척도가 포함되었고(VRIN, TRIN, $F1$, $F2$), 미성숙, 불안, 억압 척도 등의 6개 보충 척도와 우울 척도 등의 새로운 내용 척도가 개발되었다. 특히 청소년에게 MMPI가 너무 길다는 불만을 고려하여 MMPI-A는 478문항으로 구성되었고 실시 시간이 단축되었다. 350문항만으로도 타당도 척도와 표준 임상 척도 점수를 얻을 수 있기 때문에 더 짧게도 가능하다. 결과적으로 MMPI-A는 MMPI 및 MMPI-2 그리고 그 데이터베이스와 강하게 연결되어 있으면서도 자체로 몇 가지 독특한 특징을 가지게 되었다.

신뢰도와 타당도

원판 MMPI의 신뢰도 연구는 중간 정도의 시간적 안정성과 내적 일치도를 시사한다. 예를 들어 Hunsley, Hanson과 Parker(1988)는 1970년과 1981년 사이에 수행된 MMPI 연구를 메타 분석한 결과 "모든 MMPI 척도는 매우 신뢰할 만하고 .71(Ma 척도)부터 .84(Pt 척도) 사이였다"(p. 45)고 결론지었다. 이들의 연구는 광범위한 표본, 하루부터 2년까지의 다양한 간격, 5,000명이 넘는 총 표본을 포함하는 연구로부터 나온 것이다. 반면 Hunsley 등과 반대로 일부 척도들의 신뢰도 변동이 커서 신뢰도에 의문이 있다고 보고한 연구자들도 있다(Hathaway & Monachesi, 1963; Mauger, 1972). MMPI 옹호자들은 어느 정도의 변산은 당연하다고 반론을 제기한다. 특히 정신과 환자들의 경우 치료의 효과나 일시적 위기의 안정화로 검사 수행이 달라질 수 있다(J. Graham, Smith, & Schwartz, 1986). Bergin(1971)은 특히 척도 2(우울증)가 성공적 치료 후 낮아진다는 것을 보여 주었다. 이와 유사하게 척도 7(강박증)도 개인의 외부 상황 및 현재의 심리적 웰빙에 따라 변한다. 그러므로 일부 집단의 경우 이 두 척도의 검사-재검사 신뢰도를 평가하는 것은 적절성이 낮은 평가 방법이다. 검사의 신뢰도에 대한 이러한 방어는 정상인에 비해 정신과 환자에서 검사-재검사 신뢰도가 더 안정적이라는 관찰로 볼 때 설득력이 약화된다. 정신과 환자의 경우 신뢰도 중간값이 .90인 반면 정상인은 .70이다. 반분 신뢰도는 중간 정도인데, .05에서 .96까지 극단적으로 차이가 나며 중간값은 .70대이다(Hunsley et al., 1988).

MMPI-2 매뉴얼(Butcher et al., 1989)에 보고된 검사-재검사 신뢰도는 중간 정도이다. 그렇지만 이는 짧은 재검사 기간 동안 한정된 표본에서 계산된 것이다. 평균 8.58일(중간값 57일)에 걸친 정상 남자군의 신뢰도는 척도 6의 .67에서 척도 0의 .92 범위였다(Butcher et al., 1989). 동일 간격의 여성 집단 신뢰도도 유사해서 .58(척도 6)에서 .91(척도 0) 범위였다. 측정의 표준오차는 척도에 따라 원점수로 2~3점이었다(Butcher et al., 1989, 2001; Munley, 1991).

MMPI-2-RF 매뉴얼(Ben-Porath & Tellegen, 2008/2011)에 보고된 신뢰도는 적절한 내적 일치도와 중간 정도의 검사-재검사 신뢰도를 보여 준다. 내적 일치도의 경우, 정상 표본에서는 타당도 척도를 제외하고 평균 .66, 최저 .38(자살/죽음 사고 척도)에서 최고 .88(의기소침 척도)이었고, 외래환자 표본에서는 .56(행동제약공포 척도)에서 .94(정서적/내재화 문제 척도)까지였다. MMPI-2와 마찬가지로 검사-재검사 간격은 1주일로 매우 짧았다. 검사-재검사 신뢰도는 .54(신경학적 증상 호소 척도)에서 .93(통제결여 척도)까지였고 평균 .79였다. 측정의 표준오차는 척도에 따라 원점수로 3~7점이었다(Tellegen & Ben-Porath, 2008/2011).

MMPI-2의 문제 중 하나는 척도 구성 자체에 있었다. 척도 간 상호 상관이 매우 높았는데, 이는 광범위한 문항 중복의 결과였다. 하나의 문항이 여러 척도에 채점되었으며, 대부분의 척도가 다른 척도와 상당히 높은 공통 문항 비율을 가지고 있었다. 예를 들어 척도 7(강박증)과 척도 8(정신분열증) 문항은 높은 중복을 보였고, 결과적으로 표본에 따라 .64에서 .87의 상관을 보였다(Butcher et al., 1989; Dahlstrom & Welsh, 1960). 척도 8은 78문항으로 문항 수가 가장 많았지만 고유 문항은 16문항에 불과하였다(Dahlstrom, Welsh, & Dahlstrom, 1972). 마찬가지로 척도 F(비전형)는 척도 7(Pt), 척도 8(Sc) 및 기태적 정신상태(BIZ) 내용 척도와 높은 상관을 보였다. 이는 F 척도가 이들 세 척도와 동반 상승한 경우 F 척도 해석에 매우 유의해야 함을 시사한다. 척도 간 높은 상관을 심도 있게 이해하기 위해 여러 요인분석 연구가 수행되었다. 그러나 일관된 요인 개수나 유형은 발견되지 않았다. 요인 수는 2개(Dahlstrom, Welsh, & Dahlstrom, 1975; Dahlstrom et al., 1972; D. Jackson, Fraboni, & Helms, 1997)에서 9개(Archer & Krishnamurthy, 1997a; Costa, Zonderman, Williams, & McCrae, 1985), 심지어 21개(J. H. Johnson, Null, Butcher, & Johnson, 1984)까지 나타났다. 이 결과는 요인들이 구별되지 않음을 시사한다.

MMPI-2 척도들의 상관이 높은 이유 중 하나는 각 척도 별로 정상군과 각각 다른 임상군을 비교하여 문항을 선정하였기 때문이다. 문항들은 정신과 환자군 사이를 변별하기보다는 정상군과 각 환자군을 변별하는 것을 기초로 선정되었다. 정신과 환자군은 여러 특성에서 정상군과 다르지만, 이러한 문항 구성 방식은 이러한 차이를 정확하게 측정하지 못한다. 척도는 많은 이질적 문항들로 채워졌고, 잘 정의되지 않은 다차원적 속성을 측정하게 되었다. 그리고 척도 간에 많은 문항을 공유하게 되었다. 반면 정신과 환자 집단 간을 비교하는 방식은 문항 중복이 적고 보다 단일 차원의 특성을 측정할 수 있도록 한다.

문항 중복에 대한 부분적 방어 중 하나는 병리 증후군 같은 복잡하고 다차원적 변인의 경우 다른 구성개념과 중요한 관계를 보인다는 점이다. 같은 검사로 이러한 구성개념들을 측정할 경우 이론적, 임상적으로 관련된 증후군에서는 척도 중복이 나타난다는 것이다(Dahlstrom et al., 1972). 예를 들어 우울증은 여러 정신병리 범주에서 공통적으로 나타나는 특징이다. 따라서 건강염려증, 조현병(정신분열증), 불안과 이론적으로 관련이 된다. 우울증이 공통적으로 발생하게 되므로 척도 간 상관이 나타나는데, 척도들이 서로 관련되면서도 미묘하고 임상적으로 다른 의미를 가지게 된다는 것이다(Broughton, 1984). 그러므로 문항 중복과 척도의 다차원성은 MMPI-2와 MMPI-A의 약점이 아니라 구성개념의 성격상 당연한 것이다. 그렇지만 정확한 해석을 위해서는 척도 간의 미묘한 차이와 유사점을 인식해야 한다.

이러한 방어에도 불구하고 구분되는 정신병리의 구별은 중요하며, 이에 따라 MMPI-2-RF는 그 척도 구조를 바꿨다. 일부 타당도 척도에서 작은 예외가 있었지만, MMPI-2-RF 각 척도 문항은 그 척도에만 속해 있고 여러 척도에 속한 문항은 없었다. 그 결과 각 척도에 대한 "순수한" 해석이 가능해졌고, 어느 척도의 상승이 다른 척도의 상승에 의해 일어나는 일은 없게 되었다. 비록 이러한 변화가 정신병리의 기능에 대한 현실, 즉 어떤 장애도 다른 장애와 완전히 독립적으로 일어나지 않는다는 사실을 반영하지는 못하지만, 감별 진단의 확신도는 높아졌다.

MMPI-2와 MMPI-A 척도의 다차원성과 관련된 쟁점 중 하나는 척도 상승이 여러 다양한 이유로 나타날 수 있다는 것이다. 예를 들어 4번 척도(반사회성)의 상승은 가정불화, 또래관계 문제, 자기 및 사회로부터의 소외, 법적 문제와 관련된 행동 때문일 수 있다. 따라서 가정불화가 상승의 주 이유인데도 반사회적 행동 때문으로 추론하게 될 수 있다. 정확한 해석을 위해서는 척도 상승에 대한 신중한 평가가 필요하다. 결정적 문항의 검토, Harris-Lingoes 소척도 산출, 내용 및 보충 척도 고려, 재구성 임상 척도 검토, MMPI 연구 참조, 내담자의 개인력 및 행동 관찰 결과 통합 등이 여기에 포함된다. 척도 차원 중 어떤 것이 적절한 것인지 구별하는 일은 매우 도전적인 일이다. 척도가 더 간결하고 내용적으로 동질적인 MMPI-2-RF의 경우 이러한 문제가 없다. RC4(반사회적 행동)의 상승은 반사회적 행동을 직접적으로 나타내고, 따라서 그렇게 해석할 수 있다. 척도 문항이 적고 서로 내용적으로 유사하기 때문이다.

신뢰도 및 척도 구성과 관련된 문제는 MMPI 타당도에도 문제를 제기한다. Rodgers (1972)는 심지어 MMPI를 "심리측정의 악몽"이라고 하였다. 비록 심리측정적으로 문제가 있기는 하지만 이러한 문제는 광범위한 타당도 연구를 통해 상쇄되어 왔다. 구체적으로 MMPI/MMPI-2 프로파일 2~3개 상승 척도 쌍에 대한 광범위한 연구는 구체적인 문제 영역을 평가하고 예측할 수 있도록 해 주었다. 프로파일 양상에 대한 최소한 8,000편의 연구가 있고, 계속 증가하고 있다(e.g., Butcher, 2011; DuAlba & Scott, 1993; Gallucci, 1994; J. Graham, Ben-Porath, & McNulty, 1999; McNulty, Ben-Porath, & Graham, 1998). 이 연구들은 MMPI의 타당도에 대한 광범위한 증거를 제공한다. 예를 들어 척도 4(*Pd*) 및 9(*Ma*)의 상승은 청소년 입원 환자의 충동성, 공격성, 물질 남용, 자극 추구 성향과 관련된다(Gallucci, 1994). 또한 불안(*ANX*), 우울(*DEP*) 내용 척도 상승을 기초로 심리치료를 통한 호전 정도를 예측할 수 있다(Chisholm, Crowther, & Ben-Porath, 1997). 마지막으로 척도 0(*Si*)의 높은 점수는 낮은 자존감, 사회불안, 낮은 사교성과 관련된다(Sieber & Meyers, 1992). 임상가들은 코드타입 연구를 통해 구체적인 성격 기술에 대한 정보를 얻을 수 있고 내담자가 겪을 수 있는 잠재적 문제를 알 수 있다. 이러한 광범위하고 강력한 타당도 연구는 MMPI의 주요 강점으로 여겨지며, MMPI가 계속적으로 인기 있는 중요한 이유이다.

MMPI-2-RF의 경우 얼마 되지 않았기 때문에 그 타당도를 지지하는 연구는 적은 편이나, 최근 연구 결과는 의미가 있고 설득력을 얻고 있다. 척도들은 접수 면접이나 외래 초기 몇 회기를 통한 정신건강 전문가의 평정(J. R. Graham, Ben-Porath, & McNulty, 1999), 정신과 입원 환자에 대한 평정(Arbisi, Ben-Porath, & McNulty, 2003), 재향군인, 범죄자, 대학생의 자기보고(Tellegen & Ben-Porath, 2008/2011)와 각각 강한 상관을 보였다. 또한 MMPI-2-RF 척도들은 관련된 MMPI-2 척도와도 높은 상관을 보였다. MMPI-2-RF 척도들의 상관은 권장되는 해석 방향과 분명하고 직접적인 관련성을 보였고, 유사한 내용 주제를 가진 척도들 간에 가장 높은 상관을 보였다(예를 들어 사고 척도 및 행동 척도; Tellegen & Ben-Porath, 2008/2011).

코드타입의 관련성을 알아보는 것 외에 타당도를 확립하는 추가적인 방법은 MMPI에 기초해 내리는 추론의 정확성을 평가하는 것이다. Kostlan(1954), Little과 Shneidman(1959)의 초기 연구는 MMPI가 다른 표준화 검사보다 정확함을 시사하는데, 특히 사회적 개인력 자료와 함께 사용할 때 그러하였다. MMPI의 이러한 증분 타당도(incremental validity)는 Garb(1998) 그리고 J. R. Graham과 Lilly(1984)의 후속 개관에서도 지지되었다. 예를 들어 환자 자료에 MMPI가 더해질 경우 신경과 의사의 진단이 더 정확하였다(S. Schwartz & Wiedel, 1981). Garb(1998b)은 MMPI가 사회적 개인력과 투사법 검사보다 더 정확하며, 개인력에 MMPI가 결합될 때 증분 타당도가 가장 높다고 결론을 내렸다. MMPI-2 내용 척도는 표준 임상 척도의 타당도를 확장하고 증가시키는 증분 타당도가 있는 것으로 밝혀졌다(Barthlow, Graham, Ben-Porath, & McNulty, 1999; Ben-Porath, McCully, & Almagor, 1993).

MMPI-2-RF의 재구성 임상 척도는 기본 임상 척도보다 변별 타당도가 높은 것으로 나타났다(Sellbom, Ben-Porath, & Graham, 2006). 많은 척도가 치료성과 예측에서 관련 MMPI-2 척도보다 우월한 것으로 나타났고, MMPI-2-RF를 사용하지 않는 것에 비해 유의미하게 좋은 예언력을 보이는 등 증분 타당도가 있는 것으로 나타났다. 예를 들어 반응 편향 척도(Response Bias Scale, RBS)는 MMPI-2 F, Fb, Fp 및 FBS 척도에 비해 기억 곤란을 과대보고하는 것을 더 잘 예측하였다(Gervais, Ben-Porath, Wygant, & Sellbom, 2010). 또한 신체형 및 대인관계 문제와 관련된 의기소침 척도 및 다른 척도들도 수술 후 회복기의 통증 지속과 역기능에 초점을 둔 척추수술 환자의 수술 전 선별에서 추가적인 예측력을 가졌다(Marek, Block, & Ben-Porath, 2015). 비만수술 평가(Marek et al., 2013), 조기 종결 예측(Anestis, Finn, Gottfried, Arbisi, & Joiner, 2015), 부정적 치료 성과(Anestis, Gottfried, & Joiner, 2015) 및 꾀병(Goodwin, Sellbom, & Arbisi, 2013; Sellbom, Toomey, Wygant, Kucharski, & Duncan, 2010; Sellbom, Wygant, & Bagby, 2012; Whitney, Davis, Shepard, & Herman, 2008) 평가에서도 유용한 것으로 나타났다. 전반적으로 재구성 임상 척도는 임상 증상 예측에서 증분 타당도를 보였다(Sellbom, Graham, & Schenk, 2006).

이점과 한계

신뢰도 및 타당도와 관련된 위의 논의들은 MMPI-2와 관련해 몇 가지 쟁점을 강조한다. 중간 정도의 신뢰도, 너무 긴 검사, 문항 중복 같은 척도 구성의 문제, 척도 간 높은 상관, 다차원성 및 적절하게 정의되지 않은 변인 등이 그것이다. 원판 MMPI에 대한 오래된 비판은 오래된 규준, 불쾌한 문항, 잘못된 표현과 관련된 것으로 대부분 MMPI-2 및 MMPI-A 출판으로 수정되었다. MMPI-2는 약점도 있지만 많은 장점이 있다. MMPI-2-RF의 경우 개발 과정에서 이러한 많은 비판들을 다루었지만, MMPI와 MMPI-2에 대한 광범위한 연구를 적용할 수 없다는 주요 한계가 있다. 그래서 MMPI와 MMPI-2의 임상적 유용성을 포함하여 강력한 경험적 연구 자료를 적용할 수 없다.

원판 MMPI 제작과 관련된 주의점 중 하나는 정상군에 대한 정보를 제공하지 못한다는 것이다. 원판 MMPI는 정상인과 정신과 환자라는 이형 집단(bimodal population)을 구별해 주는 능력을 기준으로 문항이 선정되었다. 그러므로 극단적으로 높은 점수는 더 확신을 가지고 해석할 수 있으나, 중간 정도의 상승은 해석에 주의를 요한다. 정규 분포를 이루는 집단을 척도 구성에 사용하였다면 평균에서 1표준편차 범위의 상승은 임상 사례보다는 정상군의 유의하지 않은 변동을 나타내는 것으로 볼 수 있다. 이것은 이형 집단이 아닌 고루 분포된 표집을 사용해서 중간 정도의 상승도 의미 있게 해석할 수 있는 NEO 성격검사(NEO Personality Inventory)와는 반대이다. MMPI-2와 MMPI-2-RF는 보다 광범위한 현대 규준을 사용하고 동형 T 점수를 사용하기 때문에 이러한 문제를 부분적으로는 해결하였다(Butcher et al., 2001; Tellegen & Ben-Porath, 2008/2011). 그렇지만 정상인도 때로 높은 점수를 보이기 때문에 정상에 대한 평가는 복잡하다. 이러한 문제에도 불구하고 비임상 집단에 대한 사용과 이해는 증가되고 있다(Keiller & Graham, 1993). 특히 대중 교통 관제사, 경찰, 원자력발전소 직원 등 민감한 직업 선발에도 사용된다.

비록 MMPI와 MMPI-2 간에는 큰 유사성이 있지만, 둘의 비교 가능성에 대해서는 쟁점이 있으며, MMPI 연구를 MMPI-2에 적용하는 방식과 관련하여 의문이 제기되고 있다. 그에 대한 방어는 형식의 유사성, 척도 기술 및 문항의 유사성이다. 특히 Ben-Porath와 Butcher(1989)는 MMPI-2에서 수정한 82문항의 영향은 미미하다는 것을 발견하였다. 대학생을 대상으로 MMPI와 MMPI-2를 실시한 연구에서 이들 문항들은 타당도 척도, 임상 척도, 특수 척도에 아무런 영향도 미치지 않았다. 이 결과는 MMPI-2 타당도 및 임상 척도가 "측정해 왔던 것을 정확하게 측정한다"(p. 11)는 Butcher와 Pope(1989)의 주장을 지지하는 것이다. 다른 연구들도 각 척도 비교에서 거의 차이가 없음을 발견하였다(Ben-Porath & Butcher, 1989; Chojnacki & Walsh, 1992; Harrell, Honaker, & Parnell, 1992; L. Ward, 1991). 마찬가지로 두 검사의 상승 척도 수도 유의하게 다르지 않고, 프로파일이 정상 범위에 속하는지에 대해서도 75%의 일치를 보였다(Ben-Porath & Butcher, 1989).

이러한 유사성에도 불구하고 재표준화 규준과 동형 T 점수의 사용으로 인해 표본에 따라 상승 척도 쌍의 차이가 발생하였으며, 일반 정신과 환자의 경우 31%(Butcher et al., 1989), 보안관의 22%(Hargrave, Hiatt, Ogard, & Karr, 1994), 정신과 입원 환자의 39%에서 42%(D. Edwards, Morrison, & Weissman, 1993), 대학생과 법정 표본에서는 50%(Humphrey & Dahlstrom, 1995)의 사람이 두 검사에서 다른 상승 척도를 보였다. 잘 정의되지 않은 코드타입(3개 이상의 척도가 유사한 상승도를 보이면서 상승도가 높지 않은 경우)의 경우 가장 불일치가 컸다. 반면 상승도가 높고 상승한 두 척도와 세 번째 또는 네 번째 상승 척도 간에 차이가 있는 경우에는 일치도가 높았다(Tellegen & Ben-Porath, 1993). 이러한 사실은 3개 이상의 척도가 상승한 경우, 즉 잘 정의되지 않은 코드타입의 경우, 상승척도 쌍에 포함되지는 않았지만 상승한 척도에 대해 주의 깊은 해석이 필요함을 시사한다.

이러한 차이는 MMPI에 대해 이루어진 코드타입 연구를 MMPI-2와 MMPI-A에 그대로 적용하는 데 의문을 제기한다. 그렇지만 가장 중요한 것은 MMPI-2가 개인의 관련 행동을 정확하게 기술하느냐 하는 것이다. 연구에 따르면, MMPI-2 점수는 MMPI에서 발견된 것과 동일한 종류의 행동을 예측한다(예를 들어 Archer, Griffin, & Aiduk, 1995; Butcher et al., 2001; J. R. Graham et al., 1999; Timbrook & Graham, 1994). 이러한 결과는 MMPI-2-RF에 대한 독립된 연구에서도 나타났다(예를 들어 Haber & Baum, 2014; Rock, Sellbom, Ben-Porath, & Salekin, 2013; Sellbom, Ben-Porath, Baum, Erez, & Gregory, 2008; Tarescavage, Luna-Jones, & Ben-Porath, 2014).

앞 절에서 강조한 대로, MMPI/MMPI-2와 MMPI-A의 전통적 강점은 코드타입에 대한 광범위하고 지속적인 연구이다. 그렇지만 이 연구에는 몇 가지 어려움이 있다. 첫째, 일부 연구에서는 코드타입을 지나치게 포괄적으로 다룬 반면 다른 연구에서는 잘 정의된 코드타입만 포함하는 등 극히 제한적으로 다루었다. 포함 및 배제 여부가 연구에 따라 24%에서 99%로 달랐다(McGrath & Ingersoll, 1999a). 임상가는 자신이 정한 코드타입 분류가 연구와 일치하는 정도를 고려해야 한다. 만약 어떤 임상가가 해석 가능한 코드타입과 관련해 포괄적인 기준을 적용하고 참고한 연구는 제한적인 기준을 적용하였다면, 그들의 해석에 대한 확신도는 보장하기 어렵다(예를 들어 J. R. Graham 등(1999)은 잘 정의된 코드타입만을 사용하였다). 추가적인 고려사항은 평균 효과 크기가 .74에서 .02로 연구마다 아주 다르다는 것이다(McGrath & Ingersoll, 1999b; Meyer & Archer, 2001). 게다가 척도와 코드타입에 따라서도 효과 크기가 달랐다. 그러므로 임상가들은 자신의 해석에 대해 확신을 갖기 힘들 뿐만 아니라 어떤 코드타입을 해석했느냐에 따라서도 해석의 타당성이 달라진다.

MMPI-2 척도명은 전통적인 진단 범주를 사용하였기 때문에 오해의 소지가 있었고, 그래서 MMPI-2-RF에서는 보다 직접적인 해석이 가능하도록 척도명 부여에 많은 노력을 기울였다. MMPI와 MMPI-2의 경우 만약 정신분열증 척도에서 점수가 높으면 그 사람이 조현병 진단에 해당하는 것으로 추론할 수 있다. 비록 처음 제작 당시 이러한 감별 진단을 목적으로 제작되기는 하였지만, 곧 이런 목적으로의 사용은 적절하지 않다는 것이 밝혀졌다. 조현병 환자의 경우 척도 8이 상승할 수 있지만, 다른 정신증 환자나 정신증이 아닌 사람도 그럴 수 있다. 또한 정상인도 중간 정도의 상승을 보일 수 있다. DSM이 발전되면서 (American Psychiatric Association, 1968, 1980, 1987, 1994, 2000, 2013) MMPI에 사용된 진단명도 구식이 되었다. 이 구식 진단과 관련된 척도명이 혼란을 가져올 수 있다. 예를 들어 척도 1, 2, 3을 신경증 세 척도로 부르고 척도 7을 신경쇠약(psychasthenia)으로 부르는데, 임상가들은 이것을 DSM-5(APA, 2013) 용어로 바꿔야만 한다. 이러한 어려움은 코드타입 별로 최신 *DSM* 진단이 얼마나 자주 나타나는지 알아본 연구를 통해 조금은 줄어든다 (Bagby et al., 2005; Morey, Blashfield, Webb, & Jewell, 1988; Vincent et al., 1983). 또한 증상 양상을 보다 폭넓게 기술하는 내용, 보충, 재구성 척도들을 사용함으로써도 도움을 받을 수 있다(Barthlow et al., 1999; Butcher, 2006, 2011; Butcher et al., 1990; Graham, 2011; C. L. Williams et al., 1992). MMPI-2-RF는 실제 내용과 해석 방향을 밀접하게 반영하는 방향으로 척도명을 정함으로써 이 문제를 해결하였다.

MMPI-2 척도명과 관련된 문제를 보완하기 위해, 임상가들은 오해의 소지가 있는 척도명보다는 연구 결과에 기반하여 척도의 의미를 인식해야만 한다. 척도명 대신 척도 번호를 사용하는 것도 도움이 된다. 예를 들어 척도 8은 조현병(정신분열증)보다는 무감동, 소외감, 철학적 흥미, 좋지 않은 가족관계, 특이한 사고 과정 같은 특성을 시사한다. 이들 특성 중 어떤 것이 수검자에게 가장 특징적인지를 결정하는 것은 임상가의 책임이다. 또한 임상가는 상승 척도 쌍 또는 세 상승 척도 쌍에 대해 광범위하게 수행된 연구 결과를 반영하여 척도들 간의 관계를 인식해야 한다. 통상 단일 척도 상승보다는 프로파일 형태를 검토하는 것이 훨씬 유용하고 타당하다. MMPI-2의 최대 강점은 바로 프로파일 형태와 관련된 광범위한 연구이다. 이러한 방식을 통해 구식 척도명에도 불구하고 MMPI가 쓸모 있게 되며, 정신과 분류 검사가 아닌 보다 폭넓은 성격검사가 된다.

더 중요한 장점은 이 분야에서 MMPI-2가 가지는 엄청난 대중성과 친숙함이다. 여러 다양한 영역에 걸쳐 광범위한 연구가 이루어졌으며, 단축형, 새로운 척도, 결정적 문항, 청소년용, 컴퓨터 해석 시스템 등 새로운 발전도 이루어졌다. MMPI는 50개 이상의 언어로 번안되었고 많은 나라에서 사용되고 있다. 여러 문화 집단을 대상으로 규준 및 타당도 연구가 수행되었고(Butcher, 1996, 2004; Handel & Ben-Porath, 2000 참고), 이를 기초로 다양한 문화에서 수집된 자료를 비교할 수 있다. 규준이 개발되지 않은 경우에도 적절한 규준 개발을 위해 검사를 사용할 수 있다. 반면 새로운 MMPI-2-RF는 강력한 연구 기반을 가지고 있기는 하지만 MMPI-2만큼 광범위한 사용 기회를 갖지 못하였다.

MMPI-2와 MMPI-2-RF의 문제 중 하나는 해석할 때 많은 인구학적 변인들을 고려해야 한다는 점이다(예를 들어 Schinka, LaLone, & Greene, 1998). 연령, 성별, 인종, 거주지역, 지능, 교육, 사회경제적 위치 모두 MMPI 척도와 관련된다. 동일한 프로파일 상승이 인구학적 변인에 따라 완전히 다른 의미를 가지기도 하는데, 특히 MMPI-2가 그렇다. 이와 관련하여 중요하고 잘 연구된 내용은 뒤에서 다룰 것이다("다양한 집단에서의 사용" 부분 참고.)

MMPI-2 및 MMPI-A 사용과 관련된 이점과 주의점은 임상가의 심리적 정교화가 상당히 필요함을 시사한다. MMPI-2-RF의 경우도 마찬가지기는 하지만 상대적으로 덜 중요하다. 그 이점과 한계를 이해하고 고려할 필요가 있다. 원판 MMPI의 한계는 중간 정도의 신뢰도, 임상 척도의 이질성, 불쾌한 문항, 정상군에서의 제한된 유용성, 임상 척도명이 가지는 오명, 지나치게 긴 검사 등 많다. 그렇지만 MMPI-2의 경우 한계만큼 이점도 많아서 균형을 이루었다. 예를 들어 앞의 370문항(청소년용의 경우 앞의 350문항)만 실시할 수도 있어 길이가 줄었다. 더 중요한 강점은 각 척도의 의미 및 척도 간 관계에 대해 광범위한 연구가 이루어졌다는 점이다. 대안적 척도들(내용 척도, Harris-Lingoes 척도, 보충 척도)의 사용을 통해 척도 상승의 의미를 개선하고 확장하는 확대된 전략도 있다. 추가적인 강점은 MMPI가 현장에서 가지는 친숙성, 하위집단별 규준 개발, 특수한 문제 영역별 광범위한 연구 등이다. MMPI-2-RF 역시 강력한 심리측정적 성질과 임상적 유용성으로 대중성을 얻어 가고 있다. 가장 핵심적인 것은 MMPI가 임상가에게 실용적 가치가 있다는 것이 반복적으로 입증되어 왔다는 점이며, 특히 척도가 측정하고자 하는 변인이 임상적 정보의 의미 있고 필수적인 영역을 측정한다는 점이다. 1만 편이 넘는 연구와 광범위한 임상적 적용은 그 인기에 대한 충분한 증거를 제공하고 있다.

다양한 집단에서의 사용

연령

청소년 집단의 중요한 특징 중 하나는 MMPI와 MMPI-2의 많은 척도에서 일반적인 상승을 보인다는 것이다. 특히 활력 수준과 관련된 척도 9와 반항적인 행동과 관련된 척도 4가 그렇다. 이와 관련하여 청소년들이 실제로 더 병리적인 것인지 아니면 상승하는 병리 없이 단지 점수만 높은 것인지 논쟁이 이어졌다(Archer, 1984, 1987, 1992a; Janus, Tolbert, Calestro, & Toepfer, 1996). 이러한 논쟁은 청소년 프로파일의 행동적 상관물(행동적 변인들)에 대한 보다 분명한 이해를 위한 노력을 촉구하게 되었다(Archer, 2005; Archer

& Jacobson, 1993; Basham, 1992; Bolinskey, Trumbetta, Hanson, & Gottesman, 2010; Janus et al., 1996). 그 결과로 MMPI-A가 개발되었다. MMPI-A와 그 규준을 사용하는 것이 적어도 MMPI와 MMPI-2를 사용하는 것만큼 정확한 행동 기술을 가져온다는 데에는 일반적인 합의가 있다(Archer, 1992a, 1992b; Butcher et al., 1992; Janus et al., 1996; Weed, Butcher, & Williams, 1994). 사실 18세 청소년에게 MMPI-2 대신 MMPI-A를 실시할 때 일반적으로 낮은 임상 척도 점수를 나타내며 청소년의 행동을 더 잘 정상화한다(Shaevel & Archer, 1996).

18세 수검자를 평가할 때 임상가는 MMPI-2와 MMPI-A 중 어떤 것을 사용할지 결정해야 한다. 청소년이 독립적으로 생활하고 상대적으로 성숙하다면 MMPI-2를 사용하는 것을 고려해야 한다(J. R. Graham, 2011). 반면 여전히 가족과 거주 중이고 상대적으로 미성숙하다면 MMPI-A가 추천된다.[1]

사람들은 나이가 들면서 일반적으로 활력이 줄고 건강에 대한 관심이 높아진다. 이러한 경향은 MMPI-2 노인 점수에 반영되어 있지만, 그 차이는 T 점수 5점 이하로 작고 임상적으로도 유의하지 않다(J. R. Graham, 2011). 따라서 노인 규준을 별도로 사용하는 것은 권장하지 않는다.

MMPI-2-RF의 청소년용은 아직 없지만, MMPI-2-RF의 경우 청소년에게 적용할 수 있다는 증거가 있다(예를 들어 Trumbetta, Bolinskey, & Gottesman, 2013).

민족성

MMPI/MMPI-2의 경우 문화적으로 다양한 집단에 사용하는 것의 적절성에 대한 연구가 광범위하게 이루어졌다. 이 연구들은 미국 내의 다양한 민족 집단(소수 민족 포함)에 적용하는 것과 다른 나라에 적용하는 것 모두에 초점을 두었다. MMPI-2-RF의 경우 이러한 연구가 거의 없지만, 일부 문헌은 잠정적으로 적용할 수 있음을 보여 준다. 여러 다른 문화에서 온 사람들이 일정한 방향의 점수를 보인다는 많은 근거가 있다. 점수가 성격 특성의 차이를 정확하게 측정할 수도 있지만, 사회적으로 바람직한 반응을 하는 경향성, 겸

---

1   역자 주: 미국의 MMPI-2와 MMPI-A는 모두 18세 규준이 있어 18세 수검자는 둘 중 하나를 선택해야 하지만, 한국판 MMPI-2와 MMPI-A는 각각 19~78세, 13~18세 규준을 사용하여 중복되는 연령이 없다. 따라서 18세 수검자는 MMPI-A를 사용해야 한다.

손에 대한 서로 다른 신념, 역할 갈등 또는 문항의 의미에 대한 해석에서의 문화 차이를 반영하는 것일 수도 있다. 또한 분노, 충동성, 좌절과 관련된 인종 차별을 반영하는 결과일 수도 있다.

미국 내에서 민족 집단 간 MMPI/MMPI-2 연구는 흑백 비교를 중심으로 이루어졌다. MMPI에서는 흑인이 백인보다 척도 F, 8, 9에서 점수가 높았다(Green & Kelley, 1988; Gynther & Green, 1980; C. Smith & Graham, 1981). 이것이 실제로 높은 병리를 반영하는 것인지 아니면 부적응보다는 지각과 가치관에서의 차이를 반영하는 것인지에 대해 논쟁이 이어졌다. 만약 실제 병리를 반영하는 것이 아니라면, 그 오류를 수정하기 위해 별도의 규준이 필요하다. 그렇지만 30년이 넘는 연구 결과, 아프리카계 미국인과 유럽계 미국인 사이에 일부 집단에서 차이가 있지만 이러한 차이가 모든 집단에 걸쳐 일관되게 나타나는 것은 아니라는 결론에 도달하였다(Greene, 1987, 1991; G. C. N. Hall et al. 1999; Knaster & Micucci, 2013). 더 중요한 것은 교육, 수입, 연령, 병리의 유형 같은 다른 조절 변인들의 역할이었다. 교육이나 병리 유형에 따라 두 민족 집단을 비교한 결과, 그들의 MMPI/MMPI-2 점수는 동일하였다(McNulty, Graham, Ben-Porath, & Stein, 1997; Timbrook & Graham, 1994). 다시 말해 두 집단의 MMPI 점수가 가지는 행동적 상관물(상관 변인)에는 차이가 없었다. 예를 들어 임상가의 평정(McNulty, Graham, Ben Porath, & Stein, 1997)과 파트너의 평정(Timbrook & Graham, 1994)은 두 집단에서 동등하게 정확하였다. 게다가 두 집단에서 68/86 코드타입의 주된 행동적 특징은 동일하였다(Clark & Miller, 1971). 또한 흑인 및 백인 비행 청소년의 MMPI 점수를 통한 예측은 두 집단에서 동등한 정도로 정확하였다(Green & Kelley, 1988; Timbrook & Graham, 1994). 마지막 결정적 발견은, 두 집단 간에 평균 차이가 있더라도 T 점수 5점 이하로 임상적으로 의미 있는 차이가 아니라는 점이다(G. C. N. Hall et al., 1999; Stukenberg, Brady, & Klinetob, 2000). 이러한 결과들을 기초로 흑인을 위한 별도의 규준을 개발하는 것은 시기상조라고 보았다. 그렇지만 임상가는 흑인에게 고유한 상승을 가져오는 문화 관련 요인(예를 들어 차별의 영향)이 있을 수 있다는 점을 지속적으로 인식해야 한다.

미국 원주민은 L, F, K, 1, 4, 6, 7, 8, 9, HEA, BIZ, CYN, ASP, TRT를 포함한 MMPI-2 척도에서 높은 점수를 보이는 경향이 있다(Pace et al., 2006; Robin, Greene, Albaugh, Caldwell, & Goldman, 2003). 이 결과는 이들의 세계관을 병리화한 결과일 수도 있고 실

제 병리를 정확하게 반영하는 것일 수도 있으나(Hill, Pace, & Robbins, 2010), 연구 결과 연령, 성별, 교육을 통제하면 점수 차가 사라지며 따라서 검사 편향보다는 원주민이 처한 불리한 조건 때문이라고 볼 수 있다(Robin et al., 2003). 그러므로 낮은 상승은 조심스럽게 해석해야 한다. 반면 점수가 65 T 이상으로 상승한 경우 실제 정신병리를 반영할 가능성이 있다.

흑인 및 백인 간 비교와 마찬가지로 라틴/히스패닉과 아시아계 미국인과의 차이도 일관되지 않다. 라틴계 미국인과 백인 간 차이는 아프리카계와 유럽계 간 차이보다는 적은 편이다(Greene, 1991). 라틴계의 척도 5점수가 백인보다 높은 것이 가장 큰 차이이다(G. C. N. Hall et al., 1999). 하지만 모든 차이는 5 T 이하였으며(G. C. N. Hall et al., 1999), 표본 간 차이가 없는 경우도 많았다(Whitworth & McBlaine, 1993). 마찬가지로 아시아계와 백인 간 비교에서도 집단 차가 거의 발견되지 않았다(Tsushima & Tsushima, 2009). MMPI/MMPI-2와 MMPI-2-RF의 높은 상관으로 볼 때, 비록 잠정적이긴 하지만 이러한 민족성 연구 결과는(Butcher, 2004; J. R. Graham, 2011; Greene, 1987, 1991; G. C. N. Hall et al., 1999; Schinka et al., 1998) MMPI-2-RF에도 적용될 것으로 보인다.

- 민족 집단 간 차이가 발견되더라도 그 차이는 대체로 5 T 이하이며(분산의 10% 이하) 임상적으로 의미가 없다.
- 사회경제적 위치, 교육, 연령 등 조절 변인들이 분산의 대부분을 설명하므로, 민족 집단 별로 규준을 개발하는 것은 시기상조이다.
- 일부 특정한 민족 하위집단의 경우 점수 차의 의미를 고려하는 것은 유용하다. 예를 들어 라틴계 노동자는 보상 상황에서 심리적 고통을 신체화하는 경향이 있으며, 이에 따라 척도 1, 2, 3이 백인보다 상승하는 경향이 있다(DuAlba & Scott, 1993). 또한 법정 장면의 흑인이 백인보다 냉소적 태도(CYN, Cynicism)와 반사회적 특성(ASP, Antisocial Practices)이 높은 것은 임상적으로 의미가 있다(Ben-Porath, Shondrick, & Stafford, 1995).
- 미국 원주민의 낮은 점수는 정신병리보다는 문화적 요인을 반영할 가능성이 높지만, 65 T 이상의 높은 상승은 실제 정신병리를 반영할 가능성이 높다.
- 미래 연구에서는 자신의 민족적 정체성에 동의하는 정도, 문화 적응 수준(예를

들어 Lessenger, 1997; Tsai & Pike, 2000), 언어 유창성, 소수자로 지각하는지의 여부, 차별받고 있다고 느끼는 정도 등 민족 내 차이를 고려해야 한다.

- 보충 및 내용 척도와 관련해서는 민족성과의 관련성에 대해 추가 연구가 필요하다.

MMPI/MMPI-2는 미국 내의 다양한 민족 집단에 사용될 뿐만 아니라 많은 다른 나라에서도 사용되어 왔다. 그 이유는 각 나라별로 완전히 새로운 검사를 개발하는 것보다는 MMPI/MMPI-2를 번안하고 타당화하는 것이 더 효율적이기 때문이다. 번안 사용 중인 나라는 중국, 이스라엘, 파키스탄, 남아프리카, 칠레, 멕시코, 일본 등 아주 다양하다(Butcher, 1996 참고). 다른 나라 사람들과 일할 때 임상가들은 그 집단에 사용하기 위해 개발한 특수한 규준과 그 집단에서 수행된 연구 결과들을 고려해야 한다. Butcher(1996)의 책 『MMPI-2의 국제적 적용』(International Adaptations of the MMPI-2)과 Greene(1987, 1991)과 G. C. N. Hall 등(1999)의 비교문화 연구가 유용한 정보를 제공할 것이다. 일반적으로 한국(Han et al., 2013; S. Kim, Goodman, Toruno, Sherry, & Kim, 2015), 중국(Kwan, 1999), 쿠바(Quevedo & Butcher, 2005), 베트남(Dong & Church, 2003), 이스라엘(Shkalim, 2015)을 포함해 여러 나라에서 차이가 발견되지 않거나 임상적으로는 의미가 없는 작은 차이만 발견되었다. 이스라엘(Almagor & Koren, 2001), 브루나이(Mundia, 2011)의 경우 일부 차이가 나타났으나 임상적으로 의미 있는 차이는 아니었다. MMPI-2-RF의 경우 이스라엘에서 심리측정적으로 강력함이 나타났으나(Shkalim, 2015) 다른 나라에서는 아직 비교문화 연구가 거의 이루어지지 않았다.

실시

MMPI-2와 MMPI-2-RF는 16세 이상이면서 8학년 수준의 독해 능력을 가진 사람에게 실시할 수 있다. 단 16~18세의 경우 청소년용 규준이 사용된다. 14~18세의 경우 청소년용인 MMPI-A를 사용하는 것이 대체적인 의견이다. MMPI-2, MMPI-2-RF 그리고 MMPI-A 안내책자의 표준 지시문을 사용하는 것이 도움이 된다. 특히 검사자는 수검자에게 검사를 하는 이유와 결과가 어떻게 활용될지에 대해 설명해 주어야 한다. 또한 검사에서 자신을 비현실적으로 긍정적이거나 장해를 과장하는 방식으로 제시하는 정도를 알 수 있도록 설계되었다고 알려 주는 것도 중요하다. 따라서 수검자로 하여금 정직하고 명료하게 응답하도록 하는 것이 최선의 방략이다. 마지막으로 일부 또는 많은 문항이 약간 이상하게 보일 수도 있다는 것을 설명해 준다. 문항들은 폭넓은 범위의 성격 양식과 문제들을 평가하도록 개발되었다. 만약 수검자에게 그 문항이 해당되지 않는다면 그렇다 또는 아니다 반응으로 나타나게 된다. 이러한 부가적 정보들은 불안을 낮추고, 보다 정확한 반응을 하게 하며, 라포를 강화한다. 검사 완료에 걸리는 시간도 주목해야 한다.

MMPI-2의 경우 앞의 370문항, MMPI-A는 앞의 350문항만 실시해도 기본적인 타당도 척도 및 표준 임상 척도 채점이 가능하다. 반면 MMPI-2-RF는 전체 문항을 실시해야만 한다. MMPI-2와 MMPI-A의 뒷부분 문항들은 보충 및 내용 척도 채점에 사용된다. 온라인 컴퓨터 실시는 보급사(Pearson, 한국은 마음사랑)를 통해 할 수 있다. 특별한 문제가 있는 사람들을 위해 개인적으로 실시할 수 있는 형태(박스 형태)와 녹음된 형태도 있다. 박스 형태는 집중이나 독해에 어려움이 있는 사람에게 적합하다. 각 문항은 카드에 제시되며, 수검자는 그 카드를 "그렇다", "아니다", "모르겠다(무응답)" 중 하나로 분류하게 된다. 문맹, 실명, 신경학적 이유 등으로 읽기에 어려움이 있는 사람에게는 녹음된 형태를 사용한다.

일부 임상가는 감독을 받는 조건으로 검사를 집에 가져가는 것을 허용하는데, Butcher와 Pope(1989)는 다음과 같은 이유로 이것은 권장되지 않는다고 강조하였다.

- 이러한 실시 조건은 규준 집단에 사용한 방식과 다르며, 절차상의 변화는 결과의 차이를 가져온다.
- 수검자가 다른 사람에게 응답에 대해 자문을 구할 수도 있다.
- 신뢰도와 타당도에 영향을 줄 수 있는 조건들을 임상가가 인지할 수 없다.
- 수검자가 스스로 검사를 완수하였는지 여부를 확신할 수 없다.

따라서 어떤 경우이든 규준 집단에 사용된 실시 절차를 따라야 한다. 이는 명백하고 일관된 안내, 지시를 이해하였는지 확인하는 것, 적절한 감독을 하는 것, 소음이나 방해 요소를 제한하여 집중력을 높이는 환경을 만드는 것을 말한다.

MMPI-2의 해석 절차

MMPI-2/MMPI-A 해석에는 다음의 8단계가 권장된다. 이 단계는 연령, 문화, 지적 수준, 교육, 기능 수준은 물론 평가 사유, 동기, 맥락에 대한 지식과 인식하에 이루어져야 한다. 검사의 전반적 형태를 볼 때(4, 5, 6단계), 임상가는 해석적 가설을 참고하여 각 개별 척도와 척도 간 관계의 의미를 정교화해야 한다. 이와 관련된 내용은 타당도 척도, 임상 척도, 상승척도 쌍, 내용 척도, 보충 척도 및 기타 척도들에 대한 부분에서 찾아볼 수 있다. 다양한 척도 및 코드타입에 대한 논의는 MMPI-2 및 MMPI-A에 대한 다음의 다양한 자료를 통합 요약한 것이다. Archer(2005); Butcher(2006, 2011); Butcher 등(2001); Friedman, Lewak, Nichols와 Webb(2000); J. R. Graham(2011); Greene(2000); Greene과 Clopton(1994), Levak, Siegel과 Nichols(2011). 특히 치료와 관련된 부분은 Butcher(1990), Freidman 등(2000) 그리고 Greene과 Clopton(1994)으로부터 가져왔다. 척도 기술을 갱신하거나 중요한 연구 영역을 강조하기 위해 최근 자료나 관련된 개관 및 메타분석 자료를 부가적으로 인용하였다.

1단계. 완성 시간

검사자는 검사 완성에 걸리는 시간을 기록해야 한다. 평균적 지능과 8학년 정도의 교육 수준을 가진 경도 장해만 있는 16세 이상의 사람은 MMPI-2를 완성하는 데 대략 90분 정도 걸린다. 컴퓨터 실시의 경우 통상 15~30분 덜 걸린다(60~75분). MMPI-A는 통상 60분이 걸리며, 컴퓨터로 하면 15분 정도 덜 걸린다(45분). MMPI-2에서 2시간 이상, MMPI-A에서 1시간 반 이상 걸린다면 아래와 같은 해석 가능성을 고려해야 한다.

- 심각한 우울증이나 기능적 정신증 같은 주요 심리장애
- 강박적 우유부단
- 평균 이하의 지능 또는 부적절한 교육 배경으로 인한 독해력 부족
- 뇌 손상

그렇지만 만약 60분 이내에 끝마친 경우 타당하지 않은 결과일 가능성과 충동적 성격

일 가능성을 의심해 봐야 한다.

답안지에 지운 흔적이나 연필 자국이 있는 경우, 많지 않다면 진지하게 검사에 임하고 무작위 응답의 가능성은 적음을 나타낼 수 있다. 많을 경우, 강박적 경향을 반영할 수 있다.

2단계. 채점 및 프로파일 작성

채점을 하고 프로파일을 작성한다. 기본 임상 척도 외에 내용 척도, Harris-Lingoes 소척도, 내용 소척도, 보충 척도, 재구성 임상 척도, 성격병리 5요인 척도, 부가적인 점수나 프로파일 모두 보급사를 통해 구할 수 있다. 추가적으로 지능 점수, 관련 개인력, 인구학적 변인, 1단계 관찰 결과 등을 포함한 추가 정보들을 포함할 수 있다.

결정적 문항은 중요한 경향을 알려 준다. 내담자와 함께 이 문항들을 검토하고 추가 정교화 하는 것이 도움이 된다. 특히 수검자가 문항의 내용을 이해하였는지가 중요하다. 마찬가지로 빠진 문항을 검토하는 것도 도움이 된다. 수검자에게 반응하지 않은 이유를 물음으로써 심리 기능과 갈등 영역에 대해 추가적인 초점을 맞출 수 있다.

3단계. 척도를 조직화하고 코드타입 확인하기

결과지에 나온 순서대로 척도명을 적고 그 오른쪽에 T 점수를 기입하는 방식으로 척도별 T 점수를 요약할 수 있다. 척도 점수로 의사소통을 할 때는 원점수 대신 T 점수를 사용해야 한다. 코드타입은 MMPI-2와 MMPI-A를 기록하거나 의사소통하는 빠른 방법이다. 코드타입은 단순하게 가장 높은 두 척도를 고려하여 결정할 수 있다. 예를 들어 가장 높은 척도가 8과 7이면 87/78 코드타입이 된다. 코드타입과 관련된 기술은 이 장의 "MMPI-2 상승 척도 쌍" 절에서 찾을 수 있다. 척도 5(남성성-여성성)와 척도 0(사회적 내향성)은 엄밀하게는 임상 척도가 아니므로 코드타입을 정할 때 사용하지 않는다. 검사자는 잘 정의된 코드타입만이 안전하게 해석될 수 있음을 명심해야 한다(Butcher, 2006; D. Edwards et al., 1993; Greene, 2000; McNulty et al., 1998; Tellegen & Ben-Porath, 1993). 잘 정의된 코드타입이란 상승한 척도들이 T 점수 65 이상이고 코드타입에 포함된 척도 중 낮은 척도가 그 다음으로 높은 척도와 T 점수 5점 이상 차이가 나는 경우를 말한다. 잘 정의되지 않은 프로파일의 경우 각 척도별 해석을 한 후 그 의미를 통합하는 방향으로 해석한다.

4단계. 프로파일 타당도 결정하기

타당도 척도들의 양상을 통해 프로파일의 타당도를 평가한다. 이 장의 "MMPI-2 타당도 척도" 절에는 타당하지 않은 프로파일을 시사하는 여러 지표가 소개되어 있다. 그렇지만 기본 패턴은 병리를 최소화하는 방어적 유형(MMPI-2에서 *L, K, S*의 상승, MMPI-A에서 *L, K*의 상승), 병리의 과장(MMPI-2에서 *F, Fb, Fp*, FBS의 상승, MMPI-A에서 *F, F1* 또는 *F2*의 상승), 비일관적 반응 양식(VRIN 또는 TRIN의 상승)을 포함한다. 추가적으로 임상가는 방어적 유형, 과장 유형, 비일관된 반응 유형이 수검자의 상황을 잘 반영하는지 결정하기 위해 평가 맥락을 고려해야 한다. 특히 수검자가 정신병리를 과장 혹은 축소함으로써 얻는 잠재적 이득이 있는지 살펴야 한다.

5단계. 전반적 적응 수준 결정하기

65점 이상으로 상승한 척도의 수와 그 상승 정도를 고려한다. *F* 척도의 상승도도 타당하지 않은 프로파일을 시사할 만큼 높지 않다면 병리 정도의 탁월한 지표가 될 수 있다. 상승한 척도가 많고 상승도가 높다면 기본적인 책임을 수행하는 데 어려움이 있고 사회적, 개인적 고통을 경험할 가능성이 높아진다.

6단계. 증상, 행동, 성격 특성을 기술하기

이 단계가 해석의 핵심 단계이다. 개별 척도의 가벼운 상승(*T* 점수 60~65)은 개인 성격의 경향성을 나타낸다. 따라서 극단적인 기술은 삭제하거나 재진술하는 방향으로 조심스럽게 해석해야 한다. MMPI-A에서 이 정도의 점수가 나올 경우 정상과 병리 사이의 과도기로 보고 음영으로 강조한다. MMPI-2와 MMPI-A에서 65점 이상의 상승은 개인의 보다 강력한 특성을 나타내며, 점수가 높아질수록 성격 기능의 핵심 특징을 대표한다. 그렇지만 개인의 인구학적 특성과 기능 수준에 따라 해석이 달라질 수 있으므로 특정 *T* 점수 상승에만 기초하여 해석하는 것은 오해석이 될 수 있다. 예를 들어 잘 기능하는 전문인이 척도 2(우울증)에서 경미하거나 중등도의 상승을 보이는 경우 이것은 내성 수준과 효율적으로 통제할 수 있는 가벼운 불쾌감을 나타내는 것일 수 있다. 반면 기능 수준이 낮은 정신과 환자가 이 점수를 보인 경우 정신병리를 반영할 가능성이 높다. 더구나 학자마다 높고 낮은 점수에 대한 기준이 다르다. 일부 학자는 *T* 점수 범위를 사용하고(예를 들어 *T* 점수

70~80), 다른 학자는 상위 25%를 기준으로 하며, 또 다른 학자는 다른 척도의 T 점수와 상관없이 척도에서 가장 높게 상승한 척도를 기준으로 한다. 그 결과 다음 절에서 기술한 해석은 특정 T 점수를 전제하기보다는 높고 낮은 점수들이 제공하는 보다 일반적인 기술이다. 임상가는 척도 상승도뿐만 아니라 다른 관련 변인들을 고려하여 그 잠정적 의미를 해석할 필요가 있다. 또한 각 기술은 가능성일 뿐이라는 것도 명심해야 한다. 각 기술은 특정 점수를 가진 모든 사람에게 필연적으로 적용되는 것이 아닌 가능한 해석 중 하나로 고려해야 한다. 추가적인 검증이 필요한 가설일 뿐이다. 컴퓨터로 생성된 해석의 40%가 수검자에게 적용되지 않는다는 발견(Butcher & Williams 2000)이 이를 강조해 준다. 표 7.1에 제시된 기본/임상 척도들에 더해, 표 7.2에 제시된 내용 척도들도 해석에 사용된다. 보충 척도들은 이 장의 뒷부분에 소개되어 있다.

대부분의 척도 해석에 제공되지 않는 T 점수들이 타당도 척도 절에는 포함되어 있는데, 타당도 척도 T 점수와 원점수는 적정 기준점(준거점수)에 대한 광범위한 연구가 있으므로 해석에 포함된다.

해석 과정에서 개별 척도의 의미만 언급하지 말고 검사의 전체 패턴과 형태를 검토해야 하며, 상대적인 굴곡을 고려해야 한다. 예를 들어 "전환 V(conversion V)" 형태는 전환장애 가능성을 반영하며, 척도 4, 9 상승은 행동화(acting out) 가능성을 반영한다. 65 이상으로 상승한 척도나 40 이하인 척도는 전체 해석에서 특히 중요하다. 상승 척도 쌍의 의미는 이 장의 "MMPI-2 상승 척도 쌍" 부분에서 찾아볼 수 있다. 2개 이상의 상승 척도 쌍이 있는 프로파일 해석을 할 때는 개별 척도 해석과 상승 척도 쌍 해석을 모두 고려할 것을 권한다. 또한 단일 척도 상승을 해석할 때도 그 상승 및 하강의 의미와 더불어 관련 척도에 대한 일반 정보도 고려해야 한다. 척도 상승이나 코드타입의 의미는 내용 척도, Harris-Lingoes 척도, Si 소척도, 보충 척도, 재구성 임상 척도, 결정적 문항을 함께 고려할 때 더 정교해진다. 이들 척도들은 이 장의 뒷부분에 소개되어 있다. 해석에 관한 정보가 확보되면, 적절한 해석적 기술을 위해 개인의 프로파일과 더불어 의뢰 사유를 고려해야 한다.

많은 해석이 내담자의 결함에 초점을 두고 기술된다. 그 결과 해석을 일상적이고 내담자 편의적 언어로 하는 데 어려움을 겪는다. 이 점을 돕기 위해 Levak 등(2011)의 내담자 피드백을 위한 서술을 개별 임상 척도 기술에 포함하였다. 여기서는 공감적이고, 치료적 관계를 증진시키며, 내담자의 성장 가능성을 높이는 방식의 언어들이 선정되었다. 또한

표 7.2 MMPI-2 및 MMPI-A 내용 척도

척도명	약어	문항수
MMPI-2 내용 척도		
불안(Anxiety)	ANX	23
공포(Fears)	FRS	23
강박성(Obsessiveness)	OBS	16
우울(Depression)	DPS	33
건강염려(Health concerns)	HEA	36
기태적 정신상태(Bizarre mentation)	BIZ	23
분노(Anger)	ANG	16
냉소적 태도(Cynicism)	CYN	23
반사회적 특성(Antisocial practices)	ASP	22
A 유형 행동(Type A)	TPA	19
낮은 자존감(Low self-esteem)	LSE	24
사회적 불편감(Social discomfort)	SOD	24
가정 문제(Family Problems)	FAM	25
직업적 곤란(Work interference)	WRK	33
부정적 치료 지표(Negative treatment indicators)	TRT	26
MMPI-A 내용 척도		
불안(Anxiety)	A-anx	21
강박성(Obsessiveness)	A-obs	15
우울(Depression)	A-dep	26
건강염려(Health)	A-hea	37
소외(Alienation)	A-aln	20
기태적 정신상태(Bizarre Mntation)	A-biz	19
분노(Anger)	A-ang	17
품행 문제(Conduct Problems)	A-con	23
냉소적 태도(Cynicism)	A-cyn	22
낮은 자존감(Low Self-Eteem)	A-lse	18
낮은 포부(Low Aspirations)	A-las	16
사회적 불편감(Social Dscomfort)	A-sod	24
가정 문제(Family Problems)	A-fam	35
학교 문제(School Problems)	A-sch	20
부정적 치료 지표(Negative treatment indicators)	A-trt	26

실제 보고서에서 내담자 초점 해석을 발전시킬 수 있도록 편집할 수 있다. 예를 들어 "당신은 신체 건강에 지나치게 집착하고 있다"를 "내담자는 자신의 신체 건강에 집착하고 있다"로 바꿀 수 있다(이러한 기술에 대해서는 "척도 1. 건강염려증(Hs)" 참고). 척도 5와 0은

임상 척도로 간주되지 않기 때문에 내담자 피드백을 위한 서술에 포함되지 않았다.

잘 정의된 프로파일

앞서 언급한 것처럼, 잘 정의된 코드타입은 상승 척도 쌍 또는 단독 상승 척도가 "경쟁" 척도 없이 상승한 경우, 즉 다른 척도들과 점수 차이가 있는 경우를 말한다. 잘 정의된 상승은 관련 서술의 타당도가 높고(McNulty et al., 1998) 시간에 걸쳐 안정적이다(검사-재검사 신뢰도가 높다).

잘 정의되지 않은 프로파일

상승 정도가 높지 않으면(T 점수 60~65), 행동 기술 수준을 정상 수준으로 낮추거나 극단적인 기술을 삭제하는 방향으로 해석을 수정할 필요가 있다. 60~64 정도의 상승이 갖는 의미를 이해하기 위해 흔히 내용 척도, Harris-Lingoes 소척도, 재구성 임상 척도, 보충 척도를 활용할 수 있다. 만약 코드타입에 포함된 척도 점수와 유사한 "경쟁" 척도가 있는 잘 정의되지 않은 프로파일의 경우(예를 들어 27/72 코드타입이지만 척도 1, 8이 2, 7과 비슷하게 상승한 경우) 몇 가지 방략을 사용할 필요가 있다. 가장 안전하고 보수적인 방법은 상승한 모든 척도에 공통적인 해석을 가장 타당한 것으로 고려하는 것이다(예를 들어 척도 1, 2, 7, 8에 공통적인 해석은 불안이며, 척도 7이 가장 높을 때 더욱 그렇다). 그리고 검사자는 각 개별 척도 해석을 이해하고 통합하려고 노력해야 한다. 또한 대안적인 코드타입 조합도 고려하고 통합해야 한다(예를 들어 2, 7, 1, 8 척도가 모두 상승한 경우 27/72, 18/81, 12/21, 17/71, 28/82 타입을 모두 고려해야 한다.). 마지막으로 잘 정의되지 않은 상승의 경우, 임상 척도 상승의 의미를 충분히 이해하고 정교화하기 위해서 내용 척도, Harris-Lingoes 소척도, 보충 척도, 재구성 임상 척도의 중요성이 더 높아진다.

내용 척도 활용하기

기본 타당도 척도 및 표준 임상 척도에서 도출한 해석을 보충·확장·확인·정교화하기 위해 내용 척도를 활용할 수 있다. 일부 내용 척도들(예를 들어 TPA/A 유형 행동, WRK/직업적 곤란)은 임상 척도에 포함되지 않은 부가적 정보를 제공한다. 성인 내용 척도는 내적 증상, 외적 공격 성향, 부정적 자기관, 일반 문제 영역으로 구분된다. 청소년 내용 척도는 대인 기능, 치료적 권고, 학업 문제 등으로 구분된다(이 장 뒷부분의 "MMPI-A 내용 척도" 참고).

Harris-Lingoes 소척도 및 *Si* 소척도

임상 척도 상승을 가져온 성격 및 임상 변인을 이해하기 위해 논리적 방식으로 구성한 Harris-Lingoes 소척도 및 사회적 내향성 소척도를 선택적으로 사용할 수 있다. 이 소척도들은 척도 차원들이 보다 명료하게 구별되도록 문항 내용을 중심으로 군집화한 것이다. 예를 들어 척도 4(반사회성)의 상승이 가정불화(Pd1) 때문임이 밝혀질 수도 있다. 반면 권위불화(Pd2) 및 사회적 침착성(Pd3) 소척도 상승으로 범죄 행위가 시사될 수도 있다. 이러한 발견은 해석은 물론 사례 관리에 함의를 가진다(이 장 뒷부분의 "MMPI-2 Harris-Lingoes 소척도 및 *Si* 소척도 절 참고).

결정적 문항

임상가들은 결정적 문항을 검토함으로써 수검자가 특정 문항에 응답한 것의 의미를 평가하기를 원할 수 있다("MMPI-2 결정적 문항" 절 참고).

보충 척도 및 성격병리 5요인 척도

경험적으로 구성된 보충 척도도 내용 척도 및 Harris-Lingoes 소척도처럼 임상 척도의 의미를 정교화하거나 임상 척도에 포함되지 않은 부가적 정보를 제공하는 데 사용할 수 있다. 이 척도들에 대한 상세한 설명은 "MMPI-2-RF 성격병리 5요인 척도" 부분에 제시하였다.

재구성 임상 척도

MMPI-2-RF에서 주로 사용되는 재구성 임상 척도는 임상 척도의 보다 순수한 측정치이다. 재구성 임상 척도는 각 임상 척도에서 임상 척도들의 공통 요인인 의기소침(de-moralization)을 제거함으로써 개발되었다. 따라서 재구성 임상 척도의 상승은 기본 임상척도에서 측정하고자 하는 변인 유형에 대한 보다 명료한 측정치를 나타낸다. 재구성 임상 척도에 대한 상세한 설명은 "MMPI-2-RF 재구성 임상 척도" 부분에 제시하였다.

재구성 임상 척도는 임상 척도의 의미를 명확히 하는 데 사용하도록 권고된다. 예를 들어 수검자가 MMPI-2에서 소위 정신증 프로파일(척도 6, 8, 9 등 오른쪽 임상 척도의 상승)을 보일 수 있다. 이때 임상가는 이 상승이 급성 정신증 증상 때문인지 일반적인 고통이나 의기소침 때문인지 결정해야 한다. 만약 상응하는 재구성 임상 척도(RC6, RC8, RC9)가 원래의 임상 척도보다 상당히 낮다면, 이 "정신증" 척도들의 상승은 급성 정신증 증상이 아닌 의기소침 때문이라고 합리적으로 추론할 수 있다. 특히 RCd가 상승하면 더욱 그렇다.

낮은 점수

T 점수 35 또는 40 이하의 낮은 임상 척도 점수는 강점을 나타내는 것일 수 있고, 이 강점은 높은 점수 해석과는 반대 방향으로 해석할 수도 있다. 예를 들어 척도 1(건강염려증)에서 낮은 점수는 신체적 호소나 건강 관련 염려가 없음을 의미할 수 있다. 그렇지만 이 분야 연구는 매우 제한적이고 결과도 모호하다. 따라서 이와 관련된 해석은 포함되지 않았다. 하지만 일부 타당도 척도와 척도 5(남성성-여성성), 0(사회적 내향성)의 경우 낮은 점수에 대한 충분한 연구가 이루어져 해석에 포함되었다.

증상 영역별 해석 지침

아래 내용은 특정 영역과 관련하여 가설 형성에 도움이 되는 기본적이고 대략적인 지침을 제공하기 위한 주제들과 해석 전략들이다. 다른 영역들도 있지만 아래 목록들이 가장 중요한 영역들이다. 아래 지침을 통해 특정 영역에 대해 관심을 가지도록 환기시킬 수는 있지만, 관련 척도 기술이나 척도 간 패턴을 보다 깊게 탐구함으로써 보다 깊은 해석을 할 필요가 있다. 그리고 프로파일의 의미를 보다 확장하기 위해서는 추천 도서에 있는 MMPI-2/MMPI 관련 자료를 참고할 수 있다.

억제/속박(Suppression/ Constriction). 척도 5(Mf)와 척도 0(Si)은 상승 또는 동반 상승할 경우 다른 척도 상승에서 시사되는 특성의 표현을 억제 또는 "약화시키는" 경향이 있어서 이들 척도를 억제 척도라고 부르기도 한다.

행동화/충동성(Acting Out/ Impulsivity). 척도 5, 0과 달리 척도 4(Pd)와 9(Ma)는 "방출자(releaser)" 또는 "흥분성 척도(excitatory scales)"로 불린다. 이 척도들의 상승 혹은

동반 상승은 장애를 행동화할 가능성이 높음을 나타낸다. 척도 0(Si)이 매우 낮다면 이 가설은 더 강화된다.

내현화 대처 양식(Internalizing Coping Style). 위의 두 지침과 유사한 것이 내현화 또는 외현화 대처 양식이다. 척도 4(Pd), 6(Pa), 9(Ma) 합산 점수가 척도 2(D), 7(Pt), 0(Si) 합산 점수보다 낮다면 내현화 대처 양식을 고려할 수 있다.

외현화 대처 양식(Externalizing Coping Style). 위와 반대로 척도 4(Pd), 6(Pa), 9(Ma) 합산 점수가 척도 2(D), 7(Pt), 0(Si) 합산 점수보다 높다면 외현화 대처 양식을 고려할 수 있다.

과통제/억압(Overcontrol/Repression). 척도 3(Hy)과 적대감 과잉통제(O-H, Overcontrolled Hostility) 보충 척도가 상승한 경우 충동 특히 적대감을 융통성 없이 과잉통제함을 시사한다.

분노/통제 상실(Anger/Loss of Control). 분노(ANG, Anger) 내용 척도의 상승은 분노 통제 상실을 시사한다.

주관적 고통(Subjective Distress). 개인이 직면한 주관적 고통 수준은 척도 2(D), 7(Pt) 상승을 통해 결정된다.

불안(Anxiety). 척도 7(Pt)의 상승, 특히 척도 7이 척도 8(Sc)보다 높으면 불안을 시사한다.

우울(Depression). 척도 2(D)의 상승과 낮은 척도 9(Ma)의 결합은 특히 우울을 나타낸다.

조증(Mania). 척도 9(Ma)의 상승과 낮은 2(D)는 조증을 시사한다.

정신증(Psychosis). 척도 8(Sc)과 기태적 정신상태(BIZ, Bizarre Mentation) 내용 척도의 상승, 특히 척도 8이 척도 7보다 10점 이상 높을 때는 정신증을 시사한다.

혼란 및 지남력 손상(Confusion and Disorientation). F 척도, 척도 8(Sc), 척도 7(Pt)이 80점 이상으로 상승한 경우 혼란 상태, 지남력 손상 상태를 시사한다. 엄격하게 임상 척도로 볼 수 없는 5, 0을 제외한 나머지 8개 임상 척도가 평균 70 이상으로 상승한 경우도 정신적 혼란이 시사된다.

의심과 불신(Suspicion and Mistrust). 척도 6(Pa)이 중간 정도 이상으로 상승하면, 특히 가장 높은 척도라면 의심과 불신이 강하게 시사된다.

내향성(Introversion). 척도 0(*Si*)이 상승하면 내향성이 시사된다.

강박성(Obsessiveness). 척도 7(*Pt*)이 상승(특히 가장 높은 척도)하고 강박성(OBS: Obsessiveness) 내용 척도가 상승하면 강박성이 시사된다.

냉소적 태도(Cynicism). 냉소적 태도(CYN, Cynicism) 내용 척도가 상승하면 냉소적 태도가 시사된다.

약물 또는 알코올 문제(Drug or Alcohol Problems). 척도 4(*Pd*), 2(*D*), 7(*Pt*)의 상승은 약물 또는 알코올 관련 문제를 반영한다(비록 진단 수준에 이르지 못하더라도). MacAndrew의 알코올중독 척도(MAC-R)와 중독 가능성 척도(APS, Acohol Potential Scale)의 상승은 약물 및 알코올 사용 패턴과 관련된 생활양식 및 성격 패턴을 나타낸다. 알코올/약물 문제를 명확하게 인식하고 공개적으로 논의하는 경향은 중독 인정 척도(AAS, Alcohol Acknowledgment Scale)을 통해 알 수 있다.

대인관계 양식과 질(Quality and Style of Interpersonal Relations). 대인관계 패턴을 이해하는 데 가장 유용한 척도에는 아래의 척도들이 포함된다.

- 0 (*Si*: 사교성, 수줍음, 사회적 회피, 소외 수준).
- 사회적 불편감 척도(SOD, social discomfort).
- 1 (*Hs*: 불평하기, 비판적 요구, 적대감의 간접적 표현, 수동성, 자기에 몰두).
- 4 (*Pd*: 첫인상은 좋으나 자신의 욕구를 위해 다른 사람을 이용. 사교적, 달변, 원기왕성하나 낮고 피상적임, 충동성).
- 6 (*Pa*: 도덕적, 의심, 과민, 분개, 경계).
- 8 (*Sc*: 사회 환경에서 고립, 은둔, 내성적, 접근이 어려움, 이해받지 못한다고 느낌).
- 결혼생활 부적응 척도(MDS, Marital Distress Scale: 부부 갈등).
- 지배성(DO, Dominance: 주장성, 지배적, 주도성, 확신).

7단계. 진단적 인상

원판 MMPI와 MMPI-2/MMPI-A가 직접 진단을 내리는 데 성공적이지는 못하였지만, 진단적으로 고려할 만한 정보를 제공할 수 있다. 코드타입 해석 부분에는 각 코드타입과 관련된 가능한 *DSM-5* 진단이 포함되어 있다. 임상가는 정확한 진단을 위해 추가적인 정보와 함께 이 정보들을 고려해야 한다. 맥락과 의뢰 사유에 따라 공식 진단이 적합한 경우가 있고, 공식 진단이 요구되지 않거나 적합하지 않은 경우(예를 들어 채용 선발)가 있다. 6단계에 기술한 고려사항과 지침을 개관하는 것이 진단과 관련한 정보를 추출하는 데 유용하다.

8단계. 치료적 함의와 권고

임상가가 제공할 수 있는 가장 가치 있는 서비스 중 하나는 내담자가 개입을 통해 얻을 수 있는 이득을 예측하는 것이다. 여기에는 개인의 강약점, 방어 수준, 치료적 관계를 형성할 수 있는 능력, 심리치료에 대한 반응(특히 자아강도 척도와 부정적 치료 지표 척도), 반사회적 경향, 통찰 수준 등을 상술하는 것이 포함된다. 이와 관련된 많은 정보는 척도 상승 및 코드타입과 관련된 부분에 요약되어 있다. 만약 특정 유형의 내담자에 대한 확장된 작업을 하려고 할 경우에, 임상가는 해당 유형 및 치료 성과와 관련된 가용한 관련 지식들을 포괄적으로 참조해야 한다(예를 들어 만성 통증, 약물 남용, 특정 코드타입과 관련된 치료 성과). Butcher와 Perry(2008)의 『치료 계획에서의 성격 평가: MMPI-2 및 BTPI의 활용』(*Personality Assessment in Treatment Planning: Use of the MMPI-2 and BTPI*)과 Levak 등(2011)의 『MMPI-2를 사용한 치료적 피드백: 긍정심리학 접근』(*Therapeutic Feedback with the MMPI-2: A Positive Psychology Approach*)이 특히 도움이 될 것이다. 내담자의 프로파일이나 문제 유형에 맞춰진 구체적인 개입 방법을 제안하는 방향으로 치료 반응성에 대한 기술이 확장될 수 있다. 6단계에서 기술한 영역, 고려사항, 지침을 개관하는 것이 치료 계획과 관련된 정보를 도출하는 데 유용할 수 있다. 보다 유용한 정보는 Maruish(2004)의 『치료 계획 및 성과 평가에 심리검사 활용하기』(*Use of Psychological Testing for Treatment Planning and Outcome Assessment*)와 위에서 소개한 Levak 등(2011)의 책 그리고 Finn(1996)도 협력적이고 치료적인 개입에서 MMPI-2를 활용하는 법에 대해 상술하고 있다(Finn, Fischer, & Handler, 2012 참고).

MMPI-2의 전산 해석

전산 해석 시스템은 MMPI 해석에서 중요하며 흔히 사용된다. 1965년에 Mayo 클리닉에서 처음 개발된 이후 많은 서비스가 개발되었다. 주요 공급자는 Pearson Assessments(전 National Computer Systems), Psychological Assessment Resources, Caldwell Report, Western Psychological Services, Psychometric Software, Psych Screen, Automated Assessment Associates, Behavior Data 등이다. 이들이 제공하는 서비스에 대한 설명과 평가는 『정신 측정 연보』(Mental Measurements Yearbook; 가장 최근판인 9판은 Carlson, Geisinger와 Jonson이 2014년에 편집한 것이다)와 J. E. Williams와 Weed(2004)의 개관에 포함되어 있다. 가장 좋은 정보원은 검사 출판사의 목록(부록 A 참고)과 서비스 제공자 웹사이트이다.

컴퓨터 기반 해석 시스템들을 사용할 때 주의할 점이 있는데, 이 시스템들과 소프트웨어 패키지는 질적으로 매우 다양하며 검증되지 않았거나 부분적으로만 검증된 것들이 대부분이다. 많은 경우 경험적 기준과 임상적 직관을 각각 어느 정도 사용하여 개발하였는지 구체적으로 알려 주지 않는다. 그리고 각 시스템은 서로 다른 접근을 한다. 선발, 기술 요약, 치료 관련 유의사항을 제공하는 것도 있고, 해석을 정교하게 확장하는 것도 있으며, 내담자를 위해 선택적 출력이 가능한 것도 있다. 가장 좋은 프로그램조차 정확한 해석과 부정확한 해석을 동시에 산출한다(Butcher, Perry, & Hahn, 2004).

전산화 시스템을 사용하는 근거는 이 시스템이 경험 많은 임상가조차도 회상해 내기 힘든 수많은 MMPI 문헌들로부터 엄청난 양의 정보를 도출하여 축적하고 통합하는 데 효율적이라고 보기 때문이다. 추가로 MMPI-2 수기 채점이 복잡해 오류 가능성이 있는데, 컴퓨터 기반 채점은 오류를 크게 감소시켜 준다. 그렇지만 그 오용에 대한 문제 제기가 계속되어 왔다(Groth-Marnat, 1985; Groth-Marnat & Schumaker, 1989). 특히 전산화 서비스는 표준 해석에만 제한되고, 임상 사례에서 직면하는 고유 변인을 통합할 수 없다. 이는 매우 중요한 요인으로, 훈련이 부족한 사람들이 간과하거나 부적절하게 평가할 수 있다. 이러한 쟁점에 따라 미국심리학회는 적절한 전산 해석을 위한 지침을 개발하였다(American Psychological Association, 1986, 1991). 비록 전산 해석이 광범위하고 다양한 자료로부터 정보를 제공할 수 있지만, 그 해석은 여전히 완성되지 못하였다. 다른 모든 검사 자료와 마찬가지로 내담자의 전체적 배경, 현재 상황의 맥락에서 봐야 하며, 추가적인 검사 자료와 통합되어야 한다(Lichtenberger, 2006; McMinn, Ellens, & Soref, 1999 참고).

MMPI-2 타당도 척도

MMPI는 응답자가 결과의 타당성에 문제가 있는 방향으로 응답하였는지를 탐지하는 척도를 개발한 최초의 검사 중 하나이다. 이러한 전통은 MMPI-2와 MMPI-A로 이어지고 확장되었다. 타당도 척도들에 대한 연구들을 메타 분석한 결과 응답 왜곡을 효과적으로 탐지할 수 있는 것으로 나타났다. 특히 F 척도가 정신병리 과장을 가장 효과적으로 탐지한다(R. Baer, Kroll, Rinaldo, & Ballenger, 1999; Bagby, Buis, & Nicholson, 1995; Iverson, Franzen, & Hammond, 1995; G. Meyer & Archer, 2001). K 척도도 유용하기는 하나 과소보고 탐지에는 다소 덜 효과적이다(R. Baer, Wetter, & Berry, 1992; Putzke, Williams, Daniel, & Boll, 1999). 그렇지만 L, K 척도에 보충적인 타당도 척도들이 추가되면(사회적 바람직성 척도, 과장된 자기제시 척도) 과소보고 탐지력이 높아진다(Bagby, Rogers, Nicholson, et al., 1997). 탐지력에 대한 합의가 거의 이루어졌음에도 불구하고 피평가자 집단에 따라 광범위한 기준점이 추천되었다(Bagby et al., 1994, 1995; L. Stein, Graham, & Williams, 1995). 예를 들어 일반인의 적정 부정왜곡 기준점은 정신과 환자의 기준점보다는 낮다(Berry, Baer, & Harris, 1991; J. R. Graham et al., 1991). 아직 해결되지 않은 쟁점은 부정왜곡(fake bad)을 하려고 하는 일반인과 부정왜곡을 하는 방법에 대해 정보를 제공받은 사람이 탐지를 피할 수 있는가 하는 것이다(예를 들어 외상후 스트레스장애, 편집형 조현병을 가진 사람의 증상 패턴). 일부 연구는 동기가 있고 명백한 전략을 쓰더라도 탐지를 피하기 어렵다고 한다(Wetter, Baer, Berry, Robinson, & Sumpter, 1993). 반면 다른 연구는 정보를 제공받은 전략적 왜곡자는 실제 환자와 구별할 수 없는 일관된 프로파일을 만들어 낼 수 있다고 하였다(R. Rogers, Bagby, & Chakraborty, 1993; Wetter & Deitsch, 1996). 특히 타당도 척도가 어떻게 설계되고 어떤 의도를 가진 것인지 정보를 제공받는 사람은 성공적으로 부정왜곡을 할 수 있다(Lamb, Berry, Wetter, & Baer, 1994). 그리고 왜곡하고자 하는 장애에 대해 익숙한 사람도 그럴 수 있다(Bagby, Rogers, Buis, et al., 1994).

MMPI-2는 *K* 교정을 하거나 하지 않은 프로파일을 선택적으로 사용할 수 있다. MM-PI-A는 *K* 교정을 하지 않는다. 그 이유는 청소년의 경우 맥락에 따라 *K* 교정이 부적합할 수 있기 때문이다(Colby, 1989).

무응답 척도(Cannot Say, *Cs*)

무응답 척도(약자로 ? 또는 *Cs*)는 공식 척도는 아니고 응답하지 않은 문항의 개수이다. MMPI-2에서는 결과표에 무응답 척도 난은 없고 무응답 문항수만 제공한다. 무응답 문항수는 결과의 타당도에 대한 몇 가지 지표 중 하나이다. 만약 30개 이상의 무응답 문항이 있다면, 결과는 타당하지 않을 것이며 더 이상 해석하지 않는다. 충분하지 않은 문항에 응답하였고 척도 채점에 필요한 정보를 충분히 제공하지 못하기 때문이다. 따라서 결과를 확신할 수 없다. 무응답 문항을 최소화하려면 수검자에게 모든 질문에 답하도록 격려해야 한다.

무응답 문항이 30개 이상인 경우

- 읽기 곤란, 정신운동 지체, 우유부단, 혼란, 극도의 방어(심한 우울, 강박 상태, 극도의 주지화, 문항에 대한 특이한 해석의 결과일 수 있음)
- 법적 조심성이나 편집 성향
- 무응답 문항을 부적절하다고 생각

무선반응 비일관성 척도(VRIN)

무선반응 비일관성 척도는 수검자가 타당한 방식으로 응답하였다면 일관된 방식으로 반응할 것이 기대되는 문항 쌍으로 이루어져 있다. 문항 쌍은 유사하거나 정반대의 내용으로 되어 있다. 유사한 내용의 문항에 정반대로 응답한다면 비일관적 반응으로 무선반응 비일관성 척도에 원점수 1점이 가산된다. 정반대 내용의 문항 쌍에 같은 방향으로 응답하는 것도 비일관된 반응으로 계산된다.

무선반응 비일관성 척도가 높거나(MMPI-2 $T > 79$, MMPI-A $T > 74$) 약간 높은 경우(MMPI-2 T 70~79, MMPI-A T 70~74)

- 무분별한 응답. 프로파일은 타당하지 않으며 해석하지 않는다(특히 F도 높은 경우).

고정반응 비일관성 척도(TRIN)

고정반응 비일관성 척도는 무선반응 비일관성 척도와 마찬가지로 문항 쌍으로 구성되었으나, 정반대 내용의 문항으로만 구성되었다. 따라서 두 가지 방향으로 점수가 계산된다. 두 문항 모두에 "그렇다"로 반응하면 원점수에 1점이 가산되고, 두 문항 모두에 "아니다"로 반응하면 원점수에서 1점을 뺀다. 그리고 상수 9를 더해 음의 값이 나오지 않도록 한다.

고정반응 비일관성 척도가 높거나(MMPI-2 $T > 79$, MMPI-A $T > 74$) 약간 높은 경우(MMPI-2 T 70~79, MMPI-A T 70~74)

- 수검자가 무분별하게 "그렇다"로 반응하였을 수 있다(묵종 경향이 있거나 예스맨이다).

비전형 척도(F)

비전형 척도는 비전형적이고 일탈된 응답 방식의 정도를 측정한다. MMPI와 MMPI-2 비전형 척도는 규준 집단의 10% 미만이 채점 방향으로 응답한 문항들로 구성되었다. 따라서 통계적으로 비전형 척도는 비관습적 사고를 반영한다. 모든 규칙은 사라져야 한다거나 새로운 곳에 가 보기를 원한다는 내용의 문항들이 포함된다. 이 문항들은 특정한 특질이나 증후군과 일치하지는 않는다. 높은 점수는 수검자가 광범위한 특이한 특성을 나타내는 방향으로 응답하였음을 나타낸다. 짐작대로 비전형 척도의 높은 점수는 여러 임상 척도 상승과 동반되며, 일반적인 병리의 지표로 흔히 사용된다. 특히 애도, 실직, 이혼 등 수검자가 반응해야 하는 특수한 생활 상황에 의해 유발된 특이한 감정을 반영한다. 높은 점수는 검사 결과를 무효화하는 부정왜곡의 결과일 수도 있다. 타당하지 않은 결과인지 병리를 정확하게 반영하는 것인지 결정할 수 있는 정확한 기준점은 없다. T 점수 70에서 90도 무조건 타당하지 않은 프로파일이라고 볼 수 없는데, 특히 수감자나 입원 환자의 경우 그렇다. 일반적으로 중간 정도의 상승은 특이한 경험이나 정신병리에 대한 개방성을 나타내며, 극단적인 상승은 타당하지 않은 결과를 의심하게 한다. 비전형(후반부) 척도를 통해 부가적인 정보를 얻을 수 있다(MMPI-2의 비전형 후반부(F back: Fb) 척도와 MMPI-A의 비전형 전반부($F1$), 비전형 후반부($F2$) 척도 부분 참고).

MMPI-A F 척도 66문항도 MMPI-2 F 척도와 유사한 방식으로 구성되었다. 그렇지만 청소년은 특이한 경험에 동의하는 경향이 더 강하기 때문에 포함 기준을 20%로 하였다. MMPI-A F 척도는 임상 척도에 해당하는 앞부분의 타당도를 평가하는 $F1$과 보충 및 내용 척도 문항들인 뒷부분의 타당도를 평가하는 $F2$로 구분된다.

비전형 척도가 높은 경우($T > 99$, 환자 집단의 부정왜곡 기준점 = 100, 외래 환자 = 90, 비임상 장면 = 80. MMPI-A = 79)

- 타당하지 않은 결과로, 채점 오류, 무작위 응답, 증상에 대한 거짓 호소, 검사받는 것에 대한 저항, 꾀병 때문일 수 있다.
- 극단적으로 높은 경우(100 이상) 실제 정신병리를 반영하는 것일 수 있으며, 환각, 관계 망상, 판단력 저하, 지남력 장애, 좌불안석, 불만족, 극단적 고립 등과 관련될 수 있어 개인력과 일치하는지 확인해야 한다.

중등도 상승($T = 70 \sim 90$)

- 고통을 호소하며 관심을 끌고 도움을 구하려는 시도를 한다.
- 비관습적이고 특이한 사고, 반항적이거나 반사회적인 사고 또는 명료한 정체감 확립의 어려움이 있다.
- 약간 상승($T = 65 \sim 75$)하고 병리적으로 보이지 않을 경우, 호기심이 많고 복합적이며 심리적으로 세련되고 독선적이거나 불안정하고 기분 변화가 심한 사람일 수 있다.

낮은 F

- 대부분의 사람들과 동일하게 세상을 바라본다.
- 정신병리 과거력이 있을 경우 어려움을 부인할 수 있다(긍정왜곡(faking good); K,

*L*의 상대적 상승도를 볼 것].

비전형 후반부(*Fb*) 척도(MMPI-2); 비전형 전반부(*F1*) 및 후반부(*F2*) 척도(MMPI-A)

40문항의 MMPI-2 비전형 후반부(*Fb*) 척도는 후반부 197문항에 대한 부정왜곡 반응 양상을 확인하기 위해 설계되었다. 전통적인 *F* 척도가 MMPI-2의 앞쪽 370문항에서만 산출되었기 때문에 *Fb* 척도가 중요하다. *Fb* 척도가 없다면 검사 뒷부분에 대한 타당도 확인은 불가능하다. 검사 앞부분에서는 정확하게 답하다가 뒷부분에 가서는 타당하지 않은 반응 양식을 보이는 사람이 있을 수 있기 때문이다. 특히 검사가 길어지면서 피로로 인하여 그럴 수 있다. 보충 및 내용 척도에서 특히 중요한데, 이 척도들의 일부 또는 전부가 후반부 197문항으로 구성되기 때문이다. *Fb* 척도는 *F* 척도와 동일하게 비환자 성인의 10% 미만이 채점 방향으로 응답한 문항으로 구성되었다. 따라서 높은 점수는 특이 방향의 응답을 시사한다. *F* 척도처럼, 높은 점수는 일반적인 병리 또는 자신의 증상 수준을 과장하려고 시도하였음을 나타낸다.

MMPI-2와 유사하게 MMPI-A도 66문항의 *F* 척도를 포함하는데, 전반부(*F1*)와 후반부(*F2*)로 나누었다. *F1* 척도는 33문항으로 MMPI-A의 앞부분 236문항 중 일부이며, 표준 임상 척도와 관련되어 있다. 반면 *F2* 33문항은 후반부 114문항 중 일부이며, 보충 및 내용 척도와 관련된다. *F1* 및 *F2* 척도는 MMPI-2의 *F*, *Fb* 척도와 동일 방식으로 해석할 수 있다. 그렇지만 *Fb* 척도는 *F* 척도만큼 꾀병을 효과적으로 예측하지는 못한다(Iverson et al., 1995).

_Fb_, _F1_, _F2_ 척도가 높은 경우(비임상 집단에서 _T_ > 89, 임상 장면에서 _T_ > 109)
- 정신병리를 과장하였을 가능성이 있다.

비전형 정신병리(*Fp*) 척도

F 척도는 정신과 환자에서 전형적으로 상승하는 경향이 있기 때문에, 실제로 정신병리를 가진 사람과 정신병리를 어느 정도 가지고 있으면서 동시에 부정왜곡을 하는 사람을 구별하기 힘들다. 정신병리가 심각한 경우 특히 그렇다. 환자의 개인력(예를 들어 기존 정신병리 정도)이나 의뢰 맥락(예를 들어 부정왜곡에 따른 이득)이 그 구분에 매우 유용하다.

이러한 구별에 도움을 주기 위해 Arbisi와 Ben-Porath(1995)가 정신과 입원 환자조차도 채점 방향으로 잘 응답하지 않는 문항 27개로 구성된 *Fp* 척도를 개발하였다(*F* 척도는 규준 집단에서 채점 방향으로 잘 응답하지 않은 문항으로 구성되었다).

Fp 척도가 높은 경우(남성 *T* > 93, 여성 *T* > 96)

- 정신과 환자일지라도 정신병리를 왜곡 또는 과장하였을 가능성이 높다.

증상타당도(*FBS*) 척도

증상타당도 척도는 자신의 어려움을 과장하는 개인 상해 소송 청구인을 탐지하기 위해 개발되었다(Lees-Haley, English, & Glenn, 1991). 일부 연구에서는 오 긍정(false positive) 탐지력이 높지 않았지만(R. Rogers, Sewell, Martin, & Vitacco, 1999), 다른 연구에서는 지지적인 결과가 나왔으며(Greiffenstein, Fox, & Lees-Haley, 2007), MMPI-2 척도 중 왜곡을 탐지하는 최선의 척도 중 하나임이 시사되었다(N. W. Nelson, Sweet, & Demakis, 2006).

FBS 척도가 높은 경우(원점수 22 이상이면 중간 정도, 28 이상이면 강한 시사)

- 부정왜곡/꾀병. 원점수 28 이상이면 오 긍정 가능성이 매우 낮다.

부인(*L*) 척도

부인 척도는 자신을 비현실적으로 긍정적인 방식으로 기술하려는 시도를 나타내는 15문항으로 구성된다. 높은 점수는 자신을 과도하게 이상화하여 기술하는 것을 나타낸다. 문항은 대부분의 사람들이 기꺼이 인정하는 비교적 사소한 약점을 기술하는 것이다. 따라서 부인 척도에서 높은 사람은 자신은 결코 화를 내지 않거나 만나는 모든 사람을 좋아한다고 말하는 것이 된다.

L 척도가 높은 경우(*T* > 64)

- 자신을 과도하게 호의적인 사람으로 의식적으로 꾸민다.
- 자신에 대한 비현실적인 관점 때문에 자신을 과도하게 호의적으로 묘사한다.

융통성이 없고, 독창성이 없으며, 자신이 다른 사람에게 어떻게 비춰지는지 알지 못하고, 세상을 융통성 없고 자기중심적인 방식으로 바라본다.

- 결점을 부정함으로써 통찰이 빈약하다.
- 스트레스에 대한 인내력이 낮다.
- 심리치료에 적합한 사람이 아니다.
- 극단적으로 높은 점수는 반추, 극단적 경직성, 관계 문제(예를 들어 개인의 결점을 부인하고 다른 사람에게 투사하는 편집적인 사람)를 시사한다.
- 극단적으로 높은 점수는 반사회성 성격에 따른 의식적 기만으로 인한 것일 수 있다.

L 척도가 낮은 경우(T = 35~45)

- 솔직하고 개방적으로 문항에 반응한다.
- 자신의 사소한 결점을 인정하고, 생각을 명확히 표현하며, 이완되어 있고, 사회적으로 우월하며, 자립적이다.
- 다소 빈정거리거나 냉소적일 수 있다.

교정(K) 척도

교정 척도는 부인 척도와 유사하게 자신을 과도하게 긍정적으로 묘사하는 수검자를 탐지하기 위해 제작되었다. 그렇지만 교정 척도는 보다 미묘하고 효과적이다. 순진하고 도덕적이며 세련되지 못한 사람들이 부인(L) 척도에서 높은 점수를 보이는 반면, 지적이고 심리적으로 세련된 사람들은 부인 척도의 유의한 상승 없이 교정 척도에서만 높은 점수를 보인다.

중간 정도의 상승을 보이는 사람은 자아 강도가 좋고, 정서적 방어가 효율적이며, 현실 접촉이 좋고, 대처 기술이 뛰어나다. 이들은 전형적으로 사회적으로 수용 가능한 행동에 관심이 있고 숙련되어 있다. 짐작하는 바와 같이 K 점수는 척도 8, 7, 0과 역상관을 보인다. K 척도의 상승은 자아 방어와 경계를 반영할 수도 있다. 자신의 성격 양식 때문이거나 또는 고용이나 양육권 평가 등 호의적 인상을 통해 뭔가를 얻으려는 사람이 자신을 드러내는 것을 회피하는 경우일 수도 있다. 긍정적인 자아 강도(적응)와 자아 방어 및 긍정왜곡을 명확하게 구별하는 기준점은 없다. 일반적인 지침은 자아 방어가 강할수록 일부 임상 척도가 상승하는 경향이 있다는 것이다. 관련된 개인력과 의뢰 맥락(예를 들어 법적 과정에 있거나 고용 평가 장면인 경우)을 고려함으로써 유용한 정보를 얻을 수 있다.

방어적인 수검 태도는 임상 척도 점수를 낮추는 경향이 있으므로, 방어성 보정을 위해 MMPI-2의 5개 임상척도(1/Hs, 4/Pd, 7/Pt, 8/Sc, 9/Ma)에 K 교정을 한다. K 원점수의 일정 비율을 각 척도에 더하게 되는데, K 교정의 근거에는 의문이 제기되어 왔다. 따라서 MMPI-A에서는 사용하지 않고, MMPI-2의 경우 검사자가 결정할 수 있도록 K 교정을 한 결과와 하지 않은 결과를 모두 제공한다.

K 척도가 높은 경우($T > 65$ 또는 70)

- 자신을 과도하게 호의적으로 기술하거나 어려움을 부인하려고 시도한다.
- 모든 문항에 "아니다"로 반응하였을 수 있다(부인 경향성; TRIN과 VRIN을 확인한다).
- 프로파일이 타당한 경우, 자신을 자제력이 있고 효율적으로 기능하는 사람으로 보이려고 노력하지만 결점은 간과할 수 있다.
- 통찰이 좋지 않고 심리적 평가에 저항할 수 있으며 심리치료 효과가 제한적이다.
- 관행을 따르지 않는 사람을 견디지 못하며 그들을 나약하다고 생각한다.
- 부인하고, 통찰이 좋지 않으며, 자신이 다른 사람에게 주는 인상을 인식하지 못한다.
- 수줍고, 어색해 하며, 사회적 교류 수준이 낮다(Si를 확인한다).

K 척도가 중간 정도로 상승한 경우($T = 56 \sim 64$)

- 중간 정도의 방어성을 보인다.
- 긍정적 자질을 가질 수 있다. 독립적이고, 자주적이며, 적절한 수준으로 자기공개를 하고, 자아강도가 높으며, 언어 능력과 사교 기술이 좋다.
- 사회적으로 수용되는 어려움은 인정하지만 다른 중요한 갈등은 축소할 수 있다.
- 도움을 구하려고 하지 않는다.

K 척도가 낮은 경우

- 부정왜곡 및 병리를 과장할 수 있다($F, Fb, F1, F2$ 확인).
- 결과가 타당한 경우, 극도로 자기비판적이고 냉소적, 회의적이며 불만이 많고 부적절한 방어를 한다.
- 자기개념이 부정적이고 통찰 수준이 낮다.

과장된 자기제시(S) 척도

교정 및 부인 척도가 긍정왜곡을 구별하는 데 중간 정도의 효과만 있기 때문에 과도하게 좋게 보이려는 사람을 정확하게 확인하기 위해 S 척도가 개발되었다(Butcher & Han, 1995). 고용 장면에서 자신을 극단적으로 좋게 보이려고 하는 사람(예를 들어 항공기 조종사 지원자)과 일반 규준 집단의 사람들을 구별해 주는 50문항으로 구성하였다. 문항들은 삶에 만족하는 것, 평안함, 인간의 선량함에 대해 단언하는 것, 성급함/분노에 대한 부인, 인내심, 도덕적 결함에 대한 부인과 관련된다. 따라서 점수가 높은 사람은 자신을 다른 사람과 잘 어울리고 심리적 문제가 없으며 인간의 선량함에 대해 강한 신념이 있는 사람으로 보이려고 하는 사람이다.

이 척도는 아주 바람직한 직업에 지원하는 것처럼 자신을 극단적으로 호의적으로 보이려는 비환자와 정직하게 반응한 사람을 구별하는 데 효과적인 것으로 보인다(R. Baer, Wetter, Nichols, et al., 1995). 그렇지만 L 및 K 척도 역시 정신병리를 과소보고하는 임상군을 탐지하는 데 동등하게 효과적이다(R. Baer & Miller, 2002; R. Baer, Wetter, & Berry, 1995).

MMPI-2 임상 척도

척도 1. 건강염려증(Hypochondriasis, Hs)

척도 1은 건강염려증과 다른 정신과 환자를 구별하기 위하여 개발되었다. 비록 건강염려증 진단을 제안할 수 있기는 하지만, 건강염려증 진단 자체보다는 건강염려증과 관련된 다양한 성격 특성을 나타내는 데 더 유용하다.

척도 1이 높은 경우

- 질병에 대한 관심이 높다.

- 직접적으로 행동화하는 경우는 드물고, 적대감을 간접적으로 표현하며, 다른 사람에 대해 비판적이다.

- 모호하고 산만하며 다양한 신체적 곤란과 관련된 호소를 하고, 호소는 다양한 신체 부위를 옮겨 다닌다.

- 소화기계 문제, 통증, 피로, 두통을 호소한다.

- 다른 사람을 조종하거나 통제하기 위해 증상을 이용하며, 그래서 대인관계 곤경을 야기한다.

- 상황적인 스트레스에 대한 반응으로 증상이 나타나기보다는 오랜 기간 지속된다.

- 중간 정도의 상승은 실제 신체적 곤란을 반영할 수 있으나 여전히 신체적 곤란을 과장하는 경향이 있다.

- 불안을 외적으로 경험하는 경우가 거의 없다.

- 고집 세고, 비관적이며, 자기애적이고, 자기중심적이다.

- 미성숙하고, 비관적이며, 시큰둥하고, 불평이 많으며, 수동-공격적이다.

- 다른 사람들이 보기에 둔하고, 열성이 없으며, 효율성이 없고, 야망이 없다.

- 효율성이 떨어지나 완전히 무능하게 되는 경우는 드물다.

- 의료 체계를 과도하게 사용하고 다양한 의사를 찾아간 전력이 있다. 다양한 증상을 나열한다(자신의 신체적 호소를 끊임없이 늘어놓는 것을 의미하는 "organ recital"로도 불림).

- 신체적 원인이 없다는 것을 거부한다.

- 처방약 남용을 하는지 조사할 필요가 있다.

- 극도로 높은 점수는 매우 다양한 증상 관련 호소, 극도의 정서적 제약, 신체 망상과 관련된 정신병적 측면(조현성장애, 조현정동장애, 조현병, 정신병적 우울)의 가능성을 시사한다(척도 6, 7, 8, 9를 확인하라).

관련 척도 상승

- 척도 2, 3, 7과 함께 상승하면 우울, 부인, 전환 및 불안 상태를 반영한다.

- 척도 7이 함께 상승하면, 심리치료 예후가 더 좋다. 불안 수준이 높아 변화 동기가 높다.
- "전환 V"(척도 1, 3이 상승하고 척도 2가 10점 이상 낮은 경우)일 때는 심리적 갈등을 신체적 호소로 전환한다(13/31 코드타입 참고).

치료적 함의

- 치료적 도움을 거부하거나 비난한다.
- 자신의 어려움에 부분적으로라도 심리적인 원인이 있다는 제안에 저항한다.
- 통찰이 좋지 않아 심리치료가 쉽지 않다.
- 도움받는 것에 대해 비관적이며 전문가와 논쟁한다〔부정적 치료 지표(TRT) 내용 척도를 통해 이 가설을 확인하라〕.
- 자신이 잘 이해받고 있는지, 증상이 무시되고 있지는 않은지 반복적으로 확인하려 한다.
- 생물의학적 용어를 사용하는 치료적 개입을 더 잘 받아들인다(예를 들어 바이오피드백을 "신경학적 재훈련"이라고 설명).

수검자 피드백

귀하의 프로파일은 당신이 당혹스럽게 느낄 수 있는 여러 가지 신체 증상을 겪고 있음을 나타냅니다. 당신은 통증, 허약함, 불면증, 피로, 떨림, 소화불량 등을 경험할 수 있습니다. 스트레스를 받으면 이 증상들이 더 심해질 수 있습니다. 메스꺼움, 두통, 어지럼증이 생겼다가 사라졌다 할 수 있고 때로 갑자기 나타나기도 해서 마치 장애나 심지어 죽음에 이를지도 모를 심각한 의학적 문제가 아닌지 걱정하게 될 수도 있습니다. 불안이나 집중 및 기억 곤란, 성에 대한 흥미 감소 등 우울증 증상도 경험할 수 있습니다. 수면 곤란이 있을 수 있고 체중이 급격하게 변할 수도 있습니다. 능률이 떨어지고 원하는 대로 일을 이루기 어려울 수도 있습니다. 당장 무엇을 즐기기도 힘들고, 일이 잘 풀리고 있을 때조차도 불행하고 둔감해질 수 있습니다. 패배한 것 같고 완전히 주저앉은 느낌이 들 때도 있을 것입니다. 어떤 신체 감각이 뭔가 정말 잘못되어 가는 신호로 느껴져 걱정할 때도 있고, 스트레스를 느낄 때면 이완하기 힘들고 마음을 추스르기 힘들 수 있습니다. 사람들은 신체적으로 병약해질까 두려워지면 특정한 방식으로만 일을 처리하려고 고집하게 됩니다. 당신도 특정한 방식으로만 일을 처리하려고 고집하는 경향이 있을 수 있는데, 특히 그래야만 당신이 좀 더 안전하고 신체적 질병에 걸릴 가능성이 적어진다고 느낄 때 그렇게 됩니다. 다른 사람들은 당신의 요구가 경직되고 융통성이 없다고 볼 수 있습니다.

MMPI-A 관련 고려사항

위의 기술은 청소년에게도 적절하다. 추가로 학교 관련 어려움도 제시할 수 있다. 소녀들은 가족 문제(예를 들어 부모 갈등, 재정적 곤란)와 섭식장애를 겪을 수 있다. 그렇지만 청소년에게는 대체로 이 척도의 상승이 드물게 나타난다.

척도 2. 우울증(Depression, *D*)

척도 2의 57문항은 음울함, 신체적 처짐, 주관적 우울감, 정신적 무관심, 신체적 기능 저하 등과 관련된다. 높은 점수는 이 영역 중 하나 이상에서 곤란이 있음을 나타낸다. 정신과 입원을 원하는 환자 중 가장 많은 사람의 경우 척도2가 프로파일 중 가장 높다. 성공적인 심리치료 후에는 척도 2가 전형적으로 낮아진다. 척도 2의 상대적 상승도는 삶의 만족도, 안전감, 편안함을 가장 잘 예측한다. 척도가 높은 사람은 자기비판적이고, 내성적이며, 사람들과 거리를 두고, 침묵하며, 남과 잘 어울리지 않는다. 청소년의 경우 통상 비환자 성인보다는 점수가 다소 낮으며, 노인은 5~10점 높다.

척도 2가 높은 경우

- 급성 우울증(특히 2 단독 상승인 경우)
- 어려움에 직면하여 비관주의, 무력감, 절망감을 느낀다. 이것은 특징적인 성격 특성이 현재 문제로 인하여 과장된 부분일 수 있다.
- 부적절감, 사기 저하, 집중 곤란이 일을 효율적으로 하는 데 방해가 될 정도로 심하다.
- 우울증은 증상으로도 볼 수 있고, 앞으로 일어날 고통스런 감정이나 상황에 무감각해지는 방식으로 대처하는 수단일 수도 있다.

- 사람들과 어울리지 않고, 수줍어하며, 사람들과 거리를 두고, 억제되어 있으면서도 짜증을 내고, 쉽게 흥분하며, 참을성이 없기도 하다.
- 비판에 매우 민감하다.
- 어떤 부담도 지지 않으려고 하고, 대인관계를 피하려고 한다.
- 관습적이고, 조심스러우며, 수동적이고, 자기주장을 잘하지 못한다. 점수가 높을수록 이러한 경향이 강해진다.
- 사소한 문제조차도 극도로 걱정한다.
- 대인관계 문제를 효과적으로 다루는 능력이 손상되어 있다.
- 정신운동 지체, 무기력, 사회적 위축을 보인다.
- 죽음이나 자살에 대한 몰두를 보일 수 있다. 자해 위험이 크면 입원 치료를 고려한다.

관련 척도 상승

- 척도 1, 2, 3의 상승을 신경증 3척도라고 부른다. 우울증뿐만 아니라 신체적 호소, 짜증, 대인관계 어려움, 일 관련 문제, 일반적인 불만족감 등 다양한 문제를 호소한다(12/21, 13/31, 23/32 코드타입 참고).
- 7이 동반 상승하면(2와 7을 고통 척도라고 부른다), 개인적 고통, 불안, 불편함, 긴장, 초조, 자책, 자기비난을 나타내며, 변화에 대한 동기가 강하고 자기 성찰적이며 자각 능력이 있어 심리치료에 긍정적인 지표가 된다(27/72 코드타입 참고).
- 척도 2와 8이 동반 상승하면, 특이한 사고, 유대 관계 단절과 고립, 소외 등으로 특징지어지는 우울증을 나타낸다(28/82 코드타입 참고).
- 척도 1과 동반 상승하면(건강염려 내용 척도, Harris-Lingoes 소척도 D3/신체적 기능장애 상승도 마찬가지), 몸이 무겁고 긴장되며 활력이 떨어지는 등 다양한 신체적 불평을 한다.

치료적 함의

- 우울증의 외부 요인(반응성)과 내부 요인(내인성)을 확인한다.
- 인지, 사회적 지지, 자율신경 증상의 상대적 기여도를 확인하고, 그에 따라 치료

초점을 맞춘다.

- 자살 가능성을 확인하고, 특히 극단적인 상승을 보이고 4, 7, 8, 9번 척도가 동반 상승할 경우 유의한다(자살을 정확하게 예측하는 "자살 프로파일"이 따로 있지 않다는 점을 명심하라). 프로파일 상에서 자살 가능성이 시사되면, 추가적인 관련 변인들(인구학적 측면, 마음의 평정도, 자살 계획의 명확성, 치명성 등)을 면밀히 평가해서 깊이 조사해야 한다.

- 중간 정도의 우울은 변화 동기를 높이므로 심리치료에 긍정적인 신호일 수 있다(하지만 TRT, *L*, *K*, 척도 1 같은 부정적 지표도 함께 확인해야 한다). 그러나 극단적으로 높은 경우 변화의 동기를 갖기에는 우울증이 너무 심한 것을 나타낼 수 있다.

수검자 피드백

귀하의 프로파일은 당신이 현재 매우 가라앉아 있고 우울함을 보여 줍니다. 때로 우울한 사람들은 우울에 익숙해져 자신이 얼마나 우울한지 더 이상 깨닫지 못하기도 하고 사람에 따라서는 커다란 불편을 경험하기도 합니다. 사람들이 우울하게 되면 동시에 불안해지기도 합니다. 이러한 불안은 뭔가 나쁜 일이 생길 것 같은 지속적인 두려움으로 경험되기도 합니다. 그리고 우울해지면 활력이 부족하고 동기도 낮아집니다. 이전에 작은 힘으로 할 수 있었던 일이 지금은 압도적인 것으로 느껴집니다. 다른 사람에게는 즐거운 일도 당신은 스스로를 압박해야만 하고, 심지어는 아주 단순한 활동조차 그럴 수 있습니다. 극히 사소한 일을 할 때도 두려움을 느낄 수 있습니다. 우울증은 집중, 기억, 경각심이나 주의의 곤란과 관련됩니다. 이해를 못한 채 반복해서 읽기도 하고, 아침이나 어제 하였던 일을 기억 못할 수 있습니다. 정신을 놓아 버릴까봐 두려울 수도 있습니다. 대체로 우울증이 치료되면 이러한 증상들도 줄어듭니다. 우울증은 희망의 상실과도 관련됩니다. 바라는 것, 미래의 꿈을 포기하고 실망하게 될까봐 어떤 욕망을 가지는 것도 쓸모없다고 느낄 수 있습니다. 당신이 삶이 끝날 것 같은 두려움을 느끼고 미래가 암울하다고 느끼기 때문에, 사람들은 당신이 비관적인 사람이라고 볼 수 있습니다. 당신과 같은 프로파일을 보이는 사람은 큰 죄책감을 경험하는 경향이 있습니다. 최근에 일에 차질이 생긴 것이나 과거의 상실 때문에 자신을 비난하거나 삶을 망쳤다고 느끼고 당신의 실패는 용서받지 못할 것이라고 생각하기도 합니다. 실패를 되돌아볼 때 고통스러운 죄책감이 동반됩니다. 뭔가 잘되거나 다른 사람들이 당신에게 긍정적인 말을 할 때조차도 죄책감을 느끼거나 칭찬받을 자격이 없다고 느낄 수 있습니다.

MMPI-A 관련 고려사항

위의 기술과 Harris-Lingoes 소척도 사용은 청소년에게도 적용되는데, 특히 여성 청소년에게 그렇다. 추가로 2번이 높은 청소년은 학교 관련 어려움이 있고(학교 문제(A-sch) 내용 척도를 확인할 것), 부모와의 논쟁이 심해질 수 있다(가정 문제(A-fam) 내용 척도를 확인할 것). 행동화할 가능성은 적지만 섭식 문제(특히 소녀의 경우), 신체적 호소, 낮은 자존감을 나타낼 가능성이 있다. 대인관계에서는 소수의 친구만 있고 내향적이다.

척도 3. 히스테리(Hysteria, *Hy*)

척도 3은 원래 심인성 감각 또는 운동장애를 보이는 환자를 확인하기 위하여 개발되었다. 60문항은 특정 신체적 호소와 정서 및 대인관계 어려움에 대한 방어적 부인을 일차적으로 포함하고 있다. 호소하는 신체 증상은 매우 구체적이다. 잠자다가 자주 깨는 것, 메스꺼움, 구토, 두통, 심장 또는 가슴 통증 등을 포함한다(건강염려(HEA) 내용 척도를 확인할 것). 이 척도에서 높은 점수를 받은 사람의 중요한 특징은 구체적인 신체적 고통을 호소하면서 동시에 과장된 낙관주의를 표현하는 부인 양상을 보인다는 것이다. 그들이 불안과 갈등을 다루는 중요하면서도 일차적인 방식 중 하나는 신체 문제로 전환하는 것이다. 그래서 그들의 신체 증상은 갈등의 간접 표현으로 기능한다. 애정과 사회적 지지를 요구하면서도 간접적이고 조종하는 방식으로 요구하는 이들의 특성은 연극성 성격과 일치한다. 또한 그들은 사회적으로 거리낌이 없고 자신을 잘 드러낸다. 관계를 쉽게 시작하지만 피상적인 경향이 있다. 자기중심적이고 순진하게 다른 사람에게 접근한다. 성적으로 또는 공격적으로 행동하지만 자신의 숨은 동기나 다른 사람에게 미치는 영향에 대해서는 통찰이 부족하다. 그렇지만 척도 3의 문항 구성은 매우 이질적이다. Harris-Lingoes 문항 분석 결과, 사회적 불안의 부인, 애정 욕구, 권태-무기력, 신체 증상 호소, 공격성의 억제로 구분되었다. 척도 3이 분명하게 상승하였는데 그 의미가 명확하지 않을 때는 Harris-Lingoes 소척도를 활용하는 것이 유용하다(뒷부분의 MMPI-2 Harris-Lingoes 소척도 및 *Si* 소척도 부분 참고).

척도 3이 높은 경우

- 외향적이고, 극적이며, 주의를 끌려고 한다.
- 순응적이고, 미성숙하며, 순진하고, 아이처럼 자기중심적이고, 충동적이다.
- 인정, 지지, 애정에 대한 욕구가 강하고, 간접적이고 조종적인 수단을 통해 얻으려고 시도한다. 대인관계도 우회적이다.
- 적대감과 억울함을 표현하는 것을 어려워한다.
- 구체적인 정보를 전달하기보다는 영향을 미치기 위해 의사소통한다.
- 상황의 구체적이고 적절한 세부에 관심을 기울이기보다는 전체적으로 지각한다.
- 불안, 긴장, 우울 수준이 낮고, 환각, 망상, 의심 같은 심각한 정신병리를 보고하는 경우는 드물다.
- 기능과 관련된 신체 증상을 호소한다.
- 스트레스가 증가함에 따라 신체적 곤란이 악화되고 스트레스가 줄면 사라진다(특히 $T > 79$인 경우).
- 신체적 호소가 매우 모호하거나 매우 구체적이고 원인을 알지 못한다.
- 증상을 순전히 의학적인 용어로 설명하며, 심리치료를 받기보다는 의사를 찾는다.
- 해리(dissociation)와 부인(denial)을 함께 사용한다.
- 통찰이 낮고, 어려움을 부인하며, 자신을 호의적인 방식으로 보려는 욕구가 강하다.
- 점수가 높아질수록 부인, 신체화, 해리, 미성숙, 피암시성, 낮은 통찰이 강해짐을 반영한다.
- 중간 정도로 상승한 점수를 보이는 사람은 적응 수준이 좋은데, 특히 교육 수준과 사회경제적 수준이 높을수록 그렇다.
- 중간 정도로 상승한 점수를 보이는 사람은 고용 장면에서 호의적인 인상을 준다(모든 이상한 문항에 대해 부인하는 방향으로 응답하는 것을 반영함).

관련 척도 상승

- "전환 V"(앞서 척도 1에서 설명한 부분을 참고할 것; 12/21, 13/31, 23/32 코드타입도 볼 것).
- 척도 2와 *K*가 동반 상승한 경우, 억제가 강하고, 친화적이며, 과도하게 관습적이고, 다른 사람들이 자신을 좋아해 주고 인정해 주기를 바라는 욕구가 강함을 나타낸다(특히 척도 *F*와 8이 낮을 경우).
- 척도 3이 높을 경우, 척도 6, 8이 높더라도 정신병의 가능성은 낮다.

치료적 함의

- 사람들이 좋아해 주기를 강하게 원하기 때문에 치료 초기 반응은 열성적이고 낙관적일 수 있다.
- 폭넓은 부인과 억압으로 인해 행동 기저의 동기에 대한 통찰을 얻는 것이 느리며, 심리적 문제의 존재를 부인한다.
- 단순하고, 의학적이며, 구체적이고, 순진한 해결책을 추구한다.
- 치료자가 지지적이고 비직면적인 역할을 하도록 조종하려고 하며, 방어가 도전을 받으면 더 조종적이 되어 이해받지 못하고 제대로 치료받지 못하였다는 불평을 하고 언어적 공격을 하기도 한다.
- 핵심 갈등은 독립 대 의존의 갈등이다.
- 단기 목표에 집중한 직접적인 제안이 변화를 일으키는 데 효과적이다.

수검자 피드백

귀하의 프로파일은 여러 가지 건강 문제와 건강에 대한 관심을 나타냅니다. 가끔 두통, 위통, 요통을 겪을 수 있습니다. 다양한 통증, 허약함, 어지럼증, 메스꺼움, 피로를 비롯해 모호하고 몸 여기저기를 왔다 갔다 하는 신체 증상을 경험할 수 있습니다. 이러한 증상들은 당신을 두렵고 불편하게 만들 수 있지만, 당신은 용감하고 긍정적인 자세를 유지하려 애쓰고 있습니다. 이 증상들 중 일부는 당신을 불안하게 만들 수 있는데, 특히 의사가 무엇이 잘못되었는지 진단할 수 없을 때 그럴 것입니다. 더 혼란스러운 것은 하나의 증상이 오래 지속되기보다는 이 증상들이 이동하고 변한다는 것입니다. 이 신체 증상들은 스트레스를 받으면 더 심해졌다가 갑자기 줄어들기도 합니다. 비록 당신이 긍정적이고 낙관적인 태도를 유지하려고 하고 올바른 역할을 잘하고 있더라도, 속으로는 압도감과 불안을 느끼고 특히 신체 증상이 악화될 때는 더 그럴 것입니다. 스스로 일을 꾸려 나가는 것이 힘들고 다른 사람의 지지나 도움을 구할 필요성을 느낄 수 있습니다. 이러한 프로파일을 보이는 사람은 고통이나 불편에 직면할 때도 긍정적이고 용감해지려고 애씁니다. 당신에게는 남들이 당신을 발랄하고 좋은 사람으로 보는 것이 중요하고, 갈등을 피하려고 애씁니다. 당신은 사람들을 최대한 좋게 보려고 하며 그들의 부정적 속성을 간과하거나 부정하려고 하기 때문에 결국 때로는 사람들에게 실망하기도 합니다. 사람들을 긍정적으로 생각하고, 또 사람들도 당신을 좋아하고 좋은 사람으로 보아 주는 것이 당신에게는 중요합니다. 당신은 다른 사람의 인정을 받기 위해 애씁니다. 다른 사람을 좋게 보려고 하다 보니 그들의 실패에 눈을 감기도 합니다. 긍정적이고 행복하며 발랄한 사람이 되는 것이 중요하고 주변 사람을 실망시켜서는 안 된다고 생각하기 때문에, 당신은 부정적인 감정을 억누르거나 부정하는 경향이 있습니다. 사람들과 함께 가깝게 지내기 위해서는 부정적인 감정을 느껴서는 안 되는 것으로 배운 것 같습니다.

MMPI-A 관련 고려사항

척도 3이 상승한 성인에 대한 해석을 청소년에게 적용할 수는 있지만, 청소년의 경우 타당도에 의문이 제기되기 때문에 유의해야 한다. Harris-Lingoes 소척도가 척도 상승의 의미를 분명히 하는 데 도움이 될 수 있다. 여성 청소년의 경우(남성은 아님), 스트레스에 대한 반응으로 신체적 고통을 호소할 수 있다. 남성의 경우 학교 문제(학교 문제 내용 척도를 확인할 것)와 자살 사고나 제스처, 과거력 모두를 보이는 경향이 있다. 그렇지만 남성 청소년이 척도 3 상승을 보이는 경우는 드물다.

척도 4. 반사회성(Psychopathic Deviate, *Pd*)

척도 4의 목적은 수검자의 일반적 사회 적응 수준을 평가하는 것이다. 문항들은 가족 소외 정도, 사회적 침착성, 학교 및 권위적 인물과의 불화, 자기 및 사회로부터의 소외를 다룬다(분노 및 가정 문제 내용 척도 참고). 척도 제작의 원래 목적은 정상 지능을 가지면서 법적 문제를 지속적으로 일으키는 사람과 문화적 일탈을 보이지 않는 사람을 구별하기 위한 것이었다. 자신의 행동이 가져올 사회적 결과에 관심이 없고 신경증이나 정신병적 장애가 없는 사람들이었다. 이 척도 개발의 중요한 이론적 근거는 높은 점수를 보이는 사람들이 검사 상황에서는 행동화하지 않을 것이라는 가정이었다. 사실 그들은 처음에는 좋은 인상을 주며 매력 있는 사람으로 묘사되기도 한다. 최근의 친구나 지인들은 그들이 반사회적 행동을 할 수 있다는 것을 믿지 않을 수도 있다. 그렇지만 스트레스를 받거나 일관되고 책임감 있는 행동을 요구받는 상황에 직면하면 반사회적인 방식으로 행동화하게 된다. 체포되더라도 자신의 실수를 통해 배우는 것이 어렵다.

상대적으로 정상적인 집단에서도 척도 4가 어느 정도 상승할 수 있다. 주류 문화의 가치와 신념을 상대적으로 경시하는 반문화 집단이 여기에 포함될 수 있다. 마찬가지로 아프리카계 미국인은 상대적으로 높은 점수를 보이는데, 그 이유는 그들이 지배적인 문화의 규칙과 법률을 불공정하고 자신들에게 불리한 것으로 느끼기 때문이다. 대학원에서 인문학이나 사회과학을 전공하는 일반인도 약간 상승된 점수를 보인다. 중간 정도로 상승한 경우 발견할 수 있는 보다 긍정적인 특성은 솔직함, 신중함, 자기주장, 사교성, 개인주의 등이다. 일반인 중에서 외향적이고 모험을 즐기며 비관습적 생활양식을 가진 사람들(예를 들어 스카이다이버, 경찰, 배우 등)도 다소 상승한 점수를 보일 수 있다.

척도 4가 높은 경우

- 권위적 인물과 문제가 있다.
- 관계나 직업적 곤란을 자주 겪는다.
- 지루함을 견디지 못한다.
- 가족이나 사회 또는 둘 모두와 분노 탈동일시를 보인다.
- 관계가 피상적이고, 반복적으로 관계 혼란을 보이며, 장기간 충성하지 않는다.
- 초반에 좋은 인상을 형성할 수 있으나, 무책임하고 신의가 없으며 반사회적인 행동으로 인해 결국 깨지고 만다.
- 체포된 경우에도 자신의 행동 결과로부터 배우는 것이 느리다.
- 자신의 행동 결과에 직면한 경우 진심 어린 후회를 보이나 통상 일시적이다.
- 경험을 통해 배우기가 힘들어 심리치료로부터 이득을 얻는 것이 힘들다.

- 일이 잘못되면 다른 사람, 특히 가족을 비난한다.
- 척도 4의 높은 점수는 분노, 소외, 충동성, 반항성을 나타내며〔반사회적 특징(ASP) 내용 척도 참고〕, 동시에 사교적이고, 외향적이며, 말이 많고, 적극적이며, 자기중심적임을 나타낸다.
- 광범위한 알코올 또는 약물 남용 등 법적 문제에 관여된 경우가 많다.
- 극단적으로 높은 점수는 공격적이고, 불안정하며, 무책임하고, 자기중심적이며, 법적 문제가 있음을 시사한다.
- 중간 정도로 높은 점수는 모험적이고, 쾌락을 추구하며, 사교적이고, 자신감이 있으며, 주장을 잘 하고, 상상력이 있으면서 동시에 신뢰하기 힘들고, 쉽게 억울해 하는 것을 나타낸다.

관련 척도 상승

- 척도 4와 9의 상승(49/94 코드타입 및 반사회적 특성 및 분노 내용 척도 참고). 기저의 분노와 충동성을 행동화할 수 있는 에너지가 있고, 극단적인 충동적 행동과 가족의 명성을 손상시키는 행동의 개인력이 있으며, 범죄 행동에 연루되었을 수 있다. 척도 4, 9의 중간 정도의 상승은 자기주장을 잘하고 적응 수준이 좋음을 시사한다.
- 척도 4와 8의 상승(48/84 코드타입 참고). 반사회적 행동의 정신병적 표현을 시사한다.
- 척도 4와 3의 동반 상승(34/43 코드타입 참고). 반사회적 행동이 은밀하거나 왜곡된 방법으로 표현될 수 있다. 다른 사람이 자신을 위해 행동하도록 조종할 수 있다.
- 척도 4와 2의 상승(24/42 코드타입 참고). 반사회적 행동으로 체포되면 일시적으로 죄책감과 후회를 보일 수 있다.

치료적 함의

- 언어가 유창하고 활력이 있어서 처음에는 심리치료에 좋은 후보자로 보이나, 기저의 적대감, 충동성, 소외감이 결국 드러나고 자신이 직면한 문제에 대해 다른 사람을 비난한다.

- 초기에 심리치료에 동의하는 것은 부정적인 결과를 피하기 위한 것일 수 있다. 부정적 결과가 없어지면(예를 들어 가석방이 끝나거나 배우자가 돌아오면) 치료를 끝내곤 한다(부정적 치료 지표 내용 척도 참고).
- 치료적 관계를 포함한 모든 관계에 전념하는 것을 어려워한다.
- 주관적 고통이 낮을 경우(척도 2와 7이 낮은 경우), 변화에 대한 동기가 특히 낮다.
- 분명한 행동 변화를 기록하는 단기 목표가 단순히 말로 하는 것보다 도움이 된다.
- 치료의 외적 동기(예를 들어 가석방 조건 또는 고용 지속)가 치료를 지속할 가능성을 높인다.

수검자 피드백

귀하는 정해진 방식에 도전하려고 하고 새롭고 다른 관점으로 사물을 보는 것을 두려워하지 않습니다. 당신은 독립적이고 신나는 일을 찾으며 위험을 감수하는 사람으로, 어린 시절부터 생존을 위해 이러한 방식을 배운 것으로 보입니다. 또한 세상과 어울리기 위해 조종하는 것도 배운 것으로 보입니다. 당신은 세상을 골육상쟁의 장소로 보고 승자가 되는 것만이 유일한 해결책이라고 보는 것 같습니다. 다른 사람이 당신을 통제하는 것을 피하기 위해 권력과 통제권을 가지는 자리를 추구합니다. 다른 사람을 신뢰하거나 경계를 푸는 것이 힘들고 다른 사람에게 정서적 지지를 구하는 것도 꺼립니다. 만약 다른 사람들에게 약점을 드러낸다면 그것을 이용해 당신을 착취할 것이라는 두려움을 느낍니다. 다른 사람들이 보기에 당신은 스스로 생각하는 것보다 더 조종하려고 하고 기만적인 사람입니다. 어린 시절부터 부모로부터 원하는 것을 얻어 내기 위해 조종해 왔기 때문에, 당신은 선의의 거짓말을 위해 "선택적으로 보고"하는 법을 배웠고 갈등이나 부정적인 결과를 피하기 위해 공개적인 거짓말까지도 하였을 수 있습니다. 감정에 무감각해지고 감정을 경험하지 않으려고 하며, 그 결과로 세상을 지루하고 강렬함과 신남이 결여된 곳으로 경험하였을 수 있습니다. 사람들이 당신에게 매력을 느끼고 당신도 사교적인 것을 즐길지 모르지만, 당신은 관계에 전념하고 경계를 풀며 정서적으로 가까워지는 것이 어렵습니다. 당신과 같은 프로파일을 보이는 사람들은 때로 법이나 권위적 인물과 갈등을 겪습니다. 권위적 인물이 당신의 존경을 얻어야만 당신은 그 규칙을 따릅니다. 당신은 권위적 인물들의 결점과 약점을 찾으려고 하고 기본 규율에 동조하거나 따르지 않아야 할 이유를 정당화하려고 합니다.

MMPI-A 관련 고려사항

청소년들은 흔히 척도 4 상승을 보이며, 척도 4가 가장 높은 척도인 경우가 많다. MMPI-A 개발 과정에서 사용된 임상 표본의 3분의 1이 65점 이상의 상승을 보였다. 이러한 일반적인 상승은 정체감을 형성하고 부모로부터 독립을 성취하려는 격동적인 시도를 반영하는 것으로 보인다. 따라서 영구적인 특성이기보다는 일시적 발달 단계의 일부로 보인다. 그렇지만 높고 극단적인 상승은 여전히 병리를 반영한다. 반사회적 행동에 빠지는 비행과 관련될 수 있고(분노(A-ang) 및 품행 문제(A-con) 내용 척도 참고), 가족과의 갈등이 있을 수 있으며(가정 문제(A-fam) 내용 척도 참고), 학교 관련 문제(학교 문제(A-sch) 내용 척도 참고)와 약물 및 알코올 문제(MacAndrew 알코올중독, 알코올/약물 문제 인정, 알코올/약물 문제 가능성 보충 척도 참고)가 있을 수 있다. 이들은 자신의 행동에 대해 죄책감을 잘 느끼지 않으며 처벌에 개의치 않는다. 외현화 행동 문제(거짓말, 사기, 도벽, 울화통 터뜨리기, 질투 등)와 학교 중퇴 같은 문제도 보일 수 있다. 소년들은 신체적 학대, 가출을 보고하며, 소녀들은 마찬가지로 신체 학대를 보고하지만 성적 학대도 보고한다. 이 소년, 소녀들은 동시에 성적으로도 적극적이다. 이들은 치료에 대한 동기가 없다. 척도 4는 이질적이고 여러 가지 다양한 기술을 포함하기 때문에, 어떤 기술이 가장 적합한지 결정하기 위해서는 Harris-Lingoes 소척도를 살펴보는 것이 유용하다.

척도 5. 남성성–여성성(Masculinity–Femininity, *Mf*)

이 척도는 원래 동성애적 성향과 성 정체감 혼란을 가진 남성을 확인하기 위하여 개발되었다. 그렇지만 높은 점수가 개인의 성적 지향과 명백히 관련되지 않는다는 점에서 실패로 돌아갔다. 대신 전통적인 남성 혹은 여성 역할이나 흥미에 대해 동의하는 정도와 관련된다. 대학 학력 이상의 남성은 통상 척도 5 점수가 높고($T = 60 \sim 65$), 중졸 이하 학력에서는 낮다. 그러므로 해석을 할 때 교육의 영향을 고려해야 한다. 반면 여성의 경우는 교육과의 상관이 매우 낮다($r = -.15$). 문항 내용은 다음과 같은 다섯 가지 차원으로 구성되었다. 개인적 및 정서적 안정성, 성적 정체성, 이타주의, 여성 직업적 정체성, 남성적 직업에 대한 부정. 여성의 경우에는 반대 방향으로 채점한다. 따라서 남성이 점수가 높으면 정형화된 남성적 흥미에 대해 동일시하지 않는 경향을 시사하며, 여성이 높으면 남성적 흥미에 대해 동일시하는 경향으로 해석되었다.

척도 5와 관련해 중요한 고려사항은 이 척도가 실제 임상 척도는 아니라는 점이다. 어떤 정신병리 증후군도 평가하지 않으며 임상적 정보도 제공하지 않는다. 그 결과 "치료적 함의"는 기술하지 않았다. 그렇지만 다른 척도들의 색채와 어조에 대한 정보는 제공한다. 해석은 다른 척도들에 따라 우선 이루어져야 하고, 척도 5의 상승도는 그 다음에 고려해야 한다. 예를 들어 척도 4의 상승은 충동적이고 스트레스하에서 행동화하며 사회에서 고립감을 느끼는 것을 나타낸다. 만약 남성이 척도 4가 높고 척도 5는 낮다면 자신의 불만을 행동으로 표출할 가능성이 높고 통찰이 낮으며 신체적으로 강한 것을 강조할 것이다. 반면 남성이 척도 4가 높고 척도 5도 높은 경우, 그는 보다 내성적이고 민감하며, 자신의 반사회적 감정을 사회적 변혁을 향해 표현할 것이다. 앞서 언급한 대로 척도 점수가 높은지 낮은지 결정하려면 교육 및 사회경제적 수준이 고려되어야 한다.

척도 5가 높은 남성

- 미적이고 예술적 흥미를 보인다.
- 정형화된 남성적 흥미에 관심이 거의 없다.
- 다른 대부분의 남성에 비해 육아나 가사 일에 더 관여한다.
- 통찰이 있고, 민감하며, 내성적이다(심리치료에서 효과를 볼 자질에 해당).
- 병리를 행동화할 가능성이 낮다.

척도 5가 낮은 남성

- 전형적으로 남성적인 흥미, 직업, 취미, 활동을 가진다.
- 자신을 지극히 "남성적"으로 보이려 한다.

척도 5가 높은 여성

- 전통적인 남성적 흥미나 활동에 관심이 있다.
- 흔히 남성들이 하는 일을 한다.
- 내성, 통찰에 큰 가치를 두지 않고 자신의 문제나 정서를 표현하는 것을

어려워하기 때문에 전통적인 심리치료에 참여하는 데 어려움이 있다.

척도 5가 낮은 여성

- 전통적인 여성적 역할, 행동, 흥미에 동의한다.
- 어머니 및 배우자 역할에서 상당한 만족을 얻는다.

MMPI-A 관련 고려사항

남성 청소년이 척도 5가 상승하는 경우는 MMPI-A 임상 및 규준 집단 모두에서 드물다. 척도 5가 높은 남성 청소년은 전형적인 여성적 흥미에 관심을 보이고 정형화된 남성적 흥미는 부정하며 행동화할 가능성이 낮다. 만약 행동화하는 경향을 나타내는 다른 척도들(척도 4, 9, F)이 함께 상승하였다면, 척도 5의 상승이 억제 역할을 할 수 있음을 고려해야 한다. 여성 청소년의 경우 척도 5점수가 어떤 행동 특성과 관련되는지는 더 연구가 필요하다. 그렇지만 점수가 높으면 전형적인 남성적 흥미를 가진다고 잠정적으로 해석할 수 있다.

척도 6. 편집증(Paranoia, Pa)

척도 6은 편집증적 상태를 가진 사람을 확인하기 위하여 개발되었고, 대인 예민성, 자기독선, 의심의 정도를 측정한다. 40문항 중 많은 수가 관계 관념, 망상적 신념, 만연한 의심, 피해의식, 과장된 자기신념, 대인관계 경직성과 같은 영역에 대한 것이다. 일부 문항은 명백한 정신병적 내용을 다루지만, 다른 덜 극단적인 질문들은 다른 사람의 숨은 동기에 대한 지각을 묻는다. Harris-Lingoes 소척도는 외부 영향력에 대한 생각, 예민성(극도의 예민성, 민감성, 다른 사람보다 강한 감정을 느끼는 경향, 대인관계에서의 거리감), 순진성(naiveté; 과도하게 낙관적이고, 도덕적 기준이 높으며, 적대감을 부인하고, 과도한 신뢰를 표하며, 상처받는 것에 취약함)으로 구분된다.

척도 6이 약간 상승한 것은 정서적이고 상냥하며 대인관계 민감성을 경험하는 것을 나타낸다. 상승도가 높아질수록 의심과 민감성이 극단적으로 되며 정신병적 과정과 일치하게 된다. 망상, 관계 관념, 과장된 자기개념, 사고 과정의 장애를 가질 수 있다. 반면 척도 6이 낮은 사람은 매우 균형을 갖춘 사람으로 보인다. 그렇지만 낮은 점수를 보이는 남성과 여성에 대한 기술은 다르다. 점수가 낮은 남성은 발랄하고, 결단력이 있으며, 자기중심적이고, 양심이 강하지 않으며, 관심 범위가 좁다. 여성의 경우는 성숙하고 합리적인 것으로 묘사된다.

높은 점수가 편집증 수준을 나타낸다는 점에서 척도 6은 매우 정확하다. 그렇지만 척도 6의 40문항 대부분의 내용은 꽤 명백하다. 따라서 자신의 편집증이 탐지될까봐 두려워하고 숨기고자 하는 사람은 쉽게 그럴 수 있다. 이러한 점 때문에 낮거나 중간 정도의 점수도 편집증을 나타낼 수 있다. 특히 똑똑하고 심리적으로 세련된 사람이 그렇게 할 수 있다. 그들은 검사에서는 물론 실생활에서도 편집증을 숨길 수 있다. 이들은 자신의 기저 편집증 과정에 대해 어느 정도 사회적 지지를 제공하는 극단적인 정치 집단 또는 종교 집단의 구성원일 수 있다. 그렇지만 척도가 명백히 상승한 경우는 편집증의 탁월한 지표가 된다.

척도 6이 높은 경우

- 의심이 많고, 복수심에 불타며, 음울하고, 분개하며, 화가 나 있다.
- 학대받는다고 느끼고, 다른 사람의 동기를 오해하며, 부당한 대우를 받는다고 느낀다.
- 관계 관념, 망상적 사고, 고착된 강박관념, 강박행동, 공포증과 관련된 사고장애를 가질 수 있다.
- 극단적으로 경직된 사고를 보이고 따지기를 좋아한다.
- 다른 사람의 선의를 개인적 비난으로 잘못 해석할 수 있다.
- 부분적으로 또는 전체적으로 만들어 낸 비난을 확장시키고 곱씹는다.
- 기저의 분노를 경직된 도덕적, 지적 방식으로 표현한다.
- 주지화를 통해 불안을 줄인다.
- 투사를 통해 기저의 적대감을 줄인다.
- 적대감을 간접적인 수단으로 표현한다(표면상의 자기처벌 등).
- 부당한 대우를 받고 있다고 느끼고 가족을 원망한다.
- 중간 정도의 상승은 심한 정신병적 경향을 반영할 가능성은 낮지만, 여전히 의심하고, 따지기 좋아하며, 잠재적으로 적대적이고, 대인관계에 매우 예민할 수 있다.

- 비환자 집단에서 경미한 상승은 상대적으로 호의적인 용어로 묘사된다. 근면하고, 부지런하며, 도덕적이고, 감상적이며, 상냥하고, 평화로우며, 관대하고, 배신당하지 않는 한 사람을 믿으며, 지적이고, 침착하며, 합리적이고, 공정하며, 흥미 범위가 넓다.
- 비환자 집단에서 경미한 상승은 또한 복종적이고, 걱정을 하며, 신경질적이고, 의존적이며, 자신감이 부족한 것을 나타내기도 한다.
- 정신과 환자 집단에서 경미한 상승은 과민하고, 약간 편집적이며, 의심하고, 주변 환경이 충분히 지지적이지 않다고 느끼는 것을 나타낸다.

관련 척도 상승

- 6과 8의 상승(68/86 코드타입). 편집형 조현병을 강하게 시사한다.
- 척도 3이 동반 상승한 경우(36/63 코드타입). 자신의 적대감과 공격성을 억제하고 순진하고 긍정적이며 수용적인 사람으로 보인다. 피상적인 관계에 쉽게 빠지나 관계가 깊어지면 기저의 의심, 적대감, 잔인함, 자기중심성이 공개적으로 표현되기 시작한다.

치료적 함의

- 신뢰관계를 형성할 수 있는 정도, 권위적 인물에 대한 태도, 융통성의 정도에 대한 지표를 제공한다.
- 그들의 경직성, 낮은 통찰 수준, 의심으로 인해 심리치료가 극히 어려울 수 있다(부정적 치료 지표 내용 척도를 확인할 것).
- 따지기 좋아하고 냉소적이며 분개하는 경향이 있어 상호 신뢰, 공감, 존중의 관계를 형성하기 어렵다.
- 정서적 쟁점을 다루기 싫어하고, 합리성을 과도하게 중시하며, 자신의 어려움에 대해 다른 사람을 비난한다.
- 첫 회기 후 더 이상 오지 않는 경우가 흔하고 이해받지 못하였다고 느낀다. 그들이 이해받았다고 느끼게 하는 것이 접수 면접에서 중요한 도전이 된다("수검자 피드백" 부분 참고).

- 종결에 대해 암묵적으로 제시하며 치료자를 조종하려고 시도할 수 있다.
- 매우 높은 점수는 약물 치료를 요할 수 있다(기태적 정신상태 내용 척도와 정신적 혼란 및 피해 관념과 관련된 결정적 문항을 확인할 것).
- 음울하고 분개하는 것이 두드러질 때는 다른 사람에게 위험한 행동을 할 가능성을 평가한다.

수검자 피드백

귀하는 합리적이고 공정하며 충실합니다. 개인적 기준이 높고 비난과 판단을 넘어서기 위해 애씁니다. 강한 가치관을 가지고 있으며, 옳고 그름에 대한 흑백논리를 가집니다. 비난이나 판단과 관련된 것이면 어떤 것이든 민감하게 반응합니다. 현재 당신은 마치 누군가 부당하게 비난하고 공격하는 것처럼 불안해 하고 긴장합니다. 때로 당신의 민감성은 편집적으로 바뀌어 누구를 믿어야 할지 알기 어렵게 됩니다. 이럴 때면 당신이 다른 사람을 믿지 못하는 것이 당신이 예민하기 때문인지 아니면 정확하게 보는 것인지 알 수 없어 매우 두려울 수 있습니다. 불공정하게 대우받는다고 느끼거나 다른 사람이 학대받는다고 느낄 때는 화가 나고 "바로잡아야 한다"고 느낄 수 있습니다. 사람들이 당신에게 상처를 준 것을 용서하였더라도 쉽게 잊지는 못합니다. 당신이 상처받거나 화가 났을 때 그것을 완전하게 정당화하기 전까지는 다른 사람에게 알리지 않으려고 합니다. 그렇지만 다른 사람이 당신의 마음을 알아주지 못하는 것에 화가 나고 힘듭니다. 당신은 다른 사람이 알아채지 못하게 당신의 분노를 저장하고 합리화하지만, 그들이 행동을 계속하면 당신은 그것을 못마땅해 하고 그러면 기분이 좀 나아집니다. 당신은 스스로가 충분한 자격이 있다고 느끼기 전에는 다른 사람에게 원하는 것을 요청하지 않습니다. 공정함에 대해 매우 민감하기 때문에, 당신 감정을 표현할 때면 왜 상처받았고 화가 났는지 해명하려고 노력합니다. 이것이 당신 자신을 정당화하는 방식이지만, 다른 사람을 방어적으로 만들어 그들이 반박하게 할 수 있습니다.

MMPI-A 관련 고려사항

청소년들의 점수 상승은 저조한 성적, 정학 등 학업 문제와 관련된다(학교 문제 내용 척도를 확인할 것). 임상 장면의 소녀들은 부모의 보고와 불일치하는 결과를 보인다(가정 문제 내용 척도를 확인할 것). 임상 장면의 소년은 적대적이고 사회적으로 고립되며 미성숙하고 따지기 좋아하는 것으로 묘사되며, 피해의식을 느끼고 동료들이 자신을 좋아하지 않는다고 느낀다. 성인은 과도하게 의존적이고, 주의를 끌려고 하며, 분개하고, 불안해 하며, 강박적인 것으로 보이기도 한다. 자신이 나쁘고 벌을 받아 마땅하다고 느낄 수도 있다. MMPI-2와 MMPI-A의 문항이 동일하기 때문에, 문항 반응 양상을 이해하기 위해 Harris-Lingoes 소척도를 사용할 수 있다.

척도 7. 강박증(Psychasthenia, *Pt*)

척도 7의 48문항은 신경쇠약 증후군을 측정하기 위해 개발되었다. 현재는 신경쇠약이라는 진단이 더 이상 사용되지 않지만, MMPI 개발 당시에는 사용되는 진단명이었다. 강박행동, 강박관념, 비합리적 공포, 과도한 의심 등을 포함하는 증후군이었다. 따라서 현재의 강박 성향을 동반한 불안장애와 매우 유사하다. 그렇지만 척도 7과 강박장애 간에는 중요한 차이가 있다. 척도 7은 개인이 경험하는 외현적 공포와 불안을 측정한다(불안 내용 척도를 확인할 것). 반면 강박장애를 가진 사람은 그들의 행동과 강박관념이 불안 수준을 낮추는 데 효과적이기 때문에 척도 7에서 매우 낮은 점수를 보일 수 있다(강박성 내용 척도를 확인할 것). 비록 척도 7의 상승이 강박장애를 시사할지라도, 다른 불안 관련 장애나 상황적 상태도 7번 척도의 상승을 가져올 수 있다.

척도 7은 불안과 반추적 자기의심을 가장 명확하게 측정하는 임상 척도이다. 따라서 척도 2와 함께 현재 개인이 겪고 있는 고통 수준을 나타내는 가장 일반적인 지표이다. 높은 점수는 긴장, 우유부단, 강박적 걱정, 집중 곤란을 나타낸다. 의학적 맥락에서는 사소한 의학적 고통에도 과잉 반응하는 경향을 보인다. 그들은 대체로 경직되어 있고, 초조해 하며, 공포와 불안을 경험한다. 가장 흔하게 호소하는 신체 증상은 심장 문제와 소화기계 또는 비뇨생식기계 문제다. 비의학적 정상군에서 높은 점수는 신경질적이고, 세련되며, 개인적이고, 완벽주의적이며, 도덕적 기준이 극도로 높은 사람을 나타낼 수 있다.

척도 7이 높은 경우
- 염려, 걱정, 완벽주의, 긴장, 집중 곤란을 보인다.
- 매우 내성적이고, 자기비판적이며, 자의식이 높고, 일반적인 죄책감을 느낀다.

- 광범위한 미신적 공포를 보인다.
- 질서정연하고, 양심적이며, 신뢰가 가고, 끈기 있으며, 조직적이다.
- 자신과 타인에게 도덕적으로 높은 기준을 부과한다.
- 독창성이 부족하다.
- 사소한 문제도 상당한 걱정거리가 된다.
- 사안의 중요성에 과잉반응하거나 과장한다.
- 불안을 줄이기 위해 합리화나 주지화를 하지만 이러한 방어기제가 성공하는 경우는 드물다.
- 불안에 대한 방어는 다양한 의례 행동으로 표현될 수 있다.
- 자기의심, 경직성, 꼼꼼함, 염려, 불확실성, 우유부단을 경험한다.
- 자신이 얼마나 수용되고 인기가 있는지 자주 걱정하며 사회적 문제를 겪는다.
- 극단적으로 높은 경우, 일상적 활동을 수행하는 능력이 붕괴되었음을 나타낸다.

관련 척도 상승

- 척도 7과 2의 중간 정도의 상승(27/72 코드타입 참고). 변화 동기를 가질 만큼 충분히 불편하기 때문에 치료 예후가 좋다.
- 척도 7과 8이 상승하고, 척도 7이 8보다 10점 이상 높은 경우(78/87 코드타입 참고). 기저의 정신병적 과정에 대해 불안해 하며 싸우고 있다. 예후가 더 좋다.
- 척도 7과 8이 상승하고, 척도 7이 8보다 10점 이상 낮은 경우. 장애와 싸우는 것을 포기하고, 정신병적 과정이 만성적 성격을 가졌거나 만성화되기 시작하였다. 예후가 더 나쁘다.

치료적 함의

- 변화 동기가 높고, 치료에 머무르며, 예후는 느리지만 꾸준하다.
- 우선적 과제는 불안을 직접 다루는 것이다(예를 들어 인지 재구조화, 최면, 이완, 체계적 둔감법 사용)
- 항불안제를 써야 할 만큼 불안이 높을 수 있다. 치료적 맥락에서 더 건설적으로 작업하고 일상생활 기능을 돕기 위해서라도 처방을 고려해야 한다.

- 통찰지향치료는 주의해서 사용해야 한다. 이들은 구체적인 변화 없이 주지화하고 반추하는 경향이 있고 과도하게 완벽주의적이고 경직되어 있기 때문에, 통찰을 받아들이게 하거나 융통성 있고 문제해결적인 방식으로 통합하기가 어렵다.

수검자 피드백

귀하는 사려 깊고 분석적이며 책임감 있는 사람으로 삶을 진지하게 받아들입니다. 세세한 것을 좋아하고 신뢰가 가며 철두철미한 사람입니다. 규칙을 따르는 믿을 만한 사람입니다. 책무를 다하고 양심적이며 사람들이 기댈 수 있는 사람입니다. 그렇지만 현재 당신의 일부 강점이 스스로에게 방해가 될 수 있습니다. 많은 시간을 물러서서 세상을 바라보는 데 쓰며, 자신이 저지른 실수가 재앙이 될까봐 걱정합니다. 뭔가 나쁜 일이 일어날 것 같은 불안을 자주 경험합니다. 일이 잘 되어 가고 있을 때조차도 신경 과민을 없애고 마음을 가다듬기가 어렵습니다. 모든 측면, 모든 쟁점을 보기 때문에 자발적이 되기가 어렵습니다. 결정을 내려야 할 때면 과도하게 분석하고 중요한 어떤 부분을 놓쳤을까봐 걱정합니다. 실수할까봐 조바심 내는 이유 중 일부는 일이 잘못되면 깊은 죄책감을 느끼게 되기 때문입니다. 미래의 실수 가능성에 초점을 둘 뿐만 아니라 과거를 생각하는 데도 많은 시간을 소비하며, 당신이 한 일을 돌아보고 얼마나 죄책감을 느껴야 하는지에 강박적으로 매달립니다. 자기 자신을 최악으로 비판하며, 일이 잘 되어 가고 있을 때도 이완하거나 즐기지 못합니다.

MMPI-A 관련 고려사항

청소년들이 척도 7에서 높은 점수를 보였을 때 기술할 수 있는 부분이 거의 없는데, 그 이유 중 일부는 청소년의 초기 경직된 성격 양식은 성인기 후기에 되어서나 문제가 되기 때문이다. 임상 장면의 소녀인 경우, 우울하고 자살 위협을 할 수 있으며 도둑질을 하거나 부모와의 불화를 보고할 수 있다. 임상 장면의 소년인 경우, 자기 확신이 낮고 성적 학대를 받아 왔을 수 있다. 그렇지만 척도 7에서 높은 점수를 보이는 청소년들의 행동 특성에 대한 이해에는 더 많은 연구가 필요하다.

척도 8. 정신분열증(Schizophrenia, *Sc*)

척도 8은 원래 조현병(정신분열증) 또는 조현병과 유사한 상태를 경험하는 사람들을 확인하기 위하여 개발되었다. 극단적으로 높은 점수를 보이는 사람들에서 조현병 진단 비율이 상승하였기 때문에 이 목표는 부분적으로는 성공적이었다. 그렇지만 매우 높은 점수를 보이는 사람 모두가 조현병 진단 기준을 충족하지는 못했는데, 부분적으로 그 이유는 척도에 속한 문항들이 매우 다양한 영역을 포함하기 때문이다. 따라서 다양한 이유로 척도가 상승할 수 있으며, 높은 점수에 대한 설명도 매우 다양할 수밖에 없다. 문항들은 사회적 소외, 무감동, 가족관계의 문제, 이상한 사고 과정, 특이한 지각 등을 평가한다. 감소된 효율성, 집중 곤란, 일반적인 공포와 걱정, 대처 곤란, 충동 지연 곤란을 측정하는 질문도 있다. 많은 문항수, 문항 내용의 이질성에 따른 다양한 해석 가능성 때문에, 척도 상승의 의미를 충분히 이해하기 위해서는 Harris-Lingoes 소척도를 검토해야 한다. Harris와 Lingoes(1968)는 6개의 내용 영역을 설명하였다.

1. 사회적 소외
2. 정서적 소외
3. 자아통합 결여-인지적(낯선 사고 과정, 미칠 것 같은 공포, 집중 곤란, 비현실감)
4. 자아통합 결여-동기적(일상생활 대처의 어려움, 삶에 대한 낮은 관심, 절망감, 우울)
5. 자아통합 결여-억제부전(충동성, 과잉반응, 통제 상실감, 웃거나 울음을 터뜨림)
6. 기태적 감각 경험(Bizarre sensory experiences)

일반적으로 척도 8의 상승은 개인적 소외감을 느끼고 사회적 상황에서 거리를 두며 제대로 이해받지 못한다고 느끼는 것을 나타낸다. 다양한 환상을 가질 수 있으며, 스트레스를 받으면 환상으로의 철수가 심화된다. 다른 사람들이 보기에 이들은 자기중심적이고 은둔적이며 접근하기 힘들다. 사고를 명료하고 일관적으로 유지하기 힘들며, 의사소통 기술이 좋지 않아 듣는 사람들은 이들의 말에서 뭔가 중요한 부분을 놓친 듯한 느낌을 받게 된다. 명료하고 직접적인 진술을 하기 힘들고 하나의 생각에 오래 집중하기 어렵다.

척도 8에서 높은 점수를 보인 청소년은 이상한 경험에 개방적이고, 견고한 정체감을 확립하는 데 혼란을 겪으며, 소외감을 크게 느낀다. 일부 비교적 정상적인 사람들도 척도 8

이 가볍게 상승할 수 있다. 감각 손상이 있거나 기질적인 뇌장애가 있거나 반문화적인 정체감을 가진 비관습적인 사람이 그럴 수 있다. 여러 가지 약물 경험이 있는 사람도 척도 8이 어느 정도 상승할 수 있다. 이 경우 병리가 높아서라기보다는 약물 자체의 직접적인 효과를 반영할 수 있다.

척도 8이 높은 경우

- 이상하고 비관습적인 신념을 가진다.
- 주의집중이 어렵다.
- 중간 정도로 상승한 경우, 사람들과 거리를 두고 색다르며 혁신적인 관점에서 과제에 접근할 수 있다. 철학적, 종교적, 추상적 주제에 관심이 있고, 구체적인 사안에는 관심이 거의 없다.
- 중간 정도로 상승한 경우, 다른 사람들이 보기에 수줍고 냉담하며 속마음을 드러내지 않는 사람이다.
- 높이 상승한 경우, 사고를 조직화하고 조절하기 힘들며 공격적이고 분개하며 적대감을 느끼면서도 이들 감정을 표현하지는 못한다.
- 긍정적 자질로는, 평화롭고, 관대하며, 감성적이고, 총명하며, 재미가 있고, 창의적이며, 상상력이 풍부하다.
- 매우 높은 경우, 기태적 정신상태, 망상, 매우 자기중심적인 행동, 현실 접촉 장애, 환각을 보일 수 있으며(기태적 정신상태 내용 척도를 확인할 것), 무능함과 부적절감을 느끼고, 광범위한 성적 집착에 시달리며, 자기의심과 이상한 신념을 보인다.
- 매우 높은 점수는 극도의 불안 환자, 청소년 적응 반응, 전-정신병 장애, 경계선 성격, 또는 꾀병을 보이는 비교적 잘 적응하는 사람들이 보고하는 특이한 경험을 반영한다.

관련 척도 상승

- 척도 4와 8의 상승(48/84 코드타입 참고). 극히 의심이 많고, 세상에서 소외되어 있으며, 환경을 위험하다고 지각하고, 다른 사람들에게 적대적, 공격적으로

반응한다.

- **척도 8과 9의 상승**(89/98 코드타입 참고). 대화 방향을 지속적으로 바꾸고, 이상하게 빗나가기도 하며, 세상을 왜곡해서 보고, 이러한 왜곡된 지각에 따라 행동할 기력을 가진다.
- **척도 8과 F, 2, 4, 0의 상승.** 분열성(조현성) 프로파일로 볼 수 있다.

치료적 함의

- 매우 높은 점수일 경우, 다른 사람을 믿지 못하고 치료에 필요한 관계 형성에 문제가 있다. 특히 치료 초기에 그렇다.
- 치료 초반 이후에는 다른 내담자보다 치료에 오래 머무르며, 결국에는 비교적 친밀하고 신뢰로운 내담자/치료자 관계를 발전시킬 수 있다.
- 치료는 내담자가 다루고자 하는 구체적인 현재 문제에 초점을 둬야 한다.
- 내담자 문제가 만성적이므로 예후는 불량한 경우가 많다.
- 극단적인 사고 과정의 혼란은 약물 치료가 필요함을 나타낸다.

수검자 피드백

귀하는 다른 사람과 다른 생각을 하는 상상력이 풍부하고 창의적인 사람입니다. 현재 당신은 균형을 잃고 혼란된 상태입니다. 사람들의 마음을 읽고 그들이 당신에 대해 어떻게 느끼는지 알기 어렵기 때문에, 지금 당신에게 세상은 두려운 곳입니다. 다른 사람들과 연결되어 있지 않다고 느끼며, 동떨어져서 세상을 바라보는 것처럼 느껴집니다. 일이 잘되어 가고 있을 때거나 좋은 순간에도, 당신은 스스로 낯설게 차갑거나 심지어는 화가 나거나 역겹게 느껴집니다. 남들에게는 행복하거나 부드러운 순간에도 당신은 그냥 그대로인 듯이 느낍니다. 갑작스럽게 화가 나거나 공허하고 짜증이 날 때면 어두운 기분을 경험하고, 그런 기분이 어디에서 왔는지 모를 수 있습니다. 사실 일이 비교적 잘되어 가고 있을 때조차도 이러한 어두운 기분이 당신을 압도할 수 있습니다. 백일몽이나 환상에 빠지는 경향도 있습니다. 그리고 때로 백일몽은 당신에게 방해가 됩니다. 스스로의 생각에 빠져 시간을 허비하는 것은 일을 하는 데 방해가 됩니다. 삶이 회색빛으로 느껴지고, 공허하고, 때로 의미 없게 느껴집니다. 모든 것이 가치 없고 보람 없게 느껴져 동기를 가지기 힘들고 목표나 열망도 가지기 어렵습니다.

MMPI-A 관련 고려사항

청소년 남녀에서 이 척도가 상승한 경우 복합적인 학교 관련 문제들을 보고하고, 소년의 경우 정학, 소녀의 경우 성취의 문제를 보고한다(학교 문제 내용 척도를 확인할 것). 추가로 성적 학대 가능성을 조사해 봐야 한다. 소녀들은 부모와의 의견 충돌이 증가하며(가정 문제 내용 척도를 확인할 것), 임상 집단에서는 공격적이고 자살 위협을 보이며 행동화하고 감정 폭발을 보일 수 있다. 반면 임상 장면의 소년들은 죄책감을 쉽게 느끼고, 수줍어하며, 혼자 지내고, 공포와 완벽주의를 보일 수 있으며, 자존감이 낮고, 사람들에게 매달리며, 메스꺼움, 두통, 어지럼증, 위통 등 신체 증상을 호소할 수 있다. 점수가 매우 높은 임상 장면의 소년들은 망상, 환각, 관계 관념, 과대신념, 특이한 언어, 매너리즘 같은 정신병적 특징을 보일 수 있다(기태적 정신상태 내용 척도를 확인할 것).

척도 9. 경조증(Hypomania, *Ma*)

척도 9의 46문항은 원래 경조증을 경험하는 사람들을 확인하기 위하여 개발되었다. 경조 증상에는 주기적인 다행감(euphoria), 성급함, 임박한 우울증을 피하기 위한 과도한 비생산적 활동 등이 포함된다. 따라서 문항들은 활력 수준, 성급함, 자기중심주의, 과대성 같은 주제에 중심을 두고 있다. Harris-Lingoes 소척도는 비도덕성, 심신 운동 항진, 냉정함, 자아팽창으로 분류된다. 그렇지만 경조증은 주기적으로 발생한다. 따라서 급성기에는 상태가 심각해 검사가 불가능할 수도 있다. 더구나 일부 사람들은 우울 주기로 인해 척도 9에서 매우 낮은 점수를 보일 수 있다. 이 경우 낮은 점수는 여전히 경조증 상태로의 발전을 나타내거나 과거의 경조증을 반영할 수 있다.

이 척도는 중간 정도의 조증 상태를 확인하는 데 효과적일 뿐만 아니라(극도의 조증 환자는 검사가 불가능하다), 비환자 집단의 특성을 확인하는 데도 효과적이다. 정상인의 10~15%가 이 척도의 상승을 보이는데, 특이하게 높은 추동(drive) 수준을 시사한다. 정신과적 문제의 과거력이 없으면서 경미하거나 중등도의 상승을 보이는 남성은 따뜻하고 열성적이며 외향적이고 거리낌 없는 사람으로 묘사될 수 있다. 그들은 오랫동안 상당한 양의 에너지를 사용할 수 있다. 동시에 그들은 쉽게 기분이 상하고, 과잉 활동적이며, 긴장하고, 걱정과 불안, 우울의 시기를 겪는 경향을 보인다. 다른 사람들이 보기에 이들은 표현을 잘하고, 개인적이며, 관대하고, 다정한 사람일 수 있다. 비환자 여성은 솔직하고, 용감하며, 수다스럽고, 열정적이며, 다재다능할 수 있다. 그들의 친구나 파트너는 그들을 큰 계획을 짜고, 낯설거나 특이한 옷을 입으며, 흥분을 불러일으키고, 아무 이유 없이 매우 흥분하며, 위험을 감수하고, 핀잔을 주는 사람으로 묘사한다. 점수가 높은 남성은 과도한 관심을 요구하고, 우두머리 행세를 하며, 생각 없이 말대답을 하고, 투덜거리며, 처방받지 않은 약물을 복용하는 사람으로 묘사된다.

높고 낮은 점수를 고려할 때는 연령과 인종을 평가해야 한다. 아프리카계 미국인이 유럽계 미국인보다 점수가 높다는 연구가 있다. 청소년과 대학생이 비환자 성인보다 다소 높으며, 노인의 경우 척도 9에서 매우 낮은 점수를 보인다.

척도 9가 높은 경우

- 극단적으로 높은 경우. 중등도의 조증 삽화로 부적응적으로 과잉 활동적이며 집중력에 문제가 있고, 사고 비약, 자신의 중요성에 대한 과장된 생각, 낮은 충동 통제력을 보인다.
- 창의적이고 진취적이며 기발하게 보이지만, 그들이 실제 성취할 수 있다고 보는 것은 비현실적이다.
- 부적절한 낙관주의를 가진다.
- 사소한 방해나 지연에도 쉽게 화를 낸다.
- 상당한 양의 에너지를 소비하지만 초점이 없어 비생산적이다.
- 증가된 활력은 고통스러운 감정이나 상황에서 벗어나는 데 기여한다.
- 열성적이고 우호적이며 발랄하기 때문에 첫인상은 좋을 수 있으나, 기만적이고 조종하며 믿을 만하지 못하고 결국 대인관계 문제를 일으킨다.
- 다른 사람과 빠르게 관계를 형성하지만 그 관계가 피상적이다.
- 안절부절못하고 초조해 한다.
- 중간 정도로 상승한 경우, 생산적인 방향으로 자신의 활력을 집중할 수 있다.
- 비환자 집단에서 중간 정도로 상승한 경우, 단도직입적이고 활력이 있으며 열성적이고 사교적이며 독립적이고 낙관적이며 관심 범위가 넓은 반면, 동시에 교활하고 과잉

활동적이며 충동적이고 언변이 좋으며 생각하기보다는 행동하기를 좋아한다.

- 기분 장해를 보일 수 있고 이유 없이 기분이 고조되는 경험도 한다.
- 자기중심적이고 충동적이다.
- 점수만으로 활력 있고 낙관적인 사람과 산발적이고 비효과적이며 과잉 활동적인 사람을 구별하기에는 불충분하다(결정적 문항, Harris-Lingoes 소척도, 관련 개인력 정보를 통합해야 한다).

관련 척도 상승

- 척도 9와 2의 상승(주의: 이 두 척도는 대체로 부적 상관을 보인다). 초조한 상태를 반영하고, 기저의 적대감과 공격적 충동을 방어하려는 시도를 하며, 매우 내성적이고, 자기애적으로 몰두되어 있다. 일부 기질적 손상에서도 척도 9와 2가 상승할 수 있다.
- 척도 9가 높고 2와 7은 낮은 경우. 심리적 고통이 거의 없음을 시사한다. 남성은 권력을 추구하고 자신을 자기애적 경쟁 상황에 놓기 위한 강박적인 욕구를 가질 수 있다. K가 동반 상승하면, 이 남성들은 관리하려고 하고 독재적이며 권력에 배고파 하고 다른 사람들을 조직화하려고 상당한 노력을 기울인다. 다른 사람을 복종시키고 약화시키는 정도에 따라 자존감이 올라간다(그들이 받는 것은 존경이 아니라 마지못해 표하는 경의이다). 여성은 자기과시적이고 신체적 매력에 극도의 관심을 보인다.
- 낮은 점수($T < 41$)는 무감동, 우울, 피로, 염세주의, 부적절감을 나타낸다.

치료적 함의

- 주의산만하고 과잉 활동적이어서 심리치료가 어렵다. 관련 없는 주제로 화제를 바꾸는 방식으로 저항하고, 자신의 행동에 대한 심리적 해석에 반대한다.
- 변화에 대해 과도한 계획을 세우지만 이루어 내는 경우는 거의 없다.
- 부인하고 자기반성을 피한다.
- 좌절에 대한 인내력이 낮고 잦은 성급함 때문에 극적인 치료 회기가 될 수 있다.
- 너무 바쁘다는 이유로 미리 약속된 시간을 무시하거나 취소한다.

- 저항이 강하기 때문에 개입을 안 하거나 자기주도적 개입 또는 역설적 방략이 효과적일 수 있다.
- 양극성장애 가능성을 추적하여 약물 치료 여부를 결정한다.
- 알코올이나 약물 남용을 확인한다(MacAndrew의 알코올중독 척도, 중독 인정 척도, 중독 가능성 척도 등 보충 척도를 확인할 것).
- 척도 9가 낮을 경우, 동기가 낮고, 잘 구조화된 구체적인 행동 프로그램이 필요하다.

수검자 피드백

귀하는 원기왕성하고 의욕이 넘치며 야심적인 사람으로, 생각과 움직임이 빠르고 많은 일을 할 수 있습니다. 매우 낙관적인 시기에는 일에 너무 몰두하거나 너무 많은 일을 합니다. 그래서 모든 일을 완수하기가 불가능할 수 있습니다. 때로는 활력 수준이 너무 높아져 잠이 줄고, 너무 느리게 돌아가는 세상에 대해 참기 힘들고 화가 날 수도 있습니다. 이 기간 동안에는 기분이 긍정적인 것에서 부정적인 것으로 빠르게 변하고, 한 순간에는 낙천적이고 즐겁다가 다음에는 화가 나고 짜증이 나며, 사람들이 당신의 일을 방해하는 듯한 느낌도 받게 됩니다. 활력이 너무 많아져 당신을 따라오지 못하는 사람들에게 짜증이 날 수 있습니다. 활력이 높을 때면 한 가지 일에 집중하는 것이 어려울 수 있습니다. 여러 가지가 서로 연결되어 있다고 생각되고, 따라서 쉽게 교란되고 곁길로 빠집니다. 다른 사람이 보기에는 놓아 버려야 할 하나의 특별한 생각이나 활동에만 집중할 때도 있을 것입니다. 이때는 다른 사람들이 당신에게 비현실적이라며 설득하려고 하면 매우 화가 나고 폭발하거나 공격을 하기까지 할 수 있습니다.

MMPI-A 관련 고려사항

청소년에서 중간 정도의 상승은 열성적이고 활발하며 여러 가지에 관심을 가지는 것을 나타낸다. 그렇지만 점수가 상승할수록 학교 성적이 저조하고 집에서 문제가 있음을 시사한다(학교 문제 및 가정 문제 내용 척도를 확인할 것). 또한 척도 9의 상승은 비합리적인 조증 행동과 반사회적 행동을 반영한다(품행 문제 내용 척도를 확인할 것). 소년의 경우, 암페타민 사용이 상대적으로 흔하다. 이 척도가 높은 청소년은 전형적으로 비판에 둔감하고 자신의 행동을 돌아볼 줄 모른다. 따라서 치료에 참여하는 것에 동기가 없다. 권위적 인물보다 자신이 더 잘 안다고 믿으며, 그들이 자신을 부당하게 벌준다고 생각한다. 자기확신을 보이고, 반항적이며, 다른 사람을 이용하고, 사회적 불편을 부인한다.

척도 0. 내향성(Social Introversion, *Si*)

척도 0은 내향성-외향성 차원과 관련된 질문에 대한 대학생의 반응을 통하여 개발되었다. 그리고 대학생들이 사회 활동에 참여하는 정도를 바탕으로 타당화되었다. 높은 점수는 수줍어하고, 사회적 기술이 제한되어 있으며, 사회적 상호작용에서 불편을 느끼고, 많은 대인관계 상황에서 철수함을 시사한다. 혼자 있기를 좋아하거나 큰 집단보다는 소수의 친한 친구와 있기를 좋아한다. 일부 문항군은 자기비하와 신경증적 부적응을 다루고, 다른 군은 대인 상호작용에 참여하는 정도를 다룬다. 다른 문항 내용들로는 수줍음/자의식, 사회적 회피, 내적/외적 소외감의 정도가 있다(Ben-Porath, Hostetler, Butcher, & Graham, 1989). 이러한 내용들은 소척도를 구성하며, Harris-Lingoes 소척도와 함께 척도 0의 상승 이유를 결정하는 데 도움이 된다(이 장 뒷부분의 "MMPI-2 Harris-Lingoes 및 *Si* 소척도" 부분 참고).

척도 0은 척도 5와 유사해서, 다른 임상 척도들에 색을 입히고 서로 다른 강조점을 제공한다. 따라서 해석에서는 일차적으로 척도 5와 0은 고려하지 않고, 후에 이 척도들의 함의를 추가한다. 결과적으로 척도 0은 상승 척도 쌍에는 포함되지 않는다. 척도 0의 상승은 대인 상호작용에 대한 편안함의 정도, 대인관계 참여 정도, 사교 기술의 효과성 정도(사회적 불편감 내용 척도를 확인할 것), 잘 발달된 사회적 지지 체계를 가질 가능성에 대한 정보를 제공하는 데 도움이 된다. 척도 0이 낮을 경우 다른 척도의 상승에서 시사되는 병리 정도가 낮아지는 경향이 있다. 또한 낮은 점수는 일정 수준의 병리가 있더라도 그 문제에 대해 사회적으로 수용되는 수단을 찾을 수 있음을 시사한다. 반면 점수가 높은 경우 다른 척도에서 나타나는 문제가 확대됨을 시사한다. 특히 척도 0과 2, 8이 모두 상승한 경우 그렇다. 이 경우 사회적 소외감을 느끼고, 관계 철수적이며, 자기비판적이고, 특이한 사고를 가짐을 시사한다. 그리고 이러한 어려움을 극복하는 데 도움이 되는 적절한 사회적 지지집단이 없을 가능성이 있다. 비록 척도 0의 상승이 개인적 문제의 증가를 시사하기는 하지만, 이들이 행동화할 가능성은 낮다. 특히 척도 2와 5가 동반 상승한 경우(여성의 경우 5가 낮은 경우) 그렇다. 결과적으로 척도 0, 2, 5는 억제 척도(inhibitory scales)로 불린다.

척도 0이 높은 경우

- 집단 상호작용에서 불편해 하며, 사회적 기술이 잘 개발되지 않았다.
- 자기를 잘 내세우지 않고, 자기확신이 부족하며, 복종적이고, 수줍어하며, 소심하다.
- 다른 사람이 보기에 냉정하고, 거리를 두며, 경직되고, 알기 힘든 사람이다.
- 극단적으로 높은 경우 사회적 철수, 반추, 우유부단, 불안정함, 사회적 기피, 다른 사람과 교류가 부족한 것에 대한 불편감, 다른 사람이 자신을 판단하는 것에 대해 민감함을 보인다.
- 어려움을 극복하는 데 도움이 되는 사회적 지지 집단을 잘 만들지 못한다.
- 중간 정도의 점수일 경우, 의존적이고, 보수적이며, 조심스럽고, 독창성이 부족하며, 심각하고, 과잉 통제적이다.
- 척도 0이 높은 정상 남성은 겸손하고, 억제적이며, 자신감이 부족하고, 대체로 사회적 존재감이 부족하다.
- 척도 0이 중간 정도로 높은 정상 여성은 겸손하고, 수줍어하며, 자신을 내세우지 않고, 민감하며, 걱정하는 경향이 있다.

척도 0이 낮은 경우

- 따뜻하고, 외향적이며, 주장을 잘하고, 자기 확신이 있으며, 언어적으로 유창하고, 사람들과 잘 어울린다.
- 사람들과 어울리려는 욕구가 강하다.
- 권력, 인정, 지위에 관심이 있다.
- 기회주의적이고, 과시적이며, 조종하고, 제멋대로일 수 있다. 극단적인 사례에서는 미성숙하고, 제멋대로이며, 피상적이다.
- 정상 남성의 경우, 사교적이고, 표현을 잘 하며, 사회적으로 경쟁적이고, 언어적으로 유창하다.
- 정상 여성의 경우, 사교적이고, 수다스러우며, 자기주장을 잘하고, 열성적이며, 모험적이다.
- 극단적으로 낮은 점수는, 사회적 기법이 잘 발달되어 있으나 그들의 외적 이미지

뒤에는 사회적 인정에 대한 높은 욕구와 관련된 불안정감, 과민성, 의존성을 다루는 것과 관련된 문제가 있다. 피상적인 친구는 많으나 누구와도 친밀함을 느끼지 않는다.

치료적 함의

- 높은 점수를 보이는 극도로 내향적인 사람은 수줍어하고 위축되어 있으며 불안하기 때문에 치료에 참여하기가 어렵고, 치료적 관계 형성에 시간이 걸리며, 치료자가 지시적이고 지배적이기를 기대한다. 사회적으로 위축되고 비지시적인 치료자는 내담자의 불안을 증가시킬 수 있으며 조기 종결되기 쉽다.
- 동기가 없고 수동적으로 보이지만 내적으로는 성격이 예민하고 불안하다〔낮은 자존감, 사회적 불편감(성인 및 청소년) 내용 척도를 확인할 것〕.
- 과잉 통제적이고 변화를 이루어 내는 데 상당한 어려움을 보일 수 있다.
- 집단 치료와 사회기술 훈련이 적절한 개입이다. 집단은 내담자가 새로운 행동을 실험해 볼 만큼 지지적이고 수용적이어야 한다.
- 낮은 점수를 보이는 극도로 외향적인 사람은 피상적이고 내면을 돌아보는 데 열의가 부족하기 때문에 치료에 어려움을 겪는다.

MMPI-A 관련 고려사항

청소년들 중 척도 0이 높은 경우, 낮은 자존감과 사회적 위축과 관련된 사회적 관계의 어려움을 명백히 시사한다. 소녀의 경우 사회적 위축, 수줍음, 공포, 우울, 자살 사고와 제스처, 섭식 문제, 소수의 친구를 시사한다. 또한 점수 상승은 자신의 병리에 따라 행동화하지 않는 억제 효과를 시사한다. 따라서 약물이나 알코올 문제, 비행, 성적 문제행동을 보이는 경우는 드물고 데이트나 성적 관계에 관심이 거의 없다. 소년의 경우 관련 행동이 덜 알려져 있으나 높은 점수는 학교 활동에 잘 참여하지 않음을 시사한다.

MMPI-2 상승 척도 쌍

코드타입 해석은 개별 척도 해석보다 정확하고 임상적으로 유용한 해석을 산출한다. 코드타입 해석은 검사되지 않은 다양한 행동과 코드타입의 관련성에 대한 경험적 연구 결과물에 기초한다. 다음에 소개된 상승 척도 쌍은 출현 빈도, 수행된 연구의 충실함, 임상적 중요성에 따라 선정한 것이다. 따라서 일부 코드타입 조합은 논의하지 않았다.

MMPI-2 또는 MMPI-A에서 T 점수 65 이상으로 상승한 장해 집단에서 코드타입 해석이 가장 적합하다. 개인의 병리 차원에 따라 해석적 기술이 명확하게 되어 있다. 상승 척도 쌍 해석은 높게 상승한 경우에 대해 일차적으로 적용되고, 낮은 점수, 중간 점수, 높은 점수를 나누어 동등한 간격으로 기술하는 것이 아니다. 중간 범위($T = 60{\sim}70$)의 상승 척도 쌍을 고려할 때는 주의 깊게 해석해야 하고, 극단적인 표현은 수정 또는 제거해야 한다.

통상 상승 정도가 유사한 이상은 척도들 간의 차이는 중요하지 않다. 일반적인 접근에서는 한 척도가 다른 척도보다 10점 이상 높을 때 더 높은 척도가 더 많은 색조를 띠며 해석에서도 더 강조된다. 척도 간의 상대적 상승도가 중요한 경우에 상승한 척도에 대한 특별한 정교화가 이루어진다. 척도들이 유사하게 상승한 경우에는 동등한 강조가 주어진다.

3개 이상의 척도가 동등하게 상승한 경우에 그 중 어떤 척도들로 상승 척도 쌍을 구성할지 어려울 수 있다. 이 경우 다른 조합의 가능성을 살펴봐야 한다. 예를 들어 척도 2, 7, 8이 상승한 경우에는 27/72, 78/87, 28/82 코드타입을 모두 검토해야 한다. 가장 높게 상승한 척도가 포함된 코드타입 기술과 여러 코드타입에 공통된 기술이 가장 타당할 가능성이 높다. 그렇지만 복합 상승인 경우 MMPI와 MMPI-2 해석의 일반화 가능성이 쟁점이 된다. 이 쟁점과 관련해서는 MMPI에 대한 연구가 대부분이고 MMPI-2에 대한 연구도 있다(Butcher & Williams, 2000; D. Edwards et al., 1993; Humphrey & Dahlstrom, 1995; Tellegen & Ben-Porath, 1993). 복합 상승에 포함된 50% 이상의 코드타입이 서로 다른 해석을 포함하는데, 특히 잘 정의되지 않은 코드타입의 경우에 더 그렇다. 이러한 사실은 코드타입 해석의 타당도를 위협하는 것이다. 단일 척도 해석에 따르는 것이 신중한 접근이 될 수 있다.

의미 있는 해석을 개발하는 데서는 상승 척도의 유의성에 대한 지속적 고려가 중요하다. 척도 간 상호 관련성, 시사되는 정신병리의 범주, 반복되는 패턴이나 주제 등의 요인을 고려하는 것이다. 가능하면 *DSM-5* 분류를 사용하지만, 다양한 장애를 요약할 수 있고 관련 척도 군집과 연결시킬 수 있다는 점에서〔예를 들어 신경증 세 척도(neurotic triad)〕 신경증(neurosis) 같은 용어도 가끔 사용된다. 코드타입에 기술된 일부 특성은 특정인에게는 매우 정확하지만 다른 사람에게는 적합하거나 정확하지 않을 수 있다. 그래서 임상가는 정확하고 적절한 해석과 진단을 위해 자신의 자료를 지속적으로 검토할 필요가 있다.

MMPI-A 코드타입 해석은 조심스럽게 사용해야 하는데, 그 이유는 코드타입과 관련된 행동 특성에 대한 연구가 불충분하기 때문이다. 반면 MMPI-A 개별 척도 상승에 대한 연구는 상당하다. 이러한 점을 염두에 두고 아래에 기술된 코드타입 해석을 청소년의 기능에 대한 가설을 생성하는 데 잠정적으로 사용해 보기를 권한다. 많은 MMPI 코드타입 기술이 성인과 청소년에게 공통적으로 적용된다는 점(Archer, 1992a)이 이러한 시도를 부분적으로 정당화해 준다. 더구나 특히 코드타입이 잘 정의되어 있다면, MMPI에서 도출한 코드타입 해석이 MMPI-A에도 동일하게 적용될 수 있다.

12/21

증상과 행동

- 신체 증상과 관련된 호소가 반복된다. 이 증상은 기질적일 수도 있고 기능적일 수도 있다(건강염려 내용 척도를 확인할 것).
- 통증, 짜증, 불안, 신체적 긴장, 피로, 신체 기능에 대한 과도한 관심을 호소한다.
- 유의한 수준의 우울을 보인다.
- 심리적 갈등을 억압함으로써 그리고 실제이거나, 과장된 혹은 상상의 신체적 곤란에 관심을 기울임으로써 다루려고 한다.
- 실제 신체적 문제가 있더라도 증상을 과장하고 다른 사람을 조종하는 데 사용한다. 신체적으로 확진 가능한 것보다 더 심하게 고통을 정교화하는데, 흔히 정상적인 신체 기능을 오해석함으로써 그렇게 한다.
- 신체적 고통과 함께 살아가는 법을 배웠고, 그것을 자신의 욕구 성취에 이용한다.
- 남성과 노인에게 더 흔하다.
- 패턴 1(일반화된 건강염려). 우울, 자기비난, 우회적 태도, 조종을 보인다. 오직 기능적인 문제만 호소할 경우 더 수줍어하고 사회적 철수를 보인다. 기질적인

요소가 강한 사람은 불평가(loud complainers)가 되는 경향이 있다. 신체적 호소는 내장을 포함한 몸통에 집중되는 경향이 있다(반면 13/31 코드타입에서는 중추신경계와 말초 사지를 포함하는 경향이 있다. 13/31 코드타입 참고).

- 패턴 2(만성통증 환자). 자신의 통증에 굴복하고 통증과 함께 사는 법을 배웠다. 통증 표현이 과장되고 다른 사람을 조종하는 데 사용된다. 자가 치료 수단으로 약물이나 알코올 남용의 과거력이 있는지 확인할 필요가 있다.

- 패턴 3(최근 심각한 사고가 있었던 환자). 이들의 척도 1, 2 상승은 제약 조건에 대한 반응으로 발생한 급성의 반응성 우울을 반영한다.

- 일부 과음자는 척도 1, 2, 3, 4 상승을 보일 수 있다. 그들은 상당한 신체적 불편, 소화불량, 긴장, 우울, 적대감, 직업 및 관계 문제 과거력을 보인다.

성격과 대인관계 특성

- 내향적이고, 수줍어하며, 자의식이 강하고, 수동적, 의존적이다.
- 자신에게 충분한 관심과 정서적 지지를 제공하지 않는다는 이유로 사람들에게 원한을 품는다.
- 대인관계에서 예민하고 자신의 증상을 통해 사람들을 조종한다.

치료적 함의

- 통찰이 부족하고, 심리적으로 세련되지 못하며, 그들의 어려움이 적어도 일부는 심리적인 것이라는 어떤 제안도 억울하게 생각한다(부정적 치료 지표 내용 척도를 확인할 것).
- 자신의 행동에 대해 책임지는 것을 어려워한다.
- 자신의 어려움에 대해 의학적 설명과 해결책을 찾으려고 한다.
- 스트레스를 신체화하기 때문에 치료적 변화에 대한 동기를 갖기까지 높은 수준의 고통도 견딜 수 있다.
- 일반적으로 심리치료에 좋은 후보가 아니며, 특히 통찰지향치료의 경우 더욱 그렇다.

증상과 행동

- 고전적 전환 V(척도 2가 1 또는 3보다 10점 이상 낮은 경우). 척도 2가 척도 1과 3보다 낮아짐에 따라 전환장애(conversion disorder)의 가능성은 올라가고, 남성의 경우 척도 4, 5가 동반 상승할수록, 여성의 경우 척도 4가 동반 상승하고 5는 낮을 경우 더 강화된다.

- 13/31은 남성이나 젊은 사람보다 여성, 노인에게서 더 흔하다.

- 심리적 갈등을 신체적 호소로 전환함에 따라 불안은 매우 적다(불안이 있으면 척도 2, 7 동반 상승을 확인할 것).

- 불안과 우울증이 있을 경우, 전환이 갈등을 효과적으로 제거하는 데 실패하였음을 의미한다.

- 신체적 어려움에 대해 폭넓은 고통을 호소한다.

- 호소는 비만, 메스꺼움, 거식증, 폭식증 같은 섭식 문제를 포함하고, 심인성 간질이나 심인성 마비도 포함될 수 있다.

- 어지럼증, 무감각, 허약감, 피로 같은 모호한 "신경학적" 곤란이 있을 수 있다.

- 때로 증상에 대해 무관심(관심이 현저히 결여된 상태)을 보인다.

- 합리적이고 사회적으로 수용 가능한 모습으로 보이고 싶은 강한 욕구를 가지면서도 연극적이고 증상과 관련된 수단을 통해 사람들을 통제한다.

- 심리적으로 지나치게 정상으로 보이려고 시도한다(K와 L을 확인할 것).

- 기질적인 손상이 신체적 호소의 원인이더라도, 그것을 과장할 뿐만 아니라 강력한 기능적 측면을 가진다.

- 척도 3이 1보다 높은 경우. 일정 정도의 낙관적 태도를 보이고, 호소가 몸통(예를 들어 위장장애, 폐나 심장질환)에 집중된다. 부인과 억압이 강하며, 수동적, 사교적, 의존적이다. 자신의 "의학적" 문제와 관련한 호소를 통해 다른 사람을 조종한다.

- 척도 3이 1보다 낮은 경우. 세상에 대해 부정적 관점을 가진다. 손과 발 등 신체 말단에 전환 증상이 나타난다.

- 13/31이 높고, 8과 2가 매우 높은 경우. 신체 망상을 보일 수 있다.

- 증상 관련 호소는 스트레스와 함께 증가하고, 스트레스가 줄면 증상도 사라진다.

- 흔한 진단은 정동장애(주요우울장애, 기분부전장애), 건강염려증, 전환장애, 수동-공격성 성격, 연극성 성격이다.
- 높은 13/31은 기질적 손상을 동반하며, 스트레스하에서 악화되는 통증 환자에게서 나타난다.
- 만약 잠재적 이득이 있고 13/31이 높다면(특히 3이 80 이상이라면), F가 상승하지 않았어도 신체적 고통을 호소하는 꾀병일 수 있다(환자는 자신이 심리적으로 정상이라고 강조하면서도 그들의 고통이 신체적인 것임을 과장할 수 있다).

성격과 대인관계 특성
- 적대감을 억압한 채 피상적 관계를 가진다.
- 과시적 상호작용을 한다.
- 다른 사람들이 보기에 이기적이고 미성숙하며, 자기중심적이면서 동시에 사교적, 외향적이고, 애정 욕구가 강하다.
- 자신의 문제에 대한 통찰이 부족하고 부인하며 자신의 어려움에 대해 다른 사람을 비난한다(억압 보충 척도를 확인할 것).
- 자신이 색다르고 관습에 얽매이지 않는다는 어떤 힌트에도 극도의 위협감을 느끼며, 자신을 다른 사람에게 봉사하는 이상적인 모습으로 보이려고 한다. 실제 관계와 관여도는 피상적이다.
- 자신에게 충분한 관심과 정서적 지지를 제공하지 않는다고 느끼는 사람에게 분개하고 적대감을 가질 수 있다.
- 정상범위의 전환 V(MMPI-2 척도 1과 3이 65보다 약간 낮은 경우). 낙관적이지만 미성숙하고, 쉽게 다른 얘기를 하며, 책임감이 있고, 잘 도우며, 정상적이고, 동정적이다.

치료적 함의
- 심리치료의 어려움. 통찰이 부족하고, 내성을 회피하며, 과도하게 정상적으로 보이려고 하고, 자신의 어려움에 대해 단순하고 구체적인 답을 선호한다.
- 직접적인 제안이나 위약에도 반응할 수 있다. 특히 위약이 의학적 맥락에서 제공될

때 반응할 수 있다.

- 스트레스 감소를 위한 스트레스 면역 훈련이 도움이 될 수 있다.
- 심리사회적 개입을 의학적 용어로 설명한다(예를 들어 바이오피드백이나 스트레스 감소 기법을 신경학적 재훈련이라고 칭한다).
- 치료가 조기 종결되는 경우가 흔하다. 특히 자신의 방어가 도전받으면 조기 종결하는 경향이 있다.
- 성격장애가 있으면 심리치료에 대한 도전이 더 강해진다(자기애성, 의존성, 반사회성, 경계선 성격의 동반 여부를 확인할 것).

14/41(드문 코드타입)

증상과 행동

- 심한 건강염려증을 보이고, 자기중심적이며, 관심을 요구하고, 신체적 고통에 대해 지속적인 관심을 표현한다.
- 알코올 남용, 약물 중독의 과거력이 있을 수 있고, 직업 및 대인관계가 좋지 않다(해석을 정교화하기 위해 직업적 곤란 내용 척도와 MacAndrew의 알코올중독, 중독 인정, 중독 가능성 보충 척도를 확인할 것).
- 우유부단하고 반항적이다.
- 흔히 받는 진단. 건강염려증, 성격장애(특히 반사회성). 척도 4가 상대적으로 높으면 반사회성 성격. 척도 1이 상대적으로 높으면 건강염려증. "신경증적" 특성을 포함하는 프로파일(불안, 신체형, 해리 및 기분부전장애)은 상대적으로 높은 척도 1과 2 또는 3을 보인다.

성격과 대인관계 특성

- 진행 중인 성격적 곤란. 행동화, 판단력 문제, 극단적인 조종(하지만 극도로 반사회적인 경우는 드묾).
- 자신에게 부과되는 어떤 규율이나 제약에도 분개한다.
- 가정과 부모에게 저항하지만 이러한 감정을 공개적으로 드러내지는 않는다.
- 충동 통제를 유지할 수 있지만, 씁쓸하고 염세적이며 자기연민의 방식으로

통제한다.
- 다른 사람이 보기에 요구가 많고 투덜거리며 불만이 많다(냉소적 태도, 반사회적 특성, 가정 문제 내용 척도를 확인할 것).

치료적 함의
- 치료에 저항하나 단기 증상 중심 치료에는 만족스럽게 반응할 수 있다.
- 장기 치료는 어렵고 띄엄띄엄 온다.
- 분노와 적대감 때문에 회기 초반에 긴장할 수 있으며, 때로 치료자에게 표출된다(부정적 치료 지표 및 분노 내용 척도를 확인할 것).

18/81

증상과 행동
- 모호하고 특이하며 다양한 고통을 호소한다(건강염려 내용 척도를 확인할 것).
- 혼란되고, 현실 감각이 없으며, 산만하고, 집중 곤란을 보인다.
- 사고를 조직화하기 위해 신체 증상에 집중하지만 그 신념이 망상적일 수 있다.
- 스트레스와 불안을 다루는 능력이 극히 제한되어 있다.
- 대인관계에서 거리를 두고 소외되어 있다.
- 적대감과 공격성을 느끼지만 안으로 가둘 수 있다. 자신의 감정을 표현할 때면 극도로 부적절하고 거칠며 호전적인 방식으로 한다.
- 다른 사람이 보기에 특이하고 심지어 기태적(bizarre)이다.
- 다른 사람을 신뢰하지 않고 적대감을 통제하기 어렵기 때문에 관계에 지장을 준다.
- 편집적 관념을 가질 수 있다(필연적이지는 않지만 그럴 수 있으며, 척도 6의 상승으로 나타난다).
- 척도 2가 동반 상승한 18/81. 자기비판적이고 염세적인 측면이 강조된다.
- 척도 7이 동반 상승한 18/81. 공포와 불안이 강조된다(불안, 공포, 강박성 내용 척도, 불안 보충 척도를 확인할 것).
- 척도 3이 동반 상승한 18/81. 전환 증상 및 신체 망상 가능성을 고려한다.
- 흔히 받는 진단. 조현병(특히 *F*가 상승한 경우), 건강염려증(*F*가 낮은 경우),

불안장애(7이 상승한 경우)

성격과 대인관계 특성
- 오래 지속되는 성격 문제를 보인다.
- 잘 믿지 못하고 사회적으로 부적절감을 느낀다.
- 사회적 고립감과 소외감을 느낀다.
- 방랑하는 생활양식과 좋지 못한 직업과 관련된 개인력을 가진다(직업적 곤란 내용 척도를 확인할 것).

치료적 함의
- 통찰이 없어 치료에 참여하기 어렵다.
- 믿지 못하고, 염세적이며, 소외되고, 적대적이다(부정적 치료 지표 내용 척도를 확인할 것).

19/91(드문 코드타입)
증상과 행동
- 내분비 기능부전이나 중추신경계와 관련된 신체적 문제가 있을 수 있다. 소화기계 문제, 소진, 두통을 보일 수 있다.
- 신체 문제에 과도한 관심을 보이고 광범위한 고통을 호소한다.
- 호소를 부인하고 숨기는 역설적 시도를 할 수 있다. 많은 에너지를 자신의 호소에 직면하는 것을 피하는 데 투자하고 이러한 회피적 기법을 드러낸다.
- 외향적이고 수다스러우며 사교적이면서도 긴장하고 안절부절못한다.
- 격동의 상태 및 불안 및 고통을 경험하는 상태일 수 있다.
- 목표가 잘 정의되지 않고, 달성하기 힘듦에도 불구하고 극도로 높은 기대를 가진다.
- 호소하는 증상에 신체적 원인이 없는 경우에 그들의 행동은 임박한 우울을 모면하려는 시도이다. 우울은 강하면서도 수용하기 힘든 의존 욕구와 관련된다.
- 흔히 받는 진단. 건강염려증, 조증 상태(동시에 발생하기도 한다). 기저의 기질적

조건이나 임박한 우울 또는 둘 모두에 대한 반응이거나 그것에 의해 과장되었을 수 있다. 수동-공격성 성격(특히 척도 4, 6이 상승한 경우).

성격과 대인관계 특성
- 사교적이고 주장을 잘하며 열성적이면서 피상적이다.
- 기저에 수동-의존성을 핵심으로 가진다.

치료적 함의
- 신체적 호소에 대한 심리적 설명을 받아들이기를 주저한다(부정적 치료 지표 내용 척도를 확인할 것).

23/32

증상과 행동
- 활력이 부족하고, 나약하며, 무감동하고, 무기력하며, 우울하고, 불안하다.
- 소화기계 문제를 자주 호소한다.
- 부적절감을 느끼고 일상적 활동을 이루어 내기 힘들다.
- 자신의 감정과 행동을 과도하게 통제하는 데 대부분의 에너지를 쏟는다.
- 상황적 스트레스가 우울을 증가시키기도 하지만 통상 이들의 우울은 오래 지속된다. 불행과 만족감의 결여를 가진 채 살도록 배웠다.
- 삶에 참여하거나 흥미를 보이지 않고 일을 시작하는 것을 힘들어 한다.
- 남성의 경우. 열성적이고, 근면하며, 진지하고, 경쟁적이며, 미성숙하고, 의존적이다. 더 많은 책임감을 원하면서도 그것을 두려워한다. 정상적으로 보이기를 원하고 성취에 대해 인정받기를 원하지만 무시받는 느낌을 받는다. 직업 적응 수준이 적절하지 못한 경우가 흔하다.
- 여성의 경우. 더 무감동하고 나약하며 우울 수준이 높다. 오랜 불행과 불만족에 자신을 내맡기고, 부부 불화를 겪으면서도 이혼하는 경우는 드물다(가정 문제 내용 척도를 확인할 것).
- 척도 4가 동반 상승한 경우. 화가 나 있고, 우울증에 음울한 요소가 있으며, 기저에

반사회적 사고를 가지면서도 외적 행동은 과잉 통제되어 있다.

- 척도 6이 동반 상승한 경우. 극도의 대인관계 민감성과 불신에 따른 우울증을 보인다.
- 척도 0이 동반 상승한 경우. 사회적으로 철수되고 내성적이다.
- 흔히 받는 진단. 신체형 장애(만성통증 환자에서 흔함), 정동장애, 정신병적 특성을 가진 주요우울장애(척도 F, 8이 상승한 경우).

성격과 대인관계 특성

- 수동적이고 유순하며 의존적이다. 다른 사람들로부터 돌봄을 받는다.
- 관계를 피상적으로 유지함으로써 안전감을 얻는다.
- 매력을 느끼는 성별을 가진 사람들과 있는 것을 불편해 하며, 발기부전이나 불감증 같은 성적 기능부전을 경험할 수 있다.
- 다른 사람들이 보기에 미성숙하고 어린아이 같으며 사회적으로 부적절하다.
- 성취와 성공에 대한 욕구를 느끼나 그에 대해 추가적인 압력을 느끼는 것이 두렵다.
- 피상적으로는 성공을 원하는 것처럼 보이나 경쟁 상황을 불안해 한다.

치료적 함의

- 심리치료에 자발적으로 오는 경우는 드물다.
- 통찰이 나쁘다.
- 치료에서 유의한 향상을 보이지 않는 편이다. 치료는 이들의 부인과 회피에 위협이 된다.
- 자신의 호소 문제에 대한 의학적 설명에 많은 투자를 한다.
- 대인관계 갈등에 대해 신경안정제나 진통제 같은 의학적 "해결책"을 찾는다.
- 불편함을 견디기 힘들어 하면서도 불행에 자신을 내맡긴다.
- 갈등을 신체화한다.
- 고통이 극심할 때는 항우울제 같은 증상 완화법이 필요하다.
- 통찰지향치료보다는 지지적 치료가 유리하다.

24/42

증상과 행동

- 반사회적 충동을 통제하기 어렵다.

- 자신의 행동 결과에 대해 죄책감과 불안을 느낀다. 불안이 너무 늦게 나타나 행동에 대한 효과적 억지력이 되지 못한다. 계획을 세우기 어렵다.

- 죄책감과 불안이 감소하면 다시 행동화한다(24/42 코드타입은 흔히 체포된 반사회성 성격에서 나타난다).

- 우울은 상황적일 가능성이 높다. 심리적 고통은 실제의 내적인 도덕적 규칙 때문이 아니라 외적 결과에 대한 공포를 반영한다.

- 과음 또는 약물 남용을 확인해야 한다. 과음과 약물 남용은 이들에게 우울증에 대한 자기처방으로 기능할 수 있다(MacAndrew의 알코올중독, 중독 인정, 중독 가능성 보충 척도를 확인할 것).

- 대인관계가 좋지 않고 가족 문제를 보인다(가정 문제 내용 척도를 확인할 것).

- 가끔씩 취업하고 장기적 고용이 어렵다(직업적 곤란 내용 척도를 확인할 것).

- 여러 가지 법적 문제를 확인할 필요가 있다(반사회적 특성 내용 척도를 확인할 것).

- 척도 6이 동반 상승한 경우. 실제 혹은 상상의 부정이 자신을 향해 있다고 믿기 때문에 분노를 외재화함으로써 정당화됨을 느낀다.

- 척도 6이 낮은 경우. 적대감을 억제하거나 무의식적으로 부인한다.

- 척도 9가 동반 상승한 경우. 극히 위험하고 변덕스럽다. 폭력적 행동을 했을 수 있다.

- 흔히 받는 진단. 수동-공격성 성격 또는 반사회성 성격(척도 6이 높은 경우), 우울 기분을 동반한 적응장애, 우울증이 만성적일 경우, 불안, 전환 증상, 우울(신경증적 특징)이 두드러진다(특히 척도 1, 3도 높은 경우). 우울증이 반응적일 경우 체포된 반사회성 성격장애일 가능성이 높다. 약물 남용은 일차적 문제이거나 이전에 시사된 다른 장애에 부가적으로 나타날 수 있다. 척도 4가 극단적으로 높은 경우(90 이상) 정신병적 과정이나 전 정신병적 과정이 있을 수 있는데, 특히 척도 F, 8이 동반 상승한 경우 그렇다.

성격과 대인관계 특성

- 첫인상은 우호적이고 심지어 상냥해 보인다. 가장 좋은 상태일 때는 사교적이고 능력 있으며 열성적이고 외향적으로 보일 수도 있다.
- 병원 장면에서는 치료진을 조종하려고 시도할 수 있다.
- 오랜 기간 인간관계에서 분노를 유발할 수 있다.
- 피상적으로는 능력과 자신감이 있으나 자의식이 강하고 기저에 불만을 느낀다.
- 실패를 하면 염세적이고 자기비판적이며 자기의심을 보인다.
- 자기의심을 다루기 위해 수동-의존적인 관계를 발전시킨다.

치료적 함의

- 알코올 및 약물 치료 프로그램에서 자주 볼 수 있다.
- 장면이나 의뢰 사유에 관계없이 약물 사용 여부를 확인해야 한다(중독 인정 보충 척도를 확인할 것).
- 오랜 성격 문제로 치료가 어렵다. 진정한 죄책감 때문에 변화를 약속하더라도 행동화하는 경향 때문에 변화에 저항하게 된다.
- 효과적 치료. 제약이 분명하고, 환경에 변화를 주며, 따뜻한 지지를 제공하고, 지속적으로 접촉하는 치료가 효과적이다.
- 치료 과정에 대한 외부 모니터링이 필수적이다(예를 들어 법 또는 직업 관련). 통제된 환경에서 치료가 이루어질 수도 있다.
- 치료의 장기적 성공은 어렵다. 상황적 스트레스에 직면하거나 외부 동기(예를 들어 법적 강제)가 사라지면 치료를 종결하는 경향이 있다.
- 동료 영향을 많이 받기 때문에 개인 치료보다 집단 치료가 효과적이다.

26/62

증상과 행동

- 실제 혹은 가상의 비난에 극도로 민감하다.
- 사소한 비난도 되씹고 면밀히 검토한다.
- 다른 사람의 말을 거절의 의미로 해석하기도 하며, 충분한 근거 없이 결론을

내린다.

- 다른 사람이 보기에 분개하고 공격적이며 적대적이다.
- 자기이행적(self-fulfilling), 자기영속적 역동을 보인다. 다른 사람의 임박한 거절을 지각하고 자신을 보호하기 위해 먼저 거절한다. 이로 인해 다른 사람이 자신을 피하면 자신이 거절당하였다는 증거로 삼으며, 이는 자신의 분노와 그것을 표현하는 것을 정당화하는 근거가 된다. 자신의 어려움에 대해 남을 탓하며, 다른 사람들은 이들이 왜 그런 행동을 하는지 자신이 어떤 역할을 하였는지 이해하기 어렵다.
- 오래전부터 대인관계 문제를 겪어 왔다.
- 척도 2, 3, F가 중간 정도로 상승하였다면, 일반적으로 적절한 적응 수준을 보이면서 잘 통제되고 잘 정의된 편집증적 체계를 가지고 있음을 나타낸다.
- 흔히 받는 진단. 기분부전장애, 수동-공격성 성격(척도 4가 높은 경우), 정신증적 또는 전 정신증적 상태, 특히 편집형 조현병(척도 7, 8, 9가 상승한 경우).

성격과 대인관계 특성

- 적대감과 과민성 때문에 대인관계가 좋지 않다(가정 문제 및 냉소적 태도 내용 척도를 확인할 것).
- 비난하고, 원한을 품으며, 적대적이고, 수동-공격적일 수 있다. 이러한 문제가 오래되었고 변화가 어렵다.

치료적 함의

- 치료적 관계와 신뢰를 형성하고 유지하기 어렵다. 적대감과 의심에서 벗어나게 하기 위해 지속적으로 노력해야 한다.
- 기저에 정신병적 과정이 있는지 평가한다.

27/72

증상과 행동

- 정신과 환자에서 극히 흔한 코드타입이다. 우울하고, 초조하며, 안절부절못하고,

신경이 과민함을 반영한다.

- 척도 2와 7은 개인이 겪은 주관적인 혼란의 정도를 반영하며, **고통 척도(distress scales)**라고 불린다(불안, 공포, 강박성 내용 척도를 확인할 것).
- 극도의 걱정, 실제 혹은 가상의 사건에 대한 과잉 반응을 보인다.
- 강박관념과 다양한 공포와 두려움을 보인다(공포 내용 척도를 확인할 것).
- 강하고 융통성 없는 양심을 가지고, 경직되고 근본적인 방식으로 지극히 종교적이다.
- 말과 행동이 느리다.
- 불면증을 보인다.
- 사회적, 성적으로 부적절감을 느낀다.
- 실제 발생하기 전에도 문제가 일어날 것을 예상하며 많은 시간을 보낸다.
- 자신이 실제 혹은 가상의 위협에 취약하다고 느낀다.
- 허약감, 피로, 흉통, 변비, 어지럼증 같은 신체 증상을 호소한다(건강염려 내용 척도를 확인할 것).
- 27세 이상의 고학력 남성에서 흔하다.
- **척도 4가 동반 상승한 경우.** 특히 알코올이나 약물 사용과 관련된 자신의 방탕함을 잘못 판단하여 불안해 하고 우울하다(MacAndrew의 알코올중독, 중독 인정, 중독 가능성 보충 척도를 확인할 것).
- **흔히 받는 진단.** 정동장애(특히 주요우울장애), 우울증을 동반한 적응장애, 불안장애(특히 강박장애), 성격장애(회피성, 강박성, 수동-공격성), 피로하고 소진된 상태이면서 경직성이 높고 과도하게 걱정하는 정상인(중간 정도로 상승한 경우).

성격 특성

- 완벽주의적이고 꼼꼼하다.
- 인정에 대한 욕구가 강하다.
- 자기주장이 어렵고, 자기비난과 자기처벌을 하며, 수동-의존적이다(사회적 불편감 내용 척도를 확인할 것).
- 논쟁을 하거나 화를 돋우는 경우는 드물다.

- 대부분 결혼하였고, 교제 기간이 매우 짧으며, 첫 데이트 후 1개월 이내에 결혼한 경우가 많다.
- 다른 사람이 보기에 유순하고 의존적이며 돌봐 주고 싶고 친구나 가족에게 과도하게 의존하는 사람이다.
- 부적절감과 불안전감을 느끼고, 적대감을 자기처벌적으로 다룬다.

치료적 함의

- 중간 정도로 상승한 경우 치료 예후가 좋다. 내성을 잘하고, 변화 동기를 가지기에 충분한 고통을 경험한다.
- 치료와 자신의 미래에 대해 매우 염세적이다.
- 그들의 심리적 고통은 반응적인 것으로 때가 되면 호전될 수 있다.
- 그들의 장애는 주로 1개월에서 1년 사이에 발전된 것이다.
- 전형적으로 처음 치료를 받는 것이다.
- 극단적으로 높은 경우. 초조해서 주의 집중이 어렵다. 심리치료에서 잘 기능하기 위해 약물이 필요할 수도 있다.
- 자살 사고 가능성이 있어(특히 척도 6, 8이 높은 경우) 위험성을 세심히 평가해야 한다.
- 치료 회기 중 극도로 자기비판적일 수 있으며, 정서적 지지가 필요하다.
- 완벽주의적이고, 죄책감을 잘 느끼며, 비생산적인 반추에 자주 빠진다.
- 변화에 강박적이지만 실제 새로운 행동을 시도하는 것은 어려워한다.
- 새로운 관계를 쉽게 형성하는 편이고 깊고 오래 간다.
- 척도 4가 높은 경우 오랜 음주 문제 가능성이 있고 치료를 방해할 수 있다(치료 초기에 평가하라). 개인 통찰지향치료에서는 잘하지 못한다. 조기 종결하는 경향이 있다. 변화가 뚜렷하게 이루어지는 초기 허니문 효과를 보일 수 있다. 스트레스하에서는 행동화하거나 악화될 수 있다. 환경 변화를 포함하는 명확하고 구체적인 목표를 가진 집단 치료에서 이득을 볼 수 있다.

증상과 행동

- 우울증, 불안, 불면증, 피로, 허약함을 보인다.

- 정신적 혼란, 기억 손상, 집중 곤란을 보인다.

- 초조해 하고 긴장하며 안절부절못한다.

- 성취 동기가 매우 낮고 효율성이 떨어진다.

- 독창성이 부족하고, 정형화되어 있으며, 무감동하고 무관심하다.

- 과도한 죄책감을 느끼고 자기처벌적이다.

- 자살을 포함해 감정과 충동 통제 곤란에 대해 두려워한다.

- 수용하기 어려운 충동을 부인함으로써 대처하고, 때로 해리 상태에서 행동화한다.

- 망상과 환각을 보일 수 있다(특히 척도 8이 $T = 85$ 이상일 때).

- 이 코드타입의 경우 매우 다양한 속성에 대한 기술이 포함되어 특정 사례에는
  일부만 해당될 수 있다(척도 8과 척도 2에 각각 기술된 특성 참고). 척도 8 상승 외의
  다른 자료를 검토하는 것이 필수적이다(결정적 문항, 임상 면접 자료, 개인력, Harris-
  Lingoes 소척도, 내용 척도 중 특히 기태적 정신상태, 공포, 강박성, 낮은 자존감,
  사회적 불편감 척도).

- 가능한 진단. 주요 정동장애(양극성-우울 또는 주요우울장애), 조현병 혹은
  조현정동장애, 성격장애(경계성, 회피성, 강박성, 조현성; 감정 동요, 정서적 불안정,
  행동화가 특징).

성격 및 대인관계 특성

- 분개하고, 자기주장을 못하며, 의존적이고, 짜증을 잘 낸다.

- 의심이 많고 비판에 극도로 민감하다.

- 대인관계에서 양가적이다.

- 사회적 철수, 소외감을 느낄 수 있다.

치료적 함의

- 분노 표현, 관계 문제, 사회적 철수와 관련된 다양한 문제를 보인다.

- 분노 통제력을 상실할 수 있으며, 스트레스를 받으면 분노가 치료자를 향할 수 있다.
- 관계에 대해 일반적으로 양가적인 감정을 경험하며 이로 인해 치료에 저항할 수 있다. 양가적 태도로 인해 치료에서 새로 배운 방략을 실험하는 데 어려움이 생길 수 있다.
- 치료가 장기화되는 경향이 있다.
- 치료자는 무질서하고 예측 불가능한 삶에 안정감을 줄 수 있다.
- 초기 회기 및 치료 기간 내내 자살 가능성을 평가해야 한다.
- 사고 및 감정 통제에 위기가 닥칠 때는 약물 치료가 필요할 수 있다.

29/92

증상과 행동

- 활력 수준이 높다.
- 에너지는 통제 상실과 연결될 수 있으며, 통제 상실은 기저의 우울감에 대한 방어로 기능할 수 있다. 활동 속도를 높임으로써 불쾌한 우울 경험으로부터 벗어날 수 있다.
- 이완을 위해서 또는 우울감을 줄이기 위해서 알코올을 사용할 수 있다. 가끔씩 알코올 남용을 보인다.
- 불안과 우울증이 있다. 무가치하다는 느낌을 반추할 수 있다.
- 긴장하고 안절부절못한다.
- 신체 증상을 호소한다(특히 상부 위장관 증상).
- 젊은 사람의 경우 29/92는 자아정체감 상실을 가져오는 직업 관련 위기를 반영할 수 있다.
- 때로 뇌 손상 환자가 이 프로파일을 보일 수 있다. 이 경우 사고와 감정에 대한 통제 상실감을 반영할 수 있고, 활동 속도를 높임으로써 보상하려고 시도하는 것일 수 있다.
- 흔히 받는 진단. 복합 양극성 우울증—두 척도는 환자의 특정 시기에 따라 변한다(상태의존 척도). 순환성장애. 뇌 손상.

성격 및 대인관계 특성

- 부적절감과 무가치감을 느낀다.
- 이러한 감정을 부인하거나 과도한 활동을 통하여 방어하려고 한다.
- 다른 사람이 보기에 자기 자신에 함몰되어 있고 자기중심적이다.
- 성취 욕구가 강하지만 역설적으로 실패를 준비한다.

치료적 함의

- 강렬한 활동과 소진 및 우울 시기를 왔다 갔다 한다.
- 기분과 활동의 변동을 안정화시키는 것이 치료의 주요 도전이 된다.
- 오래된 알코올 또는 약물 남용이 치료에 방해가 될 수 있다.
- 자살 가능성을 세심하게 점검해야 한다.
- 우울증은 당장은 뚜렷하지 않을 수 있으나 오래되고 가끔씩 나타나는 우울 시기가 있는지 내담자의 배경을 주의 깊게 고려해야 한다.

34/43

증상과 행동

- 미성숙하고 자기중심적이다.
- 표현하기 힘들어하는 높은 수준의 분노를 가진다. 분노를 간접적이고 수동-공격적인 양식으로 표현한다.
- 지속적으로 다른 사람을 따르고 비위를 맞추면서도 상당한 정도의 분노를 여전히 경험한다. 분노를 통제할지 표출할지 사이에서 갈등을 겪는다.
- 가족으로부터 소외되고 거부당하였다는 느낌 때문에 분노를 겪는다.
- 자신의 행동에 대한 통찰이 부족한데, 특히 척도 6이 높을 때 그렇다. 분노를 다른 사람에게 투사한다.
- 여성의 경우. 남성보다 두통, 일시적 의식상실(blackout), 상부 위장관 증상 등 모호한 신체적 호소가 많다. 심한 불안은 보이지 않는다. 관계가 피상적이고 세상에 대하여 순진한 기대와 완벽주의적 관점을 가진다. 갈등을 얼버무리려 하고 부인한다.

- 흔히 받는 진단. 수동-공격성 관계 양식, 연극성 혹은 경계선 성격, 우울을 동반하거나 또는 복합 정서 양상을 보이는 적응장애, 공격성과 성적 충동이 행동화되는 둔주(fugue) 상태(척도 3과 4가 극단적으로 상승한 경우, $T > 85$).

성격 및 대인관계 특성

- 의존-독립의 갈등이 심하다.
- 인정과 애정을 요구하면서도 기저에 비판에 쉽게 활성화되는 분노를 가지고 있다.
- 겉으로는 다른 사람을 따르나 그 기저에는 강한 저항감을 느낀다.
- 대인관계가 좋지 않았고 행동 표출, 부부 갈등, 알코올 남용 등의 과거력을 가진다(MacAndrew의 알코올중독, 중독 인정, 중독 가능성, 결혼생활 부적응 보충 척도를 확인할 것).
- 투사를 통해 다른 사람을 비난하며 이러한 자신의 대처 양식에 대한 통찰이 낮다.
- 자신의 적대감을 직접적이고 자발적으로 표현하는 사람과 관계를 발전시키는 과정에서 공격성을 대리 표출할 수 있다. 다른 사람이 분노를 표출하도록 은근히 조장하거나 북돋우면서도 피상적인 사회적 수준에서는 그 사람을 못마땅해 하는 것이 34/43 코드타입의 특징이다.

치료적 함의

- 치료적 관계를 다른 대인관계와 유사하게 대하기 때문에 치료 회기가 험악해질 수 있다.
- 자기통제와 자기행동에 책임지지 않으려 하는 것이 치료의 핵심 쟁점이 된다.
- 분노와 좌절감 때문에 치료를 종결하려고 한다.
- 치료를 찾으려는 내적 동기가 낮고 외부 압력에 의해 치료에 강제로 오는 경우가 많다(예를 들어 배우자, 직장, 법적 절차).
- 치료를 계속 받도록 하기 위해서는 외부 감시와 외적 동기가 필요하다.
- 권위적 인물보다는 동료의 압력에 반응하기 때문에 집단 치료가 매우 효과적이다.

증상과 행동

- 비판에 극히 민감하다.

- 적대감과 공격성을 억압한다.

- 공포, 긴장, 불안을 보인다.

- 두통, 위장장애 등 신체적 불편을 호소한다.

- 의심과 경쟁심을 외현적으로는 부인하고, 세상을 순진하게 받아들이며 긍정적이고 완벽주의적으로 본다.

- 척도 6이 척도 3보다 5점을 초과해 높은 경우. 권력과 명망을 추구함으로써 삶의 안전감을 얻으려고 시도한다.

- 척도 3이 척도 6보다 5점을 초과해 높은 경우. 모든 갈등이나 문제를 부인하고 자신과 세상을 이상화한다. 편집성 관념보다는 신체적 호소를 보이며, 정신병적 과정으로 진행할 가능성은 낮다.

성격 및 대인관계 특성

- 원한과 적대감을 품는데, 특히 가족에게 그러하다. 하지만 직접 표현하는 경우는 드물다.

- 순진하고 잘 속아 넘어간다.

- 편안하고 피상적인 관계를 빠르고 쉽게 발전시킬 수 있다.

- 관계의 깊이와 친밀도가 증가하면 기저의 적대감, 자기중심성, 잔인함이 점점 분명해진다.

치료적 함의

- 개인적 통찰을 획득하는 능력이 제한되어 있고, 심리적으로 세련되지 못하며, 자신의 어려움이 부분적으로 심리적인 것이라는 제안에 억울해 한다(부정적 치료 지표 내용 척도를 확인할 것).

- 자신의 문제에 대해 다른 사람을 비난하며, 치료 관계에서도 문제를 야기하게 된다.

- 갑작스럽게 종결한다.
- 무자비하고 방어적이며 비협조적일 수 있다.
- 자신의 감정과 행동에 대해 책임감을 갖도록 하는 것이 치료의 핵심 쟁점이다.

38/83(드문 코드타입)

증상과 행동

- 불안하고 우울하다.
- 두통, 위장장애, 무감각 등의 호소를 한다.
- 모호하고 치료하기 어려운 일련의 신체 증상을 호소한다.
- 정신적 혼란, 지남력 장애, 기억 곤란 등의 사고 장해를 보이고, 때로 망상적 사고도 보인다(특히 8이 3보다 유의하게 높을 때 기태적 정신상태 내용 척도를 확인할 것).
- 정신적 혼란을 경험하고 긴장, 공포, 걱정을 보인다.
- 겉으로는 무감동하고 철수된 것으로 보인다.
- 자신의 어려움을 모호하고 조심스러우며 불특정적인 방식으로 기술한다.
- *K*가 상승하고 *F*가 낮은 경우. 친화적이고, 억제되어 있으며, 과도하게 관습적이고, 다른 사람에게 호감을 얻고 승인받으려는 과장된 욕구를 보인다. 비현실적이지만 견고한 낙관주의를 가지고, 자신의 욕구, 태도, 신념을 희생시키면서까지 화합을 강조하며, 분노를 극히 불편해 하고 무슨 희생을 치르더라도 회피하려고 하고, 독립적인 의사결정을 회피하며, 자신의 권력을 행사해야 하는 다른 많은 상황도 회피한다. 과장된 낙관주의와 개인적 갈등에 대한 부인 때문에 정신건강 클리닉에 오는 경우가 드물다. 분노, 긴장, 패배감을 견디기 힘들어 하는데, 이러한 감정은 개인적 실패 그리고 더 중요하게는 과잉 관습적이고 과도하게 낙관적이며 억제된 방식으로 세상을 통제하려는 시도가 실패한 것을 나타낸다.
- 흔히 받는 진단. 신체형 또는 해리장애(척도 3이 8보다 상대적으로 높고, 8과 *F*는 70보다 낮을 때), 조현병(척도 8과 *F*가 모두 높을 때).

성격 및 대인관계 특성

- 미성숙하고, 의존적이며, 관심과 애정을 받으려는 욕구가 강하다.

- 피상적으로 관습적이며, 정형화되고, 독창성이 부족하다.
- 이상한 내적 경험에도 불구하고 이러한 과정에 대해 불편해 하고 자기처벌적인 방식으로 제한하려고 한다.
- 이상한 경험과 사고로 인해 사회적으로 소외되었다고 느끼지만 정상적으로 보이려는 욕구가 강하고 애정에 대한 강한 욕구를 보인다.
- 다른 사람들이 이들의 이상한 경험에 대해 알게 되면 거부당할 것이라고 느끼고 극단적으로 의존적인 관계를 발전시키려고 한다.
- 자신을 보호하기 위해 광범위한 부인을 사용하고, 그로 인해 통찰 능력이 나빠진다.

치료적 함의
- 무감동하고 생활 활동에 참여하지 않기 때문에 치료에 참여하는 것도 어렵다.
- 통찰이 낮기 때문에 치료가 더 어려워진다.
- 기저에 상당히 이상한 일이 진행되고 있음에도 정상적으로 보이려고 상당한 노력을 기울인다.
- 개인 통찰지향치료는 적합하지 않다.
- 지지적이고 지시적인 접근에 반응하는 편이다.

45/54

증상과 행동
- 사회의 가치관을 받아들이는 것이 어렵다.
- 통상적으로는 반사회적 감정을 통제할 수 있지만 좌절에 대한 인내력이 낮고 기저의 분노와 원한이 있어 단기 삽화적으로 행동화할 수도 있다.
- 수동-공격적 수단을 대처 양식으로 주로 사용한다.
- 45/54 코드타입은 동성애 지표로 사용되어서는 안 된다(척도 5 해설 참고).
- 주의. 척도 5는 임상 척도가 아니라 임상 척도의 논조를 제공할 뿐이다. 예를 들어 척도 4, 5, 6이 모두 높은 경우 46/64 코드타입처럼 해석하되, 남성의 경우 높은 척도 5는 행동화 가능성을 줄이는 것으로 고려한다.

- 남성의 경우. 이 코드타입은 공개적으로 비동조적이며 심리적으로 세련된 사람에게서 흔하다. 고학력자인 경우 자신의 불만을 사회적 원인에 직접 돌리고 주류 문화에 대해 조직적인 반대를 표현한다. 척도 9가 높은 경우 자신의 문화에 불만족하고 민감하며, 자신의 태도를 인식하고 있지만 동시에 변화를 시도할 에너지를 가진다.
- 척도 4, 9가 높고 5가 낮은 남성. 성적인 행동 표출의 가능성이 높다("호색한(Don Juan personality)"). 자기중심적이고, 만족 지연을 못하며, 외현적인 애정 표현의 기저에는 적대감이 있다.
- 여성의 경우. 전통적인 여성 역할에 공개적으로 저항하고, 의존적 관계에 대한 공포가 반항을 동기화시키는 경우가 흔하다. 또는 전통적인 남성적 활동을 강조하는 하위 문화나 직업에 참여하기도 한다.

성격 및 대인관계 특성
- 미성숙하고, 자기중심적이며, 내부지향적이다.
- 일반적인 사회규범에 따르지 않으며, 이러한 태도를 도전적이고 단도직입적·공개적으로 표현한다.
- 성적 정체감에 문제가 있을 수 있으며, 성적 기능부전을 경험할 수 있다.
- 인식하지 못하는 강한 의존 욕구와 관련된 양가성을 보일 수 있다.

치료적 함의
- 자신을 드러내는 것에 대해 매우 조심스럽고 방어적이다.
- 명료하게 생각할 수 있고 통찰이 좋다.
- 자신과 자신의 행동에 만족하기 때문에 치료를 잘 받지 않는다.
- 정서적 고통을 잘 호소하지 않는다.
- 지배성 및 의존성과 관련된 쟁점이 주를 이룬다.
- 만성적이고 뿌리 깊은 성격 때문에 의미 있는 변화가 어렵다.

증상과 행동

- 적대적이고, 음울하며, 잘 믿지 못하고, 성급하며, 미성숙하고, 자기중심적이다.

- 자신의 개인적 잘못에 대해 다른 사람을 지속적으로 비난하며, 이로 인해 자신보다는 다른 사람의 행동에 항상 초점을 맞추기 때문에 자신의 감정과 행동에 대한 통찰을 발달시키지 못한다.

- 약물 중독이나 알코올 남용의 과거력이 있는지 확인해야 한다(MacAndrew의 알코올중독, 중독 인정, 중독 가능성 보충 척도를 확인할 것).

- 척도 8이 높은 남성. 정신병적, 특히 편집형 조현병이나 전 정신병적 상태일 수 있다. 척도 2 및 3이 동반 상승한 경우 경계선 상태일 가능성이 높아진다. 화를 잘 내고 스스로는 부인하는 강한 의존 욕구와 관련된 갈등을 가진다. 권위적 인물에 반항하고, 다른 사람을 조종하기 위하여 자살 위협을 사용할 수 있다.

- 여성. 정신병적 또는 전 정신병적 상태일 수 있으나 수동-공격적 성격일 가능성이 더 높다. 척도 3이 동반 상승하면 애정에 대한 욕구가 강하고 자기중심적이다. 요구가 많은 반면 다른 사람이 자신에게 요구하는 것에 대해서는 화를 낸다.

성격 및 대인관계 특성

- 수동 의존적이다.

- 적대감, 분노, 불신, 타인 비난과 관련된 적응 곤란을 겪는다.

- 깊이 관여하는 것을 피한다.

- 다른 사람이 보기에 시무룩하고, 논쟁적이며, 밉살스럽고, 권위에 대해 화를 낸다(분노 내용 척도를 확인할 것).

- 친밀한 관계 형성이 불가능하고 사회적 부적응이 심하다.

- 자기비난은 최소한으로만 하고 매우 방어적이며 논쟁적이다(특히 L, K가 높은 경우).

- 실제 혹은 가상의 비난에 매우 민감하고, 다른 사람이 의도치 않았음에도 적대감이나 거부를 추론한다.

- 거부를 피하고 안전감을 유지하기 위해 다른 사람을 극도로 조종하려고 한다.

치료적 함의

- 의심이 많고, 심지어 치료에 적대적이다.
- 다른 사람이 집요하게 요청해야 치료를 받는다.
- 자신의 모든 어려움에 대해 다른 사람을 탓한다.
- 치료 계획은 구체적이고 명료하며 실제적이고 의심이나 반대를 불러일으키지 않는 방식으로 설명해야 한다.
- 치료적 관계 형성이 어렵고 관계가 요동치기 쉽다.
- 분노 표출을 조심스럽게 관찰해야 한다.

47/74

증상과 행동

- 음울하고 원한을 품는다.
- 행동에 대한 죄책감을 경험한다.
- 다른 사람의 감정에는 둔감하면서 자신의 반응과 감정에는 강한 관심을 갖는다. 자신이 다른 사람의 감정에 둔감한 이유를 다른 사람이 자신을 거부하거나 속박하였기 때문이라고 정당화한다.
- 예측 가능한 대인관계 순환. 행동 통제가 안 되고 화를 표출하여 충동적 행동을 보인다(반사회적 특성 및 분노 내용 척도를 확인할 것). 그런 다음 행동에 대하여 죄책감을 느끼고, 죄책감, 음울함, 자기연민을 동반한 과도한 통제의 시기를 보낸다(적대감 과잉통제 보충 척도를 확인할 것). 이러한 감정에 좌절하게 되면 알코올 남용, 난잡한 성행위, 추가적인 공격 행동 등을 통해 자신의 이기적 욕구를 충족하려고 시도할 수 있다. 이러한 순환은 변화시키기 어렵다.
- 법적, 직업적, 가정적 문제를 자주 일으킨다.
- 죄책감과 후회가 진심이고 심지어 과도할 정도로 강하더라도, 이들의 자기통제는 여전히 부적절하고 지속적으로 행동화한다.
- 흔히 받는 진단. 반사회적 성격. 불안장애, 알코올/약물 남용(MacAndrew의 알코올중독, 중독 인정, 중독 가능성 보충 척도를 확인할 것). 충동-강박적 양상을 동반한 기타 다양한 상태(예를 들어 섭식장애).

성격 및 대인관계 특성

- 의존성과 관련한 불안전감과 양가성을 보인다.
- 자신이 가치 있다는 것을 반복해서 확인받으려고 한다.

치료적 함의

- 치료 초기에는 진지한 후회와 변화의 욕구를 보이나 죄책감이 감소하면서 행동화가 다시 시작된다(초반의 "쉬운 이득"에 유의하라).
- 제한을 두게 되면 불안해지고 분개하며 한계를 검증하거나 아예 무시한다.
- 행동화한 후 죄책감을 느끼는 만성적 양상을 보인다.
- 불안을 줄이려는 치료적 시도는 죄책감과 후회로 인한 통제를 감소시켜 행동화의 증가를 가져오게 된다.
- 안심시켜 주고 지지해 주는 것에 잘 반응한다.
- 장기적인 근본적 변화는 이루기 어렵다.

48/84

증상과 행동

- 낯설고, 자기중심적이며, 정서적으로 거리를 두고, 적응에 심각한 문제가 있다.
- 행동이 예측 불가능하고 별나다. 기묘한 성적 강박관념과 반응을 가질 수 있다.
- 반사회적 행동으로 법적 분규에 빠질 수 있다(반사회적 특성 내용 척도를 확인할 것).
- 공감 능력이 거의 없고, 규범을 따르지 않으며, 충동적이다.
- 특이한 종교 집단이나 색다른 정치 조직의 일원일 수 있다.
- 초기 가족력. 관계는 위험하다고 배웠다. 강렬한 가족 갈등에 지속적으로 직면하였다. 소외감, 적대감, 거부감을 느꼈다. 자신도 거부함으로써 보상을 시도하거나 다른 앙갚음을 한다.
- 불규칙한 학업 수행. 특히 저조한 성취를 보인다.
- 척도 F가 높고 2가 낮은 경우. 공격적이고, 냉담하며, 처벌적이고, 다른 사람에게 죄책감과 불안을 심어 주려고 한다. 그리고 그러한 행동이 사회적으로 허용되는

역할을 하려고 한다(예를 들어 완고한 법 집행관, 지나치게 열성적인 성직자, 엄격한 교사). 단지 엄격하고 처벌적이며 못마땅해 하는 행동부터 임상적 가학증에 이르기까지 전 범위의 행동을 보인다. 이러한 외현적 행동의 기저에는 깊은 소외감, 취약감, 고독감이 자리잡고 있으며, 이로 인해 불안과 불편감을 느낀다.

- **남성의 경우.** 반복적인 범죄 행동을 보인다(특히 척도 9가 높은 경우). 범죄는 흔히 기태적이고 충동적이며 계획 없이 이루어지고 자멸적이어서 결국 자기처벌을 하게 되며, 뚜렷한 이유 없이 극도로 폭력적으로 이루어진다. 살인이나 성적 폭력을 포함한다.
- **여성의 경우.** 범죄 행동의 가능성은 적다. 관계는 일차적으로 성적 관계이며 정서적으로 친밀한 관계는 드물다. 자신보다 아주 열등한 사람(흔히 '루저'라고 불리는 사람)과 관계를 가지는 경향이 있다.
- **흔히 받는 진단.** 조현성 또는 편집성 성격, 정신병적 반응, 편집형 조현병(특히 척도 6이 높은 경우).

성격 및 대인관계 특성
- 관심과 애정에 대한 욕구가 강하다.
- 스스로 거절과 실패를 유도한다.
- 불안전감이 강하고 자기개념이 부정적이다.
- 대인관계 판단이 좋지 않고, 부적절한 의사소통을 하며, 다른 사람들은 이들의 말 속에서 뭔가 중요한 것을 놓쳤다고 느끼면서도 그것이 무엇인지 또는 왜 그런지 정확히 파악하지 못한다.

치료적 함의
- 내담자가 냉담하고 인습에 얽매이지 않기 때문에 치료적 관계 형성이 어렵다.
- 적절한 초점 영역을 찾지 못하여 회기가 무질서해지는 경향이 있다. 너무 많은 문제들이 있어 시작점을 찾기 어렵다. 곁길로 빠지기 쉬워 회기가 생산적이지 못하다.
- 오랜 약물 및 알코올 관련 문제로 인하여 치료가 어려울 수 있다.

- 행동화 경향으로 인하여 치료가 어려울 수 있다.
- 의심이 많기 때문에 조기 종결하는 경향이 있다.

증상과 행동

- 소외감을 느낀다.
- 반사회적 경향이 있고 이러한 경향을 행동으로 옮길 에너지가 있다.
- 제멋대로이고, 감각을 추구하며, 충동적이고, 쾌락 지향적이며, 성급하고, 외향적이며, 폭력적이고, 조종하려고 하며, 활력이 넘친다.
- 양심 발달이 불량하고 규칙이나 관습에 대한 관심이 현격히 결여되어 있다.
- 불안을 느끼지 않고, 수다스러우며, 논리정연하고, 매력적이어서 좋은 첫인상을 준다.
- 관계가 피상적이고 깊은 관계는 언제나 그들의 성격적 문제를 드러나게 한다.
- 광범위한 법적, 가정적, 직업적 문제를 보인 과거력이 있다(반사회적 특성, 직업적 곤란 내용 척도를 확인할 것).
- 30세 이상인 경우 변화에 매우 저항적이다.
- 청소년 남성의 경우. 비행과 관련된다.
- 척도 0이 낮을 경우. 사회적 기술이 잘 발달되어 있고 이 기술을 다른 사람을 조종하는 데 쓴다. 정교하고 반사회적인 신용 사기에 관여될 수 있다.
- 척도 3이 높은 경우. 행동화할 가능성은 낮아진다. 적대감 표현이 34/43 코드타입과 비슷하게 간접적이고 수동-공격적이다.
- 척도 6이 높은 경우. 매우 위험하고 판단력이 나쁜 내담자로, 치료자는 극히 조심해야 한다. 폭력적이고 기태적으로 행동화할 수 있고 강한 원한을 통해 자신을 정당화한다.
- 흔히 받는 진단. 반사회적 성격(단 청소년의 경우 정상 청소년과 이상 청소년 모두 이 척도가 상승할 수 있으므로 주의해야 한다), 조증 상태, 조현병(척도 8이 높을 경우).

성격 및 대인관계 특성

- 겉보기에 자신감 있고 안심하고 있는 것처럼 보이나 기저가 미성숙하고 의존적이며 불안전감을 느낀다.
- 자기애적이고 깊은 정서적 친밀감을 형성하는 데 큰 어려움을 겪는다.
- 만족 지연이 어렵고 판단력이 나쁘다.
- 다른 사람이 보기에 외향적이고, 수다스러우며, 제약받지 않고, 안절부절못하며, 정서적 자극과 흥분을 원한다.
- 첫인상은 좋으나 곧 반사회적 양상이 드러난다.
- 자신의 단점을 합리화하고 자신의 문제에 대해 남을 탓한다.

치료적 함의

- 치료에서 많은 문제에 직면한다. 관련되지 않은 엉뚱한 문제를 끊임없이 끌어들이고, 만족 지연이 어려우며, 경험에서 배우지 못하며, 자기만족에만 관심이 있고(흔히 다른 사람을 희생시키며 자기만족을 추구한다), 자주 쉽게 화를 낸다. 치료자가 직면을 시키면 매우 강한 적대감을 표현하게 되며 다른 사람을 속임으로써 대처하려고 한다.
- 가끔씩 호전성을 보이면서 매력을 사용할 수 있다. 이러한 행동을 할 때면 가급적 바로 직면시키는 것이 좋다.
- 치료는 느리고, 좌절을 겪으며, 흔히 비생산적이다.
- 치료에 자발적으로 오는 경우는 거의 없으며, 전형적으로 법원이나 다른 사람들(예를 들어 고용주, 배우자)의 강요로 의뢰된다.
- 치료를 지속하기 위해 외부의 감시가 필요하다.
- 불안 수준이 매우 낮기 때문에 변화에 대한 동기가 없다.
- 집단 치료가 상대적으로 도움이 되는 것으로 보고되었다. 행동 수정은 그들의 대처 양식을 개선하는 데 도움이 될 수 있다.
- 조기에 종결되는 편인데, 회기를 지루해 하거나 행동화하는 것 또는 이 두 가지를 모두 보이는 것과 관련된다.

증상과 행동

- 의심이 많고, 잘 믿지 못하며, 다른 사람의 의도를 의심하고 수상하게 생각한다.

- 대인관계에서 거리를 두며 친구가 거의 없다.

- 억제되고, 수줍어하며, 원한을 품고, 불안해 하며, 자신에게 주어진 요구를 받아들이는 것을 어려워하거나 적절하게 반응하지 못한다.

- 환상의 세계에 빠져 있다.

- 비협조적이고, 무감동하며, 판단력이 좋지 않다.

- 집중 곤란을 겪는다.

- 현실감각이 좋지 않다.

- 죄책감, 열등감, 정신적 혼란을 흔히 경험한다.

- 정동둔마(flat affect)를 보인다.

- 이상하거나 기태적인 사고, 과대망상, 자기참조 사고(self-reference)를 보인다.

- 내부적으로는 매우 불안하다.

- 과거 직업적 기능은 흔히(놀라울 정도도) 적절하다(척도 6과 8이 극단적으로 높지 않은 경우).

- 스트레스를 받으면 증상이 강해지고 직업적 능력이 붕괴된다.

- 전형적으로 독신이고 26세 이하이다.

- 결혼한 경우 배우자도 정서적 장해를 보이는 경우가 흔하다.

- 척도 F, 6, 8이 $T = 80$ 이상으로 상승하더라도 타당하지 않은 프로파일이 아닐 수 있다.

- 척도 2가 상승한 경우. 부적절한 정동을 동반한 우울증, 공포증, 편집 망상.

- 흔히 받는 진단. 편집형 조현병(특히 척도 4, 8이 7보다 상대적으로 높은 경우). 척도 7이 6과 8보다 10점 이상 낮은 경우 편집 사고를 가지는 "편집증 V형(paranoid valley)". 기질적 뇌장애 가능성을 고려한다.

성격 및 대인관계 특성

- 안전감을 느끼지 못하고, 낮은 자신감을 보이며, 자존감이 낮다(낮은 자존감 내용

척도를 확인할 것).

- 다른 사람이 보기에 친절하지 않고 부정적이며 변덕스럽고 성급하다.
- 사회적 불편감이 높고, 혼자 있을 때 긴장이 풀리며, 깊은 정서적 유대를 피한다(사회적 불편감 내용 척도를 확인할 것).
- 방어가 적절히 발달되지 않았다.
- 스트레스를 받으면 퇴행한다.

치료적 함의

- 정신병리가 심해 추가적인 평가 및 사례 관리와 관련하여 많은 쟁점이 있다. 입원/외래 치료, 자기/타인에 대한 위험성, 약물 치료 및 유지, 기본 생활 기술 등이 주요 쟁점이 된다.
- 기본 사회 기술, 주장하기, 직업 면접 훈련이 필요하고, 증상이 심해질 때 활용 가능한 자원에 대한 지식도 필요하다.
- 자기반성이 추가적인 퇴행을 가져올 수 있기 때문에 통찰지향치료는 권장되지 않는다.
- 구체적이고 행동적인 개입 방법이 보다 성공적이다.
- 치료자의 논리와는 매우 다른 이상하거나 기태적인 신념 체계를 가지고 있어(기태적 정신상태 내용 척도를 확인할 것) 인지기반 개입이 어렵다.
- 의심과 비난에 대한 투사 수준이 치료에서 추가적인 도전이 된다.
- 잘 믿지 못하고 사회 기술이 나쁘며 사회적 불편감이 있어 치료적 관계 형성이 어렵다.
- 회기는 통상 느리고 비생산적이며 오랜 침묵이 특징적이다.
- 충동성과 퇴행도 추가적인 치료적 도전을 제공한다.

69/96

증상과 행동

- 흥분되어 있고, 과민하며, 의심이 많고, 활력이 강하며, 성급하다.
- 생각하는 것이 어렵다.

- 강박적이고, 반추하며, 생각이 너무 많다.
- 망상, 집중 곤란, 환청, 이탈적 연상, 일관되지 않은 말 등 분명하거나 미묘한 사고장애를 보인다.
- 혼란되어 있고 현실감각이 떨어져 보인다.
- 실제 혹은 가상의 위협에 극도로 취약하고 많은 시간 불안을 경험한다.
- 스트레스를 받으면 과도하게 흥분하거나 무감각해지고 철수할 수 있다.
- 스트레스를 받으면 환상으로 철수한다.
- 정서 표현을 조절하는 것이 어렵다.
- 판단력이 좋지 않다.
- 흔히 받는 진단. 조현병(편집형), 기분장애.

성격 및 대인관계 특성
- 잘 믿지 못하고 의심이 많다.
- 애정에 대한 욕구가 강하고 관계에서 수동-의존적이다.
- 자기 스스로 보는 자신의 모습과 다른 사람들이 지각하는 모습 간에 괴리가 크다. 자기 스스로를 조용하고 태평하며 행복하고 건강이 좋은 것으로 보지만, 다른 사람들이 보기에는 적대적이고 화가 나 있으며 사소한 스트레스에도 과잉 반응한다.

치료적 함의
- 입원 환자에서 흔한 코드타입이다.
- 혼란된 사고를 통제하고 기분을 조절하기 위해 약물 치료가 지극히 효과적일 수 있다.
- 혼란되어 있고 퇴행적이며 반추적 사고 과정을 보이기 때문에 통찰지향치료는 통상 효과적이지 않다.
- 신뢰가 부족하고 의심이 많아 치료적 관계 형성이 어렵다.
- 신뢰관계 형성이 가능하다면 구체적이고 문제 중심적인 접근이 가장 효과적이다.

증상과 행동

- 일상생활이 붕괴될 정도로 불안 동요가 강하다.
- 이 프로파일은 특수한 위기에 대한 반응으로 나타날 수도 있고, 어떤 사건 이전까지는 적절히 기능하였을 수도 있으며, 일련의 사건이 방어를 무너뜨렸을 수도 있다("신경쇠약(nervous breakdown)").
- 자신감이 낮고, 죄책감, 열등감, 정신적 혼란, 걱정, 공포를 보인다.
- 불면증, 환각, 망상을 보인다.
- 척도 7과 8의 상승도 및 관계가 진단과 예후에 중요하다. 척도 7이 8보다 5~10점 높으면 호전될 가능성이 더 높고 보다 양호한 경향이 있다(척도 8의 상승도와 관계없이 척도 7이 더 높다면). 척도 7이 더 높은 것은 현재 문제와 적극적으로 싸우고 있고 일부 방어가 작동함을 시사하며, 뿌리 깊은 기태적 사고 양상과 철수 행동이 아직 확립되지 않았기 때문에 정신증보다는 불안장애를 시사한다. 척도 8이 7보다 5~10점 높은 경우 고정된 양상을 반영하고 치료가 더 어렵다(특히 척도 8이 75보다 높을 때). 척도 7과 8이 모두 75보다 높고 8이 더 높을 때는 조현병 양상이 확립되었음을 시사한다(특히 신경증 세 척도가 낮을 경우 기태적 정신상태 내용 척도도 확인할 것). 조현병을 배제할 수 있는 경우에도 변화에 지극히 저항적인 상태로 봐야 한다(예를 들어 심각하고 소외된 성격장애).
- 척도 2가 동반 상승한 경우. 기분부전장애 또는 강박장애.

성격 및 대인관계 특성

- 열등감과 부적절감을 느끼고, 우유부단하며, 자신 없어 한다.
- 수동-의존적인 관계를 맺고 친밀한 관계에서 자기주장을 하는 것을 어려워한다.
- 관계를 형성하거나 유지하기가 힘들고 성적 수행에 곤란을 겪는다.
- 과도하고 특이한 성적 환상에 빠져 있다.
- 대부분의 사회관계에서 극도로 불편해 한다(사회적 불편감 내용 척도를 확인할 것).
- 극도의 사회적 철수를 통해 자신을 방어하는 경향이 있다.

치료적 함의

- 정신과 환자에서 흔히 나타나는 코드타입이다.
- 자살 위험이 높다. 척도 2의 상승도와 관련 결정적 문항을 확인하고, 개인력을 잘 살펴봐야 하며, 내담자의 사고 과정에 대해 적절히 질문해야 한다.

89/98

증상과 행동

- 매우 활력적이어서 과잉 활동성까지 보일 수 있다.
- 정서적으로 불안정하고 긴장하며 혼란 상태를 보인다.
- 과대망상을 보일 수 있고, 때로 종교적 색채를 띤다(특히 척도 6이 높은 경우).
- 사고 이탈을 보이고 기태적인 언어를 보인다. 특히 신조어, 음향 연상, 반향 언어를 보일 수 있다(기태적 정신상태 내용 척도를 확인할 것).
- 비현실적인 목표와 기대를 가지며, 이로 인해 자신의 성취 능력을 훨씬 넘어서는 과도한 계획을 세운다. 자신의 실제 성취보다 높은 포부를 보인다.
- 불면증과 관련된 심각한 증상을 보인다.
- 심각한 정신병리를 보이는 경향이 있다.
- 흔히 받는 진단. 조현병, 조증 상태를 동반한 조현정동장애, 양극성장애, 심각한 성격장애. F 척도의 상승도가 심각도의 지표로 사용될 수 있다.

성격 및 대인관계 특성

- 유아적이고 미성숙한 인간관계를 보인다.
- 두려워하고, 의심하며, 성급하고, 쉽게 주의가 흐트러진다.
- 매우 수다스럽고 활력이 있지만 대인관계에서 철수하는 것을 선호하며 깊은 관여에 저항한다.
- 자신을 웅대화하고 허세를 보이지만 기저에 열등감과 부적절감을 가진다.
- 주의를 받기를 원하고, 이러한 요구가 충족되지 않으면 적대적이 되고 화를 낸다(분노 내용 척도를 확인할 것).

치료적 함의

- 매우 주의산만하고 사고 이탈을 보여 심리치료적 접근이 매우 어렵다.
- 통찰이 나쁘고, 심리적 해석에 저항하며, 하나의 영역에 잠시도 집중하지 못한다.
- 부인, 과대 사고, 확장된 자기가치감을 통해 자신을 방어하고, 이러한 방어가 도전받으면 성급해지고 화를 내며 심지어 공격적이 된다.
- 광범위한 망상과 환각이 있는 경우 항정신병제가 권장되며, 기분장애가 두드러지면 기분 안정제를 쓰는 것이 좋다.

MMPI-2 내용 척도

MMPI 내용 척도를 개발하려는 초기 노력 중 하나는 Wiggins(1966, 1971)가 MMPI 문항의 내용을 분석하여 척도를 만든 것이다. 그는 권위불화 및 사회적 부적응 같은 영역에 기초한 문항 군집을 가지고 작업을 시작하였다. 이 군집들은 요인분석과 내적 일치도 평가를 통해 개정되고 다듬어졌다. 1989년에 MMPI가 재표준화되는 동안 Wiggins 척도의 많은 문항들이 변경되거나 삭제되었다. 그 결과 Butcher 등(1990)이 새롭게 15개의 내용 척도를 개발하였다. 첫 단계로 문항들을 논리적인 방식으로 내용 범주에 따라 분류하여 예비 내용 척도를 개발하였다. 이후 정신과 환자를 대상으로 문항-척도 상관을 분석하고, 척도 간 상관을 분석하여 범주를 통계적으로 개선하였다. 추가적인 타당도 연구 결과, 내용 척도는 적어도 경험적 방식으로 제작한 MMPI/MMPI-2/MMPI-A 임상 척도만큼은 타당한 것으로 확인되었다(Barthlow et al., 1999; Ben-Porath, Butcher, & Graham, 1991; Ben-Porath et al., 1993; Butcher & Williams, 2000). 임상 척도에 비해 가지는 추가적인 이점은 단일 차원을 측정한다는 점이다. 실용적 중요성으로는 논리적, 직관적 방략을 사용하여 비교적 쉽게 해석할 수 있다는 점이 있다. 반면 MMPI 임상 및 타당도 척도는 다차원적이어서 임상가가 광범위한 가능한 기술문 중 가장 유용하고 타당한 해석을 뽑아내야만 한다.

내용 척도의 중요한 기능 중 하나는 임상 척도의 의미를 정교화하는 능력이다. 예를 들어 어떤 개인이 척도 4(반사회성)가 상승하였다면, 임상가는 FAM(가정 문제) 및 ASP(반사회적 특성)가 동반 상승하였는지 확인해 볼 수 있다. 가정 문제 내용 척도는 상승했는데 반사회적 특성 내용 척도는 상승하지 않았다면, 척도 4의 상승은 범죄나 다른 형태의 반사회적 행동보다는 가족 소외와 갈등 때문이라고 해석할 수 있다. 따라서 내용 척도는 임상 척도의 타당도를 추가적으로 증가시킬 수 있다(Barthlow et al., 1999; Ben-Porath et al., 1993).

임상 척도의 의미를 명료화하는 것에 더해 그 해석과 함의도 확장될 수 있다. 예를 들어 척도 1, 2, 3의 상승은 통증 환자에서 일관되게 나타난다. 그렇지만 재활 프로그램에서의 그들의 예후를 고려하면, WRK(직업적 곤란) 및 TRT(부정적 치료 지표) 내용 척도를 통해 직장으로 돌아가는 것에 대한 통증 환자의 태도와 치료에 대한 반응성을 평가하는 것이 중요하다(M. Clark, 1996; Deardorff, 2000). 내용 척도에서 65 이상의 상승은 해당 기술 내용 중 많은 부분이 해당됨을 나타낸다. 60~64의 가벼운 상승은 기술된 행동 특성 중 일부가 적용됨을 시사한다. 따라서 MMPI-2와 MMPI-A의 내용 척도는 중요하면서도 쉽게 해석 가능한 차원을 대표한다. 내용 척도는 내적 증상 행동, 외적 공격 성향, 부정적 자기관, 일반 문제 영역과 관련된 군집으로 구분될 수 있다.

내적 증상 행동

불안(ANX, Anxiety). 일반화된 불안, 신체적 곤란, 걱정, 불면증, 양가감정, 긴장, 삶의 중압감, 정신을 잃어버릴 것 같은 공포, 심장이 뛰고 숨이 막힐 것 같은 느낌, 집중 곤란, 의사결정의 어려움, 스스로 증상을 명료하게 지각하고 받아들이는 모습을 보인다.

공포(FRS, Fears). 다양한 특정 공포증(동물, 피, 먼지, 집을 떠나는 것. 자연재해, 쥐, 뱀 등)을 보인다.

강박성(OBS, Obsessiveness). 반추, 의사결정 곤란을 보이고, 변화에 저항하며, 불필요하게 반복해서 세고, 자신의 경험을 세거나 문자화하는 강박행동을 보일 수 있다. 걱정이 많고, 때로 자신의 사고에 압도되기도 하며, 다른 사람들이 이들을 참아 내기가 어렵다. 낮은 점수를 받은 사람은 긴장 이완, 안전감을 느끼고 우울의 가능성이 낮다.

우울(DEP, Depression). 우울 사고가 많고, 삶에 흥미가 없으며, 공허감을 느낀다. 용서받지 못할 죄를 지었다고 느끼고, 쉽게 울며, 불행해 한다. 자살 사고를 할 수 있고, 다른 사람들이 자신을 충분히 지지하지 않는다고 느끼며, 거절에 민감하다. 긴장하고, 수동적으로 무망감을 느끼며, 미래에 대해 무력감을 느낀다.

건강염려(HEA, Health Concerns). 위장, 신경, 감각, 피부, 심혈관, 호흡기 등에 다양한 신체 증상을 호소하며, 적응 곤란을 보이고, 걱정하고 신경이 과민하며, 활력이 부족하다.

기태적 정신상태(BIZ, Bizarre Mentation). 정신병적 사고 과정, 환각(환청, 환시, 환후), 편집성 신념, 기묘한 생각, 망상을 보인다.

외적 공격 성향

분노(ANG, Anger). 분노 통제가 어렵고, 성급하며, 참을성이 없고, 짜증을 내며, 고집 세고, 욕을 할 수 있다. 통제를 상실한 경우가 있고, 물건을 부수거나 신체적으로 폭력적일 수 있다. 점수가 낮은 사람은 우울하거나 가정 문제를 겪을 가능성이 낮다.

냉소적 태도(CYN, Cynicism). 사람들을 믿지 못하고, 다른 사람들에게 이용당하거나 다른 사람들이 거짓말을 하고 속일까봐 두려워하며, 다른 사람들이 거짓말을 하거나 속이지 않는 유일한 이유는 체포될 것을 두려워하기 때문이라고 생각한다. 친구나 동료에게 부정적이며, 사람들은 이기적인 목적이 있을 때만 친한 척한다고 생각한다. 점수가 낮은 사람은 매우 성취 지향적일 수 있다.

반사회적 특성(ASP, Antisocial Practices). 법적 또는 학업적 문제를 보인 적이 있다. 사람들이 거짓말할 것이라고 기대한다. 불법 행동을 지원하고 다른 사람의 범죄 행동을 즐긴다. 행동이 실제 일어나든 그렇지 않든 범죄 행동을 특징짓는 사고 양상을 보인다. ASP가 척도 4보다 반사회성 성격장애를 더 잘 예측하는 것으로(민감도와 특이성이 높다) 밝혀졌으며(R. Smith, Hilsenroth, Castlebury, & Durham, 1999), MMPI-2에서는 65점을 기준점으로 제시하였으나 권장되는 기준점은 55 또는 60이다.

A 유형 행동(TPA, Type A). 의욕이 넘치고, 열심히 일하며, 경쟁적이고, 적대적이며, 시간적 제약에 성급해 한다. 거만하고, 방해를 받으면 짜증을 내며, 더 짧은 시간에 더 많이 하려고 하고, 둔감하고 단도직입적이며, 사소한 세부에 옹졸해 한다. 이 척도는 여성보다는 남성에게 더 유용하다.

부정적 자기관

낮은 자존감(LSE, Low Self-Esteem). 자신감이 낮고, 자신이 중요하지 않다고 느끼며, 자신에 대한 부정적 신념을 가지고(서툴고 바보 같으며 매력적이지 않다고 생각), 결점을 재빨리 알아챈다. 다른 사람들이 자신을 좋아하지 않는다고 느끼며, 자신의 결점에 압도되기도 하고, 다른 사람의 칭찬을 받아들이기 어려워한다. 반대로 점수가 낮은 사람은 안정적이고 편안하며 우울해 하지 않는다.

일반 문제 영역

사회적 불편감(SOD, Social Discomfort). 수줍어하고, 대인관계에서 철수하며, 다른 사람과 있는 것을 불편해 한다. 내향적이고, 사회적 행사를 좋아하지 않으며, 혼자 있는 것을 선호한다. 점수가 낮은 사람은 안정적이고, 편안하며, 성취 지향적이고, 자기주장을 잘하며, 우울해 하거나 신체 증상을 보이지 않는 경향이 있다.

가정 문제(FAM, Family Problems). 가정불화가 있고, 불행한 유년기를 보냈으며, 어렵고 불행한 부부관계를 보인다. 사랑 표현을 안 하고 다툼이 잦으며 화목하지 않은 가정을 가졌을 수 있고, 아동 학대가 있었을 수 있다.

직업적 곤란(WRK, Work Interference). 직무를 방해하는 개인적 문제를 가지며, 긴장하고 걱정한다. 강박적이고 집중 곤란을 보이며, 경력과 관련하여 우유부단하고 불만족을 보인다. 집중력이 좋지 않고, 동료를 좋아하지 않으며, 직업 관련 활동을 시작하기 힘들어 한다. 경력 선택과 관련해 가족의 지지가 거의 없고 난관에 쉽게 굴복한다.

부정적 치료 지표(TRT, Negative Treatment Indicators). 전문가를 싫어하고 거리를 두며, 어려움을 논의하는 것을 불쾌해 한다. 자기 노출 수준이 낮고, 변화에 저항하며, 변화 가능성을 불신한다. 누구도 자신을 정말로 이해하고 도울 수 없다고 생각하고, 위기를 직면하기보다는 포기하는 것을 선호한다.

MMPI-A 내용 척도

MMPI-A 내용 척도는 MMPI-2 내용 척도와 동일한 방식으로 개발되고 개선되었다. 일부 문항은 청소년에 맞게 변화되었다. 직업적 곤란 척도 대신 학교 문제 척도(A-sch, Adolescent-School Problems scale) 등 일부 척도가 추가되었고, A 유형 행동 척도처럼 청소년에게 적합하지 않은 척도들은 삭제되었다. 점수가 65 이상이면 척도에서 시사되는 문제들에 광범위하게 동의한 것을 나타내며, 가벼운 상승(60~64)은 그 중 일부가 적용됨을 시사한다.

불안(A-anx, Adolescent-Anxiety). 높은 점수는 긴장, 신경과민, 걱정, 수면 곤란(악몽, 잠들기 어렵고 일찍 깸)을 시사하고, 삶에 중압감을 느끼며 문제를 극복할 수 없다고 생각한다. 파멸이 임박하였다고 느끼고, 정신을 잃을까봐 두려워하며, 혼란되어 있고, 집중 곤란을 보인다. 가정불화가 심하고, 임상 장면의 여성 청소년은 우울감과 신체적 고통을 보고한다.

강박성(A-obs, Adolescent-Obsessiveness). 높은 점수는 과도한 걱정, 반추, 사물을 강박적으로 세는 경향, 변화에 대한 극도의 공포, 의사결정의 어려움, 과거 사건이나 행동에 대한 강박적 집착을 시사한다. 다른 사람들은 이들에 대해 인내심을 잃기 쉽고, 임상 장면의 남성 청소년은 불안해 하며, 미래에 대해 지나치게 걱정하고, 의존적이며, 걱정하고, 뭔가에 몰두하며, 화를 잘 내고, 자신이 벌 받을 만하다고 느낀다. 임상 장면의 여성 청소년은 자살 사고를 할 수 있고 실제 자살 제스처를 보이기도 한다.

우울(A-dep, Adolescent-Depression). 높은 점수는 피로, 울먹임, 자기비난, 지탄받고 무가치한 느낌, 절망감을 시사한다. 사는 것이 재미없고, 자살 사고를 할 수 있으며, 활동을 시작하기 어렵고, 만족하기 어렵다. 임상 장면의 남성 청소년은 학대 경험에 대해 추가적으로 평가해야 하고, 여성 청소년의 경우 우울증과 낮은 자존감을 가진다. 학교 장면의 여성 청소년은 성적이 좋지 않고, 주목할 만한 성취를 이루지 못하며, 과체중에 대해 걱정하는 경향이 있다.

건강염려(A-hea, Adolescent-Health). 높은 점수는 결석과 신체 활동 제한을 가져오는 건강 문제가 있음을 나타낸다. 위장(메스꺼움, 구토, 변비, 배탈), 감각기관(시력 저하, 청력 문제), 신경계(경련, 마비, 무감각, 어지럼 발작, 기절), 심혈관계(심장 또는 가슴 통증), 피부, 호흡기 등 여러 신체 영역에서 고통을 호소하며, 건강에 대해 과도하게 걱정하고, 건강 문제만 해결되면 모든 문제가 좋아질 거라고 믿는다. 임상 장면의 청소년들은 학교를 두려워하고, 학교 장면의 청소년들은 학업 및 행동 문제를 보인다(정학, 낙제, 낮은 성적). 임상 장면의 여성 청소년들은 부모와의 불화를 보고하고, 남성 청소년들은 불안해 하고, 걱정하며, 죄의식을 느끼고, 사고를 잘 당하며, 완벽주의이고, 매달리며, 두려워하고, 체중이 줄어드는 경향이 있다.

소외(A-aln, Adolescent-Alienation). 높은 점수는 높은 수준의 정서적 거리감, 아무도 자신을 정말로 이해하거나 돌보지 않는다는 느낌, 삶에서 부당한 취급을 받는다는 느낌, 사람들과 어울리기 어려움, 사람들이 자신을 좋아하지 않는다는 생각, 사람들이 친절하지 않고 일부러 못된 행동을 한다는 생각을 나타낸다. 다른 사람들은 자신보다 더 재미있게 지낸다고 믿고, 자기개방을 잘 안하며, 다른 사람들이 자신의 성공을 방해한다고 생각한다. 집단에서 말하는 것을 불안해 하고 학교 성적이 저조하다. 여성 청소년의 경우 체중이 늘고, 임상 장면의 여성 청소년의 경우 친구가 거의 없고 부모와 갈등을 겪는다. 임상 장면의 남성 청소년은 자존감이 낮고 사회 기술이 좋지 않다.

기태적 정신상태(A-biz, Adolescent-Bizarre Mentation). 높은 점수는 기묘한 사고와 경험을 나타내며, 환청, 환후, 환시 가능성이 있다. 누군가 음모를 꾸미거나 자신을 죽이려고 한다는 편집 사고를 보이고, 악령이나 귀신이 자신을 통제하려 한다고 믿을 수 있다. 임상 장면의 여성 청소년은 역기능적 가족에서 왔을 수 있고 부모나 형제자매가 체포된 경력이 있을 수 있다. 임상 장면의 남성 청소년은 어린이 보호관찰관의 감독하에 지내 왔을 수 있고 기태적이고 정신병적 행동을 보일 수 있다. 학교 장면의 청소년들은 저조한 성적, 정학, 낙제 등 여러 가지 문제를 보인다.

분노(A-ang, Adolescent-Anger). 높은 점수는 분노 통제가 어렵고, 물건을 부수거나 내려치고 싶어 하며, 때로 자기입장을 주장하기 위해 고함을 치고, 목적을 달성하기 위해 화를 냄을 나타낸다. 주먹다짐을 하고 싶어 하고, 자신에게 재촉하는 사람에게 쉽게 화를 내며, 참을성이 없다. 특히 술을 마시면 싸우는 경향이 있고 집이나 학교에서 행동으로 표출하는 경향이 있다. 임상 집단의 청소년은 폭력이나 공격에 대한 흥미가 매우 강하며, 폭력을 휘두른 경험이 있고, 화내고 분개하며 충동적이고 변덕스러우며 행동을 외부로 표출하는 사람으로 묘사된다. 임상 장면의 남성 청소년은 주의를 끌려 하고 분개하며 불안해 하고 자책하지만, 다른 한편 의존적이고 매달리며 성적 학대의 과거력을 가질 수 있다. 임상 장면의 여성 청소년은 공격적이고, 비행을 하며, 체포된 경험이 있고, 성적 행동을 표출하며(난잡한 성행위), 추파를 던지고, 도발적인 옷을 입으며, 잠재적 성 파트너와 관련하여 감독이 필요하다.

품행 문제(A-con, Adolescent-Conduct Problems). 점수 상승은 반항적이고 법적 문제를

가지며 또래관계에 문제가 있음을 시사한다. 거짓말, 절도, 상점 절도, 욕설, 기물 파손 등의 행동 문제가 있고, 다른 사람의 범죄 행동을 즐기며, 다른 사람들이 자신을 두려워하도록 만드는 것을 즐긴다. 약물이나 알코올을 사용하고, 학업 성적이 저조하며, 학교에서 문제행동을 보이고(예를 들어 낙제, 정학, 거짓말과 속임수), 복종하기를 거역하며, 충동적이다. 임상 장면의 여성 청소년은 충동적이고, 화가 나 있으며, 예측불가능하고, 성적으로 적극적이며, 도발적이고, 분개하며, 참을성이 없고, 잠재적 성 파트너와 관련하여 감독이 필요하고, 우울해 하지 않는다.

냉소적 태도(A-cyn, Adolescent-Cynicism). 높은 점수는 다른 사람을 믿지 못함을 나타낸다. 다른 사람들이 친절한 이유는 뭔가 부정한 이득을 얻으려고 시도하기 때문이라고 믿는다. 따라서 높은 점수를 받은 사람은 경계하고 이해받지 못한다는 느낌을 갖는다. 다른 사람들이 자신에게 해코지한다고 느끼고 사람들이 자기 잇속만 챙긴다고 믿기 때문에 사람들을 싫어하는 것은 정당하다고 생각한다. 또한 사람들이 자신을 질투한다고 믿는다.

낮은 자존감(A-lse, Adolescent-Low Self-Esteem). 높은 점수는 자신이 매력적이지 않고 쓸모없다고 느낌을 나타낸다. 자신이 능력이 거의 없고 많은 결점이 있다고 생각하며, 자신감이 낮고 미래를 계획하는 것을 포함하여 그 어떤 것도 잘해 낼 수 없다고 생각한다. 혼란스러워하고, 잘 잊어버리며, 칭찬을 받아들이는 것이 어렵고, 사회적 압력에 약하며, 수동적이다. 점수가 높은 남성 청소년은 성적 학대 여부에 대해 추가 평가가 필요하고, 여성 청소년의 경우 체중 증가, 저조한 성적, 눈에 띌 만한 성취가 없음을 보고한다. 임상 장면의 남성 청소년은 사회 기술이 좋지 않고, 임상 장면의 여성 청소년은 우울하고, 학습 곤란을 보이며, 부모와 갈등이 많고, 자살 사고와 자살 제스처를 보일 수 있다.

낮은 포부(A-las, Adolescent-Low Aspirations). 높은 점수는 낮은 흥미 수준, 특히 학업에 대한 흥미가 낮음을 나타낸다. 공부와 독서, 강의 듣는 것을 싫어하고(특히 과학), 활동을 시작하는 데 문제가 있으며, 쉽게 포기하고, 어려운 상황에 직면하지 않으려고 한다. 성취에 대한 기대가 낮고, 대학 진학에 무관심하며, 다른 사람이 보기에 게으르고, 성적이 저조하며, 학교 활동에 관심이 거의 없다. 임상 장면의 여성 청소년은 성적 행동화를 보고하고 상을 거의 받지 못한다. 임상 장면의 남성 청소년은 무단결석과 가출을 하는 경향이 있다.

사회적 불편감(A-sod, Adolescent-Social Discomfort). 높은 점수는 수줍어하고, 혼자 있기를 좋아하며, 친구 사귀기가 어렵고, 집단 상황을 극히 불편해 하며, 파티나 군중을 싫어하고, 사람 사귀기가 힘들며, 새로운 사람을 만나는 것을 불편해 하고, 대화를 시작하기 싫어하며, 다른 사람을 적극적으로 피하고, 약물이나 알코올을 사용할 가능성은 낮음을 나타낸다. 남성 청소년은 학교 활동을 피하고, 임상 장면의 여성 청소년은 행동화 가능성은 낮고, 데이트에 관심이 없으며, 친구가 거의 없고, 우울하며, 식사 곤란이 있고, 공포와 철수를 보이며, 신체적으로 허약하고, 약물, 알코올, 무책임한 행동의 가능성은 낮다.

가정 문제(A-fam, Adolescent-Family Problems). 높은 점수는 부모 및 다른 가족과 사이가 좋지 않고, 헐뜯기, 질투, 심각한 논쟁, 저조한 의사소통 등의 광범위한 문제를 보임을 나타낸다. 집을 떠날 날을 기다리고, 부모가 자신을 부당하게 벌준다고 느끼며, 집에서 책임감을 수용하지 못하고, 필요할 때 가족들에게 의지할 수 없다고 느낀다. 때리고 도망가는 행동을 할 수 있지만 법적 문제로까지는 가지 않는 편이고, 학교 관련 문제를 보일 수 있으며(저조한 성적, 정학), 부모의 불화가 영향을 주었을 수 있다. 학교 장면의 여성 청소년은 시험 실패, 체중 증가를 보일 수 있으며, 임상 장면에서는 거짓말, 속임수, 절도 등의 외현화 행동과 신체적 호소, 울음, 죄책감, 소심함, 사회적 철수를 보일 수 있다. 임상 장면의 남성 청소년은 슬프고, 비밀이 많으며, 말이 없고, 사람들이 싫어하며, 자의식이 강하고, 사랑받지 못하며, 의존적이고, 분개하며, 관심을 받으려 하고, 자신을 비난한다. 임상 장면의 여성 청소년은 미성숙하고, 잘 싸우며, 잔인하고, 파괴적이며, 비밀이 많고, 자의식이 강하며, 과잉 활동적이고, 도발적이며, 성적 행동화를 하고(성적으로 난잡하고), 성에 집착한다. 여성 청소년의 경우 성적 학대 여부, 남성 청소년의 경우 신체적 학대 여부를 추가로 평가해야 한다.

학교 문제(A-sch, Adolescent-School). 높은 점수는 저조한 성적, 무단결석, 학교 일로 쉽게 상처받는 경향, 학습장애, 낮은 사회적 능력, 권태, 정학, 학교 및 교과 활동을 싫어함, 집중 곤란, 근신, 교사에 대한 부정적 태도를 나타내는 등의 다양한 학교 문제를 시사한다. 학교 다니는 것을 시간 낭비라고 느끼고, 학교 관련 문제는 다른 영역이 아닌 학교 그 자체에 한정되는 경우가 흔하다. 임상 장면의 남성 청소년은 가출하는 경향이 있고, 무책임하며, 약물, 특히 암페타민 사용 이력을 가진다. 성적 학대의 가능성을 추가로 평가해야 한다. 임상 장면의 여성 청소년은 학습장애와 저조한 학업 성취를 보일 수 있다.

부정적 치료 지표(A-trt, Adolescent-Negative Treatment Indicators). 높은 점수는 건강관리 전문가에 대한 부정적 태도와 감정을 시사하고, 자신의 개인 정보를 다른 사람과 공유하려고 하지 않는다. 남들이 자신을 정말 이해할 수는 없다고 느끼고, 자신에게 일어나는 일에 진정한 관심을 보이지 않는다고 생각한다. 사람들이 자신에게 개인적 질문을 하는 것을 불안해 하며 미래 계획을 세우는 것을 어려워한다. 자기 삶의 부정적 일에 대해 책임지지 않으려 하며 지켜야 할 비밀이 많다고 느낀다.

MMPI-2 Harris-Lingoes 및 *Si* 소척도

MMPI와 관련해 보다 널리 보급된 발전 중 하나는 Harris와 Lingoes(1968)가 임상 척도를 보다 동질적인 내용 범주로 재조직화한 것이다. 이 소척도들은 MMPI 2, 3, 4, 6, 8, 9 척도 문항들을 단일한 특성이나 태도를 나타내는 것끼리 직관적으로 묶은 것이다. Ben-Porath 등(1989)은 Harris-Lingoes 소척도와 유사하게 척도 0에 대해서도 소척도를 개발하였다. 척도 1과 7은 문항 내용이 비교적 동질적이었기 때문에 소척도를 개발하지 않았다. 동일한 소척도들이 MMPI-A에도 적용되었다. 이 절에서는 소척도에 대해 논의하고 높은 점수가 가지는 의미에 대해 간략히 요약 설명할 것이다. 여기서 소개하는 요약은 Harris와 Lingoes(1968), 그 확장판이라고 할 수 있는 Butcher 등(1990), Butcher와 Williams(2000), J. R. Graham(2011), Greene(2000) 그리고 Levitt과 Gotts(1995) 등에서 가져온 것이다. MMPI-2와 MMPI-A Harris-Lingoes 소척도의 점수판과 프로파일 결과지는 검사 보급사(Pearson Assessment, 한국 마음사랑)에서 구할 수 있다.

Harris-Lingoes 소척도는 각각의 모척도(Harris & Lingoes, 1968) 및 관련 코드타입(McGrath, Powis, & Pogge, 1998)과 높은 상관을 보이지만 내적 일치도가 낮은 편이다(.04~.85; Gocka, 1965; Krishnamurthy, Archer, & Huddleston, 1995). 내적 일치도가 낮은 많은 척도는 문항수가 매우 적기는 하지만 대부분 적절한 문항이다(Gotts & Knudson, 2005; J. R. Graham, 2011). 추가적으로 많은 Harris-Lingoes 소척도는 서로 높은 상관을 보이는데, 그 이유는 중복되는 문항을 삭제하지 않았기 때문이다(Caldwell, 1988; Greene, 2011). 이 척도들의 잠재적 임상적 유용성을 보여 주는 초기 타당도 연구들이 몇 개 있다(Boerger, 1975; Calvin, 1975; N. Gordon & Swart, 1973). 내향성 소척도는 *Si* 척도 분산의 90%를 설명하는 것으로 밝혀졌으며, 배우자의 상호 평가에서 수렴 및 변별 타당도가 입증되었다(Ben-Porath et al., 1989). 소척도들의 실용적 중요성은 원척도 해석에 유용한 보충 정보를 제공한다는 것이다. 예를 들어 척도 4(반사회성)가 높은 사람은 가정불화($Pd1$), 권위불화($Pd2$), 사회적 침착성($Pd3$) 때문에 상승하였을 수 있다. 이러한 명세화를 통해 개인력에서는 기대하기 어려운 높은 점수를 받은 경우 그 이유를 아는 데 매우 도움이 된다. 또한 중간 정도의 상승(T=60~65)을 보이는 경우 그 의미를 해석하는 데도 도움이 된다. Harris-Lingoes 소척도를 채점, 해석하는 또 다른 이유는 척도 2와 9가 함께 상승한 경우와 같이 서로 상반되는 기술을 해야 하는 이유를 이해하는 것이다. 그렇지만 임상 척도의 정상 범위가 매우 높은 경우에는 Harris-Lingoes 소척도가 특별히 유용하지 않다. Harris-Lingoes 소척도와 Si 소척도의 경우 65점 이상이면 해석해야 한다는 입장과 70을 초과할 때만 해석해야 한다는 입장이 있다(Greene, 2011).

수기 채점에 시간이 많이 걸리기 때문에 Harris-Lingoes 및 Si 소척도는 일상적인 해석에서는 사용되지 않는 편인데, 최근에는 검사 보급사에서 총괄점수 보고서를 제공하기 때문에 편리하다. 임상가들은 모든 Harris-Lingoes 및 Si 소척도를 해석하기보다는 관심을 두는 임상 척도의 의미를 정교화하고 명료화하는 데만 선택적으로 사용할 수 있다. 일부 타당도 자료에도 불구하고 타당도 연구가 아직은 충분하지 않으며, 많은 경우 소척도의 내적 일치도도 불충분하다. 따라서 해석은 신중해야 하며 추가 입증 자료가 필요한 가설로 간주해야 한다. 특히 MMPI-2보다 소척도에 대한 연구가 부족한 MMPI-A의 경우 그렇다. 더구나 MMPI-2와 MMPI-A에서 문항의 삭제나 변경이 있었던 Si 소척도의 경우 청소년용 적용에 유의해야 한다.

척도 2. 우울증(Depression)

D1(주관적 우울감 Subjective Depression). 불행하고, 활력 수준이 낮으며, 열등감과 낮은 자신감을 가지고, 사회적으로 불편해 하며, 흥미를 거의 느끼지 못한다.

D2(정신운동 지체 Psychomotor Retardation). 활력 수준이 낮고, 움직임이 없으며, 사회적 철수를 보이고, 열의가 없다.

D3(신체적 기능장애 Physical Malfunctioning). 다양한 신체 증상을 호소하고, 건강에 집착하며, 좋은 건강 상태를 부인한다.

D4(둔감성 Mental Dullness). 활력 수준이 낮고, 염세적이며, 삶을 거의 즐기지 않고, 집

중과 주의 및 기억 곤란을 보이며, 무감동하다.

D5(깊은 근심 Brooding). 생각에 대한 통제를 상실할 것 같은 느낌을 보인다. 생각에 잠기고, 울며, 반추하고, 열등감을 느끼며, 과민하다.

척도 3. 히스테리(Hysteria)

Hy1(사회적 불안의 부인 Denial of Social Anxiety). 외향적이고, 사회적 상호작용을 편안해 하며, 사회적 기준에 거의 영향을 받지 않는다.

Hy2(애정 욕구 Need for Affection). 애정 욕구가 강하고, 이러한 욕구가 충족되지 않을까봐 두려움을 겪으며, 다른 사람에 대한 부정적 감정을 부인한다.

Hy3(권태-무기력 Lassitude-Malaise). 주관적이고, 불편해 하며, 건강이 나쁘고, 피로와 집중 곤란 및 불면증을 보이며, 불행해 한다.

Hy4(신체 증상 호소 Somatic Complaints). 다양한 신체 증상을 호소하고, 다른 사람에 대한 적대감을 부인한다.

Hy5(공격성의 억제 Inhibition of Aggression). 적대감과 분노를 부인하고, 대인관계에서 과민하다.

척도 4. 반사회성(Psychopathic Deviate)

Pd1(가정불화 Familial Discord). 비판적이고, 비지지적이며, 독립성을 방해하는 가족을 가졌다.

Pd2(권위불화 Authority Conflict). 사회적 규칙에 반항적이고, 사회적 규범을 존중하지 않는 방식의 옳고 그름을 가지며, 법적인 문제와 학교 문제를 보인다.

Pd3(사회적 침착성 Social Imperturbability). 독선적이고, 사회적으로 확신에 차 있으며, 거침없이 말한다.

Pd4(사회적 소외 Social Alienation). 사람들로부터 소외되어 있고, 이해받지 못한다고 느낀다.

Pd5(내적 소외 Self-Alienation). 자신에 대해 불행해 하고, 과거 행동에 대해 죄책감과 후회를 보인다.

척도 6. 편집증(Paranoia)

Pa1(피해의식 Persecutory Ideas). 세상을 위험한 곳으로 지각하고, 이해받지 못한다고 느끼며, 사람들을 믿지 못한다.

Pa2(예민성 Poignancy). 외롭다고 느끼고, 긴장하며, 과민하고, 매우 감각 추구적이다.

Pa3(순진성 Naiveté). 과도하게 낙관적이고, 도덕적 기준이 극히 높으며, 적대감을 부인한다.

척도 8. 정신분열증(Schizophrenia)

Sc1(사회적 소외 Social Alienation). 사랑받지 못하고 학대나 박해를 받았다고 느낀다.

Sc2(정서적 소외 Emotional Alienation). 우울하고, 공포를 느끼며, 자살 소망을 가질 수 있다.

Sc3(자아통합 결여-인지적 Lack of Ego Mastery, Cognitive). 특이한 사고, 비현실감, 집중 및 기억 곤란, 정신적 통제의 상실을 보인다.

Sc4(자아통합 결여-동기적 Lack of Ego Mastery, Conative). 우울하고, 걱정하며, 환상으로 도피하고, 삶을 힘들게 느끼며, 자살 소망이 있을 수 있다.

Sc5(자아통합 결여-억제부전 Lack of Ego Mastery, Defective Inhibition). 억제 결함을 보이고, 충동과 감정에 대한 통제 상실감을 느끼며, 감정 동요를 보이고, 과잉 행동적이며, 특정한 행동을 통제하거나 기억하지 못한다.

Sc6(기태적 감각 경험 Bizarre Sensory Experiences). 환각, 특이한 감각 및 운동 경험, 이상한 사고, 망상을 보인다.

척도 9. 경조증(Hypomania)

Ma1(비도덕성 Amorality). 이기적이고, 양심이 부족하며, 조종하려고 한다. 다른 사람이 이기적이고 기회주의적이라고 믿음으로써 자신의 비도덕적 행동을 정당화한다.

Ma2(심신운동 항진 Psychomotor Acceleration). 안절부절못하고, 과잉 활동적이며, 사고와 행동이 가속화되어 있고, 지루함을 줄이기 위해 흥분을 추구한다.

Ma3(냉정함 Imperturbability). 다른 사람의 염려나 의견에 영향을 받지 않으며, 사회적 불안을 부인한다.

Ma4(자아팽창 Ego Inflation). 능력에 대해 비현실적인 지각을 가지고, 자신에게 주어지는 요구에 분개한다.

척도 0. 내향성(Social Introversion)

Si1(수줍음/자의식 Shyness/Self-Consciousness). 쉽게 당황하고, 관계를 시작하기를 꺼려하며, 사회적 상황을 불편해 하고, 수줍어한다.

Si2(사회적 회피 Social Avoidance). 집단 활동, 파티, 사회적 활동을 싫어하고 피한다.

Si3(내적/외적 소외 Self/Other Alienation). 자존감이 낮고, 자기비판적이며, 자신감이 낮고, 비효율성을 느낀다.

MMPI-2 결정적 문항

내용 분석과 실제 척도 채점 및 해석에 대한 대안으로 우울, 자살 사고, 정신적 혼란 등 정신병리 영역과 관련된 개별 문항 또는 군집의 의미를 살펴보는 방법이 있다. 수검자가 전체 척도에 반응한 방식과 관계없이 어떤 문항이 심각한 병리를 나타낼 수 있다. 이들 문항을 질병 특유 문항(pathognomonic items), 멈춤 문항(stop items) 또는 보다 흔하게 결정적 문항(critical items)이라고 부른다. 수검자의 응답 방향이 그 개인의 표본 반응으로 가정되며, 일반적인 기능 수준에 대한 짧은 척도로 기능한다. 결정적 문항은 임상가가 개별 문항 내용을 검토하여 그 문항이 드러내는 특정한 유형의 정보를 알아내고자 할 때 가장 유용하다. 이 정보는 추가적인 면접을 위한 지침이 될 수 있다. 그렇지만 결정적 문항을 해석하는 데 주의가 필요한데, 묵종 반응 세트(대부분의 문항에 "그렇다"로 반응하는 것)와 부정왜곡의 영향을 받기 때문이다. 따라서 이 문항들은 척도로 보기보다는 문항 내용에 특정적인 영역에 대한 직접적인 의사소통으로 보아야 한다. 결정적 문항 목록은 MMPI-2 설명서(Butcher et al., 2001)에서 찾을 수 있고, 대부분의 컴퓨터 채점프로그램에서도 채점된다.

결정적 문항 목록이 MMPI-2 설명서(Butcher et al., 2001)에 포함되어 있기는 하지만, 청소년에게는 주의해서 사용해야 한다. 그 이유는 첫째, 정상 청소년과 임상 집단 청소년 모두 정상 성인에 비해 두 배의 결정적 문항에 채점 방향으로 응답한다(Archer & Jacobson, 1993). 더구나 두 청소년 집단은 결정적 문항에 비슷한 빈도로 답하고, 따라서 두 집단을 변별해 주지 못한다. 이러한 이유로 청소년의 경우 결정적 문항 목록 개발이 매우 어렵다. MMPI-2의 경우에도 임상가는 결정적 문항 군집을 척도처럼 해석해서는 안 된다. 그보다는 개별 문항 내용을 구체적인 면접 질문을 개발하는 데 사용해야 하고, 이 문항들에서의 상대적 일탈을 적절한 인내심을 갖고 다루어야 한다.

MMPI-2 및 MMPI-A 보충 척도

MMPI가 처음 출판된 이후 450개가 넘는 새로운 척도들이 개발되었다. 이 중 일부는 정상인을 대상으로 개발되어 병리와는 관련이 없으며, 지배성(Dominance, *Do*), 사회적 지위(Social status, *St*) 등이 있다. 다른 척도들은 보다 직접적으로 병리적 차원을 다루며, Hathaway와 McKinley의 원판 표준화 표본이나 보다 최근의 재표준화 집단 자료를 활용한다. 채점은 MMPI-2 567문항 및 MMPI-A 478문항 전체를 사용할 때만 가능하다. 비록 높은 점수에 대한 구체적인 기준은 결정되지 않았지만, 일반적으로 65점을 기준으로 한다. 채점판과 결과지는 검사 보급사에서 제공한다. 결과지에 포함된 척도들은 가장 유용하다고 여겨지는 것들이거나 가장 광범위한 연구가 이루어진 것 또는 미래에 유용할 것으로 기대되거나 미래에 광범위한 연구가 이루어질 것으로 보이는 것들이다. 다음 목록은 보충 척도명과 상승한 경우의 해석에 대한 것이다.

MMPI-2 보충 척도

A(불안 Anxiety). 높은 점수는 속상해 하고, 수줍어하며, 내성적이고, 불안함을 나타낸다. 자신감이 낮고, 스트레스를 받으면 억제되고, 불확실해 하며, 주저한다. 의사결정하는 것을 매우 힘들어한다. 낮은 점수는 외향적이고, 안전감을 느끼며, 이완되어 있고, 활력적이며, 경쟁적이고, 정서적 곤란이 없음을 나타낸다.

R(억압 Repression). 높은 점수는 복종적이고, 과잉 통제하며, 느리고, 명료하게 사고하며, 관습적이고, 형식적이며, 조심스러운 경향을 나타낸다. 부인과 합리화를 사용하고, 불

쾌한 대인관계 상황을 회피하기 위해서라면 무엇이든 한다. 낮은 점수는 지배적이고, 열성적이며, 흥분하기 쉽고, 충동적이며, 제멋대로고, 말하는 데 거리낌이 없으며, 성취 지향적임을 나타낸다.

Es(자아강도 Ego Strength). 심리치료에서 이득을 얻는 정도를 평가하며, 특별히 신경증 환자가 통찰지향치료에 반응하는 정도를 평가한다. 다른 유형의 환자나 다른 치료에는 유용하지 않다. 높은 점수는 적응력이 좋고 개인적 자원이 있어서 심리치료에서 이득을 볼 수 있음을 시사한다. 현실 접촉이 좋고, 인내력과 균형감이 있으며, 기민하다. 현실에 대한 안전감을 가지며, 여러 상황에서 도움을 구하고, 강력하게 개발된 흥미를 가진다. 끈기 있고, 다른 사람을 효율적으로 다루며, 스스로 적절성을 느낀다. 사회적 수용을 쉽게 얻으며, 신체 건강이 양호하다. 낮은 점수는 일반적인 부적응을 반영한다. 낮은 자존감과 부정적인 자기개념을 가지는 경향이 있고, 개인적 자원이 부족하며, 불안전감을 느낀다. 경직되고, 도덕적이며, 만성적인 신체적 문제를 보이고, 두려움과 공포를 가진다. 혼란되어 있고, 무기력하며, 만성 피로가 있고, 사회적 철수와 은둔, 억제된 태도를 보일 수 있다. 상황적 문제보다는 성격 문제를 가지고, 직업력이 좋지 않으며, 심리치료를 통해서 이득을 얻기 어렵다.

Do(지배성 Dominance). 높은 점수는 자신감 있고, 현실적이며, 과제 지향적임을 나타낸다. 다른 사람에 대한 의무감을 느끼며, 문제해결에 유능하다. 사회적으로 지배적이고, 침착하며, 집단으로 일하는 것에 대해 자신이 있다. 관계에서 주도성을 가지며, 강한 의견을 보유하고, 과제를 꾸준히 수행하며, 집중력이 좋다. 이 척도는 선발에 유용하고 자주 사용된다(예를 들어 경찰 선발).

Re(사회적 책임감 Social Responsibility). 높은 점수는 기준이 높고, 강한 정의감과 공정성을 가지며, 가치를 강하게 그리고 심지어 경직되게 고수함을 나타낸다. 자신감이 있고, 의지할 수 있으며, 믿음직하다. 긍정적 성격 특성의 일반적 지표이며 개인 선발에 유용하다.

Mt(대학생활 부적응 College Maladjustment). 높은 점수는 대학생의 일반적 부적응을 나타낸다. 걱정하고, 불안해 하며, 미루는 경향이 있다. 염세적이고, 능력이 부족하며, 스트레스를 신체화하고, 많은 시간 동안 삶에 중압감을 느낀다.

PK(외상후 스트레스장애 Posttraumatic Stress Disorder Scale). 높은 점수는 정서적 고통, 우울, 불안, 수면장애, 죄책감, 사고 통제력 상실, 이해받지 못하고 학대받는 느낌을 나타낸다. 외상이 실제로 발생하였는지보다는 보고하는 증상이 외상 사건에 노출된 사람들과 일치하는지를 나타낸다. 외상 여부는 다른 수단을 통하여 결정할 필요가 있다.

MDS(결혼생활 부적응 Marital Distress Scale). 높은 점수는 결혼생활에서 고통을 경험함을 나타낸다. 이 척도는 부부관계에 한정되지 않은 일반적인 관계 갈등을 측정하는 척도 4나 가정 문제 내용 척도와 달리 부부 문제에 한정되어 있다. 이 척도는 결혼한 부부, 동거, 별거, 이혼 상태인 사람에게만 적용한다.

Ho(적대감 Hostility Scale). 높은 점수는 냉소적이고, 불신하며, 의심하고, 불친절하며, 화가 나 있음을 나타낸다. 그렇지만 자신의 적대감을 드러내놓고 표현하지는 않는다. 다른 사람이 적대적이라고 지각하며, 자신의 문제에 대해 남을 비난한다. 그 결과 사회적 지지를 받지 못한다. 자기개념이 부정적이며, 우울하고, 불안하며, 신체적 문제를 경험한다. 심각한 건강 문제를 가질 수 있다.

O-H(적대감 과잉통제 Overcontrolled Hostility Scale). 높은 점수는 정서적으로 제한되고, 분노를 억누르며, 과잉 반응하고, 신체적 또는 언어적으로 공격적일 수 있음을 나타낸다. 공격성의 경우 평소 극히 잘 통제하던 사람이 드물게 일시적으로 드러낼 수 있다. 이 척도는 미래의 적대감을 예측하기보다는 과거 행동을 이해하는 데 가장 유용하다. 점수가 높은 사람 중 일부는 위험한 적대감을 통제하는 데 적극적으로 분투하기보다는 잘 통제하고 매우 사교적이다. 따라서 이 척도는 공격 행동을 부인하고 제약하는 사람을 보다 직접적으로 측정하며, 최소한 치료 초반에는 피상적이고 감정이 부족해 보일 수 있다.

MAC-R(MacAndrew의 알코올중독 MacAndrew Alcoholism Scale-Revised). 물질 남용 가능성의 가장 좋은 측정치로 여겨진다. 정신과 외래 환자 중 알코올중독과 그렇지 않은 사람을 변별해 주며, 후에 알코올 관련 문제의 위험이 있는 사람을 확인할 수 있다. 현재의 알코올 남용보다는 알코올 사용 가능성을 평가한다. 이 척도는 알코올 남용자와 다른 물질 남용자를 구별해 주지는 못한다. 높은 점수는 실제 혹은 잠재적 물질 남용을 일차적으로 시사하고, 외향성, 단체에 가입하는 경향, 자신감, 주장성, 위험 감수, 감각 추구, 과거 학교에서의 문제행동, 술 마시고 기억이 끊긴 적이 있는지의 여부, 집중 곤란에 대해서도 알려 준다. 낮은 점수는 물질 남용이 없음을 의미할 뿐만 아니라 내향성, 동조 성향, 낮은 자신감을 시사한다. 물질 남용을 하는 사람이 점수가 낮은 경우 전형적인 중독 과정보다는 심리적 장해에 따른 남용임을 시사한다. 약물이나 알코올 문제를 시사하는 원점수는 남성의 경우 26~28점, 여성의 경우 23~25점이다. 이 척도는 아프리카계 미국인과 다른 인종 및 소수 민족에는 효율적이지 않다. 높은 점수를 받는 사람은 외향적이고 집단 치료와 직면적 치료를 통해 이득을 얻는 충동적인 위험 감수자일 수 있다. 낮은 점수는 내향적이고 위축되어 있으며 우울하고 위험을 회피하는 사람으로, 지지적이고 비직면적인 치료적 접근에서 이득을 얻는 경향이 있다.

AAS(중독 인정 Addiction Acknowledgment Scale). 높은 점수는 약물이나 알코올 관련 문제에 대해 의식적으로 자각하고 있으며 기꺼이 인정함을 시사한다. MMPI-2 척도 중 물질 남용을 탐지하는 가장 민감한 척도이다(Rouse, Butcher, & Miller, 1999; L. Stein, Graham, Ben-Porath, & McNulty, 1999). 낮은 점수는 단지 이러한 문제를 인정하지 않음을 나타내며, 실제로 약물이나 알코올 관련 문제를 가질 가능성도 있다.

APS(중독 가능성 Addiction Potential Scale). 높은 점수는 알코올과 약물을 남용하는 사람과 일치하는 생활양식과 성격 요인을 가졌음을 나타낸다. 현재의 남용 정도를 평가하기보다는 앞으로의 가능성을 평가한다. 즉 이 척도나 MAC-R를 실제 남용자를 확인하는 데 사용한다면 오 긍정(false positive)률이 높아진다(Rouse et al., 1999). 점수는 정상 범위이거나 낮은데, 약물이나 알코올 문제 과거력이 있다면 위험한 습관, 동료 압력, 생리적 영향 등의 전형적인 중독 패턴보다는 자가 치료로 약물이나 알코올을 사용하는 등 심리적 부적응으로 인한 문제일 가능성이 있다. 이 척도는 MAC-R 척도와 매우 유사하지만, MMPI-2의 새로운 문항을 사용한다. MAC-R과 동일한 요인을 측정하며, 동일한 정도로 효과적으로(Rouse et al., 1999; L. Stein et al., 1999) 또는 더 효과적으로 측정한다(Greene, Weed, Butcher, Arredondo, & Davis, 1992; Weed, Butcher, McKenna, & Ben-Porath, 1992).

GM(남성적 성역할 Masculine Gender Role). 남성, 여성 모두 높은 점수는 자신감 있고, 두려움과 걱정을 부인하며, 목표 추구를 지속함을 나타낸다. 점수가 높은 여성은 정직하고, 걱정이 없으며, 새로운 것을 탐구하는 데 적극적이다. GM이 높고 GF가 낮으면 전형적인 남성적 흥미와 지향을 가짐을 시사하고, 두 척도 모두 높으면 남성적 특성과 여성적 특성을 모두 가지는 양성성(androgyny)을 시사한다. GM이 낮고 GF가 높으면 전형적인 여성적 흥미와 지향성을 시사한다. 모두 낮으면 남성성과 여성성이 분화되지 않았음을 나타낸다. 이 척도는 아직은 실험적이며 추가 연구가 필요하다.

GF(여성적 성역할 Feminine Gender Role). 높은 점수는 전형적인 여성적 흥미와 지향성을 시사하며, 종교적 독실함을 나타낼 수도 있고, 알코올이나 처방되지 않은 약물을 남용할 가능성이 있음을 시사하기도 한다. 점수가 높은 남성은 과도하게 비판적이고, 종교적이며, 대놓고 말하지는 않지만 우두머리 행세를 하고, 성질을 자제하지 못하는 경우가 있다. 이 척도도 실험적이며 추가 연구가 필요하다.

MMPI-A 보충 척도

MAC-R(MacAndrew의 알코올 중독 MacAndrew Alcoholism Scale). 높은 점수는 알코올 또는 약물 문제를 가진 다른 사람들과 유사함을 시사한다. 지배적이고, 주장을 잘하며, 자기중심적이고, 제멋대로이며, 충동적이고, 비관습적이다. 위험을 감수하고 감각 추구자이다. 품행장애와 법적 문제를 겪을 가능성이 높다. 낮은 점수는 의존적이고, 보수적이며, 감각 추구 행동을 피하고, 과잉 통제적이며, 우유부단함을 시사한다.

ACK(알코올/약물 문제 인정 Alcohol Drug Acknowledgment Scale). 높은 점수는 알코올 또는 약물 문제를 의식적으로 자각하고 기꺼이 인정함을 나타낸다. 문제 있는 사용, 대처로서의 알코올 의존, 감정을 자유롭게 표현하기 위한 수단으로서의 알코올 의존, 해로운 물질 남용 습관 등을 보인다. 친구나 지인들은 당사자에게 알코올이나 약물 문제가 있음을 알고 말해 준다. 음주 상태에서는 싸울 수 있다.

PRO(알코올/약물 문제 가능성 Alcohol Drug Proneness Scale). 높은 점수는 약물 또는 알코올 관련 문제와 학교 및 집에서 행동 문제의 경향이 있음을 시사한다. 약물 및 알코올과 명백히 관련된 문항은 포함되어 있지 않다. 그러므로 이 척도는 알코올 및 약물 관련 문제와 관련된 성격 및 생활양식을 측정한다. 즉 현재 알코올 또는 약물 문제가 있을 수 있더라도 이 척도는 현재의 알코올 또는 약물 패턴을 직접 측정하지는 않는다(MMPI-2의 중독가능성 척도의 경우와 마찬가지임).

IMM(미성숙 Immaturity Scale). 높은 점수는 믿을 수 없고, 의지할 수 없으며, 부산스러움을 시사한다. 금방 화내고, 쉽게 좌절하며, 다른 사람을 괴롭히거나 따돌린다. 반항적이고, 저항하며, 학교 및 대인관계 문제의 과거력을 가진다.

A(불안 Anxiety). 일반적인 부적응, 불안, 심리적 고통, 정서적 고통, 불편함을 경험한다.

R(억압 Repression). 복종적이고, 관습적이며, 불쾌하거나 뜻에 맞지 않는 상황을 피하기 위해 애쓴다.

MMPI-2-RF 해석 절차

MMPI-2-재구성판(MMPI-2-RF; Ben-Porath & Tellegen, 2008/2011)은 MMPI-2에 대한 주요 개정을 대표한다. MMPI-2의 대안이기도 하지만 독자적인 도구이기도 하다. MMPI-2 문항 중 일부를 사용하였으며 MMPI-2 규준 표본을 활용하였다. 타당도 척도도 대부분 유지되었다. 많은 척도는 표준 임상 척도를 정제한 것이다. 길이는 338문항으로 줄였으며, 따라서 간결성이 필요한 상황에서 MMPI-2의 대안이 된다. MMPI-2-RF의 핵심은 재구성 임상 척도와 성격병리 5요인(PSY-5) 척도다.

MMPI-2-RF 해석은 아래의 5단계가 권장된다. MMPI-2 및 MMPI-A와 마찬가지로 이 단계들은 연령, 문화, 지적 수준, 교육, 기능 수준뿐만 아니라 평가 사유, 동기, 맥락까지 염두에 두고 진행되어야 한다. 척도 및 코드에 대한 논의는 다음 자료들을 통합한 것이다. Ben-Porath(2012), Friedman, Bolinskey, Levak, Nichols(2014), Greene(2010), Handel, Archer(2008), Sellbom 등(2006), Tellegen 등(2003).

1단계. 채점 및 프로파일 구성

채점을 완료하고 프로파일을 구성한다. 수기로 할 수도 있지만, 수기에는 오류가 있을 수 있으므로 컴퓨터 채점을 권한다(Allard & Faust, 2000; R. Simons, Goddard, & Patton, 2002). MMPI-2-RF에는 51개나 되는 척도가 있지만, 모두 채점할 것을 강력히 권한다.

2단계. 프로파일 타당도 결정하기

타당도 척도들의 패턴을 검토함으로써 프로파일의 타당도를 평가한다. 타당하지 않은 프로파일을 나타내는 여러 지표가 있는데, 3개의 주 영역으로 묶인다. 내용 무관 반응, 과잉보고, 과소보고. 내용 무관 반응에는 문항을 건너뛰는 것(무응답), 무작위 응답[무선반응 비일관성(VRIN-r) 및 고정반응 비일관성(TRIN-r)]처럼 고의적으로 문항 내용에 주의를 두지 않는 것이 포함된다. 과잉보고에는 문제나 정신병리를 과장하는 척도들이 포함된다[비전형 반응(F-r), 비전형 정신병리 반응(Fp-r), 비전형 신체적 반응(Fs), 증상 타당도(FBS-r), 반응 편향(RBS)]. 과소보고에는 방어적 수검 양식 또는 사소한 결점조차도 없고 고결한 사람으로 자신을 고의적으로 제시하는 것과 관련된 척도들이 포함된다[흔치 않은 도덕적 반응(L-r), 적응 타당도(K-r)]. 이러한 타당도 척도의 패턴에 더해 임상가들은 방어, 꾀병 또는 비일관적 반응이 내담자에 대해 알고 있는 정보 및 내담자의 현재 상황과 일치하는지 결정하기 위해 평가 맥락을 고려해야 한다. 특히 과잉보고나 과소보고가 내담자에게 물질적, 상황적 또는 다른 이득을 가져다주는지 검토해야 한다.

3단계. 주요 척도를 바탕으로 증상, 행동, 성격 특성 기술하기

이 단계는 해석의 핵심 단계이다. 대부분의 척도들은 65점 이상인 경우 상승한 것으로 보고, 80 이상인 경우 매우 상승한 것으로 본다. 하지만 일부 척도는 매우 상승한 것의 기준이 낮게 설정되어 있다. 해석을 위해 권장되는 범위는 각 척도에 대한 설명에 제시되어 있다. 주요 척도들(substantive scales)은 상위차원 척도, 재구성 임상 척도, 특정 문제 척도(신체/인지 증상 척도, 내재화 척도, 외현화 척도, 대인관계 척도로 구성), 흥미 척도, 성격병리 5요인 척도로 구성된다. 각 척도에 대한 상세한 설명은 아래에 소개되어 있다. 상위차원 척도와 재구성 임상 척도는 표 7.1에, 특정 문제 척도, 흥미 척도, 성격병리 5요인 척도는 표 7.3에 제시되어 있다.

해석 과정에서는 개별 척도의 의미에 더해 척도의 전반적 양상을 살펴야 하고, 이들이 평가받는 개인에게 어떻게 함께 작동하는지 살펴봐야 한다. 낮은 긍정 정서 척도(RC2)의 높은 점수는 우울증의 징후일 수 있으나, 염세주의, 불안전감, 자기비판 등의 일반적인 성격 특성과 관련되는 내향성/낮은 긍정적 정서성(INTR-r) 척도와 관련지어 이해하는 것이 RC2 척도의 의미를 명료화하는 데 도움이 된다. 현재 슬프고 사회적 참여가 없으며 내성적인 것이 전형적으로 우울증을 향한 장기간 지속되는 경향일 수 있다(INTR-r가 높은 경우). 또는 상황적이고 맥락 의존적이며, 내담자가 가진 삶에 대한 외향적이고 긍정적인 전망에 역행하는 것일 수도 있다(INTR-r가 낮은 경우). MMPI-2-RF에서는 상승 척도 쌍이 사용되지 않지만, 일반적인 내용의 관점에서 관련 척도들의 일부 군집은 사용된다.

주요 척도 군집(Substantive Scale Clusters)

주요 척도들을 해석할 때 이론적, 개념적으로 보완 관계에 있는 척도들의 군집이 평가받는 개인을 보다 잘 특징짓는 데 도움이 될 수 있다. 단일 척도에 기초한 일반적인 기술을 하는 것은 특정 개인보다는 많은 사람에게 쉽게 적용되는 특성이 되기 때문에, 이러한 포

표 7.3 MMPI-2-RF 특정 문제 · 흥미 · 성격병리 5요인 척도

척도명	약어	문항수
특정 문제 척도(Specific Problems Scales)		
신체적 불편감(Malaise)	MLS	8
소화기 증상 호소(Gastrointestinal complaints)	GIC	5
두통 호소(Head pain complaints)	HPC	6
신경학적 증상 호소(Neurological complaints)	NUC	10
인지적 증상 호소(Cognitive complaints)	COG	10
자살/죽음 사고(Suicidal/death ideation)	SUI	5
무력감/무망감(Helplessness/hopelessness)	HLP	5
자기회의(Self-doubt)	SFD	4
효능감 결여(Inefficacy)	NFC	9
스트레스/걱정(Stress/worry)	STW	7
불안(Anxiety)	AXY	5
분노 경향성(Anger proneness)	ANP	7
행동 제약 공포(Behavior-restricting fears)	BRF	9
다중 특정 공포(Multiple specific fears)	MSF	9
청소년기 품행 문제(Juvenile conduct problems)	JCP	6
약물 남용(Substance abuse)	SUB	7
공격 성향(Aggression)	AGG	9
흥분 성향(Activation)	ACT	8
가족 문제(Family problems)	FML	10
대인관계 수동성(Interpersonal passivity)	IPP	10
사회적 회피(Social avoidance)	SAV	10
수줍음(Shyness)	SHY	7
관계 단절(Disaffiliativeness)	DSF	6
흥미 척도(Interest scales)		
심미적-문학적 흥미(Aesthetic-literary interests)	AES	7
기계적-신체적 흥미(Mechanical-physical interests)	MEC	9
성격병리 5요인 척도(PSY-5 scales)		
공격성(Aggressiveness – revised)	AGGR-r	18
정신증(Psychoticism – revised)	PSYC-r	26
통제 결여(Disconstraint – revised)	DISC-r	20
부정적 정서성/신경증(Negative emotionality/neuroticism – revised)	NEGE-r	20
내향성/낮은 긍정적 정서성(Introversion/low positive emotionality – revised)	INTR-r	20

괄적인 기술을 하지 않기 위해 개념적으로 묶이는 척도들이 중요하다. 사람에 따라 그리고 상황과 맥락에 따라 달라지는 성격의 측면과 정서-행동적 기능을 이해하는 것은 평가

자가 여러 척도를 함께 고려할 수 있도록 하여 개인에 대한 기술에 미묘한 차이를 더할 수 있게 된다. 군집 영역과 일반 해석 전략은 특정 영역에 대한 가설 생성을 안내하는 기본 접근이다. 이러한 지침을 통해 임상가는 특정 영역에 주의를 환기하게 되지만, 이 영역을 보다 심화 탐구하기 위해서는 관련된 척도 기술과 척도 간 패턴을 살펴야 한다.

신체/인지 문제(Somatic/Cognitive Dysfunction). RC1(신체 증상 호소), MLS(신체적 불편감), GIC(소화기 증상 호소), HPC(두통 호소), NUC(신경학적 증상 호소) 및 COG(인지적 증상 호소) 등 여러 척도가 신체적, 인지적 문제에 대한 정보를 제공한다. RC1 척도는 건강에 대한 전반적인 집착과 스트레스에 대한 반응으로 신체적 고통을 호소하는 것을 나타낸다. MLS는 자신을 고의적으로 드러내는 정도와 관련된다. 반면 GIC, HPC 및 NUC 척도는 개인이 드러내는 신체적 문제의 구체적 유형에 초점을 둔다. COG 척도는 다른 문제들의 "결과"에 해당하며, 인지적 호소 중 주의, 기억, 집중력 곤란에 초점을 둔다.

정서 문제(Emotional Dysfunction). MMPI-2-RF의 일반적 적용 영역과 목적에서 짐작할 수 있듯이 많은 척도가 정서적 쟁점을 다룬다. EID(정서적/내재화 문제), RCd(의기소침), RC2(낮은 긍정 정서), RC7(역기능적 부정 정서), SUI(자살/죽음 사고), HLP(무력감/무망감), SFD(자기회의), NFC(효능감 결여), STW(스트레스/걱정), AXY(불안), ANP(분노 경향성), BRF(행동 제약 공포), MSF(다중 특정 공포), NEGE-r(부정적 정서성/신경증) 및 INTR-r(내향성/낮은 긍정적 정서성)이 여기에 포함된다. 이 척도들 대부분이 측정하는 급성 정서적 문제(각 척도에 대한 구체적 해석 참고)는 정서 기능에 대한 성격 경향성을 나타내는 2개의 성격병리 5요인 척도(NEGE-r와 INTR-r)의 맥락에서 해석될 수 있다. 예를 들어 NEGE-r의 상승은 재앙화 경향을 나타내는데, 이는 현 상황과 결합해 STW와 AXY의 상승을 가져올 수 있다. NEGE-r와 INTR-r 척도는 현재의 정서적 문제가 외부 스트레스나 상황에 대한 반응이고(낮은 NEGE-r와 낮은 INTR-r) 따라서 일시적인 것인지, 아니면 만성적이거나 기질적이어서(높은 NEGE-r 및 높은 INTR-r) 치료나 극복이 어려운지 결정하는 데 도움이 된다.

사고 문제(Thought Dysfunction). 같은 이름의 상위차원 척도인 THD(사고 문제)에 더해 RC6(피해의식), RC8(기태적 경험) 그리고 PSYC-r(정신증) 척도가 사고 장해 여부를 결정하는 데 도움이 된다. 이 척도들은 현실 검증력 문제, 비현실적 사고, 이상한 지각 경험에 대한 증거를 더해 주며, RC6의 경우 피해의식을 구체적으로 알려 준다. 이 군집은 정신병적이고 혼란된 사고 과정, A군 성격장애와 명백히 관련되지만, 일부 신경장애에서도 기태적 지각 이상 및 혼란된 사고와 관련되는 일부 척도가 상승할 수 있다. RC6의 상승은 정신증적 과정의 증거인 반면, RC8의 상승은 정신병 또는 신경학적 문제의 지표가 될 수 있다.

행동 문제(Behavioral Dysfunction). 행동 문제는 여러 가지 형태를 띨 수 있으며, 이 군집의 척도들은 이 문제들이 얼마나 침투적인지 그리고 문제의 구체적 유형은 무엇인지 결정하는 데 도움이 된다. 이 군집에는 BHX(행동적/외현화 문제), RC4(반사회적 행동), RC9(경조증적 상태), JCP(청소년기 품행 문제), SUB(약물 남용), AGG(공격 성향), ACT(흥분 성향), AGGR-r(공격성) 그리고 DISC-r(통제 결여)이 포함된다. 대략적으로 이 군집은 행동화 및 그 기저의 기제를 평가한다. 비록 BHX가 행동화 경향의 정도를 나타내기는 하지만, 행동화의 구체적 유형은 다른 점수를 통해 반영될 수 있다. 예를 들어 알코올 및 기타 약물과 관련되는 행동화의 정도는 SUB, 대인 공격성은 AGG, 규칙 파괴 행동은 RC4를 통해 나타난다. 일부 척도들은 행동화의 원인을 이해하는 데 도움이 되는데, ACT, RC9, DISC-r, SUB가 높으면 행동화를 이끄는 탈억제 경향을 시사하며, AGGR-r은 사회적 지배성에 대한 일반적 태도를 나타낸다.

대인관계 기능(Interpersonal Functioning). 대인관계 척도 군집은 위에 설명한 행동 문제 척도들과 함께 내담자가 다른 사람들 및 치료자와 상호작용하는 방식을 이해하는 데 도움이 된다. 이 군집에는 FML(가족 문제), RC3(냉소적 태도), IPP(대인관계 수동성), SAV(사회적 회피), SHY(수줍음), DSF(관계 단절) 및 INTR-r(내향성/낮은 긍정적 정서성) 척도가 포함된다. 일부 척도는 대인관계 행동과 관련되고(IPP와 SAV), 일부 척도는 대인관계 태도와 감정에 대한 것이다(SHY, DSF, INTR-r). FML 척도는 대인관계 문제의 원인에 대해 추가적인 정보를 제공할 뿐만 아니라(이 척도가 원가족과 관련된 반응을 반영하는 경우), 대인관계 문제가 발생하는 현재 맥락에 대해서도 알려 준다(이 척도가 현재 가족과 관련된 반응을 반영하는 경우. 이 장 뒷부분의 FML 척도 소개 참고).

흥미(Interests). 비록 포괄적이지는 못하지만, 2개의 척도가 개인이 흥미를 가지는 활동 유형을 대표한다. 이 두 척도는 원래의 척도 5(Mf)에서 도출한 것이다. 이 군집에는 AES(심미적-문학적 흥미)와 MEC(기계적-신체적 흥미)가 포함된다. 상당히 직접적인 해석이 가능한데(이 장 뒷부분의 각 척도 부분 참고), 두 척도 모두에서 낮을 경우 자신을 둘러싼 세계에 참여하지 않으며 활동에 대한 흥미가 부족하다. 이러한 흥미 결여가 현재의 우울이나 성격적으로 낮은 흥분 성향 때문인지 확인하기 위하여 정서 문제와 관련된 척도들을 검토해야 한다.

4단계. 진단적 인상

MMPI-2와 마찬가지로 MMPI-2-RF도 직접적인 진단 정보를 제공하지는 않지만, 진단과 관련하여 상당한 정보를 제공한다. 개별 척도 상승과 관련된 잠재적인 *DSM-5* 진단이 척도 기술에 포함되었다. 임상가는 정확한 진단을 위하여 다른 추가적인 정보와 함께 이를 고려해야 한다. 일부 맥락에서는 그리고 일부 의뢰 사유와 관련해서는 공식적인 진단이 적합하지만, 다른 맥락과 의뢰 사유에서는 공식 진단이 필요하지도 적합하지도 않다(예를 들어 고용 선발).

5단계. 치료적 함의와 권고

임상가가 제공할 수 있는 가장 가치 있는 서비스는 내담자가 개입에서 효과를 볼 수 있는지를 예측하는 것이다. 여기에는 전형적으로 개인의 장단점, 방어성의 수준, 치료적 관계를 형성할 수 있는 능력, 여러 유형의 심리치료에 대한 예상되는 반응, 반사회성, 통찰 수준에 대한 정교화가 포함된다. 이러한 정보 중 많은 양이 각 척도 상승에 대한 기술의 마지막 부분에 요약되어 있다. 만약 임상가가 특정한 유형의 내담자와 집중적인 작업을 한다면(예를 들어 만성 통증, 약물 남용), 가용한 연구 자료를 폭넓게 참고함으로써 치료 유형과 성과에 대한 지식을 확장해야만 한다. 치료의 반응성은 내담자의 프로파일이나 문제 유형에 맞춤형 개입을 제안하는 것으로 추가 확장될 수 있다. MMPI-2-RF와 관련하여 특정 척도 상승을 통하여 맞춤형 개입의 성과를 보고한 것은 많지 않으나, 치료 계획 과정과 관련해 유용한 정보를 Maruish(2004)의 책 *Use of Psychological Testing for Treatment Planning and Outcome Assessment*에서 찾을 수 있다.

MMPI-2-RF 타당도 척도

MMPI-2-RF 타당도 척도는 두 가지 중요한 원칙에 의하여 개발되었다. 첫째, 타당도에 대한 세 가지 주요 위협이 이론적으로 확인되었다. 내용 무관 반응(수검자가 문항 내용에 관심을 두지 않는 경우), 과잉보고, 과소보고이다. MMPI-2-RF 타당도 척도 개발에서 확실히 해야 할 점은 이 세 위협이 포괄적으로 평가되어야 한다는 것이다. 새로운 타당도 척도 개발의 두 번째 원칙은 MMPI-2의 타당도 척도들이 일부 심리측정적 문제가 있기는 하지만 개념적으로나 경험적으로 강력하다는 점이다. 따라서 새로운 척도는 MMPI-2의 척도들에 상당 부분 기초하고 있지만 구체적인 부분에서는 중요한 수정이 이루어졌다. Tellegen과 Ben-Porath(2008/2011)는 이들 개정된 타당도 척도 개발의 상세한 내용을 MMPI-2-RF 설명서에 제공하였다.

무응답(The Cannot Say, CNS) 척도는 원래의 무응답 척도(?)를 기초로 한 것이고, 여전히 응답하지 않았거나 그렇다, 아니다 모두에 응답한 문항의 개수 또는 비율이며, 원래 척도와 동일한 방식으로 기능한다(이 장 후반부의 상세한 설명 참고). 개정된 무선반응 비일관성 및 고정반응 비일관성 척도(VRIN-r 및 TRIN-r) 역시 MMPI-2의 VRIN 및 TRIN에 기초한 것이고 동일한 기능을 한다. 그렇지만 MMPI-2와 달리 두 척도 간에 중복 문항이 없도록 개정되었다(MMPI-2에서는 문항 중복으로 두 척도가 함께 상승하는 경향이 있었다). 과잉보고 지표에는 비전형 반응(F-r), 비전형 정신병리 반응(Fp-r), 증상 타당도(FBS-r)에 더해 추가적으로 비전형 신체적 반응(Fs), 반응 편향(RBS) 척도가 있다. 이 척도들의 개정 원칙은 원판 MMPI의 규준 집단 대신 현재의 규준 집단을 통해 낮은 점수의 기준을 정하는 것이었다. 또한 척도 간 중복을 줄여 거의 제거하였다. 척도 개정 후 2개의 추가적인 과잉보고 척도인 비전형 신체적 반응(Fs)과 반응 편향(RBS)이 개발되어 추가되었다. 그래서 다른 F 척도들과 문항 중복이 최소화되도록 하였다. 비전형 신체적 반응(Fs) 척도는 Wygant, Ben-Porath와 Arbisi(2004)가 의학 표본에서도 동의하지 않는 흔치 않은 신체 증상에 동의하는 정도를 확인하기 위해 개발하였다. 반응 편향 척도(RBS)는 Gervais, Ben-Porath, Wygant와 Green(2007)이 개발한 것으로, 널리 쓰이는 타당화된 꾀병 검사를 통과한 장애 청구인 또는 통과하지 못한 청구인을 예측해 주는 문항들로 구성하였다.

과소보고를 확인하는 것은 과잉보고를 확인하는 것보다 어렵기 때문에 그리고 MMPI-2의 L, K, S 척도에 대한 연구 결과가 일관되지 않기 때문에, 과소보고 타당도 척도 개발은 다른 접근을 통해 이루어졌다. Baer와 Miller(2002)는 원판 MMPI의 두 과소보고 척도와 MMPI-2의 세 과소보고 척도의 유용성을 평가하고 비교하여 원판 척도들이 MMPI-2 척도들을 능가할 정도로 유용함을 발견하였다. 이 척도들은 긍정적 꾀병 척도(Positive Malingering Scale, Mp; Cofer, Chance, & Judson, 1949)와 Wiggins 사회적 바람직성 척도(Wiggins Social Desirability Scale, Wsd; Wiggins, 1959)다. 5개 척도 전체 문항을 개인 선발, 모의 과소보고 실험, 임상 표본에서 요인분석을 통해 검토한 결과, 두 요인이 나타났다(Tellegen & Ben-Porath, 2008/2011; Bagby & Marshall, 2004도 참고). 2개의 새로운 과소보고 척도는 이 두 요인 중 하나에 현저한 부하가 걸리면서 두 요인 모두에 부하가 걸리지는 않는 문항들로 구성되었으며, MMPI-2의 L, K와 유사한 것으로 나타났다. MMPI-2-RF의 흔치 않은 도덕적 반응(L-r) 및 적응 타당도(K-r) 척도는 모두 증상, 문제, 결점을 유의미하게 과소보고하는 것과 관련된다.

내용 무관 반응 척도

무응답 척도(CNS, Cannot Say). MMPI-2와 마찬가지로 무응답 척도는 공식 척도는 아니지만 무응답 또는 그렇다, 아니다 모두에 응답하는 등 채점할 수 없는 문항 개수를 대표한다. 채점할 수 없는 문항의 개수는 결과의 타당성에 대한 지표 중 하나를 제공한다. 만약 15개 이상의 문항을 채점할 수 없다면 결과의 타당도는 심각하게 훼손된다. 그 이유는 충분하지 않은 문항에 응답해서 척도 해석에 필요한 정보가 부족하기 때문이다. 따라서 결과에 대한 확신이 어렵다. 무응답을 최소화하려면 수검자에게 모든 문항에 응답하도록 권하고 양쪽에 모두 응답한 문항은 어느 쪽에 더 해당되는지 결정하도록 요청해야 한다.

무응답 문항이 많은 경우(15+)

- 독해 문제, 정신운동 지체, 우유부단, 혼란, 극도의 방어성의 가능성이 있으며, 심각한 우울증, 강박 상태, 극도의 주지화, 문항에 대한 이상한 해석을 반영할 수 있다.
- 법적으로 매우 조심스럽거나 편집증적 상태일 수 있다.

- 무응답 문항을 적절하지 않다고 지각하였을 수 있다.

무선반응 비일관성(VRIN-r, Variable Response Inconsistency). 무선반응 비일관성 척도는 수검자가 문항 내용에 집중하고 타당하게 반응하였다면 동일 방향으로 응답하였을 53개의 문항 쌍을 포함한다. MMPI-2와 달리 각 문항 쌍은 내용적으로 유사하며 두 문항에 동일한 응답을 할 것으로 기대된다. 만약 수검자가 반대 방향으로 응답하면, 반응에 일관성이 없는 것으로 간주되고 무선반응 비일관성 척도 원점수에 1점이 가산된다. 비일관적 반응은 동기화된 비협조성(문항을 읽지 않고 무작위 반응) 또는 언어 문제나 문항 이해 문제 등 비의도적 문제를 반영할 수 있다.

중간 정도의 VRIN-r(*T*=70~79)
- 약간의 비일관적 반응을 나타내며, 프로파일은 조심스럽게 해석되어야 한다. 반응에 문제가 있음을 확증하기 위해서는 다른 타당도 척도들을 추가적으로 평가해야 한다.
- 부주의하거나 독해 또는 이해 문제를 반영할 수 있다.

높은 VRIN-r(*T* > 79)
- 무분별한 반응으로, 프로파일은 타당하지 않은 것으로 간주해야 하며 해석하지 않는다.

고정반응 비일관성(TRIN-r, True Response Inconsistency). 고정반응 비일관성 척도는 내용상 반대인 문항 쌍으로 구성되었다. 따라서 두 가지 방식으로 채점된다. 두 문항 모두에 "그렇다"로 답하는 경우 비일관성을 나타내며, 따라서 원점수에 1점을 더한다. 두 문항 모두에 "아니다"로 답하는 경우도 비일관성을 나타내지만, 원점수에서 1점을 뺀다. 최종 VRIN-r *T* 점수는 언제나 양의 방향을 가지도록 변환하여 점수가 높을수록 문제 있는 반응을 하였음을 나타낸다(점수가 그렇다-그렇다 쌍 때문이든 아니다-아니다 쌍 때문이든). 점수가 제공될 때 주로 "그렇다"로 반응한 경우 "T", 주로 "아니다"로 반응한 경우 "F"를 첨부함으로써 구분한다. 즉 TRIN-r에서 *T* 점수 80을 받은 사람은 80T(대부분의 문항에

"그렇다"로 답한 경우)나 80F(대부분의 문항에 "아니다"로 답한 경우)로 표기된다.

매우 높거나($T > 79$) 중간 정도(70~79)인 경우

- 무분별하게 "그렇다"로 반응하였거나(묵종 또는 긍정론자), 무분별하게 "아니다"로 답하였다(비묵종 또는 부정론자).
- 비협조적으로 검사를 받았다. 점수가 매우 높으면 해석할 수 없다.

과잉보고 척도

비전형 반응(F-r, Infrequent Responses). 비전형 반응 척도는 수검자가 전형적이지 않고 일탈적으로 반응한 정도를 측정한다. 척도 문항은 규준 집단에서 10% 미만이 채점 방향으로 응답한 문항들을 선정한 것이다. 따라서 통계적 정의상 이 문항들은 비관습적 반응을 반영한다. 이 문항들은 특정한 특질이나 증후군에 일관된 문항들은 아니다. 높은 점수는 수검자가 광범위하고 특이한 특성에 채점 방향으로 응답하였음을 나타내며 병리의 일반 지표로 사용할 수 있다. 특히 높은 점수는 수검자가 대응해야 하는 특정한 생활 상황에서 유발된 특이한 감정을 반영하는 것일 수 있다. 여기에는 비통함, 실직, 이혼이 포함될 수 있다. 그렇지만 심각한 정신병리를 가진 사람들에서조차도 극단적으로 높은 점수는 드물며, 따라서 극단적으로 높은 점수는 무효 가능성이 있는 "부정왜곡"일 가능성이 높다. 프로파일이 타당하지 않은지 실제 병리를 반영하는지를 결정할 정확한 기준점은 없다. 비전형 반응의 상승에 대해 우선 무선반응 비일관성 및 고정반응 비일관성 척도와의 관계를 평가하는 것이 중요하다. 병리나 부정왜곡이 아닌 문항 내용에 대한 관심 부족, 즉 무작위 반응이나 모두 그렇다 또는 모두 아니다 반응이 비전형 반응 척도의 상승을 가져올 수 있다. 이러한 가능성을 배제한 후에만 비전형 반응 척도를 해석해야 한다.

높은 점수($T > 99$; 매우 높은 점수, $T > 119$)

- 타당하지 않은 프로파일일 가능성이 있다. 매우 높을 경우 확실히 타당하지 않을 가능성이 있다.
- 채점 오류, 증상에 대한 거짓 호소, 검사받는 것에 대한 저항, 꾀병일 가능성이 있다.

중간 정도의 상승(T=79~99)

- 도움을 청하는 방식의 하나로 자신의 고통에 대해 관심을 끌려는 시도일 수 있다.
- 실제 정신병리나 고통을 반영하는 것일 수도 있고, 증상의 과장이나 과잉보고일 수도 있다.

비전형 정신병리 반응(Fp-r, Infrequent Psychopathology Reponses). 비전형 반응 척도가 정신과 환자 집단에서 전형적으로 상승하기 때문에, 실제 정신병리가 있는 사람과 약간의 정신병리가 있으면서 부정왜곡을 하는 사람 또는 순전히 부정왜곡을 하는 사람을 구별하기 힘들다. 특히 정신병리가 매우 심각할 때 그렇다. 이러한 사람들을 구분하는 데 개인력 (예를 들어 기존 정신병리의 정도), 의뢰 맥락(예를 들어 부정왜곡으로 이득을 얻는지)이 매우 유용하다. 이러한 구별에 추가적인 도움이 되는 것이 비전형 정신병리 반응 척도이다. 이 척도는 정신과 입원 환자조차도 채점 방향으로 잘 응답하지 않는 21문항으로 구성되었다(반면 비전형 반응 척도는 규준 집단에서 드물게 응답한 문항으로 개발되었다). 비전형 반응 척도와 유사하게 비전형 정신병리 반응 척도의 상승은 VRIN-r 및 TRIN-r 척도와 함께 살펴봐야 한다. 문항 내용에 대한 관심 결여, 즉 무작위 반응이나 모두 그렇다, 모두 아니다 반응이 이 척도의 상승을 가져올 수 있다. 이러한 가능성을 배제한 후에야 이 척도를 해석할 수 있다.

높은 점수(T> 69; 매우 높은 점수 T> 99)

- 정신과 환자일지라도 정신병리를 꾸며 냈거나 과장하였을 가능성이 높다.
- 매우 높은 점수는 주요 척도를 해석할 수 없음을 나타낸다.

비전형 신체적 반응(Fs, Infrequent Somatic Responses). 비전형 신체적 반응 척도는 의학적 질병이나 문제로 치료받는 환자들조차 채점 방향으로 잘 응답하지 않는 신체적 호소 관련 문항 16개로 구성되었다. F-r 및 Fp-r 척도와 마찬가지로 경미한 상승은 실제 문제 (신체적 불편)를 반영할 수 있으나, 점수가 높아질수록 신체 증상의 과장이나 과잉보고를 반영할 가능성이 높다. 사람들이 신체 증상을 과잉보고하는 동기는 다양한데, 이차적 이득(장애 또는 개인 상해 청구 등), 약을 처방받고자 하는 것, 인위성장애 등이 있다. F-r 및

Fp-r과 마찬가지로 Fs의 상승은 VRIN-r 및 TRIN-r과 함께 검토해야 하는데, 이 척도들의 상승이 Fs의 상승을 가져오기 때문이다. 즉 실제 Fs 문항 내용에 대하여 반응한 것이 아니라 반응 전략(무선반응 또는 고정반응)의 결과일 수 있다.

높은 점수($T > 79$; 매우 높은 점수 $T > 99$)

- 실제 의학적 문제를 가진 사람보다 높게 신체 증상을 꾸미거나 과장하였을 가능성이 높다.
- 실제 의학적 문제, 장애로 인한 이차적 이득 등 MMPI-2-RF 외의 해석 맥락을 평가해야 한다.
- 신체 증상 호소(RC1), 신체적 불편감(MLS), 소화기 증상 호소(GIC), 두통 호소(HPC), 신경학적 증상 호소(NUC) 등 신체 관련 척도들 해석에 유의해야 한다(매우 높을 경우 타당하지 않은 것으로 간주한다).

증상 타당도(FBS-r, Symptom Validity). MMPI-2의 증상 타당도 척도(Fake Bad Scale: FBS)와 마찬가지로, FBS-r 척도는 민사소송 상황에서 신체 및 인지 증상을 과잉보고하는 경향을 평가하는 데 사용한다. FBS-r 척도는 30문항으로 구성되며, 앞의 척도들과 마찬가지로 VRIN-r 및 TRIN-r과 함께 검토해야 한다.

높은 점수($T > 79$; 매우 높은 점수 $T > 99$)

- 점수가 높으면, 특히 매우 높으면 꾀병 가능성이 있다.
- 실제 의학적 문제, 장애로 인한 이차적 이득 등 MMPI-2-RF 외의 해석 맥락을 평가해야 한다.
- 신체 및 인지 관련 척도들을 해석할 때 주의해야 한다(매우 높을 때는 타당하지 않은 것으로 간주한다). Fs 척도와 마찬가지로 신체 증상 호소(RC1), 신체적 불편감(MLS), 소화기 증상 호소(GIC), 두통 호소(HPC), 신경학적 증상 호소(NUC)가 포함되고, 추가적으로 인지적 증상 호소(COG) 척도가 포함된다.

반응 편향 척도(RBS, Response Bias Scale). 반응 편향 척도는 28문항으로 다른 과잉보고 척도들처럼 문제를 과잉보고하는 반응 편향을 탐지하는 데 사용된다. 다른 척도와의 주된 차이는 장애 및 개인 상해 청구 맥락에서 개발되었고 인지 및 기억 관련 꾀병 측정치와 높은 상관을 보인다는 점이다. 즉 잠재적 이득을 위해 과잉보고하려 하는 사람들을 평가하는 데 효율적이다. 과잉보고와 관련된 다른 타당도 척도에 추가적인 기능을 한다. 무작위 반응이나 문항 내용에 주의를 기울이지 않는 다른 반응 양식이 RBS를 높일 수 있어, 다른 과잉보고 척도들과 마찬가지로 RBS도 VRIN-r 및 TRIN-r과 함께 검토해야 한다.

높은 점수($T > 79$; 매우 높은 점수 $T > 100$)

- 문제를 과잉보고하였을 가능성이 있다. 높은 점수는 이득을 위해 조작적으로 과잉보고하기보다는 정서 장해가 있을 가능성을 반영한다. 심각한 정서 장해가 있는 사람도 매우 높은 점수는 흔치 않다.
- 실제 의학적 문제, 장애로 인한 이차적 이득 등 MMPI-2-RF 외의 해석 맥락을 평가해야 한다.
- 인지적 증상 호소(COG) 척도를 해석할 때 RBS를 고려해야 한다.

과소보고 척도

흔치 않은 도덕적 반응(L-r, Uncommon Virtues). L-r 척도는 자신을 비현실적으로 긍정적인 방식으로 묘사하는 정도를 나타내는 14문항으로 구성된다. 높은 점수는 자신을 과도하게 이상화된 방식으로 묘사하는 것을 나타낸다. 문항은 대부분의 사람들이 선뜻 인정하는 비교적 사소한 결점에 대한 것이다. 따라서 점수가 높은 사람은 자신은 화를 낸 적이 없고 만나는 모든 사람을 좋아한다고 진술한 것이다. 중요한 사실은 전통적인 가치를 고수하는 사람이 이 척도가 상승할 수 있다는 점인데, 이는 자신이 반응해야 한다고 생각하는 방향으로 반응하기 때문이다. L-r 척도가 상승하면 주요 척도에서 실제 문제를 과소평가함을 나타낸다. 다른 모든 타당도 척도들처럼 이 척도의 상승은 VRIN-r 및 TRIN-r의 상승 여부와 함께 검토해야 하는데, 실제 문항 내용과 상관없이 부주의한 반응이 이 척도의 상승을 가져오기 때문이다.

높은 점수($T > 79$)

- 의도적으로 자신을 과도한 정도로 바람직하게 속여 묘사한다.
- 자신에 대한 비현실적 관점에 따라 자신을 과도하게 호의적으로 묘사한다. 융통성이 없고, 독창적이지 않으며, 자신이 다른 사람에게 어떤 인상을 주는지 자각하지 못한다. 세상을 경직되고 자기중심적으로 지각한다.
- 극단적으로 높은 점수는 반사회적 성격에 따라 의도적으로 속인 결과일 수 있다.
- 주요 척도가 상승하지 않은 것에 대해 해석하지 않는다.
- 주요 척도의 상승을, 문제를 과소평가한 것으로 해석한다.

중간 정도의 상승($T=65\sim79$)

- 문제나 쟁점을 과소보고하였을 수 있다.
- 전통적 훈육, 도덕적이고 행동적인 가치에 대한 고수로 인한 것일 수 있다.
- 과소보고의 가능성이 있으므로 주요 척도 해석에 주의한다.

적응 타당도(K-r, Adjustment Validity). K-r 척도는 스스로 생각하는 적응 수준을 평가하는 14문항으로 구성된다(모든 척도는 MMPI-2 K 척도에도 포함된다). 자신을 지극히 잘 적응하는 사람으로 제시하는데, 여기에는 크게 두 가지 이유가 있다. 첫째, 실제로 지극히 잘 적응하며 다른 사람보다 잘 적응하는 경우이다. 이것이 실제인지 결정하기 위해서는 검사 및 검사 상황 외의 정보를 활용해야 한다. 둘째, 고의적으로 문제와 곤란을 과소보고하고 자신을 과도하게 호의적으로 제시한 경우이다. L-r 척도와 마찬가지로 K-r 척도의 상승은 주요 척도에서 실제 문제를 과소평가하였음을 나타낸다. 주요 척도가 상승하지 않은 것은 병리를 숨긴 것일 수 있고, 상승한 경우 과소추정하였을 수 있다. L-r 및 다른 타당도 척도와 마찬가지로 VRIN-r 및 TRIN-r의 상승은 문항 내용과 무관하게 K-r의 상승을 가져오는 반응 양식을 나타낸다. VRIN-r과 TRIN-r이 유의하게 상승하지 않았을 때만 K-r을 해석한다.

높은 점수($T > 69$)

- 자신을 극히 잘 적응하는 사람으로 의도적으로 속인다.

- 자신에 대한 비현실적인 관점 때문에 자신을 극히 잘 적응하는 사람으로 묘사한다. 융통성이 부족하고, 독창적이지 않으며, 자신이 다른 사람에게 주는 인상을 자각하지 못한다. 세상을 경직되고 자기중심적으로 본다.
- 주요 척도가 상승하지 않은 것에 대해 해석하지 않는다.
- 주요 척도의 상승을, 문제를 과소평가한 것으로 해석한다.

중간 정도의 상승($T=65\sim79$)

- 실제로 심리적으로 극히 잘 적응하는 사람이다.
- 스트레스 대처 또는 고통과 관련된 문제를 과소보고한다.
- 과소보고할 가능성이 있어 주요 척도 해석에 유의한다.

MMPI-2-RF 상위차원 척도

요인분석을 통해 출현한 3개의 상위차원 척도는(Tellegen & Ben-Porath, 2008/2011 참고) 성격 및 정서 기능의 광범위한 영역을 나타내며, 이 세 영역에서의 광범위하고 전반적인 기능을 기술한다. 정서, 사고, 행동 세 영역은 광범위하고 전반적인 기능이며, 영역 내 변이에 취약하다. 즉 이 세 영역 중 어느 영역의 평균 점수는 좋은 적응 상태를 나타내거나 그 영역을 구성하는 세부 하위 영역에서 높은 변산이 있음을 나타낸다. 예를 들어 정서적/내재화 문제(EID) 척도에서 평균 점수를 보인 경우 정서적 적응이 좋은 것일 수 있다. 그렇지만 다중 특정 공포(MSF) 같은 하위 영역에서 극히 높고 다른 하위 영역에서는 낮기 때문일 수도 있다. 이러한 결과는 특정 공포를 가지지만 불안, 우울, 자기의심, 다른 정서 문제는 없는 사람에게서 나타날 수 있다. 따라서 상위차원 척도의 상승은 세 영역 각각에서의 일반적 문제를 나타내며, 상승하지 않았다고 해서 긍정적인 적응을 필연적으로 나타내는 것은 아니다. 해석을 할 때는 관련된 주요 척도를 함께 검토해야 한다.

정서적/내재화 문제(EID)

EID 척도는 41문항으로 구성되며, 일반적인 정서 기능을 평가한다. 상승하지 않은 경우 명백한 해석이 어렵지만, 상승한 경우 일반적으로 정서적 문제와 내적 혼란과 관련된다. 개방적이고 솔직하게 반응하였다면, 이 척도는 흔히 불안이나 우울감 등 개인의 주관적 고통과 관련된다.

높은 점수($T > 64$; 매우 높은 점수 $T > 79$)

- 흔히 불안 및 우울과 관련된 정서적 고통을 겪는다.
- 고통을 겪고 있지만 생활 스트레스에 잘 대처하지 못함을 명확하게 인식한다.
- 매우 높은 경우 자신이 위기 상태에 있다고 느낀다.

관련 척도 상승

- 다른 정서 척도들을 통해 정서적 고통의 구체적 세부를 알 수 있다.
- 관련 정서 척도에는 RCd, RC2, RC7, SUI, HLP, SFD, NFC, STW, AXY, ANP, BRF, MSF, NEGE-r 및 INTR-r이 있다.

치료적 함의

- 치료에 대한 동기가 있다. 현재의 고통으로 인해 불편해 하고 도움이 필요함을 인정한다.

사고 문제(THD)

THD 척도는 26문항이며, 사고와 관련된 여러 가지 문제를 평가한다. 마찬가지로 상승하지 않은 경우 해석이 어렵지만, 높은 점수는 일반적으로 사고 과정에 문제가 있음을 나타낸다. 이 척도가 상승한 사람은 생활 기능에 방해가 되는 전반적인 사고장애를 가지는 경향이 있다.

높은 점수($T > 64$; 매우 높은 점수 $T > 79$)

- 지각 경험의 문제(예를 들어 착각과 환각), 신념 체계 및 사고 문제(예를 들어 망상), 사고 과정의 문제(예를 들어 혼란된 사고) 등과 관련된 사고 문제를 보인다.
- 통찰 수준과는 직접 관련되지 않는다.

- 매우 높은 점수는 기능에 심각한 방해가 될 정도로 사고장애가 심함을 나타낸다.

관련 척도 상승
- 다른 사고 척도들을 통해 사고 문제의 구체적 부분을 확인할 수 있다.
- 사고 척도에는 RC6, RC8 및 PSYC-r이 있다.

치료적 함의
- 입원 안정화, 약물 치료 등 보다 고차원의 치료 여부를 평가해야 한다.

행동적/외현화 문제(BXD)

BXD 척도는 행동적 통제 결여 및 행동화와 관련된 다양한 문제를 평가하는 23문항으로 구성된다. 마찬가지로 상승하지 않은 경우 명확한 해석이 없으며, 이 척도의 상승은 더 큰 행동 문제와 관련된다. BXD 척도가 높은 사람은 행동화로 인한 문제를 겪었거나 문제를 겪는다.

높은 점수($T > 64$; 매우 높은 점수 $T > 79$)
- 행동 통제가 부족하고 이로 인해 대인관계, 법적, 교육적, 직업적 문제를 겪는다.
- 행동화가 스트레스 및 다른 어려움에 대한 대처의 일차적 기제가 된다.
- 매우 높은 점수는 개인의 기능에 심각한 방해가 될 정도로 행동 문제가 심함을 나타낸다.

관련 척도 상승
- 행동화 경향의 구체적 부분은 다른 행동 척도들에서 발견할 수 있다.
- 여기에는 RC4, RC9, JCP, SUB, AGG, ACT, AGGR-r 및 DISC-r이 있다.

치료적 함의
- 외부 요인에 의해 동기화되지 않는 한 전통적 치료에 참여할 가능성이 낮다.
- 치료에 참여하면 순응하지 않고 치료자와 대립을 일삼는 등 행동화 경향을 보인다.

MMPI-2-RF 재구성 임상 척도

앞서 언급한 바와 같이 MMPI 임상 척도 문항은 임상 집단과 정상인을 구분할 수 있는 문항들을 선정한 것이다. 문항들은 다양한 임상 집단들을 서로 구분하기 위해 설계된 것이 아니다. 그 결과 MMPI-2 임상 척도는 정신병리가 있는지를 확인하는 것에는 훌륭하지만 어떤 정신병리인지는 확인하지 못한다. 이러한 문제에 대응하기 위하여 MMPI-2에서 다양한 척도가 상승한 경우 보다 미묘한 구분을 하는 데 도움이 되는 많은 전략들이 개발되었다. 이 전략들에는 내용 척도, Harris-Lingoes 소척도, 보충 척도 그리고 결정적 문항 등이 포함된다. 2003년에는 임상 척도에서 핵심 특징을 구분해 내는 데 도움이 되는 재구성 임상 척도가 제작되었다(Tellegen et al., 2003). 첫 단계는 일반적인 의기소침 척도(RCd, Demoralization)를 개발하기 위하여 요인분석을 사용하였다. 각 임상 척도에서 의기소침 척도에 속하는 문항을 제거하여 각 임상 척도의 핵심 특성을 밀접하게 평가하는 초기 척도[씨앗 척도(seed scales)]를 개발하였다. 이 척도들은 최종 재구성 임상 척도를 개발하기 위해 추가적으로 정제되었다[재구성 임상 척도와 관련된 개관 및 논쟁은 「성격 평가 저널」(*Journal of Personality Assessment*), Meyer, 2007의 특별호 참고].

의기소침(RCd)

의기소침 척도는 낙담, 염세주의, 낮은 자존감, 불안전감, 실패감, 정서적 불편감, 낮은 대처 능력, 무력감, 대인 예민성, 우울, 불안, 신체 증상 등을 포함하여 광범위한 정서적 불만과 불쾌감을 평가한다. 사람들이 삶에서 느끼는 일반적인 정서적 부담과 관련되며, 내적, 외적 스트레스에 압도되는 것과 관련된다. 일반적인 불쾌감 및 의기소침의 구체적 성질은 특정 문제 척도나 성격병리 5요인 척도를 통해 평가할 수 있다.

높은 점수($T > 64$; 매우 높은 점수 $T > 79$)
- 불만족이나 불행과 관련된 정서적 동요를 보인다.
- 삶에 압도감을 느낀다.
- 미래에 대한 염세주의와 절망감을 느끼고, 무력하고, 무능하며, 안전하지 못하다고 느낀다.

- 과거와 미래에 대한 부정적 사고의 반추를 포함하여 불안해 하고 우울해 한다.

관련 척도 상승
- 자살 사고와 자해의 위험도 평가를 위해 자살/죽음 사고(SUI) 척도와 무력감/무망감(HLP) 척도를 평가한다.
- STW, AXY, BRF, MSF 및 NEGE-r 척도를 통해 불안을 평가해야 한다.
- SFD, NFC, ANP 및 INTR-r 척도를 통해 우울을 평가해야 한다.
- 대인관계 척도들(FML, IPP, SAV, SHY 및 DSF)은 원인과 결과 등 의기소침의 맥락을 제공한다.

치료적 함의
- 자살 위험을 평가한다.
- 정서적 고통으로 인하여 치료에 참여하려는 동기를 가질 수 있으며, 치료 초기에 이러한 증상이 완화되면 치료적 전념이 공고화될 수 있다.

신체 증상 호소(RC1)

RC1 척도는 건강 문제가 실제든 아니든 건강에 대한 관심의 정도를 평가한다. 약간의 상승은 실제 의학적 문제를 나타낼 수 있지만, 점수가 높아질수록 심리적 요소가 많아진다. 척도는 신체적 호소를 하는 신체화뿐만 아니라 허약함, 피로, 위장장애, 만성 통증 등 신체 건강과 관련된 걱정도 포함한다. RC2가 동반 상승한 사람은 신체적 걱정이나 증상에 대한 심리적 설명을 부정한다.

높은 점수($T > 64$; 매우 높은 점수 $T > 79$)
- 실제 의학적 문제와 부분적으로 또는 완전히 관련된 다양한 신체 증상을 호소한다.
- 정서적 스트레스를 신체적으로 표현하는 경향이 있다.
- 매우 높은 점수는 개인의 문제 제시에 신체화적 요소가 있을 가능성을 높이며, 사소한 증상의 과장이나 재앙화를 포함한다.
- 점수가 높을수록 자신의 신체 문제에 심리적 기반이 있다는 사실을 인정할

가능성이 줄어든다.

관련 척도 상승

- 신체적 고통의 구체적 유형을 확인하기 위해서는 MLS, GIC, HPC, NUC 및 COG 척도를 확인한다.
- 전환장애 여부를 검토해야 하는데, 특히 RC3와 SHY가 낮을 때 그러하다.

치료적 함의

- 자신의 신체 문제에 심리적 요소가 있다는 것을 암시하면 심리적 개입을 거부할 수 있다.
- 치료 초기에는 이완 기법, 심호흡, 점진적 근육 이완, 최면 같은 신체 기반 개입의 사용을 고려해야 한다.

낮은 긍정 정서(RC2)

RC2 척도는 긍정 정서와 경험을 부정하는 정도를 평가한다. 비록 우울증에서 흔하지만, 낮은 긍정 정서는 정동장애에만 국한되지 않고 다른 정신병리와도 관련된다. 낮은 긍정 정서와 관련된 특성에는 사회적 철수, 고립, 수동성, 자기비난, 삶의 도전을 다룰 에너지가 불충분해서 어려운 과제를 성취하는 것이 어려운 것 등이 포함된다. 지루해 하고, 즐거움을 경험할 능력이 거의 없으며, 대인관계에서 매우 예민하여 사람들과 어울리는 데 어려움을 겪는다. 이 척도에는 아니다 응답만이 포함되기 때문에, 아니다 방향으로 고정된 응답을 한 사람은(고정반응 비일관성처럼 문항 내용에 주의를 두지 않고 반응하는 경우) RC2 척도가 부정확하게 상승할 수 있다.

높은 점수($T > 64$; 매우 높은 점수 $T > 79$)

- 활기, 활력, 삶과 관계에의 참여가 부족하다.
- 활동과 관계를 거의 즐기지 못한다.
- 자기비판적이고 성공이나 성취에 대한 기대가 낮다.
- 우울할 가능성이 있다.

관련 척도 상승

- RC2와 내용적으로 직접 관련된 척도는 없으나 우울증 평가를 위해 HLP, SFD 및 NFC 척도를 고려해야 한다.
- RC2 상승과 관련해 SUI 척도를 평가해야 한다.

치료적 함의

- 우울장애와 자살 위험의 가능성을 평가한다.
- 괴로움과 관련된 RCd와 달리 RC2 상승과 관련된 무기력 상태는 치료에 참여하거나 치료를 찾는 것을 단념하게 만들 수 있다.
- 치료와 함께 항우울제 사용을 고려한다.

냉소적 태도(RC3)

RC3 척도는 인간 자체에 대한 일반적인 부정적 관점을 평가하며, 사람들이 무정하고 자기이득에만 동기화된다고 믿는다. RC6이 높은 사람이 자기 자신이 부당하게 취급받는 다고 느끼는 것과 달리, 이 척도는 모든 사람에 대한 냉소적 신념과 관련된다. 점수가 높은 사람들은 다른 사람들이 자신의 이득에만 동기가 있다고 믿기 때문에, 사람들에게 무정하고 믿지 않으며 착취할 준비가 되어 있다. 반면 점수가 낮은 사람은 잘 속아 넘어가고 순진하며 다른 사람을 너무 쉽게 믿는다.

높은 점수($T > 64$; 매우 높은 점수 $T > 79$)

- 다른 사람의 의도에 대해 냉소적이고 사람들을 믿지 않는다.
- 다른 사람에게 무정하고 적대적으로 대한다.
- 대인관계에 부정적이고 거리를 둔다.

관련 척도 상승

- RC3와 관련된 태도, 가치, 행동을 평가하기 위해서는 FML, IPP, SAV, SHY 및 DSF 등 대인관계 관련 척도를 검토해야 한다. 이 척도들을 통해 냉소적 태도의 이유를 설명할 수 있고(예를 들어 FML의 상승은 파란만장하고 문제가 많은 초기 가족 경험을

반영한다) 그 가능한 결과도 알 수 있다(예를 들어 DSF의 상승은 다른 사람에 대한 냉소적 태도로 인한 관계 혐오를 반영할 수 있다).

- 냉소적 태도가 다른 사람에 대한 분노나 공격성과 관련되는지 평가하기 위해 ANP 및 AGG를 검토한다.

치료적 함의

- 치료자의 동기를 의심하여 치료적 동맹에 방해가 될 수 있다.

반사회적 행동(RC4)

RC4 척도는 범칙 행동(과거 및 현재), 거짓말, 사기, 도둑질, 물질 남용 등 반사회성 성격장애와 관련된 특성들을 평가한다. 현재 및 과거의 가족 갈등도 이 척도의 요인 중 하나이다. 이 척도가 높은 사람은 법적 문제, 저조한 성취를 보이며, 성적 방종의 과거력이 있을 가능성이 있다.

높은 점수($T > 64$; 매우 높은 점수 $T > 79$)

- 화가 나 있고, 논쟁적, 공격적이며, 충동적이고, 비동조적이다.
- 일반적으로 비동조적이고 권위 및 규칙과 관련하여 문제가 있다.
- 반사회적 행동과 행동화의 이력이 있다.

관련 척도 상승

- 다른 사람에게 행동 표출을 할 가능성을 평가하기 위해 JCP, ANP 및 AGG 척도를 검토한다.
- SUB 척도를 통해 물질 남용을 평가해야 한다.

치료적 함의

- 반사회성 성격장애에 대하여 평가해야 하며, 이 척도가 정신병질(psychopathy)을 측정하는 것은 아니지만 정신병질에 대해 평가해야 한다.
- 외적으로 동기화되거나 강제되지 않으면 치료에 순응하지 않는다. 치료 회기에

집중하지 않거나 치료자에게 공격적으로 대하는 등 치료 장면에서 행동화가 일어난다면 치료적 관계는 불안정해진다.

피해의식(RC6)

RC6 척도는 자신이 악의적 힘에 의하여 다른 사람에게 피해를 받고 있고 표적이 되어 있으며 통제를 받고 있다고 믿는 특정한 신념을 평가한다. 다른 사람에게 부당한 대우를 받는다고 느끼며 사람들을 의심하고 믿기 힘들어 한다. 사람들이 일반적으로 자신의 이득만 생각한다는 전반적 느낌과 관련된 RC3과 반대로, 이들의 의심은 자신이 특별히 표적이 되었다는 느낌의 결과이다. 이 척도의 심각성과 이 척도 문항에 사람들이 잘 동의하지 않는다는 점을 고려할 때, 이 척도 문항들은 결정적 문항으로 고려해야 하며 어느 문항이든 동의하면 잘 살펴봐야 한다.

높은 점수($T > 64$; 매우 높은 점수 $T > 79$)

- 사람들이 자신을 해치고 이용하며 조종한다고 믿는다.
- 사람들을 의심하고 신뢰하지 않으며 비난하여 대인관계에서 철수하거나 관계에 문제를 겪는다.
- 자신의 사고 문제 가능성에 대하여 통찰이 없다.
- 매우 높게 상승한 경우 편집증 및 망상적 사고와 관련된다.

관련 척도 상승

- RC6과 관련된 태도, 가치, 행동을 평가하기 위하여 FML, IPP, SAV, SHY 및 DSF 등 대인관계 관련 척도들을 검토한다.
- 피해 사고가 다른 사람에 대한 공격 행동을 가져올 가능성을 평가하기 위하여 ANP와 AGG 척도를 검토한다.

치료적 함의

- 항정신병제가 필요한지 결정하기 위해 편집 망상을 평가한다.
- 의심으로 인해 치료 참여가 어렵다.

역기능적 부정 정서(RC7)

RC7 척도는 불안, 성급함, 일반적인 불행감과 무력감 같은 다양한 부정 정서와 비난받는다고 느끼고 죄책감, 불안전감을 느끼는 것을 포함한 대인 예민성을 평가한다. 점수가 상승하면 반추적 사고 양상의 경향이 있다. 걱정이 많고 스트레스 및 부정적 대인관계 자극에 극도의 반응을 보인다. 이 척도는 불안장애와 높게 연관되어 있다.

높은 점수($T > 64$; 매우 높은 점수 $T > 79$)

- 다양한 부정적 정서 경험을 보고한다. 주로 불안, 걱정과 관련되지만 분노나 자기 의심을 포함하기도 한다.
- 반추적, 강박적 사고가 특징이고 통제 불가능한 침투 사고를 경험한다.
- 자신을 매몰차게 판단하고 죄책감과 수치심을 쉽게 느낀다.
- 스트레스 상황과 맥락에서 정서적으로 반응한다.

관련 척도 상승

- 부정 정서의 구체적 영역을 확인하기 위하여 STW, AXY, ANP, BRF 및 MSF 척도를 평가한다.
- RCd와 관련성이 높다.

치료적 함의

- 약물 치료 여부를 결정하기 위하여 불안장애 여부를 평가한다.
- 정서적 스트레스에 고통을 겪기 때문에 치료에 대한 동기가 높다.

기태적 경험(RC8)

RC8 척도는 사고장애와 관련된 특이한 인지, 운동, 지각, 감각 장해를 평가한다. 환시, 환청, 환후, 기태적 감각/지각 경험, 사고 전파 등이 있을 수 있다. 높은 점수는 현실 검증력의 손상과 혼란된 사고를 시사하고, 그 결과로 일반 기능의 손상이 나타난다. 이 척도의 심각성과 이 척도 문항에 사람들이 잘 동의하지 않는다는 점을 고려할 때, 이 척도 문항들은 결정적 문항으로 고려해야 하며 어느 문항이든 동의하면 잘 살펴봐야 한다.

높은 점수($T > 64$; 매우 높은 점수 $T > 74$)

• 환각과 망상을 포함하여 특이한 감각 및 지각, 사고 과정을 보인다.

• 혼란되고 비현실적인 사고뿐만 아니라 현실 검증력의 손상을 보인다.

• 정신병적 장애의 가능성이 있다.

관련 척도 상승

• 관련된 편집증을 확인하기 위하여 RC6을 평가한다.

• 조현병 진단을 위한 보충적인 증상을 알아보기 위하여 RC2, SAV 및 DSF 척도를 평가한다.

치료적 함의

• 항정신병제의 필요성을 결정하기 위하여 양성 정신증 증상을 평가한다.

• 혼란된 사고로 인해 치료를 찾지 않거나 치료적 동맹 형성에 장해가 된다.

경조증적 상태(RC9)

RC9 척도는 조증 및 경조증 상태와 관련된 사고, 감정, 행동을 평가하는데, 여기에는 높은 활력, 고양된 기분, 최소한의 수면 욕구, 높은 자만심, 과대성, 감각 추구, 위험 감수, 성급함, 낮은 충동 통제력, 공격성이 포함된다. 점수 상승은 경조증이나 심지어 조증 상태를 시사하지만, 중간 정도의 상승은 단지 잘 적응하는 활력이 높은 사람일 수 있다.

높은 점수($T > 64$; 매우 높은 점수 $T > 75$)

• 높은 활력과 활성화 수준을 보일 뿐만 아니라 주변 환경이나 다른 사람에게 많이 관여한다.

• 쉽게 지루해 하고 가만히 있지를 못한다. 충동적, 공격적이고 매우 흥분한다.

• 성급하고 기분이 쉽게 변한다.

• 자기애적 성향의 특징인 다행감(euphoria)과 과대성을 보인다.

관련 척도 상승

- RC9 해석의 맥락을 알아보기 위하여 AGG, ACT 및 SUB를 평가한다.
- 정신병적 양극성장애 또는 조현정동장애 진단의 증거를 찾기 위하여 RC6과 RC8을 평가한다.

치료적 함의

- 기분안정제가 필요할 수 있다.
- 높은 활성화 수준이 치료에 방해가 될 수 있고, 치료 속도가 느리면 지루해 하거나 좌절할 수 있다.

MMPI-2-RF 특정 문제 척도

신체/인지 증상 척도

신체적 불편감(MLS, Malaise). MLS 척도는 자신이 신체적으로 쇠약하다는 일반적인 느낌의 정도를 측정한다. 개인이 자신의 신체적 허약함을 구체적으로 어떻게 느끼는지보다는(이 부분은 다른 신체 관련 척도들에서 측정한다) 신체적으로 건강하지 않다고 느끼는 정도를 측정한다. 신체적 호소를 측정하는 매우 많은 자기보고식 측정치처럼, MLS 척도는 실제 의학적 문제, 순전히 심리적 요인에 의한 문제, 의학적 문제가 있지만 심리적으로 과장된 문제를 구분해 주지는 못한다. 이러한 구분을 위해서는 MMPI-2-RF 외의 정보들이 필요하다. 이 척도의 상승($T > 64$)은 일반적인 허약함, 신체적 불편감, 피로, 일반적인 쇠약함, 나쁜 건강 등과 관련된다. 매우 높은 점수($T > 79$)는 건강에 대한 침투적 집착이 강할 뿐만 아니라 에너지와 활기가 부족함을 나타낸다.

소화기 증상 호소(GIC, Gastrointestinal Complaints). GIC 척도는 구역, 구토, 식욕 상실 등 소화기 문제와 관련된 신체적 호소를 측정한다. 이 척도는 여러 가지 의학적, 심리적 장애와 관련되고 스트레스에 의해 흔히 악화되는 잦고 반복되는 위통과도 관련된다. 이 척도의 상승($T > 64$)은 그 원인과는 무관하게 소화기 문제를 보고하는 것을 매우 직접적으로 나타낸다.

두통 호소(HPC, Head Pain Complaints). HPC 척도는 두통, 목의 통증 등 두통 문제와 관련된 호소를 측정한다. 두통으로 인해 건강 문제에 집착하게 되고, 스트레스나 부정 정서 하에서 악화되는 경향이 있으며, 두통으로 인해 주의와 집중력이 손상된다. 이 척도의 상승($T > 64$)은 그 원인과는 무관하게 두통과 목의 통증을 매우 직접적으로 나타낸다.

신경학적 증상 호소(NUC, Neurological Complaints). NUC 척도는 어지럼, 무감각, 운동 손상이나 불수의적 운동 등 신경학적, 유사 신경학적(신경학적 문제로 보이는) 문제와 관련된 호소를 측정한다. 실제 의학적 원인이 있는지 확인하기 위하여 신경학적 평가가 필요하지만, 점수가 높아질수록 광범위하고 모호한 일련의 증상을 나타내고 증상이 최소한 부분적으로는 심리적인 것임을 시사한다. 이 척도가 상승한 경우($T > 64$), 그 원인과 무관하게 모호한 신경학적 문제를 보고함을 매우 직접적으로 나타내며, 매우 상승한 경우($T > 91$), 신경학적 문제를 매우 광범위하고 전반적으로 보고함을 나타낸다.

인지적 증상 호소(COG, Cognitive Complaints). COG 척도는 주의, 집중, 기억, 학습 등을 포함한 인지 기능과 관련된 호소를 측정한다. 앞서 소개한 신체적 호소와 마찬가지로, 인지적 증상 호소도 의학적 원인 또는 다른 원인(예를 들어 물질 남용)에 의한 것일 수 있다. 이 척도는 증상 호소의 원인을 결정할 수는 없고(실제 원인이 있더라도) 단지 수검자가 증상을 보고하는 정도를 반영한다. 이 척도는 실제 인지 기능의 측정치도 아니다. 점수 상승은($T > 64$) 그 원인과는 관계없이 주의, 집중, 기억 문제 등 인지적 문제를 보고하는 정도를 직접적으로 나타낸다.

내재화 척도

자살/죽음 사고(SUI, Suicidal/Death Ideation). SUI 척도는 자신을 해치거나 자살을 시도하는 것과 관련된 사고나 최근의 행동을 평가한다. 이 척도 문항 중 한 문항에라도 채점 방향으로 응답하면, T 점수가 상승하고 이 척도의 모든 문항이 결정적 문항으로 표기되며 채점 방향으로 응답한 모든 문항을 개별적으로 추적 평가해야 한다. 이 척도의 상승은($T > 64$) 자살 사고, 의도 또는 시도 이력을 반영한다. 점수가 높아질수록 자살 사고가 더 강할 수 있다. BXD, RC4, RC9, DISC-r 및 SUB 척도의 상승으로 반영되는 충동 통제 문제나 행동적 탈억제의 지표가 있을 경우 이 척도의 상승이 특히 중요하다. 앞서 언급한 대로 어떤 경우든 이 척도의 상승이 있는 경우 자살과 자해 위험을 평가하기 위해 추적 평가를 해야 한다.

　　무력감/무망감(HLP, Helplessness/Hopelessness). HLP 척도는 자신의 문제를 다룰 능력이 없다는 개인의 신념과 미래의 변화나 향상에 대한 희망이 거의 없다는 개인의 신념을 평가한다. 이러한 신념은 어쩔 도리가 없다는 신념에서부터 삶에서 어떤 변화를 시도할 내적 동기가 실제로 결여되는 것까지 광범위한 결과를 가져온다. 이 척도는 결정적 문항으로 표기되고, 채점 방향으로 응답한 모든 문항을 개별적으로 추적 평가해야 한다. 이 척도의 상승은($T > 64$) 무력감과 무망감의 보고를 반영하며, 매우 높은 점수는($T > 79$) 문제에 영향을 미칠 수 있는 능력이 부족하고 향상될 희망이 없다는 강하고 견고한 신념과 관련된다. 이 정도 상승을 보이는 사람은 삶에 압도된다.

　　자기회의(SFD, Self-Doubt. The SFD). SFD 척도는 자신의 유용성에 대한 자존감 및 확신의 결여를 평가한다. 이 척도의 상승은($T > 64$) 불안전감, 무능감, 열등감을 반영하며, 매우 높은 점수는($T > 69$) 자신이 쓸모없다는 느낌 및 자기비하와 관련된다. 이들은 자신을 주변 사람들에 비해 호의적이지 않게 비교하며, 자신의 열등감과 특별하지 않은 특성에 대해 반추하는 경향이 있다.

　　효능감 결여(NFC, Inefficacy). NFC 척도는 우유부단하고 무능하며 과제를 성취하거나 삶의 장애물을 이겨 낼 능력이 일반적으로 결여되어 있다는 신념을 평가한다. 이 척도의 상승은($T > 64$) 무능감과 우유부단함뿐만 아니라 문제에 대처할 수 없다는 느낌을 반영한다. 이들은 대인관계에서 수동적이고 지도자 역할을 추구하지 않는다. 반면 낮은 점수는($T < 39$) 독립, 확신, 지도자 역할에 대한 일반적인 경향을 반영한다.

　　스트레스/걱정(STW, Stress/Worry). STW 척도는 재정상태, 낙담, 부정적 경험 등 구체적 사안에 대한 걱정 경향을 평가한다. 이 척도의 상승은($T > 64$) 다른 사람은 걱정하지 않는 사안에 대해 다른 사람보다 더 걱정하는 경향을 반영한다. 추가적으로 이 척도의 상승은 스트레스에 얼마나 영향을 받는지 그리고 걱정이 그들의 정신세계를 얼마나 지배하는지와 관련된다.

　　불안(AXY, Anxiety). 구체적인 상황이나 환경에 대한 걱정에 초점을 두는 STW와 달리, AXY 척도는 보다 만연한 불안을 전반적으로 경험하는 것을 평가한다. 이 척도에 포함되는 증상은 악몽, 항시적 불안, 안 좋은 일이 임박하였다는 공포, 일상적 걱정 등이다. 이들 불안은 외상후 노출과 관련될 수 있지만(외상후 스트레스장애의 경우), 필연적으로 그런 것은 아니다. 이 척도의 모든 문항이 결정적 문항으로 표기되고, 채점 방향으로 응답한 모든 문항을 개별적으로 추적 평가해야 한다. 이 척도의 상승은($T > 64$) 개인이 통제할 수 없는 항시적이고 만연하며 침투적인 불안을 반영한다. 이들은 반추적, 침투적 사고를 보이며 잠들기 어렵다. 이 척도의 상승은 불안 관련 장애 가능성을 제기한다.

분노 경향성(ANP, Anger Proneness). ANP 척도는 화를 잘 내고 다른 사람에 대해 참지 못하며 발끈하는 경향을 평가한다. 내재화 척도의 하나로, 이 척도는 AGG 척도로 대표되는 외적인 공격 행동보다는 내적 분노와 관련된다. 이 척도의 상승은($T > 64$) 쉽게 냉정을 잃고 화를 내는 것과 관련된다. 점수가 높을수록 분노에 압도되기 쉬우며 화를 통제할 수 없다고 느낀다. 이들은 좌절에 대한 인내력이 낮고 난폭하며 성미가 급하다.

행동 제약 공포(BRF, Behavior-Restricting Fears). BRF 척도는 개인이 참여하는 정상적이고 일상적인 활동이 제약을 받거나 변화될까봐 두려워하고 걱정하는 것을 평가한다. 공개된 장소, 어둠, 집을 떠나는 것, 오물, 돈을 만지는 것 등에 대한 두려움을 포함한다. 이러한 두려움은 사소한 것(예를 들어 어둠에 대한 두려움 때문에 밤에도 불을 켜는 것)부터 심각한 것(예를 들어 집을 떠나 공개된 장소에 나가는 것을 두려워하는 광장공포증)까지 일상생활을 쉽게 방해한다. 이 척도의 상승은($T > 64$) 행동을 제약하거나 변화시키는 것에 대한 다중 공포를 반영한다. 점수가 상승할수록 광장공포증과 관련될 수 있어 이를 평가해야 한다.

다중 특정 공포(MSF, Multiple Specific Fears). MSF 척도는 동물, 자연 요소나 상황 등 구체적인 대상에 대한 공포를 평가한다. 혈액(피), 불, 천둥, 거미, 기타 동물 등이 포함된다. 개별 문항에 대한 반응이 진단에 필요한 공포 수준을 구성하는 것은 아니지만, 이러한 공포들은 특정 공포증과 일치한다. 이 척도의 상승은($T > 64$) 다양한 특정 공포를 반영한다. 이들은 행동이 제한되며 위험한 상황을 피한다. 특정 공포증이 있는지 추적 평가할 필요가 있다.

외현화 척도

청소년기 품행 문제(JCP, Juvenile Conduct Problems). JCP 척도는 RC4와 관련된 특정한 문제들을 평가하는데, 여기에는 학교에서의 행동 문제, 도벽과 같은 청소년기 문제행동, 동료들로부터 부정적인 영향을 받는 것 등이 포함된다. 이 척도의 내용이 주로 과거 문제에 초점을 두고 있지만, BXD, RC4 및 AGG 척도와의 관계를 통해 문제가 되는 외현화 문제의 발달적 모습을 완성할 수 있다. 이 척도의 상승은($T > 64$) 과거, 특히 청소년기의 행동 문제에 대한 자기보고를 반영한다. 이 사람들은 특히 권위적 인물에게 반항적이며, 대인관계를 보다 폭넓게 하는 데 문제를 가진다. 반사회성 성격장애 가능성을 평가하기 위해 추적 평가가 필요하다.

약물 남용(SUB, Substance Abuse). 이 척도도 RC4의 측면 중 하나로, 과거 또는 현재의 약물 남용(특히 알코올 남용) 및 그로 인한 문제들에 대해 인정하는 것을 평가한다. 이 척도는 결정적 문항으로 표기되고, 채점 방향으로 응답한 모든 문항을 현재의 약물 남용 문제와 관련지어 개별적으로 추적 평가해야 한다. 문항들의 안면 타당도 때문에 수검자들은 쉽게 자신의 문제를 부인할 수 있다. 따라서 이 척도가 상승하지 않은 경우 교차 타당화하기 위해서 MMPI-2-RF 외의 정보들을 평가해야 한다. 이 척도의 상승은($T > 64$) 알코올이나 다른 약물을 남용한 이력 또는 현재 남용을 인정함을 나타낸다. 만약 이 척도 상승에 대한 추가 평가 과정에서 현재 약물 및 알코올 남용이 드러나면, 임상가는 다른 문제를 치료하기 전에 약물 남용 문제를 먼저 다루어야 한다.

공격 성향(AGG, Aggression). AGG 척도는 RC9과 관련된 특정 문제를 평가하며, 신체적 공격 행동의 이력이나 현재의 공격성에 대한 보고를 포함한다. 분노 경향성(ANP) 척도와도 관련되기는 하지만, 이 척도는 정동적이거나 인지적인 경험보다는 분노와 공격성의 행동적 측면에 일차적인 초점을 둔다. 이 척도는 결정적 문항으로 표기되고, 채점 방향으로 응답한 모든 문항을 현재의 공격 행동 경향성과 관련지어 개별적으로 추적 평가해야 한다. 이 척도의 상승은($T > 64$) 협박, 난폭한 행동 그리고 실제 신체적 다툼을 포함하는 과거 혹은 현재의 신체적 공격 문제를 보고함을 반영한다. 이들은 분노 관리에 문제가 있고 살아가면서 다른 사람을 향해 신체적 공격을 서슴지 않는다. 치료적 상황에서도 폭력의 가능성을 심각하게 고려해야 한다.

흥분 성향(ACT, Activation). 이 척도 역시 RC9의 특한 측면을 반영하며, 높은 수준의 흥분과 활력을 평가한다. 수면 욕구를 느끼지 못하는 것, 심각한 기분 변동, 두드러지게 고양된 활력 수준 등이 포함된다. 이 척도의 상승은($T > 64$) 경조증 또는 조증 삽화와 일치하는 과도한 흥분과 활력을 반영한다. 이러한 흥분 성향이 약물에 의해 유도된 것인지의 여부를 고려해야 한다.

대인관계 척도

가족 문제(FML, Family Problems). FML 척도는 부정적인 가족 상황을 평가하는데, 여기에는 격동적인 가족 환경, 필요할 때 가족들에게 의지할 수 없다는 느낌, 가족에게 고마움이나 가치를 느끼지 못하는 것을 포함한 일반적인 부정적 감정 등이 포함된다. 이 척도의 상승은($T > 64$) 심각한 가족의 혼란과 부정적 감정을 반영한다. 가족 문제의 성격을 이해하기 위해서는 다른 척도 상승과의 관계(다른 척도 상승을 가져오는지, 다른 척도 상승의 결과로 볼 수 있는지 등)를 살펴봐야 한다.

대인관계 수동성(IPP, Interpersonal Passivity). IPP 척도는 주장성과 수동성이라는 양방향의 특성을 평가한다. 척도 문항들은 수동성을 반영하도록 되어 있는데, 여기에는 이끌거나 상황을 통제하는 역할을 원치 않는 것, 다른 사람의 의사를 쉽게 묵인하는 것, 일반적인 대인관계 복종 등이 포함된다. 이 척도의 상승은($T > 64$) 다른 사람의 의견에 동의하지 않음으로서 생기는 갈등을 원하지 않는 것을 포함하여 일반적인 복종 및 수동성 성향을 반영한다. 극단적인 상승은 의존성 성격장애처럼 병리적인 복종과 관련된다. 낮은 점수는($T < 39$) 주장성과 강한 리더십, 자신을 옹호하고 자신의 관점을 알리는 것을 두려워하지 않는 것을 반영한다. 극단적으로 낮은 점수는 자기애와 관련될 수 있다. 이 척도는 주로 행동적이기 때문에, 수동성의 이유는 다양할 수 있고 다른 척도의 상승과 관련될 수 있다.

사회적 회피(SAV, Social Avoidance). SAV 척도는 사회적 상황을 좋아하거나 좋아하지 않는 양방향성을 평가한다. 문항들은 사회적 상황을 즐기지 못하고 회피하는 것을 반영한다. 이 척도의 상승은($T > 64$) 사회적 상황을 싫어하고 피하는 것을 반영한다. 극단적인 상승은 회피성 성격장애, 사회공포증, 분열성 성격장애 같은 회피성과 관련된 장애와 관련된다. 수줍음(SHY) 척도는 상승하지 않았는데, 이 척도가 상승한 경우 사회적 회피가 불안으로 인한 것이 아님을 나타낸다. 낮은 점수는($T < 39$) 사회적 상황을 편안해 하고 즐기는 사교성과 외향적인 성격을 반영한다.

수줍음(SHY, Shyness). SHY 척도는 사회적 상황을 불편해 하는 것을 평가하며, 이는 사회적 회피의 전조가 된다. 이 척도의 문항들은 쉽게 당황하고 감시받는 기분, 일반적인 수줍음, 사회적 상황에서의 불편함과 관련된다. 척도 상승은($T > 64$) 다른 사람과의 관계에서 느끼는 불안을 반영한다. 특히 사회적 회피(SAV)의 상승과 관련된 행동이 동반된 경우 이 불안은 사회공포증이나 회피성 성격장애와 관련될 수 있다.

관계 단절(DSF, Disaffiliativeness). DSF 척도는 일반적인 비사회적 경향을 평가하며, SHY와 함께 사회적 회피와 관련된 기저 요인을 구성한다. 이 척도의 문항들은 다른 사람과 상호작용하는 것을 싫어하는 것, 친밀한 관계의 부족, 혼자 있는 것을 선호하는 것과 관련된다. 이 척도의 상승은($T > 64$) 혼자 있는 것을 선호하고 중요하고 친밀한 관계를 가지지 않는 비사회적 경향을 반영한다. 치료적 관계에도 참여하기 어려워하며, 극단적인 상승은 조현성 성격장애와 관련된다.

흥미 척도

심미적–문학적 흥미(AES)

AES 척도는 글쓰기, 음악, 춤, 연극 등 미적이고 예술적인 표현과 관련된 일반적 흥미를 반영한다. 이 척도의 상승은($T > 64$) 이러한 종류의 활동에 대한 흥미를 반영하며, 이러한 흥미를 가진 사람은 대인관계에서 공감적이고 자신의 감각 경험에 잘 맞추는 경향이 있다.

기계적–신체적 흥미(MEC)

MEC 척도는 스포츠, 캠핑 같은 야외 활동, 물건 고치기 등 신체 활동이나 기계 관련 활동에 대한 일반적 흥미를 반영한다. 이 척도의 상승은($T > 64$) 이러한 유형의 활동에 대한 강한 흥미를 반영하며, 이들은 모험과 흥분을 좋아한다.

MMPI-2-RF 성격병리 5요인 척도

성격병리 5요인 척도(PSY-5)는 MMPI-2-RF의 핵심이자 MMPI-2에서도 사용할 수 있는 특별한 척도 군집을 나타낸다(Harkness et al., 2002). 문항 선정은 일반인들에게 적절하고 서로 구분되며 쉽게 이해 가능한 성격 구성개념으로 개발하는 과정을 거쳐 이루어졌다. 이렇게 도출한 5개의 구성개념을 가지고 각 구성개념을 반영하는 MMPI-2 문항을 선정하였다. 선정된 문항은 전문가의 정제를 거쳐 공식적인 심리측정 분석에 투입되었다. 아래에 소개한 척도별 설명은 Harkness 등(2002)의 논문, Ben-Porath(2012) 그리고 MMPI-2-RF 설명서(Ben-Porath & Tellegen, 2008/2011)를 요약한 것이다.

공격성(AGGR-r)

AGGR-r 척도는 대인관계 수동성과 주장성, 공격성과 관련된 성격 특성을 평가한다. 이 개념은 자신을 옹호하는 경향 및 정중함 모두와 관련된다(Lange & Jakubowski, 1976). 주장성과 공격성 모두 자신을 옹호하는 것을 포함하지만, 전자는 정중하게 하는 반면 후자는 다른 사람의 권리를 침해하면서 한다. 수동성은 정중함과 자신을 옹호하지 않는 것을 포함하지만, 수동 공격성은 자신을 옹호하지 않으면서도 다른 사람과도 정중하게 상호작용하지 않는다. 그렇지만 이 척도는 이 세 가지 상호작용 행동 경향성(수동성, 주장성, 공격성)을 단일 차원에 둔다. 낮은 점수는 수동성, 중간 점수는 주장성, 높은 점수는 공격성과 관련된다.

높은 점수($T > 64$)

- 다른 사람을 겁주는 것을 즐기며, 사회적으로 과도하게 지배적이다.
- 목표 달성을 위해 공격적으로 행동한다.
- 지배적이고 외향적이다.
- 자신의 리더십 능력을 확신한다.
- 반사회적 행동과 신체적 학대의 이력이 있을 수 있다.
- 점수가 높은 남성은 가정 폭력 이력의 가능성이 높다.
- 점수가 높은 여성은 체포 경력이 있을 가능성이 높다.
- 낮은 대인관계 수동성(IPP), 높은 분노 경향성(ANP) 및 공격 성향(AGG)과 관련된다.

낮은 점수($T < 39$)

- 대인관계에서 수동적, 복종적, 의존적이다.
- 다른 사람이 원하는 대로 맞춰 준다.

진단 및 치료적 함의

- 높은 점수는 B군 성격장애와 관련된다.
- 이 특성과 균형을 맞춤으로써 치료적 관계가 잘 형성될 수 있다. 즉 상승한 경우에는 지지적 치료자와 맞고, 낮은 경우에는 보다 지시적인 치료자와 맞는다.

정신증(PSYC-r)

PSYC-r 척도는 5요인 성격 모형의 어느 척도와도 밀접히 관련되지 않으며, 따라서 정상 성격 기능보다는 성격병리와 관련되는 것으로 보는 것이 보다 유용하다. 이 척도는 감각, 지각, 사고의 이상을 평가한다.

높은 점수($T > 64$)

- 혼란된 사고, 현실 검증력 손상, 이탈적 사고, 기태적 사고, 갈피를 잡을 수 없는 생각 등 특이한 사고 과정을 나타낸다.
- 관계 망상 등 비정상적 사고 내용을 보인다.
- 환각 등 비정상적 감각 또는 지각 현상을 보인다.
- 사람들로부터 소외되어 있다.
- 외래 환자의 경우 기능 수준이 낮고 친구가 거의 없으며 우울하다.
- 점수가 높은 남성은 슬프고 우울한 사람으로 평가된다.
- 점수가 높은 여성은 환각을 경험할 가능성이 높다.
- 입원 환자들은 정신병적일 가능성이 높고, 편집증적 의심, 연상 이완, 사고 비약, 환각, 관계 관념을 가질 수 있다.
- 흔히 사고 문제(THD) 상위차원 척도의 상승을 동반한다.

진단 및 치료적 함의

- 높은 점수는 A군 성격장애와 관련된다.
- 사고와 현실 검증력의 왜곡은 신뢰로운 치료적 관계 발달을 어렵게 할 수 있다.

통제 결여(DISC-r)

DISC-r 척도는 "통제 결여(disconstraint)" 또는 자신의 행동에 대한 통제력을 유지하지 못하는 것과 관련된 다양한 행동을 평가한다. 충동 통제, 흥분 추구 행동, 행동적인 표출 경향을 포함한다.

높은 점수($T > 64$)

- 충동적이고 행동화한다.
- 위험을 감수하고, 반사회적이며, 공격적이고, 체포된 이력이 있을 수 있다.
- 비전통적이고 쉽게 지루해 한다.
- 약물이나 알코올을 남용한 이력이 있을 수 있다.
- 점수가 높은 남성은 가정 폭력의 이력을 더 보인다.
- 점수가 높은 여성은 다소 성취 지향적이다.
- RC7과 흔히 관련된다.

낮은 점수($T < 39$)

- 극도로 엄격한 자기 통제, 감소된 충동성, 행동적 속박을 보인다.
- 규칙을 준수한다.
- 지루함을 잘 참고, 마찬가지로 행동적 속박을 보이는 낭만적 파트너를 선호한다.

진단 및 치료적 함의

- 높은 점수는 B군 성격장애와 관련될 수 있다.
- 높은 점수는 치료의 어려움과 관련될 수 있는데, 이들은 내적으로
  동기화되기보다는 충동적으로 치료를 끝낼 수 있다.

부정적 정서성/신경증(NEGE-r)

NEGE-r 척도는 부정적 정서 경험의 정도를 평가한다. 부정적 정서 경험들은 걱정, 불안전감, 염세주의를 포함하는 불안 및 우울과 관련되며, 점수가 상승하면 많은 상황에서 행동을 억제한다.

높은 점수($T > 64$)

- 일반적인 부정 정서를 높게 경험한다.
- 걱정, 죄책감, 불안전감, 자기비난을 보이고, 최악의 시나리오를 가정하는 사고를 보인다.
- 외래 환자는 우울하거나 기분부전 상태를 보이고, 친구가 거의 없으며, 불안하거나 신체 증상을 보인다.
- 점수가 높은 남성은 계속해서 결점에 초점을 맞추고 자신의 배우자 및 자신의 미래에 대해 짜증을 냄으로써 가정 폭력에 관여할 가능성이 있다.
- 점수가 높은 여성은 염세적이고 성취가 낮으며 알코올 남용의 이력을 가진다.

진단 및 치료적 함의

- 높은 점수는 C군 성격장애와 관련된다.
- 부정 정서에 대한 주관적 경험은 치료에 대한 동기에 기여한다.

내향성/낮은 긍정적 정서성(INTR-r)

INTR-r 척도는 긍정적 정서 경험의 일반적 결여, 사회적 참여의 결여를 평가한다. 활동을 즐기지 못하는 것(무쾌감증(anhedonia))과 염세주의뿐만 아니라 사회적 회피와 철수 측면도 포함한다.

높은 점수($T > 64$)

- 긍정적 정서 경험이 결여되어 있고, 슬프며, 우울하고, 염세적이며, 불안하고, 감정이 단조롭다.
- 내향적이고 사회적으로 회피적이다.
- 성취 지향성이 낮다.
- 신체 증상을 보인다.
- 점수가 높은 여성은 항우울제를 복용하며 친구가 거의 없다.
- RC2와 흔히 관련된다.

낮은 점수($T < 39$)

- 활기차고, 많은 긍정적 정서 경험을 한다.
- 즐거움과 기쁨을 경험하는 능력이 좋으며, 우울하거나 기분부전을 보일 가능성이 낮다.
- 외향적이고 사교적이다.
- 극단적으로 낮은 점수는 경조증 양상을 시사한다.

진단 및 치료적 함의

- 높은 점수는 C군 성격장애와 관련된다.
- 점수가 높은 사람은 기분부전장애와 우울장애 같은 기분장애 여부를 구체적으로 평가해야 한다.
- 긍정 정서성 및 사회적 참여의 부족으로 인해 치료적 동맹 수립에 방해가 될 수 있다.

읽을거리

Archer, R. A. (2005). *MMPI-A: Assessing adolescent psychopathology*(3rd ed.). Hillsdale, NJ: Erlbaum.

Ben-Porath, Y. S. (2012). *Interpreting the MMPI-2-RF.* Minneapolis: University of Minnesota Press.

Butcher, J. N. (2011). *A beginner's guide to the MMPI-2*(3rd ed.). Washington, DC: American Psychological Association.

Butcher, J. N. & Perry, J. (2008). *Psychological assessment in treatment planning: Use of the MMPI-2 and BTPI.* New York, NY: Oxford University Press.

Caldwell, A. (2001). What do the MMPI scales fundamentally measure? Some hypotheses. *Journal of Personality Assessment, 76,* 1-17.

Friedman, A. F., Bolinskey, P. K., Levak, R. W., & Nichols, D. S. (2014). *Psychological assessment with the MMPI-2/MMPI-2-RF*(3rd ed.). New York, NY: Routledge/Taylor & Francis.

Graham, J. R. (2011). *MMPI-2: Assessing personality and psychopathology*(5th ed.). New York, NY: Oxford University Press.

Levak, R. W., Siegel, L., & Nichols, D. S. (2011). *Therapeutic feedback with the MMPI-2: A positive psychology approach*. New York, NY: Routledge.

제8장

성격평가 질문지

성격평가 질문지(Personality Assessment Inventory, PAI)는 344문항으로 된 자기보고 지필형 검사이다. 수검자가 각 문항을 읽고 전혀 그렇지 않다(0), 약간 그렇다(1), 중간이다(2), 매우 그렇다(3)의 4점 척도에서 평정하도록 되어 있다. 이 검사는 개인이나 집단을 대상으로 18~89세의 성인에게 실시할 수 있도록 개발되었다. 또한 PAI는 12~18세 청소년에게 실시할 수 있는 청소년용(PAI-Adolescent, PAI-A)도 개발되어 있다. 그리고 PAI의 문항을 이해하려면 4년 정도의 교육 수준이 필요하다. 각 문항들은 개인의 행동 패턴, 현재의 감정과 태도, 여러 가지 다양한 상황에 대한 반응에 관한 정보를 담고 있다. 4개의 타당도 척도, 11개의 임상 척도, 5개의 치료 척도 및 2개의 대인관계 척도로 구분해서 검사 결과를 프로파일로 나타내도록 되어 있고(표 8.1) 척도 간에 문항 중복은 없다.

 PAI는 척도 개발에서 합리적, 경험적 접근을 강조하는 방법론에 근거를 두고 있다. PAI로 평가할 수 있는 임상 증후군은 과거의 정신장애의 진단 분류에서 차지하는 중요성과 최근의 진단 실제에서 차지하는 비중을 고려하여 선정하였다. PAI는 정신장애의 개념을 다룬 역사적인 문헌과 현대의 경험적 연구 결과를 다룬 문헌들을 토대로 각각의 구성 요소의 핵심적인 개념을 평가하기 위한 문항을 작성하였다. 문항을 선정하는 데 준거나 요인분석적 접근과 같은 경험적인 접근에만 의존하기보다는 합리적, 이론적 근거에서 각 구성개념의 전체 범위를 망라하기 위한 문항을 선정하였다. 즉 평가하려고 하는 개념의

표 8.1 타당도, 임상, 치료, 대인관계 성격평가 질문지 척도

척도명	약어	문항수	평균 α*
타당도 척도			
비일관성(Inconsistency)	ICN	10개 문항 쌍	.31
저빈도(Infrequency)	INF	8	.38
부정적 인상(Negative Impression)	NIM	9	.70
긍정적 인상(Positive Impression)	PIM	9	.74
임상 척도			
신체적 호소(Somatic Complaints)	SOM	24	.88
불안(Anxiety)	ANX	24	.91
불안 관련 장애(Anxiety-Related Disorders)	ARD	24	.81
우울(Depression)	DEP	24	.89
조증(Mania)	MAN	24	.82
망상(Paranoia)	PAR	24	.87
조현병(Schizophrenia)	SCZ	24	.84
반사회적 특징(Antisocial Features)	ANT	24	.88
경계선적 특징(Borderline Features)	BOR	24	.85
알코올 문제(Alcohol Problems)	ALC	12	.87
약물 문제(Drug Problems)	DRG	12	.76
치료 척도			
공격성(Aggression)	AGG	18	.88
자살 사고(Suicidal Ideations)	SUI	12	.88
스트레스(Stress)	STR	8	.75
비지지(Nonsupport)	NON	8	.76
치료 거부(Treatment Rejection)	RXR	8	.76
대인관계 척도			
지배성(Dominance)	DOM	12	.80
온정성(Warmth)	WRM	12	.81

출처 *Personality Assessment Inventory Professional Manual*, 2nd ed., by L. C. Morey, 2007, Odessa, FL: Psychological Assessment Resources에 기초함.

* 평균 α 값은 표준화 표본, 대학생 표본 및 임상 표본의 자료를 합하여 계산한 것임.

전체 범위에서 변별적 정보력이 높은 문항을 선정하였다. 척도 개발에서 이론적, 합리적 접근을 취하는 것은 문항 선정과 척도 개발에서 매우 엄격한 전통이다.

PAI는 1991년에 Leslie Morey가 개발하였다. 저자는 PAI의 일부 척도, 특히 성격장애와 관련된 일부 척도에 대해서는 이견의 여지가 있지만 PAI를 매우 긍정적으로 평가하고 있다. 척도를 해석하는 데서의 핵심은 각각의 척도들이 고유한 구성개념을 평가하기 위해 개발되어 있다는 점이다. 이 때문에 PAI는 척도가 진단 범주보다는 전반적인 성격 특성과 더 관련이 있는 MMPI, 정상에서 비정상인 성격 특징 그리고 적응적인 성격에서 부적응적인 성격 특징 차원을 측정하는 MCMI(Millon Clinical Multiaxial Inventory)보다 더 직접적으로 해석할 수 있는 장점이 있다. 또한 PAI는 한 가지 증후군에서 척도 간에 문항이 중복되지 않아서 사용자들이 척도 점수의 상승을 보다 쉽게 이해할 수 있다. 뿐만 아니라 4점 평정척도로 구성되어 있어서, 내담자들이 경험하는 심각성의 정도를 평가하는 데 이점이 있다.

역사와 발전

이 분야에서 각광받고 있는 새로운 검사 중 하나인 PAI는 1987~1991년 사이에 개발되었고 1991년에 출판되었다. PAI는 구성 타당화 과정에 근거해서 *DSM-III-R*의 진단 분류와 매우 일치하는 임상 정보를 제공하기 위해 개발되었다. 척도와 하위척도를 개발하는 과정에서 기존의 문헌을 체계적으로 검토하고 검사 사용자들을 대상으로 조사하였으며, 당시에 주로 사용된 *DSM-III-R*의 진단 분류 체계를 고려하였다. 처음으로 작성한 2,200개의 문항들을 4명의 검사 전문가들로 하여금 개별 문항이 구성개념의 내용과 일치하는지를 검토하도록 하여 평가하였다. 이 문항들은 최소한 75% 이상 일치하였다. 그런 후 다른 전문 패널들에게 검사 문항이 성별, 종교, 인종, 종교 집단에 배타적인지를 검토하도록 하여 일부 문항을 제외시켰다. 마지막으로 이 분야의 외부 전문가 집단에게 개별 문항과 척도가 대응되는지를 확인하도록 하였고, 그 결과 776문항이 전반적으로 일치하는 것으로 나타났다.

이렇게 도출한 776문항을 사용하여 표준적인 "일반적" 지시문, 호의적 인상 가장 지시문, 정신장애 위장 지시문 조건하에서 대학생들에게 답하라고 하였다. 이러한 지시문 조건에서 수집한 자료를 해당 척도 내에서의 문항 간 상관, 다른 척도 점수와의 상관, 성별에 따른 차이, 사회적 바람직성 측정치와의 상관, 긍정적·부정적 지시문에서 얻은 결과 등을 분석하여 597문항의 베타버전을 완성하였다. 이 베타버전 문항을 일반 성인과 임상 환자 및 인상 지시문을 사용한 대학생들에게 다시 실시하여 자료를 수집하였고, 앞에서 적용한 기준을 다시 적용하여 최종 344문항을 도출하고 규준을 작성하였다. 그 후 2007년에 실시 지침서 개정판이 출판되었으나 척도와 하위척도 구성에는 변화가 없고 그간 연구된 몇 가지 지표들이 보완되었다.

신뢰도와 타당도

PAI 신뢰도는 전반적으로 다른 성격검사들만큼 양호하다. Morey(2007)는 표준화 표본에서 계산한 신뢰도를 보고하였다. 내적 일치도(α)는 .75(STR)에서 .91(ANX) 범위였고 중앙값은 .85였다(표 8.1). 하위척도의 신뢰도는 .54(MAN-A)에서 .85(ARD-T) 범위였고 중앙값은 .74였다. 그리고 메타돈(methadone) 치료 중인 환자 집단(Alterman et al., 1995), 약물 남용 외래 환자(Roger, Flores, Ustad, & Sewell, 1995), 정신과 입원 환자(Boone, 1998; Siefert, Sinclair, Kehl-Fie, & Blais, 2009), 여성 섭식장애 환자(Tasca, Wood, Demidenko, & Bissada, 2002), 비만대사 수술을 받으려고 하는 환자 집단(Corsica, Azarbad, McGill, Wool, & Hood, 2010)과 같은 여러 집단에서 도출된 내적 일치도도 보고되었다. 표준화 표본에서 얻은 내적 일치도는 전반적으로 적절하거나 우수한 범위인 것으로 나타났다.

표준화 표본을 대상으로 타당도 척도를 제외하고 검사-재검사 신뢰도를 계산한 결과 .68(DOM)에서 .92(ALC) 범위, 중앙값은 .83이었다. 하위척도의 재검사는 .68(SOM-C, MAN-A)에서 .85(ANX-C, DEP-A, ANT-S) 범위, 중앙값은 .78이었다. 또한 Morey(2007)는 PAI를 두 번 실시하여 가장 높게 상승한 임상 척도가 일치하는지를 알아보았는데, 57.4%가 일치하는 것으로 나타났다. 그리고 적어도 하나의 척도가 T 점수 70점 이상 상승한 프로토콜과 일치하는지를 비교한 결과 76.9%가 일치하는 것으로 나타났다. 이러한 결과는 임상 척도 점수의 안정성을 지지하는 증거로 볼 수 있다. 그러나 한 가지 유의할 것은 2개의 코드타입이나 다른 프로파일 코드타입을 모두 고려해서 산출한 것은 아니라는 점이다.

표준화 표본과 임상 표본을 대상으로 한 요인분석 연구들이 보고되었는데, 전반적으로 PAI는 네 가지 요인 구조를 가지는 것으로 나타났다(Deisinger, 1995; Morey, 2007; Schinka, 1995). 4개 요인 중 3개 요인은 DEP, ANX, ARD, SPR, BOR 척도의 요인부하량이 높은 전반적 부적응 요인, ANT, ALC, DRG 척도의 요인부하량이 높은 행동화 요인과 MAN, ANT, DOM 척도의 부하량이 높은 자기애와 대인관계 착취 요인이었다. 네 번째 요인은 표준화 표본과 임상 표본에서 다르게 나타났는데, 임상 표본에서는 부주의 요인(ICN, INF), 표준화 표본에서는 사회적 위축 요인(WRM, NON, SPR, PAR)이었다. 4개 요인은 전체 변량의 25%를 설명하는 것으로 나타났는데, 이는 4개의 요인 척도로 해석하는 것보다는 개별 척도를 사용하는 것이 임상적 유용성이 높다는 것을 의미한다.

PAI 실시 지침서(Morey, 2007)에는 척도, 하위척도와 성격 및 정신병리를 측정하는 다양한 척도와의 상관이 많이 보고되어 있다. MMPI, NEO 성격검사, MCMI, 벡 불안 척도(BAI), 벡 우울 척도(BDI), 간이 정신상태검사, Cognitive Distortion Scale, Buss-Perry 공격성 검사, 로르샤하 등에서 관련이 있는 척도와의 상관을 보고하고 있다. 보다 구체적인 정보는 PAI 실시 지침서의 9장을 찾아보면 된다. Morey는 척도와 하위척도의 다른 타당도 지표와의 상관이 전반적으로 우수하다는 평가를 내리고 있다. 한 가지 특이한 점은 지역사회의 규준 표본뿐만 아니라 특정 척도와 관련성이 높은 입원 및 외래 환자, 대학생 등과 같은 매우 다양한 표집을 사용하여 타당도를 알아보았다는 점이다.

Morey(2007)는 준거 관련 타당도 이외에도 정상 수검자와 척도 및 하위척도를 통해 평가하고자 한 임상 표본을 대상으로 감별 진단 정보를 제공하고 있다. 예를 들어 우울 척도(DEP)가 정상인과 우울증 환자를 판별해 내는 정도를 보고하고 있다. 대부분의 척도들은 임상 집단을 판별해 내는 기능을 수행하고 있는 것으로 보고되고 있다. 그러나 일부 척도, 특히 조현병 척도(SCZ)가 정신병을 판별해 내는 기능에 대해서는 결과가 일치하지 않고 있다(Edens, Cruise, & Buffington-Vollum, 2001; Roger, Ustad, & Salekin, 1998). 그리고 긍정적 인상 관리(PIM, DEF, CDF, ALC Est, DRG Est)를 다룬 장에서 눈에 띄는 점은 알코올 문제 척도(ALC)와 약물 문제 척도(DRG)가 물질을 사용하는 행동과 그 결과에 대해 직접적으로 질문하고 있어서 인상 관리를 고려하여 해석해야 한다는 점을 지적하고 있다는 것이다. 왜냐하면 알코올과 약물 사용은 부인하거나 과소보고할 가능성이 매우 높기 때문이다(Edens et al., 2001; Fals-Stewart, 1996). 따라서 이 두 척도의 판별 기능은 다른 척도보다 낮을 수 있다. 그러나 ALC Est, DRG Est를 계산하면 알코올과 약물 문제가 있는 집단에 대한 예언력이 증가될 수 있다.

이점과 한계

PAI는 성격과 정신병리를 평가하는 다른 검사들에 비해 몇 가지 독특한 장점이 있다. 먼저 PAI는 개발 과정에서 심리측정 이론에 근거를 두었고 현재 사용되고 있고 임상적 유용성이 높은 *DSM*과 같은 진단 분류 체계를 고려하였다는 장점이 있다. 전반적으로 척도의 신뢰도와 타당도는 양호하고 하위척도는 측정하고자 하는 임상적으로 유용한 차원들을 포함하고 있다. 요인분석보다는 임상적 유용성에 근거하여 하위척도를 구성하였다는 점에서 단점이 있을 수 있다. 예를 들어 경계선적 특징(BOR) 척도는 원래 4개의 하위척도로 구성되어 있지만, 요인분석 연구에 따르면 6개로 구성하는 것이 더 적합할 수 있다(K. M. Jackson & Trull, 2001). 즉 하위척도의 심리측정적 속성과 일치하지 않는다는 점에서는 단점이 될 수 있으나, 현재 4개의 하위척도가 상이한 장애들의 변별적 속성을 기술하고 있다는 점에서는 장점이 될 수 있다. 예를 들어 불안과 우울 척도를 인지적, 정서적, 생리적 증상들로 나눔으로써 검사 결과에 근거해서 어떤 유형의 개입이 적절할지를 결정하는데 도움이 된다. 이러한 하위척도가 직접적으로 진단명을 의미하는 것은 아니지만, 수검자가 경험하고 있는 바를 명확하게 이해하는 데는 도움이 된다〔예외적으로 불안장애 중에서 유병율이 높은 장애들을 평가하기 위한 불안 관련 장애 척도(ARD)의 하위척도(강박증, 공포증, 외상후 스트레스)는 진단명을 의미한다〕.

수검자의 입장에서 보면, PAI는 4년 정도의 교육 수준이면 된다는 이점이 있다. MMPI와 비교하였을 때 PAI는 문항에서 사용된 단어들이 매우 구체적이라는 평가를 받고 있다. 문항을 읽고 이해하기 쉽고 내용이 간결하기 때문에 평균적으로 한 시간 내에 검사를 실시할 수 있다. 4점 평정척도를 사용하고 있어서 예, 아니오의 이분법적인 강제 선택을 하게 하였을 때보다 차원 정보를 포함시킬 수 있다. 즉 4점 척도를 사용함으로써 어떤 문제나 증상의 유무뿐만 아니라 빈도와 강도에 대한 정보까지 얻을 수 있다. 즉 특정 척도의 점수가 상승하였다면 해당 척도의 모든 문항에 대해서 중간 정도로 평정하였거나 일부 문항에 대해서만 매우 그렇다고 평가한 결과일 수 있다. 하위척도의 점수를 분석하면 이러한 차이를 이해하는 데 도움이 된다.

PAI는 수검자의 점수를 다양한 집단의 규준 정보와 비교해 볼 수 있다는 장점이 있다. PAI가 처음 출판되었을 때는 지역사회 표본, 임상 표본 및 대학생 표본에서 자료를 수집하여 표준화되었다. 따라서 한 수검자의 점수가 획득되면 정상 성인의 규준에 근거해서 프로파일로 나타낼 수 있고, 임상 환자 집단의 평균에서 2표준편차 이탈한 점수를 의미하는 별도의 규준과도 비교할 수 있다. 실시 지침서에는 인구조사에 근거한 지역사회 표준화 표본, 임상 표본, 인구조사에 의한 아프리카계 미국인 표본, 60세 이상의 성인 표본, 대학생 표본과 같은 다양한 규준 정보가 제공되어 있어서 검사 결과를 융통성 있게 해석할 수 있다.

PAI가 지니고 있는 또 다른 이점은 *DSM*의 진단 분류 체계를 따르고 있다는 점이다. 척도명은 *DSM*에서 다루어지고 있는 구체적인 진단명을 의미한다. 그러나 이러한 점은 동시에 단점이 될 수도 있다. 즉 어떤 검사도 *DSM*과 같은 진단 분류 체계에서 다루고 있는 모든 진단명을 포함시켜 평가하기란 불가능한데, PAI도 마찬가지이다. 그래서 PAI는 여러 가지 보충지표를 구성해서 포함시켜 놓고 있다. 가장 대표적인 약점으로 지적되고 있는 것 중 하나는 대다수의 성격장애를 평가하기 위한 척도가 없다는 것이다. 실제로 PAI는 경계성 및 반사회성 성격장애 특징을 평가하기 위한 척도만 포함되어 있다. 그러나 척도와 하위척도 점수들을 다양하게 고려하면 다른 성격장애를 진단하는 데 유용하다. 예를 들어 의존성 성격장애로 진단하기 위해서는 WRM 점수가 높아야 하고 DOM, AGG-V, MAN-G 점수는 낮아야 할 것이다. 그리고 대부분의 성격장애를 설명하는, 성격장애에서 공통적으로 나타나는 단일의 일반 요인을 포함시켜야 한다는 주장도 있다(Rushton & Irwing, 2009). 그런데 PAI와 같이 이미 개발된 검사에서 단일의 성격장애 척도를 구성하면 임상적으로 유용할 수는 있겠지만, 이러한 척도를 구성한다는 것은 매우 어렵고 심리측정적으로도 바람직하지 않다.

마지막으로 PAI 척도와 하위척도는 진단하는 데 매우 유용한 것으로 보고되고 있지만, ALC와 DRG 척도는 다소 한계가 있는 것으로 지적되고 있다. 특히 DRG 척도의 경우 현재와 과거의 약물 사용을 묻는 문항으로 구성되어 있기 때문에 해석하는 데 어려움이 있을 수 있다. 물질 남용을 평가하고 진단하는 데 과거와 현재를 구분하는 것이 매우 중요한데, 대부분의 문항을 과거시제로 표현하면 문제가 될 수 있다. 따라서 이 척도의 점수(또는 ALC Est, DRG Est 점수)가 상승할 때는 추가적인 평가가 필요하다.

다양한 집단에서의 사용

미국에서 PAI는 다양한 인종과 소수 민족을 대상으로 연구되고 있다는 점에서 매우 긍정적이다. PAI에는 아프리카계 미국인을 위한 규준이 포함되어 있다. 반면 라틴계를 대상으로는 표준화하지 않았기 때문에 규준 표본이 편향되어 있다는 비판이 제기되고 있다. 그러나 라틴계는 인종을 포함한 인구조사에 근거한 표준화 표본에서 수집한 규준 정보로 대신할 수 있다(Alamilla & Wojcik, 2013). PAI 척도를 단순하게 내현화/외현화 구조로 이원화하는 것은 라틴계 미국인에게 더 적합하기는 하지만(Hopwood & Moset, 2011), 인구조사에 근거한 표준화 표본은 인종, 민족을 골고루 표집하였기 때문에 매우 신뢰롭고 타당하며 유용하다(Hopwood, Flato, Ambwani, Garland, & Morey, 2009). 사회경제적 지위가 매우 낮은 표본을 대상으로 한 연구에서도 이러한 점이 지적되고 있으나, 마찬가지로 규준 표본을 사용하면 된다. 한 가지 문제는 여러 척도 점수의 내적 일치도가 낮다는 점이다(Alterman et al., 1995; Donaldson, 2010).

처음에 스페인판 PAI를 멕시코계 미국인들을 대상으로 실시하였을 때 내적 일치도에 문제가 있었다(Rogers, Flores, Ustad, & Sewell, 1995). 그러나 이후 연구에서는 척도들의 내적 일치도가 원판과 유사할 정도로 높았고(Fernandez, Boccaccini, & Noland, 2008), 민족에 따라서 다르지는 않은 것으로 나타났다(Fantoni-Salvador & Rogers, 1997). 독일판 PAI는 원판과 유사한 요인 구조인 것으로 나타났다(Groves & Engel, 2007). 마찬가지로 중국판 PAI도 요인 구조(Cheung, Cheung, Leung, Ward, & Loeong, 2003), 성별에 따른 차이(Cheung, Leung, Fan, Song, Zhang, & Zhang, 1996), 척도 기능 면에서 원판과 유사하였다. 그러나 일부 연구자들은 아랫사람에 대한 자애, 가족 지향, 내적인 대인관계와 태도, 전통적인 중국인들의 신념에 대한 태도와 같은 중국 문화에서 핵심적인 성격 특징들을 반영하지 못하고 있다는 비판도 제기하였다(Cheung et al., 1996).

PAI를 여러 문화적 맥락에서 사용하는 데 큰 문제가 없다는 것을 지지하는 일부 연구도 있기는 하지만, PAI 점수와 인종, 사회경제적 지위 및 다른 인구통계학적 변인 간의 관계에 대한 연구는 여전히 부족하다. 특히 PAI가 특정한 문화권에서 척도가 측정하려고 하는 관련 행동을 예언하는 연구가 필요하다고 생각된다. 다양한 척도 점수에서 나타나는 차이를 이해하기 위한 정보는 부족하다. 관련 있는 외적인 행동과 내적인 경험을 이해하고 예언하기 위해서는 이러한 차이의 의미를 알 필요가 있다.

해석 절차

PAI는 각 척도명을 만들 때 해당 척도와 직접적으로 관련 있는 내용을 포함시켰기 때문에 해석이 비교적 간단하다. 즉 불안 척도(ANX) 점수가 상승되어 있다면 해당 수검자가 불안 증상을 경험하고 있다는 것을 의미한다. 그러나 하위척도와 2개의 코드타입, 다른 프로파일 형태는 개별 척도의 해석적 가정 이외에도 다른 의미를 부가시켜서 해석해야 한다. 예를 들어 두 사람의 우울 척도(DEP) 점수가 똑같이 상승되어 있다고 하더라도, 한 사람은 인지적 우울(DEP-C) 점수가 높고 다른 한 사람은 생리적 우울(DEP-P) 점수가 상승되어 있을 수 있다. DEP-C 점수가 높은 것은 무력감, 무망감, 무가치감을 의미하지만, DEP-P는 활동과 에너지의 감소, 수면과 식욕의 변화를 의미한다. 마찬가지로 두 사람이 불안 척도(ANX) 점수가 상승된 정도가 같다고 하더라도, 동반되어 상승된 척도가 우울 척도(DEP)인지 아니면 망상 척도(PAR)인지에 따라 해석적 의미가 다르다. 두 사람이 경험하는 불안의 성질은 상이한데, 전자는 기분이 울적한 것이 주된 요소라면 후자는 의심이 많고 적대적일 수 있다.

경계선적 특징(BOR) 척도 점수와 4개의 하위척도 점수가 모두 상승되어 있을 경우 경계성 성격장애를 의심할 수 있다. 그러나 스트레스(STR), 외상적 스트레스(ARD-T), 자살 사고(SUI)과 같은 다른 척도/하위척도 점수들을 고려해서 경계성 성격장애 특징을 추론해 낼 수 있다. 마찬가지로 개인이 자기 자신에 대해 어떻게 느끼는지는 적어도 세 가지 하위척도를 통해서 평가할 수 있다. 자기효능감, 자존감 및 자기개념의 안정성을 각각 평가하기 위한 인지적 우울(DEP-C), 과대성(MAN-G), 정체감 문제(BOR-I). 척도 점수들을 같이 고려해야 수검자에 대한 보다 정확한 해석이 가능하다. PAI 결과에 대한 해석은 다음과 같은 5단계를 거쳐 해석하는 것이 바람직하다.

1. 검사 타당도의 해석

다른 자기보고형 성격검사와 마찬가지로, PAI 결과를 해석하는 첫 단계는 타당도 척도의 점수와 검사 결과를 왜곡시키는 요인에 대한 평가를 포함하는 타당도를 평가하는 것이다. 상황적 요인(법정에서 정서적 혼란을 호소하는 수검자나 아동 보호관찰소에서 평가받는 부모들은 이차적 이득을 꾀할 수 있다)과 통찰력이 제한되어 있거나 정신병에 대한 낙인을 두려워하는 것과 같은 개인적 요인으로 인해 수검자의 반응이 왜곡될 수 있다. 프로파일의 타당도를 평가하기 위해서는 반응왜곡을 가져올 수 있는 상황이나 그 가능성에 대해 반드시 평가해야 한다.

PAI 타당도 척도는 프로파일의 타당도와 관련이 있는 세밀한 정보를 제공하고 있다. PAI는 척도 점수를 수정하기 위한 목적의 척도는 사용하지 않는다. 검사자는 타당도 척도를 평가한 후 다른 척도 점수에 대한 해석을 진행해야 한다. 타당도 척도 중 비일관성(ICN)과 저빈도(INF) 척도는 특이한 반응을 찾아내기 위한 것이다. 다른 두 척도인 부정적 인상(NIM)과 긍정적 인상(PIM) 척도는 수검자가 인상을 관리하려고 시도할 때 나타나는 반응 편파를 평가하기 위한 것이다. 이러한 4개의 타당도 척도 중 어느 하나라도 상승되어 나타나면 프로파일 해석에 신중해야 한다. Morey(1996)는 이러한 네 가지 타당도 척도 이외에도 프로파일의 형태적 특징에 근거해서 도출한 방어 지표, 꾀병 지표와 같은 여러 가지 지표를 제공하고 있다. 이러한 지표들은 의도적으로 왜곡된 프로파일에서 나타나는 척도와 하위척도 점수의 형태를 고려하여 구성한 것이다.

2. 결정적 문항의 분석

프로파일의 타당도를 평가한 후에는 임상 척도, 치료 척도, 대인관계 척도를 해석할 준비를 해야 한다. 이때 개별 문항에 근거해서 해석할 필요가 있는데, PAI는 27개의 문항을 "결정적 문항"(critical items)으로 분류하고 있다. 이 문항들은 정상적인 수검자들이 인정하는 빈도가 낮은, 즉 시인율이 낮은 문항으로 잠재적인 위기 지표로 해석할 수 있다.

3. 전체 척도의 해석

다음 단계에서는 PAI 척도 점수를 해석한다. 각각의 척도 점수들은 일반적인 규준 표집과 임상 표집에서 산출한 두 가지 상이한 규준과 비교해서 해석한다. PAI에서 제시하고 있는 T 점수는 대표적인 지역사회 표집에서 산출한 것이다. 그리고 프로파일에서는 임상표집의 평균에서 2표준편차 벗어난 값을 실선으로 제시하고 있다. 이 실선 이상의 점수를 받은 수검자는 환자 집단에서도 매우 이탈되어 있다는 것을 의미한다. 실시 지침서(Morey, 2007)에는 대학생, 임상 표집, 60세 이상의 성인 표집 등과 같은 여러 표집에서 산출한 평균, 표준편차 등과 같은 여러 가지 규준 정보가 제시되어 있다. 앞에서도 지적하였듯이 PAI 척도는 척도명이 구성개념을 나타낼 수 있도록 구성되어 있기 때문에 해석은 매우간단하다. 예를 들어 신체적 호소(SOM) 척도 점수가 상승되어 있다면 수검자가 신체화와 전환장애에서 나타나는 신체 기능에 대한 걱정과 신체적 문제를 호소하고 있다는 것을 의미한다.

4. 하위척도의 해석

척도 점수를 해석한 후 척도 점수의 구성요소를 이해하고 구체화시키면서 그 의미를규정하기 위해 하위척도 점수를 활용해야 한다. 하위척도는 임상적 관련성이 있는 유사한 문항들을 묶기 위해 개념적으로 구성하였다. 예를 들어 불안(ANX) 척도 점수의 상승은 임상적으로 의미 있는 불안을 나타내거나 불안장애일 가능성을 지적하는 것이다. 그러나 ANX를 구성하는 하위척도 점수를 자세히 살펴보면 척도 점수가 상승한 상이한 이유를알 수 있다. 긴장 상태에 있고 자신이 처한 상태에 대해 걱정하거나 검사 상황 자체가 두려워서 불안 점수가 상승할 수 있다. 예를 들어 긴장하고 스트레스를 경험할 때 나타나는 정서적, 신체적 징후를 의미하는 정서적 불안(ANX-C)과 생리적 불안(ANX-P) 하위척도 점수가 상승되어 있지 않고 당면한 문제에 대한 걱정을 의미하는 인지적 불안(ANX-C) 하위척도 점수만 상승되어 있다면 불안장애이기보다는 현재 자신이 처한 상태에 대해 걱정하고 있을 가능성이 높다. 그러나 ANX의 세 가지 하위척도 점수가 모두 상승되어 있다면불안장애 때문에 고통을 경험하고 있을 가능성이 높다. 이처럼 하위척도 점수의 상승을고려하면 척도 점수의 의미를 보다 구체적으로 이해할 수 있다.

5. 형태적 해석

PAI 해석의 마지막 단계는 척도와 하위척도의 점수를 임상적으로 의미 있는 방식으로 관련지어 해석하는 형태적 해석이다. 흔히 형태에 따라서 점수의 전반적 의미는 달라진다. PAI를 해석한 경험과 더불어 심리학적 이론에 대한 광범위한 지식이 있으면 척도 점수의 상승 형태를 다양하게 조합하여 효과적으로 해석할 수 있을 것이다. 가장 기본적이면서 단순한 형태는 2개의 척도 또는 하위척도 점수가 상승한 코드타입이다. 아래에서 각 척도를 설명하면서 흔히 발견되는 코드타입에 대해 설명할 것이다.

프로파일의 형태를 보다 섬세하고 의미 있게 해석하는 방식은 여러 개의 척도와 하위척도 점수를 의미 있게 관련지어 보는 것이다. 예를 들어 PAI에는 자기애성 성격장애를 직접적으로 평가하기 위한 척도는 없지만, 척도 점수를 조합하면 이 장애에서 나타나는 특징들을 파악할 수 있을 것이다. 과대성(MAN-G), 지배성(DOM), 자기중심성(ANT-E) 척도 또는 하위척도의 점수를 종합하면 자기애성 성격장애를 잠정 진단하는 데 도움이 될 수 있다. 개별적으로 보면 자기중심성(ANT-E) 하위척도는 반사회성 성격장애, 과대성(MAN-G)은 조증과 관련이 있는 척도이지만, 이러한 척도 점수를 조합하면 그 의미가 달라질 수 있다. 진단과 관련되어 있거나 다른 임상적 질문에 답하기 위해서는 프로파일에서 나타난 여러 가지 척도와 하위척도 점수의 형태를 같이 고려할 필요가 있다. 즉 PAI 척도와 하위척도는 해당 척도명이 의미하는 구성개념을 직접적으로 평가하기 위한 것이지만, 임상가는 척도 점수를 다양한 방식으로 조직화해서 해석할 필요가 있다.

타당도 척도

비일관성(ICN)

비일관성(Inconsistency, ICN) 척도는 문항의 의미가 유사한 10개의 문항 쌍으로 이루어져 있다. 이 10개의 문항 쌍은 PAI를 개발하는 과정에서 문항 간 상관에 근거해서 경험적으로 도출되었다. PAI는 4점 척도에 평정하는 방식을 취하기 때문에 예, 아니오의 응답 방식을 취하는 다른 성격검사와는 차이가 있다. 10개 문항 쌍의 점수 차이의 절대값을 합한 것이 원점수가 되는데, 원점수를 T 점수로 변환하여 정상, 중간 정도의 상승, 높게 상승 등의 세 가지로 분류하여 해석할 수 있다. ICN 척도 점수가 정상 범위인 경우($T<64$) 수검자가 일관성 있고 신중하게 반응하였다는 것을 의미한다. 중간 정도로 상승되어 있을 때($63<T<73$)는 수검자가 다소 일관성 없게 반응하였고 부주의, 인상 관리와 같은 여러 가지 요인이 작용하였을 수 있다. 이러한 경우 다른 척도의 해석적 가정을 신중하게 검토해야 한다.

높게 상승한 경우($T>72$)에는 수검자가 일관성 없게 반응한 것이다. 이는 독해력의 결함, 검사 지시에 대한 이해 부족이나 방어, 정신적 혼란 등의 다양한 원인이 작용하였을 수 있다. ICN 척도 점수가 이 범위일 경우 프로파일은 타당하지 않고 다른 척도에 대한 해석을 보류해야 한다.

저빈도(INF)

저빈도(Infrequency, INF) 척도는 모든 수검자들이 유사하게 반응하도록 고안된 8개 문항으로 이루어져 있다. 검사 문항에 대해 주의를 기울이고 의미를 잘 이해하며 정직하게 반응하였는지를 알아보기 위한 척도이다. INF 문항들은 수검자의 임상적 상태와 관계없이 한 방향으로 반응하도록 되어 있다. 즉 8개 문항 중 4개 문항은 전혀 그렇지 않다(0), 나머지 4개 문항은 매우 그렇다(3)로 반응할 것으로 기대하는 문항이다. 이 8개 문항은 검사 전반에 걸쳐서 수검자의 반응 방식의 변화가 없는지를 알아보기 위한 것으로, 40번 단위로 골고루 분포되어 있다. 예를 들어 수검자가 문항에 답하는 과정에서 피로하게 되고 무선적으로 반응하였다면 검사의 후반부에 있는 INF 문항에 대한 반응으로 파악할 수 있다. 점수가 중간 정도로 상승되어 있으면($59<T<76$) 수검자가 특이하게 반응하였다는 의미이고 해석할 때 신중해야 한다. 높게 상승하였다면($T>75$) 수검 태도에 문제가 있다는 것이고 이럴 경우 다른 척도를 해석하지 않아야 한다. Morey(1996)는 INF 척도의 상승은 정신적 혼란, 부주의, 저항 때문일 수 있고 PAI 문항에 대해 매우 특이한 방식으로 반응하였다는 것을 의미한다고 하였다. 예를 들어 "스포츠 중계 중에서 높이뛰기를 가장 즐겨 본다"는 문항이 있는데, 어떤 수검자는 실제로 스포츠 중계 방송 중에서 높이뛰기를 즐겨보지는 않지만 높이뛰기와 같은 스포츠를 보아야 한다고 생각해서 '매우 그렇다'고 반응할 수 있다. 어쨌든 이와 같이 특이하게 반응하였다면 PAI 결과를 매우 신중하게 해석해야 한다.

부정적 인상(NIM, MAL, RDF)

PAI는 수검자가 의도적으로 자기 자신을 부정적으로 나타내거나 실제로 경험하는 증상보다 더 과장해서 나타내는 정도를 평가하기 위한 여러 가지 방법을 고안해 두고 있다. 가장 직접적인 것은 부정적 인상(Negative Impression, NIM) 척도이다. NIM 척도는 수검자가 부정적인 인상을 주기 위해 왜곡하거나 매우 기이한 증상과 관련이 있는 문항들로 구성되어 있다. 중간 정도의 상승($72 < T < 84$)은 불편감과 문제를 왜곡하였고 높은 경우($83 < T < 92$)에는 도움을 요청하기 위한 목적이나 의도적으로 부정적인 방향으로 왜곡하였다는 것을 의미한다. 매우 높게 상승한 경우($T > 91$)에는 꾀병이나 부주의한 반응을 의미하고 다른 척도 점수를 해석할 때 매우 신중해야 한다.

꾀병 지표(Malingering Index, MAL)는 정신병리를 가장하는 수검자를 찾아내기 위해 형태적 접근을 취하여 개발된 것이다. 척도와 하위척도 점수를 반영한 여덟 가지 기준이 해당되느냐의 여부에 따라 점수를 부여하고 점수가 높을수록 꾀병일 가능성이 높다는 것을 지적한다. 여덟 가지 기준에는 NIM의 상승, NIM의 상승이 ICN, INF 때문에 생겼는지를 판단하기 위한 두 가지 기준(NIM—INF, NIM—ICN), 피해망상(PAR-P)의 상승이 과경계(PAR-H)와 원한(PAR-R) 때문인지를 판단하기 위한 두 가지 기준(PAR-P—PAR-H, PAR-P—PAR-R), 반사회적 행동(ANT-A)을 나타내지 않으면서 자기중심성(ANT-E) 점수가 상승되어 있는지(ANT-E—ANT-A) 등을 알아보기 기준이 포함되어 있다. MAL 점수가 2~5점 범위일 경우 꾀병일 가능성을 시사하고, 5점 이상일 경우 꾀병일 가능성이 더 높아진다. 이 지표의 민감성은 불안과 같은 가벼운 장애를 가장하였을 때보다 심한 정신병을 가장하였을 때 더 높다.

Rogers 판별 함수(Rogers Discriminant Function, RDF; Rogers, Sewell, Morey, & Ustad, 1996)는 MAL과 유사한 목적으로 개발된 것이다. RDF는 정신병리를 가장한 집단과 순수한 임상 환자를 구분하기 위해 도출된 판별 함수이다. 이 함수는 정상 표집과 환자 표집에서도 효과적이고, 정신병에 대한 사전 지식이 있는 집단과 없는 집단에서도 효과적인 것으로 밝혀지고 있다. 정신병에 대한 사전 지식이 많은 수검자들이 꾀병을 시도하였을 때에도 이 함수를 적용하면 잘 찾아낼 수 있다. 이 함수의 분할 점수는 0점인데, 0점보다 높을 경우 의도적으로 꾀병을 나타냈을 가능성이 높고 0점보다 낮으면 부정적 자기제시를 하지 않았다는 것을 의미한다.

긍정적 인상(PIM, DEF, CDF, ALC Est, DRG Est)

PAI는 방어적이거나 긍정적 인상 관리를 찾아내기 위한 여러 가지 방법을 포함하고 있다. 이 중 2개는 알코올과 약물 사용을 과소보고하였을 가능성을 찾아내기 위한 것이다. 가장 직접적인 것은 긍정적 인상(Positive Impression, PIM) 척도이다. PIM 문항은 자기 자신을 좋게 나타내고 사소한 약점도 부인하는 내용으로 구성되어 있다. 이 척도는 해석하기 어려울 수 있는데, 그 이유는 많은 사람들이 정직하게 답하는데도 불구하고 긍정적인 심리적 기능을 과대보고하는 것으로 해석될 소지가 있기 때문이다. 따라서 PIM은 PAI의 다른 척도 점수를 더 해석할지를 결정하는 수단으로 사용할 것이 아니라 인상 시도에 대한 정보로 활용해야 한다. 중간 정도의 상승($56 < T < 68$)은 수검자가 전반적으로 자신을 호의적으로 나타내고 사람이면 누구나 가질 수 있는 사소한 결점도 부인하였다는 것을 지적하는 것이다. 이 점수 범위이면 긍정적인 평가 결과와 같은 이차적 이득을 얻거나 어떤 누군가에게도 자신의 불완전성이나 문제를 나타내지 않기 위해 수검자 자신이 경험하는 문제를 의도적으로 부인하였다는 것을 의미한다. 높게 상승되어 있으면($T > 67$) 거의 대부분의 사람들이 쉽게 인정하는 문제도 없다고 부인하였다는 것을 시사한다. 이 점수 범위이면 수검자가 자신을 매우 긍정적으로 나타내었고 검사 전반에 걸쳐 과소보고하였다는 것을 감안하여 다른 척도 점수들을 해석해야 한다.

방어 지표(Defensiveness Index, DEF)는 정상인과 임상환자들에게 자신을 긍정적으로 나타내라고 지시해서 수집한 프로파일의 형태적 특징을 고려해서 만든 지표이다. MAL과 마찬가지로 여덟 가지 기준이 해당되는지의 여부를 점수화하는데, 점수가 높을수록 방어적 반응을 하였다는 것을 의미한다. 이 지표에는 PIM이 포함되어 있고, 그 외에도 반사회적 행동(ANT-A)이 동반되지 않은 자기중심성(ANT-E), 감각 추구(ANT-S) 및 강박 증상(ARD-O, ANT-E—ANT-A; ANT-S—ANT-A; ARD-O—ANT-A), 초조성(MAN-I)이 동반되지 않은 과대성이 있으면서 도움을 요청하는 것과 관련 있는 기준(MAN-G -MAN-I), 치료 거부(RXR) 정도가 높은 기준 등이 포함되어 있다. 방어와 긍정적 인상 관리는 상이한 개념이고 측정과 해석이 쉽지 않기 때문에 DEF의 해석도 다소 복잡하다. DEF가 상승된 경우(원점수 > 5; $T > 69$)는 수검자가 검사에 대해 확연히 의도적으로 방어하였다는 것을 의미한다. 그러나 원점수가 6점 미만, T 점수가 70점 미만일 경우라고 하더라도 방어를 하지 않았고 정직하였다고는 볼 수 없다. 왜냐하면 전문적 지식을 가지고 교묘하게 방어한 경우 DEF 점수가 상승되지 않기 때문이다. 그러나 점수가 높이 상승되어 있다면 수검자가 자신을 방어하였고 전적으로 긍정적인 방식으로 반응하였다는 것을 고려하여 다른 척도 점수들을 해석해야 한다.

Cashel 판별 함수(Cashel Discriminant Function, CDF; Cashel, Rogers, Sewell, & Martin-Cannici, 1995)는 RDF를 만든 방식과 유사한 방식을 적용하여 방어 반응을 찾아내기 위한 지표이다. 방어적으로 반응한 사람과 정직하게 반응한 사람을 찾아내기 위해 6개의 점수를 사용해서 산출하는데, RDF와 마찬가지로 CDF는 정상인과 환자 표본에서 방어 반응을 판별해 내는 데 효과적이다. 중간 정도의 상승($144 <$ 원점수 < 168; $54 < T < 70$)은 어느 정도 호의적 반응을 시도하였다는 것이고, 높게 상승되어 있으면(원점수 > 167; $T > 69$) 수검자가 자신의 현재 기능을 있는 그대로 보고했다기보다는 자신이 원하는 방향으로 나타내었다는 것을 시사한다.

PAI에서 알코올과 약물 척도의 문항들은 문항 내용이 직접적이고 상대적으로 알코올과 약물 사용에 대해 방어적 반응을 하는 빈도가 높기 때문에 몇 가지 척도와 하위척도 점수를 사용해서 추정한다. 알코올 사용 추정치(ALC Est)와 약물 사용 추정치(DRG Est)는 가중치를 부여하고 계산하는 방식은 다르지만 물질 사용과 매우 밀접한 관련이 있는 것으로 밝혀진 동일한 5개 척도를 사용한다. 자기손상 행동(BOR-S), 반사회적 행동(ANT-A), 자기중심성(ANT-E), 감각 추구(ANT-S), 신체적 공격(AGG-P)이다. ALC, DRG 척도의 T 점수와 ALC Est, DRG Est 점수 간에 상당한 차이가 있을 때는 주의 깊게 해석해야 한다. ALC Est T 점수가 ALC 척도 점수보다 10점 이상일 경우 수검자가 알코올 사용 문제를 부인하거나 방어하고 있을 수 있다. 마찬가지로 DRG Est T 점수가 DRG 척도 점수보다 10점 이상일 경우 수검자가 약물 사용 문제를 부인하거나 방어하고 있을 수 있다. 이러한 점수 차이에 근거해서 단정적으로 결론을 내릴 수는 없지만, 점수 차이가 현저하게 나면 수검자의 주변인물에게 물어보거나 이와 더불어 알코올과 약물 사용 및 의존을 할 때 나타나는 증상이나 징후에 대한 정보를 수집하여 추가적인 평가를 할 필요가 있다.

임상 척도

신체적 호소(SOM)

신체적 호소(Somatic Complaints, SOM) 척도는 신체적 건강 문제에 대한 걱정과 심리적 반응에 초점을 두고 있다. 세 가지 하위척도는 신체화 장애와 다른 신체형 장애를 감별 진단하는 데 도움이 된다. SOM이 약간 상승되어 있으면 신체적 건강이 주된 관심거리라는 것을 의미한다. 또한 이 척도는 개인이 자신의 신체나 건강에 대해 어떻게 지각하고 있는지를 포함하고 있다. 중간 정도의 상승($59 < T < 70$)은 신체나 건강에 대한 관심을 지적하는 것이고 실제적으로 신체적 문제를 경험하고 있는 노인들이 나타내는 범위이다. 높게 상승되면($T > 69$) 자신의 건강이 나쁘고 설명하거나 치료하기 어려운 복잡한 의학적 문제를 가지고 있다고 지각하고 있다는 것을 의미한다. 극단적으로 높게 상승되어 있으면($T > 86$) 건강 문제에 대해 집착하고 있고 그러한 걱정이 일상생활 전반에 만연되어 있다는 것을 지적하는 것이다. 이러한 사람들은 의학적 문제가 있기 때문에 피로하고 원활한 기능을 수행할 수 없다고 호소하며 신체적 질병이나 환자 역할을 하기 때문에 자기상이 현저하게 변화될 수 있다.

전환(Conversion, SOM-C) 하위척도는 전환장애에서 흔히 나타나는 비일상적인 감각, 지각 및 운동 문제에 초점을 두고 있다. 여기에는 시각, 청각과 관련이 있는 감각 둔화, 마비와 같은 문제가 포함되어 있다. 이 하위척도에 포함되어 있는 증상들은 일반 집단에서는 흔히 나타나지 않고, 척도 점수가 상승하였다고 해서 반드시 전환장애를 시사하는 것은 아니다. 따라서 이 하위척도 점수를 해석할 때는 전환장애에서 포함하고 있는 증상을 나타내게 하는 의학적(특히 신경학적) 질환의 유무뿐만 아니라 다른 임상 척도 점수들을 고려해서 해석해야 한다. SOM-C의 상승($T > 69$)은 이러한 신경학적, 유사신경학적 또는 근육골격계의 증상을 적어도 한 가지 이상을 나타내고 그러한 증상이 일상생활에 영향을 주고 있다는 것을 지적하는 것이다. 극단적인 상승($T > 94$)은 신체 망상의 가능성을 시사하는 것이며 이를 염두에 두고 평가해야 한다.

신체화(Somatization, SOM-S) 하위척도는 SOM-C와는 달리 두통, 피로, 위장 문제와 같은 다소 모호하고 전반적인 신체적 호소에 초점을 두고 있다. SOM-S가 상승($T > 69$)되어 있으면 일상생활 전반에서 광범위한 신체적 문제를 호소하고 이러한 문제 때문에 걱정하고 있다는 것을 지적하는 것이다. 이러한 수검자들은 자신의 건강과 상태에 대해 불만족스럽게 여길 뿐만 아니라 자신이 경험하는 신체적 문제를 치료하기 어렵다고 생각하는 경향이 있다. 흔히 자신의 신체적 문제를 지칠 정도로 다른 사람과 이야기할 수 있다.

건강염려(Health Concerns, SOM-H)는 신체 건강에 대한 관심과 걱정에 초점을 두고 있다. 이 하위척도 점수는 개인이 지각한 신체 건강의 손상 정도가 아니라 건강 문제에 대해 얼마나 많은 생각을 하고 있는지를 지적한다. SOM-H가 상승($T > 69$)된 사람은 자신이 주변의 다른 사람들보다 건강하지 않고 건강 문제가 복잡하고 치료하기 어렵다고 생각하며 건강 문제를 치료하는 데 많은 에너지를 소비한다. 이러한 사람들은 자신의 건강 문제에 집착하고 건강 문제에 대한 집착이 정체감의 일부로 형성되어 있을 수 있다. 실제로 건강 문제가 있어서 SOM-H 점수를 상승시킬 수는 있지만, 현저하게 상승되어 있을 경우 건강염려증적 관심을 고려하여 탐색해야 한다.

자주 나타나는 코드타입

SOM 척도와 같이 자주 상승되어 나타나는 척도는 불안(ANX), 우울(DEP), 알코올 문제(ALC) 척도이다. SOM과 더불어 ANX, DEP 척도가 같이 상승되어 있으면, 이러한 패턴은 개인이 최근 들어 자신의 신체 기능과 관련해서 심한 스트레스를 경험하고 있다는 것을 지적한다. 신체적 문제가 일상생활 기능에 부정적 영향을 주고 있지만, 손상 정도는 긴장과 불안(ANX), 불행하고 의욕이 없는(DEP) 정도에 따라 다를 수 있다. 흔히 이 세 가지 척도(SOM, ANX, DEP)가 동시에 상승되어 있으면 주로 신체적 기능에 초점을 둔 여러 가지 스트레스를 심하게 경험하고 있다는 것을 의미한다. 그리고 SOM과 ALC 척도가 상승되어 있는 경우에는 신체에 대한 불편감이 알코올 사용, 특히 음주로 인한 심한 부작용과 관련이 있을 수 있다. 신체적 문제에 대한 호소와 음주는 악순환 과정을 밟는데, 흔히 신체적 문제에 대처하는 한 가지 방식으로 술을 마시는 경우가 있기 때문이다. 이외에도 부정적 정서를 현저하게 느끼지 않으면서 알코올 문제를 나타내거나 정서적 불편감에 대처하기 위해서 음주를 하는 경우가 있는데, 이때에도 신체적 문제에 대해 스트레스를 경험하고 일상생활의 여러 가지 문제에 대처하기 위하여 술을 마시는 경우가 나타난다.

치료적 함의

SOM이 상승된 경우 두 가지 가능성이 있다. 불안을 유발시키는 실제적인 신체적, 의학적 문제가 있고 그것이 주된 관심거리일 가능성과 스트레스를 신체에 대한 걱정으로 나타낼 가능성이다. 전자의 경우 실제적인 의학적 문제와 관련이 있는 신체적 기능에 대해 집착하고 있고 신체 기능이 더 악화되지 않도록 치료받고 싶다는 욕구를 표현하는 것이다. 이 경우에 신체 기능에 대한 과도한 집착과 걱정이 의학적 문제를 악화시킬 가능성은 낮다. 후자의 경우에는 개인이 경험하는 스트레스를 심리적, 정서적 증상보다는 신체적 증상으로 나타내는 것을 의미한다. 이러한 경우 수검자는 신체 기능에 대한 걱정이 심리적 요인 때문이라는 것을 이해하기 어렵고, 전반적으로 자신의 문제를 정서적으로 이해하고 심리적으로 파악하려는 능력이 부족할 수 있다. 이러한 수검자들은 여러 명의 의사들에게서 진찰을 받은 후에 마지막으로 정신건강 전문가를 찾아오는 경우가 흔한데, 이럴 경우 치료 동맹을 형성하기가 매우 어렵다. 왜냐하면 SOM이 상승된 수검자들은 의심이 많고 냉소적이기 때문에 경험하는 신체 증상이 심리적 요인의 결과라는 것을 지적하는 치료자들을 무시하는 경우가 많기 때문이다. 따라서 SOM이 상승된 사람들에 대해서는 치료 초기에 통찰 지향적인 치료보다 이완훈련과 같은 방법을 가르치면서 관계를 형성하는 데 초점을 두어야 한다.

불안(ANX)

불안(Anxiety, ANX) 척도는 전반적으로 불안과 관련이 있는 걱정, 긴장 및 부정적인 정동에 초점을 두고 있다. ANX 척도는 불안장애와 관련이 있는 구체적인 행동[이는 불안 관련 장애(Anxiety-Related Disorder, ARD)에서 다루고 있음]보다는 개인이 걱정하고 불안해 하는 증상에 초점을 두고 있다. 즉 ANX 척도의 상승은 불안장애일 가능성을 시사하는 것이지만, 불안이 핵심적인 역할을 하는 우울 진단과도 관련이 있을 수 있다. 중간 정도의 상승($59 < T < 70$)은 상황적 요인과 관련이 있는 스트레스를 지적하는 것이다. 이러한 범위일 경우 임상가는 수검자의 현재 상황과 수검자가 경험하는 스트레스와 긴장이 현실적이고 정상적인 범위의 반응인지를 평가해야 한다. 높게 상승($T > 69$)되어 있는 경우에는 불안과 긴장이 일상적인 기능에 영향을 미치고 있을 가능성이 높다. 이 정도로 상승되어 있을 경우에는 대부분의 시간 동안 걱정을 하고 긴장되어 있으며, 경험하는 불안 영역을 구체화시키기 위해서 하위척도 점수를 고려해야 한다. 극단적인 상승($T>89$)일 경우 불안이 개인의 기능을 손상시키고 있고 걱정, 반추, 긴장 때문에 여러 가지 의미 있는 과제를 수행하는 능력이 저하될 수 있다. 이럴 경우 일반화된 불안장애를 의심할 수 있다.

인지적 불안(Cognitive Anxiety, ANX-C) 하위척도는 잠재적으로 위험을 주는 부정적인 일이나 위험에 대해 걱정하고 반추하는 것과 같은 인지적 요소에 초점을 두고 있다. ANX-C>69일 경우 개인이 처한 현재 상황에 대해 과도하게 걱정하고 있고 이를 통제하기 어려울 수 있다. 이러한 걱정을 반복하게 됨에 따라 주의력과 집중력이 손상될 수 있다. 그리고 반복적인 걱정은 개인의 논리적이고 합리적인 사고를 방해할 수 있다.

정서적 불안(Affective Anxiety, ANX-A) 하위척도는 전반적으로 긴장, 신경과민, 두려움에 초점을 두고 있다. 이러한 정서적 요인은 상황적이라기보다는 지속적인 성향적 특성일 수 있다. ANX-A>69일 경우 심한 스트레스와 걱정을 처리하지 못하여 이완하기 어려울 수 있다. 다른 두 하위척도는 상승하지 않고 ANX-A만 상승되어 나타날 경우 일반화된 불안장애와 관련이 있는 유동적이고 장기적으로 지속되는 성향적인 불안과 관련이 있을 가능성이 높다. 다른 척도, 하위척도와 마찬가지로 ANX-A 하위척도도 개인의 일상생활과 환경이라는 맥락 내에서 불안이 현재 처한 상황에 대한 정상적이고 기대되는 범위의 반응인지를 고려해서 해석해야 한다.

생리적 불안(Physiological Anxiety, ANX-P) 하위척도는 숨이 가빠지거나 심장 박동이 빨라지거나 땀이 나고 현기증이 나는 등의 불안의 신체생리적 증상에 초점을 두고 있다. 이러한 증상은 ANX-C와 ANX-A가 낮을 경우 불안과 관련이 없을 수 있으나, 불안할 때 나타나는 생리적 증상들과 같이 나타나는 경향이 있다. ANX-P>70인 경우 앞에서 열거한 신체적 증상을 나타낼 뿐만 아니라 신체적 불편감 또는 신체적 증상을 같이 경험할 가능성이 높다. 이 정도로 상승되어 있을 경우 SOM과 다른 하위척도 점수를 같이 고려해서 해석해야 한다.

자주 나타나는 코드타입

불안(ANX) 척도와 동반되어 상승하는 척도로는 불안 관련 장애(ARD), 신체적 호소(SOM), 우울(DEP), 알코올 문제(ALC), 약물 문제(DRG) 척도이다. 증상으로서의 불안은 여러 가지 정신병리적 문제에서 광범위하게 나타나기 때문에, ANX 척도가 측정하는 불안은 다른 척도 점수와 같이 상승되어 나타나는 경우가 많다. ANX와 ARD 척도가 동반 상승되어 있다면 구체적 불안장애의 진단 기준을 만족시킬 가능성이 높다. 이 경우 ARD의 하위척도 점수를 살펴보면 불안의 성질을 구체적으로 이해할 수 있고, ANX 척도 점수를 같이 고려하면 불안이 개인의 일상생활과 기능 수행에 어느 정도 침투해 있는지를 파악하는 데 도움이 된다. ANX와 DEP 척도가 동반 상승되어 있으면 기분이 울적하고 불행할 수 있고 자신의 정신과 정서 상태에 대한 변화의 필요성을 인식할 수 있다. 불안과 우울은 공존되어 나타나는 경우가 매우 흔하기 때문에 ANX와 관련이 있는 막연한 불안과 DEP에서 지적하는 슬픔, 울적함, 낮은 자존감, 회의주의가 동시에 나타날 가능성이 높다. ANX가 ALC 또는 DRG와 함께 상승될 때는 여러 가지 상이한 기제가 동시에 작용할 가능성이 높다. 알코올과 약물 사용은 불안과 관련이 있는 긴장을 완화시키는 역할을 할 수 있다. 반대로 알코올이나 약물 사용에 대해 죄책감을 느끼고 불안해 할 수도 있다. 알코올과 약물은 불안한 사람들이 경험하는 걱정과 신경증적 경향을 증가시키는 역할을 하고, 그로 인해 대인관계나 직업 수행에 어려움이 초래될 수 있다. 그리고 이러한 고리는 악순환 과정을 밟을 수 있다. 불안과 약물 물질 남용과의 관계는 매우 복잡하고 의미가 있으며, ANX 척도가 ALC 또는 DRG 척도와 동반되어 상승되어 있다면 추가적인 평가가 필요하다.

치료적 함의

현재 스트레스가 심하면서 ANX 척도 점수가 높은 사람들은 자신의 기능을 변화시키고자 하는 치료적 동기가 높을 수 있다. ANX 척도가 상승되어 있는 대부분의 사람들은 불안이 높고 전반적으로 만연해 있기 때문에 도움을 요청할 것이다. 이러할 때는 하위척도 점수를 고려하여 어떤 치료법이 효과적일지를 결정할 수 있다. 예를 들어 ANX-C 하위척도가 높을 경우 불안과 관련이 있는 인지를 변화시키고 재구조화하기 위한 인지치료가 적합할 수 있다. ANX-P가 상승되어 있으면 복식호흡, 바이오피드백과 같은 심리생리적 개입 방법이 효과적이고 즉각적인 효과를 나타낼 수 있다. ANX-P와 ANX-A 하위척도가 같이 상승되어 있으면 의학적 치료가 필요할 수 있다.

불안 관련 장애(ARD)

불안 관련 장애(Anxiety-Related Disorders, ARD) 척도는 불안장애 전반에서 나타나는 광범위하고 일반적인 불안 경험에 초점을 두고 있는 ANX 척도와는 달리 세 가지 상이한 불안장애의 행동 증상에 초점을 두고 있다. ARD 척도 점수가 상승할 경우 불안장애에서 나타나는 행동적 표현이 있을 수는 있지만 세 가지 하위척도 점수의 형태를 구체적으로 살펴보는 것이 더 중요하다. 다른 임상 척도와는 달리 ARD 척도 점수는 그 자체로는 구체적인 진단을 가정하기 어려운데, 왜냐하면 세 가지 하위척도가 매우 독특하고 분명한 불안장애에 초점을 두고 있기 때문이다. Morey(2007)는 이 척도의 해석 기준을 제시하면서 ARD 척도를 해석할 때는 반드시 하위척도 점수를 고려해야 한다고 기술하였다.

강박장애(Obsessive-Compulsive, ARD-O) 하위척도는 강박장애에서 나타나는 반추적 두려움과 의례적 행동과 같은 행동과 사고상의 특징과 완벽주의, 매우 세밀한 것에 관심을 두는 경향과 같은 강박적 성격장애와 관련이 있는 인지적 양식과 행동에 초점을 두고 있다. 이 하위척도의 점수는 이러한 증상적 특징뿐만 아니라 사고의 경직성, 제한된 정서, 제한적이고 규칙에 얽매인 신념과 같은 증상 때문에도 상승할 수 있다. ARD-O > 54인 경우 불안해서 순서를 지키고 통제하려는 노력을 나타낼 수 있다. 그러한 노력이 일상생활에 어느 정도 만연되어 있는지는 이 하위척도의 점수 범위에 따라 다를 수 있는데, 임상 장면에서 중간 정도의 상승(54 < T < 66)은 경직성과 반추, 높은 상승(64 < T < 75)은 정상적인 기능을 손상시킬 정도의 경직성과 타협을 이루지 못한 개인적인 행동, 매우 높은 상승(T > 74)은 사고의 경직성과 반추가 강박 사고나 강박 형태로 나타나고 있다는 것을 의미한다. 이 하위척도의 점수가 높을수록 경직된 반추적인 사고가 개인의 일상생활 전반에 침투해 있을 가능성이 높다.

공포증(Phobias, ARD-P) 하위척도는 구체적 공포증에서 나타나는 것처럼 일상적인 상황이나 맥락에 대한 지나친 공포 반응에 초점을 두고 있다. 그 대상은 높은 곳, 사회적 상황, 공공 수송수단, 폐쇄된 공간, 구체적인 대상일 수 있다. 의미 있게 상승(T > 69)되어 있을 경우 앞서 언급한 상황이나 대상에 대한 구체적인 공포뿐만 아니라 자신이 처한 환경에서 이러한 대상에 대하여 과잉 경계하고 회피하는 경향을 지적한다. ARD-P 척도 점수가 높은 경우 공포증이 일상생활과 기능 수행에 영향을 주고 있다는 것을 시사한다. 이 하위척도는 점수가 의미 있게 낮을 때도 해석적 가치가 있는데, ARD-P < 36인 경우 일반적으로 공포를 느끼는 상황에 대해서조차도 공포를 느끼지 않기 때문에 무모하고 위험한 행동으로 나타날 수 있다는 것을 시사한다.

외상적 스트레스(Traumatic Stress, ARD-T) 하위척도는 개인에게 어떤 식으로 영향을 준 외상적 사건이나 스트레스인에 대한 경험에 초점을 두고 있다. 이 하위척도와 다른 척도 점수를 관련지으면 외상후 스트레스장애를 평가할 수 있겠지만, 이 하위척도는 외상후 스트레스장애를 직접적으로 평가하기 위한 것은 아니다. 중간 정도의 상승($64 < T < 76$)은 과거에 심각한 외상적 사건이 있었고 그러한 사건에 대한 경험이 개인을 변화시키고 현재까지 지속되고 있다는 것을 의미한다. 이러한 범위의 사람들은 과거의 외상적 사건에 대한 반복적 생각 이외에도 악몽, 급작스러운 심한 불안을 보고한다. 점수가 높은 경우($T > 75$), 매우 현저하게 상승한 경우($T > 89$)에는 외상적 사건과 그로 인한 영향이 현재까지 지속되고 있고 개인의 일상생활에서 주된 문제가 될 수 있다. 이 범위 정도로 상승되어 있을 경우 외상후 스트레스로 진단될 가능성이 증가하므로, 임상가는 외상적 사건을 탐색하여 구체화시킬 필요가 있다.

자주 나타나는 코드타입

ARD 척도는 ANX 척도와 같이 많이 동반 상승되어 나타나지만, 우울(DEP), 경계선적 특징(BOR)과도 같이 상승되어 나타나는 경우가 많다. DEP와 동반 상승된 경우 개인은 심각한 스트레스를 경험하고 문제라고 인식하고 있으며, 에너지 수준이 낮고 무망감, 낮은 자존감 때문에 일상생활 기능이 방해를 받고 도움을 수용할 수 있다. 이 경우 주관적인 스트레스 수준이 높음에도 불구하고 치료에 참여하지 않을 수도 있다. ARD와 BOR이 같이 상승된 경우에는 과거와 현재의 스트레스가 영향을 주어서 대인관계와 정서 패턴이 고통스럽고 혼란스럽다는 것을 지적하는 것이다. 분노와 원한이 나타나고 ARD-T가 같이 상승되어 있으면 외상적 스트레스가 문제시되고 스트레스를 주는 대인관계 양식이 발달되어 지속될 수 있다. 이러한 사람들은 긴장되어 있고 주변 사람들이 자신을 실망시키거나 잘못 대하거나 학대할 가능성을 염두에 두고 지속적으로 과잉 경계할 수 있다. 그리고 버림받는 것에 대한 두려움이 지속된다.

치료적 함의

ARD 척도가 높을 경우 하위척도의 형태를 고려해서 치료적 접근을 취해야 한다. ANX와 마찬가지로 전체 척도 점수는 치료 동기, 즉 척도 점수가 상승할수록 평가받는 것에 대하여 더 불편하다는 것을 지적하는 것이다. 각각의 하위척도가 의미하는 세 가지 장애와 일치하는 증상을 어느 정도 나타내느냐에 따라 치료가 달라질 수 있다. 예를 들어 강박장애(ARD-O) 척도 점수가 높을 경우 구조화된 인지적, 행동적 치료가 적합할 수 있다. 구체적 공포증(ARD-P), 외상적 스트레스(ARD-T)가 상승되어 있을 경우에는 홍수법과 같은 행동치료적 개입이 효과적일 수 있다. 외상적 스트레스(ARD-T) 하위척도가 높을 경우에는 외상적 스트레스의 성질에 따라서 상이한 결과가 나타날 수 있다. 즉 외상적 스트레스의 성질이 자연재해나 폭력적 범죄라면 급성 스트레스장애, 외상후 스트레스장애, 적응장애로 진단될 수 있고, 외상이 의미 있는 관계와 관련이 있다면 경계성 성격장애에서 나타나는 것과 같은 대인관계 문제나 성격의 병리를 나타낼 수 있다. 이처럼 외상적 스트레스의 성질에 따라 결과가 달리 나타나기 때문에 치료법도 달라져야 한다. 왜냐하면 성격이 병적일 경우 치료 관계에서 상당한 저항이 나타날 수 있기 때문이다.

우울(DEP)

우울(Depression, DEP) 척도는 우울 증후군의 주된 구성요소에 초점을 두고 있고 인지적, 정서적, 생리적 징후를 측정하기 위한 하위척도를 포함하고 있다. 특히 무력감과 회의감, 슬픈 감정, 에너지와 동기의 저하 등을 포함하고 있다. 중간 정도의 상승($59 < T < 70$)은 자기 자신에 대한 회의감과 같은 우울 증상이 있다는 것을 지적하는 것이다. 이 수준일 경우 임상가는 일상생활에서 수검자가 경험하는 부정적 감정 경험에 현실적이고 논리적인 이유가 있는지를 알아보아야 한다. 왜냐하면 가끔 이 점수 범위는 부정적인 상황에 대한 자연스럽고 현실적인 반응 때문일 수도 있기 때문이다. 의미 있게 상승($T > 69$)되어 있으면 슬픔, 불쾌감, 긍정적인 결과는 운에 귀인하고 부정적인 결과는 개인의 단점 때문에 생기는 결과로 귀인하는 것과 같은 부정적 인지적 귀인을 지적하는 것이다. 매우 상승되어 있으면($T > 79$, 특히 $T > 94$) 현재 주요우울 삽화를 경험하고 있을 가능성이 높다. 이럴 경우 무력감, 무망감, 무가치감을 느낄 수 있다. 불쾌감이 만연되어 있고 정상적인 기능이 저하된다. 그리고 수면과 식욕의 변화, 낮은 에너지, 정신운동 지체를 포함하는 우울증의 생장 증상을 나타낸다.

인지적 우울(Cognitive Depression, DEP-C) 하위척도는 개인이 무가치하고 무력하며 전반적으로 부적절하다고 생각하는 인지적 요소에 초점을 두고 있다. DEP-C > 69인 경우 여러 가지 일상생활의 요구에 적절히 대처하지 못하고 스트레스인에 대해 무력하다고 느끼는 것을 의미한다. 성공을 운, 외적인 힘 또는 일시적인 요인에 귀인하고, 실패하면 자신의 부적절함 때문이거나 결점 때문이라고 생각한다. DEP-C는 자신에 대한 평가를 의미하는 자존감, 일상생활에서 어떤 변화나 결과를 가져올 수 있다는 신념인 자기효능감과 밀접한 관련이 있다. DEP-C가 높을 경우 일상생활 전반에 비관주의가 만연되어 있을 수 있다.

정서적 우울(Affective Depression, DEP-A) 하위척도는 전반적 불편감, 불쾌감, 슬픔에 초점을 두고 있다. 이 하위척도는 일상생활 만족도와 강한 부적 상관이 있다. 이는 자신이 현재 처한 상황을 변화시키고자 하는 욕구 또는 대처 전략의 지표이다. DEP-A >69인 경우 현재 심한 불편감을 느끼고 기분 변화가 심하며 슬프고 일상생활에서 쾌감을 느끼지 못하는 것을 의미하는 무쾌감을 나타낸다. 이럴 경우 이전에 관심을 두었던 활동에 대해서도 흥미를 상실하게 된다. DEP-A 하위척도 점수는 전반적 불쾌감이 일상생활에서 기능하는 능력을 방해하고 있는 정도를 반영한다. 다른 척도, 하위척도를 해석할 때와 마찬가지로 DEP-A 하위척도 점수를 해석할 때도 개인이 처한 상황을 고려해서 해석해야 한다. 왜냐하면 기분이 저하되고 우울한 데는 필연적인 이유가 있을 수 있기 때문이다.

생리적 우울(Physiological Depression, DEP-P) 하위척도는 식욕이나 체중의 변화, 수면 패턴의 변화, 동기, 흥미 및 에너지 수준의 감소와 같은 우울증의 생장 징후나 신체적 증상에 초점을 두고 있다. DEP-P >69이면 위에서 열거한 생장 징후뿐만 아니라 정신운동 지연, 리비도의 감소 및 전반적인 불편감을 보고한다. Morey(2007)는 DEP-P가 측정하는 증상은 항우울제 약물치료 연구에서 흔히 다루는 표적 증상이고 약물치료가 필요한지를 판단할 때 고려하는 하위척도 점수 중 하나라고 기술하고 있다.

자주 나타나는 코드타입

우울증, 특히 우울증과 관련이 있는 징후와 증상들은 다른 종류의 심리적 문제와 공존되어 나타나는 경우가 흔하다. DEP와 가장 흔히 동반 상승되어 나타나는 척도는 불안(ANX), 불안 관련 장애(ARD), 조현병(SCZ), 경계선적 특징(BOR), 알코올(ALC)과 약물(DRG) 문제 척도이다. DEP—SCZ 척도가 상승되어 있으면 슬픔, 전반적 불편감과 더불어 사고와 사고 과정의 현저한 문제를 나타낸다. 이러한 문제가 대인관계와 직업 장면뿐만 아니라 주의와 집중력에 부정적 영향을 줄 뿐만 아니라 큰 스트레스가 된다. 사고 문제와 더불어 무력감, 무망감 및 판단력의 문제는 자기 자신을 손상시키는 행동을 할 위험성을 증가시킬 수 있다. DEP—BOR이 상승된 경우 슬프고 기분 변화가 심하며 다른 사람에 대해 실망하고 환멸을 느끼며 거부되거나 버림받을 것을 두려워하고 있다는 것을 지적한다. 대인관계 문제가 반복되어 주변 세상과 다른 사람에 대해 더 회의적이게 되고 희망을 느끼지 못하게 될 가능성이 높고, 모든 사람들이 자신을 실망시키거나 버릴 것이라는 것에 대해 집착하는 사고를 나타낸다. 매우 심할 때는 치료자가 자신을 도와줄 수 있을 것이라고 믿지 못하게 되고, 결국에는 다른 사람과 마찬가지로 도움이 되지 않은 또 다른 애착 대상이 될 수 있다.

DEP 척도가 ALC 또는 DRG 척도와 상승되어 있으면 불행하고 회의적이며 자포자기한 상태일 수 있다. 물질 남용과 우울의 관계는 매우 복잡하고 의미가 있는데, 관계에서의 방향성을 구별하기는 쉽지 않다. 우울한 사람의 사고와 감정에 핵심적으로 자리잡고 있는 아픔과 불쾌감에서 벗어나기 위하여 약물을 남용하게 된다. 이와는 반대로 물질 남용이 사회적, 대인관계 문제나 어려움을 초래해서 우울을 강화시키기도 한다. 이외에도 초기의 외상이나 초기의 혼란스러운 가족 관계와 같은 요인들이 우울과 물질 남용에 동시에 영향을 준다. 문제의 초기에는 선후 관계가 나타날 수 있으나 문제가 커질수록 그러한 관계가 점점 심해지고 악순환을 밟게 된다. DEP와 ALC 또는 DRG 척도가 상승되어 있는 경우 치료에 대한 참여가 어려울 수 있다. 현재 알코올이나 약물을 사용하고 있다면, 개인이 불편감을 경험하고 여러 가지 문제가 있다는 것을 알더라도 치료에 참여시키는 것이 쉽지 않다. 이러한 사람들은 자신이 치료될 것이라는 희망도 낮다. 이러한 척도의 상승과 더불어 BOR, 자살 사고(Suicide Ideation, SUI) 척도가 동반 상승되어 있다면 철저하게 평가해야 한다.

치료적 함의

우울증은 정신병리학 분야에서 매우 광범위하게 연구된 분야 중 하나이고 여러 가지 치료유형에 대해 반응적인 것으로 밝혀지고 있다. 전반적 불편감 지표와 마찬가지로, 개인의 일상생활 전반에서 무동기와 무관심이 현저하지 않다면 DEP는 변화 욕구와 치료 동기의 지표이다. ANX와 마찬가지로 하위척도의 점수를 고려해야만 어떤 유형의 치료가 유용할지를 결정하는 데 도움이 된다. DEP-C의 상승은 인지적 기법, DEP-P의 상승은 정신약물학적 개입이 유용하다는 것을 시사한다. 일반적으로 DEP가 상승되어 있을 경우 구체적인 치료법과 더불어 치료 관계 수립이 매우 중요하다.

조증(MAN)

조증(Mania, MAN) 척도는 조증 삽화와 경조증에서 나타나는 전형적인 특징에 초점을 두고 있다. 주로 고양된 기분, 확대(expansiveness), 과대성(grandiosity), 활동 수준의 증가, 초조성(irritability)을 포함하고 있다. 조증과 경조증 증상은 임상 표본에서도 기저율이 낮기 때문에 척도 점수의 상승 기준치(threshold)는 PAI의 다른 척도들보다 다소 낮다. 중간 정도의 상승($54 < T < 65$)은 매우 활동적이고 활달하며 자신감이 있고 때로는 참을성이 없으며 주장적이고 공격적일 수 있다는 것을 지적한다. 높게 상승된 경우($T > 64$)에는 초조성, 과대성 및 증가된 기분 변화와 관련이 있다. 이러한 점수 범위인 사람들은 안절부절못하고 의사결정과 행동이 무모할 수 있다. 매우 높게 상승된 경우($T > 74$)에는 조증 또는 경조증 삽화를 경험하고 있을 가능성이 높다. 이러한 사람들은 파괴적일 정도로 매우 충동적이고, 욕구 좌절에 대한 참을성이 낮으며, 추후 평가가 필요할 정도의 망상적 수준의 과대성을 나타내고, 일상적인 활동에서 지나치게 생기가 넘칠 수 있다. 이처럼 현저하게 상승된 경우 흔히 개인의 대인관계 기능은 과대성, 초조성, 사고 질주 때문에 손상된다.

활동 수준(Activity Level, MAN-A) 하위척도는 사고(사고의 비약을 포함)와 행동(정신운동 초조를 포함)의 속도와 양의 증가에 초점을 두고 있다. MAN-A가 상승($T > 64$)한 경우 사고와 행동이 현저하게 가속화되고 여러 가지 활동에 참여하지만 체계적이지 못하고 혼란스러운 것이 특징이다. 에너지 수준이 높은 나머지 과제에 초점을 두고 완성하기 어렵고 흔히 주의를 집중하고 지속하는 능력이 손상된다. 현저하게 상승($T > 74$)되면 타인에게도 혼란스러울 정도의 활동 수준을 나타낸다. 일련의 사고를 따라가기 어렵고 현재 조증 상태일 가능성이 높다. 점수가 낮을 경우($T < 30$)에는 힘이 없고 무감동하며 무관심하고 우울 삽화를 경험하고 있을 가능성이 높다.

과대성(Grandiosity, MAN-G) 하위척도는 개인이 모든 일상생활의 과제를 잘 수행한다고 생각하는 것에서부터 자신에게 매우 특별하고 독특한 능력과 기술이 있다는 믿음까지를 포함하는 고양된 자기평가에 초점을 두고 있다. 이 하위척도는 자존감과 매우 밀접한 관련이 있고, 점수가 낮은 경우 우울하지는 않지만 부정적인 자기평가, 낮은 자존감과 자기효능감을 나타낼 수 있다. 중간 정도로 상승($59 < T < 71$)한 경우 낙관적이고 자신감이 있는 반면에, 높게 상승되어 있으면($T > 70$) 자신이 모든 일을 우수하게 수행할 수 있다고 믿는다. 이러한 범위일 경우 흔히 과대적이고 자기애적이며 다른 사람이 인정할 정도의 독특한 능력과 기술을 소유하고 있다고 믿는다. 이렇게 상승된 점수를 임상적 맥락에서 해석할 때는 개인의 과대성이 생산적인 방법으로 전환되어 나타나고 있는지를 고려해야 한다. 예를 들어 회사에서 일하는 데 혼신의 힘을 쏟는 경영자들의 경우 고양된 자신감이 중요하게 작용할 수 있다. 대부분의 다른 증상들과 마찬가지로 개인이 지니고 있는 어떤 특성이 기능을 손상시키는가가 임상적 양상을 이해하는 데 매우 중요하다.

초조성(Irritability, MAN-I) 하위척도는 조증에서 나타나는 불안정한 기분 요소에 초점을 두고 있다. 이 하위척도는 참을성의 부족, 욕구 좌절을 참아 내는 능력 및 빠른 기분 변화를 평가한다. 중간 정도($59 < T < 71$)로 상승된 사람은 참을성이 없고 지나치게 요구적이며 자신과 협조하지 않는 다른 사람들을 비난한다. 높은 상승($T > 70$)은 욕구 좌절, 불협화음 또는 다른 사람과의 비협조가 지각되는 상황에서의 매우 심한 불안정성을 가리킨다. 급작스러운 기분 변화가 나타나고 욕구가 좌절되는 상황에서 판단력이 손상된다. 이 정도로 상승될 경우 대인관계가 손상될 가능성이 높다.

자주 나타나는 코드타입

흔히 MAN 척도는 다른 척도들과 더불어 상승되지 않는다. 조증과 경조증 삽화를 나타낼 경우 우울증 삽화를 같이 경험할 가능성이 높기는 하지만, PAI가 가지고 있는 속성 때문에 MAN과 DEP 척도가 동시에 상승되는 경우는 매우 드물다. MAN 척도는 경계선적 특징(BOR) 척도와 동시에 상승될 수 있다. 이럴 경우 매우 초조하고 충동적이다. 기분 변화가 현저하게 나타나고 MAN에 반영되어 있는 에너지 증가로 인해 사소한 자극에 대해서도 매우 반응적일 수 있다. 즉 매우 사소한(또는 아무런 해가 되지 않는) 일이 있어도 매우 심한 정서적 반응이 촉발될 수 있다. 이럴 경우 예측하기 어렵고 자신과 친한 사람들에게도 행동화하는 경향이 있다.

치료적 함의

MAN 척도 점수의 상승은 일반적으로 심리치료적 개입의 좋은 지표는 아니다. 이 척도에서 다루고 있는 증상들은 평가 대상이 되는 개인에게는 큰 고통이 되지는 않으나 주변 사람들을 매우 힘들게 할 수 있다. 하위척도의 상승 형태에 따라서 상이한 의미가 있을 수 있다. 예를 들어 하위척도가 조증이나 경조증 삽화를 지적하는 경우라면 약물치료와 약물치료에 대한 순응이 치료의 초점이 되어야 한다. 과대성(MAN-G)이 매우 높이 상승되어 있으면 자기애를 지적하는 것이고 취약한 자존감과 이를 외적으로 방어하고 있다는 것을 의미한다. 이럴 경우 치료가 복잡할 수 있고, 내담자의 자존감에 관심을 두고 세밀하게 보살피는 것에 초점을 둔 치료적 동맹이 매우 필요하다. MAN-A 하위척도가 상승되어 있으면 속도가 느린 비지시적인 치료에 대한 참을성이 낮을 가능성이 높다.

망상(PAR)

망상(Paranoia, PAR) 척도는 편집적 신념(paranoid ideation)의 경우 의심과 그에 대한 방어가 핵심이기 때문에 자기보고 검사를 통해서 평가하기 어렵다는 점에 근거해서 개발되었다. PAR 척도는 의심, 질투, 다른 사람이 자신에게 해를 끼치고 있다는 느낌과 같은 외현적인 편집증적 증상 이외에도 편집적 신념이 핵심인 경험과 외부세계와의 상호작용 방식을 의미하는 문항들을 포함하고 있다. 이러한 경험에는 외부 환경에서 있을 수 있는 잠재적 위협에 대한 인식과 경계, 지각된 사소한 것에 대한 예민성, 어떤 부정적 상황이 초래될 경우 자신이 부당한 대접을 받고 있거나 피해를 입고 있는 것으로 귀인하는 것, 자신이 피해를 입었다고 생각하여 다른 사람에 대해 원한이나 분노를 품는 경향이 포함된다. 중간 정도 상승($59 < T < 70$)한 경우 관계에 대해 걱정하고 불확실해 하며 다른 사람의 동기에 대해 회의적이고 때로는 냉소적일 수 있다. 높은 상승($T > 69$)은 의심, 적대감, 위협이 있을 것으로 간주하여 주변 환경을 감시하는 데 에너지를 사용하는 것과 관련이 있다. 이러한 사람들은 자신보다 더 잘 대접을 받는 다른 사람들을 질투하고 자신에게 부당한 대우를 하였다고 생각하는 사람들에 대하여 원한을 가지고 원한을 쉽게 버리지 못한다. 매우 높게 상승된 경우($T > 83$) 피해망상 또는 과대망상과 같은 구체적인 종류의 망상을 경험하고 있을 가능성이 높다. 이러한 경우 어떤 종류의 망상이 있는지를 구체적으로 평가해야 할 필요가 있다.

과경계(Hypervigilance, PAR-H) 하위척도는 다른 사람에 대한 방어와 의심에 초점을 두고 있다. 이 하위척도는 다른 사람에 대한 의심, 잠재적 위협에 대한 집착, 이용당하거나 착취당할 것을 두려워하여 상당한 시간과 에너지를 사용하여 주변 환경을 감시하는 것을 포함한다. PAR-H >59인 사람은 다른 사람들과 친하게 지내는 것을 싫어하고 항상 다른 사람들이 자신을 조종하거나 학대할 수 있다고 생각한다. 높게 상승($T > 70$)되어 있으면 다른 사람이 자신에게 피해를 주는 것에 대해 집착하고 다른 사람의 숨은 동기를 불신하고 의심한다. 이러한 사람들은 위협을 찾아내기 위해 항상 주변 환경을 감시하고, 다른 사람이 이용한다는 사소한 단서만 있어도 지나치게 민감하게 반응한다. 모욕감을 쉽게 느끼고 대인관계 갈등을 다른 사람의 악의적 의도의 탓으로 돌린다. PAR-H 하위척도 점수가 높을 경우 편집성 성격장애일 가능성이 증가한다. 점수가 낮으면($T < 40$) 대인관계에서 너무 쉽게 믿고 다른 사람에게 이용당하고 조종당할 위험성이 있다.

피해망상(Persecution, PAR-P) 하위척도는 다른 사람이 자신에게 해를 끼치고 있고 불공평하게 대하고 있다는 것을 믿는 정도에 초점을 두고 있다. 점수가 상승($T > 69$)되어 있는 사람들은 다른 사람들이 자신의 노력이나 성공을 방해하고 있다고 쉽게 믿는다. 다른 사람들이 의도적으로 방해를 하고 있고 그 때문에 실패하고 기회를 박탈당하며 자신의 인생에서 여러 가지 문제가 발생한다고 믿는다. 현저하게 상승($T > 85$) 되어 있는 경우 임상가들은 편집망상을 염두에 두고 평가해야 한다. 왜냐하면 피해망상이 있는 사람들은 다른 사람들이 자신을 해친다고 생각하여 지나친 걱정을 나타내기 때문이다.

원한(Resentment, PAR-R) 하위척도는 다른 사람들이 자신에게 불공정하게 대하거나 멸시하였다는 느낌 때문에 생기는 고통, 원한에 초점을 두고 있다. 이 하위척도는 감정을 표현하는 방식보다는 고통스러운 감정에 초점을 두고 있다. 중간 정도로 상승($59 < T < 71$)한 사람들은 다른 사람에 대해 민감하고 다른 사람들이 하는 말과 행동 때문에 쉽게 상처를 받으며 모욕당하였다고 느낀다. 높이 상승($T > 70$)되어 있을 때는 자신의 실패에 대해 다른 사람이 자신을 부당하게 대하거나 무시하거나 원한을 품었기 때문이라고 생각한다. 이러한 사람들은 다른 사람의 성공을 운이나 편애에 귀인하는 경향이 있다. PAR-R 점수가 증가할수록 원한과 고통스러운 감정에 더 집착하게 된다. 지배성(DOM), 공격성(AGG) 척도와 같은 다른 척도 점수를 같이 살펴보면 원한을 공격적(언어적, 신체적) 또는 수동-공격적 방식으로 표현할지를 알 수 있다.

자주 나타나는 코드타입

PAR 척도와 가장 흔히 상승되는 척도는 조현병(SCZ) 척도이다. 이 두 척도가 상승될 경우 현저한 사고의 혼란, 적대감과 의심이 주된 요소인 망상이 특징인 편집형(paranoid) 조현병일 가능성이 높다. 이러한 사람들은 사고 문제 이외에도 일상생활에서 여러 가지 문제, 특히 대인관계 영역의 문제를 나타낼 가능성이 높다. 다른 사람에 대해 의심과 원한을 지니고, 주변 사람들이 이러한 사람들의 사고 흐름을 이해하기 어렵기 때문에, 다른 사람과의 관계를 형성하고 유지하는 것이 매우 어렵다.

치료적 함의

PAR 척도가 상승되어 있으면 치료적 동맹을 형성하기가 매우 어렵고 형성되었다고 하더라도 유지하기 어렵다는 것을 의미한다. PAR 척도가 상승되어 있고 실제로 편집적 망상을 반영하는 것이라면 일반적으로 약물치료가 필요하다. 치료 관계에서는 개인의 사고가 망상인지 여부에 관계없이 신뢰 형성에 주로 초점을 두어야 한다. PAR이 상승되어 있으면 의심과 다른 사람을 신뢰하기 어려워하는 측면이 동반되어 있으므로 관계 형성이 매우 어렵다.

조현병(SCZ)

조현병(Schizophrenia, SCZ) 척도는 조현병의 몇 가지 이질적인 측면을 평가하기 위하여 개발되었다. ARD 척도와 마찬가지로 SCZ의 하위척도는 상이한 구성개념을 측정하기 때문에 SCZ 척도 점수를 해석하는 것은 매우 유용하지 않을 수도 있다. 즉 세 가지 하위척도가 매우 상이한 측면을 측정하기 때문에 하위척도의 상승 형태가 달라도 SCZ 척도 점수는 유사할 수 있으므로, SCZ 척도 점수만을 해석하는 것은 하위척도의 상이한 상승 형태를 정확하게 포함시키지 못할 수 있다. 따라서 SCZ 척도 점수보다는 하위척도 수준에 따라 해석하는 것이 바람직하다. 그러나 일반적으로 의미 있게 상승($T>69$) 되어 있으면 주의와 집중력을 손상시키는 기이한 사고, 소외감, 무관심, 혼란과 같은 사고나 행동의 기이함과 관련이 많다. 이때 구체적인 정보를 얻으려면 하위척도 점수를 고려해야 한다.

정신병적 경험(Psychotic Experiences, SCZ-P) 하위척도는 비일상적인 감각적, 지각적 경험(환청)과 비일상적인 신념(망상)과 같은 몇 가지 조현병의 양성 증상에 초점을 두고 있다. 이 하위척도는 매우 분명하고 구체적인 정신병적 장애 지표에 초점을 두고 있다. 중간 정도로 상승(59 < T < 71)된 사람들은 다른 사람들이 기이하다고 생각하는 비일상적인 아이디어들을 가지고 있다. 현저한 상승(T > 70)은 기이한 감각적, 지각적 경험과 망상적일 수 있는 신념과 관련이 있다. 이러한 사람들은 정신병적 장애에서 나타나는 양성 증상을 보고하고 점수가 높을수록 정신병적 삽화를 경험할 가능성이 높다.

사회적 위축(Social Detachment, SCZ-S) 하위척도는 사회적 고립, 다른 사람에 대한 무관심, 정서적 반응성의 둔화와 같은 조현병의 음성 증상에 초점을 두고 있다. 척도 점수가 상승(T > 69)한 사람들은 다른 사람과 친하게 지내는 것이 불편하고 대인관계에 관심이 부족하며 다른 사람과의 관계에서 정서적으로 불편해서 자신을 고립시키는 경향이 있다. 이러한 사람들은 깊은 정서적 유대를 경험하지 못하고 다른 사람들이 표현하는 정서를 이해하기 어려운 경향이 있고, 그 때문에 사회적 상호작용에서 매우 불편할 수 있다. 더욱이 이들은 사회적 상호작용에서 나타나는 미묘한 단서와 그 의미를 제대로 이해하지 못한다. 그 결과 흔히 극단적인 고립의 형태로 나타난다.

사고장애(Thought Disorder, SCZ-T) 하위척도는 SCZ-P 하위척도가 측정하는 비일상적인 사고 내용과는 다른 주의와 집중력 및 다른 사람과의 의사소통을 어렵게 만드는 혼란스럽고 비일상적인 사고 과정에 초점을 두고 있다. 이 하위척도 점수가 가볍게 상승되어 있을 때는 집중력과 의사결정의 문제가 흔히 나타나는데, 이는 여러 가지 정신병리적 상태에서도 흔히 나타나는 문제이다. 따라서 경도의 상승은 경미한 정신병적 사고 과정과 다른 장애에서 나타나는 인지적 결과를 반영할 수 있다. SCZ T > 69인 사람들은 다른 사람과의 의사소통 문제를 유발시키는 혼란과 연상 이완이 특징인 사고 과정이 나타날 수 있다. 흔히 혼란된 사고는 매우 이해하기 어려운 자기표현으로 나타나고, 다른 사람들이 비일상적이고 기이하다고 생각하는 행동으로 나타날 수 있다.

자주 나타나는 코드타입

SCZ 척도는 PAR 척도 이외에도 경계선적 특징(BOR), 알코올(ALC)과 약물(DRG) 문제 척도와 동반 상승되어 나타나는 경우가 많다. SCZ—BOR 척도가 동반 상승되어 있으면 사고, 감정, 대인관계가 전반적으로 매우 혼란스럽다는 것을 의미한다. 이 경우 방향성을 파악하기는 어렵지만 대인관계에서 경험하는 분노, 고통, 원한 때문에 사고가 명료하지 않게 되고 사고 문제가 대인관계를 손상시켜 분노와 고통을 가져오기도 한다. 기본적으로는 복잡한 역동이 두 가지 증상 모두에 관련되어 있다. 증상들은 관련되어 있지만, 이러한 사람들은 행복하지 못하고 스트레스 상태에 있으며 충동성을 나타내고 판단력이 부족할 수 있다.

SCZ 척도가 ALC 또는 DRG 척도와 동반하여 상승되어 있으면 과거나 현재의 물질 남용 문제와 더불어 사회적으로 고립되어 있으면서 현저한 사고의 혼란을 나타낸다. 앞에서 지적한 것처럼 방향성의 문제가 있다. 즉 물질 남용이 사고의 손상을 유발하기도 하고, 판단력 부족과 결부된 사고의 손상이 물질 남용을 유발하기도 한다. 그리고 알코올이나 약물 남용과 관련이 있는 비논리적 사고와 문제들이 대인관계 문제를 유발하기도 하고, 대인관계 문제 때문에 물질 남용이 생기기도 한다. 흔히 이러한 사람들의 판단력은 매우 심하게 손상되어 있고 행동이 기이하며 혼란스럽고 자기고립의 형태로 나타난다.

치료적 고려사항

SCZ 척도 점수가 상승할 때는 치료적 의미가 상이하다. SCZ 척도 점수의 상승이 SCZ-P, SCZ-T 하위척도 점수 때문이라면 일반적으로 정신약물학적 개입을 우선적으로 고려해야 하고, 약물치료에 대한 순응도를 높이기 위해 심리사회적 개입이 필요하다. 이러한 하위척도의 상승은 혼란과 더불어 양성적인 정신병적 증상과 관련이 있기 때문에 치료에 적극적으로 참여하고 순응하는 동기가 부족할 수 있다. 그리고 SCZ 척도 점수의 상승이 SCZ-S와 관련이 있을 수 있는데, 이 경우 수검자는 대인관계 영역에서 방어적이고 현저한 불편감을 가지고 있을 수 있다. 이럴 경우 임상가들은 지지적 환경을 제공하여 편안하게 해 주고 치료 목표를 너무 크게 잡지 않는 등 치료 목표와 그 범위를 분명하게 해야 한다. 즉 SCZ가 상승되어 있는 경우, 특히 SCZ-S가 상승되어 있는 경우 개인의 기능을 호전시키기 위해 치료적 개입을 할 때는 최소 단위로 꾸준하게 해야 한다.

경계선적 특징(BOR)

경계선적 특징(Borderline Features, BOR) 척도는 이 분야의 연구에서 매우 구체적으로 정의되어 있는 복잡하고 다양한 측면의 진단적 특징을 측정하기 위하여 개발되었다는 점에서 SCZ 척도와 유사하다. 마찬가지로 BOR 척도 점수의 의미를 이해하기 위해서는 하위척도 점수를 고려하는 것이 중요하다. 중간 정도의 상승($59 < T < 70$)은 다소 기분 변화가 심하고 일관성이 없으며 대인관계에서 문제가 있을 수 있다는 것을 의미한다. 높게 상승($T > 69$)된 경우에는 불안, 우울, 분노 및 초조성이 동반된 극단적이고 갑작스러운 기분의 변화와 관련이 있다. 이러한 사람들은 충동적이고 다른 사람들이 자신에게 상처를 주고 배신한다고 쉽게 느끼며 그럴 경우 격하게 반응하는 경향이 있다. 극단적인 상승($T > 90$)은 경계성 성격장애 진단 기준을 충족시킬 가능성이 높다는 것을 지적하는 것이다. 이 경우 심각한 대인관계 문제, 분노와 원한, 외현적으로 드러나는 불안이나 우울, 자기파괴적 행동이 특징적으로 나타난다. BOR 하위척도 점수의 상승 형태가 다양하고 그 결과 BOR 전체 척도 점수가 상승될 수 있으며 하위척도의 형태에 따라 해석적 의미가 달라질 수 있다는 점을 명심해야 한다.

정서적 불안정(Affective Instability, BOR-A) 하위척도는 경계성 성격장애에서 나타나는 정서적 불안정, 강렬하고 대체적으로 부정적인 정서를 갑자기 경험하는 경향에 초점을 두고 있다. 주로 분노, 불안, 우울 및 초조성과 같은 정서적 불안정성이 나타난다. BOR-A 하위척도는 개인이 경험하는 기분의 내용보다는 그러한 기분이 갑자기 나타나고 변화되는 것을 측정한다. 이 하위척도가 상승($T > 69$)된 사람은 분노나 다른 부정적인 감정으로 갑작스럽고 빠르게 기분이 변화되는 경험을 하는 경향이 있다. 다른 사람들이 예측하기 어려울 정도로 기분 변화가 빨리 나타나고, 이럴 경우 분노를 조절하기 어렵고 심한 초조성이나 과민성을 나타낼 수 있다. 특히 점수가 높을수록 매우 기분 변화가 심하고 그와 관련하여 관계를 유지하기 어렵다.

정체감 문제(Identity Problems, BOR-I) 하위척도는 자기 자신을 규정하기 어렵고 자신이 누구인지에 대한 정체감을 가지고 있지 못하는 두 가지 특징에 초점을 두고 있다. 첫 번째 특징은 개인이 가지고 있는 분명한 목적의식 및 목표와 관련이 있다. 자신이 원하는 것이 무엇이고 그것을 달성하기 위해 어떻게 해야 하는지를 아는 것은 개인을 이해하는 데 매우 중요하다. 두 번째 특징은 다른 사람과의 관계에서 친밀성을 유지하고 버림받을까 두려움을 가지는 것과 관련이 있다. BOR-I가 상승($T > 69$)된 사람들은 자신이 누구이고 무엇을 원하는지에 대해 불확실하다. 이러한 특징은 청소년기에 정체감이 발달하는 단계에서 나타나기는 하지만 성인의 경우에는 성인들이 발달시켜야 할 특징, 즉 자신이 누구이고 무엇을 원하는지에 대해 확신감이 없다는 것을 의미한다. 이러한 사람들은 중요한 의사결정을 할 때 다른 사람의 도움을 필요로 한다. BOR-I가 현저하게 상승($T>80$)된 경우에는 인생에서 자신이 무엇을 원하고 이루어야 할지 등을 포함한 자신에 대한 관점이 수시로 변화된다. 이러한 사람들은 자신이 진정 원하는 바가 무엇이고 어떻게 성취해야 할지를 알지 못하며, 가끔씩은 열정적으로 자신이 원하는 바를 설명하기는 하지만 특별한 이유가 없어도 자신에 대한 관점이 쉽게 변화되는 경향이 있다.

부정적 관계(Negative Relationships, BOR-N) 하위척도는 경계성 성격장애에서 나타나는 매우 극적이고 격정적인(stormy) 대인관계를 맺는 경향에 초점을 두고 있다. 친구, 가족, 파트너 및 직장 동료 등과 부정적인 관계를 맺을 수 있고 관계의 역동이 치료자와의 관계에서도 나타날 수 있다. 중간 정도 상승($69<T<81$)된 사람들은 대인관계가 격정적이고 다른 사람과의 애착 문제가 있을 수 있다. 이들은 다른 사람에 대한 높은 기대를 가지고 쉽고 빠르게 친해지며 쉽게 실망하는 경향이 있다. 높게 상승($T>80$)된 경우 자신이 친했던 사람들에게 이용당하고 실망하였다고 생각하여 고통스러워하고 원한을 나타내는 경향이 있다. 다른 사람들이 하는 매우 사소한 비난이나 멸시에 대해서도 쉽게 상처를 입고 극단적으로 민감하게 반응하며 심한 배신감을 느끼는 경우가 많다. 또한 이러한 사람들은 중립적인 자극에 대해서도 부정적인 동기로 귀인시키는 경향이 있다.

자기손상(Self-Harm, BOR-S) 하위척도는 자살 경향과 충동성 지표이다. 자기손상은 무모한 행동과 결과를 고려하지 못하는 것과 같은 경계성 성격장애와 관련이 있다. 이 하위척도가 상승($T>69$)된 사람들은 충동적이고 자신이 하는 행동이 가져올 결과를 신중하게 고려하지 못한다. 충동성 때문에 사회적, 교육적, 직업적 측면에서 여러 가지 문제가 발생한다. 높게 상승($T>85$)된 경우 충동성이 매우 무모하고 위험하게 나타난다. 이럴 경우 성, 금전 사용, 물질 사용과 같은 여러 가지 영역에서 무모하고 자해와 자살 행동과 같은 자기손상적 행동을 나타낼 위험이 증가된다.

자주 나타나는 코드타입

BOR 척도와 가장 흔히 동반 상승되는 척도는 ARD, DEP, SCZ, ALC와 DRG 척도이다. 경계성 성격장애의 핵심적 특징 중의 하나는 무모하고 충동적인 행동인데, BOR과 ALC 또는 DRG 척도가 동반 상승될 경우 알코올이나 약물 사용이 매우 충동적이고 자기손상적인 행동으로 진행된다. 경계성 성격장애인 사람들은 정서적으로 매우 불안정하고 기분 변화가 심하며 변덕스럽고 갈등과 분노가 특징적인 대인관계가 나타난다. 알코올과 약물을 사용할 경우 BOR 척도가 상승한 사람들이 경험하는 급작스러운 기분과 태도 변화가 더 악화되어 나타날 수 있다. 이럴 경우 치료적 변화를 가져오기 위해서는 알코올과 약물 사용을 먼저 다루는 것이 중요하다.

치료적 함의

BOR 척도 점수가 상승된 사람들은 자신이 일종의 위기 상태라고 느끼고 그 상태에서 벗어나기 위해 치료적 도움을 요청하는 경우가 많지만, 임상가들은 지속적으로 일상생활의 문제를 유발시키는 개인적, 성격적 문제들을 변화시키는 데 목표를 둘 수 있다. 따라서 치료자와 내담자와의 관계에서 치료 목표가 일치하지 않을 수 있다는 점을 고려해야 한다. BOR 척도 점수가 상승되어 있는 사람들은 매우 예민하여 쉽게 판단하고 상처를 받으며 상황적 문제를 해결하는 데 자기 자신이 중요한 역할을 하려고 시도하기 때문에 그 과정에서 분노를 느끼고 상처를 받기 쉽다. 이러한 증상들은 임상가들을 두렵게 만드는 정신병리적 요소와 관련이 높다. 임상가들이 경계성 성격장애를 치료하는 데 필요한 지식을 많이 습득할수록 덜 위협을 받고 초조감을 덜 느낄 수 있다. 그럼에도 불구하고 BOR이 상승되어 있는 사람들과 치료 동맹을 구축하는 것은 매우 어려운 일이므로 내담자와의 의사소통 방식에 세심한 주의를 기울여야 한다.

반사회적 특징(ANT)

반사회적 특징(Antisocial Features, ANT) 척도는 반사회적 행동(ANT-A) 하위척도에 반사회성 성격장애의 행동적 요소를 포함시키고 있기는 하지만, ANT 척도에 포함되어 있는 다른 요소들은 *DSM*이 다루고 있지 않는 실제적인 성격적 특성이기 때문에 BOR 척도보다 *DSM-5*(APA, 2013)에서 규정하고 있는 것과 차이가 있다. *DSM*이 반사회성 성격장애 진단에서 정신병질(psychopathy)을 포함시키고 있지만(즉 반사회성 성격장애가 정신병질의 특징이라고 하지만) 반사회성 성격장애 진단 기준을 충족시키는 많은 사람들은 실제로는 정신병질이 아니다. 따라서 ANT 척도는 반사회성 성격장애 진단에서 다루어지는 행동뿐만 아니라 정신병질에서 흔히 나타나는 성격 특성을 다루고 있다. BOR 척도와 마찬가지로 ANT 척도를 해석하기 위해서는 하위척도 점수를 반드시 고려해야 한다. ANT

척도가 상승($T>69$)된 사람들은 충동적이고 자기 자신과 주변 사람들에게 위험할 수 있다. 이들은 다른 사람들의 행복(well-being)을 고려하지 못하고 자신의 잘못을 뉘우치지 못한다. 흔히 공감 능력이 부족하고 사회적 규범과 법을 지키는 데 어려움이 있으며, 이러한 규범과 법칙을 어기면 다른 사람과 사회에 부정적 영향을 준다는 것을 인식하지 못한다. 또한 이들은 흥분과 자극을 추구하고 이를 위해서 위험한 행동을 하기도 한다. ANT 척도가 현저하게 상승($T>82$)되어 있으면 반사회성 성격장애 진단 기준을 충족시킬 가능성이 높고, 세 가지 하위척도가 상승되어 있으면 정신병질 특성을 나타낸다.

반사회적 행동(Antisocial Behaviors, ANT-A) 하위척도는 권위 있는 인물과의 갈등, 규칙이나 법률을 위반하는 행동, 사회적 관습을 따르지 못하는 문제를 포함한 *DSM-5*의 반사회성 성격장애 진단 기준에 열거되어 있는 행동에 초점을 두고 있다. ANT-A가 상승($T>69$)한 사람들은 규칙을 위반한 행동을 한 이력이 있고 권위자와의 갈등, 관습적인 행동을 하지 못하는 문제를 나타낸다. 이 하위척도는 현재와 과거(청소년기)의 행동 패턴과 성인기 훨씬 이전에 시작된 품행 문제에 초점을 두고 있다는 것을 유념해야 한다. ANT-A 하위척도 점수가 높으면 다른 사람에 대한 신체적 공격, 불법적인 행동을 포함한 과거의 문제행동과 현재 그와 관련된 행동 문제를 나타내고 있다는 것을 의미한다.

자기중심성(Egocentricity, ANT-E) 하위척도는 냉담하고 다른 사람의 감정과 행복을 존중하지 못하는 태도에 초점을 두고 있다. 이 하위척도는 타인에 대한 공감 부족, 다른 사람에 대한 부정적인 행동을 한 후 지속적으로 양심의 가책을 느끼지 못하는 것을 포함한다. 중간 정도의 상승($59<T<70$)은 대인관계에서 자기중심적이고 계산적이며 공감하지 못하거나 동정심이 부족해서 다른 사람들이 원하는 것을 알지 못한다. 높게 상승($T>69$)된 경우 주변 사람들을 존중하고 책임지거나 충실하지 못하다. 자신의 개인적 목표 달성을 위하여 다른 사람을 이용하고 양심의 가책을 느끼지 못한다. 이들의 일차적인 목표는 성취 여부와 관계없이 자신의 욕구와 원하는 바를 충족시키는 것이다. 이들은 흔히 다른 사람에게 냉담하고 냉정하다.

자극 추구(Stimulus Seeking, ANT-S) 하위척도는 흥분과 자극을 추구하고 그러한 행동을 하였을 때 나타날 수 있는 위험을 고려하지 못하는 것에 초점을 두고 있다. 이 하위척도의 점수가 중간 정도로 상승되어 있을 때는 이러한 측면들이 완전히 부정적이지는 않을 수 있다는 점을 유념해야 한다. 영향력이 큰 여러 가지 직업들은 큰 위험을 감수하고 결과에 도박을 걸기도 하기 때문이다. 중간 정도로 상승($59 < T < 70$)된 사람들은 무모하기는 하지만 흥분과 자극을 추구하는 경향이 있다. 이들은 일상적이거나 예측 가능한 것에 쉽게 싫증을 내고 관습에 도전하는 경향이 있다. 높게 상승($T > 69$)된 경우 자기 자신이나 다른 사람에게 위험이 나타날 수 있다. 새롭고 흥분되는 것을 추구해서 위험한 행동을 할 수 있고 스릴을 추구하는 과정에서 문제가 생길 수 있다. 스릴을 추구하는 사람들은 속도가 빠른 것을 좋아하고 자신이 스릴을 경험할 수 있는 상황에 이끌리게 된다.

자주 나타나는 코드타입

ANT 척도와 가장 흔히 상승되는 척도는 ALC, DRG 척도이다. ALC 또는 DRG 척도와 동반 상승되면 흔히 물질과 관련되어 있을 뿐만 아니라 다른 문제행동을 포함하는 행동화 문제를 나타내는 경향이 있다. 이러한 사람들은 흥분과 자극을 추구하기 위해 물질을 사용할 수 있다. ANT 척도만 상승되어도 판단력에 문제가 있는데, ALC 또는 DRG 척도가 동반 상승되면 판단력이 더 문제가 되고 충동적인 의사결정을 내리게 된다. 다른 사람의 감정을 고려하지 않아서 대인관계 문제가 생길 가능성이 높고, 경험하는 대인관계 문제를 심각하게 고려하지 않는다. 즐겁고 흥분되는 것을 추구하고 어디를 가도 스릴을 추구하는데, 이 과정에서 알코올과 약물이 많은 도움이 된다.

치료적 함의

ANT 척도 점수가 상승되어 있으면 치료가 매우 어렵다. 흔히 이러한 사람들은 변화에 대한 동기가 매우 낮다. 특히 ANT-E 하위척도가 상승되어 있으면 충동적이며 욕구 좌절에 대한 참을성이 부족하고 다른 사람을 비난하는 경향이 강하다. 이것이 신뢰롭고 친밀한 관계를 형성하는 것을 매우 어렵게 하기 때문에 치료가 더욱 어렵다. 이들이 자기 자신을 보는 관점과 다른 사람이 보는 관점이 매우 다르기 때문에 개입할 때 치료 동맹을 천천히 꾸준하게 형성하는 것이 무엇보다도 중요하다. 더욱이 ANT 척도 점수가 상승되어 있을 때는 행동 통제를 가져올 수 있도록 개인이 나타내는 증상과 특성들의 본질과 결과를 이해시킬 필요가 있다. 이외에도 자신의 행동을 점검하고 통제하는 기술을 가르치는 것이 도움이 될 수 있다.

알코올 문제(ALC)

알코올 문제(Alcohol Problems, ALC) 척도는 두 가지 알코올 사용과 관련된 문제들을 평가하기 위하여 현재와 과거의 정보를 포함시키고 있다. 첫 번째는 알코올 사용과 관련해서 나타나는 사회적, 직업적, 법적인 문제와 같은 임상적 결과이다. 이러한 결과들은 알코올 사용이 사회적이고 규범에 맞는지 그리고 적응적인지 아니면 일상생활의 기능을 손상시킬 정도의 진단할 수 있는 문제인지를 밝히는 데 중요하다. ALC 척도를 통해 평가하는 두 번째 요소는 알코올 사용을 통제하지 못하고 금단 증상이 있는지와 같은 의존 관련 증상의 유무이다. 이러한 정보는 알코올 사용과 실제적인 알코올 의존을 감별하는 데 중요하고, 성질에 따라서 상이한 유형의 치료가 필요할 수 있다. ALC 척도의 문항들은 알코올 사용과 그로 인한 결과들을 직접적으로 묻는 문항으로 구성되어 있다는 점에 유의해야 한다. 즉 알코올과 관련된 문제를 전적으로 부인하면 이 척도의 점수는 낮아진다. 그리고 이 척도를 통해 수집하는 정보들은 본질적으로 과거 경험과 관련이 있기 때문에, 이 척도 점수가 상승되어 있거나 상승되어 있지 않더라도 ALC Est 점수가 상승되어 있으면 알코올과 관련된 문제에 대해 추가적인 평가를 해야 한다. 의미 있게 상승($T>69$)된 사람들은 과거 또는 현재에 알코올 남용 문제가 있고 그로 인해 일상생활 기능이 손상될 수 있다. 알코올 사용이 대인관계 기능, 직업 수행, 건강에 대한 걱정에 영향을 주었을 수 있다. 현저하게 상승($T>83$)된 경우에는 술을 참지 못하고 취하기 위해서 더 많이 마셔야 하며 금단 증상이 나타나는 것을 포함하는 알코올 의존일 가능성이 있다. 알코올 사용이 개인의 여러 가지 일상생활 영역에 부정적인 영향을 주고 있고 알코올 사용과 그 결과로 인해 죄책감과 수치심을 경험할 수 있다.

자주 나타나는 코드타입

ALC 척도는 여러 가지 상이한 증상군을 의미하는 척도들인 SOM, ANX, DEP, SCZ, BOR, ANT와 동반 상승되어 나타난다. 그리고 ALC 척도는 DRG 척도와 매우 흔히 동반 상승된다. ALC와 DRG 척도가 동반 상승된 경우 알코올이나 다른 약물 사용 병력이 있고 이러한 사용으로 인해 대인관계나 직업 기능과 같은 일상생활 영역에서 의미 있는 손상이 나타날 수 있다. 이러한 코드 유형은 다른 코드타입과 같이 상승되어 나타날 수도 있다.

치료적 함의

ALC 척도는 과거와 현재의 알코올 사용과 남용(또는 의존)을 측정하고 이 척도 점수가 상승해 있으면 개인이 알코올 사용 때문에 일상생활의 문제가 유발된다는 것을 인식하고 있다는 의미이다. 이러한 측면에서 이 척도가 상승할 경우 알코올 문제 자체는 치료하기 어려울 수 있지만 예후가 좋을 수 있다. 알코올 사용과 이와 관련된 문제들이 전적으로 과거에 있었던 문제인지 아니면 현재에도 진행되고 있는지를 확인한 후 알코올 사용에 초점을 두고 치료를 진행해야 한다. 알코올 사용과 남용이 다른 심리적 문제를 가리고 있거나 악화시킬 수 있을 경우 이러한 문제들을 다루기 전에 치료 초기에 알코올 사용을 다루는 것이 필요하다.

약물 문제(DRG)

약물 문제(Drug Problems, DRG) 척도는 ALC 척도와 마찬가지로 현재와 과거의 약물 사용과 관련이 있는 두 가지 종류의 정보를 평가하는 데 초점을 두고 있다. 하나는 약물 사용으로 인한 사회적, 직업적, 교육적, 법적 문제와 같은 임상적 결과가 초래되는가이고, 다른 하나는 의존과 관련이 있는 증상, 즉 약물 사용을 통제하지 못하고 금단 증상이 있는가이다. 이러한 정보는 약물 사용과 약물 의존을 감별하고 치료 유형을 결정하는 데 중요하다. DRG 척도는 약물 사용과 그로 인한 결과를 직접적으로 물어보는 문항으로 구성되어 있어서 수검자들이 그러한 문제를 쉽게 부인할 수 있다는 점을 유념해야 한다. ALC 척도와 마찬가지로 이 척도를 통해 수집하는 정보도 본질적으로 과거 경험과 관련이 있으므로 척도 점수가 상승되어 있거나 DRG 척도 점수가 상승되어 있지 않더라도 DRG Est 점수가 상승되어 있을 경우 약물 관련 문제를 엄밀하게 평가해야 한다. 의미 있게 상승($T>69$)할 경우 과거 또는 현재에 약물 남용 문제가 있고 그로 인해 일상생활 기능이 손상될 수 있다. 약물 사용이 대인관계 기능, 직업 수행, 건강에 대한 걱정에 영향을 주었을 수 있다. 현저하게 상승($T>79$)된 경우에는 약물 사용을 참지 못하고 약물을 사용하지 않는 기간에도 금단 증상이 나타나는 등 약물 의존일 가능성이 있다. 약물 사용이 개인의 여러 가지 일상생활 영역에 부정적인 영향을 주고 있고 약물 사용과 그 결과로 인해 죄책감과 수치심을 경험할 수 있다.

자주 나타나는 코드타입

DRG 척도는 SOM, ANX, DEP, SCZ, BOR, ANT, ALC 등과 같은 여러 가지 임상 척도들의 점수와 동반 상승되어 나타나는 경우가 많다.

치료적 함의

ALC 척도와 마찬가지로 이 척도 점수가 상승해 있으면 개인이 약물 사용 때문에 일상생활의 문제가 유발된다는 것을 인식하고 있다는 것이므로, 현재에도 진행되고 있다면 약물 사용의 문제를 치료 초기에 다루어야 한다. DRG 척도의 상승은 변화에 대한 욕구를 반영하는 것일 수 있지만, DRG 점수가 낮으면서 DRG Est 점수가 높을 경우 약물 사용을 부인하거나 변화에 대한 동기가 없다는 것을 의미할 수 있다. 점수가 상승되어 있을 때는 약물 사용의 본질과 심각성을 정확하게 평가할 필요가 있고 해독과 집중적인 재활 치료가 필요할 수 있다. DRG 척도 점수가 상승한 것이 전적으로 과거의 약물 사용과 관련이 있다면, 치료 과정에서는 약물 사용이 일상적인 문제에 대처하고 주변 사람과 상호작용하는 데 어떠한 중요한 역할을 하였고 그러한 패턴을 어느 정도 변화시키는지를 밝히는 데 초점을 두어야 한다.

치료 척도

공격성(AGG)

공격성(Aggression, AGG) 척도는 여러 가지 상이한 형태의 정신병리와 관련이 있는 공격적 태도와 행동을 전반적으로 평가하기 위한 것이다. 사회적 태도와 행동이 치료 관계에 중요한 영향을 주기 때문에 치료 척도로 명명하였다. 하위척도는 개인이 자신의 공격성을 어떤 형태(언어적, 신체적 또는 수동-공격적 방식)로 나타내는지를 알아보는 데 매우 중요하다. 중간 정도의 상승($59 < T < 71$)은 참을성이 없고 과민하며 분노를 쉽게 나타낸다는 것을 의미한다. 이러한 사람들은 심하게 언어적, 신체적 공격적 행동을 나타내지는 않지만 다른 사람에게 공격적인 것(snippy)으로 보일 수 있다. 높게 상승한 경우($T > 70$) 화를 잘 내고 적대적이며 다른 사람에게 분노를 표현할 가능성이 높다. 이러한 사람들은 적대적 태도를 일관성 있게 나타내고 화가 날 때 다른 사람에게 언어적, 신체적으로 표현할 수 있다. 현저하게 상승한 경우($T>82$) 분노 관리의 문제가 있고 다른 사람에게 공격성을 나타낼 위험이 높다. 이러한 사람들은 분노를 폭발시키는 경향이 있고, 이 때문에 대인관계와 직무 수행이 손상될 수 있다.

공격적 태도(Aggressive Attitude, AGG-A) 하위척도는 공격적 행동이 아니라 분노와 공격성의 기저를 이루는 특성과 신념(예를 들어 성질을 통제하지 못하는 특성과 공격 행동의 유용성에 대한 신념)에 초점을 두고 있다. 중간 정도로 상승($59<T<71$)한 사람들은 과민하고 화를 잘 낸다. 이러한 사람들은 쉽게 화를 내고 다른 사람들이 화를 내지 않는 상황에서 분노 폭발을 나타내는 경향이 있다. 높게 상승한 경우($T>70$) 분노와 관련이 있는 심각한 문제가 있고 대수롭지 않은 상황에서조차도 분노를 통제하지 못할 수 있다. AGG-A가 상승되어 있다면 분노 표현 방식을 알아보기 위해 AGG의 다른 하위척도 점수를 고려해야 한다. AGG-V, AGG-P와 같은 행동적 표현을 의미하는 하위척도 점수가 상승되어 있지 않다면 분노를 적극적으로 억제하고 있거나 수동-공격적 방식으로 나타낼 수 있다.

언어적 공격(Verbal Aggression, AGG-V) 하위척도는 가벼운 빈정거림에서부터 고함을 지르거나 욕설을 하는 등에 이르기까지 분노를 언어적으로 표현하는 방법에 초점을 두고 있다. 중간 정도로 상승($59<T<71$)한 사람들은 공격적이거나 강압적인 어투를 사용할지라도 주장적으로 행동하는 것에 대해 두려워하지 않는다. 이들은 언어적 직면을 서슴없이 사용한다. 높게 상승된 경우($T>70$) 적대감을 다른 사람들에게 언어적으로 표현하고 욕설을 사용할 수 있으며 자신의 분노를 다른 사람의 감정을 상하게 하면서 신랄하게 표현한다. 주장성의 범위를 훨씬 넘어선 언어적 공격성을 나타내어 다른 사람의 기분을 상하게 하고 언어적 공격성이 상황 또는 감정에 맞지 않다.

신체적 공격(Physical Aggression, AGG-P) 하위척도는 신체적 공격에 대한 태도와 다른 사람에게 신체적 공격을 나타낸 적이 있는지를 평가한다. 일부의 다른 척도들을 해석할 때와 마찬가지로 역사적 정보는 중요하다. 왜냐하면 분노를 포함하는 문제와 분노를 겉으로 드러내는 문제들은 성인기에 처음으로 나타나지는 않기 때문이다. 중간 정도로 상승($59<T<71$)한 사람들은 물건을 부수거나 다른 사람에게 신체적 폭력을 행사하는 등 어느 정도의 신체적 공격을 나타낸 적이 있지만 자신의 분노와 공격성에 대한 통제력을 유지할 수 있다. 높게 상승($T>70$)한 경우 분노 통제력을 상실하여 재산을 파괴하거나 다른 사람에게 폭력적 위협을 할 가능성이 높아진다. 외부 관찰자가 보기에는 이러한 신체적 분노 폭발은 갑자기 이유 없이 나타나는 것처럼 보일 수 있고, 이러한 사람들은 다른 사람들에게 위험하고 위협적인 행동을 많이 한다.

치료적 함의

AGG의 치료적 함의는 전적으로 치료 관계에 초점을 두고 있다. AGG 척도 점수가 높고 낮은 경우 일반적으로 내담자가 치료자 및 치료에 관계하는 방식을 의미하고, 이는 AGG-A 하위척도가 상승, 하강하는 경우에 더 그렇다. AGG 점수가 높으면 내담자는 저항적이고 투쟁적이며 치료자에게 갑자기 화를 낼 수 있다. 이러한 사람들의 경우에 임상가는 치료적 동맹에 대해 신중해야 하고 동시에 이완 훈련, 문제해결 훈련 및 다른 사회적 기술 훈련을 포함한 분노 관리 프로그램을 고려해야 한다. AGG 점수가 매우 낮으면 내담자는 수동적이고 복종적인 경향이 있고, 그 때문에 실제로는 치료자에게 동의하지 않음에도 불구하고 치료에 순종할 가능성이 높다. 이러한 경우 주장 훈련이 필요할 수 있다.

특히 AGG-V, AGG-P가 상승되어 있지 않으면서 AGG-A 점수가 상승되어 있으면 임상가는 분노가 내재되어 있거나 분노가 억제되어 있고 수동-공격적 양상을 띨 수 있으므로 유념해야 한다. 이러한 사람들은 회기에 적극적으로 참여하고 임상가의 말에 동의할 수 있지만, 회기를 벗어나면 이러한 노력은 약화될 수 있다. 치료적 관계를 유지하면서 이러한 사람들을 돕는 방법은 이들이 경험하는 분노, 이견 또는 판단을 건전하고 적절하게 표현하는 방법을 찾는 것이다.

자살 사고(SUI)

자살 사고(Suicidal Ideation, SUI) 척도는 삶에 대한 전반적인 무망감에서부터 죽음과 dying에 대한 모호한 사고, 구체적인 자살 계획과 의도에 이르기까지의 자살 경향성 징후 스펙트럼을 평가한다. ALC, DRG 척도와 마찬가지로 SUI 척도는 자살 사고와 계획에 대해 구체적이고 직접적으로 묻는 문항으로 구성되어 있다. 따라서 수검자가 이러한 사고를 부인하는 경우 척도 점수가 낮아질 가능성이 높다. SUI 점수가 낮다고 하더라도 DEP, STR, NON과 같은 척도 점수가 높을 때는 임상가는 자살 가능성에 대해 추가로 평가해야 한다. SUI 척도 점수가 중간 정도로 상승($59 < T < 70$)한 경우 임상 장면에서 흔히 나타나는 회

의주의와 허무함(fleeting), 자살에 대한 수동적 사고가 나타나는 경향이 있다. 예를 들어 자살에 대한 생각을 하지 않는 우울한 사람들도 죽으면 어떤 일이 벌어질까에 대한 생각을 흔히 할 수 있다. 이는 고위험 평가영역이기 때문에 중간 정도로 상승되어 있더라도 강조해서 추가적으로 조사해야 한다. 높이 상승($T>69$) 되어 있으면 자살 사고가 뚜렷하게 나타나므로 반드시 추가적으로 평가해야 한다. 점수의 상승이 도움에 대한 요청일 수 있고 실제로 자신을 살해할 의도를 반영하지 않을 수도 있지만, 이 정도로 점수가 상승되어 있으면 임상가들은 반드시 자살 가능성을 고려해야 한다. 자신을 손상시킬 즉각적이고 분명하고 구체적인 계획을 가지고 있을 때는 SUI 점수는 현저하게 상승($T>83$) 하고 극단적으로 상승($T>100$)된 경우에는 자살 사고에 집착하고 자살 시도를 할 가능성이 높아진다.

치료적 함의

자살 경향성의 치료 방법에 대한 논의는 연구 문헌들에 매우 복잡하고 상세하게 기술되어 있기 때문에 SUI 점수가 상승되어 있을 때는 두 가지 과정을 거쳐야 한다. 첫째, 자살 경향성과의 관계를 검토하기 위해 다른 척도 점수의 상승을 반드시 고려해야 한다. 예를 들어 DEP-C, BOR-S, DRG 척도는 무망감, 충동성, 물질과 관련이 있는 행동의 탈억제에 대한 정보를 제공해 준다. 이러한 척도들이 SUI 척도와 같이 상승하면 자살 가능성이 높아진다. 둘째, SUI 점수가 상승되어 있을 때는 두 번째로 자살에 초점을 두고 보다 종합적인 평가를 할 필요가 있다. 이 과정을 통해서 PAI에 포함되어 있지 않은 구체적인 자살 의도와 자살 계획과 같은 세부사항들을 확인해야 한다. SUI와 PAI는 자살을 전반적으로 완벽하게 평가하는 정보를 제공해 주지는 않기 때문에 SUI와 PAI의 다른 척도 점수들을 추가적인 평가를 하기 위한 근거로 사용해야만 한다.

스트레스(STR)

STR 척도는 수검자의 일상적인 생활 스트레스 수준, 즉 가족, 직장, 경제적 문제 및 다른 주요한 생활상의 변화와 같은 스트레스인을 지각하고 개인에게 부담이 되는 정도를 평가한다. 이 척도는 현재 스트레스의 본질이나 내용에 대한 구체적 정보를 제공해 주지는 않지만, 스트레스의 양과 스트레스가 미치는 영향에 초점을 두고 있다. 따라서 STR 척도 점수가 상승할 때 임상가는 스트레스인이 개인의 현재 생활에서 어떤 성질을 지니고 있는지를 결정하기 위하여 추가적인 평가를 해야 한다. 높게 상승($T>69$)한 경우 개인이 일상생활에서 경험하는 스트레스 수준이 높고 스스로 해결하지 못할 정도로 부정적인 영향을 주고 있다는 것을 의미한다. 현저하게 상승된 경우($T>84$) 개인은 자신이 위기에 처해 있고 인생에서 일어나는 일들을 처리하거나 통제할 수 없다고 느낄 수 있다. 이러한 사람들은 여러 가지 정신병리에 취약하고 스트레스 수준 증가와 관련이 있는 "붕괴(break-downs)" 때문에 고통을 경험할 수 있다.

치료적 함의

전형적으로 STR 점수가 높을수록 치료를 포함한 도움을 요청하는 동기 수준이 높아진다. STR 척도는 현재 개인에게 압박을 주는 스트레스인의 측정치이기 때문에, 점수가 상승할 때는 구체적으로 어떤 종류의 스트레스인인지를 파악해서 치료해야 한다. STR 점수가 상승되어 있을 경우 압력과 스트레스에 대처하는 기술, 일상생활에서 스트레스 상황을 유발하는 행동을 찾아내는 것을 포함해서 현재의 스트레스 상황을 개선하는 데 도움이 되는 문제해결 방법과 지지를 제공하면 도움이 된다. 다른 척도나 하위척도 점수가 상승하더라도 STR 점수가 상승되어 있는 사람들은 일상생활의 주요 스트레스를 지각하고 있는 동안에는 다른 치료 문제에 초점을 두기 어려울 수 있다는 것을 유의해야 한다. 즉 스트레스 상황에 먼저 초점을 두고 치료를 진행하고 그 다음에 다른 심층적인 또는 전반적인 치료적 작업을 진행해야 한다.

비지지(NON)

비지지(Nonsupport, NON) 척도는 일상생활에서 다른 사람들이 자신을 얼마나 지지해 주는지를 지각한 것을 평가한다. 지지 수준은 지지의 양(가용한 지지의 정도)과 질(가족, 친구와의 상호작용의 성질)과 관련이 있다. 척도 점수가 낮은 사람들은 지지를 높게 지각하고 있고, 높은 사람들은 자신의 주변 환경에서 사회적 지지를 거의 지각하지 못하고 있다는 것을 의미한다. 어느 정도 상승할 경우 지지가 거의 없거나 지지망에 대해 불만족하고 있을 가능성이 있고, 높게 상승($T>69$)한 경우에는 현재 친구나 가족이 제공하는 지지가 매우 부족하다고 느끼고 있다는 것을 의미한다. 현저하게 상승($T>87$)되어 있으면 의미 있는 생활 사건들을 경험하는 과정에서 사회적 지지가 거의 없다고 느끼고 있다는 것이다. 이들은 가족과 친밀한 관계를 유지하지 못하고 의지할 수 있다고 생각하는 친구가 거의 없다. 이들은 자신에 대해 비지지적이고 냉담하다고 느끼는 다른 사람들에 대해 비판적이고 확실한 관계를 맺지 못하는 자신에 대해서도 비판적이다.

치료적 함의

NON 척도가 상승되어 있을 경우 개인은 적극적으로 지지를 추구하고 있으므로 치료에서는 이러한 욕구를 다루고 충족시켜야 한다. NON 척도가 PAR이나 SCZ 척도 점수와 같이 상승되어 있지 않으면(이 두 척도가 상승할 경우 개인은 별로 지지를 받지 못하고 지지를 원하지 않을 수 있기 때문에) 내담자가 치료 상황이 지지적이라고 지각하는 것이 중요하다. NON 점수가 상승되어 있을 경우 가족이나 배우자와의 불협화음과 같은 일차적인 관계에서의 혼란이 반영되어 있을 수 있다. 이러한 경우 주요한 애착 관계에서 문제시되는 대인관계 패턴을 다루기 위해 커플 또는 가족치료를 주요한 치료 형태로 고려할 수 있다.

치료 거부(RXR)

치료 거부(Treatment Rejection, RXR) 척도는 변화나 성장에 대한 욕구, 자신의 문제에 대한 개인적 책임을 수용하려는 경향 및 치료 과정에 적극적으로 참여하려는 의지를 평가하기 위하여 개발되었다. 이 척도의 T 점수는 외현적인 또는 문제시되는 정신건강의 문제가 없는 정상 표집의 자료를 사용해서 계산되었다는 점에 유의해야 한다. 즉 치료 집단을 대상으로 T 점수를 환산한 것이 아니므로 T 점수가 평균 범위라고 하더라도 다소 문제가 있을 수 있다. 따라서 다른 척도들과는 달리 해석하기 위한 점수 한계(threshold)는 낮다. 점수가 낮은 경우($T<41$) 자신에게 문제가 있고 자신이 문제를 발생시키는 데 어떤 역할을 하고 있다는 것을 이해하고, 그러한 문제에 대한 치료를 요청하고 받아들일 의지가 있다는 것을 의미한다. 극단적으로 낮은 경우($T<20$) 여러 가지 문제에 압도당하여 즉각적인 도움을 요청하고 있다는 것을 의미한다. 이 범위의 점수를 나타내는 사람들은 한 가지 또는 그 이상의 임상 척도의 점수가 높거나 매우 현저하게 상승되어 나타나는 경우가 많다. 중간 정도로 상승($49<T<60$)한 경우 자기 자신과 자신의 인생에서 일어나고 있는 일들에 대해 전반적으로 만족하고 변화에 대한 필요성을 거의 느끼지 않는다. 높게 상승($T>59$)한 경우 자신의 문제나 잘못을 쉽게 인정하지 않고 치료 과정에서 변화에 대해 저항하거나 치료적 시도에 관여하지 않으려고 한다. 흔히 이러한 사람들은 생활 과정에서 나타나는 여러 가지 문제들은 자신의 행동과는 관계가 없고 주로 다른 사람 때문이라고 생각한다. 마찬가지로 사고와 행동을 포함해서 변화에 대한 시도에 매우 저항적인 경향이 있다.

치료적 함의

척도명이 의미하듯이 RXR 척도가 상승되어 있는 사람들은 치료 상황에 관여시키기가 매우 어렵다. 이들은 변화나 성장에 대한 필요성을 느끼지 않고, 심지어 치료를 시간 때우기나 돈을 쓰는 방법으로 생각하기도 한다. 이럴 때에는 양가감정을 찾아내기 위한 전략이 도움이 될 수 있다. 임상가들은 변화의 필요성과 관련 있는 사고나 감정을 포착할 수 있어야 한다. 비지시적이고 협동적인 접근 또는 역설적 개입을 부가적으로 고려할 수 있다. 변화 단계에 맞는 개입 전략을 계획하고 동기화시키기 위한 면담 기법이 유용할 수 있다.

대인관계 척도

지배성(DOM)

지배성(Dominance, DOM) 척도는 개인이 자신의 사고, 감정, 의견을 다른 사람과 균형 있게 조화를 이루는 정도, 지배적, 통제적 상호작용 또는 수동적으로 다른 사람에게 순종하는 정도를 평가하는 데 초점을 두고 있다. 이 척도는 양극적 차원을 나타내기 때문에 극단적인 점수는 문제가 될 소지가 있다. 다른 사람과의 관계가 융통성 있는 방식, 즉 자율적이고 존경을 나타내는 방식으로 상호작용하면 평균 범위의 점수를 나타낼 것이다($44 < T < 60$). 중간 정도로 낮은 점수범위($34 < T < 45$)인 사람들은 전반적으로 수동적이고 자신을 주장하지 못하며 관심의 초점이 되거나 의사결정을 하려할 때 불편감을 느낄 수 있다. 극단적으로 낮은 경우($T < 35$)에는 사회적 상호작용과 대인관계에서 자신감과 다른 사람과의 상호작용에서 자신의 욕구를 관철하는 능력이 부족하다. 특히 이들은 다른 사람들로부터 착취당하거나 이용당하기 쉽다. 반대로 중간 정도로 상승($59 < T < 70$)된 사람들은 사회적 관계에서 자신감이 있고 주장적이며 자신의 욕구와 바람을 충족시키는 데 관심이 많다. 이러한 사람들은 반드시 거만하고 강요적인 것은 아니지만 리더가 되기

를 원하고 자신이 통제할 수 있는 상황을 선호하는 경향이 있다. 높게 상승($T>69$)되어 있으면 거만하고 지배적이며 자신과 동의하지 않는 사람들이 있으면 참지 못하는 경향이 있다. 이러한 사람들은 항상 유능하고 전문가인 것처럼 보이려고 하고 존경의 대상이 되는 것에 가치를 높게 둔다.

치료적 함의

DOM이 상승되면 내담자는 치료자와의 관계에서 권력 투쟁을 할 가능성이 있다. 즉 이러한 사람들은 대인관계에서 명령하는 역할을 더 좋아하고 치료자에게 권력과 영향력을 주지 않으려고 할 수 있다. 이들은 동적인 역할을 선택하기 때문에 임상가는 내담자가 치료에서 순종적이거나 수동적인 역할을 취하지 않을 때는 주의해야 한다. 임상가는 치료 동맹과 치료적 개입을 조화시킬 필요가 있다. 흔히 협동적이고 비지시적인 접근이 효과적일 수 있다. 마찬가지로 DOM 점수가 매우 낮은 내담자와 치료할 때는 내담자가 수동적이고 순종적이어서 임상가가 더 주장적이고 지배적이게 될 위험성이 있다. 따라서 임상가는 긍정적인 관계를 맺고 유지하는 것과 내담자가 보다 주장적이고 자기홍보(self-promoting)를 학습하게 하는 것 사이에서 균형을 유지해야 한다.

온정성(WRM)

온정성(Warmth, WRM) 척도는 개인이 다른 사람과의 관계에서 공감하고 사교적이며 친애적인 욕구를 지니는 수준을 반영한다. DOM 척도와 마찬가지로 WRM 척도도 양극적 차원을 나타내기 때문에 점수가 높고 낮으면 해석적 의미가 있다. 평균 범위($44 < T < 60$)인 사람들은 대인관계 상호작용을 시작하고 의미 있는 관계에서 친밀감과 애정을 유지하는 방식에서 융통성이 있고 필요하면 거리를 유지할 수도 있다. 중간 정도로 낮은 점수 범위($34 < T < 45$)이면 전반적으로 대인관계에서 거리를 유지하고 다른 사람과 깊고 친밀한 정서적 유대관계를 원치 않는다. 이들은 실제적이고 독립적이며 대인관계에서 거의 동요되지 않고 다른 사람들에게는 사회적 상호작용에서 차가운 것으로 인식된다. 극단적으로 낮은 점수($T < 35$)이면 다른 사람과의 관계를 형성하는 것에 대해 관심이 없고 대인관계적 상호작용에서 정서를 드러내지 않는다. 이들은 차갑고 무감동하며 다른 사람에게 애정이나 공감을 나타내지 않는다. 반대로 중간 정도로 상승($59 < T < 70$)한 경우 온화하고 공

감적이며 다른 사람과의 깊고 의미 있는 관계를 중요시한다. 이러한 사람들은 서로 잘 지내는 것에 관심을 두고 전반적으로 우호적이고 동정적이다. 이들은 다른 사람과 대립하는 것을 좋아하지 않을 수 있지만 필요하면 자신을 우호적인 방식으로 주장할 수 있다. 높게 상승($T > 69$)하면 자신의 욕구 충족을 희생하면서까지 다른 사람이 자신을 좋아하고 수용해 주는 것에 대해 지나치게 관심을 두는 경향이 있다. 이 범위에 있는 사람들은 다른 사람들을 지나치게 돌봐 주고 주는 것을 좋아하며 다른 사람과의 마찰을 피하려고 매우 노력한다. 특히 이들은 우호성과 동정심 때문에 다른 사람들로부터 착취당할 수 있다.

치료적 함의

WRM과 관련이 있는 치료적 함의는 임상가가 내담자에게 어떻게 반응하고 느끼는 것과 관련이 있다. WRM이 높은 내담자들은 치료자에게 긍정적이고 온화하며 돌봐 주는 반응을 유발시킬 것이다. 반면에 WRM 점수가 낮은 내담자들은 긍정적인 평가와 정서적 유대를 덜 받을 가능성이 높다. 임상가들은 이러한 대인관계 역동을 이해하고 치료 장면이 아닌 외부 환경에서 어떻게 행동할지를 예언하기 위해 WRM 점수를 사용할 수 있다. 치료 장면에서 임상가들은 이러한 대인관계 역동과 작업을 이해하고 이것들에 의해 영향을 받지 않기 위하여 노력해야 한다. WRM 점수가 낮은 내담자와 맺는 대인관계적 역동에서 부정적 반응은 치료의 효과를 없앨 수 있다. 그리고 WRM 점수가 높은 사람들에 대한 긍정적 반응도 치료자의 맹점이 될 수 있다. 왜냐하면 내담자의 부정적 측면을 인식하지 못할 수 있기 때문이다. 이러한 후광 효과는 임상가에게 내담자에 대한 부정적 감정과 인상을 주기 때문에 치료에서 매우 위험하게 작용한다.

부가적인 군집

자기개념

몇 가지 척도 또는 하위척도 점수들을 조합하면 개인이 자신에 대해 어떻게 생각하고 느끼는지를 이해할 수 있다. 자기개념을 평가하기 위해 MAN-G, DEP-C, BOR-I 하위척도를 사용한다. 이 세 가지 하위척도를 같이 고려해 보면 개인이 자기 자신에 대해 어떻게 느끼고 생각하는지 그리고 자신에 대한 지각이 얼마나 안정적인지를 알 수 있다. MAN-G는 자기개념의 정서적 요소, 자존감을 반영한다. MAN-G 점수가 현저하게 높은 경우($T>69$) 낮은 자존감에 대한 반응을 반영한다. 즉 MAN-G가 극단적으로 높을 경우 개인이 자존감이 높은 것으로 보고하고는 있지만, 실제로는 자신에 대한 불만족감을 방어하기 위해 자존감을 과장하는 것으로 볼 수 있다. 방어적 양식과 반응이 다르기는 하지만, MAN-G 점수가 낮은 경우($T<41$)에도 마찬가지로 기본적으로는 취약한 자존감을 의미한다. 이러한 사람들은 자기 자신을 좋아하지 않고 자신이 달라지기를 원할 수 있다. 평균 수준($40<T<70$)인 경우 자존감이 잘 유지되어 있고, 이 범위에서 점수가 높을수록 자신에 대해 더 건전하고 강한 긍정적 감정을 가지고 있다는 것을 의미한다.

자기개념의 사고 요소인 자기효능감은 DEP-C 하위척도에 가장 잘 반영되어 있다. DEP-C 점수가 높은 경우($T>74$) 자신이 비효율적이고 자신이 처한 환경과 상황 변화에 대처하기 어렵다는 것을 의미한다. 이러한 사람들은 무망감, 무가치감, 자신이 인생의 구체적인 목표를 설정하고 있더라도 성취하기 어렵다는 신념이 특징인 우울한 사고를 나타낸다. 평균 범위($50<T<75$)인 경우 가끔 자신에 대해 비판적인 경향이 있다. 전반적으로 편안할 때는 자신에 대한 사고가 긍정적이고 자신감이 있으나 스트레스가 있고 불안정할 때는 자신의 유능성에 대해 의문을 품는 등 자신에 대한 사고가 불안정할 수 있다. 점수가 낮은 경우($T<51$) 전반적으로 탄력성이 있고 자기 자신에 대해 확신하는 태도를 나타내며 필요하면 자신을 변화시킬 수 있다는 자신감이 있다. MAN-G가 높거나 낮은 경우, DEP-C가 높으면 전반적으로 일관성 있는 부정적 자기개념과 관련이 있다.

MAN-G와 DEP-C는 자기개념의 내용을 평가하고 BOR-I는 자신에 대한 사고와 감정의 일관성·안정성과 관련이 있다. BOR-I 점수가 높은 경우($T>74$) 자기개념이 명확하지 않다. MAN-G와 DEP-C가 현재 개인이 자신에 대해 어떻게 느끼고 생각하고 있는지를 지적하는 것이라면, BOR-I가 높은 경우에는 개인의 자기평가가 맥락이나 상황에 따라 수시로 변동되고 변화될 가능성이 높다. 이러한 점수 범위에 있는 사람들은 자신에 대한 감정과 사고가 자신의 성공과 실패 경험에 따라 잘 변화된다. BOR-I 점수가 낮은 경우($T<51$) 자신에 대한 생각이 일관성이 있고 안정적이라는 것을 의미한다. 이러한 점수 범위에 있는 사람들이 MAN-G와 DEP-C 점수가 높거나 낮은 경우 좋고 나쁘고를 떠나서 자신에 대한 부정적, 긍정적 사고가 매우 일관성 있게 나타난다.

세 가지 하위척도 점수를 같이 고려하면 자기개념의 정도와 방향성 및 안정성을 이해할 수 있다. 하위척도 점수의 형태에 근거해서 치료적 개입을 결정할 수 있다. 예를 들어 MAN-G가 낮고 DEP-C가 높으면서 BOR-I가 낮다면 지속적으로 자신을 부정적으로 보고 있다는 것을 의미한다. 이러한 사람들은 자존감과 자기효능감이 일관성 있게 낮다. MAN-G가 낮고 DEP-C가 높으면서 BOR-I가 높다면 현재 자신에 대해 부정적으로 느끼고 자신의 능력을 의심하고 있는 것이므로, 자기 자신에 대한 관점이 제대로 형성되어 있지 않고 명확하지 않다는 사실에 초점을 두고 치료해야 할 것이다. 자신에 대한 부정적 감정이나 사고에 개입하려는 노력이 성공적인 것으로 보일 수도 있으나 전반적으로 호전되지는 않고 자기개념의 불안정성을 반영하는 것일 수 있다. 자기 자신에 대한 명확하고 안정적인(긍정적인) 관점을 가지도록 하는 데 초점을 두고 개입하는 것이 효과적일 수 있다.

대인관계 양식

대인관계 척도인 DOM과 WRM 척도의 점수를 조합하면 평가 대상자의 전반적인 대인관계 양식을 평가할 수 있다. 대인관계 양식은 DOM, WRM 척도로 평가할 수 있는 것보다 더 범위가 넓고 복잡하지만, PAI에서는 이 두 척도의 점수 형태에 따라 네 가지 대인관계 양식을 알 수 있다. DOM과 WRM 점수가 둘 다 높은 경우($T > 55$)에는 전형적으로 외향적이고 사회적으로 효율적이다. 이러한 사람들은 친구가 많고 부모와의 관계가 효율적이며 필요하면 대인관계 상황을 통제할 수 있고 다른 사람에게 진심으로 관심을 나타내고 친절하다. DOM과 WRM 점수가 극단적으로 상승($T > 65$)되어 있으면 다른 사람의 주목과 호감을 받고자 하는 욕구가 매우 강하다. 이러한 사람들은 자신의 욕구를 충족시키기 위하여 매우 극적이고 과장된 행동을 나타낼 수 있다.

DOM은 높고($T > 55$) WRM은 낮은($T < 45$) 사람들은 대인관계를 목적을 이루기 위한 수단으로 본다. 이들은 자신의 계획과 욕구를 충족시키는 과정에서 감정에 크게 좌우되지 않는다. 이 두 척도의 점수가 지나치게 높고 낮아질수록, 즉 DOM이 높고($T > 65$), WRM($T < 35$)이 낮은 경우 전반적으로 다른 사람을 착취하고 조종한다. 이들은 자기중심적이고 대인관계 자체에 가치를 두거나 중요하게 생각하지 않는다. 이들의 입장에서 보면 대인관계는 자신의 욕구를 충족시키기 위한 수단에 불과하다. 이들은 통제적이고 다른 사람에 대해 동정심을 나타내지 않는다.

DOM과 WRM이 모두 낮은($T<45$) 사람들은 내향적이고 흔히 고립되어 있으며 다른 사람과의 관계에서 거리를 유지한다. 흔히 이들은 다른 사람과의 친밀한 대인관계를 중요하게 생각하지 않고 욕구도 느끼지 않으며 사교적으로 행동하는 것을 불필요하다고 느낀다. DOM과 WRM 척도 점수가 모두 지나치게 낮으면($T<35$) 사회적 상호작용을 매우 불편하게 느끼고 상호작용을 피하며 사회적 관여를 덜 하기 위해 수동적이거나 순종적이다. 이러한 점수 양상을 나타내는 사람들은 망상이나 원한을 나타낼 수 있으므로, 이러한 구성개념을 측정하는 척도들(PAR, PAR-R)이 동반 상승되어 있는지를 검토해야 한다.

DOM이 낮고($T<45$) WRM이 높은($T>55$) 사람들은 다른 사람들과 협동적, 우호적이고 리더가 되거나 권위를 내세우기보다는 관계를 맺고 유지하는 것을 더 좋아한다. 이들은 추종하는 역할을 더 좋아하고 대인관계에서 매우 지지적이며 진지한 경향이 있다. DOM이 매우 낮고($T<35$) WRM이 매우 높은($T>65$) 사람들은 다른 사람들로부터 거부당하고 버려지는 것을 두려워하고 다른 사람에게 권위를 나타내지 않으며 자신의 욕구 충족을 일차적으로 고려하지 않는다. 이러한 사람들은 쉽게 이용당하고 의존 욕구가 높아서 주장성을 발휘하지 못한다. 이들은 자신이 비효율적이라고 느끼고 사소한 스트레스 상황에서도 쉽게 압도된다.

DOM과 WRM 점수가 평균 범위일 경우에도 중요한 의미가 있다. 예를 들어 DOM과 WRM 점수가 평균 범위($44<T<56$)인 사람들은 다른 사람들과의 대인관계와 상호작용이 균형을 유지하는 경향이 있고 자율적이며 상황의 요구에 대해 적응적이다. 임상가는 극단적인 점수 형태뿐만 아니라 다른 패턴도 고려해야 한다.

환경에 대한 지각

개인의 환경에 대한 지각은 NON, STR 척도를 통해 평가한다. 대인관계 양식과 마찬가지로 NON, STR 점수의 형태는 개인의 현재 환경에 대한 지각을 나타내 준다. NON과 STR 점수가 평균이거나 모두 낮은($T<60$) 사람들은 일상생활에서 안정적이고 신뢰로운 지지를 지각하고 있고 스트레스인이나 예기치 않은 압력이 있어도 압도되지 않는다. 전형적으로 이들은 자신이 의지하는 사람들과 좋은 관계를 유지하고 있고 별 부담을 느끼지 않는다. 이러한 양상을 나타내는 사람들은 자신의 문제를 해결하는 데 도움이 되는 사회적 지지가 충분하다고 느끼는 경향이 있어서 치료 예후가 좋다. NON과 STR 점수가 매우

낮은 경우($T < 44$) 죄책감을 유발시키는 문제가 있다고 하더라도 환경적 스트레스인이나 잘못을 비판하는 요인이 없기 때문에 개인의 발전에 도움이 된다.

NON이 높고($T > 59$) STR이 평균이거나 낮은($T < 60$) 사람들은 자신이 필요할 때 다른 사람들이 지지나 유용한 도움을 별로 제공해 주지 않는다고 느낀다. 그러나 이러한 사람들은 지금 당장 지지가 필요하다고 느끼지는 않는다. 왜냐하면 일상생활에서 많은 스트레스인을 지각하지 못하기 때문이다. 이들은 친구, 가족과 친밀한 관계를 가지지 않을 수 있고 때로는 친밀한 관계를 가지고 있지 않기 때문에 일상생활이 안정적이고 예측 가능하다. NON이 매우 높으면($T > 84$) 다른 사람들이 도움이 되지 않을 뿐만 아니라 다른 사람들이 자신을 떠날 것이고 거부적이고 냉담한 것으로 본다. 이들은 다른 사람들이 자신에게 도움이 되거나 진지한 관심을 보여 준다고 생각하지 않고 동정심과 지지가 없다고 보기 때문에 다른 사람들을 경멸한다. 특히 이러한 점은 BOR-N과 PAR이 동반 상승될 때 더 흔하게 나타난다.

NON이 평균이거나 낮고($T < 60$) STR이 높은($T > 59$) 사람들은 현재 상당한 상황적 스트레스를 경험하고 있고 주변 사람들이 이러한 스트레스에 대처하는 것을 도와주기 위해 상당한 지지를 제공하고 있다고 느낀다. 임상 척도, 특히 DEP와 ANX 척도의 상승은 이러한 상황적 압력과의 관련성이 높고, 이런 양상을 나타내는 사람들에게는 적절한 사회적 지지가 주어지면 치료적 호전이 빠를 것이라고 기대할 수 있다. STR이 매우 높은($T > 84$) 사람들은 주변 환경에서 일어나는 어떤 일 때문에 너무 심하게 혼란스럽고 그로 인해 심각한 장애를 경험하고 있다. 이들은 자신이 지지받고 있다고 느끼지만 자신이 먼저 도움을 요청하지 못할 가능성이 높으므로, 이들에게는 도움을 요청하도록 격려하는 것이 필요하다.

NON과 STR이 높으면($T > 59$) 여러 가지 생활 영역, 특히 대인관계 영역에서 현저한 스트레스를 경험하고 있다. 이들은 다른 사람들이 자신을 지지해 주지 않는다고 말하고 제한적인 친밀한 관계를 가지고 있을 가능성이 높으며 그러한 관계에서 갈등을 경험할 가능성이 높다. 개인이 경험하는 문제가 모두 대인관계와 관련이 있는 것은 아니지만, 대인관계의 문제가 있을 수 있으므로 치료 목표로 삼아야 한다. NON과 STR 점수가 높이 상승되어 있는($T > 84$) 사람들은 일상생활에서 심한 불안정성을 나타내고 도움을 요청할 사회적 자원이 매우 부족하다. 이들에게는 대인관계가 핵심적 스트레스인이고 BOR-N과 PAR

점수가 상승되어 나타날 수 있다. 원한과 분통이 나타날 수 있고, 일상생활의 혼란은 단순히 상황 때문이 아니며, 개인의 성격적 문제가 보다 만성적인 혼란을 야기하는 데 중요한 역할을 할 가능성이 높다. 따라서 장기적인 치료가 필요하다.

이러한 네 가지 형태의 해석은 NON과 STR의 점수가 연속되는 범위를 나타낼 때 더 의미가 있고 복잡하다는 점에 유의해야 한다. 예를 들어 STR이 중간 정도 범위로 상승($59 < T < 70$)되어 있고 NON이 낮은 범위($T < 44$)인 사람들은 임상 척도 점수가 상승하더라도 어느 정도 아마도 정상적 범위의 스트레스인을 경험하고 있지만 이러한 스트레스인을 해결하는 데 필요한 지지 자원이 풍부하다고 느낀다. 임상가는 이러한 범위 내에서 극단적인 점수 형태와 그 외의 다른 점수 형태가 지니는 의미를 반드시 고려해야 한다.

위험 가능성

PAI에서 잠재적 위험 가능성, 즉 자기손상은 SUI, 타인에 대한 위험 가능성은 AGG 척도가 직접적으로 측정하고 있지만, 위험 가능성을 간접적으로 평가하기 위해 척도와 하위척도 점수들을 포함시킨 두 가지의 형태 지표가 있다. Morey(2007)는 자살, 폭력과 관련이 있는 성격적, 임상적 특성을 측정하기 위하여 자살 잠재성 지표(Suicide Potential Index, SPI)와 폭력 잠재성 지표(Violence Potential Index, VPI)를 개발하였다. 이 지표들에는 20개의 위험 관련 속성이 포함되어 있고 분할점도 설정되어 있다. 어떤 기준이 부합되는지를 결정하기 위해, 임상가는 두 지표에 포함되어 있는 각각의 척도와 하위척도의 분할점수를 고려해야 한다. 20개의 특징 중 몇 가지에 부합되느냐에 따라 위험성이 결정된다.

SPI는 SUI 척도로 측정하는 자살 경향성 범위를 넘어선, 자살 위험과 관련이 있는 변인들을 포함하고 있다. 여기에는 높은 부정적 정서, 낮은 긍정적 정서, 불안정성과 슬픔, 충동 통제의 어려움 등이 포함되어 있다(표 8.2 참고). 예를 들어 걱정과 반추를 포함하는 ANX-C, 무망감을 포함하는 DEP-C, 슬픔과 불편감을 포함하는 DEP-A 등을 들 수 있다. SPI의 원점수가 13점이면 20개 기준 중에서 13개가 부합되고 T 점수는 81이다. 이 경우 표준화 표본의 평균에서 매우 이탈되어 있는 값이고 동시에 임상 표본의 평균에서조차도 1표준편차 벗어난 값이다. 13점이면 자살을 고려하고 있을 가능성이 매우 높다. 이럴 경우 수검자의 현재 상황의 심각성을 이해하기 위해 추가적인 평가와 개입을 계획해야 한다.

VPI는 AGG 척도가 측정하는 공격적 경향성 범위를 넘어선, 다른 사람에게 폭력을 행

표 8.2 타당도, 임상, 치료, 대인관계 성격평가 질문지 척도

자살 잠재 지표(SPI)		폭력 잠재 지표(VPI)	
척도/하위척도	분할 점수	척도/하위척도	분할 점수
ANX-C	>60	AGG-P minus AGG-V	≥15
DEP-A	>65	AGG minus SUI	≥10
DEP-P	>60	DOM minus WRM	≥10
SCZ-T	>60	ARD-T minus ARD-P	≥15
ARD-O	>55	ANT-A	>70
ALC	>60	ANT-E	>60
ANX-P	>60	ANT-S	>60
MAN-A	>55	BOR-A	>70
NON	>60	BOR-N	>70
DRG	>60	BOR-S	>70
BOR-N	>65	MAN-A	>60
STR	>65	MAN-G	>60
BOR-S	>60	NIM	>70
AGG-P minus AGG-V	>10	PAR-H	>70
DEP-C	>65	PAR-P	>70
PAR-H	>60	SCZ-P	>70
WRM	<45	SCZ-S	>70
MAN-G	<45	ALC	>70
BOR-A	>65	DRG	>70
SOM-H	>55	NON	>70

출처 이 자료는 Psychological Assessment Resources, Inc(PAR)의 허가를 받아 PAI의 저자인 Leslie C. Morey와 PAR staff로부터 제공받은 것임. PAR의 허가 없이 이 자료를 수정하거나 재생하는 것은 법으로 금지되어 있음.

사하는 것과 관련이 있는 변인들을 포함하고 있다(표 8.2 참고). 반사회적 행동(ANT-A), 기분의 불안정성(BOR-A), 망상(의심을 포함하는 PAR-H와 피해적 사고를 포함하는 PAR-P) 등이 포함되어 있다. 그리고 물질 사용(ALC와 DRG)과 성격적 특성(충동성을 포함하는 BOR-S)을 통해 행동이 탈억제되는 정도도 포함되어 있다. 화를 내고 원한을 품으며 예측하기 어려운 내적인 심리적 과정과 행동의 탈억제는 다른 사람에게 위험함을 나타내는 주된 위험 요인이다. 원점수 9점이면 20개의 기준 중에서 9개가 해당되고 T 점수는 84점이며 임상 표본의 평균에서 1표준편차 벗어난 값이다. 원점수 17점은 T 점수 121이고 임상 표본에서 2표준편차 벗어난 값이다. 이 정도로 점수가 높으면 폭력 위험성이 높으므로 AGG 척도와 하위척도의 점수와 관련지어 평가해야 하고 공격적, 폭력적 행동을 한 적이 있는지도 상세하게 조사해야 한다.

결정적 문항

PAI에는 임상가가 즉각적인 추가적 조사를 할 필요가 있다는 것을 의미하는 27개의 결정적 문항이 있다. 이 문항들에 대한 시인율은 정상 표집에서 상대적으로 낮고, 임상적으로 고위험 가능성이 있다는 것을 의미한다. 이 문항들은 현재 위기 상황이거나 부정적인 결과를 초래할 위험이 있다는 것을 나타내 준다. 자기손상, 다른 사람에게 위험한 행동을 할 가능성, 외상적 스트레스 등이 포함되어 있다. 임상가들은 이러한 개별 문항에 대한 반응을 살펴보고 추가적인 평가를 결정해야 한다.

읽을거리

Morey, L. C. (1996). *An interpretive guide to Personality Assessment Inventory(PAI)*. Odessa, FL: Psychological Assessment Resources.

Morey, L. C. (2003). *Essentials of PAI assessment*. Hoboken, NJ: Wiley.

Morey, L. C. (2007). *Personality Assessment Inventory professional manual* (2nd ed.). Odessa, FL: Psychological Assessment Resources.

Morey, L. C. (1998). Teaching and learning the Personality Assessment Inventory (PAI). In L. Handler & M. Hilsenroth (Eds.), *Teaching and learning psychological assessment* (pp. 191–214). Mahwah, NJ: Erlbaum.

제9장

밀론 다축 임상성격검사

밀론 다축 임상성격검사(Millon Clinical Multiaxial Inventory, MCMI)는 수검자의 성격, 정서 조절, 검사 수행 태도 등 폭넓은 영역을 평가하는 표준화된 자기보고형 척도이다. 이 척도는 중학교 2학년 이상의 읽기 능력이 있는 18세 이상의 성인에게 실시할 수 있게 만들어졌다. MCMI는 성격장애 그리고 성격장애와 빈번하게 연결되어 있는 증상 둘 다에 초점을 맞춘 몇 안 되는 자기보고형 검사 중의 하나이다. 1977년에 초판(Millon, 1977)이 발행된 이후 지금까지 세 번의 개정이 있었다(MCMI-II: Millon, 1987; MCMI-III: Millon, 1994, 1997; MCMI-IV: Millon, Grossman, & Millon, 2015). 초판이 발행된 이래로 이 검사에 관한 또는 이 검사를 사용한 연구 논문이 1,000여 편이나 발표되었고, 임상 장면에서 가장 빈번하게 사용되는 검사 중의 하나가 되었다(Archer, Buffington-Vollum, Stredny, & Handel, 2006; Camara, Nathan, & Puente, 2000; C. Piotrowski & Zalewski, 1993). 실제로 지난 40여 년 동안 사용 빈도가 꾸준히 증가해 온 몇 안 되는 검사 중의 하나이다. 임상 수련 감독자들은 임상 수련생들에게 친숙한 객관적 성격검사 중 MCMI를 MMPI/MMPI-2 다음으로 중요한 검사로 꼽았다(C. Piotrowski & Zalewski, 1993). 이 검사의 대중적 인기는 수많은 언어로 번역되었고 여러 나라에서 사용되고 있다는 사실로도 입증된다.

최근의 개정판인 MCMI-IV는 195문항, 30개 척도로 구성되어 있다. 타당도 및 수정 지표(Modifying Index), 임상적 성격 패턴(Clinical Personality Pattern) 척도군, 심한 성격병리(Severe Personality Pathology) 척도군, 임상적 증후군(Clinical Syndromes) 척도군, 심한 임상적 증후군(Severe Clinical Syndromes) 척도군(표 9.1 참고)이 있다. 척도 및 척도를 구성하는 문항은 밀론의 성격 이론, *DSM* 그리고 *ICD*와 긴밀하게 연결되어 있다. 예를 들어 자신이 우월하다는 신념을 반영하는 문항은 자기애성 척도에 포함되어 있는데, 그 이유는 이 내용이 밀론의 이론과 *DSM*에서의 자기애성 성격장애의 성분과 관련이 있기 때문이다. 척도를 해석하고 내담자를 개념화할 때 다수의 척도들이 이론적인 측면에서 공통적인 부분이 있고 이 때문에 문항도 많이 겹친다는 사실을 기억해야 한다. 예를 들어 반사회성 척도와 가학성 척도의 상승은 법적인 문제 및 충동성 문제와 함께 가학적인 특성이 있는 개인을 반영하며, 또한 대인관계가 착취적임을 말해 준다. 이와 비슷하게 반사회성 척도에서 점수가 높은 사람은 알코올 의존 척도에서도 그에 상응하는 상승을 보일 수 있다. 개념적으로 관련이 있는 척도들이 함께 상승하는 현상은 내담자에 대한 보다 완전한 이해를 가능하게 한다.

어떤 면에서 MCMI는 MMPI의 대안이거나 경쟁자이기도 하다. 두 도구는 오래 유지되어 온 성격 패턴과 임상 증상 둘 다를 평가하기 때문에 폭넓은 성인 병리를 평가하기에 적합하다. 다른 측면에서 MCMI는 MMPI를 훌륭하게 보완하는 역할을 한다. MMPI가 우선적으로 축 I 장애에 중점을 두는 반면에 MCMI는 성격을 기술하고 성격장애를 진단하는 데 더욱 특화되도록 설계되었다는 점에서 그렇다. MCMI의 한 가지 중요한 장점은 MMPI-2보다 문항의 수가 적고(195 vs 567 문항), 심지어 MMPI-2-RF(388문항)보다도 짧으며, 그럼에도 제공하는 정보의 폭이 매우 넓다는 것이다. MCMI는 모두 응답하는 데 20~30분 정도의 짧은 시간이 소요된다. 그러면서도 연구에 기반하여 타당도가 잘 입증되었고, MMPI에 비해서 해석이 보다 광범위하다. 두 검사 도구는 결과만으로 진단을 내려서는 안 되지만 진단에 도움이 되는 정보를 풍부하게 제공한다. 이러한 점에서 두 검사의 결과는 임상가에게 올바른 진단을 위한 초점을 제공하지만, 최종적으로는 다른 검사들에서 나온 정보와 통합되어야 한다. 다시 말해서 진단을 내리는 것은 심리검사와 컴퓨터가 아니라 임상가의 몫이다.

이론적 구성개념에 대한 친숙성뿐만 아니라 관련 임상 집단에 대한 경험이 유용한 해석에 큰 도움이 된다. 이론적 지식은 밀론(Millon, 2011)의 저서 『성격장애』(*Disorders of Personality*)와 DSM-5(APA, 2013)의 진단 준거가 큰 도움이 될 수 있다. 임상 집단을 강

표 9.1 MCMI-IV 척도 범주, 약어, 문항수, 신뢰도

척도 범주 / 명칭	척도 약어	척도 번호	문항수	알파
타당도 지표/수정 지표				
비타당성 지표(Invalidity)		V	3	
비일관성 지표(Inconsistency)		W	50	
노출 지표(Disclosure)		X	121	
바람직성 지표(Desirability)		Y	24	
비하 지표(Debasement)		Z	30	
임상적 성격 패턴 척도				
조현성 척도(Schizoid)	AASchd	1	15	.82
회피성 척도(Avoidant)	SRAvoid	2A	18	.89
우울성 척도(Melancholic)	DFMelan	2B	19	.92
의존성 척도(Dependent)	DADepn	3	14	.81
연극성 척도(Histrionic)	SPHistr	4A	17	.83
격동성 척도(Turbulent)	EETurbu	4B	17	.87
자기애성 척도(Narcissistic)	CENarc	5	16	.75
반사회성 척도(Antisocial)	ADAntis	6A	14	.78
가학성 척도(Sadistic)	ADSadis	6B	14	.80
강박성 척도(Compulsive)	RCComp	7	13	.67
부정성 척도(Negativistic)	DRNegat	8A	18	.86
피학성 척도(Masochistic)	AAMasoc	8B	18	.90
심한 성격병리 척도				
조현형 척도(Schizotypal)	ESSchizoph	S	21	.89
경계선 척도(Borderline)	UBCycloph	C	20	.91
편집성 척도(Paranoid)	MPParaph	P	16	.84
임상적 증후군 척도				
일반화된 불안 척도(Generalized Anxiety)	GENanx	A	13	.82
신체화 증상 척도(Somatic Symptom)	SOMsym	H	10	.84
양극성 스펙트럼 척도(Bipolar Spectrum)	BIPspe	N	13	.71
지속적 우울 척도(Persistent Depression)	PERdep	D	21	.93
알코올 사용 척도(Alcohol Use)	ALCuse	B	8	.65
약물 사용 척도(Drug Use)	DRGuse	T	11	.83
외상후 스트레스 척도(Posttraumatic Stress)	P-Tstr	R	14	.86
심한 임상적 증후군 척도				
조현병 스펙트럼 척도(Schizophrenic Spectrum)	SCHspe	SS	21	.86
주요우울 척도(Major Depression)	MAJdep	CC	17	.92
망상 척도(Delusional)	DELdis	PP	14	.81

출처 *Millon Clinical Multiaxial Inventory–.IV Manual*, by T. Millon, S. Grossman, & C. Millon, 2015, Minneapolis, MN: Pearson에 기초함.

조하는 것은 애초에 MCMI가 정신과 집단을 평가하기 위하여 개발된 것이며 정상 집단이나 정신병리가 가벼운 수준의 집단에 사용해서는 안 된다는 것을 의미한다. 그러나 이 검사의 최근 판들에서는 성격 특질이 정상에서부터 이상에 이르기까지 연속성(continuum)을 가진다는 점에 주목해 왔다. 결론적으로, 지정된 절단점수(75점과 85점) 또는 그 이상의 점수를 얻은 사람들의 경우 점수가 가볍게 상승하기는 하였지만 공식적인 절단점수에 이르지 않은 사람들과는 다른 유형의 해석을 해야 한다.

역사와 발전

MCMI 초판의 개발

밀론이 1969년에 『현대 정신병리』(*Modern Psychopathology*)라는 책을 발간한 직후에 동료 교수들은 저서에서 정리한 성격 차원들을 조작적으로 정의하고 측정하는 도구를 개발하도록 설득하였다. 1972년에 초기 형태인 밀론-일리노이 자기보고 검사(Millon–Illinois Self-Report Inventory, MI-SRI)가 완성되었다. 그 다음 5년 동안 문항을 더 개발하고 수정하였으며, 추후에 *DSM-III*에 수록될 최신의 성격장애를 반영하였다. 초기 개정판이 완성된 후 밀론 다축 임상성격검사(MCMI)로 이름을 바꾸어 출판하였다.

초판 MCMI는 합리적 절차와 경험적 절차를 결합하여 개발되었다. 첫 단계는 안면 타당도가 높은 질문으로 대규모 문항 풀을 제작하는 것이었다. 밀론의 이론(Millon, 1969)에서 유도한 총 3,500개의 예비 문항 풀을 만들었다. 이들 문항을 합리적인 방식에 의거하여 20개의 척도로 묶었다. 검사 개발자들은 문장을 다듬고 중복되는 문항은 제거하여 문항의 수를 줄여 나갔다. 다음으로 환자들에게 문항의 의미 명확성과 이해도를 평정하도록 하여 경험적인 방식으로 문항을 수정하였다. 다음 절차에서는 임상가들에게 문항들을 척도들(scales)로 재분류하게 하여 개발자들이 문항을 분류하여 만든 척도들과 얼마나 관련이 있는지를 평가하였다. 이러한 일련의 절차를 거쳐 전체 문항을 2개의 등가적인 예비 질문지로 만들었다. 2개의 질문지는 각각 556문항으로 구성되었다. 두 질문지를 200명의 환자에게 실시하여 각 문항의 점수 빈도 그리고 문항-척도 상호상관을 분석하였다. 각 척도 내에서 상호상관이 높은 문항들은 그대로 두고 매우 빈번하게(85% 이상) 또는 매우 드물게

(15% 이하) 체크되는 문항은 제거하였다. 이 절차를 거쳐 각 질문지를 289문항으로 축소하였다.

167명의 임상가에게 자신들의 환자 682명(이들은 289문항 질문지를 작성한 사람들이다)에 대해 20개 변인으로 평정하도록 하였다. 각 문항에 대한 체크 빈도 및 척도 중복(over-lap)의 정도를 고려하여 289문항을 154문항으로 축소하였다. 이 타당화 절차에 의거하여 3개의 척도(Sociopathy, Hypochondriasis, Obsession-Compulsion)를 제거하고 3개의 새로운 척도(Drug Abuse, Alcohol, Hypomania)를 추가하였다. 그 결과로 살아남은 문항의 총 개수는 175개였으며, 20개의 척도에서 733개의 다양한 채점(keying)이 도출되었다.

이들 척도는 검사의 구성 단계에서 사용된 1,591명의 임상 집단을 대상으로 최초로 표준화되었다. 이 표집은 어떤 특성이 존재하는지 또는 존재하지 않는지를 결정하기 위한 최적의 절단점수를 만드는 데 사용되었다. 297명의 비임상 집단은 정상인 비교 집단의 반응을 수립하는 데 사용되었다. 1981년에는 절단점수를 다시 계산하고 수정하기 위해 환자 43,218명의 MCMI 반응을 검토하였다.

MCMI와 그 개정판의 한 가지 특징은 특정한 특성의 존재 여부를 나타내기 위하여 "기저율(Base Rate, BR)"과 관련된 절단점수를 사용한다는 점이다. MCMI가 T 점수를 사용하지 않는다는 것을 아는 것이 매우 중요하다. 기본적으로 BR 점수는 T 점수와 비슷하게 해석 과정에서 원점수를 보다 의미 있는 점수로 변환하는 수단이다. 그러나 BR 점수는 특정한 특성 또는 증후군이 존재한다고 간주되어 온 전집 백분율에서 유도된 것이다. 예를 들어 정신과적 전집(psychiatric population) 중 17%가 뚜렷한 의존적 성격 특성을 가졌다고 간주할 수 있는 반면에, 단 1%만이 뚜렷한 가학적 성격 특성을 가졌다고 간주할 수 있다. 이는 내담자의 특성에 관한 판단은 그 사람의 점수가 이 두 증후군 중 어느 하나의 범위에 있을 때 내리게 된다는 것을 의미한다. 그렇지만 상대적으로 발생 빈도가 높은, 즉 BR이 높은 정신과적 장애(예를 들어 의존성 성격장애)의 경우 희박하게 발생하는, 즉 BR이 낮은 장애(예를 들어 가학성 성격장애)보다 상대적으로 낮은 절단점수가 필요하다. 밀론은 현재 관심의 대상인 특성이 명백하게 존재하는 경우를 나타내기 위해 BR 점수를 85점으로 설정하였다. 즉 이 검사를 받은 환자 전집에서 그 장애를 주 진단(primary diagnosis)으로 가지고 있는 사람들의 BR 점수 하한계를 85로 고정하였다. 이보다 낮은 BR 점수 75점은 특성 중 일부를 가지고 있는 경우를 나타낸다. 즉 이 검사를 받은 환자 전집에서 해당 장애가 있지만 그것이 반드시 주 진단은 아닌 사람들의 최하 BR 점수를 75점으로 고정하였다. 추가적인 절단점수 또는 고정점수(anchor score)로는 정상 집단 또는 비정신과적 집단의 중앙값(median)을 나타내기 위한 BR 점수 35점과 정신과적 환자 전집의 중앙값을 나타내기 위한 BR 점수 60점이 있다. 이 BR 접근은 많은 이론적인 측면에서 여러 연구자들(Finn, 1982; Widiger & Kelso, 1983)이 지지하였고, 흔히 사용하는 *T* 점수에 비해 진단적 정확성이 높다는 것이 경험적으로 입증되었다(Duthie & Vincent, 1986).

MCMI-II의 개발

MCMI-II(Millon, 1987)는 MCMI 초판의 특징을 대부분 유지하였다. 검사 개정의 동기는 성격장애에 대한 연구 결과와 이론을 흡수하고 *DSM-III*과 *DSM-III-R*(APA, 1987)에 제시된 진단 준거에 맞추어야 할 필요성이었다. 또한 MCMI 초판 문항 중 40~50개는 삭제할 필요가 있었다. 이전 판의 부정성 척도(Negativistic scale)를 수동-공격성 척도(Passive-Aggressive scale)와 자기패배적 척도(Self-Defeating scale)의 2개로 분리하여 새로운 이 두 척도의 문항을 개발할 필요가 있었다. 또한 이전 판의 반사회성-공격성 척도(Antisocial-Aggressive scale)를 반사회성 척도(Antisocial scale)와 공격성/가학성 척도(Aggressive/Sadistic scale) 2개로 분리하였다. 추가된 문항들은 MCMI 초판에서 문항을 개발할 때와 비슷한 절차를 거쳐 만들어졌다. 그 결과로 368문항으로 구성된 잠정적 형태의 MCMI-II를 *DSM-III-R* 준거에 의거하여 진단된 184명의 환자들에게 실시하였다. 그리고 적절한 진단적 준거 집단을 변별할 수 있을 정도까지 이 문항들을 수정하거나 제거하였다. 초판 MCMI처럼 MCMI-II는 총 175개의 문항으로 구성되었지만, 20개의 하위척도로 구성된 초판과는 달리 22개의 하위척도를 갖추었다. 척도 간 상관관계를 낮추기 위해 개별 문항들을 소속된 특정 척도에서의 상대적인 중요도를 기준으로 1, 2, 3점으로 가중치를 주었다. 다양한 문제를 가지고 있는 1,292명의 환자로 구성된 표준화 집단 자료에 의거하여 최적의 BR 절단점수들을 결정하였다.

MCMI-III의 개발

연구의 진척, 새로운 개념적 발전 그리고 *DSM-IV*(APA, 1994) 출판이 계기가 되어 MCMI-II의 개정판인 MCMI-III(Millon, 1994, 1997; Millon, Millon, Davis, & Grossman,

2006)가 출판되었다. MCMI 이전 판들에서 사용하였던 방식과 비슷하게 325개의 잠정적인 문항이 개발되었고, 우울 척도(Depressive Scale)와 외상후 스트레스 척도(PTSD Scale)가 추가되었다. 자기패배적 성격장애와 가학성 성격장애가 *DSM-IV*에서 제외되었지만 검사에서는 유지되었다. 최종적으로 개발된 MCMI-III에서 여전히 175개의 문항을 고수하였으나 MCMI-II 문항 중 90개가 변경되었고 85개는 그대로 유지되었다. 변경된 문항들 대부분은 내용의 본질과 핵심이 사실상 그대로 유지되었고, 변화의 초점은 증상 심각성의 증가와 관련이 있었다. 이 작업은 특정 문항에 해당되는 사람의 수를 감소시키기 위한 것으로, 이를 통해 MCMI-III가 병리에 대한 제언을 보다 선택적으로 할 수 있을 것으로 기대하였다. 더불어 각 척도를 구성하는 문항수가 반으로 감소되었고, 채점의 개수는 MCMI-II의 953개에서 440개로 줄어들었다. 각 문항에 대한 평정은 1, 2, 3 대신 1, 2로 좁혀졌다. 최적의 BR 절단점수는 다양한 치료 장면에서 추출된 다양한 배경의 임상 환자 1,079명으로 구성된 표준화 집단에서 유도되었다. 더불어 척도 상승에 대한 보다 정교한 해석을 위해 각 성격 척도의 양상(facets) 또는 하위 성분이 개발되었다(S. Grossman & del Rio, 2005; Millon et al., 2006).

MCMI-IV의 개발

밀론의 『성격장애』 신판(Millon, 2011)이 출판되고 *DSM-5*(APA, 2013)가 출판될 무렵, MCMI-III의 가장 최근 규준 작업 이후 몇몇 장애에서 기저율의 변화가 발견되면서 새로운 개정의 필요성이 생겼다. MCMI-IV에서는 용어의 사소한 변화뿐만 아니라 새로운 성격 척도인 격동성 척도(Exuberant/Turbulent scale)가 추가되었다. 그보다 더 중요한 것은 개념틀의 변화로, 밀론의 이론에 더 가까워졌다. 임상 표본에 초점을 맞추었기 때문에 이전의 많은 검사 사용자들은 MCMI가 심한 병리적 성격 기능만 설명하는 것으로 생각해 왔다. 그러나 MCMI-IV는 임상 표본의 성격 기능(및 역기능) 폭이 넓으며, 그리하여 이 검사가 정상에서 이상, 기능성에서 역기능성에 이르기까지 성격 특질의 연속선을 기술하는 데 사용될 수 있다는 것을 분명히 하고자 하였다. 이전에는 각 성격 척도를 성격병리의 병리적인 언어를 사용하여 개념화하였지만(예를 들어 Narcissistic scale, Avoidant scale), 이 개정판에서는 각 성격 척도를 정상성격 특질에서 이상성격 특질에 이르는 연속성을 나타내는 명칭으로 만들었다. 예를 들어 "Histrionic scale"로 사용되었던 것이 개정판에서 사회적인 특성으로부터 히스테릭한 특성까지 연속성을 표현할 수 있는 "SPHistr scale"로 변경되었다. "ADSadis scale"은 공격적인 특성부터 가학적인 특성까지를 나타낸다. MCMI-IV의 개발 과정에서 잠정적으로 284문항이 만들어졌다. 최종적인 MCMI-IV는 195문항으로 구성되었다. 이중에서 MCMI-III의 문항 112개가 유지되었고, 새로운 83개의 문항이 추가되었다(MCMI-III의 175개 문항 중 63개가 교체되었다). 새로운 문항의 개발을 통해 일차적으로 검사의 조망을 확장하고자 하였으며, 시대적 적합성을 높이려는 목적도 있었다. 최적의 BR 절단점수는 다양한 사회적 배경과 치료적 장면에서 표집된 1,547명의 임상 표본으로부터 추출되었다.

이론적 고려

MCMI 개정 4판의 개발은 주로 밀론의 성격 이론 틀에 따라 이루어졌다. 그의 이론에서 핵심적인 원리 중 하나는 쾌락-고통, 능동-수동, 자기-타인 세 양극성 차원의 교차점이다(R. G. Davis, 1999; Millon, 2011; Millon & Davis, 1996; Millon et al., 2006; Strack, 1999). 쾌락-고통 차원은 실존/생존을 위하여 반드시 투쟁하게 되는 모든 사람들의 기본적인 진화론적인 과업과 관련이 있고, 삶의 강화물 역할을 하는 즐거움의 추구와 함께 생명을 유지하게 하는 고통의 회피와도 관련이 있다. 능동-수동 차원은 개인이 환경에 적응하기 위해 또는 환경이 자신들에게 적응하기 위해 다양한 노력을 기울이는 근본적인 진화론적 양식과 관련이 있다. 여기서 능동성이란 환경을 자신의 욕구에 맞게 변화시키는 것을, 수동성이란 자신을 환경에 맞춰서 변화시키는 것을 말한다. 자기-타인 차원은 개인이 다른 사람에게 그리고 자기 자신에게 투자하는 수준을 나타내는 것과 관련이 있으며, 그 범위는 전적으로 자신에게 초점이 맞춰진 것에서 전적으로 타인에게 기울어진 정도까지로 나타난다. 이러한 각 차원은 정상적인 생활을 하는 사람뿐만 아니라 성격장애를 가진 사람의 다양한 성격 구조를 묘사하는 데 사용될 수 있다. 예를 들어 정상 수준에서 발휘되는 성격 기능은 능동-수동 차원에서 나타날 수 있지만, 수동적 혹은 능동적 유형이 지나치게 두드러질 때에는 그 사람의 행동이 병리적일 수 있다. 조현성 성격장애나 회피성 성격장애는 수동적인 성향이 지나치게 강하다고 볼 수 있다. 자기-타인 차원에서 의존성 성격과 연극성 성격은 지나치게 타인 지향적인 데 비해 자기애성 성격은 극단적으로 자신에게 초점이 맞추어져 있다. 다양한 성격 유형은 이 세 차원으로 나타낼 수 있다. 예를 들어 연극성 성격은 매우 능동적이고 타인에게 의존적이며 동시에 쾌락 지향적이다. 또 다른 경우 어떤 개인은 이들 차원 중 한 가지 또는 그 이상에서 양가적이며, 이 때문에 겉으로는 수동적이고 복종적이지만 분노와 갈등을 내밀하게 드러내는 수동-공격적인 성격 유형과 닮았다. 성격장애의 다른 측면들과 함께 이러한 양극성 차원에 대한 보다 상세한 내용은 밀론의 『성격장애』(Millon, 2011)에 수록되어 있다. 이 책에서는 정상부터 비정상까지 *DSM*과 *ICD*의 스펙트럼을 소개하고 있다.

또 다른 중요한 점은 검사의 개발 및 그 해석적 함의와 관련이 있다. 즉 성격 유형은 상호 배타적이 아니다. 예를 들어 반사회적 성격 유형의 사람은 내부의 분노와 반사회적 충동 때문에 빈번하게 불편해 할 수 있으며, 이를 수동-공격적인 방식으로 표현한다. 이러한 중첩은 성격장애에 대한 진단가 간 일치도가 낮은 현상, 즉 변별 타당도의 문제를 설명할 수 있다(R. F. Bornstein, 1998). 성격 특성들 간에 중첩이 있을 것으로 기대되기 때문에 검사 개발자들은 척도들 간의 높은 상관에 대해 그다지 염려하지 않는다. 또한 그러한 중첩 현상이 나타날 때 이론적으로 일관성 있는 패턴으로 나타난다. 실무적인 측면에서 볼 때 이 현상은 척도 상승의 조합이 서로 추가적인 의미를 제공할 수 있음을 의미한다. 예를 들어 반사회성 척도가 높은 점수이고 가학성 척도가 동반 상승한 경우 그 사람은 자신의 반사회적 감정을 예측 가능하고 잠재적으로 위험한 방식으로 행동화할 것임을 시사한다. 이러한 행동은 사례 관리와 치료 계획의 수립에 중요한 함의가 있다.

더욱이 척도의 상승은 항상 개인의 삶의 맥락에서 이해해야 한다. 높은 점수 그 자체로 성격장애 진단이 내려지는 것은 아니다. 자신의 성격 유형의 표현이 역기능적이지 않은 적절한 분야를 찾을 수 있다면 그 사람에 대해 장애가 있다고 생각해서는 안 될 것이다. 그리하여 성격 "유형"과 성격 "장애"의 차이를 강조해야 한다. 예를 들어 자기애적인 반사회적 유형이 있는 어떤 영업사원은 자신의 특질을 최적화하여 직업적으로 큰 성공을 거둘 수도 있을 것이다. 성격장애로 진단하기 위해서는 "사회적, 직업적 또는 중요한 기능 영역에서 임상적으로 의미 있는 고통 또는 손상"을 야기하는 지속적인 패턴이 존재해야 한다는 기준이 명시되어 있다(APA, 2013, p. 646). 만약 고통이나 손상이 없다면 성격장애를 진단해서는 안 된다. 강박성 척도, 연극성 척도, 자기애성 척도에서는 이 점이 특히 중요하다. 이들 척도는 심각한 정신병리가 없는 사람들에서도 흔히 상승하기 때문이다(Craig, 2005). 따라서 MCMI에서 시사된 특정 성격 유형이 실제로 고통 또는 손상을 야기하는지 임상가가 판단하는 것이 중요하다.

끝으로 다른 범주의 척도들(임상적 성격 패턴 척도, 심한 성격병리 척도, 임상적 증후군 척도, 심한 임상적 증후군 척도)은 개념적으로 그리고 임상적으로 서로 관련이 있다(표 9.1 참고). 앞쪽의 두 범주는 성격 유형 및 성격장애 진단과 관련이 있지만, 심각성이 보다 깊은 수준인 경계선, 조현형, 편집성 상태는 별도로 분류된다. 그러나 앞서 지적한 것처럼 이들 성격 유형에 고통 또는 손상이 없다면 장애가 아니다. 두 번째 범주들은 고통의 유형과 수준을 측정하기 위한 것이고, 따라서 축 I 진단과 더 관련이 있다. 이들 범주는 개인에게 올바르게 작동하지 않고 있는 성격 유형이 표출된 결과를 나타내 준다. 예를 들어 앞서 언급한 자기애적이고 반사회적인 영업사원이 고객을 상대하는 것과 같은 방식으로 아내에게 행동하면 그 아내는 이혼을 생각하게 될 것이다. 이러한 결과를 초래한 대처 양식으로 인해서 그는 알코올 의존이 될 수 있다. 반대로 이혼 절차가 진행 중인 의존적이고 회피적인 성격 유형의 사람은 주요우울증으로 반응할 가능성이 높다. 이러한 차이는 성격과 표출된 증상 간에 본질적으로 상호 관련성이 존재한다는 것을 말해 준다. 또한 MCMI는 임상적 증후군 범주와 심각한 임상적 증후군 범주 척도들의 상승으로 나타나는 고통과 손상의 유형과 정도에 주목하여 성격장애 진단이 존재한다는 것을 확정하는 데 도움이 된다.

신뢰도와 타당도

MCMI의 신뢰도와 타당도에 관한 여러 연구 결과는 이 검사가 전반적으로 잘 만들어진 심리측정 도구임을 말해 준다. MCMI-IV는 최근에 개발되었기 때문에, 여기에 제시된 일부 연구는 MCMI-III를 대상으로 수행된 연구이다. MCMI-IV의 경우 내적 일치도가 특히 높았다. 표 9.1에서 보는 것과 같이 알파 계수는 25개 중 20개의 척도에서 .80을 초과하였고 지속적 우울 척도에서 .93으로 높은 수준이었으며, 알코올 사용 척도에서 .65로 다소 낮았다(Millon et al., 2015). 검사-재검사 신뢰도는 중간에서 높은 수준이었다. MCMI-IV 지침서에 기재된 바 13일 이상의 시간 간격으로 얻어진 검사-재검사 신뢰도의 중앙값은 .85였다(가장 높은 값은 연극성 척도의 .93, 가장 낮은 값은 망상 척도의 .73이었다). MCMI-III의 경우 Craig(1999)는 성격 척도에서 5일~6개월 범위의 검사-재검사 신뢰도 중앙값은 .78, 임상적 증후군 척도에서 중앙값은 .80으로 보고하였다. 보다 긴 시간인 4년 간격을 두고 측정된 MCMI-III의 검사-재검사 신뢰도는 .73(부정성 척도)~.59(의존성 척도)로 나타났다(Lenzenweger, 1999). 이는 다른 안정적인 성격 차원들과도 거의 대등한 수준이다.

이론적으로 볼 때 성격 척도는 오랜 기간 동안 지속되어 온 뿌리 깊은 특성을 보여 주는 것인 만큼 보다 가변적인 증상 패턴에 기초한 임상 척도에 비해 안정성이 커야 할 것이다. 일부 사례에서는 이러한 현상이 나타났지만 다른 일부 사례에서는 두 척도군 간의 안정성에서 차이가 없었다. MCMI-I 연구에서는 임상 척도와 달리 성격 척도에서 이론적으로 기대되는 높은 안정성이 나타났다(Piersma, 1986). 이와는 달리 Craig(1999)는 재검사 간격이 길어져도 안정성 측면에서 성격 척도와 임상 척도 간에 차이가 거의 없음을 발견하였다. 이와 비슷하게 MCMI-IV의 지침서에서 검사 간 시간 간격은 매우 짧았지만 성격 척도들에서 평균 .86의 안정성을, 그리고 임상 척도들에서 이보다 약간 낮은 평균 .82의 안정성을 보고하였다. 이러한 결과는 이론적으로 볼 때 초판 MCMI가 임상 척도에 비해 성격 척도에서 시간적 안정성이 더 높았을 수 있으며 그 이후의 개정판들은 두 척도 범주 간의 시간적 안정성이 동등함을 시사한다.

MCMI의 타당도를 평가할 때 한 가지 중요한 쟁점은 이전 개정판에서 수행된 타당도 연구결과가 새로운 버전까지 일반화될 수 있는지에 대한 문제이다. MCMI-III와 MCMI-IV의 척도 간에 상관관계가 중간 정도로 높기 때문에 이전 판의 결과를 새로운 개정판에 조심스럽게 적용하는 것이 정당화될 수 있다. 특히 MCMI-III와 MCMI-IV의 대응되는 척도들 간 상관의 중앙값은 .87로 높은 편이다. 오직 3개의 척도만이 .70 이하의 상관을 나타내고, 그 중에서 자기애성 척도는 .51로 낮아 의미 있는 관계로 보기에 어려움이 있다. 가장 높은 상관은 주요우울 척도 .97이다. 격동성 척도는 MCMI-IV에서 새로 개발된 척도이기 때문에 비교 대상이 존재하지 않는다.

다양한 MCMI 버전을 대상으로 20편이 넘는 요인분석 연구가 수행되었는데, 이들은 각 척도의 문항 구성(Retzlaff, Lorr, & Hyer, 1989)뿐만 아니라 정신병리에 대한 밀론의 개념화를 중심으로 한 요인들(Choca, Retzlaff, Strack, Mouton, & Van Denburg, 1996; Choca & Van Denburg, 2004; McCann, 1991)을 지지한다. MCMI-II의 요인분석 결과는 여러 척도의 구조적 조직을 전반적으로 지지한다. 실시된 요인분석 중 규모가 가장 큰 것은 769명의 사례를 포함한 것으로, 총 8개 요인이 도출되었다(Millon, 1897). 가장 큰 요인은 변량의 31%를 설명하였는데, 이 요인은 손상된 대인관계, 낮은 자존감, 특이한 인지와 자기행동을 포함하는 일반적 부적응과 관련이 있었다. 두 번째로 큰 요인은 변량의 13%를 설명하는 행동화/방종(Acting Out/Self-Indulgent), 그 다음은 8%를 설명하는 불안하고 우울한 신체화(Anxious and Depressed Somatization)였다. 변량의 설명력 순으로 하였을 때 마지막 쪽에 있는 요인들로는 강박적 방어성/망상적 편집성(Compulsively Defended/Delusional Paranoid), 복종적/공격적 가학성(Submissive/Aggressive Sadistic), 중독성 장애(Addictive Disorders), 정신증(Psychoticism), 자기와 타인의 갈등적/변덕스러운 정서성(Self and Other Conflictual/Erratic Emotionality)이었다. Craig와 Bivens(1998)는 444명의 외래환자를 대상으로 MCMI-III의 요인분석을 수행하였다. 그 결과 산출된 3개의 요인을 일반적 부적응(General Maladjustment), 단절된 행동화가 수반된 편집적 행동/사고(Paranoid Behavior/Thinking with Detached Acting Out), 반사회적 행동화(Antisocial Acting Out)로 명명했다. 또한 Rossi, Elklit 그리고 Simonsen(2010)은 대규모 표집으로 분석하는 경우 정서조절 곤란(emotional dysregulation), 적대성(antagonism), 외향성(extraversion), 충동성(impulsivity)의 4요인 해법이 적합도가 가장 높다는 것을 발견하였다.

백 우울 척도(Beck Depression Inventory, BDI), 일반 행동 질문지(General Behavior Inventory, GBI), 미시간 알코올 중독 선별검사(Michigan Alcoholism Screening Test, MAST), 상태-특성 불안 검사(State-Trait Anxiety Inventory, STAI), 증상 체크리스트-90(Symptom Checklist-90, SCL-90), MMPI 등 여러 관련 도구들과 MCMI 간의 다양한 상관관계가 산출되었다(Millon, 1994, 1997; Millon et al., 2006; Millon et al., 2015). MCMI-III 매뉴얼에 제시되어 있는 MCMI-III와 이들 검사 간의 다양한 상관은 검사의 수렴 타당도를 강력하게 입증하는 것이다. 흥미롭게도 MCMI-III에서 임상적 증후군 척도들은 기저율에 따라 환산된 점수보다는 원점수로 분석하였을 때 구조화된 면담 도구에 의거한 진단과의 상관이 더 양호하게 나왔다. MCMI-IV와 다른 도구들 간의 상관은 MCMI-IV 지침서에 상세하게 제시되어 있다. 대표적인 결과로는 간이 증상 질문지(Brief Symptom Inventory, BSI)의 하위척도들과 MCMI-IV 척도들 간의 상관을 들 수 있다. 즉 BSI의 하위 척도인 우울과 MCMI-IV의 주요우울 척도와는 .75, 지속적 우울 척도와는 .77의 상관이 있고, BSI의 신체화와 MCMI-IV의 신체화 증상 척도 간에는 .58의 상관이 있었다. MMPI-2-RF 척도들과도 적절한 상관관계를 보였다. MMPI-2-RF의 RC6(Ideas of Persecution)

과 MCMI-IV의 편집성 척도 간에는 .58의, RC4(Antisocial Behavior)와 MCMI-IV의 반사회성 척도, 가학성 척도 간에는 각각 .64와 .47의 상관이 있었다.

진단 효능성에 관한 자료의 개발 및 가용성은 MCMI의 중요하면서도 비교적 독특한 기여점이다. 이 자료는 보통 BR 척도 점수 75점 또는 85점을 양성 판단의 기준으로 삼고 임상가가 이 점수를 근거로 예측한 특성이 실제로 나타내는 증상의 수준과 일치하는지를 비교함으로써 산출한다. 그러나 어떤 임상 장면에서는 어떠한 장애가 그러한 설정(장애의 기저율)에서 출현하는 빈도를 고려하는 것이 중요하다. 어떤 검사가 효능성이 있으려면 BR로 판단하는 것이 우연적 출현율보다 더 정확해야 한다. 예를 들어 법정이나 물질 남용 치료시설에는 대개 반사회적 성격 유형인 사람이 많다. 이러한 경우 특정 장면에서 MCMI의 양성 예측력을 계산해 보는 것이 바람직하다. 기본적으로 양성 예측력은 어떤 검사가 임상 평정과 같은 다른 수단에 비해 어떤 특성 또는 장애가 존재한다는 것을 정확하게 나타내 주는 확률이다. 이 계산에는 민감도, 특이도 자료와 함께 유병률(특정 환자 집단에 대한 정보로부터 유도된)이 투입된 공식(Gibertini, Brandenberg, & Retzlaff, 1986; Millon, 1994, pp. 41 - 43 참고)이 포함된다. 이 계산법은 임상가들에게 단순한 기저율 수준을 넘어선 검사 수행 정도의 추정치를 제공한다. 예를 들어 반사회적 성격의 유병률(또는 기저율)이 .25이지만 MCMI의 양성 예측력이 .76이라면, 그 차이인 .51은 도구의 증분 타당도가 단순한 기저율 혹은 우연한 예측을 넘어선 .51이라는 것을 의미한다. 확실성 수준에 대한 이러한 강조는 실제 임상적 의사결정에 의미가 있으며, 이는 MCMI의 강점 중 하나이다.

MCMI-IV의 양성 예측력을 계산해 보면, 척도에 따라 그리고 전집에서의 유병률에 따라 대략 .30에서 .68 사이의 양호한 값을 나타낸다(Millon et al., 2015). 또한 이러한 연구 결과들은 MCMI-II의 수렴 및 변별 타당도를 연구하였던 R. Rogers 등(1999)에서도 지지된다. Rogers 등의 연구(1999)에서는 MCMI-II 척도들의 수렴/변별 타당도에 관한 현존하는 자료들을 합쳐서 회피성 척도, 조현형 척도, 경계선 척도를 매우 잘 지지하는 그리고 조현성 척도, 의존성 척도, 연극성 척도, 반사회성 척도, 공격성 척도(Aggressive, 6B), 부정성 척도(Negativistic, 8A), 자기패배성 척도(Self-Defeating, 8B), 편집성 척도는 중간 정도로 지지하는 결과를 얻었다. 이 자료에서 강박성 척도는 거의 지지되지 않았다(7%). MCMI-III의 축 II 척도들의 양성 예측력은 의존성 척도(81%), 편집성 척도(79%), 강박성 척도(79%)에서 가장 높게 나타났다. 이와는 대조적으로 피학성 척도(30%), 부정성 척도(39%), 우울성 척도(49%)에서는 양성 예측력이 낮게 나타났다(Millon et al., 2006). 이와 유사한 Davis, Wenger 그리고 Guzman의 연구(1997)에서는 의존성 척도(.81), 편집성 척도(.78), 강박성 척도(.79)에서 가장 높은, 그리고 피학성 척도(.30), 부정성 척도(.39), 우울성 척도(.49)에서는 가장 낮은 양성 예측력을 보였다. 피학성 척도와 부정성 척도에서의 낮은 양성 예측력은 DSM-IV에서 피학성/자기패배적 성격장애가 삭제되고 부정성 성격장애와 우울성 성격장애가 부록으로 돌려진 사실과 부합한다. 이 두 장애는 DSM-IV에서 처음부터 진단명으로는 빈약하다고 여겨져 삭제가 필요한 것으로 생각되었다. 또한 이는 피학성 성격장애 진단의 경우 DSM-IV 지침이 임상가에게 도움이 되지 않았음을 의미하는 것이기도 하다. 앞서 언급한 두 연구에서는 MCMI의 세 버전을 비교한 결과 전반적으로 심리측정적 특성, 특히 진단적 정확성이 갈수록 향상되었다는 결론을 내렸다(Millon et al., 2006; Millon et al., 2015).

이점과 한계

MCMI의 개발 전략은 혁신적이었고 칭찬받을 만하였다. 역사와 발전 절에서 이론–개념, 내적 구조-외적 준거의 절차가 결합되어 개발되는 과정을 개관하였다. 각 절차는 이전 단계에서 살아남은 문항들만 유지되는 단계적 방식으로 진행되었다. 그 결과 이론에 엄격하게 들어맞고 신뢰도가 엄격하게 입증되며, 측정하는 구성개념에 제한이 있기는 하지만 탁월한 내적 및 외적 타당도를 갖춘 도구가 탄생하였다. BR 점수를 사용한 것은 주목할 만한 혁신이었으며, 결과적으로 진단적 정확성을 향상시켰다. 그러나 구조화된 면담, MMPI와 같은 방법에서의 상당한 문항 중첩과 임상가들 간의 낮은 진단가 간 일치 문제와 관련된 어려움이 여전히 남아 있으며, 최근 판에 와서 척도 명칭이 개선되었지만 여전히 사용자에게 친숙하지 않다.

앞서 언급한 것처럼 MCMI는 폭넓은 정보를 생성할 수 있어 시간 효율성이 높은 검사이다. 특히 이들 정보는 임상적 증상에 초점을 맞출 뿐만 아니라 보다 지속적이고 잠재적인 병리적 성격장애에도 초점을 맞춘다는 점에서 중요하다. 이들 성격장애는 흔히 간과될 수 있다. 임상가들이 성격장애를 간과하기 쉬운 이유로 (a) 내담자는 겉으로 드러나는 증상에 대한 염려를 더 표현하는 경향이 있는 점 (b) 임상적 증후군 증상들이 세상과 소통하는 지속적인 패턴으로 오랫동안 뿌리 박혀 있지 못하였기 때문에 내담자에게 이질적인 경향이 있는 점 (c) 성격 유형은 보다 깊이 숨겨져 있어 추정할 수밖에 없는 대상이라는 점 등을 들 수 있다. 내담자들은 증상으로 인해 정서적 고통을 느낄 수 있지만 이러한 증상의 발생과 유지의 핵심이 되는 행동과 인지 패턴에 대해서는 잘 인식하지 못한다. 많은 문헌에서 증상으로 이끄는 내담자의 패턴을 인식하는 것에 더해 성격장애와 연관된 내담자의 상태를 아는 것이 유용하다고 지적한다. 예를 들어 성격장애 진단은 내담자가 대인관계에서 어려움이 있음을 시사한다. 이러한 대인관계의 어려움은 치료적 관계를 복잡하게 만들 수 있고 다른 정신병리의 경로를 바꿀 수 있다(R. F. Bornstein, 1998). Turkat(1990)는 심리치료를 받고자 하는 내담자들의 50%가 성격장애 진단 준거를 충족한다고 추정하였다. MCMI는 성격 역기능을 더 잘 이해할 수 있도록 설계되어 왔기 때문에 객관적인 검사들 중에서 중요한 위치에 자리 잡게 된 것이다.

MCMI가 많은 장점을 가지고 있음에도 불구하고 성격장애의 평가에는 본질적으로 많은 어려움이 있다. 한 가지 핵심적인 문제는 MCMI 검사와 비교할 수 있는 명확한 기준이나 비교 대상이 없는 점이다. 면담을 통해 수집된 정보에 의존하는 개별 임상가들 간의 진단 일치도는 일반적으로 낮다(median kappa = .25; J. Perry, 1992). 일치도가 너무 낮아서 심리학 연구의 다른 분야에서는 수용하기 어려운 정도이다. 이와 유사하게 MMPI, MCMI, 구조화된 면담과 같은 공식적인 도구들 간의 일치도도 낮다(H. Miller, Streiner, & Parkinson, 1992; Streiner & Miller, 1990). 이 때문에 MCMI의 성격장애 평가가 "참"인지 정확도를 판단하기 어렵다. 이 문제를 다루기 위한 시도가 여러 번 있었다. R. F. Bornstein(1998)은 임상가들에게 "우리가 실제 임상 현장에서 다양한 성격장애를 기술하는 능력이 성격장애를 정확하게 진단하는 능력보다 더 뛰어나다"는 점을 단순히 받아들일 것을 촉구하였다(p. 334). 그의 해결책은 내담자에게 성격장애가 있는지를 결정하고(성격장애 유무에 대한 진단가 간 일치도는 매우 높다; Loranger et al., 1995), 그 다음으로 여러 가지 성격 특성의 손상 강도와 수준을 평가하자는 것이다. 예를 들어 어떤 내담자가 의존성 성격장애(중간 정도의 강도와 낮은 손상 수준)와 연극성 성격 특성(낮은 강도와 중간 정도의 손상 수준)을 가지고 있다고 결정할 수 있을 것이다. 이와는 대조적으로 Westen과 Shedler(1999a,

1999b; Shedler & Westen, 2004)는 실제로 임상가는 내담자의 진술에서 성격 특성을 추론한 결과 성격장애의 전형적인 개념과 부합할 때 성격장애를 진단한다고 지적하였다. 이들은 각 성격장애의 전형적인 진술을 순서화하여 쉐들러-웨스텐 평가 절차-200(Shedler-Westen Assessment Procedure-200, SWAP-200)을 개발하였다. 임상가는 SWAP-200을 통해서 특정 내담자를 평가할 수 있고 내담자가 SWAP-200에 제시된 이상적인 기술(descriptions)에 해당되는 정도를 알 수 있다. 초기 연구에서 이 척도가 알파값이 크고 (15개 진단 중 14개에서 .90 이상) 수렴/변별 타당도가 양호하며, 요인분석 결과도 긍정적인 것으로 밝혀졌다(Westen & Muderrisoglu, 2006). 이러한 대안은 성격장애가 이분법적 범주(장애가 있다/없다)가 아니라 연속선상에서 차원적으로 나타난다는 최근의 일치된 의견과 흐름을 같이한다(Widiger & Trull, 2007). 앞으로의 연구에서는 이 절차와 MCMI-IV를 비교할 수 있을 것이며, 특히 MCMI-IV의 증분 타당도를 입증하는 정도를 결정할 수 있을 것이다.

관련된 쟁점 중의 하나는 MCMI 문항으로 흡수된 일부 진단 준거는 DSM 준거와 긴밀하게 연결되어 있고 다른 진단 준거는 밀론의 이론과 더 가깝게 연결되어 있다는 점이다. 몇몇의 경우 이 준거들이 서로 유사하고, 다른 경우 준거들이 서로 다르다. 준거와 관련된 이러한 비일관성은 다른 준거를 가졌을 때의 상대적인 강점과 약점에 관한 논쟁을 야기하였다(Flynn, McCann, & Fairbank, 1995). 한 가지 약점은 MCMI를 DSM의 측정치로 생각하지 않아야 하지만 척도 명칭들이 임상가들로 하여금 그렇게 생각하도록 할 수 있다는 점이다(Wetzler & Marlowe, 1992; Widiger, Williams, Spitzer, & Francis, 1985). 그러나 DSM-5와 MCMI-IV 간의 차이는, 몇몇 척도나 장애에서는 DSM 준거가 이론적 관련성이 충분하지 않고 어떤 영역에서는 명백하게 부적절하다는 비판이 있었으므로 강점이 될 수 있다. MCMI가 DSM 진단 준거와 엄격하게 연결된 것이 아니기 때문에 DSM에서 관찰된 부적절성을 개선하는 데 사용될 수 있다. 예를 들어 DSM-5에서 반사회성 성격장애의 진단 준거가 높은 평정자 간 일치도를 보이지만 반사회적인 행동들을 반영한 진단 준거에 지나치게 의존한다는 점도 비판을 받고 있다. 즉 반사회성 성격장애에서 핵심적인 문제인 빈약한 양심의 발달은 충분히 반영되지 않았고, 이로 인해 DSM 진단 기준이 "성격장애"라기보다는 "범죄장애"와 관련된다는 비판을 초래하였다. MCMI-IV의 반사회성 성격 척도 문항들에 내재된 이론은 외현적 행동뿐만 아니라 양심의 부재도 다루고 있고, 이러한 개념화 작업들이 문항 내용에 충실하게 반영되어 있다.

성격장애의 진단과 관련된 또 한 가지 쟁점은 상태와 특질의 구분이 어렵다는 점이다. 이론적으로 임상 증상은 우선적으로 상태와 연관되어 있고 성격장애는 특질과 연관되어 있다. 실제적으로 이러한 것들은 매우 상호 의존적이고 이들을 분리하는 것이 쉽지 않다. 임상적으로 유의미하게 상승한 MCMI의 프로파일은 성격 특질 척도에서 나타나는 점수들과 매우 깊은 관련성이 있는 것으로 보인다. 예를 들어 Reich와 Noyes(1987)는 급성 상태 동안 MCMI를 실시하는 것보다 회복 기간 동안 실시하였을 경우에 성격장애 유병률의 추정치가 50% 감소하는 현상을 발견하였다. 이와 함께 MCMI-II 성격장애 척도들의 상승은 내담자의 상태와 관련성이 보다 높은 MMPI-2의 F 척도(와 타당도 척도들)를 상승시키는 것으로 나타났다(Grillo, Brown, Hilsabeck, Price, & Lees-Haley, 1994). 상태와 특질을 구분한다면 특질/성격 척도는 상태/임상 척도보다 더 안정적일 것으로 기대된다. 그러나 이러한 현상이 지금까지는 입증되지 않았다. MCMI-III와 MCMI-IV의 지침서(Craig, 1999; Millon, 1994, 1997; Millon et al., 2006; Millon et al., 2015)를 포함한 많은 자료원에서는 두 척도 범주 간 검사-재검사 신뢰도에서 거의 차이가 없음을 보여 주고 있다. 이러한 결과들은 종합적으로 상태와 특질이 상당히 상호 의존적이라는 것을 말해 준다. 이러한 결과 때문에 성격장애의 시간적 안정성이 의문시되어 왔다(Widiger & Trull, 2007). 성격장애의 가변적인 안정성을 처리하기 위하여 밀론은 MCMI-II와 MCMI-III의 몇몇 척도에 MMPI 검사에 있는 K 교정과 유사한 역할을 하는 조정 방법을 개발하였다. 이러한 방법들이 MMPI에서의 K 교정과 비슷하기는 하지만, 개발 목적에 맞게 효과적으로 작동하는지는 명확하게 밝혀지지 않았으며 논란의 여지가 있다.

MCMI가 *DSM*에 의존적이기 때문에 *DSM*의 지속적인 발전에 따른 변화를 반영하려는 노력을 해 왔다. 이러한 변화에 발맞추기 위한 노력으로 현재 진단 준거에 일치하는 MCMI가 되도록 한 장점이 있지만, 이는 또한 MCMI가 비교적 빈번하게 개정되어 왔음을 의미하는 것이기도 하다(Millon, 1977, 1987, 1994; Millon et al., 2006; Millon et al., 2015). 이와 달리 MMPI와 PAI는 개정이 훨씬 적게 이루어졌다. MCMI의 빈번한 변화는 새로운 개정판과 이전 판 간의 관계를 확립하는 데 필요한 연구와 해석적 함의를 축적하는 데 많은 시간이 필요하다는 것을 의미한다.

한편 MCMI가 실제 측정하는 것이 성격 "장애"인지 성격 "유형"인지도 진지하게 생각해 볼 필요가 있다. 앞서 살펴본 바와 같이 MCMI-III(그리고 MCMI-IV)에서는 연극성 특질, 강박성 특질 그리고 아마도 자기애성 특질의 측정이 실제 성격장애의 측정이기보다는 성격 유형의 측정인 것처럼 보인다(Craig, 1999). Choca와 Van Denburg(2004)는 여러 가지 척도들을 성격 "유형"에 대한 지칭으로 생각하고 싶어 하였다. 그 이유는 장애를 추론하기 위해서는 어떤 한 측정에서 척도가 상승하였을 때 현실적으로 얻을 수 있는 것보다 훨씬 더 많은 정보가 필요하기 때문이다. 어떠한 성격 유형을 소유한 사람은 직업에서 그리고 대인관계에서 잘 기능할 수 있는 "꼭 맞는 자리"를 찾을 수 있을 것이다. 예를 들어 조현성 또는 회피성 성격은 야간경비원 업무를 잘할 수 있을 것이다. 그리하여 유형으로부터 장애를 추론하는 것은 검사에 의해서가 아니라 반드시 개개 임상가에 의해 이루어져야 한다. 진단을 내리기 위해 검사를 살펴보는 임상가는 검사를 있는 그대로가 아니라 확장하여 해석하게 된다.

MCMI에서 또 다른 쟁점은 척도 간 문항의 중첩이 매우 많다는 것이다. 초판 MCMI에서 문항수는 175개인데 채점의 수는 733개나 된다. MCMI-II에서는 그보다 훨씬 많은 953개의 채점이 있다. 여러 척도에 동시에 사용되는 문항이 많기 때문에 척도 간 상관이 높게 나타났다. 예를 들어 MCMI-I에서 경계선 척도와 기분부전(Dysthymia) 척도는 총 문항의 65%를 공유하였고 .95로 높은 상관을 보였다. 이 때문에 임상가들은 어떤 척도들은 서로 매우 비슷하고 따라서 일부가 제외되어야 한다고 생각하였다. 척도들 간 높은 상관관계에 대한 방어로 다수의 구인들이 이론적으로 그리고 임상적으로 비슷하고, 이러한 유사성이 심리측정에서 척도 간 높은 상관으로 반영된 것이라고 하였다. 임상가는 자신의 해석을 미세하게 조정하는 수단으로 다양한 척도들의 상승을 살펴볼 필요가 있다. 예를 들어 회피성 성격과 조현성 성격은 수동성과 대인관계에서 거리를 둔다는 비슷한 점이 있다. 임상적 전통에서는 처음에는 조현성 성격 특질이 있다고 여겨졌던 개인이 보다 많은 정보가 얻어지면서 나중에는 회피성 성격 특질이 있는 사람과 더 유사한 것으로 밝혀지는 경우가 흔히 있음을 시사한다. 앞서 살펴본 이론과 MCMI의 의도에 따르면 이러한 양식을 측정하는 두 척도는 문항이 비슷할 것으로 기대된다. 이러한 방어가 가능하기는 하지만 MCMI-III에서는 척도당 문항수를 줄이고 척도에서의 중요도에 따라서 문항에 가중치를 부여하며 채점의 수를 440개로 줄여서 척도 간 문항 중복을 (그리고 척도 간 높은 상관관계를) 줄이고자 노력하였다(Millon, 1994). MCMI-IV(Millon et al., 2015)에서는 문항의 수가 늘어났지만 성격 패턴 척도와 임상적 증후군 척도에서 392개의 채점만 사용한다. 이러한 채점 감소는 MCMI-IV 지침서에 보고된 척도 간 상관관계가 .90 이상인 경우는 하나도 없었고 단지 3개의 척도(회피성-우울성 $r=.81$; 연극성-격동성 $r=.81$; 피학성-우울성 $r=.85$)만 .80 이상일 정도로 성공적이었다. 이와 같은 결과는 이전 판에 비해 MCMI-III의 척도들이 어떤 면에서 독립적인 영역들을 측정함을 시사한다.

　　MCMI를 해석할 때 때로는 해석 정보가 어디에서 추출되었는지 알기 어려운 경우가 있다. 그러한 정보는 MCMI의 타당도 연구들을 통해서 세부적으로 밝혀진 이론과 경험적 연관성의 조합에 의거한 것이다. 이러한 두 가지 해석 자료원 각각은 MCMI의 네 번째 판이 모습을 드러내는 동안 여러 해에 걸쳐 개발되었다. 때로는 해석 정보들이 이론에 기반한 것인지 경험에 기반한 것인지 아니면 이전 MCMI의 타당화 연구를 통해서 나타난 것인지 알기 어려운 경우가 있다. 만약에 해석 정보가 이전 판에 대한 연구에서 습득된 것이라면, 이론상 그리고 척도 개발상 연계성이 있기 때문에 대부분의 해석이 이전 판에서부터 이전될 수 있다고 주장할 수 있고, 이 주장은 정당하다. 이 연속성은 특히 새로운 척도와 이전 척도들 간 중간~높은 수준의 상관으로 반영되어 있다. 그렇지만 임상가들은 해석이 경험적으로 유도된 것인지 아니면 개념적으로 유도된 것인지에 대해 고민해야 하고, 이것이 낡은 것인지 아니면 여전히 쓸모가 있는지에 대해서도 고민해야 한다. 이 문제는 MCMI뿐만 아니라 예를 들어 MMPI와 같은 다른 검사 도구에도 해당되며, 검사 결과를 다루고 추가적인 정보들을 통합하는 임상가의 역할이 중요함을 말해주는 것이다. Millon(1992)에 따르면 해석의 질은 도구의 전반적인 타당도, 각 척도의 기저 논리를 제공하는 이론의 적절성, 임상가의 기술 그리고 해당 집단에 대한 해석 경험 등에 의해 결정된다.

　　이 문제와 관련된 비판 중의 하나는 MCMI가 과잉 진단의 경향이 있고 지나치게 병리적으로 판단한다는 것이다(P. Flynn et al., 1995). 예를 들어 Wetzler(1990)는 MCMI에서 내린 성격장애 진단이 구조화된 면담에 근거한 진단보다 60% 높게 나타난다고 지적하였다. 임상가들 사이에서 과잉 진단이 나타나는 잠재적인 이유 중의 하나는 성격 척도들의 명칭상 오해의 소지가 있기 때문일 가능성이 있다. 최근 개정판에서는 이 점을 개선하려고 노력하였다. 실제 병리를 반영할 수 있을 수도 그렇지 않을 수도 있는 방식으로 가장 잘 개념화될 때 척도들의 병리적 명칭이 *DSM* 진단 범주의 외양을 그려낼 수 있을 것이다. 이것이 MCMI가 성격장애 진단에 절대적이지는 않음을 의미하는 것은 아니다. 그러나 임상가를 올바른 영역 또는 진단의 방향으로 안내하는 도구임을 정확하게 인식해야 한다. 다른 문제점으로 MCMI가 정상 집단에 그다지 잘 맞지 않다는 것이다. 정상 집단의 사람들은 중간 정도로 상승할 수 있지만 절단점인 BR 75 이하에 머무르며, 임상가는 이러한 상승을 병리적인 용어로 해석하려고 할 수 있을 것이다. MCMI-IV의 척도들의 재명명은 이같은 경향을 방지하기 위한 시도이다. 불행하게도 MCMI-III에 대한 MCMI 전국전산망체계의 온라인 해석에서는 중간 정도 상승에 대한 해석을 강화하고 MCMI 점수들을 근거로 *DSM* 진단을 할 수 있음을 시사하는 경향이 있었다. 이와 관련된 문제점은 척도들에 대한 해석이 내담자의 강점을 균형 있게 다루지 않은 채 결함을 강조하는 경향이 있다는 것이다. 그 결과 내담자의 가능성을 지나치게 부정적으로 기술하게 될 수 있다. 성격 유형의 많은 측면이 매우 적응적임에도 불구하고 이러한 현상이 나타날 수 있다. 예를 들어 연극성 성격 유형의 사교성, 우울성 성격 유형과 관련된 적응성과 공감(R. F. Bornstein, 1998 참고)을 들 수 있다. MCMI-III는 지나치게 병리적으로 해석하는 점 외에도 정신병적 장애가 있는 사람을 평가할 때 정확성이 떨어지는 것으로 나타났다(Craig, 1999).

다양한 집단에서의 사용

MCMI를 해석할 때 한 가지 고려해야 할 것은 성별, 나이 그리고 민족의 잠재적인 영향이다. 성별의 영향은 프로파일을 채점하는 과정에서 성별로 분리된 규준을 활용함으로써 최소화되었다. 또한 MCMI에서 나타났던 이러한 성차는 유병률의 추정치와도 일치한다. 예를 들어 남성들에서 반사회성 성격의 비율이 높은 것이 BR 점수에 반영되어 있는데, 이는 보다 높은 남성 유병률을 반영한 것이다. 일반적으로 전체적인 척도 점수들에서 성별에 따른 차이를 보이지는 않았지만, 어떤 연구에서는 MCMI-III의 일부 문항, 특히 자기애성 척도에서 성 편향의 존재가 시사되었다(K. A. Lindsay, Sankis, & Widiger, 2000).

MCMI-II의 20개 척도 중에 9개 척도에서 백인과 아프리카계 미국인 정신과 환자들 간에 차이가 있었다. 아프리카계 미국인들은 특히 반사회성 척도, 자기애성 척도, 편집성 척도, 경조증 척도 그리고 약물 남용 척도에서 백인들과 차이가 있었다(Choca, Shanley, Peterson, & Van Denburg, 1990). MCMI-III에서 아프리카계 미국인과 카리브해 출신

성인들은 반사회성 척도, 자기애성 척도 그리고 망상장애 척도에서 일관되게 높은 점수를 받았다(Lloyd, 2009). 그러나 이러한 차이가 의미하는 바는 명확하지 않다. 예를 들어 MCMI 척도에서의 이러한 상승은 앞서 언급한 점수들이 다수의 아프리카계 미국인들이 직면하고 있는 어려운 환경을 정확하게 보여 주는 것임을 의미할 수 있다. 아프리카계 미국인 수검자들의 자기 기술(self-descriptions)이 MCMI-III에서 기대된 높은 점수와 긴밀하게 대응된다는 점에서 MCMI-III 상승의 정확성이 지지된다(Craig & Olson, 2001). 그러나 Urgelles(2014)는 MCMI-III에서 미국 전체 인구를 대표하는 규준 집단에 아프리카계 미국인들(규준 집단의 11.1%)이 충분히 포함되지 않았다고 주장하였다. MCMI-IV에서도 규준 집단의 전체 인구 대표성을 갖추기 위해 노력하였지만 아프리카계 미국인은 8.0%, 히스패닉계 미국인은 11.1%로, 미국 전체 인구에서의 구성 비율보다 낮았다.

끝으로 MCMI에서 연령과 관련된 차이도 나타난다. 한 표본에서 나이든 사람들은 의존성 척도에서 보다 높은 점수를 받았지만 강박성 척도와 경계선 척도에서는 낮은 점수를 얻었다(Choca, Van Denburg, Bratu, & Meagher, 1995). 나이든 사람들에 대해 해석할 때는 이들 연령 관련 현상을 고려해야 한다.

해석 절차

MCMI-IV를 효과적으로 해석하려면 상당한 정도의 정밀성과 정신병리 일반 및 특히 성격장애에 대한 지식이 요구된다. 임상가는 최소한 *DSM-5* 진단 준거와 함께 성격장애의 쟁점들에 친숙해야 한다. 또한 임상가는 Millon(2011)의 저서『성격장애』를 읽어 두는 것이 이상적이다. 이 책에서는 정상부터 병리까지 *DSM/ICD* 스펙트럼을 소개하고 있고, 성격장애 내담자들을 다루며, 다수의 내담자들의 MCMI-IV 결과를 언급하고 있다. 또한 검사 결과를 적절하게 다루려면 임상가는 앞서 개략적으로 소개한 MCMI-IV의 이점과 한계를 알고 있어야 한다. 특히 MCMI-IV는 *DSM-5* 진단을 제공하지 않으며, 집단(임상, 비임상)에 따른 MCMI-IV 사용법을 명확하게 알아야 한다. 또한 개인의 강점을 평가하는 데는 특별히 도움이 되지 않으며, 성격장애를 과잉 진단하고 과잉 해석할 가능성이 있음을 알고 있어야 한다.

이 절에서는 MCMI-IV를 해석하는 데 도움이 되는 절차를 제시한다. 다양한 척도와 코드에 대한 논의에서는 현재 진행된 연구, MCMI-III 지침서(Millon, 1994), Choca와 Van Denburg(2004), Craig(2001), Jankowski(2002) 등이 개발한 해석 지침, Millon 등(2015)이 수행하였던 작업 등을 종합하고 요약하여 제시한다. 제시하는 내용의 대부분은 해석적 준거가 MCMI-III에서 MCMI-IV에 이르기까지 안정적으로 유지되어 왔을 것이라는 가정을 바탕으로 한다. 치료 계획과 관련된 하위 절에서는 Dorr(1999), Goncalves, Woodward 그리고 Millon(1994), Millon과 Davis(1996), Retzlaff와 Dunn(2003) 등의 연구 결과물을 요약하였다. MCMI의 30개 척도 각각은 해석, 다른 척도들과의 잠재적인 상호작용, 치료 계획을 수립할 때의 함의 등과 관련지어 논의된다.

일반적인 상승과 개개 2코드타입 및 3코드타입 목록은 몇 가지 이유에서 논의되지 않는다. 첫째, MCMI에 대한 연구가 MMPI-2와 같은 코드타입의 타당성에 대해서 충분히 이루어지지 않았기 때문이다. MCMI의 코드타입에 대한 다수의 기술은 척도 상승 군집의 함의에 대한 개념적 통합에 기초한다. 이는 척도 상승 패턴에 대한 해석이 개개 임상가가 관련된 척도들의 상승의 의미를 합리적으로 고려하여 스스로 할 수 있는 과제라는 것을 의미한다. 예를 들어 반사회성 척도가 가학성 척도와 함께 상승하는 것은 반사회적인 경향이 있는 사람의 가학적이고 전투적이며 비인격적인 표현을 뚜렷하게 보여 주는 것이다. 둘째, MCMI-IV에는 총 30개의 척도가 있어 가능한 코드타입의 수를 열거하기가 쉽지 않고 충분히 연구하는 데 어려움이 있다. 그러나 대부분의 척도 기술에 포함되어 있는 하위 절("빈번한 코드타입")에 척도 상승과 관련된 중요한 의미가 간략하게 기술되어 있다. 독자들이 이 기술을 먼저 읽은 후 척도 전체에 대한 보다 긴 해석적 기술을 읽음으로써 그 의미를 확장해 가기를 권장한다.

1. 프로파일 타당성의 결정

성격 척도와 임상 척도를 해석하기에 앞서 임상가는 내담자가 증상을 과소보고 혹은 과잉보고하거나 무선반응을 하였는지를 분명히 해야 한다. 프로파일의 타당도는 수정 지표(타당도 지표)에 나타난 점수의 패턴을 주목함으로써 평가할 수 있다.

무선반응. MCMI-IV의 타당도 척도 세 문항에서 한 문항 또는 그 이상에서 채점이 되었을 때 무선반응이 시사된다(문항 49, 98, 160에서 "그렇다" 반응). 무선반응의 탐지를 위해 그 밖에도 MCMI-IV에 새로운 척도(비일관성 지표, W)를 추가하였는데, 이 척도는 통계적으로 그리고 의미상으로도 유사한 25쌍의 문항으로 이루어져 있다. 이들 문항 쌍에서 반대 방향으로 응답할 가능성은 낮지만, 의미상으로는 가능하다(예를 들어 "나는 외로운 사람이며, 그 점에 대해 별로 개의치 않는다"는 문항과 "결정을 해야 할 때 나 홀로 하는 것을 더 선호한다"는 문항에 반대 방향으로 응답하는 것이 타당한 반응일 수 있다). 그러나 의미상 일관성이 없는 이러한 응답을 한 문항의 수가 매우 많기는 쉽지 않다. W 척도의 각 문항 쌍에서 반대 방향으로 응답하면 원점수 1점으로 채점되며, 이 척도에서 0~8점은 타당한 범위이고(규준 표본에서 약 98%가 이 범위에 있음), 9~19점은 무선반응이 의심되며(규준 표본에서 약 2%가 이 범위에 있음), 20~25점은 타당하지 않은 반응으로 고려된다.

어려움의 과소보고. MCMI-IV에서 노출 지표(Disclosure, X)와 비하 지표(Debasement, Z)에서 낮은 점수(원점수 34 이하) 그리고 바람직성 지표(Desirability, Y)에서 높은 점수(BR 점수 75 이상)인 경우 어려움의 과소보고가 시사된다. 그러나 실제로 협조적이고 자신감이 있으며 양심적인 사람과 자신을 좋게 보이고자 과소보고하는 사람을 구분해 내기가 어려울 때가 있다. 이러한 경우에는 내담자의 과거력을 탐색하는 것이 가장 좋은 방법이다.

부정왜곡. 노출 지표에서 높은 점수(원점수 178점 이상)를 보이거나 비하 지표에서 높은 점수(BR 점수 75점 이상)를 보이는 경우 부정왜곡(Fake bad) 프로파일이 시사된다. 중간 정도 수준의 상승은 "도움 호소"일 수 있고 실제로 심각한 정신병리를 반영하는 것일 수 있지만, 점수가 매우 높으면(BR 85 이상) 타당하지 않은 프로파일일 가능성이 증가한다.

MCMI-IV 프로파일의 타당도를 높이기 위해 몇몇 척도에서 BR 점수를 조정하였다는 사실을 알고 있어야 한다. 이러한 조정 작업은 MMPI-2에서의 K 교정과 동일한 방식으로, 올바른 점수가 되도록 교정한다. 이러한 조정 작업은 표준적 채점 과정의 일부이고, (만약에 최상위 또는 최하위 10위 이내일 경우에) 노출 지표 점수의 수준과 일반화된 불안 척도와 주요우울 척도로부터 추출된 값을 근거로 몇 가지 척도들을 조정한다. 노출 지표에서 극단적으로 높은 점수는 모든 성격 척도와 증후군 척도의 BR 점수를 높이거나 낮출 수 있다(성격 척도에서는 BR 점수를 최대 10점 높이거나 낮출 수 있고, 증후군 척도에서는 최대 5점을 높이거나 낮출 수 있음). 불안 척도와 우울 척도에서 높은 점수(BR>75)는 우울성 척도, 피학성 척도, 경계선 척도의 BR 점수를 최대 10점 낮춘다. 또한 회피성 척도와 조현형 척도의 BR 점수를 최대 5점 낮춘다.

2. 성격장애 척도의 해석

Retzlaff(1995)는 성격장애 척도를 해석할 때 심한 성격병리 척도(Severe Personality Pathology scales) 중에서 상승하는 척도가 있는지를 우선적으로 검토하도록 권고하였다. 만약 있다면 임상적 성격 패턴 척도(Clinical Personality Pattern scales)에서도 1개 이상의 척도가 상승할 것으로 강하게 시사된다. 이 경우 심한 성격병리 영역에서 높은 점수를 보이는 척도들은 임상적 성격 패턴 영역에서 높은 점수를 보이는 척도들보다 우선적으로 해석된다. 여기서 임상적 성격 패턴 척도는 심한 성격병리 척도의 상승에 대한 해석을 정교화하는 역할을 한다. 진단을 위한 일차적인 초점은 심한 성격병리 척도에 비해 다른 범주의 척도들의 상승이 극단적이지 않다면 심한 성격병리의 상승에 맞춰야 한다. 만약 그러한 현상이 나타나면 다른 범주의 척도들이 극단적으로 상승한 현상이 나타나는 경우에는 극단적으로 상승한 척도들이 심한 성격병리 척도들이 중간 정도 이상으로 상승한 것에 비해서 더 큰 해석적인 의미를 가질 것이다. 이들 척도 각각에 대한 해석은 Millon(2011)의 연구에 기반한 것으로, 다음 절에서 자세히 기술될 것이다. 만약 심한 성격병리 척도에서 상승한 척도가 없을 경우에는 임상적 성격 패턴 척도에서의 상승에 대해 해석해야 한다.

성격병리 척도의 해석 절은 일반적인 해석적 기술(그로스만 양상척도 또는 그로스만 소척도와 각 척도당 세 수준의 심각도를 포함한), 빈번한 코드타입 그리고 치료적 함의로 나누어진다. 평가자는 척도 점수의 상승 정도, 상승한 척도와 관련된 함의 그리고 내담자에 대한 이용 가능한 부가적 자료 등에 따른 해석적 기술이 개개 내담자에게 잘 적용되는지 판단해야 한다. 척도가 얼마나 상승하였는지, 연관된 척도들의 상승의 결과가 어떠한지, 내담자에 대한 추가적인 정보가 있는지를 기초로 해서 도출된 해석이 내담자에게 적용될 수 있는지를 결정할 필요가 있다. 점수의 범위는 다소 융통성이 있지만, 각 척도에서 일반적으로 한계 범위의 상승(marginal elevation; BR 점수 약 75~85)은 중간 정도의 해석적 기술이, 극단적인 상승(BR 점수 85 이상)은 가장 병리적인 수준의 해석적 기술이 제시된다. BR 점수가 75 이하이지만 가장 높은 점수인 경우에는 그 개인에게 가장 우선하는 최소한의 병리적 해석적 기술이 제시된다. 여기서 일반적인 규칙은 다음과 같다. 즉 점수가 상승할수록 보다 병리적인 해석적 기술을 제시하는 것이 적합하다. 또한 가장 높이 상승한 척도의 높이가 다른 상승 척도들에 비해 어떠한가이다. 만약 다른 상승 척도들과 비슷한 정도의 높이라면 이들에는 비슷한 정도의 해석적 비중이 주어져야 한다. 그러나 만약 척도들 간에 BR 점수가 20점 이상 차이가 있다면 가장 낮은 척도의 영향은 미미한 것이며, 가장 높은 척도에 약간의 미묘한 의미를 추가하는 정도로 사용해야 할 것이다.

성격 패턴 척도의 구체적인 해석을 돕기 위해 그로스만 소척도는 개념적으로 분해되어 각각의 척도에서 인지적 요소, 대인관계 요소, 자기이미지 요소, 행동적 측면 등을 포함한 성격의 다양한 측면을 기술한다. 그로스만 소척도는 성격 성향의 어떤 측면들이 내담자에게 나타나고 있는지를 상술하는 데 도움이 된다. 상승된 성격 패턴 척도를 해석할 때 해석에 구체성과 정교성을 더하려면 전반적인 성격 패턴 척도와 관련된 3개의 그로스만 소척도를 고려해야 한다. 예를 들어 한 내담자가 반사회성 척도에서 상승을 보이는데, 3개의 소척도를 개관한 결과 "무책임한 대인행동 소척도(Irresponsible Interpersonal Conduct scale)"(행동)에서 상승이 있지만 "자율적 자기상 소척도(Autonomous Self-Image scale)"와 "행동화 내적 역동 소척도(Acting-Out Intrapsychic Dynamics scale)"는 상승하지 않았다. 이러한 유형은 무책임하게 행동하고 어떤 일에서는 아마도 조작적(manipulative)이고 분개하지만, 충성심과 애착으로 인해 무모하게 충동적이지 않고 절제를 하는 사람임을 시사할 수 있다. 이러한 프로파일은 기업에서 매우 높은 지위에 있는 경영진에게서 발견할 수 있다. 그들은 무자비하게 성공에만 집중하는 방식으로 최고의 자리에 이르는 길을 추구한 것이다. 다른 경우 반사회적 성격 척도의 세 소척도가 모두 상승한 사람은 기능의 손상이 있을 가능성이 매우 크고, 약물 또는 알코올 사용 문제나 강력 범죄의 이력이 있을 가능성 또한 높다. 따라서 반사회성 척도가 동일한 정도로 상승하였더라도 그 사람의 성격 기능을 명확하게 하는 데 도움이 되는 세부적인 요소는 다를 수 있다.

3. 임상적 증후군 척도의 해석

Retzlaff(1995)는 심한 임상적 증후군 척도(Severe Clinical Syndrome scales)에서 상승한 척도들을 우선적으로 해석하기를 권고한다. 이는 단계 2와 비슷하다. 때로는 임상적 증후군 척도 내 대부분 혹은 다수의 척도들이 상승하는 경우도 있는데, 이를 모순되는 것으로 생각해서는 안 되며 상승하는 척도들이 서로를 보완하는 것으로 해석할 수 있다. 심한 임상적 증후군 척도에서 척도들이 상승하면 대개 기본적인 임상적 증후군 척도(Clinical Syndrome scales)에서 보충적인 상승이 동반되며, 흔히 성격 척도도 상승한다. 예를 들어 심한 임상적 증후군 척도 중 주요우울 척도가 상승하면 그에 대응하여 약물 사용 척도, 일반화된 불안 척도, 회피성 척도가 상승할 수 있다. 이에 대한 해석은 우울에 초점을 맞추어 진행되겠지만, 대인관계에 대한 공포, 불안이 포함될 수 있고 이러한 문제에 대한 대처 양식으로 알코올을 사용할 가능성도 고려할 수 있다. 다른 예로 어떤 개인이 불안 척도에서 상승을 보이지만 회피성 척도와 의존성 척도도 그에 대응해서 상승을 보였다면, 그는 다른 사람들로부터 수용되고 보호받고 싶은 욕구와 비판당하고 모욕당할 것에 대한 두려움 사이의 갈등 때문에 불안을 경험하고 있음을 시사한다. 이와는 대조적으로 불안 척도가 상승해 있지만 자기애성 척도에서도 그에 상응하는 상승이 있다면, 그 사람은 자기우월성과 중요성을 포함하는 자기고양감(이는 허약한 자기가치감의 위장된 모습일 수 있음)이 심각하게 도전받으면서 불안을 경험하고 있는 경우일 가능성이 크다. 프로파일에 대한 정확하고 효율적인 해석을 위해서는 척도들 간의 상호 영향에 대한 세심한 검토가 중요하다.

MCMI-IV의 독특한 특징 중의 하나는 성격장애와 관련된 성격 유형/패턴을 측정하는 객관적인 검사라는 점이다. 이들 각 척도를 기술하는 절에는 빈번한 코드타입(여기에는 임상적 증후군 척도들과의 가능한 관련성이 포함되어 있음)과 치료적 함의를 기술한 하위 절이 포함되어 있다. 이와는 달리 임상적 증후군 척도의 기술에는 빈번한 코드타입과 치료적 함의에 대한 내용이 없이 척도에 대한 기술만 제시되는데, 그 이유는 성격 척도와의 관련성이 이미 다루어졌기 때문이다. 또한 불안, 우울과 같은 임상적 증후군의 치료에 관한 아주 좋은 문헌이 이미 존재하기 때문이다.

4. 주목할 만한 반응(결정적 문항)의 검토

MCMI-IV 지침서(Millon et al., 2015)에는 일련의 주목할 만한 반응이 있다. 이는

MMPI-2/MMPI-2-RF의 결정적 문항과 비슷하지만 공식적인 척도라기보다는 합리적으로 범주화된 문항들로, 잠재적 위험/취약성, 변별 진단 등 임상가가 초점을 맞추어야 할 곳을 판단하는 데 도움이 될 수 있다. 주목할 만한 반응에는 외상적 뇌 손상, 복수심, 자기파괴, 정서조절 곤란, 소원한 대인관계, 건강 집착, 폭발적 분노, 섭식장애, 아동기 학대, 처방약 사용, 자해 행동, 성인 ADHD, 자폐 스펙트럼 등이 있다. 주목할 만한 반응은 해당되는 반응들을 토대로 반구조화 면담을 구성하는 데 활용할 수 있다. 또한 심리평가 보고서에 선택적으로 삽입하여 내담자의 태도, 정서, 행동에 대한 보다 구체적인 질적 양상을 제공할 수도 있다.

5. 진단적 인상 제시

단계 2, 3, 4를 통해 내담자의 프로파일에 대한 해석적인 기술이 제시되고 나면 임상가는 관련된 다른 정보들에 따라서 가장 적절한 진단을 내릴 수 있다. MCMI-IV 단독으로 진단을 내릴 수 없다는 것을 인식하는 것이 중요하다. 이보다는 내담자의 기능을 손상시킬 수 있는 성격 유형과 증상군을 기술할 수 있으며, 이를 통해 정확한 진단의 방향을 알려 줄 수 있다.

6. 치료 함의와 제언의 정교화

임상적 증후군 척도(불안 척도, 우울 척도, 약물 사용 척도 등)의 점수 상승으로 보고되고 반영된 증상은 일반적으로 내담자에게 가장 두드러진 것이며, 따라서 가장 우선적으로 초점을 맞추어야 한다. 그렇지만 이들은 내담자의 성격 패턴과 성격병리의 맥락에서 이해되어야 한다. 각 성격 척도에서 치료적 제언을 제시하는 절이 있는데, 이는 다른 정보들과 함께 가장 적절한 중재가 어떤 것일지까지 확장하기 위한 것이다. 이 과정에 유용한 부가적인 자원은 14장에서 다룬다. 그 밖에 Millon과 Davis(1996)의 『성격장애: DSM-IV와 그 너머』(Disorders of Personality: DSM-IV and Beyond), Millon(1999)의 『성격에 기반한 치료』(Personality Guided Therapy), Magnavita(2008)의 『일반 치료 계획에서 MCMI의 활용』(Using the MCMI in General Treatment Planning)에서도 다루고 있다.

타당도 척도

MCMI 수정 지표는 무선반응, 부정왜곡 그리고 긍정왜곡을 탐지하는 데 적합하다. 그러나 예전 연구들에서는 탐지율이 MMPI보다 낮은 것으로 보고되었다(Bagby, Gillis, Toner, & Goldberg, 1991). 또한 MMPI처럼 부정왜곡 프로파일이 긍정왜곡 프로파일보다 탐지의 정확도가 더 높은 것으로 나타났다(Fals-Stewart, 1995; Millon, 1987). 부정왜곡 프로파일이라고 결정하는 규칙을 활용한 탐지 방식의 정확도는 48~92% 정도였다(Bagby, Gillis, Toner, et al., 1991; Retzlaff, Sheehan, & Fiel, 1991; Schoenberg, Dorr, & Morgan, 2003). 그러나 심한 혼란을 겪고 있는 환자들에게서 나타나는 높은 수준의 부정왜곡 지표 점수는 타당하지 않은 프로파일이라기보다 높은 스트레스를 반영하는 것일 수 있고 "도움 호소"의 표시일 수 있다(Wetzler & Marlowe, 1990). 부정왜곡을 일반적으로 적절하게 탐지하는 비율과는 달리, 긍정왜곡을 나타내는 수검자들은 대략적으로 50%만이 탐지되는 경향이 있다(Retzlaff et al., 1991). 그리고 물질 남용을 과소보고하는 내담자들은 탐지를 회피하는 데 능숙하다(Fals-Stewart, 1995). 그러므로 MCMI는 개인이 자신의 병리를 과소보고하는 경향이 나타나는 상황에서는 매우 조심스럽게 사용되어야 한다.

타당성을 결정하는 데 가장 유용한 수단은 내담자의 과거를 검토하고 현재 기능 수준을 세심하게 살펴보는 것이다. 특히 부정왜곡을 하는 것처럼 보이는 사람이라도 과거에 적절히 기능하지 않았던 시기가 있는 사람이라면 단순히 스트레스를 표현하는 것일 수 있다. 반대로 기능 수준이 상대적으로 우수한 사람이 앞서 살펴본 사람과 유사한 정도의 수정 지표 점수를 보이는 경우 부정왜곡으로 반응한 것일 가능성이 매우 높다. 이와는 대조적으로 긍정왜곡의 가능성이 있는 프로파일을 보이지만 기능 수준이 우수한 사람이라면 이는 단순하게 자신감, 주장성 그리고 자존감의 표현일 수 있다. 반대로 프로파일이 이와 비슷하지만 대인관계 문제, 법적 영역의 문제 또는 과거 정신과적 과거력이 있다면, 자신의 병리를 과소보고한 것일 가능성이 높다.

비타당성 지표(척도 V)

MCMI-IV 비타당성 지표는 3개 문항(49, 98, 160번)으로 구성되어 있는데, 만약에 "그렇다"로 응답하였다면 터무니없이 반응한 것임을 말해 준다. 결국 이들 문항에 대한 긍정은 개인이 무선반응을 하였음을 강하게 암시한다. 지침서에 따르면 긍정 반응이 하나인 경우는 "타당성이 의심되는" 프로파일로 해석해야 하며, 2개 이상인 경우에는 타당성이 명백하게 낮은 프로파일로 해석해야 한다. "타당성이 의심되는" 수준의 경우는 내담자가 몇 개의 문항(비타당성 지표 내 3문항을 포함해서)에서 무선반응을 하였거나 문항을 잘못 읽었을 가능성이 있으며, 따라서 프로파일이 타당할 수도 있음을 시사한다. 몇 개의 문항을 잘못 읽었더라도 대부분의 문항에서 정확하게 반응하였을 가능성이 있기 때문이다. 이와는 달리 Bagby, Gillis 그리고 Rogers(1991)는 한 문항만으로도 타당하지 않은 프로파일을 나타내는 것으로 보아야 한다고 권고하였다. 다만 만약 무선적으로 반응하였는데도 운이 좋게도 3문항 중에 1개도 왜곡된 반응으로 해석되는 쪽으로 응답하지 않았을 가능성이 50%나 있으며, 이 경우 타당도 지표에서 탐지되지 않을 수 있다고 경고하였다(Charter & Lopez, 2002). 또한 의식적으로 왜곡 반응을 하는 개인이 타당도를 알아보는 어떤 질문에 "그렇다"로 대답하는 모순을 스스로 알아차릴 수 있고, 타당도 지표에서 탐지될 수 있는 응답을 하지 않는 방식으로 대답할 가능성도 있다.

비일관성 지표(척도 W)

　　MCMI-IV의 비일관성 지표(Inconsistency Index)는 동일하지 않지만 통계적으로나 의미상 서로 유사한 25개의 문항 쌍으로 구성되어 있다. 문항 쌍이 완전히 동일하지는 않기 때문에 반대 방향으로 대답할 가능성이 통계적으로 그리고 의미상 있기는 하지만, 일반적으로 이들 문항의 대부분에서 동일한 방향으로 응답할 것으로 기대된다. 예를 들어 "나는 혼자 지내는 사람이고, 그것을 싫어하지 않는다"와 "나는 선택을 할 때 혼자 하는 것을 선호한다" 문항 쌍은 의미상 꽤 유사하다. 그리고 대부분의 사람들은 같은 방향으로 응답할 것으로 기대된다. 그렇지만 반대 방향으로 응답하더라도 그것이 반드시 무선반응이나 비일관 반응의 표시는 아닐 수 있다. 실제적인 차이일 수 있기 때문이다. 그 결과 이들 문항 쌍에서 어느 정도 수준의 비일관성을 보인다고 하더라도 여전히 타당한 프로파일일 여지가 어느 정도는 있다. 반대 방향으로 응답한 각 문항 쌍은 W 척도에서 각각 원점수 1점을 얻게 된다. 지침서에 따르면 0~8점(표준화 표본의 98%가 이 범위에 있음)은 받아들일 수 있는 수준이고, 9~19점(표준화 표본의 2%에서 이 범위의 점수를 얻었음)이면 타당성이 의심되며, 20~25점은 타당하지 않은 프로파일로 간주해야 한다.

노출 지표(척도 X)

노출 지표는 내담자의 반응이 개방적이고 노출하는 편인지 방어적이고 비밀을 유지하려고 하는지를 측정하기 위해 개발되었다. 만약 MCMI-IV 노출 지표의 점수가 21점 이하면 정신병리에 대한 방어적인 과소보고일 가능성이 매우 높고, 7점 이하면 타당하지 않은 프로파일로 간주한다. 이 척도에서 낮은 점수는 개인이 문항을 읽지 못하였거나 정확하게 이해하지 못하였기 때문일 가능성도 있다. 좀 더 깊이 해석해 보자면, 내담자가 사회적 인정을 추구하면서 망설이고 있고 주저하고 있으며 지나치게 염려하고 있는 것일 수 있다. 그러나 MCMI-II에서 낮은 노출 지표 점수는 민감도가 높지 않은 것으로 나타났는데, 그 이유는 긍정왜곡을 요청받은 사람들도 일반적으로 수용될 수 있을 정도의 노출 지표 점수를 보였기 때문이다(Retzlaff et al., 1991). 따라서 내담자가 명확하게 낮은 노출 지표 점수를 나타낼 정도로 집중적으로 긍정왜곡을 하는 경우에만 그 프로파일은 명백하게 타당하지 않은 프로파일로 간주할 수 있다.

MCMI-IV에서 60점 이상의 노출 지표 점수는 자신의 증상을 과장하고 있을 가능성을 말해 준다. 114점 이상이면 타당하지 않은 것으로 판단한다. 이 척도에서 매우 높은 점수는 혼란이 심한 정신과적 집단에서도 나타나지 않는 점수로, 증상의 과잉보고(부정왜곡)가 시사된다. 한편 이 척도는 과잉보고의 경우에도 점수가 크게 상승하지 않는 점에 유의해야 한다(C. D. Morgan, Schoenberg, Dorr, & Burke, 2002). 증상을 과장하는 많은 사람들이 절단점수인 114점 이하의 점수를 획득할 수 있다. 만약 실제로 절단점수 이상의 점수를 보인다면 증상을 과잉보고하고 있다고 판단해도 무방하다. 이 지표는 비하 지표와 상당히 유사한 기능을 하는 것으로 나타났으며(Blais, Benedict, & Norman, 1995), 이 두 척도는 독립적인 정보를 제공하지 않을 수 있다.

바람직성 지표(척도 Y)

노출 지표와 비슷하게 바람직성 지표는 방어적인 반응의 측정치이다. BR 점수 75 이상인 사람은 드물게 도덕적이고, 대인관계에서 매력적이며, 정서적으로 극단적으로 안정되어 있고, 매우 사교적이며, 조직화되어 있고, 사회적 규범을 높이 존중하는 방식으로 자신을 나타낸 것이다. 상당히 높은 점수는 심리적 어려움 또는 대인관계에서의 핵심적인 어려움을 숨기고 있음을 시사한다. 이 지표는 비하 지표나 노출 지표와는 무관한 역할을 하는 것으로 나타났다(Blais, Benedict, & Norman, 1995).

비하 지표(척도 Z)

척도의 이름이 시사하는 것처럼 비하 지표(Debasement Index)는 개인이 자신을 부정적이고 병리적인 용어로 묘사하는 정도를 반영한다. 비하 지표에서 상승된 점수는 공허감이나 분노, 쉽게 우는 것, 낮은 자존감, 잠재적으로 자기파괴적으로 되는 것, 긴장감, 죄책감, 우울감을 빈번하게 느끼는 것 등을 포함할 수 있다. 그리하여 비하 지표는 바람직성 지표에서 측정하고자 하는 것과 반대편의 특성을 측정한다. 두 지표가 동시에 상승하는 경우는 매우 드물지만, 자기노출이 심한 사람이 때로는 두 척도에서 동시에 높은 점수를 얻을 수 있다. BR 점수 85 이상인 것은 급성적인 심리적 고통 때문에 도움 요청을 하는 경우가 아니면 부정왜곡 프로파일이다. 이 지표는 노출 척도와 어느 정도 유사한 기능을 하는 것으로 밝혀졌다(Blais, Benedict, & Norman, 1995).

임상적 성격 패턴 척도

척도 1: 냉담한–비사회적인–조현성(Apathetic–Asocial–Schizoid, AASchd)

이 척도에서 측정하는 핵심적인 특성은 사회적 관계를 형성하는 능력, 전형적인 사회적 강화에 반응하는 능력, 깊고 다양한 방식으로 느끼는 능력, 긍정적인 감정과 기쁨을 즐기는 능력 등과 관련되어 있다. Millon(2011)은 이 척도에서 점수가 상승하는 사람에 대해 감정에 의해 크게 동요하지 않고, 즐거움 추구에 의해 동기화되지 않으며, 부정적인 감정에 의한 동요가 비교적 없다고 기술하였다. 이들은 사회적으로 유리되어 있으며 활동, 관계 또는 다른 생활 경험에 관여하지 않는 것에 만족하지만 소극적으로 대인관계를 할 수는 있다.

비관여적 대인행동 소척도(Unengaged Interpersonal Conduct facet scale)는 이러한 사람들이 집단으로부터 동떨어져 있고, 타인들에게 냉정하며, 고립되어 있고, 다른 사람들과 상호작용에 의해서 좀처럼 움직이지 않는 정도를 나타낸다. 이 소척도에서 상승된 점수는 단독 활동을 더 선호하고 사회적 활동에서 주도하기보다 배경 속에 묻히는 것을 더 선호하는 경향을 반영한다. 이에 더해 이러한 사람들은 대인관계에서 민감성이 부족하고 타인의 동기나 감정의 미묘한 측면을 이해하는 능력이 부족하다. 이러한 사람들에 대한 피드백은 혼자 있는 것에 대한 선호와 다른 사람과 관련되지 않는 일을 할 때의 안락감을 중심으로 전개할 수 있을 것이다.

빈곤한 내적 내용 소척도(Meager Intrapsychic Content facet scale)는 과거와 현재의 대인관계 상호작용 경험에서의 일반적인 막연함을 반영한다. 즉 이 소척도의 상승은 개인이 현재 상호작용의 기반이 되는 다른 사람들과 강렬하고 명확하며 구별되는 경험을 갖지 못하고, 다른 사람들과 상호작용이나 관계에서 지속적이고 명확한 인상을 남기지 못한다는 것을 말해 준다. 이러한 사람들에 대한 피드백은 이들이 지속적으로 다른 사람들에 의해 감화되지 않고 악의를 품지 않는 경향이 있으며 다른 사람들이 자신을 오랫동안 귀찮게 하도록 하지 않는다는 점에 초점을 맞추는 것이다.

냉담한 기분/기질 소척도(Apathetic Mood/Temperament facet scale)는 개인이 기쁨, 슬픔, 화를 포함한 정서를 경험할 수 있는 능력의 정도를 반영한다. 이 소척도에서 점수가 상승하는 사람들은 감정적 경험의 폭이 극단적으로 좁고 감정적으로 흥분하는 경우가 거의 없다. 이러한 사람들에 대한 피드백은 제한된 애정 욕구, 안정적이고 변함없는 감정 상태 그리고 강력한 감정 경험의 부족 등에 초점을 맞추는 것이다.

냉담한(Apathetic)

가장 높은 3개의 상승 척도 중 하나가 조현성 척도이고, 상승 정도가 심하지 않은 (BR<75) 사람은 "냉담한" 특질을 가진 것으로 볼 수 있다. 이러한 사람들은 뭐든지 스스로 해결하려는 경향이 있고, 다른 사람들과의 상호작용이나 승인받을 필요성을 느끼지 못한다. 이들은 혼자일 때 안락감과 만족감을 가장 강하게 느끼지만, 의미 있는 대인관계를 가질 수도 있다. 또한 이들은 사회적으로 소극적인 모습을 빈번하게 보이고, 다른 사람들의 생각과 다른 것을 선호하는 경향이 있다. 이러한 사람들에 대한 피드백은 이들이 혼자만의 시간을 원하고 독립적인 활동을 선호하는 점에 초점을 맞추는 것이다.

비사회적인(Asocial)

가장 높은 3개의 상승 척도 중 하나가 조현성 척도이고, 상승이 중등도(BR 75~85) 수준인 사람은 "비사회적" 특질을 가진 것으로 볼 수 있다. 이러한 사람들의 사회적 고립 수준은 "냉담한" 사람들보다 훨씬 더 심하고, 자신의 내적 세계와 대인관계 내 상호작용의 미묘함을 이해하기 힘들다. 보다 높은 상승은 이상한 사고(odd thinking)의 시작과 관련이 있는데, 그 이유는 관습적인 사고의 사람들과의 상호작용이 매우 제한적이기 때문이다. 이러한 사람들은 사회적인 상호작용에서 반응이 매우 느리고, 사회적인 상호작용을 보다 많이 하는 일반적인 사람들이 보이는 자동적인 반응들을 보이지 않는다. 이러한 사람들에 대한 피드백은 이성과의 성적·낭만적 관계에 대한 욕구가 제한적이라는 특징을 포함해 다른 사람들과의 사회적 관계 형성에 대한 흥미가 매우 부족하다는 점에 초점을 맞추는 것이다. 이에 더해 사고가 관습적이지 않고 특정 주제에 사로잡혀 있다는 점에도 초점을 맞출 수 있다.

조현성(Schizoid)

이 척도에서 높은 점수를 보이는 사람의 핵심적인 특징은 다른 사람들에 대한 관심이 매우 부족하거나 거의 없다는 것이다. 이들은 혼자서 자신의 인생을 살아간다. 또한 다른 사람들로부터 유리되어 있고 비인격적(impersonal)이며 철수되어 있고 비사교적이며 은둔적이고 소극적이며 거리를 유지하고 친구가 거의 없다. 이들은 대화를 먼저 시작하지 않으며 다른 사람들에게 무관심하고 사람들과 함께하는 일을 거의 하지 않는다. 가족 관계나 직장생활 또는 사회적 상황에서 이들은 주변인 역할을 선호한다. 그 결과 사회의 가장자리에서 자신의 기능을 발휘하는 경우가 많다. 이들은 자신의 욕구를 충족시키고자 하는 추동이 매우 적고, 낭만적인 유대감을 거의 경험하지 않으며, 애정을 거의 표현하지 않고, 성적 행동이 거의 없다. 이들은 즐거움, 슬픔, 분노와 같은 감정을 깊게 경험하는 경우가 거의 없다. 또한 다른 사람들로부터의 칭찬이나 비난에 대체로 무관심하다. 이들이 대인관계에서 유지하는 거리는 거절에 대한 두려움으로 인한 방어 때문이 아니다. 오히려 자연적이고 가장 편안한 방식의 기능에 가깝다. 더불어 이들은 활기가 부족하고 생동감이 떨어지며 행동은 마치 로봇처럼 보인다. 다른 사람들과의 대화는 모호하고 서먹서먹하며 초점이 없고 느릿느릿하다. 이들의 대화 방향에는 초점이 없고, 자신에게 전달된 어떤 정보도 우회하는 방식으로 전달한다. 그 결과 다른 사람들은 이들을 이상하거나 넋이 나간 사람으로 보기 쉽다. 이들은 대인관계의 의미에 대한 자각이나 통찰이 거의 없다. 만약에 이들에게 헌신적이고 친밀한 관계를 형성한 사람, 즉 배우자와 같은 사람이 있다면, 상대방으로부터 서로 공유하는 부분이 적고 이해가 부족하며 충분히 가깝지 않다는 불평을 자주 듣게 된다.

이러한 성격 유형을 가진 사람들의 자산은 어떤 것에 의해서든 특별히 혼란에 빠지지 않는다는 점이다. 비록 이들이 다른 사람들에게 관심이 없고 사회적 활동에 참여하지 않는다고 해도, 사람들과 상호작용을 할 때는 자신들은 매우 편안하다. 또한 자기충족적이고 오랜 시간 동안 혼자 지내는 것에 편안해 하며 풍족한 환상적 삶을 누릴 것이다. 이들의 취미는 전형적으로 다른 사람들과의 접촉이 최소화되는 활동이 주를 이룬다.

빈번한 코드타입

조현성 척도와 함께 상승하기 쉬운 임상 척도는 불안 척도와 조현병 스펙트럼 척도이다. 이러한 상승 패턴은 단기 정신증 상태를 일으킬 수 있는 가능성과 함께 때로는 강박적 사고를 반영한다. 조현성 척도와 함께 상승하는 성격 척도에는 회피성 척도, 조현형 척도가 있고, 부정성 척도, 의존성 척도, 강박성 척도는 상대적으로 빈도가 낮다. 이들 척도 각각에 따라 앞서의 기술에 새로운 변형들이 덧붙여진다. 회피성 척도에서의 상응하는 상승은 대인관계에서 거리를 두고 기술이 부족할 뿐만 아니라 거절에 대한 공포가 있고 다른 사람들을 불편해 한다는 것도 시사한다. 그렇지만 거리 두기의 이면에는 대인관계를 맺고 싶은 욕망이 숨겨져 있을 수 있다. 만약 조현성 척도와 회피성 척도 둘 다 상승한 경우 문제성 알코올 사용의 가능성이 탐색되어야 한다(알코올 사용 척도와 약물 사용 척도를 확인해야 한다). 회피성 척도와 함께 부정성 척도가 상승한 경우, 갈등적 감정과 자신의 빈약한 대인관계에 대한 분노의 가능성이 강조된다. 이와 같은 분노는 누군가가 자신을 양육하고 보살펴 주기를 소망하는 것(특히 의존성 척도가 함께 상승한 경우)과 이들이 자신을 거부할 수 있다는 두려움에 초점을 맞추고 있다. 이러한 갈등은 감정 기복과 긴장 상태를 빈번하게 초래한다. 강박성 척도가 상승한 경우, 이들은 규율을 잘 따르고 조직적이며 감정을 잘 통제하고 꼼꼼하며 독립적이고 끈기가 있다. 이 경우 위의 특성은 부분적으로만 나타나는데, 그 이유는 감정의 영향을 좀처럼 받지 않고 그 결과 규율을 잘 따르고 자제력이 있으며 적절한 외양을 유지하기 때문이다. 전형적으로 이들은 과도하게 예의 바르고 권위적인 대상의 환심을 사려고 하지만, 반대로 부하 직원과 같은 아랫사람들을 업신여기는 경향이 있다.

치료적 함의

조현성 척도가 상승하는 사람들과 작업하는 경우의 두 가지 주요 목표는 다음과 같다. 즉 (1) 사회적 상호작용이 증가하도록 격려한다 (2) 즐거움을 경험하는 능력이 향상될 수 있도록 돕는다. 그렇지만 치료적 관계를 원하지도 않고 통찰이나 탐색의 가치를 높이 평가하지 않는 사람에게서 이러한 목표를 성취하기는 어렵다. 그 결과 예후가 좋지 않다. 덧붙여 많은 치료자들이 조현성 특성을 가진 사람과 작업하는 것이 보람되지 않다고 느끼기 쉽다. 치료자는 긴 침묵과 소원한 관계에 대해 준비되어 있어야 한다. 그러나 조금이라도 발전된 관계는 내담자에게 매우 중요할 수 있다. 문제해결은 구체적이고 실제적인 측면으로 방향을 정해야 한다. 이들의 행동, 인지적 모니터링 그리고 내적 과정의 재수정을 녹음 또는 녹화한 기록 형태의 피드백이 유용한 기법이 될 수 있다. 그러나 이들은 외적 보상에 대한 수용력이 작기 때문에 조작적 조건 형성은 어려울 수 있다. 또한 심리적인 마음 태세가 잘 갖추어져 있지 않기 때문에 통찰치료도 비생산적일 수 있다.

척도 2A: 수줍은-과묵한-회피성(Shy-Reticent-Avoidant, SRAvoid)

이 척도에서 측정하는 핵심적인 특성은 다른 사람들과 함께 있는 것, 다른 사람이 자신을 판단하는 느낌 그리고 사회적인 활동을 수행하는 것과 관련된 안락감과 두려움이다. 이 척도는 다른 사람들에 의해 평가받고 잠재적으로 거절당하는 것을 얼마나 민감하게 느끼는지를 측정하며, 결국 적극성에서부터 소극성에 이르기까지 사회적 행동의 패턴이 측정된다. 이에 더해 회피성 척도의 한 성분은 개인의 감정에 대한 적절감 또는 부적절감이다.

회피적 대인행동 소척도(Aversive Interpersonal Conduct scale)는 일반적으로 수줍은-과묵한-회피성 스펙트럼의 눈에 띄는 특징이자 대표적인 특성으로, 개인이 사회적인 상황으로부터 벗어나거나 타인과 함께 활동하기 전에 자신이 수용되는지에 대한 확신을 얻고자 하는 욕구의 수준을 반영한다. 이 소척도에서 점수가 높은 사람들은 사회적 수준(예를 들어 많은 사람들과 함께하는 파티)과 개인적 수준(예를 들어 친밀한 관계) 모두에서 사람들과의 상호작용이 포함되는 상황으로부터 거리를 둔다. 이들이 다른 사람들과 거리를 두는 것은 자신을 보호하기 위해서이다. 이러한 사람들에 대한 피드백은 다른 사람들과의 상호작용에서, 특히 그 사람들로부터 어떤 식으로건 거절을 당할 가능성이 있을 때 이들이 어떻게 긴장하게 되는지에 초점을 맞추는 것이다.

소원한 자기상 소척도(Alienated Self-Image facet scale)는 사회적 상황에서 개인이 안전감과 유능감을 느끼는 정도 대 불안전감과 무능감을 느끼는 정도를 반영한다. 이 소척도에서 점수가 높은 사람들은 자신이 서툴고 매력이 없으며 사회적으로 부적절하기 때문에 스스로를 고립시키는 것이 당연하다고 느낀다. 이러한 사람들에 대한 피드백은 사회적 능력 측면에서 다른 사람들보다 못하다고 느끼는 것에 그리고 사회적 장면에서 이들이 자주 불안해 하고 슬픔을 느끼는 것에 초점을 맞추는 것이다. 이에 더해 이러한 사람들에 대한 피드백에는 다른 사람들이 냉정하고 비판적으로 대한다는 지각에 대한 검토가 포함될 수 있다.

짜증스러운 내적 내용 소척도(Vexatious Intrapsychic Content facet scale)는 세상 사람들과 관계하는 방식의 형성에 영향을 주는 긍정적인 대인관계 기억과 부정적인 대인관계 기억을 반영한다. 이 소척도에서 점수가 높은 사람들의 내적 세계는 긍정적인 또는 보상받은 대인관계가 극히 희박하고 부정적인 대인관계 경험과 기억으로 가득 차 있다. 이들은 부정적인 기억들로 괴로워하고, 다른 사람들과의 보상적이고 긍정적인 상호작용은 거의 기대하지 않는다. 조현성 척도에서 점수가 높은 사람들과는 달리 이들은 자신의 내적 세계에서 평화롭지 않고 안락하지 않다. 즉 외부 환경에서 멀어지는 것이 부정적인 대인관계를 형성하는 것으로부터 이들을 보호하지만, 내적 세계는 더 이상 즐겁지 않게 된다. 이러한 사람들에 대한 피드백은 낮은 자기가치감과 자아존중감에 그리고 다른 사람들과의 상호작용이 어떤 방식으로든지 긍정적이지 않을 것이라는 기대에 초점을 맞출 수 있다.

수줍은(Shy)

가장 높은 3개의 상승 척도 중 하나가 회피성 척도이고, 상승 정도가 심하지 않은 (BR<75) 사람은 "수줍은" 특질을 가진 것으로 볼 수 있다. 이러한 사람들은 다른 사람들의 평가에 민감하고 거절당할 가능성을 항상 의식한다. 그 결과로 이들은 사회적 상황과 대인관계 상황에서 주저하는 모습을 보인다. 이들은 대부분 자존감이 낮고 다른 사람들과 쉽게 관계를 맺고 편안하게 상호작용을 할 수 있을 때라도 사회적 부적절감을 느낀다. 이러한 사람들에 대한 피드백은 타인으로부터 수용될 수 있는 가능성을 무시한 채 사람들과의 상호작용에서 망설이거나 불확실해 하는 태도에 초점을 맞추는 것이다. 이에 더해 이들의 자의식은 자신들에게 매우 명확한데, 따라서 피드백은 이 점에 그리고 일반적인 사

회적 불편감에 맞출 수 있다.

과묵한(Reticent)

가장 높은 3개의 상승 척도 중 하나가 회피성 척도이고, 상승이 중등도(BR 75~85) 수준인 사람은 "과묵한" 특질을 가진 것으로 볼 수 있다. 이들은 사회적 및 대인관계 상호작용으로부터 유리된 수준 그리고 정서적 생동감의 일반적인 부족이 수줍은(shy) 사람보다 훨씬 더 심하고, 잠재적 거절에 민감하며, 타인과의 상호작용 시 안절부절못하고 초조해 한다. 상승 수준이 좀 더 높은 경우 강렬하면서도 변동이 심한 기분 상태뿐만 아니라 적극적인 자기비하가 존재할 수 있다. 이들은 겉으로는 흔히 무심한 듯이 보이는데, 이는 타인으로부터 그리고 자기 자신의 정서적 예민성으로부터 거리를 두기 위한 것이다. 이러한 사람들에 대한 피드백은 타인으로부터의 심한 유리 그리고 낮은 자존감, 요동치는 기분(대개는 우울함)에 초점을 맞추는 것이다.

회피성(Avoidant)

조현성 척도와 회피성 척도 둘 다에서 상승한 점수를 나타내는 사람들은 고립되어 홀로 지내는 경우가 많다. 그렇지만 조현성 척도에서 상승을 보이는 사람들은 대인관계 그 자체에 무관심하지만, 회피성 척도에서 상승을 보이는 사람들은 필사적으로 다른 사람들과 어울리고자 노력하고 수용되기를 원하나 거부당하거나 창피당할 것 같은 느낌 때문에 그 욕망을 표출하지 않는다. 이들은 위협으로부터 보호하고자 자신의 환경을 조심스럽게 탐색하고 최대한 호의적인 방식으로 자신을 나타내려는 노력을 유지한다. 그러나 이러한 노력이 성공하는 경우는 드물다. 이들은 불안한 감정을 지속적으로 느끼고 사소한 사건에 대해 예민하게 반응한다. 이 때문에 공포감, 불신감 그리고 이러한 감정을 유발하는 불필요한 생각들에 빈번하게 압도된다. 이들은 스스로를 사회적으로 미숙하고 열등하며 부적절하다고 인식하고, 자신의 성과를 과소평가한다. 또한 두려움과 자기비난에 더해 외로움, 공허감, 고립감을 자주 느낀다. 두려움으로부터 자신을 보호하기 위해 이들은 타인과의 거리를 유지하고 사적 영역을 유지하기 위해서 사회적인 환경을 제한한다. 이것은 매우 불행한 일인데, 그 이유는 관계를 강화하기 위한 미래의 기회를 박탈하고 과거의 사회적 거부감에 대한 기억을 재활성화할 가능성이 있는 고립된 세계로 철수하기 때문이다. 이에 더해 애정과 분노에 대한 자신들의 욕구를 충족시키기 위해 상상에 지나치게 의존한다. 이러한 역동을 감안하면 사회공포증에 대한 공식적인 준거를 충족시킬 가능성이 높다. 이들은 자주 우울감을 느낀다. 이들은 흔히 철수되고 불안전하며 날카롭고 조바심 내며 고립되고 거부당한 존재로 묘사된다.

회피성 척도 상승의 긍정적인 측면은 이러한 사람들이 다른 사람들의 욕구와 조망에 매우 민감할 수 있다는 점이 있다. 이들은 사려 깊은 동정과 이해를 잠재적으로 나타낼 수 있고, 정서적으로 잘 반응할 수 있다.

빈번한 코드타입

회피성 척도에서 높은 점수를 얻는 사람들은 폭넓고 다양한 임상적 증후군과 장애를 경험하기 쉽다. 그 결과로 여러 개의 임상적 증후군 척도에서 상승된 점수를 매우 흔하게 보인다. 가장 빈번한 장애는 일반화된 불안, 공포증 그리고 사회공포증이다("일반화된 불안" 절 참고). 또한 우울(지속적 우울 척도와 주요우울 척도 참고), 건강염려 증후군과 전환장애(신체화 증상 척도 참고)가 나타날 수 있다. 상승할 수 있는 성격 척도는 의존성 척도, 조현성 척도, 우울성 척도, 편집성 척도 등이다. 의존성 척도가 함께 상승하는 경우 개인이 다른 사람들과 함께 어울리기를 원할 뿐만 아니라 다른 사람들로부터 지지받고자 하는 강한 욕구가 있다는 점에서 회피성의 핵심 역동이 추가된다. 이와 같이 회피성 척도와 의존성 척도의 동시 상승은 양가적이고 갈등적인 핵심 역동을 나타내는 것이기 때문에 경계성 성격장애의 진단 준거가 충족되는지 검토해야 한다. 회피성 성격과 조현성 성격의 조합은 통찰의 결여를 나타내는 차원 혹은 개인의 감정에 흥미가 있는 정도를 추가한다. 또한 이러한 사람들은 다른 사람들과 강한 정서적 유대를 거의 형성하지 않으며, 거리를 두고 냉담하며 무관심한 경향이 있다. 이들은 약간의 지인이 있을 수 있지만 친밀한 우정을 형성하는 경우는 거의 없다. 부정성 척도가 상승한 경우 타인을 신뢰하기 어려운 면과 함께 기분이 언짢고 적의를 품고 있을 것으로 시사된다. 이러한 사람들은 친밀하고 협동적이다가 적대적이다가 다시 사과를 하기도 하는 등 대단히 불안정한 모습을 보일 수 있다. 또한 자신들의 분노에 대해 불편함을 느끼기 때문에 소극적인 방해 행동과 같이 적대감을 은밀한 방식으로 표현할 수 있다. 회피적인 성격 특질을 가진 사람들은 자아존중감이 낮은 데 비해 회피성 척도와 자기애성 척도 둘 다 상승한 사람들은 자신이 중요하다는 느낌이 상승되어 있고 자신의 가치를 과대평가하며 자신의 특별함을 인식하지 못하는 타인들에게 분개하기 쉽다. 이들은 다른 사람들에게 감사할 줄 모르고 자신이 특별하다고 인식함으로써 이러한 태도를 정당화한다. 이와 같은 상황은 자신의 가치를 강화하는 방식으로 짜여 있고, 자신을 지적이고 철학적이며 외향적이고 영리한 사람으로 묘사한다. 그렇지만 내재된 방식은 회피적이고 그래서 자신이 중요하다는 느낌이 자연스럽게 방어적이고 극단적으로 조잡하며 쉽게 상처받기 쉽다. 반사회성 척도에서 상승된 점수는 회피적인 개인의 성격을 적대감과 착취적인 행동으로 표현되는 경쟁 우위에 놓이도록 유도한다. 이들은 타인들이 자신을 이용하려고 한다는 두려움으로 이러한 행동들을 정당화한다. 이들은 스스로를 자립적이고 강하며 현실적이고 적극적인 존재로 묘사하며, 이러한 능력을 가지지 못한 사람들을 업신여기는 태도를 보인다. 또한 충동적이고 논쟁적이며 방어적이고 냉정하며, 다른 사람들의 감정을 이해하지 못하는 모습을 보인다.

치료적 함의

회피적인 사람들은 치료 장면에서 가장 빈번하게 만나는 내담자들에 속한다. 잠재적으로 어려운 문제는 이들이 치료자에게 거절당하지 않을 것이라고 믿는 수준의 정보만 제공한다는 점이다. 치료에서 핵심적인 과제는 이러한 내담자들의 자기상을 바꾸는 것이다. 이 과정에는 사회적 행동 과업과 감정 조절 과업이 포함된다. 특히 유용한 기법으로는 점진적인 직접 노출, 불안 관리 훈련, 사고 오류에 대한 인지적 재구조화, 주장 훈련 그리고 가능하다면 공황발작 및 불안 상태를 다루기 위한 정신약물학적 개입 등이 있다. 그러나 가장 어려운 도전은 치료적 이익을 성취하는 데 필요한 긴 시간 동안 치료 장면에 머물게 하는 것이다. 이들이 치료 장면에 머물도록 동기화하는 방법은 세심하게 균형을 맞춘 지지와 공감을 제공하고 신뢰 관계를 형성, 유지하면서 새로운 행동과 인식을 갖추도록 도전하는 상황을 경험하도록 격려하는 것이다. 이들의 높은 각성 수준이 치료의 조기 종결의 주된 이유가 될 수 있기 때문에 각성 감소 기법들, 즉 감정적 지지, 안심시키기, 생각 멈추기, 지지적인 해석 등이 특히 중요할 수 있다. 전형적으로 이러한 내담자들은 치료를 통해 의미 있는 결과를 얻는다. 불안을 다스리기 위한 약물 처방을 할 때 한 가지 조사해야 할 것은 알코올이나 약물을 사용하고 있을 가능성이다. 12단계 프로그램이나 동료 지지 프로그램에 의뢰하는 것은 그들의 회피적 성격을 감안하면 어려울 수 있다. 따라서 다른 형태의 개입을 고려해야 한다.

척도 2B: 낙심한–쓸쓸한–우울성(Dejected–Forlorn–Melancholic, DFMelan)

이 척도에서 측정하는 핵심적인 특성은 기쁨과 즐거움의 경험을 표현하는 경향 및 능력 대 고통과 실망, 절망의 경험을 표현하는 경향 및 능력과 관련이 있다. 추가적으로 이 척도는 낙관 대 비관, 희망적인 미래 관점 대 절망, 무망 그리고 즐거움의 부재로 가득한 미래 관점을 반영한다.

숙명론적 인지 양식 소척도(Fatalistic Cognitive Style facet scale)는 일반적으로 주변 환경이나 상황을 긍정적인 관점 대 부정적인 관점으로 바라보는 개인의 경향성에 초점을 맞춘다. 이 소척도에서 점수가 높은 사람들은 세상을 매우 부정적인 방식으로 바라보고 암울한 언어로 묘사하며, 비관주의에 의해서 평가절하하고 개선의 여지가 있다는 희망이 매우 부족하다고 생각한다. 이들은 삶 속에 부정적인 것들이 광범위하게 퍼져 있고 돌이킬 수 없으며, 그것이 자신들이 부적절하다는 징표라고 믿는다. 또한 무력함과 무망감에 대한 반추가 공통적으로 나타난다. 이러한 사람들에 대한 피드백은 이들이 어떻게 세상을 부정적인 방식으로 생각하고 바라보는지에 초점을 맞추는 것이다.

무가치한 자기상 소척도(Worthless Self-Image facet scale)는 개인이 일반적으로 부적절하다고 느끼고 칭찬이나 성과를 받거나 가질 자격이 없다고 생각하는 정도에 초점을 맞춘다. 이 소척도에서 점수가 높은 사람들은 무가치감이나 부적절감을 느낄 뿐만 아니라 긍정적인 자질을 더 가지지 못한 것에 대해 죄책감을 느끼는 경향이 있다. 어떤 일이 잘 진행될 때에도 이들은 그 상황을 요행에 의한 것 혹은 외부의 힘에 의해서 나타난 결과로 일축하며 마음 깊숙이 자리 잡고 있는 부적절감을 유지한다. 반면에 일이 잘 진행되지 않을 때는 일상적으로 느끼고 있는 무가치감이 심화된다. 이러한 사람들에 대한 피드백은 자신이 충분하지 않다는 느낌과 다른 사람들이 가지고 있는 긍정적인 자질을 자신은 가지고 있지 않다는 생각에 초점을 맞추는 것이다.

비통한 기분/기질 소척도(Woeful Mood/Temperament facet scale)는 개인이 침울하고 우울한 느낌을 경험하는 정도에 초점을 맞춘다. 이 소척도에서 점수가 높은 사람들은 침울하고 무기력하며 일반적으로 시무룩하다. 또한 공허감을 느끼고 슬픔을 경험하며, 특히 죄책감과 심한 고통 그리고 화를 느낄 수 있다. 이들의 뿌루퉁한 태도는 생애 과업을 대하는 자세로, 느릿느릿하고 내키지 않아 하는 특성에 대한 증거가 된다. 이러한 사람들에 대한 피드백은 슬프고 침울한 상태 그리고 인생에서 즐거움을 거의 느끼지 않는다는 것에 초점을 맞추는 것이다.

낙심한(Dejected)

가장 높은 3개의 상승 척도 중 하나가 우울성 척도이고, 상승 정도가 심하지 않은 (BR<75) 사람은 "낙심한" 특질을 가진 것으로 볼 수 있다. 이러한 사람들은 대부분의 시간 동안에 자기비하적이고 무관심하며 무망감과 좌절감을 느낀다. 어떤 사람은 철학적으로 고통스러워 하고 낙심하며, 또 다른 이들은 감정적으로 침울하고 초조하며 낙심한다. 이들 중 대부분은 다른 사람들로부터 동정심이나 지지를 끌어내는 방식으로 자신을 나타낸다. 이러한 사람들에 대한 피드백은 인생을 바라보는 이들의 관점이 비관주의로 염색된 점 그리고 직면해야만 하였던 어려움에 초점을 맞추는 것이다.

쓸쓸한(Forlorn)

가장 높은 3개의 상승 척도 중 하나가 우울성 척도이고, 상승도가 중등도(BR 75~85) 수준인 사람은 "쓸쓸한" 특질을 가진 것으로 볼 수 있다. 이들은 자기비하적이고 비관적인 관점으로 인해 생기가 없고, 이 때문에 지지와 동정을 제공하고자 하는 사람들을 포기하게 만들며 자신들의 노력이 헛되다고 느끼게 한다. 타인의 지지를 제한하는 이러한 결과는 부정적인 감정과 비관주의를 강화하고, 이것은 이러한 사람들에게 자신들의 침울함, 죄책감, 자책을 방어하는 반응을 이끌어 내며, 자기연민을 쓰라림, 분노, 화로 나타내게 한다. 이러한 사람들에 대한 피드백은 슬픔의 깊이에 그리고 다른 사람들을 어떻게 밀어내고 어떻게 해서 필요한 지지를 얻지 못하는지에 초점을 맞추는 것이다.

우울성(Melancholic)

우울한 성격 유형은 단순히 현재의 우울 증상을 포함할 뿐만 아니라 우울과 관련된 지속적인 사고 패턴, 태도와 행동 그리고 자기개념을 포함한다. 이러한 내담자들은 자신들을 무가치하며 취약하고 부적절하며 불안정하고 죄를 지었으며 성공적이지 않은 존재로 인식한다. 또한 자주 자신을 비난한다. 이들은 주변 사건들을 가능한 한 패배주의적이고 운명론적인 방식으로 해석한다. 또한 이들은 타인들로부터 조롱받을 것이라고 기대하고 있다. 심지어 극히 사소한 무관심의 신호도 멸시와 비난으로 해석할 것이다. 또 다른 이들은 스스로를 쓸쓸하고 좌절하며 희망이 없고 어두침침한 대상으로 인식한다. 이와 비슷하게 자신들을 소심하고 조용하며 에너지 수준이 낮고 자포자기하는 인물로 묘사한다. 우울한 행동은 처음에는 선의의 사람들로부터 지지와 동정을 이끌어 낼 것이다. 그렇지만 이들의 대인관계 행동이 다른 사람들과 거리를 두거나 이들의 수동성과 우울함을 이용하려는 사람들을 끌어들이기 때문에 결국 버려지고 아무도 없는 것 같은 느낌을 받게 될 것이다. 이들은 다른 사람들로부터 강화를 받을 수 있는 능동적이고 자기주장적인 행동을 거의 하지 않는다. 이들은 힘의 통제에 대해 무력함을 느낀다. 이들은 사랑과 지지를 원하지만 사람들이 매력을 느끼고 기뻐하는 방식으로 행동하지 못한다. 때때로 이들의 자기비난은 다른 사람들의 잠재적인 비난을 분산시키는 동시에 지지와 동정을 얻는 전략이 된다. 그 결과 이들의 대인관계 유형이 우울을 심화시키고, 결국 분노와 억울함을 빈번하게 느끼게 하고 비관주의에 빠지게 한다. 우울 성격은 우울과 연결되는 다양한 성격 특질과 함께 보다 초기에 시작되어 장기적인 발병 경과를 거친다는 점에서 주요우울장애 및 기분부전장애와 구별될 수 있다.

우울한 사람들은 상당히 내성적이기 때문에 깊이 있는 통찰을 발전시킬 잠재력이 있다. 덧붙여 이들은 정서적으로 잘 반응하며 깊은 감정을 자주 느낀다. 또한 이들의 고통 수준은 변화의 동기로 활용될 수 있다. 잘 기능하는 우울한 성격의 소유자는 다른 사람들과 진실하고 긴밀한 관계를 맺을 수 있고 말을 잘하며, 성실하고 책임감 있으며 통찰이 풍부한 사람일 수 있다. 이들은 유머에 잘 반응할 수 있고 다른 사람들과 관계를 이끌어 낼 수 있으며 효과적으로 대안적인 조망을 취할 수 있다.

빈번한 코드타입

가장 빈번하게 상승하는 임상 척도로는 지속적 우울 척도, 주요우울 척도 그리고 양극성 스펙트럼 척도를 들 수 있다. 이러한 척도의 상승은 개인의 전반적인 우울성 성격 유형의 자연적인 확장으로 여겨진다. 다른 성격 척도들과 개념적으로 그리고 임상적으로 상당히 겹쳐 있으며, 이 때문에 조현성 척도, 회피성 척도, 부정성 척도, 피학성 척도, 경계선 척도 등이 빈번하게 동반 상승한다. 조현성 척도가 함께 상승하면 감정 둔화가 증폭될 것이고 우울성 성격의 양상에 무관심 요소가 더해질 것이다. 이러한 내담자들은 대인관계에 관심을 갖지 않는 경향이 있기 때문에 효율적인 치료적 동맹 관계를 발전시키기가 어려울 것이다. 또한 사고를 조직화하고 논리적으로 소통하기가 매우 어렵다. 우울성 척도와 회피성 척도가 함께 상승하는 경우 우울성 성격 유형은 대인관계에서 창피를 당할까봐 불안해하는 것과 이에 대한 두려움을 특징으로 한다. 이 경우 자신을 보호하려는 시도로 고립이 유발된다. 이러한 사람들은 (대부분 본질이 부정적인) 극단적인 내성을 보이며, 자신들로부터 소외감을 느끼게 된다. 이들은 억제되어 있고, 사회적 기술이 거의 없으며, 쉽게 당혹감을 느끼고, 가까운 친구 관계가 거의 없다. 또한 즐거움을 경험하기 어렵고 목표 추구가 차단된 듯이 느낀다. 부정성 척도가 동반 상승하면 우울성 성격에 화, 성마름, 신랄한 불평이 덧붙여진다. 이러한 사람들은 다른 사람들에 대한 신랄한 적개심과 스스로에 대한 비난과 처벌 양쪽을 오간다. 자신들의 분노와 적의에 대해 불편감을 느끼기 때문에 이러한 감정이 꾸물거림, 무능함, 고집스러움과 같이 전형적으로 간접적인 방식으로 표출된다. 우울성 척도와 피학성 척도 간에는 명백한 유사점이 있다. 두 척도 모두 자신의 삶에서 원하는 것을 얻지 못하게 되는 행동을 강조한다. 그러나 이 두 척도가 동시에 상승하는 경우 근거 없는 비난과 부당한 비판을 야기하는 능동적인 책략이 강조된다. 이들은 스스로를 희생적이고 회피적이며 비굴한 인물로 묘사하며, 고통스러운 결과를 받을 만하다고 여긴다. 이들은 신체적으로나 감정적으로 학대를 당하는 대인관계에 빠져드는 경향이 있고, 환심을 사려고 하며, 굴종적인 방식으로 대처한다. 경계선 척도와 우울성 척도의 조합은 감정과 행동의 통제에서의 심각한 결함이 부각된다. 감정 통제와 비판의 주기적 변동에 뒤이어 자기 파괴적인 속성의 충동적인 감정 폭발이 나타난다. 잠재적인 자살의 가능성을 신중하고 면밀하게 관찰해야 한다. 이들은 스트레스를 받거나 삶의 무가치함을 느낄 때 스스로를 안정시키기가 어렵다. 이들의 문제들은 흔히 재앙적으로 확대되는 속성이 있다. 또한 자기비난은 다른 사람들이 이들을 잘못 다루도록 유도할 수 있다. 이들의 자기정체감은 극도로 허약하고, 때로는 자신의 감정과 생각을 합리적으로 조직화하는 데 어려움을 겪게 된다.

치료적 함의

개입은 지속되는 무력감 그리고 정서적인 고통이 인생의 필연적인 현상이라고 여기는 신념에 대한 작업에 초점을 맞추는 것이다. 대인행동, 인지 도식, 자기개념과 기대에 대한 개입이 핵심이다. 구체적인 기법에는 사회적 기술 훈련, 자기주장 훈련, 기본 가정에 도전하는 인지적 중재, 즐거움과 관련된 활동을 향상시키는 행동 프로그램, 변화에 대한 지지와 격려를 결합하는 집단 활동 등이 포함될 수 있다. 초기 접촉에서는 내담자의 무력감을 더 이상 키우지 않으면서 의존 욕구를 어느 정도 충족시킬 수 있는 지지가 필요하다. 정신약물요법을 고려할 수 있지만 최종적인 개입으로 생각해서는 안 된다. 약물치료로 이 장애의 증상 중 많은 부분이 제거된 후에도 오랜 기간 동안 유지되어 온 인지, 다른 사람들과 상호작용하는 방식 그리고 자기개념은 지속된다. 치료에서의 어려운 과제로는 자해를 방지하고, 지나치게 조기에 성급하게 실패와 오류를 인정하는 것을 방지하며, 재발을 방지하는 것 등이 포함된다. 현재 어려움 중 일부는 불가피한 것이라는 현실적인 조언이 재발 방지에 효과가 있다.

척도 3: 공손한 – 밀착된 – 의존성(Deferential–Attached–Dependent, DADepn)

이 척도에서 측정하는 핵심적인 특성은 독립성, 자신 있게 결정하는 능력, 자기 주장에 대한 편안함 등과 관련이 있다. 이 척도는 대인관계 측면뿐만 아니라 자기 자신을 돌보는 능력을 반영한다. 그러나 이 척도에서 대인관계 내 친분과 지지에 대한 욕구 수준을 포함해서 대인관계 역동이 평가된다.

미숙한 정서 표현 소척도(Puerile Expressive Emotion facet scale)는 독립적인 관점과 주장을 가진 성인으로서의 자신감 수준을 반영한다. 이 소척도에서 점수가 높은 사람들은 성인으로서의 책임감을 가지는 것에 대한 자신감이 부족하고, 사회적으로 비굴한 방식으로 행동한다. 이들은 흔히 자신의 욕구를 돌보지 않고 자신의 관점을 잘 드러내지 않은 채 다른 사람들에게 과도하게 협조적이다. 이들의 수동성은 쉽게 다른 사람들에 대한 무력감과 궁핍감으로 변할 수 있으며, 반대되는 의견이나 감정을 표현하지 않는 경향이 있다. 이러한 사람들에 대한 피드백은 성인으로서 결정을 내리는 데서의 자신감 부족에 초점을 맞추는 것이다.

복종적인 대인행동 소척도(Submissive Interpersonal Conduct facet scale)는 대인관계에서 자율성 대 의존성과 관련된 의존성 척도의 전형적인 특징을 반영한다. 이 소척도에서 점수가 높은 사람들은 자신의 의견이나 감정을 드러내지 않고, 다른 사람들과 자신 간의 차이점을 부정하며, 다른 사람들의 의견을 따르고 이에 종속되면서 타인이 결정을 내리도록 자신의 성격을 감춘다. 이들은 심지어 사소한 결정을 내리는 데도 절대적인 도움이 필요한 무력한 존재로 행동한다. 이러한 사람들에 대한 피드백은 스스로 돌보다가는 버림받을지 모른다는 두려움과 충분한 준비가 되었다는 느낌이 없이 결정을 내리는 것에 대한 두려움에 초점을 맞추는 것이다.

서투른 자기상 소척도(Inept Self-Image facet scale)는 개인이 자신을 능숙한 또는 서투른 존재로 바라보는 수준을 반영한다. 이 소척도에서 높은 점수를 보이는 사람들은 스스로를 약하고 불충분하며 서툰 존재로 보며, 목표를 성취하였음에도 불구하고 스스로를 결정을 내리지 못하는 인물로 여긴다. 이들은 혼자 있거나 버려졌다고 느낄 때 실제로 가지고 있는 권한을 부인하거나 최소화하면서 불안을 경험한다. 또한 자신에 대한 확신이 거의 없어서 자신의 신념이나 의견을 신뢰하지 않는다. 이러한 사람들에 대한 피드백은 이들이 스스로 무언가를 성취할 수 있는 능력이 없다고 느끼는 점에 초점을 맞추는 것이다.

공손한(Deferential)

가장 높은 3개의 상승 척도 중 하나가 의존성 척도이고, 상승 정도가 심하지 않은(BR<75) 사람은 "공손한" 특질을 가진 것으로 볼 수 있다. 이러한 사람들은 표면적으로 자존감이 낮고 헌신적이며 협조적이고 상냥한 사람으로 묘사된다. 또한 타인에 대한 공감에 능하고 다른 사람들을 잘 보살피며 우정이나 관계를 깊이 있게 그리고 지속적으로 유지할 수 있다. 이들은 타인과 자신 모두를 즐겁게 하려고 열심히 노력한다. 이러한 사람들에 대한 피드백은 과도하게 협조적인 경향에 그리고 다른 사람들을 과도하게 수용하고 헌신하며 충성하고 사랑받고자 하는 노력에 맞추는 것이다.

밀착된(Attached)

가장 높은 3개의 상승 척도 중 하나가 의존성 척도이고, 상승이 중등도(BR 75~85) 수준인 사람은 "밀착된" 특질을 가진 것으로 볼 수 있다. 이러한 사람들은 대인관계에서 단지 수용적이고 쉽게 승낙하는 정도를 넘어 다른 사람들에게 고분고분한 경향이 있고, 또한 스스로 독립적으로 성인의 능력을 발휘하는 것이 서툴다. 어떤 사람들은 다른 사람들과 너무 밀착되어 자신의 개성과 정체성을 잃어버리고 타인과의 밀접한 관계를 통해서 삶의 목적을 달성하며 상대방과의 중요한 관계를 통해 자신이 누구인지 정의한다. 이러한 사람들에 대한 피드백은 다른 사람들에게 의지하는 경향에 그리고 타인과의 애착에 중요성을 지나치게 부여하는 점에 초점을 맞추는 것이다.

의존성(Dependent)

이 프로파일이 상승한 사람들의 핵심적인 특성은 독립적으로 기능할 능력과 역량이 없다는 느낌이며, 이 때문에 자신들을 이끌어 주고 돌보아 줄 수 있을 것으로 지각되는 사람과 강한 유대를 형성하지 못한다. 이들은 재빨리 동맹을 맺고, 결정하는 것에 대한 책임을 포기한다. 그리하여 부적절하고 안전하지 못하다고 느끼며 자존감이 낮다. 대체로 이들은 스스로를 참을성 있고 수동적이며 미성숙하고 불안정하며 지친 것으로 묘사한다. 이러한 감정을 다루는 주된 방식은 보다 강한 사람을 찾아내고, 이 사람들의 측면에서 자신을 정의하는 것이다. 이들은 친구들을 잃을 가능성에 대해서 지속적으로 걱정한다. 이들은 친분을 유지하기 위해 극단적으로 협조적이고 순응하며, 또한 자신들의 감정 때문에 다른 사람들을 멀어지게 할 수 있다는 두려움 때문에 유쾌하지 않은 감정을 감춘다. 그리하여 대립을 최소화하여 타인과 좀처럼 반목하지 않으며 어떠한 상황에서도 강한 위치에 서려고 하지 않는다. 다른 이들은 그들을 속기 쉽고 우유부단하며 초라하고 소심하며 고분고분하고 소극적이라고 인식한다. 이들은 긴장과 스트레스를 줄이는 데 필요한 내적 능력이 매우 제한되어 있다. 이 척도의 상승은 폭식증과도 관련되어 있다(섭식장애와 관련된 주목할 만한 반응들을 확인해야 한다).

의존적인 성격의 사람들은 다른 사람들이 호감을 가지기 쉬운데, 그 이유는 협조적이고 겸손하며 순응적이고 타인의 의견을 중요시하기 때문이다. 또한 이들은 따뜻하고 부드러우며 비경쟁적이고 충성스럽다. 이들은 불필요한 갈등을 희석시킴으로써 우정을 발전시키고 유지하려고 한다.

빈번한 코드타입

의존성 척도와 가장 빈번하게 동반 상승하는 임상적 증후군 척도는 일반화된 불안 척도이며, 여기에는 분리에 대한 두려움과 관련된 또는 그에 의해 촉발되는 공황발작, 사회공포증, 광장공포증이 포함될 수 있다. 흔히 동반 상승하는 기분장애 척도에는 지속적 우울 척도, 양극성 스펙트럼 척도 그리고 주요우울 척도 등이 있다. 성격 척도에서 연관된 상승 척도에는 회피성 척도와 피학성 척도가 있으며, 이보다 덜 빈번하지만 연극성 척도, 우울성 척도, 강박성 척도, 부정성 척도와도 연관성이 높다. 피학성 척도가 의존성 척도와 함께 상승하는 경우 빈약한 자존감이 뚜렷하게 나타나는데, 이는 부분적으로 과거의 고통스러웠던 일련의 관계에서 비롯된 것이다. 다른 사람들이 자신을 보살펴 주기를 필사적으로 원하지만, 이들은 스스로를 부정적이고 비관적인 방식으로 드러낸다. 결국 이들은 또 다른 수준에서 맺고자 하는 그 관계를 약화시키고 파괴시킨다. 연극성 척도에서 높은 점수를 보이는 것은 이러한 내담자가 다른 사람들의 눈에 띄어 보호를 받고자 하는 시도로 적극적이고 외향적으로 행동한다는 것을 말해 준다. 차이와 대결을 강조하는 방식으로 주장을 하지 않는다고 하더라도 이들은 결국 매력적이고 극적이며 유혹적이고 외향적인 사람으로 보이게 될 것이다. 이들은 다른 사람들의 기분에 매우 민감하지만, 독립적으로 행동해야 할 때는 상당한 어려움과 함께 공허감을 느낄 수 있다. 강박성 척도가 함께 상승하는 경우는 완벽하고 절도 있으며 질서 있고 근면하며 끈기 있게 행동함으로써 의존적인 성격 특성과 다른 사람의 인정과 보살핌의 추구가 결합되어 있음을 보여 준다. 이들은 권위적인 위치에 있는 인물뿐만 아니라 다른 거의 대부분의 사람들에게 대단히 예의바르게 행동하고 심지어 환심을 사려고 한다. 이들은 앞으로 일어날 일들에 대해서 신중하게 대비하려고 한다. 이들이 결정을 내리기 어려워하는 것은 의존성 때문이기도 하고, 또한 세부적인 면에 연연하기 때문이기도 하다. 끝으로 의존성 척도와 함께 부정성 척도가 상승하는 것은 비록 이러한 사람들이 타인의 안내와 지도를 받고 싶어 하지만 동시에 이러한 관계에 상당한 갈등을 느낀다는 것을 말해 준다. 이들은 협조적인 외양과 내적 분노감 사이에서 오락가락할 수 있는데, 이는 권력을 가진 타인에 대한 저항으로 이어진다. 뒤이어 죄책감을 경험하지만 이러한 순환이 반복되기 쉽다.

치료적 함의

의존적인 성격의 사람들은 치료를 받고자 한다. 전형적으로 치료자가 권위적이고 위로해 주고 주장적인 방식으로 반응하면 쉽게 라포가 형성된다. 그러나 가장 큰 위험 요소 혹은 치료적 도전은 치료자가 구원자가 되어 의존적인 방식이 강화되는 방식으로 관계가 형성되는 것이다. 이러한 내담자는 직설적인 치료자를 선호할 수 있지만, 치료자가 간접적이고 소크라테스 방식으로 대처하는 것이 내담자의 자기주장과 독립성을 키우는 데 더 도움이 된다. 그러나 조기 종결을 막기 위해서는 균형을 지켜야 한다. 치료 장면에서 중요한 목표는 사람에게 매달리는 방식을 줄이고 그 대신 자신의 의사를 보다 직접적으로 밝히는 방식의 대처를 하도록 격려하는 것이다. 구체적인 기법으로는 자기주장 훈련, 불안 감소 기법(예를 들어 심호흡, 근육이완법, 명상, 자기최면 등), 역할 연습, 집단치료(다른 사람들에 대한 자신의 영향력을 탐색하기 위해서) 그리고 의존적인 대처 행동의 기원을 밝힐 수 있는 정신분석적 기법 등이 포함된다.

척도 4A: 사교적인 – 즐거운 – 연극성(Sociable-Pleasuring-Histrionic, SPHistr)

이 척도에서 측정하는 핵심적인 특성은 주의를 끌고자 하는 욕구를 담아내는 방식으로 사고하고 행동하는 수준과 연관된다. 이 척도에서 측정하는 내용의 대부분은 유혹적이고 극적인 행동, 주의를 끌기 위한 미성숙한 행동 표현, 과장된 언동을 포함한 대인관계 행동이다. 잦은 기분 변화, 높은 피암시성과 같이 인지적이고 감정적인 특성도 포함된다.

극적 정서 표현 소척도(Dramatic Expressive Emotion facet scale)는 빠르게 변하고 짧은 시간 동안만 지속되는 감정 상태, 극적이고 도발적인 방식의 감정적 과잉 반응 경향을 반영한다. 이 소척도에서 점수가 높은 사람들은 관심을 끌기 위해 깊이가 없고 과장된 감정 표현을 한다. 자신들이 실제 주의의 초점이 아닌 상황에서도 감정 표현으로 인해 주의의 초점이 되는 경우가 종종 있다. 이들은 지루함과 아무 행동도 하지 않는 상태를 견디기가 어려운데, 이 때문에 충동적으로 행동화하게 된다. 또한 순간적인 스릴과 흥분을 추구하고, 만족의 지연을 견디기 어렵다. 이러한 사람들에 대한 피드백은 때로는 거칠고 극적인 감정적 변동성에 초점을 맞추는 것이다.

주의 끌기 대인행동 소척도(Attention-Seeking Interpersonal Conduct facet scale)는 상황과 타인을 조종하여 타인이 칭찬과 인정을 제공하고 주의를 기울이도록 하는 방식으로 행동하는 경향을 반영한다. 이 소척도에서 점수가 높은 사람들은 처음부터 친근하고 협조적이며 매력적이고 칭찬하며 교태를 부리는 방식의 행동을 통해 사회적으로 환심을 산다. 그러나 이들은 의미 있는 관계를 형성하는 것보다는 매력적이고 재미있는 사람으로 보이는 데 더 능숙하다. 이들의 대인관계 행동은 깊이가 없고 주로 주의의 중심에 머무는 데 초점이 맞춰져 있다. 이들은 타인들을 조종하여 자신의 욕구를 충족시키도록 하고, 상황에 따라 다른 행동을 통해 어떤 순간이건 타인들이 인정하고 긍정적인 피드백을 하게 하는 데 능숙하다. 이러한 사람들에 대한 피드백에는 주의의 중심이 되고 싶어 하는 경향뿐만 아니라 사회적 상황에서의 능숙함도 포함될 수 있다.

변덕스러운 기분/기질 소척도(Fickle Mood/Temperament facet scale)는 기분 상태가 얼마나 빠르게 전환되는지, 얼마나 얕거나 안정적이고 깊은지를 반영한다. 이 소척도에서 점수가 높은 사람들은 정서적으로 반응성이 높고 심지어 감정적으로 유혹하며, 감정의 경험과 표현이 자유롭고 극적이며 변화가 많다.

이들은 활력이 가득 차 있고 자주 흥분하지만, 쉽게 흥분하고 열광하는 만큼 쉽게 화를 낸다. 이들의 감정은 순간적으로 지나가고 지속 시간이 짧다. 이들은 감정을 깊게 그리고 지속적으로 유지하지 않는 경향이 있다. 이러한 사람들에 대한 피드백은 강렬하고 변하기 쉬운 감정에 그리고 감정적 자극에 빠르고 쉽게 반응하는 경향에 초점을 맞추는 것이다.

사교적인(Sociable)

가장 높은 3개의 상승 척도 중 하나가 연극성 척도이고, 상승 정도가 심하지 않은 (BR<75) 사람은 "사교적" 특질을 가진 것으로 볼 수 있다. 이러한 사람들은 매력적으로 되고 다른 사람들을 위로하며 사교적으로 보이는 방식으로 사회적인 활동을 한다. 이러한 행동을 통해 긍정적인 피드백과 강화를 받을 수 있지만 자신이 사회적 상황에서 기반으로 삼는 사람을 자주 바꾸게 되는데, 이는 강한 핵심적 또는 내적 정체감이 결여되어 있음을 보여 주는 것이다. 이들의 정체감은 다른 사람들로부터 받는 주의와 인정을 주된 기반으로 한다. 이러한 사람들에 대한 피드백은 이들의 극단적인 사교적 특성에 그리고 다른 사람들로부터 얻는 주의와 인정에 대한 강한 감정적 반응에 초점을 맞추는 것이다.

즐거운(Pleasuring)

가장 높은 3개의 상승 척도 중 하나가 연극성 척도이고, 상승이 중등도(BR 75~85) 수준인 사람은 "즐거운" 특질을 가진 것으로 볼 수 있다. 때로는 매력적이고 행동이 사교적이지만, 이들의 행동은 다른 사람들을 즐겁게 하는 것을 넘어 사람들로 하여금 옳지 않고 조종한다고 느끼게 하고 정신없이 산만하며 인지적으로 정돈이 되지 않은 듯한 모습으로 느끼기 시작할 만큼 정도가 점점 심해진다. 어떤 이들은 주의와 인정을 얻고자 과도하게 노력하는 과정에서 연극적으로 행동한다. 예를 들어 지나치게 성적으로 행동하고, 상황과 상대방에 따라 자신을 다른 모습으로 바꾸며, 반짝이는 옷을 입거나 극적인 표현을 통해 상대를 놀라게 할 정도의 방식으로 자신을 드러낸다. 또 다른 사람들은 보다 불안하고 퇴행적인 방식으로 주의 끌기 행동을 한다. 여기에는 요구적이고 매달리는 행동, 노골적이고 부적절한 성적 도발, 침울하고 시무룩한 모습 등이 포함된다. 이러한 사람들에 대한 피드백에는 타인으로부터 정적인 피드백을 끌어내기 위한 이들의 노력, 이러한 정적인 피드백을 받지 못하였다고 느낄 때 상처와 혼란이 얼마나 심한지 등이 포함될 수 있다.

연극성(Histrionic)

연극성 성격의 사람들은 극적이고 다채롭게 화려하며 감정적이다. 이들은 지루함에 대한 인내심이 지극히 부족하고, 지속적으로 새로운 상황들을 추구한다. 이들은 외부 세계에 초점을 맞추기 때문에 내적 세계의 경험들을 온전하게 이해하고 통합하지 못한다. 그러한 경험들이 통합되지 않았기 때문에 이들은 경험을 통해 배우지도 성장하지도 못한다. 그 결과로 성숙 수준은 향상이 되지 않는다. 이들은 전형적으로 상황이나 친구들에 지나치게 몰두하지만 흥미가 떨어지면 흥미와 에너지를 다시 다른 어딘가로 돌린다. 이들은 스스로를 활동적이고 자기중심적이며 과시적이고 변덕이 심하며 외향적이고 추파를 던지는 사람으로 묘사한다. 또한 자신을 매력적이고 쉽게 친해지며 다른 사람들의 주의를 끌 만한 인물로 생각한다. 그 결과 이들은 너무 시끄럽고 요구적이며 통제가 되지 않는 사람으로 인식될 수 있지만, 파티와 같은 상황에서 매우 좋은 인상을 남긴다. 이에 더해 이들은 과시적이고 유혹적이어서 외모에 과도하게 집착할 수 있다. 새로운 상황에 쉽게 그리고 자발적으로 반응하기 때문에 사람들과 어울리고 신속하게 친구 관계를 형성하는 것은 이들로서는 쉬운 일이다. 그러나 이렇게 외견상 적극적이고 독립적인 행동의 이면에는 강한 의존 욕구가 있다. 의존성 성격의 사람들은 다른 사람의 보호와 지도를 추구하는 반면, 연극성 성격의 사람들은 다른 사람의 지지와 주의를 요구하지만 복종적인 방법을 사용하기보다 외향적이고 직접적인 방법을 사용한다. 연극성 성격의 연기술과 높은 활동성 수준의 이면에는 초점을 맞추고 싶지 않은 갈등적이고 고통스러운 감정들이 있다. 이들의 활동성은 이러한 감정을 적당히 넘길 수 있게 해 준다. 전환 반응의 발달을 포함한 해리적인 기법이 사용될 수도 있다. 전형적으로 이들은 사건이나 개념에 구체적으로 초점을 맞추지 않고 제멋대로 판단하는 개략적이고 모호한 방식으로 의사소통한다.

연극성 성격의 소유자는 따뜻하고 화려하며 즐겁고 애교가 있으며 정서적으로 반응적이다. 전형적으로 이들은 훌륭한 유머 감각을 가지고 있다. 이들은 새로운 상황에 쉽게 적응하고 적어도 표면적으로는 다른 사람들과 상호작용하고 가까워지는 데 어려움이 전혀 없다. 이 척도에서 연극성 성격의 범위에 들어가는 사람들은 평균 이상의 긍정적인 생활 사건과 낮은 수준의 정서적 고통을 경험하기 쉬우며, 이러한 점은 적응적일 수 있다.

빈번한 코드타입

내재된 의존감 때문에 연극성 성격의 사람들은 분리불안을 경험하기 쉬우며, 또한 공허함(emptiness)에 대한 두려움의 표현으로 광장공포증을 경험하기 쉽다(일반화된 불안 척도를 확인해야 한다). 전환 증상 또는 건강염려증은 이들의 욕구를 극적으로 표현하는 방법이 될 수 있다(신체화 증상 척도를 확인해야 한다). 자극 추구 욕구는 물질 남용을 초래할 수 있다(알코올 사용과 약물 사용 척도를 확인해야 한다). 동반 상승할 수 있는 성격 척도로는 의존성 척도, 자기애성 척도, 부정성 척도, 반사회성 척도, 강박성 척도 등이 있다. 신체화 증상 척도의 상승은 전환증의 표시일 수 있다. 흔히 자기애성 척도가 함께 상승하는데, 이는 과장된 자기중심적 특성의 측면에서 두 척도가 매우 유사하기 때문이다. 이 경우 내담자들은 자신이 얼마나 매력적이고 유능한지를 강조하는 경향이 있고, 자신의 중요성을 받아들이지 않는 사람들과 갈등을 빚기 쉽다. 더불어 자신들의 유능성과 업적을 과장되게 묘사한다. 이들은 지속적으로 자신이 얼마나 특별하고 다른 사람들보다 관심과 칭찬을 받을 만한 가치가 있는지를 보여 주려고 한다. 부정성 척도가 동반 상승하는 경우 분노나 억울함과 같은 부정적인 감정을 인정하지 않으려고 한다는 점에서 문제가 된다. 이러한 갈등의 결과로 기분 변화가 심하고 예측할 수 없으며 감정적으로 반응한다. 이들은 다른 사람들을 드러내놓고 비판하거나 업신여기거나 반대로 이러한 감정을 방해 공작과 같은 보다 간접적인 방식으로 표현할 수 있다. 분노와 적개심을 과도하게 통제하고 억누르려는 시도는 분노의 폭발적인 분출로 정점을 찍고 죄책감과 사과가 뒤따를 수 있다. 이와 비슷하게 반사회성 척도가 동반 상승하는 경우 갈등을 초래할 가능성이 다분히 있다. 이들은 다른 사람들에게 매우 의존적이지만 분노, 불화, 적개심으로 인해 자신들이 너무나 필요로 하는 사람들이 멀어지게 하기 쉽다는 것을 잘 알고 있다. 이들은 매력적이고 친절하며 애교가 있는 모습으로 관계를 시작할 수 있지만 결국은 반사회적 감정이 적개심, 불신 그리고 분노로 표출된다. 심한 경우 과잉 통제와 때때로의 심한 정서적 또는 심지어 신체적 분출이라는 양 극단을 오락가락할 수 있다. 또한 수동-공격적인 전략을 통해 이러한 갈등에 대처하려고 할 수 있다. 이들은 자신의 세계를 경쟁적이고 잠재적으로 위험이 도사리고 있는 장소로 인식하고, 이러한 관점으로 경쟁이 유일한 대처 수단이라고 믿는 거친 현실주의자가 된다. 강박성 척도가 동시 상승하는 경우에도 갈등적인 관계가 나타나는데, 그 이유는 어떤 부분에서는 거리낌 없이 감정적으로 행동하고 싶어 하지만 또 다른 부분에서는 감정의 과잉 통제가 중요하다고 믿기 때문이다. 이러한 내담자들은 질서 있고 효율적이며 믿음직한 모습과 단정한 복장을 통해 인정을 받으려고 한다. 이들은 이러한 두 가지 적응 방식을 통합하는 데 어려움을 겪으면서 긴장되고 기분이 불안정해질 수 있으며, 특정한 순간에 부적절하게 감정이 표출될 수 있다.

치료적 함의

연극성 성격의 사람들이 치료 장면 참여에 동기화되는 전형적인 경우는 비난을 받아오면서 사회적으로 박탈당하는 느낌을 경험할 때이다. 이들은 공허감, 지루함, 외로움 그리고 불만족감을 언급한다. 또한 감정적이고 즉각적으로 반응하며 우호적이고 타인의 지지와 인정을 추구하기 때문에 치료 장면에 쉽게 참여하게 되는 경향이 있다. 이러한 특성은 초기에 높은 수준의 동기화와 긍정적인 예후로 이끈다. 심한 또는 만성적인 형태의 정신병리로 발전하는 경우는 흔하지 않다. 그러나 이들은 안정을 회복하기에 충분할 정도로 치료에 머무르지만 보다 깊은 수준의 자기탐색을 하는 경우는 거의 없다. 일차적인 목표 중의 하나는 지나친 연극화를 줄이는 것이다. 차분하고 객관적이며 인지적인 접근 방식이 이러한 목표를 달성하는 데 유용하다. 또한 집단치료 또는 가족치료가 대인관계 기술을 향상시키는 데 도움이 될 수 있다. 이들의 외현화된 대처 양식을 고려할 때 구체적인 기술의 개발과 결합된 행동적 접근은 집중적인 통찰을 시도하는 접근보다 더 효율적인 경향이 있다.

척도 4B: 활기찬-열정적인-격동성(Ebullient-Exuberant-Turbulent, EETurbu)

이 척도에서 측정하는 핵심적인 특성은 세상과의 관계에서의 활기, 개인의 전형적인 경험을 특징짓는 기쁨과 기타 긍정적인 감정의 총체적인 수준이다. 겉으로 보기에 극도로 긍정적인 활력과 전반적으로 긍정적인 정서는 마음을 혼란스럽게 할 수 있고, 합리적이고 논리적이며 현실적인 지각과 사고를 침해할 수 있다.

충동적 정서 표현 소척도(Impetuous Expressive Emotion facet scale)는 개인이 경험하는 활기와 정서적 흥분의 수준을 반영한다. 이 소척도에서 점수가 높은 사람들은 끝없이 흥분되어 있고 정서를 억제하지 못하여 광적인 에너지 또는 욱하는 형태를 띤다. 이들은 사회적으로 과도하게 열중하고 거슬리며 대담하다. 이들은 활기차게 잠에서 깨고 스스로를 바쁘게 하며 여러 가지 생각과 행동을 빠르게 수행하는데, 그 이유는 에너지가 넘치기 때문이다. 이것은 실제적인 생산성의 증가로 연결되지 않을 수 있는데, 그 이유는 에너지가 목표 성취를 사실상 방해하기 때문이다. 이들은 광적인 에너지로 인해 이 활동에서 저 활동으로 마구 뛰어다니거나 꾸준한 관리가 필요한 과제에서 스스로 혼란을 일으킬 수 있다. 이러한 사람들에 대한 피드백은 이들이 가지고 있는 엄청난 분량의 에너지에 초점을 맞추는 것이다. 이러한 에너지는 삶에 대한 열정적인 관여의 측면에서 적응적일 수 있지만, 한곳에 초점을 맞추고 끈기 있게 지속하는 데는 방해가 될 수 있기 때문에 유해할 수 있다.

활기찬 대인행동 소척도(High-Spirited Interpersonal Conduct facet scale)는 개인이 다른 사람들과 사회적인 관계를 맺을 때의 에너지와 방식을 반영한다. 이 소척도에서 점수가 높은 사람들은 매력적이고 생생한 사회적 활력과 활발함이 있다. 이들은 긍정적인 에너지와 열정을 가지고 사람들에게 접근하며, 이들의 풍부함이 집단 장면에서 전염될 수 있다. 그러나 이 척도에서 점수가 더 높은 사람들은 억지로 밀어붙이고 무자비하게 되며 다른 사람들이 자신을 불편하게 여기는 것을 경험한다. 이러한 사람들에 대한 피드백은 사회적 관계를 지나치게 활발하게 하는 점과 에너지가 과도할 때의 잠재적인 대가에 초점을 맞추는 것이다.

고귀한 자기상 소척도(Exalted Self-Image facet scale)는 개인이 스스로를 특별한 존재로 그리고 삶에서 역동적인 힘을 가진 존재로 보는 정도를 반영한다. 이 소척도에서 점수가 높은 사람들은 삶에 대한 자신의 에너지와 활력을 칭송하면서 스스로를 위대하게 생각한다. 이들의 자존감은 좀처럼 흔들리지 않고 지속적으로 높게 유지되며, 자신이 인기가 많고 극도로 호감 가는 존재라고 느낀다. 극단적인 점수인 경우 이러한 굳건한 긍정적인 이미지는 쉽게 과대성(grandiosity)을 띠게 된다. 이러한 사람들에 대한 피드백은 스스로를 외향적이고 매력적이며 에너지로 가득한 사람으로 인식하는 점에 초점을 맞추는 것이다. 이에 더해 이러한 자기 관점이 얼마나 현실적인지에 피드백의 초점을 맞출 수 있다.

활기찬(Ebullient)

가장 높은 3개의 상승 척도 중 하나가 격동성 척도이고, 상승 정도가 심하지 않은 (BR<75) 사람은 "활기찬" 특질을 가진 것으로 볼 수 있다. 이러한 사람들은 매력적이고 에너지가 넘치며 영리하고 재치가 있다. 이들은 만족을 지연시키기 어렵고 충동적으로 행동하며 행동의 잠재적인 결과를 충분히 고려하지 못한 채 흥분을 추구하는 사람들이다. 이들은 긍정적이고, 정력과 활력을 가지고 인생에 접근하며, 생각과 행동이 빠르다. 또한 명랑하고 상당히 창조적이고 혁신적이며, 혁신적인 문제를 해결하거나 관습적인 문제를 혁신적인 방식으로 해결하는 데 능하다. 이러한 사람들에 대한 피드백은 충동적이고 성급한 행동과 연관된 잠재적인 문제를 포함하여 이들의 인생과 삶의 기회를 훼손하는 높은 에너지에 초점을 맞추는 것이다.

열정적인(Exuberant)

가장 높은 3개의 상승 척도 중 하나가 격동성 척도이고, 상승이 중등도(BR 75~85) 수준인 사람은 "열정적인" 특질을 가진 것으로 볼 수 있다. 이러한 사람들은 에너지, 활력, 열정으로 무장한 채 삶에 접근하지만, 지나치게 많은 에너지는 성급한 행동으로 이끈다. 이들은 타인들로부터 정당한 양의 에너지와 긍정적 피드백을 받지 못하고 있다고 느끼게 되면 과도한 에너지와 좌절 인내의 어려움 때문에 초조해지면서 사람들의 눈에 거슬리는 행동을 하게 된다. 이들은 상호작용하는 동안에도 넘쳐나는 에너지와 활력에 매몰되어 타인의 감정을 고려하지 못한다. 이들의 빠른 마음은 여전히 영리하고 창조적이기는 하지만 혼란스럽고 산만해지기 쉽다. 어떤 사람들은 즉각적인 만족을 주지 못하는 상황은 배제한 채 즐거운 활동을 추구하는 데만 몰두한다. 다른 사람들은 풍부한 에너지를 거대한 계획과 기업가 활동에 쏟아붓지만 성공하는 경우는 드물다. 왜냐하면 광적인 에너지로 인해 다른 "훌륭한 기회들"에 대한 아이디어들을 포기하게 되기 때문이다. 이러한 사람들에 대한 피드백은 엄청난 수준의 에너지가 삶의 다양한 영역에서 성공에 어떻게 도움이 될지,

아니면 생산적일 수 있는 수많은 영역에서 그리고 타인과의 상호작용에서 방해가 될지에 초점을 맞추는 것이다.

격동성(Turbulent)

격동성 성격의 사람들은 무모하고 변덕스러우며 광적인 에너지가 넘친다. 지루함에 대한 인내심은 극단적으로 낮고, 새롭고 즐거운 상황을 꾸준히 추구한다. 이들은 기본적으로 에너지 수준이 너무 높아서 감정이 강렬하고 빠르게 변한다. 이들은 전형적으로 행동이 무모하며, 충동적으로 그리고 격렬하게 즐거운 경험을 추구한다. 그리고 광적인 에너지가 넘쳐서 계획을 세우지만, 이러한 계획이 부주의하고 경솔한 것이기 때문에 성공하는 경우는 거의 없다. 이들은 흔히 스스로를 활동적이고 에너지가 넘치며 명쾌하고 생동감 있으며 혈기왕성한 인물로 묘사한다. 또한 매력적이고 외향적이며 재미있는 성격을 가졌다고 생각한다. 연극성 성격과 비슷하게 이들은 사교 모임과 같은 상황에서 매우 좋은 인상을 남기지만, 때로는 거만하고 뻔뻔하며 고압적인 사람으로 비춰진다. 더구나 스스로를 자신이 다룰 수 있는 수준 이상으로 몰아붙이면서 매우 과민해져 붕괴 직전 상태에 있을 수 있다. 이들은 자신의 모든 에너지와 자원을 동원하여 세상을 살아가기 때문에 무모하고 다듬어지지 않은 행동으로 인해 정서적으로 그리고 신체적으로 소진 상태에 이를 수 있다. 그 결과 열정이 고갈되어 무너지고 우울에 빠진다. 연극성 성격의 사람들의 깊이가 없고 변덕스러운 감정과는 달리 격동성 성격의 사람들은 감정이 빠르게 요동치면서 다행감에서부터 절망감에 이르기까지 깊고 심하게 경험한다.

격동성 성격의 사람들은 매력적이고 열광적으로 지지적일 수 있으며, 극단적으로 즐거워하고 즐거움을 추구할 수 있다. 이들의 에너지는 전염될 수 있으며, 때로는 오만한 태도 때문에 그르칠 수는 있지만 일반적으로 상호작용에 어려움이 거의 없고 쉽게 다른 사람들과 가까워진다. 이들이 삶을 대하는 활력은 짜릿하고 즐거우며, 오직 지칠 때만 그러한 활력이 꺾인다.

빈번한 코드타입

격동성 척도와 함께 상승하기 쉬운 임상적 증후군 척도는 양극성장애와 우울증을 포함하는 기분장애 관련 척도이다. 개인의 격동적인 기분이 기저에 우울 감정을 포함하고 있는지를 판단하기 위해 지속적 우울 척도와 특히 주요우울 척도를 검토해야 한다. 성격 척도에서는 자기애성 척도와 연극성 척도가 빈번하게 동반 상승하며, 반사회성 척도, 부정성 척도, 편집성 척도도 덜 빈번하지만 연관된 상승 척도들이다. 자기애성 척도가 격동성 척도와 함께 상승하는 경우 자기평가에서의 거대성(grandiose nature)이 강조된다. 이러한 사람들은 자신의 성취에 대해 끊임없이 칭찬을 받고 싶어 하고, 이러한 칭찬을 끌어내기 위해 에너지를 무분별하게 사용한다. 이들은 타인들에게 칭찬받을 만한 존재로 비춰지기 위해 이상하게 보일 정도로 자신의 성취를 과장하고 조작한다. 연극성 척도에서 높은 점수를 얻는 내담자는 타인들이 자기에게 주목하고 보살펴 주도록 하기 위해 매우 적극적으로 에너지를 쏟는다. 이러한 노력 때문에 이들은 매력적이고 극적이며 유혹적이고 외향적으로 보일 수 있지만, 사회적인 참견이 지나치고 사회적 경계를 침범하게 되는 경우가 흔히 있다. 기분 상태는 특히 변덕이 심하다. 반사회성 척도가 함께 상승하는 경우 무모함이 규준과 규칙을 침범할 지경에 이르렀음을 말해 준다. 이들은 결과와 관계없이 즐거움과 자극을 추구한다. 알코올 남용과 약물 남용의 경향이 있을 수 있다(알코올 사용 척도와 약물 사용 척도를 확인해야 한다). 격동성 척도와 함께 부정성 척도가 상승하는 경우 의도된 대상을 향해 공격성을 직접 드러내지는 않더라도 적개심이 폭발 직전까지 상승해 있을 수 있다. 부정성 성격의 소유자는 좌절과 지연을 견디는 능력이 부족하기 때문에 적개심 야기 상황을 포기하게 된다. 끝으로 격동성 척도와 함께 편집성 척도가 상승하는 것은 활동성, 과잉 경계, 편집성 그리고 조증 상태의 가능성을 말해 준다. 이 척도의 상승과 함께 양극성 스펙트럼 척도와 특히 망상 척도가 상승하는 경우 격동적인 성격의 소유자가 편집적인 사고로 인해 과격한 행동을 하게 될 수 있으므로 특히 신중하게 검토해야 한다.

치료적 함의

격동성 성격의 사람들이 치료를 찾도록 동기화되는 전형적인 경우는 지쳐 있고 우울 상태 쪽으로 이동하고 있을 때이거나 충동적인 에너지로 인해 어떤 종류의 어려움에 봉착해 있는 경우이다. 슬픔과 피로를 특징으로 하는 이러한 상태에 대해 불편감을 느끼면서 쉽게 치료에 참여하게 된다. 불편한 상태가 아니면서 치료에 참여한(또는 참여하도록 명령을 받아 참여한) 사람들은 효율적인 치료에 대해 다양한 저항을 보인다. 과장된 자존감은 진심으로 치료에 참여하는 것을 막을 수 있는데, 이는 이들이 변화가 필요하지 않다고 여기기 때문이다. 따라서 임상가는 이들에게 도전하지 않도록 조심해야 하며, 거칠게 대하지 않도록 주의해야 한다. 치료자는 고조되어 있고 변동이 심한 감정 상태에 대해 바짝 긴장하고 있어야 한다. 그 이유는 순간마다 자극에 다르게 반응할 수 있기 때문이다. 치료 장면에서 주요한 목표 중 하나는 자기통제 능력을 키우는 것이다. 치료적 관계가 중요하지만 그러한 관계가 쉽게 구축되지 않기 때문에 공감적 접근이 반드시 필요하다. 연극성 성격에서처럼 외현화된 대처 양식을 고려할 때 구체적인 사회기술과 자기관리 기술의 개발을 결합한 행동적 접근이 깊은 통찰의 발달을 시도하는 것보다 더 효과적일 수 있다. 만약 기능의 심각한 손상이 있는 경우 약물치료가 고려되어야 한다.

척도 5: 자신감 있는 – 독선적인–자기애성(Confident–Egotistic–Narcissistic, CENarc)

이 척도에서 측정하는 핵심적인 특성은 자신이 칭찬과 존경을 받을 만한 가치가 있다고 생각할 뿐 아니라 자신을 세계의 중심으로 생각하는 정도와 관련이 있다. 일반적으로 사람들이 자신의 존재와 삶의 중심으로 여기는 정도는 자신의 삶에서 다른 사람들을 얼마나 존중하는가와 역비례적인 관계가 있다.

착취적 대인행동 소척도(Exploitive Interpersonal Conduct facet scale)는 자기중심성의 수준 그리고 타인과의 호혜적 관계와 상호작용의 수준을 반영한다. 이 소척도에서 높은 점수를 얻는 사람들은 다른 사람들로부터 칭찬과 존경을 받고 특별한 대우를 받기를 기대하며, 자신은 그럴 자격이 있다고 생각한다. 그러나 자신은 다른 사람들에게 그렇게 하지 않는다. 이들은 주변의 다른 사람들에 비해 특별하다고 느끼기 때문에 냉담하고 무관심하며 멸시하는 행동을 보인다. 이처럼 비공감적 자세는 자신들의 욕구를 충족시키고 가치를 높이기 위해서 다른 사람들을 이용하면서 쉽게 조작적이고 착취적으로 변화한다. 대부분의 사람들은 잘 반응해 주지 않지만 이러한 특권적 행동에 부응해 주는 사람들도 있다(특히 의존성 척도에서 점수가 높은 사람들)는 것을 유념해야 한다. 이러한 사람들에 대한 피드백은 타인들로부터 좋은 평판과 존경을 받을 만하다고 느끼는 것에 초점을 맞추는 것이고, 자신과 관계를 형성한 것에 감사해야 한다고 느끼는 점에도 초점을 맞추는 것이다. 나아가 타인에 대한 공감 능력이 부족한 점 그리고 그 잠재적인 결과에 초점을 맞출 수 있다.

확장적 인지 양식 소척도(Expansive Cognitive Style facet scale)는 개인의 사고와 사

고 과정이 현실적 기반이 있거나 그렇지 않은 정도를 반영한다. 이 소척도에서 높은 점수를 얻는 사람들은 사고 과정이 현실과는 동떨어져 있다. 이들은 자신의 성취를 과장하고 실패를 최소화하며 심지어 실패를 어떤 방식으로든 성공으로 재구성하는 경향이 있다. 자신이 특별하고 놀랍고 존경받을 만한 가치가 있다는 자기지각을 견고하게 하기 위해 과대 포장을 하거나 사실상 거짓말을 할 수도 있다. 흔히 이들의 인지 양식은 정당화에 집중된다. 이들은 실제이거나 과장되거나 꾸며낸 일부 증거를 토대로 자신의 높은 자기가치를 정당화하고 어떠한 실패도 타인의 탓으로 돌리며 자신을 정당화한다. 이들은 높은 자기가치를 즉각 그리고 쉽게 강화해 주지 않는 타인들을 곧바로 폄하한다. 이러한 사람들에 대한 피드백은 자신의 위대함에 의문을 제기하는 어떠한 정보도 무시하고 자신을 지지하는 근거를 지속적으로 찾고자 하는 사고방식에 초점을 맞추는 것이다.

존경받을 만한 자기상 소척도(Admirable Self-Image facet scale)는 자신을 다른 사람들에 비해서 특별하고 독특하며 우수하고 존경받을 만한 가치를 절대적으로 갖추고 있다고 여기는 정도를 반영한다. 이 소척도에서 높은 점수를 얻는 사람들은 주변 사람들이 모르는 특별한 지위를 점유하고 있다고 느끼기 때문에 다른 사람들로부터 자기중심적이고 오만하다는 평가를 받게 된다. 찬사를 받을 만한 존재로 보일 것이라는 이러한 기대가 실제 성취로는 뒷받침되지 않는다. 이들은 높은 자기가치를 반영하는 비교적 고정된 안정적인 자기관을 가지고 있다. 이러한 사람들에 대한 피드백은 뛰어나고 특별하다는 강한 신념에 초점을 맞추는 것이며, 또한 자신이 매우 특별하다는 생각에 대해 많은 사람들이 결코 이해하지 못한다는 점에 초점을 맞추는 것이다.

자신감 있는(Confident)

가장 높은 3개의 상승 척도 중 하나가 자기애성 척도이고, 상승 정도가 심하지 않은 (BR<75) 사람은 "자신감 있는" 특질을 가진 것으로 볼 수 있다. 이러한 사람들은 자기확신이 강하기 때문에 대인관계에서 대담하다. 이들은 자신의 의견에 자신감이 있고 확신에 가득 차 있으며, 전형적으로 심사숙고하는 데 시간을 들이지 않고 다른 사람들이 자신에게 동조하고 이해할 것이라고 기대한다. 자신이 위대하고 자신을 따라야 한다는 것을 사람들이 바로 이해해야 하며 자신에게 그럴 만한 자격이 있다고 생각하는 점이 있지만, 실제로 상당히 효율적인 리더가 될 수 있고 성공을 위해 성실하게 노력한다. 이들은 지략이

풍부하고 긍정적이며 쉽게 즐긴다. 또한 열심히 노력한다. 이들은 다른 사람들과 협업하지 않고 주변인들의 피드백이나 정보를 참고하지 않은 채 분주하게 그리고 성실하게 프로젝트를 수행하며 자신의 힘으로 목표를 성취하는 경향이 있다. 이러한 사람들에 대한 피드백은 강한 자신감을 가지고 자신의 능력을 사람들에게 보여 줄 수 있는 자신들의 방식으로 성공하고자 하는 야망과 추동에 초점을 맞추는 것이다.

독선적인(Egotistic)

가장 높은 3개의 상승 척도 중 하나가 자기애성 척도이고, 상승이 중등도(BR 75~85) 수준인 사람은 "독선적인" 특질을 가진 것으로 볼 수 있다. 이들이 보여 주는 자신감은 오만하고 권리인 것처럼 보일 정도로 과장되어 있는데, 이는 실제로는 기저의 부적절감과 낮은 자기가치감을 보여 주는 것이다. 즉 이러한 행동은 과장된 것으로, 타인으로부터의 존경, 숭배 그리고 질투심을 적극적으로 유발하기 위해 보여 주는 것이다. 이들은 건강한 내재적 자기가치가 존재하지 않기 때문에 이러한 욕구를 가지게 된 것이다. 이들은 자신의 진실된 모습을 그대로 보여 주기보다는 다른 사람들에게 어떻게 비춰지는지에 대해 더 많은 투자를 한다. 이들은 다른 사람들에게 인식되고 싶은 모습에 맞게 의도적으로(비록 의식적으로는 아니더라도) 대인행동을 선택한다. 또한 존경받고 매력적으로 보이기 위해 타인을 낭만적 또는 성적 희롱과 유혹의 제물로 삼는(실제 낭만적 또는 성적 상호작용 없이) 등 자신의 만족감을 위해 다른 사람들을 착취할 수 있다. 이들은 자존감 고양 욕구를 충족시키기 위해 타인을 도구로 이용한다. 이러한 사람들은 다른 사람들과 관계를 형성함으로써 얻을 수 있는 효과에 대해서는 냉담하고 공감하지 못하며 무관심하다. 이러한 사람들에 대한 피드백은 다른 사람들을 소원하게 하거나 상처를 주면서까지 자기이미지를 높이기 위해 하는 행동들에 초점을 맞추는 것이다.

자기애성(Narcissistic)

이 척도에서 상승 패턴을 보이는 사람들의 핵심적인 특징은 자기중요성과 능력에 대한 과장된 인식이다. 이들은 스스로를 특별하다고 인식하기 때문에 다른 사람들과 함께 살아가는 관습적인 규칙들이 자신에게 적용되지 않는다고 생각하기 쉽다. 더구나 자신들의 시간과 자원은 나눠 주지 않고 특별한 대우를 받을 자격이 있다고만 생각할 수 있다. 이들은 자기중심성에 대한 그럴듯한 이유를 상당히 창조적으로 만들어 내지만 다른 사람들의 눈에는 이러한 이유가 엉성하고 속이 뻔히 보이는 것처럼 보일 것이다. 사랑받고 존경받으며 성공적이고 신체적으로도 매력적이라고 여기기 때문에 전형적인 경우 이들의 환상에는 자신을 주의의 중심에 두는 미성숙하고 자화자찬식의 상황이 포함된다. 실제 생활에서 이들의 실패는 재빨리 합리화되고 갈등은 최소화되며 자부심은 고양된다. 이들은 이미지 구축 과정에서 자신이 우수한 것처럼 보이기 위해서 다른 사람들의 가치를 깎아내릴 수 있다. 이 때문에 오만하고 건방지며 허세를 부리는 인물로 보일 수 있다. 이들은 냉철한 낙천주의와 거짓된 평온함으로 위장한 채 자신을 지적이고 섬세하며 사교적이고 매력적인 인물로 내보인다. 또한 좀처럼 자기의심을 드러내지 않는다. 대인관계에서 이들은 착취적이고 독재적이며, 타인의 욕구와 감정에는 무감각한 경향이 있다. 따라서 일반적으로 공감이 결여되어 있다. 이들은 타인들로부터 존경받기 위한 시도를 꾸준히 한다. 만약 비난받는 상황에 처하면 자신을 비난하는 사람들에 대해 상당히 경쟁적이고 공격적으로 변하든가 아니면 경멸하고 무관심하게 반응할 수도 있다. 그리하여 기본적으로 외부로 향해진 대처 양식을 사용한다. 만약 이들의 자기애성 거품이 터져 버리면 우울해지고 잠재적으로 물질 남용으로 빠질 위험성이 있다. 높은 점수를 획득한 사람들 중 일부는 잘 적응하고 심한 정서적인 고통은 경험하지 않는다. 이들의 높은 점수는 잠재적인 장애로 여기기보다 단순히 적응 방식으로 해석해야 한다. 또 다른 부류의 사람들은 병리적인 자기애적 성격의 소유자들이다. 그러므로 두 부류의 사람들을 진단적으로 구분하는 것이 중요하다. 일반적으로 볼 때 점수가 높을수록 보다 부적응적인 방식이 시사된다.

이러한 사람들은 흔히 첫인상이 매우 좋고 다른 사람들로부터 존경과 사랑을 받을 수도 있다. 전형적으로 그들은 논리정연하고 품위 있으며 유머 감각이 있다. 다른 사람들의 눈에는 자부심이 강하고 독립적이며 확신에 차 있고 낙천적인 사람으로 인식된다.

빈번한 코드타입

자기애적 성격의 사람들은 정동장애와 물질 남용에 취약하기 때문에 이와 관련된 임상 척도들(양극성 스펙트럼 척도, 지속적 우울 척도, 알코올 사용 척도, 약물 사용 척도, 주요 우울 척도)을 점검해야 한다. 추가적으로 이들은 일반적으로 자신에 대한 정서적인 깨달음 없이 외향화 대처기제를 사용하는 사람으로, 정서적인 문제를 신체로 표현하기 쉽다. 따라서 신체화 증상 척도를 검토해야 한다. 상승할 가능성이 가장 높은 성격 척도로는 연극성 척도와 반사회성 척도를 들 수 있다. 추가적으로 부정성 척도와 가학성 척도가 흔히 상승한다. 자기애성 척도와 반사회성 척도 둘 다 높은 점수를 나타내는 것은 자신이 매우 특별하다고 느끼기 때문에 사회의 규칙과 법이 자신에게는 적용되지 않고 적용되지 않아야 한다고 느낀다는 것을 시사한다. 이들은 타인에 대한 착취가 매우 심해 타인들의 권리를 실제적으로 침해하며, 다른 사람들의 안정과 복지에는 거의 관심을 보이지 않는다. 이들은 삶에서 특별한 지위에 있다고 생각하여 규칙, 법률, 규범을 위반하는 행위를 합당한 것으로 정당화한다. 부정성 척도와 자기애성 척도가 조합되는 경우 이러한 사람들은 어렵고 갈등적인 입장에 처하게 된다. 이들은 타인들과 비교해서 스스로를 우수하고 특별한 존재로 지각하려고 하지만 자신의 한계를 정확하게 인식하고 있다. 이 때문에 사과하고 복종하며 순종적이고 협조적으로 될 수 있지만, 다른 한편으로 과민하고 변덕스러우며 억울해하고 분노하기 쉽다. 이들은 비판을 받아들이기가 매우 어렵고 감정 기복이 빈번하게 있다. 자기애성 척도와 가학성 척도가 동반 상승하는 경우 자기중심적이고 경쟁적이며 잠재적으로 공격적이고 위협적인 특성이 강조된다. 이들은 적대적이고 착취적인 경향이 있고, 다른 사람들의 경쟁적이고 착취적인 본성을 지적함으로써 자신들의 행동을 정당화한다. 때로는 잔인하고 악의적이며 학대적이지만 때로는 쾌활하고 관대하며 친절하고 허용적일 수 있다. 이들은 비판받고 이용당하는 것에 대한 두려움이 있기 때문에 그것에 대해서 분개하면서도 속마음을 드러내지 않고 신중할 수 있다.

치료적 함의

치료에 참여하는 것은 결함을 암묵적으로 인정하는 것이기 때문에 자기애성 성격의 소유자가 스스로 치료에 들어오는 것은 흔하지 않은 일이다. 먼저 치료를 받으려고 하는 경우는 이혼, 실직과 같은 사건을 거치면서 자기애적 우월감이 손상되었을 때이다. 대인관계 측면에서 이들은 치료자와 거리를 유지하는 경향이 있고 경계하는 경우도 자주 있다. 자신보다 재능이 부족한 사람이 도움을 주는 것이 어떻게 가능할지 의문을 가질 수 있다. 그렇지 않으면 능력이 뛰어난 누군가와 연결되는 것이 자신의 자존감을 높일 수 있기 때문에 치료자들의 지위를 높이고 부풀린다. 이들을 이전 기능 수준으로 되돌리기 위한 가장 초반의 전술은 과거의 성공과 성취에 대해서 이야기하는 것을 격려하고 지지하는 것이다. 그렇지만 이렇게 하는 것이 결국 해가 될 수도 있는데, 그 이유는 이들이 새로운 대처 전략을 배우지 못할 것이기 때문이다. 비판에 대해 민감해지지 않고 완벽해야 할 필요가 있다는 생각에 도전할 수 있도록 도와주는 인지 재구조화가 유용한 기법이 될 수 있다. 집단치료와 가족치료는 보다 현실적이고 적응적인 대인관계 기술을 습득하는 데 도움이 될 수 있다. 이들이 결함을 부정하고 변화에 저항하는 경향이 있는 만큼 간접적 또는 자기초점적인 기법을 사용하는 역설적 중재 혹은 접근이 최선의 결과를 가져올 가능성이 있다.

척도 6A: 과장하는 – 기만적인 – 반사회성(Aggrandizing–Devious–Antisocial, ADAntis)

이 척도에서 측정하는 핵심적인 특성은 개인이 결과와 관계없이 얼마나 적극적으로 그리고 특이하게 흥분과 쾌락 상황을 추구하는가와 관련이 있다. 흥분, 쾌락 그리고 자기중심적 이익을 지향하는 이러한 독특한 목표는 타인들의 개인적 권리, 안전, 권위를 무시하게 만들고, 자신들의 행동의 잠재적인 결과에 대한 공감과 이해 능력을 제한한다.

무책임한 대인행동 소척도(Irresponsible Interpersonal Conduct facet scale)는 얼마나 믿을 수 없고 신뢰할 수 없는지, 궁극적으로 타인의 권리를 침해하는 경향이 얼마나 있는지를 반영한다. 이 소척도에서 높은 점수를 얻는 사람들은 자신만을 책임지려고 하고 자신의 쾌락, 이익, 흥분만 추구하기 때문에 신뢰할 수 없다. 이들은 다른 사람들의 권리를 침해하고, 성인으로서 가져야 하는 책임을 무시한다. 이들은 무례하고 반항적이며 사회적 기준, 규칙, 법, 관습을 뒤집는 행동을 한다. 또한 자신의 목적에 맞추어 법을 어길 때면 매우 기만적인 태도를 보이는 경향이 있다. 또한 어려움을 벗어나기 위해 그리고 미래의 이익을 위해 자신을 돋보이게 하려고 거짓말을 한다. 이러한 사람들에 대한 피드백은 이들이 대인관계에서 나타내는 문제행동에 초점을 맞추는 것이며, 이와 관련하여 양심과 죄책감의 결여에도 초점을 맞추는 것이다.

자율적인 자기상 소척도(Autonomous Self-Image facet scale)는 개인적인 책임감, 충성심 그리고 애착에 매여 있지 않을 때 느끼는 안전, 자유 그리고 만족감의 정도를 반영한다. 이 소척도에서 높은 점수를 얻는 사람들은 책임감과 부담스러운 애착뿐만 아니라 사회적 규칙, 직업 그리고 의무감으로부터 벗어나 자유를 만끽하며, 사회적 관습에 얽매이지 않는 점에 자부심을 느낀다. 이들은 교활하면서도 독창적으로 사람들을 속이는 자신의 능력에 높은 가치를 부여하고, 사회적 규칙들을 전반적으로 무시하는 경향이 있다. 이러한 사람들에 대한 피드백은 자신의 자유가 다른 사람들에게 해를 끼치거나 때로는 문제를 일으킬 수 있다는 사실을 포함해서 다른 사람들에 대해 책임감을 느끼거나 "대답"할 필요성을 느끼지 않는다는 사실에 초점을 맞추는 것이다.

행동화 내적 역동 소척도(Acting-Out Intrapsychic Dynamics facet scale)는 부정적인 내적 충동을 얼마나 억제하는지 또는 얼마나 방치하는지를 반영한다. 이 소척도에서 점수가 높은 사람들은 공격적이고 조작적이며 악의적인 충동을 제한하거나 저지하거나 억압하거나 변경하지 못하며 심지어 지연하지도 못한다. 이들은 충동을 거리낌 없이 행동으로 드러내며, 일반적으로 그러한 행동에 대해 죄책감을 느끼거나 후회하지 않는다. 이러한 부정적인 충동을 마음대로 방출하는 데 기여하는 기저 역동은 투사를 자주 사용하는 경향과 모호하고 미묘한 단서들을 공격이나 무관심 또는 일반적으로 악의적인 의도가 있는 행동으로 해석하는 경향이다. 이를 통해 자신의 충동적인 행동화를 후회하지 않고 쉽게 정당화한다. 이러한 사람들에 대한 피드백은 감정, 특히 부정적인 감정에 따라 빠르고 쉽게, 미리 생각해 보지 않고 행동하고 후회하지 않는 경향에 초점을 맞추는 것이다.

과장하는(Aggrandizing)

가장 높은 3개의 상승 척도 중 하나가 반사회성 척도이고, 상승 정도가 심하지 않은 (BR⟨75) 사람은 "과장하는" 특질을 가진 것으로 볼 수 있다. 이러한 사람들은 인생이나 주변 상황에 지나치게 독립적으로 접근하는 방식을 취한다. 이들의 주요한 관심사는 자기향상에 대한 것이지만, 사회적으로 수용될 수 있는 방식으로 자기향상을 추구한다. 이들은 공격적이라고 할 만큼 주장이 강하고 대립적이고 밀어붙이는 태도를 보일 수 있으며, 일반적으로 꽤 효율적인 리더십을 발휘하기도 한다. 이들은 자신의 길을 막는 장해물에 흔들리지 않고 자신의 욕구와 필요를 충족시키는 수완이 있다. 어떤 사람들은 탐욕적이고 권력에 목말라 있으며 자신의 위치를 강화하기 위해서 타인을 착취하는 경향이 있다. 또 다른 사람들은 좋건 나쁘건 자신이 처한 상황이 타인의 영향으로 인한 것이 아니라 자신의 행동 때문이라는 것을 확실히 하고 싶어 적극적으로 비동조적이고 대립하며 충동적으로 강요한다. 이러한 사람들에 대한 피드백은 개인적인 이익을 지향하는 일반적인 추동과 이익의 실현을 위해 지속하는 기간의 길이에 초점을 맞추는 것이다.

기만적인(Devious)

가장 높은 3개의 상승 척도 중 하나가 반사회성 척도이고, 상승이 중등도(BR 75~85) 수준인 사람은 "기만적인" 특질을 가진 것으로 볼 수 있다. 이러한 사람들은 자기봉사적 행동에만 집중하며, 행동이 점점 더 무책임하고 충동적으로 된다. 이들은 주로 기만적인 수단, 조작, 거짓말, 기타 다른 사람에게 어려움을 야기하는 행동을 통해 자신을 구축한다. 이러한 사람들은 일반적으로 위험을 감수하고, 충동적이고 어리석으며, 잠재적인 결과를 깨닫지 못하거나 흔들리지 않는다. 이들은 스스로 인식하는 가치를 높이는 데 일차적으로 초점을 맞추는 외에도, 무모하고 위험한 행동을 통해 맹목적으로 흥분을 추구한다. 이를 통해 자유로운 존재, 세상의 법으로부터 속박받지 않는 존재라는 느낌을 얻게 된다. 물질과 지위의 향상에 더해서 자신에 대한 강하고 거칠며 두려움이 없다는 평판을 지키는 데 많은 가치를 부여하고 있다. 이러한 사람들에 대한 피드백은 자유와 강인함을 느끼기 위해 그리고 자신이 혼란된 사람이 아니라는 것을 사람들에게 알리기 위해 기울이는 노력의 정도에 초점을 맞추는 것이다.

반사회성(Antisocial)

이 척도에서 점수가 높은 사람들의 핵심적인 특성은 반사회적 감정의 충동적인 행동화와 함께 경쟁적인 점이다. 이들은 도발적이고 폭력적이며 자기중심적이고 지배적이며 부정적이고 잔인하며 남을 잘 속이는 인물로 묘사된다. 이들의 행동은 성급하고 근시안적이며 경솔하고, 일반적으로 결과를 고려하지 않고 행동하며 자신과 타인의 안전에 관심을 기울이지 않는다. 이들은 대인관계에서 무책임할 수 있고, 직업적으로, 물질적으로, 부모로서 또는 경제적인 맥락에서 타인의 권리를 침해한다. 이들 중 많은 사람들은 범죄 행위로 인해 법적인 어려움을 겪을 것으로 기대된다. 이 범주에 속하는 다른 사람들은 법적인 문제가 두드러지지 않는데, 그 이유는 자신의 행동, 이를테면 알코올 남용, 무신경한 대인관계, 신뢰할 수 없는 업무 활동, 무책임한 성적인 행동 등을 법적인 범위 내에서 조절하기 때문이다. 그렇지만 사회적인 규준을 따르지 않고, 심지어 이러한 규준에 대해 대놓고 경멸하기도 한다. 이들은 규준적인 행동 양식의 구속을 받지 않고 있다는 느낌을 즐기며, 자신의 이미지를 자유롭고 유연하며 일정, 약속 또는 사람에 대한 의무가 없는 존재로 그린다. 이러한 이미지는 대체로 공감, 양심의 가책 그리고 자비심의 결여와 관련이 있다. 이들은 다른 사람들의 착취 행동을 지적하거나 세상을 정글의 법칙에 따르는 것으로 개념화함으로써 냉정한 경쟁의 표현을 정당화한다. 이러한 태도 때문에 의심이 많고 신뢰할 수 없으며 방어적이고 자신을 감추게 된다. 또한 공격적이고 위협적이며 냉정하고 감정이 없으며 심지어 잔인하고 악의적일 수 있고, 이로 인해서 공포감을 불러일으킨다. 이들은 "약하다"고 인식되는 대상을 무시하는 태도로 대하고 타인에 대한 자신의 냉담한 성향 탓으로 돌린다. 이들에게 도전적인 태도를 보이면 충동적으로 분노하고 원한을 품으며 복수심을 갖는 경향이 있다.

반사회성 성격의 사람들은 가장 좋은 경우 우아하고 매력적이며 친절하고 쾌활할 수 있다. 또한 어떤 사람들은 이들을 재미있고 활발한 사람으로 인식할 수도 있는데, 이는 다른 사람들처럼 행동 규칙과 제한에 속박되지 않기 때문이다.

빈번한 코드타입

반사회성 성격의 충동성과 쾌락주의를 고려할 때 이들은 물질 남용에 취약하다. 따라서 알코올 사용 척도와 약물 사용 척도가 상승해 있는지 확인해야 한다. 일반적으로 이들은 불안으로부터 자유롭지만, 반사회적 행동에 대해 책임을 지고 있거나 속박된 느낌 또는 통제 불능감을 경험할 때 기분장애가 발생할 수 있다(양극성 스펙트럼 척도, 지속적 우울 척도 그리고 주요우울 척도를 확인해야 한다). 가장 빈번하게 동반 상승하는 성격 척도로는 자기애성 척도와 가학성 척도가 있다. 그 밖에 연극성 척도, 부정성 척도, 경계선 척도, 편집성 척도도 동반 상승할 가능성이 있다. 반사회성 척도와 가학성 척도에서 점수가 높은 경우 행동화가 잔인하고 악의적이며 냉정한 형태일 수 있으므로 주의 깊게 봐야 한다. 가학성 척도의 상승은 반사회적 감정의 표현이 직접적이고 공공연하며 학대적임을 시사하고, 또한 타인에게 상처를 주는 것 자체가 보상이라는 것을 말해 준다. 그러한 사람들은 매우 조심해서 대해야 한다. 반사회성 척도와 부정성 척도가 동반 상승할 때는 반사회적인 사람들의 특성인 분노와 적개심이 나타난다. 그러나 같은 사람이 대인관계에서 유용할 수 있는 친근함과 따뜻함을 원할 수 있다. 그렇지만 이들은 세상을 대부분의 상황이 승리와 패배만 존재하는 투쟁으로 인식한다. 따라서 대인관계에서 군건하고 경쟁적이며 피상적으로 됨으로써 자신들의 애정 욕구를 빈번하게 유린한다. 또한 예를 들어 경쟁적인 스포츠나 판매자 역할과 같은 개인적인 활동에서 뛰어날 수도 있다. 그러나 충성심과 팀 협력이 필요한 상황에서는 업무에 어려움을 보일 수 있다.

　반사회성 척도가 경계선 척도와 동반 상승하는 경우 반사회적 성격의 사람들이 느끼는 일반적인 불편감이 경계선 성격의 일반적인 정서적 혼란감에서 기인하는 것일 가능성을 시사한다. 이러한 사람들은 괴상하고 이해되지 않는 방식으로 행동할 수 있으며, 심지어 이 행동이 자신에게도 이해되지 않을 수 있다. 이들은 신념과 감정이 빠르게 변하고 매 순간 서로 상충될 때도 신념과 감정에 의해 충동적으로 행동할 수 있다. 이러한 사람들은 스스로를 훼손이 불가피한 위험 상황에 빠뜨리는 등 자기훼손의 위험성이 있다. 반사회성 척도와 편집성 척도 둘 다 상승하는 경우 반사회적 성격에 존재하는 악의적인 의도의 투사가 증폭되며, 이들은 사람들이 이기적일 뿐만 아니라 반사회적이고 편집적인 사람들에게 특히 적대적이라는 신념에 따라 능동적으로 행동한다. 이 사람들의 충동적인 행동은 보다 광란적이며, 대인관계에서 사회적 규범을 무시한 채 격렬한 행동화를 보일 수 있다. 이러한 행동은 자신 또는 타인을 위험하게 만든다.

치료적 고려사항

　전형적으로 반사회적 성격의 사람들은 치료의 필요성을 인식하지 않으며, 판사의 의뢰에 의해 또는 그들을 떠나려고 하는 배우자의 위협 때문에 치료가 시작되는 경우가 가장 빈번하다. 치료 장면에 참여하는 경우 표면적으로 치료자의 중재에 저항하거나 어떻게 하든지 이러한 상황을 이용할 수 있다는 희망으로 피상적인 협력 관계를 발전시키는 경향이 있다. 치료자는 다음과 같은 점을 주의할 필요가 있다. 즉 이들은 치료자를 약하고 존경할 가치가 없다고 인식하여 속이려 들 수 있다. 또한 치료자는 화가 나고 냉소적으로 되며 처벌적으로 되어 결국 효과적으로 치료를 하지 못하는 위험에 빠지게 된다. 반사회적인 사람들의 대처 양식 중의 하나가 외적 행동화인 만큼 가장 적절한 개입은 구체적인 행동의 변화에 초점을 맞춘 행동 수정, 행동 계약, 행동의 외적 모니터링 같은 것이다. 이들은 내면화 중심의 통찰 지향적 개입에는 좀처럼 반응하지 않는다. 이에 더해 전형적으로 각성 수준이 낮기 때문에 각성, 걱정 심지어 불안을 높이는 기법이 치료에 대한 동기 수준을 높이는 데 도움이 된다. 집단 맥락이 특히 효과적일 수 있는데, 그 이유는 반사회적 성격의 사람들은 권위자의 안내보다는 동료들의 영향에 더 잘 반응하기 때문이다. 그러나 대부분의 개입은 이들의 기저 성격 구조를 바꾸는 데 효과적이라는 것이 입증되지 않았다. 보다 현실적인 목표는 공격성, 파괴, 충동성, 빈약한 정동과 같은 특정한 증상이나 행동을 감소시키는 것이다. 변화가 내담자에게 이익이 되는 범위 내에서 목표 행동을 설정할 수 있다.

척도 6B: 주장적인 - 폄하하는 - 가학성(Assertive-Denigrating-Sadistic, ADSadis)

이 척도에서 측정하는 핵심적인 특성은 특히 타인의 피해, 굴욕, 고통을 초래할 수 있는 행동뿐만 아니라 대인관계상 피해를 입히는 이러한 행동을 할 때의 일반적인 쾌락과 관련이 있다. 이 척도는 반사회성 척도에서 발견되는바 다른 사람의 고통이라고 하는 "부작용"을 넘어 타인에게 고의적으로 고통을 입힐 때의 직접적인 즐거움에 초점을 맞춘다.

급격한 정서 표현 소척도(Precipitate Expressive Emotions facet scale)는 급작스러운 반응적 분노와 적개심 외에는 일반적으로 정서와 정서적 부하 상황에 의해 동요하지 않는 정도를 반영한다. 이 소척도에서 높은 점수를 얻는 사람들은 일반적으로 타인의 감정에 둔감하다. 그리고 친절, 온화함, 동정심을 허약하고 불쾌한 것 또는 보다 악의적인 정서를 감추는 것으로 본다. 이들은 냉정하고 감정을 드러내지 않지만 좌절을 견디기 어려워한다. 이들이 어떤 방식으로든지 좌절하고 어려움에 봉착하게 되면 빠르고 쉽게 화를 내고 반사적으로 위신을 떨어뜨리는 데 초점을 맞추며, 어떤 방식으로든지 타인을 모욕하거나 위해를 가하려고 한다. 이들은 위험하고 잠재적으로 유해한 상황에 특히 매료되며, 위험, 고통, 처벌에 동요되지 않는다. 이러한 사람들에 대한 피드백은 급격한 분노 표출과 타인에게 친절하고 동정심이 있거나 따뜻한 감정을 표현하는 사람들의 동기에 대한 의심에 초점을 맞추는 것이다.

거친 대인행동 소척도(Abrasive Interpersonal Conduct facet scale)는 가학성 척도의 가장 중요한 측면, 즉 폭력적이고 비하적이며 위협적인 행동이 대인관계 상호작용의 특징인 정도를 반영한다. 이 소척도에서 높은 점수를 얻는 사람들은 잔인하고 타인에게 위해를 가하는 데서 즐거움을 느낀다. 이들 중 대부분은 적어도 언어적으로 폭력적이며, 일부는 신체적 및 성적으로 공격적인 모습을 보인다. 이들은 어떤 맥락에서든 타인을 지배하려 하며, 강압적으로 굴복시키기 위해 협박, 야유, 혹독한 결정을 포함한 위험을 가하지만 자신의 이러한 행동에 대해 죄책감은 느끼지 않는다. 이들과 관계를 맺는 것은 위협적이고 끔찍한 일일 수 있다. 이러한 사람들에 대한 피드백은 자신의 의지에 맞게 위협, 모욕,

강압을 통해 타인을 겁주고 지배하려는 행동이 빈번한 점에 초점을 맞추는 것이다.

폭발적 내적 구조 소척도(Eruptive Intrapsychic Architecture facet scale)는 일반적으로 부정적인 대인관계 조망에 기저하는 부정적이고 공격적이며 성적인 에너지가 공격적인 행동으로 폭발하는 경향을 반영한다. 이 소척도에서 높은 점수를 얻는 사람들은 타인들도 자신들만큼 권력에 목말라 있다고 느끼며, 가장 화나는 경우는 다른 사람이 자신을 지배하고 기만하며 모욕할 때이다. 이들은 취약하다는 느낌을 견디기 어려워하는데, 타인에 대한 이러한 부정적인 내적 관점이 강력하고 공격적인 에너지의 원천이 된다. 이 에너지는 일반적으로 적절하게 조절되지만, 가학성 척도에서 높은 점수를 얻는 사람들에게서 흔히 나타나는 방식처럼 이들은 가혹하고 야비하며 (자신들이 생각하기에는 방어적인) 공격적 행동을 주기적으로 분출하고 야기한다. 이러한 사람들에 대한 피드백은 다른 사람들에 대해 가혹하고 잔인하다고 느낄 정도의 급작스러운 본능적 또는 반사적 충동에 초점을 맞추는 것이다.

주장적인(Assertive)

가장 높은 3개의 상승 척도 중 하나가 가학성 척도이고, 상승 정도가 심하지 않은 (BR<75) 사람은 "주장적인" 특질을 가진 것으로 볼 수 있다. 이러한 사람들은 강압적인 상호작용 방식, 실패에 대한 두려움이나 망설임 없이 큰 책임을 떠맡는 능력과 같은 지도자적인 자질을 다양하게 보여 준다. 이들은 경쟁적이고 성공을 추구하며, 자신의 집단이 성공하는 데 도움이 되는 방식으로 구성원들이 행동할 수 있도록 하는 데 필요하다면 무엇이든 한다. 이들은 거칠고 강압적이며, 자신이나 타인의 감정에 의해 동요되지 않는다. 어떤 사람들은 타인을 향한 외견상 매우 일반적인 원한 때문에 가능한 한 언제라도 상황을 지배하면서 타인을 모욕하고 비하하는 방식으로 자신의 삶을 조직화한다. 또 다른 사람들은 타인을 위협하고 방해하며 약점을 들춰내고 자신의 의견을 대화의 전면에 강하게 내세우는 등의 방법을 통해 자신의 입지를 강화한다. 이러한 사람들은 정치나 고압적인 조직 환경에서처럼 지도자로 성공할 수 있는 사회적으로 승인된 방식을 추구한다는 점에 주목하는 것이 중요하다. 이러한 사람들에 대한 피드백은 그들의 지도자 본성에 초점을 맞추는 것이다. 이 지도자 본성이 과도한 경우 지배적이고 강압적인 행동으로 나타날 수 있다.

폄하하는(Denigrating)

가장 높은 3개의 상승 척도 중 하나가 가학성 척도이고, 상승이 중등도(BR 75~85) 수준인 사람은 "폄하하는" 특질을 가진 것으로 볼 수 있다. 이러한 사람들은 타인으로부터 공격을 받게 될 것을 예상하고 먼저 공격한다. 이들은 융통성이 없고 적대적이며 어떤 피드백도 비난으로 해석한다. 어떤 사람들은 처벌을 받아 마땅한 사람을 결정할 권리와 처벌을 가할 권리가 있다고 느끼면서 세상과의 상호작용을 조직한다. 이러한 처벌에는 실제적인 폭력과 파괴 행동이 포함될 수 있다. 또 다른 사람들은 타인을 처벌하고 판단하는 사회적으로 승인된 방식, 이를테면 경찰이나 군인 혹은 판사와 같은 지위를 추구하는 반면에 다른 사람들은 자신의 정의감을 법적 및 사회적으로 승인된 방식에서 벗어나 집행할 수 있는 권한을 부여받았다고 느낀다. 폄하하는 성격의 사람들 중 일부는 불안정하고 위축된 감정 때문에 다른 사람들에게 공격적으로 행동한다. 과거에 이들을 따돌리고 해를 입히며 폄하하였던 사람들을 공격하여 다치게 할 수 있는 방법을 찾아 자신의 강한 힘을 느낄 수 있는 기회로 활용한다. 이렇게 "폄하하는" 사람들에 대한 피드백은 강한 힘과 통제감을 느끼기 위한 공격적이고 적대적인 행동에 초점을 맞추는 것이다.

가학성(Sadistic)

가학성 척도의 점수가 높은 사람들은 대체로 경쟁적이고 활동적이며, 냉정하고 권위주의적이며, 사회적인 이해심이 부족하다. 이들의 공격성은 폭발하는 경향이 있는데, 이는 언어적 또는 신체적인 공격 행동이 미치는 영향에 대해 전혀 인식하지 않는 냉담한 방식으로 표현될 수 있다. 다양한 측면에서 볼 때 이들의 냉담함은 반사회적 성격에서 더 나아간 병리적 변이라고 볼 수 있다. 타인을 통제하고 위협하기 위해 권력을 행사하는 것은 이들이 목표를 달성하기 위해 사용하는 핵심적인 수단이다. 자신으로 인해 피해를 입은 사람을 모욕하는 것 또한 자신의 심리적 고통을 완화시키는 역할을 한다. 때로는 사회적으로 용인된 강제력을 행사할 수 있는 직업을 선택하는데, 이는 자신의 공격성을 사회적 규칙의 적용으로 가장하기 위해서이다(예를 들어 엄격한 규율을 가진 학교의 교장 또는 지나치게 열성적인 경찰). 이들은 고통과 처벌의 영향을 비교적 받지 않으며, 무모하고 대담하게 행동할 수 있다. 또한 사회적 사건에 대해 신랄하고 경멸적인 태도를 보이며, 자신의 편견, 편협함, 권위주의와 일치하는 확고한 태도를 가지고 있다. 최악의 경우 악의적이고 격렬하며 폭력적일 뿐만 아니라 잔인하게 행동한다. 두드러지지는 않지만 수줍음, 죄책감, 감수성 혹은 내적 갈등도 있다. 이들은 타인을 조종하고 통제하는 대상으로 인식한다. 이러한 태도는 피해자가 영향력이 없거나 집단의 소외된 구성원으로 간주될 때 정당화되고 강화된다.

이 프로파일의 사람들의 긍정적인 측면은 도전에 효과적으로 대처할 수 있다는 것이다. 이들은 위축되지 않고 대담하게 행동할 수 있는데, 특히 올바른 상황에서 이러한 면이 표현된다면 용감한 것으로 간주될 수 있다. 이들은 목표 달성 과정에서 다른 사람들은 행동하기 어려운 미묘하게 모호한 상황에서도 영향을 받지 않는다.

빈번한 코드타입

다행히도 가학성 척도가 상승하는 경우는 드물다. 이 척도에서 점수가 높은 경우 반사회성 척도, 부정성 척도, 자기애성 척도, 편집성 척도를 포함한 다른 척도에서도 두드러진 상승을 보인다. 부정성 척도와 비슷한 정도의 상승은 가학성 성격에서의 기분과 행동이 자기애적 양상이 없는 사람들보다 더 변화가 많고 유동적일 수 있다는 것을 의미한다. 이들은 자신의 권력을 행사하기 위해 노골적인 공격성과 수동적인 공격성 사이에서 오락가락할 수 있다. 가학성 척도와 자기애성 척도가 동반 상승하는 경우 자신에 대한 감각이 과장되고 비현실적일 뿐만 아니라 드러내놓고 적대적이고 파괴적일 가능성이 높다. 이는 자기애성 척도만 상승했을 때와는 다르다. 편집성 척도의 상승은 타인이 자신을 착취하거나 잔인하게 대할 수 있다고 강하게 의심하기 때문에 이러한 인간의 잔혹성으로 자신의 행동을 정당화한다.

성격 척도 외에도 기분장애 관련 척도(양극성 스펙트럼 척도, 지속적 우울 척도, 주요우울 척도)를 확인해야 한다. 또한 물질 남용은 가학성 성격의 사람들에게서 매우 빈번하게 발생하므로 알코올 사용 척도와 약물 사용 척도를 확인해야 한다. 마지막으로 격앙된 적대감은 망상 척도에 반영된 망상적 삽화를 유발할 수 있다.

치료적 함의

이 집단은 치료하기가 어렵다. 이들은 치료에서 자신의 계획을 말하는 경우가 거의 없다. 치료를 받는 동안 이들은 치료자를 얕보거나 적대감을 드러낼 수 있다. 소극적으로 반응하는 치료자를 약한 존재로 인식하며, 치료자의 개입을 무시하기 위해 더욱 약한 존재로 취급한다. 또한 이들은 대체로 자신의 행동에 대한 통찰이 부족하고, 자신이 끼치는 손해에 대해서도 무관심할 수 있다. 이들의 사고 패턴이 매우 견고하기 때문에 인지치료는 성공하기 어려울 수 있다. 잠재적으로 유용한 치료 방법은 분노 및 충동 관리 프로그램, 적대적이지 않은 자기주장적 의사소통 능력의 개발, 문제가 되는 행동을 수정하였을 때 자신에게 이익이 된다는 것을 알도록 설득하는 것 등이 있다.

척도 7: 신뢰로운-위축된-강박성(Reliable-Constricted-Compulsive, RCComp)

이 척도에서 측정하는 핵심적인 특성은 경직성, 완벽주의, 걱정과 관련이 있으며, 이들은 모두 양심적이고 신뢰할 만한 방식으로 타인의 욕구를 충족시키는 데 도움이 되는 것들이다. 이 척도의 초점은 겉으로 드러난 행동이지만, 과제 및 성취에 집중하기 위한 개인적인 충동과 욕구의 억제 또한 반영된다.

절제된 정서 표현 소척도(Disciplined Expressive Emotion facet scale)는 자신의 감정 표현에 대한 통제 정도를 반영한다. 이 소척도에서 점수가 상승하는 사람들은 자신의 감정을 엄격하게 통제하며, 종종 쾌활하고 유머러스하게 보인다. 이들은 엄격하고 고도로 조직화된 생활양식으로 인해 자유로운 감정 표현이 부족하게 되고, 타인과의 상호작용에서 조심스럽고 생각이 많은 모습을 나타내게 된다. 또한 완벽주의로 인해 매우 근시안적이 되고, 작업을 수행하거나 의사결정을 할 때 방해가 될 뿐만 아니라 본질적으로 예측이 불가능한 대인관계를 방해할 수 있다. 이러한 사람들에 대한 피드백은 이들이 조직화, 신중성, 초점을 유지하기 위해 감정을 엄격하게 통제하는 점에 초점을 맞추는 것이다.

위축된 인지 양식 소척도(Constricted Cognitive Style facet scale)는 개인이 규칙, 위계 그리고 엄격한 기준에 따라 자신의 세계를 조직화하는 정도를 반영한다. 이 소척도에서 점수가 높은 사람들은 공식적이거나 비공식적인 것(예를 들어 사회적 규준과 같은)에 관계없이 규칙과 규정을 철저하게 준수한다. 이들은 도덕적 판단이 엄격하다. 자신뿐만 아니라 특정한 기준에 부합되지 않는다고 생각되는 타인에게도 엄격하다. 이들은 충동적이고 무책임하며 "감정적"으로 행동하는 사람들을 가혹하게 판단한다. 또한 효율적이고 양심적인 반면, 창의력과 활력이 부족하고 자발적이거나 낯선 것을 견디지 못한다. 이들은 매우 완고하며 융통성 없는 사고 때문에 종종 의사결정 시 어려움을 초래한다. 이러한 사람들에 대한 피드백은 자신들의 엄격한 세계관과 특정한 기준에 부합하지 않는다는 이유로 가해지는 자신 또는 타인에 대한 가혹한 판단에 초점을 맞추는 것이다.

신뢰로운 자기상 소척도(Reliable Self-Image facet scale)는 자기상이 신뢰할 만하고 꼼꼼하며 부지런하고 효율적이라고 느끼는 정도를 반영한다. 이 소척도에서 점수가 높은 사람들은 자신이 책임감 있고 우수하다는 것을 가치 있게 생각한다. 대체로 이들은 여가 활동을 포기하고 자신의 일에 더 많은 노력을 기울인다. 매우 높은 기준(완벽성)으로 과제를 수행할 때 자신에게 가장 만족한다. 또한 실수나 마감을 지키지 못하는 것, 불완전한 프로젝트, 일반적인 판단의 오류 등을 두려워하고 매우 불편하게 여기며, 결과적으로 더 높은 수준의 규율과 복종을 중시한다. 이들은 일반적으로 받아들이는 도덕률을 어기는 것을 지각하면 윤리적으로 극히 엄격하게 판단을 한다. 이러한 사람들에 대한 피드백은 그들이 완벽과 책임을 얼마나 강조하는지에 초점을 맞추는 것이며, 또한 자신의 삶이 높은 기준에 부합하지 않을 때 느끼는 심리적 불편감에 초점을 맞추는 것이다.

신뢰로운(Reliable)

가장 높은 3개의 상승 척도 중 하나가 강박성 척도이고, 상승 정도가 심하지 않은 (BR<75) 사람은 "신뢰로운" 특질을 가진 것으로 볼 수 있다. 이들은 양심적이고 신뢰할 만하며 자신의 삶(일과 그 밖의 것들)에서 잘 훈련되어 있다. 이들은 감정을 통제하는 것은 아니지만 자신의 감정에 대해 신중하며, 충동적으로 행동하지 않는다. 이들은 조직화되어 있고, 일상생활에서 매우 성공적으로 기능하며, 높은 수준으로 성취하고, 업무를 완벽하고 능숙하게 실수 없이 수행한다. 실수를 하더라도 이는 미래의 더 나은 수행을 위한 동기가 된다. 이들은 규칙을 깨뜨리는 경우가 거의 없고, 관습적 및 사회적으로 수용 가능한 방식으로 행동하며, 심각한 위험을 만들지 않는다. 이들 중 일부는 실수하면 불안하여 작업을 다시 한다. 또한 새롭거나 확실하게 파악되지 않는 일을 수행할 때 불안을 느낀다. 이러한 사람들에 대한 피드백은 이들의 신뢰롭고 양심적인 특성과 무언가 적절하게 이루어지지 않고 있다고 느끼는 경우 발생하는 불안에 대해 초점을 맞추는 것이다.

위축된(Constricted)

가장 높은 3개의 상승 척도 중 하나가 강박성 척도이고, 상승이 중등도(BR 75~85) 수준인 사람은 "위축된" 특질을 가진 것으로 볼 수 있다. 이들은 실수에 대한 두려움 때문에 자신의 감정과 행동을 뚜렷하게 제한한다. 또한 환경을 최대한 통제하기 위해 행동과 태도를 엄격하게 한다. 예측 가능한 환경은 강한 감정을 유발하지 않기 때문에 이러한 환경 통제는 감정 억제에 기여한다. 이들은 감정을 표현하는 것이 추구하는바 신뢰롭고 성실한 과제 수행 태도에 반하는 것으로 생각하기 때문에 감정 반응이 일어나고 표현하는 것이 자연스러운 상황에서조자 이를 엄격하게 통제한다. 이들은 강한 감정적 위축의 결과로 신체적 질병에 시달린다. 이들 중 어떤 사람들은 매우 관습적이고 규칙에 얽매이는 조직에 완벽하게 적응한다. 또 다른 사람들은 단순히 자신과 외부 세계, 특히 타인에게 방어벽을 쌓고 조금의 교류도 하지 않으면서 자신을 보호하기 위해 성실성으로 도피한다. 이러한 사람들에 대한 피드백은 감정적으로나 행동적으로 얼마나 깊게 상처받았는지, 지나치게 통제되고 예측 가능한 환경에 있을 때 얼마만큼 편안하고 안전하게 느끼는지에 초점을 맞추는 것이다.

강박성(Compulsive)

강박성 척도에서 점수가 높은 사람들의 핵심적인 특성은 순응, 절제력, 자제력 그리고 관습성이다. 이들은 사회 규범을 엄격하게 고수하고, 정해진 행동 규준에 대한 도전이 되는 새로운 생각에는 화를 낸다. 또한 의롭고 양심적이며 준비성이 있고 세심하며 일정대로 일을 해야 수행을 잘한다. 이들은 대체로 여가 활동을 멀리하면서 열심히 일만 하며, 감정과 행동은 엄격하게 통제한다. 대인관계에서도 격식을 차리고 도덕적이며 완벽주의적이고 엄격하다. 이들은 권위적 위치에 있는 사람에게는 과잉 충성하고, 심지어는 환심을 사려고 한다. 반대로 아랫사람에게는 엄격한 규칙과 체계를 준수해야 한다고 고집하면서 완벽성을 요구하며, 심지어 경멸하는 경향이 있다. 이들은 자신에 대해 책임감 있고 믿음직하며 질서 정연하고 시간을 잘 지키며 신뢰할 만하고 고집이 센 사람으로 기술한다. 내적으로는 엄격히 통제하며 그 어떤 금지된 생각이나 충동도 경험하지 못하도록 한다. 이들의 세상은 일정, 마감일, 규칙, 윤리, 규정된 형태의 행동으로 이루어져 있다. 이들은 구조화되고 실질적인 작업 환경에서는 잘 기능하지만, 창의적이고 자발성을 요하는 환경에서는 변화에 적응하기가 어렵다. 즉 세상과 내적 충동을 지나치게 통제하여 결국 따뜻한 감정이나 자발성이 엄격하게 통제된 환경에서 냉혹하고 긴장되며 기쁨 없는 삶을 살아갈 뿐이다.

이들의 긍정적인 자질로는 충성심, 신중성, 일관성, 예측 가능성, 강한 의무감 등을 들수 있다. 이들은 종종 성숙함 및 능숙함으로 어려운 상황을 해결할 수 있다. 업무 환경에서는 엄격하고 철두철미하며 부지런하고 정직하며 실수를 거의 하지 않는다. 강박적인 사람들은 성취 수준이 높고, 정신과적 고통을 거의 보고하지 않는다.

방어적이거나 긍정왜곡의 프로파일에서 강박성 척도가 상승할 수 있다. 이 경우 척도 해석은 억제 및 절제보다는 내담자의 방어성에 초점을 맞추어야 한다.

빈번한 코드타입

전형적인 경우 강박성 척도의 상승은 다른 성격 척도의 상승을 동반하지 않는다. 다만 가장 흔하게 동반되는 임상적 증후군은 불안장애(일반화된 불안 척도를 확인해야 한다) 및 초조감을 동반한 우울증(지속적 우울 척도와 주요우울 척도를 확인해야 한다)이다. 정서적 위축으로 인해 정서적 문제가 신체적으로 표현될 수 있으므로 신체화 증상을 고려하는 것이 중요하다(신체화 증상 척도를 확인해야 한다). 다른 성격장애와 비교하였을 때 강박성은 다른 성격장애와의 중복이 적기 때문에 더 잘 정의된다. 그럼에도 불구하고 조현성 척도(조현성 척도를 확인해야 한다)와 의존성 척도(의존성 척도를 확인해야 한다)가 동반 상승할 수 있다. 빈번하지는 않지만 강박성 척도와 자기애성 척도가 함께 상승하는 사람들은 방어적이고 자신에 대한 확신이 있어 실수를 인정하지 않는다. 이들은 자신의 생각을 강하게 신뢰하며, 타인의 조언 및 제안, 특히 명령을 받아들이기 어려워한다. 또한 이러한 것들을 융통성이 없고 형식적이며 동떨어진 것으로 인식한다. 결과적으로 이들은 상호 존중과 합의가 중요한 요소인 조직 환경에서 어려움을 겪게 된다.

치료적 함의

대체로 강박성 성격은 통제되고 예측 가능하며 기능적인 삶을 산다. 그러나 과도한 변화나 중요한 결정에 직면하였을 때 불안과 관련된 문제로 치료를 찾을 수 있다. 특히 강박성 성격의 사람들은 내적 긴장을 풀기가 어렵기 때문에 신체적 호소를 나타낼 수 있다. 이들은 종종 자신의 세계를 경직되고 유연하지 못한 방식으로 바라본다. 결과적으로 자기탐색을 이들의 사생활과 순응성을 보호하는 "성격적 보호 장치"에 반하는 것으로 받아들이기 때문에 하기 어렵다. 또한 자기탐색은 강박관념에 빠질 위험이 있으므로 실제로 변화는 일어나지 않는다.

강박관념을 깨뜨리는 한 가지 방법은 이들이 감정을 경험할 수 있도록 돕는 것이다. 다른 전략은 비합리적인 양식을 인식하게 하거나 역설적 개입(예를 들어 실제로 실수를 하는 것을 용납하도록 "완벽성"의 틀을 재구성하기)을 하는 것이다. 대체로 첫 번째 개입은 불안 완화 기법과 관련된다. 체계적 둔감화, 바이오피드백, 자기최면, 정신과적 약물 등이 있다. 통찰과 관련된 모든 작업은 방어가 빠르게 작동하지 않도록 조심스럽게 진행되어야 하고, 상당한 안심시키기가 필요하다. 잠재적으로 문제가 되는 내담자-치료자 관계로는 치료자의 지루함, 권력 다툼, 내담자의 순환적이나 비생산적인 통찰의 형태로 나타나는 강박과 치료자의 담합 등이 있을 수 있다. 그럼에도 불구하고 이들의 치료 예후는 아주 좋다.

척도 8A: 불만스러운-분개하는-부정성(Discontented-Resentful-Negativistic, DRNegat)

이 척도에서 측정하는 핵심적인 특성은 불확실성 대 확실성 그리고 모순된 태도와 예측 불가능한 행동을 동반한 일관된 사고 및 감정 상태와 관련이 있다. 이러한 태도와 행동의 변화는 해결책이 충분하지 않거나 후회하지 않는다고 여겨지기 때문에 불편하다. 이 척도에 반영되는 행동들은 대개 모순적이고 변덕스럽다.

적대적 정서 표현 소척도(Embittered Expressive Emotion facet scale)는 분하고 억울한 감정 및 행동의 표현 가능성과 빈도를 반영한다. 이 소척도에서 점수가 높은 사람들은 타인의 만족과 기대에 대해 분개하고 자신에게 해를 끼치는 방식으로 행동한다. 이들은 일을 미루거나 꾸물거리고, 효능성과 시간 적시성에 대해 완강하게 저항한다. 드러내놓고 공격적이거나 대립하는 것은 아니지만, 엇나가거나 타인을 짜증나게 하는 방식으로 행동할 수 있다. 또한 타인의 업적이나 행복을 해치는 것을 즐긴다. 이러한 사람들에 대한 피드백은 타인의 성공을 방해하는 데서 오는 괴로움과 그로 인한 행동뿐만 아니라 타인이 성공할 때 느끼는 분노에 초점을 맞추는 것이다.

불만스러운 자기상 소척도(Discontented Self-Image facet scale)는 자신이 인정받지 못하고 오해를 받으며 운명이 자신의 삶을 속이고 있다고 느끼는 정도를 반영한다. 이 소척도에서 점수가 높은 사람들은 모순되는 죄책감과 분개심을 지속적으로 느끼고, 자신은 가치가 없으며 삶의 질이 낮다고 느낀다. 또한 다른 사람의 방해로 인해 자신의 일이 제대로 이뤄지지 않았다고 믿는다. 이들은 타인의 성취 및 성공을 부러워하지만 자신에게는 이러한 일이 일어나지 않을 것이라고 믿는다. 또한 살면서 어떤 것도 잘되지 않는다고 느끼고, 결과적으로 인생에 대해 환멸을 느끼며 매사에 비관적이다. 이러한 사람들에 대한 피드백은 이들이 실패하였거나 실수하여 놓쳤던 기회를 바탕으로 자신을 어떻게 정의하는지에 초점을 맞추는 것이고, 더불어서 이러한 자기 인식이 야기한 분노와 괴로움에 초점을 맞추는 것이다.

과민한 기분/기질 소척도(Irritable Mood/Temperament facet scale)는 기분 및 전반적인 과민성의 정도를 반영한다. 이 소척도에서 점수가 높은 사람들은 쉽게 짜증을 내고 불만족스러워하며 변덕스럽고, 쉽게 분노, 화, 죄의식과 같은 부정적인 감정으로 치닫는다. 이들은 기쁘고 만족스러운 시기도 있었지만, 호전적이고 질투가 많으며 쉽게 그리고 빠르게 시무룩한 상태에 빠진다. 자신의 감정을 잘 숨기지 못하고 가벼운 모욕(혹은 모욕이라고 인식하는 것)에도 매우 민감하다. 타인의 성공에 대해 질투하고 부러워하면서 결국 분노한다. 이들은 꽤 오랫동안 정서적으로 철수되어 있으며, 부정적인 감정을 야기하는 타인과 적극적으로 관계를 맺지 않는다. 이러한 사람들에 대한 피드백은 이들이 타인에게 얼마나 쉽게 짜증을 내는지, 얼마나 민감하고 쉽게 상처를 받으며 화를 내는지에 초점을 맞추는 것이다.

불만스러운(Discontented)

가장 높은 3개의 상승 척도 중 하나가 부정성 척도이고, 상승 정도가 심하지 않은 (BR<75) 사람은 "불만스러운" 특질을 가진 것으로 볼 수 있다. 이들은 대체로 세상이 자신을 불공평하게 대우한다고 느끼고, 이러한 세상 및 타인에 대해 분노한다. 이들은 비관적이어서 긍정적인 상황이 오랫동안 지속될 것이라고 기대하지 않는다. 또한 과민하고, 자신의 삶을 꾸준히 발전시키느냐 아니면 화를 내서 타인으로부터 철수하느냐의 사이에서 흔들린다. 매우 격동적인 것은 아니지만, 이들의 감정 및 행동은 변덕이 심하다. 이러한 변덕 때문에 환경 및 타인에게 일관된 방식으로 행동하기가 어렵다. 이들 중 일부는 삶의 "불가피한" 실망을 피하기 위해서 사회적으로 철수한다. 이러한 사람들에 대한 피드백은 삶에 대한 억울함과 비관적인 관점뿐만 아니라 이러한 관점의 결과로 나타나는 행동에 초

점을 맞추는 것이다.

분개하는(Resentful)

가장 높은 3개의 상승 척도 중 하나가 부정성 척도이고, 상승이 중등도(BR 75~85) 수준인 사람은 "분개하는" 특질을 가진 것으로 볼 수 있다. 이들은 행동에서 변덕스러움이 뚜렷하게 나타난다. 특히 반항과 묵인 사이를 오가는데, 두 부류의 행동에는 다 분개심이 포함되어 있다. 대인관계 상호작용은 쉬운 지지와 적의, 경멸 사이를 돌발적으로 오간다. 이들의 기분과 행동은 급변하는 것이 특징이다. 이들에게 무언가를 기대하는 타인에게는 간접적으로 반항 행동을 보인다. 이러한 사람들에 대한 피드백은 매우 쉽고 빠르며 예기치 않게 생겨나는 타인을 향한 신랄함과 분개심에 초점을 맞추는 것이다.

부정성(Negativistic)

이 척도가 높게 상승하는 사람들의 핵심적인 특성은 소극적 복종과 분개심, 반항의 혼합이다. 이들은 분개하면 대체로 충동적이고 변덕스러운 방식으로 행동한다. 이들은 부당한 대우를 받았거나 대인관계에서 실망하는 일이 있을 때 크게 분개한다. 그러면서도 자신의 분개심 및 분노가 가져서는 안 되는 감정이라고 생각한다. 결과적으로 죄책감과 갈등이 이들의 삶에 만연해 있다. 이러한 내적 갈등은 겉으로 표출되어 대인관계에서 문제를 야기한다. 이들은 감정 기복이 심하고 불평불만이 많으며 때로는 적대적이다. 어느 순간에는 화가 나고 고집스러울 수 있으나 그 후에는 죄책감과 미안함을 느낀다. 이들은 자신의 부정성을 타인의 행복을 해치는 꾸물거림, 지연, 비효율성, 반항적 행동 등 간접적인 방식으로 표현한다. 또한 타인에 대한 신랄한 비판, 불평, 경멸의 표현으로 자신의 분개심을 표현할 수 있다. 이러한 감정을 처리하는 한 가지 방법은 이 감정들을 부인하고 대신 다른 사람들 탓을 하는 것이다. 또 다른 방법은 자신보다 나아 보이는 타인에 대해 질투할 만한 여러 가지 이유를 들어 자신의 분개심과 분노를 정당화하는 것이다. 그 결과 경험하게 되는 만성적 불행감은 비관주의, 환멸, 냉소주의로 표현된다. 자신의 불행으로 인해 타인을 무작정 비난하기 때문에 다른 사람들이 자신들의 행동 및 태도로 인해 거절한다는 것을 알지 못한다. 그러나 자신의 행동 및 태도로 인해 타인에게 거절당할 때 이들은 체면이 손상되고 인정받지 못하며 버려졌다고 느끼고 환멸을 경험한다. 따라서 이들의 어려움은 스스로에 의해 발현되고 유지된다. 이들은 전형적으로 자신을 기분 변화가 심하고 짜증을 잘 내며 분개하고 반항적이며 불만스러워 한다고 묘사한다.

타인에게 의존하고 싶지만 이는 사회적으로 수용되지 않을 뿐만 아니라 필연적으로 이용당하고 실망할 수 있으므로 안전하지 않다고 느끼는 것 또한 이들의 핵심적인 갈등이다. 이 때문에 이들은 이러한 모순된 감정을 반추하면서 변화가 심하고 예측할 수 없는 감정을 보인다. 때로는 타인과의 관계를 자신의 안전을 위협하는 것으로 인식하기도 한다. 자신을 보호하기 위해 피상적으로는 매우 자립적이고 독립적으로 되려고 한다.

이 척도에서 상승하는 사람들의 여건과 상태가 좋은 경우 쾌활하고 친절해질 수 있다. 또한 유연하고 변화 가능하며 정서적으로 반응을 잘하고 민감해질 수 있다.

빈번한 코드타입

이 코드타입의 사람들은 빈번하게 거절당하며 우울증을 경험하기 쉽다(지속적 우울 척도와 주요우울 척도를 확인해야 한다). 대인관계는 잠재적으로 위험하다는 주관적 느낌으로 만성 불안이 유발될 수 있다(일반화된 불안 척도를 확인해야 한다). 이는 정신생리학적 장애(신체화 증상 척도를 확인해야 한다) 또는 전환장애와 같이 간접적인 방식으로 표현될 수 있다. 편집성 척도, 경계선 척도, 가학성 척도가 동반 상승할 수 있다. 덜 빈번하지만 우울성 척도, 회피성 척도, 피학성 척도도 동반 상승한다. 이 경우 부정성 척도는 다른 성격 척도에서 보이는 행동을 유발할 수 있는 거절에 대한 민감성과 분노 및 분개심의 수준을 고조시킨다. 예를 들어 부정성 척도와 편집성 척도의 동반 상승은 피해망상증을 북돋아 거절에 대한 민감성을 고조시킨다. 또한 경계선 척도와의 동반 상승은 생각, 감정, 자신감의 혼란을 촉발하는 민감성과 분개심을 고조시킨다.

치료적 함의

두 가지 주요 개입 영역은 삶에 대해 보다 일관되게 접근하는 것과 양가감정에 대한 통찰을 발달시키는 것이다. 그러나 치료 관계 자체는 내담자의 양가감정으로 인해 복잡해질 수 있다. 특히 이들은 타인의 배려와 지지를 원하면서도 자신의 독립에 대한 위협과 결국 거절 및 실망으로 끝날지 모른다는 두려움으로 인해 관계를 발전시키지 못한다. 결과적으로 이들은 치료자를 변덕스럽게 비난하거나 치료자의 개입에 수동적으로 저항할 수 있다. 초기 행동 계약을 통해 이 잠재적인 어려움을 다루는 것은 이들이 치료 과정에 참여하도록 하는 데 유용할 수 있다. 임상적 개입에서 한 가지 우려되는 점은 이들의 충동성이 자살 위험을 초래할 수 있다는 것이다. 이는 불안이나 우울장애로 이어지는 경우 특히 문제가 된다. 가족이나 부부에 대한 개입은 매우 유용하다. 이 일차적 환경에서 부정성의 양상이 시작되고 유지되기 때문이다. 분노 관리 및 자기주장 훈련 프로그램(예를 들어 변증법적 행동치료)은 충동에 대한 통제력을 강화하고 효과적인 의사소통 방식을 배울 수 있도록 도와준다. 실망스러운 미래에 대한 믿음과, 삶이 자신을 속인다는 역기능적인 사고는 이러한 가정을 반박하는 인지치료를 통해 치료될 수 있다. 이들은 저항이 강하기 때문에 내담자를 통제할 때 역설적인 지시를 사용하거나 지시와 비지시 기법을 함께 사용하면 좋은 결과를 얻을 수 있다.

척도 8B: 학대받은-손상된-피학성(Abused-Aggrieved-Masochistic, AAMasoc)

이 척도에서 측정하는 핵심적인 특성은 긍정적인 감정보다 더 선호하는 고통 및 상처의 경험과 관련이 있다. 이들의 자기패배적인 특성은 상황에 대한 통제력을 가지고 있으면서 나타나는 경우가 많으며(통제된 실패는 진정한 실패를 할 가능성이 있는데도 애써 시도하는 것보다 선호된다), 부정적인 감정 상태는 본질적으로 가벼운 경우가 많다. 즉 의도적으로 유발한 경미한 수준의 부정적인 감정 상태는 개인의 통제 밖에서 발생할 수 있는 극도로 부정적인 감정 상태가 발생할 가능성보다 더 선호될 수 있다. 일부 학자들은 이 척도가 측정하는 특성이 부정적인 여성 편향을 가지고 있다고 주장하는가 하면(Kutchins & Kirk, 2003) 또 다른 이들은 성 편향이 성 범주 자체보다는 부적절한 특성을 사용했기 때문이라는 주장도 있어(Fuller & Blashfield, 1989) 아직 논쟁의 여지가 있다. 임상가는 이 척도의 결과를 해석할 때 성 편향과 성별에 기반한 사회적 규범을 신중하게 고려해야 한다.

부실한 자기상 소척도(Undeserving Self-Image facet scale)는 자신이 그다지 좋지 않기 때문에 최악의 인생을 살 만하다고 느끼는 정도를 반영한다. 이 소척도에서 점수가 높은 사람들은 약점, 단점, 기타 최악의 개인적 특성에 초점을 둔다. 이들은 자신의 의견을 과소평가하고 다른 사람들이 자신의 의견에 동조하지 않을 때 빨리 포기한다. 이들은 자신에게 친절한 태도를 보이거나 무언가를 해야 한다고 여기지 않으며, 자신의 기대를 충족시키려고 하지 않고 최소한으로만 바란다. 스스로를 타인의 기대에 부응하지 못하고 살아갈 것이라고 느끼며, 자신이 부끄럽거나 굴욕적이고 부정적인 결과를 받을 만하다고 느낀다. 이러한 사람들에 대한 피드백은 자신에 대한 극도로 부정적인 시각과 자신이 부족하기 때문에 부정적인 결과를 초래할 만하다고 여기는 신념에 초점을 맞추는 것이다.

전도된 내적 구조 소척도(Inverted Intrapsychic Architecture facet scale)는 고통과 즐거움 간 내적 경험의 전환을 반영한다. 이 소척도에서 점수가 높은 사람들은 보통 즐거움을 느껴야 할 때 고통을 느끼고, 고통을 느껴야 할 때 즐거움을 느낀다. 단 이는 전체적인 경험은 아니다. 이들의 내면은 대부분 즐거움과 만족에 대한 기본적 욕구를 충족시키기 위한 충동 및 욕구로 구성된다. 그러나 이 같은 충동이 뒤섞여 대부분의 사람들이 바라는 것과 반대되는 행동을 할 수 있으며, 이는 부정적인 결과를 이끌어 낸다. 이들의 자기패배적인 내적 경험은 타인이 상황을 통제하여 자신에게 상처를 주거나 모욕하는 것을 피하고 어떻게든 타인의 돌봄을 이끌어 내려고 한다. 이러한 사람들에 대한 피드백은 다른 사람들 대부분이 불편해 하거나 화가 나는 상황에서 이들이 느끼는 높은 수준의 편안함 및 만족감과 때로는 상당히 긍정적인 경험에 대해서 느끼는 불편감에 초점을 맞추는 것이다.

불쾌한 기분/기질 소척도(Dysphoric Mood/Temperament facet scale)는 개인이 일반적으로 또는 복합적으로 느끼는 부정적인 감정의 정도를 반영한다. 이 소척도에서 점수가 높은 사람들은 정서적으로 고통받고 있다. 이들의 정서적 경험은 불안, 괴로움, 고통, 절망감, 죄책감, 불행감이 혼재되어 있다. 복잡하고 부정적인 정서 상태의 전형은 대체로 자신의 태도 및 결과에서 두드러지며, 타인에게 죄책감, 난감함, 궁극적으로는 짜증을 유발한다. 이들의 내적 감정 세계는 광범위하게 불쾌하다. 이러한 사람들에 대한 피드백은 순간에 느끼는 다양한 부정적인 감정의 집합체에 초점을 맞추는 것이다.

학대받은(Abused)

가장 높은 3개의 상승 척도 중 하나가 피학성 척도이고, 상승 정도가 심하지 않은 (BR<75) 사람은 "학대받은" 특질을 가진 것으로 볼 수 있다. 이들은 자기희생적이고, 타인의 욕구가 완전히 충족될 때까지 자신의 욕구 충족을 지연시킨다. 사심이 없고 타인에게 도움이 되려고 하며 타인의 욕구를 충족시켜 줄 때만 사랑과 애정을 받을 자격이 있다고 느낀다. 이들은 관심받을 자격이 없고 자신의 의견을 확신할 수 없다고 느낄 때 공손해지고 아첨을 떤다. 특히 자기 스스로를 편안해 하지 않고, 결과적으로 타인의 욕구 및 필요

에 자신의 인생을 집중한다. 일부 "학대받은" 사람들은 관계의 지속성에 대한 믿음이 거의 없고, 그 결과 자유롭게 관계를 맺지 못한다. 이 하위 집단은 비교적 스스로 모든 것을 해결하려는 경향이 있고, 누군가와 상호작용하도록 요구되는 상황에서 갈등을 피하거나 과도한 관심을 끌기 위해 굴종적인 태도를 취할 수 있다. 이러한 사람들에 대한 피드백은 일반적인 자기희생과 대인관계에서의 이타적 태도에 초점을 맞추는 것이다.

손상된(Aggrieved)

가장 높은 3개의 상승 척도 중 하나가 피학성 척도이고, 상승이 중등도(BR 75~85) 수준인 사람은 "손상된" 특질을 가진 것으로 해석한다. 이들은 자기희생적이고 자신의 가치를 평가절하하며 부정적인 감정 표현을 강화하고 자신보다 타인의 욕구에 집중한다. 또한 타인과의 관계에서 명백하게 자멸적이고 자기파괴적인 행동을 보인다. 이들 중 일부는 자기를 희생하고 타인에게 초점을 맞추는 것에 대해 자부심을 느끼며, 자신의 욕구를 부인하고 타인에게 봉사하는 데서 자아 정체감 및 자존감을 찾는다. 이들은 타인으로부터 인정받기를 바라며, 다른 사람들이 자신의 희생과 충성심을 과소평가한다고 느낄 때 정서적으로나 행동적으로 매우 부정적으로 반응한다. 이들 중 일부는 타인의 삶에 필요한 사람이 되기 위해 지나치게 노력하며, 심지어는 이들에게 일시적으로 거리를 두려고 하는 다른 사람들에게 죄책감을 느낀다. 이들은 자신을 희생하는 방식으로 소유하며, 조력자나 조언자가 되는 것은 불편해 한다. 이러한 사람들에 대한 피드백은 극도의 자기희생과 타인 혹은 자신을 위한 자기 비하적 행동의 결과에 초점을 맞추는 것이다.

피학성(Masochistic)

피학성 척도가 높이 상승하는 것은 피해자가 될 만한 상황에 반복적으로 노출된다는 의미이다. 이들은 스스로를 열등하고 엄격하지 않다고 여기며, 자신감이 없고 자신을 내세우지 않는다. 또한 자신은 기쁨과 행복도 받아들일 수 없다고 느낀다. 왠지 즐거움은 가치 없는 것으로 여겨지며, 이러한 즐거움 경험을 스스로에게 허용하면 더 많은 어려움이나 다른 불쾌한 결과가 뒤따를 것이라고 생각한다. 긍정적인 것을 표현할 때는 열의가 거의 없다. 이와 같은 내담자들의 대인관계는 비굴하고, 자신을 내세우지 않으며, 자기희생적이거나 타인이 자신을 착취하고 학대하도록 방치한다. 이들은 스스로 이러한 상황을 만든다는 점에서 다른 우울한 내담자들과 차이가 있다. 친밀한 관계는 대개 실망 및 좌절과 연합된다. 그들을 도와주고 지지하려고 시도하였던 사람들을 무시하거나 무능한 사람으로 여기기 쉽다. 이러한 반응의 한 가지 목적은 타인으로부터 가능한 비난과 공격을 받지 않고 죄책감을 불러일으키기 위해 약하고 해롭지 않은 사람으로 보이려는 것이다. 또한 이들이 공개적으로 낙담하는 것은 불편한 책임을 회피하면서 동정심과 묵인을 초래하기 위한 수단이며, 자신의 정체성을 부끄럽게 여기고 깎아내려 조직화하기 위해서이다. 이들은 자신의 고통과 불행에 지나치게 몰두하여 타인이 가질 수 있는 딜레마를 인식할 자원이 거의 없다. 겉으로는 타인에게 동정적일지 몰라도 이면에서는 비공감적이고 불신한다. 과거의 실패한 관계에 초점을 맞추고 반추하며 모든 개인적 성취를 평가 절하한다. 그 결과 불안, 걱정, 슬픔, 고뇌, 고통을 경험한다.

분열성 장애와 비교하였을 때 "피학성"의 사람들의 긍정적인 자질은 다른 사람들과 관계를 맺고 연결이 되어 있는 점이다. 이들은 자신의 어려움에 대한 통찰을 상당한 정도로 발달시킬 수 있다. 또한 이들의 고통 수준은 치료에 참여할 만큼 충분히 높다.

빈번한 코드타입

피학성 성격의 사람들에게 가장 큰 위험은 우울증으로 발전할 가능성이다(지속적 우울 척도와 주요우울 척도를 확인해야 한다). 불안이 있는 경우 일반화된 불안 척도가 상승할 수 있지만, 불안이 대체로 확산적이며 상실 및 유기에 대한 두려움과 관련이 있다. 건강 염려 책략은 불안을 표현하고 지지를 얻기 위한 수단으로 "손상된" 양상에 접목될 수 있다(신체화 증상 척도를 확인해야 한다). 의존성 척도, 경계선 척도, 우울성 척도, 회피성 척도가 빈번하게 동반 상승할 수 있다. 피학성 척도와 회피성 척도 둘 다 상승하는 경우 대인관계가 거의 없으며 극히 고립된 정도까지 관계가 철수되어 있음을 말해 준다. 이들은 타인과 섞이기를 원하지만 과거에 이러한 경험이 너무나 고통스러웠기 때문에 쉽지 않다.

치료적 함의

피학성 성격의 사람들과의 치료적 작업에서 모순점은 치료적 맥락이 이들을 행복하게 만든다는 것이다. 그러나 한편으로 이들은 더 행복하기를 원하지 않는다. 이러한 내담자들은 치료자에 의해 거부당하거나 모욕감을 느끼는 방식으로 상황을 만들 수도 있다.

이에 대응하려면 충분한 지원, 이해, 협력을 통해 작업하고, 반드시 고통받지 않아도 된다는 것을 이해시켜야 한다. 독특한 자기패배적인 행동은 이를 유발하는 상황과 함께 확인할 필요가 있다. 주장 훈련은 자신의 권리를 분명히 하고 착취를 방지할 수 있는 기술을 개발하는 데 도움이 될 수 있다. 이러한 기술은 역할 놀이, 부부치료 등을 통해서도 이루어질 수 있다. 관계에 대한 추가적인 평가와 관계 속에서 내담자의 역할에 대한 평가는 개인치료와 집단치료의 상호작용을 통해 이뤄질 수 있다.

심한 성격병리 척도

3개의 심한 성격병리 척도는 다른 성격 척도들과는 다소 다르게 작동한다. Millon 등(2015)은 Millon(2011)의 저술에 기초하여 이들 척도가 중등도 이상으로 상승할 때 매우 심한 병리적 상태로 보았다. 즉 스펙트럼에 따라 "정상-경미한 비정상-비정상"의 연속선이 아니라 "정상-비정상-심한 비정상"의 연속선으로 보았다. 이러한 스펙트럼상에서 건강한 기능으로 회복될 가능성은 낮다. 임상가는 이러한 척도들을 보다 잘 해석하려면 MCMI-IV의 용어들에 익숙해져야 한다.

척도 S: 기이한-조현형-조현병(Eccentric-Schizotypal-Schizophrenic, ESSchizoph)

이 척도에서 측정하는 핵심적인 특성은 기이함, 사회적 관습에서의 이탈, 부적절한 감정 표현, 괴이하고 기괴한 사고 및 행동과 관련이 있다. 이러한 특성이 가장 심한 경우 완전한 정신병적 현실 붕괴와 그러한 붕괴에 수반되는 사고, 감정, 행동적 상관물의 형태로 나타난다.

우원적 인지 양식 소척도(Circumstantial Cognitive Style facet scale)는 개인이 자신의 생각을 조직화하는 데서 겪는 어려움의 정도를 반영한다. 이 소척도에서 점수가 높은 사람들은 세상이나 세상에서 주어진 단서들을 특이하고 비정상적인 방식으로 인식하고 해석한다. 이들은 사회적 단서를 정확하게 해석하는 데 어려움을 겪는데, 이는 단서를 개인만의 특유한 방식으로 해석하거나 기괴한 의미로 받아들이기 때문이다. 결과적으로 이들은 사회적 상호작용의 의미를 왜곡한다. 정상적이거나 따분한 일상적인 사회적 상호작용조차 관계 사고(ideas of reference), 괴이한 은유적 의미(odd metaphorical meaning), 우원적 논리(circumstantial logic)로 의미를 붙인다. 이들은 세상을 인식하고 해석하는 특이한 방식의 결과로 마술적 사고(magical thinking), 의심(suspicious thoughts), 기괴한 논리, 현실과 환상 간 구분의 어려움 등을 발달시킨다. 이들은 비정상적인 사고 과정에 뿌리를 둔 기괴한 생각을 반추하면서 온통 그 생각으로 가득 차 있다. 이러한 사람들에 대한 피드백은 정상적인 상황에 대해 부여하는 이상한 의미뿐만 아니라 대부분의 사람들과는 다른 사고 과정의 명백한 징표에 초점을 맞추는 것이다.

소원한 자기상 소척도(Estranged Self-Image facet scale)는 개인이 타인으로부터 멀어지고 세상으로부터 분리되어 있다고 느끼는 정도를 반영한다. 이 소척도에서 점수가 높은 사람들은 타인과 주변 세상으로부터 멀어졌다고 느끼며, 살아갈 의미가 없다고 생각한다. 이들은 세상으로부터 분리되고, 이인증(depersonalization, 신체 외부에서 스스로를 관찰하는 것 같은 경험)을 경험하며, 비현실감(derealization, 현실에 머물러 있지 않고 현실 검증력이 없는 상태)을 느낀다. 이들은 인생의 목적이 없다는 것에 초점을 맞춰 스스로를 침울한 존재로 본다. 이러한 사람들에 대한 피드백은 현실 세계 및 타인과 연결되지 않은 느낌의 경험에 초점을 맞추는 것이다.

혼란된 내적 내용 소척도(Chaotic Intrapsychic Content facet scale)는 내면적인 혼돈을 반영한다. 이 소척도에서 점수가 높은 사람들은 뒤엉클어져 있고 혼란스러우며 두서없는 세상과 상호작용하기 위한 내적 형판(internal templates)을 가지고 있다. 타인 및 세상과 상호작용할 때 기대되는바 일관성 있게 유지되는 형판이 없다면, 이들은 두서없는 충동에 압도당하고 사고가 이탈되며 산발적인 기대로 인해 와해될 것이다. 이 소척도의 점수가 높을수록 내면적 세계는 더 혼돈되고 혼란스러울 수 있다. 이러한 사람들에 대한 피드백은 그들의 사고와 감정이 얼마나 압도적이며 혼란스러운가에 초점을 맞추는 것이다.

기이한(Eccentric)

가장 높은 3개의 상승 척도 중 하나가 조현형 척도이고, 상승 정도가 심하지 않은 (BR<75) 사람은 "기이한" 특질을 가진 것으로 볼 수 있다. 이들은 지나치게 괴이하고 철수되어 있는 것은 아니나 일상세계에서 효과적으로 기능할 수 없고 때로는 독특한 방식으

로 행동한다. 이들은 대체로 수줍음이 많지만, 상호작용할 때 괴이하고 비정상적인 것처럼 보일 때가 있다. 감정 표현은 상황과 연결되지 않는 것처럼 보이고, 심지어 이들이 말하는 내용과 모순된 것처럼 보일 때도 있다. 이들의 기괴함이나 기이함이 반드시 인식되는 것은 아니지만 대다수의 사람들로부터 분리되어 있거나 다르다는 느낌을 줄 수 있다. 그로 인해 대인관계에서 유리되거나 불안하여 타인에게 철수되었거나 소심한 사람으로 보일 수 있으며, 심할 경우 괴이한 면에 대해 스스로 잘 수용하는 것처럼 보일 수 있다. 이러한 사람들에 대한 피드백은 적절한 행동에 대한 사회적 규범의 제약을 느끼지 않는다는 사실과 분리감이나 자신과는 다르다는 느낌 때문에 타인과의 상호작용을 경계한다는 사실에 초점을 맞추는 것이다.

조현형(Schizotypal)

가장 높은 3개의 상승 척도 중 하나가 조현형 척도이고, 상승이 중등도(BR 75~85) 수준인 사람은 "조현형" 특질을 가진 것으로 볼 수 있다. 이들은 현실과의 접촉을 점차 상실하게 되는 방식으로 생각하고 행동한다. 이들의 생각과 느낌은 우발적이고 관련이 없으며, 자신에 대해 상당히 많은 것을 비밀로 한다. 이들은 자신의 생각과 감정이 몸으로부터 분리되었다고 느끼는 이인증과 비현실감을 경험한다. 이들 중 일부는 일상생활에서 활력과 참여가 부족하며, 실제로 "죽었다"거나 생명이 없다고 느낀다. 조현형 성격의 사람들은 대부분 행동이 느릿느릿하고 감정이 결핍된 것처럼 보인다. 또한 사회로부터 상당히 철수되어 자신의 환상 세계에서 살고자 한다. 이들은 대인관계에 대한 희망을 거의 가지고 있지 않으며, 괴이하고 와해된 생각 및 행동은 대인관계에 도움이 되지 않는다. 이러한 사람들에 대한 피드백은 와해되고 혼란스러운 생각과 타인으로부터 분리 및 철수되는 경향에 초점을 맞추는 것이다.

조현병(Schizophrenic)

조현형 척도가 조현병 수준으로 상승하는 사람들의 주된 특징은 기이함, 와해, 사회적 고립이다. 조현병이라는 용어가 사용되기는 하지만 이 척도가 측정하는 정신증적 어려움은 임상 증후군의 삽화와 더 유사하며 장기간 지속된다. 이들의 기이함은 독특한 버릇, 이상한 옷차림, 기괴한 표현과 관련이 있다. 이들은 전형적으로 어둡고 생기가 없으며 무관심하고 쓸쓸해 보인다. 자신에 대한 기술은 소외, 고립, 해체, 분열을 포함한다. 이들은 "악의적인" 생각, 행동, 징조를 무력화시키기 위해 마술적 행동 및 의식에 참여할 수 있다. 환상과 현실 간 구분은 거의 되지 않는다. 의사소통 방식은 사고 이탈, 개인적 무관심, 마술적 연상이 특징이다. 결과적으로 이들은 한 곳에 정착하지 못하며, 공허하고 개인적으로 무의미한 삶을 산다. 따라서 이들은 사회의 주변부에서 살아간다. 이들 중 일부는 거리를 두면서도 정서적으로 부드럽다. 다른 일부는 더 의심이 많고 불안해 하며 걱정이 많다. 이들은 타인을 불신하고 의사소통 기술이 부족하여 대인관계가 매우 경직되어 있다. 그 결과 누구와도 친분을 쌓지 않고, 사생활, 비밀, 격리된 생활을 선호한다. 대개 사회적 상호작용을 시작하기에는 관심과 에너지가 부족하다. 내면적으로는 조현병 삽화를 심각하게 촉발하는 공허감과 무의미함을 깊게 느낀다. 사고 과정은 산발적이고 자폐적이며 와해되어 있다. 이인증과 해리를 경험하였을 수도 있다. 이들은 대인관계적 동기 및 의사소통을 이해할 만한 인지적 능력이 결여되어 있다.

빈번한 코드타입

진단적으로 조현형 성격은 보다 덜 심한 조현성 장애와 더 심한 조현병 사이 어디쯤에 위치한다. 그러나 이 두 장애와 개념적 및 임상적으로 중첩된다. 그러므로 이 척도에서의 상승은 이러한 차원을 측정하며, 이에 주의를 기울여야 한다(조현성 척도, 조현병 스펙트럼 척도, 망상 척도를 확인해야 한다). 조현성 성격과 조현병은 조현형 성격과 공존할 수 있다. 성격 척도에서 동반 상승할 수 있는 척도는 조현성 척도, 회피성 척도, 편집성 척도 등이다. 조현성 척도와 회피성 척도의 상승은 조현형 성격의 두 가지 하위 유형을 구별하는 데 중요하다. 조현성 척도와 조현형 척도의 동반 상승은 조현형보다 더 수동적이고 냉담하며 단절된 표현을 나타낸다. 이들은 정서를 경험할 수 있는 능력이 부족하고 타인에 대해 극도로 무관심하며 분리된다. 이에 비해 회피성 척도의 상승은 개인적 관계에 대한 열망을 나타내지만 이들은 더 불안해 하고 두려워하며 타인으로부터 스스로를 보호하기 위해 철수한다. 만일 조현형 척도와 편집성 척도가 동반 상승하면 이들은 의심이 매우 많고 관계 사고 및 관계 망상이 있다. 편집성으로 인한 통일성 때문에 그들의 사고는 보다 조직적일 수 있지만 조현형 척도에서 상승하는 사람들의 특징인 사고 이탈과 기이한 행동이 여전히 있다.

치료적 함의

조현형 성격의 예후는 그들의 패턴이 뿌리 깊고 오랫동안 지속되어 온 것이고 또한 치료 과정에 참여하는 데 어려움이 있기 때문에 좋지 않다. 사회적 고립과 악화를 방지하고 적절하게 조절하는 것을 치료 목표로 삼아야 한다. 지지적 대인관계 상호작용의 증가를 격려하기 위해 환경을 바꾸어 주는 것이 도움이 될 수 있다. 추가적인 개입은 정서적인 지지를 제공하면서 동시에 자신의 생각을 표현하고 명료화하도록 도와주는 것이다. 약물 치료는 사고를 조직화하고 비합리적인 충동으로 인한 행동을 감소시키는 데 도움이 될 수 있다.

척도 C: 불안정한-경계선-순환정신증(Unstable-Borderline-Cyclophrenic, UBCycloph)

이 척도에서 측정하는 핵심적인 특성은 개인이 경험하는 내면적 갈등, 유동성 그리고 양가성과 관련이 있다. 또한 예측할 수 없는 행동과 자신과 타인에 대한 사고와 감정의 전반적인 불일치를 측정한다.

불확실한 자기상 소척도(Uncertain Self-Image facet scale)는 자신이 누구인지에 대한 핵심 개념이 없고 자신의 정체성도 이해하지 못하는 정도를 나타낸다. 이 소척도에서 점수가 높은 사람들은 자신이 누구인가에 대한 안정적이고 확고한 인식을 가지고 있지 않다. 이들은 정체성이 혼란스럽고 자신을 명확하게 정의하지 못한다. 자기표현은 상황마다 가변적이고 때로는 모순된다. 이들 중 대부분은 나는 누구인가에 대한 인식이 변화를 거듭하기 때문에 공허감을 느낀다. 이러한 사람들에 대한 피드백은 상황마다 변화하는 일관성의 부족에 초점을 맞추는 것이다.

분리된 내적 구조 소척도(Split Intrapsychic Architecture facet scale)는 개인의 내면에 존재하는 세분화와 갈등의 정도를 반영한다. 이 소척도에서 점수가 높은 사람들은 타인 및 세상과의 상호작용에서 매우 상반되고 반대되는 "지도"를 가지고 있다. 예를 들어 이들은 내적으로 안심하고 안전하다고 느끼기 위해 타인의 친밀함, 돌봄, 지지를 갈망한다. 그러나 다른 한편으로는 중요한 관계에서 발생할 수 있는 고통, 실망, 유기에 초점을 맞추기도 한다. 이 상반되는 갈등은 대인관계 상호작용이나 관계를 어떻게 맺어야 할지에 대해 분명한 개념을 제공하지 못하고 상당한 혼란만 야기한다. 이들은 내적으로 세상과 상호작용할 때 겪을 수 있는 수많은 실패들을 생각한다. 이러한 사람들에 대한 피드백은 특히 대인관계에서 느끼기 쉬운 깊은 양가감정(심하게 뒤섞인 감정)에 초점을 맞추는 것이다.

불안정한 기분/기질 소척도(Labile Mood/Temperament facet scale)는 통제 또는 조절되지 않는 방식으로 빈번하게 나타나는, 극적으로 변화하는 감정의 정도를 반영한다. 이 소척도에서 점수가 높은 사람들은 쉽게 혼란에 빠질 수 있는 극도로 빠르게 변화하는 정서 상태를 경험한다. 이들의 정서 상태는 현실이나 상황에 맞지 않다. 정상적이고 상황에 맞는 강렬한 기분과 부적절한 분노 사이를 극적으로 오가며, 잦은 불쾌감 및 불안이나 흥분을 경험한다. 이와 같이 조절되지 않고 급변하는 정서 상태는 행동에 강한 영향을 미친다. 이러한 사람들에 대한 피드백은 극적이고 예측할 수 없는 기분 변화에 초점을 맞추는 것이다.

불안정한(Unstable)

가장 높은 3개의 상승 척도 중 하나가 경계선 척도이고, 상승 정도가 심하지 않은 (BR<75) 사람은 "불안정한" 특질을 가진 것으로 볼 수 있다. 이들은 극히 충동적이고 예측할 수 없기 때문에 일상생활에서 효과적으로 기능하지 못한다. 다만 대인관계에서 정서적으로 상당히 반응적인데, 이 경우 정서는 당시의 상황과 논리적으로 관련이 없어 보인다. 이들의 대인관계는 강렬하고 굴곡이 많은데, 타인과 반드시 관계를 맺기 위해 정신없이 그들을 조종하거나 타인에게 흡수되는 느낌이 없게 파괴적인 관계를 맺기 때문이다. 이러한 두 가지 방식은 자신의 정체성에 대한 공허함과 불안감에서 비롯된다. 이들은 너무 깊게 관계를 맺을 경우 자신을 잃어버릴까봐 두려워하거나, 아니면 지나치게 깊게 관계를 맺으려고 한다. 이들의 자아상은 불안정하고 안정적이지 못한 관계 방식에 얽매여 있으며, 자기가치는 매우 허약하다. 이러한 사람들에 대한 피드백은 대인관계에서 보이는 강렬한 정서적 반응과 그 결과로 생긴 혼란 상태의 사회생활에 초점을 맞추는 것이다.

경계선(Borderline)

가장 높은 3개의 상승 척도 중 하나가 경계선 척도이고, 상승이 중등도(BR 75~85) 수준인 사람은 "경계선" 특질을 가진 것으로 볼 수 있다. 이러한 사람들은 상당히 불안정한 정동, 사고, 행동을 보인다. 표현된 감정은 상황에 부적절하며, 현실보다 내적 혼란의 영향을 더 많이 받는다. 이들의 변덕스러운 행동은 대인관계를 어렵게 한다. 타인과의 친밀함에 대한 양가성은 매우 강한 의존 욕구와 유기에 대한 강한 예상으로 표현된다. 사고는 불안정한 정동의 영향을 많이 받으며, 그 결과로 의심과 강한 분노를 불러일으킨다. 이들은 무책임하고 충동적이며 강렬한 감정에 휘둘린다. 이들 중 일부는 안절부절못하고 성급하며 짜증을 잘 내고 정신증 삽화도 드물지 않다. 이러한 사람들에 대한 피드백은 격변하는 삶, 강렬한 정서, 혼돈된 관계, 예측할 수 없는 충동적 행동에 초점을 맞추는 것이다.

순환정신증(Cyclophrenic)

경계선 척도가 상승하는 사람들의 핵심적인 특성은 불안정하고 기분과 행동을 예측할 수 없는 점이다. 이들은 한순간에는 낙담하거나 환멸을 느끼다가 잠시 후에는 행복감을 느끼고 뒤이어 격렬한 분노, 짜증, 자해와 같은 자기파괴적 행동 등을 나타낼 수 있다. 이들의 자기파괴는 가혹하게 처벌하는 양심을 반영한다. 또한 이들의 불안정한 행동 대부분은 환경적 사건에 대한 반응이기보다는 내적 요인에 의해 영향을 받는 것으로 보인다. 감정 기복, 간헐적 우울, 일반적인 불안, 타인에 대한 격렬한 감정적 공격, 무관심 및 냉담함이 이들의 특징이다. 이러한 행동은 대인관계의 어려움을 야기한다. 다만 이들은 타인의 보살핌을 받거나 정서적으로 지지를 받는 데 관심이 많다. 이들은 타인으로부터 거부를 이끌어 내기도 하지만, 유기에 대한 강한 두려움을 가지고 있다. 이들은 때로 타인을 이상화하지만 결국은 자신이 이상화한 사람들을 평가절하하고 비난하는 양면성을 보인다. 따라서 이들의 대인관계는 양가적이고 불안정하며 긴장되어 있다. 이러한 행동의 근본적인 원인은 극히 잘 발달되지 않은 정체감이며, 이는 통제의 상실이 핵심이다. 형편없는 자기 정체감은 결국 공허감과 와해된 생각으로 발전된다. 스트레스를 받으면 정신증적 삽화가 나타난다. 그러나 이러한 삽화는 사고장애로 간주하기에는 충분하지 않으며, 대체로 이전 기능 수준으로 빠르게 회복된다. 이들은 자신에 대해 우울하고 참을성이 없으며 자주 긴장하고 짜증을 내며 불행하고 불안하다고 기술한다.

빈번한 코드타입

경계선 성격의 증상은 매우 다양할 수 있다. 다양한 양상은 어떤 임상 척도가 상승하는지를 통해 확인할 수 있다. 그러나 기분장애(양극성 스펙트럼 척도, 지속적 우울 척도, 주요우울 척도를 확인해야 한다) 및 약물 남용(알코올 사용 척도, 약물 사용 척도를 확인해야 한다)이 일반적으로 가장 흔하게 동반되는 장애이다. 경계선 성격은 그나마 덜 역기능적인 피학성, 부정성, 의존성, 연극성, 자기애성 성격장애의 확장형이라고 볼 수 있다. 결과적으로 이러한 성격장애를 반영하는 하나 이상의 척도에서 상승할 수 있으며, 이는 기본 역동 및 특정 표현 방식에 대한 추가 정보를 제공한다. 경계선 척도와 가장 빈번하게 동반 상승하는 척도 중 하나는 부정성 척도이며, 이 두 척도의 조합은 경계선 성격의 모순된 양상을 두드러지게 한다. 이들은 강한 의존성을 느끼면서도 극단적인 양가감정을 느낀다. 또한 격렬한 분노를 느끼는 동시에 이러한 감정이 용납될 수 없다고 믿는다. 이와 같이 강한 양극성은 자아의 분열과 불안정하고 예측할 수 없는 행동으로 발전할 수 있다. 또 다른 중요한 조합은 경계선 척도와 피학성 척도로, 충동적이고 자기파괴적인 특성을 두드러지게 한다. 불안정한 감정 및 행동의 기저에는 자신이 행복해질 가치가 없고 대신 학대받거나 굴욕을 당할 만하다는 확고한 생각이 있다. 따라서 이들의 우울 및 자살 가능성을 다루는 것은 사례 관리에서 필수적이다. 경계선 척도와 의존성 척도 동반 상승의 경우 낮은 자존감, 수동성, 무관심이 두드러지며, 자신을 돌보아 주거나 대신 의사결정을 내릴 만한 타인의 필요성이 두드러진다. 연극성 척도가 동반 상승하는 경우 의존성이 두드러지지만, 무감동하고 수동적이기보다는 외향적이고 우호적이며 조작적이고 감정적이다. 방어기제가 위협당하면 활동 및 주의 끌기가 증가한다. 만일 이 전략이 효과가 없다면 방어기제는 무용지물이 되고 자기파괴적인 행동을 할 수 있다. 경계선 척도와 자기애성 척도가 동반 상승하면 이들의 자만심이 수치심, 불안정함, 허무감, 자기비난으로 붕괴되었음을 나타낸다.

치료적 함의

경계선 성격은 치료하기 어려운 장애로 악명이 높지만, 다른 성격장애보다 더 변화하기 쉽기도 하다. 중요한 초기 목표는 변덕스러운 행동과 정동을 안정시키기 위해 충분한 라포를 형성하는 것이다. 이를 위해 한계 설정, 지지, 안심시키기, 조언, 내면에 대한 통찰 등을 강조하는 현실 지향적 접근법이 필요할 수 있다. 경계선 성격은 광범위한 역기능적 행동을 보일 수 있지만 특히 자살 및 자해 행동에 주의해야 한다. 또한 이들은 몹시 이질적인 집단이다. 예를 들어 우울, 불안, 이인증, 와해된 사고, 유기 공포, 자기파괴, 양가성이 각각 두드러지게 나타날 수 있다. 다른 성격보다 치료 동맹을 강하게 맺는 것이 특히 행동 및 감정의 모순을 조정하고 대처할 수 있도록 돕는 데 중요하다. 효과적인 치료법은 마음챙김 기법(mindfulness skills), 감정 조절을 도와주는 기법, 효율적인 대인관계를 위한 전략, 고통에 대한 내성 등의 조합(변증법적 행동치료법과 같은)을 사용하는 것이다. 경계선 성격의 상당수는 권위적인 개입에 저항하기 때문에 집단치료가 더 효과적일 수 있다.

척도 P: 불신하는–편집성–편집정신증(Mistrustful–Paranoid–Paraphrenic, MPParaph)

이 척도에서 측정하는 핵심적인 특성은 개인이 세상을 바라보는 방식, 특히 타인에 대한 의심이나 타인이 자신을 속일 것이라는 예상, 그에 따른 타인과의 친밀감에 대한 분노성 회피를 중심으로 하는 위축 그리고 포기할 줄 모르는 비유연성과 관련된다. 이 척도에서 점수가 높은 사람들은 세상을 경험하면서 타인에 대한 적대감과 공격성을 가진다.

방어적 정서 표현 소척도(Defensive Expressive Emotion facet scale)는 정서 표현을 통해 자신을 보호하는지 정도를 반영한다. 이 소척도에서 점수가 높은 사람들은 의심이 많은 인지 양식("불신하는" 절 참고)에 크게 영향을 받는데, 잠재적인 위험을 과대평가하고 감정 표현 시 긴장되며 위축된다. 이들은 사소한 자극에도 짜증을 자주 내며, 빠르고 쉽게 적대적이 된다. 대체로 이들은 긴장되고 위축되며 방어적인 태도를 가진다. 이러한 사람들에 대한 피드백은 긴장감의 수준과 타인에 대해 빠르고 쉽게 치밀어 오르는 짜증 및 화에 초점 맞추는 것이다.

불신하는 인지 양식 소척도(Mistrustful Cognitive Style facet scale)는 전체 척도에서 묘사된 병리적 특징, 특히 타인에 대한 의심과 냉소의 정도를 반영한다. 이 소척도에서 점수가 높은 사람들은 타인의 행동을 매우 불신하고, 친절하거나 모호한 상호작용조차 부정적인 의도 및 동기가 있다고 생각한다. 이들은 다른 사람이 부정적 의도를 가지고 있다는 자신의 의심을 공고하게 하는 사소하거나 관련 없는 정보를 강조하고 최악으로 부풀리며(재앙화), 속임수와 악의를 항상 경계한다. 또한 자신의 의심을 확인할 수 있는 상황을 계속 만든다. 이 척도의 점수가 높을수록 자신의 의심을 입증하기 위해 정보를 왜곡하거나 어떠한 증거도 없는 경우 증거가 없는 이유가 타인의 교활함과 속임수 때문이라고 생각한다. 이러한 사람들에 대한 피드백은 기저선 수준이 높은 의심과 대체로 다른 사람들은 악의를 가지고 있다는 생각에 초점을 맞추는 것이다.

투사 내적 역동 소척도(Projection Intrapsychic Dynamics facet scale)는 자신의 결점과 부정적인 성격을 부인하고 모든 것을 타인의 탓으로 돌리는 기제를 반영한다. 이 소척도에서 점수가 높은 사람들은 타인에 대한 적대감을 포함하여 자신의 부정적인 특성을 인식하지 못한다. 이들의 부정적이거나 견딜 수 없는 특성 대부분은 그 어떤 증거가 없어도 타인의 탓으로 돌린다. 즉 사소하고 중요하지 않으며 가끔은 존재하지도 않는 타인의 부정적 특성조차 이들에게는 두드러져 보인다. 자신의 결점은 인식하지도 못하면서 자신은 타인보다 우월하며 타인의 악의에 의해 희생되었다고 생각한다. 이 척도의 점수가 높을수록 현실보다는 환상에 기반하여 생각할 가능성이 더 높다. 이러한 사람들에 대한 피드백은 타인에 대한 예민한 지각에도 불구하고 존재하는 자신의 잘못 및 부정적인 특질에 대한 인식이 부족한 점에 초점을 맞추는 것이다.

불신하는(Mistrustful)

가장 높은 3개의 상승 척도 중 하나가 편집성 척도이고, 상승 정도가 심하지 않은 (BR<75) 사람은 "불신하는" 특질을 가진 것으로 볼 수 있다. 이들은 일상생활에서 기능하지 못할 정도로 지나치게 의심하거나 대립하지는 않는다. 다만 타인을 경계하고 잠재적인 악의적 행동에 대해 의식하고 있다. 타인에게 의존하는 것이 불편하기 때문에 스스로 모든 것을 해결하고 타인을 통제하려는 경향이 있다. 이들은 종종 독선적이고, 타인의 약점과 결점에 대해 혐오감을 느끼며, 스스로 우월하거나 우위에 있다고 생각할 수 있다. 이들 중 일부는 규칙에 얽매여 완고하고 긴장되며 유머가 없고, 상당히 엄격하고 통제된 방식으로 세계에 접근한다. 이들의 강점은 독립성과 능력을 제고하기 위해 노력하고 타인에게 의존하지 않는다는 점이다. 이러한 사람들에 대한 피드백은 스스로 모든 것을 해결하려는 태도에 초점을 맞추는 것이며, 자신을 위해서는 타인을 믿어서는 안 되고 무엇이든 적절하고 정확하게 끝내야 하며 믿지 못할 다른 사람을 돕기 위해 사욕을 버려야 한다는 전반적인 기저 신념에서 유래하는 "사실"에 초점을 맞추는 것이다.

편집성(Paranoid)

가장 높은 3개의 상승 척도 중 하나가 편집성 척도이고, 상승이 중등도(BR 75~85) 수준인 사람은 "편집성" 특질을 가진 것으로 볼 수 있다. 이러한 사람들은 현저한 편집증 증상을 가지고 있으며, 타인의 "악의적이고 교활한 행동"에 대한 의심과 기이하고 비현실적인 믿음을 보인다. 이들은 마음속에서 타인의 명백한 악의에 대한 "증거"를 만들어 내며, 타인이 부정적인 동기 및 의도를 가지고 있다고 비난한다. 이 증거는 타인이 보기에는 대부분 별로 관계없고 허술하며 조작된 것이지만, 편집적인 사람들은 증거를 명백하게 이해하며 이를 통해 자신들의 의심을 확증한다. 종종 이들은 현실과 동떨어져 분명한 망상을 보인다. 이들 중 일부는 이러한 망상의 결과로 적대적이고 거부적이며 화를 낸다. 이들은 다른 사람들로부터 오해를 받고 속임을 당하며 피해를 입고 있다고 느낀다. 다른 일부는 세상으로부터 철저히 철수되고 스스로를 고립시키는 망상에 사로잡힌다. 이들은 "피할 수 없는" 타인의 해로운 행동에 매우 취약하다고 느끼면서 예민해진다. 이들은 과도하게 경계하고 적대적이며 파괴적인 세상 속에서 피해를 입을 수 있다고 생각해 항상 경계한다. 이러한 사람들에 대한 피드백은 삶에 대한 의심의 조망에 초점을 맞추는 것이다. 즉 타인이 자신을 해칠 것이라는 구체적인 신념과 그 결과로 나타나는 행동에 초점을 맞출 수 있다(적대감과 고립 중 어느 쪽인지는 이 척도와 함께 상승하는 다른 척도들을 통해 더 잘 이해할 수 있다).

편집정신증(Paraphrenic)

편집성 척도가 상승하는 사람들의 핵심적인 문제는 우월감이 더해진 의심 및 방어성이다. 이들은 타인이 자신을 비난하거나 속일 것이라고 생각하기 때문에 끊임없이 경계한다. 전혀 관계없는 사건도 타인 및 세상이 자신을 모욕하거나 통제하거나 해치려고 하는 것으로 인식할 수 있다. 자신의 기이한 관점으로 사건을 해석함으로써 세상을 왜곡한다. 이들은 자주 위험에 빠지기 때문에 거칠고 과민하며 적대적이고 짜증을 잘 낸다. 성공한 사람들에게 억울한 마음이 들고 그들의 성공이 정직하지 않거나 불법적인 활동을 통해 이루어졌다고 믿는다. 이 과정에서 자신의 결점은 부정하고 타인의 탓을 한다. 타인의 사소한 결함은 주의 깊게 살펴보고 확대하지만 이 같은 자신의 결함은 알지 못한다. 이러한 역동은 다른 사람과 관련지어 자신의 우월성을 공고히 하는 수단으로 사용된다. 이들은 자신을 의롭지만 오해를 받고 있으며 의혹을 갖고 있고 학대받으며 방어적인 사람으로 묘사한다.

이들은 누군가가 자신을 통제하거나 영향력을 행사하려고 한다고 인식하면 자신의 독립성에 대한 침해로 간주하고 침해자를 공격하고 모욕을 주려고 한다. 그 결과로 타인에게 두려움과 분노를 유발한다. 불행하게도 이들이 세상을 지각하는 체계는 자기충족적이다. 사람들은 이들의 불신과 적대감에 부정적으로 반응하기 때문에 이들에게 실제로 세상이 위험하고 안전하지 못한 곳이라는 증거를 제공한다. 타인이 이들에게 부정적인 방식으로 행동할 때 이들을 고립된 세상으로 밀어 넣으며, 이들의 생각은 더 굳어진다. 경직성과 배타성은 자극과 강화 모두를 위한 내적 과정에 의존하기 때문에 유지된다. 이들은 지배당하는 것을 두려워하고, 의존성의 어떤 징조라도 약점과 열등감을 나타내는 것으로 간주한다. 자신의 운명은 스스로 설계해야 한다고 생각하고, 그렇게 하기 위해 관계 및 의무로부터 자유로워질 필요가 있다. 이렇게 분리하는 이면에는 통제력과 자율성의 상실에 대한 두려움이 있다. 따라서 이들의 매우 단단하게 조직화되고 일관성 있는 성격 및 인지 구조는 정서적 및 신체적으로 타인과 단절된 느낌을 갖게 한다. 이들은 권위에 대한 망상, 관계 망상, 음모에 대한 강한 두려움을 가질 수 있다.

빈번한 코드타입

편집성 성격의 소유자들이 흔히 나타내는 불신과 공포를 감안할 때 아마도 불안은 가장 자주 발생하는 축 I 장애일 것이다(일반화된 불안 척도를 확인해야 한다). 이들이 보이는 추가적인 어려움은 자신의 세상을 "안전하게" 하려는 시도로 강박행동에 몰두한다는 점에서 강박 증후군(obsessive-compulsive syndromes)일 가능성이 높다. 심한 편집 상태에서는 망상과 환각을 동반한 정신증을 보일 수 있다(조현병 스펙트럼 척도와 망상 척도를 확인해야 한다). 자기애성, 경계선, 회피성과 같은 성격 척도도 관련된다. 자기애성 척도가 편집성 척도와 함께 상승한다면, 초기 단계에서 중요하고 우월하다고 느끼는 과장된 자기지각에 심각한 도전을 받았을 수 있다. 편집성 성격의 사고 과정은 현실과 동떨어진 신념을 불러일으키므로 더 과감한 조치가 필요하다. 이는 세상을 악으로부터 지키고 새로운 사회를 창조하며 해결할 수 없는 과학적 문제를 해결하는 과장된 계획일 수 있다. 경계선 척도의 동반 상승은 강렬한 적대감, 과민함, 불안감이 편집성 신념의 기저에서 표현되는 대표적 특성이라는 것을 의미한다. 이들은 정서적 및 관념적으로 기이하다. 감정 기복은 하나의 부정적인 상태에서 다른 부정적인 상태로 나타나거나 드물게는 행복한(euphoric) 기분 상태로 전환된다(일부 과대형 조증은 제외). 회피성 척도와 편집성 척도의 동반 상승은 내담자가 점차 더 고립되어 공포 및 두려움을 조절하고 있음을 나타낸다. 편협성(insularity)은 자신의 사고 과정에 타인이 영향을 미칠 수 있다는 두려움으로부터 그들을 보호한다. 다만 이들은 자신이 극도로 취약하다고 느끼고 자아존중감에 의문을 가진다.

치료적 함의

편집성 성격의 사람들은 자신들의 세계를 처리하는 온전하고 조직화된 수단을 가지고 있기는 하지만, 타인의 영향으로부터 스스로를 보호하고 극단적으로 경직된 인지 구조를 형성함으로써 이러한 조망을 발전, 유지시킨다. 치료는 내담자에게 영향을 미쳐 세상을 지각하는 습관적 방법을 완화시키려고 하기 때문에 이들은 치료에 비협조적이며, 예후 또한 나쁘다. 치료에 굴복하는 것은 약점을 인정하고 자족(self-sufficiency)을 포기하는 것이며, 이 두 가지 모두 이들에게는 혐오스럽고 위협적이다. 너무 친절하고 공감을 잘하는 치료자는 기만하는 것으로 인식될 수 있다. 따라서 치료자의 높은 공감은 오히려 역효과를 낳는다. 반면 너무 거리를 두거나 내담자의 망상에 도전하는 치료자는 거부적인 것으로 보일 수 있다. 따라서 어느 쪽의 접근 방식이라도 내담자의 의심을 불러일으킬 수 있다. 관계는 섬세한 균형을 필요로 한다. 신뢰는 천천히 점진적으로 쌓아 나가야 하나, 몇 가지 다른 관점에서 사건을 인식하기 위해서는 신중한 격려가 필요하다. 치료의 목표는 약물치료를 가능하게 그리고 유지하게 하고 치료자의 지시를 따르도록 하는 데 있다.

임상적 증후군 척도

척도 A: 일반화된 불안(Generalized Anxiety)

이 척도에서 높은 점수는 긴장하고 있고 진정하기 어려우며 막연히 걱정하고 있음을 반영한다. 또한 매우 민감한 놀람 반응, 과잉 각성, 언제부터 발병하였는지 알 수 없는 두려움 등이 포함된다. 이들에게 자주 일어나는 생리적 고통은 과도한 각성과 관련이 있다. 불면증, 두통, 메스꺼움, 식은땀, 소화불량, 심계항진, 과도한 땀, 근육 긴장 등이 있을 수 있다. 불안은 사회적 상황이나 특정 공포증에서처럼 일반화되거나 특정한 것에 초점이 맞추어질 수 있다. 척도의 문항에 대한 질적 분석은 불안의 특이도를 평가하는 데 도움이 될 수 있다.

척도 H: 신체화 증상(Somatic Symptom)

이 척도의 상승은 일반화된 고통, 피로감, 복합적이고 모호한 통증, 건강 염려 등으로 표현되는 신체적 호소를 반영한다. 다만 이들은 심리적 갈등을 신체적으로 표현한다. 내담자가 타당한 의학적인 신체 질병을 앓고 있다면, 이러한 어려움에 과도하게 사로잡히고 증상을 과장할 수 있다. 즉 이들은 자신의 병이 비교적 가벼운 것일 때도 자신의 어려움을 심각한 병으로 과잉 해석한다. 통증은 극적이고 막연하게 표현된다. 이러한 통증의 주요 역할은 동정심과 관심 또는 의학적으로 안심받는 것이다. 병력은 전형적으로 건강 염려의 양상(예를 들어 보건의료제도를 과도하게 사용하는 것)을 보여 준다. 이 척도를 해석할 때 중요한 고려사항은 내담자가 현재 실제로 심각한 의학적 질병으로 인해 고통받고 있지는 않은지 병력을 확인하는 것이다.

척도 N: 양극성 스펙트럼(Bipolar Spectrum)

이 척도에서 점수가 높은 사람들은 고양된 기분에서 우울감에 이르기까지 감정 기복이 있을 수 있다. 기분이 고양될 때 이들은 가만히 있지 못하고 산만하며, 자존감은 과장되고, 지나치게 낙관적이며 충동적이다. 이들은 일반적 및 고조된 열광과 비현실적인 목표를 가지고 있다. 대인관계는 요구적이고 강압적이며 부담스럽다. 또한 수면 욕구가 줄어들고, 기분 전환은 변덕스러우며, 사고의 비약(flighty ideas)이 있다. 척도의 극단적인 상승은 대체로 망상 및 환각으로 특징지어지는 정신증적 과정을 나타낸다.

척도 D: 지속적 우울(Persistent Depression)

지속적 우울 척도의 상승은 슬픔, 비관, 절망, 냉담, 낮은 자존감, 죄책감을 반영한다. 이들은 사회 속에서 어색함과 지루함을 지속적으로 느끼고 내향적이며 어울리지 못한다. 또한 자기회의감에 가득 차 있다. 자신이 부족하다는 좌절과 편견도 있다. 이들은 무가치감을 가지고 있으며, 쉽게 눈물을 흘린다. 신체적 합병증으로는 불면증, 식욕부진이나 습관성 과식, 집중력의 저하, 피로감의 지속, 즐거운 활동에 대한 관심의 상실 등이 있다. 이들은 일상생활에서 효과적이고 유능한 업무 처리 능력은 감소되었지만 여전히 일상생활 속에서 살아간다. 자살 사고가 있는 경우 추가적인 조사가 필요하다. 우울한 성격과 관련된 기타 사항은 개별 문항들에 대한 반응을 살펴봄으로써 확인할 수 있다. 주요우울 척도가 현저히 상승하지 않았다면 우울은 정신증적 증상을 포함할 정도로 심각하지 않다.

척도 B: 알코올 사용(Alcohol Use)

이 척도에서 점수가 높은 사람들은 음주 문제의 과거력이 있을 가능성이 있다. 이들은 음주를 참거나 중단하기 위한 시도에 실패하였을 수 있다. 또한 점수가 높은 사람들은 사회적, 가족적 및 직업적 어려움을 겪을 가능성이 있다. 다만 문제성 음주의 정도는 기능 수준에 대한 다른 정보를 종합하여 평가해야 한다.

척도 T: 약물 사용(Drug Use)

이 척도에서 점수가 높은 사람들은 약물 남용으로 인한 어려움을 반복적으로 겪은 과거력이 있을 가능성이 있다. 또한 현재 약물과 관련된 어려움을 가진 사람들이 보이는 다양한 특질을 보인다. 쾌락주의, 충동성, 보편적인 행동 규준을 따르기 어려움, 방종, 착취, 자기애적 성격 특성 등이 있다. 이들은 일상생활 활동을 조직하는 데 어려움을 겪으며, 사회적, 가족적, 법률적 그리고 직업적 어려움을 견디기 힘들어한다.

척도 R: 외상후 스트레스(Posttraumatic Stress)

이 척도의 상승은 극심한 공포, 무력감, 각성을 초래하는 매우 위협적인 사건을 경험하였음을 반영한다. 그 결과로 이들은 사건(들)과 관련된 통제되지 않고 침습적이며 반복되는 심상이나 정서를 경험한다. 플래시백, 악몽, 사건을 재활성화하는 해리 감정 등이 있다. 불안 관련 증상은 과잉 경계, 과잉 각성, 과장된 놀람 반응, 외상과 관련된 상황의 강박적 회피 등이 포함될 수 있다.

심한 임상적 증후군 척도

척도 SS: 조현병 스펙트럼(Schizophrenic Spectrum)

조현병 스펙트럼 척도의 높은 점수는 일관성이 없고 기괴하며 단편화되고 혼란된 사고가 있음을 반영한다. 또한 행동이 퇴행적이고 비밀스러우며 조화를 이루지 않을 수 있다. 이들의 행동은 혼란스럽고 철수되며 와해되었을 수 있다. 이들의 정동은 둔화되었을 수 있고, 환각을 보고할 수 있다. 가능한 진단은 단기 정신증(brief psychotic), 조현병, 조현형 장애, 기분장애와 같은 다른 장애와 관련된 정신증적 양상이 포함된다.

척도 CC: 주요우울(Major Depression)

이 척도에서의 높은 점수는 일상생활에서 효율적으로 기능하지 못할 정도의 심각한 우울을 시사한다. 심리적 어려움에는 절망감, 자살 사고, 비관주의, 반추, 미래에 대한 두려움 등이 포함된다. 신체 증상으로는 불면증, 집중력 저하, 정신 운동성 초조나 지체, 식욕 감소, 체중 감소, 만성 피로, 이른 아침의 각성, 성욕 상실 등이 있다. 또한 이들은 무가치감과 죄책감을 느낀다. 점수가 높은 사람들 중 일부는 그들의 증상을 짜증으로 표현하는 반면, 다른 이들은 수줍어하고 수동적이며 내성적이고 은둔한다.

척도 PP: 망상(Delusional)

이 척도의 상승은 급성 편집증 상태를 나타낸다. 이들은 비합리적이지만 상호 연결된 여러 망상, 피해망상, 과대망상으로 특징지어진다. 또한 이들은 발생할 수 있는 위협에 대해 과민하게 반응한다. 가장 많이 느끼는 기분은 적대적인 의심이며, 이는 호전적인 수준에까지 이른다. 이들은 학대받는다고 느끼고 질투심과 배신감을 느낀다. 사실이 아니라는 명백한 증거에도 불구하고 망상적 신념에서 벗어나지 못한다.

읽을거리

주의: 아래의 읽을거리 중 대부분은 MCMI-IV보다는 MCMI-III에 관한 내용이다. 가까운 시일 내에 MCMI-IV에 관한 최신 추천 도서가 제공될 예정이다.

Choca, J. P. & Van Denburg, E. (2004). *Interpretive guide to the Millon Clinical Multiaxial Inventory*, 3rd ed. Washington, DC: American Psychological Association.

Jankowski, D. (2002). *A beginner's guide to the MCMI-III*. Washington, DC: American Psychological Association.

Millon, T. (2011). *Disorders of personality: Introducing a DSM/ICD spectrum from normal to abnormal.* Hoboken, NJ: Wiley.

Millon, T., Grossman, S., & Millon, C. (2015). *Millon Clinical Multiaxial Inventory—IV (MCMI-IV) manual.* Minneapolis, MN: Pearson Clinical Assessments.

Millon, T., Millon, C., Meagher, S., Grossman, S., & Ramnath, R. (2004). *Personality disorders in modern life* (2nd ed.). Hoboken, NJ: Wiley.

Millon, T. & Bloom, C. (2008). *The Millon inventories: A practitioner's guide to personalized clinical assessment* (2nd ed.). New York, NY: Guilford Press.

Strack, S. (2008). *Essentials of Millon inventories assessment* (3rd ed.). Hoboken, NJ: Wiley.

제10장

NEO 성격검사

현재 2개의 버전(NEO PI-R과 NEO-PI-3)이 사용되고 있는 NEO 성격검사(NEO Personality Inventory, NEO PI)는 자기보고식 지필용 검사로, "절대 그렇지 않다"에서 "매우 그렇다"까지 5점 척도로 평가하는 240문항으로 구성되어 있다. NEO PI-R(개정판)과 NEO-PI-3(3판)은 자기평가형(S형)과 동료, 배우자 또는 전문가 평가형(R형)이 있다. 두 검사의 진술문은 동일하지만 R형은 일인칭에서 삼인칭으로 바뀌어 있다. 이 검사는 개인별로 실시할 수도 있고 집단으로 실시할 수도 있다. NEO PI-R의 검사 가능 연령은 17세에서 89세까지이고, NEO-PI-3은 12세에서 99세까지 사용할 수 있다. NEO-PI-3을 개발하는 과정에서 좀 더 이해하기 쉽고 심리측정적인 속성을 갖도록 37문항을 개정한 것 이외에는 두 검사의 문항이 동일하다. 현재 두 검사의 사용에는 문제가 없다. NEO의 문항은 사람들의 전형적인 행동 패턴과 일상적인 느낌 및 의견, 자신과 타인 그리고 상황에 대한 태도에 관한 정보를 얻으려고 한다. 그 결과는 5개의 주요 성격 차원과 30개의 하위척도상의 위치로 표현된다. 5개의 성격 차원은 신경증(Neuroticism), 외향성(Extraversion), 개방성(Openness)(NEO 검사명의 기초가 된 차원), 친화성, 성실성(후에 첨가된 차원으로 검사명을 변경시키지는 못함)이다.

NEO는 여러 문화권에서 적절하다고 밝혀진 성격 특질 5요인 모델("Big 5")에 철학적 근거를 두고 있다. 신경증, 외향성, 경험의 개방성, 친화성, 성실성으로 이루어진 5요인은 양극성을 가진 성격 특질로서 정상 성격과 이상 성격을 모두 포함한다(Markon, Krueger, & Watson, 2005). 즉 5개의 척도에서 어느 한 요인이 지나치게 높거나 낮으면 건강하지 않은 성격 특질이라고 기술하기도 한다. Big 5는 모든 인간에게 보편적이어서(McCrae & Terracciano, Members of the Personality Profiles of Cultures Project, 2005) 50개 이상의 언어로 번역이 되었다. Big 5는 "기능적 타당도"를 소유하여 문화 간 적절성과 다양한 사람에게 분명한 의미를 제공하고 행동을 예측하는 능력이 있다. 그렇다고 훈련을 받지 않은 사람이 NEO를 능수능란하게 해석할 수 있다는 의미는 아니다. 그것은 다양한 문화권의 대다수 사람이 소유하고 있는 인간 행동에 대한 개념에 검사의 근본과 구성개념의 근거를 두고 있다는 의미이다. 능력 있는 임상가가 보편적인 구성개념을 넘어서서 사람을 미묘하고 폭넓게 그리고 통합적으로 기술할 수 있게 한다. NEO의 주요 초점과 관심은 행동을 타당하고 이해할 수 있게 예측하고 정상적 인간 특질을 정확하게 기술하는 것에 두고 있다.

NEO는 Costa와 McCrae(1985)가 개발한 것으로, 1992년에 현재 사용되고 있는 NEO PI-R로 개정되었다. NEO-FFI는 단축형으로서 Big 5 요인 점수는 생산하지만 이 요인을 구성하는 하위척도 점수는 알려 주지 않는다. 검사를 개괄한 결과는 일치하지 않지만 대부분의 연구자는 5요인 모델의 강점에 근거하여 긍정적인 기술을 하고 있다. 『정신 측정 연보』에서 Benson(2014)은 "NEO 성격검사를 사용하여 성격을 이해하고 기술할 때 점수의 해석을 지지하는 수많은 이론적 문헌과 경험적 연구가 있다"(p. 480)는 점을 높게 평가하였다. 그러나 NEO PI-R에서 NEO-PI-3으로의 극적인 변화가 없었다는 점에서, NEO-PI-3에 대한 많은 증거는 일반적으로 합리적이라고 평가되는 초기 검사에 근거하여 보정되어야 한다.

역사와 발전

NEO는 정상인의 지속성 있는 성격 특성을 평가하기 위해 개발된 검사이다. 1978년에 개발된 McCrae와 Costa의 첫 판은 신경증(N), 외향성(E) 그리고 경험에의 개방성(O)이라는 3개의 성격 영역을 측정하는 것으로, 검사명 NEO는 위 세 영역을 나타내는 영어의 첫 글자로 구성한 것이었다. 이 검사의 특징은 3개의 각 영역이 이를 구성하는 요소를 포괄하는 위계적 구조로 구성되었다는 점이다(Costa & McCrae, 1995). 연구를 진행하면서 Jung의 유형에서 Gough의 민속 개념까지 다양한 성격 모델을 포괄하였고, 그 결과 성격을 포괄적으로 기술하기 위해서는 5개의 요인이 필요하다는 결론을 내리게 되었다. 1987년에 발표된 NEO-PI는 친화성과 성실성 영역을 포함하였다. 이 판은 5개의 각 영역뿐만 아니라 3개의 원 영역 각각을 측정하는 6개의 하위척도를 포함하였다(McCrae & Costa, 1987). 1992년에 발표된 NEO PI-R(McCrae & Costa, 1992)은 5개의 영역과 영역마다 6개의 하위척도로 구성되어 있으며, NEO-FFI는 1989년에 출간되었다.

NEO는 MMPI처럼 평균 50, 표준편차 10인 표준점수(T 점수)를 산출한다. NEO PI-R은 원래 1989년에서 1991년 사이에 2,237명의 성인 남녀를 규준 집단으로 하여 표준화되었다. 그 중 500명의 남성과 500명의 여성을 1995년 미국인구조사에 근거하여 연령이나 인종 분포를 맞추어 선발하여 타당도와 무선반응을 검토하였다. 이 규준 집단은 일반 모집단보다 교육 수준이 다소 높다는 비판을 받았다. 2005년의 NEO-PI-3은 14세에서 20세까지 남성 청소년 242명과 여성 청소년 258명 그리고 21세에서 91세까지의 남성 279명과 여성 356명의 자료에 기초한다. 대부분 백인이고 펜실베이니아 출신이며 고학력자가 주로 표집되었지만, 청소년은 연령과 인종을 층화하여 표집하였다(McCrae, Costa, & Martin, 2005). 성인 표집 역시 펜실베이니아 출신 백인으로 구성되어 있고, 고학력자와 경제적으로 윤택한 성인이 많이 분포하고 있다(McCrae, Martin, et al., 2005).

NEO는 개인적으로나 집단으로 검사가 가능하고, 지필 검사와 컴퓨터를 이용하거나 메일을 이용하여 실시할 수 있다. 채점 역시 수작업이 가능하고, 스캔이 되는 답지를 이용하거나 컴퓨터 프로그램을 활용할 수 있다. 이 검사는 연구 장면이나 임상 장면뿐만 아니라 직업 상담이나 인사 배치와 같은 다양한 비임상 장면에도 폭넓게 사용할 수 있다.

▍신뢰도와 타당도

일반적으로 NEO의 신뢰도와 타당도는 다른 성격검사보다 비교적 좋은 편이다. 신뢰도는 내적 일치도(알파 계수), 단기 검사-재검사 신뢰도, 장기 안정성 계수로 측정한다.

NEO-PI-3 검사 지침서(McCrae & Costa, 2010)를 보면, Big 5 성격 영역의 내적 일치도는 S형이 .89에서 .93으로 우수한 편이고 R형은 이보다 조금 더 높은 편이다. NEO PI-R의 Big 5 성격 영역의 내적 일치도가 .88에서 .92인 것과 비교할 만하다(McCrae, Martin, et al., 2005). 더구나 청소년용 NEO PI-R은 Big 5 성격 영역의 내적 일치도가 .87에서 .95 정도이다(McCrae, Martin, et al., 2005). NEO PI-R의 1주 간격 단기 검사-재검사 신뢰도는 .91에서 .93에 이른다(Kurtz & Parrish, 2001). 장기적 안정성도 우수하여, Big 5 성격 영역의 경우 .78에서 .85 정도이다(Terracciano, Costa, & McCrae, 2006).

30개 하위척도의 신뢰도는 Big 5성격 영역의 신뢰도가 우수한 것에 비해 결과가 혼재되어 있다. 대부분 내적 일치도가 높게 보고되지만(중앙값 .76; McCrae & Costa, 2010), .70에 미치지 못한다는 보고도 있다. 가장 문제가 되는 하위척도는 O4(행위에 대한 개방성)로, 내적 일치도가 .54에 불과하다(McCrae & Costa, 2010). 그러나 McCrae와 Costa는 비록 이 척도가 하나의 특질을 대표하지만 매우 다양하면서 겹치지 않는 항목 내용을 포함하고 있다면서 이 척도를 방어하였다. 사실 이 척도에 대한 연구 결과는 심리측정적으로 볼 때 안정성이나 유전 가능성, 합의 타당도 그리고 관찰자 간 일치도 등이 다른 척도와 비교할 만큼 매우 탄탄하다는 것을 보여 주고 있다(Jang, McCrae, Angleitner, Riemann, & Livesley, 1998; McCrae, Kurtz, Yamagata, & Terracciano, 2011; McCrae, Martin, et al., 2005; Terracciano, et al., 2006). O4의 단기 검사-재검사 신뢰도는 .78로서 다른 하위척도도 .70에서 .91 정도로 수용할 만하고, 안정성도 .57에서 .82까지 분포하며 중앙값이 .70으로 적절한 편이다(McCrae & Costa, 2010). 전체적으로 Big 5 성격 영역과 30개의 하위척도의 신뢰도는 적절하거나 좋은 정도로 볼 수 있다.

많은 연구에서는 5요인 모델이 NEO나 기타 측정 도구로 측정한 구성개념으로 타당한지에 초점을 맞추었다. Markon, Krueger와 Watson(2005)은 정상과 이상 성격 기능의 측정치나 이론이 성격 기능이라는 큰 틀 아래 포함되는지를 확인하기 위해 메타 분석과 경험적 연구를 진행하였다. 그들은 성격 기능의 중다모델을 포괄하는 5개의 성격검사 중에 가장 적절한 모델은 5요인 모델이고 NEO PI-R이 특정한 요인을 가장 성공적으로 확인하여 주는 질문지라는 것을 발견하였다.

NEO가 타당하다는 증거를 보여 주기 위해 요인분석 연구도 실시하였다. McCrae와 Costa(2008)는 NEO-PI-3의 240문항을 요인분석한 결과 5요인이 가장 적절하였고 영역 점수를 계산한 결과도 기대한 요인과 상관이 .84에서 .95로 매우 높다는 것을 발견하였다. 또한 영역 점수와 기대한 요인이 아닌 요인과의 상관은 .34 이하로 낮았다(McCrae & Costa, 2010). 각 하위척도 역시 기대한 요인과 상관이 매우 높았고, 각 하위척도가 Big 5 요인으로 모이는 것을 발견하였다. 또한 5요인은 대학생, 청소년, 남성, 여성, 백인과 다양한 소수 인종뿐 아니라 다양한 문화권에서 얻은 전집에서도 신뢰롭게 반복하여 보고되었다(Costa, McCrae, & Dye, 1991; McCrae, Terracciano, et al., 2005).

타당도에 대한 또 다른 증거는 관찰자 간 일치도에 관한 것이다. 자기보고와 타인의 보고가 일치한다면 이 측정치는 평가하려고 하는 것을 평가하고 있다는 증거가 된다. 일반적으로 NEO PI-R과 NEO-PI-3의 관찰자 간 일치도는 .35에서 .65 정도로 적절한 편이다(보통 .30 이상이면 적절한 것으로 본다; McCrae & Costa, 2010). Big 5 성격 영역에 대한 McCrae(2008)의 연구에서 자기보고와 타인보고(S형과 R형의 비교) 간의 상관이 .56에서 .67로 우수한 것으로 밝혀졌다. 이는 영역 점수 자체가 타당하다는 증거일 뿐만 아니라 자기보고와 타인보고에서의 편향이 NEO에 극적인 영향을 미치지 않는다는 증거가 된다.

마지막으로 다른 준거 측정치가 NEO와 상관이 있는지 확인하기 위한 많은 연구가 있었다. McCrae와 Costa(2010)는 각 하위척도가 MMPI, 상태-특성 불안 검사(STAI), 대인관계 유형 질문지 등에 있는 척도를 포함한 5개의 준거 측정치와 상관이 있는지를 조사하였다. 모든 상관은 $p<.001$ 수준에서 유의하였고, 기대한 구성개념에 수렴하였다. 예를 들어 N5(충동성)는 개정판 캘리포니아 성격검사(CPI)의 자기통제 척도와 -.46의 상관이 있었고, 길포드-지머맨 기질 조사 억제 척도와는 -.43의 상관이 있으며, MMPI의 경계선 척도와 .43의 상관이 있어서, NEO가 충동성이라는 구성개념을 적절히 측정하고 있음을 알수 있었다. McCrae와 Costa(1992)는 Gough와 Heilbrun(1983)의 형용사 평정척도의 형용사와 30개의 하위척도 간의 상관이 높음을 확인하고 형용사가 하위척도의 타당도를 잘변별해 주고 있다고 판단하였다. 그 결과 평가자는 하위척도의 정확한 성격을 단순히 상관이 있는 형용사로 명명한다.

Big 5 영역 척도와 30개의 하위척도가 MMPI(Hathaway & McKinley, 1983; Siegler, Zonderman, Barefoot, Williams, Costa, & McCrae, 1990), 성격평가 질문지(PAI; Morey, 1991) 및 밀론 다축 임상성격검사(MCMI; Lehne, 2002)의 척도와 상관이 있음이 밝혀져서, NEO 척도가 측정하고자 하는 것을 잘 측정할 뿐만 아니라 정상과 이상 성격 기능을

측정하고 있음을 보여 주고 있다. 더 나아가서 Hopwood, Flato, Ambwani, Garland와 Morey(2009)는 NEO가 대인관계와 직장 그리고 인생의 즐거움에 참여하는 기능의 결함과 같은 폭넓은 사회적 행동의 결과를 잘 예측한다는 것을 밝혔다. 이외에도 일반적인 심리적 안녕감(Steel, Schmidt, & Schltz, 2008), 직업적 흥미(De Fruyt & Mervielde, 1997), 애착 유형(Shaver & Brennan, 1992) 그리고 방어기제(Costa, Zonderman, & McCrae, 1991)와 같은 다양한 준거와 유의한 상관이 있음이 밝혀졌다. 매우 많은 경험적 문헌에서는 NEO 척도가 성격 특질의 타당한 측정치라는 확신이 들도록 다양한 측정치와 행동 및 임상적 결과와 같은 적절한 준거 간에 관계가 있다는 것을 보여 주고 있다.

이점과 한계

NEO는 정상인의 성격 특질을 이해하기 위해서 실시한다. 병리에 초점을 맞추는 대신 유형, 태도, 가치, 사고, 신념 및 행동 같은 다양한 측면이 연속선상에서 어떤 위치를 차지하는지 알아내려고 한다. 그러나 NEO가 정상적인 차이를 측정하기는 하지만 극단적인 점수는 성격병리와 같이 개인이 잘 적응하지 못하고 있다는 중요한 정보를 제공할 수도 있다(Costa & McCrae, 1990; S. K. Reynolds & Clark, 2001; Wiggins & Pincus, 1989). MMPI와 MCMI가 주로 병리적인 사람에게 사용된 것과 반대로, NEO는 정상인에게 사용하기에 적절하다. 그러므로 매우 많은 사람이 이 검사를 흥미롭게 생각한다.

NEO는 병리적인 사람과 병리적이지 않은 사람에게 적용할 수 있을 뿐만 아니라 매우 다양한 장면에 적용할 수 있다. 예를 들어 임상, 교육, 직업 또는 의료 장면에 성공적으로 적용할 수 있다. 치료 계획(예를 들어 Sanderson & Clarkin, 2002), 인사 선발(예를 들어 Black, 2000; Griffin, Hesketh, & Grayson, 2004), 학교 상담(예를 들어 Scepansky & Bjornsen, 2003) 그리고 특정 질병의 위험 예측(Costa, Stone, McCrae, Dembroski, & Williams, 1987), 만성 질병으로 인한 성격 변화의 추적(M. E. Strauss & Pasupathi, 1994) 같은 행동의학 영역(Costa & McCrae, 2003)에서 사용할 수 있다. NEO는 병리적 측면의 성격 기능에만 초점을 맞춘 것이 아니기 때문에 정상적 범위 내에서 척도로부터 얻은 피드백을 다양한 개인에게 다양한 장면에서 사용할 수 있다.

NEO는 채점과 해석에 사용되는 언어가 매우 쉬워서 많은 사람이 이해하기 쉽다. 그렇다고 누구나 해석을 할 수 있다는 의미는 아니며, 다른 많은 검사보다 척도 점수를 해석하고 보고하기가 쉽다는 의미이다. 겸손, 따뜻함, 자기주장성과 같은 특성은 너무나 분명하여 훈련이 되지 못한 전문가도 오해할 가능성이 거의 없다. MMPI 결과를 내담자에게 피드백하려면, 임상가는 정신의학적 용어를 쉽게 이해할 수 있고 접근 가능한 용어로 풀어서 설명해야 한다. 질문에 사용되는 언어는 특정 문항에 대한 판단을 하지 않고도 쉽게 이해할 수 있고 위협적이지 않다. 더욱이 NEO를 통한 피드백은 말로 설명하든 글이나 그림으로 보여 주든 치료에 대한 피드백을 쉽고 효과적으로 줄 수 있다는 장점이 있다(Blonigen, Timko, Jacob, & Moos, 22015; J. A. Singer, 2005).

NEO의 또 다른 장점은 병리가 아닌 정상 성격 특질에 초점을 맞추고 있다는 것이다. 따라서 NEO는 유용한 정보를 줄 뿐만 아니라 라포를 형성하는 데 도움이 된다(T. Miller, 1991). 개별 문항과 결과를 평가자와 피평가자가 쉽게 논의할 수 있어서 '나쁜 소식'을 다루거나 특정 병리를 설명하지 않고 사용할 수 있다.

NEO의 가장 큰 단점은 문제점이나 문제행동을 직접 평가하지 않는다는 점이다(Ben-Porath & Waller, 1992). 이 측정치만으로 임상 평가를 할 수 없다는 것이 한계이다. 그러나 다른 측정치를 고려하지 않고 사용할 수 있는 측정치는 없으며, 특정 병리를 평가하는 것은 NEO의 목적이 아니다. 이러한 점에서 NEO가 어떤 정보를 주고 어떤 정보를 주지 않는지를 이해하는 것이 중요하다. 다른 측정치가 없으면 어느 척도의 형태가 특정 병리와 관계가 있을지라도 특정 진단을 내리기 어렵다.

NEO는 견실한 타당도 척도를 가지고 있지 않다. 그 결과 수검자가 좋게 보이거나 나쁘게 보이려 하거나 무작위 반응을 하였다고 판단할 공식적인 수단이 없다. 더구나 각 문항의 의미가 비교적 분명하고 보기에 타당하여 반응하는 사람이 잘못된 방향으로 쉽게 반응할 수 있다. 이 검사는 많은 연구에서 타당하다는 것이 입증되었으나, 다른 척도로 수정할 문항이나 척도가 없고 내용이 분명하다는 점에서 수검자가 조작하기 수월하다. 즉 반응을 조작하여 편향된 검사 결과를 얻기가 비교적 쉽다. 임상가는 인사 선발이나 법적인 상황처럼 반응을 달리하고 싶은 동기가 있는 장면에서는 이러한 점을 잘 알고 있어야 한다.

NEO는 비교적 정상적인 사람의 성격 특징을 평가하고 임상적 평가를 할 때 유용한 검사이다. NEO는 재미있고 비교적 이해하기 쉬운 개념을 사용하여 사람들에게 치료적 피드백을 줄 수 있는 변인을 측정한다. 목적을 가지고 반응을 위조할 수 있다는 문제는 있지만 NEO는 다양한 임상 장면과 일반인의 평가에 매우 유용한 도구임이 분명하다.

다양한 집단에서의 사용

NEO 성격검사는 50개 이상의 언어로 번역되었다. 5요인 모델에 대한 연구는 주로 NEO PI-R을 사용하여 연구하는데, 각기 다른 문화권에서도 5요인이 동일하게 발견되고 있다.(McCrae, 2002 참고). 미국 표집에서 발견된 5요인 구조가 벨기에와 헝가리(De Fruyt, McCrae, Szirmák, & Nagy, 2004), 에스토니아(Kallasmaa, Allik, Realo, & McCrae, 2000), 프랑스(McCrae, Costa, Del Pilar, Rolland, & Parker, 1998), 한국(Piedmont & Chae, 1997; Yoon, Schmidt, & Ilies, 2002)에서도 발견된다. 중국과 사하라 주변의 아프리카 표집에서는 5요인의 내적 일치도는 비교적 약하지만 검사-재검사 신뢰도는 강하면서 유사한 5요인 구조가 발견된다(Piedmont, Bain, McCrae, & Costa, 2002; J. Yang et al., 1999). 성격 구조의 연령 차이는 독일, 이탈리아, 포르투갈, 크로아티아, 한국과 같은 여러 문화권에서 유사하게 발견되고 있다(McCrae, Costa, et al., 1999). 또한 여성이 남성보다 친화성 점수가 높다는 점과 미국인이나 오스트레일리아인 그리고 캐나다인과 같이 유럽에 배경을 둔 사람은 아프리카나 아시아에서 온 사람보다 외향성의 점수가 높다는 점도 일관성 있게 발견된다(Hofstede & McCrae, 2004).

필리핀에서도 주요 요인이 반복적으로 발견되지만(Katigbak, Church, & Akamine, 1996; McCrae et al., 1998), 어떤 문항은 미국과 필리핀 대학생 표집에서 다른 기능을 한다(Huang, Church, & Katigbak, 1997). 즉 약 40%의 문항은 두 집단에서 보여 준 심리측정적 속성이 달랐다. 그러나 전체적으로 필리핀 표집에서도 5요인은 그대로 발견되었다. Cheung 등(2001)은 중국 문화에도 5요인이 적용되지만 중국인의 성격이나 대인관계와 관련한 질적으로 독특하고 중요한 측면을 NEO가 놓치고 있다고 하였다.

일반적으로 앞의 연구는 5요인 모델의 문화 간 적용을 지지하고 있고, 특히 NEO 성격검사를 번역해서 사용할 수 있음을 지지한다. 그러나 문항의 기능이나 특질의 기능이 문화 간 혹은 문화 내에서의 차이(예를 들어 사회경제적 수준이나 성 정체감 등에 따라 발생할 수 있는 기능)가 있는가에 대해서는 관심이 부족하다. 5요인 모델의 초기 연구 대부분은 이러한 문화 내의 차이를 보고했다.

해석 절차

NEO 성격검사는 Big 5 영역과 하위척도의 T 점수를 각각 해석하고 이를 종합하여 해석해야 한다. NEO의 모든 척도는 종 모양의 정상 분포를 가지고 있어서, 척도 점수가 극단적으로 높거나 낮은 사람은 일부에 불과하다. Big 5 영역과 30개의 하위척도를 포함한 각 성격 특질은 연속적인 값을 가지고 있다. 따라서 각 척도의 점수는 연속선상에서 어느 위치를 차지하고 있고 평균에서 얼마나 떨어졌는지를 알려 준다. 개인에 대한 일반적인 기술은 5요인을 해석하여 이루어지고, 좀 더 상세한 정보는 하위척도를 살펴보면서 얻을 수 있다. 6개의 하위척도 점수는 그 합에 해당하는 요인 점수와 일치하는 것이 보통이다. 하지만 하위척도 점수가 그가 속한 요인 점수와 일치하지 않을 때 이를 주목해야 한다. 예를 들어 어떤 사람이 우호성의 점수가 높으면서 다른 하위 점수도 높은데 이타성(A3)이 낮다면, 이는 중요한 의미를 가질 수 있다. 그는 타인이 선하다는 것을 믿고 겸손하며 친절하고 타인을 존중하지만, 불편을 감수하면서 적극적으로 타인을 돕는 행동을 하지는 않을 것이다. 하위척도는 주요 요인을 특징적으로 설명하고 살피는 데 도움이 된다.

개별 요인에 주목하는 것뿐만 아니라 영역을 조합하여 살피는 것도 성격 유형을 알아내는 데 도움이 된다(Costa, & Piedmont, 1992). 다양한 요인의 짝으로 구성된 10개의 유형은 흥미, 상호작용, 안녕감, 방어, 분노 통제, 충동 통제, 활동, 태도, 학습 그리고 성향으로 이루어진다. 이 유형은 NEO를 사용하여 평가한 개인을 특징짓는다. 이처럼 개별 척도, 하위척도-요인의 비교 그리고 요인을 짝지은 유형은 NEO를 해석하는 기초가 된다.

개별 척도

NEO PI-R이나 NEO-PI-3에는 특정한 타당도 척도가 없다. 정상적으로 기능하는 성인을 평가하거나 익명성의 정도를 살피는 연구에서는 반응의 왜곡이 주요한 문제가 아니다(Piedmont, McCrae, Riemann, & Angleitner, 2000; J. Young, Bagby, & Ryder, 2000).

그러나 인사 선발(Young & Schinka, 2001)과 같이 반응을 왜곡하려는 동기가 있는 장면에서는 중요한 문제가 된다. 타당도 척도로 문항을 넣지 않고 측정치에서 타당도를 확인하는 방법이 몇 가지 있다. 첫째는 측정치를 보고 3개의 자기보고형 타당도 질문을 하는 방법이다. 질문 A는 정직하고 정확하게 반응하였는지를 질문하는 것이다. 질문 B는 모든 문항에 반응을 하였는지를 확인하는 것이다. 질문 C는 반응을 적절한 위치에 표시하였는가를 살피는 것이다. 특히 질문 A에 대해 '그렇지 않다'나 '전혀 그렇지 않다'고 반응하면 검사에 대한 채점과 해석을 하지 않는다. 질문 B와 C에 대해 '아니오'라는 반응을 하면 다시 불러 수정하게 될 것이다. 이러한 문제가 수정되지 않으면 검사 결과는 타당하지 않은 것으로 본다. 특히 40문항 이상 반응하지 않았다면 채점과 해석을 하지 말아야 한다.

이상의 세 가지 질문과 함께 NEO의 결과가 타당한 것임을 확신할 수 있는 다양한 단계가 있다. 첫째는 반응 편파(지나치게 동의하거나 동의하지 않는 것)를 고려하기 위해 '그렇다'와 '매우 그렇다'의 총 수를 셀 수 있다. Costa와 McCrae 등(1991)은 응답자의 99%가 '그렇다'는 반응을 50문항 이상 150문항 이하로 한다고 한다. 따라서 '매우 그렇다'의 총 수가 51개 이하이거나 149개 이상이면 조심하여 해석해야 한다.

NEO에서 무선반응을 찾아내기 어렵지만 주의를 기울이지 않았거나 저항하며 반응했을 가능성을 고려하게 하는 지침이 있다. McCrae와 Costa(2010)는 같은 반응이 연속되는 프로토콜은 타당하지 않다고 말한다. 특히 '전혀 아니다'가 6문항 이상이거나 '아니다'가 9문항 이상, '그저 그렇다'가 6문항 이상, '그렇다'가 14문항 이상, '매우 그렇다'가 9문항 이상 연속 표기된 반응지는 타당하다고 볼 수 없다. Schink, Kinder와 Kremer(1997)는 비일관성 척도(INC)를 개발하였다. 이 척도는 그 관계가 매우 분명한 일관성을 가지고 있는 10개의 문항 쌍으로 구성되어 있다. 그 쌍은 11과 71, 39와 159, 53과 113, 59와 199, 72와 132, 85와 215, 102와 162, 110과 170, 188과 218, 191과 221이다. INC의 점수는 각 쌍의 점수 차이를 구하여 이를 합산하는 것이다. INC가 10점 이상이면 무선반응을 하였을 가능성이 있다. INC 척도는 무선반응을 하는 사람과 그렇지 않은 사람을 변별하는 연구에서 지지되어 왔다(Scandell, 2000, Young & Schinka, 2001).

Schinka 등(1991)은 무선반응뿐만 아니라 부정적 인상 관리(NPM, negative presentation management)와 긍정적 인상 관리(PPM, positive presentation management)를 측정하는 방법을 개발하였다. 이는 반응자가 자신을 부정적이거나 긍정적으로 표현하려는 미묘한 시도를 평가하기 위한 것이다. *NPM*은 다음 문항의 점수를 합산하여 구한다. 문항 15, 48, 57, 62, 73, 104, 129, 135에서 '전혀 아니다'라는 응답은 4점, '아니다'라는 응답은 3점, '그저 그렇다'는 응답은 2점, '그렇다'는 응답은 1점, '매우 그렇다'는 0점을 주며, 문항 31과 161은 '전혀 아니다'라는 응답은 0점, '아니다'라는 응답은 1점, '그저 그렇다'는 응답은 2점, '그렇다'는 응답은 3점, '매우 그렇다'는 4점을 부여한다. 일반적으로 이 10개의 문항에서 얻은 점수의 합이 15점 이상(혹은 부정적으로 보일 이유가 없는 인사 선발과 같은 장면에서는 11점 이상)이면 이 프로토콜은 자신의 인상을 부정적으로 보이려고 하였을 가능성이 있는 것으로 본다. *PPM*은 다음 점수를 합산하여 구한다. 문항 30, 42, 113, 146, 162, 196에서 '전혀 아니다'라는 응답은 4점, '아니다'라는 응답은 3점, '그저 그렇다'는 응답은 2점, '그렇다'는 응답은 1점, '매우 그렇다'는 0점을 주며, 문항 37, 93, 139, 153에서 '전혀 아니다'라는 응답은 0점, '아니다'라는 응답은 1점, '그저 그렇다'는 응답은 2점, '그렇다'는 응답은 3점, '매우 그렇다'는 4점을 부여한다. 일반적으로 이 10개의 문항에서 얻은 점수의 합이 25점 이상(혹은 긍정적으로 보일 이유가 분명한 인사 선발과 같은 장면에서는 34점 이상)이면 자신의 인상을 긍정적으로 보이려고 하였을 가능성이 다분히 있는 것으로 본다. 일반적인 절단점수는 그 점수를 획득할 경향이 있는 사람이 거의 없음에 기초한 것이고(Ballenger, Caldwell-Andrews, & Baer, 2001; Schinka et al., 1997), 이후 여러 문헌에서 지지를 받은 것이다(Caldwell-Andrews, Baer, & Berry, 2000; Griffin et al., 2004; C.A. Pauls & Crost, 2005; Scandell, 2000; Young & Schinka, 2001). 이러한 타당도 척도가 지지를 받고 있지만 임상 장면에서도 지지를 받는 것은 아니어서(Morey, Quigley, et al., 2002; Piedmont et al., 2000; J. Young et al., 2000), 임상가는 타당도가 의심된다고 생각될 때에는 그 프로토콜을 버리기보다 유심히 살펴볼 자료로 사용해야 한다.

신경증(Neuroticism, N)

신경증 척도는 정서적 불안정과 혼란 그리고 일반적으로 불편해 하는 경향성을 측정한다. 이 성격 특질은 불안이나 우울, 분노, 자존감의 저하, 충동성과 일반적인 막연한 불안 같은 여러 정서적 어려움의 기초가 되는 것으로 간주된다. N의 점수가 높으면($T>55$) 불안하고 정서적으로 변화가 많으며 쉽게 화를 내고 파괴적인 정서를 경험하는 경향이 있다. 그들은 자기가치감이 낮고 자신의 중요성을 의심하는 경향이 있다. 자신이 왜 그렇게 행동하는지 완전히 이해하지 못한 채 충동적으로 행동하고 스스로를 크게 의식하며 수치심과 죄책감을 쉽게 느끼고 당황스러워 할 수 있다. N의 점수가 낮으면(T<45) 정서적으로 안정되어 있고 확고하며 마음이 평안하고 슬픔이나 외로움, 당황감을 느낄 가능성이 적으며 충동적이지도 않다. 그러나 N점수가 극단적으로 낮은 사람은 생산성이 낮고 응급상황에 대처할 만큼의 기본적인 불안 수준을 유지하지 못한다.

불안(Anxiety) 하위척도(N1)는 긴장과 신경과민, 신경질적이거나 두려움을 경험할 가능성을 측정한다. 비록 특정 공포나 공포증을 측정하는 것은 아니지만, 점수가 높은 사람은 특정한 불안을 경험할 가능성이 높다. N1의 점수가 높은 사람(T>55)은 잘 놀라고 겁이 많으며 자신의 상황과 미래를 근심하는 경향이 있다. 그들은 잘못되었거나 앞으로 잘못될 것 같은 일을 반추한다. N1의 점수가 낮은 사람(T<45)은 두려움과 근심이 적은 편이다. 그들은 자신의 인생이 잘못될 것 같은 것에 머무르지 않는다. 그들은 평정심을 유지하고 압력 상황에서도 차분한 편이다. 그러나 N1의 점수가 극단적으로 낮은 경우에는 생산성을 자극할 만큼 충분한 불안을 갖지 못한다.

분노 적개심(Angry Hostility) 하위척도(N2)는 분노와 빈정대고 원한을 갖게 되는 경향성을 측정한다. 그러나 친화성처럼 다른 성격 특성에 의존하는 경향이 있는 공격성(행동)은 측정하지 않는다. N2의 점수가 높은 사람(T>55)은 매우 빠르게 화를 내고 간혹 분노를 폭발시키며 주변 사람이 쉽게 혐오감을 느끼게 하고 신랄하게 빈정대며 원한을 갖는 경향이 있다. 이들은 사소한 불쾌감에도 쉽게 좌절하고 화를 내며 주변에 있는 사람에게 적대적인 태도를 보이는 경향이 있다. N2의 점수가 낮은 사람(T<45)은 기질이 매우 안정되어 있고 불편함이나 좌절에 저항한다. 그러나 극단적으로 점수가 낮은 사람은 생활 환경에 대한 열정이 부족하고 친화성에서 높은 점수를 얻는 경향이 있다.

우울(Depression) 하위척도(N3)는 슬픔과 외로움, 절망감과 무력감, 가치 상실 및 죄의식, 수치심 등 다양한 형태의 우울을 경험할 가능성을 측정한다. 이 척도에서 점수가 높은 사람(T>55)은 슬픔이나 울적함, 비관과 자신을 낮추는 경험을 한다. 그들은 부정적인 사건의 원인이 개인적이고 내적인 것에 있다고 생각하고 자신의 부정적인 환경은 변하지 않으며 긍정적인 것은 쉽게 사라지는 속성이 있다고 믿는다. N3에서 점수가 낮은 사람(T<45)은 무가치감이나 무력감, 절망감과 외로움을 잘 느끼지 않는다. 그들은 실패의 원인을 자신이 아닌 외부로 돌리고 깊은 수치심이나 죄책감을 잘 느끼지 않는다. 그러나 그

들이 항상 외향성인 사람처럼 기운차고 태평스러운 것은 아니다.

자의식(Self-consciousness) 하위척도(N4)는 신경증 척도 중 유일한 사회적 요소이다. N4는 사회적 상황에서의 불편감을 측정하는데, 특히 수치심과 당황스러운 감정에 초점을 맞춘다. N4의 점수가 높은 사람(T>55)은 타인의 평가를 받는다고 생각되는 상황에서 불안해 하는 경향이 있다. 그들은 놀림을 받는 것에 예민하고 (자신이 아니라 자신이 아는 사람이 실수하는 사회적 상황에서조차도) 쉽게 당황하거나 수치스러워하며 타인 앞에서 실수하는 것을 두려워한다. N4의 점수가 낮은 사람(T<45)은 다른 사람보다 타인 앞에서 실수를 적게 하는 것은 아니지만 그것을 근심하고 괴로워하는 경향이 적다.

충동성(Impulsiveness) 하위척도(N5)는 위험 추구와 성급한 결정 경향을 측정하는 것이 아니다. NEO에서 N5는 충동을 억제하는 데 어려운 정도를 측정한다. N5의 점수가 높은 사람(T>55)은 충동에 저항하지 못하고 항복한다. 그들은 음식이나 기타 갈망을 무작정 만족시키고 자신의 감정을 통제하는 데 어려워하는 경향이 있다. 그들은 나중에 후회할 행동을 한다. 이 척도에서 점수가 낮은 사람(T<45)은 자신의 갈망에 저항하는 데 어려움이 있는 경우를 볼 수 없고, 나중에 아프거나 후회할 정도로 과식을 하거나 만족을 추구하지 않는다. 그들은 자신의 감정을 통제할 수 있는 시간을 쉽게 확보한다.

취약성(Vulnerability) 하위척도(N6)는 스트레스를 느끼거나 대처하지 못할 것이라고 느끼는 정도를 측정한다. N6의 점수가 높은 사람(T>55)은 스트레스에 대처할 자원을 가지고 있지 못하다는 느낌과 타인의 도움을 받지 못한 채 스트레스에 노출될 것이라는 걱정, 그리고 자신에게 어려운 상황이 닥칠 것이라는 근심과 무력감을 느낀다. 그들은 무력감과 정서적 불안정감을 경험하며 간혹 결정하는 것을 어려워한다. N6의 점수가 낮은 사람(T<45)은 극심한 스트레스와 어려운 상황을 만나도 이를 잘 다룰 수 있는 능력이 있다. 그들은 힘든 상황에서도 올바른 결정을 하고 스트레스를 받아도 정서적으로 안정을 유지하며 흔들리지 않는다.

외향성(Extraversion, E)

외향성은 외부 지향적인 사회적 측면과 자기주장적이고 낙관적이며 따뜻하고 친절한 정도를 측정한다. 이 성격 특질은 정적 정서성과 사회에 열정적으로 참여하는 정도를 포함한다. 이 척도에서 점수가 높은 사람(T>55)은 수다스럽고 따뜻하며 친절한 경향이 있다. 그들은 자기주장적이고 사회적으로 지배적이며 공격적이어서 지도자 역할을 하는 경향이 있다. 그들은 에너지가 넘치고 일반적으로 기분이 좋으며 많은 사람이 자신의 주위를 둘러싸고 있는 상황을 좋아한다. 외향성 점수가 낮은 사람($T<45$)은 혼자 있는 것을 좋아한다. 그들은 사회적 상황에서 매우 삼가는 성향이 있지만 사회적 불안 때문에 그런 것은 아니다. 그들은 매우 안정된 방법으로 생각하고 활동하는 경향이 있지만 항상 느린 것만은 아니다. 그들이 항상 비관적이고 불행한 것은 아니지만 외향성이 높은 사람처럼 활기가 넘치는 것은 아니다.

온화성(Warmth) 하위척도(E1)는 대인 간 친숙성과 친밀감을 느끼는 편안함을 측정한다. 이 척도에서 점수가 높은 사람($T>55$)은 타인과의 상호작용과 친밀하고 친숙한 관계를 발전시키는 것에 관심이 있는 사람이라고 볼 수 있다. 그들은 타인에게 자비롭고 매력적이며 사교적이고, 타인과 친밀감과 정서적 유대감을 쉽게 형성하는 사람이다. 그러나 점수가 낮은 사람($T<45$)은 생활 속에서 타인과 공식적이면서 거리를 두는 입장을 취한다. 그들이 항상 친절하지 않은 것은 아니지만 타인과의 관계에서 수줍어하여 타인이 그들을 차갑고 거리감이 있는 사람으로 인식하는 경향이 있다.

사교성(Gregariousness) 하위척도(E2)는 주변에 다른 사람이 있는 것을 선호하는 정도를 측정한다. 이 척도의 점수가 높은 사람($T>55$)은 주위에 다른 사람이 있는 것을 좋아하고 다른 사람과의 우정을 즐긴다. 타인에 대한 갈망은 특히 혼자 있는 시간이 길어질수록 증가한다. 만약 이 척도의 점수가 낮다면($T<45$) 고독을 즐기는 사람으로, 많은 사람이 있는 곳에서도 혼자 있는 것을 즐긴다. 선택이 가능하다면 집단에서 일하는 것보다 혼자 할 수 있는 활동을 선택하고 많은 사람이 참여하는 장면을 적극적으로 회피한다.

자기주장(Assertiveness) 하위척도(E3)는 사회적 장면에서 자신이 알려지도록 하는 정도를 측정한다. E3의 점수가 높은 사람($T>55$)은 가능한 상황에서 자신을 쉽게 드러내고 지도자의 위치를 차지한다. 그들은 지배적이고 강력하여 타인에게 자신의 의견을 강요한다. 반면에 점수가 낮은 사람($T<45$)은 지도자보다는 추종자의 위치를 즐기고 사회적 장면에서 주장하기보다는 타인이 주장하도록 놓아 두는 경향이 있다. 그들은 집단의 의사결정 과정에서 수동적인 위치를 유지하고 자신이 적임자인 경우에도 자신을 드러내어 지도적 위치를 차지하는 것을 어려워한다.

활동성(Activity) 하위척도(E4)는 삶을 살아 가면서 소유하고 있는 에너지와 활력의 양을 측정한다. E4의 점수가 높은 사람($T>55$)은 속도감 있는 생활을 하고 활력을 가지고 활동에 참여하며 에너지를 가지고 상황에 대처한다. 그들은 항상 서두르고 매우 바쁜 것처럼 보인다. E4의 점수가 낮은 사람($T<45$)은 일반적으로 이완된 자세로 여유를 가지고 자신의 삶 속의 활동과 상황에 다가간다. 그들은 일반적으로 급한 것이 없어 보이고, 게으르거나 무기력하지는 않지만 활동이나 일을 할 때 압력을 덜 받는 것처럼 보인다.

자극 추구(Excitement-Seeking) 하위척도(E5)는 매우 자극적인 활동을 원하고 즐기는 정도를 측정한다. 이 척도의 점수가 높은 사람($T>55$)은 간혹 위험하거나 에너지가 많이 필요한 활동처럼 자극적이고 흥분하게 하는 활동에 참여하려고 한다. 그러나 이 점수가 낮은 사람($T<45$)은 흥분 수준이 높은 활동을 좋아하지 않으며 안정적이고 부드러운 상황을 즐긴다. 그들은 자극적인 상황을 피하는 경향이 있다.

긍정적 정서(Positive Emotion) 하위척도(E6)는 행복과 즐거움, 희열과 사랑 같은 긍정적인 정서를 경험하는 경향을 측정한다. E6의 점수가 높은 사람($T>55$)는 잘 웃고 선천적으로 낙천적이며 명랑하고 즐거워한다. 반면 점수가 낮은 사람($T<45$)은 항상 불행해 하는 것은 아니지만 긍정적인 정서 경험이 풍부하지 않고 열렬하지도 않다. 그들은 E6의 점수가 높은 사람만큼 일반적으로 즐거운 흥분을 경험하거나 표현하지 않는 경향이 있다.

개방성(Openness, O)

경험에 대한 개방성은 심상, 호기심, 개인의 정서 상태에 대한 조응, 추상적 사고의 선호와 같이 많은 문헌에서 연구된 다양한 성격 특질을 포함한다. 이 척도에서 측정하는 호기심은 자기와 타인 그리고 일반적인 세상에 대한 호기심과 관계가 있다. 척도의 T 점수가 55 이상인 사람은 지적이고 창조적인 호기심이 있고 자신의 사고나 가치에 도전하거나 반대되는 새로운 사고와 가치 그리고 이론에 개방적이다. 그들은 타인보다 자신의 감정을 잘 알고 찾아 내며 즐기기까지 한다. 그들은 새로운 사고나 이론 그리고 문제를 가지고 노는 것을 즐기고 행동과 관점이 통상적이지 않거나 기발하게 보이기도 한다. T 점수가 45 이하로 낮은 사람은 세상에 접근하는 방법이 통상적이고 신중하다. 자신의 감정이 긍정적이든 부정적이든 주목하지 못하고 매우 현실적이고 통상적 기준을 따라 문제를 해결하는 경향이 있다. 그들은 새롭고 흥미로운 세상보다는 예측 가능하고 친숙한 세상을 선호하고 정치적으로 보수적인 경향이 있다. 개방성이 낮은 사람은 자신과 유사한 사람을 선호하지만, 자신과 다르거나 다르다고 생각되는 사람에게 항상 편협한 것은 아니다.

환상(Fantasy) 하위척도(O1)는 심상이 활성화되어 있는 정도와 환상을 현실 도피가 아닌 생산과 문제해결 그리고 세상과 상호작용하는 수단으로 사용하는 정도를 측정한다. 이 척도에서 점수가 높은 사람($T>55$)은 심상이 활성화되어 있고 풍부하고 생생한 환상적 생활을 한다. 그들은 심상을 활용하여 문제해결책을 찾아내는 방법으로 자신의 환상적 세계를 사용한다. 반면 T가 45 이하인 사람은 백일몽이나 환상이 탐색에 유용함을 인식하지 않고 현실 속에서 근거에 기반하여 직선적으로 생각하는 것을 선호한다. 그들은 작업 자체에 초점을 맞추려고 할 뿐 불필요하게 마음이 방황하는 것을 활용하지 않는다.

미학(Aesthetic) 하위척도(O2)는 예술과 미 그리고 자연적인 미에 대한 관심과 몰두 정도를 측정한다. 이 척도에서 점수가 높은 사람($T>55$)은 예술에 대한 이해가 깊고, 음악과 시, 무용 그리고 기타 형태의 예술에 의해 정서적으로 깊은 감동을 받기도 한다. 그들은 자연과 예술 속의 패턴과 아름다움을 높이 평가하고 예술을 경험할 때 느낀 감정에 침잠하기도 한다. 그들은 예술적인 재능과 소질을 소유하고 있지 못할 수 있지만 예술 세계를 경험하는 것에 진정으로 몰두한다. 점수가 낮은 사람($T<45$)은 예술을 경험하면서 민감하지 못하고 흥미도 없으며 거의 흥분을 느끼지 못한다. 그들은 예술적 표현에 지루해 하고 예술 작업의 아름다움이나 정서적 세계에 대해 가치를 두지 않는 경향이 있다.

감수성(Feeling) 하위척도(O3)는 자신의 깊은 정서를 기꺼이 느끼고 완전하고 충만함을 온전히 경험하는 것으로, 자신의 정서적 삶에 가치를 두고 개방하는 정도를 측정한다. 이 척도에서 점수가 높으면($T>55$) 다른 사람보다 긍정적이거나 부정적인 감정을 깊이 느끼고 그것을 쉽게 변별하며 자신에게 미치는 영향력을 평가할 수 있다. 정서를 깊이 느끼고 자신의 인생에서 정서의 중요성에 가치를 두기 때문에, 타인에게 더욱 쉽게 공감하고 정서적 수준에서 타인과 쉽게 연결될 수 있다. 점수가 낮은 사람($T<45$)은 타인과 비교하여 자신의 감정을 다양하고 깊게 경험하지 못한다. 이들은 정서를 평면적으로 경험하고, 그 순간의 감정을 인식하지 못하는 경우도 있다. 그들은 자신의 정서 생활에 주의를 기울이지 않고 정서가 중요함을 인정하지 않으며 감정을 인식하거나 이해하지 못하고 심지어 느끼지 못할 가능성이 크다.

행위(Actions) 하위척도(O4)는 신기하고 잘 모르는 행동이나 음식, 장소를 경험하는 것과 같은 개방성의 행동적 측면을 측정한다. O4의 점수가 높은 사람($T>55$)은 새로운 일이나 여행, 새로운 음식의 섭취와 같은 활동을 하면서 흥분을 느끼고 다양성을 추구한다. 그들은 일상적인 상황에서 쉽게 지루함을 느끼고 충동적으로 결정하는 경향이 있고 일상을 쉽게 변화시킨다. 그러나 점수가 낮은 사람($T>45$)은 친숙하고 일상적인 것을 좋아하고 변화를 어렵게 생각한다. 그들은 잘 알고 있고 이해할 수 있는 방법으로 목표를 달성하려고 접근하며 친숙하지 않은 환경을 위협으로 받아들인다.

사고(Idea) 하위척도(O5)는 지적 호기심과 관련된 개방성의 사고 측면을 측정한다. O5는 개념이나 사고를 이해하기 위한 순수한 호기심을 의미할 뿐만 아니라 새롭고 경쟁적이며 관습적이지 않고 패러다임의 변화가 필요한 사고를 다루는 데 개방되어 있음을 의미한다. O5의 점수가 높은 사람($T>55$)은 주변 세상이나 사람에 대한 호기심이 많다. 그들은 추상적인 사고를 즐기고 유추를 활용하여 문제를 해결하려고 하고 원대한 사고나 문제에 대한 철학적인 논쟁을 즐긴다. 점수가 낮은 사람($T<45$)은 인생에 대한 심오한 질문에 대해 철학적으로 논쟁하는 것을 즐기지 않으며 자신의 주변에 관한 호기심도 한정되어 있다. 그들은 특정 주제에 지적으로 참여하더라도 매우 협소하거나 지엽적으로 접근한다. 이러한 사람은 추상적이고 확장적인 사고보다는 구체적이고 특정한 사고에 정신적 에너지를 소비하는 경향이 있다.

가치(Value) 하위척도(O6)는 세계관이나 문화가 다른 사람을 만났을 때 자신의 가치관을 기꺼이 재검토하는 정도를 측정한다. O6의 점수가 높은 사람($T>55$)은 타인의 가치관과 생활 스타일을 기꺼이 수용한다. 그들은 문화적인 상대주의자로서 한 문화에서 적절하고 수용 가능한 것이 다른 문화에서도 항상 그런 것이 아니라고 생각한다. 마찬가지로 완전한 선과 악을 믿지 않아서 타인 행동의 가치를 판단하기 위해서는 상황과 조건 그리고 맥락이 중요하다고 생각한다. O6의 점수가 낮은 사람($T<45$)은 매우 전통적인 사람으로, 권위와 전통에 가치를 두고 수용한다. 그들은 일반적으로 보수적이어서 도덕에는 사회처럼 회색지대가 있을 수 없다고 믿는다. 그들은 선과 악에 대한 자신의 명쾌한 정의에 가치를 두고 진실한 원칙을 갖는 것이 다른 것을 수용하는 것보다 중요하다고 생각한다.

친화성(Agreeableness, A)

친화성 척도는 타인의 신의와 선의에 대한 태도 그리고 타인을 존중하고 강조하며 경의를 표하는 것과 관련된 행동을 측정한다. 친화성의 점수가 높은 사람($T>55$)은 다른 사람에게 호의적이고 기꺼이 도움을 주고 싶어하며 협조적이다. 그들은 일반적으로 사람들은 훌륭하고 정직하다고 믿는다. 그들은 가능하다면 다른 사람의 감정과 관심사를 고려하고 타인의 입장을 수용한다. 그들은 사람들이 타인에게 관심이 많고 좋은 의도를 가지고 있다고 믿으면서 자신의 태도에 따라 협조적이고 도움을 주며 관심을 보일 것이라고 기대한다. 이들은 수동적이고 순종적이며 약하고 의존적인 사람으로 보일 수도 있다. 친화성의 점수가 낮은 사람($T<45$)은 타인의 의도를 의심하여 주변 사람을 경쟁과 도전의 대상으로 본다. 그들은 자신의 뜻과 다른 결과가 나올지라도 다른 사람이 자신의 뜻을 따라 주기를 원한다. 어떤 사람은 자신의 목적을 달성하기 위하여 노골적으로 반항하고 공격적인 태도를 취하기도 하고, 어떤 사람은 자신이 원하는 행동을 하도록 다른 사람을 조종하거나 속이기도 한다. 이들은 자신이 원하는 대로 일이 이루어지도록 비열한 방법으로 빈정대고 고집을 부린다. 그들은 강력한 리더십이 필요할 때에는 우수한 지도자가 될 수도 있다.

신뢰성(Trust) 하위척도(A1)는 인간의 본성이 선함을 믿는 정도를 측정한다. A1점수가 높은 사람($T>55$)은 타인의 의도가 선하고 믿을 수 있으며 자신의 이익에 반할 때에도 정직할 것이라고 믿는다. 그들은 사람들의 선함을 가정한다. A1의 점수가 낮은 사람($T<45$)은 인간이 선하다는 것에 회의적이어서 사람들은 믿을 수 없고 기회만 있으면 자신의 이익을 추구한다고 생각한다. 다른 사람이 자신에게 좋은 일을 하였을 때에 이를 수용하고 감사하기보다는 그 행동의 의도를 의심할 수도 있다.

정직성(Straightforwardness) 하위척도(A2)는 솔직함과 정직 그리고 진실성을 측정한다. A2의 점수가 높은 사람($T>55$)은 어느 상황에서나 거짓 없고 진실하다. 그들은 위선적인 행동을 싫어하고 타인과의 관계에서 교활한 행동을 하지 않는다. A2의 점수가 낮은 사람($T<45$)은 타인을 조종하여 자신의 이익을 극대화할 수 있다고 생각되면 자기의 욕구를 만족시키기 위해서 아첨과 거짓을 사용하는 경향이 있다. 이 사람들은 항상 정직하지 않은 것은 아니지만 대인관계 문제에 있어서 매우 기민한 경향이 있다.

이타성(Altruism) 하위척도(A3)는 타인의 행복에 대한 순수한 관심 정도를 측정한다. A3의 점수가 높은 사람($T>55$)은 주변 사람에게 친절하고 배려를 잘하며 관심을 기울여 준다. 그들은 다른 사람에게 도움이 될 수 있는 방법을 종종 강구한다. A3에서 점수가 낮은 사람($T<45$)은 다른 사람보다 자신의 행복에 관심이 더 많다. 그들은 다른 사람의 문제에 개입하는 것을 싫어하고 자기중심적이며 타인에게 차갑게 대한다.

순종(Compliance) 하위척도(A4)는 갈등 상황에서 반응하는 방법과 관계가 있어서 사람들이 자신의 분노를 억제하고 타인에게 양보하는 정도를 측정한다. A4에서 점수가 높은 사람($T>55$)은 자신의 분노감을 무시하는 경향이 있어서 갈등 상황에서 다른 사람에게 양보하고 공격적인 행동을 취하지 않는다. 그들은 자신이 옳다고 생각하는 경우에도 경쟁보다는 타인과 협력하고 관계를 유지하려고 한다. 다른 사람이 자신에게 직접 해를 준 경우에도 용서하고 잊으려는 경향이 있다. A4의 점수가 낮은 사람($T<45$)은 관계를 유지하는 것보다 옳음을 주장하고 분노나 공격성을 표현하는 데 특별한 어려움을 느끼지 않는다. 그들은 완고하고 빈정대는 경향이 있고 싸움에서 후퇴하지 않는다. 그들은 특히 가족과 직장 동료와 대인관계에서 논쟁적이고 투쟁적인 경향이 있다.

겸손(Modesty) 하위척도(A5)는 자존감이 아닌 겸양이 외부로 표현되는 경향을 측정한다. 이 척도는 타인과 동등하거나 우수하다는 믿음과 자신의 성취를 자랑하는 정도를 측정한다. A5의 점수가 높은 사람($T>55$)은 개인적인 상황과 관계없이 자신이 다른 사람보다 더 잘한 것이 아니라고 믿으며 열심히 일하지만 성취를 자랑하지는 않는다. 그들은 겸손하여 자신보다 다른 사람을 칭찬하는 것을 좋아한다. A5 점수가 낮은 사람($T<45$)은 다른 사람보다 우수하다고 느끼며 자신의 우수함을 다른 사람이 알아야 한다고 생각한다. 그들은 오만하고 자기만 아는 사람처럼 자신의 성취를 허풍스럽게 자랑한다.

공감성(Tender-mindedness) 하위척도(A6)는 타인에 대한 공감과 관심을 측정한다. A6에서 높은 점수를 받은 사람($T>55$)은 사회의 각종 수단은 경제와 같은 비인간적 요소보다 복지와 같은 인간적 요소에 관심을 두고 있다고 믿는다. 그들은 모든 사람이 존중받을 가치가 있고 자신보다 운이 좋지 않은 사람을 동정하고 있다고 믿는다. A6의 점수가 낮은 사람($T<45$)은 개인에 대한 관심이 없어서 공감보다는 현실적이고 합리적이며 논리적으로 타인을 판단하는 경향이 있다. 행운이 없는 사람에 대해 연민하기보다는 공정함과 선이 더 중요하다고 생각한다.

성실성(Conscientiousness, C)

성실성 척도는 성취할 과제에 대한 지향과 이를 성공적으로 하기 위한 행동을 측정한다. 이러한 특성은 결심과 목적성뿐만 아니라 조직화, 계획을 세우고 실행하는 능력, 학문이나 직업적 성취를 궁극적으로 달성하는 데 필요한 기술을 포함한다. C의 점수가 높은 사람(T>55)은 목표 달성에 동기화되어 있고 이를 진행하기 위하여 준비하고 조직화하는 방책을 가지고 있다. 그들은 계획이 분명하고 목적을 달성할 수 있도록 적절하게 단계를 구성하는 능력이 있다. 행동을 하기 전에 각 대안에 대한 가능한 결과를 가늠해 보는 등 계획을 완벽하게 검토한다. 목적 달성을 위한 동기와 방책을 가지고 있어도 일을 강박적이고 완벽주의적으로 추진한다. 매우 믿을 만한 사람이지만 자신과 타인에 대해 도덕적이고 판단하는 자세를 견지할 수 있다. C의 점수가 낮은 사람(T<45)은 문제에 접근하는 방법이 조직적이지 않고 준비성이 부족하거나 혼잡하다. 그들은 가능한 결과를 미리 가늠해 보지 않고 충동적으로 행동하는 것 같으며, 개인적인 과제조차 적절한 계획과 시간 조절을 못하고 신중하게 진행하지 못하여 완수하지 못하기도 한다. 그들은 성공에 대한 동기를 외부로 표현하지 못하고 작업에 대해 한가롭고 편안한 방법으로 접근하는 경향이 있다.

유능성(Competence) 하위척도(C1)는 사람들의 효율성과 일상생활에서나 작업을 하면서 성공할 수 있다고 생각하는 정도를 측정한다. C1의 점수가 높은 사람(T>55)은 상황을 다룰 준비를 하고 정보가 많으며 상식이나 감수성이 높고 결과적으로 성공적인 삶을 산다. 이들은 자신의 건전한 판단과 효과성에 자부심을 가지고 있다. C1의 점수가 낮은 사람(T<45)은 자신의 능력에 대한 확신이 없고 상황의 요구에 대한 준비가 미흡하다고 종종 생각한다. 이처럼 그들은 업무 수행에 대한 효율성이나 효과성이 부족한 편이다.

정리정돈성(Order) 하위척도(C2)는 정돈과 질서정연함 정도를 측정한다. C2의 점수가 높은 사람(T>55)은 정해 놓은 곳에 물건을 두고 깨끗이 정리정돈하고 깔끔한 것을 좋아해서 물건이 어디에 있고 어떤 상태인지를 정확하게 알고 있다. C2의 점수가 낮은 사람(T<45)은 정돈에 관심이 없고 종종 엉뚱한 곳에 두기도 하여 그것을 찾는 데 많은 시간을 낭비하기도 한다. 그들은 계획을 세우기보다는 개방적으로 선택지를 남겨 놓기도 한다. 그들은 완벽주의적이지 않고 자신의 기준이 확실하지도 않다.

의무성(Dutifulness) 하위척도(C3)는 자신이 해야 한다고 생각하는 대로 그것을 하는 정도를 측정한다. 이러한 점은 보통 사회에서 요구하는 행동과 관련이 있고, 자신의 도덕이나 윤리가 지배하는 상황과 관계가 있다. C3의 점수가 높은 사람(T>55)은 그들이 요구받은 대로 모든 작업을 매우 열심히 하고 가능한 작업을 잘 처리하여 다시 그 일을 해야 하거나 힘을 들여야 할 필요가 없도록 한다. 그들은 자신의 도덕이나 윤리적 원칙에 따라 행동하고 자신과 타인에 대해 판단적이다. C3의 점수가 낮은 사람(T<45)은 믿기 어렵고

일관성 있게 의존하기 어렵다. 또한 그들의 윤리나 도덕적 판단은 상황 의존적이다.

성취 지향(Achievement Striving) 하위척도(C4)는 목표를 성취하기 위한 동기와 열정을 측정한다. C4의 점수가 높은 사람($T>55$)은 목표를 성취하기 위하여 목적 지향적이고 명쾌한 방법으로 열심히 일한다. 그들은 일에 중독되어서 생활의 일부를 희생하고 목표를 달성하려 한다. C4의 점수가 낮은 사람($T<45$)은 성공에 대한 열정이 부족하고 욕구가 낮다. 그들은 성공하지 않아도 만족하는 편이고 게으르거나 목표가 없는 경우도 있다.

자제성(Self-Discipline) 하위척도(C5)는 결정된 계획에 맞추어 따르는 능력과 관계가 있다. C5의 점수가 높은 사람($T>55$)은 목표를 명료하게 세우고 주의산만 요인이나 지루함과 상관 없이 목표를 완수하기 위하여 그 과정을 따른다. 그들은 자신에게 의미 없는 작업일지라도 자신이나 다른 사람이 그에게 기대한 것이라면 해내려고 한다. C5의 점수가 낮은 사람($T<45$)은 일을 지연하고 주의가 쉽게 산만해지며 하고 있는 일이 끝나지 않았는데 새로운 일을 시작하기도 한다. 그들은 작업을 완수하려는 동기를 가지고 있지 않다.

신중성(Deliberation) 하위척도(C6)는 행동하기 전에 조심스럽게 생각하고 계획을 세우는 정도를 측정한다. C6의 점수가 높은 사람($T>55$)은 행동을 하기 전에 행동의 잠재적인 결과에 대해 생각하고 조심스럽게 계획을 한다. 그들은 신중하여 상황에 어울리는 방법을 찾아 조심스럽게 행동한다. C6의 점수가 낮은 사람($T<45$)은 즉흥적이고 서둘러 결정을 하며 그 행동의 결과를 고려하지 않고 행동하기도 한다. 그들은 미리 허가를 받기보다는 나중에 용서를 바란다.

성격 유형(Personality Style)

요인 점수의 짝은 다양한 목적을 위하여 사용되며, 이를 '유형'이라고 한다. 이러한 유형은 흥미에서 충동 통제 그리고 대인 간 상호작용까지 다양한 기능 요인을 포함한다. NEO에서 이를 10개의 유형 그래프로 그릴 수 있는데, 관심이 있는 한 요인의 점수를 다른 요인의 점수상에 표시할 수 있다. 예를 들어 흥미(interest) 유형은 외향성(E)을 수직선(y축)에 표시하고 개방성(O)은 수평선(x축)에 표시한다. 개인의 점수가 위치하는 사분면이 어디인가가 그 사람의 유형이 되며 각 축의 어디에 위치하는가에 따라 유형의 강도를 알 수 있다. 그림 10.1은 흥미 유형의 그래프 예를 보여 주고 있다.

흥미 유형

흥미 유형 범주는 개인이 참여하는 활동에 대한 선호도와 관계가 있다. 이는 외향성과 개방성으로 구성되어 있는데, 이 둘은 단독 활동이나 집단 활동 혹은 친숙하거나 새로운 활동에 대한 일반적인 선호를 범주화하는 데 도움이 된다.

가정적 인물형인 낮은E-낮은O는 주로 혼자 하는 친숙한 활동에 참여하는 것을 선호한다. 이 사람들은 새로운 것에 대한 욕구를 충족하기 위하여 TV를 보거나 많은 독서를 하는 경향이 있으며 집단에서 하는 활력적인 활동은 최소화한다. 고독한 사람으로 사회화에 대한 욕구, 특히 새로운 상황에서의 사회화에 관심이 없다.

주류 소비자형인 높은E-낮은O는 외부 지향적이고 사람들 주변에 있는 것을 좋아하지만 전통적이고 대세를 따르는 행동을 더 좋아한다. 영화와 쇼핑, 스포츠 등을 즐기지만 신기하고 친숙하지 않은 상황의 압력 없이 상호작용하는 것을 즐긴다.

창조적 상호작용자형인 높은E-높은O는 일상생활에서 새롭고 창조적인 영역을 즐기며 이러한 경험을 다른 사람과 공유하는 것을 특히 좋아한다. 집단으로 여행하는 것을 지극히 즐기고 다양한 배경과 세계관을 가진 많은 사람과 함께 활기 있고 친절하게 논의하고 논쟁하는 것을 좋아한다. 그들은 누가 듣는지 알 수 없는 상황에서도 대중 연설가나 좋은 선생님이 되는 경향이 있다.

사색형인 낮은E-높은O는 혼자서 할 수 있는 사색적 탐색과 같은 것에 주로 흥미를 가지고 있다. 독서와 예술 행위를 좋아하고 독립적으로 그 지평을 넓히려고 한다. 그들은 창조적인 사색가로서 도전할 수 있는 활동에 빠져드는 경향이 있다.

상호작용 유형

상호작용 유형 범주는 다른 사람이나 집단과의 사회적 상호작용을 다루는 방법과 관계가 있다. 이는 사회적인 외향성과 친화성으로 구성되어 있다.

경쟁형인 낮은E-낮은A는 일반적으로 사회적 상호작용을 경쟁으로 받아들여 타인을 자신의 이익에 방해가 되는 잠재적 적으로 간주하여 자신을 방어하는 사람을 말한다. 그들은 무엇보다도 자신의 사생활을 중요한 가치로 생각하여 자신의 동기와 의도를 타인으로부터 숨기고 보호하려고 한다.

지도자형인 높은E-낮은A는 단호한 사람으로, 자신의 의견과 가치를 타인에게 알리고

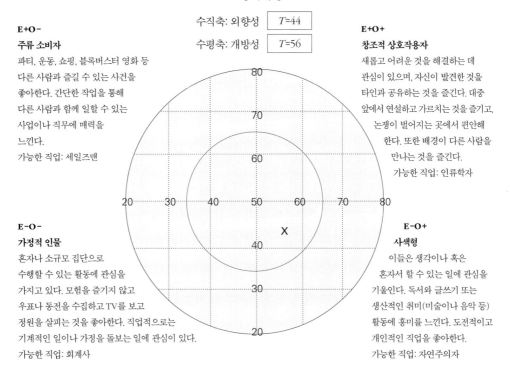

흥미 유형

수직축: 외향성 $T=44$

수평축: 개방성 $T=56$

E+O-
주류 소비자
파티, 운동, 쇼핑, 블록버스터 영화 등 다른 사람과 즐길 수 있는 사건을 좋아한다. 간단한 작업을 통해 다른 사람과 함께 일할 수 있는 사업이나 직무에 매력을 느낀다.
가능한 직업: 세일즈맨

E+O+
창조적 상호작용자
새롭고 어려운 것을 해결하는 데 관심이 있으며, 자신이 발견한 것을 타인과 공유하는 것을 즐긴다. 대중 앞에서 연설하고 가르치는 것을 즐기고, 논쟁이 벌어지는 곳에서 편안해 한다. 또한 배경이 다른 사람을 만나는 것을 즐긴다.
가능한 직업: 인류학자

E-O-
가정적 인물
혼자나 소규모 집단으로 수행할 수 있는 활동에 관심을 가지고 있다. 모험을 즐기지 않고 우표나 동전을 수집하고 TV를 보고 정원을 살피는 것을 좋아한다. 직업적으로는 기계적인 일이나 가정을 돌보는 일에 관심이 있다.
가능한 직업: 회계사

E-O+
사색형
이들은 생각이나 혹은 혼자서 할 수 있는 일에 관심을 기울인다. 독서와 글쓰기 또는 생산적인 취미(미술이나 음악 등) 활동에 흥미를 느낀다. 도전적이고 개인적인 직업을 좋아한다.
가능한 직업: 자연주의자

그림 10.1 흥미 유형 그래프의 예

출처 출판사인 Psychological Assessment Resources, Inc.(PAR), 16204 North Florida Avenue, Lutz, FL 33549에서 Robert R. McCrae 박사와 Paul T. Costa Jr. 박사가 저술한 *NEO Inventories Professional Manual*, 2010년도 판에 실린 그림을 이곳에 실어도 좋다는 허락을 얻었다. 이 그림은 PAR의 허락 없이 다른 곳에 게재할 수 없다.

주장하는 것을 두려워하지 않는다. 추종하는 역할을 잘하지 못하고 팀을 꾸려 함께 작업하는 것을 잘한다. 이 유형이 특히 높은 사람은 자기애적이고 으스대는 경향이 있어서 타인에게 두드러져 보이려고 하고 타인의 관점을 고려할 기회가 있어도 이를 무시한다.

환대형인 높은E-높은A는 사교적이고 타인에게 따뜻한 사람을 말한다. 그들은 타인과의 우정을 즐기고 그들을 반기며 공감하는 성향을 가지고 있다. 그들은 조언하는 사람의 말을 잘 듣고 수용하는 경향이 있으며, 일반적으로 따스하고 친절하며 호감이 가는 스타일이다.

겸손형인 낮은E-높은A는 비교적 조용한 사람으로 조심스럽게 관계를 맺는다. 그들은 혼자 있는 것을 즐기지만 집단 속에서 타인과 잘 지내기도 한다. 그들은 공감을 잘하고 믿음직스럽지만 자신의 이익이 만족되지 않아도 자기를 주장하지 않는 경향이 있다. 이들은 개인적 이익이나 생각이 집단의 목적을 방해하지 않도록 자신의 이익을 포기하고 팀의 일원으로 최선을 다한다. 그러나 일에 투입할 가치로운 것을 가지고 있어도 이를 드러내어 주장하지 않는 편이고, 설사 그렇게 하더라도 그것을 대단하게 드러내거나 알리지 않는 편이다.

안녕감 유형

안녕감 유형 범주는 내부 정서세계와 관계가 있다. 이 유형은 일반적으로 긍정적인 정서 경험을 나타내는 외향성과 부정적인 정서 경험을 나타내는 신경증으로 구성되어 있다.

저조율형인 낮은N-낮은E는 대부분의 상황이나 맥락에서 정서의 영향을 비교적 받지 않는 사람을 말한다. 그들은 정서적으로 고양되거나 저하되어 있는 것을 예민하게 느끼지도 않으며 어떤 점에서는 대인관계에서 금욕적이고 차가운 사람으로 보인다. 그들은 기분의 변화를 경험하지 않는 경향이 있으며, 충동적으로 결정을 하지도 않고 정서적 요인의 영향을 크게 받지도 않는다.

음울한 비관형인 높은N-낮은E는 거의 항상 슬프고 침울하며 우울한 사람을 나타낸다. 그들은 인생에서 즐거움을 찾는 것을 어려워하고 항상 우울해 하는 경향이 있다. 일반적으로 삶에 대해 비관적이고 근심이 많아서 웬만해서는 활기를 되찾기 어렵다.

명백한 정서형인 높은N-높은E는 다양한 정서를 거의 완전하게 경험하는 사람을 말한다. 극단적인 경우에는 정서가 불안정하여 여러 정서 사이를 매우 빠르게 오간다. 이들의 인간관계는 마치 드라마를 연기하는 듯한 인상을 준다. 극단적이지 않은 경우에는 자신의 정서적 경험을 잘 조율하고 타인과 깊은 공감을 근거로 하는 관계를 형성하기도 한다.

명랑한 낙관형인 낮은N-높은E는 자신과 미래에 대해 긍정적이고 낙관적으로 전망하는 사람을 나타낸다. 그들은 활기가 있고 친숙한 사람으로 낙심과 분노로부터 매우 빠르고 쉽게 회복한다. 극단적인 경우에는 미래를 오직 행복하고 즐거울 것이라고 전망하면서 인생의 부정적이고 슬픈 면을 부정하기도 한다.

방어 유형

방어 유형 범주는 인생의 어려움, 일반적인 스트레스 그리고 대인관계의 갈등을 극복할 때 사용하는 심리적 전략과 관계가 있다. 개방성과 신경증과 관계가 있으며, 스트레스가 높은 상황에서 어떻게 반응하는가에 초점을 맞추고 있다.

저민감 방어형인 낮은N-낮은O는 어려움에 봉착하였을 때 추상적인 불편함보다는 구체적인 행위에 초점을 맞추는 경향이 있다. 그들은 근심이나 걱정을 쉽게 하지 않고 문제를 해결하는 데 에너지를 집중한다. 그들은 모든 일이 자신의 통제하에 있는 것이 아니므로 이를 걱정하느라 피곤해 할 이유가 없다고 생각한다.

부적응적 방어형인 높은N-낮은O는 원시적인 방어기제를 사용하여 생활의 어려움을 극복하는 경향이 있는 사람이다. 그들은 자신의 감정을 억압하거나 억제하고 상황이 발생하였음에도 이를 부정하며, 문제 상황에서 자신이 할 역할에 대한 통찰을 거의 하지 못한다. 그들은 그 원인이 어디에 있는지 이해하거나 알지 못한 채 우울이나 불안과 같은 부정적인 정서적 반응을 한다.

과민 방어형인 높은N-높은O는 특정 상황에서 잘못될 가능성을 모두 예측하는 경향이 있는 사람이다. 이들은 명료한 심상 능력을 가지고 있는데, 이를 부정적인 결과가 발생할 수 있는 어려운 상황을 상상하는 데 사용하는 경향이 있다. 이러한 창조적인 사고는 반추를 하게 하거나 불행을 상상하게 하여 그 사람을 매우 불편하게 할 수 있다.

적응적 방어형인 낮은N-높은O는 어느 정도 영감을 활용하여 스트레스 상황에 반응하고 불행에 완전히 압도되지 않도록 하면서 창조적인 해결책을 계획한다. 이들은 생활에서 불행함의 위험을 잘 알고 있지만 스트레스를 극복할 때 유머나 예술적인 방법을 활용하기도 한다. 그들은 매우 압력이 심한 상황이더라도 부정적인 정서가 창조적인 문제해결을 방해하지 않도록 하면서 다양한 상황에 잘 적응할 것이다.

분노 통제 유형

분노 통제 유형 범주는 분노를 경험하고 표현하는 것을 의미한다. 신경증과 친화성으로 구성되어 있어서 정서에 대한 특징적인 전략과 분노를 표현하는 것이 조합되어 있다.

냉혈형인 낮은N-낮은A는 분노를 계산적이고 전략적으로 반응하는 사람을 나타낸다. 그들은 외적으로 분노를 표현하는 경우가 거의 없고 화가 났더라도 지금 바로 분노로 반응하지 않는 경우가 있다. 그들은 즉각적으로 공격하는 대신에 적절한 시간과 방법으로 복수하는 것처럼 분노를 표현한다. 그들의 복수는 계산된 것으로, 극단적인 수준에서는 범죄 수준에 이르기도 한다.

감정형인 높은N-낮은A는 신경질적이어서 비교적 작은 공격에 직면해도 쉽게 그리고 빠르게 분노를 표현한다. 이들은 분노를 빨리 표현할 뿐만 아니라 이를 오랫동안 마음에 품고 있는다. 그들은 종종 분노를 표현한 결과 발생할 효과를 생각하지 않으며, 자신의 주변에 있는 사람에게 나타날 효과를 생각하기보다 화가 났다는 것을 보여 주는 것에 관심이 더 크다. 이 경향이 높은 사람은 언어적으로나 신체적으로 공격적이다.

소심형인 높은N-높은A는 자신의 분노에 양가적인 태도를 가지고 있는 사람이다. 그들은 악의 없는 말이나 농담에도 쉽게 상처를 받지만, 다른 사람이 상처를 받을 것이 걱정이 되어 분노를 표현하지 않는 경향이 있다. 그들은 자신의 분노를 곱씹으면서 지레짐작하여 자신을 화가 나게 한 상황에서 자기를 주장하지 못하고 주저하였다고 자신을 비난한다. 그들은 일상생활이나 자신의 다른 측면에 대치하여 분노를 표현하기도 한다.

태평형인 낮은N-높은A는 공격이나 분노를 쉽게 보이지 않는 사람이다. 그들은 화를 내거나 표현하여 얻을 수 있는 것이 거의 없다고 생각하여 모욕과 농담을 쉽게 넘겨 버린다. 정말 모욕스럽다고 생각하면 자기 생각을 주장하지만, 감정적이고 공격적인 방법보다는 조용하고 정중한 방법으로 표현한다. 곤란하고 화가 나는 상황에서 선호하는 전략은 용서하거나 잊는 것, 혹은 평화와 타협을 지킬 수 있는 합리적인 방법을 찾는 것이다.

충동 통제 유형

충동 통제 유형 범주는 충동과 바람 그리고 행동을 통제하는 능력과 관계가 있다. 이 범주는 충동을 충족하는 일반적인 경향성과 개인이 적용하는 일반적인 행동 통제 경향을 설명하는 신경증과 성실성으로 구성되어 있다.

이완형인 낮은N-낮은C는 일반적으로 많은 것을 하려는 동기가 부족하여 자신의 행동을 거의 통제하지 않는 것이 편한 사람을 나타낸다. 그들은 갑자기 무엇을 해야겠다는 충동을 거의 느끼지 않으며, 엄격하게 행동을 통제할 필요를 느끼지 못한다. 그들은 목표에 도달하기 위해 간단한 방법을 선택하고 복잡하고 어려운 방법을 피하는 경향이 있다. 극단적인 경우에는 생산적인 작업을 하려는 동기가 전혀 없는 경우도 있다.

저통제형인 높은N-낮은C는 자신의 충동을 통제하는 데 어려움을 경험하는 사람을 말한다. 자신의 이익에 부합하는 것이 아니라는 것을 잘 알고 있을 때에도 자신의 욕구를 피하거나 만족시킬 수 없다. 극단적인 경우에는 약물 중독, 위험한 성행위 등 위험한 문제

행동을 하는 경우도 있다.

과통제형인 높은N-높은C는 성취에 대한 강한 압박감을 경험하면서 자신을 강력하게 통제하고 싶어 하는 사람을 나타낸다. 이러한 경향은 간혹 완벽주의로 나타나서 작은 실수나 오류도 용납하지 못하게 된다. 그들은 쉽게 수치심과 죄책감을 느끼고 극단적인 경우에는 강박 증상을 보이기도 한다.

규제형인 낮은N-높은C는 방해 요인이 있거나 주의를 산만하게 하는 상황에서도 목표를 세워 이에 도달할 수 있는 사람을 말한다. 그들은 자신의 충동적인 욕구에는 거의 주의를 기울이지 않고 목표 달성을 향한 추진력을 유지한다. 그들은 방해 요인이나 좌절에 압도되지 않고 작업을 완성해 나간다.

활동 유형

활동 유형 범주는 자신의 삶이나 해야 할 일에 접근하는 일반적인 활력감과 관계가 있다. 이는 외향성과 성실성으로 구성되어 있어서 개인의 일반적인 추동과 개인이 목표에 초점을 맞추는 수준과 관계가 있다.

무력형인 낮은E-낮은C는 일상생활이나 작업을 할 때 열정과 열의가 부족한 사람을 나타낸다. 그들은 도전하고자 하는 동기가 부족하고 극단적으로 수동적이어서 집단에서 주로 추종하는 역할을 한다. 이들은 새로운 활동이나 프로젝트를 시작하기 위해 아이디어를 제안하는 일이 거의 없고 대개 성취 동기가 높은 사람의 뒤에 자리를 잡는다.

유쾌형에 해당하는 높은E-낮은C는 극단적으로 열정적이고 흥미를 추구하지만 달성할 목표에 자신의 에너지를 집중하거나 충동을 통제하는 능력이 부족하다. 이들은 생활 속에서 재미와 새로움을 즐겨서 가끔 목표 달성을 위해 모험을 하기도 한다. 그들은 충동적이고 쾌락적이어서 급박한 스릴을 즐기기 위해 해 오던 작업을 포기하기도 한다.

활동가형인 높은E-높은C는 목표 달성에 대한 열의와 열망이 있는 사람이다. 그들은 목표를 향해 계속 전진하기 위해 목표 지향적인 방법으로 일을 빠르고 효율적으로 진행한다. 이들은 자신이 무슨 일을 해야 하는지 분명히 알고 있으면서 팀을 통해 일이 잘 이루어지도록 노력한다. 하지만 자신의 작업 스타일과 자신의 생각을 타인에게 주장하는 것을 두려워하지 않아서 횡포를 부리는 것으로 보일 수 있다. 작업을 속히 끝내려는 열망이 목표의 성공을 위해 타인을 동기화하기도 하지만 스스로 몰입하기도 한다.

끈기형인 낮은E-높은C는 느리고 천천히 일하는 사람으로, 자신이 완수할 일을 속도는 느리지만 끈기 있게 추진하여 완성한다. 그들의 작업 속도는 서두르지 않고 천천히 일하는 것을 반영한다. 그들은 질서를 지키면서 작업을 하고 앞으로 있을 수 있는 도전에 합리적으로 반응한다. 비록 작업 속도가 느려서 모든 작업이나 사업에 잘 맞는 사람은 아니지만 우수한 작업자이며 믿을 만한 친구이자 동료이다.

태도 유형

태도 유형 범주는 개인의 가치와 신념 그리고 이를 창조하고 평가하기 위하여 사용하는 일반 인지적 접근과 관계가 있다. 이것은 자신이 타인과 자신의 신념의 영향을 받는 정도와 관련된 개방성과 친화성으로 구성되어 있다.

단호한 신념가형인 낮은O-낮은A는 인간의 본성과 사회적 문제에 대해 양보하기 어려운 확고한 개인적 신념을 소유하고 있다. 그들은 매우 도덕적이고 판단적이며, 모든 사람은 규칙과 법률을 잘 따를 것이고 그렇지 않으면 처벌을 받을 것이라고 믿는다. 이들은 사회 문제에 대해 감정적이라고 생각되는 해결책을 취하기보다는 원리와 결과를 선호한다.

자유사고형인 높은O-낮은A는 자신에게 부여된 문제에 대해 개인적인 판단을 하기 전에 모든 선택사항을 비판적으로 검토한다. 타인의 견해나 전통 또는 정서적 호소에 영향을 받기보다는 문제에 대해 합리적 정당성을 확보하여 결과에 도달하기 전에 가능한 모든 선택사항을 다각적으로 검토하여 본다. 그들은 옳고 그름에 대한 타인의 개념에 항상 동의하는 것은 아니고, 도덕성에 대한 자신의 판단을 타인의 생각과 일치시키지 않는다.

진보주의형인 높은O-높은A는 새로운 생각에 합리적으로 개방되어 있고 인간이 본래 선하고 협력과 혁신을 통해 진보할 수 있는 잠재력이 있다는 신념을 가지고 있다. 그들은 교육이 세상을 좋게 바꾸는 데 중요하다고 믿으며, 인간성을 보완할 수 있는 새로운 개념이라면 어떤 것이든 시도해 보려고 한다. 이성과 합리는 이들에게 중요하여 문제를 해결하기 위해 많은 생각과 다양한 각도에서 접근한다.

전통주의형인 낮은O-높은A는 자신의 신념과 가치가 가족이나 가문에서 비롯된 사람을 말한다. 그들은 자신이 자라면서 갖게 된 가치는 잘 작동할 수밖에 없으며, 모든 사람이 이를 잘 따른다면 사회나 사회 속의 집단에서 적절히 기능할 것이라고 믿는다. 그들은 사회의 규칙과 법칙에 의문을 제기하거나 자신이 생각하는 도덕을 제한하는 것에 가치를 두지 않는다. 이들은 자신에게 주어진 역할을 잘 수행하여 평화를 지키는 것을 좋아한다.

학습 유형

학습 유형 범주는 그들이 되고 싶은 학자와 학생 타입과 관계가 있다. 이 유형은 개방성과 성실성으로 구성되어 있어서 새로운 것을 이해하려는 개방적 태도나 열의와 규칙에 초점을 맞추고 엄격하게 이를 지키려는 행동 간의 균형을 나타낸다.

저항적 학자형인 낮은O-낮은C는 학습과 학문이 우선이 아닌 사람을 말한다. 그들은 필요 이상으로 어떤 일을 학습하고 연구하고 행동하려는 동기를 가지고 있지 않으며, 거의 항상 외적 유인이 있어야 열심히 노력한다. 그들은 주의나 실행 기능에 문제가 있는 것처럼 보여서 작업을 지속하고 이를 조직하고 효과적으로 학습하는 데 어려움이 있는 경우가 있다. 그들은 지적인 사람이 아니어서 학문적으로 추적하는 것이 주 관심사가 아니다.

몽상가형인 높은O-낮은C는 새로운 사고를 학습하고 새로운 계획을 세우려고 노력하지만 마무리를 못하는 것이 약점이다. 그들은 새로운 생각을 개발하고 생산적으로 행동하는 데 매우 우수하지만 생산 과정을 잘 지키면서 수행하기보다는 그 과정을 쉽게 다 잊어버리는 경우도 있다. 사고나 계획이 추상적이고 모호하며, 분명한 것이 없어도 당황하지 않으며, 집중하여 작업을 완성할 수 있도록 도와주는 누군가가 있을 때에는 성공을 하기도 한다.

좋은 학생형인 높은O-높은C는 배우는 것을 진정으로 즐기고 작업을 성공적으로 해내려는 동기를 가지고 초점을 맞추는 사람을 말한다. 그들은 학문적이고 성취 지향적이며 생산적으로 문제를 해결하기 위해서 다양한 각도에서 비판적으로 탐색하는 것을 가치 있게 생각하는 사람이다. NEO는 지능을 측정하지 않기 때문에 이러한 유형을 통해서 누가 더 지적인 사람인지 변별할 수는 없다. 그러나 지능과 함께 살펴본다면 이 유형은 학문과 직업상 매우 높은 수준에 도달할 잠재력을 가지고 있을 것이다.

모범생형인 낮은O-높은C는 부지런히 학습 계획을 따르고 더 많은 지식을 획득하기 위해 단계를 하나하나 밟아 나가는 사람이다. 그들은 창의적이지 않고, 미묘하고 모호한 것을 낮게 평가하며, 구체적인 답을 좋아하고, 학습 목적을 달성하기 위해 단계를 밟는 것을 좋아한다. 기계적 학습이 강점이어서 다양한 조건과 상황에 적용하기 위해 추상적인 지식을 사용하는 것은 그에게 상당한 도전이 될 수 있다.

성향 유형

성향 유형 범주는 행동 욕구와 능력의 방향을 자기나 다른 사람에게 두는 정도와 관계가 있다. 이는 친화성과 성실성으로 구성되어 있어서, 자기 지향과 타인 지향의 정도를 그것의 기반이 되는 욕구의 양이나 능력과 함께 고려한다.

평범형인 낮은A-낮은C는 자신의 안녕감을 타인의 안녕감보다 중요하게 생각하지만 자기를 효과적으로 증진하기 위한 추동이나 노력이 부족한 사람이다. 그들은 관대하지 않은 편이며, 도달하기 쉬운 방법으로 즐거움을 만족시키고 싶어하여 그 결과 건강하지 못하고 중단하기 어려운 습관을 갖게 되기도 한다.

선의형인 높은A-낮은C는 순수한 마음으로 타인을 돌보는 사람으로, 다른 사람을 도와주다가 실상 자신의 목표를 달성하지 못하는 경우도 간혹 있다. 이들은 자신에게 좋은 일을 수행하기보다는 다른 사람을 격려하는 것을 더 좋아한다. 비록 타인을 돕는 계획을 수행하는 것을 어려워하지만 타인에게 동정적이다.

효과적인 이타주의형인 높은A-높은C는 집단의 선이나 사회적 의식에 완전히 몰입하여 지치지 않고 타인을 효과적으로 도와주는 작업을 하는 사람을 나타낸다. 그들은 다른 사람을 돕는 것에 자신의 에너지를 집중할 수 있고, 비록 이것이 타인에게 도움이 된다면 하찮은 일에서 어려운 일까지 끝을 맺는 사람이다.

자기주장형인 낮은A-높은C는 자신의 목표 달성에 일차적인 관심을 가지고 있고 이를 효과적으로 수행하는 사람이다. 개인적 장면이든 문화적 장면이든 자신이 선택한 영역에서 성공한 사람으로서 목표에 도달하기로 결정하고 초점을 맞추어 달성하는 사람이다. 그들은 타인의 상처나 실수에 의해 자신의 성공적인 성취가 방해받는 것을 피한다. 그들의 궁극적인 목표는 자신의 성공으로, 타인의 희생이 있더라도 개의치 않을 것이다.

읽을거리

Costa, P. T. Jr. & McCrae, R. R. (2009). The five-factor model and the NEO inventories. In J. N. Butcher (Ed.), *Oxford handbook of personality assessment.*

New York, NY: Oxford University Press.

Costa, P. T. Jr. & Piedmont, R. L. (2005). Multivariate assessment: NEO PI–R profiles of Madeline G. In J. S. Wiggins (Ed.), *Paradigms of personality assessment.* New York, NY: Guilford Press.

McCrae, R. R. & Allik, J. (Eds.). (2002). *The five-factor model of personality across cultures.* New York, NY: Kluwer Academic/Plenum.

McCrae, R. R. & Costa, P. T. Jr. (2010). *NEO Inventories: Professional manual.* Lutz, FL: Psychological Assessment Resources.

제11장

로르샤하 검사

로르샤하(Rorschach) 검사는 10개의 대칭형 잉크반점에 대한 반응을 해석하는 수행-기반 성격검사이다. 이 검사의 주된 목표는 성격의 구조를 평가하는 것으로, 지각적 경험에 근거하여 사람들이 자신의 경험과 의미를 어떻게 구성하는지에 초점을 맞추고 있다(주제 형상화; Weiner, 2004). 로르샤하 자료에 대한 해석을 통하여 그 사람의 동기, 반응 경향성, 인지적 처리, 정서성 그리고 개인 내/외적 지각 등의 변인들에 대한 정보를 제공한다. 심리학 분야의 안팎으로부터 많은 공격을 받았음에도 불구하고, 로르샤하는 가장 광범위하게 사용되고 철저하게 연구된 검사 가운데 하나로 남아 있다(Archer & Nawson, 2000; Camara, Nathan, & Puente, 2000; C. E. Watkins, Campbell, Nieberding, & Hallmark, 1995). 로르샤하에 대한 책이 200권이 넘고 로르샤하를 활용한 연구가 1만 편이 넘는다는 사실이 이를 뒷받침한다(Exner, 2003).

로르샤하의 주요 가정에 따르면, 환경 속 자극은 지각적 "반응 세트(sets)"에 의해 조직화될 뿐만 아니라 개인의 특정 욕구, 동기 그리고 갈등에 의해서 조직화된다는 것이다. 이러한 조직화의 요구는 잉크반점 같은 모호한 자극과 마주쳤을 때 보다 과장되고 광범위해지며 뚜렷해진다. 따라서 사람들은 반응을 형성하기 위하여 자신의 내적 이미지, 생각 그리고 관계 양상을 드러내야만 한다. 이러한 과정 속에서 사람들은 지각한 것을 자신의 경험과 인상에 연합시킬 뿐만 아니라 지각한 것들을 조직화하게 된다. 로르샤하 해석이 근거를 두는 중심 논리는 다음과 같다. 로르샤하 반응을 조직화하는 과정을 살펴보면, 그 사람이 모호한 상황에 직면해서 조직화나 결정을 필요로 할 때 어떻게 대처하는지를 알 수 있다는 것이다. 일단 반응이 만들어져서 기록되었다면, 여러 요소에 맞춰 부호화된다. 부호화의 주요 요소에는 위치(주목해서 반응한 잉크반점의 영역), 결정인(반응을 만드는 데 사용한 구체적인 속성으로 색상, 모양 등의 것), 내용(반응이 소속되는 일반적인 대상의 집합으로 인간, 동물, 해부 등의 것)들이 포함된다. 종합적인 프로토콜의 해석은 여러 가지 범주 각각에 해당되는 반응의 상대적인 숫자에 근거하여 이루어진다. 또한 몇몇 체계에서는 수검자가 그들의 반응들을 조직화하는 정도(조직 활동), 언어화하는 유형, 잉크반점과 관련된 의미 있는 연상들을 점수화한다.

이러한 채점의 범주들은 명료하게 보일 수도 있지만, 로르샤하를 점수화하고 해석하는 세부사항은 매우 복잡하다. 게다가 간결하고 보편적으로 인정받는 부호화 체계를 개발하려는 시도는 완전한 성공을 이루지 못하였는데, 이는 로르샤하 기법에 대한 접근 자체를 다소 혼란스럽고 의구심이 들게 만들었다. 주요한 채점 체계들은 합의된 공통성을 갖고 있지만, 이들 체계의 구성요소 사이에는 상당한 차이점들이 존재한다. 이러한 차이점들은 결국 카드에 대한 반응들의 본질적 속성이 복잡하고 모호하다는 점을 보여 준다. 따라서 로르샤하를 효과적으로 사용하는 것은 채점 체계의 확실한 이해, 임상적 경험 그리고 성격과 정신병리학에 대한 적절한 이해에 달려 있다.

이 장의 주요 목표는 현재 가장 보편적으로 사용되고 있는 Exner 종합체계와 로르샤하 수행 평가체계(R-PAS)의 실시 절차, 채점, 해석에 대한 개관을 제공하는 것이다. Exner의 종합체계는 지금까지 가장 활발히 폭넓게 사용되는 로르샤하 체계이며, R-PAS는 주로 종합체계에 기초를 두고 있고 심리측정적으로 가장 인정받는 로르샤하 체계라고 말할 수 있다. 두 체계 모두 다른 체계에서 가장 빈번하게 사용되는 채점 및 해석 요소 일부를 포함하고 있다.

종합체계와 R-PAS의 채점은 다소 복잡한데, 이 장에서는 간략히 개관만 소개한다. 보다 정교한 해석 및 정확한 채점표와 준거를 사용하려는 임상가들은 Exner와 동료들의 종합체계 원본들(Exner, 2000, 2001, 2003; Exner & Weiner, 1995)을 참고하거나 R-PAS 부호화, 채점, 해석 지침서(Meyer et al., 2011)를 참고할 것을 권고한다. 이 장은 이 책들의 깊이를 대체할 수 없다. 이 장을 통해 로르샤하에 개괄적으로 친숙해지게 하거나, 더 구체적으로는 Exner 체계와 R-PAS의 접근법을 이용해서 해석하는 것에 익숙해지게 하려는 것이 주된 목적에 해당된다. 또는 Exner 체계나 R-PAS에 이미 익숙한 사람들이 이 두 체계의 채점 범주와 해석적 가설들의 차이점에 대한 요점을 얻기 위하여 이 장의 내용들을 참고할 수 있다. 로르샤하를 가끔씩만 사용하는 전문가들에게 가장 적합할 수 있겠다. 마지막으로 타 체계를 사용하는 사람도 해석에 도움이 되는 다양한 해석적 가설들을 참고할 수 있을 것이다. 이렇게 하는 것이 이론적으로 가능한 이유는 Exner 체계와 R-PAS 둘 다 다른 체계의 주요 접근법을 자신들의 체계에 통합하였기 때문이다. 그러나 종합체계, R-PAS, 다른 체계들 사이에는 차이점이 존재할 수 있다. 따라서 해석은 반드시 신중하게 수행되어야 한다.

역사와 발전

로르샤하가 1921년에 10개의 카드 원본을 출판하기 오래전부터 많은 잉크반점 유형 검사와 게임들이 존재해 왔다. 예를 들어 da Vinci와 Botticelli는 여러 가지로 해석될 수 있는 문양에 대한 사람들의 해석이 어떻게 그 사람의 성격을 반영하는지에 관심을 가졌다. 이 관심사는 후에 Binet와 Henry(1895) 그리고 Whipple(1910)에 의해 다루어졌다. 참가자가 잉크반점을 보고 창의적인 대답을 하도록 하는 블로토(Blotto)라는 이름을 가진 유명한 보드게임이 1800년대 후반에 개발되기도 하였다. 그러나 표준화된 일련의 카드들에 대한 반응을 점수화하고 해석하는, 실증적인 기반을 가진 광범위한 체계는 로르샤하에 의해 처음으로 고안되었다. 불행하게도 로르샤하는 자신의 주요 저서인 『정신진단학』(*Psychodiagnostik*, 1921/1941)의 출판 직후 37세의 나이로 세상을 떠났다. 그의 작업은 세 명의 동료인 Emil Oberholzer, George Roeurer, Walter Morgenthaler에 의해서 제한적 범위 내에서 계속되었다.

로르샤하와 초기의 다른 잉크반점 개발자들의 주요한 접근 방식은 상이한 집단의 사람들이 특징적으로 보이는 반응에 주목하는 것이었다. 따라서 초기의 규준들은 다양한 임상 집단과 정상 집단을 구분하고자 개발되었다. 예를 들어 조현병 환자, 지적장애(정신지체) 환자, 정상인, 예술가, 학자 또는 알려진 특성을 가진 다른 소집단을 구분하고자 개발되었다. 로르샤하는 상이한 집단을 경험적으로 구분하는 것에 주된 관심을 두었고, 반응 내용을 상징적으로 해석하는 것에는 최소한의 관심을 갖고 있었다. 그의 초기 개념과 채점 범주들의 많은 것들이 현재의 분석 체계에서도 지속적으로 사용되고 있다. 예를 들어 우울하고 침체된 환자들이 적은 숫자의 반응 개수를 보일 것으로 주장하였다. 많은 수의 매우 빠른 반응을 보이는 사람들은 검사 상황이 아닌 곳에서도 지각과 관념화가 "통합되지 않은" 모습을 보일 것으로 여겨졌다. 또한 그는 긴 대기 시간(충격 반응이라고도 함)의 중요성을 고려하였고, 무기력감이나 정서적 억압과 관련된다는 가설을 세웠다.

로르샤하가 좀 더 오래 살았더라면 그의 검사의 역사와 발전은 매우 달라졌을 수 있다. "창시자"의 지속적인 가르침과 연구가 없었기에, 로르샤하 기법의 기준이 로르샤하와 배경이 매우 다른 사람들이나 그 외의 사람들에 의해 재단되었다. 1957년까지 5개의 로르샤하 체계가 널리 사용되었는데, Beck이 고안한 것과 Klopfer가 고안한 것이 가장 유명하였다. 이들 2개의 접근법들은 양분화된 학파를 형성해서 자주 갈등을 일으켰다.

S. J. Beck(1937)은 로르샤하의 부호화 및 채점 방식을 비슷하게 고수하였다. 그는 로르샤하 부호와 외부 측정치 사이에 강력한 실증적 관계를 확립하는 일이 중요하다는 점을 끊임없이 역설하였다. Beck은 주로 지각적 인지 과정과 결부하여 로르샤하 반응을 살펴보았다. 즉 수검자들은 그들의 지각을 의미 있는 반응으로 만들고 조직화하여 로르샤하 카드에 반응한다는 주장이다. 이러한 지각적 인지 과정은 일반적으로 수검자의 세계관을 반영할 것으로 보인다. 예를 들어 잉크반점에 대한 지각을 작은 부분으로 쪼개어 반응하는 사람들은 검사 상황이 아닌 곳에서도 유사한 지각 활동을 보일 가능성이 있다.

반면에 B. Klopfer(1937)는 Freud와 Jung이 창안한 성격 이론들과 현상학에 밀접하게 맞닿아 있다. 그 결과 Klopfer는 수검자의 로르샤하 반응 내용의 상징적, 경험적 본질을 강조하였다. Klopfer에 따르면, 로르샤하 반응들은 잉크반점의 자극에 의해 촉발된 상상 속 결과물이라고 믿었다. 예를 들어 잉크반점에서 위험 물체를 지각한 사람들은 그들 세상의 일면들을 유사한 위협으로 지각할 것이다. 위의 경우만큼 유명세를 떨치지는 못했지만, Piotrowski, Hertz, Rapport에 의해 고안된 체계들은 Beck과 Klopfer로 대표되는 2개의 양극단 사이에서 절충적인 입장을 보였다.

5개로 구별되는 체계들이 사용 가능하였으므로, 로르샤하는 단일한 검사가 아닌 5개로 구분되는 검사가 되었다. Exner(1969)는 이들 체계들의 비교 분석을 단행하였고, "로르샤하 검사의 개념은 실재적인 것이 아니라 미신적인 것에 가깝다"는 결론을 내렸다(Exner, 1986, p.19). 그는 5개의 체계 가운데 동일한 언어적 지시를 사용하였던 체계는 하나도 없고 오직 2개의 체계만이 동일한 좌석 배치를 요구하였던 점을 지적하였다. 더욱이 각각의 체계 분류자들이 제각각의 부호 양식을 개발했기 때문에 해석, 양적 계산을 위한 구성요소, 많은 변인과 관련된 의미들 그리고 해석적 근거들에서 수많은 불일치를 만들어 냈다.

지나치게 많은 부분에서 상충하는 접근법들은 수많은 문제적인 사례를 양산하였다. Exner와 Exner(1972)의 조사에 따르면, 응답자들의 22%가 전체적인 채점을 포기하였고 대신에 내용에 대한 주관적인 분석을 통해 해석하였음을 지적하였다. 채점을 수행하였던 사람들 중 75%는 다양한 체계들로부터 독자적인 개별적 통합 점수를 사용하였다. 게다가 대다수는 미리 기술된 시행 지침을 따르지도 않았다. 제각각의 접근법들을 사용한 연구자들 사이에서 서로 다른 연구 결과들을 비교하는 것도 어려웠다. 1970년대 초기의 연구자들에 따르면, 수검자 모집의 어려움, 다수의 검사자를 사용함으로써 수정될 수 있는 실험자 편향의 문제점, 자료 분석에 대한 통계적 복잡성, 부적절한 통제 집단, 규준 자료의 부족 등이 보고되었다(Exner, 1993, 2003). 몇몇 구성요소들은 경험적 근거도 갖지 못하였다. 이러한 발견에 근거한 일반적 결론은 로르샤하 검사를 사용한 연구나 임상적 활용에 심각한 결함이 있다는 것이다. 그럼에도 불구하고 5개의 체계들 모두 실증적이고 견고한 요소들을 포함하고 있었다.

로르샤하를 활용한 연구와 임상적인 적용에 있어서의 문제점을 교정하기 위해, Exner와 그의 동료들은 광범위한 규준 자료를 수집하기 시작하였고 채점과 해석을 위한 통합적인 체계 개발을 실시하였다. 그들의 첫 번째 작업은 수검자의 반응을 얻는 과정에서 검사자에 의한 좌석 배치, 구두 지시, 기록, 질문에 대한 명확한 지침을 설정하는 것이었다. 채점 및 해석을 위한 최선의 방식을 위해서 체계를 아우르는 경험적 검증과 공통성에 근거를 두었으며, 서로 다른 5개의 체계로부터 차용되었다. 모든 채점 범주는 채점자 간 신뢰도가 최소 .85 수준 이상에 해당될 때에만 새로운 체계에 포함되었다. 1974년에 『로르샤하: 종합체계』(*The Rorschach: A Comprehensive System*)라는 이름으로 최종 완성본이 처음 출판되었으며, 1986년에 두 번째 버전, 1993년에 세 번째 버전 그리고 2003년에 네 번째 버전이 출판되었다. 현재의 연구 및 해석과 연관되어 있는 두 번째 저서는 2개의 버전으로 출판(Exner, 1978, 1991)되었으며, 아동 및 청소년 평가와 관련된 저서도 2개의 버전으로 출판되었다(Exner & Weiner, 1982, 1995).

종합체계용 규준 자료는 끊임없이 개정되어 왔다. 이러한 재개정의 주요한 이유는 계층화를 정교화하기 위함이었다. 1990년에 추가적으로 개정된 이유는 프로토콜이 유효하지 않을 가능성 때문에 반응수 14개 미만의 모든 프로토콜을 종합체계에서 제거하였기 때문이다. Exner의 종합체계 세 번째 버전에서 발표된 규준 자료는 700명의 성인 비환자와 1,390명의 5~16세 아동 및 청소년 비환자로 구성되었다. 그러나 부주의로 200개 이상의 성인 프로토콜이 중복으로 포함되었다는 사실이 1999년에 발견되었다. 그 결과로 새로운 규준을 위한 표집이 시작되었다. 가장 최신판은 18~65세 이상 연령의 남녀 동수의 다양한 학력, 다양한 민족으로 구성된 450개의 동시대 수검자 프로토콜을 포함하고 있다(Exner & Erdberg, 2005). 향후 버전에는 점진적으로 더 많은 수의 수검자가 포함될 것이다. 게다가 Meyer과 Erdberg, Shafter 등(2007)에 의해 국제적인 규준 집단 자료가 축적되었다. Exner(2003)에 의하여 보고된 아동 및 청소년 표본은 1993년의 자료(5~16세 사이의 1,390명의 비환자)와 동일하다.

서로 다른 로르샤하 접근법들을 통합한 Exner의 종합체계는 성공적이었다. 지난 20년 넘게 대부분의 연구들이 그의 체계를 사용하였고 대학원생 수련에서 가장 빈번하게 교육된 체계라는 점이 그 이유이다. 대규모 규준 자료를 사용하여 경험적 효용성을 중시한 점이 종합체계의 채택 증가와 위상의 승격에 기여하였다. 수많은 워크숍, 채점 수행서(Exner, 2001), 진행 중인 연구 게재, 초기 서적들의 새로운 버전, 컴퓨터 지원 채점 및 해석 등을 통하여 수련이나 해석에 도움을 주었다(Exner, 1984, 1986, 1993, 2003).

로르샤하 검사의 심리측정적 타당성과 관련된 논쟁은 심리학 역사상 가장 큰 논란을 일으켰다. 초창기에 로르샤하는 미국 안에서 회의론에 부딪혔다(그 후 강력한 추종론이 등장함). 로르샤하는 한때 두 번째로 가장 빈번하게 사용되는 심리검사가 되었고, 1940년대와 1950년대에 로르샤하라는 이름은 임상심리학과 거의 동의어처럼 쓰였다. 이러한 초기(그리고 지속적인)의 인기에도 불구하고 평가 의견을 살펴보면 대체로 매우 비판적이었다. Shaffer는 1954년에 로르샤하를 더 이상 유망한 검사 도구로 고려할 수 없다고 선언하였다. 11년이 지난 후, Dana(1965)는 다소 성급하게 "결국 우리는 로르샤하 검사에 열중하였던 시대의 종말을 마주하였다"(p. 495)고 결론지었다. A. R. Jensen(1965)은 더욱 비평적으로 "로르샤하는 임상 실습에서 전부 폐기되어야 하고, 임상심리학 학생들은 이 기법을 학습하는 데 시간을 낭비할 필요가 없다"고 권고하였다. 반면 Garb(1999)는 채점 범주들이 타당하다는 연구가 확증될 때까지 사용을 "유예"해 달라고 Mihura와 Meyer, Dumitrascu, Bombel에게 요청하였다. 2013년의 메타 분석이 이러한 결정을 뒤집어 버렸으며 적어도 부분적으로는 받아들여졌다(Wood, Garb, Nezworski, Lilienfeld, & Duke, 2015).

로르샤하의 심리측정적 속성을 확립하기 위한 어려움 중의 하나는 다양한 연구들을 의미 있게 비교하는 데 있었다. Exner(1969, 1974, 1986, 1993, 2003)도 끊임없이 지적하였듯이, 하나의 로르샤하가 아니라 적어도 5개의 서로 다른 로르샤하들이 5개의 주요 체계를 따라 만들어진 셈이었다. 1개의 체계에서 수행된 신뢰도 및 타당도 연구들로부터의 발견을 다른 체계에 일반화할 수 없었다. 그러나 연구자들은 때때로 하나의 로르샤하만 존재하는 것처럼 주장하였다. 더군다나 형편없이 수행된 연구들도 많았다. 그들은 연령, 성별, 인종, 지능지수, 사회경제적 지위에 대해 적절히 통제하지 못한 것으로 보였다. 게다가 많은 연구들을 살펴보면, 검사자에게 요구되는 훈련의 편차가 극심하고, 실험자 편파의 통제가 불충분하며, 유효성 검증 기준이 형편없고, 적절하지 못한 통계적 모델을 사용하는 문제점들을 보였다. 1970년 이전에 게재된 총 2,100개의 연구들 가운데 1,400개에 대해 Exner와 그의 동료들이 폐기될 필요성을 제시하였을 때 이러한 문제점들은 충분히 입증되었다.

시간이 흐르면서 비평의 심도와 정교함이 증대되었다. 각자 자기편에 이익이 되는 다수의 연구를 인용하면서 광범위한 논쟁과 역논쟁을 초래하였다. 1998년에서 2003년 사이에 대부분의 주요 측정 저널들은 로르샤하의 상대적 장점들을 논쟁하는 특별 연재물들을 출간하였다. 논쟁은 검사의 거의 모든 측면을 표적으로 삼았는데, 규준의 적절성, 채점자 간 신뢰도, 시간에 따른 안정성, 로르샤하를 지지하였던 메타분석의 정확도, 타당도의 증분 정도 등이 모두 포함되었다. 이들 논쟁의 주요 요소들은 이 장의 "신뢰도와 타당도" 그리고 "이점과 한계"라는 절에 포함되어 있다.

Exner는 50년이 넘도록 로르샤하와 관련된 많은 발전과 통솔자로서의 책임을 졌다. Exner는 1997년에 로르샤하연구회(RRC; Exner, 1997)를 설립하였는데, 그곳에서는 주로 로르샤하와 관련된 연구 주제를 제시하거나 종합체계의 경험적 기초를 담당하였다. 그러나 2006년에 Exner가 사망한 이후에 종합체계를 어떻게 발전시킬지 그리고 누가 이끌어 갈지를 분명히 하지 못하였다. 결론적으로 종합체계와 그 연구에 깊게 뿌리를 내리고 있으며 로르샤하에 대해 출간된 최우수의 연구에 기초하여 새로운 채점 체계(대부분은 종합체계에서 가져왔지만 다른 유망한 변인들을 통합함)를 개발한 일련의 연구자들(대부분 RRC 소속)이 담당하게 되었다. 이 연구자 집단은 로르샤하 수행 평가체계(R-PAS)를 개발하였다.

R-PAS의 개발은 명백히 규정된 6개의 목표를 갖는다(Meyer, Viglione, Mihura, Erard, & Erdberg, 2011). 이들 목표는 로르샤하 검사를 실제적으로 강화시켜 주며 수많은 비판에 대응할 수 있도록 돕는다(Groth-Marnat, 2009; Meyer et al., 2007). 이 목표들은 다음과 같다. 첫째, 실증적 지지가 부족한 변인을 제거하고 실증적-임상적 지지를 받는 변인을 포함한다. 둘째, 변인 해석의 경험적 근거를 철저하게 기술한다. 셋째, 국제적 규준에 근거한 체계를 근거로 둔다. 넷째, 체계를 단순화한다. 다섯째, 반응수를 제한하는 절차를 사용하여 수검자의 반응수를 "최적화한다"(물론 이러한 절차가 검사의 해석 능력을 감소시키지 않는다는 점을 전제해야 함). 여섯째, 통계적으로 도출된 색인을 새롭게 개발해야 한다. 부가적으로 R-PAS는 웹에 기반을 둔 신뢰로운 채점 프로그램을 제공한다. 이러한 채점 프로그램의 개발은 결국 로르샤하에 대한 가장 강력한 비판가들(Garb, Lilienfeld 그리고 동료들)로부터 임상 및 연구 장면에서 최소한의 로르샤하 사용 인가를 이끌어 냈다(Wood et al., 2015). 이러한 비판가들이 승인해 준 일련의 변인들은 R-PAS의 구조를 잘 보여 준다.

신뢰도와 타당도

이전에 언급하였듯이, 처음에 Exner는 .85 이상의 채점자 간 신뢰도를 갖는 채점 범주만을 포함시켰다. 그렇지만 다른 연구자들의 보고에서 편차가 심하였기 때문에 이 신뢰도 기준과 관련해서 논쟁이 있었다. Parker(2003)는 1971년부터 1980년 사이에 「성격평가 저널」에 실린 39개의 연구(530개의 통계적 절차가 사용됨)를 분석하였다. 그의 결론에 따르면, 로르샤하는 .80 초중반의 신뢰도를 가질 것으로 예상되었다. Acklin, McDowell, Verschell과 Chan(2000)에 따르면, 종합체계 범주들의 거의 절반이 우수한 신뢰도(>.81)를 보이며, 범주의 3분의 1은 상당한 신뢰도(.61~.80)를 보였다. 그들에 따르면, 범주의 대부분은 우수한 채점자 간 신뢰도를 보였고, 변인들의 대략 4분의 1 정도는 적당한 신뢰도(<.61)를 보였다. Acklin 등의 데이터의 문제점은 자료 표본의 크기가 작아 결과적으로 더

큰 편차가 예상된다는 점이다.

오늘날까지 가장 야심차고 엄격하며 대규모인 연구는 Meyer 등의 연구(2002)로서, 종합체계 범주의 신뢰도를 측정하기 위하여 8개의 서로 다른 자료들을 사용하고 여러 개의 전략들을 활용하였다. 그들에 따르면 종합체계는 사용된 데이터에 따라 상관 범위의 중앙값이 .82에서 .97까지 해당하는 우수한 채점자 간 신뢰도를 가진다고 결론지었다. Exner(2003)의 보고에 따르면, 채점자 간 신뢰도는 재질감과 깊이감 반응에서 99% 일치도를 상회하고, 수동 운동에서 88% 일치도보다 낮은 범위를 보였다. 이러한 신뢰도 계수는 만일 채점자가 적정한 수련을 받았다면 종합체계는 우수한 채점자 간 일치도를 갖는다는 Exner와 Gronnerod(2006)의 주장을 뒷받침한다. 그러나 몇몇 연구에 따르면, 드물게 채점되는 부호들은 채점자 간 일치도의 신뢰도가 좋지 않았다(Acklin, McDowell, Verschell & Chan, 2000; Meyer et al., 2002; Viglione & Taylor, 2003). 최신의 자료에 근거하여 충분히 검증되지 못하였으나 R-PAS의 채점자 간 일치도는 좋거나 훌륭한 수준에 해당되며, 이는 종합체계와 비슷한 정도이다. 예상하였듯이 드물게 채점되는 부호에서 가장 낮은 신뢰도가 보고되는 경향을 보였다.

신뢰도와 관련하여 부가적으로 중요한 영역은 임상가들이 검사 자료와 관련된 해석에 동의하는 범위이다. 만일 한 임상가가 다른 임상가와 불일치하는 해석을 하였다면, 이는 해석자 간 일치도의 신뢰도가 낮을 뿐만 아니라 몇몇 해석들은 틀림없이 부정확하다는 것을 의미한다. 그렇지만 Meyer, Mihura와 Smith(2005)에 따르면, 숙련된 임상가들 사이의 종합체계에 대한 해석자 간 일치도의 범위가 .76에서 .89 사이인데, 이는 상당히 좋은 수치이다.

종합체계의 검사-재검사 신뢰도는 다소 편차가 있다. 검사 간격이 1년을 넘는 비환자 그룹을 대상으로 한 41개 변인들에 대한 재검사는 .26에서 .92 사이의 신뢰도 범위를 보였다(Exner, 2003, p. 179의 표 11.3 참고). 신뢰도 계수 4개는 .90을 넘어섰으며, 25개는 .81과 .89 사이 그리고 10개는 .75 이하였다. Exner(2003)는 .75 수준보다 낮은 10개의 변인들은 변화 가능한 상태(특질이라기보다는) 변인과 관련되기 때문에 상대적으로 낮은 신뢰도를 가질 것으로 예상되었다는 점을 명확히 하였다. 또한 그는 해석에서 가장 중요한 요소들은 비율과 백분율이며 이들 모두는 높은 신뢰도를 갖는다는 점을 지적하였다. 동일한 비환자 그룹을 대상으로 하고 측정 간격이 3년을 넘는 재검사에서는 유사하지만 다소 낮은 정도의 신뢰도를 보였다. 그리고 또 다른 성인 비환자 그룹을 대상으로 훨씬 짧은 3주의 측정 간격으로 재검사를 실시하였을 때에는 1년이나 3년의 재검사보다 전체적으로 다소 높은 신뢰도를 보였다(Exner, 1986). 보다 광범위한 규모로 검사-재검사 신뢰도의 결과를 요약한 Meyer와 Archer(2001)에 따르면, 신뢰도 평균값이 .66이었다(범위는 .46에서 .84이며 중앙값은 .69임). 이 수치는 Viglione와 Hilsenroth(2001)에 의해 보고된 .66에서 .82의 신뢰도 평균값이나, Gronnerod(2006)에 의해 보고된 5년 측정 간격의 재검사 신뢰도인 .67과 유사하다. 또한 Gronnerod(2004)는 로르샤하의 많은 요소들이 심리치료 후 변화를 나타내는 유효한 지표임을 보였다. 그러나 종합체계가 대략 125개의 변인을 가지고 있고 이들 변인 중 일부의 경우 검사-재검사 신뢰도가 알려져 있지 않다는 점은 논란거리 중 하나이다. 확인되지 않은 변인들의 신뢰도 숫자는 학자들에 따라 상이하다. Wood와 Lilienfeld(1999)에 따르면 85개의 변인에서 신뢰도가 빠져 있다고 하였으며, Viglione과 Hilsenroth(2001)에 따르면 단지 12개의 변인만이 검사-재검사 신뢰도가 알려져 있지 않다고 하였다. R-PAS의 검사-재검사 신뢰도는 아직까지 구체적으로 확인되지 못하였으나 종합체계와 유사할 것으로 예상된다.

아동을 대상으로 하여 장기간 측정 간격으로 종합체계의 재검사를 실시한 경우, 성인을 대상으로 하였을 때와 동일한 안정도를 보이지는 못하였다(Exner, 2003; Exner & Weiner, 1995). Exner(1986)는 아동들이 상당한 수준의 발달상 변화를 겪고 있는 것으로 볼 때 검사 결과의 안정성이 낮을 것으로 예상된다고 주장하였다. 그러나 7일 간격의 단기 재검사(8세 대상)나 3주 간격의 단기 재검사(9세 대상)의 경우에는 허용 가능한 수준의 안정성을 보였다(Exner, 2003). 25개 변인 중 단지 2개만이 .70을 밑돌고, 적어도 7개가 .90을 넘어서며, 나머지는 .70에서 .90 사이였다. 성인의 경우에 비율과 백분율은 비교적 높은 안정성을 보여 주었다. 아동 로르샤하의 경우 단기 신뢰도는 허용 가능한 수준이었으며, 14세 이상에 이르기까지의 장기 신뢰도는 안정성이 확보되지 않았다(Exner, 2003; Exner, Thomas, & Mason, 1985).

타당도와 관련된 초기 연구들의 주된 초점은 상이한 집단들을 경험적으로 구분하는 것이었다. 이러한 경험적 구분은 본래 특정 그룹의 이전 로르샤하 자료에 근거를 두었고, 이들 자료에 근거를 두어 규준을 개발하였으며, 개인의 로르샤하 반응을 이러한 규준과 비교하였다. 예를 들어 조현병을 앓고 있는 사람은 형태질이 좋지 않은 반응의 숫자가 비교적 높을 가능성이 있고, 우울증을 앓고 있는 사람은 인간 운동 반응의 숫자가 거의 없을 가능성이 있다. 이러한 경험적 구분에 더하여, 특정 반응이나 반응 패턴에 대한 개념적 근거를 개발하려는 노력이 이루어져 왔다. 조현병을 앓는 사람들이 형태질이 떨어지는 반응을 하는 이유는 그들이 일반적인 사람들이 지각하는 방식으로 세상을 지각하지 못하기 때문이라고 개념화되었다(그들의 지각은 왜곡되고 부정확하며 그들의 현실 검증력은 떨어짐). 종합체계에서 미흡한 점(로르샤하 자체도 마찬가지임)으로 좀 더 연구가 이루어져야 할 것은 상징적인 내용의 반응에 담겨 있는 의미에 대한 검증이다.

매우 관용적인 접근법들 때문에 특정 부호의 숫자가 크게 상승하고 특정 점수들이 높아지며 특정 해석들이 빈출되게 만들었는데, 이러한 모든 것들은 지지받는 정도에서도 큰 차이를 보였다. 채점 체계가 다양하고 방법론적으로 문제가 많은 이유로, 초기의 타당도 연구들의 많은 수는 평가 자체가 어렵다. 게다가 대부분의 초기 연구들은 부적절한 규준에 의존하고 있다(특히 아동, 청소년, 문화가 다른 집단들 그리고 70세를 넘는 고령자를 대상으로 하는 연구들). 검사 결과는 상황 변인이나 대인간 변인(좌석 배치, 지시문, 라포, 성별 차이 그리고 검사자의 성격 등)에 의해 상당히 영향을 받았을 것이다(1992년 Masling의 리뷰 참고). 그렇기 때문에 모든 연구들에서 어떤 해석적 가설을 지지하는 주장이 있으면 같은 가설을 반박하는 또 다른 주장이 종종 함께하는 것이 그리 놀랄 일도 아니었다.

종합체계에서 측정하려는 목적에 해당되는 전반적인 타당도를 평가하기 위하여 여러 가지 노력이 계속되어 왔다. 초기의 메타 분석들에 따르면, 타당도의 범위는 .40에서 .50이다(Atkinson, Quarington, Alp, & Cyr, 1986; Parker, 1983; Parker, Hanson, & Hunsley, 1988; Weiner, 1996). 그러나 이러한 결과들은 Garb, Florio와 Grove(1998; Garb, Wood, Nezworski, Grove, & Stejskal 2001; Hunsley & Bailey, 2001)에 의해 문제제기를 받았는데, 이들은 Parker 등의 자료를 재평가하였고 로르샤하의 종합적 타당도 계수들이 .29에 불과하다고 결론지었다(유의미한 차이로 높은 MMPI의 타당도 .48과 대비됨). 이 발견의 영향으로 가장 적절한 분석 방법에 대하여 활발한 논쟁이 학술지상에서 벌어졌다. 최근의 메타 분석들 대다수는 로르샤하의 타당도를 지지하고 있다(R. F. Bornstein, 1999; Meyer, 2004; Meyer & Archer, 2001; Meyer & Handler, 1997; Meyer et al., 2005). 그러나 채점 체계의 종류, 검사자의 경험, 사용된 집단의 유형 등이 상호작용하여 결과를 복잡하게 할 가능성이 있었다. 지극히 다면적인 측정 도구의 전반적인 타당도를 평가하는 접근법은 제한적일 수밖에 없는데, 그 이유는 수검자의 매우 다양한 측면을 측정하는 개별적인 척도와 지표의 타당도를 고려할 수 없기 때문이다(Lilienfeld, Wood, & Garb, 2000). 따라서 더욱 중요한 것은 개별적 변인의 타당도를 확립하는 일이다.

많은 수의 채점 범주들과 양적 공식들이 제각각 다양한 수준의 타당도 편차를 보이기 때문에, 로르샤하 변인들의 타당도를 확립하는 것은 복잡한 일이 되었다. 종합체계로 한정하였을 때, 검사 지침서(Exner, 2003)는 자체적으로 지침서 안에서 사용되는 모든 변인의 타당도에 대해 경험적인 출처를 제공한다. 그러나 지침서 내에 열거되는 대략 100개의 연구들이 Exner 자신에 의해 수행되었고 출간되지 않은 연구들이다(Lilienfeld et al., 2000; Wood, Nezworski, & Skejskal, 1996). 이는 검사의 진실성에 대한 심각한 질문들을 불러일으킨다. 타당도를 확립하기에 더 어려운 점은 Exner가 자신의 3권의 책을 통해 광범위한 타당성 연구들을 인용하였지만 이들 연구의 많은 부분이 그의 종합체계를 사용하지 않았다는 사실이다. 상이한 연구와 체계들 사이의 호환성 문제가 자주 예상되었거나 적어도 내포되어 있다. 규준이 부적절하고 채점자 간 일치도의 신뢰도가 문제시되며 연령, 지적 수준, 교육 정도, 언어 능력 등이 혼입될 가능성이 있는 염려가 공존하면서 이러한 연구들이 수행된 셈이다. 각각의 초기 체계들이 갖고 있던 결함들(그리고 강점들)에 의해 종합체계의 출현이 탄력을 받게 된 배경이었다. 이처럼 종합체계 내의 각각의 변인들의 타당도를 평가하는 데 엄청난 노력이 투여되었다.

심지어 특정 범주 내에서도 어떤 해석들은 다른 것들보다 더 큰 타당도를 보인다. 예를 들어 인간 운동 반응의 숫자(M)는 창의성과 공상 양쪽 모두의 지표로 사용되어 왔다. Exner 연구의 리뷰(1993)를 살펴보면, M은 백일몽, 잠/꿈 부족, 꿈을 상기하기, 꿈꾸는 전체 시간 등과 상관관계가 있기 때문에 명확히 공상과 관계가 깊고 M과 창의성의 관계는 미약하고 논란의 여지가 많다고 지적하였다. 또한 타당도는 검사가 수행된 맥락이나 검사받은 집단에 의해서도 영향을 받을 수 있다. 예를 들어 7개의 로르샤하 점수 조합에 기초한 종합체계의 우울 지표(DEPI)는 성인 집단의 우울증 발현과 연관이 적거나 없었다(Jorgensen, Anderson, & Dam, 2000; Meyer, 2000; Mihura et al., 2013). 청소년 집단의 경우, DEPI는 우울증 집단과 조현병 집단을 구분하는 데 성공적이지 못하였다(Archer & Krishnamurthy, 1997a; Ball, Archer, Gordon, & French, 1991; Stredny & Ball, 2005). DEPI와 대조적으로 사고장애를 감별하려고 고안된 지표[지각사고 지표(PTI)]는 지금까지 꽤 성공적이었다(Dao & Prevatt, 2006; Mihura et al., 2013). Mihura와 그녀의 동료들 (2013)은 종합체계의 개별 변인들에 대한 타당도 연구에 매우 중요한 메타 분석 결과를 출간하였다. 그리고 이 분석에 근거하여 R-PAS에 포함되고 배제되는 변인들의 결정에 기초를 제공하였다. 특정 채점 범주와 공식에 관한 부가적인 타당도 자료는 이 장의 "해석" 부분에 포함되어 있다. 로르샤하 타당도를 충분히 이해하기 위해 이 자료들을 주의 깊게 읽어 볼 필요가 있다.

로르샤하 타당도를 확립하기 위한 주요 노력 가운데 하나는 상이한 유형의 집단들을 구별하는 능력에 초점을 맞추는 것이다. 이러한 감별의 성공 여부는 다소 분명치 않다 (Vincent & Harman, 1991; Wood, Lilienfeld, Garb, & Nezworski, 2000 참고). 예를 들어 Wood 등(2000)은 몇 개의 장애들(조현병, 경계성 성격장애, 조울증)을 제외하고 공식적 정신장애 진단을 내릴 때 로르샤하가 매우 효과적이지 못하였다는 점을 지적하였다. 이에 대해 변론하자면, 구조화된 면담이나 MCMI와 같은 검사들과 비교할 때 로르샤하는 이러한 목적을 위해 고안된 것이 아니라는 점이다. 로르샤하는 진단을 내리기 위해 고안되지 않았기 때문에 진단의 정확성을 살펴보면 몇몇 장애에는 정확하나 다른 장애의 진단에 대해서는 그렇지 않을 것이다. 비록 로르샤하가 진단을 위한 최적 도구가 아니지만, 심리치료 결과물 같은 변인을 예측(치료 예후 측정 도구를 사용하였을 때 $r=.45$)하고 정신증을 감지(조현병 지표를 사용하였을 때 $r=.44$)하고 의존 행동을 감지(의존성 측정 도구를 사용하였을 때 $r=.37$; Meyer & Archer, 2001)하는 데 효과적이라는 사실이 드러났다.

종합체계의 타당도를 낮추는 주요 요인 가운데 하나는 반응 생산성과 관련될 수 있다. 낮은 반응 생산성은 방어성, 우울, 꾀병 등과 관련되고 극도로 높은 반응 생산성은 높은 성취도나 강박적인 성격과 관련된다고 해석되는 것처럼, 양극단의 반응 생산성은 다양한 의미로 해석되어 왔다. 그러나 반응 생산성은 연령, 지적 수준, 언어 능력, 교육량과 밀접하게 관련되어 있다고 밝혀졌다. 다양한 연령대를 대상으로 한 자료들이 규준에 제공되어 왔는데(Exner, 1993; Exner & Weiner, 1995), 이는 연령 효과를 수정하는 데 도움이 될 수 있다. 그러나 지적 수준, 언어 능력 그리고 교육량은 반응 생산성과 관련된 의미들을 혼란스럽게 만들 가능성을 지니고 있다. 많은 반응수는 필연적으로 전통적 성격 해석(강박성, 창의성, 우수한 충동 조절)을 보여 주는 것이 아니며, 단순히 높은 수준의 언어 능력을 의미할 수 있다.

대부분의 초기 타당도 연구들은 선행 요인들을 거의 고려하지 않았다. 반응의 수가 반응 생산성과 관련된 해석에 영향을 끼칠 뿐만 아니라, 반응 생산성이 또한 해석의 다른 많은 영역에 영향을 미칠 수 있음을 고려해야 한다. 예를 들어 적은 반응수는 전체 반점에 기반한 반응(W) 수를 상대적으로 증가시킬 가능성이 있다. 반대로 많은 반응수는 세부 반응(Dd) 수를 상대적으로 증가시킬 가능성이 있다. 해석은 종종 서로 다른 채점 범주의 상대적 비율에 근거를 두기(양적 공식에 의해 계산됨) 때문에, 전체 반응의 수는 공식의 타당도에 영향을 미치거나 잠재적으로 뒤섞일 가능성이 있다. 그러나 Exner(1993)는 평균적인 반응수를 보인 사람의 검사 결과와 비교할 때 많은 수의 반응이 일반적으로 상이한 해석을 초래하지 않는다는 것을 발견하였다. 실용성을 고려하여, 수검자가 첫 번째 카드에서 6개 이상의 반응을 하였거나 두 번째 카드에서 5개 이상의 반응을 하였다면 반응의 수를 제한할 것을 권고하였다(이 장의 "실시" 부분 참고). 극히 적은 수의 반응은 많은 수의 반응을 처리하는 것과는 대조적인 양상이다. Exner(2003)는 짧은 프로토콜(14개보다 적은)은 폐기되어야 하고 검사를 다시 실시할 것을 권고하였다. 다양한 반응 숫자가 의미하는 것에 대한 문제는 Holtzman으로 하여금 대안적인 검사(Holzman, 1988)를 개발하도록 이끌었으며, 그 검사에서 수검자는 각각의 잉크반점에 단지 1개의 반응만 하도록 안내된다. R-PAS는 가능한 반응수의 범위를 제한(실시 중 특정한 경우들에서 더욱 격려하거나 또는 다음 카드로 옮겨 가도록 지시함으로써)하는데, 이를 통해 해석은 변경하지 않고 검사 변인에 영향을 미치는 반응 생산성을 수정하는 데 도움을 준다.

다른 평가 지표와 비교해 볼 때 종합체계에서 우려되는 점은 검사 점수가 좀 더 병리와 관련된다는 것이다(Hamel, Shaffer & Erdberg, 2000; Shaffer, Erdberg, & Harioan, 1999). 이러한 우려가 사실이라면, 아이의 양육 문제나 다른 법적, 임상적 의사결정을 종합체계의 자료에 기반하는 것은 심각하게 염려스러운 일이 된다. 로르샤하 옹호자들의 답변에 따르면, 로르샤하의 규준이 단순히 비환자 집단을 기반으로 한 것이 아니라 건강하고 좋은 기능으로 평가된 사람들을 기반으로 하였기 때문에 일부 과하게 병리적인 것처럼 보였다고 한다(Meyer, 2001). 이러한 규준들을 기반으로 하였기에, 많은 사람들이 규준과 비교해서 병리적으로 보이게끔 만들었을 수 있다. 그러나 R-PAS의 등장과 함께 로르샤하의 규준, 연구 그리고 결정 규칙 등이 끊임없이 개정되었다. 이러한 논쟁을 놓고 볼 때, 종합체계의 점수(그리고 그 점수에 근거한 추론)는 다른 정보 원천과 반드시 비교 검증되어야만 한다는 함의가 있다. 만일 다른 정보가 종합체계의 결과를 지지하지 않는다면, 로르샤하 추론은 상당히 조심성 있게 사용되어야 한다. 과하게 병리적이라는 비판을 부분적으로 수정하기 위하여 R-PAS는 국제적 규준(Meyer et al., 2007)을 사용하였는데, 그 이유는 국제적 규준이 비환자 집단으로서의 규준적 대표성을 보다 가깝게 보여 줄 수 있기 때문이다. 종합체계를 사용하는 경우라도 이러한 국제적 규준을 사용할 것을 권장하며, 로르샤하를 서로 다른 문화권에서 사용할 때에는 반드시 국제적 규준 집단을 사용해야 한다.

로르샤하의 신뢰도와 타당도에 대한 개관을 살펴보면 몇 가지 결론이 도출된다. 검사-재검사 신뢰도가 확인되지 않은 몇몇 변인이 존재하나 종합체계의 채점자 간 점수와 검사-재검사 신뢰도는 일반적으로 지지되고 있다. R-PAS 또한 아직까지는 검사-재검사 신뢰도가 잘 연구되지 않았지만, 일반적으로 우수한 채점자 간 점수의 신뢰도가 입증되었다. 여러 가지 비판을 마주하고는 있지만, 종합체계의 전반적인 타당도는 적절한 수준(.30~.50)을 보여 주었다. Mihura 등(2013)의 메타 분석을 통해 개별 변인들에 대한 타당도는 보다 신뢰로운 추정치를 확립하게 되었다. 그들 분석을 종합적으로 살펴보면, 연구된 모든 변인들(종합체계 내의 대다수의 변인들을 포함함)에서 평균 .27의 보통 효과 크기(성격 측정치로서 받아들여질 만한 수준)가 확인되었으며, 개별 변인들은 제시된 자료에 따라 변동의 폭이 넓었다. 결과적으로 R-PAS는 가설을 세운 방향에서 적절한 효과 크기를 가진 변인들만을 포함하고 있다. 종합체계를 사용할 경우라도 신뢰롭게 해석하거나 사용하지 말아야 할 변인들이 어떤 것들인지 가늠하기 위해서 임상가들이 메타 분석을 검토할 것을 강력하게 권유한다.

이점과 한계

이전에 언급하였듯이, 로르샤하의 논쟁은 지속적으로 이어져 왔다. 때로는 "임상에서의 효자"로 불렸고 때로는 "과학의 파괴자"로 불릴 만큼 양극단을 오갔다(Parker, 1983). 수천 개의 연구에도 불구하고, 60년이 넘는 시간 동안 이들의 지위는 거의 변동이 없었다. Masling(2006)에 따르면, 로르샤하의 위상에 논란이 많았던 이유는 방대한 연구 결과들을 선별적으로 골라서 진행한 연구자들의 오류 때문일 수 있다. Meyer와 Archer(2001)

그리고 Mihura 등(2013)과 같은 리뷰가 이어지고 종합체계에 대한 연구와 R-PAS의 발전이 보다 심화되면, 냉철한 경험주의자들을 만족시켜 주고 임상가들에게 관련된 영역을 안내해 줄 논쟁의 합의점을 결국에는 찾게 될 것이다.

로르샤하가 지금껏 이렇게 인기를 지속해 온 이유 가운데 일부는 로르샤하와 관련된 매력적인 특징들의 숫자에 있다. 아마도 그 매력의 일부는 종종 불러일으키는 신비스러움 때문이다. 보기에도 단순해 보이는 10개의 잉크반점이 어떻게 사람의 성격 내면을 드러나게 할 수 있을까? "마음의 엑스레이"와 같은 은유적 표현은 그 신비로움과 힘을 증폭시켰다. 종종 로르샤하 프로토콜은 숙련된 임상가들에 의해서 거듭 파헤쳐져서 풍부하고 다양한 정보를 끊임없이 얻을 수 있는 깊은 우물과도 같은 것으로 여겨졌다. 로르샤하 전문가를 기술자라기보다는 예지자나 예술가로 포장하였다. 사실 높은 수준으로 훈련받은 로르샤하 전문가들이 수검자의 광범위한 특성들에 대해 깊이 있고 섬세한 정보를 제공하였다는 일화들도 많이 존재한다.

로르샤하 검사의 이점으로서 자주 언급되는 것 중 하나는 수검자의 의식적인 저항을 우회하는 데 우수하고 기저에 있는 성격의 무의식적 구조를 평가한다는 점이다. 인지검사는 결코 자기보고에 전적으로 의존하지 않지만(지능지수에 대한 자기보고 측정은 불가함), 성격검사는 자기보고에 많은 부분 의존해 왔다. 인지 기능에 대한 수행 기반 측정과 마찬가지로, 성격에 대한 수행 기반 측정은 평가에 "객관성"이라는 요소를 부가해 준다. 이 객관성 요소는 편파나 맹점 혹은 응답자의 의도적 기만에도 영향을 받지 않는 요소를 말한다. 만일 어떤 사람이 외견상 적절한 적응 수준을 보이고 있으나 임상가에 의해 기저에 어떤 병리가 존재함이 의심될 때, 위의 이점이 특별히 중요할 수 있다. MMPI와 같은 구조화된 자기보고 검사라고 할지라도 이처럼 감추어진 수준의 병리를 평가하기에는 어려움을 겪는다. 잠재된 수준의 병리를 드러나게 할 가능성이 있는 애매모호한 로르샤하 자극을 조직화해서 반응하는 것은 분명 어려운 일이다. 낮은 수준의 경계선 병리를 지닌 사람들이 구조적 검사에서 비교적 평범한 수행을 보인다는 점에서 이 견해가 지지받을 수 있다. 반면에 비구조화된 로르샤하 검사에서 이들이 사고장애의 징후를 분명하게 보여 주는 경향이 있다(Edell, 1987). 이와 유사하게 비교적 잘 드러나지 않는 특질인 감정 불능증이 신체 증상 관련 장애 환자들의 로르샤하 반응에 기초하여 발견되었다(Acklin & Bernat, 1987). G. Frank(1990)는 현존 문헌들의 리뷰를 통해 임상적 증상 발현 전의 조현병 진행

과정에 로르샤하 검사가 민감하다는 것을 발견하였다.

로르샤하의 이점으로 익히 알려진 점은 응답왜곡에 대해 잘 방어할 수 있다는 것이다. 수련받지 않은 일반인들이 로르샤하 반응들의 진정한 의미를 쉽사리 알기 어렵다는 이유로 수검자들이 쉽게 왜곡된 반응을 만들어 낼 수 없다고 주장하는 것은 논란의 여지가 있다. 몇몇 옹호론자들에 따르면, 로르샤하의 반응을 가상적으로라도 왜곡하는 것이 불가능하다고 한다. 로르샤하에 대한 다른 많은 진술들처럼, 이것도 꽤 논란의 소지가 많다. Exner(1993, 2003)는 이론적, 경험적 관점에서 로르샤하 반응을 만드는 과정이 일련의 6단계를 거친다고 주장하였으며, 그 중 한 단계는 검열 단계라고 말하였다. 수검자는 검사자에게 제시한 것보다 훨씬 더 많은 반응들을 찾아내고 스스로 느끼기에 적절하다고 판단하는 것들을 고른다고 주장하였다. 검사자에 대해 정서적으로 가깝게 느끼는 사람들은 숨기려는 것이 적고 더 많은 반응을 내놓는 경향이 있다(Leura & Exner, 1978). 이러한 점을 고려하면, 그런 사람들이 또한 로르샤하 반응을 효율적으로 왜곡하기 위하여 반응들을 충분히 통제할 수 있음이 예상된다. 따라서 반응들은 어느 정도 사회적 선호도, 지각적 정확도, 평가의 분위기 그리고 개인적 욕구에 영향을 받을 수 있다.

잠재적으로 왜곡된 반응을 만들 수 있는 검열 단계를 거치기는 하지만, Exner와 Wylie(1975)의 보고에 따르면 조현병 프로토콜을 잘 알고 있는 학생의 경우라도 실제 조현병 환자의 프로파일을 조작해 낸 숫자는 12명의 학생 가운데 1명에 불과하였다고 한다. 구체적으로 말하자면, 허위 보고자들은 연상 시간이 길거나(짐작컨대 그들은 그들의 반응을 검열하고 공을 들여 반응을 다듬었을 것임) 상대적으로 정교한 지각들과 매우 극적이고 개인 특유적인 반응들을 할 가능성이 있다(예를 들어 "이건 보기에도 너무 끔찍하네요"). 또한 Frueh와 Kinder(1994)에 따르면, 외상후 스트레스장애를 가장하는 경우 과도하게 극적이고 비교적 억제되지 않은 반응들을 보이거나 현실 검증력의 손상을 과장하는 지표들을 보여 준다. 더불어 L. S. Grossman, Wasyliw, Benn과 Gyoerkoe(2002)는 MMPI-2 검사에서 병리를 최소화하여 보고한 성 범죄자들이 로르샤하 프로토콜에서는 여전히 병리를 드러내고 있다는 점을 지적하였다.

그러나, Albert, Fox와 Kahn(1980)에 따르면, 편집형 조현병처럼 보이도록 요청받은 정상인의 프로토콜과 정상적 검사 과정을 거쳐 편집형 조현병으로 진단받은 사람들의 프로토콜을 분류하도록 로르샤하 전문가에게 요청하였을 때 결과가 형편없었다. 마찬가지로 동일한 프로토콜을 대상으로 왜곡된 반응을 골라내는 작업에서 컴퓨터 분석도 성공적이지 못하였다(M. W. Kahn, Fox, & Rhode, 1998). 이와 같은 발견이 로르샤하의 왜곡 불가 특징에 반하는 것이기는 하나, Albert 등의 연구와 Kahn 등의 연구에 따르면 임상 현장에서 보이는 로르샤하의 특징적 반응이 조작되지는 못했다. 일반적으로 임상가들은 수검자의 개인사, 평가의 맥락 그리고 행동 관찰과 관련된 정보를 갖고 있는데, 이 모든 것들을 통해 임상가들은 프로토콜이 조작될 수 있을 가능성에 충분히 예민해질 수 있다. 이 사실은 Frueh와 Kinder(1994)의 연구와 일맥상통하는데, 허위 보고자를 골라내는 데 있어서 관련된 행동 관찰은 적어도 실제 채점된 프로토콜만큼이나 중요하다는 사실을 보여 주었다.

로르샤하의 분명한 이점은 실시가 용이하다는 사실이다. 카드들은 손쉽게 다루어질 수 있고, 종합체계의 전체 실시 시간(질문 단계를 포함)은 일반적으로 50분이 걸리며(Ball, Archer, & Imhof, 1994), R-PAS는 실시 절차의 구체성 때문에 실시 시간이 더 짧다. 실시는 비교적 간편하나 부호화, 채점 그리고 해석은 꽤 복잡하고 시간이 많이 소요된다. 임상가들은 채점에 보통 45분이 걸리며 해석에는 50분 이상이 요구된다고 보고하였다(Ball et al., 1994). 이 의미를 종합해 볼 때, 전체 과정에는 거의 2시간 30분이 걸린다. 그러나 컴퓨터에 기반하여 채점과 해석을 하면 채점과 해석 모두에서 의미 있는 시간 단축이 있을 것으로 예상된다.

로르샤하와 관련된 장점들과 더불어, 로르샤하는 다수의 단점들을 갖고 있다. 신뢰도와 타당도 모두 일반적으로 적정한 수준임에도 불구하고 서로 다른 부호화, 채점 범주, 공식들에 따라 타당도는 자주 큰 차이를 보인다. 몇몇은 꽤 좋은 타당도를 갖지만, 다른 것들은 보통 수준이거나 논쟁의 여지가 있는 수준이거나 혹은 자료가 없다(Mihura et al., 2013 참고). 일반적인 사용자가 실제로 종합체계를 사용하여 해석을 하는 경우, 큰 차이를 보이는 타당도 수준을 이해하고 고려하는 데 상당한 어려움을 보인다. 검사 도구를 사용할 때 개별 변인의 타당도를 완전히 이해하는 것은 임상가의 책무이다. R-PAS의 발전과 더불어, 확립된 타당도 준거를 기반으로 변인 포함의 기준을 제시함으로써 이 과정을 간소화하였다.

로르샤하는 현재 사용되고 있는 심리검사 중 가장 복잡한 검사 가운데 하나이기 때문에 여러 가지 부분에서 오류가 발생할 수 있다. 예를 들어 수검자의 검열, 실시 절차나 부호화 실수(특히 잘 사용되지 않는 부호에서), 해석의 세부요소에서의 미숙함, 연령이나 교육 정도에 따른 함의를 부정확하게 포함하는 것 또는 잠재적인 검사자 편향(상관 오류, 초두 효과 등) 등에서 오류가 발생할 수 있다. 자료의 복잡성을 줄이기 위한 의도로 전체적인 맥락에서 각각의 지표를 살피지 않고 단일 지표를 사용하려는 경향이 있다. 로르샤하를 많이 사용하는 이유 가운데 하나는 가능한 해석 가설이 많다는 점에 있으며, 따라서 단일 지표만을 사용하게 되면 특히 오류의 여지가 많다. 그러므로 반드시 전체적인 로르샤하 맥락, 부가적인 검사 자료 그리고 수검자의 개인사와 대조하여 해석을 끊임없이 점검해야 한다.

로르샤하의 복잡성 때문에 잠재적 사용자들은 상당한 양의 수련을 받을 것을 필요로 한다. 새로 도입된 부호화 범주와 지표들은 이러한 필요성을 가중시킨다. 과거에는 로르샤하 과목을 한 학기 과정으로 대학원생들에게 교육하였다. 이 시간으로는 부족하다고 느낀 몇몇 학자들은 로르샤하에만 집중하는 두 학기 과정이 교육 시간으로는 최적이라고 주장하였다(Hilsenroth & Handler, 1995). 하지만 많은 프로그램에서 그렇게 커리큘럼을 구성하기 어려운 이유는 다음의 두 가지 이유 때문이다. 첫째, 다른 많은 검사들이 시간상으로도 효율적이며 더 우수한 심리측정적 특성을 지닌다고 여겨지기 때문이다. 둘째, 대학원생들에게 요구되었던 역할과 기술들이 지난 25년간 상당한 수준으로 증가하였는데, 여기에는 임상 실습 영역(가족치료, 재활, 새로운 개입 방식, 만성통증치료 등)뿐만 아니라 평가 영역(신경심리학, 행동 평가)에서의 기술들이 포함된다. 로르샤하 종합체계 또는 R-PAS를 위한 수련은 매우 복잡하고 시간이 많이 소요되며, 많은 수련 프로그램들에서 로르샤하와 같은 단일 검사에 할애할 수 있는 시간과 자원은 제한되어 있다.

로르샤하는 종종 어린이들, 특히 14세 미만의 어린이들에게 제한된 사용이 고려되었다(Klein, 1986). 단기 평가에서는 적합한 신뢰도를 보였지만, 장기 평가에서는 명백히 부적합한 신뢰도를 보였다. 따라서 아동의 양육권 결정처럼 장기 예측을 필요로 하는 목적으로는 로르샤하가 상당히 제한적일 수 있다. 아동을 대상으로 한 로르샤하의 사용에는 오직 단기적 묘사만 가능함을 분명히 해야 한다.

연구와 치료를 위한 함의로서 마지막으로 고려할 점은 너무 많은 변인들로 인해 무작위식으로 그럴싸한 문제점을 만들어 낼 수도 있다는 사실이다(Karson, 2005). Wechsler의 소검사 해석에서는 소검사 차이 점수를 신중하게 산출함(고려할 만한 변인의 개수와 신뢰도를 위해 교정 요인들을 포함시킴)으로써 이러한 가능성을 줄이려고 노력해 왔다(5장 참고). 이에 반해 로르샤하에서 단지 무선적인 점수의 변동(예를 들어 유의 수준이 .05라는 것은 고려된 변인의 20개 중 1개가 우연히 발생할 "유의미함"이라는 것을 의미함) 때문에 수많은 변인들이 문제점을 만들어 내는 것을 구별해 내기가 쉽지 않다. 따라서 로르샤하 해석자는 반드시 그들의 해석에 좀 더 신중해야 한다.

요약하자면 로르샤하 검사는 자체적인 복잡성, 그것을 둘러싼 빈번한 논쟁 그리고 변인들의 타당성과 관련된 상당한 변동성 때문에 평가하기 어려운 점들이 있다. 로르샤하와 관련된 방대한 연구는 이점과 한계 모두에 대해서 다루고 있다. 때때로 모순되는 결과들을 따라가며 이것들을 분류한다는 것은 어려운 일이다. 점수의 특정 패턴과 관련한 해석적 의미를 분명하게 이해하기 위해서 많은 연구 결과를 분류하는 것은 특히 어렵다. Mihura와 그의 동료들(2013)은 독립된 변인들의 타당도에 대한 방대한 연구를 한 권의 책으로 구조화하였고, 이에 근거하여 R-PAS의 개발을 이루고 다른 타당도 자료들로서 로르샤하 검사의 진일보를 보여 줌으로써 이 분야에서 큰 족적을 남겼다. 로르샤하의 특별한 이점들을 들자면, 유용할 수 있는 많은 정보를 얻을 수 있고 다루기 쉬우며 반응왜곡을 위한 의식적인 저항이나 잠재적인 저항을 피할 수 있다는 점 등이다. 중대한 약점을 들자면, 보통 수준이거나 때때로 변동이 매우 심한 수준의 신뢰도와 타당도(특히 종합체계를 사용할 때)의 문제, 부호화-채점-해석에 시간이 많이 소요되는 점, 아동에게 사용이 제한적인 점, 수련을 위해 상당한 시간이 소요될 뿐만 아니라 오류 가능성이 높고 다루는 영역이 다수인 관계로 무작위적으로 문제점이 양산될 수 있다는 점 등을 들 수 있다.

다양한 집단에서의 사용

로르샤하가 비언어적, 수행 기반 측정이기 때문에 비교적 문화적 요소로부터 자유롭고 소수 민족 집단과 다국적 집단을 평가하기에 적합하다는 주장이 꾸준히 이어져 왔다(Allen & Dana, 2004; Dana, 2005). 이러한 주장을 지원하는 연구들이 존재한다. 특히 Meyer(2002)와 Meyer 등(2007)에 따르면, 로르샤하 종합체계의 타당도에서 다양한 인종 집단별 차이점이 발견되지는 않았다. 이와 유사하게 Presley, Smith, Hilsenroth와

Exner(2001)에 따르면, 아프리카계 미국인의 23개 핵심 점수를 이와 상응하는 백인 미국인 집단과 비교하였더니 오직 1개의 점수만이 차이점을 보였다고 한다(아프리카계 미국인이 협력적 운동 반응을 더 적은 수로 보였음). Meyer, Giromini, Viglione, Reese와 Mihura(2015)에 따르면, 성별, 인종 혹은 성인 연령에 따라 R-PAS는 유의미한 차이가 없었다. 마지막으로 Meyer 등(2007)에 따르면, 서로 다른 17개국의 성인 대상 국제 규준에는 주요한 차이점이 거의 없었다. 이에 반해 아동과 청소년의 점수 간에는 더 많은 변동성이 발견되었다. 결과적으로 임상가들이 아동과 청소년의 병리를 해석하는 것에 주의가 요망되었다. 그러나 몇몇 새로운 연구들에 따르면, R-PAS와 국제 규준을 청소년에게 사용하는 것이 지지되기도 하였다(Reese, Viglione, Giromini, 2014; Tibon Czopp, Rothschild-Yakar, & Appel, 2012).

이러한 결과를 고려하면, 다국적 환경에서 일하는 임상가들은 Meyer 등(2007)이 출간한 국제 규준을 반드시 사용해야 하며 미국 내에서 일하고 있는 임상가들도 국제 규준을 사용해야 할지 반드시 살펴보아야 한다. 또한 모든 해석에서는 문화적 맥락을 반드시 고려해 보아야 한다. 예를 들어 문화에 따라 내향성과 외향성에 상이한 가치를 부여할 수 있다. 따라서 해석들도 반드시 이를 고려해야만 한다. 더불어 질적 해석과 관련된 상징적 의미는 다양한 문화적 맥락에 특히 민감하다. 수검자가 지닌 문화적 사회화의 상대적 정도를 반드시 고려해야 한다. 마지막으로 더 많은 연구가 수행될 때까지는 아동과 청소년 집단을 대상으로 R-PAS를 해석할 때 반드시 주의해야 한다.

종합체계: 실시

검사자는 반드시 실시 절차를 표준화해야 한다. 실시 절차는 비교적 쉽게 수검자의 반응에 영향을 미칠 수 있다는 연구 결과가 거듭되었기 때문에 표준화하는 것이 매우 중요하다. 예를 들어 각각의 반응 후에 "좋아요"라고 말하는 것은 로르샤하의 전체 반응수를 50%까지 증가시킬 수 있다(Hersen & Greaves, 1971). 숙련된 검사자가 동물 반응보다는 인간 반응을 더 많이 이끌어 낸다는 말을 전해 들은 검사자들이 실제 검사 장면에서 이러한 패턴을 만들어 냈으며, 심지어 검사자들은 자신들이 표준적인 실시 절차를 제공하고 있다고 믿고 있었다(Exner, Leura, & George, 1976). 로르샤하 검사와 같은 불분명한 상황 하에서 정확한 반응을 만들어 내려고 애를 쓸 때 수검자는 미묘한 것에 반응을 보인다는 견해와 일맥상통한다. 그러나 실시 절차에서의 유동성이 경미하다면 실시 절차가 수검자의 반응에 중요한 영향을 미치는 것으로 보이지는 않는다. 검사자는 일반적으로 실시 절차에서의 변동성을 가능한 한 최소화해야 한다. 다음의 단계들은 Exner(2003)로부터 가져온 것이다.

단계 1: 검사 소개하기

검사 시작에서 검사자의 주요한 목표는 수검자로 하여금 검사 절차에 비교적 편안함을 느끼도록 만드는 것이다. 대부분의 문화권에서 검사라고 하는 것은 불안감과 연합된다는 사실로 볼 때, 이 목표를 이루기는 쉽지가 않다. 불안이 높아지면 이완 시에는 알 수 없던 정보까지 파악할 수도 있음을 보여 주는 일부 사례가 있지만, 불안은 보통 방해 요인으로 여겨진다. 불안은 일반적으로 개인의 지각을 방해하고 환상의 자유로운 흐름을 방해하는데, 이 두 가지 모두 로르샤하의 적절한 반응을 위하여 필연적인 요소들이다. 따라서 수검자들은 가능한 한 편안함을 느껴야 한다. 검사 절차를 명확히 안내해 주고, 개인력을 확인하며, 질문에 답을 주고, 수검자의 불안을 높일 수 있는 행동을 피하는 과정 속에서 편안함이 증진될 수 있다. 검사를 설명할 때 불안을 높이는 단어들(예를 들어 지능 혹은 모호함)보다는 상대적으로 중립적인 단어들(예를 들어 잉크반점, 흥미 혹은 상상력)을 강조할 필요가 있다.

거의 대부분의 과정에서, 수검자가 해야 하는 것 또는 말해야 하는 것에 대한 구체적인 정보를 주어서는 안 된다. 검사 상황은 모호하게 고안되어 있으며, 검사자들은 반응에 영향을 미칠 수 있는 언급을 피해야만 한다. 만일 수검자가 자신이 해야 하는 것에 대한 정보나 자신의 반응이 의미하는 바에 대해 상세한 정보를 요구한다면, 검사자들은 검사가 완료된 후에 부가적인 질문에 대한 답변을 할 수 있음을 알려 주어야 한다.

단계 2: 검사 지시하기

로르샤하를 체계적으로 정립한 사람들에 따르면, 수검자가 검사자에게 "보이는 모든 것"을 말해야 함을 권고하였음(S. J. Beck, 1961)에도 불구하고 종합체계는 검사 상황을 모호하게 유지하려고 노력한다. Exner(2003)에 따르면, 검사자는 수검자의 손에 첫 번째 카드를 건네주며 "이것은 무엇처럼 보입니까?"라고 질문하도록 한다.

검사자가 카드에 대한 설명을 붙이거나 카드에 대해 이야기하는 것은 가능한 한 제한된다. 어떻게 디자인이 만들어졌는지를 간략하게 언급하는 것은 때때로 허용될 수 있으며, 만일 무엇을 보아야 되는지에 대한 질문이 있다면 검사자는 "사람들은 잉크반점에서 모든 종류의 것들을 봅니다"라고 대답할 수 있다. 반응의 양이나 유형을 지시하는 언급이라든지 카드를 회전할 수 있는지의 여부에 대한 언급 등은 엄격하게 제한되어야 한다. 만일 수검자가 구체적으로 질문(예를 들어 어떤 유형의 반응을 해야 하나 또는 카드를 회전해도 되나)을 한다면, 검사자는 수검자의 결정에 달려 있다고 대답할 수 있다.

주된 목적은 수검자로 하여금 자신만의 방식으로 검사 자극에 반응할 수 있도록 자유도를 부여하는 것이다. 자유스러움의 정도를 높이기 위해, Exner(2003)는 수검자와 검사자가 얼굴을 마주보고 앉지 말고 나란히 앉을 것을 권유하였다. 이는 검사자의 비언어적 행동의 영향력을 감소시키기 위함이다. 전체적인 지시사항과 검사 환경은 검사 과정을 가능한 한 모호하게 유지하고 검사자의 영향력을 최소한으로 유지하도록 고안되어야 한다. 수검자로 하여금 카드를 들고 반응하는 것이 실제적으로 격려되어야 한다.

단계 3: 반응(연상) 단계

검사 절차를 통틀어 단계 2의 기본적 조건들은 가능한 한 엄격하게 지켜져야 한다. 그러나 수검자가 로르샤하에 대해 자유연상을 하면서 구체적인 상황들이 종종 발생한다. 만일 수검자가 어떻게 반응을 해야 하는지 구체적 예시를 요구하거나 검사자로 하여금 확인해 줄 것을 요청한다면, 수검자의 선호에 따라 얼마든지 반응을 할 수 있다는 일관적인 답변을 검사자로서 해야 한다. 정답도 오답도 없다는 점을 때때로 언급할 수 있다.

검사자는 수검자가 처음 카드를 볼 때 시작해서 수검자가 첫 번째 반응을 할 때 종료되는 시간 간격과 수검자가 각각의 카드에 사용한 총 시간을 반드시 측정해야 한다. 이러한 측정은 일반적인 카드 접근방식을 알아내는 데 도움이 되며, 반응에 따르는 어려움을 파악하는 데 도움을 준다. 일반적으로 카드 II, III, V는 비교적 반응하기 쉽다고 여겨지며, 그 결과 대개 반응 시간이 짧다. 반면에 카드 VI, IX, X은 일반적으로 가장 긴 반응 시간을 보인다. 수검자의 반응 시간을 외현적으로 측정하는 것은 불안감을 야기할 가능성이 있기 때문에, 모든 시간 측정은 가능한 한 주의를 끌지 않고 행해져야 한다. 스톱워치를 사용하는 것 보다는 검사자가 시계를 슬쩍 보고 첫 반응의 시간을 재며 검사에게 카드를 되돌려 준 시간을 기록한다.

총 반응의 평균 개수는 22.32이다(평균 범위는 17~27). 적은 숫자의 반응(14개 미만)에 대한 타당도는 용인될 수 있고, 많은 숫자의 반응(42개 초과)에 대한 타당도는 의심스러울 수 있다. Exner(2003)는 흔치 않게 짧거나 극도로 긴 프로토콜로부터 보호하는 안전장치를 만들었다. 극도로 짧은 프로토콜(14개 미만)을 산출한 수검자의 경우 즉각적으로 재검사를 실시하며, 더 많은 반응을 낼 수 있도록 분명하게 요청해야 한다(Exner, 2003). 만일 수검자가 첫 번째 카드에서 5개 이상의 반응을 보였다면, 검사자는 카드를 수거해야 한다. 이어지는 모든 카드에서 수검자가 5개 또는 그 이상의 반응을 할 때마다 동일한 절차를 사용해야 한다. 그렇지만 만일 첫 번째 카드에서 5개보다 적은 반응을 보였다면, 첫 번째 카드나 뒤따르는 카드에서 어떠한 제한을 가해서는 안 된다.

Exner(2003)에 따르면, 모든 반응들의 축어록이 기록되어야 한다. 이 과정을 간략하게 하기 위해 대부분의 임상가들은 일련의 약어를 개발하였다. 기호들(∧, ∨, <, >)을 포함한 일련의 약어들이 모든 로르샤하 체계를 통틀어 사용되는데, 기호에서의 뾰족한 부분은 카드 윗부분의 위치를 가리킨다. 더불어 명백한 불안감의 증대, 주의 산만 또는 지각의 행동적 표현 등 카드에 대해 특이하거나 흔치 않은 반응들을 보였다면, 이것들도 중요하므로 기록해 두어야 한다.

단계 4: 질문

질문 단계는 10장의 카드가 모두 실시된 후 시작되어야 한다. 질문의 목적은 반응에 대해 정확하게 부호화하기 위해 요구되는 부가적 정보를 수집하는 것이다. 이미 획득된 반응을 명확하게 하려는 의도이며, 새로운 반응들을 얻으려는 목적은 아니다. 질문 단계에서 필요로 하는 정보를 통해, 검사자는 각각의 반응에서 위치, 내용, 결정인을 명확히 부호화할 수 있어야 한다(다른 부호들은 질문 단계의 확인 없이 부호화될 수 있지만 이들 세 가지 부호에 대한 정보는 명백히 확인될 필요가 있음). 이러한 목표가 성취될 때까지 질문 단계는 종료될 수 없다. Exner(2003)는 다음과 비슷하게 질문 단계 지침을 권고하였다.

이제 카드를 다시 처음부터 보려고 합니다. 오래 걸리지 않을 겁니다. 당신이 보았다고 말한 것을 저도 보고 싶고, 당신이 본 것과 같은 방식으로 볼 수 있는지 확인하고 싶습니다. 우리는 한 번에 한 반응씩 진행할 겁니다. 저는 당신이 말한 것을 읽어 줄 것이고, 당신은 잉크반점의 어느 곳에서 보았는지 알려 주세요. 그리고 난 후 당신에게 그렇게 보인 것이 무엇인지 말해 주세요. 그래야 당신이 본 것처럼 저도 볼 수 있으니까요. 아시겠죠?(p. 59)

전반적인 실시 절차와 일반적으로 비슷하게 진행해야 하며, 질문이 수검자의 반응에 영향을 미쳐서는 안 된다. 따라서 모든 질문들은 가능한 한 비지시적이어야 한다. 검사자는 수검자가 말하였던 것을 그대로 반복하는 것으로 시작하고, 그 후 기다려야 한다. 대개 수검자들은 자신의 반응을 명확하게 하는 것으로부터 시작한다. 만일 반응을 부호화(위치, 내용, 결정인)하기에 답이 부족하다면, 검사자는 조금 더 지시적인 질문을 할 수 있다. "그것처럼 보이게 만든 것이 무엇인가요?" 검사자가 다음과 같이 질문해서는 안 된다. "이건 주로 형태인가요?", "유채색이 얼마나 중요한가요?" 이 질문들은 지나치게 지시적이고 반응에 대한 수검자들의 설명에 영향력을 가할 수 있는 것들이다. 검사자는 수검자를 유도하는 질문이나 어떻게 답해야 하는지 지시해 주는 질문을 질문 단계 내내 피해야 한다. 명확하게 드러나지 않는 결정인을 확인할 때에는 특별한 기술이 필요하지만, 그것도 암시적이어야만 한다.

질문 단계가 잘 수행되면 위치, 내용, 결정인을 부호화하기에 충분한 정보를 모을 수 있다. 만일 반응의 위치를 부호화하기에 수검자의 언어적 보고에 의한 정보가 불충분하다면, 검사자는 수검자로 하여금 반응 부분을 손으로 지적하도록 한다. 질문 단계의 부가적인 속성은 자신의 반응에 대해 수검자가 잘 자각하고 있는가를 평가하는 데 있다. 예를 들어 독특한 지각이 정합적인 창의성을 의미하는가? 또는 반응의 독특함을 자각하지 못한 채 주위 환경이나 주변 사람과의 접촉이 부족함을 의미하는가? 질문 단계에서의 일반적인 접근 방법은 지나치게 지시적이지 않으면서 융통성 있는 방식으로 질문을 하는 것을 의미한다.

종합체계: 부호화

실시 절차에 따르면, 다음 단계는 각각의 반응에 대해 상이한 범주에서 부호를 부여하는 것이다. 여러 가지 로르샤하 체계들을 통틀어 범주에는 최소한 위치, 결정인, 내용, 평범반응이 포함된다는 공통점이 있다. 그리고 종합체계는 15개의 특수점수(예를 들어 특이한 언어 반응이나 공격 운동 반응)를 포함한다. 부호화되고 합산된 후 6개의 특수 지표를 포함하는 일련의 양적 요약이 만들어지는데, 이는 상이한 범주상의 점수들이 재구조화 과정이나 비교 과정을 기반으로 형성되는 것이다.

아래에 이어지는 세부 항목들은 부호화 범주들의 목록, 개요, 정의에 해당된다. 정확한 부호화(채점)를 위해서는 Exner의 기준들(2003)을 참고하거나 그의 워크북〔Exner, 2001, 『종합체계용 로르샤하 워크북』 5판(*A Rorschach Workbook for the Comprehensive System*)〕을 사용하는 것이 필수적이다. 이 워크북에는 구체적인 부호화 기준, 표, 차트 그리고 다이어그램 등이 포함되어 있다. 구체적인 채점 기준에 해당하는 것들은 이 장의 내용을 넘어선다. 여기에서의 핵심은 간결하고 설명력을 지니며 명확하게 구조화된 해석을 위한 비결을 제공하는 것이다. 개념 정의와 동반된 표들은 종합체계의 주요한 요소들의 개요를 파악하고 간략히 정의를 내리는 데 도움을 준다.

위치와 발달질

반응에서의 위치란 사용된 잉크반점의 영역을 나타낸다(표 11.1). 위치는 전체 잉크반점의 사용(W)부터 흔치 않은 부분 사용(Dd)까지 다양하게 나타날 수 있다. 흔치 않은 부분이란 일반 수검자의 5% 미만에 의해 사용된 위치로 정의된다. 또한 Exner(2003)는 발달질의 부호화를 구분하였는데, 이는 통합의 정도와 관련하여 각각의 위치 부호를 평가함으로써 결정된다. 표 11.2는 각각의 발달질 부호를 채점하는 데 사용되는 범주를 제시한다. 따라서 각각의 위치에는 반점의 특정 영역을 의미하는 명칭과 반응의 질을 나타내는 기호가 주어진다.

기호	정의	기준
W	전체 반응	전체 반점이 반응에 사용되며, 모든 부분들이 다 사용되어야 한다.
D	흔한 부분 반응	자주 사용되는 반점의 영역
Dd	흔치 않은 부분 반응	드물게 사용되는 반점의 영역
S	공백 반응	흰 공백 영역이 반응에 사용됨(WS, DS, DdS처럼 다른 위치 기호에 추가되어서만 사용됨)

출처 *The Rorschach: A Comprehensive System, Volume I: Basic Foundations* (4th ed.), by J. E. Exner Jr., 2003, Hoboken, NJ: Wiley. Copyright ⓒ 2003 by John Exner Jr. 허가하에 수록.

표 11.2 발달질의 기준과 기호

기호	정의	기준
+	통합 반응	두 가지 또는 그 이상의 대상이 분리되어 있지만 관련이 있는 것으로 기술된다. 포함된 대상 중 적어도 하나가 구체적인 형태가 있거나 구체적인 형태를 만들어 내는 방식으로 기술되어 있어야 한다(예를 들어 수풀 사이를 걸어가는 개, 우스꽝스러운 모자를 쓴 사람, 구름 속으로 날아가는 비행기, 리본을 달고 있는 작은 소녀의 머리).
o	보통 반응	반점의 한 영역이 자연스러운 형태를 갖고 있는 하나의 대상으로 나타나거나 구체적인 형태를 만들어 내는 방식으로 기술된다(예를 들어 전나무, 고양이, 토템상, 단풍잎, 박쥐, 깃발, 남자의 머리).
v/+	모호한 통합 반응	두 가지 또는 그 이상의 대상이 분리되어 있지만 관련이 있는 것으로 기술된 경우로, 포함된 어떤 대상도 구체적인 형태가 없고 반응을 설명하는 데 있어서 포함된 어떤 대상에 대해서도 형태에 대한 언급이 없어야 한다(예를 들어 한데 뭉쳐지고 있는 구름, 주위에 바위와 모래가 있는 해변가에 초목이 있는 일종의 만).
v	모호한 반응	구체적인 형태가 없는 하나의 대상으로 보고되며, 사물을 설명하는 구체적인 형태를 제시하는 표현이 없어야 한다(예를 들어 구름, 하늘, 저녁, 노을, 얼음).

출처 *The Rorschach: A Comprehensive System, Volume I: Basic Foundations* (4th ed.), by J. E. Exner Jr., 2003, Hoboken, NJ: Wiley. Copyright ⓒ 2003 by John Exner Jr. 허가하에 수록.

결정인, 형태질, 조직화 활동

결정인이라는 용어는 수검자가 반응한 반점의 방식이나 특징(형태, 유채색 또는 재질감, 표 11.3)을 나타낸다. 결정인은 수검자로 하여금 보이는 대로 반응한 반점이 그렇게 보인 이유를 의미한다. 또한 결정인은 형태질의 수준(표 11.4)에 따른 부호화를 수반한다. 형태질의 부호화는 잉크반점의 형태와 관련된 지각 대상을 얼마나 정확하게 표상하였나와 관련이 있다. 예를 들어 카드 I에서 천사를 보았다면 형태질은 "보통"으로 간주되며, 이는

표 11.3 결정인 부호화의 기준과 기호

구분	기호	기준
형태	F	**형태 반응** 전적으로 반점의 형태 특징에 근거한 반응
운동	M	**인간 운동 반응** 인간의 신체적 활동, 동물 또는 가공적 인물의 인간과 유사한 활동을 포함하고 있는 반응
	FM	**동물 운동 반응** 동물의 신체적 활동을 포함하고 있는 반응. 수검자가 지각한 운동은 그 동물이 속한 종에서 나타나는 운동과 일치해야 한다. 동물이 그 종에 공통적이지 않은 운동을 나타낸 경우 M으로 기호화해야 한다.
	m	**무생물 운동 반응** 생명이 없거나 기관이 없거나 감각이 없는 대상의 움직임을 포함하고 있는 반응
유채색	C	**순수 색채 반응** 전적으로 반점의 유채색에 근거한 반응. 형태가 포함되지 않아야 한다.
	CF	**색채-형태 반응** 일차적으로 반점의 색채 때문에 형성된 반응. 형태 특징이 사용되었지만 이차적으로 중요한 경우이다.
	FC	**형태-색채 반응** 주로 형태 특성 때문에 형성된 반응. 유채색이 사용되었지만 이차적으로 중요한 경우이다.
	Cn	**색채 명명 반응** 반점의 색채에 대해 색채명이 드러나고 의도를 갖고 반응된 경우
무채색	C′	**순수 무채색 반응** 전적으로 반점의 회색, 검정색 또는 흰색에 근거한 반응으로, 이들이 분명히 색채로 사용되었을 경우이다. 형태는 포함되지 않아야 한다.
	C′F	**무채색-형태 반응** 주로 반점의 검정색, 흰색 또는 회색 특징 때문에 반응이 형성되고 이들이 분명히 색채로 사용되었을 경우이다. 형태적 특징이 사용되었지만 이차적으로 중요한 경우이다.
	FC′	**형태-무채색 반응** 주로 반점의 형태적 특징에 근거한 반응. 무채색 특징이 분명하게 색채로 사용되었으나 이차적으로 중요한 경우이다.
음영-재질	T	**순수 재질 반응** 반점의 형태적 특징이 개입되지 않고, 음영 특징을 사용해서 촉감을 나타낸 반응
	TF	**재질-형태 반응** 반점의 음영 특징이 촉감을 나타내기 위해 사용되고, 반응을 정교화하고 명료화시키기 위하여 형태가 이차적으로 사용되었을 경우이다.
	FT	**형태-재질 반응** 주로 형태적 특징에 근거한 반응. 반점의 음영 특징은 촉감을 나타내기 위하여 사용되었으나 이차적으로 중요한 경우이다.

음영-차원	V	**순수 차원 반응** 음영 특징을 근거로 깊이나 차원으로 반응한 경우로, 형태는 포함되지 않아야 한다.
	VF	**차원-형태 반응** 음역 특징을 근거로 깊이나 차원으로 반응하고, 형태적 특징이 포함되었지만 이차적으로 중요한 경우이다.
	FV	**형태-차원 반응** 주로 반점의 형태적 특징에 근거한 반응. 음영 특징이 깊이나 차원을 나타내기 위하여 사용되었지만 이차적으로 중요한 경우이다.
음영-확산	Y	**순수 음영 반응** 완전히 형태가 없는 반점의 음영에만 근거하고 재질이나 차원에 관한 것을 전혀 포함시키지 않은 반응이다.
	YF	**음영-형태반응** 재질이나 차원을 포함시키지 않고 일차적으로 반점의 음영에 근거한 반응으로서, 형태가 포함되지만 이차적으로 중요한 경우이다.
	FY	**형태-음영 반응** 주로 반점의 형태적 특징에 근거한 반응. 음영의 특징은 재질이나 차원을 설명하기 위함이 아니라 반응을 정교화하고 명료화시키기 위하여 사용되었고 이차적으로 중요한 경우이다.
형태 차원	FD	**형태에 근거한 차원 반응** 깊이, 거리 또는 차원에 대한 인상이 윤곽의 크기와 모양에 근거해서 형성된 경우. 이러한 인상을 형성하는 데 음영이 사용되지 않아야 한다.
쌍-반사	(2)	**쌍 반응** 반점의 대칭에 근거해서 두 가지 동일한 대상이 보고된 반응. 두 대상은 모든 측면에서 동일해야 하지만 반사되었거나 거울에 비친 이미지로 나타난 것은 아니어야 한다.
	rF	**반사-형태 반응** 반점의 대칭성 때문에 반점이나 반점 역역이 반사된 것 또는 거울에 비친 이미지로 보고된 반응. 보고된 대상이나 내용은 구름, 경치, 그림자와 같이 일정한 형태 요건을 가지고 있지 않은 대상이어야 한다.
	Fr	**형태-반사 반응** 반점의 대칭에 근거해서 반점이나 반점 영역이 반사된 것 또는 거울에 비친 이미지로 보고된 반응. 본질적으로 반점의 형태적 특징에 근거한 반응이어야 하고 수검자가 보고한 대상이 일정한 형태가 있어야 한다.

출처 *The Rorschach: A Comprehensive System, Volume I: Basic Foundations* (4th ed.), by J. E. Exner Jr., 2003, Hoboken, NJ: Wiley. Copyright ⓒ 2003 by John Exner Jr. 허가하에 수록.

정신과 환자들보다 비정신질환자의 집단이 더 빈번히 그렇게 지각한다는 경험적 사실에 근거한다. 먼저 검사자들은 반응에 대해 결정인과 관련된 적절한 분류를 내려야 한다. 그러고 난 후 검사자들은 그 결정인에 대해 적절한 형태질을 부호화해야 한다. 형태질의 분

표 11.4 형태질 부호화의 기준과 기호

기호	정의	기준
+	정교한	보통의 형태질로 채점할 수 있는 반응에서 형태를 특별히 자세하게 정교화한 경우이다. 형태를 사용한 적합성이 유지되면서 반응의 질을 풍부하게 만드는 방식으로 이루어진 경우이다. 반응이 반드시 독창적이거나 창조적일 필요는 없으며, 상세한 형태가 사용되고 구체화하는 방법이 돋보인다.
o	보통의	대상을 설명하기 위하여 일반적인 형태 특징을 쉽게 설명한 일상적인 반응이다. 이러한 반응들은 W와 D 영역을 사용한 형태질 자료 모음에서 적어도 2% 이상 또는 Dd 영역을 사용한 형태질 자료 모음에서 적어도 50명 이상이 보고한, 흔히 보고된 반응이다. 형태의 특징에 공을 들여 특별히 정교화한 것은 아니다.
u	흔치 않은	반응에 포함된 기본적인 윤곽이 적절하나 낮은 빈도의 반응이다. 일반적인 관찰자로서 언뜻 보면 일반적이지 않게 보일 수 있는 반응이다.
−	왜곡된	반응을 형성하는 데 있어서 형태가 왜곡되고 임의적이며 비현실적으로 사용된 경우이다. 사용한 영역의 윤곽을 전부 또는 거의 전부 무시하고 반점에 대하여 반응한 경우이거나, 흔히 반점에 없는 인위적 선이나 윤곽을 만들어서 반응하는 경우가 많다.

출처 *The Rorschach: A Comprehensive System, Volume I: Basic Foundations* (4th ed.), by J. E. Exner Jr., 2003, Hoboken, NJ: Wiley. Copyright ⓒ 2003 by John Exner Jr. 허가하에 수록

류는 표 11.4에 포함되어 있다. 그러나 경험적으로 도출된 구체적인 형태질 부호화를 위해서는 Exner(2003)의 표를 참고해야만 한다.

모든 운동 반응에 부가되어야 하는 부호로 운동이 능동적인지 수동적인지에 대한 부호화가 있다. 능동적 운동에는 "도망가기" 또는 "들어올리기"와 같은 것이 있고, 수동적 운동에는 "명상하기" 또는 "정박해 있는" 등이 포함될 수 있다. 운동 반응의 경우 능동적인지 혹은 수동적인지의 여부에 따라 a(능동적) 혹은 p(수동적) 부호가 주어진다. 주어진 a와 p는 차후에 점수화되고 양적 요약에서 해석을 위해 사용된다("구조적 요약하기"에서의 "관념화" 참고).

대략적으로 반응들의 20% 정도에서 1개의 반응에 하나 이상의 결정인을 사용한다. 이것을 복합 반응이라고 지칭하며, 2개(또는 그 이상)의 결정인을 사용한 경우로 둘 사이에 마침표를 놓아서 표시한다. 가장 중요한 결정인은 다른 결정인(들) 앞에 위치하며, 주요 결정인으로 간주된다. 덜 중요한 결정인은 주요 결정인 뒤에 위치하며, 두 번째 또는 세 번째(세 번째까지 존재할 경우) 결정인이라고 지칭된다.

형태 결정인에게만 해당되는 추가적 부호화 요소는 반응 생성에 포함되어 있는 조직

화 활동의 수준(Z)이다. 그러나 조직화 활동은 아래 제시되는 세 가지 범주에 적어도 하나 이상 해당될 때에만 부여된다.

1. 전체(W) 반응으로서 그 발달질이 +, o, 또는 v/+인 경우
   (발달질이 v인 반응들은 조직화 활동을 부호화하지 않음)
2. 의미 있는 관계를 형성한 2개 또는 그 이상으로 분리된 대상이 존재하는 경우
3. 반응 안에서 잉크반점의 다른 영역과 통합해서 흰 공백 영역이 사용된 경우
   (오직 흰 공백 영역만 사용된 경우에는 조직화 활동을 부호화하지 않음)

다양한 유형의 반응들에서 확인되는 조직화 활동 노력에 대해 구체적인 가중치 점수 (범위는 1점에서부터 6.5점 사이)를 부여하는데, 이는 Exner(2003; 표 8.4, p. 132 참고)로부터 제공된다. 예를 들어 카드 I을 전체로 통합한 반응에 요구되는 조직화 정도(Z는 1.0에 해당됨)는 카드 X에서 심하게 분파된 세부 반점들을 통합하기 위하여 요구되는 정도(Z는 6.5보다 더 큼)보다 훨씬 적은 것으로 여겨진다.

내용

내용의 부호화는 수검자가 자신의 반응에서 지각한 구체적 대상의 유형과 개수에 기반을 둔다. 각각의 로르샤하 체계를 살펴보면 인간, 인간 부분, 동물과 같은 기본 내용들을 모두 공통적으로 사용하고 있지만, 상이한 내용 범주 목록을 사용한다. 표 11.5에서는 종합체계에 포함된 내용 범주 목록과 각 범주의 기호와 기준들을 제공한다.

1개의 반응에 둘 또는 그 이상의 내용 범주가 해당될 때는 모두 부호화하고 둘(또는 그 이상) 사이에 쉼표를 찍는다. 만일 목록에 없는 내용물이 있을 때는 특이한 내용(Id)으로 지정해야 하며, 내용물의 구체적 명칭도 기재해야 한다.

평범 반응

종합체계 평범 반응(Popular Responses, P)의 부호화란 빈번히 지각되는 반응을 보였음을 의미한다. 상이한 체계들은 평범 반응의 목록에서 차이를 보이고 있지만, Exner(2003)에 따르면 비정신질환 집단에서 3개의 프로토콜 중에 적어도 1개 이상으로

표 11.5 내용 부호화의 기준과 기호

구분	기호	기준
인간 전체	H	인간 형태 전체를 포함하는 반응. 나폴레옹, 잔다르크 등과 같은 역사적 실존인물 등을 포함할 경우 반응 내용 기호 AY를 두 번째 기호로 추가시켜야 한다.
가상 인간 전체	(H)	가공적이거나 신화적인 인간 형태 전체를 포함하는 반응으로, 예를 들어 광대, 요정, 거인, 악마, 유령, 인간화된 과학적 창조물, 인간을 닮은 괴물, 인간의 모습을 한 괴물 등이 포함된다.
인간 부분	Hd	불완전한 인간 형태를 포함하는 반응. 예를 들어 팔, 다리, 손가락, 발, 인간의 하체, 머리가 없는 사람 등이 포함된다.
가상 인간 부분	(Hd)	가공적이거나 신화적인 불완전한 인간 형태를 포함하는 반응. 예를 들어 악마의 머리, 마녀의 팔, 천사의 눈, 공상과학적 창조물의 부분, 호박초롱 그리고 동물 가면을 제외한 모든 가면 등이 포함된다.
인간 경험	Hx	대상에 대해 인간의 정서 경험이나 감각 경험을 귀속시키는 반응에 대해 두 번째 내용으로 기호화함. 예를 들어 서로 바라보면서 사랑에 빠져 있는 두 사람, 매우 슬픈 고양이, 서로 상대방에게 화를 내는 사람들, 어떤 역겨운 냄새를 맡고 있는 한 여자, 매우 행복한 사람들, 매우 흥분한 남자, 크게 고통을 받은 한 사람 등에서 기호화한다. 귀속시키는 정서적, 감각적 경험은 분명하고 명확해야 한다. 파티에 참석한 사람들, 화가 난 것처럼 보이는 얼굴, 모자란 것처럼 보이는 사람, 피곤해 보이는 두 사람 같은 답변은 귀속이 불분명하므로 Hx로 부호화하지 않는다. Hx는 사랑, 증오, 우울, 행복, 소리, 냄새, 공포 등과 같은 정서적 또는 감각적 경험을 포함하는 형태가 없는 M 반응에 대해 일차적 내용으로 점수화한다. 또한 이러한 반응은 특수점수로 AB를 포함할 수 있다
동물 전체	A	동물 형태 전체를 포함하는 반응
가상 동물 전체	(A)	가공적이거나 신화적인 동물 전체를 포함하는 반응. 예를 들어 유니콘, 용, 마술 개구리, 날아가는 말, 검은 말, 갈매기 조너선 리빙스턴 등이 포함된다.
동물 부분	Ad	불완전한 동물 형태를 포함하는 반응. 예를 들어 말의 발굽, 가재의 집게발, 개의 머리, 동물 가죽 등이 해당된다.
가상 동물 부분	(Ad)	가공적이거나 신화적인 불완전한 동물 형태를 포함하는 반응. 예를 들어 페가수스의 날개, 피터 래빗의 머리, 곰돌이 푸의 다리 그리고 모든 동물의 가면 등이 해당된다.
해부	An	골격, 근육 또는 뼈 구조, 두개골, 갈비뼈, 심장, 폐, 위, 간, 근섬유, 척추, 뇌와 같은 내부의 해부 구조에 관한 반응. 반응이 조직 슬라이드를 포함하고 있다면 Art 기호를 이차적으로 부가해야 한다.
예술	Art	추상적이든 분명하든 간에 유화나 그림이나 삽화와 예술품(동상, 보석, 샹들리에, 촛대, 휘장, 장식품) 같은 것에 관한 반응. 카드 Ⅶ에서 자주 나타나는 장식으로, 꽂고 있는 것 같은 깃털도 역시 Art로 부호화해야 한다. Art로 부호화하는 많은 반응들은 두 번째 내용도 부호화해야 할 경우가 있다. 예를 들어 두 마리 개의 그림은 Art, A로, 두 마녀의 조각상은 Art, (H), 허리를 구부리고 있는 두 사람의 만화는 Art, H로 부호화해야 한다.

구분	기호	기준
인류학	*Ay*	특정한 문화적 또는 역사적 함의가 있는 반응. 예를 들어 토템, 로마 시대의 투구, 대헌장, 산타마리아, 나폴레옹의 모자, 클레오파트라의 왕관, 화살촉, 선사시대의 도끼, 인디언이 쓰는 전쟁모자 등이 포함된다.
피	*Bl*	인간이나 동물의 피에 해당하는 반응.
식물	*Bt*	식물이나 식물의 부분을 포함한 반응. 예를 들어 관목, 꽃, 해초류, 잎, 꽃잎, 나무줄기, 뿌리, 새의 둥지 등이 포함됨.
의류	*Cg*	입는 것과 관련된 품목을 포함하는 반응. 예를 들어 모자, 장화, 벨트, 넥타이, 재킷, 바지, 스카프 등이 해당됨.
구름	*Cl*	구름이라는 내용이 구체적으로 사용된 반응. 이 범주의 변형인 안개나 연무는 *Na*로 기호화한다.
폭발	*Ex*	불꽃을 포함하는 돌풍이나 폭발을 포함하는 반응.
불	*Fi*	불이나 연기에 관한 반응.
음식	*Fd*	인간이 흔히 먹을 수 있는 것이 사용된 반응으로, 예를 들어 치킨, 아이스크림, 새우튀김, 채소, 솜사탕, 껌, 스테이크, 생선살 등이 포함됨. 또는 그 동물 종이 일반적으로 먹는 음식이 사용된 반응으로, 벌레나 곤충을 먹고 있는 새의 경우가 해당됨.
지질학	*Ge*	구체적이든 구체적이지 않든 간에 지도가 사용된 반응.
가정용품	*Hb*	가정용품을 포함하는 반응. 예를 들어 침대, 고기 써는 칼, 의자, 요리 기구, 컵, 정원 호스, 유리잔, 램프, 잔디용 의자, 접시, 깔개(동물가죽 깔개는 Ad로 기호화해야 하고 Hh는 2차적 내용으로 들어감), 은식기. *Hb*로 부호화한 몇몇 항목은 *Art*로 부호화할 수 있다. 예를 들어 큰 촛대, 샹들리에, 식탁 중앙에 놓는 장식물 등이 해당된다.
풍경	*Ls*	풍경을 포함하는 반응. 예를 들어 산, 산맥, 언덕, 섬, 동굴, 바위, 사막, 습지 등이 해당되며, 산호초, 바닷속 풍경처럼 바다 풍경을 포함하는 반응 등이 포함된다.
자연	*Na*	*Bt*나 *Ls*로 부호화하지 않은 자연환경에 대한 광범위한 내용의 반응. 예를 들어 태양, 달, 행성, 하늘, 물, 대양, 호수, 강, 얼음, 눈, 비, 안개, 연무, 무지개, 폭풍우, 회오리바람, 밤, 빗방울 등이 해당된다.
과학	*Sc*	직접적이든 간접적이든 간에 과학이나 공상과학의 산물과 관련된 반응. 예를 들어 비행기, 건물, 다리, 차, 전구, 현미경, 오토바이, 발동기, 악기, 레이더 기지, 도로, 로켓선, 배, 우주선, 기차, 망원경, TV 안테나, 무기 등이 해당된다.
성	*Sx*	성적 기관이나 성적 본능 활동을 포함하는 반응. 예를 들어 남근, 질, 엉덩이, 가슴(인간의 성별을 나타내는 데 사용된 경우는 제외), 고환, 월경, 유산, 성관계 등이 해당된다. 보통 *Sx*는 이차적인 내용으로 부호화한다. 일반적으로 일차적 내용은 *H*, *Hd* 또는 *An*이다.
엑스레이	*Xy*	구체적으로 엑스레이 내용이 사용된 반응으로, 뼈 또는 내부기관을 포함할 수도 있다. *Xy*로 부호화할 경우 *An*은 이차적 부호로 포함시키지 않는다.

출현하는 것을 평범 반응의 기준으로 사용한다. Exner의 평범 반응 목록은 표 11.6에 상세히 기술된다.

표 11.6 종합체계에서 사용되는 평범 반응 및 비환자와 환자 프로토콜의 예에서 각각 나타나는 비율

카드	영역	기준	비환자(%)	환자(%)
I	W	박쥐. 반점의 꼭대기를 박쥐의 상단부로 지각해야 하고 항상 반점 전체를 포함해야 한다.	48	38
I	W	나비. 반점의 꼭대기를 나비의 상단부로 지각해야 하고 항상 반점 전체를 포함해야 한다.	40	36
II	D1	동물. 구체적인 동물, 즉 곰, 개, 코끼리 또는 양 등. 이러한 반응은 대개 머리와 상체이지만 동물 전체를 포함하고 있어도 P로 부호화한다.	34	35
III	D9	인간상 또는 인형, 만화 등의 묘사. 만일 D1이 두 개의 인간상으로 사용되었다면, D7이나 Dd31은 인간상으로 보고되지 않아야 한다.	89	70
IV	W or D7	인간 또는 거인, 괴물, 공상과학 소설의 생명체 등의 인간상. 동물 형상은 P로 부호화하지 않는다.	53	41
V	W	나비. 반점의 꼭대기를 나비의 상단부로 지각해야 하고 항상 반점 전체를 포함해야 한다. 전체 반점을 반드시 사용해야 한다.	46	43
V	W	박쥐. 반점의 꼭대기를 박쥐의 상단부로 지각해야 하고 항상 반점 전체를 포함해야 한다.	36	38
VI	W or D1	동물 가죽, 짐승 가죽, 융단이나 모피. 가죽이나 융단 또는 모피는 자연적이든 비자연적이든 고양이나 여우와 같은 동물 전체를 기술하는 데 흔히 포함된다. P로 부호화할지의 여부는 이러한 반응이 가죽이나 융단을 실제로 언급하였는지 또는 명백히 내포되어 있는지에 근거해서 결정해야 한다.	87	35
VII	D1 or D9	사람의 머리나 얼굴. 여자, 아이, 인디언처럼 구체적으로 밝히거나 성별을 밝히지 않을 수도 있다. 보통 D1, D2, Dd23과 같은 큰 영역에 대하여 평범 반응이 나타난다. 만일 D1을 사용하였다면 윗부분(D5)은 보통 머리카락이나 깃털로 표현된다. 만일 D2나 Dd23 영역을 포함한다면 머리나 얼굴이 D9 영역으로 제한될 때만 p로 부호화한다.	59	47
VIII	D1	전체 동물상. 일반적으로 개나 고양이 혹은 다람쥐 같은 종류로 보고, D4 영역과 가까운 부분을 동물의 머리로 본다.	94	91
IX	D3	인간이나 인간과 닮은 형상. 마녀, 거인, 공상과학 소설의 생명체, 괴물 등이 포함된다.	54	24
X	D1	거미. 모든 부속 기관은 D1 영역으로 제한된다.	42	34
X	D1	게(crab). 모든 부속 기관은 D1 영역으로 제한된다. 다른 다리 많은 동물들은 P로 부호화하지 않는다.	37	38

출처 *The Rorschach: A Comprehensive System, Volume I: Basic Foundations* (4th ed.), by J. E. Exner Jr., 2003, Hoboken, NJ: Wiley. Copyright © 2003 by John Exner Jr. 허가하에 수록.

특수점수

종합체계는 15개의 특수점수 범주를 포함하고 있는데, 특수점수는 특이한 언어 반응이나 부적절한 논리처럼 반응에서의 특이한 양상을 고려하기 위하여 개발되었다. 이들 범주는 정의와 함께 표 11.7에 실려 있다. 먼저 제시된 4개의 특수점수(DV, DR, INCOM, FABCOM)의 경우, 반응이 다소 이례적인 것이면 수준 1로, 반응이 좀 더 기괴하거나 비일상적이고 인지적 실패의 가능성이 더 높을 것으로 보인다면 수준 2로 부호화한다.

표 11.7 특수점수에 대한 기술과 기호

특수점수	기호	특징
일탈된 언어	DV*	기괴하거나 인지적 실패를 보여 주는 반응과 관련된 언어화를 의미한다. 예를 들어 신조어나 중복 사용(예를 들어 한 짝의 2개)이 포함된다.
일탈된 반응	DR*	언어화에 초점을 둔 것이 아니라 반응에 긴 부분을 포함시키는 반응에 해당된다. 부적절한 구나 우회적 반응이 포함되며, 길고 횡설수설하며 반점과 관련되지 않는다.
부조화 반응 결합	INCOM*	하나의 대상에 부적절하게 통합된 이미지
우화적 반응 결합	FABCOM*	반점에서 지각된 둘 혹은 그 이상의 사물 간의 불가능한 방식의 결합
오염 반응	CONTAM	둘 또는 그 이상의 이미지가 부적절하게 함께 뒤섞인 것
부적절한 논리	ALOG	반응을 정당화시키기 위하여 급작스럽게 억지스러운 논리를 사용한 것
보속 반응	PSV	둘 또는 그 이상 연달아 같은 물체를 반복적으로 동일하거나 거의 동일하게 보고하는 반응("그 사람이 또 있네요")
추상적 내용	AB	상징적 표현이 부가된 내용의 반응
공격적 운동	AG	명백히 공격적인 운동 반응
협조적 운동	COP	명백히 협조적인 운동 반응
병적인 내용	MOR	죽음이나 훼손으로 표현된 내용이거나 병든 것으로 지칭되는 내용의 반응
좋은 인간 표상	GHR	인간에 대한 좋은 표상(예를 들어 +, o 또는 u의 형태질을 보이는 순수 인간 반응; Exner, 2003, 표 9.1 참고)
나쁜 인간 표상	PHR	인간에 대한 나쁜 표상(예를 들어 -의 형태질을 보이는 인간 반응들; Exner, 2003, 표 9.1, p.144 참고)
개인화	PER	반응을 정당화하거나 명확하게 하는 데 개인적 지식이나 경험을 언급하는 반응
색채 투사	CP	반점의 무채색 부분을 유채색의 것으로 지각하는 반응

* 이들 4개의 특수점수의 경우, 인지적 실패가 경미하거나 중간 정도라면 수준 1을 부여하고, 인지적 실패가 중간에서 심각한 정도라면 수준 2를 부여한다.

출처 *The Rorschach: A Comprehensive System, Volume I: Basic Foundations* (4th ed.), by J. E. Exner Jr., 2003, Hoboken, NJ: Wiley. Copyright ⓒ 2003 by John Exner Jr. 허가하에 수록.

종합체계: 구조적 요약 채점하기

수검자의 반응들에 대하여 위치(그리고 발달질), 결정인(그리고 형태질과 조직화 활동), 내용(그리고 평범 반응), 특수점수를 부호화한 다음에는 빈도 요약과 양적 공식들을 통해 구조적으로 요약된다. 양적 공식들에는 다양한 비율, 백분율, 산출점수를 포함한다. 이러한 공식들은 다양한 로르샤하 요소들의 비율과 요소들 간의 비교를 보여 준다. 양적 공식들이 산출된 후에 이들은 로르샤하 해석의 주요한 초점이 된다. Exner(2003)에 따르면, 이러한 공식들은 핵심 영역, 관념화 영역, 정서 영역, 중재 영역, 처리 영역, 대인관계 영역, 자기지각 영역 그리고 특수 지표(우울 지표, 강박성향 지표 등)의 순서에 따라 범주화되었다. 다양한 해석을 주제별로 조직화하는 데 편리한 방안을 이들 영역에서 제공해 준다. Exner에 의해서 산출 방법과 기술 내용들이 제시되었다. 다양한 점수들, 빈도 수치들, 공식들은 구조적 요약지와 특수 지표 산출표 안에 효율적인 방식으로 잘 정리되어 있다.

종합체계: 해석

해석과 관련된 다음의 내용들은 종합체계로 해석하려는 이들에게 가능한 여러 가지 해석 가설들을 제공하는 참고 지침으로서의 의미를 지닌다. 형식상 가능한 한 간결하게 제시되어 있지만, 해석자는 반드시 로르샤하 자료에 내재되어 있는 방대한 다양성을 알고 있어야 한다. 유능한 해석자들은 그들이 만들어 낸 많은 가설들 안에 반영되어 있는 이러한 다양성을 알고 있어야 한다. 쉽게 명명해 버리거나 단순화된 지표로 접근하는 것을 지양해야 한다. 대신에 임상가들은 반드시 자료의 전체 통합을 지속적으로 인식하면서 시작부터 끝까지 임해야 한다. 예를 들어 서로 다른 2개의 프로토콜에서 동일한 숫자의 C 반응은 로르샤하 자료의 다른 측면의 함의나 상호작용에 따라 전혀 다른 의미를 지닐 수 있다.

로르샤하 해석의 전형적인 순서는 Wright(2010)의 가설 검증용 일반 개념 모형을 따라야 하며, 이는 1장에서 논의한 바 있다(그림 1.1 참고). 이 모형에 따르면, 임상가는 초기에 자료에 대해서 잠정적인 자세를 갖도록 요구한다(단계 5). 단계 5의 목적은 양적인 자료, 언어적 면접 그리고 수검자의 개인사에 근거하여 가능한 많은 잠정적인 가설을 발전시키는 것이다. 이들 가설의 개수와 정확성은 임상가의 개인적 능력뿐만 아니라 자료의 풍부함에 달려 있다. 다음 단계(단계 6)는 가설들을 평가하고 필요에 따라 기각하며 수정하고 확정짓는 것과 관련되고, 그 다음에 가설들을 수검자에 대한 의미 있고 정확한 진술로 통합시키는 과정이 뒤따른다(단계 7). 이러한 것이 달성되었을 때, 임상가들은 로르샤하 해석을 종합적인 보고서로 통합할 수 있다.

상이한 해석적 가설들을 기술하면서, 높은 점수들과 낮은 점수들에 대한 참고가 지속적으로 이어진다. 이러한 관련 가중치는 종합체계에 누적되어 온 광범위한 성인 규준 자료에 근거를 둔다. Exner와 Erdberg(2005)로부터 가져온 규준 점수(평균과 표준편차)가 해석과 관련된 각 영역의 참고표에 포함되어 있음을 명심해야 한다. 다양한 범주의 상대적 타당도가 명시되어 있으며, 이는 Mihura 등(2013)에 근거를 두고 있다. 개별 부호화에 대한 타당도 등급 상정이 마무리되지는 못했으나 비율, 백분율, 산출점수를 위한 타당도 등급이 독점적으로 제공됨을 주목해야 한다.

아동과 청소년의 평가(6~16세)에 관심이 있는 임상가들은 Exner(2003)와 Exner와 Weiner(1995)에 의해 개발되어 훨씬 더 광범위한 연령별 아동용 규준을 참고할 수 있다. 다국적 해석(많은 논쟁이 있고, 비정신질환자 집단 대상)에 관심이 있는 임상가들은 Meyer 등(2007)의 국제적 표준 참고 군집을 반드시 참고해야 한다.

해석적 정보를 보여 주는 점수 계열은 먼저 특정 부호화 범주(위치, 결정인, 내용, 특수점수)에 따라 구조화된다. 그 다음으로 구조적 요약의 영역들이 제시된다. 구조적 요약의 공식들은 핵심 영역부터 시작되며, 그 뒤로 관념 영역, 정서 영역, 중재 영역, 처리 영역, 대인관계 영역, 자기지각 영역 그리고 특수 지표 순으로 이어진다. 아래에 제시되는 묶음들에서는 기능적 영역별로 관련된 해석 자료들을 구조화하여 제시해 줌으로써 서로 다른 해석들이 심리평가 보고서에 좀 더 쉽게 통합될 수 있도록 도와준다. 예를 들어 대인관계와 관련된 사안을 이해하는 데 관심이 있는 임상가는 대인관계의 기능 영역과 관련된 로르샤하 자료를 주의 깊게 살펴볼 수 있다. 이와 유사하게 정서처리와 관련된 정보는 정서 영역으로부터 획득될 수 있다. 그리고 난 후 이러한 해석들을 위해 이 영역과 관련된 다른 평가 자료와 비교하고 대조하며 수정할 수 있다. 표 11.8을 살펴보면, 해석을 위하여 제공되는 순서에 따라 다양한 해석적 범주들이 요약되어 있다. 또한 종합체계는 8개 군집으로 구분하여 자료를 구조화하고 있다(Exner, 2003, 표 13.2, p. 225 참고).

표 11.8 종합체계에서의 부호화와 해석의 영역들

위치
전체 반응(W)
부분 반응(D)
흔치 않은 부분 반응(Dd)
공백 반응(S)
발달질(DQ)

결정인
형태(F)
인간 운동(M)
동물 운동(FM)
무생물 운동(m)
유채색(C)
무채색(C′)
음영-재질(T)
음영-차원(V)
형태 차원(FD)
쌍 반응(2)과 반사 반응(Fr)
조직화 활동(Z)

내용
전체 인간, 인간 부분(H, Hd)
전체 동물, 동물 부분(A, Ad)
해부, 엑스레이(An, Xy)
음식(Fd)

평범 반응

특수점수
일탈된 언어(DV)
일탈된 반응(DR)
부적절 결합(INCOM)
우화적 결합(FABCOM)
오염(CONTAM)
부적절 논리(ALOG)
보속(PSV)
추상적 내용(AB)
공격적 운동(AG)
협조적 운동(COP)
병적인 내용(MOR)
질 좋은 인간 표상(GHR)
질 나쁜 인간 표상(PHR)
개인화(PER)
색채 투사(CP)

비율, 백분율, 산출점수
핵심 영역: 빈도점수(결정인 각각의 빈도뿐만 아니라 반응의 전체수를 포함하여 이전 영역에서 추출된 빈도점수임)와 9개의 공식들
1. 람다(L)
2. 경험의 균형 또는 경험 양식(EB)
3. 경험의 실제 또는 가용 자원(EA)
4. 경험 양식의 치우침 정도(EBPer)
5. 경험의 기초(eb)
6. 경험의 자극(es)
7. D 점수(D)
8. 조정된 경험 자극(Adj es)
9. 조정된 D 점수(Adj D)

관념 영역: M-와 M 빈도, 수준 2의 특수점수 반응 개수, WSum6, 형태질 없는 M 그리고 다음의 것들.
1. 능동:수동 비율(a:p)
2. 인간 운동 반응 능동:수동 비율(Ma:Mp)
3. 주지화 지표[2AB + (Art + Ay)]

정서 영역: 순수 C, S, CP의 빈도 그리고 3개의 공식들
1. 형태-색채 비율[(FC:CF + C)]
2. 정서 비율(Afr)
3. 복잡성 지표(Blends:R)

중재 영역: 평범 반응의 개수, 공백 반응수의 총합 그리고 다음의 백분율
1. 확장된 적절 형태 비율(XA+%)
2. 적절하고 일반적인 위치에서의 형태 비율(WDA%)
3. 왜곡된 형태 비율(X-%)
4. 인습적 형태 비율(X+%)
5. 특이한 형태 비율(Xu%)

처리 영역: 조직적 활동의 빈도(Zf), 보속 반응(PSV) 개수, 발달질+(DQ+) 개수, 발달질v(DQv) 개수 그리고 세 가지 공식들
1. 경제성 지표(W:D:Dd)
2. 열망 지표(W:M)
3. 처리 효율성(Zd)

대인간계 영역: 협력적 운동(COP)의 빈도, 공격적
　운동(AG)의 빈도, 반응 내용 음식 빈도, 순수
　H의 총합, 보속 반응의 개수(PSV), 질 좋은 인간
　표상과 질 나쁜 인간 표상의 비율(GHR:PHR), T의
　총합, 능동:수동(a:p) 비율 그리고 2개의 공식들
1. 대인관계 관심 H+(H)+Hd+(Hd)
2. 고립 지표 Bt+2Cl+Ge+Ls+2Na/R

자기지각 영역: 반사 반응 총합, 형태 차원
　반응의 총합, 병적 내용의 총합, 해부 반응의
　총합, 엑스레이 반응의 합, V 총합, 순수
　H:(H)+Hd+(Hd)의 비율 그리고 다음
1. 자기중심성 지표〔3r+(2)/R〕

특수 지표
지각사고 지표(PTI)
우울 지표(DEPI)
대처결함 지표(CDI)
자살 잠재성 지표(S-CON)
과잉경계 지표(HVI)
강박유형 지표(OBS)

1. 통제 및 스트레스 인내력(Controls and Stress Tolerance)

2. 상황적 스트레스(Situational Stress)

3. 정서적 특징(Affective Features)

4. 자기지각(Self-Perception)

5. 정보처리(Information Processing)

6. 중재(Mediation)

7. 관념화(Ideation)

8. 대인관계 지각(Interpersonal Perception)

　"종합체계: 해석"이라고 명명된 절에서 제공되는 내용들은 점수 계열을 따라서 구조화되어 있기 때문에 비교적 따르기 쉽고 이해하기도 수월하다. 점수 계열에 근거해서 조직화되었기 때문에, 임상가들은 로르샤하의 자료를 활용할 수 있는 방법을 얻을 수 있다. 로르샤하의 다양한 군집에 포함된 목록은 임상가들로 하여금 필수적인 기능 측면에 맞게 사례 개념화를 할 수 있게 도와준다는 점에서 실질적인 종합체계에 기반한 성격 이론의 역할을 수행한다.

　이 장에 남아 있는 많은 해석 부분을 읽는 과정은 양이 많기 때문에 지루함을 느낄 수 있다. 해석의 양을 극복하기 위해, 다양한 절과 해석을 처음에는 대충 훑어볼 것을 치료자

들에게 권고한다. 다음 순서로 동료 한 사람에게 요청하여 실제적으로 로르샤하를 실시하고 부호화/점수화를 통해 로르샤하 프로토콜을 실제로 획득해 보거나 Exner의 책에서 하나를 사용해 보기 바란다. 그리고 난 후 치료자로서 상이한 각각의 범주를 살펴보고 수검자의 결과물에 기초해서 가설들을 만들어 볼 수 있다. 로르샤하 변인들로 측정된 영역들에 기반하여 가설들이 수검자에 대한 보고서로 통합될 수 있다. 이러한 순서로 공부하게 되면, 실제 임상적 기술을 향상시켜 줄 뿐만 아니라 배운 지식들을 의미 있게 만들고 주의 깊게 만들어 줄 수 있다.

위치

일반적으로 수검자가 반응을 위해 선택한 잉크반점의 영역은 수검자가 세상에 다가가는 전반적인 방식을 보여 준다. 특히 수검자의 삶 속에서 불확실한 것 그리고 애매모호한 것들과 맞설 때의 방식에서 더욱 정보가 있다. 예를 들어 누군가는 작은 세부 상황에 집중하고 잠재적으로 중요할 수 있는 문제를 무시함으로써 자극의 중요한 측면을 회피할 수 있는 반면, 어떤 이는 상황에서 가장 분명하고 구체적인 것만을 지각하려고 할 수 있다. 로르샤하에서 위치의 분석을 통해 사람들이 특정한 방식으로 세상에 접근하는 이유에 대해 알려 주지는 못하고, 대신에 그들의 독특한 방식을 기술해 주는 것에 한정된다.

로르샤하에서의 위치는 반점의 사용에 따라 일반적인 위치와 일반적이지 않은 위치로 나뉜다. 흔하게 사용되는 위치가 정상적인 빈도와 좋은 질로 사용된다면, 그것은 현실검증력·지능·열정이 좋고, 논리적이며, 일반화할 수 있는 능력이 괜찮음을 보여 준다. 잘 사용되지 않는 반점을 포함하는 흔치 않은 위치의 경우, 공포·불안·강박적 성향 등의 신경증적 증상들과 관련된다. 흔치 않은 위치를 극단적으로 사용하는 경우는 더욱 심각한 정신병리를 반영한다(Exner, 2003). 위치의 사용에 대한 다양한 가설들이 제시되고 있는 반면 이러한 해석적 가설에 대한 지지 증거가 현재 가용되지 않기에, 그러한 해석을 사용하는 데 많은 주의를 기울여야만 한다.

전체 반응(W)

전체 반응의 경우, 환경에 효율적이고 적극적인 방법으로 상호작용할 수 있는 정도와 관련이 있다. 반응의 질과 조직화가 좋을 때, 이 사실은 더욱 그러하다. 전체 반응은 3~4세의 아이들에서 가장 빈도가 높게 나타나는(Exner & Weiner, 1995) 반면 일반적인 성인 반응에서 30~40% 비율로 줄 때까지 후기 아동기와 청소년기에서 계속 줄어드는 양상을 보인다. 성인의 W:D의 평균 비율은 대략적으로 1:2이다(W:M과 W:D:Dd 공식의 해석과도 관련됨).

W반응이 많은 경우(평균=9.10, 표준편차=3.70)

- 높은 지적 활동, 좋은 통합 능력, 좋은 추상적 추론 능력
- 현실감이 유지됨
- 문제해결 능력이 우수함
- 처음 2개의 해석은 높은 수준의 조직화 활동을 사용하는 W 반응과 관련됨(W+ 반응 비율을 체크해야 함). 조직화를 많이 하면 할수록 위 해석이 강력해짐
- W 반응은 카드 V, I, IV, VI에서 높은 빈도를 보이며, 카드 X, IX, III, VIII에서 빈도가 낮음. 후반부 카드에서 나오는 W 반응이 더 큰 조직적 활동을 요구함

W반응이 적은 경우

- 우울이나 불안이 예견됨
- 만일 빈도, 질, 복잡성이 떨어진다면, 뇌 손상과 관련된 지적 능력의 퇴보나 정신지체와 같은 더 심각한 수준의 부적응이 관련됨

흔한 부분 반응(D)

로르샤하(1921/1941)는 원래 D 반응과 관련해서 상황의 명확한 부분을 지각하고 반응하는 정도를 반영한다고 개념화하였다. 조현병이 아닌 입원 환자와 조현병 입원 환자의 D 반응은 각각 46%, 47%인 반면 성인 비환자 집단과 외래 환자의 D 반응이 각각 62%, 67%라는 최근의 규준 자료에 의해 이러한 개념화가 지지되었다(Exner, 1974). D 반응의 빈도는 카드 X에서 가장 높은 경향이 있다(Exner, 2003). D 반응의 비율은 어린 아동들에게서 제일 적고, 나이를 먹을수록 점차적으로 증가한다(Ames, Metraux, Rodell, & Walker, 1974). D 반응과 관련된 모든 해석에서는 반응수(R)가 높으면 다른 위치 반응에 비해 상대적으로 D 반응의 비율이 높아진다는 점을 반드시 고려해야 한다(W:D:Dd 비율

과도 관련됨).

D반응이 많은 경우(평균=12.66, 표준편차=4.75)

- 낯설고 비일상적인 부분을 탐색하기보다는 안전하고 명백한 것에 초점을 둠으로써 지적 잠재력을 충분히 사용하지 않고 환경에서 구체적이고 분명한 측면을 과중하게 강조함
- 만일 D+가 많다면, 기능 수준이 우수하며 정확성에 대한 염려가 사료됨
- 만일 D가 높지만 반응의 질이 낮다면, 심각한 수준의 부적응이 관련됨

D반응이 적은 경우

- 스트레스를 높게 경험함(Dd가 높으면서 D가 낮은 경우)
- 지각적 능력이 저조하며 뇌 손상이 동반될 수 있음

흔하지 않은 부분 반응(Dd)

Dd 반응은 전체 상황을 지각하거나 환경의 더 명백한 요소들을 알아차리는 것 대신에 세부적인 것에 집중함으로써 자신의 환경으로부터 동떨어짐을 의미한다. Dd 반응의 수가 정상 성인의 전체 반응수에서 대략 6%가 될 것으로 예상 가능하다. 그러나 Dd 반응은 정상 아동과 청소년의 프로토콜에서 더 빈도가 높다. 조현병이나 심각한 강박증을 지닌 수검자들의 경우, Dd의 비중이 25% 또는 그 이상까지 증가할 수 있다(Exner, 1974). Dd 반응이 W나 D와 비교하여 적절한 비중을 보인다면, 결단과 유보의 적절한 균형을 유지하며 건강하게 적응하는 특징으로 여겨진다.

Dd반응이 많은 경우(평균=1.60, 표준편차=2.06)

- 전체 반응에 포함될 수 있는 애매모호함으로부터 거리를 두려고 함
- 주위 환경을 좁게 보려고 시도함
- 불안감을 줄이고 지각을 좀 더 통제하려는 시도로 상황의 세부에 초점을 둠
- 사고 과정이 전체 반응의 모호함이나 복잡성을 고려할 만큼 유연하지 못한 이유로 융통성 없는 사고 과정을 보임

공백 반응(S)

높은 숫자의 S 반응(둘 또는 그 이상)은 부정적인 관점, 분노 조절의 어려움, 적대적 경향성과 관련이 있다(Exner, 1993, 2003). 만일 높은 숫자의 S 반응(둘 또는 그 이상)이며 형태질이 좋지 않고 질 나쁜 원초적 양상을 보인다면, 임상가들은 분노, 적대감 그리고 잠재적인 행동 표출의 가능성을 고려해야 한다(Exner, 1993). S 반응에 대한 해석이 지지를 받는 경우는 공간을 반점의 부차적인 특징으로 통합하는 경우가 아니라 공백이 반응의 우선적인 내용으로 사용되었을 때에 한정된다(DeKoninck & Crabbe-Decleve, 1971; Dumitrascu, Mihura, & Meyer, 2011). 따라서 하얀 공백이 얼굴 위의 눈으로 표현된 반응은 이렇게 해석될 수 없지만, 반점 중앙의 하얀 공백을 우주선으로 표현한 반응은 이러한 방식으로 해석될 수 있다. 이러한 구분을 고려하지 않고 공백 반응을 해석할 때에는 반항성 또는 분노에 대한 타당도를 갖는다고 할 수 없으므로 주의를 요한다(Mihura et al., 2013)(평균=2.37, 표준편차=1.97).

+ 발달질과 모호한 발달질

발달질 점수는 정보를 분석하고 통합하는 상대적인 능력과 관련된다. 높은 DQ+(9~10 이상)는 더욱 지적이고 복잡하며 세련된 특징과 연관성을 갖는다. 그렇지만 이러한 복잡성이 반드시 그 사람의 좋은 효율성이나 정확한 인지 능력을 의미하지는 않는다(효율성과 정확성 모두에 대한 지표로 Zd를 참고해야 함). 심리장애의 경우, 매우 복잡한 인지 능력을 지녔지만 잘 조율되어 있지 않은 경우들도 많이 있다. DQ+와 대조적으로, 높은 비중(3 또는 그 이상)의 질 낮은 발달질(DQv) 반응은 미숙하고 세련되지 못한 특징을 의미한다(예를 들어 신경심리학적 손상이나 지적장애를 갖고 있는 아동; Exner, 1993, 2003). 이들 두 가지 해석은 경험적 지지를 받고 있다(Mihura et al., 2013)(평균=8.43, 표준편차=3.07 그리고 평균=0.37, 표준편차=0.72).

결정인

결정인에 대해서는 많은 연구가 수행되어 왔기 때문에, 결정인은 흔히 로르샤하 자료의 핵심으로 여겨진다. 누군가의 결정인 점수를 분석해 보면 그 반응이 형성되는 동안 그 사람이 관여한 심리적 활동을 알 수 있다. 이 분석을 통해 그 사람의 독특한 지각과 사고 유형 그리고 다른 사람과 상호작용하는 방식을 알 수 있다. 일반적으로 연구들이 결정인의 구체적 세부사항들을 별개로 분리해 버렸기 때문에, 임상가들은 융통성 없고 부정확할 수 있는 "개별 지표" 방식으로 유도되곤 한다. 다시 한 번 강조하지만, 로르샤하 해석자들은 단일 결정인 점수로부터 파생된 잠정적 가설을 수정하고 채택하며 기각하기 위해서 수많은 변인들의 상호작용에 집중해야 한다.

형태 결정인(F)

프로토콜 내 순수 F의 양은 일반적으로 그 사람이 처한 상황으로부터 정서를 떼어 놓는 정도를 의미하였다. 반응 속에 형태가 존재한다는 것은 환경의 표준 단위를 존중하는 정도를 의미하고 추론 능력이 유지됨을 반영한다. 이는 주의력과 집중력이 관련됨을 의미하며, 정서 억제나 지연의 지표로 여겨진다(Exner, 1993, 2003). 이는 다른 집단에 비해 조현병 입원 환자들이 상대적으로 높은 Fu와 F-반응의 비율을 보인다는 사실에서 지지된다. 그러나 순수 F는 다른 유형의 조현병 환자보다 편집형 조현병 환자에게서 더 높게 나타났는데(Rapaport, Gill, & Schafer, 1968), 이는 그들이 조직화와 주의 정도가 더 높음을 반영한다. 이에 부가해서 조현병 환자들은 치료 후 순수 F가 증가(Exner, 1993)하였고, 조현병 환자에게서 질 좋은 순수 F는 더 나은 예후와 관련되었다(Exner & Murillo, 1977). 순수 F 반응의 존재는 현재 갈등이 없음을 의미하는 것이 아니라 갈등과 관련된 정서를 일시적으로 유예할 수 있음을 의미한다. 반대로 정서적 혼란에 빠진 사람은 유의미하게 적은 숫자의 순수 형태 반응을 보일 것으로 여겨지는데, 이는 그들이 경험으로부터 자신의 감정을 떼어 내는 능력이 부족함을 반영한다(Lambda 해석을 참고하고, "중재 영역"내의 X+%, F+%, X-%, S-%, Xu%의 비율을 검토할 것).

순수 F가 많은 경우(평균=7.91, 표준편차=3.70)
- 방어적이고 움츠림
- 정서를 의도적으로 억누르거나 혹은 통제하는 능력이 좋음
- 검사의 목적에 대한 사전 지식을 알고 있는 사람이나, 가능한 빨리 답변하도록 요청받은 사람들에게서 순수 F가 증가함

순수 F가 적은 경우

- 정서적 혼란 수준이 높아서 상황에 대한 정서적인 반응을 숨기기에 역부족임
- 급성의 조현병 환자는 정서적 수준을 낮추는 데 어려움을 보이고 순수 F 반응의 수가 적음(Exner & Murillo, 1973). 또한 충동 조절에 어려움을 갖는 기질성 장애 환자는 낮은 수의 순수 F 반응을 보임(Exner, 1974)

인간 운동 반응(M)

아마도 로르샤하의 다른 어떤 변인보다도 M 반응에 대한 연구가 더 많이 수행되었을 것이다. 대부분의 연구에서 M 반응은 외부 세계와 연결된 내적 공상을 반영하는 것으로 여겨진다. 구체적으로 살펴보면, M 반응은 내적 자원을 현실과 연결시키는 교량 또는 "행동의 내면화"로 기술될 수 있는 것을 말한다(Exner, 1993, 2003). 이것은 내면의 사고, 계획, 상상, 공감까지 포함한다. 또한 M 반응은 일시적일지라도 외부로의 행동을 억제하는 것을 의미한다. 높은 숫자의 M 반응은 창의성(Dudek, 1968), 내향적 사고(Kunce & Tam-kin, 1981)와 관련되며, M 반응과 백일몽 사이에는 밀접한 관련이 있다(Dana, 1968; Page, 1957). Schulman(1953)은 높은 숫자의 M 반응이 내적 과정의 활발함과 표현의 지체를 모두 반영한다는 점에서 M 반응이 추상적 사고와 관련이 있다고 주장하였다. 따라서 M-는 일반적으로 신중한 내적 경험과 관련된 것으로 이해될 수 있다. 긍정적인 면에서 볼 때, M 반응은 자아의 기능·계획 능력·충동 조절이 좋고, 좌절감을 견뎌 낼 수 있는 능력이 있음을 나타낸다. 부정적인 면에서 볼 때, M 반응은 과발달된 공상적 삶을 보여 줄 수 있다. 일반적으로 이러한 방식의 M 반응 해석은 많은 지지를 받는다(Mihura et al., 2013).

M 반응을 해석하는 동안 반응의 다른 요소들을 주의 깊게 살펴보는 것이 중요하다. 예를 들어 그 운동 반응이 갈등 혹은 협동과 관련이 있는가? 높은 숫자의 공격적 운동은 일반적으로 더 공격적인 사람을 의미하고 관계를 공격적인 속성으로 지각하는 사람을 의미(Exner, 1983)하는데, 이러한 해석은 어느 정도 지지된다(Mihura et al., 2013). 운동 반응에서 수동성의 정도는 실험 외적 상황에서 더욱 의존적이고 수동적인 행동을 하는 사람을 의미(Exner & Kazaoka, 1978)하는데, 해석을 지지할 충분히 강한 증거가 없는 것에 주의할 필요가 있다(Mihura et al., 2013). 개인적인 관심이 운동 반응에 투사될 수도 있는데, 예를 들어 춤추는 운동 반응은 체육 교육 그리고 댄스를 배우는 학생의 프로토콜 속에서

다수 관찰된다(Kincel & Murray, 1984). 임상가는 검사 내부와 외부 모두의 다른 자료들을 반드시 고려해야만 한다. 인간 운동 반응을 정교하게 다듬는 반응은 특히 충동 조절과 관련된 것이므로, EB와 EA 비율을 언급하면서 다루어질 수 있다.

M반응이 많은 경우(평균=4.83, 표준편차=2.18)

- 높은 지적 수준(특히 높은 숫자의 M 반응이 존재한다면)
- 높은 창의성
- 좋은 추상적 추론
- 정보처리 수단으로 내향적 사고를 함
- 충동을 지연하는 능력
- 공상적 삶에 많은 시간을 투자함
- 높은 숫자의 M+ 반응은 심리치료 예후가 좋음
- 높은 숫자의 M− 반응은 왜곡된 대인 지각을 의미함(예를 들어 높은 M− 반응은 조증 환자들 그리고 타인에 대한 정신증적 지각을 갖는 사람들 사이에서 발견됨). 이러한 해석은 경험적 지지를 받고 있음(Mihura et al., 2013)

M반응이 적은 경우

- 우울증의 가능성, 내적 자원을 사용하는 데 어려움을 보임
- 높은 충동성
- 치매
- 경직성, 변화에 순응하고 적응하는 데 어려움을 보임
- 낮은 공감, 상상력 결여
- 경직성, 낮은 공감, 내적인 삶의 미숙함으로 인해 심리치료의 예후가 좋지 않음

동물 운동 반응(FM)

인간 운동 반응이 내적 환경과 외적 환경을 중재하는 역할을 보이는 반면, 동물 운동 반응은 자아의 통제가 부족한 대상에 대해 덜 절제된 정서적 충동을 의미한다. 충동은 더욱 급박하고 더 의식적이며 사람의 통제를 넘어서는 상황에서 촉발된다. 이와 같은 관찰

은 아동(Ames et al., 1974)과 노년층(B. Klopfer, Ainsworth, Klopfer, & Holt, 1956)에서의 높은 숫자의 FM 반응으로부터 관찰된다. 성인의 FM 반응 숫자는 평균적으로 4.0에 해당하는 데 반해, 아동(8~16세)의 FM 반응수는 3.0에서 3.5의 범위를 보인다(Exner & Erdberg, 2005). 중요하기도 하고 예상되는 방향도 있지만, 이 해석에 대한 효과 크기가 작고 이를 지지하는 증거도 부족하다(Mihura et al., 2013).

FM반응이 많은 경우(평균=4.04, 표준편차=1.90)

- 사고와 감정이 개인의 통제를 넘어섬
- 절제되지 못한 충동, 만족감을 지연시키는 데 어려움, 장기적 목표를 향한 계획을 거의 세우지 않음
- 공격적인 FM 반응이 높은 숫자라면 공격적일 가능성이 있음
- 불안을 감소시키는 주요한 수단으로 지적 합리화, 이성적 합리화, 퇴행, 치환의 방어기제를 사용하는 등 매우 방어적임

FM반응이 적은 경우

- 정서적 표현에 지나치게 억제됨
- 기본적 욕구를 부인할 수 있음(아동의 경우 활력 수준이 감소된 것과 관련됨)

무생물 운동 반응(m)

FM 반응과 유사하게, 무생물 운동 반응의 숫자는 정신적 동요를 겪을 만큼 자신의 통제 범위를 벗어나는 추동이나 생활 사건을 경험한 정도에 대한 지표를 의미한다. m 반응에 반영된 추동은 개인의 적응을 위협하며 추동을 효율적으로 다루지 못하는 무력감을 느끼게 된다(B. Klopfer et al., 1956). 이러한 무력감은 흔히 대인관계 활동과 관련된다(Hertz, 1976; B. Klopfer et al., 1956; Z. Piotrowski, 1957, 1960). 성인 비환자 집단의 평균 m 반응수는 1.6이었다(표준편차=1.34; Exner & Erdberg, 2005). m 반응이 외적 세계로부터의 위협을 의미한다는 관점은 심한 폭풍을 겪는 기간 동안 선원들 집단에서 유의미하게 많은 m 반응을 보고하였다는 사실(Shalit, 1965)에 의해 지지를 받는다. 또한 통제할 수 없는 실험실-유발 스트레스에 노출된 평범한 피험자들(McCown, Fink, Galina, &

Johnson, 1992)과 암페타민을 투여 받은 사람들(W. Perry et al., 1995)에게서 일시적인 m 반응의 증가가 보였다는 발견과 일맥상통한다. 수술 대기 환자가 수술 직전에 m 반응의 증가(Exner, 1993)를 보인 것처럼, 낙하산 훈련을 하는 사람들은 최초의 낙하를 하기 직전에 m 반응의 증가(Armbuster, Miller, & Exner, 1974)를 보였다[경험적 스트레스(eb)에 대한 해석을 참고할 것]. 이와 반대로 Piotrowski와 Schreiber(1952)는 치료가 성공적이었던 환자들에서 m 반응이 없었다는 사실을 발견하였다. 따라서 수많은 연구가 이 채점 범주의 해석을 지지하고 있고(Hiller et al., 1999) 이에 대한 효과 크기가 중간 정도이므로, 이는 이 해석의 강력한 증거가 된다(Mihura et al., 2013). m 반응의 개별적 의미에 대하여 좀 더 완전히 이해하려면, 임상가들은 M 반응, C의 총합, D와 S 반응의 빈도나 F+%와 X+%에 반영된 지각의 정확도를 살펴볼 때마다 불일치하는 결과를 해결할 수 있는 가용한 자원이나 특징적 지표들에 대해 살펴보아야 한다.

m반응이 많은 경우(평균=1.57, 표준편차=1.34)

- 갈등과 긴장이 분명히 존재함
- 위협적인 사람들이나 사건에 휩싸여 있다는 것을 지각하며, 스스로를 환경에 조화시키지 못한다는 것을 느낌

유채색 반응(C, CF, FC, Cn)

유채색을 다루는 방식은 수검자가 감정을 처리하는 방식을 의미한다. 만일 색채가 주도적인 특징(C, CF, Cn)을 보인다면, 정서는 형편없이 통제되며 혼란스러운 상황일 수 있다. 이러한 경우, 정서는 파괴적이며 그 사람은 감정적이거나 불안정하고 지나치게 반응적일 것으로 예상된다. 만일 반응에서 형태가 더 주도적(FC)이라면, 정서는 좀 더 지연되고 통제되며 다듬어질 것이다. 예를 들어 문제해결 상황에서 자신의 반응을 지연하는 데 어려움을 겪는 사람들은 더 많은 CF와 C 반응을 보인 반면, 자신의 반응을 효과적으로 지연할 수 있는 사람들은 자신의 프로토콜 내에서 높은 숫자의 FC 반응을 보인다는 것이 입증되었다(H. Gill, 1966; Pantle, Ebner & Hynan, 1994). 또한 이들 연구자들은 유채색 주도적인 반응과 충동성 측정치 사이에는 정적인 상관관계가 존재한다는 것을 발견하였다. 그러나 유채색 주도적인 반응으로 충동성을 판별하려면 D 점수, 형태질, Y 반응의 수, 유채

색 주도적 반응의 상대적 수(FC:CF+C) 등을 반드시 고려해야 한다. 더군다나 유채색 카드들은 무채색 카드들보다 많은 빈도로 공격적, 수동적, 바람직하지 않은 내용들을 만들어 낸다(Crumpton, 1956).

성인 비환자들은 유채색 주도적인 반응보다 1.5배에서 2.5배까지 더 많은 수의 형태 주도적인 유채색 반응[FC/(CF+C)]을 보인다. 이와 대조적으로 환자 집단은 일반적으로 FC와 CF+C 반응이 동일한 수준의 개수를 보인다(Exner, 1993). 유채색 명명 반응(Cn)이 그렇듯이, 순수 C 반응들 또한 매우 어린 아동들의 프로토콜에서 두드러진다(Ames et al., 1974; Exner, 1986, FC:CF+C의 해석도 참고할 것). 순수 C 반응을 극도의 충동성이나 감정적 반응으로 해석해서는 안 되지만, 사용된 유채색 반응의 종합적 수준이 사고와 행동에 감정이 미치는 영향을 측정하는 측정치로 해석되는 데에는 강력한 증거들이 존재함을 명심해야 한다(Mihura et al., 2013).

가중치가 부여된 유채색 반응의 총점이 높은 경우

- 인지적 능력이 일시적으로 중지되었거나 정서적 충동(특히 인간 운동 반응이 전무하다면 공격성이나 공격적인 성향일 수 있음)에 의해 압도당한 상태임
- 불안정하고 피암시성이 높으며 예민하고 짜증을 잘 낼 수 있음
- 문제해결 상황 가운데 반응을 지연시키는 데 어려움을 보임
- 색채 명명 반응: 자극에 대한 반응이 경직되고 원초적이며 형편없이 개념화됨(자극에 구속됨)을 의미함. 이는 기질적 손상과 같이 심각한 성인기 장애를 반영할 수 있음(주의: Cn 반응은 특히 지적장애가 있는 어린 아동의 프로토콜 내에서 아주 드문 경우는 아님).

가중치가 부여된 유채색 반응의 총점이 낮은 경우

- 자발성이 낮고 감정에 대한 과잉통제를 함(예를 들어 우울증, 신체화를 지닌 환자들)
- 다른 지표가 존재한다면 자살 성향도 가능함

FC반응이 많은 경우(평균=2.97, 표준편차=1.78)

- 감정을 통제하는 것과 그 감정을 적절하게 표현하는 것 모두를 잘 아우름(보통의

FC일 때)

- 타인들과의 좋은 관계(보통의 FC일 때)
- 낮은 수준의 불안감, 스트레스하에서의 학습 능력, 좋은 치료 예후(보통의 FC일 때 감정을 개념화할 수 있고 표현을 구체화할 수 있음)
- 필요 이상의 순응성이나 의존적인 성격을 반영할 수도 있음(극도로 높은 FC의 경우)
- 아동의 경우 자연스러운 자발성이 줄어듦과 동시에 과도한 훈육을 시행한 결과를 반영할 수도 있음

FC반응이 적은 경우

- 감정 통제가 미숙하고, 그로 인해 대인관계에서도 어려움을 겪음
- 불안한 상태일 수 있음
- 만일 조현병의 다른 지표(예를 들어 높은 F− 반응)가 있다면, 조현병 가설을 지지함

무채색 반응(C′, C′F, FC′)

무채색 반응(C′)은 부자연스럽고 내적이며 고통스러운 정서를 반영한다. 조심스럽고 방어적인 사람의 내면에는 과민함과 함께 억눌린 감정 표현이 존재한다. Exner(1993)는 C′은 "자신의 혀를 깨물어 감정을 내면화하고 그 결과 상당한 과민함을 경험함"(p. 386)과 비슷한 심리라고 언급하였다. 따라서 이는 고통스러운 정서뿐만 아니라 정서적 억압, 정서적 방어와 관련이 있다. 로르샤하를 체계화한 대부분의 학자들은 지속적으로 C′를 우울증의 지표로 사용하고 있다. 무채색 반응의 의미를 고려해 볼 때, 임상가는 형태가 지닌 상대적인 영향력을 반드시 살펴보아야 한다. 만일 형태가 주도적(FC′)이라면, 행동을 지연시키는 힘과 함께 정서에 대한 명확화와 조직화를 할 가능성이 있다. C′이 주도적인 반응의 경우, 고통스러운 감정이 가까이에 존재함을 시사한다. 비환자 집단에서 무채색 반응의 평균적인 수는 1.49이다(Exner, 2003). 이와 대조적으로 우울증을 앓고 있는 경우 평균이 2.16이며, 성격 이상자들의 평균은 .83이다(Exner, 1993). C′를 이렇게 해석하는 방식은 많은 지지를 받고 있다(Mihura et al., 2013).

C′반응이 많은 경우(평균=1.60, 표준편차=1.33)

- 매우 억압되고 고통스러운 감정들(예를 들어 신체 증상 관련 환자, 강박장애 환자, 우울장애 환자)
- 전반적인 조율 능력이 형편없음
- 자살 가능성(높은 비중의 C′ 반응과 더불어 음영 반응이 전무한 경우)

음영-재질 반응(T, TF, FT)

재질 반응의 경우 대인관계 속에서 지지받고 싶은 욕구와 더불어 고통스러운 정서적 경험을 겪고 있음을 의미한다(S. J. Beck, 1945, 1968; B. Klopfer et al., 1956). 예를 들어 통제집단에서는 1.31의 재질 반응수(표준편차=0.96)를 보임에 반해, 최근 이혼하거나 별거 중인 수검자들은 프로토콜당 평균 3.57의 재질 반응수(표준편차=1.21)를 보였다(Exner & Bryant, 1974). 높은 숫자의 재질 반응을 보이는 사람들은, 비록 제한적이고 신중한 방식을 취할지 모르지만, 대인관계적 연결과 접촉을 필요로 한다(Hertz, 1976). 만일 형태가 덜 중요하고 재질이 우세하다면 고통스러운 경험에 압도당한다고 느끼는 경향이 있으며, 이 경험은 아마도 그들의 적응력에 지장을 줄 만큼 충분히 강력할 것이다. 반대로 형태가 우세(FT)하다면, 고통이 잘 통제될 뿐만 아니라 타인과의 지지적인 접촉 욕구가 주요한 관심사가 될 것이다(S. J. Beck, 1968; B. Klopfer et al., 1956). Coan(1956)은 운동 반응과 재질 반응의 조합이 내면의 세심함과 공감에 관련됨을 주장하였다. 만일 유채색 반응과 재질 반응이 함께 관찰된다면, 그 사람의 행동이 애정을 추구하는 데 미성숙할 뿐만 아니라 직설적이고 제어되지 않았음을 의미한다(Exner, 1974). 낮은 T의 해석에 대한 지지가 부족하지만, 높은 T의 변인을 이렇게 해석하는 것에는 많은 지지가 존재한다(Mihura et al., 2013).

재질이 주도적인 반응은 아동기를 거치면서 증가하고, 15세에 최고치에 오르며, 형태가 주도적인 재질 반응이 특징적인 늦은 청소년기와 성년기가 될 때까지 점차 줄어든다(Ames et al., 1974). 정신질환자 집단에서 평균 2개 이상의 재질 반응을 보이는 데 반해, 비환자 집단은 평균 1개의 재질 반응을 보인다(Exner, 2003; Exner & Erdberg, 2005). 재질 반응은 다른 어떤 카드들보다 카드 IV와 카드 VI에서 10배 이상의 빈도를 보인다(Exner, 1993).

T 혹은 TF가 많은 경우 (T만 놓고 볼 때 평균=1.02, 표준편차=0.69)

- 애정과 의존에 대한 강렬한 욕구
- 개인적 관계에서의 과민성, 지지받고자 하는 강한 욕구와 현실적인 측면을 절충하는 데 어려움을 겪음
- 주변 환경에 개방적이기는 하나 주변 환경에 접근하는 데 신중한 예민성을 보임

T가 적거나 부재한 경우

- 감정적 "빈곤", 의미 있는 정서적 관계를 찾는 것을 중단한 사람(예를 들어 우울증으로 입원한 환자, 신체 증상 관련 장애를 지닌 환자)
- 억제된 정서 표현

음영-차원 반응(Vista; V, VF, FV)

로르샤하 체계를 확립한 학자들에 따르면 차원 반응(특히 순수 V 반응)은 자기검열의 고통스러운 과정으로 여겨졌으며, 자기검열의 과정에서 그들은 자아에 대한 거리감을 형성하게 된다(Exner, 1993). 이러한 내성의 과정은 흔히 우울, 부정적인 자기평가 그리고 열등감을 포함한다. 그러나 만일 V 반응이 형태 주도적이라면, 내성 과정은 그대로 유지되지만 그 과정이 그렇게 부정적이거나 감정적으로 고통스럽지는 않다. 이는 순수한 V 반응과 관련된 부정적인 자기검열과 대비된다. 로르샤하 프로토콜에 단 하나의 순수 V 반응만 있어도 이는 매우 중요한 지표가 될 수 있다. 연구 결과들이 V 반응에 대한 해석을 지지해 주지만, 그 효과 크기는 매우 작다(Mihura et al., 2013). 임상가들은 이 변인 해석에서 신중해야 한다.

V 반응은 정상인 집단에서 평균적으로 0.35번 나타난다(Exner & Erdberg, 2005). 우울증에 걸린 입원 환자들은 평균 1.09 그리고 조현병과 성격장애가 있는 사람들은 각각 0.60, 0.24이다(Exner, 1993, 2003). 아동의 프로토콜에서는 V 반응이 거의 나타나지 않지만, 청소년 집단에서는 성인에서 나타나는 것과 동일한 비율로 나타난다(Exner, 1993; Exner & Weiner, 1995).

V반응이 많은 경우(평균=0.35, 표준편차=0.77)

- 심중한 자기비판적 성찰
- 자살 위험이 있음(12개의 목록으로 구성된 Exner의 자살 잠재성 지표를 참고할 것. 이 지표에는 높은 V, 높은 수의 병적 반응, es > EA 등이 포함되어 있고, 높은 자살 위험의 인식은 8 또는 그 이상에서 해당됨)

V반응이 적은 경우

- V 반응이 없는 것은 긍정적 지표임
- 형태 주도적인 V 반응이 하나 정도 나오는 경우 내성의 능력이 있음을 의미하고, 내성의 정보는 정합적이며 추후 생산적인 방향으로 쓰일 수 있음

음영-확산 반응(Y, YF, FY)

B. Klopfer 등(1956)과 S. J. Beck(1945)에 따르면 Y 반응은 무력감과 철수됨을 의미하며, 이는 자주 불안감과 동반되고 흔히 모호한 것에 대한 반응이다. Beck은 높은 수의 Y 반응을 보인 사람들에 대하여 심리적 고통을 경험하고 그 상황에 대하여 스스로 포기해 버린 사람들로 묘사하였다. Y 반응은 시험 직전(Ridgeway & Exner, 1980), 수술 직전(Exner, Thomas, Cohen, Ridgeway, & Cooper, 1981), 실험실에서 유도된 통제 불가능한 스트레스(McCown et al., 1992), 상황적 위기(Exner, 1993, 2003)와 같은 스트레스 경험 동안에 증가된다. 이 변인에 대한 해석은 좋은 지지를 받고 있다(Mihura et al., 2013).

차원(V), 재질(T), 색채(C, C′)와 관련해서 형태(F)의 영향력을 이해하는 일반적인 법칙이 음영-확산 반응에도 적용된다. 수검자는 형태가 주도적일 때 그들의 행동으로 더욱 지연할 수 있으며, 그들의 경험은 더욱 통제되고 조직화되며 통합된다. 행동을 지연하는 이 능력은 그들에게 그들의 자원을 동원할 시간을 부여한다. Y 반응이 주도적이라면 압도 당하는 느낌을 많이 받을 수 있다. 이 개인들은 특징적으로 철수된 양상임에도 불구하고 고통이나 무기력의 표현이 직접적이다. 왜냐하면 그들은 충동을 지연하는 능력이 거의 없고 그들의 자원을 동원할 충분한 시간을 갖지 못하기 때문이다.

일반적인 집단에서 86%의 사람들이 적어도 하나의 Y(Y, YF 혹은 FY) 반응을 보인다. Exner(1993, 2003)의 성인 비환자 규준 집단은 평균적으로 0.97의 Y 반응(표준편차=1.20;

Exner & Erdberg, 2005)을 보이며, 조현병 환자는 2.12(표준편차=2.62), 우울증 환자는 1.81(표준편차=1.40)로 비교된다. Y 반응이 전혀 없는 것은 모호함을 향한 태도가 극도로 무관심함을 나타낸다(Exner, 1993). 임상가들은 Y 반응의 의미를 정확하게 이해하기 위해서 대처 양식과 관련된 다른 지표들을 반드시 찾아보아야 한다. 특히 순수 형태가 사용된 반응의 수와 방식, 조직화의 질, 인간 운동 반응의 수를 포함해서 확인해야 한다. 만일 높은 수의 Y 반응이 있고 이들 "대처 양식 관련 지표"가 없다면 그 사람은 압도당한 상황일 수 있으며, 아마도 효과적으로 적응하거나 반응할 수 없을 것이다(Exner, 1993).

Y반응이 많은 경우(평균=0.97, 표준편차=1.20)

- 불안감, 감정 표현이 억제됨
- 생활 사건에 대하여 체념함. 자기 자신과 환경으로부터 거리를 두려고 시도함

형태 차원 반응(FD)

형태 차원 반응은 경험적으로 차별화된 범주이고 해석적으로 중요한 원천이기 때문에 종합체계에 포함되어 있다. 높은 숫자의 형태 차원 반응이 자기성찰과 자기인식과 관련이 있다고 주장하는 몇몇 연구가 존재한다. 예를 들어 통찰지향치료의 후반부까지 남아 있던 사람들이나 많은 수의 다른 치료 과정을 완수한 환자들처럼 내성적인 사람들에게서 비교적 많은 수의 FD 반응이 발견되었다(Exner, 1993). FD 반응은 조현병 환자(평균=0.60)나 우울증 환자(평균=0.82)처럼 다른 환자 집단보다는 비환자 집단(평균=1.43)에서 좀 더 빈번히 보고(Exner & Erdberg, 2005)되며, 성격장애가 있는 환자들에게서 특별히 낮다(평균=0.33; Exner, 1993, 2003). 그러나 대부분의 연구에서 이 변인을 지지하지 않는다(Mihura et al., 2013). 따라서 임상가들은 형태 차원 반응을 해석하지 않는 것을 심각하게 고려해 보아야 한다.

FD반응이 많은 경우(평균=1.43, 표준편차=1.15)

- 자아성찰
- 자기인식, 행동을 지연하고 내면화할 수 있음

쌍 반응((2))과 반사 반응(rF와 Fr)

쌍 반응과 반사 반응에 대한 연구는 개념적으로 그리고 실증적으로 자기몰두와 연결되어 있다(Exner, 1991, 1993, 2003). 그러나 높은 수의 쌍 반응과 반사 반응을 보이는 개인이 병리적이라는 것을 필연적으로 의미하지는 않는다. 예를 들어 높은 수의 반사 반응은 예술가나 외과 의사처럼 높은 자기가치감을 보이는 직업을 가진 비환자들 사이에서 보고된다(Exner, 1993). 반사 반응은 성인 외래 환자들 중 단지 7%에서만 보고되는 반면, 성격장애 환자의 프로토콜 중 20%, 반사회적 집단의 프로토콜 75%에서 보고된다(Exner, 1993). 5세에서 10세 사이의 아동들에게 많은 수의 반사 반응(쌍 반응 포함)은 상당히 흔한 일이지만, 덜 이기적으로 옮겨 가는 시기인 청소년기까지는 일반적으로 감소한다(Exner, 1993; Exner & Weiner, 1995). 이들 변인에 대한 해석, 특히 반사 반응에 대한 해석은 지지를 받는다(Mihura et al., 2013).

쌍 반응과 반사 반응이 많은 경우(Fr+rF, 평균=0.20, 표준편차=0.67)

- 자기몰두적일 수 있음
- 자기가치감이 팽창되고 자만심이 과장되며 사회적으로 높은 지위에 대한 강한 열망을 지님
- 자기애적 경향성
- 외부로부터 인정을 받지 못하는 경우 자기인정 욕구 때문에 정서적 혹은 대인관계적 어려움을 초래할 수 있음

조직화 활동(Z)

잉크반점의 동떨어진 특성을 효율적이고 효과적인 방식으로 조직화하고 인지적 노력을 지속시키는 상대적 수준은 조직화 활동의 점수에 반영될 수 있다. 조직화 활동이 개념적으로 지능과 관련될 가능성은 웩슬러-벨레부 전체척도 IQ와 중간 정도의 상관(.54)을 보이고 웩슬러 언어성 소검사와 .61의 더 높은 상관을 보인다는 사실로부터 발견되었다(Exner, 1993 참고). 성인과 청소년 비환자 집단에서 조직화 활동의 빈도(Zf)는 평균 13.5로 보고되었고, 범위는 9에서 17.5를 보인다(Exner & Edberg, 2005). 우울증 환자처럼 정신질환을 보이는 환자들에서는 낮은 조직화 활동이 보고되었다(Hertz, 1948). 이와는 반

대로 조직화된 망상을 가진 환자 집단에서는 매우 높은 수준의 조직화 활동이 발견되었다 (S. J. Beck, 1945; 이 장의 다음 주제인 "처리 영역" 내 처리 효율성에 대한 해석 참고). 이러한 방식으로 이들 변인을 해석하는 것, 특히 조직화 활동의 빈도(Zf)는 지지를 받고 있다 (Mihura et al., 2013).

Zf가 높은 경우(>13)(평균=13.45, 표준편차=4.22)

- 상당한 지적인 노력
- 조심스럽고, 지각적인 업무에서 정확함

Zf가 낮은 경우(<9)

- 정보를 적절하게 처리하기 위하여 필요로 하거나 요구되는 것보다 노력을 덜 하는 사람

내용

상이한 내용 범주들은 일반적으로 사람의 욕구, 관심사, 집착 그리고 사회적 상호작용들과 관련된 정보를 포함하고 있는 것으로 여겨진다. 매우 다양한 반응 내용을 보고하는 것과 지능지수 사이에는 정적인 상관관계가 발견되었다(Exner, 1986). 또한 연구 결과들에 따르면, 다양한 내용의 보고는 지적 융통성과 관련된 반면 다양하지 못한 내용의 보고는 지적 제약과 경직성을 의미하였다. 직업적인 흥미는 종종 그들의 특정 직업 선택과 관련된 많은 수의 반응 내용 속에서 표현된다. 예를 들어 생물학자와 의료인은 대개 일반적인 집단보다 더 높은 수의 해부 반응을 보인다(Exner, 1974). 이러한 발견을 통해 그 사람들이 단순히 그들의 직업에 관심을 갖고 있음을 알려 주거나 직업과 관련된 이미지가 더욱 친숙해서 접근 가능성이 높다는 사실을 보여 준다. 그러나 그들 삶에서 다른 영역을 무시해 버릴 정도로 직업에 몰두하고 있음을 제안해 줄 수도 있고, 어쩌면 적응의 전반적인 수준에서 손상을 입었음을 시사해 줄 수도 있다. 예를 들어 자연물 반응 내용들만 보고하는 생물학자는 대인관계로부터 철수되어 있을 만큼 자신의 직업에 집착하는 것일 수도 있는데(Exner, 1974), 이러한 해석은 많은 연구 결과의 지지를 받지는 못하였다.

로르샤하의 반응 내용을 해석할 때 로르샤하의 다른 요소가 내용 채점에 의미를 가

질 수 있다는 함의를 고려해야 할 뿐만 아니라 다양한 반응 내용들, 각각의 내용 개수, 그 것들의 전반적인 분포 형태 등을 눈여겨보는 것이 중요하다. 수검자의 나이를 고려해서 그 나이에 알맞은 규준을 사용하는 것이 필수적이다. 예를 들어 아동들은 대개 성인들보다 훨씬 더 적은 전체 인간, 인간 부분 반응을 보이며 반응 내용의 다양성 또한 떨어진다 (Ames et al., 1974; Exner & Weiner, 1995). 또 하나의 중요한 단계로 공격성(불, 폭발 등), 얼굴의 특징, 구순기 특징과 관련된 반응 내용을 살펴보는 것이다. 종합체계의 강조점이 로르샤하에 대하여 양적으로 접근하는 것임에도 불구하고 질적인 분석을 수행하는 데 상 징성을 고려하는 것이 매우 중요하다. 다음 부분에서는 인간과 동물 반응 내용과 관련된 의미에 대한 일반적 정보를 제공한다. 더 많은 해석 관련 자료는 반응 내용과 관련된 양 적 공식의 해석에서 찾아볼 수 있으며, 예시로는 주지화 지표, 고립 지표, 대인관계 지표, (H)+(Hd):(A)+(Ad) 그리고 H+A:Hd+Ad 등이 있다.

전체 인간과 인간 부분(H, Hd, (H), (Hd))

인간 관련 반응 내용은 가장 철저하게 연구된 반응 내용 중 하나로 여겨진다. S. J. Beck(1961)은 다른 연구자들과 일반적으로 공통된 견해로서, 연령의 증가에 따라 10세 아동의 H 반응과 Hd 반응 합의 중앙값이 16~18% 수준에 이를 때까지 점차적으로 증가 하는 것을 발견하였다. 이는 청소년기까지는 변하지 않고 유지되며, 결국에는 성인이 되어 전체 비중의 17%까지 도달한다. Exner(1974)는 성인 비환자의 H+Hd 반응이 성인 외래 환자 전체 반응의 19%를 차지하는 반면 조현병 환자는 전체의 13%보다 낮게 보고함을 발견하였다. 또한 그의 연구에 따르면, 비환자 집단의 전체 인간과 인간 부분의 반응 비율 (H:Hd)이 3:1임을 입증하였다. 이와 비교해서 조현병 환자의 평균 비율은 대략적으로 1:1 이었으며, 외래 환자의 비율은 2:1을 보였다. Molish(1967)에 따르면, H와 비교해서 Hd 의 증가가 있을 때 그 사람이 위축된 방어를 보일 가능성이 높다. 다른 연구자들에 따르면, Hd의 증가는 주지화, 강박 그리고 다른 사람과의 접촉을 제한할 만큼 자아몰두를 하고 있 음을 의미한다고 한다(B. Klopfer & Davidson, 1962). S. J. Beck(1945)은 높은 수의 Hd가 불안, 우울, 낮은 지적 수준과 관련이 있다고 주장하였다(대인관계 지표의 양적 공식 참고). 전체의 현실적 인간 반응 내용은 그들 자신과 타인들을 전체의 통합된 인간으로 바라보는 것을 의미하며, 이 해석은 경험적 지지를 받고 있다(Mihura et al., 2013).

H반응이 많은 경우(평균=3.18, 표준편차=1.70)

- 사람에 대한 폭넓은 관심
- 높은 자존감과 지능이 예상됨
- 심리치료적 개입의 성공 가능성이 높음

H반응이 적은 경우

- 공감 수준이 낮음
- 대인관계로부터 철수됨(예를 들어 조현병 환자들 사이에서 낮음)
- 심리치료 예후가 좋지 않음(만일 M 반응들이 적은 경우 급작스러운 중단을 보임)

전체 동물 반응과 동물 부분 반응(A와 Ad)

대부분의 문헌에 따르면, 동물 내용은 적응에서의 명백한 측면, 현실 검증에서의 경직된 특징과 관련이 있음을 보여 준다(Draguns, Haley, & Phillips, 1967). 동물 내용은 지각하기가 가장 쉽기 때문에, 그 존재는 수검자가 흔한 방식, 예측 가능한 방식으로 반응하고 있음을 보여 준다. 반대로 본다면 낮은 수의 동물 반응은 자신만의 독특한 방식으로 세상을 바라보는 매우 개인 특유적인 사람을 암시하는데, 이러한 해석들은 연구 문헌 속에서 완전히 지지받지는 못하였다.

성인 비환자 집단의 경우 동물 반응들은 다른 어떤 내용물 범주들보다 더 빈번하게 8.2번의 평균치(표준편차=2.56)로 보고되며(Exner & Erdberg, 2005), 아동들의 경우 조금 더 높은 빈도를 보인다(S. J. Beck, 1961). 우울증 환자들은 프로토콜당 평균 41%의 비율로 동물 반응을 보인 반면, 조현병 환자들은 평균 31%의 비율로 동물 반응을 보고하였다 (Exner, 1974). 다른 연구들에 따르면, 동물 반응의 비율이 조증 상태의 사람들에게서 낮게 나온다는 사실을 발견(Kühn, 1963; H. Schmidt & Fonda, 1954)하였고 알코올중독자들에게서 높게 나온다는 사실을 발견(Buhler & LeFever, 1947)하였다.

A반응이 많은 경우(평균=8.18, 표준편차=2.56)

- 예측 가능하고 판에 박힌 방법으로 세상에 접근함
- 우울증과 종종 관련되며, 움츠러들고 순응적인 방어를 사용함

A반응이 적은 경우

- 즉흥적이고 순응하지 않으며 예측 불가능하고 높은 지능을 지닌 사람은 종종 낮은 수의 A 반응을 보임

해부 반응(An)과 엑스레이 반응(Xy)

An과 Xy 둘 다 신체와 관련된 걱정을 측정하기 때문에 이들은 함께 고려된다. 해부 반응과 관련된 연구는 많이 이루어졌으며, 해부 반응은 인간 그리고 동물 내용과 마찬가지로 가장 빈번하게 나타나는 반응들 중 하나이다(성인 비환자 집단 평균 0.6). 해부 내용은 신체적 염려와 분명한 관계를 보이며, 수술 결정을 앞둔 사람들(Exner, Armbuster, Walker, & Cooper, 1975)과 신체 증상 관련 장애 환자들(Shatin, 1952)에게서 더 많이 보고된다는 점에서 이러한 관계가 뒷받침된다. 해부 반응의 경우 임신과 관련된 심리적 어려움의 발생과 함께 높은 빈도로 발생한다(Zoliker, 1943). Draguns 등(1967)의 문헌 검토에 따르면, 해부 내용은 내적 공상에 개입된 정도를 보여 주는 지표이거나 병, 사춘기, 임신 등과 같은 신체적 변화를 반영한다. Exner(1993)는 해부 내용이 주변 환경으로부터의 위축이나 강박적 방어와 관련이 있다고 제안하였다. 그러나 An과 Xy에 대한 연구는 주로 신체의 기능과 취약성에 대한 집착에 중점을 두고 있다(Mihura et al., 2013).

An과 Xy 합의 상대적인 비율은 중요하게 고려될 수도 있다. 해부 반응은 일반적으로 정신질환자 집단 그리고 비정신질환자 집단 모두에서 적게 보고되지만, An과 Xy를 합친 점수는 두 그룹 사이의 분명한 구분을 가능케 해 준다. An과 Xy 반응을 합친 점수는 비환자 집단의 경우 평균값이 0.96(Exner & Erdberg, 2006)밖에 되지 않는 반면, 외래 환자는 1.5, 조현병 환자들은 1.4, 조현병이 없는 환자들은 1.8의 평균값을 보였다(둘을 합친 점수가 이들 세 환자 집단 총 반응수의 9%를 차지함; Exner, 1974, 2003). Xy 반응의 경우, 신체적 망상이 있는 조현병 환자들(평균 2.2)과 신체 기능에 염려가 많은 우울증 환자들(평균 1.7)에게서 특히 많이 보고되었다(Exner, Murillo, & Sternklar, 1979). 해부 반응은 카드 Ⅷ, Ⅸ에서 가장 빈번하게 나타나며, 엑스레이 반응은 카드 Ⅰ에서 가장 빈도가 높다. 일반적으로 An과 Xy를 합친 점수에 대한 해석은 연구를 통해 지지된다(Mihura et al., 2013) (해부 반응 평균=0.88, 표준편차=1.05; 엑스레이 반응 평균=0.08, 표준편차=0.28).

음식물 반응(Fd)

높은 수(2 이상)의 음식물 반응(주된 또는 부가적인)은 의존성을 의미한다. 음식물 반응의 높은 점수는 타인으로부터 광범위한 도움과 안내를 요구하거나 독립적인 결정을 내리는 데 어려움을 겪거나 타인에 대한 기대가 미숙할 것 등으로 예견된다(Exner, 1993). 연구들이 이 해석을 지지하지만 효과 크기는 작다(Mihura et al., 2013). 임상가들은 반드시 의존 경향을 측정하는 강력한 도구인 Oral Dependent Language(ODL%) 척도(평균=0.26, 표준편차=0.55)의 사용을 고려해야 한다(R. F. Bornstein, 1996, 1999; R. F. Bornstein & Masling, 2005; Meyer, 2004).

평범 반응(P)

평범 반응(Popular Responses)의 수는 수검자가 대부분의 사람들과 유사한 정도(특히 세상을 지각하는 방식), 사회적 기준을 따르는 정도, 대인관계에서 영향을 받을 수 있는 상대적 용이함의 정도를 의미한다. 전형적인 사고방식을 거부하는 사람들은 전형적인 방식에 순응하는 사람들보다 유의미하게 적은 수의 평범 반응을 보고한다. 이러한 해석은 좋은 지지를 받아 왔다(Hiller et al., 1999; Mihura et al., 2013). Exner(2003)의 채점 체계에서 비환자 집단의 P 반응수의 평균값은 6.28(표준편차=1.53)이다(Exner & Erdberg, 2005). 조현병 입원 환자들은 4개 이하, 성격장애가 있는 사람들은 대략 5개, 우울증을 앓는 사람들은 5개보다 조금 많게 보고하였음에 반해, 외래 환자들과 조현병이 없는 환자들은 매 기록마다 대략 7개의 평범 반응을 보였다(Exner, 1993).

평범 반응은 카드 Ⅰ, Ⅲ, Ⅴ, Ⅷ에서 매우 흔하기 때문에, 이들 카드에서 평범 반응이 없다는 것은 지금 논의한 경향이 더 강하게 제안된다는 점에서 매우 중요하다. 그러나 적은 P 반응이 단독으로 부적응을 확증한다는 가설은 조심스럽게 다루어져야 한다. P 반응이 적지만 좋은 형태질(F+%와 X+%)을 보이며 조직화 활동 또한 좋은 경우, 일상적이거나 평범한 지각을 지양하면서 상상력을 높이려는 창의적인 사람일 수 있다. 만일 조직화 그리고 형태질이 좋지 않다면, 정신병리학적 수준이 더 우세할 높은 가능성을 지닌다.

P반응이 많은 경우(평균=6.28, 표준편차=1.53; 7보다 많으면 높은 편, 4보다 적으면 낮은 편)

- 관습적이고, 지나치게 순응적이며, 조심스럽고, 흔히 우울해 함
- 실수에 대한 두려움과 관련된 불안. 따라서 안전을 위하여 지극히 평범한 지각에만 매달림

P반응이 적은 경우

- 적응되지 못하고, 거리를 두며, 환경에 냉담하고, 타인이 보는 것처럼 지각할 수 없음
- 인습에 대한 거절이나 순응성의 결여를 반영하는 성격장애가 가능함
- 매우 창의적임(F+%, X+%, 그리고 조직화 활동이 우수할 때)

특수점수

일탈된 언어(DV), 일탈된 반응(DR), 부적절한 결합(INCOM), 우화적 결합(FABCOM), 오염 반응(CONTAM), 부적절한 논리(ALOG)

특수점수의 처음 6개는 인지적 실패가 있는지를 감지하기 위하여 종합체계에 포함되었다. 처음 4개의 특수점수에서 수준 2의 부호화가 있다면, 비논리적이고 분열되며 유동적이고 우회적인 사고가 존재할 가능성이 있다(Exner, 1991). 비환자 집단에서 수준 2의 DV나 DR 반응이 거의 보고되지 않으며 조현병 환자 집단에서 수준 2의 DR 반응이 평균 1.90으로 보고된다는 발견(Exner, 1993)은 위의 내용과 일맥상통한다. 그러나 6개의 범주 각각을 위한 구체적인 해석은 존재하지 않는다. 대신에 인지적 왜곡의 존재나 심각성을 감지하기 위해 통합적으로 사용된다. 상대적으로 심각한 정도는 특수점수의 유형에 따라 부분적으로 드러난다. 가벼운 왜곡은 DV(수준 1), INCOM(수준 1) 혹은 DR(수준 1)의 점수가 보고됨으로써 예상되며, 중간 정도의 왜곡은 DV(수준 2), FABCOM(수준 1), INCOM(수준 2) 그리고 ALOG의 존재에 의해 예상된다. 가장 심각한 수준의 인지적 왜곡은 DR(수준 2), FABCOM(수준 2) 그리고 CONTAM의 특수점수가 있을 때 예상된다. 사고장애의 감별을 위하여 수준 2의 특수점수를 해석하는 것은 좋은 지지를 받는다(Mihura et al., 2013) (일탈된 언어 평균=0.34, 표준편차=0.67; 일탈된 반응 평균=0.85, 표준편차=1.01;

부적절한 결합 평균=0.71, 표준편차=0.93; 우화적 결합 평균=0.45, 표준편차=0.77; 오염 반응 평균=0.00, 표준편차=0.00; 부적절한 논리 평균=0.04, 표준편차=0.21).

처음 6개의 특수점수를 분석하는 추가적인 방법은 WSum6(특수점수에 상이한 가중치를 주어 합산한 지표)의 상대적 상승 정도를 살펴보는 것이다. 가중치는 아래와 같다.

수준 1의 일탈된 언어(DV1) = 1

수준 2의 일탈된 언어(DV2) = 2

수준 1의 일탈된 반응(DR1) = 3

수준 2의 일탈된 반응(DR2) = 6

수준 1의 부적절한 결합(INCOM1) = 2

수준 2의 부적절한 결합(INCOM2) = 4

수준 1의 우화적 결합(FABCOM1) = 4

수준 2의 우화적 결합(FABCOM2) = 7

부적절한 논리(ALOG) = 5

오염 반응(CONTAM) = 7

가중치 점수는 매회 부호화될 때마다 주어진다. 예를 들어 수준 1의 일탈된 반응 (DR)이 세 번 나왔다면 가중치 합계 점수는 9가 된다. 비환자 집단 WSum6의 평균 점수는 7.2(Exner & Erdberg, 2005)인데, 이는 일반적으로 정상적인 사람들도 적어도 몇 가지의 특수점수 반응을 보인다는 것을 나타내고 있다. 놀랄 만한 사실은 조현병을 앓고 있는 사람들의 평균적인 WSum6 점수가 거의 45점이라는 점이다(Exner, 1993). 그러나 특수점수는 10세 미만의 아이들에게서도 나타나고 청소년 기간 동안 점차적으로 감소한다 (Exner & Weiner, 1995). 가중치가 부여된 특수점수의 총합이 크다면 일반적으로 인지적 왜곡이나 사고장애가 있다고 해석한다. 특별히 WSum6가 높은 경우의 해석적 가설은 심각한 현실 무시, 부자연스러운 추리, 잘못된 인과관계, 이완된 연상, 혼란스러운 사고, 빈약한 집중력 등의 해석이 가능하다는 것이다(Exner, 1991, 1993). 조현병의 기괴하고 비논리적인 과정들을 감지해 내는 로르샤하의 이러한 능력은 입증된 최고의 장점 가운데 하나 (Hiller et al., 1999; Mihura et al., 2013; Vincent & Harman, 1991)일 것이며, 임상적 징후가 보이기 전이라도 사고 과정 내부의 이러한 변화에 민감하다는 증거가 있다(G. Frank, 1990)(WSum6 평균=7.12, 표준편차=5.74).

보속 반응(PSV)

보속 반응의 존재는 인지적 전환에서의 어려움을 의미한다고 여겨졌다. 따라서 정보 처리나 의사결정에서의 경직성이나 융통성 부족이 장기적으로 혹은 일시적으로 존재할 수 있다(Exner, 1993). 이러한 방식으로 변인을 해석하는 데에는 경험적 지지가 있다(Mihura et al., 2013)(평균=0.99, 표준편차=1.10).

추상적 내용(AB)

하나 이상의 추상적 내용이 존재하는 것은 주지화 방어기제(주지화 지표 참고)를 시사하나 이 해석에 대한 타당도 연구는 거의 없다(평균=0.21, 표준편차=0.56).

공격적 운동(AG)과 협조적 운동(COP)

AG와 COP는 함께 고려하는 것이 유용하다. 만일 양쪽 범주의 점수가 없다면, 그 수검자는 냉담하고 사회적 상황에서 다소 불편하며 집단 상황에서 주변부를 맴돈다는 것을 시사한다. 반대로 만일 COP가 높고(2 또는 그 이상) AG가 낮다면(0 또는 1), 그 사람은 다른 사람들에 의해 믿을 만하고 협조적이며 주변에서 함께하기 쉬운 사람으로 인식될 가능성이 높다(Exner, 1993). 또한 심리치료의 예후가 좋다. 만일 COP가 낮고(<3 혹은 특별히 =0) AG가 높다면(>2), 그 사람의 상호작용은 강압적이거나 심지어 공격적이고 적대적일 가능성이 높다(Exner, 1993). 이들 해석을 고려해 봤을 때 COP와 AG 모두에서 높은 점수를 보이는 것은 적절한 반응 방식과 선호하는 반응 방식 사이에 상당한 갈등이 있어서 비일관적인 대인관계 행동들(예를 들어 수동 공격적 상호작용)로 이어질 수 있음이 예상된다. COP의 해석에는 강력한 지지 증거가 있지만 AG 해석의 효과 크기는 작았고, 이 변인들에 대한 해석은 중간 정도의 지지를 받는다(Mihura et al., 2013)(공격적 운동 평균=0.89, 표준편차=1.02; 협조적 운동 평균=2.07, 표준편차=1.30).

병적인 내용(MOR)

비환자 집단에서도 1개의 MOR이 존재하는 것은 흔하지만, 둘 이상의 존재는 비관주의, 부정적인 자아상, 우울증의 발생 가능성을 시사하며 외상후 스트레스장애의 진단과도 관련된다(Weiner, 1996). 만일 3 이상의 MOR 반응이 존재한다면, 우울증의 강력한 지표 그리고 자살 위험에 대한 몇 가지 지표 중 하나가 된다(이 장의 후반부에서 논의될 "자살 잠재성 지표" 참고; Exner, 1991, 1993). 이 범주의 해석에 대해서는 지지하는 연구들이 계속되었다(Mihura et al., 2013). MOR 내용은 해당 수검자에게 중요한 의미를 부여할 수 있고 종종 상징적으로나 질적으로 해석될 수 있다(평균=0.93, 표준편차=1.01).

좋은 인간 표상(GHR)과 나쁜 인간 표상(PHR)

GHR과 PHR은 이분법적 범주로 해석된다. 높은 수의 GHR 반응을 보인 사람들은 건강하고, 다른 사람들을 적응적으로 이해하며, 일반적으로 타인에 의해 높게 평가받고, 잘 적응하며, 유능하고, 혼란으로부터 상당히 자유롭다(Exner, 2003). 반대로 정신질환 병력이 있는 사람들은 전형적으로 낮은 수의 GHR을 보인다. 만일 더불어 높은 수의 PHR 반응을 보인다면, 그들은 타인에 대한 왜곡된 이해를 갖고 있고, 관계적 어려움의 개인력을 보고할 개연성이 있으며, 사회적으로 서투르고, 대인관계가 효율적이지 못하다(Exner, 2003). 이들 해석(특히 GHR)에 대한 경험적 지지가 있다(Mihura et al., 2013)(좋은 인간 표상 평균=5.06, 표준편차=2.09; 나쁜 인간 표상 평균=2.12, 표준편차=1.81).

개인적 반응(PER)

3 또는 그 이상의 PER 점수는 자신의 정체감에 맞서는 상황에서 불안정한 사람이 보이는 방어적 권위주의 태도를 시사한다. 세상과의 상호작용은 그 사람 자신의 개인적 경험에 근거를 두는 가치, 태도, 행동의 정당성을 담고 있다. 타인들로 하여금 자신의 의견에 따르도록 하는 과정에서 대인관계적 어려움을 경험할 수 있다(Exner, 2003). 이들 해석에 대한 연구 결과의 지지는 지속된다(Mihura et al., 2013)(평균=0.99, 표준편차=1.10).

색채 투사(CP)

매우 흔치 않은 이 반응은 거짓된 정서를 꾸며 내거나 다른 정서로 대체함으로써 불쾌한 감정을 부인하는 사람을 시사한다. 따라서 그들은 부정적인 감정을 처리하거나 자신의 감정을 조절하는 데 어려움을 갖고 적응을 위해 현실을 비틀거나 심지어는 왜곡한다(Exner, 1993, 2003). 이 점수 범주는 반드시 정서를 처리하고 표현하는 다른 지표들의 맥락하에서만 해석되어야 한다(이 장의 "정서 영역" 참고). 이 변인의 이러한 해석을 지지하거나 반박하는 연구는 수행되지 않았다(Mihura et al., 2013)(평균=0.01, 표준편차=0.11).

비율, 백분율, 산출점수

상이한 비율, 백분율, 산출점수를 만들기 위하여 사용된 양적 공식들을 기반으로 위치, 결정인, 내용, 평범 반응, 특수점수 사이의 관계에 대해 심도 있고 상세한 묘사를 얻을수 있다. 이들 공식들은 몇몇 중요하고 믿을 만하며 유효한 해석 요소들을 제공한다. 이들수치와 체계는 이전 양적 공식 목록에서 제공된 것들과 동일하다("종합체계: 구조적 요약채점하기" 부분 참고).

핵심 영역

핵심 영역은 수검자의 두드러진 성격 유형에 대한 정보를 제공하며, 특히 그 사람이경험하고 있는 스트레스의 수준과 얼마나 효과적으로 스트레스를 감내하는가에 중점을두고 있다. 핵심 영역의 앞부분 7항목은 전체 반응수(R), 동물 운동(FM), 무생물 운동(m), 무채색(C′), 음영-재질(T), 음영-차원(V), 음영-확산(Y)의 요약을 제공하는 빈도 자료이다. 뒤 6항목에 대한 각각의 해석적 재료는 이전 절에 담겨 있다. 첫 번째 항목인 전체 반응수(R)는 다음에 상술된다.

전체 반응수

전체 반응수(Number of Responses)는 양적 공식이 아니다(따라서 계산할 필요가 없다). 이는 모든 반응수의 단순 합이다. Exner의 지시문을 사용할 때 성인 비환자 집단의 전체 반응수의 평균값은 23.36(표준편차=5.68; Exner & Erdberg, 2005)이다. 그러나 실시 방법이 다르면 전체 반응수에 어느 정도 영향을 미칠 수 있다. 예를 들어 Ames 등(1973)은전체적인 성인 평균을 26으로 보고하였고 S. J. Beck(1961)은 성인 평균을 32로 보고하였는데, 둘 다 Exner의 지시문과 다소 다른 지침을 사용한다. 정상 범위로부터 벗어나면 아래의 해석적 가설을 시사한다. 전체 반응수의 해석은 좋은 지지를 받고 있다(Mihura et al., 2013).

R이 낮은 경우(성인 <17; 어린이 <15) (평균=23.36, 표준편차=5.68)

- 방어적임(꾀병일 수 있음)
- 위축되고 우울함
- 유효하지 못한 프로파일(14보다 적을 때; 시행 지침을 참고할 것)

R이 높은 경우(>27)

- 내향성
- 비교적 높은 수준의 학업 성취를 보이며 평균 이상 지능, 높은 창의력 수준을 보임
- 사전 계획 능력, 적절한 충동 조절, 스트레스를 견디는 능력 등을 포함한 자아 기능이 우수함
- 환자 집단의 경우 조증이나 강박증
- 다음의 지표들이 유효하지 않을 수 있음(D와 Dd의 비중이 높아진 것, 순수F가 많아진 것, 평범 반응이 많아진 것, 정서 비율이 상승된 것 등은 카드 Ⅷ과 Ⅹ에서 반응수가 높아진 때문일 수 있음)

1. 람다(L)

람다 지표는 다른 로르샤하 체계 사용자들에 의해 사용되던 F%를 개선하여 S. J. Beck(1961)에 의해 개발되었다. 람다는 순수 F를 제외한 반응 총 수를 분모로 사용하는 데 반해, 초기의 F%는 분모에 전체 반응수를 사용하였다.

$$\frac{F(순수\ F\ 결정인을\ 포함한\ 반응수)}{R-F(전체\ 반응수에서\ 순수\ 형태\ 반응수를\ 뺀\ 값)}$$

람다를 산출할 때는 형태가 사용된 반응들(F, M, CF 등)만을 포함하며 형태 없는 결정 인(C, C′, T 등)은 포함되지 않는다. 람다 비율은 자극에 대한 반응성 대 반응성 부족의 정 도에 대한 종합적 지표로 사용된다(Exner, 2003). 여기에는 복잡하고 미묘한 세상에 얼마

나 민감하게 반응하는지가 포함되어 있다. 따라서 수검자의 자극에 대한 반응 정도는 매우 위축되고 철수된 정도부터 완전히 감정적으로 넘쳐나는 정도까지 넓은 범위를 보일 수 있다. 람다는 비환자 집단에서 0.11에서 2.33 사이이며 평균은 .58이다. 이와 비교해서 훨씬 넓은 범위를 보이는 경우는 조현병 환자(.05~29.00), 우울증 환자(.08~15.00), 성격장애 환자(0.015~16.00; Exner, 1993, 2003)이다. 환자들 사이에서 범위가 더 크다는 것은 그들이 자극에 과잉 반응하거나 매우 위축되고 철수된 방식으로 덜 반응적인 성향을 보이는 등 더 극적인 성향을 갖고 있음을 보여 준다. 따라서 부적응적인 사람들의 람다는 0.99보다 크거나(회피적) 0.32보다 작을(과잉 몰입된) 수 있다. 람다의 숨겨진 중요한 능력은 이러한 부적응을 가려낼 수 있는 형태에 관한 특징들을 제공한다는 점이다. 람다의 의미에 대해 심도 있게 개념화하기 위해서는 형태질이나 경험적 균형(Experience Balance)과 같은 다른 정보들을 확인하는 것이 중요하다. 그러나 청소년은 흔히 순수 F 반응의 비중이 높기 때문에, 부적응에 초점을 맞춘 해석을 청소년 대상으로 하는 경우에는 반드시 주의해야 한다(Ames et al., 1974; Exner, 1995). 아래와 같은 람다의 해석을 지지하는 증거가 존재한다(Mihura et al., 2013).

L이 높은 경우(평균=0.58, 표준편차=0.37; high L>.99)

- 상황에 대한 전반적인 경험을 포기함. 존재하는 모든 가능성을 지각하는 것을 회피함("좁은 시야")
- 관계에서 보수적이고, 자신감이 없으며, 거리를 두고, 겁이 많음
- 방어적이고, 위축되어 있으며, 상상력이 부족하고, 불안해 함
- 우울증의 발생 가능성. 죄책감을 느끼며 자살 잠재성이 상승됨

L이 낮은 경우(low L<.32)

- 인지 기능에 지장을 주는 정도로 자극에 과잉 몰입함
- 감정에 대한 부적절한 통제. 빈번하게 충동적인 행동을 표출함으로써 만족스러운 대인관계를 유지하는 데 어려움을 보임
- 환경에 적응하는 능력이 손상됨. 자신의 욕구와 갈등으로 인해 실패함
- 자신의 환경을 효과적으로 다루는 성취 지향적 인간(조정 능력과 유연성을

반영하는 지표들이 그들의 프로토콜 내에서 확인되는 경우: 평균적인 X+%, 평범 반응의 적절한 수, 조직화 활동이 우수함, 평균 이상의 W)

2. 경험 균형 혹은 생활양식(EB)

경험 균형, 생활양식의 공식은 원래 Rorschach에 의해 고안되었는데, 이는 가중치를 부여한 유채색 반응 합계에 대한 M 반응 총합의 비율이다. 이 비율은 "M 반응의 합계:가중치를 부여한 유채색 반응 합(WsumC)"으로 표현된다. 가중치를 부여한 유채색 반응 합은 다음 공식에 의해 계산된다.

$$WsumC = (0.5) \times FC + (1.0) \times CF + (1.5) \times C$$

반응의 주된 결정인에 해당하는지에 대한 여부와 관계없이, 모든 인간 운동 반응은 이 공식에 포함된다. 색채 명명 반응은 포함되지 않는다.

로르샤하 체계를 확립한 사람들과 연구자들에 따르면, 경험 균형 비율은 외향적이고 외부 자극에 행동적으로 반응하는 양상과 대비하여 내향적인 성향을 보이는 정도를 의미한다. EB 비율은 흔히 상대적으로 안정감을 보이지만(Exner, Armbuster, & Viglione, 1978), 스트레스 기간 중에 일시적으로 변화를 보일 수 있고 성공적인 심리치료 과정을 통해 좀 더 영구적으로 변경될 수 있다(Exner 1974; Exner & Sanglade, 1992). EB 비율이 성인들에게는 흔히 안정적이지만, 아동기에는 상당한 변동성을 보이며 청소년기 중반까지는 변동성이 있다(Exner et al., 1985; Exner & Weiner, 1995). J. Singer(1960)는 광범위한 문헌을 검토한 후 이 비율이 "체질적인 기질"의 양면을 반영하는 것으로 기술하였다. 그 양면으로는 내적 경험을 선호하는 내향성(M 점수가 높음)과 활동적이며 외적 표현을 잘하는 외향성(가중치의 C 점수가 높음)이 해당된다. 내향성은 더 효과적으로 행동을 지연시킬 수 있는 반면, 외향성은 더 감정적이고 정서를 외적 행동의 형태로 표출할 가능성이 있다. 두 가지 유형은 스트레스와 문제해결 과업에 대해 다르게 반응한다(Exner, 1978). 반드시 강조해야 하는 점은 적절한 수준에 해당된다면 어느 한쪽이 다른 쪽보다 더 효율적인 것도 아니고 어느 한쪽이 다른 한쪽보다 더 병리적이지도 않다는 것이다(Molish, 1967; M과 C와 관련된 해석적 의미를 살펴보고, 이 둘 중 어느 하나라도 관련된 양적 공식들(EA, EBPer, D 점수, 조정된 D 점수 그리고 W:M)과 관련된 해석적 의미도 참고할 것). 이 연구에도 불구하고 많은 수의 연구들이 이 지표에 대한 해석을 지지하지는 못하였다(Mihura et al., 2013). 그러므로 해석은 주의해서 행해져야 한다.

M점수가 더 높은 경우(내향성)

- 내적 공상의 삶을 지향함. 내부를 향하고 있음. 대부분의 기본적인 욕구를 만족시키기 위하여 내적 경험을 사용함(심지어 외향적으로 보이도록 외부로부터 학습을 받았을지라도)
- 주의 깊고 신중하며 순종적임
- 이 비율의 C 점수가 상대적으로 높은 사람보다 육체적으로 덜 활동적임
- 상황을 내면화하고 가능한 대안을 마음속으로 검토함으로써 문제해결 과업에 접근함

C점수가 더 높은 경우(외향성)

- 자신의 욕구를 만족시키는 가장 중요한 수단으로 외적 상호작용을 사용함
- 반응을 지연시키는 데 어려움을 보임
- 외적 세상 방향에 에너지를 향함
- 자발적이고 주장적임
- 해답을 얻기 전에 서로 다른 행동들을 실험해 봄(외적인 시행착오)으로써 문제해결 상황에 접근함
- 아동의 경우, 자신감의 결여를 의미할 수도 있음

M점수와 C점수가 거의 같은 경우(양면성)

- 대인관계에서의 유연함
- 문제해결 과정에서 스스로에 대한 확신이 적고 변덕스러운 성향을 보임. 주어진 문제의 해결 과정에서 모든 진행 과정을 확인하려는 욕구를 흔히 보임. 내향적이든 외향적이든 실수로부터 얻는 것이 많지 않음
- 환자 집단의 경우, M과 C가 둘 다 높은 것은 흔치 않으며 조증 상태를 시사함

3. 경험 실제(EA)

경험 균형 비율이 사람의 유형에 대한 평가를 강조하는 반면에, 경험 실제는 "통합된 활동의 양"을 나타낸다(S. J. Beck, 1960). 즉 이것은 세상에 대처하는 개인의 종합적인 자원을 측정한다. 다음과 같이 계산된다.

인간 운동 반응의 총합 + 가중치가 부여된 유채색 총점

공식에서 살펴보면 M은 내적 삶을 조직화할 수 있는 정도를 보여 주고 C는 사용 가능한 감정의 양을 의미하지만, M과 C 둘 다 세상에 관여하고 적응하기 위하여 계획되고 통합된 활동을 의미한다는 점이 중요하다. 이는 비인간 운동(FM, m)이나 반점의 회색-검정색 특징과 관련된 반응(T, V, Y)의 비조직화된 측면과 대비된다.

대부분의 경우 성인의 M과 C 비율은 놀랄 만큼 안정적(Exner, 1993)인 반면, M과 C의 총합은 때때로 하루 주기로 변동을 보인다. 이는 이론적으로 기분의 변화 효과와 같은 맥락이다(Erginel, 1972). 성공적인 심리치료(특히 장기치료)를 마친 후에는 M과 C가 일반적으로 둘 다 증가(Exner & Sanglade, 1992; Weiner & Exner, 1991)하는데, 이는 내적인 삶과 감정의 가용성 둘의 통합 정도가 증가하였음을 보여 준다. 사실 Exner(1974)는 치료에서 향상을 보였던 환자들이 치료 효과가 적거나 없었던 환자들보다 유의미하게 높은 EA 증가가 있었음을 발견하였다. 더군다나 장기간 통찰지향치료를 받은 사람들이 지지와 환경 개선의 결합을 강조하는 치료를 받은 사람들보다 EA에서 더 큰 증가를 보여 주었다(Exner, 1974). 이는 환자들로 하여금 그들의 내적 자원을 이해하고 통합할 수 있도록 돕는 것에 중점을 두는 이해치료의 목적과 부합된다. 5세부터 13세까지 아동의 평균 점수는 매년 점진적인 증가(0.5 이상의 증가는 거의 없었음)를 보여 준다(Exner, 1993). 아동을 대상으로 한 단기간 재검사는 좋은 안정성을 보여 주었음에도 불구하고 장기(9개월 이상) 재검사는 넓은 범위의 변동을 보여 주었다(Exner et al., 1985; Exner & Weiner, 1995). 이 지표를 근거로 하는 해석은 좋은 지지를 받아 왔다(Mihura et al., 2013)(평균=9.37, 표준편차=3.00).

4. 경험 편중(EBPer)

경험 균형(M:WSumC)이 내향성 또는 외향성이 얼마나 편중되는지 혹은 지배적인지

를 나타내는 다소 미완성의 지표이므로, 경험 편중은 두 유형 중 어느 한쪽이 얼마나 지배적인가를 알려주는 더 개량된 방법으로 고안되었다. 따라서 이는 경험 균형에서 기술된 해석의 확장판이다. 이 지표는 EB 비율의 작은 수로 더 큰 수를 나눔으로써 계산할 수 있다. 이는 EB 비율에서 뚜렷한 차이(유형의 차이)가 존재할 때에만 성립한다. Exner(2003)에 따르면, EA가 4.0에서 10.0 사이에 존재하고 EB의 한쪽 측면이 적어도 다른 쪽보다 2점 이상 클 때 계산할 수 있다. 만일 EA가 10.0 이상이면, EB의 한쪽 측면이 다른 쪽보다 적어도 2.5 이상 반드시 커야 계산할 수 있다. 따라서 분명한 유형이 나타날 때에만 계산할 수 있다. 이러한 조건에 맞을 때, 문제해결 유형에서 경직됨을 주장할 수 있는 정도로 두 유형 중 하나가 매우 편중되었음을 분명히 알려 준다(Exner, 1993). 그러나 이 지표에 근거를 둔 해석에 대한 연구적 지지는 현재 없다(Mihura et al., 2013).

5. 경험 기초(eb)

경험 기초 비율은 본래 B. Klopfer 등(1956)에 의해 제안되었고, 차후에 Exner(1974, 1986)에 의해 현재 형태로 개발되었다. 경험 기초 비율은 모든 비인간 운동 결정인들(FM + m)을 모든 음영과 무채색 결정인들의 합계와 비교한다. 다음과 같이 요약된다.

$$\text{Sum FM} + \text{m} : \text{Sum C}' + \text{Sum T} + \text{Sum Y} + \text{Sum V}$$

비인간 운동 반응은 자아에 완전히 받아들여지지 못하는 방식으로 반응하는 성향을 반영한다. 이러한 경향성은 통제 불가능해 보이거나 개인에 악영향을 미치며 비조직화된 특성을 보인다(B. Klopfer & Davidson, 1962). 이러한 성향과 감정은 본래 외부 원천에 의해 만들어졌음에도 불구하고 결과물인 내적 행동은 자신의 통제를 벗어나 있다. 비율에서의 반대쪽은 반점의 회색-검정색 특징에 관련한 반응들의 합을 나타내며, 치유되지 않은 스트레스의 결과로 그 사람이 느끼는 고통과 불협화음을 반영한다. eb 비율은 기능의 두 영역 가운데 어느 것이 더 지배적인가를 보여 준다. 만일 eb의 양쪽 측면 모두 작다면, 그 수검자는 많은 고통을 경험하지 않으며 자신의 욕구가 잘 통합되어 있음을 나타낸다. 비환자 집단의 경우, 비율의 각 측면의 수치 범위는 대개 1에서 3 사이 값이다. 만일 어느 측면이 5보다 크다면, 해석적 의미는 더욱 분명해진다. 개념적, 실증적 발견에도 불구하고 eb 비율에 대한 해석을 위한 분명한 연구 증거는 발견되지 않았다(Mihura et al., 2013)[비율의 좌측(FM과 m)과 우측(Y, T, V, C) 요소와 관련한 부가적인 해석 의미를 참고할 것) .

6. 경험 자극(es)

경험 자극은 비인간 운동 반응의 총합과 잉크반점의 회색-검정색 특징과 관련된 모든 반응들의 합계이다. 이는 eb 비율의 양쪽 측면을 합산하거나 다음과 같이 계산한다.

$$\text{Sum FM} + m + \text{Sum C}' + \text{Sum T} + \text{Sum Y} + \text{Sum V}$$

이 반응들은 수검자의 기능이 혼란스럽고, 스스로에게 압박이 가해지고 있으며, 자신이 느끼기에 그 압박이 통제를 넘어섰다는 것을 의미한다. 따라서 es의 합계는 수검자의 혼란스러움과 무력함의 정도를 나타내는 지표이다. es의 점수가 높은 사람들은 좌절을 견뎌내는 힘이 부족하고 중요한 업무에서조차 지속하는 데 어려움을 겪는다(Exner, 1978). 이 지표의 해석을 위한 연구적 지지가 존재한다(Mihura et al., 2013).

수검자의 잘 정돈된 정도(EA에 의해 제시되는)와 수검자가 혼돈과 무력감을 얼마나 많이 경험하는지(es에 의해 제시되는)를 비교함으로써 중요한 정보를 획득할 수 있다. 정신질환자 집단에서는 EA보다 높은 es를 보이는 데 반해, 정상인 집단에서는 일반적으로 es보다 높은 EA를 보인다(Exner, 1974). Exner(1978)는 EA와 es 사이의 비율로 그 사람이 좌절감을 감내할 수 있는 정도에 대한 지표를 제공할 수 있다고 제안하였다. 좌절감에 대처하는 것의 어려움은 주로 높은 es 점수, 즉 인지적 정보를 처리하고 중재하는 능력의 한계로부터 기인한다(Wiener-Levy & Exner, 1981). 예상되듯이 성공적인 심리치료는 es의 감소와 EA의 증가와 상관관계를 보이는데, 이는 적어도 환자들의 어떤 활동이 보다 정돈되게 변화하였음을 보여 준다(Exner & Sanglade, 1992; Gerstle, Geary, Himelstein, & Reller-Geary, 1988; Weiner & Exner, 1991). 이 발견은 치료 후 개선이 없었던 사람들의 높은 es:EA 비율에 거의 변화가 없었음을 발견한 Exner(1974)에 의해서 지지받았다. Exner(1974)는 또 다른 연구를 통해 성공적인 통찰치료 중인 대부분의 사람들에게는 es와 비교하였을 때 EA의 증가가 있었음을 보여 주었다. 이러한 발견을 통해 볼 때, 성공적인 통찰치료를 받은 환자의 경우 자신에게 "활성화된" 압박감을 객관화해서 보거나 재정립할 수 있는 힘이 생겼음을 알 수 있다.

es가 높은 경우(평균=9.55, 표준편차=4.01; high>12)

- 좌절감을 감내하는 힘이 약함

- 과업을 완수하는 데 어려움을 겪음

- 혼란스러움, 주의산만함, 무력감을 느낌

7. D 점수(D; EA-es)

D 점수는 수검자의 스트레스 감내력을 측정하는 심화된 측정치이다. 이는 그 사람이 갖고 있는 유용한 자원(EA)과 그 사람의 통제를 넘어서서 발생하는 혼란된 사건 양(es)의 수준을 평가하는 데 필수적인 도구이다. 이것은 EA에서 es를 차감하고(EA-es) 결과 수치가 양수인지 또는 음수인지를 표시함으로써 계산된다. 그 후 원점수는 Exner가 제공한 전환표(2003; 표 10.4, p. 152)를 참고하여 표준점수로 전환된다. 이 숫자는 대처 능력에 대한 종합적인 측정치이다. 예를 들어 외상후 스트레스장애를 진단받은 퇴역군인들은 D 점수가 낮게 측정되었다(Weiner, 1996). 이 점수화 범주는 많은 연구 지지를 받아 왔다(Mihura et al., 2013).

D 점수가 낮은 경우(평균=-0.12, 표준편차=0.99; Low<-1)

- 압도당하고, 과부하가 걸리며, 쉽게 산만해지고, 스트레스를 처리하는 심리적 자원이 부족할 가능성이 있는 사람

- 복잡하거나 애매모호한 상황을 다룰 능력이 없음

- 사고, 정서, 행동이 충동적이거나 집중력이 낮음. D 점수가 점진적으로 낮아짐에 따라 이러한 경향은 점점 증가할 가능성이 있음

D 점수가 높은 경우(High>0)

- 수검자는 현재 스트레스 수준에 적절하게 대처할 수 있음

8. 조정된 es(Adj es)

es가 일반적인 스트레스를 반영하면서 동시에 수검자에게 악영향을 미칠 수 있는 현재 자극의 측정치(m과 Y)를 포함하고 있기 때문에, m과 Y를 교정하여 조정된 es가 개발

되었다. es 값에서 하나의 m과 하나의 Y(FY와 YF를 포함함)를 제외한 모두를 차감함으로써 계산된다. 조정된 es는 그 사람의 보다 만성적인 상태(계속 변동적인 것이 아니라)를 보여 준다고 여겨진다(Exner, 1993). 따라서 조정된 es 점수가 높은 사람은 만성적으로 과도하게 자극받고 있음(예를 들어 사고의 폭주, 불면)을 느끼기 쉽고 자신의 사고를 조직화하는 데 어려움을 겪을 가능성이 있다. 그러나 조정된 es를 계산하는 주된 목적은 조정된 D 점수의 계산을 가능하게 하기 위함이다. D에 대해서는 좋은 지지가 보고되었음에도 불구하고 조정된 es의 해석은 연구적 지지를 거의 받지 못하고 있다(Mihura et al., 2013).

9. 조정된 D 점수(Adj D)

D 점수가 대처 능력 수준을 평가하면서도 현재의 스트레스 측정치를 포함하기 때문에, 그 사람의 행동을 조절하고 통제하는 일상적인 능력을 측정해서 제공하지 못할 수도 있다. 이러한 문제는 특히 심리평가가 의뢰된 환자들에게 나타날 가능성이 있는데, 평가 의뢰는 흔히 정신사회적인 어려움들과 관련되어 있기 때문이다. 통제할 수 없는 상황적인 스트레스는 로르샤하 검사에서 나타날 수 있으며(D 점수에서) m과 Y 반응을 통해 표현된다(McCown et al., 1992). 조정된 es에서는 m과 Y를 차감해 버리기 때문에, 이론적으로 현재 환경의 스트레스 요인의 영향력을 제거하였다. 조정된 D는 EA에서 Adj es를 차감함으로써 계산할 수 있으며, 산출된 원점수는 Exner의 표(2003; 표 10.4, p. 304)를 사용하여 표준점수로 전환된다. 조정된 D 점수에 남아 있는 것은 그 사람의 전형적이고 일상적인 스트레스 감내력이나 행동 통제력에 대한 측정치이다(Exner, 1993, 1995). 이 변인에 대한 해석에 일부 연구적 지지가 존재하지만 효과 크기는 작으므로(Mihura et al., 2013) 해석 시 반드시 주의해야 한다.

조정된 D 점수가 낮은 경우(평균=0.19, 표준편차=0.83; low<-1)
- 스트레스가 많은 상황에 적절하게 대처하기 위한 평균적인 자원보다 부족함
- 일상적이고 예측 가능한 상황하에서는 최상으로 기능함. 그들은 주의가 산만해지기 쉽고 혼란을 겪기 쉬우며 충동적으로 변하는 경향이 있기 때문에, 새로운 상황에 적응하는 데 어려움을 보일 것임(이러한 경향은 조정된 D의 점수가 점진적으로 감소함으로써 강화됨)

조정된 D 점수가 높은 경우(high>1)

- 스트레스적인 상황에 대처하는 능력이 좋음(그렇다고 해서 반드시 그들이 적응적이라는 것을 의미하는 것은 아님. 반사회적이고 편집적인 성격은 스트레스에 대처하는 복잡한 체계를 갖고 있고 상당히 효율적이기는 하지만 적응적이지 못함)
- 성장과 자각을 줄 수 있는 유형의 경험으로부터 자신과 거리를 유지하기 위하여 다소 제한된 자원들을 사용할 수 있음. 낮은 동기적 어려움

관념 영역

관념 영역은 수검자가 자신의 지각에 대해 의미 있는 조직화를 부여하는 방법과 관련된 정보에 중점을 두고 있다. 여기에는 3개의 양적 공식들(2개의 비율과 하나의 지표)과 M-, M, 수준 2 반응의 수, WSum6, 형태질 없는 M에 대한 빈도 자료들("인간 운동 반응과 가중치가 부여된 유채색 반응(MC)" 그리고 특수점수 관련 목록에서 각각의 빈도와 관련된 해석을 참고할 것)이 포함된다.

1. 능동:수동 비율(a:p)

이 비율은 능동적 운동 반응의 총수를 구하고 수동적 운동의 총수를 이와 비교함으로써 산출할 수 있다.

$$M^a + FM^a + m^a : M^p + FM^p + m^p$$

수동적 반응의 수가 현저하게 높은 개인은 다른 상황에서도 수동적일 가능성을 지니고 있다. 대조적으로 확연히 높은 능동적 반응의 수는 사고와 행동 측면에서 더 능동적인 사람을 의미한다(아래의 $M^a:M^p$에 대한 해석을 참고할 것). 그러나 대조적인 특징이나 차별성의 정도는 아래 조건들 가운데 하나가 해당될 때 보다 확실해진다. (a) "비율 양면 값의 합은 4이고 하나의 값은 0임" (b) "비율 양면 값의 합이 4를 넘고, 비율 한쪽 측면의 값이 다른 측면 값의 2배를 넘지 않음" (c) "비율 양면 값의 합이 4를 넘고, 한쪽의 값이 다른 쪽의 값보다 2~3배 큼"(Exner, 1993, p. 475). 해석을 지원하는 연구가 없었기 때문에 이 비율을 해석할 때 임상가들은 반드시 주의해야 한다(Mihura et al., 2013).

2. 인간 운동 반응 능동:수동 비율(M^a:M^p)

더욱 다듬어진 a:p는 인간 운동 반응에서의 능동과 수동 비율만을 고려한다. 만일 수동 인간 운동 반응의 합산값(M^p)이 능동 인간 운동 반응의 합산값(M^a)보다 크다면, 일반적으로 좀 더 수동 지향임을 의미한다. 예를 들어 높은 수의 수동 인간 운동 반응을 보이는 환자에 대한 치료자의 평가를 살펴보면, 그런 환자들이 더 많은 지시적 안내를 요청하였고 더욱 무기력해 보였으며 상대적으로 침묵을 보인 순간이 많았음이 보고되었다(Exner, 1978). 게다가 주제통각검사(TAT)의 이야기 끝이 그러하였듯이 그 환자들의 백일몽은 더욱 수동적인 주제와 관련되었다(Exner, 1993). 연구와 직관적인 매력에도 불구하고 능동과 수동에 근거를 둔 해석은 대부분의 연구에서 지지를 받지 못하였다(Mihura et al., 2013).

3. 주지화 지표

이 지표는 추상적 내용(AB)의 반응 총 수에 2를 곱하고 Art와 Ay 반응수를 부가함으로써 산출되며, 다음의 공식을 따른다.

$$2AB + (Art + Ay)$$

초기 연구에서는 추상적 내용(AB)과 예술 내용(Art)의 합산 점수가 3 이상이라면 주지화의 과도한 사용을 암시한다고 지적하였다(Exner, 2003). 강박장애 환자와 편집형 조현병 환자의 경우 모두 프로토콜 내에서 종종 AB와 Art 합산 점수가 3 이상을 보였는데(Exner, 1986; Exner & Hillman, 1984), 두 집단 모두 감정으로부터 거리를 두기 위해 주지화를 사용할 가능성이 있다. 이와 대조적으로 비환자 집단은 일반적으로 프로토콜당 평균 점수가 대략 2로 보고되었다(Exner & Erdberg, 2005). 이러한 발견에도 불구하고 이 지표에 대한 연구는 거의 없으므로(Mihura et al., 2013), 해석은 반드시 신중해야 한다(평균=2.17, 표준편차=2.15).

주지화 지표가 높은 경우(5 이상)
- 지적인 관점에서 사물을 분석함으로써 감정을 중화시키려고 함. 정서의 영향력을 부인하거나 감추려고 함

- 감정을 처리하는 데 전형적으로 조심스러우며 비현실적인 경우도 있음
- 주지화는 적정 수준의 정서를 통제 가능하게 해 줄 수 있지만 더 높은 수준의 정서에 압도될 경우 혼란스러움을 야기할 가능성이 매우 높음

정서 영역

정서 영역에서는 수검자가 정서를 조절하고 표현하는 방법에 대한 정보를 제공한다. 로르샤하에서는 유채색을 통해 정서가 매우 직접적으로 표현되기 때문에, 여러 빈도와 공식들에서 유채색과 다른 로르샤하 반응의 다양한 조합이 관련된다. 구체적으로 이 영역에는 순수 C 반응의 빈도, 흰 공백 반응의 사용(S), 색채 투사(CP) 그리고 3개의 양적 공식이 포함된다.

C 반응과 Cn 반응의 합은 정서적인 충동에 의해 압도될 가능성을 나타내는 지표를 제공해 준다. 성인 비환자 집단의 프로토콜에서 C 또는 Cn 반응이 나타나는 경우는 흔치 않으나(평균=0.12, 표준편차=0.43), 환자 집단에서는 다소 상승하게 된다(유채색에 대한 해석 논의 참고). 흰 공백 반응을 사용하는 정도(S)는 그 사람의 부정성, 분노를 다루는 방법, 적대성의 정도와 관련되어 있다(공백 반응에 대한 해석 참고). 색채 투사(CP)라는 흔치 않은 반응은 특수점수에 포함되며, 받아들이기 어려운 불쾌한 감정 대신 대체 감정으로 바꾸려는 성향과 관련이 있다[색채 투사(CP)에 대한 해석 논의 참고]. 이들 해석 지침을 각각 지지하는 연구가 얼마나 되는지 확인하는 것이 중요하다(위의 절 참고).

1. 형태-색채 비율[FC:(CF+C)]

이 비율에서는 색채가 주가 되는 유채색 반응과 대비하여 형태가 주가 되는 유채색 반응의 총합을 보여 준다. 이 공식을 계산하기 위해서 유채색 결정인들의 가중치를 동일하게 1로 부여한다. Cn 결정인은 색채 주도적인 반응으로 간주되기 때문에 비율의 오른쪽 측면에 포함된다. 비율은 자신의 충동을 통제할 수 있는 수준을 측정(스트레스에 압도당하는 성향을 보여 주는 D 점수를 고려할 것)하며, 얼마나 감정적으로 반응하는지를 알려 준다. 만일 형태가 우세(1.5에서 2.5배 큰 경우)하다면, 충동을 잘 통제하고 있으며 대인관계를 만족스럽게 경험하고 있음을 나타낸다(Exner, 1969, 1974; B. Klopfer & Davidson, 1962). Exner(1978)는 CF+C 반응보다 FC 반응이 더 많은 조현병 환자의 경우 치료에 더 잘 반응

하고 재발 가능성이 낮다는 것을 발견하였다. 형태 반응이 많다는 것은 자신의 지각에서 정확하고 현실 지향적인 해석을 통합할 수 있음을 나타낸다. 그러나 만일 색채 주도적인 반응이 없거나 매우 적다면, 과도하게 위축되고 감정과의 접촉이 거의 없는 상태를 의미한다(Exner, 1978, 1993). 이는 신체 증상 관련 장애를 지닌 대부분의 환자들이 전형적으로 감정적 위축을 보이면서 4:1 이상의 비율을 보인다는 점과 부합한다(Exner, 1993). 만일 비율의 CF+C 측면이 상대적으로 높다(1:1)면, 자신의 충동에 대한 통제력이 약해서 충동적인 행동이 동반되거나(Pantle et al., 1994) 자기애성 성격과 함께 공격적인 행동이 표출될 수 있음(Exner, 1969; B. Klopfer & Davidson, 1962)을 시사한다. 그들의 반응이 그러하듯이, 내적 그리고 외적 사건에 대한 지각이 전형적으로 왜곡되고 부정확하다(Exner, 1969). 병리적 집단에서 순수 C 반응수는 증가하는 경향을 보이는데, 비환자 집단에서는 오직 7%만이 순수 C 반응을 보이는 것과 비교해서 우울증 환자의 45%, 조현병 환자의 32%, 성격장애 환자의 27%가 순수 C 반응을 보고한다(Exner, 1993). 이 지표는 일반적으로 연구적 지지를 받는다(Mihura et al., 2013).

2. 정서 비율(Afr)

마지막 3개의 카드가 유채색이고 처음 7개가 주로 무채색이기 때문에, 정서 비율은 정서(유채색)가 수검자에게 미치는 영향력의 정도를 의미한다. 비율은 처음 7개 카드의 반응수에 대한 마지막 3개 카드의 반응수로 구성된다.

$$\frac{\text{Ⅷ+Ⅸ+Ⅹ 카드에 대한 반응수}}{\text{Ⅰ+Ⅱ+Ⅲ+Ⅳ+Ⅴ+Ⅵ+Ⅶ 카드에 대한 반응수}}$$

성인 비환자 집단의 Afr 평균은 .67(표준편차=0.16)이다. 그러나 Afr은 EB의 맥락에서 고려하는 것이 적절하다. 자신의 경험을 내적으로 향하게 하는 내향적인 사람들(EB의 M 측면이 높음)의 Afr의 범위는 .50에서 .80 사이이다. 이와 비교해서 외향적인 사람들(EB의 C 측면이 높음)의 Afr 범위는 .60에서 .95이다(Exner, 1993, 2003). 이는 Afr이 높은지 혹은 낮은지를 판단할 때 EB 점수를 고려하는 것이 유용하다는 뜻이다. 환자 집단의 Afr 평균이 비환자 집단의 그것과 크게 다르지는 않지만, 환자 집단의 범위가 더 넓고 분포는 쌍봉 모양을 보인다. 환자 집단에서 범위가 크다는 것은 정서를 과소 통제하거나 과잉 통제하는 어려움 가운데 하나를 겪을 가능성이 크다는 관점에 부합한다(Exner, 1993, 2003). 이 범주에 대한 해석은 연구적 지지가 있지만 효과 크기는 비교적 작으므로(Mihura et al., 2013), 해석은 반드시 가설적으로만 할 것을 제안한다.

Afr이 높은 경우(평균=0.61, 표준편차=0.17; high>.85)

- 정서에 대한 과잉 반응. 감정적 자극을 잘 받아들이고 행동의 지연보다는 즉각적으로 반응할 가능성이 높음[FC:(CF+C)를 점검할 것]

Afr이 낮은 경우(low<.53)

- 감정으로부터 철수하는 성향. 만일 극도로 낮다면, 정서적 반응을 통제하는 데 극도의 에너지를 쏟고 있는 경우일 수 있음(앞서 논의한 주지화 지표에 주목할 것)

3. 복잡성 지표(혼합 반응수:전체 반응수)

혼합 반응은 하나 이상의 결정인을 포함하는 반응을 말하며, 모든 로르샤하 반응이 대략 20%의 혼합 반응을 포함한다. 수검자는 혼합 반응을 만들기 위하여 반드시 반점의 복잡성을 처리해야 하는데, 이를 위하여 분석과 통합이 요구된다. Exner(2003)는 순수 F 반응은 오직 자극의 가장 단순하고 쉬운 측면만을 주목한다는 점에서 순수 F 반응이 혼합 반응의 정반대에 해당함을 지적하였다. 이 지표에서는 혼합 반응의 전체 수(비율의 왼쪽 측면에 기입)와 반응의 총 수(R, 비율의 오른쪽 측면에 기입)를 비교한다. 일반적으로 한 사람의 프로토콜에는 보통 1개 이상의 혼합 반응이 있다. 혼합 반응이 하나도 없는 것은 협소하고 위축되었다는 것을 시사한다. 이는 우울증에 걸린 사람과 평균 이하의 지능을 가진 사람들의 프로토콜에서 혼합 반응의 빈도가 더 낮다는 발견과 일치한다(Exner, 1993, 2003). 이와 반대로 혼합 반응이 극도로 많은 것(8개 이상)은 수검자에게 과중할 만큼 복잡성의 정도가 일상적인 수준 이상임을 시사한다. 이 지표에 대한 해석은 연구적 지지를 받고 있다(Mihura et al., 2013).

혼합 반응을 자세히 해석하기 위해서는 질적인 측면의 이해가 필요하다. 예를 들어 유채색 주도적인 결정인을 포함하고 있는 혼합 반응은 그 사람이 정서에 쉽게 압도당할 가능성이 있음을 암시하고, 혼합 반응이 형태 주도적인 경우라면 그 반대이다. 유채색-음영 혼합 반응(유채색과 C´, Y, T, F, V의 결합)은 고통스럽고 신경질적이며 혼란스러운 감정 경험을 암시하는데, 이는 우울증 환자의 프로토콜과 관련이 있다. Exner와 Wylie(1997)는 자살 시도와 중간 정도의 상관관계가 있음을 발견하였다. 또한 이러한 유형의 혼합 반응은 Exner(1993)의 자살 잠재성 지표의 변인 중 하나로 포함되어 있다. 그러나 유채색-음영 혼합 반응의 존재를 단독 지표로 사용하였을 때에는 정확한 자살 예측 변인으로 충분하지 않다(Hansell et al., 1988)(혼합 반응 평균=5.56, 표준편차=2.55; Blends/R 평균=0.24, 표준편차=0.10).

중재 영역

중재 영역에서는 수검자가 독특한 것에 반하여 평범하고 수용 가능한 반응을 지향하는 정도를 측정하는 일련의 지표들이 사용된다. 만일 이러한 지표들 중 어느 하나라도 극심하고 경직되어 있다면, 적응에서의 어려움을 시사한다. 이 영역은 평범 반응과 마이너스 공백 반응(S-; 전에 기술한 평범 반응과 공백 반응의 해석 참고)의 전체 수 빈도를 포함하며, 다음에 기술하는 5개의 백분율 지표도 함께 포함한다.

1. 관습적인 형태(X+%)

X+%는 프로토콜 내 모든 반응들의 형태질을 포함하며, F+%보다 왜곡에 덜 영향을 받는다(다음의 2번 항목 참고). X+%는 사물을 평범하고 현실적인 방법으로 지각하는 정도를 나타내는 지표이다. 이는 o 이상(o 또는 +)의 형태질을 가진 반응수의 합을 전체 반응수로 나누어서 계산한다.

$$\frac{\text{형태질이 o 또는 +인 반응수의 합}}{\text{전체 반응수}}$$

대부분의 일반적인 성인들은 적어도 68%의 X+%를 보인다(표준편차=11%; Exner & Erdberg, 2005). 일반적인 아동의 경우 비슷한 평균값을 보이며 범위는 .67에서 .78 사이이다(Exner & Weiner, 1995). 극도로 높은 비율(>90%)이라면 개성을 포기할 정도로 세상을 과도하게 평범한 방식으로 지각한다는 것을 의미한다. 그런 사람들은 극도로 표준적이고 유연하지 못하며 경직되고 지나치게 관습적일 수 있다(Exner, 1993, 2003). 이러한 가능성은 평범 반응의 수가 상승되어 있을 때 더욱 지지를 받는다. 이와 반대로 X+%의 하락(<70%)은 수검자가 비일상적인 방식으로 세상을 지각하는 것을 의미한다. 이는 단순하게는 그들이 매우 개성적이기 때문일 수 있으며, 특히 X+%가 비일상적으로 낮다면 심각한 병리적 상태를 암시할 수 있다. 예를 들어 조현병 환자들은 X+%의 평균이 겨우 40%이다(Exner, 1993). X+%에 근거를 둔 해석들은 매우 훌륭한 연구적 지지를 받고 있다(Hiller et al., 1999; Mihura et al., 2013)(평균=0.68, 표준편차=0.11; low <.55).

2. 관습적인 순수 형태(F+%)

F+%는 X+%와 비슷한 측면을 평가하지만, F 반응과 결합된 다른 반응들(C′, Y, T, V)은 제외하고 오직 순수 F 반응만 포함하기 때문에 반응수가 축소된다는 제한점이 있다. 다음과 같이 계산된다.

$$\frac{\text{형태질이 o 또는 +인 순수 F 반응수의 합}}{\text{전체 순수 F 반응수}}$$

해석은 X+%의 해석과 유사하지만, 반드시 더 신중하게 수행해야 한다. 이는 현실성과 지각적 정확성에서의 관습적인 양상을 반영한다. Exner(1993)의 규준에 따르면, 일반적인 사람들의 F+%는 평균 71%인 데 반해, 성인 조현병 환자의 F+%는 겨우 42%를 보인다. 일반적으로 F+%가 낮으면 제한된 지적 능력(S. J. Beck, 1961), 기질장애(Reitan, 1955b), 조현병(S. J. Beck, 1968; T, Kahn & Giffen, 1960)을 나타낼 수도 있다. 이 비율에 대한 신중한 해석은 상대적으로 좋은 연구 지지를 받고 있다(Mihura et al., 2013).

3. 왜곡된 형태(X-%)

X+%(그리고 F+%)와는 반대로, X-%는 현실에 대한 왜곡된 지각 수준을 직접적으로 보여 주는 지표이다. 전체 반응에 대해 마이너스(-) 형태질을 갖고 있는 반응의 비율로 계산된다.

$$\frac{\text{형태질이 -인 반응수의 합}}{\text{전체 반응수}}$$

X-%가 높을수록 왜곡된 지각과 관련된 장애 수준이 심각할 가능성이 높다(Mihura et al., 2013). 예를 들어 중간 정도의 높은 비율(X-%=20%)은 우울증 환자에게 나타나며, 조현병 환자는 37%를 보인다(Exner, 1993). 20%를 상회하는 비율을 보이는 사람들은 현실감이 떨어지고 정확한 추상적 표현을 하는 데 어려움을 겪을 것이다. 이 변인에 대해서는 매우 강력한 연구적 지지가 있다(Mihura et al., 2013)(평균=0.11, 표준편차=0.07; high>.20, very high>.30).

4. 공백 반응의 왜곡(S-%)

때때로 X+%와 F+%가 낮을 수 있는데, 이러한 결과는 형태질이 -인 반응들이 많기 때문이라고 가정될 수 있다. 이 가정은 후에 부정확한 해석으로 이어질 수 있다. 이러한 문제점을 검증하는 한 가지 방법은 마이너스의 공백 반응(S-) 비율을 확인하는 것이다. S-%는 조현병을 암시하는 일종의 왜곡(F+%와 X+%의 해석 참고)을 의미하기보다는 강력한 부정성이나 분노로부터 기인(Exner, 1993, 2003)할 수 있으나, 이에 대한 연구적 지지는 사실상 없다(Mihura et al., 2013).

5. 흔하지 않은 형태(Xu%)

Xu%는 낮은 X+%나 F+%로부터 도출된 잠재적이고 부정확한 해석을 검증해 주는 수단으로 사용될 수 있다. 낮은 X+%와 F+%의 이유가 주로 형태질 u 반응이 많은 비중을 차지한 결과로서의 사례들이 있다. Xu%는 전체 반응수에 비교해서 형태질 u를 갖는 반응수의 비율로 계산된다. 형태질 u 반응이 일상적이지는 않지만 마이너스 반응들이 보이는 정도의 현실성 침해가 아직까지는 없고, 따라서 심각한 병리를 반영하지는 않는다. 사실 프로토콜 내에서 형태질 u 반응이 소수로 있는 것은 세상을 독창적인 방법으로 볼 수 있다는 건강한 신호가 될 수 있으며, 일부 창의적인 면을 나타낼 수도 있다. 그러나 과다하게 많은 형태질 u 반응은 관습적이지 않은 것에 매우 전념하는 사람을 의미한다(Exner, 1993, 2003). 만일 주변 환경이 그러한 성향에 관대하지 않다면, 많은 갈등과 대립이 있을 가능성이 높다. 연구 결과는 이 변인을 지지한다(Mihura et al., 2013)(평균=0.20, 표준편차=0.09; high>.20).

처리 영역

수검자의 관념과 중재를 이해하는 것에 부가하여, 정보를 처리하는 과정에서의 질적 수준과 효율성을 평가하는 것이 중요하다. 관련 빈도 자료로는 전반적인 조직화 활동의 양(Zf; 조직화 활동의 해석 참고), 보속 반응(PSV), 발달질+(DQ+), 발달질v(DQv) 그리고 다음 3개의 비율이 포함된다.

1. 경제성 지표(W:D:Dd)

W:D:Dd의 비율은 높은 수준의 조직화와 동기를 필요로 하는 도전적인 반응(W)을 시도하는 정도와 덜 힘들고 쉽게 지각되는 위치(D나 Dd)를 선택하려는 정도를 비교한다. 또한 이는 큰 그림에 초점을 두는 것 그리고 명료하거나 개인 특유적인 세부에 초점을 두는 것과 관련이 있다. 이것은 전체 반응(비율의 좌측)과 D 반응(가운데) 그리고 Dd 반응(우측)의 단순 비율이다. 정상인과 외래 환자들의 W:D 비율은 1:1.2, 심지어 1:1.8이다 (Exner, 1993). 만일 D 반응이 상대적으로 높다면, 이는 갈등 상황에서 도전적인 방식의 선택을 최소화한다는 것을 의미한다. 이는 애매모호함에 대처하는 특징적인 방법이 애매모호함으로부터 벗어나서 분명한 것에 초점을 맞추는 특징으로 가정될 수 있다. 만일 W 반응이 우세하다면, 그 사람은 아마도 지각을 조직화하려는 시도를 지나치게 할 것이다. 만일 W 비율이 높고 W와 D 반응 둘 다 질이 낮다면, 그 사람은 철수되어 있으며 비현실적으로 완벽함에 몰두할 것으로 여겨진다(Exner, 1974). 그러나 W와 D 반응 둘 다 질이 좋다면, 창의적인 사람으로 성공적인 지적 능력을 예상할 수 있다. 직관적으로는 매력적인 해석임에도 불구하고 경제성 지표를 지원하는 연구는 매우 적다(Mihura et al., 2013).

2. 열망 비율(W:M)

W:M 비율은 현재로서는 덜 다듬어진 지표이며 연구가 다소 부족하다(Mihura et al., 2013). 따라서 해석은 의심을 갖고 조심스레 다루어져야 한다. 전체의 위치를 사용하는 반응(비율의 좌측에 위치)에 비교되는 인간 운동 반응의 총 수(우측에 위치)의 단순한 비율이다. 일반적으로 W 반응이 자신의 환경을 효과적으로 조직화하고 개념화하기를 열망하는 수검자의 수준을 나타내는 지표임을 고려하면 이 비율이 일반적으로 이해된다. W 반응은 일관된 하나의 반응에 다수의 세부사항을 아우르고 포함시키려는 노력을 의미한다. 그러

나 수검자가 효과적인 조직화를 실제로 달성하기 위한 자원을 가지고 있는지의 여부를 결정하는 것은 M 반응에도 의존한다. M 반응이 공상적 삶에 투자하는 정도를 나타내기도 하지만, M 반응은 또한 내적 자원과 외적 현실을 얼마나 효과적으로 연결하고 추상적인 사고를 얼마나 효과적으로 수행할 수 있는지를 보여 준다. 따라서 W:M 비율을 살펴보면 W로 표현되는 열망 수준과 M으로 표현되는 실제적인 능력 사이의 대략적인 비교가 가능하다(Exner, 1993, 2003). 내향적인 사람은 외향적이거나 양립적인 사람들보다 M의 수치가 높기 때문에, W:M 비율의 높고 낮음을 결정할 때 EB의 상대적인 가치를 고려할 필요가 있다. 비율의 W 측면이 다음의 수치들보다 높다면 높은 열망 수준으로 간주된다. 예를 들어 내향적인 사람들은 1.5:1, 양립적인 사람들은 2.2:1, 외향적인 사람들은 3:1을 보인다(Exner, 1993). 그러나 극도로 높은 W 점수는 아동의 경우에 흔히 나타나는데, 이는 아동이 목표를 달성하기 위해 요구되는 실제 노력을 종종 과소평가한다는 연구 결과와 합치된다(Exner, 1993, 1995). 비율의 오른쪽 측면(M)이 분명하게 왼쪽 측면보다 높으면(내향적인 사람의 경우 0.5:1, 외향적인 사람과 양립적인 사람의 경우 1:1을 기준으로), 이 사람들은 달성 가능한 목표를 규정할 때 극도로 조심스럽고 보수적이라는 것을 보여 준다(Exner, 1993, 2003). 성취 동기가 낮을 수도 있는데, 이는 목표를 규정할 때 그들이 조심스럽고 보수적이며 자원을 소비할 때 경제적이라는 것과 관련이 있다. 현재 이 변인에 대한 연구는 거의 없다(Mihura et al., 2013).

3. 처리 효율성(Zd)

경제성 지표(W:D:Dd)와 열망 비율(W:M)과 함께 조직화 활동의 빈도(Zf)를 통해 수검자가 자신의 지각에 투여하는 동기 수준과 노력에 대한 정보를 제공함에도 불구하고, 이들 지표들은 질적 수준이나 정확도에 대한 정보를 제공하지는 않는다. 이와는 달리 처리 효율성(Zd) 점수는 처리 과정에서의 노력뿐만 아니라 편의성과 정확도 지표를 제공한다. 이것은 차이점수로 계산되는데, ZSum(Z의 가중치 점수를 합산한 것)에서 Zest(프로토콜 내에서 조직화 활동이 발생한 횟수를 고려한 추정점수)를 차감함으로써 산출된다. Zd 점수가 높은 사람들은 과다통합자 유형으로 간주되는데, 그들은 지각과 결과물에 더 많은 노력을 투여하고 좀 더 정확성을 기하려고 한다. 이는 특질처럼 지속적인 특성으로 여겨진다. 반대로 낮은 점수를 받은 사람은 과소통합자 유형인데, 그들은 무계획적인 방식으로 정보를 처리하며 종종 관련된 작은 정보를 무시한다. 심리치료 후에는 과다통합자 유형으로 변모하기 때문에 이 특성은 좀 더 수정 가능한 것으로 보인다(Exner, 1978). Zd에 대한 연구 검토(Exner, 1993)에 따르면, 이론과 마찬가지로 과다통합자(high Zd)는 더 광범위한 눈 움직임을 보이고 게임에서 더 적은 오류를 범하며 사실 기반 정보를 요구하는 장면에서 추측을 할 가능성이 적다. 반대로 과소통합자는 검사 시 눈 움직임이 더 적고 게임에서 많은 오류를 범할 가능성이 높으며 사실 기반 정보가 요구되는 상황에서 추측을 할 가능성이 많다. 아동의 경우, 낮은 Zd 점수는 과잉 활동적이라고 진단된 아동들에게서 보고된다. 그러나 수많은 연구에서 Zd의 사용을 지지하지 않기에(Mihura et al., 2013), 전문가들은 반드시 이 변인의 해석을 하지 않는 것을 검토해야 한다.

Zd가 높은 경우(>+3)

- 강박적 혹은 완벽주의적일 수 있음. 정보처리가 효율적이고 정확할 수 있음
- 정보처리에 많은 노력을 들임
- 자신의 지각에 주의를 기울일 것이며 끊임없이 정확성을 점검할 것임
- 능력에 대한 자신감

Zd가 낮은 경우(<-3)

- 무계획적일 가능성. 상황과 관련된 모든 면을 충분히 고려하지 않고 충동적인 결정을 할 수 있음
- 지각과 관련한 작업에 최소한의 노력만 투자함
- 전형적으로 정보처리 능력과 관련하여 어수선함을 보임. 정보를 지각하고 통합하며 반응할 때의 효율성에 의문이 있음

대인관계 영역

로르샤하를 통해 수검자의 실제 환경이나 환경 내 다른 사람들에 대한 정보를 얻지 못함에도 불구하고, 로르샤하는 욕구, 태도, 행동적 반응 양상, 대처 유형 등 대인관계와 관련된 다양한 정보를 제공한다. 대인관계 영역은 이들 영역과 관련한 몇 가지 측정치들을 목록에 담고 있다. 다른 사람과의 협력 정도는 협력적 운동(COP)의 수를 통해 파악될 수

있다. 이와 유사하게 공격적 운동(AG)의 수는 대인관계적 공격성 지표를 제공하며, 음식물 내용 반응이 많다면 의존성을 시사한다(이들 각 범주의 해석 참고). 대인관계와 관련하여 부가적으로 유용한 지표에는 순수 H 반응의 합계, 보속 반응(PSV)의 수, 인간 표상의 좋고 나쁜 비율(GHR:PHR), T 반응의 합, 능동:수동 비율 등이 포함된다(각각의 범주 해석 참고). 다음 2개의 공식은 고립되는 것과 반대되는, 즉 사람에 대한 관심의 정도를 평가하는 데 유용하다.

1. 대인관계적 관심[H + (H) + Hd + (Hd)]

대인관계적 관심의 지표는 단순히 인간 내용에 대한 반응들을 합산한다(Hx는 포함하지 않음). 이 지표는 다른 사람에 대한 관심의 정도를 나타내지만, 일반적으로 이 변인을 신뢰롭게 해석하는 데 연구적 지지는 없다(Mihura et al., 2013)(평균=6.29, 표준편차=2.66).

2. 고립 지표(Isolate/R)

Exner(1986)는 고립 지표를 개발하기 위하여 사용된 5개의 반응 내용들(식물, 구름, 지도, 풍경, 자연물)이 모두 "비인간적, 비사회적, 무생물 그리고 일반적으로 정적인 대상"임(p. 406)을 주장하였다. 이 지표는 구름과 자연물에는 2배의 가중치를 부여해서 이 반응 내용들의 수를 합산하고 전체 반응수로 나누어 산출한다.

$$\frac{Bt + 2Cl + Ge + Ls + 2Na}{R}$$

만일 프로토콜 내에서 이들 반응 내용들의 비율이 높은 경우(지표의 점수가 .25 이상)라면, 이는 수검자가 철수되어 있거나 소외감을 갖거나 적어도 사회적 고립과 관련된 어려움을 겪을 수 있음을 의미한다(Exner, 1993). 이는 아동, 청소년, 성인에게 적용된다(Exner, 1986, 1995). 그러나 이러한 해석이 반드시 병리적 편견에 연결되지는 않는다. 높은 점수가 부정적인 거절이나 소외라기보다는 단순히 사람들에 대한 관심이 적은 것을 의미할 수 있다. 그럼에도 불구하고 이 변인의 해석에 대한 연구적 지지는 받지 못한다(Mihura et al., 2013)(평균=0.19, 표준편차=0.09).

자기지각 영역

자기지각 영역에는 수검자 스스로 바라본 자신의 이점과 한계에 관한 정보가 포함된다. 이들은 단순히 빈도에 대한 기록으로, Fr+rF, 형태 차원, 병적 내용의 합계, 해부/엑스레이 반응, V 반응의 합(관련 절의 해석 참고)이 해당된다. 순수 H:(H)+Hd+(Hd) 비율은 순수 인간 반응의 양을 허구적/신화적 그리고 부분적 인간 반응의 양과 비교한다. 비율의 오른쪽 측면에 위치한 2개의 인간 범주는 허구적/신화적 묘사와 관련한 것이다. 이와 같이 비율은 수검자가 자신의 지각을 현실에 근거를 두는 정도와 상상적 측면에 두는 정도를 보여 주는 것으로 고려될 수 있다. 환자가 아닌 성인과 청소년들은 일반적으로 순수 인간 반응을 (H)+Hd+(Hd)보다 대략 3:2의 비율로 더 많이 산출한다(Exner, 1993, 1995, 2003). 그러나 내향적인 사람들의 평균 비율은 3:1로, 외향적인 사람들이나 양립적인 사람들의 비율(1.3:1)과 상이하다. 반대로 조현병 환자들은 허구적/신화적 그리고 부분적 인간 반응이 더 높은 비율을 보인다(1.5:2; Exner, 1993). 순수 인간 반응 수준이 낮은 것은 자신과 타인에 대하여 비현실적으로 지각하는 것으로부터 인지 활동을 하고 있음을 시사한다. 자기지각 영역은 하나의 양적 공식을 포함한다.

1. 자기중심성 지표[3r+(2)/R]

자기중심성 지표(EI)는 수검자가 자기가치감을 갖고 있는지의 여부와 관련한 정보를 제공하는데, 좀 더 심화하면 수검자가 자신에게 빠져 있는 정도까지 관련될 수 있다. 쌍 반응에 비하여 반사 반응에는 3배 더 큰 가중치를 부여하고 이들을 합산하여 전체 반응의 수로 나눈다.

$$\frac{3(Fr + rF) + Sum(2)}{R}$$

그러나 이 변인을 해석하는 연구적 지지는 부족하며(Mihura et al., 2013), 따라서 전문가들은 반드시 아래 해석들을 사용하지 않는 것을 고려해야 한다.

EI가 높은 경우(>.44)

• 자기가치감이 크게 부풀려짐. 이는 기저의 불만족감을 반영함

- 적절한 상승(.40~.50)은 긍정적인 자존감과 관련이 있는 자기초점과 자기관심을 나타냄

EI가 낮은 경우(<.33)
- 부정적인 자기가치감, 갈등적인 자기표상, 기분의 오르내림과 부적응적 행동의 가능성

특수 지표

로르샤하 측정치들의 다양한 조합에 대한 견실함과 타당도를 높이려는 목적으로 조합 점수에 근거를 둔 6개의 특수 지표들이 개발되었다. 예를 들어 로르샤하 전반에 걸쳐 많은 수의 다양한 조현병 지표들이 발견되었다. 높은 비율의 X-% 혹은 M-%, 하나 이상의 수준 2 우화적 결합(FAB2) 특수점수의 존재, 높은 WSum6 등이 포함된다. 이들은 몇 개의 다른 지표들과 함께 지각사고 지표(PTI)를 형성하였다. 몇몇의 연구들에 따르면, 이 지표는 다른 어떤 단일점수보다 조현병을 더 잘 구별할 수 있다(Exner, 1991, 1993, 2003 참고). 다른 특수 지표들에서도 유사한 전략이 사용되었다. 여러 지표들은 조합을 이루어서 핵심 지표들을 구성하게 되었으며, 특정한 유형의 질환을 진단하는 것을 돕는다. Exner(1993, 2003)와 다른 편이를 위한 채점 체계를 살펴보면, 특수 지표가 유효하게 상승되었는지를 계산하기 위한 요약적 작업 도표(Constellation Worksheet)가 포함되어 있다(Exner, 2003, 표 10-5, p. 156 참고). 산출 과정은 이 장에 제시된 어떤 것들보다도 더욱 복잡하므로 산출의 세부사항은 여기에 제시하지 않았다.

1. 지각사고 지표(PTI)

지각사고 지표(PTI)는 초기 조현병 지표(SCZI)의 수정본이다. 지각사고 지표는 사고장애를 가진 사람을 더 정확하게 가려낸다는 장점을 가지고 있다(Exner, 2003; Dao & Prevatt, 2006; S. R. Smith, Baity, Knowles, & Hilsenroth, 2002). 명칭에서 알 수 있듯이 조현병을 진단하기 위해 고안된 것이 아니라, 일련의 혼돈되고 비일상적인 사고 과정을 평가하기 위해서 그리고 조현병 혹은 다른 형태의 사고장애에서 발생할 수 있는 지각적 경험을 평가하기 위해서 고안되었다. 지표는 특정 범주(특정 진단)에 사람을 배치하기 위하

여 고안된 것이라기보다는 사고장애의 연속선상에 있는 사람의 수준을 평가하는 것으로 고려되어야 한다. 이 지표는 연구적 지지를 잘 갖춘 변인이다(Mihura et al., 2013). 문제시 되는 사고를 가려 주는 한계 권고 점수는 3이다(Dao & Prevatt, 2006).

2. 우울 지표(DEPI)

우울 지표의 수치가 4인 수검자의 경우, 기분의 변동, 불만족스러움, 비관적인 생각, 가벼운 무기력 증상(피로, 불면, 사고 지체, 쾌감 상실) 등 우울증 관련 증상의 일부를 경험하고 있을 가능성이 높다. 점수가 5, 6이거나 특히 7인 경우, 이들 증상이 보다 심각한 정서 장애일 가능성이 더욱 확고하고 강력해진다(Exner, 1991, 1993; Exner & Erdberg, 2005). 그러나 우울증은 매우 다양한 장애(특히 몇몇 성격장애와 조현병)에 포괄적으로 나타나기 때문에, 이 지표만으로는 우울장애의 명확한 진단을 보장하지 못한다. 또한 우울증이라는 용어는 복잡한 세상에서 잘 적응하려고 애쓰는 과정에서 무력감을 느끼는 사람에게도 사용될 뿐만 아니라, 감정적으로 혼란스럽고 비관적이며 자기파괴적이고 무기력한 사람을 기술하는 데에도 사용될 수 있다(Exner, 1993). 우울증 지표에 의해서 측정된 우울 증상과 성향은 많은 유형의 사람들과 넓은 범위의 진단명과 관련이 있을 수 있다. 이 지표는 많은 학자들에 의해 타당도가 의심스럽다고 지적되었기에 상당히 주의해서 사용해야 하는데, 특히 아동과 청소년을 대상으로 더욱 주의해야 한다(Ball et al., 1991; Jorgensen et al., 2000; Meyer & Archer, 2001; Stredny & Ball, 2005). 종합적으로 볼 때, 수많은 연구가 이 지표에 대해 지지 증거를 보여 주었지만 효과 크기는 작다(Mihura et al., 2013).

3. 대처결함 지표(CDI)

대처결함 지표의 점수가 4 또는 5를 상회하는 수검자는 대체로 매일 요구되는 일상사에 효과적으로 대처하는 것이 어렵다고 느끼기 때문에, 대인관계 장면에서 불만족스럽고 무의미함을 느낄 가능성이 있다고 개념화되었다(Exner, 1993). 그들의 개인력을 살펴보면, 일반적으로 사회적인 무능감, 대인관계에서의 실패, 인간관계적 요구로부터 압도감을 느꼈던 시기 등을 포함하고 있다. 상당한 기간 또는 장기간의 효과적인 심리치료 후에 대처결함 지표가 감소한 결과를 보였다(Exner & Sanglade, 1992; Weiner & Exner, 1991). 우울 지표와 마찬가지로 일반적으로 이 지표에 대한 연구적 지지가 많지만, 효과 크기가 작기 때문에(Mihura et al., 2013) 해석은 반드시 신중하게 수행되어야 한다.

4. 자살 잠재성 지표(S-CON)

자살 잠재성 지표는 자살 시도의 위험성을 감지하려는 의도로 조합된 11개의 변인을 포함하고 있다. 재현적 연구를 살펴보면, 절단점수로 8점을 사용하는 것이 자살 시도자의 80%를 정확하게 가려냈음을 보여 주었다(Exner, 1986, 1993). 그러나 최종 결정을 내릴 때에는 신중함이 동반되어야만 한다. 몇몇의 경우 자살 잠재성이 없다고 감지되었으나 그 후 자살을 시도하였던 오류(허위 음성 비율 15%)를 보였다. 우울증 집단에서 많은 수검자의 경우 실제로는 없거나 매우 적은데 자살 잠재성이 있다고 부정확하게 감지되는 오류(성인 우울증 환자에서 허위 양성 비율 10%; Exner, 1993)를 보였다. 이러한 사실에도 불구하고 위험성 측정 변인으로 이 지표를 지지하는 연구는 일반적으로 매우 우수하다(Mihura et al., 2013).

5. 과잉경계 지표(HVI)

처음에는 다른 환자 집단으로부터 편집형 환자(편집형 조현병)를 구별하기 위해서 일련의 지표들이 분리되었다. 편집형 조현병 환자들과 편집성 성격을 정확하게 구분(각각 88%, 90%)하였다는 점에서 이 지표들은 부분적으로 성공하였다(Exner, 1993). 연구가 심화됨에 따라 과잉경계 지표가 편집증 자체보다는 편집성 유형의 과잉경계 측면에 더 관련이 깊다는 점이 발견되었다. 따라서 과잉경계 지표가 양성인 사람들은 높은 경계 상태를 유지하기 위해 엄청난 노력을 투여할 가능성이 있다. 과잉경계를 부추기는 이유는 그들이 환경을 신뢰하지 않고 스스로 만성적인 취약성을 경험하기 때문이다(Exner, 1993). 그들은 행동에 착수하기 전에 왜 그리고 어떻게 그 행동을 표현해야 하는지에 대하여 신중하게 생각한다. 그들은 관계에서의 친밀함에 대하여 매우 방어적일 가능성이 높고, 친밀함에 들여야 하는 노력에 대하여 초기에는 많은 걱정을 갖고 대응할 가능성이 높다. 그 결과 그들은 그들이 통제력이 있다고 느끼는 경우에만 그들 스스로 다른 사람들과 가까워지는 것을 용납한다. 그들은 일반적으로 정서적 친밀함뿐만 아니라 사적인 공간과 관련한 문제에 걱정이 과하다(Exner, 1993). Mihura 등(2013)의 메타 분석에 따르면, 일반적으로 이 변인의 해석을 지지하는 연구가 없으며 오히려 예상하였던 방향의 반대 방향으로 작은 효과 크기의 유효성이 발견되었기 때문에, 이 지표에 대한 해석은 부분적으로 문제가 있음을 인지하는 것이 중요하다.

6. 강박유형 지표(OBS)

강박유형 지표는 이전에 강박장애를 진단받은 환자의 프로토콜을 조사하고 다른 집단으로부터 강박장애 환자를 구분할 수 있는 로르샤하 특징을 가려내기 위하여 개발되었다. 다섯 가지의 특징들이 구분되었고, 고안된 기준을 사용하여 강박장애 환자의 69%를 정확하게 가려냈다(Exner, 1993). 만일 강박유형 지표가 양성(점수는 3 이상)이라면, 해당 수검자는 완벽주의적이고 우유부단하며 세부사항에 집착하고 감정 표현에 어려움을 겪는 사람이라는 것을 시사한다. 그들은 조심스럽고 보수적이며 순응적이고 인습적이다(평범 반응이 높은지 확인할 것). 그들은 정보를 매우 체계적으로 처리하고, 처리 효율성 지표(Zd)를 사용해서 기술하면 과다통합자일 가능성이 높다(Zd 해석 참고). 그러나 지표가 양성을 보였다고 해서 반드시 병리적임을 시사하는 것이 아니다. 그것은 세상에 접근하고 정보를 처리하는 유형을 보여 준다. 만일 이러한 특성이 과도하게 경직되고, 특히 압박을 받고 있거나 제한된 시간 내에 목표 달성이 요구되는 경우라면 역기능을 보일 수 있다(Exner, 1993). 그러나 많은 연구들이 강박유형 지표의 해석을 지지하지는 않는다(Mihura et al., 2013).

R-PAS: 실시

종합체계와 마찬가지로 실시 절차에서의 변화는 수검자의 반응에 영향을 미칠 수 있기 때문에, 검사자는 반드시 실시 절차를 가능한 한 표준화해야 한다. 검사자는 반드시 실시 절차에서의 변화를 최소화해야 한다. 종합체계와 마찬가지로 검사자는 가능하다면 수검자와 나란히 앉는 것이 좋고, 적어도 대각선으로 앉아야 한다. 이것은 검사자의 얼굴 표정에서 전달될 수 있는 미묘한 단서의 영향을 최소화하기 위해서이다. 준비를 마쳤다면, 검사자는 Meyer 등(2011)에서 소개된 단계에 따라서 진행해야 한다.

단계 1: 라포 확립하기

로르샤하처럼 모호하고 이해하기 어려우며 잠재적으로 혼란스러울 수 있는 검사를 할 때에는 수검자와의 긍정적인 협조 관계를 확립하는 것이 매우 중요하다. 검사에 열린 마음으로 임하도록 하는 동기를 구축하는 것이 매우 중요하다. 검사자와 수검자의 관계는 동기 부여 요인이 될 수도 있고 억제 및 방해 요인이 될 수도 있다. R-PAS 지침서(Meyer et al., 2011)에서는 일상적이고 중립적인 질문하기, 간단한 그림 검사나 다른 수행 기반 검사하기(예를 들어 투사적 그림 검사, 벤더 시각 운동 게슈탈트 검사 2판), 정서적 자극이 없는 짧은 임상적 면담 시행하기 등을 통하여 인구통계학적 또는 개인력과 관련된 정보를 탐색하는 것을 제안하였다. 적절한 유머를 사용하는 것처럼, 일상적 대화는 단순해 보이지만 라포를 효과적으로 구축하는 데 도움이 될 수 있다. 로르샤하를 실시하기 전에 발생한 어떤 것이라도 수검자의 반응에 영향을 미칠 수 있음을 알고 있어야 한다. 로르샤하나 다른 도전적인 검사와 평가 직전에는 감정이 개입될 수 있는 주제를 피하는 것이 제일 좋다. 자기보고식 검사에서 자살이나 자해와 관련된 질문을 하는 것은 누군가에게는 특정적 감정 또는 이미지를 촉발할 수도 있는데, 이러한 문제는 로르샤하 반응에서 이어질 수 있다. 수검자의 마음에 잔여 형상을 남길 수 있는 모든 것을 통제하는 방법은 없지만, 검사자로서는 실시 직전의 것을 잘 인식함으로써 적어도 이것이 미치는 영향력을 최소화할 수 있다. 긍정적인 관계, 동맹, 라포를 구축하는 중요한 많은 요소가 있지만, 일상적 대화 과정을 포함해서 수검자에게 진솔한 염려와 관심을 표현하게 되면 결국에는 수검자의 참여 동기를 북돋울 수 있는 관계 형성의 기초가 마련될 수 있다.

단계 2: 검사 지시하기

검사와 지시사항을 소개하는 과정에서 가장 중요한 기본 원리는 수검자로 하여금 가능한 한 그 과정을 스스로 이끌어 갈 수 있도록 만드는 것이다. R-PAS 지침서(Meyer et al., 2011)에 따르면, 처음에는 검사를 소개하고 수검자가 로르샤하에 대하여 들어본 적이 있는지, 본 적이 있는지 혹은 이전에 검사를 받았는지를 물어보도록 지시한다. 만일 수검자가 그런 경험이 있다면, 검사자는 수검자가 로르샤하에 대해서 알고(생각하고) 있는 것을 간략하게 알아보고 검사에 대해서 잘못 알고 있는 것을 수정해 준다. 검사로 인한 이점, 무엇을 측정하는지 혹은 실제 검사 작업과 관련이 없는 것들에 대해서 안내가 이루어져서는 안 된다. 실제 검사 작업은 잉크반점이 무엇으로 보이는지 말하는 것임을 수검자에게 안내해야 한다는 점이 중요하다. 수검자가 검사에 대한 주요 지식을 가지고 있는지의 여부에 상관없이 수검자로 하여금 실제 검사 작업을 이해하고 있도록 확립하는 것이 중요하다. 종합체계와 마찬가지로 수검자가 할 일은 각각의 잉크반점을 보고 "이것은 무엇으로 보입니까?"에 대답하는 것이다.

종합체계 실시 절차에서 바뀐 것은 반응 개수를 2개 또는 3개로 제한해 주는 지시사항이다. R-PAS는 검사자로 하여금 "각각의 카드에서 2개의 반응, 가능하면 3개까지 말씀해 주세요. 다시 말하자면, 각각의 카드에서 2개의 서로 다른 것을 보도록 노력해 주세요. 가능하다면 3개까지도 좋습니다"라고 말하도록 지시한다(Meyer et al., 2011, p.8). 이렇게 좀 더 직접적으로 개수를 제한하는 지시문에는 두 가지 목적이 포함된다. 첫째, 미리 반응수의 범위를 적정 수준(18개에서 27개)으로 제한하려는 것이다. 둘째, 반응 단계에서 나타날 수 있는 격려 절차와 제한 절차에 대한 예고를 해 주는 역할을 한다("단계 3: 반응 단계" 참고).

종합체계와 마찬가지로 R-PAS 중에 발생한 질문에 대해서는 최대한 비지시적인 방식으로 즉시 간결하고 솔직하게 답변해야 한다. 검사의 유용성이나 기능에 대한 질문처럼 보다 심도 있는 질문들에 대해서는 대답을 뒤로 미루는 것도 허용된다(예를 들어 "이 검사를 마친 후에 이야기해 보죠"). 다양한 목적을 수행하는 간결한 대답으로는 "다른 사람들은 다른 것들도 봅니다", "그것은 당신에게 달려 있습니다" 등이 있다. 혼선을 주거나 아리송하게 답변하지 않도록 하는 것이 중요한데, 왜냐하면 그것은 라포에 영향을 줄 수 있기 때문이다. 질문에 대하여 만족스러운 대답을 정확히 해 주지 않고 로르샤하에 대해서 이야기를 나누는 과정은 아무리 공감적인 태도로 이야기하더라도 많은 수검자들에게 혼란스러움을 줄 수 있음을 검사자들 스스로 이해해야 한다.

단계 3: 반응 단계

검사 절차를 통틀어 단계 2의 기본적 지시사항들은 가능한 한 엄격하게 지켜져야 한다. 그러나 수검자가 로르샤하 반점에 대해 자유연상을 하면서 특정한 상황들이 빈번히 발생하게 된다. 만일 수검자가 어떻게 반응을 해야 하는지 세부 내용을 요구하거나 검사자로부터 격려나 승인을 받고자 요구한다면, 수검자만 좋다면 어떠한 반응도 할 수 있음을 알려 주는 일정한 대답을 해 주어야 한다.

이번 단계의 첫 번째 목표는 카드를 넘겨주고 "이것은 무엇으로 보입니까?"라고 질문하면서 검사를 시작하는 것이며, 필요하다면 격려 절차나 제한 절차를 실시한다(아래에 기술됨). 두 번째 목표는 반응을 기록하고 주목할 만한 비언어적 반응을 기록하는 것이다. 종합체계와 마찬가지로 언어적 반응은 반드시 말한 그대로 기록되어야 한다. 대부분의 임상가들은 이 과정을 단순화하기 위하여 일련의 약어를 개발하였다. 로르샤하 체계들 전체를 통틀어 하나의 약어 집합이 사용되는데, 뾰족한 부분이 카드의 위쪽 방향을 나타내는 부호(∧, ∨, <, >)로 구성되어 있다. 예를 들어 증폭된 불안감, 주의산만 혹은 어떤 지각 표상에서의 행동 표출 등과 같이 특이하거나 비일상적인 비언어적 반응을 기록해 두는 것이 중요하다. 그러나 언어적 반응을 말한 그대로 기록하는 것이 언제나 반드시 우선되어야 하며, 다른 행동을 기록하기 위하여 혼용되어서는 안 된다.

R-PAS에서 추가된 격려 절차와 제한 절차는 반응-최적화 실시 절차라고 표현되기도 한다. 유효하지 않을 정도로 짧은 프로토콜(15개 이하 반응)과 매우 긴 프로토콜(특정 지점을 지난 후에는 대부분의 반응들이 새롭거나 유용한 정보를 부가하지 않음)의 출현을 혁신적으로 줄이기 위하여 이 절차가 만들어졌다. 격려 절차는 반응의 수를 증가시키기 위하여 사용된다. 수검자가 처음으로 한 카드에 오직 1개의 반응만을 보고하면, 검사자는 수검자에게 2개 혹은 3개의 반응이 필요하다는 점을 상기시키면서 반드시 수검자를 격려해야 한다. 단지 1개의 반응만 보인 각각의 카드에 반드시 격려를 해 주어야 하며, "시간이 있으니 더 보세요" 또는 "나는 당신이 또 다른 것을 볼 수 있을지 궁금합니다" 같은 표현을 포함시켜서 조금씩 지시문을 바꿀 수는 있다. 수검자가 두 번째 반응을 하지 않더라도 격려는 반드시 매 카드마다 한 번씩만 주어진다.

제한 절차는 긴 프로토콜에 제한을 가하는 것을 돕는다. 만일 수검자가 하나의 카드에 4개의 반응을 보였다면, 검사자는 반드시 수검자에게 카드를 반환하고 다음 카드로 넘어갈 것을 요청해야 하며 수검자에게 2개 혹은 3개의 반응이 이미 충분함을 상기시킨다. 이는 수검자가 하나의 카드에 4개의 반응을 할 때마다 매번 시행되어야 하며, 반복된 제한 절차 후에도 검사자는 2개의 반응으로 충분하다는 것을 수검자가 알 수 있도록 피드백을 줄일 수 있다. R-PAS 중에 검사자가 라포를 해치거나 수검자를 화나게 할 가능성이 있는 방식으로 행동하는 것은 절대로 안 된다는 점을 이해하는 것이 중요하다. 만일 검사자가 제한 절차를 적용하였음에도 수검자가 그 카드에 대해 더 많은 반응을 보고하는 것을 고집한다면, 검사자는 반드시 이를 용인해야 한다(추가적인 반응들에 대하여 다음 단계에서 명료화 과정을 하지 않거나 부호화를 하지 않더라도). 반응-최적화 실시를 통해서 전체 반응수의 범위가 26~40 사이이기를 바라야 한다. 가장 이상적인 것은 18~27 사이이다.

단계 4: 명료화 단계

명료화 단계는 10개의 카드들이 모두 시행된 후에 시작된다. 이 단계의 목표는 반응의 정확한 부호화에 필요한 부가적인 정보를 수집하는 것이다. 이미 주어진 반응을 명료하게 하려는 의도가 있으며, 새로운 반응을 얻으려는 의도는 아니다. 검사자는 명료화 단계에서 요구된 정보를 바탕으로 반응을 분명히 부호화할 수 있어야 한다. 추가적인 부호화가 의심될 때(핵심 단어들만 가지고는 부족한 경우) 또는 필수적인 부호화가 정해지지 않을 때(예를 들어 수검자가 위치를 분명히 표현하지 않을 때) 명료화 질문들과 추후 과정이 요구된다. R-PAS 지침서(Meyer et al., 2011)에서는 다음과 매우 유사한 지시문을 제안하였다.

이제 우리는 마지막 단계를 진행하려고 합니다. 카드를 보면서 나는 당신과 함께 당신의 반응을 재확인하기를 원합니다. 당신이 무엇을 보았는지, 또 어떻게 보았는지를 명료하게 하기 위해서입니다. 우리는 카드를 하나씩 다시 볼 것입니다. 나는 당신에게 당신의 반응을 다시 읽어 줄 것이며 당신이 카드의 어느 곳을 보았는지, 잉크반점의 어떤 점 때문에 당신에게 그렇게 보였는지를 저도 알고 싶습니다. 이해되시죠?(p. 16)

전반적인 실시 절차의 일반적인 지침을 비슷하게 따르면서 질문이 수검자의 반응에 영향을 미치지 않도록 진행해야 한다. 따라서 모든 질문은 가능한 한 비지시적이어야 한다. 검사자는 수검자가 말하였던 것을 그저 반복하는 것으로 시작한 후 기다려야 한다. 대개 수검자는 자신의 반응을 명료하게 하는 것으로부터 시작한다. 만일 반응을 명료하게 부호화하기에 정보가 불충분하다면, "(지각 대상)처럼 보이게 만드는 것은 무엇인가요?" 라는 질문처럼 조금 더 지시적인 질문을 할 수도 있다. 명료화를 적절하게 수행하기 위해서는 R-PAS의 부호화 체계를 잘 알고 있는 것이 필요하다. 검사자의 경우 "이건 주로 형태를 말하나요?" 또는 "유채색은 얼마나 중요한가요?" 등의 질문을 해서는 안 된다. 이 질문들은 지나치게 지시적이고 반응에 대한 수검자의 설명에 영향력을 가할 수 있는 방식이다. 수검자를 유도하는 방식이나 수검자들로 하여금 어떻게 반응해야 하는지 지시하는 방식은 지속적으로 경계해야만 한다. 명료하게 표현되지는 않았지만 암시되어 있는 결정인을 다룰 때에는 특별한 기술을 요하기도 한다.

명료화 단계가 성공적으로 수행되면 각각의 반응을 부호화 결정하기에 충분한 정보를 결과물로 얻을 수 있다. 그러나 검사자는 명료화 단계 중에 정보를 얻기 위해 라포를 희생해서는 안 된다. 검사자는 수검자로부터 필요로 하는 정보를 이끌어 내는 최상의 방법에 대해서 개인적 판단에 따라 결정해야만 한다. 서로 다른 질문들을 시험해 본 후 특정 질문이 효과가 있다고 판단되면 그 후 나머지 시행에서 그 질문을 사용(혹은 약간 변형시켜서)할 수도 있다. 검사자가 명료화 단계에서 가능한 한 방해를 최소화하면서 지지적인 방식으로 필요한 정보를 얻는 것은 쉬운 일이 아니다.

R-PAS: 부호화

다음 실시 절차는 각각의 반응에 대해 상이한 범주로 부호화하는 것이다. 많은 부호들이 종합체계에서 사용하는 것과 비교하여 동일하거나 유사하다. 그렇지만 몇몇은 수정되었고, 몇몇은 새롭다. 아래에 기술된 부분들은 부호화 범주의 목록, 개요, 정의에 해당된다. 전문가들은 정확한 부호화(채점)를 위해서 『로르샤하 수행 평가체계 실시, 부호화, 해석, 기법 지침서』(*Rorschach Performance Assessment System Administration, Coding, Interpretation, and Technical Manual*; Meyer et al., 2011)를 반드시 참고해야 한다. 이 지침서는 구체적인 부호화 기준, 표, 차트, 도해를 포함한다. 구체적인 점수화 기준의 내용들은 이 장의 범위를 넘어선다. 여기에서는 간결하고 설명력 있으며 잘 조직화된 해석을 위한 핵심을 제공하는 데 초점이 있다. 개념 정의 및 동반된 표를 통해 R-PAS의 주요 요소들에 대한 개요와 간략한 정의를 제공해 준다.

표 11.9 위치와 공백 부호

부호	위치 이름	설명
W	전체	전체 반점이 반응에 사용됨
D	흔한 부분	빈번하게 사용되는 세부 영역 가운데 하나 혹은 그 이상이 반응에 사용됨
Dd	흔하지 않은 부분	거의 사용되지 않는 세부 영역 가운데 하나 혹은 그 이상이 반응에 사용됨
	흰 공백	
SR	흰 공백 반전	전통적인 대상과 배경이 반전된 것처럼 잉크가 없거나 배경이 되는 영역이 지각 대상의 주요부에 해당됨
SI	흰 공백 통합	잉크가 없거나 배경이 되는 영역이 잉크가 있는 영역에 통합되어 반응에 사용됨

위치와 공백

반응의 위치란 사용된 잉크반점의 영역을 의미한다(표 11.9). 전체 반점의 사용(전체 반응)부터 흔하지 않은 세부 영역(Dd)을 사용하는 것까지 다양하다. 흔하지 않은 세부 영역은 규준 수검자의 5% 미만에 의해서 사용된 위치 반응으로 정의된다. 흰 공백의 사용은 종합체계와 다르게 R-PAS에서 부호화된다. 흰 공백(S)으로 부호화되는 것 대신에, 기록지에 별도의 부호화 섹션이 존재한다. 흰 공백의 사용을 둘로 나누었는데, 반응에서 흰 공백을 주된 대상으로서 사용하는 흰 공백 반전(SR)과 주된 대상으로는 잉크반점을 사용하고 흰 공백을 이 대상에 통합시키는 흰 공백 통합(SI)으로 구분된다.

내용

내용의 부호화에서는 종합체계와 동일한 부호를 부분적으로 사용하지만, 각 내용(그리고 그 내용이 포함된 지표들)의 실증적 지지에 근거해서 내용 부호의 수를 줄였다. 표 11.10에서는 R-PAS에 포함된 내용 부호의 목록, 부호/약어, 각 범주에 대한 설명을 제공한다. 동일한 반응에서 하나 이상의 내용 범주가 보고될 때 모든 내용들이 반드시 부호화되어야 한다. 범주 어디에도 들어맞지 않는 내용을 부호화할 수 있는 기타 부호(NC)가 R-PAS에 포함되어 있다.

표 11.10 내용 부호

부호	설명
H	전체의 인간 모습. 현실적으로 묘사된 종교적 혹은 역사적 인물 포함 예) 사람, 아기 혹은 태아, 부처 인간의 부분이 아닌 것을 포함하지만 인간으로서 묘사된 대상 예) 날개 달린 사람
(H)	가상적, 허구적, 조작된, 초자연적 인간 예) 유령, 거인, 인간의 모습을 한 괴물, 악마, 요정, 신, 광대
Hd	불완전한 인간의 형태로서 인간의 부분 예) 얼굴, 머리, 다리, 수염 (해부로 더 잘 인식되는 것은 제외됨)
(Hd)	가상적 혹은 허구적인 인간의 부분 예) 악마의 얼굴, 천사의 날개, 인간의 모습을 한 가면, 호박초롱
A	동물 전체 예) 나비, 코끼리, 곤충, 익룡, 아메바, 손이 있는 박쥐
(A)	가상적, 허구적 혹은 만화 속 동물 전체 예) 유니콘, 킹콩, 니모, 테디 베어, 용, 동물 닮은 괴물
Ad	불완전한 동물의 형태로서 동물의 부분 예) 털가죽, 머리, 날개, 뿔 (해부로 더 잘 인식되는 것은 제외됨)
(Ad)	가상적, 허구적 동물 부분 예) 용의 날개, 동물 가면
An	외부에서 보이지 않는 신체 내부와 골격으로서의 해부 예) 골반뼈, 창자, 뇌 횡단면, 허파, 세포, 장기의 종단면 MRI, PET 스캔, 엑스레이, 초음파 기술 등을 포함한 의료 영상기기로부터의 해부 지각 An으로 부호화된 인간 혹은 동물의 내부 신체 부분의 경우, 신체의 외적 부분이 포함되지 않으면 Hd 혹은 Ad로 부호화하지 않음
Art	예술적 대상으로서의 예술품 예) 그림들 소품 또는 장식 대상으로서의 예술품 예) 심벌, 보석류, 의식용 깃털, 화려하고 우아한 탁자
Ay	특정한 역사적 혹은 문화적 맥락에 대한 언급으로서의 인류학 예) 인디언 화살촉, 나폴레옹의 모자, 몽고인의 전통 텐트 유르트, 토템의 기둥
Bl	피
Cg	옷 예) 나비넥타이, 드레스, 부츠, 모자
Ex	폭탄 폭발, 용암 분출, 폭죽 등을 포함한 폭발

부호	설명
Fi	화염, 장작의 남은 불, 스모크 등을 포함한 불
Sx	성적 기관. 성적 활동 혹은 성적인 의상 예) 남근, 질, 속이 비치는 드레스
NC	다른 범주로 분류될 수 없는 대상과 내용 예) 안개 낀 풍경, 전등 우울이나 감각 경험과 같은 추상적 표현도 포함됨

대상질

종합체계로부터 세 가지 대상질이 추출되어 R-PAS의 부호화에 요약적으로 제시되었다(표 11.11). 먼저 통합(Sy) 부호는 반응 안에서 둘 혹은 그 이상의 대상이나 내용물이 서로 어느 정도 의미 있는 관계가 있는 존재로 연결될 때 주어진다. 둘 이상의 대상들 사이에 의미 있는 상호작용이나 관계가 있을 때 Sy로 부호화된다. 모호함(Vg) 반응은 종합체계에서 형태적 요구라고 알려진 것이 결여된 모든 반응에 주어진다. 다시 말하면 정해지거나 구체적인 형태가 없는 대상을 말한다. 예를 들어 나무는 기본적으로 정해진 형태(나무의 종류에 따라 형태가 달라질 수 있지만)가 있고, 그렇기 때문에 불분명한 것으로 간주되지 않는다. 그러나 구름은 정해진 구체적인 형태가 없으며(불, 물, 연기 등도 그렇다), 따라서 Vg로 부호화된다. 만일 반응 안의 어떤 대상이라도 구체적이고 일관된 형태를 가지고 있다면, Vg는 부호화되지 않는다. 예를 들어 물과 불 그리고 거미를 포함하고 있는 반응은 Vg로 부호화되지 않는데, 왜냐하면 거미가 분명하고 일관된 형태를 갖고 있기 때문이다.

쌍 반응(2) 부호는 반점의 정중앙 양쪽으로 분리된 2개의 동일한 대상이 보고될 때 주어진다. 즉 2개의 동일한 대상이 반점에 대칭되게 자리를 잡아야 한다. 하나의 대상에서 2개의 동일한 부분이 있을 때(예를 들어 박쥐의 두 날개)에는 적용되지 않는다.

형태질

종합체계와 마찬가지로 R-PAS에서도 규준 내에서 관찰되는 빈도에 기초하여 어떤 대상물이 잉크반점의 특정 부분에 얼마나 적절하게 비슷한지에 대한 측정치가 포함된다(표 11.12). 반응 내 대상이 모두 모호하고(형태가 없음) 반점이 그렇게 보이는 이유를 설명

표 11.11 대상질 부호

부호	이름	설명
Sy	통합	구분되고 분리된 대상들이 관계를 형성함
Vg	모호함	대상물이 모호하고 불분명한 윤곽이나 경계를 지님
2	쌍	반점의 대칭에 기초해서 동일한 대상물이 존재함

표 11.12 형태질

부호	이름	설명
o	보통	비교적 반응 빈도가 높고, 형태 적합성이 정확함
u	비일상적	중간수준의 반응 빈도이거나 형태 적합성이 중간수준임(또는 모두 중간수준에 해당됨)
-	마이너스	빈도가 매우 낮고, 형태 적합성이 부정확함
n	해당 없음	분명한 형태나 윤곽이 있는 대상을 포함하지 않은 반응임

하는 결정인으로서 형태가 전혀 사용되지 않은 경우 FQn(none)이라는 부호를 부여한다. 각각의 반응에 대하여 처음으로 할 일은 반응에 형태질이 존재하는지 여부를 확인하는 것이다. 만일 반응에서 결정인으로서 어떤 형태가 사용되었거나 어떤 대상에 대한 구체적인 모양이 존재(즉 Vg로 부호화되지 않음)한다면, 반응의 대상물을 R-PAS의 표(R-PAS 지침서의 6장; Meyer et al., 2011)에 나와 있는 동일한 위치의 대상물과 비교해 보아야 한다. 형태질 보통의 반응(FQo)은 규준 반응의 특정 영역에서 높은 빈도로 보고되는 반응으로, 잉크반점의 외곽선과 질을 매우 관습적이고 논리적으로 사용하였음을 의미한다. 형태질 비일상적인 반응(FQu)의 경우, 빈도는 낮은 편이지만 잉크반점의 외곽선과 질을 지각적으로 왜곡하는 반응이 아님을 의미한다. 그러나 형태질 마이너스 반응(FQ-)은 거의 보고되지 않으며, 수검자가 본 것처럼 다른 사람이 지각하기가 매우 어렵다. 그러한 반응의 경우, 반점 자극을 왜곡하거나 반점 질의 나머지 부분을 무시한 채 반점 질의 일부를 제멋대로 사용한 것이다.

표 11.13 평범 반응

카드	위치	설명
I	W	박쥐 또는 나비. 만일 머리를 언급하였다면, 반드시 카드의 맨 위(D1)에 해당되어야 함
II	D1	곰, 개, 코끼리, 양. 일반적으로 머리나 상체
III	D9	전체의 인간 형상 또는 인간 형태의 표상(인형)
IV	W or D7	전체 인간 혹은 인간 비슷한 형태(H 혹은 (H)로 부호화)
V	W	박쥐 또는 나비. 만일 머리를 언급하였다면, 반드시 카드의 맨 위(D6)에 해당되어야 함
VI	W or D1	동물 가죽, 껍데기, 깔개, 털가죽
VII	D9	인간의 머리 또는 얼굴(반응에 종종 그 밖의 다른 특징들이 포함됨)
VIII	D1	D4 근처를 머리로 보는 전체 동물. 종류는 종종 특정되지 않지만 일반적으로 곰으로 보며, 다양하게 개과, 고양이과, 작은 포유류로 보기도 함
IX	D3	인간 혹은 인간 비슷한 형태
X	D1	게 또는 거미

평범 반응

R-PAS의 평범 반응(P)은 종합체계와 동일한 정의와 목록을 사용하며, 반응 시 자주 지각되는 대상물의 출현과 관련이 있다. Exner(2003)에 따르면, 평범 반응의 포함 기준은 비정신질환 집단에서 매 3개의 프로토콜 중에 적어도 한 번 이상 출현하는 것이었다. 평범 반응의 목록은 표 11.13에 자세히 나와 있다.

결정인

종합체계에서와 마찬가지로 결정인은 반점의 특질을 의미하거나 수검자가 그렇게 반응하도록 기여한 반점의 속성을 의미하며, 형태, 색채, 운동, 질감 등이 포함된다(표 11.14). 결정인은 수검자가 반응한 반점이 그렇게 보이는 이유에 해당된다. R-PAS의 부호화 체계는 종합체계에 비하여 상당히 단순한데, 유일하게 유채색의 경우에만 주도적인 결정인이 유채색인지 형태인지를 가려야 한다. 다른 부호들(예를 들어 V, T, Y, FD)은 반응이 존재할 때 단지 부호화하기만 하면 된다. 부가적으로 형태(F)의 부호화는 형태가 유일한 결정인일 때에만 주어지며, R-PAS에서 형태는 복합 반응의 일부가 될 수 없다.

종합체계에서와 마찬가지로 모든 운동 반응들에는 능동적이고 수동적인 정도에 따라

표 11.14 결정인 부호

부호	명칭	설명
	운동	
M	인간 운동	인간의 활동, 경험, 감각, 감정
FM	동물 운동	동물의 활동, 동물의 경험. 움직이고 있는 동물들
m	무생물 운동	기계로 작동되는 운동, 무생물체의 운동. 자연적인 힘도 포함됨
	운동의 종류	
a	능동적	운동에 포함되는 노력이나 힘의 양
p	수동적	
	유채색	
FC	형태 유채색	반응에 유채색이 사용되었지만 형태가 주도적임
CF	유채색 형태	반응에 형태도 사용되었지만 유채색이 주도적임
C	유채색(형태 없음)	유채색이 반응을 결정하였으며 형태는 관여하지 않음
C′	**무채색**	반점의 검정색, 회색, 흰색 특징이 반응 형성에 기여함
	음영	잉크의 밝고 어두운 단계적 차이 때문에 반응이 형성됨
T	재질감	촉감의 질이 관여됨
V	깊이감	깊이나 차원의 지각이 관여됨
Y	확산 음영	촉감이나 깊이감이 관여되지 않은 음영
FD	**형태 차원**	반점의 외곽선이 깊이나 차원의 지각을 만들어냄
r	**반사**	카드의 중앙선을 기준으로 반사된 이미지를 보고함
F	**형태**	형태가 유일한 결정인인 반응

부호화가 이루어져야 한다. 능동적 운동에는 "도망가기" 또는 "들어올리기"와 같은 것이 포함되고, 수동적 운동에는 "명상하기" 또는 "닻을 내리기" 등이 포함되며, "대화하기"는 능동적 운동과 수동적 운동의 구분 기준이 된다(대화하기는 수동적 운동의 극단에 해당되는데, 운동 반응에서 대화하기보다 더 수동적이면 p로 부호화하고 운동 반응에서 대화하기보다 더 능동적이면 a로 부호화함). 운동 반응이 능동적인지 수동적인지의 여부에 따라 a(능동적) 또는 p(수동적)의 첨자로 표시된다. a와 p의 표시는 추후에 점수화되고 양적 요약에서 해석에 사용된다("구조적 요약하기"에 포함된 "관념화" 참고).

　　종합체계에서처럼 R-PAS는 복잡한 반응을 복합 반응(blends)으로 부호화하는데, 하나의 반응에서 1개를 초과하는 결정인이 사용될 때 발생한다(형태는 예외이며, 복합 반응에서 형태는 부호화되지 않음). 사용된 모든 결정인들은 반응의 부호화에 반드시 포함되어야 한다.

인지적 부호

R-PAS는 종합체계에서 사고 과정의 문제와 혼돈을 평가하기 위해 개발된 6개의 특수 점수 범주를 유지하고 있다. 특수점수는 R-PAS에서 인지적 부호라는 이름으로 바뀌었지만 유사한 방식으로 부호화된다. 이들 목록은 정의와 함께 표 11.15에 실려 있다. 종합체계에서처럼 4개의 특수점수(DV, DR, INCOM, FABCOM)는 경미하게 이례적이라면 수준 1로 부호화되고, 좀 더 기괴하거나 비일상적이라면 인지적 왜곡의 높은 가능성을 의미하는 수준 2로 부호화된다.

일탈된 언어(DV)는 단어를 지어내는 것(신조어)과 잘못 사용된 단어〔말라프로피즘(malapropisms), 말의 우스꽝스러운 오용〕 등과 같은 언어적 비정상을 의미한다. 상대적인 이해 가능 정도에 따라 DV1과 DV2로 구분된다. 예를 들어 수검자가 의도하였던 단어와 매우 닮았거나 발음이 비슷한 단어를 사용하였을 때 DV1으로 부호화될 것이다. 또는 논리에 맞게 만들어낸 단어(예를 들어 unperturbable)는 DV1으로 부호화될 것이다. 좀 더 기이하게 지어낸 단어 또는 혼란스러운 단어의 사용, 그래서 결과적으로 그 의미를 이해하기 어려운 경우에는 DV2로 부호화될 것이다. 일탈된 반응(DR)은 반점에서 수검자가 무엇을 보았는지 또는 그 이유를 설명하는 데 도움이 되지 못하는 관련 없는 구나 언어를 사용하는 것을 의미한다. 장황하거나 기이한 형태를 보이고, 불필요한 세부사항을 보일 수 있다. 수준의 구분(DR1과 DR2)은 혼란스러움의 정도 혹은 설명이 검사 과제와 동떨어진 정도에 달려 있다. 독특한 논리(PEC)는 종합체계에서의 부적절한 논리(Inappropriate Logic)의 이름을 바꾼 것이며, 반응을 정당화시키기 위해 사용되는 즉흥적인 꾸밈이나 비일상적인 논리와 관련이 있다. 이는 종종 "왜냐하면"이라고 진술하는 형태로 나타나며, 수검자가 반응한 것을 독특한 논리의 이유로 정당화한다.

부적절한 결합(INC)은 반응 대상이 불가능한 구성요소나 측면을 갖고 있는 경우 부호화되는데, 그 예로는 신체에서 실제로 발견될 수 없는 신체 일부의 반응이라든지 사물이 실제로 가질 수 없는 특징에 대한 반응 등이 있다. 결합에서 기괴함이나 논리의 부재 수

표 11.15 인지적 부호

유형	부호	명칭
언어 및 추론	DV1	일탈된 언어 수준 1
	DV2	일탈된 언어 수준 2
	DR1	일탈된 반응 수준 1
	DR2	일탈된 반응 수준 2
	PEC	독특한 논리
지각	INC1	부적절한 결합 수준 1
	INC2	부적절한 결합 수준 2
	FAB1	우화적 결합 수준 1
	FAB2	우화적 결합 수준 2
	CON	오염

준에 따라 INC1과 INC2를 구분한다. 우화적 결합(FAB)은 2개 이상의 대상물이 불가능한 관계를 맺고 있는 것으로 지각될 때 부호화된다. 또한 결합의 기괴함이나 논리의 부재 수준에 따라 비교적 이해 가능한 반응(FAB1)과 매우 기이한 반응(FAB2)으로 구분된다. 오염(CON)은 매우 드물게 보고되는데, 완전히 별개로 구분되는 두 이미지가 서로 겹쳐지게 지각되고 동일한 반점 영역에서 하나로 중첩되어 보고될 때 부호화된다.

주제 부호

또한 R-PAS는 9개의 주제와 관련된 부호화 범주들을 포함하고 있다. 이는 다른 부호로 다룰 수 없는 반응의 특징들을 고려하기 위해 개발되었는데, 일부는 종합체계에서 사용되고 있고 일부는 그렇지 않다. 상징적이고 표상적인 내용이 포함된 반응(ABS), 반응을 정당화하기 위해 개인적인 지식을 사용하는 반응(PER), 협력적 혹은 공격적 운동(COP, AGM), 병적이고 손상되며 낙담하고 괴로워하며 침체된 표상이 드러나는 반응(MOR) 등은 모두 종합체계의 부호화와 유사하다. 더불어 좋은 인간 표상과 나쁜 인간 표상(GHR, PHR)은 R-PAS 온라인 체계에서 자동으로 부호화되며, 종합체계와 동일한 복잡한 알고리즘을 사용한다. 상호관계의 자율성이 건강(MAH) 또는 병리(MAP)인 경우, 반점 속 2개

표 11.16 주제 부호

부호	명칭	설명
ABS	추상적 표상	구체적인 반점 특징이 표상적이며, 추상적이고 고차원적인 언어와 개념으로 상징화함
PER	개인 지식의 정당화	반응의 정당화를 위하여 개인적 지식이나 경험을 사용함
COP	협력적 운동	2개의 대상 사이에서 협력적, 긍정적, 유쾌한 상호작용이 존재함
MAH	상호관계의 자율성-건강	2개의 대상이 상호적이고 자율적으로 호혜적인 상호적 활동에 관여함
MAP	상호관계의 자율성-병리	사람이나 사물이 의도적으로 상대방의 자율성이나 독립성을 차지해 버리거나 그것에 해가 됨
AGM	공격적인 운동	공격적이고 적대적인 활동, 의도, 생각이 일어남
AGC	공격적인 내용	반응 내용 안에 공격적이고, 위험하며, 해롭고, 상처를 입히며, 악의적이고, 약탈적인 요소가 포함됨
MOR	병적인 내용	대상물이 손상을 입었거나 고통스럽고 침울한 상태가 대상물의 손상으로 빚어진 경우
ODL	구강 의존적 언어화	반응 단계에서의 언어화가 구강기적 활동이나 내용 또는 대인관계적 수동성 및 의존성과 관련되는 경우

이상의 대상에서 또는 반점 속 대상과 외부 대상 사이에서의 관계 질을 보여 준다. MAH는 상호적인 영향을 미치는 관계를 의미하는데, 긍정적으로 상호작용하는 대상들이 반드시 반점 내에 존재해야 한다. MAP는 어떤 대상(반점의 내부 또는 외부)이 다른 대상(반점의 내부 또는 외부)의 자율성에 부정적인 영향을 미치고 있거나 부정적인 영향을 미쳐 왔던 그런 양상의 관계를 의미한다. 즉 하나의 대상이 다른 대상에게 해를 입히고 공격적이며 지배적이고 통제적이며 그런 의도가 있다는 것을 의미한다. 공격적인 내용(AGC)의 부호화는 반점 내 대상물이 일반적으로 위해적이고 위험하며 악의적으로 지각될 때 주어진다.

　구강 의존적 언어화(ODL)는 R-PAS에만 있는 것으로, 반응 단계에 국한해서 부여된다(명료화 단계에서의 언어화는 고려하지 않음). ODL 부호화는 2개의 상이한 유형에 적용된다. (1) 구강기적 형상과 관련된 언어화의 유형으로, 수다, 식사, 음식물, 입 또는 입이나 식사가 포함된 언어화 (2) 의존성과 관련된 언어화의 유형으로, 구걸하기, 의존하기 또는 누군가의 앞에서 무릎 꿇기.

R-PAS: 구조적 요약 채점

수검자의 반응들을 제시된 범주들에 따라 부호화한 후, www.r-pas.org에 있는 인터넷 기반 프로그램에 각각의 부호를 입력할 수 있다. 종합체계와 마찬가지로 R-PAS도 다양한 비율, 백분율, 산출점수로 구성된 양적 자료들을 제공해 준다. 이 양적 자료들은 다양한 로르샤하 요인들의 비율과 비교 내역을 보여 준다. 양적인 자료들이 계산된 후 로르샤하 해석을 가능케 하는 주요 핵심자료로 주목을 받게 된다. 계산된 수치들은 경험적인 지원 수준과 해석적 신뢰도의 정도에 따라 제시(R-PAS에서는 가장 의미 있는 경험적 지지를 받는 변인을 페이지 1 변인들이라고 부르고, 경험적인 지지가 예견되는 변인을 페이지 2 변인들이라고 칭함)되고, 그 후 '개입 및 인지적 처리', '지각 및 사고 문제', '스트레스 및 고통', '자기 및 타인 표상'이라는 4개의 영역으로 제시된다. 이들 영역들은 실시 행동과 관찰에 대한 몇몇 사전 정보 뒤에 위치한다. 각각의 점수는 R-PAS 채점 프로그램에 의해 수치와 그래프로 제시된다. 표준 점수와 백분위 점수가 제시되고, 낮은 점수부터 높은 점수까지 연속선상 분포에서 각각의 변인이 제시된다. 선 그래프 상에 표시될 뿐만 아니라 각 점은 색상과 모양으로 표시된다. 선이 없는 초록색 표시는 정상 범위 내 점수(일반적인 표준 점수는 90~100)를 나타내고, 선이 하나인 노란색 표시는 정상 범위에서 약간 바깥쪽에 위치함을 나타내며, 선이 2개인 붉은색 표시는 정상 범위에서 확연히 바깥쪽에 위치함(70~80 혹은 120~130)을 의미하고, 굵은 선의 검은색 표시는 평균값에서 2배의 표준편차만큼 바깥쪽에 위치함(70보다 낮거나 130보다 높은)을 의미한다. 외부 회색 구역에 있는 표시들은 해당 사항이 없다.

R-PAS는 각각의 변인(비율/공식)에 대해 2개의 상이한 점수 집합을 제공한다. 원점수 옵션은 대부분의 다른 표준화된 검사처럼 쉽게 해석되는데, 수검자의 점수를 규준과 비교하여 표준 점수와 백분위 순위 결과를 제시해 준다. R-PAS의 표준 점수는 지능지수처럼 평균을 100, 표준편차를 15로 하며, 비교적 쉽게 해석될 수 있다. 계산과 제시를 위한 두 번째 옵션은 복잡성 변인에 근거를 두어 조정된 점수이다. 복잡성 변인은 R-PAS에 의해 처음으로 계산된 요인인데, 위치(더 복잡한 반응에는 통합, 흰 공백 반응이 해당됨), 내용(동물 내용보다 동물 외의 내용이 더 복잡함; 다수의 내용이 하나의 내용보다 더 복잡함), 결정인(형태 외의 모든 결정인이 단독의 형태 결정인보다 더 복잡함; 다수의 결정인이 하나의 결정

인보다 더 복잡함)의 복잡성 정도에 기초하여 증가하는 점수이다. R-PAS의 많은 변인들이 복잡성 변인과 매우 긴밀히 관계를 맺고 있기에, 복잡성 점수에 기초하여 모든 변인들의 점수는 각각의 변인 점수에 영향을 미친다(정확히 사용하기 위해서 R-PAS 지침서를 참고할 것, p. 303; Meyer et al., 2011). 전문가들은 원점수 해석과 복잡성 조정점수의 해석이 갖고 있는 함의를 반드시 이해해야 한다. 복잡성이 극도로 높거나 낮은 경우가 아니라면, 원점수를 보통의 경우처럼 해석할 수 있다.

R-PAS: 해석

이전에 언급하였듯이 R-PAS의 변인들은 페이지 1 변인들과 페이지 2 변인들로 구분된다. 페이지 1 변인들은 그들의 해석에 매우 강력한 경험적 지지를 받고 있으므로 신뢰성 있게 사용될 수 있다. 페이지 2 변인들은 연구의 지지를 받고 있지만 페이지 1 변인들만큼 강력하지는 않다. 메타 분석에서 효과 크기가 그만큼 크지 않기 때문이거나 그 변인들에 대해 의구심을 갖고 이루어진 연구 숫자가 많지 않기 때문에 그 실증적 지지는 강력하지 못하다. R-PAS가 지속적으로 발전해 가면서 당연히 변인들은 자리이동을 보일 것이며, 페이지 1에서 페이지 2로, 페이지 2에서 페이지 1로, 목록에 없던 것(빈약한 실증적 지지 때문에)이 목록으로, 목록에 있던 것이 목록에서 제외되는 방향으로 다양하게 이동할 것이다. 이후에 소개되는 분류와 해석 전략은 이 책 출간 시점에서의 최근 지식에 기초를 두고 있으며, 종합체계 해석 정보 가운데 R-PAS에 적용 가능한 정보뿐만 아니라 R-PAS 지침서 (Meyer et al., 2013)의 해석과 Mihura 등(2013)의 메타 분석 결과에 기초를 두고 있다.

실시 행동과 관찰

실시 행동과 관찰 변인들을 살펴보면 로르샤하를 실시하는 과정에서 수검자가 이에 개입하는 양상에 대한 상당한 정보를 얻을 수 있다. 그 평가된 행동들은 내재된 다양한 이유들로부터 이루어진 결과물일 것이다. 예를 들어 종종 카드를 돌리면서 보는 수검자는 아마도 자극에 대한 호기심 또는 관심 때문에 그렇게 할 수 있다. 그러나 그렇게 행동하는 것은 불안, 저항, 편집성 또는 다수의 요인들 때문일 수도 있다. 따라서 격려 절차, 제한 절차, 카드를 돌리는 것 등과 관련된 변인들은 조심스럽게 해석되어야 하며, 이들 변인들로부터 얻어진 정보는 반드시 다른 R-PAS 변인들이나 로르샤하 검사 외적으로 얻어진 정보들과 함께 처리되는 맥락에서 해석되어야 한다.

격려 절차(Pr)

많은 수의 격려 절차가 이루어졌다는 것은 카드당 하나 이상의 반응을 해야 한다는 사실을 수검자에게 반복적으로 상기시킬 필요가 있었다는 것을 의미한다. 많은 다른 요인들이 이러한 반응 패턴에 기여하였을 수 있다. 인지 능력의 부족, 인지적 경직성, 세부사항에 대한 과도한 주의 등과 같은 인지적 요소들이 정신적 상태를 전환(동일한 자극에서 새로운 것을 보기 위하여 정신적 상태를 초기화하는 것)하는 데 어려움을 초래할 수 있다. 우울, 불안, 공포, 불신과 같은 정서적 요인들도 주요한 역할을 할 수 있다. 마지막으로 방어성, 적대적 태도, 수동 공격성 같은 성격적 요인들도 R-PAS 실시 중에 다수의 격려 절차를 이끌어 낼 수 있다. 이들 각각은 가설이 될 수 있으나, 격려 절차의 상승만으로 이들 해석들 중 어느 하나를 구체적으로 지목할 수 없다.

제한 절차(Pu)

Pu의 상승(높은 숫자의 제한 절차)은 수검자에게 하나의 카드에서 4개 이상의 반응을 할 필요가 없다는 것을 반복적으로 상기시킬 필요가 있었다는 사실을 의미한다. Pr과 마찬가지로 Pu의 상승은 다수의 서로 다른 요인들에 의해 초래될 수 있다. 조증이나 경조증 상태, 불안과 같은 정서적 이유로 그러할 수 있듯이, 인지적 팽창이나 인지적 혼란이 그 원인이 될 수도 있다. 높은 성취 지향성과 같은 긍정적 특성이 Pu의 상승을 일으킬 수도 있다. 또한 지시를 따르는 데에서의 어려움, 적대적 성향 또는 경계를 유지하는 데에서의 어려움과 같은 다른 특성들도 Pu를 상승시킬 수 있다. 다시 말해 Pu의 상승은 이러한 가설들 중 어느 하나에 단독으로 귀인할 수 없으며, 오히려 R-PAS의 다른 변인들, 다른 검사 또는 검사 외적 정보를 함께 고려하는 맥락 속에서 해석하는 것이 좋다.

카드 돌려보기(CT)

CT의 상승은 행동 관찰의 다른 변인들처럼 호기심, 인지적 융통성, 적대적인 성향, 강박적인 특성, 과제에 압도되는 특징 등 다양한 요인들에 의해 초래될 수 있다. 그러나 CT 변인을 포함시킨 주요한 목적은 반사 반응(r)의 해석을 돕기 위해서이며, 따라서 CT를 직접적으로 바로 해석하는 것은 지양해야 한다.

개입 및 인지적 처리: 페이지 1

페이지 1의 개입 및 인지적 처리 변인을 살펴보면, 인지적 복잡성/단순성, 세상에 개입함으로써 환경에 대처하고 적응하는 능력, 상이한 유형의 인지적 정서적 스트레스 요인들에 취할 반응 등의 다양한 측면을 알 수 있다. 가장 중요한 변인 가운데 하나는 복잡성 변인으로, R-PAS의 다른 많은 변인들과 관련을 맺고 있기 때문에 다른 모든 변인들을 조정하는 역할을 수행한다.

복잡성 변인

복잡성 변인은 위치(예를 들어 통합 반응은 모호함 반응보다 더 복잡하며, 전체 반응이나 공백 반응은 일상적이거나 비일상적인 위치 반응보다 더 복잡함), 내용(예를 들어 다수의 내용 반응은 하나의 내용 반응보다 더 복잡함), 결정인(예를 들어 다수의 결정인 반응이 하나의 결정인 반응보다 더 복잡함)에서의 복잡성 측정치를 사용하여 계산된다. 이 변인은 R-PAS 검사 과제의 수행 중에 복잡한 정신적 능력을 사용함으로써 표현되는 일반적인 정보처리 복잡성을 측정한다. 복잡성을 사용하는 것은 그로 인한 이득과 위험성을 모두 갖고 있다. 복잡성이 높은 사람들은 심리적으로 정교하고 유연한 방식으로 세상과 상호작용한다. 그들은 더 복잡한 문제해결 상황, 도전적인 환경에서 일하는 직업, 이분법적이지 않은 이슈에 대한 논쟁과 대화에 개입하기를 원한다. 그러나 높은 복잡성은 인지적 혼란이나 인지적으로 압도되었음을 나타낼 수 있으며, 심지어는 조증이나 정신병적 사고 수준까지 해당될 수도 있다. 외상으로 인해 팽창된 경우에도 매우 복잡성이 높은 프로파일을 보일 수 있다. 다소 상승된 수준의 경우, 복잡성은 불안감 혹은 반추나 내성을 의미할 수도 있다. 병리적으로 보이려고 노력하는 사람들이 더 복잡하고 난해한 반응을 보일 수 있기 때문에, 복잡성의 증가가 꾀병이나 과장된 것과 관련될 수 있다는 점을 전문가들은 반드시 인지하고 있어야 한다.

낮은 점수의 복잡성은 인지적 혹은 감정적 요인들과 관련될 수 있다. 인지적으로 보면 이렇게 낮은 점수는 인지적 단순함, 경직성, 낮은 인지 기능을 반영할 수 있다. 세상을 단순하게 보는 시각이나 환경에 단순하고 솔직한 태도로 관여하는 태도는 복잡성 점수를 높이지 않는 방향으로 반응에서 표현된다(예를 들어 반점 위치를 단독으로 사용하거나 내용을 하나만 보고하거나 형태 단독 결정인의 반응을 많이 보고함). 정서적으로 보면 낮은 복잡성 점수는 정서적 철수에 의해 초래되거나 이차적으로는 우울이나 불안의 진행으로 초래될 수 있다. 자신을 드러내거나 취약성을 노출할 수 있는 과제에 임하거나 관계적으로 얽여야 하는 상황에서 불안 때문에 과묵한 특성이 낮은 복잡성의 결과를 보일 수 있다. 정신적 외상의 개인력으로 인해 팽창되고 높은 복잡성 프로파일을 보일 수도 있지만, 정신적 외상은 또한 감정적 마비와 위축에 이를 수도 있고 이로 인해 낮은 복잡성 프로파일을 보일 수도 있다. 높은 복잡성 점수가 상황적으로 꾀병에 관련될 수 있듯이, 낮은 복잡성 점수는 수행 기반 검사 장면에서 명백한 방어성이나 불안정성을 의미할 수도 있다. 복잡성 점수가 지나치게 낮다면, R-PAS의 나머지 변인들에서도 자료와 정보가 매우 적게 나타날 수 있다.

전체 반응수(R)

R-PAS 검사에서 수검자가 반응한 총 수는 다양한 방식으로 해석될 수 있으며, 일반적으로 R-PAS의 다른 변인들이나 검사 외적 정보들과 함께 고려되는 맥락 속에서 가장 잘 해석될 수 있다. 전체 반응수(R)는 실시 중에 이루어진 격려 절차(Pr)와 제한 절차(Pu)의 수를 항상 고려해서 해석되어야 한다. 잦은 격려 절차 횟수를 포함한 높은 전체 반응수(R)는 잦은 제한 절차 횟수를 포함하는 높은 전체 반응수(R)에 비하여 매우 다양한 이유로 발생한다. 예를 들어 높은 반응수(R)와 높은 격려수(Pr) 프로토콜의 경우, 순응성이 떨어지는 문제를 포함하여 단기기억과 관련된 인지적 문제(하나 이상의 반응이 필요하다는 점을 각각의 새로운 카드마다 상기시킬 필요가 있음)와 관련될 수 있다. 이와 반대로 높은 반응수(R)와 높은 제한수(Pu) 프로토콜의 경우, 조증이나 과잉 생산성 상태와 관련될 수 있다. 격려수(Pr)와 제한수(Pu) 둘 다 정상범위 내에 있다면, 높은 반응수 그리고 낮은 반응수와 관련해서 일반적인 가설들을 세울 수 있다.

높은 전체 반응수는 높은 지능과 언어적 유창성, 강박 혹은 완벽주의, 인지적 확장과 혼란 등 인지적인 요소들과 관련될 수 있다. 대안적으로 혹은 위의 해석에 부가해서, 높은 전체 반응수(R)는 조증 혹은 경조증, 만족시켜야 한다는 불안 등의 정서적 요소들과 관련될 수 있다. 마지막으로 주목받고 싶은 욕구나 성취를 갈망하는 성격적 요인들로 인해 높은 전체 반응수를 보일 수도 있다. 낮은 전체 반응수는 방어성, 인지적 한계, 경직성과 관련될 수 있으며, 이는 낮은 복잡성 점수의 경우와 비슷하다.

형태 백분율(F%)

전체 반응수와 비교해서 순수 형태를 결정인으로 사용한 정도를 의미하는 F%는 형태 결정인의 수를 전체 반응수(R)로 나누어서 계산하며, 수검자가 세상에 관여하는 정도가 얼마나 경직되고 단순한지를 측정한다. 높은 F%를 보이는 사람들은 로르샤하 과제를 단순화된 방식으로 접근하는데, 다시 말해 반점의 모양과 외곽선을 반응의 주요한 초점으로 삼고 잉크의 색조(음영)나 색채와 같은 반점의 다른 미묘한 차이를 무시한다. 이와 유사하게 그들은 애매한 것과 미묘한 것을 최소화하는 방식으로 세상에 관여할 개연성을 가지고 있다. 이는 항상 부정적인 특징으로 간주될 필요는 없으며, 애매모호한 상황에 효과적으로 대처하는 것일 수 있고 애매모호한 상황을 기본적이고 단순한 측면으로 축소시킴으로써 불확실한 결과물에 효과적으로 대처하는 것일 수 있다. 그러나 보다 불확실하고 애매모호한 상황에서 이들은 효과적으로 적응하기 위해 고전할 가능성도 있다. 낮은 F%를 보이는 사람들은 미묘하고 감지하기 힘든 요소들을 추구하면서 상황의 다양한 측면을 이해할 수 있는 사람들이다. 그들은 필연적으로 복잡한 특징을 지닌 대인관계 상황에서 좀 더 효율적인 모습을 보일 수 있다. 그러나 그들이 세부적인 것, 모순점, 미묘한 요소들에 너무 집착한다면 큰 그림을 보는 데 어려움을 겪을 수도 있다. 수검자가 복잡한 세상에 어떻게 관여하는가에 대한 큰 그림을 얻기 위해서는 일반적으로 복잡성, 전체 반응수, 복합 반응, 통합 반응(다음 절 참고)과 함께 F%를 해석하는 것이 중요하다.

복합 반응

복합 반응의 사용은 주변 세상을 지각하고 주변 세상에 관여하는 데서의 적극성과 복잡성을 나타낸다. 복합 반응이 많은 수검자는 동시에 다양한 관점을 갖고 상황에 접근한다. 즉 그들은 다양한 렌즈를 통하여 정보를 취득하고 탐구하는 경향이 있으며, 이는 복잡하고 다면적인 상황을 이해하는 데 도움을 준다. 그러나 세상에 대한 다측면적인 관여는 때때로 압도당하거나 혼란스러워질 수 있다. 적은 복합 반응을 보이는 사람들은 새로운 상황과 자극에 보다 단측면적인 접근을 시도하며, 결정을 내릴 때 한 가지 측면이나 한 가지 요소에만 주의를 기울인다. 그들은 상황의 어떤 복잡성을 놓치기 쉬운 반면, 일반적으로 고려하는 정보가 적기 때문에 매우 빠르게 결정에 다다를 수 있다.

통합 반응(Sy)

개인이 세상에 관여하는 과정에서의 섬세함과 복잡성과 관련된 또 다른 변인인 통합 반응(Sy)의 양은 관념과 인지를 하나로 아우르는 능력 및 성향과 구체적으로 관련이 있다. 많은 통합 반응을 보이는 개인은 섬세하고 상호 연결된 인지적 과정에 관여한다. 하나의 사고를 다른 사고와 관련지으며, 관념들은 더 복잡한 세상의 관념들과 합쳐지고 통합된다. 통합 반응이 적은 사람들은 사고를 연계하는 작업을 보다 적게 사용하며, 직선적이고 솔직하며 분명한 사고방식을 보인다. 그들은 인지적 능력이 제한되었을 가능성이 있으며, 직접적이고 단순하며 솔직한 사고를 하는 유형일 가능성도 있다.

인간 운동 및 가중치가 부여된 유채색(MC)

종합체계에서 경험 실제(EA)라고 불렸던 MC는 세상에 대처하기 위한 심리적 자원들과 능력을 전반적으로 측정한다. 높은 MC는 개인을 둘러싼 환경과 세상에 적극 관여해서 신중한 전략을 가지고 대처하는 능력을 반영한다. 때때로 높은 MC는 잘못 사용된 정신적 활동과 관여(예를 들어 만일 심각한 지각적, 관념적 왜곡이 있다면, 세상에 대한 적극적 관여는 부적응적 속성을 보일 수 있음)를 나타낼 수 있지만, 높은 MC의 개인은 일반적으로 세상에 효과적인 적응을 보인다. 낮은 MC를 보이는 사람들은 세상에 대처하기 위한 자원이 더욱 제한적일 수 있다. 상황적인 신중함이나 방어성 때문에 MC 수치가 낮게 나올 수 있음을 이해하는 것이 중요하다.

대처 효율성(MC-PPD)

종합체계에서 D로 불리는 MC-PPD는 일반적으로 개인에게 주어진 환경적 요구에 얼마나 효과적으로 대응하는지를 측정한다. 수검자가 지닌 유용한 자원의 정도(MC)와 수검자의 통제를 넘어서서 발생한 혼란스러운 사건의 양(PPD, Potentially Problematic

Determinants)을 비교하여 측정된다. MC-PPD가 높은 사람은 자신의 내적 대처 자원을 활용해서 현재 자신에게 주어진 스트레스 요구를 잘 다룰 수 있다. 그들은 높은 압박을 가하는 상황에 처해 있는 동안 무너질 위험의 가능성이 적다. MC-PPD가 낮은 사람들은 자신의 내적 자원을 갖고 스트레스를 다루는 능력에 제약이 있고, 쉽게 압박감을 느끼고 과도한 부담감을 느끼며 쉽게 산만해진다. 그들은 복잡하거나 애매모호한 상황을 헤쳐 나가는 능력이 부족하고, 그들의 사고, 감정, 행동이 충동적일 수 있으며, 집중력이 좋지 않다. 달리 보면 지적 능력이 높지만 MC-PPD가 낮게 보고된 사람은 지금 현재 자신의 문제에 대해 불안해 하고 과도하게 생각하는 상태라고 볼 수도 있다. 그들은 예측 가능한 상황에서는 수행 능력이 더 좋아질 것이다. MC-PPD는 높은 복잡성을 가진 프로토콜에서 낮게 측정되는 경향이 있다는 점에 주의를 기울여야 하며, 이러한 사례에서는 복잡성 점수를 반영한 조정점수를 사용하는 것이 중요하다.

인간 운동(M)

인간 운동(M)은 일반적으로 현실적인 외부 세계와 내적(정신적) 행동 사이에서의 가교 역할을 측정한다. 즉 M은 개인이 세상을 지각하고, 그것을 다듬으며, 그것에 대해 생각하고, 자신의 마음속에서 내적으로 사용하는 방식에 대해서 측정한다. 거기에는 사고, 계획, 상상, 심지어는 공감도 포함된다. 또한 M은 외적 행동을 억제하는 것인데, 이는 일시적인 억제에 해당한다. 높은 M을 보이는 사람은 자아 기능, 계획 능력, 충동 조절, 좌절감에 견디는 능력이 좋을 가능성이 있다. 그렇지만 그들은 또한 과도하게 발달한 공상적인 삶을 살고 있다. 높은 M이 반영하는 것은 전반적으로(특히 언어적으로) 높은 지적 능력, 창의성, 추상적 추리 능력이다. M이 높은 사람의 내적 삶의 질을 확인하기 위해서는 인지적 부호(이 장의 "인지적 부호" 절 참고)처럼 사고에서의 혼란이나 장애와 관련된 다른 점수들과 함께 평가되어야 한다. 낮은 M 점수의 경우, 낮은 지능, 우울증과 관련된 사고의 무기력, 부족한 상상력 또는 결정과 행동에서 신중하게 사고하기보다는 충동적으로 행동하는 유형의 사람 등을 의미할 수 있다.

M 비율(M/MC)

M/MC 점수는 종합체계의 EB에 해당되며, 범주적으로 사용되는 비율이라기보다는

차원적으로 해석될 수 있는 산출점수로서 기능한다. 그러나 둘 다 비슷한 방식으로 측정되며, 외부 지향적이거나 외부 자극에 행동적으로 반응하는 성향에 대비하여 내적 지향의 정도를 평가한다. 의사결정뿐만 아니라 대처 유형과 관련되는데, M/MC 점수는 상황을 신중하고 사려 깊은 방식으로 처리하는지 혹은 반응적이고 행동 지향적인 방식으로 처리하는 경향인지를 평가한다. 높은 M/MC 점수를 보이는 사람은 상황에 접근할 때 신중하고 사려 깊은 경향을 보이며, 의사결정에서 감정보다는 사고와 관념에 더 많은 가중치를 부여한다. 많은 문헌들과 종합체계에 따르면 이러한 유형을 내향적인 사람으로 보지만, R-PAS에서는 이러한 명명법으로부터 벗어났다. 낮은 M/MC 점수를 보이는 사람은 상황에 더 즉흥적이고 반응적이며, 논리와 사고보다는 감정과 직감에 더 의존한다. 그들은 문제해결을 할 때 신중하고 깊이 생각하는 단계들을 거치기보다는 시행착오 방식을 더 선호한다. 이러한 유형은 외향적이라고 불려 왔다. 중간 범위의 M/MC 점수를 보이는 사람의 경우, 상황에 임하여 사고와 감정 모두를 사용하며 종종 두 가지를 적응적으로 균형 맞춘다. 만일 MC가 낮다면, 상황에 접근하기 위한 자원이 양쪽 모두 부족하다.

유채색 주도적인 비율(CFC 비율; (CF+C)/SumC)

유채색 주도적인 비율(CFC 비율)은 수검자가 정서적으로 각성되는 자극과 상황에 직면하였을 때 선택하는 일반적인 전략을 측정한다. 만일 유채색이 주도적이어서 이 비율이 높으면, 심사숙고나 신중한 고려, 인지적 통제에 의해 반응이 적절히 조절되지 못하는 특징을 갖고 있다는 것을 의미한다. CFC 비율이 높은 사람은 감정을 불러일으키는 자극이나 상황에 직면할 때 신중한 인지적 고려 없이 반응한다. 그들은 즉각적인 반응 유형에 따라 충동적으로 행동할 수 있다. 반대로 CFC 비율이 낮은 사람들은 자극과 상황에 대한 그들의 반응을 철저히 생각해서 행동의 잠재적인 결과를 신중하게 고려할 가능성이 높다. 극단적으로 보자면, 그들은 현재의 순간을 살지 못하고 자발적으로 행동하지 못하며 자신의 삶에서 과묵하게 행동할 가능성이 있다.

지각 및 사고 문제: 페이지 1

페이지 1의 지각 및 사고 문제 변인들은 결정을 내리기 위한 근거로서 정보를 수취하고 처리하며 생각해 보고 사용하는 과정에서 발생할 수 있는 장애의 다양한 측면을 다룬다. 종합적으로 보자면, 지각 및 사고의 문제들과 관련된 정신건강이나 정신병리를 보여주는 변인들이다.

자아손상 지표-3(EII-3)

자아손상 지표-3(EII-3)은 사고 과정의 장애와 관련된 변인들(FQ-, WSumCog), 사회 인지 및 대인관계 이해의 문제 변인들(M-, GHR, PHR), 사고 내용의 장애 변인들(부정적인 내용 반응)을 포괄한다. 이와 같이 사고에 기반한 정신병리(예를 들어 매우 높은 수준이라면 정신증에 해당됨)의 종합적인 측정치이다. EII-3이 높은 사람은 사고 과정과 사고 내용 모두 장애를 보이며, 높은 상승을 보이면 일반적으로 심각한 정신병일 가능성이 매우 높다. EII-3이 낮은 사람들은 올바른 사고 과정을 보이고 현실 검증력이 우수하며 침투적 사고의 장애 수준이 높지 않다.

사고와 지각의 복합(TP-Comp)

사고와 지각의 복합(TP-Comp)은 EII-3과 유사하지만, 전적으로 사고 과정에만 중점을 두고 내용에는 중점을 두지 않는다는 점에서 차이가 있다. 현실 검증력과 관련 있는 변인들(FQ-%, WD-%, M-)과 사고의 혼란 및 해체와 관련 있는 변인들(WSumCog, FAB2)의 조합으로 계산된다. TP-Comp 점수가 높은(원점수>2) 사람은 사고를 명확하고 논리적으로 하는 데 문제가 있을 뿐만 아니라 세상을 정확하고 현실적으로 지각하는 데에서도 문제를 보인다. 극도의 상승(원점수>3.5)은 심각한 사고장애를 시사하며, 대부분의 경우 정신증과 관련된다. TP-Comp 점수가 낮은(원점수<0.5) 사람은 세상을 정확하게 지각하고 논리적이며 명확한 방식으로 사고한다. 여기에서 말하는 논리적이고 정확한 사고 및 지각은 단순함이나 간소함(복잡성 변인의 해석과 함께 이해하면 유용함)과 관련될 수 있고, 건강하면서 매우 복잡하게 정신적인 삶에 관여하는 방식(높은 복잡성 점수와 함께 나타날 때)과도 관련될 수 있다.

가중치를 둔 6개의 인지적 부호들의 총합(WSumCog)

가중치를 둔 6개의 인지적 부호들의 합(WSumCog)은 종합체계에서는 WSum6으로 알려져 있는 것이며, 인지적 왜곡과 사고의 장애를 측정한다. WSumCog 점수가 높은 사람은 현실 검증에 심각한 어려움을 보이고, 부자연스러운 추론, 잘못된 인과관계, 연상의 이완, 혼란스러운 사고, 형편없는 집중 능력 등을 보인다. 완만한 상승을 보이는 사람은 사고의 미성숙 또는 로르샤하 검사에 장난스럽게 참여한 경우일 수 있는데, 이는 그들의 반응 자체를 살펴보면 검증되거나 가려질 수 있다. 예를 들어 공상적이지만 다소 합리적인 반응들, 수준 1의 INC 혹은 FAB 반응(날개가 달린 말 혹은 포크댄스를 추고 있는 곰 등)을 다수 보이는 경우, 미성숙 또는 장난기에 중점을 두고 해석할 수 있다. 반대로 만일 점수의 상승이 다수의 수준 2 DR, PEC 반응에 기초를 두고 있다면, 그 해석은 사고장애에 초점을 맞추어 이해될 수 있다. WSumCog 점수가 낮은 사람은 더 관습적인 방식으로 사고하는 성향이다. 이는 건강하고 적응적이라는 의미일 수 있으며, 만일 점수가 매우 낮은 수준이라면 사고에 융통성이 없고 경직된 모습으로 볼 수 있다.

심각한 인지적 부호(SevCog)

WSumCog의 심각성을 측정하는 한 가지 방법은 심각한 인지적 부호(SevCog)의 변인과 비교하는 것이다. SevCog는 유사해 보이기는 하지만 PEC, CON 반응에 수준 2의 DV, DR, INC, FAB를 포함한 변인이다. SevCog 점수가 높은 사람은 사고장애를 보일 가능성이 매우 높고, 높은 상승을 보이는 사람은 정신병적 사고 과정과 관련이 있다. WSumCog와 마찬가지로 실제의 내용과 부호화의 이유를 평가함으로써, 상승의 요인이 혼란이나 특이한 사고 때문인지 장난기나 극적인 재주 때문인지를 밝힐 수 있을 것이다. SevCog 점수가 낮은 사람은 WSumCog와 유사하게 더 관습적인 방식으로 사고하는 경향을 지니고 있다. 이는 건강하고 적응적이라는 의미일 수 있으며, 만일 점수가 매우 낮은 수준이라면 사고에 융통성이 없고 경직된 모습으로 볼 수 있다.

FQ-백분율(FQ-%)

FQ-백분율(FQ-%)은 종합체계에서 X-%로 불리며 현실 지각이 왜곡된 정도를 측정한다. FQ-%가 높을수록 왜곡된 지각과 관련된 손상 수준이 심각할 가능성이 더 높아진다. 높은 점수는 우울증에서 발견되며, 극단적인 상승은 종종 조현병에서 발견된다. FQ-% 점수가 높은 사람들은 현실을 지각하는 방식이 왜곡되어 있으며, 따라서 상황에 따른 그들의 행동, 판단, 반응이 종종 문제를 일으키게 된다. FQ-% 점수가 낮은 사람은 현실 지각이 더 관습적이고 정확하다.

WD-백분율(WD-%)

WD-백분율(WD-%)은 현실 지각의 왜곡된 정도를 측정하다는 점에서 FQ-%와 유사하지만, 관습적인 현실 지각이 좀 더 쉽게 이루어지는 곳이 일반적인 위치이므로 WD-%는 일반적인 반점 영역이 사용될 때의 왜곡에만 중점을 둔다는 점에서 다르다. 즉 Dd 위치에서의 FQ- 반응(이는 FQ-% 부호에 포함됨)보다 W나 D에서의 FQ- 반응(WD-%로 측정)이 훨씬 더 문제가 많고 이례적이다. WD-%는 FQ-%와 해석적으로 상당히 유사하다. WD-%가 높은 사람은 현실 검증에서 장애를 가지고 있으며, 사고 관련 정신병리와 매우 밀접히 관련된다. WD-% 점수가 낮은 사람들은 현실 검증 능력이 더 관습적이고 현실적이다. R-PAS 지침서(Meyer et al., 2011)에서는 WD-%와 FQ-%를 같이 살펴보는 것이 "지각적 판단과 현실 검증을 평가"하는 가장 이상적인 방법이라고 제안하였다(p. 360).

FQo백분율(FQo%)

FQo백분율(FQo%)은 개념적 그리고 계산적으로 종합체계의 X+%와 유사하며, 사물을 관습적 그리고 현실적인 방식으로 지각하는 정도를 나타내는 측정치이다. FQo% 점수가 높은 사람은 일반적으로 현실 검증 능력이 좋으며, 대부분 적응적이고 심리적으로 건강하다. FQo% 점수가 낮은 사람의 경우 2개의 주요한 이유를 추정할 수 있다. 첫째, 만일 FQo%가 낮고 FQ-%와 WD-%가 높다면, 그 사람은 논리적인 방식으로 현실을 이해하는 데 지각적인 어려움과 문제점을 갖고 있다. 만일 FQo%가 낮고 FQ-%와 WD-%가 상승하지 않았다면, 세상과 상호작용하는 독특하고 특이한 방식을 의미할 가능성이 높다.

평범 반응(P)

평범 반응(P)의 수가 갖는 의미는 수검자와 일반적인 사람들 사이의 유사성 정도(특히 세상을 지각하는 방법), 그들이 사회적인 표준에 따르는 정도, 대인관계 속에서 타인으로부터 영향을 받을 상대적인 용이성의 정도 등을 반영하는 측정치라는 것이다. P 점수가 높은 사람은 세상을 관습적인 방법으로 보는 경향이 있고, P 점수의 과도한 상승을 보이는 사람은 세상을 보는 방법이 정형화되어 있고 경직되어 있다. 낮은 P 점수는 해석하기가 더 어렵다. 다수의 요인들이 낮은 P 점수의 원인이 될 수 있기 때문이다. 현실 검증의 문제점이 낮은 P 점수의 원인(FQ-%와 WD-% 점검)이 될 수 있고, 세상을 접근하는 방법이 독특하고 개인적이어서 그럴 수 있으며, 단순히 고의적으로 평범한 반응을 억제("FQo백분율(FQo%)" 참고)해서 그럴 수도 있다. 아마도 이들은 흔한 반응이 검사자에 의해 어떻게 해석되는지에 대한 생각으로 로르샤하 검사에 대해 특이한 방식으로 접근하기 때문일 수 있다.

스트레스 및 고통: 페이지 1

페이지 1의 스트레스 및 고통 변인들은 주로 현재의 고통에 중점을 두고 있다. 그렇지만 변인들은 일상의 삶 속에서 스트레스에 어떻게 대처하는가와 관련된 특징들도 또한 다루고 있다. 상황적 스트레스는 현재의 R-PAS 수행에도 영향을 미칠 수 있기 때문에, 이들 변인들은 다른 모든 변인들의 맥락 안에서 고려되어야 한다. 부가적으로 다른 영역에 있는 변인들까지도 현재 고통의 원인 또는 촉진 요인을 설명해 줄 수 있다.

음영과 무채색의 합(YTVC′)

음영과 무채색의 합(YTVC′) 변인은 부호화된 반응수의 단순 합으로 측정된다. 스트레스 및 고통 군집에서 좀 더 특질에 가까운 변인 중 하나이고, 수검자가 왜 그리고 얼마나 상황적 스트레스를 경험하거나 경험하지 않는지에 관한 일부 정보를 제공한다. YTVC′ 변인은 수검자가 미묘한 것, 불확실한 것, 애매한 것에 초점을 두는 성향과 관련이 있다. YTVC′ 점수가 높은 사람이 반드시 스트레스를 겪는 것은 아닐 수 있다. 그들은 그들의 정서, 대인관계, 폭넓은 맥락 속에서 이성적으로 그리고 감성적으로 미묘하고 세부적이며 심지어는 작은 파동에도 손쉽게 이끌려 다닐 것이다. 게다가 YTVC′ 점수가 높은 사람들은 매우 불안해 하고 압도당하는 상황 속에서도 모든 불확실성을 찾는 데 중점을 둘 것이다. YTVC′ 점수가 낮은 사람들은 미묘하거나 세부적인 것보다는 큰 그림에 중점을 두며, 직선적인 방법으로 상황에 따르는 스트레스 요인들을 다룬다.

무생물 운동(m)

무생물 운동(m)은 수검자가 자신의 통제 능력을 넘어서서 정신적 동요와 인지적 불안감을 야기하는 삶의 사건(주로 대인관계적)을 경험하는 정도에 대한 지표를 제공해 준다. m 점수가 높은 사람은 종류와 관계없이 상황적 스트레스에 직면하면 불안한 생각을 하는 사람이다. 수검자의 삶 속에 무엇이 실제로 진행되고 있는지에 따라 이러한 불안감은 전적으로 예상 가능하고 현실적일 수 있다. m 점수가 낮은 사람들은 현재 심각한 스트레스 요인들과 직면하지 않은 경우이고, 만일 직면하였다면 이들 스트레스 요인들이 그들에게 심각한 갈등이나 긴장감을 야기하지 않은 경우이다.

확산 음영(Y)

확산 음영(Y)은 흔히 불안감을 동반하는 무력감과 위축됨을 반영한다. 그것은 종종 애매한 것에 대한 반응으로서의 무력감과 위축이다. Y 점수가 높게 나오는 사람들은 현재 심리적 고통을 경험하고 있으며, 스스로 그 상황에 대해 체념해 버린다. m 반응과 유사하게 높은 Y는 무력감과 관련되며, 종류와 관계없이 스트레스를 마주하면 무력감이 예상되고 그 무력감은 현실적인 것이다. Y 점수가 낮은 사람들은 현재 심각한 스트레스를 경험하지 않고 있거나 만일 경험하더라도 무력감을 보이지 않을 것이다.

병적인 내용(MOR)

병적인 내용(MOR)은 일반적인 비관주의, 부정적인 자아상, 부정적인 관념화와 관계된다. 이들 요소들은 종종 우울증에서도 나타나지만, 많은 다른 형태의 정신병리에서도 출현한다는 사실에 주의해야 한다. 이와 같이 MOR 지표는 다른 형태의 정신병리로부터 우울증을 구별한다기보다는 정신병리가 없는 사람들로부터 정신병리가 있는 사람들을 구별한다는 것이 옳다(Meyer, 2011). MOR 점수가 높은 사람은 일반적으로 세상과 삶에 의해 어떤 측면에서 손상되고 해를 입었다고 느낄 가능성이 높다. 그들은 일반적으로 내면에 불편감을 갖고 있을 수 있다. MOR 점수가 낮은 사람은 낙관적이고 자신감이 있을 가능성이 높고, 비정상적이거나 결함이 있는 환경에 처할 불안정감을 거의 느끼지 않는다.

자살 염려 조합(SC-Comp)

자살 염려 조합(SC-Comp)은 자살 잠재성과 실제적인 자해의 가능성을 측정하며, 자신에게 심각한 해를 입힐 실제 의도가 없이 자살 혹은 자해의 시늉을 하는 것과는 관련이 없다. 다수의 변인을 사용하여 계산되며, 현재의 고통 변인(MOR), 스트레스 예민성 (CBlend), 대처 능력(MC-PPD, CFC 비율), 사고 및 세상에 관여함에 있어서의 복잡성 수준(복잡성, SI, V, FD), 그 밖의 요인으로 자기집중, 적대성, 현실적인 세상 판단 등(대칭 반응, SR, FQo%, P, H)의 변인들을 포함한다. SC-Comp 변인의 계산 결과는 고조되어 있는 자살 위험과 관련이 있다. 높은 점수를 보인 사람(원점수가 7정도, 특히 8을 넘는 경우)의 경우, 위험성이 분명해 보이지 않거나 심지어는 수검자 본인 스스로 그렇게 느낄지라도 자살의 위험성을 고려해야 한다. 실제로 자살을 시도하거나 행한 사람들의 경우 이 지표가 상승하지만, 이 지표가 높은 모든 사람들이 자살 시도를 하는 것은 아니다. 이와 같이 임상가는 이 사실에 예민할 필요가 있고, SC-Comp가 상승할 때 과잉 반응하거나 파국화해서는 안 된다. 잠재적인 자해의 위험성에 관해 수검자와 의미 있는 상담을 진행하는 것이 중요하다.

자기 및 타인 표상: 페이지 1

페이지 1의 자기 및 타인 표상 변인들은 수검자가 자기 자신과 타인, 일반적인 인간관계를 어떻게 지각하고 사고하는지에 대한 여러 측면을 보여 준다. 수검자가 자기 자신과 타인을 보는 방식이나 타인과의 상호작용에 대한 기대에서의 왜곡이 포함되어 있고, 대인관계 유형(의존적 유형, 적대적 유형 등)도 포함되어 있다. 다른 변인들의 군집에서처럼 이 변인들도 R-PAS 외적 장면에서의 정보뿐만 아니라 R-PAS 변인들의 광범위한 맥락 안에서 함께 고려되어야 한다. 왜냐하면 많은 다른 요인들(예를 들어 현재의 스트레스, 사고장애 등)이 수검자가 자신과 타인을 보는 방식에 영향을 미칠 수 있기 때문이다.

구강 의존적 언어화(ODL%)

구강 의존적 언어화(ODL%)는 단순한 음식물 내용 반응(종합체계에서 의존성을 측정하던 주요 변인)을 대체하는, 보다 경험적으로 지지되는 암묵적인 의존성 욕구 측정치인 셈이다. ODL% 점수가 높은 사람은 타인으로부터의 돌봄과 지지를 요구하는 행동(그것이 언제나 외현적으로 드러나는 것은 아닐지라도)을 보일 가능성이 높으며, 그들 스스로의 수동성을 통하여 타인으로부터 리더십과 주장성을 이끌어 내는 것도 포함된다. 그들은 거절에 민감하고 타인의 헌신을 확인받는 것을 요구한다. ODL% 점수가 낮은 사람들은 매우 독립적이며 인간관계 장면에서 자기주장을 보이는 데 아무 문제가 없다.

공간 반전(SR)

공간 반전(SR)은 성격 변인으로서 부정성, 반대되는 성향과 관련된 측정치이며, 어떤 상황에서의 분노와 관련된 적대성과는 차이가 있다. 즉 SR은 정해진 방향에 거슬러 가고 일반적으로 예상되는 것에 반대하는 성향을 측정하며, 세상과 상호작용하는 데 있어서 지독하게 독립적이고 개인적인 유형을 의미하거나 정해진 규칙을 거부하는 것과 관련된다. SR 점수가 높은 사람들은 거부적이며, 자신에게 부과된 것을 따르기보다는 그들 자신만의 법칙을 따르는 것을 선호한다. SR 점수가 낮은 사람들은 좀 더 순응적이고 복종적이며 규칙과 표준을 존중하고 사회적이거나 다른 상황에서 "적절한" 행동을 할 가능성이 높다.

MAP 비율(MAP/MAHP)

MAP/MAHP 변인은 해당 프로토콜에서 적어도 4개의 상호관계 자율성(건강 혹은 병리) 부호화가 이루어지고 난 후 의미 있게 해석될 수 있다. 이는 수검자의 대상 표상이 얼마나 건강한지를 나타낸다. 건강한 대상 표상을 가진 사람은 스스로에 대해 현실적이고 건전한 방식으로 바라보며 타인에 대해서 긍정적이고 상호 존중하는 건전한 인간관계를 기대한다. 건강하지 못한 대상 표상을 지닌 사람은 스스로에 대하여 현실적으로 보고 이해하는 데 어려움을 보일 수 있다. 다른 사람에 대해서는 부정적인 의도를 가지고 있고, 착취적이고 남을 깎아내리며 해를 입히는 방식으로 행동하며, 따라서 일반적으로 믿음이 가거나 의지하기 어렵다고 생각하게 된다. 이와 같이 MAP/MAHP 점수가 높은 사람은 자기 자신과 타인에 대해 왜곡되고 불건전하며 비현실적인 관점을 갖고 있다. MAP/MAHP 점수가 낮은 사람은 자기 자신과 타인에 대하여 현실적이고 성숙한 시각으로 바라보고, 인간관계에 대해서는 긍정적이며, 상호간에 이익이 되고, 일반적으로 더 건강하고 호혜적일 것을 기대한다.

PHR 비율(PHR/GPHR)

PHR 비율(PHR/GPHR)은 일반적인 사교 기술과 건전하고 표준적인 사회적 관계를 측정하는데, 이는 대인간 친밀성 능력을 측정하는 MAP 비율과 차이가 있다. MAP 비율과 마찬가지로 PHR 비율은 해당 프로토콜에서 적어도 4개 이상의 인간 표상들(좋은 표상과 나쁜 표상)이 부호화된 이후에 의미 있게 해석될 수 있다. PHR 비율 점수가 높게 나온 사람은 자기 자신과 타인을 이해하는 능력이 떨어지는데, 이는 결국 문제 있는 대인관계로 이어질 것이다. 왜곡된 인간관의 질은 PHR로 부호화된 반응(손상되고 공격적이며 왜곡된 인간 표상을 포함함)의 구체적 내용을 확인함으로써 평가될 수 있다. PHR 비율 점수가 낮은 사람은 자기 자신과 타인과 일반적 사회관계에 대하여 적절하게 이해하고 있기 때문에 대인 관계에서 더 숙련되고 자신감을 갖고 있다. PHR 비율이 사교 기술과 적절한 사회적 행동의 이해를 잘 측정하는 반면에 MAP 비율은 타인과의 친밀성 능력을 잘 측정하므로, PHR 비율은 MAP 비율과 함께 해석하는 것이 중요하다.

인간 운동 마이너스(M-)

인간 운동 마이너스(M-) 변인은 M을 결정인으로 하고 마이너스의 형태질을 보인 반응으로 타인을 정신화하는 능력(Bateman & Fonagy, 2012)을 측정하는데, 타인의 의도, 동기, 행동을 현실적으로 평가하는 것이 포함된다. M- 점수가 높은 사람은 타인이 어떻게 생각하는지 그리고 그들이 왜 그렇게 행동하였는지에 대하여 왜곡되고 부정확한 이해를 보인다. 그들은 대인간 상호작용과 관계에서 비효율적인 성향을 보이기 때문에, 그들의 대인관계는 지장을 초래한다. M- 점수가 낮은 사람들은 타인을 정신화하는 능력이 좋고, 타인의 의도, 태도, 사고, 행동을 좀 더 현실적으로 이해한다. R-PAS 지침서(Meyer et al., 2011)에서는 더 길고 복잡한 프로토콜이 이 변인에 대한 잘못된 양성 반응을 산출할 수 있다고 보고하였다.

공격적인 내용(AGC)

공격적인 내용(AGC)은 공격적 성향이나 경쟁심에 대하여 비교적 직접적으로 측정한다. 그러나 안면 타당도가 매우 높은 변인(즉 수검자들은 자신의 반응에서 공격적인 내용이 포함되면 분노 혹은 공격성으로 해석될 거라고 쉽게 추측할 수 있음)이기 때문에 사람들은 쉽게 공격적인 내용을 생략해 버리므로, 낮은 AGC 점수를 산출해서 다른 지표들보다 해석하기 어렵게 만드는 경향이 있다. AGC 점수가 높은 사람들은 명백하게 공격적(타인과 타인의 권리를 존중하지 않는 행동을 의미함)이거나 권력을 지향하고 경쟁 및 높은 성취에 초점(보다 건전하고 사회적으로 용인 가능한 형태의 공격)을 맞추는 유형일 수 있다. 다른 변인들 그리고 특히 검사와 검사 상황 밖으로부터 획득된 정보는 전문가들로 하여금 AGC

의 상승에 대한 이들 두 해석을 구분해서 결정하는 데 도움을 줄 수 있다.

전체 인간 내용(H)

전체 인간 내용은 자기 자신과 타인을 전체로 통합된 인간으로 보는 견해를 나타내며, 이는 일반적으로 건전한 방법으로 타인과 상호작용하는 것뿐만 아니라 스스로를 이해하는 건강한 능력에 해당된다. H 점수가 높은 사람은 자기 자신과 타인을 복잡하고 다면적이며 작은 부분으로 단순화할 수 없는 존재로 이해한다. H 점수가 낮은 사람은 타인들을 더욱 기초적이고 단순한 용어로 바라보는데, 예를 들어 사회적 지위나 역할로 한정(예를 들어 모든 남성이나 여성을 동일한 것으로 단순화해서 인식함)하거나 타인을 지나치게 간소화해서 꺼려지는 대상이나 싫은 대상으로 한정해 버리기도 한다. 이러한 사람들은 다른 사람을 전체로 통합된 것으로 보는 데 어려움을 갖기 때문에, 그 결과물로 형편없는 인간관계를 보이는 경향이 있다.

협동적 운동(COP)

협동적 운동(COP)은 수검자의 긍정적이고 친사회적 특질에 구체적으로 주목한 R-PAS 변인 가운데 하나이다. COP는 대인관계에서의 기대를 측정하며, COP 점수가 높은 사람은 사회적인 상호작용과 관계가 긍정적이고 도움이 되며 협력적일 것으로 기대하는 성향이 있다. COP도 AGC처럼 높은 안면 타당도를 갖고 있기에, 수검자들은 협동 운동과 협동 관계가 포함된 반응을 하면 호의적인 해석이 주어질 것이라고 쉽게 추측할 수 있다. 따라서 COP를 해석할 때 이러한 사실을 명심하고, COP의 상승으로 만들어진 가설들을 확인해 줄 다른 변인들, 다른 검사들, 다른 정보를 살펴보는 것이 중요하다. COP 점수가 낮은 사람들은 사회적 상호작용과 관계에 관심이 적거나 만일 관심이 있다면 사회적 관계가 도움이 되고 보상이 있을 것으로 기대하지 않는 성향일 수 있다. 낮은 점수가 기질적이지는 않겠지만, 현재 심각한 고통을 겪고 있는 사람은 많은 COP 반응을 보이지 않을 것이다.

상호관계의 자율성–건강(MAH)

건강한 상호관계 자율성(MAH) 변인은 COP처럼 명백히 긍정적이고 친사회적인 특질이며, 타인과 성숙하고 건전하며 진솔하고 친밀한 관계를 형성하고 유지하는 능력을 의미한다. MAH로 부호화된 반응의 유형은 COP처럼 안면 타당도가 상당히 높아서, 건강한 것처럼 보이기를 원하는 수검자는 이러한 반응들을 포함해서 반응할 것이라고 쉽게 추측할 수 있다. 그럼에도 불구하고 MAH 점수가 높은 사람은 타인과 친밀하고 밀접하며 진솔한 관계를 형성할 수 있는 능력을 지닌 경향이 있다. MAH 점수가 낮은 사람이 반드시 친밀하고 가까운 관계를 맺는 데 어려움을 보이지는 않겠지만, MAP 비율 점수를 참고하면 실제로 어려움을 겪는 경우인지 확인할 수 있다.

개입 및 인지적 처리: 페이지 2

페이지 2의 개입 및 인지적 처리에는 많은 변인들이 있는데, 이 변인들은 인지적 복잡성, 융통성 그리고 자극적인 상황에서의 개입과 관련된 여러 측면을 설명해 준다. 페이지 2의 변인이기 때문에 각각의 해석은 반드시 페이지 1의 변인들보다 잠정적이어야 하며, 전문가들은 반드시 극단적인 점수에 근거해서 해석해야 한다. R-PAS 지침서(Meyer et al., 2011)에서는 이들 변인에 대한 해석은 오직 표준 점수가 115를 초과하거나 85 미만인 경우에만 해석할 것을 권고하였다.

전체 반응 백분율(W%)

전체 반응 백분율(W%) 변인은 프로토콜에서 전체 반점이 사용된 반응의 백분율을 의미하며, 전체적이고 포괄적이며 때때로 추상적인 처리 과정 및 문제해결 양상을 반영한다. 그러나 포괄적이고 전체적인 처리 과정 및 문제해결은 상이한 질을 보일 수 있다. 예를 들어 낮은 복잡성 점수와 높은 Vg%(아래의 "모호 반응 백분율" 절 참고)를 보이는 사례라면 처리 과정 및 문제해결은 단순하고 환원적인 경향일 수 있다. 반대로 많은 수의 Sy와 복합 반응이 있는 사례라면, 처리 과정 및 문제해결은 정교하고 다수의 이질적인 정보의 조각을 하나로 응집시키는 통합적인 경향일 수 있다. 그러나 정보를 전체로 응집시키는 과정에서 복잡성과 정교함이 있더라도 형편없는 논리(WSumCog 변인 참고)이거나 지각적 부정확성(FQ-%, WD-%, FQo% 변인 참고)이 있다면 처리 과정은 손상되어 있을 것이다. 따라서 W% 점수가 높은 사람은 처리 과정의 질에서 정교함, 정확성, 논리성의 차이를 보일 수 있지만, 그들의 정보처리는 통섭하는 방식의 경향을 보인다. W% 점수가 낮은 사람은 세부적인 것에 사로잡힐 수도 있고 좀 더 전체적으로 상황을 보는 데 어려움을 겪을 수도 있다.

흔하지 않은 위치 백분율(Dd%)

흔하지 않은 위치 백분율(Dd%)은 Dd 부호화를 사용한 모든 반응의 백분율을 의미하며, 세부적인 것을 지향하며 개인 특유적이고 심지어는 기괴한 방식으로 상황을 바라보는 성향을 반영한다. Dd% 점수가 높은 사람은 상황의 작은 세부사항에 주의를 기울이고 더 큰 판단을 내리기 위하여 이들 세부사항을 활용하는데, 이는 세상을 해석하는 전형적인 방식이 아니다. 이것은 단순히 세부적인 것을 지향하는 것을 의미하지만, 강박 성향이나 심지어 편집증과 관련될 수도 있다. 이러한 사람들은 작은 신호를 지각해서 그것에 크고 부정적인 의미를 부여할 수 있다. Dd%가 낮은 사람들은 문제, 상황, 행동에서 비일상적인 측면이나 요소에 중점을 두지 않는 성향을 지니며, 판단을 내리기 위해서 보다 관습적인 정보를 사용할 가능성이 있다.

공간 통합(SI)

공간 통합(SI)은 공간 반전(SR)과 매우 상이한 개념적 의미를 반영하는데, R-PAS에서는 이들 두 변인을 이러한 사실 때문에 2개로 구분하였다. 보다 큰 반응 안으로 공간을 통합하는 것은 복잡한 인지적 과정을 필요로 하며, 다수의 정보 원천을 처리하고 통합함으로써 전체로 응집시키는 능력과 관련이 있다. SI 점수가 높은 사람은 사고가 유연하며, 판단을 형성하고 결정을 내리기 위하여 다수의 정보 원천을 받아들이고 사용한다. SI 점수가 낮은 사람이 반드시 사고가 단순한 것은 아니며, SI 점수가 낮은 사람의 전형적인 사고의 정교함과 복잡성 수준을 알기 위해서는 반드시 낮은 Sy와 낮은 복잡성 점수를 함께 고려해야 한다.

주지화 내용(IntCont)

주지화 내용(IntCont) 변인은 종합체계의 주지화 지표와 동일한 방법으로 산출되며, 추상적 내용 특수점수(AB)에 2를 곱하고 예술 내용(Art)과 인류학 내용(Ay)을 더한 합계로 계산된다. IntCont 변인 자체가 주지화의 성향을 반영하는데, 이는 사회 불안을 포함하는 감정으로부터 자기 자신과 거리를 두기 위해 사용하는 분석적인 태도를 의미한다.

IntCont 점수가 높은 사람들은 지적인 관점으로 사물을 분석하거나 정서의 영향을 부인 또는 숨김으로써 감정이나 사회 불안을 중화시키려는 성향을 갖고 있다. 그들은 일반적으로 가공의 지적 수단을 통하여 감정의 영향력을 누그러뜨리는 데 성공적이지만, 감정을 다루는 데 익숙하지 않거나 잘하지도 못하기 때문에 극도의 감정 수준을 초래하는 상황에서는 압도당하고 갈피를 못 잡을 가능성이 있다. IntCont 점수가 낮은 사람들은 IntCont 점수가 높은 사람보다 필연적으로 더 편안한 감정을 느끼는 것은 아니지만, 불편한 감정이나 불편한 상황을 처리하기 위하여 주지화 방어기제를 사용하지 않는다. 그 이유는 감정으로부터 자신들을 떼어 놓기 위하여 다른 기제를 사용할 수 있기 때문이다.

모호 반응 백분율(Vg%)

모호 반응 백분율(Vg%)은 모호한(Vg) 대상질로 부호화한 반응의 백분율로 계산되며, 정보를 분석하고 통합하는 능력이 성숙하지 못하고 정교하지 못함을 나타낸다. Vg% 점수가 높은 사람은 아마도 인지적으로 제한적이고 충동적이며 방어적이고, 정교하고 미묘한 방식으로 정보를 통합하는 기술이 미숙할 수 있다. Vg%와 Sy% 둘 다 상승하였을 경우에는 수검자가 정보를 처리하는 방식이 일관적이지 못함을 의미하는데, 이는 상황적으로 영향을 받을 수 있다. Vg% 점수가 낮은 사람은 정보를 분석하는 방식이 더 정교할 수 있지만, 그들의 기술이 얼마나 정교한지는 반드시 Vg%와 함께 Sy%와 복잡성 지표를 평가해야 알 수 있다.

깊이감(V)

깊이감(V)의 부호는 R-PAS에서 두 번 목록에 나오는데, 둘은 서로 약간 다른 의미를 갖는다. "개입 및 인지적 처리" 그리고 "스트레스 및 고통"의 두 가지 영역과 관련된다. "개입 및 인지적 처리" 영역에서의 V는 유리한 관점에서 상황을 관찰하는 능력과 성향을 의미하며, 여기에는 숨겨져 있을 가능성이 있는 측면을 세심히 살피는 것이 포함된다. 이와 같이 V 점수가 높은 사람들은 상황으로부터 거리를 두고 다른 관점에서 상황을 평가할 수 있다. 이는 건전하고 정교한 방식으로 상황에 접근하는 것일 수 있으며, 극단적인 경우에서는 해리를 의미하거나 자기 자신과 타인을 전반적으로 부정적으로 보는 것을 의미할 수 있다. V 점수가 낮은 사람들이 필연적으로 관점을 형성하는 데 어려움을 갖는 것은 아니며, 세상에서 정보를 접하는 최우선의 방식을 의미하는 것도 아니다.

형태 차원 반응(FD)

형태 차원 반응(FD)도 V와 마찬가지로 관점을 갖는 방식을 의미한다. 그렇지만 V가 사물을 철저히 살피고 숨겨져 있는 측면을 세심히 조사함으로써 상황에 대한 다양한 관점을 아우르는 것과 관련된 반면, FD는 판단을 내리기 위하여 상황으로부터 거리를 형성하는 데 특별히 초점을 두고 있다. FD 점수가 높은 사람은 다양하고 폭넓은 관점을 갖기 위하여 상황으로부터 스스로 거리를 둔다. 급격한 상승 시, 거리를 두는 것은 외상에 대한 반응으로 나타날 수도 있다. V 점수가 낮은 사람들과 유사하게 FD 점수가 낮은 사람들이 거리를 유지하는 데 반드시 문제점을 갖는 것은 아니지만, 그들은 문제를 해결하려고 할 때 밀접한 거리를 유지하는 것을 선호하거나 상황 내에 깊게 머무르는 것을 선호할 수 있다.

마지막 3개 카드의 반응 비율(R8910%)

이 변인에 대한 연구가 제한적임에도 불구하고, 마지막 3개 카드의 반응 비율(R8910%)은 강렬한 정서를 불러일으킬 수 있는 상황에서 수검자가 얼마나 반응적인지를 측정하는 것으로 보인다. 왜냐하면 8번, 9번, 10번 카드는 활기가 넘치는 다양한 유채색을 포함하고 있기 때문이다. 이 변인은 해당 프로토콜 내에서 마지막 3개 카드(Ⅷ, Ⅸ, Ⅹ)에서의 반응수 비율로 계산된다. R8910% 점수가 높은 사람은 정서를 불러일으키는 대인관계 상황을 포함해서 강렬한 상황에 충분히 흥미로워하고 전적으로 관여한다. R8910% 점수가 낮은 사람들은 동일한 상황으로부터 회피적이고 움츠러들 수 있으며, 아마도 압도되거나 불쾌한 상태일 것이다.

가중치를 둔 유채색 반응의 합(WSumC)

이전에 믿어 왔던 것처럼, 유채색 반응이 개인의 정서적 경험과 직접적으로 관련되는 것으로 보이지는 않는다. 대신에 형태의 사용 비중에 따라 가중치를 부여(C는 CF보다 가중치가 더 높고, CF는 FC보다 가중치가 더 높음)해서 유채색 결정인의 총합을 산출한 "가중치를 둔 유채색 반응의 합(WSumC)"은 수검자가 감정적으로 자극하는 특징을 포함해서 일상 삶 속의 두드러지고 강력한 특징에 얼마나 관심을 보이는지를 보여 준다. 또한 WSumC

는 삶에 대처하는 긍정적이고 적응적인 요소로 간주되기도 한다. WSumC가 높은 사람은 생기가 있고 활력이 넘치며 주변 세상의 흥미로운 측면(정서적인 삶을 포함함)에 관여하고 반응적인 태도로 행동할 것이다. WSumC가 낮은 사람은 삶의 흥미롭고 활력이 넘치는 면에 덜 관여하고 덜 관심을 보이며 일상적이고 예측 가능한 것들을 선호한다.

순수 유채색 반응(C)

형태에 의해 조절되지 않은 순수 유채색 반응(C)은 기분 반응이나 직감적 본능에 대하여 숙고하지 않고 상황에 대하여 즉각적이고 전면적인 판단과 반응을 보이는 일반적 성향을 보여 준다. C 점수가 높은 사람은 직감적 본능을 신뢰하며 그들의 경험에 스스로 전적으로 몰두한다. 이러한 유형이 만일 충동성, 감정적 과잉 반응 혹은 성급함과 연결(R-PAS의 다른 정보나 검사 외적인 다른 정보를 확인하면 이러한 특성이 두드러지는지의 여부를 판단할 때 도움이 될 수 있음)될 때에는 문제가 생길 수 있다. 그러나 이러한 유형이더라도 만일 스스로 긍정적인 경험에 완전히 몰두하고 자신의 가치에 대하여 재고하거나 의심을 품지 않으면서 진정으로 즐긴다면 적응적일 수 있다. C 점수가 낮은 사람들은 결정을 내리거나 행동으로 옮기기 전에 자신의 직감적 본능을 사고와 논리를 바탕(논리가 좋건 나쁘건)으로 조율하고 평가할 가능성이 높다.

Mp 비율(Mp/(Mp+Ma))

모든 인간 운동 반응(능동적 혹은 수동적)에 대한 수동적 인간 운동의 비율을 의미하는 Mp 비율은 상황에 대처할 때의 수동적인 자세(상상 속으로 후퇴하기 또는 반추하기를 포함함) 혹은 대인관계 수동성을 지향하는 일반적 성향을 반영한다. 이것은 인간 운동 반응의 총 개수가 적어도 4 이상일 때만 해석되어야 한다. Mp 비율이 높은 사람은 행동이 필요한 상황에서 숙고(그리고 반추)나 상상 속으로 철수하는 성향을 갖고 있고, 대인관계 상황에서도 수동적인 자세를 취할 것이다. Mp 비율이 낮은 사람은 숙고를 하기 위하여 철수할 가능성이 낮고, 문제해결이나 의사결정 상황에서 더 적극적인 자세를 취할 것이다.

지각 및 사고 문제: 페이지 2

페이지 2의 지각 및 사고 문제 변인에는 오직 한 가지만 있다. 다시 말해 페이지 2 변인의 해석은 반드시 페이지 1 변인들에 비하여 더 잠정적으로 이루어져야 하며, 전문가들은 해석을 위하여 좀 더 극단적인 수치에 의존해야 한다. R-PAS 지침서(Meyer et al., 2011)에서는 이 변인이 오직 표준점수가 115를 초과하거나 85 미만일 때에만 해석할 것을 권고하였다.

FQu 비율(FQu%)

FQu 비율(FQu%)은 가장 신뢰할 수 없는 형태질 점수로 페이지 2에 위치하며, 세상과 상호작용하고 세상을 해석하는 데 비관습적이고 독특한 방식을 반영한다. FQu%가 높은 사람은 세상을 독특하고 흥미로운 방식으로 바라보지만, 세상을 실제로 잘못 해석하는 FQ-%만큼 잠재적인 역기능을 의미하는 것은 아니다. FQu%가 높은 사람은 세상을 관습적이거나 일상적인 방식으로 접근하지는 못하지만, 상황을 해석하는 방식은 대부분의 경우 적어도 논리가 있다. FQu%가 낮은 사람은 세상을 지각하는 방식이 더 관습적(특히 FQ-%와 WD-%가 낮고, FQo%가 높을 때)일 수 있고, FQu가 측정하는 것보다 세상을 지각하고 해석하는 데 훨씬 더 문제가 많을 수(만일 FQ-%와 WD-%가 높은 경우)도 있다.

스트레스 및 고통: 페이지 2

페이지 2의 스트레스 및 고통 군집에 있는 많은 변인들은 페이지 1 스트레스 및 고통 변인들처럼 스트레스 요인과 세상, 현재의 고통을 처리하는 기질 및 특성과 관련이 있다. 페이지 2 변인으로서 각각의 해석은 페이지 1 변인들보다 반드시 더 잠정적이어야 한다. R-PAS 지침서(Meyer et al., 2011)에서는 이들 변인이 반드시 표준점수가 115를 초과하거나 85 미만일 경우에만 해석할 것을 권고한다.

잠재적으로 문제가 있는 결정인(PPD)

잠재적으로 문제가 있는 결정인(PPD) 변인은 비인간 운동(FM과 m)과 음영 그리고 무채색(Y, T, V, C′) 결정인을 사용하여 계산되며, 욕구, 소망, 사고, 감정을 자극하고 거슬리게 하는 측면에서 심리적 자원을 필요로 하는 정도를 반영한다. 많은 요소를 가지고 있는 조합 점수이기 때문에, PPD는 괴롭히는 심리적 요구의 정확한 본질을 특정하지 못한다. 높은 복잡성을 지닌 긴 프로토콜에서의 상승은 세상에 대한 경험이 깊고 예민함을 시사한다. PPD 점수가 높은 사람은 일반적으로 심리적 자원에 대하여 통제하지 못할 요구를 지니고 있음을 의미하며, 현재 괴롭히는 것에 대한 생각과 느낌을 지속하고 있다. PPD가 낮은 사람은 정신적 자원에 대한 현재의 요구가 과하지 않은데, 그 이유는 일반적으로 낮은 스트레스의 상황이거나 괴로움을 느낄 수 있는 다양한 욕구, 소망, 사고, 기분에 주의를 기울이는 성향이 아니기 때문일 수 있다.

음영이나 무채색과 혼합된 유채색 반응(CBlend)

음영이나 무채색과 혼합된 유채색 반응(CBlend) 변인은 유채색(FC, CF 혹은 C)과 몇몇 음영 혹은 무채색(Y, T, V 혹은 C′)의 복합 반응을 의미하며, 정서적 민감도와 반응도를 반영한다. 전형적으로 이러한 복합 반응은 부정적 염려와 같은 자극에 대한 감정적 반응과 관련이 있으며, 부정적 염려가 불확실성 때문에 애매모호함이나 주저함 등의 부정적 속성을 보이는 것을 포함한다. 즉 감정적인 반응을 유발하는 좋은 상황일지라도 우유부단함을 만들 수 있는데, 그 이유는 부정적인 사고가 긍정적 자극을 오염시킬 수 있기 때문이다. CBlend 점수가 높은 사람은 상황에 대한 즉각적인 정서 반응을 보이는 경향이 있으며, 심지어 좋은 상황에 대해서도 고통스러운 추측이나 불만족을 덧입힌다. CBlend 점수가 낮은 사람의 경우, 부정적 추론 때문에 긍정적 상황을 망칠 수 있는 혼재된 감정 상태를 빈번히 경험하지 않는다.

무채색 반응(C′)

무채색 반응(C′)은 어둡고 부정적인 이미지(상황의 "어두운 면"을 포함) 혹은 상황에 대한 감정적인 반응을 억누르려는 시도 모두와 관계가 있다. C′ 반응이 우울증과 직접적인 관련은 없지만, 긍정적이든 부정적이든 정서에 대한 회피를 의미할 수 있다. C′ 점수가 높은 사람은 삶에 대한 감정적 반응을 기피하거나 억누르기 위하여 상당히 노력할 가능성이 있으며, 그들은 상황의 부정적인 면에 초점을 두는 성향이 있기 때문에 감정적으로 종종 불편해 한다. C′ 점수가 낮은 사람은 감정적으로 자극받는 상황에 대한 반응을 억제할 가능성이 적고, 상황의 긍정적인 면에 더 집중할 것이다.

깊이감(V), 재언급됨

"개입 및 인지적 처리"에서 언급하였던 것처럼, V 반응은 유리한 관점에서 상황을 관찰하는 능력과 성향을 의미하며, 여기에는 숨겨져 있을 가능성이 있는 측면을 세심히 살피는 것이 포함된다. 잠재적으로 가로막히고 숨겨지며 가려진 측면을 고려하는 것은 자기 자신이나 타인에 대한 직접적인 평가일 경우 그 과정이 불편할 수 있기 때문이다. 구체적으로 말하자면, 자기 자신이나 타인을 미묘하고 복잡한 관점으로 보는 것은 긍정적인 속성과 부정적인 속성을 모두 밝혀낼 가능성이 있으며, 이는 다소 불편함으로 이끌 수 있다. 우울증에 걸린 사람들 혹은 다른 정신병리를 갖고 있는 사람들의 경우, 높은 V 점수와 관련이 있는 자기탐색이 자기비판적인 성격을 보일 수 있다. V 점수가 높은 사람은 자기 자신과 타인을 복잡하고 다각적인 관점을 갖는 방식으로 평가하며, 자기 자신과 타인의 숨겨지거나 미묘한 측면을 종종 밝혀낸다. 그들은 자신 혹은 타인에게 매우 비판적이 될 수 있는데, 이는 고통스러울 수 있다. V 점수가 낮은 사람은 자기 자신이나 타인에게 정교한 관점을 적용하는 성향이 아니다. 이는 사고에 의해 덜 조율된 반응(순수 유채색 반응 역시 확인할 것)이나 제한적인 인지 능력으로 인해 조율되지 못한 반응 또는 단순히 상황, 자신, 타인을 평가하는 데 솔직한 접근법 등과 관련될 수 있다.

예민한 내용(CritCont%)

예민한 내용(CritCont%) 변인은 일반적인 사회적 관계에서 사적으로 숨기고픈 사고와 관련된 반응의 백분율로 계산되는데, 여기에는 MOR, AGM, An, Bl, Ex, Fi, Sx 등이 포함된다. CritCont%는 세 가지의 잠재적 의미를 가지고 있는데, 이는 거의 동일하게 산출된 점수를 지지하는 세 가지 서로 다른 연구 방향들과 관련이 있다. CritCont%, 외상 내용 지수(TCI), 극적인 내용(잠재적 꾀병 측정치) 등이 해당된다. Critcont%를 해석하기 어렵게 만드는 것은 세 가지 의미 중 어느 하나를 유효하게 의미할 수 있기 때문이다. CritCont% 연구는 주로 불편한 생각을 걸러내는 데 실패한 것과 관련될 수 있는 원초적이고 문제적인 사고 내용에 초점을 맞추었다. TCI 연구는 정신적 외상 이력이나 감정과 상황을 분리하려는 경향성에 중점을 두었다. 극적인 내용 연구는 꾀병처럼 문제 요소를 극적으로 전달하기 위하여 불편한 이미지를 과장하는 것에 중점을 두고 있으며, 높은 안면 타당도를 지닌 특정 변인들과 관련이 있다. 즉 수검자가 병적, 공격적, 폭발적, 성적인 내용들의 반응을 많이 보이면 정신병리적으로 해석될 것이라고 쉽게 추측할 수 있기 때문이다. 따라서 Crit-Cont% 점수가 높은 사람은 문제 요소나 꾀병을 과장할 수도 있고, 외상 이력을 갖고 해리하려는 경향일 수도 있으며, 급격한 상승이라면 정신증적 사고와 관련된 원초적이고 불편한 내용의 사고를 처리하고 있을 수도 있다. CritCont% 점수가 낮은 사람은 세 가지 선행된 해석 어느 것도 보장할 수 없는 경우로, 꾀병도 아니고 해리의 원인이 되는 심각한 외상을 가지고 있지도 않으며 원초적이고 불편한 사고 때문에 고전하고 있는 것도 아니다.

자기 및 타인 표상: 페이지 2

페이지 2의 자기 및 타인 표상 변인들은 페이지 1의 자기 및 타인 표상 변인들처럼 자아상, 타인에 대한 지각, 대인관계에 대한 관심 등에 대한 다양한 측면과 관련이 있다. 페이지 2의 변인이기 때문에, 각각의 해석은 반드시 페이지 1의 변인들보다는 잠정적이어야 하며, 전문가들은 해석을 위해서 반드시 극도의 점수에 의존해야 한다. R-PAS 지침서(Meyer, et al., 2011)에서는 이들 변인이 표준점수가 115를 초과하거나 85 미만일 경우에만 해석할 것을 권고하고 있다.

모든 인간 내용(SumH)

모든 인간 내용(SumH) 변인은 종합체계에서 대인관계에 대한 관심 변인으로 알려져 있으며, 수검자가 다른 사람에게 관심을 갖는 정도를 측정한다. SumH 점수가 높은 사람은 타인에 대한 관심이 많고 몹시 알고 싶어 하는데, 이는 건전하고 적응적일 수도 있고 과민하거나 편집증적인 경우일 수도 있다. R-PAS의 다른 변인들(예를 들어 V-Comp)과 R-PAS 외적인 정보들을 함께 고려하면 타인에 대한 높은 동조에 어떤 부정적인 의도가 있는지를 판단하는 데 도움이 될 수 있다. SumH 점수가 낮은 사람은 대인관계에 관심을 거의 보이지 않는데, 이는 오래된 특성일 수도 있고 수검자의 현재 마음속을 다른 걱정거리가 선점하고 있어서 대인관계는 덜 중요한 경우처럼 좀 더 상황적일 수도 있다.

순수 인간 내용 이외의 비율(NPH/SumH)

순수 인간 내용 이외의 비율(NPH/SumH)은 모든 인간 내용[H, Hd, (H), (Hd)] 가운데 순수 H가 아닌 인간 내용의 총 비중으로 계산되며, 해당 프로토콜 내에 반드시 최소 4개 이상의 인간 내용 부호(형태와 상관없이)가 있을 경우에만 해석되어야 한다. NPH/SumH 변인은 수검자가 자기 자신과 타인을 얼마나 비현실적이거나 공상적인 방법으로 지각하고 사고하는지를 반영한다. NPH/SumH 점수가 높은 사람은 정확한 표상을 반영하는 성숙하고 복잡하며 정교한 방식으로 자신과 타인을 바라보는 성향이 아니다. 그와 반대로 자신과 타인에 대하여 좀 더 비현실적인 표현으로 상상하고 남들로부터 비현실적인 반응과 행동을 기대한다. NPH/SumH의 상승이 때로는 왜곡이나 몰이해의 과정이라기보다는 단순히 내적 삶이 장난기 넘치고 공상적인 특질을 반영한다는 점에 주의해야 한다. NPH/SumH 점수가 낮은 사람은 자기 자신과 타인에 대한 이해가 더 현실적이고 성숙하다.

경계심 조합점수(V-Comp)

경계심 조합점수(V-Comp)는 복잡성, 저항성(SR), 대인적 관심(T), 타인에 대한 견해(SumH, 함의된 내용, 전체 반응부터 부분 반응까지), 전형적으로 자신의 숨겨진 부분과 관련이 있는 내용(Cg), 분투하는 인지적 기능(SI) 등의 지표를 사용하여 계산된다. 이는 경계심을 반영하는데, 잠재적인 위험에 대하여 신중하게 공들여 집중하고 가정하는 것을 포함한다. 그리고 잠재적인 위험은 주로 대인관계적인 내용이거나 관계적 거리 두기나 조심스러움까지 포함한다. V-Comp 점수가 높은(원점수>4.5, 특히 원점수>5.5인 경우) 사람은 타인으로부터 경직되게 방어적이고 거리를 두며 타인의 의도와 동기를 끊임없이 경계한다. 그들은 종종 자질구레한 것에 주의를 기울이고 악의적이거나 공격적인 의미를 그들의 탓으로 돌린다. 이들의 경우, 반드시 그들의 현실 지각이 얼마나 사실적이고 정확한지(FQ-%와 M- 참고) 그리고 그들의 생각이 얼마나 논리적인지(WSumCog와 함께 해석) 평가되어야 한다. V-Comp 점수가 낮은 사람은 V-Comp 점수가 높은 사람만큼 타인을 경계하거나 주의하지 않을 것으로 예상되지만, 낮은 V-Comp 점수의 해석에 대한 연구는 없다.

반사 반응(r)

R-PAS에서 반사 반응(r)은 타인으로부터 지지와 확신을 요구하는 자기몰입과 자기중심성의 정도를 반영한다. 경치가 반사된 반응이 이러한 해석을 지지하지 못하고 따라서 r에 대해 잘못된 양성 반응을 산출하기 때문에, 이 해석은 반드시 특별히 주의해서 해야 한다. 인간과 동물이 반사된 반응이 자아도취적인 해석에 좀 더 부합한다. r 점수가 높은 사

람은 상당한 수준의 재확신과 "반사적인 지지(mirroring support)"를 요구(Meyer et al., 2011, p. 374)하며, 주의를 끌고 확신을 얻으려고 노력하는 방식으로 자기 자신을 나타낸다. 극도로 높은 점수는 긍정적인 피드백과 확신을 얻기 위해서 자신의 위대함을 주장하는 자아도취적인 성향과 관련이 있다. 만일 외부적으로 타당성을 인정받지 못하면, 이러한 확신에 대한 요구가 정서적 혹은 관계적 어려움을 초래할 수도 있다. r 점수가 낮은 사람은 세상에 관여할 때 자기 자신을 기준점으로 삼지 않으며, 타인으로부터 그 정도까지 인정받기를 요구할 가능성도 없다.

수동 비율(p/(p+a))

수동 비율(p/(p+a)) 변인은 운동 결정인 반응 총 수(능동이든 수동이든)에서 수동으로 부호화된 반응의 비율로 계산되며, 반드시 해당 프로토콜에 적어도 4개 이상의 운동 결정인 반응이 부호화된 경우에만 해석되어야 한다. p/(p+a) 변인은 태도, 가치, 행동에서 수동성을 광범위하게 측정한다. p/(p+a) 점수가 높은 사람은 수동적이고 앞장서 줄 타인을 필요로 하며 그들의 삶 속에서 결정을 내릴 때 운이나 운명에 의존할 가능성이 있다. 이러한 유형은 능동적인 사람의 경우보다 스트레스에 대처하는 데 효율적이지 못하다. p/(p+a) 점수가 낮은 사람은 문제해결 전략에 더 능동적이며, 따라서 일반적으로 스트레스에 대처할 때 더 적응적이다.

공격적 운동(AGM)

공격적인 운동(AGM)은 안면 타당도가 높은 부호(즉 병리적인 것처럼 보이려고 하거나 공격적인 성향을 억누르려는 시도를 하는 수검자의 경우 공격적인 운동에 더 반응하거나 덜 반응함으로써 자신의 의도를 달성할 수 있을 것이라고 쉽게 추측할 수 있음)이며, 수검자가 자기 자신 안에서 그러하든 주변의 다른 사람을 대상으로 하든 공격적인 의도와 관련이 있다. AGC만큼 강력하지는 않지만, 함께 해석될 수 있고 다소 잠정적으로 해석할 수 있다. AGM 점수가 높은 사람은 다른 사람들과의 사이에서 공격적인 의도를 인식하거나 자기 자신 안에서 공격적인 의도를 가지고 있을 가능성이 있다. AGM 점수가 낮은 사람은 공격적인 의도를 인식하지 못하고 있거나 공격적인 의도 자체를 갖고 있지 않을 수 있고, R-PAS에서 좀 더 좋게 보이려고 그러한 의도를 억누르고 있는 것일 수도 있다.

재질감 반응(T)

재질감 반응(T)은 지지적인 대인관계와 친밀감에 대한 욕구와 관련이 있다. T 점수가 높은(원점수>1) 사람은 애정과 친밀감에 대한 강렬한 욕구를 갖고 있다. 만일 그들의 대인관계 욕구가 충족되지 못한다면 심각하게 낙담할 수 있으며, 만일 그들의 지지를 받고 싶은 욕구가 비현실적이라면 이는 쉽게 발생할 수 있다. T 점수가 낮은 사람은 T 점수가 높은 사람들에 비하여 대인적 친밀감을 향한 욕구가 그렇게 극심하거나 강하지 않고 그들의 욕구도 현실 가능하다. 하지만 T 점수가 낮은 사람에 대한 해석은 명료하지 않다.

개인적 지식의 정당화(PER)

개인적 지식의 정당화(PER)는 세상과의 상호작용에서 자신의 사적 경험에 근거하여 가치, 태도, 행동을 정당화하는 방어성 혹은 권위적인 태도로, 수검자가 보이는 불안정 수준을 반영한다. 그러나 반응의 정당화를 위해서라기보다는 검사자와 연결되기 위해서 정보를 공유하는지의 여부를 확인하기 위해서는, PER로 부호화된 구체적인 내용을 살펴보는 것이 중요하다. PER 점수가 높은 사람은 그들의 가치, 태도, 행동을 정당화하기 위하여 개인적인 지식이나 권위를 주장한다. PER 점수가 낮은 사람은 자신의 태도와 가치에서 좀 더 안정적이거나 좀 더 유연할 것이다. 그러므로 그들은 정당화하기 위한 욕구를 느끼지 않을 것이다.

해부 반응(An)

R-PAS의 해부반응(An) 사용은 종합체계에서의 An과 Xy를 포괄하며, 자신의 신체 기능과 취약성에 사로잡혀 있음을 반영한다. An 점수가 높은 사람은 신체적인 기능에 대한 염려와 심리적인 취약성을 갖고 있다. An 점수가 낮은 사람은 그들의 정신적 에너지를 잡아먹는 신체적인 우려를 갖고 있지 않다.

읽을거리

Exner, J. E. (2000). *A primer for Rorschach interpretation*. Asheville, NC: Rorschach Workshops.

Exner, J. E. (2001). *A Rorschach workbook for the comprehensive system* (5th ed.). Asheville, NC: Rorschach Workshops.

Exner, J. E. (2003). *The Rorschach: A comprehensive system. Volume 1: Basic foundations* (4th ed.). Hoboken, NJ: Wiley.

Exner, J. E. & Weiner, I. (1995). *The Rorschach: A comprehensive system. Volume 3: Assessment of children and adolescents* (2nd ed.). New York, NY: Wiley.

Masling, M. (2006). When Homer nods: An examination of some of the systematic errors in Rorschach scholarship. *Journal of Personality Assessment, 87*, 62–73.

Meyer, G. J., Viglione, D. J., Mihura, J. L., Erard, R. E., & Erdberg, P. (2011). *Rorschach Performance Assessment System: Administration, coding, interpretation, and technical manual*. Toledo, OH: Rorschach Performance Assessment System.

Mihura, J. L., Meyer, G. J., Bombel, G., & Dumatriscu, N. (2015). Standards, accuracy, and questions of bias in Rorschach meta-analyses: Reply to Wood, Garb, Nezworski, Lilienfeld, and Duke (2015). *Psychological Bulletin, 141*(1), 250–260.

Mihura, J. L., Meyer, G. J., Dumitrascu, N., & Bombel, G. (2013). The validity of individual Rorschach variables: Systematic reviews and meta-analyses of the Comprehensive System. *Psychological Bulletin, 139*(3), 548–605.

Wood, J. M., Garb, H. N., Nezworski, M. T., Lilienfeld, S. O., & Duke, M. C. (2015). A second look at the validity of widely used Rorschach indices: Comment on Mihura, Meyer, Dumitrascu, and Bombel (2013). *Psychological Bulletin, 141*(1), 236–249.

제12장

신경심리적 손상 선별검사

임상 실제에서 중요한 역할은 가능한 신경심리적 손상의 존재를 선별하고 평가하는 것이다. 전문 심리학자에게 의뢰되는 평가의 20~30%가 중추신경계(CNS; Camara, Nathan, Puente, 2000)와 관련된다는 자료에서 신경심리 평가의 중요성은 분명하게 드러난다. 정신과 및 신경과에 의뢰되는 평가의 비중은 훨씬 더 높다. 이러한 종류의 평가에서 도출된 정보는 만약 양성 결과가 나왔다면 조기 경보 신호로 보고 심층적인 의학적, 신경심리, 신경학적 평가 또는 추가 모니터링으로 이어지게 된다. 환자의 선별 검사가 중요한 상황의 예를 살펴보면, 물질을 남용하는 사람들, 신경독성에 노출된 사람들 또는 우울증과 기질적 치매의 구분이 매우 중요한 노인 집단 등이 있다. 또한 학생의 학업 성취도가 낮은 이유를 이해하려는 학교 심리학자도 예가 될 수 있으며, 뇌 손상이 의심되는 근로자 보상 사례 또는 정신과 환자 중 뇌 손상을 선별하는 사례 등도 또 다른 예이다. 이러한 각각의 상황은 평가 임상가가 뇌 손상이 나타나는 양상에 민감하고 평가 도구에 익숙하며 그러한 손상을 암시하는 행동 패턴과 검사 결과를 잘 해석할 수 있는 능력을 지닐 것을 요구한다. 또한 의학적, 심리학적 질병과 인지 기능과의 연관성에 대한 자료가 늘어남에 따라 환자의 추이를 살피기 위해 신경심리 검사 및 인지 검사가 점점 더 많이 사용되고 있다.

이 장에서는 중추신경계 기능 검사를 위한 기초 지식과 전략을 제공한다. 두 가지 주요 선별 도구인 벤더 시각 운동 게슈탈트 검사 2판(Bender Visual-Motor Gestalt Test,

Bender-2)과 반복 가능한 신경심리 상태 평가집 최신판(RBANS)에 대한 실무지식 및 관련된 기초 지식을 제공한다. 이 정도 수준의 정보가 포함된 것은 전문적인 심리학자가 CNS 관련 질환을 선별하는 방법에 대한 핵심 지식을 가지고 있어야 한다는 전제에 근거한다. 좀 더 심도 있는 내용이 필요하다면, 독자들은 『임상 실제에서의 신경심리 평가: 검사 해석 및 통합 지침서』(*Neuropsychological Assessment in Clinical Practice: A Guide to Test Interpretation and Intergration*, Groth-Marnat, 2000a)를 참고할 수 있다.

CNS 문제가 의심되는 내담자를 평가할 때, 이러한 문제의 행동 징후가 매우 다양하게 나타날 수 있음을 인식하는 것이 중요하다. 어떤 뇌 손상 환자는 실어증, 시야 일부 무시 혹은 단어 찾기 어려움 등과 같은 특정한 상태를 보일 수 있다. 이와 대조적으로 다른 환자들은 인지 능력의 전반적인 저하나 행동 조절의 어려움과 같은 광범위한 장애를 보일 수도 있다. 손상은 아주 미미한 것부터 아주 심각한 수준까지 다양한 범위에 걸쳐 나타난다. 실제적인 문제는 신경심리적 손상에 대한 많은 선별 검사가 좁은 범위의 능력을 평가할 가능성이 높다는 것이다. 내담자가 이 범위를 벗어나는 손상을 보일 경우, 검사는 해당 특정 분야의 손상에 민감하지 않다. 이로 인해 많은 부정 오류가 발생한다. 사실 이 문제는 대부분의 선별 도구들이 지속적으로 가지고 있는 어려움이다. 예를 들어 원래의 벤더 검사는 기본적으로 시구성 능력 검사였다. 광범위한 다른 어려움을 겪고 있는 내담자는 벤더 검사에서 매우 잘 수행하여 임상가가 그들이 기질적으로 손상되지 않았다고 잘못 판단할 수도 있었다. Bender-2 최신판은 여전히 원칙적으로 시공간 검사이기는 하지만 몇 가지 CNS 관련 기능을 추가하였다. RBANS는 훨씬 더 넓은 범위의 능력을 포함하므로 더 광범위한 CNS 관련 질환에 민감할 가능성이 크다.

부정 오류(또는 긍정 오류)의 존재는 부분적으로 검사가 포괄하는 범위의 "좁음" 대 "넓음"에 달려 있다. 예를 들어 사물의 이름 대기 능력과 같은 특정 기능을 측정하는 검사는 그 초점이 매우 좁다. 그러한 검사에서 저조한 수행을 보인 내담자는 신경심리적 손상을 경험할 가능성이 크다(참 긍정). 그러나 신경심리적 손상을 가지고 있음에도 불구하고 그러한 검사에서 아주 잘 수행해서 정상으로 잘못 분류되는 사람들이 많다. 신경심리적 손상이 다른 기능에는 영향을 미치지만, 이 기술은 손상되지 않은 상태로 그대로 둘 수 있기 때문이다. 사물 이름 대기는 너무 특정한 영역을 평가하기 때문에 신경심리적 손상을 전반적으로 평가하지 못한다. 다른 검사보다 일반적인 지수(예를 들어 구체적 사고, 즉각적인 기억장애, 산만함)를 사용하여 더 넓은 그물을 던지는 신경심리 검사를 사용한다면 그렇게 많은 신경심리적 손상을 가진 사람들이 누락되지는 않을 것이다(부정 오류 감소). 그러나 뇌 손상을 입지 않은 많은 사람들이 뇌 손상 환자로 분류될 것이다(긍정 오류가 많음). 이것은 심한 정신질환을 앓고 있는 환자의 경우 특히 그렇다. 실제로 신경심리 검사는 정신증 환자, 특히 만성 조현병 환자와 뇌 손상을 가진 사람들의 신경심리 검사 결과가 아주 유사하기 때문에 이들을 구분하는 데 특히 어려움을 겪었다(Mittenberg, Hammeke,& Rao, 1989).

신경심리 평가에서 두 가지 일반적인 전략은 (1) 질적 혹은 질병 특유의 증상 접근법 (2) 정량적 절단점수의 사용이다. 질병 특유 증상 접근법은 뇌 손상을 시사하는 특유의 행동(sign)의 존재를 가정한다. 그림을 재현하는 데 왜곡을 보이거나 동일한 디자인을 반복적으로 재현하는 것(소위 보속성)이 이러한 징후의 예이다. 이 밖에도 실어증, 선 떨림, 디자인 회전, 연속적인 빼기의 어려움, 음향(clang) 반응(예를 들어 "ponder"라는 단어가 "to pound"의 의미가 됨), 시야의 일부를 무시하는 것(시각적 무시) 또는 수용체가 동시에 자극될 때 자극이 오른쪽 또는 왼쪽에 있는지를 구분하는 어려움(양측, 동시 자극 억압) 등이 있다. 증상 접근법과는 달리 절단점수는 뇌 손상인지 정상 범위인지로 수행을 구분한다. 절단점수의 사용은 헬스테드 레이탄 신경심리검사집(Halstead Reitan Neuropsychological Test Battery, HRNTB; Broshek & Barth, 2000; Reitan & Wolfson, 1993) 및 신경심리 평가집(Neuropsychological Assessment Battery; Stern & White, 2003)의 주요 특징이다.

다른 심리검사와 마찬가지로 연령, 교육 및 병전 지능과 같은 조절 변수는 신경심리 검사 수행과 관련이 있다. 따라서 장애를 결정하기 위한 절단점수는 연령, 교육 때로는 성별에 따라 수정된 규준을 사용해야 한다. 이러한 규준은 다양한 출처들에서 사용 가능한데, 『헬스테드 레이탄 검사집 확장판의 개정된 종합 규준』(*Revised Comprehensive Norms for on Expended Halstead-Leitan Battery*; Heaton, Miller, Taylor, & Grant, 2004), 『신경심리 평가를 위한 규준 자료 핸드북』(*Handbook of Normative Data for Neuropsychological Assessment*, 2nd ed.; Boys, Mitrushina, Razani, & D'Elia, 2005), 『신경심리 검사의 개론』(*Compendium of Neuropsychological Tests*, 3rd ed.; E. Strauss, Sherman, & Spreen, 2006) 등이 있다.

역사와 발전

잘 정의된 분야로서의 신경심리 평가는 미국의 Halstead, Reitan 및 Goldstein, 프랑스의 Rey, 소련에 있는 Luria의 작업으로 1950년대에 시작되었다. 미국에서는 미국 심리학의 실험적 및 통계학적 지향점이 검사 설계 및 사용에 반영되었다. 개별 환자 수행과 비교할 수 있도록 만들어져 사용되었다. 손상 정도가 정상적인 수행과 구별되도록 최적의 절단점수가 개발되었다. 특히 HRNTB는 Ward Halstead가 "생물학적 지능"에 기초한 대뇌 기능을 측정하였다는 신념 속에서 선택된 최초의 27가지 검사에서 나왔다. Halstead는 이들을 10개의 검사들로 줄였고, Reitan(1955a)은 이것을 나중에 7개로 줄였다. 이 검사에서 절단점수가 만들어졌고. 손상된 범위로 나타난 검사 비중에 기초해서 손상 지수가 계산되었다.

과거 HRNTB로 뇌 손상의 존재뿐만 아니라 병변의 위치와 속성(Reitan, 1955a)을 구별함으로써 명성을 얻었다. 정교한 신경방사선 기술이 나오기 전에 이 정보는 매우 유용하였다. 이러한 노력들은 때때로 신경심리의 3L이라고 하는 것을 강조하였다. 병변 탐지(lesion detection), 국지화(localization) 및 편재화(lateralization)이다. 이와 대조적으로 전반적인 손상에 대한 연구는 특정 영역을 강조하는 것에 비해서는 상대적으로 무시되었다.

미국과 동시에 소련의 Alexander Luria와 프랑스의 André Rey의 연구도 이루어졌다. 그들은 환자에 대한 밀착 관찰과 심층 사례 기록에 광범위하게 의존하였다. 그들은 어떤 점수를 얻었는지에 관심이 많지 않았고, 오히려 그 개인이 특정한 방식으로 수행하게 된 이유에 관심이 많았다. 그들의 작업은 유연하고, 특징적인 표식이나 질적인 접근을 보여 주었다. Luria는 최적의 절단점수를 가진 일련의 양적 지향 검사를 개발하는 대신 CNS 손상과 관련되는 행동 영역이 적절하게 표현되도록 내담자를 도와준다고 생각한 일련의 "절차"를 강조하였다. 그의 접근 방식은 공식 심리측정적 자료보다 임상 전문 지식과 관찰에 훨씬 더 많이 의존하였다. 다소 논쟁의 여지가 있지만(K. Adams, 1980 참고), 이들 절차는 루리아-네브라스카 신경심리검사집(Luria-Nebraska Neuropsychological Battery; Golden, Purisch, & Hammeke, 1985)에 공식화되고 표준화되어 실렸다.

초기부터 신경심리 평가에 접근하는 두 가지 별도의 전략이 나타났다. 하나는 Halstead와 Reitan이 개척하고 HRNTB에 공식화된 포괄적인 검사집 접근법이었다. 다른 하나는 Goldstein과 Luria가 대표하는 보다 유연하고 질적이며 가설 검증적인 전략이었다. 이러한 접근 방식에는 각각 강점과 약점이 있다(Bauer, 2000; Jarvis & Barth, 1994; Russell, 2000). 검사집 접근법은 광범위한 행동에 대한 강점과 약점을 모두 평가할 수 있는 장점이 있다. 또한 연구에 사용하기 쉽고 결과적으로 더 광범위하게 표준화되고 연구되며, 숙련된 기술자가 시행할 수 있고 학생들이 배우기 쉽다. 단점은 대개 시간이 많이 걸리고 내담자가 특정 검사 점수를 나타내는 근본적인 이유를 간과할 수 있으며 내담자와 의뢰 사유의 고유한 측면에 맞게 조정하기가 더 어렵다는 것이다. 반대로 질적 가설 검증 접근법은 내담자 및 의뢰 사유의 특성에 맞게 조정할 수 있고 최종 점수가 아닌 내담자의 수행을 기반으로 하는 절차를 강조하며 매우 시간 효율적이라는 장점이 있다. 검사자의 결정에 따라 내담자의 강점, 약점 또는 애매한 응답에 대한 이유를 보다 심도 있게 측정할 수 있다. 이 접근법의 약점으로 자주 언급되는 것은 임상 장면에서 내담자의 약점에 초점을 맞춘다는 것이다. 임상가의 전문 지식에 너무 많이 의존하게 되면 깊이 살펴보기가 어렵고 결과적으로 전반적으로 살펴보지 않게 되어 내담자의 기능 영역에 대해 매우 협소한 일부 조각만을 제공한다는 것이다.

다소 극단적으로 설명되었으나, 실제에서는 양적 심리 측정법과 질적 가설 검정 전략이 통합되어 나타난다. 첫째, 실제로 대부분의 신경심리학자들은 전략들을 조합해서 사용한다. 실제 임상 설문조사를 보면 대다수의 임상 신경심리 평가는 "유연하게 고정된" 검사집을 사용하는데, 상대적으로 짧은 "고정" 혹은 핵심 검사집에 내담자의 특성과 의뢰 사유에 맞추어 몇 가지 검사를 추가로 선택해서 사용하고 있다(Sweet, Moberg, & Suchy, 2000). 두 번째는 객관적이고 심층적인 전산화된 채점 체계의 개발이다. 이 체계는 검사 항목에 응답할 때 내담자가 겪는 근본적인 질적 처리과정을 임상가가 이해하도록 도와준다(예를 들어 캘리포니아 언어학습 검사; Delis, Kramer, Kaplan, & Ober, 2000).

검사 절차와 검사집 개발과 동시에 간단한 선별 도구에도 중점을 두었다. 벤더 시각 운동 게슈탈트 검사는 초기 단계에 개발된 것들 중 하나이다. 1938년에 Lauretta Bender에 의해 처음으로 개발되었는데, 9개 도형으로 구성되어 있으며 내담자가 그대로 그리도록 하는 방식이었다. 유사하지만 보다 복잡한 시각-구성 검사는 Rey에 의해 1941년에 고안되었고 Osterrith에 의해 1944년에 확장되었다. 이후 개정을 거친 후에 레이-오스터리스 복합 도형 검사(Rey-Osterrith Complex Figure Test; Meyers & Meyers, 1996; Visser,

1992)라고 불렸다. 시행을 할 때 먼저 수검자 앞에 도형을 놓고 똑같이 그리라고 지시한다. 그러고 나서 본인이 그렸던 것을 똑같이 기억해서 그리도록 요청한다. 또한 Rey는 레이 청각-언어 학습 검사(Rey Auditory-Verbal Learning Test; Rey, 1964)를 개발하였는데, 이는 단기 청각기억의 어려움을 주로 검사한다. 내담자는 들려준 일련의 단어를 기억하고 가능한 한 단어를 많이 반복하도록 요청받는다. 주의력 장애에 대한 조기 선별 검사의 마지막 예는 스트룹 절차(Stroop procedure; A. R. Jensen & Rohwer, 1966; Stroop, 1935)이다. 이 검사는 내담자에게 일련의 색상 이름이 적힌 목록을 제시하는데, 일부는 동일한 색상 잉크로 작성되어 있고 일부는 주어진 색상의 이름과 다른 색상으로 작성되어 있다(Ponsford, 2000 참고). 예를 들어 녹색이라는 단어가 빨간 잉크로 쓰일 수 있다. 내담자는 쓰인 단어(예를 들어 녹색)에 관계없이 목록에 있는 잉크 색상의 이름(예를 들어 붉은 색)을 말하도록 요청받는다.

주로 초기 선별 검사의 목표는 기질적이고 기능적인 (심리적) 어려움을 구별하는 것이었다. 따라서 의뢰 사유는 때로는 "기질적 문제의 배제" 또는 "기질적 대 기능적 원인의 구별"을 위한 것이었다. 최근에 들어 이 목표의 적절성과 이에 대한 가정이 의문시되고 있다. 특히 기능적 및 기질적 장애의 구분이 점차 해체되었다. 예를 들어 초기에 조현병은 기능적 측면으로 개념화되었다. 그러나 최근 연구에 따르면, 조현병 환자의 상당 부분에서 강력한 유전적, 생화학적, 구조적 상관관계가 나타난다(Saran, Phansalkar, & Kablinger, 2007). 두 번째 요소는 신경방사선 요법 및 기타 신경학적 기술의 진보가 뇌 손상 진단을 크게 개선한 것이다. 결과적으로 신경심리 기법을 진단에 사용하는 것은 강조되지 않는다. 오히려 신경학자와 정신과 의사는 이미 확인된 병변의 본질에 관한 정보를 얻으려고 의뢰할 가능성이 더 크다.

측정 자체에 초점을 맞추기보다는 적용에 보다 강조점을 두는 방향으로 변화되었다(Ponsford, 1988; Stringer & Nadolne, 2000). 따라서 특정 영역에서 내담자가 인지적 결함을 겪고 있다는 것을 단순히 설명하는 것으로는 더 이상 충분하지 않다. 대신에 내담자의 고용 가능성, 재활에 대한 반응 가능성, 특정 환경 지원의 필요성과 같은 보다 기능적으로 관련된 질문에 대한 답변이 필요하다(Sbordone & Long, 1996). 이 질문들 각각은 손상과 장애의 차이를 고려해야 명확히 할 수 있다. 손상은 일반적으로 규준 비교와 검사 자료를 반영한다. 이와 대조적으로 기능적 용어인 장애는 자신의 상황, 환경 및 이익을 포함하여 내담자의 맥락을 보다 면밀히 고려한다. 예를 들어 계열처리를 요구하는 검사에서 내담자가 통계적으로 손상된 범위에 있을 수 있지만, 직업이 주로 시공간적 기술을 필요로 하는 경우 효과적으로 기능할 수 있다. 이와 대조적으로 동일한 수준의 계열처리 장애를 가지게 된 컴퓨터 프로그래머는 이 문제로 인해 자신의 기능을 수행하지 못하게 될 수 있다. 점차적으로 임상가가 검사에서 나타난 내담자의 손상이 일상생활 속에서 어떠한 손상으로 나타날 것인지 더 잘 이해할 수 있도록 해석해 주기를 기대하고 있다. 검사 결과가 일상생활에 미치는 영향을 이해하기 위해서는 가족 평정, 병동 관찰 기록과 모의실험과 같은 심리검사 이외의 분석 방법을 사용해야 할 수도 있다(Knight & Godfrey, 1996; Sbordone & Guilmette, 1999).

이러한 점들과 일관되게, 최근의 강조는 "기질성" 또는 "뇌 손상"을 측정하는 것이 아니라 다양한 기능이나 영역을 평가하는 데 있다. 가능한 영역에는 주의력, 단기기억력 또는 시공간 능력이 포함될 수 있다. 따라서 "뇌에 민감한" 선별 검사는 뇌 손상 검사로 간주되어서는 안 된다. 이는 CNS 문제와 관련된 특정 기능 검사를 의미한다. 그러한 많은 도구가 개발되었다. 한 가지 대표적인 선별 검사는 선 추적 검사, 수지력 검사, 그리스 십자가 그리기 검사, 루리아-네브라스카 신경심리 검사집의 특정 질병(Pathognomonic) 척도, 스트룹 검사, 웩슬러 기억검사의 논리기억 및 시각재생 검사 등 일곱 가지 하위검사로 구성된 검사집이다(Wysock & Sweet, 1985). 이 검사집의 총 수행 시간은 약 60분이다. 또 다른 대표적인 선별 체계는 바로우 신경학 연구소의 상위 뇌기능 검사(BNIS, Prigatano, Amin, & Rosenstein, 1992a, 1992b)이다. 이 검사의 목적은 환자가 다른 신경심리 검사를 할 수 있는지의 여부를 결정하는 것이다. 자기인식 수준을 평가하고, 인지 기능에 관한 질적 정보를 제공하며, 광범위한 대뇌 기능을 평가한다. 전체 절차는 일반적으로 10~15분이 소요된다. 이 밖에 헬스테드 레이탄 검사집에 대한 약식 버전이 Golden(1976)과 Erickson, Caslyn, Scheupbach(1978)의 두 가지로 나왔다.

이러한 절차 외에도 특정 유형의 장애에 대한 신경심리적 손상 가능성을 검토하기 위해 몇 가지 짧은 검사집이 개발되었다. 신경독성을 평가하기 위한 검사집으로는 캘리포니아 신경심리선별 검사집(California Neuropsychological Screening Battery; Bowler, Thakler, & Becker, 1986), 피츠버그 직업 노출 검사(Pittsburgh Occupational Exposure Test; C. Ryan, Morrow, Parklinson, & Branet, 1987), 신경독성 개별 신경심리 검사집(Individual Neuropsychological Testing for Neurotoxicity Battery; R. M. Singer, 1990)가 있다. 이전의 선별 검사집과 유사하게, 이들 각각은 선 추적 검사, 웩슬러 지능 척도의 일부와 같이 이전에 개발된 검사를 조합해서 사용한다. CERAD 신경심리 평가집(Morris et al., 1989)이나 치매 평가 검사집을 통해 치매의 더 중요한 영역을 평가하고 모니터링할 수 있다(Corkin, Growdon, Sullivan, Nissen, & Huff, 1986). AIDS 관련 치매의 초기 징후를 감지하기 위한, 이와 유사한 전문 검사집으로는 NIMH 핵심 신경심리 검사집(NIMH Core Neuropsychological Battery)이 있다(Butters et al., 1990).

뇌 손상 면담하기

검사가 매우 유용할 수도 있지만, 뇌 손상을 평가하는 임상가에게 가장 강력한 도구는 종종 명확하고 철저하며 잘 알려진 과거력이 될 수 있다. 그러한 과거력을 안내하는 주요 요인 중 하나는 신경심리적 손상을 잘 반영할 가능성이 있는 행동의 유형을 이해하는 것이다(Sbordone, 2000a 참고). 표 12.1은 손상된 뇌 처리과정을 나타내는 몇 가지 가능한 행동 변화들이 요약되어 있다. 이러한 행동 변화 중 하나의 존재는 병리학을 진단하는 데는 충분하지 않지만, 몇 가지 변화들은 이러한 과정에 있음을 시사한다. 이들 행동은 신경병리학과 관련이 있을 수 있지만, 다른 문제의 표식일 수도 있다. 가능한 증상의 범위를 알아내는 추가 도구는 내담자가 쉽게 할 수 있는 잠재적인 문제 영역에 대한 점검목록이다. 이러한 점검목록은 기억의 어려움, 올바른 단어 찾기의 어려움, 생각하기의 어려움, 혼란과 같은 잠재적으로 문제가 되는 모든 행동을 단순히 나열함으로써 임상가가 비공식적으로 만들 수도 있다. 또는 내담자의 증상 전체 범위를 자세하게 포괄하는 점검목록이 상업적으로 판매된다(신경심리 증상 평정척도; Schinka, 1983). 내담자가 반응한 모든 항목은 증상의 본질과 발병, 빈도, 강도 및 기간을 결정하기 위해 면담에서 더 자세히 조사할 수 있다.

가족력은 3장에 요약된 일반적인 영역 중 일부에 초점을 맞추어야 한다. 신경학 및(또는) 정신과적 문제에 대한 가족 병력에는 특히 주의를 기울여야 한다. 임상가는 조현병, 조기 발병 알츠하이머병, 헌팅턴병, 고혈압과 같은 유전적 구성요소가 있거나 의심되는 상태

표 12.1 뇌의 병리적 과정을 나타낼 수 있는 행동 및 정서적 변화의 예

영역	행동/정서
주의력	단기기억의 어려움 초점 유지의 문제 주의 이동의 어려움 반복 행동(보속성)
언어	읽기, 쓰기, 산수의 어려움 숫자나 글자의 반전 구어나 문어 정보 이해의 어려움 단어 찾기의 어려움 단어 발음의 어려움
기억[1]	단기기억 혹은 장기기억 문제 기억 습득, 응고, 인출 청각/언어 혹은 시각/공간 기억 문제
공간	공간 판단 문제 공간 방향 판단 문제 수작업의 어려움 좌우 변별의 어려움 좌 혹은 우 시야 문제
실행[2]	계획하기의 어려움 사회적 영향에 대한 자각의 어려움 동시과제 수행의 어려움
운동	운동 협응의 어려움 떨림 서투름
정서/행동적[3]	위생의 변화(지저분함, 목욕하지 않음, 지나친 결벽증) 부적절한 사회 행동 활동 수준의 변화 식사, 성, 음주의 변화

[1] 일반적으로 뇌의 신경병증으로 인한 기억 문제와 환경 요인으로 인한 정서적 고통을 구별하기가 어렵다는 점을 인지해야 함.

[2] 실행 기능 문제는 또한 우울증에 해당하는 무관심과 절망감을 반영할 수 있음.

[3] 감정 기능의 변화는 종종 신경병리학과 외부 사건 중 어디에 기인한 것인지 구별하기 어려움.

를 포함하는 가족력이 있다면 유사한 과정이 내담자에게도 발생할 수 있음을 주목해야 한다. 가족의 조기 사망, 학습장애 또는 정신지체를 고려하는 것도 중요하다. 일부 유형의 내담자는 상세 정보를 스스로 기술하는 데 어려움이 있으므로 해당 가족 구성원에게 연락하여 정보를 얻거나 세부적인 사항들을 확인하는 데 도움을 받을 수 있다.

태아 및 초기 개인 병력 또한 고려해야 할 중요한 영역이다. 내담자의 출생 전 환경에 알코올, 약물, 살충제, 용제 또는 염료에 노출되는 것과 같은 관련 사항들이 포함되었을 수도 있다. 저체중, 겸자분만, 조산 또는 마취제와 관련된 임신 및 출산 합병증도 고려해야 한다. 내담자가 똑바로 앉아서 걷고 말한 나이를 포함한 초기 발달 이정표도 살펴보아야 하는데, 이상적으로는 다른 사람으로부터 확인해야 한다. 학업력도 특히 그 사람의 병전 기능 수준을 결정하는 데 매우 유용하다. 좋아하는 과목과 제일 싫어한 과목, 성적, 최종 학력 수준 등도 모두 중요하다. 주의 또는 학습에 어려움이 있었는지 평가하는 것도 필수적이다. 학교 성적도 종종 유용한 정보를 제공하는데, 특히 성적이 객관적이라면 언제나 그 사람의 병전 기능 수준과 관련된 내담자의 주장을 확인하는 가장 좋은 방법이다.

내담자의 직업력은 인지 기능과 사회적 기능의 이전 수준을 평가하는 데도 도움이 된다. 각 직업에는 검사 결과를 해석하는 데 영향을 줄 수 있는 특정 기술이 요구된다. 예를 들어 평균 수준의 언어 능력 점수는 성공적인 변호사와 비숙련 노동자에게 의미하는 바가 매우 다르다. 평균 수준의 점수는 전자에게는 문제가 안 될 수 있지만, 후자에게는 손상이 매우 많이 반영된 것이다. 또한 직업이 유기용제, 살충제, 납 또는 수은과 같은 잠재적 신경독성 물질에 노출되었는지의 여부를 기록하는 것도 중요하다. 그렇다면 직업적 예방 조치가 있었는지 혹은 잠재적으로 노출될 상황들이 있었는지 확인할 필요가 있다. 현재와 과거의 관심사와 취미에 대해 알게 되면, 임상가가 그 사람에 대해 보다 완벽한 그림을 그릴 수 있다.

내담자의 병력 및 이용 가능한 모든 의료 기록은 내담자 또는 내담자와 가까운 사람으로부터 확보해야 한다. 이러한 검토의 핵심은 현재의 증상이 병력에 근거하여 설명될 수 있는지의 여부를 판단하는 것이다. 그 사람이 최근에 두부 손상을 입었을 수도 있지만, 그 증상이 부분적으로 또는 전체적으로 이 손상에 기인한다고 추론하기 어려울 수 있다. 병력에는 이전의 머리 부상, 고열, 학습장애 또는 신경독성 물질에 대한 노출이 포함될 수 있다. 두부 손상력에는 부상 이전의 마지막 기억, 부상 자체에 대한 기억, 의식을 잃은 시간, 부상 후 첫 번째 기억에 대한 세부 정보가 포함되어야 한다. 행동상의 변화(예를 들어 과민 반응, 기억의 어려움, 착란)는 신중하게 기록해야 한다. 보다 더 관련성이 있는 의학적 합병증에는 고열(예를 들어 40도 이상) 또는 중대한 전염성 질환(수막염, 뇌염, HIV/AIDS 등), 갑상선 기능장애, 당뇨, 간질, 저산소증, 자살 시도, 고혈압, 종양 또는 동맥류와 같은 신경외과적 합병증 등이 포함될 수 있다. 환자가 수술을 받은 경우 마취제 사용, 합병증, 의식 상실, 수술 후 심리사회적 변화, 이러한 변화의 속성과 기간에 관한 세부 정보를 얻어야 한다. 두통은 특히 신경심리적인 불편을 동반한다면 종양이나 혈관장애를 암시할 수 있다. 또한 마약 및 주류 사용은 처방전 또는 비처방 의약품의 변경 사항과 함께 신중하게 문서화되어야 할 필요가 있다. 현재 또는 과거의 정신과적 어려움은 내담자의 신경심리 증상의 표현을 복잡하게 만들 수 있다.

모든 신경심리 병력에는 현재의 불편과 현재의 전반적인 생활 상황이 주의 깊게 기록되어야 한다. 각 증상은 발병, 빈도, 기간, 강도 및 시간 경과에 따른 변화와 함께 설명되어야 한다. 종종 이 정보의 대부분은 증상이 처음 나타났을 때 내담자에게 물어봄으로써 시간이 지남에 따라 어떻게 변하였는지를 알 수 있다. 예를 들어 명확한 외상이 없는 신경심리 문제가 갑자기 시작되면 뇌혈관 사고의 가능성이 있다. 이와 대조적으로 점진적 변화는 치매 상태 또는 천천히 성장하는 종양을 암시한다. 단편적이고 일시적인 증상은 일과성 허혈 발작을 시사한다. 어려운 점은 내담자의 증상에 대한 인식이 다양하다는 것이다. 어떤 사람들은 증상에 몰두하는 반면에, 어떤 사람들은 무관심할 수도 있고, 또 어떤 사람들은 일부 어려움을 인식하고 있지만 다른 것들은 상대적으로 의식하지 못할 수도 있다. 이러한 다양한 인식의 정도는 면담자가 환자의 진료 기록을 살펴보고 내담자의 일상에서 관련된 사람들로부터 정보를 얻을 것을 요구한다. 이렇게 하는 것은 특히 치매나 전두엽 손상과 같은 조건에서 중요하다. 내담자는 자신의 개인사에 대한 세부사항에 대해 부정확하거나 자신의 상태에 대해 인식하지 못할 수 있다(desRosiers, 1992; Gilley et al., 1995). 내담자의 성기능은 종종 신경심리 상태와 관련된 정보를 나타낼 수 있다. 성욕의 변화는 특정 약물, 특정 부위의 종양 성장, 정서장애, 전염성 질병, 신경독성 노출 또는 두부 손상(특히 전두엽 관련)과 관련될 수 있다. 임상가가 증상과 관련된 심리적 요인을 조사하는 것도 중요하다. 스트레스, 우울증 및 가족 문제는 집중력과 기억력, 혼란과 과민성과 같은 "신경심리" 증상을 악화시키거나 일으키는 역할을 한다(Burt, Zembar, & Niedere-he, 1995; Gorwood, Corruble, Falissard, & Goodwin, 2008, Sherman, Strauss, Slick, & Spellacy, 2000). 마지막으로 법적인 문제가 증상과 복잡하게 얽혀 있을 수 있다. 특히 소송이나 근로자 보상과 관련된 경우에 그러하다.

앞서 탐색할 수 있는 다양한 영역들을 제시하였지만, 현재 몇 가지 구조화된 면담 및 설문지 형식만이 사용된다. 신경심리 이력 질문지(Neuropsychological History Question-naire; Wolfson, 1985)는 내담자가 쉽게 답변할 수 있는 포괄적인 37장 분량 질문지이다. 여기에는 의뢰 사유, 학업력, 의학 및 일반력, 부상 이전/질병 전의 상태와 비교한 현재 상태가 포함된다. 신경심리 상태 검사(Neuropsychological Status Examination; Schinka, 1983)는 비슷한 주제들을 포함하지만 대부분의 질문이 면담자가 질문하는 반구조화된 면담이다. 신경심리 상태 검사에는 앞서 언급한 신경심리 증상 평정척도가 포함되어 있어 면담에 도움이 되는 증상에 대한 간단한 자기보고가 제공된다. 매우 자세하고 긴(3~5시간) 구조화된 설문지로 신경행동 평가 서식(Neurobehavioral Assessment Format; A. Siegel, Schechter, & Diamond, 1996)이 있다. 추가적인 유용한 도구는 간이 정신상태검사 (Mini-Mental State Examimation; Folstein, Folstein, & McHugh, 1975), 신경행동 평정척도(Neurobehavioral Rating Scale; Levin et al., 1987) 또는 환자 기능 평정(Patient Competency Rating; Prigatano, 1986)과 같은 간단한 평가 양식을 들 수 있다. 이러한 구조화된 형식은 평가자에게 내담자의 고유한 특성과 관련 검사 자료에 정보를 통합하는 것이 필요하다.

신경심리 기능의 영역

신경심리 검사는 주로 주의, 언어, 기억, 시각 공간 및 실행 기능과 같은 다섯 가지 영역에 따라 조직되었다. 때로는 성취에 대한 평가가 사용되어 언어 기능의 일부로 포함된다. 이 영역들은 사람의 인지 기능의 주요 측면을 다룬다. 표 12.2에는 이러한 영역을 평가하는 데 자주 사용되는 방법이 나와 있다. 보다시피 웩슬러 지능검사의 하위검사 중 많은 부분이 이러한 영역에 정보를 제공하는 데 매우 유용하다. 전문 심리학자들은 종종 웩슬러 지능검사를 먼저 시행하고 세부적인 특정 검사를 추가 실시하여 이를 확충한다. 예를 들어 웩슬러 기억검사 4판은 기억과 관련된 보다 심층적인 정보를 얻는 데 사용될 수 있다. 이와 비슷하게 Bender-2는 내담자의 시공간 능력을 더 잘 이해하기 위해 시행할 수 있다. 신경심리 선별을 위한 배경 정보에는 이 영역들에 대한 간략한 이해가 포함된다.

표 12.2. 인지 기능 영역과 평가를 위해 자주 사용되는 검사

영역	검사들
주의	산수, 숫자, 순서화, 지우기, 스트룹 색 단어 검사, 코너스 연속 수행 검사-3(CPT-3)
언어	어휘, 이해, 상식, 실어증 선별 검사, 보스톤 이름 대기 검사, 통제 단어연상 검사, 피바디 그림 어휘력 검사-IV, RBANS
기억	웩슬러 기억검사, 레이 청각-언어 학습 검사, Bender-2(회상), 레이-오스터리스(회상), RBANS
시공간	토막짜기, 공통그림찾기, 행렬추론, 빠진곳찾기, Bender-2(지각과 모사), 레이-오스터리스 복합 도형 검사, 선 방향 검사, RBANS
실행 기능	면담/과거력, 델리스-케플란 실행 기능 체계, 범주 검사, 위스콘신 카드 분류 검사, 색 선로 잇기 검사, 실행 기능 증상 행동 평가

주의

최적의 정신 활동의 유지는 걸러내기, 선택, 집중, 이동, 추적 및 유지와 관련된 복잡한 다양한 기능을 포함한다(Baddeley, 2003, Ponsford, 2000 참고). 일반적으로 주의를 기울일 수 있는 많은 양의 정보가 있기 때문에, 이 잠재적인 정보를 걸러 내고 가장 관련성이 높은 자료만을 다룰 수 있어야 한다. 관련 없는 정보는 무시해야 한다. 이러한 걸러내기, 선택 및 초점 과정은 이것만으로는 충분하지 않다. 주의를 유지하고 전환할 수 있는 능력이 또한 이 기능에서 중요한 역할을 한다. 주의는 균형을 맞추어야 하며 지나치게 초점을 맞추어서도 안 되고 너무 빨리 이동해서도 안 된다. 지나치게 초점을 맞추는 사람은 보속 증상을 보인다. 그런 사람들은 자신의 관심을 새로운 일로 옮기기가 어려우므로 유용하다고 생각되는 행동을 계속할 가능성이 높다. 반대로 초점을 너무 바꾸는 사람들은 산만함을 보인다.

다른 과제들과의 복잡성 및 상호관계 때문에, 주의는 중추신경계 합병증의 영향에 매우 민감하다. 뇌 손상과 관련된 장애가 가장 빈번히 보고되었다(Lezak, 1989). 주의력 결핍에 대한 가장 기본적인 평가 방법은 단순 반응 시간을 이용하는 것이다. 예를 들어 반응 시간은 두부 외상의 영향(Van Zomeren & Brouwer, 1990), 용매제 노출(Groth-Marnat, 1993) 및 치매의 초기 영향에 민감한 것으로 밝혀졌다(Teng, Chui, & Saperia, 1990). 주의 집중 과제가 더욱 복잡해짐에 따라 신경심리 기능장애의 영향에 점점 더 민감해진다.

내담자의 주의력을 이해하는 좋은 출발점은 WAIS-IV/WISC-V 작업기억 지수와 이들 지수에 포함된 하위검사(숫자, 순서화, 지우기)를 보는 것이다. 이러한 과제는 단순 주의력 이상을 필요로 하지만 주의력 손상은 필연적으로 주의력에 영향을 미친다. 또한 스트룹은 자주 사용되는 주의력 측정 도구이다(Jensen & Rohwer, 1966; Stroop, 1935). 내담자에게 일련의 색 이름이 적힌 목록이 제시되는데, 적힌 글자와 주어진 색이 일치되기도 하고 일치되지 않기도 하다(Ponsford, 2000 참고). 내담자에게 목록을 읽게 하고 그 다음에는 단어(예를 들어 "녹색")가 아닌 단어가 쓰인 색(예를 들어 "빨간색")을 말하도록 한다. 성공하기 위해서는, 글자의 색깔을 말하기 위해 단어의 "당기기"로부터 주의를 뗄 수 있어야 한다.

코너스의 연속 수행 검사 3판(Conners' Continuous Performance Test-3, CPT-3; Conners, 2015)은 주의를 평가하는 데 가장 널리 사용되는 도구 중 하나이다. 컴퓨터로 시행되는데, 수검자에게 화면에서 깜박이는 목표와 비대상에 반응하도록 요구한다. 구체적으로 수검자는 "X" 이외의 문자가 화면에 나타나면 스페이스 바 또는 마우스 버튼을 누르고 "X"가 나오면 아무것도 하지 말라는 지시를 받는다. 과제는 14분 동안 계속되며 깜박이는 문자 사이의 형태 및 시간 간격이 변한다. 이 검사는 비교적 흥미롭지 않은 과제를 하는 동안 주의를 기울이고 유지하는 능력과 경계를 유지하고 충동을 통제하는 능력을 반영한다. 따라서 이것은 주의, 집중력(지속적인 주의와 경계)와 충동에 대한 좋은 척도이다.

언어

언어 기능 장애와 뇌 손상은 자주 관련되는데, 특히 좌뇌반구 손상일 때 그러하다. 결과적으로 어떤 신경심리 기능 조사에도 언어 능력 평가는 필요하다. 언어 능력과 자주 관련되는 학업 능력 평가가 종종 포함된다. 가장 일반적인 장애는 실어증(언어장애, 말하기 또는 구어와 문어 이해)과 언어 산출의 문제이다. 이러한 장애는 매우 다양한 문제를 포함하는데, 빈약한 발음, 언어 유창성의 상실, 단어 찾기의 어려움, 단어 또는 문장의 빈약한 반복, 문법 및 구문의 손실, 단어를 잘못 말하는 것(paraphasias), 열악한 청각 이해, 읽기의 어려움, 쓰기 장애 등이 그것이다(Goodglass & Kaplan, 1983).

이러한 증상의 다양성으로 인해 신경심리 검사는 상대적으로 일부만 평가할 수 있다. 실어증 및 관련 질환의 완전한 평가를 위해 보스턴 실어증 진단검사(Goodglass & Kaplan, 1983), 일상 의사소통 능력(Holland, 1980), 다언어 실어증 검사(Benton & Hamsher, 1989) 같은 몇몇 검사집이 유용하다. 공식적이고 포괄적인 검사집과는 달리 Lezak, Howieson, Bigler, Tranel(2012)은 여섯 가지 주요 기능에 대한 비공식적이고 일반적인 임상 검토를 권장하였다.

1. 자발적인 발언. 내담자가 말을 어떻게 시작하고 정교화하며 조직화하는지 관찰한다.

2. 반복 언어. 내담자에게 단어, 구 및 문장을 반복하도록 한다. 특히 Massachusetts 또는 Methodist Episcopal(Reitan & Wolfson's, 1993, 실어증 선별 검사 참고)과 같이 어려운 단어를 반복하는 것이 포함될 수 있다.

3. 언어 이해. 내담자가 간단한 질문에 답하도록 요청하거나(예를 들어 공이 사각형인가요?) 간단한 명령을 따라해 보게 한다(예를 들어 특정 물건을 가리키기, 손을 턱에 올려놓기).

4. 이름 부르기. 내담자에게 일반적인 물건, 색상, 문자 및 활동의 명칭을 말하도록 한다.

5. 읽기. 내담자에게 큰소리로 읽게 한다. 이해를 돕기 위해 그들이 읽은 것을 설명하게 한다.

6. 쓰기. 내담자에게 베껴 쓰고, 불러 준 내용을 받아쓰고, 문장을 만들도록 요청한다.

언어 과제의 상대적 난이도는 내담자의 증상 및 행동에 관한 추가 정보에 맞게 조정되어야한다. 예를 들어 단지 가벼운 문제를 가진 내담자에게 아주 간단한 명령을 따르거나 일반적인 물건을 명명하도록 하는 것은 불필요하며 적절하지 않다. 언어 능력에 관한 유용한 정보는 종종 관련 웩슬러 지능검사(어휘, 공통성, 상식, 이해 검사)에서 도출될 수 있다. 웩슬러 어휘 소검사로 측정되는 표현 어휘 과제는 여러 단어 문제를 탐색하는 데 매우 유용하다. 낮은 점수는 이해력 및 지식 부족과 정확하게 표현하는 것의 어려움 등 여러 문제로 인한 것일 수 있음을 인지하는 것이 중요하다. 어휘의 낮은 점수를 이해하는 좋은 방법은 피바디 그림 어휘력 검사(Peabody Picture Vocabulary Test, PPVT)와 같은 수용 어휘 검사를 추가 실시하는 것이다. 4판(PPVT-IV, Dunn & Dunn, 2007)은 명확한 표현 능력이 배제된 상태의 어휘력을 평가한다. PPVT-IV는 4장의 사진을 내담자에게 제시하고 임상가가 단어 하나를 말하면 수검자는 어떤 그림이 그 단어를 가장 잘 나타내는지를 답한다. 점수가 낮으면 어휘 점수가 단독으로 낮을 때보다 단어와 언어 이해의 어려움의 보다 분명한 지수가 된다. 점수가 적절하고 어휘 점수가 낮을 때는 단어 자체를 이해하는 것보다 생각을 명확하게 말로 나타내는 것과 같이 표현 언어 문제일 확률이 더 크다.

임상 신경심리학에서 가장 많이 사용되는 교육 성취 종합평가(Camara et al., 2000)는 광범위 성취 검사(Wide Range Achievement Test, Fourth Edition, WRAT-4; Wilkinson & Robertson, 2007)이다. 종합평가 검사집은 실시가 쉽고 폭넓은 연령대(12~75세)를 포함하며 철자법, 읽기 및 산술에 대한 점수를 제공한다. 각 점수는 학교 성적과 동일한 값, 표준점수 또는 백분위 수로 편리하게 나타낼 수 있다. 그러나 이 영역에서 검사집은 다소 좁은 범위의 능력을 평가하므로 일반적인 선별 검사 도구로만 사용해야 한다. 점점 더 대중적이고 더 심도 있는 성취 평가는 웩슬러 개인 성취검사 3판(Wechsler Individual Achievement Test, WIAT-III; Psychological Corporation, 2009)에서 얻을 수 있는데, 지시 따르기를 포함하여 읽기, 쓰기, 수학 및 구두 언어 이해력을 측정한다. 또한 우드콕-존슨 성취검사 4판(Woodcock-Johnson Test of Achievement-IV, Schrank, Mather, & McGrew, 2014)은 특정 의뢰 사유에 맞출 수 있는 좀 더 포괄적인 성취 검사 검사집을 제공한다.

기억

기억과 학습의 종류와 과정은 복잡하다(Baddeley, 2003; Baddeley, Kopelman & Wilson, 2002; Helmes, 2000 참고). 이러한 과정에는 감각기억, 단기기억, 리허설, 장기기억, 응고화, 회상, 재인 및 망각이 포함될 수 있다. 또한 기억과 학습은 크게 정보, 대상 및 사건에 대해 학습하는 서술기억, 자동적이고 습관적인 반응을 나타내는 절차기억 또는 암묵기억으로 나뉜다. 이러한 각각은 다소 다른 해부학적 구조를 가지고 있다. 추가적으로 유용한 기억의 하위 구분은 언어 대 공간, 자동 대 노력, 의미 대 일화이다. 뇌 병변을 가진 환자에 대한 연구에 따르면, 기억은 감각 양식(언어, 촉각, 청각 등)과 정보 내용(숫자, 문자, 그림, 이름, 얼굴 등)에 따라 매우 구체적인 하위 영역으로 나눌 수 있다(Baddeley, 2003; Baddeley et al., 2002). 임상가가 완전히 포괄적인 기억 기능 평가를 제공하는 것은 어려운 일이다.

다행히도 일반적으로 제한된 수의 기억 영역들이 임상가에게 기억의 전반적인 개요를 제공할 수 있다. 다음이 포함된다. (1) 대상이 새로운 자료를 획득하고 유지할 수 있는 정도 (2) 자료를 얼마나 빨리 잊는가 (3) 경쟁 정보가 학습을 방해하는 정도 (4) 결함의 특이성 또는 일반성의 정도 (5) 시간의 경과에 따른 결함의 안정 또는 변동(Walsh, 1994). 이상적으로 이 영역에는 시각 및 청각/언어 자료에 대한 측정치가 모두 포함되어야 한다.

주의, 기억과 학습에는 중요한 차이점이 있다. 어떤 방법에서 보면, 주의력이 학습을 위한 전제조건이기 때문에 이러한 구별은 부적절하다. 쉽게 산만해지는 사람은 관련 정보나 사건을 효과적으로 배우지 못하고 기억하지 못한다. 정보가 사람의 인식에 들어가지도 못하였을 수 있기 때문이다. 따라서 주의는 학습과 밀접하게 관련되어 있다. 그러나 다른 면에서 주의와 학습은 별개의 기능을 나타낸다. 특히 사람이 학습을 할 수 있지만 쉽게 산만해지는지 혹은 과제에 완전히 집중하는 상황에서도 여전히 효과적으로 학습할 수 없는지를 구분하는 것은 중요하다. 때로는 내담자가 기억상실 문제가 있다고 말하지만, 증상이 있다고 기술함에도 불구하고 평가 절차의 특징인 이상적인 환경하에서는 학습과 기억 과제를 매우 잘 수행한다. 반대로 실제 상황에서는 주의를 산만하게 하는 많은 것들을 배제하고 둘 이상의 활동을 동시에 수행해야 한다. 그들은 이러한 조건하에서 주의를 분할하는 데 뚜렷한 어려움을 겪을 수 있고 이로 인해 특히 효과적으로 배우고 기억할 수 없을 수 있다. 그들이 효과적으로 기억하는 상황과 그렇지 못한 상황에 대해 면담하면 임상가가 문제를 더 잘 이해하는 데 도움이 될 수 있다. 또한 순수 학습 검사(웩슬러 기억검사, 구절/이야기 반복하기, Bender-2 회상, RBANS)보다 주의 집중(산수, 숫자, 100에서 7 빼기 혹은 3 빼기)에 더 중점을 둔 과제에서는 검사 수행이 낮아질 것이다.

기억을 평가할 수 있는 좋은 출발점은 면담이다. 면담에서 개인 정보, 가족 정보, 교육 정보, 취업 기록 등의 기본 정보에 관한 세부 정보를 탐색하게 된다. 면접관은 내담자가 취업 또는 교육을 시작하거나 끝낸 날짜, 부모 또는 자녀의 생일 또는 병력과 관련된 세부 정보를 물어볼 수 있다. 이 정보 중 일부는 정확성을 판단하기 위해 보다 객관적인 출처와 비교될 수 있다. 또한 순간적으로 멍함, 불확실성 또는 혼동과 같은 행동 관찰은 인출의 어려움을 시사할 수 있다.

최근 연구는 지속적으로 기억장애와 우울증 사이에 경증과 중등도의 관계가 있음을 보고하고 있다. Burt, Zembar, Niederehe(1995)의 광범위한 메타 분석 결과, 기억장애는 입원 환자(외래 환자)와 혼합 양극성장애 및 단극성장애(순수 단극성장애가 있는 환자)와 가장 분명하게 연관되어 있음이 밝혀졌다. 이와 유사하게 Gorwood 등(2008)은 빈번하고 길며 만성적인 우울증 상태가 기억을 담당하는 영역에서 두뇌 기능을 손상시키는 것을 밝혀냈다. 또한 부정적인 정서적 정보는 긍정적이거나 중립적인 정서적 색조를 지닌 것들보다 정확하게 기억될 가능성이 더 컸다(Burt et al., 1995). 그러나 기억 손상은 조현병과 정신과 환자가 혼합된 성인 집단에서는 나타나지만 불안장애나 약물 남용으로 진단받은 환자에게서는 나타나지 않았다. 흥미롭게도 기억과 우울의 연관성(Burt et al., 1995; Gorwood et al., 2008)은 노인보다 젊은 사람에서 더 강하게 나타났다. 아마도 이는 조발성 우울이 잊어버릴 것이 더 많은 젊은 사람에게 더 심하게 나타날 수 있기 때문일 수 있다(보다 좁은 범위의 "천장"과 "바닥" 효과). 최근의 연구에 따르면, 비록 우울 정도와 기억 손상이 상관관계가 있는 것으로 나타났지만(Norman, Tröster, Fields, & Brooks, 2002), 이러한 기억장애는 기억 손상 자체보다는 단기기억에서 장기기억으로 넘어가는 주의와 응고화의 문제를 나타낼 가능성이 더 크다(Marazziti, Consoli, Picchetti, Carlini , & Faravelli, 2010). 기억장애(및 다른 형태의 신경심리 기능)와 우울증 사이의 연관성은 일반적으로 매우 적다는 것을 알아야 한다(Burt et al., 1995; Sherman et al., 2000). 예를 들어 치매는 일반적으로 우울증보다 신경심리 기능에서 훨씬 더 큰 비중을 차지한다.

복잡하고 다각적인 학습 및 기억 구조를 보다 완벽하게 평가하기 위해 비교적 포괄적인 여러 종류의 기억 검사집이 개발되었다. 가장 오래되고 가장 빈번하게 사용된 것(Camara et al., 2000; Rabin, Barr, & Burton, 2005)은 웩슬러 기억검사(WMS; Wechsler, 1945, 1974; 6장 참고)이다. 가장 최근의 개정판은 웩슬러 기억검사 4판(Pearson, 2009c)이다. 5개의 주요 지수(노인 검사집의 경우는 4개의 지수)를 가지고 있고 언어 기능과 시공간 기능을 모두 평가하며 지연기억 요소를 포함하고 있다(6장 참고). 추가로 상대적으로 포괄적 검사집에는 리버미드 행동 기억검사(B. A. Wilson, Cockburn, & Baddeley, 2003), 기억 평가 척도(J. M. Williams, 1991), 광범위 기억 및 학습 평가-2(WRAML-2, Sheslow & Adams , 2003)가 있다.

이러한 포괄적인 검사집 외에도 기억을 측정하는 몇 가지 간단하고 좁은 범위를 평가하는 특정 검사가 있다. 레이 청각-언어 학습 검사는 비교적 짧고 잘 연구되며 자주 사용되는 개별로 실시되는 검사로, 내담자에게 일련의 단어 목록을 제공한다. 이들의 수행은 단기 언어기억, 새로운 자료를 학습하는 능력, 간섭이 학습을 방해하는 정도, 이전에 습득한 정보를 인식할 수 있는 능력을 평가하는 데 사용된다. 그러나 검사 이름에서 드러나듯이, 이 검사는 언어에 국한되어 있다. 최소한의 일부 시각공간 기억 평가를 포함시키기 위해 Bender-2의 회상 검사를 실시할 수 있다. 임상가들은 벤턴 시각 운동 기억 검사(Benton, 1974) 또는 레이-오스터리스 복합 도형 검사(Meyers & Meyers, 1996; Osterrieth, 1944; Rey, 1941, 1964; Strauss et al., 2006)를 고려해 볼 수 있다. 또한 WAIS-IV/WISC-V의 하위검사인 바꿔쓰기, 상식, 숫자, 순서화가 학습 및 기억과 잠재적으로 관련된 가치 있는 정보를 제공해 준다. 그러나 숫자와 순서화는 순수한 학습 검사라기보다는 일차적으로 주의력 과제라는 점이 강조되어야 한다.

시공간 기능

대상을 정확하게 구성하려면 손상되지 않은 시지각, 효율적인 시공간 및 시각 운동 능력 그리고 이러한 기술들의 통합이 필요하다. 이 세 영역(지각, 공간, 운동) 각각은 시각 구성을 어렵게 하는 장애를 일으킬 수 있으며, 이들을 통합하는 데 장애가 있을 수 있다. Benton(1979)은 다음과 같이 일차적 문제를 열거하였다.

1. 시지각 장애. 복잡한 자극 변별, 시각 인식, 색 인식, 전경과 배경 구분, 시각적 통합의 손상
2. 시공간 장애. 공간상의 점들의 위치 손상, 지형학적 방향 손상, 시야 일부 무시, 방향과 거리 판단의 어려움
3. 시운동 장애. 안구 운동 결함, 조립 및 그리기 동작 수행의 손상

일부 환자의 경우 이러한 장애가 함께 발생할 수 있는 반면에, 또 다른 환자는 개별적으로 발생할 수 있다. 환자는 우수한 시지각 능력을 가질 수 있지만 정확한 구성을 하는 데 여전히 심각한 문제가 있을 수 있다. 다른 경우, 빈약한 지각 능력이 빈약한 구성 능력과 합쳐져서 문제가 일어날 수도 있다. 또한 물건을 그리거나 조립할 수 있는 기능은 특정 환자에서는 매우 다르게 나타날 수 있는데, 물건을 조립하는 능력은 손상되지 않았지만(토막짜기와 같은 과제에서) 사람 형태나 단순한 도형을 그리는 능력은 아주 형편없을 수도 있

다. 마지막으로 일부 사람들은 지각, 공간 및 운동 능력에 손상이 없지만 이 세 가지를 효과적으로 통합하는 고차원 능력이 손상될 수 있다.

또한 세 가지 주요 문제의 각각에는 약간 다른 신경 해부학 경로가 있을 수 있다. 임상적인 함의는 임상가가 특정한 시공간 검사에 대한 전반적인 점수만을 고려하여 병변의 병소에 대한 추측을 해서는 안 된다는 것이다. 전반적인 점수가 제한적으로 사용되어야 하므로, 내담자가 과제에 접근하는 방법과 그 사람이 보이는 오류 유형을 면밀히 관찰하여 중요한 정보 및 병소에 대한 영향을 보다 적절하게 도출할 수 있어야 한다. 일반적으로 오른쪽 반구에 병변이 있는 환자는 시지각 구성 작업에 단편적이고 단절된 방식으로 접근하는 경향이 있고, 이로 인해 디자인의 전체적인 형태를 잃을 수 있다. 이와 대조적으로 왼쪽 반구 병변이 있는 환자는 디자인의 전체적인 형태를 정확하게 똑같이 모사할 수 있지만 종종 그림의 중요한 세부사항을 생략한다.

시공간 구성 능력을 평가하는 여러 가지 도구를 사용할 수 있다. Bender-2는 간단하고 직접적인 과제이다. 그 전에 나온 벤더 시각 운동 게슈탈트 검사는 광범위하게 연구되었고 임상 실제에 자주 사용되었다(Brannigan & Decker, 2003; Camara et al., 2000; Lacks, 1999, 2000). Bender-2는 인물화 그리기 혹은 집-나무-사람 검사와 같은 자유 그림 검사에 더 추가될 수 있다. 시계, 자전거 또는 그리스 십자가를 그리는 것과 같은 다소 단순한 그리기 작업이 자주 사용되었다. 이러한 과제에는 그리기 능력이 요구되는 반면, 토막짜기 과제에는 (그리기보다는) 제한된 시간 내 형태를 조립하는 능력이 요구된다.

실행 기능

실행 기능은 행동을 효과적으로 조절하고 스스로 지시하는 능력을 포함한다. 이러한 기능들에는 의지, 계획, 목적 행동, 효과적인 수행이 포함된다(Lezak et al., 2012; Sbordone, 2000b). 예를 들어 중대한 실행 기능장애를 경험한 환자는 다른 인지 능력이 아주 손상되지 않더라도 대부분의 활동을 거의 하지 않는 반식물인간 상태로 존재할 수 있다. 실행에 어려움을 겪고 있는 다른 환자들은 자신이 다른 사람들에게 미치는 영향을 거의 자각하지 못하여 자신의 사회적 행동을 효과적으로 이끌거나 조절할 수 없다. 전두엽 손상이 가장 일반적으로 실행 기능 결함과 관련되어 있지만, 무산소증이나 유기용매로 인한 시상 및 주변 영역의 손상은 실행 기능 문제를 일으킬 수 있다(Sbordone, 2000b 참고).

실행 능력의 중요성에도 불구하고 공식적인 심리평가에서 간과될 수 있다. 부분적으로는 다른 인지 기능이 전혀 손상되지 않더라도 실행 기능이 손상될 수 있다. 결과적으로 임상가는 종합 지능지수와 같은 인지검사 점수를 보고 환자가 좋거나 완전한 회복을 보인다고 잘못 판단할 수 있다. 비록 실행 능력의 상실로 인해 심각한 장애가 일어났지만 환자의 IQ가 전두엽 손상 후 실제로 증가한다는 보고도 있다.

실행 기능이 간과될 수 있는 또 다른 이유는 대부분의 공식적인 평가가 검사자가 환자에게 특정 활동을 하도록 지시하는 구조화된 상황에서 발생한다는 것이다. 결과적으로 환자가 스스로 시작하는 능력은 간과될 수 있다. 이는 환자가 자신의 행동을 시작, 개발, 계획 및 모니터링하는 정도, 스타일 및 방식을 볼 수 있도록 구조화되지 않은 상황을 "구조화"하여 해결할 수 있다. 평가의 마지막 주요 문제는 흔히 우울증이 뇌 손상에서 기인한 실행 기능 손상과 일부 동일한 행동(예를 들어 무관심, 빈약한 정서, 방향성 결여)을 보인다는 점이다. 임상가는 실행 기능 장애가 뇌 손상보다 우울증의 결과(또는 그 반대)라고 잘못 결론을 내릴 수 있다.

실행 기능에 대한 면담 평가는 환자의 여가 활동과 더불어 미래 목표에 대한 명확성에 초점을 맞출 수 있다. 일반적으로 실행 기능 문제를 가진 환자들은 이 부분에 대해서는 거의 어떤 정보도 제공하지 않는다. 그들이 세부사항을 이야기한다고 해도 그것은 주로 손상 이전의 목표와 활동을 반복하는 것일 수 있다. 이러한 이유로 면담자는 환자의 현재 활동과 목표가 무엇인지, 특히 최근에 이러한 목표를 달성하기 위해 무엇을 하였는지 파악해야 한다. 또한 관련 활동을 예상 및 계획하고, 대체 계획을 개발하며, 실제로 이러한 계획을 실행하는 정도를 파악해야 한다. 실행 기능 결함에 대한 인식 부족이 빈번하기 때문에, 매일 환자를 관찰할 기회가 있는 가족을 면담하는 것이 필수적일 수 있다. 이렇게 하면 환자의 설명을 보다 객관적인 설명과 비교할 수 있다.

실제 조사로도 다양한 유형의 행동 정보를 제공할 수 있다. 환자가 어떤 활동을 시작하고 지시하는가? 아니면 상대적으로 수동적인 경향이 있는가? 자신의 사회적 영향에 대한 인식 부족을 나타내는 비정상적인 사회적 행동(예를 들어 불량한 위생 상태, 관련성 없이 옆길로 새는 토론, 부적절한 농담)을 하는가? 검사자는 그러한 행동이 손상 이후에 일어난 것인지 병전 특성인지를 알아내야 한다. 계획 능력은 그러한 환자가 인물 그림, 토막짜기의 토막들, Bender-2 그림 또는 주제통각검사(TAT)에 대한 이야기를 얼마나 잘 구성하는지에 따라 추정될 수 있다. 보속성은 정신적 유연성이 낮고 행동을 살펴보는 데 어려움이 있음을 나타낸다. 환자는 Bender-2에서 너무 많은 점들을 만들거나 검사 자극의 변경 사항을 이해하는 데 어려움을 보일 수 있다(예를 들어 WAIS-IV/WISC-V 소검사의 요구사항 이해가 느림). 부실한 실행 기능은 동시에 다른 과제를 수행하는 데 어려움을 가져올 수 있기 때문에 웩슬러 작업기억 지수 또는 배너틴 순서화의 낮은 점수는 실행 기능 문제를 시사할 수 있다.

많은 비공식적인 임상 검사들 또한 가능한 실행 장애를 파악하는 데 도움이 될 수 있다. 예를 들어 환자는 다양한 반복적이지만 작은 모양들이 교대로 나타나는(3개의 원, 2개의 정사각형, 1개의 삼각형) 그림의 패턴 순서를 지속적으로 반복하도록 요청받을 수 있다(Goldberg & Bilder, 1987 참고). 이와 비슷한 명령 사슬 유형 검사는 환자가 주먹으로 책상을 두드린 다음 손바닥으로 두드리도록 하고 이 행동을 여러 번 반복하게 한다. 약간 더 복잡한 과제는 다음과 같다. 검사자가 발을 한 번 구르면 환자가 발을 두 번 구른다. 반대로 검사자가 발을 두 번 구르면 환자에게 한 번 가볍게 구르라고 지시한다(Lezak et al., 2012 참고). 이 절차들 중 어느 것에도 공식적인 점수를 부여하지 않는다. 대신 검사자는 관찰에 기초하여 환자가 모든 활동 또는 일부 활동에 상대적으로 어려움을 겪었는지 여부를 판단해야 한다. 이러한 상황에서 단일 전략만으로 실행 기능 손상을 파악하기에 충분하지 않지만, 이 전략들은 중요한 기능 영역이 집단적으로 환자 평가에 포함되어야 한다는 점을 명확히 하는 데 도움이 될 것이다.

선 추적 검사(군대 개인 검사, 1944; Reitan & Wolfson, 1993)는 실행 기능을 측정하는 데 자주 사용된다. 그것은 쉽게 실시되고 널리 사용되는데, 환자가 연속적으로 번호가 매겨진 원을 연결하는 선을 그리도록 하는 과제(선로 A)와 번호가 매겨진 원과 문자가 있는 원을 번갈아 연결하는 과제이다(선로 B, 그림 12.1과 12.2 참고). 선로 A(단순 연속번호 반응)에서 선로 B(일련번호와 문자를 번갈아 바꾸는)로 전략을 바꾸려면 전략 이동, 첫 번째 논리적 전략(연속번호 연결) 억제 및 동시에 두 순서(숫자와 문자)를 염두에 두는 기능이 필요하다. 점수는 선로 A를 완료하는 데 걸리는 총 시간과 선로 B를 완료하는 데 걸리는 총 시간을 기준으로 한다.

실행 기능을 평가할 수 있는 공식적인 포괄적 검사집도 많이 있다. 여기에는 실행 기능 증상 행동 평가(B. Wilson, Alderman, Burgess, Emslie, & Evans, 1999), 전두엽 성격

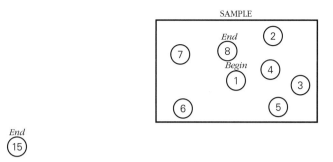

그림 12.1 선 추적 검사 파트 A(축약/아동용)

척도(Grace, Stout, & Malloy, 1999), 널리 사용되는 델리스-케플란 실행 기능 체계(Delis, Kaplan, & Kramer, 2001) 등이 있다.

벤더 시각 운동 게슈탈트 검사 2판

역사와 발전

벤더-게슈탈트(Bender-Gestalt) 또는 단순히 벤더(Bender)라고 불리는 벤더 시각 운동 게슈탈트 검사(Bender, 1938)는 내담자의 시구성 능력을 평가하는 신경심리적 손상 검

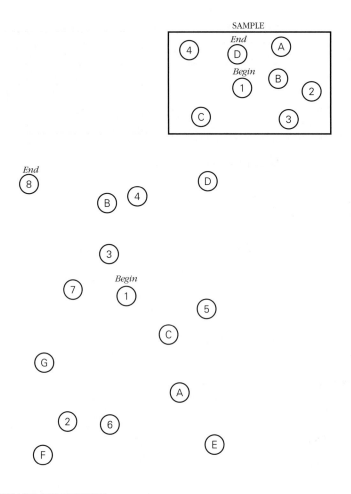

그림 12.2 선 추적 검사 파트 B(축약/아동용)

사 도구로 광범위하게 사용되었다. 원본 버전은 9개의 디자인으로 구성되어 있는데, 이들
은 8.5x11인치의 종이에 똑같이 그리도록 순서대로 제시되었다. 수검자가 그린 도형은 상
대적인 정확도와 전반적인 통합 정도에 따라 평가되었다. 부분적으로 간단하고 경제적이
며 유연하고 위협적이지 않으며 비언어적이고 광범위하게 연구되고 있다는 사실 때문에
이 검사는 매우 많이 사용된다.

    때로는 논란의 여지가 있는 연구 결과와 모호한 연구 결과에도 불구하고, 벤더는 5~6
개의 가장 자주 사용되는 검사 중 하나가 되어 왔다(Camara et al., 2000; Kamphaus, Pe-
toskey, & Rowe, 2000). 이것은 1969년까지 사용된 검사에 대한 다른 연구와 일치된다. 그
러나 이와 다르게 Camara 등은 이 검사가 전문 신경심리학자들 집단에서는 가장 자주 사

용되는 25번째 검사로 순위가 매겨졌음을 발견하였다. 이 결과는 벤더가 전문 신경심리학자 집단에서 높게 평가되지 않는다는 것 외에도 선택할 수 있는 전문 신경심리 검사들이 많기 때문일 수도 있다.

어른과 어린이를 위한 다양한 벤더 채점 체계가 개발되었고, 각각은 다양한 장점과 단점을 지니고 있다. 성인을 위한 최초이자 가장 널리 받아들여지는 점수 체계 중 하나는 Pascal과 Suttell(1951)에 의해 개발되었다. 이 체계는 연구에서 널리 인용되었지만, 임상 장면에서는 복잡성과 시간 비효율성 때문에 널리 사용되지는 않았다. 또 다른 초기 성인 체계는 1940년대에 Hutt가 개발하였으며 1960년에 공식적으로 발간되었다(Hutt & Briskin, 1960). 벤더에 대한 그의 관심은 주로 투사적 성격평가에 있었지만, 그는 또한 "12가지의 두개골 내 손상의 중요한 구별 요인"(단편화, 마무리의 어려움 등)을 열거하였다. Lacks(1984, 2000)가 이 체계를 채택하고 실질적인 경험적 자료와 함께 상세한 채점 지침서를 제공하였다. Pascal과 Suttell(1951)의 체계와는 달리, 직접적이고 시간 효율적이어서 시행하는 데 3분이 채 소요되지 않는다. Lacks의 체계를 이용한 연구는 뇌 손상 유무를 가진 집단을 잘 변별해 냈다(Lacks, 1984, 1999, 2000; Lacks & Newport, 1980). 이 체계는 12세 이상에서 사용하는 것으로 제한된다.

아동을 위한 체계는 Koppitz(1963, 1975)에 의해 개발되었고, 최근에는 개정된 Koppitz-2(C. R. Reynolds, 2007)로 개정되었다. Koppitz는 유치원에서 4학년에 이르는 1,104명의 아동을 대상으로 광범위하게 표준화하였다. 그녀의 체계는 발달적 성숙과 신경심리적 손상 모두를 측정하였다. 그녀는 뇌 손상의 진단을 위해 검사자는 아동의 점수를 고려할 뿐만 아니라 검사를 마치는 데 소요된 시간, 사용된 공간의 양, 아동의 행동 그리고 자신의 실수에 대한 상대적인 인식 정도를 관찰할 필요가 있다고 하였다. 원래 Koppitz 체계는 10세 이상의 어린이 점수는 지능검사 결과나 연령과 더 이상 상관관계가 없기 때문에 비교적 어린 아동을 대상으로 개발되었다. 또한 10세가 지나면 대부분의 사람들이 거의 완벽한 점수를 얻는다. 그러나 연구에 따르면, Koppitz 체계는 어린 아동에서만큼 연령과의 관련성이 높지는 않지만 12세에서 18세 사이의 청소년을 대상으로도 사용할 수 있다고 한다(McIntosh, Belter, Saylor, Finch, & Edwards, 1988).

원래의 벤더는 신경심리적 손상을 선별하는 데 사용되었을 뿐 아니라 벤더 수행을 해석하는 많은 체계가 성격 특성을 나타내도록 개발되었다. 연구 결과들이 이 목적을 위한 사용을 지지하지 않는다는 점에 유의해야 한다(예를 들어 Holmes, Dungan, & Medlin, 1984; Holmes & Stephens, 1984; Sattler, 1985, 2014). 일련의 지수(예를 들어 크기 증가, 충돌, 낙서)를 합한 점수인 특정 특성에 대한 전반적 평가는 문헌에서 더 많은 지지를 얻었다. 예를 들어 충동 지수와 비충동 지수의 총 점수를 비교함으로써 충동성에 대한 정확한 변별이 이루어진다(Oas, 1984). 마찬가지로 Koppitz(1975)는 3개 이상이 나타날 때 정신 병리의 일반적인 존재를 잘 예측하는 것으로 밝혀진 정서적 지수를 열거하였다(Koppitz, 1975; Rossini & Kaspar, 1987). 그러나 이 체계는 강박장애가 있는 사람들과 없는 사람들을 변별하는 데 효과적이지 못하였다(Kohli, Rana, Gupta, & Kulhara, 2015). 따라서 벤더는 일반적으로 지수들 군집에 기초해서 정신병리학의 부재 또는 존재를 예측하는 데 유효하지만 특정 단일 지수에 대해서는 성공적이지 못하다. 벤더는 충동성과 불안을 제외하고 일반적으로 특정 성격 특성이나 특정 정신과 진단을 식별하는 데 효과가 없다.

벤더는 2003년에 벤더 시각 운동 게슈탈트 검사 2판(Bender-2; Brannigan & Decker, 2003, 2006)으로 대폭 개정되어 발표되었다. 이 개정판은 Brannigan과 Brunner(1989)의 초기 작업에 부분적으로 기반을 두고 있으며, 도형 각각의 질을 평가하는 채점 체계를 사용하였다. 등급은 모든 도형의 전체 또는 전반적 등급을 평가하기 위해 점수를 합산하였다. 이 전체 등급 체계는 특정 오류의 유형 및 수(예를 들어 보속성, 왜곡, 회전)에 초점을 맞춘 다른 체계(예를 들어 Hutt, Lacks, Koppitz)와 대조된다. 2003년 개정판에는 모든 원본 디자인이 그대로 유지되었다. 그러나 더 낮은 "바닥"을 만들기 위해 4개의 더 쉬운 항목이 추가되었으며, 더 높은 "천장"을 만들기 위해 3개의 더 어려운 항목이 추가되었다. 이러한 추가 기능을 사용하면 검사는 4세 이하의 어린이에서부터 85세 이상 노인까지 적용된다. 8세 이하의 어린이에게는 4개의 쉬운 도형과 원래의 9개 도형(항목 1~13)이 주어진다. 청소년 및 성인과 함께 8세 이상의 어린이에게는 9개의 원래 디자인과 3개의 더 어려운 디자인(항목 5~16)이 주어진다. Bender-2는 내담자가 도형을 보고 동일하게 그리는 복사 단계로 시작한다. 회상 단계는 내담자가 가능한 한 많은 도형을 기억하도록 요청받는 단계이다. 순수한 지각 기능과 순수한 운동 기능을 평가하기 위해 간단한 검사가 두 가지 추가되었다. 전자의 경우 수검자에게 네 가지 도형 중 어떤 것이 주어진 도형과 동일한지 묻는다. 이는 모사와 회상에 요구되는 시각 운동 기능과 지각 기능을 통합하지 않은 순수 지각 능력을 평가한다. 운동 하위검사에서는 수검자에게 연필로 점을 연결하게 하는데, 점점 더 좁고 어렵게 고안된 점을 둘러싼 선을 연필을 들어 올리지 않고 선의 경계를 넘지 않게 그릴 것을 요구한다. 하위검사는 기본적으로 미세한 운동 통제와 잘 계획되고 구체적인 방법으로 선을 연결하는 능력이 요구되기 때문에, 시각 운동 능력만을 필요로 한다. 이 두 하위검사를 추가한 Bender-2는 지각 영역, 운동기능 또는 시각기능 및 운동기능의 통합 (회상 단계에 의해 평가되는 단기기억도 포함)에서 개인이 노력하고 있는 과정을 평가한다.

Bender-2의 규범은 2000년 미국인구조사(연령, 성별, 인종/민족성, 지역 및 사회경제적 수준)와 매우 유사한 전국 규모의 대규모 표본을 기반으로 하였다. 여기에는 4세에서 85세 이상 사이의 총 4,000명의 참가자가 포함되었다. 또한 정신지체, 학습장애, 주의력결핍 과 잉행동장애(ADHD), 심각한 정서적 장애, 자폐, 알츠하이머병을 가진 사람들과 영재 집단 의 표본에서 자료를 수집하였다. 점수는 동일 연령대와 비교되어 평균이 100이고 표준편 차가 15인 표준 점수로 변환된다.

신뢰도와 타당도

Bender-2의 신뢰도 지수들은 안정적이고 일관된 측정치임을 시사해 준다(Bran-nigan & Decker, 2003). 2~3주 간격 검사-재검사의 신뢰도는 모사 단계에서는 .85(범위 =.80~.88), 회상 단계에서는 .83(범위=.80~.86)이었다. 반분 신뢰도를 보면 전체 타당도가 .91이고 측정의 표준오차는 4.55이다. 또한 개발자는 훈련된 평정자들 간 중간에서 높은 정도의 일치성이 있다는 증거를 제시하였다. 모사 단계에 대한 평가자의 일치성은 모사 단계에서 .90(범위=.83~.94)이고 회상 단계에서는 .96(범위=.94~.97)이었다. 경험이 부족 한 평정자들 간에 높은 일치도를 보였다(모사 단계=.85, 회상 단계=.92).

이전 버전의 벤더에 대한 많은 연구에 따르면, 뇌 손상이 없는 사람들로부터 뇌 손상 을 가진 사람들을 구별할 수 있었다(Hain, 1964; Lacks, 1984, 1999, 2000; Marley, 1982). Lacks 방식을 사용한 연구의 진단 정확도는 64%에서 84%로 평균 80%였다(Lacks, 1999, 2000; Lacks & Newport, 1980). 그러나 간질이 있는 많은 사람들과 같은 미묘한 신경심리 결함을 평가하거나 기능적 정신병 환자와 뇌 손상 환자 사이의 변별을 할 때의 진단 정확 성에는 의문이 제기되고 있다(Hellkamp & Hogan, 1985). 그러나 이러한 구분은 기질적 장애가 조현병과 같이 점진적으로 구체화되는 경우에는 의미가 덜할 수 있다. 연구 결과 에 따르면, 벤더 수행은 알츠하이머병 환자를 통제군과 구분할 뿐만 아니라 병의 진행 과

정도 반영할 수 있었다(Storandt, Botwinick, & Danzinger, 1986). 마찬가지로 벤더 점수는 두부 외상 환자가 독립적으로 기능할 수 있는 정도를 예측할 수 있었다(Acker & Davis, 1989). 특정 경우에 유용한 것으로 나타났지만, 벤더는 전반적인 신경학적 손상의 지수로 현재 더 많이 사용되고 있다.

Bender-2에 대한 연구는 유사한 측정치와 적절한 상관관계를 통해 구성 타당도가 입증되었다. 예를 들어 Bender-2는 Beery Buktenica 시각적 조직화 발달 검사 4판과 중간 정도의 상관관계(.48에서 .65 사이)를 보였고(Brannigan & Decker, 2003; Volker et al., 2010), WISC-III 지각 조직 요인과는 중간에서 높은 정도의 상관을 보였다(.75)(Decker, Allen, & Choca, 2006). Brannigan과 Decker(2003)는 Koppitz 발달적 채점 체계와 .80의 상관관계를 보고하였다. Woodcock-Johnson 읽기 군집을 포함한 학업 능력 측정치(.53)와 웩슬러 개인 성취검사-II(Brannigan & Decker, 2003)와 중간 정도의 상관(.41)을 나타냈다. WAIS-III 동작성 지수와의 상관관계는 .52이고 언어성 지수와는 .47이었다(Brannigan & Decker, 2003). 예상한 바와 같이 비언어적 능력에 대한 상관이 언어 기반 능력에 비해 더 높았다.

Bender-2의 점수는 연령, 특히 5세에서 10세 사이에서 급격하게 상승되었다(Brannigan & Decker, 2003; Decker, 2007). 점수는 10세에서 15세 사이에 점진적으로 증가하고 성인기에서 대부분 상당히 안정적으로 유지된다. 40세에서 69세 사이에 점차 감소하고 70세에서 80세 사이에서 급격히 감소한다. 이 결과는 Bender-2의 수행이 4~15세 사이에서 시각 운동 발달 과정을 추적할 수 있고 70세 이상에서도 사용될 수 있음을 시사한다.

Bender-2에서 얻은 점수를 통해 다양한 그룹에서 인지적 어려움의 심각도와 본질을 대략적으로 파악할 수 있다(Brannigan & Decker, 2003 참고). 표 12.3을 보면 영재가 가장 높은 점수를, 정신지체가 가장 낮은 점수를 나타낸다. 알츠하이머병 환자의 모사 점수가 평균 수준임을 주목해야 하는데, 이는 병의 초기부터 중간 단계까지는 시지각 구성 능력이 상대적으로 유지되고 있음을 나타낸다. 예상하였던 대로 이 환자들의 기억 손실을 감안할 때 회상 단계 수행은 매우 낮다. 연구에 따르면, Bender-2는 중간에서 강한 정도의 타당도를 나타낸다.

표 12.3 선택된 임상 집단 내에서의 Bender-2 수행

환자 유형	Bender-2 평균(표준편차)		대응표본 평균(표준편차)
영재	모사	110.62 (11.35)	102.83 (11.38)
	회상	114.94 (17.10)	102.77 (12.70)
읽기장애	모사	92.33 (11.04)	103.51 (11.22)
	회상	92.96 (10.93)	103.57 (12.79)
알츠하이머	모사	100.53 (9.59)	100.95 (7.86)
	회상	81.10 (7.10)	100.21 (7.36)
ADHD	모사	91.15 (13.34)	104.65 (9.30)
	회상	93.39 (13.66)	103.89 (12.89)
정신지체	모사	75.77 (14.14)	103.01 (11.31)
	회상	83.92 (10.04)	101.97 (11.89)

이점과 한계

Bender-2는 간단하고 사용하기 쉬운 검사 도구로 쉽게 시행할 수 있으며 시공간 구성 능력을 측정한다. 원래의 벤더는 임상과 연구에 오랫동안 사용되어 왔다. Bender-2에서 9가지 독특한 디자인이 유지된 점을 감안해 보면, 원래 검사에 대한 초기 연구의 상당 부분이 최신 버전에도 조심스럽게 적용될 수 있다. 또한 Bender-2에 대한 연구는 그 타당도가 잘 지지되고 있다. 지침서에 제시된 자료는 경험이 있거나 경험이 많지 않은 검사자 모두에서 신뢰할 수 있는 점수를 받을 수 있음을 나타낸다. 또한 내적 일치도와 검사-재검사 신뢰도도 양호하다.

Bender-2에는 이전 버전보다 개선된 기능이 많이 있다. 규준은 다양한 연령대를 포괄하며 2000년 미국인구조사에 대해 대표성을 가진다. 그것은 어린이와 성인을 모두 포함하기 때문에, 임상가는 원래의 벤더와 마찬가지로 어린이와 성인을 위해 별도의 채점 체계를 사용할 필요가 없다. 쉽고 어려운 항목을 추가하여 만든 더 낮은 최저점과 더 높은 최고점은 Bender-2의 발달 지연과 인지 손상에 대한 민감도를 증가시킨다. Bender-2의 궁극적인 장점은 회상 단계에 대한 규준 및 공식적인 실시 및 채점 절차를 포함하는 것이다.

벤더는 좋은 성과를 많이 가지고 있지만, 사용을 둘러싸고 많은 한계와 주의사항들이 있다. 이 검사는 종종 뇌 손상을 "평가"하는 것으로 기술되지만, 뇌의 신경 손상에 대한 "선별" 장치라고 말하는 것이 더 정확할 것이다. 그러한 손상에 대한 구체적인 세부사항 및 여러 가지 변형들에 대한 심층적인 정보는 제공하지 않는다. 사실 벤더의 유용성은 특히 우반구의 두정엽 손상 환자에서 상대적으로 심각한 형태의 뇌 손상에 국한된다(Black & Bernard, 1984). 따라서 벤더가 뇌 손상의 존재를 평가하는 유일한 방법인 경우 환자의 중요한 병변 또는 미묘한 문제를 쉽게 발견하지 못할 수 있다. 따라서 벤더는 일반화된 손상 또는 우측 두정엽 문제에 대한 선별 장치라고 하는 것이 보다 정확할 것이다.

벤더의 원판에 대한 연구는 정서적 지수와 기질적 지수가 서로 중복된다는 것을 발견하였다. 예를 들어 기질적 손상에 대한 더 나은 지수 중 하나는 중첩 문제인데, 기질적 장애가 있는 환자의 45%의 벤더 기록에서 나타난다. Lacks(1984, 1999)는 성격장애 26%와 정신병 환자 26%의 기록에서 중첩 문제가 발생하였다는 사실을 발견하였다. 다른 집단에서도 중첩 문제가 심각하게 나타나 몇몇 고찰 연구자들(Dana, Field, & Bolton, 1983; Sattler, 1985)은 벤더의 임상적 유용성에 심각하게 의문을 제기하였다. Bender-2는 다양한 유형의 특정 오류를 지적하지 않고 각 도형의 전반적인 질 평가에 기초한 전반적인 채점 체계를 사용하여 이 문제를 부분적으로 해결하였다. 그러나 이러한 전반적인 평정은 각 도형에 있을 수 있는 다양한 오류를 기반으로 한다. 예를 들어 회전이나 점을 찍는 데 어려움을 겪는 것을 알아챈 평가자는 도형의 질을 더 낮게 평가한다. 따라서 정서적인 어려움은 여전히 Bender-2의 채점 체계와 어느 정도 중복된다. 미래 연구는 이 문제를 더 상세히 탐색해야 한다.

원판 벤더의 또 다른 어려움은 일반적으로 인정되고 검증된 채점 및 해석 체계가 없다는 점이다. 그 결과 서로 다른 연구가 서로 다른 체계를 사용하는 경우가 많아서 각각의 결과를 비교하기가 어렵다. 임상가는 일반적으로 채점 및 해석 체계를 배우는 것으로 시작하지만, 마지막에는 임상적 인상을 기반으로 하는 고유한 주관적인 접근 방식을 사용한다. 이 접근법은 적용하기 좋고 융통성이 있지만, 도형에 접근하는 다양한 방식으로 인해 "전문가" 간의 불일치가 발생할 수 있다. Lacks(1984, 1999)는 임상가가 간편하고 쉽게 배울 수 있고 객관적인 채점 체계를 사용하게 되면 기질적 손상에 대한 진단 정확도를 평균 10%에서 15%까지 올릴 수 있다는 증거를 제시하였다. Bender-2와 전반적인 채점 체계는 이 목표에 정확하게 부합한다.

실시

Bender-2의 실시에는 4단계가 포함된다. 내담자는 먼저 제시된 도형을 한 번에 하나씩 그리도록 요청된다("모사" 단계). 다음 단계인 "회상" 단계에서는 검사자가 수검자에게 아무 도형도 없는 새로운 빈 종이를 제공하고 최대한 많이 기억해서 그리도록 요청한다. 이 다음에 지각과 운동 하위검사 절차가 뒤따르게 된다. 검사자는 모사 단계에서 한 번에 하나씩 수검자 앞에 직접 카드를 제시한다. 제시된 일련의 카드는 수검자의 연령에 적합해야 한다(4~7세의 경우 카드 1~13, 8세 이상인 경우 카드 5~16). 수검자는 연필로 각 도형을 세로로 배치된 8.5x11인치 용지에 그려야 한다. 수검자가 연필을 부러뜨린 경우 잘 깎인 새 연필을 사용할 수 있어야 한다. 그리고 연필에는 지우개가 있어야 한다. Brannigan과 Decker(2003)가 제안한 언어 지시가 표준 절차로 권장된다.

여기에 여러 개의 카드가 있습니다. 각 카드에는 다른 그림이 있습니다. 한 번에 하나씩 카드를 보여 드리겠습니다. 이 연필(수검자에게 연필을 줌)을 사용하여 이 용지 위에 그림을 똑같이 그리십시오(용지를 가리킴). 그림을 이 카드의 그림처럼 그리십시오. 시간 제한이 없으므로 필요한 만큼 시간을 쓸 수 있습니다. 질문 있으세요? 여기에 첫 번째 카드가 있습니다. (p. 17)

수검자가 첫 번째 도형을 마친 후에 다음 도형이 제시되는데, 매번 도형을 다 완성한 후에 다음 도형을 제시한다. 시간은 첫 번째 도형을 제시한 직후에 시작된다. 이 절차는 계속되어야 하며 마지막 도형을 완성한 이후에 전체 시간이 기록된다. 수검자가 도형을 완성하는 동안 어떠한 의견이나 추가 지침을 제공해서는 안 된다. 수검자가 특정 질문을 하는 경우 "최선을 다하십시오" 또는 "원하는 곳 어디에서라도 시작하십시오"와 같은 중립적인 답변을 주어야 한다.

수검자가 6번 카드의 점을 계산하기 시작하면 검사자는 "점을 다 셀 필요는 없습니다. 그림과 같이 그리면 됩니다"라고 말한다. 만약 그러한 행동이 지속된다면 완벽주의적이거나 강박적인 경향일 수 있으며, 검사 결과를 평가하고 진단을 공식화할 때 행동 관찰에 고려해야 한다. 수검자는 카드를 직접 가지고 할 수 있지만, 도형을 완성하기 전에 검사자에게 되돌려 주어서는 안 된다. 그들이 자극카드를 바꾸어 들어서 새로운 위치에서 그리기 시작하는 것처럼 보이면, 검사자는 카드를 똑바로 한 다음에 이 각도에서 그려야 한다고 말해야 한다. 원하는 만큼 용지를 사용할 수 있지만 처음에는 한 장만 제공된다. 시간 제한은 없지만 검사를 완료하는 데 필요한 시간을 기록하는 것이 중요하다. 이 정보는 진단적으로 중요할 수 있다. 검사자가 각 도형에 대한 실제 검사 태도 관찰을 기록하고 점수를 기록할 수 있게 하는 관찰 양식이 포함되어 있다.

모사 단계 후에 기억 또는 "회상" 단계가 제시된다. 마지막 도형을 모사한 직후에 내담자에게 새로운 용지가 제공되고 아래 지침이 제시된다(Brannigan & Decker, 2003).

이제 방금 전에 보여준 도형들을 가능한 많이 기억해서 그리세요. 이 새로운 종이에 그리세요. 당신이 이전에 본 카드와 똑같이 그려 보세요. 시간 제한이 없으므로 필요한 만큼 시간을 사용할 수 있습니다. 질문 있으세요? 시작하십시오. (p. 18)

내담자가 첫 번째 도형을 시작하자마자 시간 재기를 시작하고 더 이상 생각나는 도형이 없다고 하면 중지한다(약 2분 후). 종이에 "회상 용지"라고 표시하고 화살표로 페이지 상단을 표시한다. 회상 단계는 수검자의 단기 시각운동 회상 능력 평가를 제공한다. 일반적으로 뇌 손상을 가진 성인은 뇌 손상이 없는 사람 수준으로 도형을 회상할 수 없다(Lyle & Gottesman, 1977).

운동 검사는 보기 항목과 네 가지 검사 항목이 있는 용지로 구성된다. 검사자는 먼저 양쪽 끝에 중간 크기의 점이 2개인 직사각형이 그려진 보기 항목을 보여 준다. 일련의 작은 점들이 2개의 중간 크기 점들을 연결한다. 지시사항은 도형 페이지 상단에 제시된다.

각 항목을 할 때 가장 큰 그림부터 시작하십시오. 각 도형에 대해 경계를 건드리지 않고 점들을 연결하는 선을 그립니다. 그림을 그릴 때 연필을 들어 올리거나 지우거나 기울이지 마십시오.

때로는 선을 그어서 절차를 설명해야 할 수도 있다. 보기의 두 중간 크기 점 사이에 수검자가 첫 번째 디자인을 시작할 때 시간 재기를 시작한다. 수검자가 절차를 다 마쳤거나 최대 4분이 경과하면 절차를 중단시키고 시간을 기록한다.

이 운동 검사는 운동 문제의 유무를 감지하는 데 도움이 된다. 또 다른 가능성은 지각 문제의 존재이다. 이들은 종종 지각 검사(Perception Test)와 함께 탐지될 수 있는데, 10개의 도형을 보여 주며 각 도형에는 4개의 도형이 뒤따른다. 이 4개 중 하나는 원래 모양과 동일하고 다른 것들은 단지 비슷하다. Bender-2 지침서(Brannigan & Decker, 2003)에 따르면, 검사자는 다음과 같이 말한다.

이 그림을 보십시오(첫 번째 상자의 도형을 가리킴). 이 줄을 보면 다른 그림이 있습니다(첫 번째 줄에서 손가락을 움직임). 이 원 모양과 같은 모양의 원을 가리키거나 동그라미하세요(도형을 다시 가리킴). 필요한 경우 첫 번째 항목을 참고하세요. (줄의 각 항목을 가리키며 다음과 같이 말함) 이 그림 중 어느 것이 이 모양과 비슷합니까?(상자 안의 도형을 다시 가리킴). (p. 19)

이 절차는 시간을 재야 하지만 4분 이상 걸리면 중단해야 한다. 수검자가 어떤 항목에 대한 응답을 하기 위해 30초 이상 걸리는 경우 항목을 중단해야 하고, 수검자가 다음 항목으로 가도록 지시해야 한다.

채점

검사자는 모사 및 회상 단계에서 각 도형마다 0과 4 사이의 점수를 부여하게 된다.

0 = 닮지 않음. 무작위 그림, 낙서, 도형이 빠져 있음
1 = 약간 모호하게 닮음
2 = 어느 정도 닮음
3 = 강한 유사성, 정확한 회상
4 = 거의 완벽함(Brannigan & Decker, 2003, p. 20)

설명서에 예제가 제공되어 있어 채점에 도움을 준다. 점수는 합산되며 더 높은 점수가 더 나은 수준을 나타낸다. 8세 미만의 수검자 점수는 0에서 최대 52까지이다. 한편 8세 이상 수검자 점수는 0에서 최대 48까지이다. 원점수는 지침서 뒤에 있는 연령 환산표를 사용

해서 표준 점수(평균=100, 표준편차=15)로 전환한다.

운동 검사에서는 선이 도형의 양쪽 끝에 있는 중간 크기 점들 모두에 닿고 경계를 넘지 않으면 1점을 준다. 이 선은 도형의 테두리에는 닿아도 선을 넘을 수는 없다. 이와 대조적으로 선이 상자 바깥쪽으로 뻗어 있거나 중간 크기 점에 닿지 않으면(이 둘은 끝점) 0점을 준다. 총 12점이 가능하다.

지각 검사에서는 올바른 응답의 경우 1점, 잘못된 응답의 경우 0점으로 점수가 매겨진다. 따라서 총 10점이 가능하다. 관찰 양식 뒤쪽에 있는 표는 운동 검사 및 지각 검사를 백분위 순위로 변환해 준다.

기록 양식에는 구체적으로 정해져 있지는 않지만, 검사자가 모사 및 회상 단계의 완료 시간을 표준(z) 점수와 백분위 순위로 전환하는 것이 강력히 권장된다. 검사자는 모사 및 회상 시간 모두에 대해 검사 지침서 p. 116의 표 D-1을 사용하여 수검자의 완성 시간에서 적절한 연령 그룹의 평균 시간을 뺀 다음 지침서에 있는 표준편차로 나누어 완료 시간을 z 점수로 변환할 수 있다. 시간은 분으로 계산되는 것이 아니라 초로 변환되어야 한다. 평균이 0이고 표준편차가 1인 Z 점수는 백분위 수 순위와 직접 관련이 있으며, 이는 단독으로 또는 웩슬러 지능검사의 처리속도 지수와 같은 다른 측정치와 함께 의미를 가질 수 있다.

해석 지침

벤더를 잘 수행하려면 내담자가 적절한 정교한 운동 협응과 정확한 지각 변별을 할 수 있어야 한다. 그런 다음 도형을 실제로 그려 내도록 잘 통합해야 한다. 이와 대조적으로 오류는 정교하지 않은 운동 협응, 실제로 도형을 인식하는 것의 어려움, 도형 자체를 그리는 것의 문제 또는 지각과 운동 요구사항을 통합하는 어려움을 반영할 수 있다(Sattler & Hoge, 2006). 수행 저하의 어려움은 시력 운동 능력의 지연, 뇌 기능 장애, 정서적 장애 또는 이러한 모든 요인들의 복합적 결과일 수 있다. 벤더 수행은 문화적 요인이나 처리 속도에 의해서 최소한으로만 영향을 받는 것으로 보인다(Decker et al., 2006).

Bender-2의 전체 채점을 보면 원점수를 40에서 160 사이의 표준 점수로 변환한다. 웩슬러 지능검사와 마찬가지로 평균은 100이고 표준편차는 15이다. Bender-2에서 85점을 얻었다면 이는 내담자를 동일 연령 집단과 비교하였을 때 1표준편차 또는 16백분위 미만으로 점수가 매겨졌음을 의미한다. Brannigan과 Decker(2003)는 하위 25백분위 점수는 추후 평가의 필요성을 시사한다고 하였다. 전체 집단의 하위 2%(2백분위, 표준 점수 70)의 점수는 종종 "손상" 범위에 있는 것으로 간주된다. 그러나 이러한 고려사항은 주로 그 사람의 과거력, 인구학적 변인 및 기능 수준에 달려 있다. 예를 들어 학급에서 상위의 성적을 보이는 학생이 학업 수행의 어려움을 보이며 Bender-2 점수가 20백분위에 있다면, 이는 그 학생은 실제로 악화 상태에 있음을 시사할 수 있다. 이와 대조적으로 학업 성적이 낮고 평균 지능이 낮으며 Bender-2 점수가 20번째 백분위 수위인 다른 학생은 전반적으로 낮은 평균 능력을 반영한 것일 뿐이다. Brannigan과 Decker는 Bender-2 표준 점수에 대해 다음과 같은 분류를 제공하였다.

최우수 혹은 매우 잘 발달된	145~160
매우 우수 혹은 잘 발달된	130~144
우수 혹은 발달된	120~129
평균 상	110~119
평균	90~109
평균 하	80~89
낮은 혹은 경계선 수준으로 지체된	70~79
매우 낮은 혹은 경도로 지체된	55~69
극도로 낮은 혹은 중등도로 지체된	40~54

일반적으로 Bender-2의 낮은 점수는 일반적으로 사람의 시공간 능력을 나타낸다. 제시된 표준 검사와 추가 검사 비교는 수검자의 점수에 대한 일반적인 의미를 가장 명확하게 나타낸다. 이외에도 점수의 의미를 확장하여 해석하기 위해서 세 가지 주요 영역을 고려해야 한다. (1) 지각과 운동 장애를 구별함 (2) 시각적 기억과 도형 구성의 의미를 고려함 (3) 발달 지연, 뇌 기능 장애 및 정서적 장애를 구별함.

지각문제 대 운동문제

Bender-2의 빈약한 성과가 지각문제인지 운동문제로 인한 것인지를 구별하는 데 유용한 비공식적 지침은 그림의 질적 특성과 함께 관련 행동 관찰을 신중하게 고려하는 것이다. 이러한 관찰에는 내담자의 확신 수준, 오류 인식, 완료 시간 및 모든 의견과 같은 영역이 포함될 수 있다. 그런 다음 임상가는 그림 크기, 배치, 선 품질, 도형 순서, 도형 위치, 왜곡, 지우기, 재작업, 생략 및 기타 비정상적인 처리 등 도형의 특정 기능을 살펴볼 수 있다. "물리적 관찰" 및 "과제 수행 태도 관찰" 절에서 Bender-2 프로토콜에 대해 이러한 유형의 관찰을 수행할 수 있다.

이러한 관찰은 내담자의 저조한 수행이 부적절한 지각(시각적 정보 수용의 어려움), 부적절한 운동 능력(물리적으로 도형을 그리는 것의 어려움) 또는 둘의 부적절한 통합(정확하게 인식된 것을 재현하는 것의 어려움)의 어려움의 결과인지를 결정하는 데 유용할 수 있다. 이 구별은 때로 그 사람이 그린 그림의 정확성을 평가하도록 요청함으로써 이루어질 수 있다. 내담자가 잘 그리지 못한 도형이 정확하다고 한다면 수용의 어려움과 표현의 어려움을 모두 겪을 가능성이 매우 높다. 그들이 자신의 그림이 제대로 되지 않았다는 것을 알게 되면, 이는 문제가 주로 운동/표현에 있음을 암시한다. 그들이 그림의 부정확성을 알고 있을지라도, 이러한 유형의 운동 문제를 가진 개인은 부정확성을 수정하는 데 어려움이 있을 것으로 예상된다.

Bender-2는 운동 및 지각 하위검사를 사용하여 이러한 구분을 공식화하였다. 내담자의 Bender-2 점수가 좋지 않지만 운동 검사가 평균 이상이면, 지각 능력이 주요 문제일 가능성이 높다. 이 결과는 지각 하위검사에서 낮은 점수를 받았는지의 여부에 따라 확정된다. 반대로 운동 하위검사의 수행이 낮지만 지각 하위검사가 손상되지 않은 경우는 문제가 운동 능력 때문인 것으로 본다. Bender-2 모사 점수가 낮지만 운동 및 지각 검사가 평균이거나 더 높으면, 지각과 운동 결과의 통합이 문제가 될 가능성이 더 크다.

모사 대 회상 수행 고려하기

Bender-2 모사와 회상 단계의 비교 점수를 기록해 두는 것이 좋다. 이전의 9개 도형 벤더는 일반 또는 "임상" 규범을 사용하여 "낮은", "평균" 또는 "높은" 수준으로 구분했다. 특히 평균적인 지능을 갖춘 건강한 사람은 4~5개의 도형을 정확하게 회상하고 구성할 것으로 예상되었다. Bender-2의 장점은 전체 점수를 계산할 때 원점수를 표준 연령 관련 점수로 환산하여 정확한 산출을 한다는 것이다. 또한 여러 과정들이 모사 및 회상 단계에서 평가된다. 시각 능력과 기억의 어려움(또는 강점)을 반영한 사례를 수검자에게 묻는 것으로 각각에 대한 추가 정보를 얻고 검증을 할 수 있다. 여기에는 누가 회의에 참석하였는지, 집에 물건을 어디에 두었는지, 이전에 있던 장소를 찾을 수 있는지의 능력 등이 포함될 수 있다. 웩슬러 기억검사-IV가 시행되면, 임상가는 Bender-2 회상 점수가 웩슬러의 시각기억 측정치와 일치하는지 확인할 수 있다.

정상적으로 모사를 하였으나 회상 수행은 반대로 저조한 경우는 좋은 구성 능력을 나타내지만 시각기억 문제가 있을 수 있음을 나타낸다. 이 결과는 알츠하이머병이나 외상성 뇌 손상에 뒤따르는 기억 응고화의 어려움과 같은 상태와 일치할 수 있다(Brannigan & Decker, 2003).

가능한 인과관계 패턴

Bender-2 해석의 세 번째이자 마지막 측면은 발달 지연, 뇌 기능 장애 또는 정서적 장애와 관련된 인과관계 패턴을 추론하는 것이다. 때로는 이러한 모든 문제가 결합되어 Bender-2 성능이 저하될 수 있다. 중요한 문제는 서로 다른 사람이 동일한 점수를 가질 수 있지만 다른 이유로 인해 발생할 수 있다는 것이다. 예를 들어 한 사람이 신경학적 처리 결손으로 인해 도형을 잘못 그릴 수 있다. 다른 사람은 감정적 문제에서 발생한 감각 상실에서 기인하였을 수 있다. 또 다른 예는 완벽주의적이고 강박적이지만 뇌 손상의 징후가 없는 사람이 그림을 완성하는 데 상당한 시간이 걸리는 경우이다. 또 다른 경우, 뇌 손상이 분명한 사람은 평균보다 오래 걸려서 각 점을 세는데, 이는 의도적으로 강박적인 행동을 함으로써 장애를 보완하려는 것일 수 있다. Bender-2 수행에 영향을 줄 수 있는 다른 요인으로는 속임수, 만성 조현병, 노화 또는 약물 남용력 상황이 있다. Sattler와 Hoge(2006, pp. 218~219)는 다음과 같이 벤더 수행이 저조한 이유를 나열하였다.

- 시각적 문제
- 질병, 상해, 피로 또는 근육 약화와 관련된 생리적 한계
- 저체중, 뇌성마비 또는 겸상적혈구빈혈증(sickle cell anemia) 같은 신체적 장애가 있는 상황
- 환경 스트레스
- 충동

- 부적절한 동기
- 정서적 문제
- 정신지체
- 사회적 또는 문화적 박탈
- 제한된 경험

때로는 서로 다른 유형의 오류의 존재와 심각도가 관련 행동 관찰과 함께 내담자 기능에 대한 잠정적인 가설을 형성하는 데 사용될 수 있다. 특히 뇌의 서로 다른 부위에 병변이 있는 사람의 수행 능력에는 질적인 차이가 있다. 오른쪽 반구 병변을 가진 환자는 시각적 능력 (예를 들어 회전, 비대칭, 단편화, 인식할 수 없는 그림, 결합되지 않은 선)에 관련된 오류를 범하기 쉽지만, 왼쪽 반구 병변을 가진 사람은 흔히 불안정한 선 흔들림과 크기가 작고 모서리가 둥글며 일부가 누락되어 있는 형태를 보인다(지나친 단순화; Filskov, 1978). 그러나 Bender-2는 우뇌 반구 문제가 있는 경우 일반적으로 더 민감하게 낮아진다. 반대로 좌반구 병변이 있는 환자를 놓칠 가능성이 있다.

또 다른 패턴은 내담자가 도형을 모사할 때 부정확한 회전으로 인해 어려움을 겪는 경우이다. 이것은 읽기와 같은 다른 과제와 관련된 거울 반전(mirror reversal)을 반영할 수 있다. 이와 대조적으로 다른 내담자는 Bender-2 도형을 재현할 때 배열된 순서를 따라 하는 것의 어려움을 겪을 수 있다.

유익한 해석 전략은 다른 관련 검사 점수를 기록하고 비교하는 것이다. 사람들이 Bender-2에서 수행이 저조하다면, 웩슬러 토막짜기 하위검사에서도 비슷한 결과를 기대할 수 있다. 하위검사의 이점은 주의 깊은 행동 관찰이 임상가가 내담자의 결함을 보다 완벽하게 이해하는 데 도움이 된다는 것이다. 지각장애가 있는 내담자는 주로 도형을 왜곡하고 잘못 지각하기 때문에 제대로 하지 못한다. 이러한 어려움은 우측 두정엽 병변과 더 일치한다. 이와 대조적으로 왼쪽 두정엽 병변이 있는 환자는 도형의 전체 형태를 정확하게 인식할 수 있지만 문제해결 스타일은 혼란스럽고 단순하다. 다른 내담자는 과제를 이해하고 올바르게 인식하지만 실제로 과제를 완료하는 데 어려움을 겪을 수 있다. 의도와 이 토막을 실제로 만들 수 있는 것 사이의 이러한 해리는 공식적으로는 구성 실행증(constructional dyspraxia)이라고 불린다. 때로 문제해결에 대한 매우 경직된 방향성을 가진 내담자는 어느 정도의 추상화가 필요한 토막짜기 수행을 잘하지 못하기도 한다.

또한 Bender-2에서 수행이 저하된 내담자는 시계, 인물 또는 자전거의 그림과 같은 다른 그림 검사에서도 제대로 수행하지 못할 것으로 예상된다. Bender-2와 같은 검사는 상당히 구조화되어 있다(예를 들어 내담자에게 시계의 그림 그리기를 요구하는 것처럼). 이와 대조적으로 사람의 그림 그리기와 같은 자유화 검사를 수행하는 것은 훨씬 덜 구조화되어 있다. 내담자는 더 많은 정도로 활동을 스스로 시작하고 조직 및 모니터링을 해야 한다. 따라서 자유화 절차는 구조화된 Bender-2 및 웩슬러 하위검사 작업에 다른 차원을 추가한다. 공식적인 채점 기준과 규범은 Lezak 등(2012)의 시계, 자전거 및 집 그리기와 Strauss 등(2006)의 시계 그리기에서 찾아볼 수 있다.

때로는 내담자가 중추신경계 합병증으로 인한 시력 운동 장애를 보상하는 방법을 배웠을 수 있다. 이 결과 Bender-2 자극을 상대적으로 정확하게 그릴 수 있다. 이러한 보상은 특히 부상이 너무 광범위하지 않고 평균 이상의 병전 지능이 있으며 병변의 위치가 아주 중요한 것이 아니고 부상이 최근이 아닌 경우 특히 그렇다. 임상가는 때로는 다양한 보상기제에 민감하게 반응하여 뇌 손상의 가능성을 감지할 수 있다. Koppitz(1975)는 다음과 같은 몇 가지를 열거하였다.

- 완료하는 데 과도한 시간이 걸림
- 도형을 똑같이 그릴 때 손가락을 대고 "고정"함
- 일단 훑어본 후 기억해서 그림
- 몇 개의 점이 포함되어 있는지가 불분명한 점의 개수를 확인하고 다시 확인함
- 도형 그리기를 위해 종이 또는 Bender-2 카드 자체를 회전시킴
- 신속하고 충동적으로 그린 다음에 도형을 수정하는 데 매우 어려움을 겪음
- 잘 그려지지 않은 도형에 불만족을 표현하면서 반복적으로 수정함

Bender-2를 사용하여 신경심리적 손상을 선별할 때 중추신경계 문제의 지표 중 많은 부분이 정서장애의 지표이기도 하다는 점을 인식하는 것이 중요하다. 이 사실은 잘못 분류될 심각한 가능성을 제기한다. 따라서 Bender-2의 결과만으로 신경심리적 손상과 정서 장애 사이의 감별 진단을 하기에는 충분하지 않다. 개별 문제의 본질과 원인을 결정하기

위해 추가 정보가 필요하다.

반복 가능한 신경심리 상태 평가집 최신판

역사와 발전

반복 가능한 신경심리 상태 평가집(RBANS; Randolph, 2012)은 신경심리적 손상에 민감한 것으로 밝혀진 다양한 과제를 제공하는 비교적 간단한 12개의 하위검사 연속출판물이다. 검사의 최신 판은 12세의 청소년까지 규범을 하향 조정한 경우를 제외하고는 원판(Randolph, 1998)과 거의 동일하다. 12개의 하위검사는 5개의 지수로 구성되며, 각 지수는 총 점수와 함께 자체 점수를 제공한다(표 12.4 참고). 이 검사는 시행하는 데 20~30분이 소요되며 12세에서 89세 사이의 사람들에게 적용될 수 있다. Randolph(2012)에 따르면, RBANS는 노인 환자의 치매를 확인하고 설명하기 위한 독립형 평가집 역할을 하도록 개발되었다. 그러나 연구 결과에 따르면, 훨씬 더 넓은 범위의 환자에게 효과적으로 사용될 수 있다. RBANS는 더 길고 상세한 검사가 실용적이지 않고 이용 가능하지도 않은 경우에도 선별용 평가집 역할을 하도록 개발되었다. 이름에서 알 수 있듯이, 반복적인 평가를 제공하는 데 사용될 수 있다. 연습 효과의 영향을 줄이기 위해 네 가지 양식이 병렬로 시행될 수 있다.

Bender-2는 시각 운동에 중점을 두는 반면, RBANS의 하위검사는 구술력, 주의력, 시각 기억 및 시각 구조와 관련된 광범위한 절차를 사용한다. 임상가들은 주의, 언어, 기억 및 시각 공간 기능의 신경심리학 영역에 대한 부분들을 읽음으로써 이러한 유형의 영역에 대한 일반적인 정보를 얻을 수 있다. RBANS 하위검사 자체는 신경심리학에서 일반적으로 사용되는 절차의 변형이다. 예를 들어 단어 목록을 학습하고, 이야기에서 세부사항을 반복하며, 복잡한 모양을 재현하는 것이 일반적으로 사용되고 유효성이 검증된 절차이다. 다양한 친숙한 검사를 사용하면 심리 전문가들이 RBANS 하위검사를 적용하고 해석하기가 쉬워진다. 이 과정은 훈련 과정에 있는 심리학자가 배우고 사용하기에 충분히 쉽다. RBANS 절차는 부분적으로 광범위한 조건에 민감한 것들로 선택되었다. RBANS는 서로 다른 영역을 평가하기 때문에 서로 다른 유형의 장애를 알아내는 데 효과적일 것으로

표 12.4 반복 가능한 신경심리 상태 평가집 최신판 내용

지수	하위검사	내용
즉각기억	목록 학습	10개 단어 목록을 소리 내어 읽는다. 내담자는 네 번에 걸쳐 단어를 읽도록 요청받는다.
	이야기 기억	짧은 이야기를 소리 내어 읽는다. 내담자는 2회에 걸쳐 상세한 내용을 회상하도록 요청받는다.
시공간/구조적	도형 모사	복합 도형이 제시되고 내담자는 동일하게 그리도록 지시받는다.
	선 정향	내담자에게 번호가 매겨진, 방사형으로 선들이 그어진 그림을 보여 주고 보기에 있는 2개의 선과 동일한 방향의 선을 맞추도록 한다.
언어	그림 이름 대기	내담자는 다양한 물건의 이름을 말해야 한다.
	의미 유창성	내담자는 범주에 해당하는 단어를 가능한 많이 이야기해야 한다.
주의	숫자 외우기	내담자에게 숫자를 불러 주고 순서대로 회상하게 한다.
	기호 쓰기	내담자에게 도형이 그려진 상자들 열을 보여 주는데, 이 도형들은 숫자와 짝이 되어 있다. 보기에 있는 것과 동일하게 도형과 숫자를 일치시키도록 한다.
지연기억	목록 회상	목록 학습 후 20분이 지난 후 가능한 많은 단어를 회상하게 한다.
	목록 재인	20개 단어를 읽어 주는데, 10개는 목록에 있던 것이고 10개는 그렇지 않다. 내담자에게 불러 준 단어가 목록에 있던 것인지 아닌지 판단하게 한다.
	이야기 기억	이야기 검사 후 20분이 지난 후 이야기의 상세한 부분을 회상하게 한다.
	도형 회상	대담자에게 도형을 모사한 후 20분이 지난 후 도형을 기억해서 그대로 그리도록 한다.

출처 C. Randolph (2012)와 Strauss, Sherman, and Spreen (2006)에 기초함.

기대되었다. 예를 들어 한 환자 집단은 주로 기억장애가 있는 반면, 다른 집단은 일차적으로 주의와 언어 구사가 어려울 수 있다. 다양한 점수의 환자 집단을 구별하기 위해 지수점수 패턴을 사용하도록 하였다.

RBANS는 광범위한 서로 다른 영역을 평가하는 것 외에도 간결하고(30분 미만) 손쉬우며 대체 양식이 있고 중간 정도의 난이도로 설계되었다. 중등도의 어려움은 치매와 같은 미묘한 초기 증상에 민감하다는 것을 의미한다. 간이 정신상태검사 또는 치매 평정척도와 같은 다른 많은 절차는 인지장애의 초기 단계 또는 경미한 증상에 특히 민감하지 않은 것으로 나타났다. 다른 길고 복잡한 신경심리 검사의 대부분은 미묘한 인지장애에 민감하지만 신경심리적 문제가 있는 많은 환자에게 과도하게 어렵다.

RBANS는 이상적인 선별 검사 절차이다. 많은 급성 치료 환경에는 인지적 변화가 있는 환자(예를 들어 무산소증, 외상성 뇌 손상, 뇌졸중)들이 있으며, 이들의 기능에 대한 간단한 평가가 필요하다. 환자의 인지 기능 수준을 신속히 평가하여 다른 의료 전문가에게 치료 수준 또는 치료 결정을 내릴 수 있도록 해야 한다. 20분에서 30분 사이의 RBANS는 다양한 기능을 측정하며 배우기 쉽기 때문에 훌륭한 선택이 될 수 있다. 또한 환자는 재활치료 중에 회복을 추적해야 하는 경우가 종종 있다. 진행성 질환을 앓고 있는 환자는 지속적인 치료와 의사결정을 돕기 위해 관찰해야 한다. RBANS는 배우고 시행하며 해석하기가 쉽기 때문에 비신경심리학자에게도 이상적인 도구이다. 영어 사용 규준 표본의 경험적 방법으로 규준 자료를 추출한 스페인어 버전도 사용할 수 있다. 일본, 헝가리, 프랑스, 이탈리아, 노르웨이 및 러시아에서 비공식판이 개발되었다.

RBANS 지침서(Randolph, 2012)에 제시된 규준은 1995년 인구조사 자료에 근거한 미국 인구를 대표하는 20세에서 89세 사이의 540명으로 구성된다. 2012년 최신판에서는 12세에서 19세까지 연령 범위가 확장되었다. 이러한 기준은 일반적으로 하위검사 및 지수 점수를 계산할 때 사용된다. 그러나 교육은 다양한 검사에서 인지 수행에 영향을 줄 수 있다. 그 결과 Duff 등(2003)은 RBANS를 위한 718개의 지역 거주 성인의 더 큰 규준 표본을 개발하였다. 연령대와 교육을 모두 포함하는 하위 점수, 지수 및 총점의 변환 점수가 표에 제시된다(Strauss et al., 2006, pp. 240-245). 성별과 교육에 근거한 교정치는 631명의 고령자—남성 278명, 여성 353명—에게도 사용 가능하다(Beatty, Mold, & Gontkovsky, 2003). 마지막으로 지역사회 거주 아프리카계 미국인을 위한 규준도 가능하다(Patton et al., 2003).

신뢰도와 타당도

전체 점수에 대한 반분 신뢰도는 우수한 수준으로 .93이었고, 개별 지수점수는 시공간/구조적 지수의 경우 .75, 즉각기억 지수의 경우 .88(Randolph, 2012) 사이의 범위였다. 총 점수에 대한 표준오차는 4.06으로 적절하였으며, 지수점수들은 즉각기억 지수 5.36, 시공간/구조적 지수 7.63의 범위를 보였다. 총계 및 지수점수와 관련된 다양한 연령대에 대한 측정의 특정 표준오차는 기록 서식 및 지침서에 제공된다(Randolph, 2012). 성인의 경우 검사-재검사 신뢰도(평균 간격=38.7주, 표준편차=2.8)는 총 점수의 평균 .88이었고 주의 지수의 경우 평균 .80, 언어 지수의 경우는 .46 범위였다(Randolph, 2012). 청소년의 경우 검사-재검사 신뢰도(14일에서 31일 사이의 간격)는 총 척도에서 .85이고, 시공간/구조적 지수의 경우 .63에서 지연기억 지수의 경우 .80까지 다양하다(Randolph, 2012). Duff 등(2005)도 유사하게 더 긴 1년간의 기간 동안의 검사-재검사 신뢰도를 성인 .51에서 .83 사이로 보고하였다. 연습 효과는 거의 없는 것으로 나타났다.

언급한 바와 같이 RBANS 하위검사의 내용은 임상 신경심리학에서 자주 사용되는 다른 검사와 매우 유사하다. 다른 말로 하면, 선택된 절차의 유형은 다른 형태와 맥락 내에서 그 타당성이 입증된 것이다. 외부 척도와의 상관관계는 양호 내지 우수한 수준의 수렴 및 변별 타당도를 시사하였다. 예를 들어 WAIS-R 전체 지능지수와 RBANS 총점 사이의 상관관계는 .78로 매우 높았다(Randolph, 2012). 예상대로 RBANS 목록 학습 하위검사와 캘리포니아 언어학습 검사 2판 목록 학습 하위검사(.70)와 RBANS 기호쓰기 하위검사와 WAIS-III의 기호쓰기(.83; McKay, Wertheimer, Fichtenberg, & Casey, 2007)는 매우 높은 상관을 보였다. 마지막 예로, RBANS 시공간/구조적 지수가 레이-오스터리스 복합 도형 검사와 상당히 높은 상관관계를 가졌음을 나타냈다(.79; Randolph, 2012). 이러한 RBANS 지수의 대부분은 신경심리학에서의 초기 "고전적" 검사에서 파생된 하위검사이기 때문에, 이는 놀랄 일은 아니다. 이와 같은 검사 형식의 유사성과 외부 측정치와의 높은 상관관계가 결합되면 RBANS 지수/하위검사가 다른 잘 검증된 절차에 의존하고 상호 관련이 있다는 실제적인 지지가 제공되는 것이다.

타당도의 중요 영역은 지수가 실제로 개별 기능을 얼마나 측정하는지의 여부이다. 어느 정도까지는 이것이 지지되었다. 예를 들어 즉각기억 지수와 지연기억 지수(.63) 사이에 높은 상관관계가 발견되었는데, 둘 다 기억 측정치(웩슬러 기억검사에 대한 연구와 비슷한 패턴)이다. 이와는 대조적으로 다른 덜 유사한 지수점수 사이에는 예상한 대로 낮은 상관관계가 발견되었다(r=.21~.47; Randolph, 2012). 또한 일부 범주의 환자가 예측된 패턴으로 수행한다는 증거가 있다. 예를 들어 알츠하이머 환자의 경우 지연기억에 특별한 어려움을 겪고 있는 환자는 지연기억 지수에서 혈관성 치매 환자보다 더 낮은 수행을 보인다(Randolph, 2012). 또 다른 예는 좌반구 뇌졸중 환자의 경우 RBANS 언어 지수에서 특히 낮았으며 시공간/구조적 지수에서는 나은 수행을 보였다(M.C. Wilde, 2006). 우반구 뇌졸중 환자에게는 그 반대였다. 그러나 요인분석 연구는 지수 범주가 제시한 다섯 가지 요인보다는 RBANS의 두 요인 구조를 지지하였다(Carlozzi, Horner, Yang, & Tilley, 2008;

Duff et al., 2006; King, Bailie, Kinney, & Nitch, 2012; M. C. Wilde, 2006). 이 두 가지 요인은 크게 기억과 시공간/구성 능력과 관련이 있는 것으로 보인다.

RBANS는 원래 치매의 초기 단계와 중기 단계에 민감하도록 개발되었지만, 광범위한 다른 조건에도 민감한 것으로 밝혀졌다. 특히 RBANS는 외상성 뇌 손상 환자(McKay et al., 2007; Pachet, 2007), 뇌졸중(Larson, Kirschner, Bode, Heineman, & Goodman, 2005), 조현병(Gogos, Joshua, & Rossell, 2010; Laurent et al., 2007; Randolph, 2012; Wilke et al., 2004), 심각한 음주(A. Green et al., 2010), 다발성 경화증(Davis, Williams, Gupta, Finch, Randolph, 2015), 헌팅턴병, 파킨슨병 및 HIV 치매(Randolph, 2012)에 신뢰성 있고 유효한 척도로 알려져 있다. 또한 RBANS 평가는 치매 환자(Freilich & Hyer, 2007), 뇌졸중(Larson et al., 2005), 뇌진탕(Moser & Schatz, 2002; Moser, Schatz, & Jordan, 2005) 파킨슨병(Beatty, Ryder, Gontkovsky, Scott, McSwan, & Bharucha, 2003), 조현병(Gold et al., 2002), 외상성 뇌 손상(McKay et al., 2007)의 일상적 기능을 예측하는 것으로 밝혀졌다.

이점과 한계

RBANS는 실시, 평가 및 해석하기 쉬운 광범위한 범위의 간략하고 중간 정도 난이도 검사로서 틈새를 성공적으로 채운다. 적절한 신뢰도와 외부 측정치와 좋은 상관관계를 가지고 있으며 피질성 및 피질하 치매뿐만 아니라 우뇌 및 좌뇌의 뇌졸중 환자를 포함한 다양한 임상군을 변별하는 데 효과적이다. 또한 일상 행동의 관련 측면을 정확하게 예측할 수 있다. 하위검사 자체는 현장의 실무자에게 친숙하며, 과제는 인지장애에 매우 민감하다. 따라서 내담자의 개선과 악화를 추적하는 데 사용할 수 있는 이상적인 선별 도구이다. 이러한 장점으로 인해 RBANS는 임상 및 연구 환경에서 빠르게 받아들여졌다.

이러한 이점에도 불구하고 사용과 관련된 여러 가지 문제가 있다. 5개의 색인 점수는 전 범위 신경심리 평가가 완전히 시행된 것 같은 모양을 제공한다. 지수가 실제로 개별 기능을 측정한다는 일부 지지가 있지만, 요인분석에서는 이를 지지하지 않는다. 또한 지수점수를 기준으로 한 "패턴 분석"은 색인 점수 차이가 매우 큰 경우(일반적으로 10~20점)에만 해당된다. 따라서 사소한 차이를 해석해서는 안 된다. 지침서(Randolph, 2012)에서 제공되는 표는 임상가가 차이의 통계적 유의성(표 A.1, pp. 104-105)과 차이가 발생하는 빈도(표 A.2, p. 106)를 계산할 수 있게 한다. 예를 들어 시공간/구성 지수와 언어 지수 사이에 20점의 차이가 상당히 클 수 있다. 그러나 이는 표준화 집단의 전체 27%에서 발생한다. 이와 비슷하게 내담자의 기능 수준에서 실제 변화를 나타내는 점수는 재검사 수행 시 상당히 큰 변화를 요구한다(일반적으로 최소 양방향으로 15점; Duff et al., 2005; Wilke et al., 2002 참고). 많은 경우에 재검사에서 점수의 증가 또는 감소는 단순히 실제 내담자의 변화보다는 측정 오류를 나타낼 수 있다. Strauss 등(2006)은 상대적으로 안정적인 전체 점수와 주의 지수가 내담자 변화를 추적하는 데 좋은 척도라고 권고하였다.

더 많은 주의를 기울여야 하는 부분은 점수, 특히 교육과 같이 점수의 의미를 조절하는 요인을 고려하는 것이다. RBANS 지침서(Randolph, 2012)는 교육에 대한 대략적인 교정(표 5.4-5.8)을 제공하지만, 더 정확한 규범은 Duff 등(2003)에 의해 제공되었다. 예를 들어 20~49세 사이의 고등학교 교육을 받은 사람들을 대상으로 한 평균 RBANS 총 점수는 87.5이다. 따라서 임상가가 처음에 교육의 효과를 고려하지 않아서 교육 수준이 더 낮은 사람의 점수가 손상 범주인 것으로 잘못 추론해서는 안 된다. 아프리카계 미국인에 대한 점수 감소도 보고되고 있다(Patton et al., 2003). 따라서 임상가는 인지 손상과 같은 것을 추론할 때 이를 고려해야 한다.

실시

실시 지침은 기록 서식과 RBANS 지침서(Randolph, 2012)에 명확하게 나와 있다. 검사 자극은 명확한 동시에 사용하기 쉽다. 점수 기준은 간단하며 검사자는 총 점수, 지수점수, 신뢰구간 및 백분위 수를 나열하는 그래프 및 표에 결과를 요약할 수 있다. 그러나 장애(실어증, 운동장애)로 인해 하위검사가 제대로 되지 않거나 시행될 수 없는 경우 관련 지수점수 및 총점을 계산할 수 없으므로 검사의 가치가 제한적이 된다. 또한 환자의 장애에 맞추어 변경하거나 언어를 변경하게 되면 표준화된 시행에서 벗어나게 된다. 따라서 이 경우 자료는 정확한 정보를 나타내지 않을 수 있다.

해석 지침

웩슬러 지능검사와 Bender-2와 마찬가지로, RBANS는 원점수를 평균 100과 표준편차 15의 표준 점수로 변환한다. 기록 양식은 지침서와 함께 백분위 수 및 기술적 분류로 기술할 수 있다. 따라서 표준 점수 또는 지수점수가 70이라는 것은 동일 연령과 비교할 때 점수가 경계선 범위 또는 두 번째 백분위 수준에 해당함을 의미한다. 경계선 범위의 점수는 내담자의 교육 수준 혹은 충분한 정보가 있다면 민족 변인에 따라 수정해야 할 수도 있다.

유용한 전략은 가장 일반적인 수준의 분석으로 시작한 다음 보다 구체적인 질적 정보로 진행하는 것이다. 3단계 해석 과정이 권장된다.

수준 1 : 총 점수

총 점수는 RBANS에 대한 가장 안정적이고 검증된 일반적인 측정값이다. 중요한 고려사항은 환자에 대한 다른 정보와 일치하는 정도이다. 따라서 평균 또는 평균 이하 점수의 수행을 보이는 전문직을 가진 사람은 일종의 후천적 어려움이 있었음을 암시한다. 임상가는 이 점수를 설명하는 데 도움이 될 수 있는 사람의 병력 여부를 고려해야 한다(예를 들어 일련의 증상, 머리 부상, 무산소증 또는 뇌졸중). RBANS는 인지장애에 매우 민감한 유동 측정치로 구성되기 때문에 RBANS 총 점수는 웩슬러 지능검사의 전체 지능지수와 같은 점수보다 상당히 낮을 수 있다는 점을 주지해야 한다. 총 점수는 재검사가 상당히 큰 차이(일반적으로 15점 이상)를 나타낸다고 가정한 상태에서 내담자의 기능 저하 또는 개선을 관찰하는 데 사용할 수 있다.

수준 2 : 지수점수 분석

5개의 지수점수는 신경심리 기능의 5가지 공통 평가 영역을 나타낸다. 이 영역들을 비교하고 대조함으로써 환자의 상대적 강점과 약점을 평가할 수 있다. 예를 들어 한 명의 환자는 기억이 나쁘고(즉각기억과 지연기억 지수에서 낮은 점수) 꽤 좋은 비언어적 능력(시각적/구성 지수에서 높은/손상되지 않은 점수)을 보일 수 있다. 다른 환자의 경우 이 패턴이 바뀔 수 있다. 이러한 패턴은 여러 조건을 진단하는 데 도움이 될 수 있다. 또한 환자의 일상적인 기능에 대한 추론도 할 수 있다.

Randolph(2012)는 초기 단계에서도 알츠하이머병 환자가 지연기억(새로운 정보를 저장할 수 있는 능력이 부족함), 즉각기억(새로운 자료를 배우는 데 어려움이 있음) 및 언어(언어 구사력이 부족하고 단어를 찾는 데 어려움이 있음)에서 가장 낮은 점수를 보일 것이라는 예와 증거를 제시하였다. 따라서 그는 RBANS가 알츠하이머병에 민감할 뿐만 아니라 지수점수를 분석함으로써 질병의 인지적 "표지"를 탐지할 수 있다고 결론지었다.

알츠하이머병은 대개 피질 부위에 영향을 미치므로 "피질성" 치매라고 한다. 치매의 또 다른 그룹은 주로 피질하 부위(파킨슨병, 헌팅턴병, 허혈성 혈관 질환)에 영향을 미치므로 "피질하(subcortical)" 치매라고 한다. 이 치매는 일차적으로 주의력과 시지각구성 손상이 특징이다. 이 피질하 패턴은 주의 및 시공간/구성 지수 수행이 약하게 나타난다. 공식적인 "피질성-피질하 편차 점수"는 주의 및 시공간/구성 지수 평균에서 지연기억과 언어 평균을 빼서 계산할 수 있다. 점수가 0 이상인 환자는 "피질성" 치매로 분류할 수 있고, 0 이하의 점수를 가진 사람들은 "피질하" 치매로 간주될 수 있다. 이 분류 체계는 40명의 환자 중 37명을 정확하게 분류하는 것으로 나타났다(Randolph, 2012). Fink, McCrea, Randolph(1998)도 유사하게 알츠하이머병 환자의 93%와 혈관성 치매 환자의 75%를 정확하게 분류할 수 있었다. 이러한 차이는 질병의 초기 단계부터 중간 단계에서 두드러지게 나타날 가능성이 높다. 장애가 진행됨에 따라 높고 낮은 점수는 평평하게 될 것이다.

지수의 또 다른 패턴은 좌반구(언어 능력) 또는 우반구(비언어 능력)를 고려하여 생각해 볼 수 있다. 어떤 반구가 영향을 받는지는 RBANS 언어 또는 비언어적(시공간/구성) 지수 중 어느 지수가 상대적으로 높은지에 따라 결정된다.

이러한 패턴을 해석할 때 임상가는 두 가지 주요 원칙에 따라 지침을 잡고 균형을 맞추어야 한다. 첫 번째는 심리측정적인 원칙이다. 차이 점수는 불일치가 크게 나타나고 (RBANS 지침서의 표 A.1 참고, Randolph, 2012) 상당히 비정상적인 경우(RBANS 지침서의 표 A.2 참고)에 가장 의미가 있다. 두 번째 고려사항은 보다 임상적이고 질적이다. 특히 점수 패턴에 정신과 병력, 질병의 가족 패턴, 다른 검사 점수, 제시된 문제, 행동 관찰 등의 정보를 포함하여 내담자에 대한 정보가 더불어 제공되어야 한다("수준 3 : 질적 정보" 참고).

수준 3 : 질적 정보

RBANS를 구성하는 12개의 개별 하위검사는 평균 점수가 10이고 표준편차가 3이다. 이러한 하위검사는 상대적으로 짧기 때문에 개개인을 해석하는 데 충분히 신뢰할 만한 것으로 기대되지는 않는다. 그러나 관련 개인력 및 행동 관찰과 결합될 때 질적 정보로 간주될 수 있는 것을 제공한다. 예를 들어 정확한 단어를 찾는 데 어려움을 겪고 있으며 언어 지수를 구성하는 언어 하위검사의 점수가 낮은 환자는 "언어 구사력 저하"와 "단어 찾기 문제"가 있다고 합리적으로 말할 수 있다. 따라서 이 정보는 환자의 수행 능력에 대한 해석에 함께 포함될 수 있다. 이러한 어려움이 그 사람에 대한 다른 사람의 정보(예를 들어 배우자, 자녀)에 의해 뒷받침될 수 있다면 이러한 해석은 더욱 확실해 진다.

읽을거리

Groth-Marnat, G. (Ed.). (2000). *Neuropsychological assessment in clinical practice: A guide to test interpretation and integration.* New York, NY: Wiley.

Lacks, P. (1999). *Bender-Gestalt screening for brain dysfunction* (2nd ed.). New York, NY: Wiley.

Lezak, M. D., Howieson, D. B., Bigler, E. D., & Tranel, D. (2012). *Neuropsychological assessment* (5th ed.). New York, NY: Oxford University Press.

Snyder, P. J., Nussbaum, P. D., & Robins, D. L. (Eds.) (2006). *Clinical neuropsychology: A pocket handbook for assessment* (2nd ed.). Washington, DC: American Psychological Association.

Strauss, E., Sherman, E. M. S., & Spreen, O. (2006). *A compendium of neuropsychological tests: Administration, norms, and commentary* (3rd ed.). New York, NY: Oxford University Press.

Vanderploeg, R. D. (Ed.). (1999). *Clinician's guide to neuropsychological assessment* (2nd ed.). New York, NY: Psychology Press.

제13장

치료 계획, 점검, 결과 평가를 위한 간편 도구

1990년대 초반부터 정신보건 서비스 제공에 도움이 되는 증상 중심의 간편 도구에 대한 수요가 증가하고 있다. 그 주된 이유 중 하나는 관리의료에서 비용 절감과 치료 효능의 문서화에 중점을 둔다는 것이다. 또한 대부분의 관리의료 기관은 치료법에 대한 다소 좁은 증상 중심의 초점을 가지고 있는데, 이는 많은 간편 임상 도구의 내용과 매우 일치한다(Maruish & Nelson, 2014 참고). 이 도구는 중재의 영향을 계획, 점검 및 평가하는 데 사용할 수 있다. 중요한 것은 치료 성과 측정의 사용이 치료에 반응하지 않을 위험이 있는 내담자를 규명하여 치료 성공을 향상시키는 것으로 밝혀졌다는 점이다(Lambert & Hawkins, 2004).

또 다른 요소는 정신건강 중재의 결과에 대한 광범위하고 끊임없이 확장된 연구였다. 현재는 사전 및 사후 평가에 사용할 다양한 도구를 선택하는 수준까지 발전하였다(Antony & Barlow, 2011; Maruish, 2004 참고). 훈련 및 연구 클리닉은 일반적으로 10분 또는 15분이 채 걸리지 않는 검사를 통해 성과를 검토한다. 연구 분야에 존재하는 모델과 절차를 감안하여, 관리의료 조직은 임상가들이 그들이 시행하고 있는 중재가 실제로 효과적이라는 것을 입증할 것으로 기대한다(Callaghan, 2001). 그러한 측정을 통해 결과를 살펴보는 것은 치료 결과에 효과적이고 가치 있는 것으로 입증되었다(Anker, Duncan, & Sparks, 2009; Kraus, Castonguay, Boswell, Nordberg, & Hayes, 2011; Shimokawa, Lambert, &

Smart, 2010). 결과적으로 2004년에는 전문 심리학자의 37%가 일정 형태의 결과 측정 방법을 사용하여 자신의 결과를 제시하였다(Hatfield & Ogles, 2004).

간편 도구의 역할은 심리학자 참여 영역의 극적인 증가와 함께 확장되었다(Maruish, 2004; Stout & Cook, 1999). 여기에는 예방, 치료 계획, 임상 결과 관리, 위기 관리, 향정신성 약물 평가, 꾀병과 진단되지 않은 정신병리 탐지, 만성 통증 평가, 노인 평가 및 치과 행동학이 포함된다. 전체 검사집 사용이 줄어들면서 간편 도구를 사용하는 추가 영역들이 크게 증가하였다.

심리학자들이 직면한 주요 과제 중 하나는 서비스의 재정적 효율성을 보여 주는 것이다. 심리사회적 개입은 일반 건강관리뿐만 아니라 심리치료에서 비용 효과적이라는 상당한 증거가 있다(Groth-Marnat & Edkins, 1996). 예를 들어 오래전부터 신체화 환자는 의료-수술 시스템의 과도한 사용자이다. 값비싼(그리고 상대적으로 비효율적인) 의료-수술 영역으로부터 이들을 정신건강 영역으로 옮겨서 간단하고 표적화된 심리치료를 받게 한다면 상당한 비용 절감 효과를 얻을 수 있다(Cummings, 1991). 불행히도 평가 서비스의 잠재적인 비용 절감에 대한 연구는 거의 없다. 합리적인 지침에 따르면, 평가는 위험 관리, 평가와 치료의 연계, 컴퓨터 보조 평가 사용, 비용 절감으로 이어지는 목표에 맞춘 치료, 시간 효율적인 도구 사용과 치료 계획 및 결과 평가에 가장 관련이 있는 영역에 초점을 맞춤으로써 재정적인 효율성을 보일 수 있다고 하였다(Groth-Marnat, 1999). Yates와 Taub(2003)는 비용, 절차 및 과정 평가들을 결합하고 이들을 결과 분석과 비교함으로써 이것이 어떻게 성취될 수 있는지에 대한 모델을 제안하였다.

간편 도구 선택하기

간편 선별 도구를 선택하기 전에 누가 그것을 실시하고 해석하는지에 대한 고려가 있어야 한다. 성인용 도구(그리고 이 장에 포함된 도구들)의 대부분은 자기보고 방법이다. 이러한 평가는 임상가가 소모하는 시간을 줄이고 내담자가 자신의 어려움을 인식할 수 있다는 이점이 있다. 그러나 내담자 지각에 따른 편향의 가능성이 있으며, 잠재적으로 과소보고 또는 과다보고의 가능성이 있다. 다른 도구들은 전문 심리학자 또는 관련된 건강 전문가, 간호사 또는 임상 사회복지사 등에 의해 실시된다(Bufka, Crawford & Levitt, 2002; Maruish, 2004). 다른 경우에는 부모나 배우자와 같이 환자의 삶에 중요한 사람들이 평가에 포함된다.

계획과 결과 평가에 대한 도구의 유용성은 특히 간편 도구 선택과 관련이 있다. 첫째, 간편 도구는 완료하는 데 15분 이상 걸리지 않아야 한다(짧을수록 좋음). 또한 일반적으로 치료 계획 및 결과 평가와 직접 관련이 있어야 한다. 이와 달리 심리치료 전의 종합 심리검사 접근법은 광범위한 정보를 제공하지만, 대다수의 정보는 치료 계획에 직접 적용되지는 않는다. 더 중요한 핵심적 특성은 선별 목적으로 이 도구들이 유용하다는 것이다. 예를 들어 벡 우울 척도-II(BDI-II)는 위의 각 목적에 사용될 수 있다. 의사는 우울증의 가능성을 감지하기 위해 사용할 수 있고, 심리학자가 그것을 실시하여 내담자의 우울 정도의 기저 수준을 결정할 수 있다. 우울증 치료를 목표로 한 중재의 효과를 판단하기 위해 반복 시행을 할 수 있다. 관리의료 회사는 의료 비용 지급과 관련된 치료법의 질을 탐색하는 과정에 특히 관심을 가질 것이다.

시간 효율성과 치료 계획 및 결과 평가와의 관련성 외에도 간편 도구는 다양한 대상 집단과 관련이 있어야 한다(F. Newman et al., 1999). 예를 들어 아동 및 노인 인구를 대상으로 재구성된 BDI가 개발되었다. BDI-II는 아프리카계 미국인(Grothe et al., 2005)과 히스패닉 집단(Wiebe & Penley, 2005)의 평가에서도 유용하다고 밝혀졌다. 간편 도구는 치료자뿐만 아니라 내담자, 내담자의 삶에서 중요한 사람들, 보험회사 및 연구원이 바람직하게 사용하고 이해할 수 있어야 한다. 따라서 전문가와 비전문가가 모두 이해할 수 있도록 명확하고 직접적이어야 한다. 그러한 도구는 여러 다른 기관에 종종 제공되기 때문에 임상적으로 중요한 변화에 민감해야 한다. 전문가가 사용하는 심리검사와 마찬가지로 적절한 심리측정적 특성도 있어야 한다. 마지막으로 결과를 해석하는 것은 복잡하지 않아야 하며, 구조는 내담자 또는 다른 관련자에게 피드백을 줄 수 있을 만큼 명확해야 한다.

BDI와 같은 유서깊은 도구 이외에도 많은 도구들이 치료 계획 및 환자 추적을 위해 특별히 개발되었다. 예를 들어 치료 결과 질문지(Outcome Questionnaire, OQ-45; Lambert et al., 1996)는 내담자에게 5점 리커트 유형 척도로 다양한 영역을 평가하도록 요청하는 45개 항목의 자기평가 도구이다. 이것은 내담자 기능의 전반적 측정, 기저선 확립, 치료 결정 및 일반적인 증상을 평가하는 데 사용할 수 있다(예를 들어 스트레스, *DSM-5* 코드).

결과는 증상과 대인관계 유형과 수준 및 사회적 역할에 대한 상대적 만족도를 중심으로 구성된다. Butcher 치료 계획 질문지(Butcher Treatment Planning Inventory; Butcher, 1998)는 210항목의 자기보고 질문지로, 특히 치료와 관련된 문제와 어려움 등을 평가한다. 척도는 타당도, 치료에서의 문제점 및 현재 증후 등으로 구성된다. 예를 들어 타당도 척도는 내담자가 지나치게 자신을 좋게 보이려고 하거나 자신의 어려움을 지나치게 감추려는 정도와 관련이 있다. 치료에서 문제가 되는 부분들로는 어려움을 신체화하는 것, 치료에 대한 기대 부족, 나르시시즘과 같은 영역들이 포함된다. 마지막 예는 체계적 치료 선택(Systematic Treatment Selection, STS; Beutler, Clarkin, & Bongar, 2000; Groth-Marnat, Gottheil, Liu, Clinton, & Beutler, 2008)인데, 그 안에는 소프트웨어 패키지(Beutler & Williams, 1999)와 STS 임상가 평정 양식(STS Clinician Rating Form; Fisher, Beutler, & Williams, 1999)이 포함된다. 위의 도구들은 상당한 가능성을 보여 주지만, 다른 많은 도구만큼 널리 사용되거나 검증되지 않는다.

이 장에서 소개하는 세 가지 도구는 각각 치료 계획, 점검 및 결과 평가에서 요구되는 기준을 충족시킨다. 모두 시간 효율적이고, 치료 계획과 직접적으로 관련이 있으며, 결과를 평가하는 데 사용할 수 있고, 선별 도구로 효과적이며, 광범위한 대상 집단과 관련이 있고, 변화에 민감하며, 도구들이 제공하는 구조 및 정보 피드백이 쉽게 전달될 수 있도록 충분히 명료하다. 또한 이 도구들은 다양한 민족 및 국가를 대상으로 타당함이 입증되었다. 이러한 결과로, 이것들은 임상 실제와 연구 모두에서 가장 광범위하게 사용되는 간편 도구가 되었다.

증상 체크목록-90-R 및 간이 증상 질문지

증상 체크목록-90-R(Symptom Checklist-90-R, SCL-90-R; Derogatis, 1994)과 그 단축 버전인 간이 증상 질문지(Brief Symptom Inventory, BSI; Derogatis, 1993)는 내담자의 유형과 자기보고된 증상의 심각도를 신속하게 진단한다. 이것은 성격 측정으로 간주되어서는 안 되며, 1주 간격으로 경험한 다양한 증상의 현재 수준에 대한 평가이다. SCL-90-R은 치료 계획, 점검 및 결과 평가를 위한 Hopkins 증상 평정척도(Derogatis, Lipman,

Rickels, Uhlenhuth, & Covi, 1974)에서 파생되었고, 더 거슬러 올라가면 Woodworth 인성검사(Woodworth, 1918)에서 시작되었다. 이름에서 알 수 있듯이, SCL-90-R은 심각도에 따라 내담자가 평가하는 90가지 증상 설명으로 구성된다(0=전혀 아님, 4=매우 높음). 6학년 정도의 읽기 수준이 요구되며 일반적으로 완성하는 데 12~15분이 소요된다. 증상은 아홉 가지 차원(예를 들어 신체화, 강박)과 세 가지 일반 지수(예를 들어 일반 심도 지수)로 점수가 매겨진다. SCL-90-R 단축형인 BSI에는 SCL-90의 53문항이 포함되며 동일한 영역과 일반 지수들로 구성된다.

SCL-90-R은 9개의 증상 영역과 3개의 일반 지수가 표기된 프로파일로 변환된다. MMPI-2 및 다른 많은 측정과 마찬가지로, 각 점수의 평균은 50이며 표준편차는 10이다. SCL-90-R의 고유한 기능 중 하나는 이 점수가 4개 규준 집단과 비교되어 그래프로 제시된다는 것이다.

1. 규준 A : 정신과 외래 환자(N=1,002, 남성 425명, 여성 577명). 약 3분의 2는 백인이고 전체 표본의 사회경제적 수준은 하단으로 약간 치중됨

2. 규준 B : 비환자(N=1,000, 남성 494명, 여성 480명). 미국 동부에서 무선 추출한 표본

3. 규준 C : 정신과 입원 환자(N=313, 3분의 2가 여성). 55.7%는 백인, 43.6%는 흑인, 평균 연령은 33.1세

4. 규준 E : 비입원 청소년(N=806, 여성 60%, 남성 40%). 연령 범위는 13~18세(평균=15.6). 중산층 백인이 주가 되는 2개 학교에서 추출함

전문가가 비환자 집단과 비교를 원할 경우 규준 B를 사용할 수 있다. 다른 상황에서는 외래 환자 또는 입원 환자 집단과 비교하는 것이 유리할 수 있다. SCL-90-R은 다양한 타당화 연구가 광범위하게 이루어져 있어, 병원 환자, 청소년, 지역사회 비환자군, 교차 문화/민족 집단, 입원 환자 및 외래 환자 등 다양한 집단에 사용할 수 있다. 또한 26개 이상의 언어로 제공되며 컴퓨터 채점, 시행 및 해석 프로그램을 이용할 수 있다.

BSI에 대한 채점 및 표준 비교는 SCL-90-R과 유사한 절차를 따른다. 두 척도 모두에 사용된 규범은 정신과 외래 환자, 정신과 입원 환자 및 비환자에게 동일하다. 그러나 BSI

는 6개의 학교에서 13세에서 19세 사이의 중산층 학생 2,588명(백인 58%, 흑인 30%, 기타 12%)으로 구성된 더 큰 청소년 규준을 가지고 있다. 노인(Hale, Cochran, & Hedgepeth, 1984)과 청소년 학생(Canetti, Shalev, & De-Nour, 1994)을 위해 별도의 규범이 개발되고 출판되었다.

신뢰도와 타당도

SCL-90-R의 신뢰도는 일관되게 양호하다. 지침서에는 정신과 외래 환자에 기초한 9개의 증상 차원에 대한 내적 일치도가 편집증(Paranoid Ideation)의 최저 .79에서 우울의 최고 .90까지 범위로 보고되었다. "증상이 있는 자원자(symptomatic volunteers)"에 대한 내적 일치도는 약간 낮았으며, 정신증의 경우 최저 .77에서 우울의 경우 .90까지였다 (Derogatis & Savitz, 1999). 1주일간의 검사-재검사 신뢰도는 적대감이 .78이었고 공포 불안이 .90이었다. 대부분의 계수는 .80대 중반이었다. 예상대로 검사-재검사 신뢰도는 10주 간격에서는 약간 낮아졌으며, 신체화의 경우 .68에서 편집증의 경우 .83의 범위였다 (Derogatis, 1994; Derogatis & Savitz, 1999).

BSI에 대한 신뢰도는 단축형이기 때문에 SCL-90-R보다 약간 낮을 것으로 예상되었으나 매우 유사하게 나타났다. 내적 일치도는 정신증 .71과 우울 .85였다(Derogatis, 1993). 이와 유사하게 상실을 경험한 부모의 내적 일치도는 정신증 .74, 일반 심도 지수는 매우 높은 .97 범위였다(L. C. Johnson, Murphy, & Dimond, 1996). 2주간의 검사-재검사 신뢰도는 신체화의 경우 최저 .68에서 공포 불안의 경우 최고 .91까지의 범위였다(Derogatis, 1993). 한 가지 주목할 만한 특징은 검사-재검사 신뢰도가 일반 심도 지수에서 매우 높았다는 것인데, 이는 시간 경과에 따라 안정적인 측정치임이 시사되었다. 이것은 BSI(및 SCL-90-R) 일반 심도 지수가 치료를 점검하고 그 결과를 평가하기 위해 반복적으로 자주 사용된다는 점을 감안할 때 특히 중요하다. 조현병이 있는 성인 집단에서 3년 동안 측정한 값(6개월마다 측정)은 매우 높았다(Long, Harring, Brekke, Test, & Greenberg, 2007).

SCL-90-R의 유효성 연구는 1,000건이 넘게 수행되었다. 예를 들어 MMPI와 일반 건강 질문지(GHQ) 측정 모두 SCL-90-R에 연관된 차원과 수렴 타당도가 검증되었고 다른 측정치와는 변별 타당도가 검증되었다(Derogatis, 1994; Schmitz, Kruse, Heckrath, Alberti, & Tress, 1999). SCL-90-R 우울 척도는 벡 우울 척도와 높은 상관관계(.80)를 보였으며

(Peveler & Fairburn, 1990), 우울증을 효과적으로 동등하게 선별할 수 있었다(Choquette, 1990).

SCL-90-R 프로파일은 우울증 및 기타 정서장애, 불안, 공황, 성기능 장애, 물질 남용 등 다양한 진단 집단에서 예상한 대로 나타났다(Derogatis, 1994; Derogatis & Savitz, 1999; Prinz et al., 2013). 그러나 다른 연구들은 SCL-90-R의 변별 타당도에 의문을 제기하였다. 이들은 이 측정치가 전반적 불편감의 일반적인 지표로 사용되었을 뿐이라고 하였다(Cyr, McKenna-Foley, & Peacock, 1985; Elliott et al., 2006; Vassend & Skrondal, 1999). 이 논쟁은 요인 구조와 관련된 결과에서 뚜렷하게 드러났다. 한편 Derogatis(1994)는 요인분석 연구가 정신증 차원을 제외하고는 SCL-90-R의 다양한 차원과 일치한다고 보고하였다. 이와 대조적으로 다른 연구에서는 연구된 집단의 유형에 따라 1~6가지 요인이 나타난다고 보고되었다(Cyr et al., 1985; Hayes, 1997; Piersma, Boes, & Reaume, 1994; Vassend & Skrondal, 1999). 예를 들어 Vassend와 Skrondal(1999)은 일반적인 4요소 패턴을 찾았지만, 이것은 성별과 표본의 정서 수준에 따라 달라졌다. 그들은 "근본적인 구조적 불확정성 문제"(p. 685)가 있다고 결론지었다. Cyr 등(1985)은 외래 신경증 환자의 범위를 넘어서 평가할 때 요인 구조가 특히 불확실해진다고 덧붙였다. 이와 대조적으로 Hayes(1997)는 대학생 집단에서 6요소 패턴을 지지하는 결과를 얻었다(SCL-90-R에 나열된 9가지 요인은 아님). Urban 등(2014)은 2요소를 얻었으나 현재의 SCL-90-R의 9가지 요인에도 부합하였다. 흥미롭게도 Paap 등(2012)은 단일 차원(일반 심도 지수) 또는 다차원(하위척도) 지표 중 어느 것이 더 타당한지와 관련된 특성을 발견하였다. 주요 예측 인자는 자기보고된 고통 수준이었고, 고통이 적은 내담자에게는 요인/하위 집단 간의 구분이 거의 없었으며, 자기보고된 고통이 많은 내담자는 척도가 구분되었다. 수검자 집단의 이러한 차이는 SCL-90-R 및 BSI의 요인 구조에 대한 많은 상반되는 결과를 설명할 수 있다.

SCL-90-R의 요인 구조는 명확하지 않지만, 다양한 장애에 대한 민감성과 특이성을 평가하는 연구에서 일반적으로 지지하는 증거를 제시하였다. 예를 들어 SCL-90-R에서 폭식증의 민감도는 77%, 특이도는 91%이다(Peveler & Fairburn, 1990). 이와 유사하게 당뇨와 관련된 심리적 어려움을 탐지하는 데서 72%의 민감도와 87%의 특이도를 나타냈다. 적대감, 편집증, 신체화 및 강박 차원에서의 높은 점수는 A군(편집성, 조현성, 조현형)

및 B군(반사회성, 경계성, 연극성, 자기애성) 성격장애를 각각 89%의 높은 민감도와 97%의 더 높은 특이도로 구분하였다(Starcevic, Bogojevic, & Marinkovic, 2000).

요인분석 연구가 예상하듯이, SCL-90-R은 사람이 경험하고 있는 일반적인 고통 수준을 효과적으로 탐지하는 것으로 나타났다(Derogatis, 1993, 1994). SCL-90-R은 알코올 남용 인구의 가능한 동반 질환에 대한 탐색(Benjamin, Mossman, Graves, & Sanders, 2006), 뇌 손상을 가진 사람들의 고통 수준뿐만 아니라 임상적으로 중요한 변화(Elliott et al., 2006; Schmitz & Hartkamp, 2000)에 반응하는 것으로 밝혀졌다(Hoofien, Barak, Vakil, & Gilboa, 2005; Westcott & Alfano, 2005), SCL-90-R의 진단 유용성을 지지하는 연구와 달리, 정신증 차원은 정신병 환자와 비정신병 환자를 구별할 수 없었다(Stukenberg, Dura, & Kiecolt-Glaser, 1990). 이것은 낮은 내적 일치도와 결합하여 정신증 차원이 모든 SCL-90-R 척도 중 가장 약한 심리측정적 특성을 갖는 것으로 보이므로, 매우 주의해서 해석해야 한다.

BSI의 타당도는 부분적으로 SCL-90-R과 BSI 차원 사이의 높은 상관관계에 의해 뒷받침된다. 범위는 가장 낮은 정신증이 .92이며 가장 높은 편집증이 .98까지이다(Derogatis & Savitz, 1999). 이 상관관계는 SCL-90-R에 대한 연구가 BSI를 지지할 뿐만 아니라 두 가지 검사가 서로에 대한 대체 형식으로 사용될 수 있을 만큼 충분히 높다는 것을 말해 준다. 추가 연구는 고통에 대한 BSI의 민감도를 지지하고 다양한 중재의 결과를 추적하는 데 사용될 수 있다고 제안한다(Derogatis, 1993; Derogatis & Savitz, 1999). 예를 들어 최근에 암으로 진단받은 환자를 선별한 것은 BSI가 외부 측정치(Zabora, Smith-Wilson, Fetting, Enterline, 1990)를 사용하여 다양한 고통 수준에 민감하다는 것을 나타낸다. 이와 유사하게 BSI에 대한 높은 점수가 유족 부모에게서 발견되었다(L. C. Johnson et al., 1996). 숙련된 임상가에 의해 평가된 내담자가 경험한 고통 수준의 등급도 BSI의 예상 차원과 중간 정도의 상관관계가 있는 것으로 나타났다(Morlan & Tan, 1998). 그러나 BSI의 만족도와 내담자가 보고하는 심리치료 만족도 간 상관관계는 없었다(Pekarik & Wolff, 1996).

다양한 집단에서의 사용

SCL-90-R은 다양한 문화적 맥락에서 지속적으로 신뢰할 수 있고 유효한 도구로 사용되었다. 예를 들어 Martinez, Stillerman과 Waldo(2005)는 SCL-90-R이 증상과 관련된 변화를 측정한다고 결론지었다. 또한 백인과 히스패닉 인구 모두에게 비슷한 방식으로 사용되었다. 중국(Wang et al., 2000)과 베트남 집단(Hauff & Vaglum, 1994)에서 외상 관련 정신병리의 수준을 성공적으로 평가할 수 있었을 뿐만 아니라 멕시코(Cruz Fuentes, Bellow, Garcia, Macías, & Chavez Balderas, 2005), 스페인(Caparrós-Caparrós, Villar-Hoz, Juan-Ferrer, & Viñas-Poch, 2007), 덴마크(Olsen, Mortensen, & Bech, 2004), 독일(Essau, Groen, Conradt, Turbanisch, & Petermann, 2001; Schmitz et al., 2000), 헝가리(Unoka et al., 2004), 그리스(Donias, Karastergiou, & Manos, 1991), 일본(Tomioka, Shimura, Hidaka, & Kubo, 2008), 한국, 미국과 캐나다에 있는 한인 이민자들(Noh & Avison, 1992)의 일반적인 고통도 성공적으로 평가하였다. 또한 남아프리카의 줄루어 사용자(Zulu speaker)에게도 잘 적용되었다(Shanahan, Anderson, & Mkhize, 2001). 그러나 이탈리아의 한 연구에서는 요인 구조가 동일하게 나타나지 않았으므로 주의해서 사용해야 한다고 제안하였다(Prunas, Sarno, Preti, Madeddu, & Perugini, 2012).

지침서에 제공된 규범 집단에는 아프리카계 미국인, 특히 정신과 입원 환자(43.6%) 및 외래 환자(32.6%)가 적절하게 포함되어 있다. 언급한 바와 같이, 청소년기의 규범도 있다. SCL-90-R는 고령 집단에 대한 증상의 정도와 시간적 안정성이 입증되었다(Agbayewa, 1990; Levenson, Aldwin, Bossé, & Spiro, 1988).

해석

여러 면에서 SCL-90-R 및 BSI의 "해석"은 직접적이다. 자료는 전형성을 보이기보다는 기술적이다. 다른 말로 하면 내담자 증상의 일반적 심각도는 일반 심도 지수의 상승 정도를 통해 평가할 수 있다. 마찬가지로 내담자가 다른 사람의 비판에 민감한 정도는 대인 예민성 차원의 상대적 상승에 의해 측정될 수 있다. 그러나 임상가는 임상 지식을 토대로 이 간단한 설명을 넘어서 확대 해석하고자 할 수도 있다. 예를 들어 대인 예민성이 높은 사람은 비판을 과장하고 이러한 비판을 반박하며 비합리적 사고를 경험하고 자부심이 낮으며 자기주장을 못한다. 추가 자료를 고려하여 내담자 상태의 심각성을 자세히 조사할 수 있다. 다양한 성격장애와 일치하는 상승 패턴이 있을 수 있다. 예를 들어 회피성 성격은 대인 예민성, 불안 그리고 아마도 공포 불안에서 높은 점수를 보일 것으로 예상된다. 이와 대조적으로 연극적 성격은 신체화 차원이 상승될 것이다. 이러한 개념적 연결은 그 사람이 어떤 성격 스타일을 갖췄는지의 여부를 확인하기 위한 더 깊은 탐색의 시작점으로 사용할 수 있다. 그러나 이러한 "해석"은 아홉 가지 SCL-90-R/BSI 차원의 독립성이 불확실하다는 점을 고려할 때 가설로 간주되어야 한다.

해석은 전체 지표에서 시작하여 차원 및 증상/항목 수준으로 진행할 수 있다. 따라서 다음 정보는 이 세 가지 일반적인 분류에 따라 범주 상승의 의미에 대한 상세한 내용을 기술한 것이다(Derogatis & Savitz, 1999에서 인용).

일반 지수

일반 심도 지수

일반 심도 지수(Global Severity Index, GSI)는 보고된 증상의 수에 경험된 스트레스 강도를 감안하여 조합한 평정이다. 따라서 이것은 고통의 가장 좋은 단일 지표이며 단일 지표가 적절할 때 사용되어야 한다. 일반적으로 63점 이상인 T 점수는 임상적으로 유의한 수준의 심리적 어려움이 있음을 나타낸다.

표출 증상 고통 지수

표출 증상 고통 지수(Positive Symptom Distress Index, PSDI)는 보고된 모든 증상의 평균 평정이다. 따라서 이것은 (단순한 증상의 수보다) 증상 강도의 척도가 된다.

표출 증상 총점

표출 증상 총점(Positive Symptom Total, PST)은, PSDI가 증상의 심각도를 측정하는 반면, 증상의 수(또는 폭)를 나타낸다. 따라서 이론적으로 내담자가 낮은 PSDI를 보이면 증상이 특별히 문제가 되지 않음을 나타내지만, 높은 PST를 보이면 증상이 다양하고 잠재적으로 복합적일 수 있음을 나타낸다.

증상 차원

신체화(SOM)

신체화(Somatization, SOM)의 상승은 고통이 실질적 혹은 증폭되거나 상상된 신체 기능 장애와 관련된 우려를 통해 주로 경험함을 나타낸다. 어려움은 심혈관, 위장, 호흡기,

전체 근육 또는 다른 신체 부위에 집중될 수 있다(실제 항목에 대한 반응을 적어 둔다). 고통과 불안이 모두 존재할 가능성이 높으며, 이로 인해 증폭되어 생리적으로 기반한 장애를 일으킬 수 있다. 중재에는 내담자가 자신이 신체화를 대처기제로 어떻게 사용하는지에 대한 자각 증가와 스트레스 관리, 사회 기술 훈련, 최면 또는 생체자기제어(바이오피드백)와 같은 대안이 될 대처 방법의 결합이 포함된다.

강박(O-C)

강박(Obsessive-Compulsive, O-C) 차원은 참을 수 없고 반복적이며 원치 않고 사람의 통제를 넘어서 경험하는 충동, 생각 및 행동에 초점을 맞추고 있다. 일부 항목은 보다 일반적인 인지 능력 결핍(예를 들어 사람의 마음이 공허해지거나 집중하는 데 어려움을 겪고 있음)을 지칭한다.

대인 예민성(I-S)

대인 예민성(Interpersonal Sensitivity, I-S)의 높은 점수는 내담자가 대인관계에서 상당한 불편감을 경험하고 있다는 것을 나타낸다. 자신을 다른 사람과 비교할 때, 그들은 일반적으로 열등감을 느끼고 자기의심과 부적절함을 경험한다. 어떤 개입에도 결정적으로 도움이 되는 것은 지지적인 치료적 관계이며, 인지적 재구조화와 자기주장 훈련을 결합해 사용할 수 있다.

우울(DEP)

우울(Depression, DEP) 상승은 그 사람이 우울한 증상을 경험하고 있음을 의미한다. 여기에는 즐거움 상실, 불쾌감, 외로움, 울음, 철수, 비관, 수면장애, 식욕 변화, 부족한 동기부여 및 낮은 에너지(개별 항목 확인)가 포함될 수 있다. 우울증과 일치하는 자살 충동 및 기타 인지가 있을 수 있다.

불안(ANX)

불안(Anxiety, ANX) 차원은 의심, 불안, 떨림, 두려움의 존재에 초점을 맞추고 있다. 높은 수준의 불안은 공황발작과 일치하거나 그렇지 않을 수 있다. 빠른 심박수, 긴장 및 안절부절못함을 포함하는 불안의 생리학적 구성요소도 나타날 수 있다. 가능한 개입에는 이완 훈련, 명상, 스트레스 관리, 자기주장 훈련(및 다른 형태의 기술 훈련), 운동이 포함된다.

적대감(HOS)

적대감(Hostility, HOS) 경험에 대한 점수가 높은 사람은 분개, 과민 반응, 공격성 및 격분을 경험할 수 있다. 따라서 분노 관리가 적절한 권고일 수 있다.

공포 불안(PHOB)

공포 불안(Phobic Anxiety, PHOB) 차원은 사람, 장소, 사물 또는 상황과 관련된 과도하고 비합리적인 공포에 초점을 맞춘다. 개인은 열린 장소에 대한 두려움, 익숙한 지역에서 멀리 떨어질 때의 불안감 또는 두려움을 보고할 수 있다. 차원의 명칭과 관련성이 있는 것처럼 보일지라도 실제적인 항목의 대부분은 공포증의 보다 병적인 양상을 반영하는데, 단순한 특정 공포보다는 광장공포증이나 공황발작의 정도를 반영한다. 개입은 가장 큰 불안의 영역에 초점을 맞출 수 있으며 홍수법, 단계적 노출, 이완 훈련, 최면 및 인지적 재구조화를 포함할 수 있다.

편집증(PAR)

편집증(Paranoid Ideation, PAR)차원의 항목에는 적대감, 투사, 웅대함, 의심 그리고 독립을 잃을 것에 대한 두려움에 기초한 통제 필요성이 포함된다. 망상 또한 존재할 수 있으며, 누군가 지켜보는 것에 대한 두려움, 누군가 자신의 이야기를 하는 것에 대한 두려움과 업적에 대한 공로를 인정받지 못하는 것과 관련된 항목이 반영된다.

정신증(PSY)

정신증(Psychoticism, PSY) 차원에서의 높은 점수는 극도로 회피적이고 고립되어 있으며 환각(예를 들어 환청, 사고 전파)과 사고 조절을 포함한 조현병의 핵심 증상을 나타낼 수 있다. 점수는 사소한 개인 간 소외 수준에서 심각한 정신 증상의 완전한 표현까지 연속선상에서 나타날 수 있다.

앞의 두 가지 이상의 차원에서 T 점수가 63 이상이면 그 사람이 임상적으로 유의미한 수준의 심리적 곤란을 겪고 있음을 알 수 있다. SCL-90-R 항목 중 일부는 이전 차원에서 채점되지는 않지만 잠재적으로 중요한 증상일 수 있다. 여기에는 식욕부진, 수면장애, 사망에 대한 두려움, 과식, 새벽 조기 각성, 수면 유지의 어려움, 죄책감이 포함된다. 이러한 정보는 추가 정보를 얻는 데 사용할 수 있다. 연구자들은 해석을 확장하기 위해 사용될 수 있는 추가적인 척도를 개발하였다. SCL-90-R 조증 척도(E. E. Hunter et al., 2000), SCL-90-R 성인 ADHD 척도(Eich et al., 2012), 대학생을 위한 요인 기반 척도(Hayes, 1997)가 이에 해당된다.

증상 수준/항목

내담자가 제공한 개별 항목의 내용에 주목하여 추가 정보를 얻을 수 있다. 예를 들어 우울 차원의 항목은 우울증과 관련된 특정 정보를 제공할 수 있다. 중요한 것은 자살 충동(즉 자기 자신의 삶을 끝내는 것과 관련된 항목)의 여부가 기록될 수 있으며 자해의 위험에 대한 심층적인 평가가 뒤따라야 한다. 가능한 식물신경증상(vegetative symptom)의 존재 및 범위(예를 들어 저에너지, 수면장애, 성적 에너지의 소실)도 주목할 만하다. 이것은 다양한 치료 권고에 영향을 미칠 수 있다. 내담자가 "꽤" 또는 "극도로"라고 대답한 항목은 중요한 것으로 간주될 수 있다. 평가, 치료 계획 및 치료에 대한 관련 기준선과 결과를 확립하기 위해 이것들에 특별히 주의를 기울여야 한다.

벡 우울 척도 - Ⅱ

벡 우울 척도-Ⅱ(Beck Depression Inventory, BDI-Ⅱ)는 주로 우울증과 관련된 증상을 평가하는 매우 간단한 척도로, 21개 문항의 자기보고식 측정치이다. 내담자는 지난 2주 동안을 돌이켜보고 0점에서 3점까지의 4점 척도(각 항목은 4점에 각기 다른 의미가 부여됨)로 느낌을 보고한다. BDI-Ⅱ는 일반적으로 완료하는 데 5분 또는 그 이하가 소요되며 채점이 매우 빠르고 간단하다. 성인과 청소년 모두에게 사용 가능하며, 우울한 증상에 대한 우수한 선별 검사이다.

BDI는 1961년에 A. T. Beck, Ward, Mendelson, Mock와 Erbaugh에 의해 소개되

었고, 1971년에 개정되었으며, 1978년에 저작권이 등록되었다(A. T. Beck, Rush, Shaw, & Emery, 1979). BDI-1A라고 하는 문항이 명료하게 수정된 나중 버전이 만들어졌지만, 두 버전은 높은 상관관계가 있음이 밝혀졌다(Lightfoot & Oliver, 1985). BDI는 1996년 광범위한 증상을 포함하는 등 더 많은 주요 수정을 하였다(BDI-II; A. T. Beck, Steer, & Brown, 1996). 그렇게 함으로써 우울장애에 대한 *DSM-IV* 진단 기준과 더욱 일치하게 되었다. 항목 중 4개가 심한 우울증(안절부절못함, 무가치함, 집중력 장애 및 에너지 소실)에 해당하는 증상을 반영하기 위해 교체되었다. 식욕과 수면 감소를 보다 잘 반영하기 위해 두 가지 항목을 개정하였다. 또한 다른 많은 항목에 대한 설명이 추가되었다.

BDI/BDI-IA와 BDI-II를 비교하면, 이전 BDI 및 BDI-IA와 비교하였을 때 내담자가 BDI-II에 대해 한두 가지 더 많은 항목/증상에 해당할 수 있음을 나타냈다(A. T. Beck et al., 1996; Dozois, Dobson, & Ahnberg, 1998; Steer, Rissmiller, & Beck, 2000). 더 많은 증상이 낮은 범위보다 높은 우울 범위(세 가지 이상의 항목/증상)에서 나타났다.

외래 환자 표본에서 BDI-IA/BDI-II의 상관관계는 .84였고 평균 합계 BDI-II 점수는 BDI-IA 점수보다 약간 높았다(21.63 대 18.15; A. T. Beck et al., 1996). 대학생에 대한 BDI와 BDI-II 사이의 상관관계는 .92로 약간 더 높았다(Dozois et al., 1998). BDI-II의 점수가 조금 더 높았음에도 불구하고, 이 정보는 BDI-II가 이전 버전들과 충분히 유사하므로 적정 수준의 주의는 필요하지만 BDI/BDI-IA에 대한 많은 연구가 최근의 BDI-II에 적용될 수 있음을 시사한다.

BDI-II와 이전 버전은 정신병 환자의 우울증 평가(Camara, Nathan, & Puente, 2000; C. Piotrowski, 1996; Steer, Ball, Ranieri, & Beck, 1999; Steer et al., 2000)와 비임상 성인의 우울증(A. T. Beck et al., 1996; Steer, Beck, & Garrison, 1986)에 널리 사용되어 왔다. BDI는 더 길고 값이 비싼 구조화된 면담만큼 우울증을 효과적으로 탐지하는 것으로 밝혀졌다(Stukenberg, Dura, & Kiecolt-Glaser, 1990). 이 도구의 대중성은 도입 이후 거의 50년 동안 수행되었거나 사용된 1,000건이 넘는 연구에서 충분히 입증되었다.

BDI의 항목은 원래 우울한 정신과 환자에 의해 나타나는 전형적인 태도와 증상 관찰 및 요약에서 파생되었다(A. T. Beck et al., 1961). 다양한 증상과 관련된 21개 항목이 포함되었으며, 검사를 수행할 때 응답자는 강도를 0에서 3까지의 척도로 평가하도록 요청된다. 이러한 증상에 대한 일반적인 질문은 실패감, 죄책감, 과민 반응, 수면장애, 식욕 감퇴 등이 있다. 검사는 자기 스스로 수행하며 완료까지 5~10분이 소요된다. 문항을 이해하는 데 5~6학년 읽기 수준 정도가 요구된다. 전체 가능한 점수 범위는 최저 0점에서 최고 63점까지이다. 그러나 가장 심각한 수준의 우울증은 40점 또는 50점 정도로 나타난다. 보다 일반적으로 임상적으로 우울하거나 비진단적이지만 우울한 비임상적 집단은 14~28점 범위를 보인다(A. T. Beck et al., 1996).

신뢰도와 타당도

원래의 BDI는 좋은 내적 일치도를 보였고(.73에서 .92이며 평균 .86; A. T. Beck, Steer, & Garbin, 1988), 적절한 검사-재검사 신뢰도(재검사와 인구 유형의 간격에 따라 .48에서 .86까지의 범위; Beck et al., 1988)가 나타났다. 대학생을 대상으로 한 7주에 걸친 반복 시행에 대한 재검사 신뢰도 점수에서 40%가 감소한 것으로 나타났다(Ahava, Iannone, Grebstein, & Schirling, 1998). BDI-II의 연구는 다양한 집단에 사용할 때도 높은 내적 일치도를 보였는데, 범위는 .89에서 .94에 이르렀다(Arnau, Meagher, Norris, & Bramson, 2001; A. T. Beck et al., 1996; Dozois et al., 1998; Steer et al., 1999, 2000; Subica et al., 2014). 1주 간격으로 시행한 검사-재검사 신뢰도는 .93이었다(A. T. Beck et al., 1996).

내용 타당도, 공존 타당도와 변별 타당도 평가와 요인분석에서도 일반적으로 BDI-II에 호의적인 결과가 나타났다. BDI 항목의 내용은 우울증 진단을 위한 다양한 *DSM-IV* 범주와 종합하여 우울증 환자의 증상에 대해 임상가로부터 합의를 이끌어 냈다. 공존 타당도는 정신과 환자에 대한 임상 평가에서 높은 수준에서 중간 수준의 상관관계를 보였다(A. T. Beck et al., 1996). 또한 해밀턴 정신의학 우울증 평정척도(.71), 벡 절망 척도(.68; A. T. Beck et al., 1996), 우울증 불안 스트레스 척도(.88; Osman et al., 1997)와 같은 우울증을 평가하는 비슷한 척도들과 중간 수준의 상관관계가 발견되었다. BDI-II는 정신과 환자와 비정신과 환자를 구분할 수 있었다(A. T. Beck et al., 1996). 뿐만 아니라 정신과 집단의 적응 수준을 변별할 수 있었다(Arnau et al., 2001; A. T. Beck et al., 1996). BDI-II 점수가 해밀턴 불안 평정척도(.47)보다 해밀턴 정신의학 우울증 평정척도(.71)와 더 관련이 있다는 점에서 BDI-II가 일차적인 우울과 불안을 구분할 수 있음이 지지된다. 이와 비슷하게 Steer 등(2000)은 SCL-90-R 불안 차원(.71)보다 BDI-II와 SCL-90-R 우울 차원(.89) 사이의 더 높은 상관관계를 발견하였다.

여러 가지 요인분석 연구에 따르면, BDI는 신체와 관련된 내용(에너지 소실, 수면 패턴의 변화, 울음)을 포함하는 비인지(또는 신체-정서적) 요인과 내담자가 보이는 자신과 우울증에 대한 태도(자기혐오, 자살 충동, 무가치감; A. T. Beck et al., 1996)와 관련된 인지 요인으로 구성된다. 이러한 요인들은 대학생(A. T. Beck et al., 1996), 청소년(Steer, Kumar, Ranieri, Beck, 1998), 노인(Steer et al., 2000), 병원 입원 환자(Arnau et al., 2001; Hiroe et al., 2005), 노인 입원 환자(Steer et al., 2000) 및 임상 우울증을 앓고 있는 외래 환자(Steer et al., 1999)를 포함한 다양한 집단에서도 일관되게 나타난다. BDI와 BDI-II 사이의 대부분의 비교는 BDI-II의 요인 구조가 좀 더 명확하게 정의되어 있음을 보여 주며, 약간 더 우수한 도구라고 제안한다(Dozois et al., 1998).

BDI-II의 두 가지 요인을 자주 발견하였음에도 불구하고 다른 연구들은 3요인을 주장하였다(Vanheule, Desmet, Groenvynck, Rosseel, & Fontaine, 2008). 예를 들어 Osman 등(1997)은 학부생 표본을 이용하여 부정적인 태도, 수행의 어려움 그리고 신체적 요인으로 구성된 요인 구조를 발견하였다. 정서, 인지, 신체 요소로 구성된 3요소 구조는 Vanheule 등(2008)에 의해 발견되었다. L. C. Ward(2006)는 이전 연구의 6개의 자료를 분석하였다. 그는 인지 및 신체적 요인과 일반 요인으로 구성된 3요인을 발견하였다. Bühler, Keller, Lage(2014)는 전형적인 요인 구조가 부적절하므로 우울한 증상의 활성화 수준에 대한 요소를 추가해야 한다고 하였다. Vanheule 등(2008)은 다른 집단들에 대해서도 인지 및 신체 요인이 불안정하다고 언급하였다. 즉 이 두 요소에 포함된 항목은 사용된 표본에 따라서 다르게 나타났다. 일반 요소의 장점은 두 요인 간의 대부분의 "연결(내적 일치도)"을 제공하고 다양한 표본에서 일관성을 유지한다는 것이다.

방금 언급한 불일치와 여러 표본에 걸친 특정 문제의 일반적인 불안정 때문에 최근의 문헌은 하나의 일반적인 요인으로 BDI-II의 일차적인 해석을 강조하는데, 이는 추가적인 특정 요인들이 모델에 중요한 정보를 추가하지 않았기 때문이다(Brouwer, Meijer, & Zevalkink, 2013; Quilty, Zhang, & Bagby, 2010; Reise, Moore, & Haviland, 2010; Subica et al., 2014). 인지적 요인과 비인지적 요인을 분리하는 것은 특히 유용하지 않을 수 있는데, 그 이유는 요인들이 높은 상관관계를 보이는 경향이 있기 때문이다(Ward, 2006). 실제로 증상 자체가 우울한 개인들에서 대부분 자주 중첩된다(Blatt, 2004).

다양한 집단에서의 사용

BDI-II는 아프리카계 미국인과 히스패닉계를 비롯한 다양한 민족 및 교차 문화 집단에 적절한 척도로 보인다. 특히 민족 간에 점수가 다르게 나타나지 않았고(A. T. Beck et al., 1996), 요인 구조가 매우 유사했다(Grothe et al., 2005; Penley, Wiebe, & Nwosu, 2003). Whisman, Judd, Whiteford, Gelhorn(2013)은 인종, 민족, 성별에 관계없이 여러 대학생 표본에서 요인이 변하지 않음을 발견하였다. 또한 스페인어 번역본은 평가 유용성이 잘 유지되고 있으며, 포르투갈어(Campos & Gonçalves, 2011), 중국어(Chang, 2005), 몬테레이(Monterrey)에서 사용되는 언어(de la Rubia, 2013), 페르시아어(Ghassemzadeh, Mojtabai, Karamghadiri, & Ebrahimkhani, 2005), 그리스어(Giannakou et al., 2013), 인도네시아어(Ginting, Näring, van der Veld, Srisayekti, & Becker, 2013), 일본어(Kojima et al., 2002), 남아프리카에서 사용되는 언어(Kagee, Nel, & Saal, 2014), 아랍 집단에서 사용되는 언어(Al-Musawi, 2001)의 버전도 마찬가지로 평가 유용성을 유지하는 것으로 밝혀졌다(Penley et al., 2003; Wiebe & Penley, 2005). Nuevo 등(2009)은 여러 유럽 국가에서 타당성에 대한 증거를 발견하였다. BDI-II는 21세 이상에서 사용하도록 권장되었지만, 청소년 우울증의 존재와 범위를 평가하는 데 효과적이라는 것이 밝혀졌다(Beltrán, Freyre, & Hernández-Guzmán, 2012; Dolle et al., 2012; Kumar, Steer, Teitelman, & Villacis, 2002; Osman, Kopper, Barrios, Gutierrez, & Bagge, 2004). 다른 극단에서는 BDI-II를 노년층의 우울 수준과 정도를 평가하는 데 효과적으로 사용할 수 있었다(Segal, Coolidge, Cahill, & O'Riley, 2008; Steer, Rissmiller, & Beck, 2000).

해석

이 점수는 우울증의 일반적인 수준을 나타내는 데 사용할 수 있다.

0~13   아니오 또는 최소한의 우울증
14~19   경미함
20~28   보통
29~63   심각함
4 미만   우울증 부인 가능성. 좋게 보이고자 함. 통상 비임상군 성인 점수보다 낮은 점수

심하게 우울한 사람들의 점수보다 훨씬 높은 점수는 우울증이 과장되었을 가능성을 나타내는데, 연극성 혹은 경계성 성격장애의 가능한 특징이다. 상당한 수준의 우울증일 가능성도 여전히 있다. Arnau 등(2001)은 18점의 절단점수가 주요우울장애 환자의 92%를 정확하게 분류한 것으로 보고하였다.

그 사람의 우울증과 관련이 있을 수 있는 비합리적 신념과 적절한 증상을 측정하는 데 BDI 반응의 강제선택적(ipsative) 해석이 사용될 수 있다. 이러한 신념과 증상은 치료에 활용될 영역을 규정하는 데 유용하게 사용될 수 있다. 다음의 21개 영역(A. T. Beck et al., 1996, p. 5) 중 어느 곳에서라도 3점을 받으면 어려움 영역으로 간주될 수 있다.

1. 슬픔
2. 비관론
3. 과거의 실패
4. 즐거움의 상실
5. 죄책감
6. 벌받은 느낌
7. 자기혐오
8. 자기비판
9. 자살 사고나 바람
10. 울음
11. 초조
12. 흥미상실
13. 우유부단함
14. 무가치감
15. 에너지 상실
16. 수면 패턴의 변화
17. 과민성
18. 식욕의 변화
19. 집중의 어려움

20. 피곤함이나 피로감

21. 성에 대한 관심의 상실

주의할 특정 영역 중 하나는 자살 가능성인데, 9번 항목(자살 사고나 바람) 및 2번 항목(비관론)에 대해 매우 그렇다고(2 혹은 3에 표시) 답하는 경우이다. 우울 수준(총점 기준)과 특정 항목은 공식적인 *DSM-5* 장애의 존재를 암시하는 데 도움이 될 수 있지만, 임상가가 보다 철저한 검토를 토대로 최종 진단을 해야 할 필요가 있다.

상태-특성 불안 검사

내담자의 불안 수준은 치료 계획 수립 및 중재의 효과 평가 모두에서 시행해야 할 가장 중요한 차원 중 하나이다. 상태-특성 불안 검사(State-Trait Anxiety Inventory, STAI; Spielberger, Gorsuch, Lushene, Vagg, & Jacobs, 1983)는 이해하기 쉬운(6학년 수준의 읽기 능력을 요구) 간단한(40개 항목) 자기보고 검사로, 이러한 목적에 잘 부합한다. 불안의 일시적인 증상(상태 불안)뿐만 아니라 내담자가 만성적인 수준으로 경험하는 안정적 성격 특성의 불안(특성 불안)에도 민감하다. 응답자는 자신의 현재 불안과 관련된 항목에 대해 4점 척도("거의 없음"에서 "거의 항상"에 대한 특성 척도와 "전혀 아님"에서 "매우 높음"에 대한 상태 척도)로 반응해야 한다. STAI는 현재 8,000편이 넘는 연구가 있으며, 가장 많이 사용되는 불안의 척도이다. 연구 결과에 따르면, 공포증, 불안, 공황, 전반적인 불안과의 관련성, 인지행동치료, 체계적 둔감화, 이완 및 합리적인 정서치료와 같은 특정 치료 유형의 영향에 대해 평가되었다(Spielberger, Sydeman, Owen, Marsh, 1999). 또한 교차 문화 연구에 광범위하게 사용되어 왔으며, 60개 이상의 언어와 지방 방언으로 번역되었다.

STAI 구조는 1964년에 단일 척도로 시작되었고, 지시문을 새롭게 변경하여 상태 혹은 특성 불안을 평가하는 데 사용하도록 하였다(양식 A). 상태에 대한 지침은 내담자에게 "지금 당장, 바로" 느끼는 것을 기초로 항목을 완성하도록 요청하였지만, 특성에 대한 지침은 그들이 일반적으로 느끼는 방식을 나타내도록 하였다. 이 항목은 원래 감정 형용사 평정척도(Affected Adjective Checklist; Spielberger & Reheiser, 2004 참고)를 비롯하여 기존 불안 목록의 단어들이 적용되었다. MMPI의 표출 불안 척도(Manifest Anxiety Scale), 불안 척도 질문지(Anxiety Scale Questionnaire), Welsh 불안 척도(Welsh Anxiety Scale)와의 상관 정도에 따라 항목이 축소되고 척도가 정교해졌다(Spielberger et al., 1999). A형에 대한 추가 평가를 통해 지시사항을 단순히 재표기하는 것만으로 일부 문항의 명확한 특성을 제거하기에는 충분하지 않음이 드러났다. 예를 들어 "나는 너무 많이 걱정한다"라는 문항은 특성 불안에 대한 좋은 척도였지만, 지시사항을 다시 표기한 것만으로 상태 불안에 대한 좋은 척도가 될 수 없다고 지적하였다. 결과적으로 두 번째 양식(양식 X; Spielberger et al., 1983; Spielberger & Reheiser, 2004 참고)은 고유한 개별 항목이 있는 특성 및 상태 차원을 기반으로 개발되었다. 특성 항목은 표출 불안 척도, 불안 척도 질문지, Welsh 불안 척도와 높은 상관관계가 있을 뿐만 아니라 시간적 안정성을 가진 것을 근거로 선정되었다. 상태 항목은 스트레스의 높고 낮은 상태(높은 구성 타당도)에 민감하고 가장 높은 내적 일치도를 갖는 것을 기준으로 선정되었다.

STAI는 양식 X가 개발된 지 10년 후에 요인분석, 불안의 개념에 대한 명확한 이해, 우울증과의 중첩을 없애기 위한 시도를 토대로 추가로 개정되었다. 이로 인해 현재(양식 Y) 버전은 특성 불안에 대한 20개의 항목과 상태 불안에 대한 20개의 항목을 갖게 되었다(Spielberger & Sydeman, 1994). 양식 Y는 연방항공청(Federal Aviation Administration)의 1,838명의 직원, 대학생 855명, 고등학생 424명, 1,701명의 공군 신병, 263명의 해군 신병을 대상으로 표준화되었다. 고령자 및 더 적은 교육을 받은 사람들이 나이가 적거나 교육 수준이 높은 사람들보다 다소 낮게 나타났는데, 이는 연령과 교육 관련 규범을 사용하는 것이 중요할 수 있음을 시사한다. 정신과 환자, 일반 의료/외과 환자, 젊은 재소자에 대한 추가적인 규준이 사용 가능하다. 아동용 상태-특성 불안 검사(STAIC; Spielberger, 1973)도 이용할 수 있다.

신뢰도와 타당도

30일과 60일 간격으로 대학생을 대상으로 한 재검사 신뢰도는 특성 불안에 대해 .73에서 .86 사이의 합리적으로 좋은 계수를 나타냈다. 이와 대조적으로 상태 불안 검사-재검사 신뢰도는 남성의 경우 .51에서 여성의 경우 .36까지 비교적 낮았다(Spielberger et al., 1983). 상태 불안에 대한 낮은 범위는 예상 가능한데, 왜냐하면 상태 불안은 많은 일시적인 요인에 영향을 받기 쉬운, 보다 변화가 가능한 구조로 간주되기 때문이다. 상태 불안에 대한 예상된 변동을 감안할 때, 내적 일치도 지수를 고려하는 것이 더 적절하고 중요할 것이다. 이것은 .88과 .93 사이의 아주 높은 상태 불안 중앙값을 나타냈는데, 이는 .92에서 .94에 이르는 특성 불안의 높은 중앙값과 유사한 수준이었다(Kabacoff, Segal, Hersen, Van Hasselt, 1997; Spielberger et al., 1983 참고).

STAI 특성 척도의 내용 타당도는 범불안장애(Generalized Anxiety Disorder)의 *DSM-IV* 기반 진단을 위한 8개 영역에서 도출된 5개 문항으로 지지된다(Okun, Stein, Bauman, & Silver, 1996). 공존 타당도는 표출 불안 척도 및 불안 척도 질문지와 .73에서 .75 사이의 높은 상관을 보임으로써 지지되었다(Spielberger & Reheiser, 2004). 이러한 상관관계는 STAI가 특성 불안의 대안 척도로 간주될 수 있을 만큼 충분히 높다. 그러나 STAI는 우울 척도에 비해 짧고 오염의 가능성이 적다는 이점이 있다. STAI 특성 척도와 Worry 척도(.57)와 Padua 강박 질문지(.57; Stanley, Beck, & Zebb, 1996) 사이에서 다소 낮지만 중간 정도의 여전히 유의미한 상관관계가 발견되었다.

STAI의 구성 타당도는 정신병 환자가 일반적으로 비환자 집단에 비해 특성 불안에 대한 점수가 높다는 것으로 지지된다(Spielberger et al., 1983; Stanley et al., 1996). 한 가지 예외는 예상대로 성격장애 환자의 점수가 낮은 경향이 있다는 것이다(Spielberger et al., 1983). 또한 Kabacoff 등(1997)은 불안장애가 있는 환자가 불안장애가 없는 환자보다 약간 더 높은 STAI 특성 점수를 보인다는 것을 발견하였다. STAI의 수렴 및 변별 타당도에 대한 이러한 지지에도 불구하고, Kabacoff 등은 불안장애의 존재를 확인하기 위한 적절한 절단점수를 성공적으로 개발하지 못하였다. 이는 주로 우수한 민감성(높은 정확한 채택률)과 우수한 특이성(높은 정확한 제거율)을 나타내는 점수를 찾는 데 어려움이 있기 때문이다.

STAI 상태 불안 척도의 타당도는 스트레스 훈련 절차를 밟고 있는 군대 신병과 시험을 보는 학생들이 이완 절차 이후 또는 연령 비교집단(Spielberger et al., 1983)과 비교할 때 더 높은 점수를 받았다는 사실로 지지되었다. STAI 점수는 다양한 개입(Newham, Westwood, Aplin, & Wittkowski, 2012; Speilberger & Reheiser, 2004)의 영향에 민감하다는 연구 결과가 많다. STAI는 높은 공존성과 일반적인 스트레스와의 관련성 때문에 대부분의 불안에 대한 측정에서 똑같은 문제에 직면하여, 우울증 환자로부터 불안 환자를 구분하는 데 어려움이 있었다(Kennedy, Schwab, Morris, & Beldia, 2001).

　　STAI의 요인분석 결과는 혼재되어 있다. STAI 척도 개발에서 기대한 바에 따르면, 특성 불안에 대한 요소와 상태 불안에 대한 요소가 이상적으로 존재해야 한다(Spielberger et al., 1983). 이와 대조적으로 Bieling, Antony, Swinson(1998)은 그들이 부정적 정서라고 언급한 특성 불안에서 파생된 상위 요인 하나와 우울증과 불안 주위에 조직된 것으로 결론지어진 두 가지 하위 요인을 발견하였다. 따라서 특성 항목은 불안의 순수한 척도가 아니라 불안에 더하여 부정적인 영향과 우울의 척도를 포함한 것으로 보인다. Spielberger와 Sydeman(1994)이 양식 Y를 양식 X보다 더 순수한 불안의 척도로 만들기 위해 시도하였지만, 이것은 단지 부분적으로만 성공한 것으로 보인다. 순수한 불안의 척도를 개발하는 데 따르는 어려움은 불안과 우울의 다른 척도에서 흔히 발견되는데, 불안과 우울은 일반적으로 .45 및 .75(Lovibund & Lovibund, 1995) 정도의 상관을 보이면서 중첩되어 있다. STAI의 요인 구조는 더 복잡한데, Kabacoff 등(1997)은 단어가 긍정적 방향이냐 부정적 방향이냐에 따라 관련된 두 가지 요소를 발견하였다. 그들은 이 항목들이 불안의 구성과 무관한 "방법 요인"이라고 결론지었다. Vigneau와 Cormier(2008)의 또 다른 모델은 상태 불안과 특성 불안, 이 변인들이 존재하거나 부재하고 있다고 언급된 항목에 기초해서 4요인 모델을 찾아냈다(상태 불안 긍정 문항, 상태 불안 부정 문항, 특성 불안 부정 문항, 특성 불안 긍정 문항). 다시 말해 특성·상태 불안의 양극단(항목의 표현)이 독립적인 요인으로 나타났다.

다양한 집단에서의 사용

　　STAI의 유용성은 여러 문화 간 맥락에서 입증되었다. 예를 들어 Hishinuma 등(2000)은 아시아 태평양 지역의 청년 인구를 대상으로 STAI를 평가한 결과, 좋은 내적 일치도와 규준 집단과 유사한 요인 구조를 발견하였다. 마찬가지로 STAI의 스페인어 번역본은 좋은 내적 일치도와 비교 가능한 요인 구조를 가진 것으로 밝혀졌으며, 스페인어 사용 집단에서 사용할 수 있다고 제안되었다(Novy, Smith, Rogers, & Rowzee, 1995). STAI는 전반적으로 다양한 민족 및 교차 문화 집단(Spielberger, Moscoso, & Brunner, 2004; Vigneau & Cormier, 2008)에 대해 뛰어난 적용 가능성을 나타냈다.

　　또한 STAI는 고령 집단에서도 좋은 심리측정학적 특성을 가지고 있음이 밝혀졌다

(Bergua et al., 2012; Kabacoff, Segal, Hersen, & Van Hasselt, 1997; K. Kvaal, Ulstein, Nordhus, & Engedal, 2005). 청소년을 대상으로 규범이 만들어졌는데, 이 집단에 대한 양호한 심리측정적 속성을 나타냈다(Spielberger, 1983). 청소년과 고령자 모두가 성인보다 불안감이 다소 적으므로 별도의 규범을 사용해야 한다. 이전에 언급하였듯이 9세에서 12세 사이의 어린이를 위한 버전도 사용된다(STAIC).

해석

STAI에는 두 가지 단일 차원의 하위 분류가 포함되기 때문에 해석은 주로 측정되는 변수에 대한 설명으로 구성된다. 해석은 변수 자체와 개인 점수의 상대적 크기를 모두 고려해야 한다.

높은 특성 불안

이 사람은 많은 상황을 위협적이거나 위험한 것으로 인지할 것이다. 특히 자존감에 상응하는 위협과 함께 다른 사람들이 평가하는 것에 신경을 쓸 가능성이 크다.

높은 상태 불안

이 사람은 불안, 걱정, 긴장감이 있으며, 불쾌하고 의식적으로 지각된 긴장감이 있다. 또한 이러한 경우 자율신경계의 활성화를 보고할 가능성이 있다.

높은 상태 불안/낮은 특성 불안

이 사람이 보고하는 불안은 어떤 외부의 위협이나 현재의 상황적 스트레스 요인에서 왔을 수 있다. 결과적으로 스스로 해결할 가능성이 있다. 개입이 있는 경우 그것은 스트레스의 현재 원인을 완화하는 데 도움이 되는 문제해결 전략에 맞추어져야 한다. 추가적으로 이 사람의 사회적 지지 증가, 체계적인 둔감화, 안심시키기, 최면술, 운동, 명상 또는 점진적 근육 이완과 같은 각성의 감소를 제공하는 전략에 초점을 맞출 수 있다. 또한 현재의 불안에서 자신이 배운 것과 미래에 대한 불안을 감소시킬 방법을 어떻게 사용할 것인지에 중점을 둘 수도 있다.

높은 특성 불안/낮은 상태 불안

이 사람이 현재 불안을 보고하지는 않지만 쉽게 불안해지는 방식으로 상황에 반응하는 경향이 있다. 자존감에 대한 위협에 상당히 관심을 가질 것이고, 결과적으로 자신이 판단받는 대인관계 상황에서 불안해 할 수 있다.

읽을거리

Antony, M. M. & Barlow, D. (Eds.). (2011). *Handbook of assessment, treatment planning, and outcome evaluation: Empirically supported strategies for psychological disorders* (2nd ed.). New York, NY: Guilford Press.

Groth-Marnat, G. (1999). Financial efficacy of clinical assessment: Rational guidelines and issues for future research. *Journal of Clinical Psychology, 55,* 813–824.

Maruish, M. E. (2004). *The use of psychological testing for treatment planning and outcomes assessment* (3rd ed.). Mahwah, NJ: Erlbaum.

Maruish, M. E. & Nelson, E. A. (2014). *Psychological testing in the age of managed behavioral health care.* Mahwah, NJ: Erlbaum.

제14장

치료 계획과 임상적 의사결정

심리평가의 궁극적 목적은 내담자를 위한 최적의 치료 관련 결정을 내리기 위해 필요한 정보를 수집하고 이에 따른 제언을 제공하여 문제를 해결하는 데 기여하는 것이다. 이 과정에서 내담자의 주 호소 문제와 관련된 특성, 자원의 정도, 내담자 개인의 특성 그리고 환경적 상황과 같은 광범위한 정보를 통합하게 된다. 임상가는 이와 같은 정보에 근거하여 치료 장면(병동/주간 치료/외래/치료 불필요), 강도(빈도와 기간), 목표, 치료 접근법(개인, 집단, 가족) 그리고 구체적인 전략과 기술에 대한 제언을 제공하게 된다. 이와 같은 변인의 수만 감안하면 평가는 실질적으로 벅찬 과제임에 분명하다. 따라서 이 장에서는 치료 계획 성립에 유용한 평가 결과 조직화 방안 및 체제를 제공하고자 한다.

앞으로 소개될 평가 결과를 조직화하고 치료 계획을 세우기 위한 양식은 몇 가지 원칙과 가치에 의해 도출되었다. 가능한 한 근거기반 자료를 제시하고자 하였는데, 이는 방대한 연구 자료로부터 산출된 결과를 활용하였기에 가능하였다. 최신 연구 결과가 시사하는 절차를 무시할 경우 가장 효과적인 치료를 내담자에게 제공하지 못할 위험에 처한다. 동시에 임상적 경험과 판단은 연구 및 평가 결과 그리고 내담자 고유의 특성과 상호작용해야만 가장 적합한 치료 계획을 세울 수 있다. 이 장의 근본이 되는 또 하나의 지침은 이와 같은 절차가 순차적이며 체계적이어야 한다는 사실이다. 일반적으로 중재가 어느 정도 구속적일 필요가 있는지를 시작으로 적합하다고 판단되는 구체적인 치료 기법과 재발 방지(relapse prevention) 방안에 이르는 사항까지 실제 직면하게 되는 많은 의사결정 과정이 존재하기에 순차적인 과정이라고 할 수 있다. 마지막으로 많은 변인 중 가장 적절하고 가장 수월하게 감당할 수 있으며 연구가 가장 잘 지지하고 있다고 파악된 변인 위주로 논의할 것이다.

효과적인 치료적 제언의 구상은 단순히 평가 결과를 해석하는 것을 떠나 특정 지식과 기술을 요구한다. 이 중 하나가 전반적인 사례 관리(case management)이다. 효과적인 사례 관리는 실무가가 내담자가 필요로 하는 사항에 대해 전반적인 검토를 시행하고 이 중 가장 핵심적인 요소에 초점을 두어 이에 적합한 제언을 제공하는 것이다. 제언은 문제의 심각성과 내담자의 자해나 타해 위험성과 직접적으로 연관된 치료의 구속성 정도가 포함된다. 실무가는 이를 고려한 후 지역사회 안에서 접근이 용이한 자원이 무엇인지 그리고 구체적인 입원 병동이나 외래 치료기관으로의 의뢰, 의료기관, 자살예방센터, 알코올중독 센터 또는 행동의학과와 같은 임상 장면 중 가장 적절한 자원에 대해 제언한다. 다양한 자조 모임 또한 치료를 증진시킬 수 있다. 치료의 빈도와 기간에 대한 결정도 필요하다. 실무가는 이외에 내담자의 환경을 평가하고 환경을 최적화시킬 수 있는 방안에 대한 제언도 제공한다. 예를 들어 내담자의 사회적 지지 수준을 평가하여 현존하는 지지 체계를 활용하도록 격려하거나 부족한 지지 체계를 증진시키게 할 수 있다. 사회적 상호작용을 증가시키거나 재발 가능성을 감소시킬 수 있도록 환경 변화를 도모할 수도 있다.

실무가는 자신의 대응 양식을 내담자의 구체적인 특성 및 상황에 맞게 의도적으로 변화시키고 또 그렇게 할 수 있어야 한다. 많은 치료사들이 같은 또는 유사한 중재를 모든 내담자에게 제공한다. 치료사가 선호하는 중재 기법은 대부분 본인이 가장 익숙하거나 의존하고 있는 특정 치료 접근법에 기반을 두고 있어 내담자 및 내담자의 주 호소 문제와 무관하게 인지치료와 같은 접근만을 고집할 수 있다. 하지만 연구에 따르면, 외현화 대처 양식을 보이는 내담자에게 인지행동치료는 효과적일 수 있으나 내현화 대처 양식을 보이는 내담자의 경우 지지적이고 자기주도적인 접근이 더 효과적일 수 있다(Beutler, Clarkin, & Bongar, 2000; Harwood, Beutler, & Groth-Marnat, 2011). 또 하나의 임상적 가정은 모든 효과적인 치료에서 치료사의 공감이 필수 요소라는 것이다. 이와 같은 가정에도 불구하고 대조군 연구에 따르면, 낮은 동기 수준을 보이는 경계적인 내담자는 수용적이고 공감적이며 관여 정도가 높은 치료사와의 상담에서 긍정적인 치료 반응을 보이지 않는다(Beutler,

Crago, & Arizmendi, 1986; Beutler, Harwood, Alimohamed, & Malik, 2002). (단 이와 같은 연구 결과에도 불구하고 공감은 일반적으로 긍정적인 치료 효과를 갖는 것으로 보고되고 있다. Elliott, Bohart, Watson, and Greenberg, 2011 참고) 이러한 예시들은 모든 치료와 치료 방법이 모든 내담자에게 최적화되어 있지 않음을 시사한다. 따라서 제언과 중재는 임상적 설화가 때로 오해의 소지가 있기에 가능한 연구 결과에 근거해야 한다.

치료 계획에 대한 지금까지의 짧은 논의에서 치료 관계의 질이 결과에 미치는 상당한 영향력과 임상적 경험의 중요성을 최소화하려는 의도는 없다. 전반적인 치료 관계의 질은 최소한 특정 치료 기법만큼 치료 성과에서의 변산을 설명한다(Lambert & Barley, 2002; Norcross, 2011; Wampold & Imel, 2015). 하지만 잘 정의된 기법은 보다 보편적인 관계의 질보다 구체화하고 통제하기가 더 수월하다. 또한 내담자의 요구와 기대에 부합하는 기법은 치료 관계의 질을 향상시킬 수 있다. 따라서 기법과 관계를 뚜렷하게 구분한다는 것은 어렵거나 불가능하다. 예를 들어 매우 방어적인 내담자에게 매우 지시적인 기법을 적용할 경우 관계의 질은 악화될 수 있다(Beutler, Moleiro, & Talebi, 2002; Beutler, Sandowicz, Fisher, & Albanese, 1996). 또한 다양한 내담자 관련 정보를 최적화된 치료적 제언으로 통합하기 위해서는 실무가의 임상적 경험이 항상 결정적일 것이다. 이와 같은 과정이 연구에 기인할 필요성은 분명하나 특정 사례와 관련된 세부요소는 연구 자료만이 시사하는 일반론적인 결론을 변경하거나 부정하기에 충분할 수 있다. 따라서 가장 이상적으로는 연구 결과와 임상적 정보가 능동적으로 상호작용하여 각각의 강점을 최적화시키고 상대적 취약점을 보완하는 것이다.

치료 계획의 발전과 접근

치료 계획을 성립하고자 하는 연구자 및 임상가의 주된 관심사 중 하나는 어떤 기제로 그리고 어떤 이유로 치료적 중재가 효과적이거나 효과적이지 않은지를 이해하는 것이다. 지능 관련 논쟁과 유사하게 연구자와 임상가는 특정 기법의 영향에 초점을 두는 "분리자"와 변화를 촉진시키는 공통 불특정 요소에 더 관심을 기울이는 "통합자"로 나뉜다. 또 다른 관련된 주제로는 변화가 필요한 기능 영역 또는 행동을 파악하고 이를 적절한 중재와 맞추는 것이다. 이 과정에서 평가의 일반적인 목적은 가장 적절한 내담자의 특성 또는 행동적 증상을 가려내고 이를 최적의 중재와 결합시키는 것이다. Gordon Paul(1967)은 이 의제에 대해 야심차게 다음과 같이 질문하였다: "해당 특정 문제를 보이는 해당 개인에게 가장 효과적인 치료는 무엇이고, 누가 전달해야 하며, 어떤 상황에서 제공되어야 하나?"(p. 44).

정신건강의 오랜 전통에서도 내담자의 세부 특성에 맞춘 중재를 고안하는 것의 중대성을 인지하였다. 예를 들어 고대 브라만교 경전인 베다(Vedas)에서도 개인의 요구에 맞춰진 비유의 제공이 차별적 효과를 가져온다고 논의하였다. 이와 비슷하게 수피교(Supism)에서는 청중에게 특정 효과를 가져오는 잘 다듬어진 스토리텔링 전통이 존재한다(Groth-Marnat, 1992). 일찍이 1912년에 Freud는 환자에게 적합한 심리치료 유형에 맞추는 것에 관심을 기울였다. 심리적 사고 능력 또는 통찰력을 지닌 환자에게는 전통 정신분석이 추천되었던 반면, 심리적 정교함이 부족하여 분석이 불가능하다고 판단된 내담자는 광범위한 통찰과 면밀한 자기탐색보다 직접적인 제안에 초점을 둔 정신분석적 심리치료를 추천하였다.

1950년대에서 1960년대 사이 다양한 치료법들이 개발되었다. 각각의 치료 접근법은 원인에 대한 상이한 이론적 기반과 이에 근거한 다양한 기법을 소개하였다. 이와 같은 개발을 촉진시킨 요소 중 하나가 특정 문제 유형을 효과적으로 치료할 수 있는 여러 기법이 존재할 것이라는 희망이었다. 예를 들어 공포증을 위한 체계적 둔감화와 대인관계적 갈등을 해결하기 위한 도구로 전이에 대한 해석을 제공하는 기법들이 있다. 정신신체의학 문헌에서 천식과 같은 특정 장애는 억압된 의존 욕구 등 특정 갈등 유형에 따른 결과로 간주되었다. 이러한 갈등을 해결할 수 있다면 관련 증상을 완화시킬 것으로 예상하였다. 광범위한 다양성과 특수성으로 인해 400개 이상의 심리치료 유형이 개발되었으나 이 중 소수만이 경험적 연구를 통해 검증되었다.

1950년대에서 1960년대 사이 심리평가는 특정 치료 학파에 상응하였다. 많은 평가 절차가 의학 장면과 투사법 검사에 의존하였기 때문에 대부분 정신분석학적 관점을 반영하였다. 따라서 평가의 목표는 환자의 증상을 나열하는 것과 더불어 증상을 유발시킨 갈등에 대한 역동적 해석을 제공하는 것이었다. 내적 역동에 대한 세부 묘사를 위해 치료 계획의 특수성은 상대적으로 강조되지 않았다. 즉 이러한 갈등을 이해하게 되면 어떻게 치료를 진행해야 될지 인지하게 된다고 가정하였다. 1960년대에서 1970년대 사이에 경쟁

학파인 행동주의와 인본주의가 목표 행동과 행동의 선행사건을 구체화시키거나 내담자의 지속적인 경험에 초점을 두는 그들만의 평가 방안을 개발하였다. 양쪽 모두 전통 평가 절차를 경시하는 것을 벗어나 비판하였고 결국 기존 평가 방법은 버려졌다.

어느 접근이 가장 효과적인지를 두고 경쟁이 시작되었다. Eysenck는 1952년에 심리치료, 특히 정신분석은 위약보다 더 효과적이지 않다는 의견을 제시하여 상당한 논란을 불러왔다. 반면 그는 행동치료가 단순 위약 효과가 아닌 실제 긍정적인 결과를 가져온다고 결론지었다(Eysenck, 1994). 이후 연구는 특정 학파에 근거하고 오랜 시간 동안 자신이 훈련받았던 치료적 접근이 더 우월하다는 것을 입증하기 위한 경마 경기와 같았다. 인용이 많이 된 대표적 치료 성과에 대한 연구는 M. L. Smith, Glass, Miller(1980)의 메타 분석 연구이다. 이 연구는 검토된 모든 치료가 효과적이라고 발표하였다. 또한 넓은 초점을 가진 치료에 비해 협소한 초점을 가진 치료가 더 큰 효과 크기를 보였다. 예를 들어 일반적으로 협소한 범위의 행동을 치료 목표(공포증 제거, 습관 수정)로 하는 체계적 둔감화 또는 최면과 같은 기법은 개인의 성장이라는 보다 광범위한 목표를 가진 내담자 중심 치료에 비해 더 큰 영향력을 보였다. 하지만 여러 치료 간의 차이는 크지 않아 많은 학계 구성원들이 소위 도도새 의견(dodo bird verdict)이라고 칭해지는 Luborsky, Singer, Luborsky(1975)의 발언, 즉 "모든 사람이 이겼고 모든 사람이 상을 받아야 한다"에 동의하였다. 도도새 의견은 보다 최근의 방법론적으로 우수한 연구 결과가 지지하고 있다. 연구에 따르면 같은 문제를 해결하기 위해 제공된 많은 치료들이 결과적으로 차이가 미소하거나 없는 것으로 나타났다(Ahn & Wampol, 2001; E. Anderson & Lambert, 1995; Patterson, 1989; M. E. P. Seligman, 1995; Wampold & Imel, 2015). 예를 들어 메타 분석을 포함한 무선할당 연구에서 우울장애에 대한 매뉴얼화된 인지행동치료와 정신역동적-대인관계 치료가 유사한 치료 효과성을 보였다(Gallagher-Thompson & Steffen, 1994; Leichsenring, 2001; D. A. Shapiro et al., 1994).

앞서 소개된 연구와 더불어 해당 연구에 뒤따른 반응을 취합해 보면 치료 계획에 대한 많은 시사점을 안긴다. 한편에서는 모든 체계에서 공통 요소로 작용하는 **불특정 치료 요소**에 대한 탐색을 시도하고 있다(Ahn & Wampold, 2001; Andrews, 2001; J. D. Frank & Frank, 2004; Lambert & Barley, 2002; Wampold & Imel, 2015 참고). 이와 같은 움직임의 밑바탕에는 모든 치료에 걸쳐 보고되고 있는 일반적 동등성을 불특정 요인이 설명할 것이라는 희망이 있다. 가장 초창기의 공식적인 개념화는 1957년에 Carl Rogers(1957/1992)가 설명한 "치료적 변화의 필수 그리고 충분한 조건"이었다. 이 조건에는 진정성, 무조건적 긍정적 존중 그리고 정확한 공감이 포함된다. J. D. Frank(1973)는 성공적인 치료는 희망을 제공하고, 사기 저하를 극복하게 하며, 자애로운 설득을 통해 교정된 정서적 경험을 형성하게 한다는 유사한 불특정 개념화를 제안하였다. 이와 같은 불특정 주안점은 보다 지시적이고 기법 중심적인 접근과 대비된다. 특히 불특정 해명은 단순한 기법을 넘어 치료 관계의 질에 상당한 중점을 둔다(Norcross, 2011 참고). 이는 평가 결과가 치료적 관계의 질을 증진시킬 수 있는 의사결정으로 이어져야 함을 시사한다(Andrews, 2001; Luborsky, 1994; Wampold & Imel, 2015). 또한 치료의 구체성 또한 덜 강조된다. 하지만 기본적인 사례 관리 쟁점(구속성, 양식, 치료 강도)과 결과를 극대화시킬 수 있는 관계적 요소(예를 들어 내담자의 기대에 맞추기, 신뢰할 수 있는 임상가로 지각되기)의 증진은 여전히 중요하다.

두 번째 일반적 전략은 **차등 치료법**(differential therapeutics)으로 불린다. 이 접근법은 특정 진단과 더불어 문제와 연관된 부가적 정보를 기초로 중재 기법을 정의하는 절차에 초점을 둔다(Antony & Barlow, 2011; Nathan & Gorman, 2015; Sammons & Schmidt, 2001 참고). 여기에서 평가의 일반적 기능은 최대한 조심스럽게 특정 장애의 구체적인 세부사항을 평가하고 진단하는 데 있다. 결과를 최적화시킬 수 있는 가장 효과적인 기법이 증상 또는 증상 군집에 맞게 제공된다. 이 모델은 최적의 치료를 적용하기에 앞서 정확한 진단에 의존한다는 점에서 의학계에서 사용되는 절차와 흡사하다.

이 접근법은 다양한 성공을 거두었다. 아마 가장 대표적인 성과로는 불안 관련 증상 군집에 대한 특정 목표 지향적 중재의 개발일 것이다(Barlow, 1988; Barlow, Conklin, & Bentley, 2015; J. G. Beck & Zebb, 1994; Steketee, 1994). 특히 Barlow, Craske, Cerny, Klosko(1989)는 참여자 중 80%에서 100%가 치료적 효과를 경험한 공황장애를 위한 구체적인 목표 지향적 치료 프로그램을 개발하였다. 또한 약물치료에 비해 명확히 우세한 효과를 가지는 것으로 밝혀졌다(Gould, Otto, & Pollack, 1995). 이외에 강박장애를 위한 차별화된 효과적인 중재는 불안 유발 상황에 대한 점진적 노출과 더불어 강박 행동의 발현을 방지하기 위한 전략에 초점을 둔다(Riggs & Foa, 1993).

장애(또는 진단)의 하위 유형을 직접적으로 공략하는 전략의 장점이 불안장애를 위한 대부분의 중재에서는 보고되고 있으나 우울장애 치료에서는 상대적으로 성과를 거두지 못하고 있다. 신체 기능 증상의 정도, 조증 삽화의 존재 여부(양극성) 그리고 자살 위험여부는 약물치료 종류와 치료의 구속성에 대한 시사점을 제공한다. 우울장애를 위한 가장 효과적인 심리사회적 중재가 아직까지 연구를 통해 명확히 파악되지 못하였으나(Gallagher-Thompson & Steffen, 1994; Leichsenring, 2001; Rude, 1986; D. A. Shapiro et al., 1994), 일부에서는 인지행동치료 접근법의 차별화된 효과성을 주장하고 있다(Antonuccio, Danton, & DeNelsky, 1995 참고). 한편 연구자들은 조현병, 수면장애, 성관련 문제, 범불안장애 그리고 성격장애에 대한 특수화된 심리사회적 중재의 차별화된 효과성을 검증하는데 어려움을 경험하고 있다(Beutler & Crago, 1986; T. Brown, O'Leary, & Barlow, 1993).

세 번째 움직임은 아직 충분히 검토되지 않은 내담자 특성으로부터 치료 성과의 비동등성이 비롯되었을 가능성에 무게를 둔다(Beutler et al., 2000; Harwood et al., 2011; Groth-Marnat et al., 2008 참고). 내담자 특성의 상대적 기여도를 검토하는 것은 어떤 내담자의 경우 특정 치료가 제공되었을 때 효과를 경험할 수 있으나 다른 내담자의 경우 같은 치료를 제공받았을 때 치료가 효과적이지 않다는 연구 결과에 기반한다. 만약 치료 효과를 경험하지 못한 내담자가 파악되고 다른 전략이 제공되었다면 대안적 접근을 통해 유의미한 치료적 성과를 거두었을 수도 있다. 하지만 다양한 표본을 대상으로 실시된 치료성과 연구에서 평균 점수를 근거로 성과 여부를 검증하고 있어 잠재적으로 관련되었을 수 있는 내담자 간의 차이를 모호하게 한다.

이를 해결하기 위해 사용되고 있는 전략은 광범위한 내담자 특성을 면밀히 검토하여어떤 요소가 치료에 대한 상이한 반응을 예측할 수 있는지 확인하는 것이다. 200개 이상의 내담자 특성이 제안되었고, 이 중 100개 정도는 경험적 연구를 통해 검토되었다(Garfield, 1994; Harwood et al., 2011; Norcross, 1997). 연구 결과에 따르면 경험적으로 가장 검증된 특성들이 지난 20여 년 사이에 체계적 치료 계획 성립 과정에서 더 많이 묘사되고 활용되고 있다(Beutler, Forrester, Gallagher-Thompson, Thompson, & Tomlins, 2012; Beutler, Forrester, Holt, & Stein, 2013; Beutler, Harwood, Bertoni, & Thomann, 2006). 이에 대한 개관 논문에서 최적의 맞춤 조건화된 상황에서 결과 변산의 64%까지 설명한다고 보고되었다(Berzins, 1977; Beutler, 1983, 1989; Beutler et al., 2012). 내담자 특성에 치료가 맞춰지고 치료적 관계의 질이 함께한다면, 성과 예측력이 90%로 증가한다(Beutler et al., 1999; Beutler, Moleiro, Malik, & Harwood, 2003). 반면 소인적 내담자 특성에 대한 고려 없이 치료적 기법을 제공할 경우 결과 변산의 10%만을 설명하는 것으로 나타났다 (Beutler, 1989; Wampold & Imel, 2015).

따라서 연관된 차원을 파악하기 위해 선행 내담자 특성이 평가 과정에서 사용될 수 있고 또 사용되어야 함이 시사된다. 또한 이와 같은 차원을 활용하여 최적의 치료 계획을 성립할 수 있다. 이는 평가의 기술적 그리고 임상적 요소 모두를 강조하는 결과이며, 동시에 치료적 제언의 구체성을 중요시하는 관점이라고 할 수 있다. 공통 요인(공감, 존중 등) 의 중요성을 부정하는 것은 아니나 내담자 특성에 따라 치료를 선정하는 것은 이러한 공통 요인에 따른 효과를 증폭시킬 수 있다. 또한 환자를 단순히 특정 치료 모델에 배정하는 것을 떠나 결과 자체를 향상시킬 수 있다(Beutler et al., 2003).

앞서 소개된 세 가지 전반적 전략 이외에 다양한 특수 방안이 치료 중재와 내담자 특성에 대한 맞춤형 처방을 위한 지침으로 부상하였다. 이상적으로는 특정 질환에 대한 일반 의학적 접근과 유사한 양식으로 *DSM*이 유용해야 한다. 하지만 보편적으로 그렇지 못한 것이 현실이다. 진단 범주 일부의 경우 이에 적합한 의학적 중재 유형이 존재함을 시사하나(예를 들어 우울장애를 위한 항우울제), 심리사회적 중재를 설계하는 과정에서는 특별히 유용하지 않다(Beutler, 1989; Houts, 2002). 관련된 중재 영역을 명확히 파악하기 위하여 Lazarus(1973, 1989, 2005)는 임상가가 환자의 행동(behaviors), 정서(affect), 감각적 경험(sensory experiences), 심상(imagery), 인지(cognitions), 대인관계(interpersonal relationships) 그리고 약물에 대한 요구(need for drugs), 즉 BASIC-ID를 분석해야 한다고 제안하였다. 다른 저자들은 치료와 변화 과정에서의 다양한 단계가 중재를 효과적으로 만드는 데 중대한 역할을 한다고 주장한다. 예를 들어 Prochanska와 DiClemente(1984, 2005)는 실무가가 숙고 전, 숙고, 준비, 실행, 유지 단계를 위주로 중재를 맞추도록 권장하고 있다.

Wickramasekera(1995a, 1995b)는 신체화 문제를 보일 가능성이 높은 위험군을 파악하고 평가하기 위한 모델을 행동의학적 맥락 안에서 제안하였다. 이와 같은 고위험군은 매우 높거나 매우 낮은 최면 가능성, 신경증(교감신경계 반응성 수준) 그리고 파국적 사고로 구성된 선행 요인을 토대로 예측 가능하다. 촉발 요인은 주요 일상생활 사건 또는 사소한 일상적 스트레스, 완충 효과를 갖는 내담자 요인으로는 사회적 지지 수준과 대처 능력이 있다. 따라서 치료는 이와 같은 내담자 차원에서의 수준 및 양상과 부합하여 고안된다.

또 하나의 전략은 치료사와 내담자 간 최적의 조합을 형성하는 과정에 작용하는 관련 요인을 확인하는 것이다. 어떤 경우 특히 연령, 성별 그리고 민족성과 같은 차원에서 내담자와 치료사 간의 유사성이 이로울 수 있다(Beutler & Clarkin, 1990). 또한 유사성은 대인관계적 치료 목표 설정, 우정 그리고 사회적 인식에 부여된 가치를 증진시키는 것으로 나타났다(Arizmendi, Beutler, Shanfield, Crago, & Hagaman, 1985; Talley, Strupp, & Morey, 1990). 하지만 치료사-내담자 조합에서 민족성의 일치만으로 치료적 성과가 향상되지는 않는다. 실제 동일 민족의 치료사를 희망하든 희망하지 않든 내담자의 선호를 수용하는 것이 결과에 영향을 주는 것으로 보고되었다(Cabral & Smith, 2011). 반면 자율성에 높은 가치를 둔 치료사가 애착과 의존 성향이 높은 내담자를 상대할 때 내담자와 치료사 간의 부동성이 더 좋은 결과를 예측하는 것으로 밝혀졌다. 역으로 애착과 의존 지향적인 치료사가 자급자족할 수 있고 자율성이 높은 내담자를 치료할 때 더 나은 결과가 도출되었다(N. S. Jacobson, Follette, & Pagel, 1986).

근거기반 치료 계획의 적절성과 긴급성은 앞으로 더 유의미하게 중대해질 것으로 예상된다. 평가 절차 및 중재의 비용 효율성을 증빙하도록 더욱 더 요구하고 있는 현재의 의료보장체계가 이와 같은 긴급성의 증폭제 역할을 하고 있다(Groth-Marnat, 1999; Groth-Marnat & Edkins, 1996; Groth-Marnat et al., 1995; Maruish & Nelson, 2014; Yates & Taub, 2003). 결과적으로 내담자의 문제를 신속히 파악하고 최적의 치료적 제언을 촉진시키며 중재의 효과성을 실제로 입증하도록 더 많은 압력이 가해지고 있다. 임상적 서비스는 비용 효율성을 갖고 제공되어야 한다. 평가의 비용 효율성과 관련된 자료는 현재 확보되지 못한 상황이나 가까운 장래에 검토될 것으로 기대된다(Groth-Marnat, 1999, 2000b; Yates & Taub, 2003). 향후 연구에서는 평가가 비용 효율성을 언제 나타내는지의 여부를 명료화시켜야 하며, 특히 평가 결과가 치료 계획을 신속하고 효과적으로 확립하게 하여 비효과적이거나 불필요한 장기 치료를 피해 갈 수 있도록 도모하여 비용을 궁극적으로 절감시킬 수 있음을 입증해야 한다.

중재 방안

Groth-Marnat와 Davis(2014)는 심리평가에 따른 다음 여섯 가지의 잠재적 제언 범주를 파악하였다.

- 치료
- 배치
- 추가 평가
- 내담자 환경 변화
- 교육 및 자조
- 기타 제언

심리치료, 약물치료 그리고 그 외 다른 전문가가 제공할 수 있는 중재를 포함한 치료(treatment)는 앞으로 이 장에서 다룰 주된 내용이다.

배치(placement)와 관련된 제언은 내담자가 어떤 치료 장면에서 가장 덜 구속적이면서 필요한 서비스를 제공받을 것인지에 대한 결정이다. 상당수의 내담자는 지역사회 정신건강센터나 개원한 치료사를 방문하는 등 외래 치료 배치로부터 혜택을 받을 것이다. 하지만 더 높은 수준의 치료적 관심이 요구되는지 더 세심한 결정이 필요하다. 입원을 통해 가장 효과적인 치료가 제공될 것으로 사료되는 개인을 파악하기 위해 참고할 수 있는 정보에는 증상의 심각성과 자조 능력(George, Durbin, Sheldon, & Goering, 2002) 그리고 자해 위험 정도, 정신증 또는 우울 증상의 심각성 및 충동 통제 수준이 있다(Way & Banks, 2001). 주간 병원과 이보다 구속적인 거주형 요양시설은 병동 입원은 불필요하나 외래 치료보다는 더 높은 수준의 돌봄이 요구될 경우 고려할 수 있는 방안이다. Walton과 Elliott(1980)는 거주형 요양시설로의 의뢰가 필요할지 결정할 때 고려해야 할 몇 가지 요인을 제안하였다. 여기에는 개인의 심리적, 신체적, 사회적 문제, 실제 문제행동 존재 여부 또는 발현 가능성 그리고 실제 또는 잠재적 문제행동에 대한 지역사회의 용인 정도가 포함된다. Chor, McClelland, Weiner, Jordan, Lyons(2012, 2013, 2015)는 주로 청소년에 국한된 제안이기는 하나, 어떤 치료 유형이라도 충분히 다룰 수 있다고 판단되는 복합적 또는 다수의 정서적 또는 행동적 문제를 보이는 개인에 한해서는 거주형 요양시설을 구체적으로 추천하고 있다. 외래, 주간 병원, 거주형 요양시설 또는 병동 입원으로의 의뢰와 관련된 결정사항 이외에는 내담자의 요구 및 저항 수준에 기초한 자발적 대 비자발적 선택안이 있다. 추가적으로 만약 개인이 적절한 결정을 행사할 능력이 의심될 경우 법적 보호자 또는 조력을 통한 의사결정(Gooding, 2013 참고)이 필요할 수도 있다.

추가 평가(further evaluation)를 제언하기 위한 가장 적절한 상황은 평가자가 평가 과정에서 자신의 역량이나 전문 분야의 범위를 벗어난 내담자의 현재 문제 및 관련 정보가 존재한다고 판단할 경우이다. 아마 가장 대표적으로는 심리적 그리고 심리사회적 기능에 유의미한 영향을 준다고 알려진 갑상선 기능, 신경학적 손상 또는 다른 의학적 또는 신체적 요인을 파악하기 위한 의학적 자문 또는 검사의 필요성이 감지되는 경우일 것이다. 다른 예로는 평가 과정에서 파악된 법적 또는 재정적 문제에 대한 추가 검토, 약물치료의 필요성, 아동의 경우 언어 또는 작업 치료사의 소견이 요구되는 경우와 같이 관련 분야 전문가의 의견이 필요한 상황이다. 심리평가를 실시하는 평가자가 자신의 역량의 한계를 정확히 이해하고 적절할 경우 추가 평가를 의뢰하는 것이 중요하다. 어떤 경우 다른 심리학자에게 의뢰할 수도 있다. 흔한 예로 성격평가를 통해 신경심리학적 손상이 의심되나 평가자가 신경심리학자가 아니고 신경심리학적 기능을 적절히 평가하기 위한 전문성을 갖추지 않았을 경우 신경심리학자에게 의뢰하는 경우를 들 수 있다.

Groth-Marnat와 Davis(2014)는 내담자의 환경 변화(altering the environment)와 관련된 몇 가지 제언을 논의하였다. 이 전략은 약을 복용할 시간에 알람을 설정하는 것이나 일정 시간이 경과한 후 자동적으로 가스레인지의 가스 공급이 차단되는 장치를 설치하는 것 또는 특정 과제 시간을 알려 주도록 알람을 설정하는 것과 같이 신경심리학적 맥락에서 광범위하게 활용되고 있다. 추가적으로 평가자는 심리교육적 장면에서 주의분산 효과를 감소시키기 위해 교실 내 아동의 자리를 바꾸고 필기를 대신해 줄 수 있는 학습 도우미를 구하여 추가 시간을 제공받거나 일반 교실이 아닌 다른 조용한 장소에서 시험을 볼 수 있도록 맥락적 요인을 변화시키는 것과 같은 학습 환경 개선을 권유할 수도 있다. 재발 방지를 위해 집안에서 술을 없애거나 배우자에게 집 안에서 술을 마시지 않도록 부탁하는 것, 취침 전 전자용품을 침실 밖으로 옮기는 것 또는 구체적인 방법으로 내담자의 안부를 정기적으로 확인하도록 친구 또는 가족 구성원에게 부탁하는 등 다른 환경적 변화 또한 적절할 수 있다.

자조(self-help) 움직임은 지난 40여 년 또는 그 이전부터 대규모 사업으로 확장하였으며, 책, 정보통신 기술을 활용한 활동 등 많은 프로그램들이 심리교육적 그리고 인지행동적 전략을 포함하고 있다. Norcross와 동료들(2013)은 근거기반 자조 자원에 대한 포괄적인 지침을 제안하고 있으며, I. M. Marks, Cavanagh, Gega(2007)는 컴퓨터 기반 심리치료 자원을 제안하였다. 잘 시행된 자조는 매우 큰 효과를 가져올 수 있으며, 이와 같은 성과는 전문 상담과 유사한 효과 크기를 보인다(den Boer, Wiersma, & van den Bosch, 2004). 자조 자원의 효과적인 시행은 매우 중요하며, 특히 자조 자원이 정신건강 전문가의 지속적인 도움 없이 중점 치료 방안으로 제안되는 상황이라면 평가에 따른 제언에는 시행을 위한 구체적인 정보를 포함할 수 있다. Norcross(2006)는 자조 자원의 효과적인 시행을 위한 제언을 하였다. 책, 영화, 인터넷 자료 그리고 컴퓨터 기반 치료 이외에 자조 및 지지 집단 또한 중요한 제언이 될 수 있다. 평가자는 지지 집단을 추천하기에 앞서 내담자가 반드시 접근 가능한 자원인지 보장하기 위하여 지역사회 자원에 대해 숙지하고 있어야 한다.

마지막으로 기타 제언(miscellaneous recommendations)은 위 범주에 정확히 포함되지 못하는 권장 사항을 가리킨다. 예로는 자신의 운전면허증을 포기하거나 교육 또는 직업과 관련된 자문을 구하는 것을 추천하는 것이 있다. 또한 내담자 또는 의뢰인(처)이 평가 보고서를 누구와 공유하는 것을 권장하는지 명확히 서술하는 것이 유용할 수 있다. 이에 대한 대안적 방안으로는 내담자 또는 의뢰인(처)이 정보 제공 동의서를 작성하여 평가자가 직접 평가 결과를 공유하고 도움이 될 수 있는 다른 사람(예를 들어 치료사, 교사, 잠재적 지지 제공자 등)에게 설명하도록 하는 것이다. 실무가는 만약 평가 결과에 근거하여 현재 치료가 불필요하다고 판단되면 치료를 권유하지 않아도 된다는 사실을 항상 기억해야 한다.

임상적 의사결정

평가 보고서 맥락에서 제언을 확립할 때 두 가지 주요 고려사항을 인지해야 한다. 첫 번째로는 이 장의 주된 관심사인 개인의 삶이 향상되도록 도움이 될 수 있는 적절하고 가급적 효과적인 제언의 선정이다. 아래에 기술된 영역들은 효과적인 치료 및 기타 제언을 선정하는 의사결정 과정을 인도하기 위해 고안되었다. 이때 연구 결과가 유용할 수 있으나 제언은 내담자 특성에 맞게 적용되어야 한다(Groth-Marnat & Davis, 2014). 즉 이 작업은 이 장에서 다루고 있는 다양한 내담자 요인을 고려하는 것을 말하나 개별 사례 특유의 요인도 존재하기에 임상적 기술과 더불어 평가 과정에서 구축된 치료 관계를 통해 습득된 정보의 활용을 요구한다. 평가를 받는 개인의 고유 정보는 명확하고 일관성 있는 사례 개념화로 조직화된다. 두 번째로 역시 중요한 사항은 내담자가 이해할 수 있고 내담자가 제언을 따를 확률을 증가시킬 수 있는 양식으로 제언을 전달하는 것이다. 이것을 달성하기 위해 제언의 서술 양식은 평가 대상에 맞게 구체적으로 작성되어야 한다. 여기에는 문화적 고려사항(T. B. Smith, Domenech, Rodriguez, & Bernal, 2011 참고)과 평가로부터 도출된 구체적인 문제 또는 목표를 각각의 제언과 연계시키는 작업이 포함된다. 이와 같은 방법은 치료적 제언이 논리적이고 의뢰 사유 및 평가에서 발견된 문제를 충분히 반영하며 필요 이상으로 강렬하지 않도록 보장한다.

어떤 중재를 추천할지 결정할 때에는 다음 네 가지 지배적인 고려사항으로부터 임상적 결정이 추진되어야 한다. 첫 번째, 임상가는 내담자의 현재 상태를 평가 결과를 토대로 진술형 모델로 조직화한다. 이러한 사례 개념화는 대부분의 경우 원인론적 기제를 제안하고 중재의 방향을 어디에 맞춰야 할지에 대한 정보를 제공한다. 두 번째, 임상가는 장·단기적 치료 목표를 설정하기 위해 평가 결과를 활용하여 문제를 정확히 이해해야 한다. 만약 심리평가를 통해 진단에 이르렀을 경우 치료 목표 설정에 영향을 줄 수 있는 문제관련 요인 중에는 최종 진단, 만성 정도를 포함한 문제의 복합성, 개인의 기능 손상 정도 또는 심각성 그리고 동기 수준에 유의미한 영향을 줄 수 있는 주관적 고통 정도가 있다. 세 번째, 임상가는 문제를 유발시키고 이보다 중요할 수 있는 문제의 강화 및 지속 요인 등 문제의 맥락을 감안해야 한다. 이와 같은 맥락적 요인에는 내담자가 문제에 어떻게 대처하고 있는지, 대처 방안이 어느 정도 효과적인지, 사회적 지지 수준 및 유형 그리고 내담자의 문제를 강화시킬 수 있는 다른 일상생활 요소에 대한 이해가 포함된다. 마지막으로 임상가는 내담자의 저항 수준, 변화 과정(Prochaska & DiClemente, 2005 참고) 그리고 치료 및 치료 관계에 영향을 줄 수 있는 다른 내담자 특성(Norcross, 2011 참고)과 같은 치료 특유의 과정과 맥락적 변인을 고려해야 한다. 이제 임상적 의사결정과 평가에 따른 제언의 구성에 유용한 위 네 가지 지배적인 고려사항에 초점을 두겠다.

사례 개념화

실무가는 일반적으로 검사 자료 및 기타 정보를 포함한 다양한 평가 결과를 통합하여 내담자의 맥락에 맞게 내담자가 경험하고 있는 어려움을 포괄적으로 기술하게 된다. 아마 심리평가의 가장 힘들고 미묘한 부분일 것이다. 이러한 기술은 보고서를 읽고 평가 결과를 제공받는 개인이 단순한 증상 묘사를 넘어 내담자에게 어떤 일이 일어나고 있는지 보다 잘 이해하도록 도모한다. 또한 일반적으로 이런 기술은 이론으로부터 비롯되며, 이는 곧 임상가의 이론적 지향에 영향을 받음을 시사한다(예를 들어 Persons, 2008). 즉 어떤 요인이 한 개인의 문제를 유발시키고 지속시키고 있는지에 대한 기술적 묘사는 실무가가 무엇이 문제를 지속시키고 있는지 믿고 있느냐에 치중된다. 예를 들어 어떤 임상가는 인지적 혹은 행동적 강화 요인이 경험되고 있는 불안을 유지시키고 있다고 가정할 수 있는 반면, 다른 임상가는 반복적인 대인관계적 및 애착 양상과 연관된 근본적 역동이 이를 지속시킨다고 믿을 수 있다. 임상가의 이론적 지향과 무관하게 대부분의 사례 개념화는 최소한 네 가지 요소를 포함한다(Eells, Kendjelic, & Lucas, 1998). (1) 개인이 경험하고 있는 증상 또는 문제에 대한 기술 (2) 일상생활 사건과 내적 성향을 포함한 개인의 선행 취약성 (3) 문제를 야기시킨 스트레스 요인, 사건 및 환경 맥락적 정보 (4) 이 모든 요소를 연결시켜 어떤 이유에서 그리고 어떻게 문제가 지속되고 있는지를 설명하는 원인론적 가설적 기제. 사례 개념화를 구상하기 위한 목적으로 평가 결과를 통합시킬 수 있는 다양한 자원이 존재한다(예를 들어 Beutler, Malik, Talebi, Fleming, & Moleiro, 2004; Butcher & Perry, 2008; Eells, 2011; Harwood et al., 2011; Tarrier & Johnson, 2006; Wright, 2010). 각각의 자원은 내담자의 문제를 유지시키는 원인론적 기제를 개념화하기 위해 서로 다른 이론적 및 실용적 체제를 활용하고 있으며 모두 심리학적 이론 및 기제에 대한 지식을 요구한다. Wright(2010)가 저술한『심리평가 실시: 임상가를 위한 지침서』(*Conducting Psychological Assessment: A Guide for Practitioners*)에서 제시된 범이론적 모델이 아래에서 논의될 것이나 실무가들은 원문을 참고하여 보다 심도 있는 내용과 예시를 숙지할 것을 권장한다.

Wright(2010)는 사례 개념화 작성에 필요한 자료를 조직화하는 데 사용 가능한 네 가지 모델을 제안하였다. 여기서 짚고 넘어가야 할 사항은 이 네 가지 안은 많은 방안 중의 일부이며 대부분의 이론적 관점과 호환 가능하다는 점이다. 첫 번째 그리고 아마 가장 널리 활용되는 사례 개념화 모델은 소질-스트레스 모델(diathesis-stress model)로, 평가 결과를 다음 세 가지 범주로 분류한다. (1) 성격 특성, 일반적 접근 양식과 같은 상황에 개인이 기여하는 요인을 일컫는 취약성 (2) 내담자의 삶 또는 환경적 맥락에서 발생하였거나 진행되고 있는 스트레스 요인 (3) 문제 또는 증상 자체를 가리키는 결과. 심리학적 모델은 취약성이 환경적 스트레스 요인과 상호작용하여 결과적으로 문제 또는 증상을 유발시키고 지속시킨다는 것이다. 해당 모델은 인지행동적 이론과 부합한다. 예를 들어 낮은 자기가치감(취약성)으로 특징되는 도식이 직장에서의 해고(스트레스 요인)와 결합하면 기분 저하 및 우울한 인지(결과)를 강화시킬 수 있다. 이는 정신역동적 이론에도 적용될 수 있다. 예를 들어 문제적인 애착 양식(취약성)이 대인관계적 문제와 더불어 자기파괴적인 성향(결과)을 강화시킬 수 있다. 임상가의 이론적 지향이 무엇이든, 모델의 일정 부분은 아마도 문제를 원인론적으로 강화시키는 내적 및 외적 요소에 초점을 두고 있을 것이다.

Wright(2010)가 제안한 두 번째 모델은 발달학적 모델(developmental model)로, 내담자의 기능 수준과 일상생활 및 환경적 요구 간의 발달학적 부조화가 존재하며 이러한 부조화는 문제적 결과를 강화시킨다고 설명하고 있다. 해당 모델은 정상적 발달 궤도에 대한 실무가의 지식을 요구하며, 이러한 궤도를 유용한 제언으로 명확히 옮길 것을 권장한다. 예를 들어 물질을 사용하면서 대부분의 시간을 보낸 청년은 일반적으로 사춘기 시기에 발달되는 적절한 기술을 실제로 습득하지 못하여 정서적 그리고 대인관계적으로 사춘기 청소년과 유사한 수준으로 기능할 수 있다. 실제 연령상으로는 성인 초기에 해당되는 개인이므로 환경적 요구 수준 또한 이 발달 시기에 준하는 정도일 것이다. 이와 같은 요구와 개인의 사회적 정서적 능력 사이에 부조화가 존재하기 때문에, 개인은 대인관계적 갈등 또는 직업상의 어려움과 같은 문제를 경험할 가능성이 있다. 역시 이 모델은 여러 이론을 수용할 수 있다. 규범적으로 적절하다고 간주되는 발달은 추상적 사고 능력 또는 태도를 조절하거나 상충되는 정보를 기존 신념 체계에 동화하는 경향과 같은 인지적 용어로 짤 수 있다. 정신역동적 언어로는 보다 건강하고 성숙한 방어기제의 활용으로 표현될 수 있다. 능력/내적 기능과 해당 연령쯤에는 성취하였어야 할 환경과 삶의 요구를 충족시키기 위해 필요한 능력/기능 간의 부조화이다.

세 번째 모델은 공통 기능 모델(common function model)이다. 이 모델은 평가에서 도출된 각각의 주제가 공통 목적 또는 기능을 갖는다고 가정한다. 예를 들어 자신을 타인으로부터 고립시키는 목적을 달성하는 여러 문제와 과정이 있다. 이러한 문제에는 대인관계 상황에서의 행동적 성향, 타인과의 정서적 친밀감에 대한 불편감, 사회 불안 그리고 자신은 관계를 맺을 만한 가치가 없다는 신념 등이 있다. 각각의 요인은 개인을 타인으로부터 멀어지게 하는 유사한 기능을 하며, 이러한 근본적인 욕구 또는 과정이 각각의 문제를 지속시키는 기제로 작용하게 된다. 다시 말해 타인으로부터 효과적으로 멀어지는 것을 경험하면서 각자 강화될 수 있다. 이 모델 또한 실무가가 무엇이 서로 다른 목적을 위한 것인지 믿는가에 따라 각기 다른 이론적 접근에 활용될 수 있다. 인지 및 행동, 근본적인 방어적 역동, 대인관계 전략 및 양상 또는 이들 요인의 조합에 초점을 둘 수 있다.

Wright(2010)가 제안한 마지막 모델은 다른 세 가지 모델에 비해 더 유연하다고 볼 수 있으나 보다 정교하고 복잡하다. 따라서 이 모델은 복합 모델(complex model)로 지칭되며 많은 기능 관련 모델이 설명하는 것보다 내담자는 더 복합적이라는 사실을 반영한다. 이와 같은 복합 모델은 대부분 기존 모델의 혼합 유형이라고 할 수 있으며, 몇몇 근본적인 과정은 다양한 요인(예를 들어 소질-스트레스 모델에 속한 결과가 다른 문제를 강화시키는 취약성으로 작용할 수 있음)을 반영할 수 있다는 이해가 동반되어야 한다. 예를 들어 학교에서의 행동 표출은 아동의 취약성인 외현화 대처 양식(이 장 후반부 "대처 양식" 내용 참고)에 따른 결과로 간주될 수 있으며, 스트레스 요인으로는 이혼 절차를 밟고 있는 부모가 될 수 있다. 또한 소질-스트레스 모델에서의 결과인 행동 표출은 부모의 이혼이라는 스트레스 요인과 함께 학습 문제를 강화시키는 취약성으로 작용할 수도 있다. 이러한 경우 부모가 자신들의 문제에 몰두한 나머지 아동에 대한 학습관련 지지가 결여된 점이 학교에서의 문제행동과 결합하여 낮은 학업 수행을 초래하고 지속시킬 수 있다. 복합 모델의 위 예시는 앞서 소개된 모델에 기반을 두고 있으나 기본 모델의 구조를 확장시켜 미묘한 차이와 복합성이 추가된다. 결과적으로 복합 모델 또한 임상가의 지향과 부합하는 강화기제에 근거하여 다양한 이론적 관점에 적용될 수 있다.

수립된 사례 개념화는 대개 치료적 제언과 관련된 임상적 결정사항에 직접적인 영향을 준다. 사례 개념화가 없을 경우 평가 과정에서 밝혀진 증상 완화를 위한 직접적인 특정 중재가 가장 논리적인 제언으로 제공될 것이다. 하지만 원인론적 가설이 사례 개념화를 통해 제시될 경우, 치료적 제언은 단순히 결과적 문제를 표적으로 삼지 않고 문제를 지속시키고 있는 것으로 추측되는 근본적 기제 또한 목표로 제시할 수 있다. 이론적 지향에 따라 이러한 기제는 문제를 유발하고 지속시키는 근원적인 도식, 애착 양상, 방어적 양식, 대처 기술, 환경적 위험 요인 또는 기타 요인이 될 수 있다. 근본적인 가정은 실제 표면화된 문제와 증상을 유발시키고 강화시키는 역동이 존재하며 이러한 요인을 다루는 것이 문제를 완화시킬 수 있다는 것이다. 하지만 근본적인 기제에 초점을 두었다고 표적 증상을 위한 직접적인 치료적 제안이 간과된다는 것은 아니다. 예를 들어 결과적 문제로 간주된 자살 경향성을 유발시키고 강화시키는 요인 위주로 사례 개념화가 수립될 수 있다. 근본적인 기제에 대한 치료적 제언에 더하여, 실무가는 자살 위험성이라는 결과적 증상을 직접적인 표적으로 삼고 이에 맞는 전략을 제안할 것이다. 그리고 아마도 이와 같은 제언을 가장 먼저 추천할 것이다. 이후 내담자의 안전이 어느 정도 확보되었다고 판단될 경우 기본적 요인에 제언의 초점을 맞출 것이다.

문제 이해하기

진단

과거 몇 십 년 동안 정신건강 분야에서 진단은 임상적 의사결정에서 견인차 역할을 하였다. 연구 및 연구비 대부분이 특정 장애에 대한 치료 효과를 검증하는 데 집중되었기 때문에, 평가자는 진단에 근거한 최적의 치료에 대한 많은 정보를 접할 수 있다(예를 들어 American Psychological Association Division 12-Society of Clinical Psychology, 2009; Antony & Barlow, 2011; Chorpita et al., 2011; Fonagy et al., 2014; Nathan & Gorman, 2015; Ollendick & King, 2004; L. Seligman & Reichenberg, 2014). 실제 정확하지 않은 진단이 치료 경과 및 결과에 심각한 영향을 줄 수 있음이 밝혀졌다(Jensen-Doss & Weisz, 2008). 하지만 많은 연구가 치료 선정에서 진단보다 이 장에서 거론되고 있는 다양한 내담자 변인과 같은 요인을 핵심 의사결정 요소로 간주하고 점차 더 관심을 기울이고 있다(Beutler & Clarkin, 1990; Groth-Marnat, Roberts, & Beutler, 2001; Norcross, 2011). 이와 같은 주안점의 전환에도 불구하고, 정확한 진단, 특히 정확하지 않은 진단을 내리지 않는 것이 적절한 치료를 결정하는 데 전제 조건임을 기억해야 한다.

많은 사람이 진단이라는 이름표의 가치 및 윤리성을 의심하나, 증상의 구체적인 경과를 예측하기 때문에(First & Tasman, 2004) 치료 제공자에게는 특별한 가치를 갖게 한다. 어떤 진단은 다른 진단에 비해 더 안 좋은 예후를 보인다. 예를 들어 반사회성 및 조현성 성격장애의 경우 해당 성격 유형과 연관된 다른 정신건강 문제는 효과적으로 치료가 가능할 수 있으나 내담자가 치료에 생산적으로 임하는 데 어려움이 따를 수 있다. 하지만 이외에 다른 개인적 요인이 장애가 어떤 경과를 보일지에 영향을 줄 수 있기 때문에(예를 들어 Hara et al., 2012; Hser, Evans, Grella, Ling, & Anglin, 2015; Koenen, Stellman, Sellman, & Sommer, 2003; Schoevers, Beekman, Deeg, Jonker, & Tilburg, 2003) 진단을 예후 예측 요인으로 전적으로 숭배해서는 안 된다. 발달적 요인(특히 아동의 경우) 및 문화적 요인을 고려하여 진단이 어떻게 치료적 제언에 영향을 줄 수 있을지를 결정해야 한다(Ridley & Kelly, 2007; Yasui & Dishion, 2007). 이와 같은 고려사항에도 불구하고 어떤 진단에 대해서는 실제로 특정 치료를 "처방"하게 된다. 예를 들어 조현병과 같은 정신증적 장애 진단은 일반적으로 약물치료가 활성화된 정신증적 증상을 위한 주된 치료 방안이기 때문에, 적극적인 정신건강의학적 자문의 필요성을 제기한다. 또한 조현병을 위한 보편적인 치료에는 내담자와 가족을 위한 심리교육, 기술 훈련 그리고 직업 재활 요소도 포함된다(Harding & Strauss, 1985; Paul & Lentz, 1977). 대부분의 심리평가가 진단적 요소를 포함하고 있기 때문에 진단적 정확성이 중요하며, 진단적 인상을 고려한 치료적 제언이 마련되어야 한다. 하지만 진단 이외의 요인 또한 고려 대상이 된다(Nelson-Gray, 2003).

기능 손상

모든 평가의 긴급 사항 중 하나가 문제의 심각성에 대한 평가이다. 내담자의 문제가 일상적인 사회적, 작업적 그리고 개인 내적 요구사항을 어느 정도 방해하고 있는지를 평가하는 것이 주된 쟁점이다. 기능 손상의 정도는 내담자의 대처 능력, 자아 강도, 통찰 수준 그리고 증상의 만성과 직접적인 관련성을 보인다. 많은 사례에서 기능 손상은 내담자의 주관적 고통 수준과 연관된다. 하지만 한편으로는 많은 사례에서 주관적 고통이 심각한 문제와 관련되지 않을 수 있다. 예를 들어 타인에게 고통을 주나 특별한 주관적 고통을 호소하지 않는 반사회성 성격장애를 가진 개인이나 사회의 가장자리에서 기능은 하고 있으나 자신의 한계와 역기능 수준에 대해 특별히 걱정하지 않는 조현성 성격장애를 가진 개인이 있다. 주된 차이점은 손상에 대한 객관적 지표가 기능 손상을 반영한다는 점이다. 반면 주관적 고통은 객관적인 지표상 반드시 기능 손상을 의미하지는 않는다. 일반적으로 문제의 심각성은 부정적 치료 성과와 연관되며(Castonguay & Beutler, 2006) 여러 맥락에 걸쳐 기능 손상을 평가할 필요가 있다(Brod, Johnston, Able, & Swindle, 2006; K. Green, Worden, Menges, & McCrady, 2008).

기능 손상을 평가하기 위한 많은 정규적·비정규적 평가 절차가 존재한다. Beutler와 동료들(Beutler & Harwood, 2000; Harwood et al., 2011)은 다음과 같이 관련 평가 차원을 요약하였다.

- 면접 상황에서 내담자의 적절한 기능을 저해하는 문제
- 평가 과제에서의 결핍된 주의집중력
- 사소한 사건에 따른 주의분산
- 전반적인 기능 결핍
- 임상가와의 상호작용상의 어려움
- 다수의 손상된 일상생활상의 수행 영역

정신상태 평가는 기능 손상과 관련된 유용한 정보를 구할 수 있는 하나의 구조화된 방법이다.

기능 손상에 유용한 지표 중 하나가 MMPI-2/MMPI-2-RF에서의 상승이다. 특히 MMPI 프로파일 우측 척도(Pa, Sc, Ma)에서의 상승은 기능 손상을 시사한다. 벡 우울 척도 (BDI-II) 상의 높은 점수(30점 이상) 또한 높은 수준의 기능 손상을 반영한다. 우울한 내담자일 경우 자살 위험 수준을 반드시 확인해야 한다. 자살 위험성을 시사하는 징후로는 MMPI-2에서의 관련 주요 문항 또는 BDI-II 2번, 9번 문항이다. MCMI-IV에서의 전반적인 상승 또한 높은 수준의 기능 손상을 시사하며, 특히 심한 성격병리 또는 심한 임상적 증후군 두 척도상의 상승이 관찰될 경우 그러하다. *DSM-IV-TR*(American Psychiatric Association, APA, 2000)의 다축 진단 체계가 축 IV 심리사회적 및 환경적 문제 그리고 축 V 전반적인 기능 평가와 같은 기능 손상 정도를 추정할 수 있도록 정보를 요약하는 양식을 제공하고 있으나, *DSM-5*(APA, 2013)는 이와 같은 체제를 더 이상 유지하고 있지 않다. 하지

만 진단에 근거한 몇 가지 추론은 가능하다. 예를 들어 공존하는 성격장애 및 비성격장애 진단이 존재할 경우 그리고 정신증 영역에 속한 심각한 장애(예를 들어 조현병, 양극성장애)가 존재할 경우 더 심각한 손상을 의심해 볼 수 있다.

이전 장(13장 참고)에서 살펴본 주요 평가 도구 또한 기능 손상에 대한 유용한 지표를 제공할 수 있다. 간이 증상 질문지(BSI; Derogatis, 1992)에서 많은 수의 보고된 문제(>63T)는 높은 기능 손상을 가리키며, 상태-특성 불안 검사(STAI; Spielberger, Gorsuch, Lushene, Vagg, & Jacobs, 1983)의 특성 불안 척도 상의 높은 점수(>55T) 역시 더 높은 수준의 기능 손상을 암시한다.

기능 손상 정도를 임상적 의사결정을 도모하기 위해 사용할 때 다음 다섯 가지 영역에 대한 시사점을 제공한다. (1) 치료의 구속성 (2) 중재의 강도(기간 및 빈도) (3) 의학적 대 심리사회적 중재 활용 (4) 예후 (5) 초기 목표 달성의 긴급성(Harwood et al., 2011 참고). 기능 손상 정도가 낮을 경우 치료가 비구속적인 장면(외래)에서 상대적으로 더 낮은 빈도와 더 짧은 기간 내에 진행될 수 있음을 시사한다. 심리사회적 중재가 가장 지배적인 중재 유형이 될 것이며, 구체적인 증상-중심의 목표를 신속히 정의하고 달성해야 하는 긴급성 또한 덜할 것이다.

심각한 문제, 특히 내담자의 자살 의도가 의심되거나 일상생활에서 기능을 못하고 있는 경우 즉각적 입원 조치가 요구된다. 입원 치료가 필요할 수 있는 진단에는 양극성장애, 정신증적 상태, 자살 의도를 동반한 주요우울장애, 해독 치료가 필요한 급성 물질 남용 그리고 유의미한 악화(decompensation)를 보이는 몇몇 기질적 상태가 있다. 초기 입원 치료는 향후 상태가 안정화되면 주간 병동 치료 또는 부분적 입원으로 축소될 수 있다. 반면 외래 치료는 문제의 심각성이 경도에서 중도(예를 들어 적응 반응, 경도에서 중도의 우울장애)에 속하고 더 많은 자원을 가진 대부분의 내담자에게 적절하다.

치료의 강도(기간 및 빈도)는 내담자에 따라 다르며 기능 손상에 주로 근거한다. 아래 지표를 보이는 내담자에게는 일반적으로 더 강도 있는 치료가 필요할 수 있다.

- 더 심각한 진단(예를 들어 경계성 성격장애)
- 미흡한 병전 기능
- 외견상 지엽적인 외적 스트레스로 인한 장애의 발현 및 유지

- 만 25~50세 사이의 연령
- 신속한 변화는 어려울 것이라는 기대
- 탐색적 및 통찰 지향적 치료적 틀
- 낮은 수준의 사회적 지지

반면 아래 지표는 빈도가 어쩌면 상대적으로 낮을 수 있는 단기 치료 가능성을 시사한다.

- 급성 장애(예를 들어 적응장애, 단기 정신병적 장애)
- 일차 원인론적 중대성을 갖는 외적 스트레스
- 양호한 병전 기능 수준
- 신속한 변화에 대한 기대
- 위기 상담 또는 증상 중심적 치료
- 구조화된 지시적이고 적극적인 치료
- 아동 및 노년기 성인
- 높은 수준의 사회적 지지

어떤 경우 일생에 걸쳐 특정 결정적인 시기에서의 간헐적인 단기 치료가 적절한 제언이 될 수 있다. 어떤 경우, 특히 부정적 반응(예를 들어 편집증적 사고 또는 경계성 성격장애를 가진 일부 개인), 무반응(예를 들어 반사회성 성격장애를 가진 일부 개인), 자발적 향상(예를 들어 일반적인 애도 반응) 또는 치료 없이 신속히 회복될 것이라는 말에 강한 반응을 보이는 개인일 경우 치료를 권장하지 않는 것이 적절할 수 있다. 심리치료가 권장되지 않는 또 다른 특성에는 변화 과정을 정서적 고통과 연관시키는 내담자, 치료사에 대한 의심 그리고 높은 통제 욕구가 있다(Mohr, 1995).

조현병, 양극성장애 또는 심각한 불안 상태를 보이는 경우 심리사회적 또는 환경적 중재에 내담자가 참여할 수 있을 정도의 기능을 우선 회복하도록 의학적 치료(약물치료, 전기충격요법)를 요구할 수 있다(Sammons & Schmidt, 2001 참고). 시간과 장소에 대한 지남력 상실, 단기 기억력 문제, 유의미한 혼란감 또는 명확히 부적절한 기분이 관찰될 경우 이와 같은 중재가 시사된다. 선행 임상 및 연구 결과는 심각한 우울장애는 약물치료에 더 잘 반응하는 반면 상황적으로 유발된 경미하거나 중도의 우울장애는 심리사회적 중재에 더 좋은 반응을 보인다는점을 보여준다(예를 들어 Elkin et al., 1995).

이와 상반된 연구 결과에 따르면, 심각한 우울장애 및 경미하거나 중도의 우울장애 모두 심리치료가 유의미한 부작용 없이 효과적인 것으로 보고되었다(Antonuccio et al., 1995; Casacalenda, Perry, & Looper, 2002; Craighead, Johnson, Carey, & Dunlop, 2015; Free & Oei, 1989; Garvey, Hollon, & DeRubeis, 1994; McLean & Taylor, 1992; Simons & Thase, 1992). 기능 손상 수준을 포함한 개인 특성이 내담자가 치료에 어떻게 반응할지에 영향을 줄 수 있는 것이다(Craighead & Dunlop, 2014; Sotsky et al., 2006). 항우울제의 필요성을 보다 명확히 시사하는 현상은 많은 신체적 증상이 보고될 때이다(예를 들어 피로감, 불면증, 식욕 저하; Preston, O'Neal, & Talaga, 2005). 불안, 정신증 그리고 양극성장애에서도 비슷한 결정 과정을 적용할 수 있다(Preston et al., 2005 참고).

기능 손상은 진단, 만성 정도, 주관적 고통 그리고 내담자 자원(고용 상태, 능력, 사회적 지지)과 함께 예후를 가늠할 때 고려할 수 있는 지표이다. 예후와 관련된 연구는 다소 모순된다. 한편으로는 심각한 문제로 인해 이미 너무나 광범위한 수준으로 기능 저하가 나타났기 때문에 문제를 극복하는 것이 어렵다고 주장한다. 다른 한편에서 기능 손상이 변동성이 있는 질병 과정의 한 극단치를 반영한 것이므로 자발적으로 기능 수준을 회복할 가능성도 있다고 주장한다. 또한 잠재적 향상의 여지가 큰 만큼 변화의 규모가 더 클 수 있다. 하나의 지침은 신체적 증상(예를 들어 두통, 과민성대장증후군)이 심각한 수준의 정신건강의학적 증상과 동반될 경우 예후가 안 좋다는 것이다(Blanchard, Schwarz, Neff, & Gerardi, 1988; Jacob, Turner, Szekely, & Eidelman, 1983). 반면 심각한 수준의 전반적 불안 상태 및 기능은 유지되고 있는 우울증의 경우 심리사회적 또는 약물치료에 좋은 반응을 보인다(Elkin et al., 1989).

마지막으로 심각한 문제는 치료의 긴급성이 그만큼 클 수 있음을 시사하며 가장 문제가 되고 고통을 주는 증상에 초점을 두어야 한다. 이보다 덜 심각한 문제는 변화의 필요성이 상대적으로 약하고 시간이 지나면서 목표가 변화하고 타협될 수 있음을 의미한다.

문제 복합성과 만성화

어떤 내담자는 단순 공포증과 같이 환경으로 인해 강화되거나 유발된 협소하고 집중된 문제를 보고한다. 반면 어떤 내담자는 다양하고 복합적인 증상 양상을 보인다. 이와 같은 문제는 만연하고 지속적이며 여러 맥락에서 발생할 수 있다. 한두 가지 특정 행동에 집중되기보다는 다양한 주제가 관여한다. 과거 관계를 살펴보면 일반적으로 이러한 주제는 친밀한 관계를 맺었던 대상 또는 권위적인 위치에 있었던 대상과의 상호작용에서 나타났을 것이다. 예를 들어 권위자와의 수동 공격적인 상호작용, 친밀한 관계에서 의존성과 독립성 간의 갈등 또는 적절한 대상이 존재함에도 불구하고 상극의 대상을 선택하여(예를 들어 알코올 사용 문제를 보이는 상대) 역기능적인 관계를 지속적으로 형성하는 발현 양상을 보일 수 있다. 이와 같은 주제는 해결되지 않은 내적 갈등의 재현으로 간주될 수 있다. 이러한 유형의 문제의 경우 협소하고 증상이 표면화된 문제보다 매우 다른 수준의 중재를 요구한다. 보다 만성적인 문제는 일반적으로 더 좋지 않은 치료 성과와 연관된다(Castonguay & Beutler, 2006). 장애가 더 만성적일수록 치료하기가 더 어렵다는 사실은 경험의 법칙이라고 할 수 있다.

문제 복합성은 여러 방면으로 기능 손상과 차별화된다. 기능 손상이 역기능의 수준을 반영한다면, 문제 복합성은 높은 수준의 손상을 초래할 수도 있고 초래하지 않을 수도 있는 개인의 삶의 근본적 주제와 관련된 하나의 양식이라고 할 수 있다. 예를 들어 높은 기능 수준을 보이는 내담자(낮은 기능 손상)일지라도 만성적인 관계 불만족감으로 인해 고통받을 수 있다. 이러한 불만족감은 분노 관리의 어려움 또는 의존성과 연관된 쟁점 등 복합적인 양식으로부터 비롯되었을 수 있다. 이와 같은 양식은 한두 개의 관계에 만연하지 않고 접촉하는 대부분의 사람과의 상호작용에서 나타날 수 있다. 환경이 심각한 문제를 직접적으로 유발시키고 강화시킬 수 있으나(예를 들어 습관, 스트레스에 따른 반응) 복합적인 문제는 관찰될 수 없는 내적 사건과 강한 연관성을 가질 수 있다. 복합적인 문제에는 광범위한 영역에 걸쳐 나타나는 성격 양식 또한 관여할 수 있다.

문제 복합성은 이론에 상대적으로 더 묶여 있어 치료 계획과 밀접한 관계를 갖는 대부분의 다른 요인에 비해 측정하기가 더 어렵다. 정신역동적 관점을 지향하는 임상가는 내담자의 어려움을 상징적이고 근본적인 복합적인 주제 위주로 설명할 가능성이 높은 반면, 행동주의적 관점을 지향하는 실무가는 문제를 더 협소하고 구체적인 환경 중심적인 언어로 표현할 것이다(Witteman & Koele, 1999). 이러한 난제에 대한 명확한 해결책은 없으나 문제 복합성이 암시되는지를 살펴보기 위해 세 가지 주요 특성을 활용할 수 있다.

첫 번째로는 여러 공존하는 진단 또는 문제 영역의 존재(공존이환)이며, 두 번째는 문제행동의 만연하거나 반복되는 양식 또는 주제의 존재이다. 마지막으로 성격장애 또는 최소한 성격장애가 시사되는 성격 양식의 존재가 복합적인 문제를 시사한다. Beutler와 동료들(Beutler & Clarkin, 1990; Beutler & Harwood, 2000; Gaw & Beutler, 1995)은 문제 복합성 지표를 아래의 배경 정보 및 행동 관찰에 근거하여 요약하였다.

- 여러 무관한 상황에서 특정 주제를 반영하는 행동이 반복된다.
- 행동은 근본적인 대인관계적 또는 역동적 갈등을 해결하기 위한 하나의 의례적인 노력이다.
- 상호작용이 현재의 관계가 아닌 과거의 관계에 주로 연관된 듯하다.
- 반복적인 행동의 결과는 만족감이 아닌 고통이다.
- 문제는 해결되지 않은 근본적인 갈등에 대한 상징적 표현이다.

반면 비복합적인 문제는 대개 아래와 같은 특성을 갖는다.

- 상황 특정적
- 일시적
- 지식 또는 기술 결핍에 근거
- 촉발 사건과 직접적인 관계 양상
- 만성적인 습관으로부터 초래

문제 복합성이 평가하기 어려운 또 다른 이유는 명확하고 잘 정의된 도구가 없기 때문이다. 하지만 기존 검사를 통해 몇 가지 추론은 가능하다. 특히 밀론 평가에서의 상승된 점수는 복합적인 문제의 존재를 시사할 뿐만 아니라 성격 주제와 관련된 정보도 제공할 수 있다(Choca & Van Denberg, 2004; Millon & Bloom, 2008). *DSM-5*(APA, 2013)상의 성격장애 진단 기준이 충족되었을 경우 복합적인 문제를 추가적으로 시사한다. 주제통각검사(TAT) 내용에서의 주제 또는 로르샤하 반응의 조직화 양상을 통해 추가 정보를 추출할 수 있다. 두 검사 모두 내담자가 어떻게 자신의 정서에 대처하는지, 스트레스에 반응하는지, 갈등을 해결하는지, 관계를 맺는지 그리고 불안에 방어하는지를 설명하는 데 유용할 수 있다. 마지막으로 MMPI-2는 내담자의 증상 양식뿐만 아니라 증상, 대처 전략, 대인관계상의 양식 그리고 전반적인 성격 구조 간의 역동적인 상호작용을 명료화시키는 데 도움을 줄 수 있다. 예를 들어 MMPI-2 척도 1(Hypochondriasis, 건강염려증 척도)과 척도 2(Depression, 우울증 척도) 점수가 65 이상이나 척도 1 점수가 척도 2 점수보다 5~10점 정도 뚜렷하게 높을 경우 만성적인 문제가 시사된다. 또한 척도 7(Psychasthenia, 강박증 척도)과 척도 8(Schizophrenia, 조현병 척도) 점수가 모두 65점 이상이나 척도 8의 점수가 척도 7의 점수 보다 5~10점 정도 명확히 높을 경우 문제의 만성화를 시사한다.

복합성이 낮은 문제는 구체적인 증상, 증상의 선행 요인 그리고 증상을 지속시키는 요소에 초점을 두고 효과적으로 치료할 수 있다. 문제에 따라 아래의 목록에 있는 구체적인 기법들을 활용할 수 있다.

- 행동 계약
- 사회기술 훈련
- 점진적 노출
- 목표 행동 강화
- 수반계획 관리
- 역기능적 인지 도전하기
- 대안적 인지 연습하기
- 새로운 자기진술 연습하기
- 자기감찰
- 역설적 전략
- 역조건화
- 이완
- 심근육 이완
- 바이오피드백

반면 복합적인 문제는 오랜 근본적인 갈등을 해결하고 대인관계 양식을 변화하는 것을 목표로 하는 광범위한 치료에 더 잘 반응한다. 문제에 따라 사용될 수 있는 구체적인 전략은 다음과 같다.

- 반응 양식을 탐색하는 집단 또는 가족치료
- 정화적 분출
- 내담자의 일반적인 행동과 반대되는 양식의 구현
- 행동과 관계상의 주제 양식 탐색
- 전이에 대한 해석
- 저항에 대한 해석
- 변증법적 행동치료와 대인관계치료와 같이 다수의 광범위한 쟁점을 다루는 치료

주관적 고통

주관적 고통은 개인이 자신의 문제를 어느 정도 주관적으로 경험하는가와 연관된다. 이와 같은 고통은 주로 증폭된 불안감, 혼란감 또는 우울감을 통해 나타난다. 중도의 주관적 고통은 내담자로 하여금 변화에 가담하도록 동기를 부여하기 때문에 유용할 수 있다. 이는 기억력 증진, 더 빠른 수행 그리고 더 높은 지적 효율성과 같은 인지적 향상으로 이어진다. 하지만 고통이 지나칠 경우 지장을 줄 수 있으며 기능 저하를 초래한다. 이럴 경우 정보를 적절히 처리하고 주의를 집중하는 것이 어려워져 치료에서 요구되는 문제해결 능력 및 행동적 시행을 저해할 수 있다. 또한 주관적 고통 수준이 너무 낮을 경우 행동을 주도적으로 변화시키는 데 어려움을 가져온다. 따라서 임상가가 추구해야 할 최적의 고통 수위가 존재한다(Beutler & Harwood, 2000; Gaw & Beutler, 1995; Harwood et al., 2011).

기능 손상과 주관적 고통이 중복되는 부분이 분명 있으나 몇 가지 차이 또한 존재한다. 앞서 논의되었던 것과 같이 기능 손상의 정도는 기능 저하에 대한 객관적인 지표와 연관되는 반면, 주관적 고통은 보다 내적인 주관적 현상이라고 할 수 있다. 또한 주관적 고통은 상대적으로 변화가 가능하며 환경적 사건으로 인해 통제될 수 있다. 각 회기마다 내담자의 주관적 고통 수준이 파악되어야 한다. 기능 손상 또는 주관적 고통과 관련된 결정사항의 범위 및 유형에서도 대조된다. 기능 손상과 관련된 쟁점은 치료 장면(입원/외래), 예후, 치료 강도(기간 및 빈도) 그리고 전반적인 치료 목표와 관련된 광범위한 결정을 요구한

다. 주관적 고통에 대한 치료적 함의에는 각성의 증가 또는 감소 여부와 관련된 안내를 제공하는 것이기에 더 협소하다고 할 수 있다.

내담자의 고통 수준을 파악하기 위한 가장 좋은 방법은 행동 관찰과 적절한 개인력을 포함한 면접 자료에 대한 검토이다. 아래에 높은 수준의 고통을 나타내는 지표가 제시되었다.

- 운동성 흥분
- 높은 정서적 각성
- 주의집중력 저하
- 불안정한 목소리
- 자율신경 증상
- 과호흡
- 흥분된 정서
- 강렬한 감정

그에 반해 낮은 수준의 고통을 시사하는 지표는 아래와 같다.

- 감소된 운동 활동성
- 치료 과정에서의 낮은 정서적 투자/관여
- 낮은 에너지 수준
- 제한되거나 둔화된 정서
- 느린 말투
- 조절되지 않은 발화
- 증상의 부재

주관적 고통에 특히 민감한 MMPI-2/MMPI-2-RF 척도에는 F/F-r, 척도 2(우울증)/RC2(낮은 긍정 정서) 그리고 척도 7(강박증)/RC7(역기능적 부정 정서)가 있다. 해당 척도들의 집합을 흔히 고통 척도라고 부른다(7장 "F 척도", 척도 2와 7, 그리고 27/72 유형에 대한 설명 참고). 하지만 부인, 저항 그리고 방어와 관련된 척도(예를 들어 *L*/*L-r*과 *K*/*K-r*, 척도 3 히스테리 척도/RC3-냉소적 태도)가 상승되었을 경우 변화에 대한 동기가 약화되었음을 시사한다. 안 좋은 예후적 징후는 척도 7(강박증)/RC7(역기능적 부정 정서)에서의 낮은 점수와 함께 정신병리를 시사하는 다른 척도에서의 상승이다. 이와 같은 양상은 내담자가 자신의 어려움에 대해 비현실적으로 느긋하거나 문제의 불가피함에 항복하였을 가능성을 반영한다. 주관적 고통을 측정하는 다른 검사에는 증상 체크리스트-90-R, 간이 증상 질문지(BSI) 그리고 상태-특성 불안 검사(STAI; 13장 참고)가 있다. BSI의 일반 심도 지수점수가 63점 이상이거나 상태 불안 점수가 상위 25%에 속할 경우 높은 수준의 고통을 시사한다.

낮은 수준의 주관적 고통을 보이는 내담자는 타인 또는 기관에 의해 본의 아니게 의뢰되었을 수 있다. 이때 활용할 수 있는 경험적 전략으로는 어려움의 강력한 영향력과 이에 따른 결과를 내담자가 직면하고 행동을 변화시킬 필요성에 마음을 더 열 수 있도록 고통을 적정 수준으로 증가시키는 작업이다. 가능한 전략은 다음과 같다.

- 두 의자 기법
- 증상 과장
- 경험적 역할 연기
- 직면
- 내담자의 행동이 가족 구성원에게 미치는 영향에 초기 목표를 둔 가족치료
- 공개적 연습
- 증상 재발 예측
- 고통스러운 기억 논의
- 정서 반응 접근
- 유도된 심상
- 전이에 대한 해석
- 저항에 대한 해석

주관적 고통이 유의미하게 높은 경우 당면 목표는 불안 수준을 감소시키는 것이다. 고통이 대처 능력에 유의미한 지장을 줄 정도로 높을 경우 더욱 긴급하다고 할 수 있다. 다양

한 심리사회적 기법이 존재하며 대부분은 지지적이고 구조화되었으며 이완 수준을 증진시킬 수 있도록 고안되었다. 내담자의 각성 수준이 주로 생리적 징후를 통해 표출될 경우 이것에 초점을 맞춘 기법이 필요하며 아래와 같은 전략이 추천된다.

- 점진적 근육 이완
- 최면 보조 생리적 이완
- 유도적 심상
- 바이오피드백
- 유산소 운동
- 점진적 노출

사회적 또는 인지적으로 관련된 각성 상태일 경우 아래 기법이 불안을 가장 효과적으로 감소시킬 수 있다.

- 명상
- 안심시키기
- 정서적 지지
- 정화적 분출
- 역기능적 인지에 대한 지지적 도전
- 시간 관리
- 사고 정지

약물치료가 유용할 수 있으나 약물 처방이 가급적 빨리 중단될 수 있도록 새로운 대처 기술을 습득하는 것이 병행되어야 한다. 새롭게 습득된 대처 기술은 약물치료가 중단된 후 재발 가능성을 감소시킬 수 있다.

문제 맥락 이해하기

대처 양식

이론, 연구 결과 그리고 임상적 관찰에 따르면, 내담자의 대처 양식은 외현화/내현화 연속선상에 존재한다. 외현형(externalizer)은 충동적으로 행동화하거나 책임을 외부화하고 어려움의 원인을 불운 또는 운명에 귀인하며 문제를 적극적으로 회피하는 것과 같은 방법으로 문제에 대처한다. 이들은 심리적으로 생각하려고 하지 않으며, 따라서 행동 변화 이후 통찰력을 보이지 못하는 경향이 있다. 반면 내현형(internalizer)은 문제를 극복하기 위한 충분한 기술 또는 능력을 보유하지 않았다는 지각에 부분적으로 근거하여 자신을 탓한다. 따라서 외현형에 비해 더 높은 주관적 고통을 경험할 수 있다. 이러한 고통에 대처하기 위해 내현형은 자신의 어려움을 더 깊이 이해하려고 한다.

외현화를 시사하는 개인력 및 행동 관찰에 근거한 임상적 지표는 다음을 포함한다 (Gaw & Beutler, 1995).

- 문제를 남의 탓으로 돌리기
- 편집증
- 좌절에 대한 낮은 내성
- 외향성
- 비사회화된 공격성
- 타인을 조종하기
- 자극 추구를 통한 주의분산
- 이차적 이득을 추구하기 위한 신체화

외현형에 비해 내현형은 다음과 같은 특성을 보일 가능성이 있다.

- 내향성
- 주지화
- 과잉 통제되거나 제한된 정서

- 문제 최소화 경향
- 사회적 철회
- 자율신경계 증상과 동반된 신체화

임상군의 외현화 양상을 MMPI-2 평가를 통해 파악할 때 척도 4(Psychopathic Deviance, 반사회성 척도), 척도 6(Paranoia, 편집증 척도) 그리고 척도 9(Mania, 경조증 척도) T 점수의 합계를 구한 후 내현화 양상을 측정하는 척도 2(Depression, 우울증 척도), 척도 7(Psychasthenia, 강박증 척도) 그리고 척도 0(Social Introversion, 내향성 척도) T 점수의 합을 비교하면 된다. 외현화 점수가 내현화 점수에 비해 높을 경우 외현형이라고 간주할 수 있다. 반대로 내현화 점수가 더 높을 경우 갈등과 스트레스를 내현화할 가능성이 높다 (Beutler et al., 1991, 2003; Harwood et al., 2011). 단 해당 비율은 MMPI-2 임상 척도에서 어느 정도의 상승을 보이는 임상군을 위해 고안되었다는 점에 유의해야 한다. 우울한 환자의 경우 척도 4(반사회성 척도)와 척도 6(편집증 척도) T 점수의 합계가 125점 이상일 경우 외현화 대처 양식 기준을 충족하면서 더 높은 민감도를 얻을 수 있다. 많이 논의되고 있지는 않으나, MMPI-2-RF의 유사 척도에도 동일한 방법이 적용될 수 있다.

대처 양식과 관련된 유용한 정보를 제공할 수 있는 또 다른 척도가 있다. 예를 들어 MCMI-IV의 연극성, 반사회성, 격동성, 공격성/가학성 그리고 편집성 척도가 외현화 양식을 개념적으로 시사한다. 반면 MCMI-IV의 회피성, 우울성, 의존성 그리고 강박성 척도는 내현화 대처 양식에 가깝다.

외현화 대처 양식을 사용하는 내담자는 행동적 증상에 초점을 둔 중재 또는 기술 증진 기법이 제공될 때 더 나은 치료 성과를 보인다. 반면 인식과 통찰력을 증대시키는 기법이 제공되었을 때 상대적으로 부정적인 결과를 보인다(Beutler et al., 1991; Beutler & Clarkin, 1990; Beutler, Harwood et al., 2006; Beutler, Harwood, Kimpara, Verdirame, & Blau, 2011; Castonguay & Beutler, 2006; Kadden, Cooney, Getter, & Litt, 1990). 아래에 외현형 내담자에게 효과적일 수 있는 기법들이 소개되었다.

- 사회기술 증진
- 자기주장 훈련

- 집단치료
- 분노 관리
- 점진적 노출
- 강화
- 수반계획 계약
- 행동 계약
- 역기능적 신념 질의
- 대안적 사고 연습
- 자극 통제
- 사고 정지
- 역조건화
- 이완

내현형 내담자는 통찰력와 정서적 인식 성장을 강조하는 기법으로부터 혜택을 얻을 수 있다(Beutler et al., 1991; Beutler & Clarkin, 1990; Beutler, Harwood et al., 2002; Beutler, Harwood, Kimpara et al., 2011; Castonguay & Beutler, 2006; Kadden et al., 1990). 구체적인 기법은 다음과 같다.

- 통찰 지향적 중재
- 치료사-유도 심상
- 직접적 지시
- 독서(독서요법)
- 전이 반응에 대한 해석
- 저항에 대한 해석
- 명상
- 두 의자 기법

사회적 지지

환경적 지지 수준은 강하고 응집된 가족 또는 친구 관계망과 안정적인 일자리의 존재를 일컫는다. 이와 같은 외적 지지 자원은 다른 스트레스 요인의 영향력을 조절할 수 있다. 높은 사회적 지지는 치료에 대한 양호한 반응(Mallinckrodt, 1996; Warren, Stein, & Grella, 2007)과 치료 성과를 유지하는 능력(Zlotnick, Shea, Pilkonis, Elkin, & Ryan, 1996)과 연관된다. 높은 사회적 지지를 받는 개인이 더 높은 치료 성과를 보다 단기간에 성취한다(Moos, 1990). 반면 사회적 지지가 미흡한 내담자는 치료 효과를 경험하기 위해 더 많은 시간이 필요하다. 일반적으로 높은 사회적 지지를 받는 내담자가 낮은 사회적 지지를 경험하는 내담자에 비해 더 좋은 예후를 보인다(Moos, 1990; Panzarella, Alloy, & White-house, 2006).

사회적 지지에 대한 비정규적 평가에는 다음과 같은 특성에 대한 평가가 요구된다.

- 내담자 신뢰 및 존중 정도
- 마음을 털어놓을 수 있는 대상의 규모 및 질
- 경험된 외로움의 정도
- 가족 또는 친구들로부터 버려졌다는 느낌의 정도
- 가족 또는 친구 관계망에 소속되었다는 느낌의 정도
- 공통 관심사를 가진 친구의 수

사회적 지지에 대한 평가는 단순히 주변에 몇 명의 사람들이 있는지뿐만 아니라 내담자가 느끼는 지지의 질 또한 고려해야 한다. 여러 사람들과 함께하는 것과 이 사람들에게 마음을 털어놓을 수 있다고 실제로 느끼는 것은 다를 수 있다.

사회적 지지를 보다 공식적으로 평가하기 위한 방안 또한 존재한다. 아마 가장 많이 사용되고 있는 척도는 Sarason 사회적 지지 질문지(Social Support Questionnaire; Sarason, Levine, Basham, & Sarason, 1983)일 것이다. 사회적 지지와 관련된 추가 정보는 MMPI-2 척도 0(내향성 척도)에서의 상대적 상승이다. 해당 척도에서의 상승은 큰 규모의 친구 관계망을 갖는 것이 어려울 수 있는 내향적이고 수줍음이 많은 개인일 가능성을 시사한다. 또한 MMPI-2/MMPI-2-RF 척도 6(편집증 척도)/RC6(피해의식)과 척도 8(조현병 척도)/RC8(기태적 경험) 점수의 상승은 사회적 지지의 규모 및 질이 낮을 가능성을 시사한다. 척도 1(건강염려증 척도)/RC1(신체 증상 호소)과 척도 3(히스테리 척도)/RC3(냉소적 태도)에서의 높은 점수는 지지의 정도는 클 수 있으나 지지의 질은 낮을 수 있음을 시사한다. MCMI-IV에서의 상승 또한 유용한 정보를 제공할 수 있다. 조현성, 회피성, 조현형, 편집성, 그리고 사고장애 척도에서의 높은 점수는 사회적 지지의 규모가 작고 질적으로 열등할 가능성을 시사한다. 의존성, 연극성, 자기애성, 수동 공격성(부정성), 자기패배성 그리고 경계선 척도에서의 상승은 중도에서 높은 정도의 사회적 지지를 받을 가능성을 시사하나 이러한 지지는 갈등의 요소가 클 가능성도 제기한다. 예를 들어 의존적인 내담자일 경우 사회적 지지는 적절히 보유하고 있을 수 있으나 자신의 자율성과 개인적 유능감을 희생하여 얻어진 지지일 수 있다. 또한 이들은 사회적 지지가 영구적이지 않을 수 있다는 두려움과 관련된 불안을 경험할 가능성도 높다. 마지막으로 PAI NON(Nonsupport, 무지원) 척도에서의 높은 점수는 사회적 지지의 결핍에 대한 명확한 지표이다. 하지만 사회적 지지를 평가할 때는 집단주의적 문화에 속한 개인의 경우처럼 문화적 요인을 반드시 고려해야 한다.

미흡한 사회적 지지는 관계 증진에 초점을 둔 치료보다 인지행동치료가 더 효과적일 수 있다(Beutler et al., 2000). 장기치료와 약물치료의 필요성 또한 바람직하다. 관계/대인관계 치료의 효과를 극대화하기 위해 필요한 충분한 지지를 제공할 수 있는 지지적 집단치료도 유용할 수 있다.

높은 사회적 지지는 단기치료 가능성을 시사한다. 장기치료가 금기시될 수도 있다. 치료적 성과는 상대적으로 빠른 기간 안에 나타나고 유지될 가능성이 있다. 이미 보유하고 있는 일정 수준의 기술을 증진시키는 것이기 때문에 관계의 질을 향상시키는 것을 목표로 하는 치료가 특히 효과적일 수 있다. 반면 인지행동치료는 상대적으로 덜 효과적일 수 있다(Beutler et al., 2000).

현재 생활환경

내담자의 문제를 유발시키고 이를 유지하고 있는 요소가 무엇인지 파악하기 위한 주된 고려사항 중에는 개인적으로, 대인관계적으로 그리고 환경적으로 내담자의 삶에서 현재 어떤 일이 일어나고 있는지 확인하는 작업이 있다. 예를 들어 증상학적으로는 다른 사람과 유사한 고통을 보고할 수 있으나 이것은 최근의 상실(애도), 이혼 절차 또는 최근의 의학적 진단(적응)과 관련될 수 있거나 명확한 환경적 자극이 존재하지 않을 수도 있다(기분 또는 불안장애의 가능성). 일상생활에서의 스트레스는 누적되며 스트레스 정도가 더 심할수록 일반적으로 더 많은 병리적 반응과 연관된다(Parry & Shapiro, 1986). 이러한 환경적 그리고 상황적 스트레스 요인은 내담자의 요구에 부합하도록 근거기반 치료일지라도 각색이 필요할 수 있다. 예를 들어 이사 또는 이전이 임박한 경우에는 보다 단기적이거나 집중적인 치료 기법이 요구될 수 있다. 최근의 불치병 진단은 행동 변화를 위한 전략보다 더 완화적인 기법을 필요로 할 수 있다(Haley, Larson, Kasl-Godley, Neimeyer, & Kwilosz, 2003; Kleespies, 2004 참고). 이 장에서 논의된 많은 내담자 특성이 고려해야 할 매우 중요한 요소들이나 다양한 환경적 맥락 밖에서는 존재할 수 없으며 각각의 맥락이 내담자가 분투하고 있는 문제에 기여하고 조절할 수 있음을 기억해야 한다(Bronfenbrenner, 1979).

치료에 국한된 내담자 특성

저항

치료 과정에 있어 어느 정도 개방적이고 수용적이며 반응적인지 아니면 저항적이고 적대적인지 다를 수 있다. 이러한 저항은 대개 타인이 자신의 통제감에 압력을 행사하거나 침해한다고 지각할 때 나타나는 방어이다. 통제 욕구, 적대감, 충동성 및 직접적인 회피 성향과 같은 기질의 조합을 보이는 내담자가 가장 저항적일 수 있다(Dowd & Wallbrown, 1993; Shen & Dillard, 2007). 또한 공감 능력이 결여되어 있고 의견을 수용하는 것이 어려울 수 있다. 이와 같은 기질적 관점 이외에 저항은 특정 상태일 수도 있다. 개인 내적 기질이 아닌 하나의 상태일 경우 반향(reactance)이라고 불린다(Brehm & Brehm, 1981). 방어적 또는 반향적 상태는 대개 내담자가 자신의 자유가 위협받고 있다고 느낄 때 발생한다. 저항적일 가능성이 높은 개인은 자신의 통제력이 일관되게 부족하다고 느낄 가능성이 크다. 결과적으로 이것을 보상하고 통제감을 성립시키기 위해 주변에서 요구하거나 요청하는 것과 반대되는 양식으로 행동할 수 있다. 자신에게 특히 중요한 자유의 영역이 위협받거나 설명, 대립, 지시, 구조화된 기법과 같은 권위적인 양식으로 무엇이 요구될 경우 이와 같은 행동 양상이 나타날 확률이 높아진다. 이와 같은 구조화된 지시적 접근은 내담자의 역기능이 증가하는 결과를 낳을 수 있다. 결과적으로 매우 반항적인 내담자는 더 반응적이고 수용적인 내담자에 비해 더 안 좋은 예후를 보이게 된다.

높은 저항을 암시하는 임상적 지표는 아래와 같다(Gaw & Beutler, 1995).

- 극단적인 자율성 유지 욕구
- 외적 영향력에 따른 반발
- 지배적 성향
- 불안하고 적대적인 양식
- 대인관계 갈등 개인력
- 과거 부정적 치료 반응
- 치료사 중재 수용 거부
- 치료 관련 과제물 미달성

반면 낮은 수준의 저항은 다음과 같은 지표를 통해 알아볼 수 있다.

- 지시 추구
- 권위자 복종 성향
- 경험에 대한 개방성
- 치료사 중재 수용
- 치료 관련 과제물 달성
- 통제 밖의 사건 용인

MMPI-2/MMPI-2-RF와 MCMI-IV에는 저항을 측정하는 순수 측정치는 없으나 몇몇 척도에서의 상승은 높은 저항과 일치할 수 있다. 구체적으로 MMPI-2/MMPI-2-RF *L/L-r*와 *K/K-r* 그리고 임상 척도 6(편집증 척도)/RC6(피해사고) 및 어쩌면 척도 1(건강염려증 척도)/RC1(신체 증상 호소)에서의 높은 점수는 저항적인 양식을 반영할 수 있다. 또한 MMPI-2 TRT(부정적 치료 지표)는 치료 특유의 저항을 평가하도록 개발되었다(Butcher,

Dahlstrom, Graham, Tellegen, & Kaemmer, 1989). Beutler와 동료들(1991)은 MMPI 연구용 불안 척도(Taylor Manifest Anxiety Scale)와 사회적 바람직성 척도(Edwards Social Desirability Scale)를 저항의 측정치로 사용하였다. MCMI-IV 자기애성, 부정성(수동/공격성), 편집성, 공격성/가학성 그리고 강박성 척도에서의 상승 또한 방어적이고 저항적인 개인을 암시한다. 반면 의존성과 연극성 척도에서의 상승은 보다 반응적이고 순응적인 양식을 반영한다. PAI RXR(Treatment Rejection, 치료 거부) 척도는 변화에 대한 개방성과 문제에 대한 책임을 자진해서 수용하는 정도 등 치료 순응도와 관련될 수 있는 요소를 측정한다. PAI RXR 이외 저항(반향)에 대한 순수 측정치로 가장 많이 사용되는 척도는 Dowd, Milne, Wise(1991)가 개발한 치료적 반향 척도(Therapeutic Reactance Scale)이다. 해당 척도에서 68점 이상의 점수는 치료 계획에 영향을 줄 수 있을 정도의 저항/반향을 시사한다.

반응을 보이고 순응적인 내담자는 치료사가 보다 지시적이고 구조화된 접근을 사용할 때 더 많은 성과를 거둔다(Beutler, Harwood, Michelson, Song, & Holman, 2011; Beutler, Moleiro, & Talebi, 2002; Beutler et al., 1991, 1996; Castonguay & Beutler, 2006; Gaw & Beutler, 1995; Harwood et al., 2011; Horvath & Goheen, 1990). 구체적인 기법은 다음과 같다.

- 행동 계약
- 수반계획 관리
- 점진적 노출
- 직접적인 최면 암시
- 자극 통제
- 인지적 재구조화
- 대안적 내담자 자기진술 개발
- 유도된 심상
- 조언
- 사고 정지
- 치료사 해석

매우 저항적인 내담자의 경우 반면 비지시적이고 지지적인 자기주도적인 중재와 치료 성과 간의 유의미한 정적 관계가 밝혀졌다(Beutler & Clarkin, 1990; Beutler, Harwood, Michelson et al., 2011; Beutler, Moleiro, & Talebi, 2002; Beutler, Engle et al., 1991; Beutler, Sandowicz et al., 1996; Castonguay & Beutler, 2006; Harwood et al., 2011). 다음과 같은 구체적인 전략을 사용할 수 있다.

- 자기감찰
- 치료사 반영
- 지지와 안심시키기
- 전이에 대한 지지적 해석

또한 역설적 기법이 저항적인 내담자에게 특히 효과적인 것으로 나타났다. 예를 들어 다음과 같은 것들이 있다.

- 재발 촉구
- 아무런 변화도 발생하지 않도록 처방
- 증상에 대한 과장

역설적 기법은 치료적 반향 척도 점수가 84점 이상(상위 25%)일 때와 같이 저항 수준이 유의미하게 높을 때 더 효과적이다(Beutler et al., 1996; Debord, 1989; Dowd & Wallbrown, 1993; Horvath & Goheen, 1990). 중요한 점은 역설적 기법은 반드시 해당 기법에 대한 훈련을 이수하고 역량을 지닌 치료사가 실시해야 한다는 점이다.

변화 단계

변화 과정에서 내담자는 여러 단계를 밟게 된다. 따라서 모든 내담자가 변화 과정에서 서로 다른 단계에 속할 수 있다. 어떤 개인은 변화의 가능성을 고려하고 있으나 어떻게 이것을 달성할지 구체적으로 고민하지 않을 수 있다. 특히 타인 또는 기관에 의해 의뢰된 저항적이고 낮은 수준의 주관적 고통을 경험하는 개인이 이 경우에 속한다. 극단적인 대비로 변화를 위해 몇 가지 분명한 단계를 밟았으나 재발 방지를 위해 도움을 요청하는 내담자도 있다. 변화 단계에 따라 각각 다른 접근을 필요로 한다. 하지만 대부분의 장애, 의학적 또는 법정 평가(예를 들어 신체적 상해)의 의뢰 사유가 변화의 필요성을 지목하지 않아 변화 단계에 대한 고려는 적절하지 않을 수 있다. 이와 같은 경우 현재 기능 수준에 대한 평가 또는 감별 진단이 보고서의 핵심이 된다.

변화 단계는 가변적이다. 어떤 개인은 단계들을 신속히 통과하는 반면, 보다 양면적이거나 방향성이 명확하지 않은 개인은 몇 년이라는 긴 시간 동안 변화의 필요성을 고민할 수 있다. 성공적인 치료에서는 내담자가 어떤 시점에는 모든 단계를 경험할 것이라고 기대할 수 있다. 따라서 실무가는 변화 단계에서 나타나는 실제 변화에 대해 지속적으로 인지하고 있어야 하며 중재를 이에 맞게 조정해야 한다. 특히 문제가 복합적이라면 여러 영역에서의 문제를 보일 수 있고 각 영역이 변화 과정에 있어 서로 다른 단계에 머물 수 있다. 이와 같은 가변성 때문에 어떤 영역이 다뤄지는지에 따라 유연한 접근이 요구된다.

Prochaska와 DiClemente(1984, 2005)는 변화 과정의 다섯 가지 단계를 설명하였다. (1) 숙고 전 (2) 숙고 (3) 준비 (4) 실행 (5) 유지이다. 각 단계에는 그 다음 단계로 진입하기 위해 달성해야 하는 과제가 존재한다. 첫 세 가지 단계는 실제 변화 또는 명확한 변화를 위한 실질적인 시도가 발생하기 이전의 과정이라고 할 수 있다. 숙고 전 단계(precontemplation stage)에 있는 개인은 행동 또는 태도를 변화시킬 의도가 아직 없다. 막연하게 변화가 필요하다고 느낄 수는 있으나 일반적으로 변화의 중요성은 인식하지 못한다. 따라서 이들은 법률/사법제도 상의 처벌 위협, 떠나겠다는 배우자의 위협, 부모의 의절 위협 또는 고용주의 해고 위협이 있을 경우에만 의뢰되거나 치료를 추구할 가능성이 높다. 이와 같은 상황에서 변화는 지속적인 외부 압력이 존재하거나 내담자가 변화의 필요성을 내현화할 경우에만 가능하다. 개인이 변화를 보다 심도 있게 고려하기 시작하였다면 숙고 단계(contemplation stage)에 있다고 볼 수 있다. 이 시점에서 이들은 문제를 인지하고 어떻게 해서 문제에 가장 잘 대처할 수 있을지 고민하게 된다. 하지만 변화 과정에 전념하였다고 하기는 아직 이르다. 준비 단계(preparation stage)에서 개인은 변화하기 위해 보다 전념하며 이는 가까운 장래에 행동으로 실천하겠다는 의도로 나타난다. 이와 같은 의도는 사소한 실험을 통해 새로운 행동을 시도해 보는 것과 같은 시행을 동반할 수도 있다. 의도한 변화를 어떻게 가장 효과적으로 달성할 수 있을지 아직 명확하지 않기 때문에, 모든 가능한 선택지를 고려하고 최적의 전략을 선정하는 과정에서 도움이 필요할 수 있다.

마지막 두 단계는 변화를 실제로 실행하고 그 변화가 지속될 수 있도록 보장하는 것이다. 실행 단계(action stage)는 내담자가 환경, 사고, 태도 또는 행동을 실제로 변화시키는 시점이라고 할 수 있다. 이때 상당한 시간과 에너지가 필요하며, 따라서 개인은 매우 헌신적이어야 한다. 타인도 이와 같은 변화를 분명히 관찰할 수 있다. 하지만 준비 및 숙고 단계는 변화의 상대적 성공 여부를 결정하는 데 중대한 역할을 하기 때문에 과소평가해서는 안 된다. 유지 단계(maintenance stage)에서 개인은 변화를 굳히고 재발을 방지하기 위해 노력한다.

다음과 같은 면접 질문이 개인의 변화 단계를 결정하는 데 도움이 될 수 있다. "가까운 장래에 변화할 의향이 있습니까?" "현재 경험하고 있는 변화가 있습니까?" "변화하였습니까?" "재발을 방지하기 위해 노력하고 있습니까?" 이러한 질문은 접수 면접 또는 양식에 포함될 수 있다(Prochaska, Norcross, & DiClemente, 1994). 변화 단계를 보다 명확하게 파악하기 위해서는 명료화 또는 더 세밀한 조사가 필요할 수 있다. 여러 척도를 통해 변화 단계에 대한 정규적 평가를 실시할 수 있다. 여기에는 전반적인 문제의 변화 단계를 측정하는 변화 단계 척도(Stages of Change Scale) 또는 로드아일랜드 대학교 변화 평가(University of Rhode Island Change Assessment, URICA; McConnaughy, DiClemente, Prochaska, & Velicer, 1989; McConnaughy, Prochaska, & Velicer, 1983)라고도 불리는 척도의 32개 문항, 물질 및 알코올 사용과 관련된 변화 단계를 식별할 수 있는 변화 단계 준비도 및 치료 열의 척도(Stages of Change Readiness and Treatment Eagerness Scale, SOCRATES; Miller & Tonigan, 1996)가 있다.

변화 단계에 맞는 중재 방안의 임상적 유용성 및 예언 타당도는 연구를 통해 검증되었다. 이와 같은 연구는 중독 행동, 체중 조절, 섭식장애, 자외선 차단제 사용 그리고 운동 프로그램의 시작을 포함한 여러 문제에 초점을 두었다(Geller, Cockell, & Drab, 2001; Norcross, Krebs, & Prochaska, 2011; Prochaska, 2000; Prochaska, DiClemente, & Norcross, 1992; Prochaska, Rossi, & Wilcox, 1991). 다른 연구 결과 또한 조짐이 좋으나 더 다양한 문제 영역에서 변화 단계에 맞춰진 중재의 효과성을 검증하기 위해 더 많은 연구가 필요하다(Norcross et al., 2011; Whitelaw, Baldwin, Bunton, & Flynn, 2000). 중재를 변화 단계에 맞게 제공할 때 치료 성과가 최적화된다(Norcross et al., 2011; Petrocelli, 2002;

Prochaska, 2000; Prochaska & DiClemente, 2005; Prochaska et al., 1992). 변화 단계 및 관련 치료적 제언을 아래에 요약하였다.

- 숙고 전 단계. 반드시 그렇지는 않으나, 비자발적으로 임상장면에 의뢰된 사례의 경우 자주 관찰되는 단계이다. 결과적으로 저항 수준이 높고 주관적 고통은 낮을 수 있어 치료가 이에 부응해야 한다(예를 들어 각성 수준 증가; 비지시적 지지적 전략 및 역설적 기법 사용). 치료에 대해 양가적인 감정을 경험할 수 있기 때문에 라포를 형성하고 일상생활에서 적절히 작동하고 있는 요소들과 그렇지 않은 부분들에 대해 충분한 시간을 두고 논의해야 한다. 일반적으로 변화에 따른 잠재적 혜택에 대한 내담자의 인식 및 이해를 증진시키는 것이 숙고 전 단계에서 숙고 단계로 전진하는 데 가장 효과적이다.

- 숙고 및 준비 단계. 이전 단계에서와 같이 내담자와의 관계를 증진시키는 것이 특히 중요하다. 이해와 인식을 제공하는 것 또한 주된 목표가 된다. 그러기 위해 내담자의 대인관계적 또는 행동 양식, 변화가 필요하거나 필요하지 않은 이유 그리고 변화를 도모하기 위한 여러 전략에 대해 탐색해야 한다. 내담자의 강점 또는 자원 그리고 취약점을 파악하는 것 또한 유용할 수 있다. 첫 세 가지 단계는 통찰, 탐색, 가치관 명료화, 개인 목표에 대한 명료화, 새로운 경험 그리고 정화적 경험을 강조하는 인본주의 또는 정신역동적 접근과 가장 일치한다. 활용할 수 있는 구체적인 전략에는 변화하지 않는 것에 대한 느낌을 포함한 변화에 대한 내담자의 생각에 대한 검토와 궁극적으로는 실행에 옮길 수 있는 자신감과 전념할 수 있도록 도모하는 전략들이 있다.

- 실행 단계: 구체적이고 명확한 전략들이 이 단계에 사용될 수 있다. 구체적인 문제, 기능 손상, 문제 복합성, 주관적 고통 그리고 저항 정도에 따라 전략이 선택된다. 분명한 행동, 대인관계 양식, 자기진술 또는 세상을 경험하는 양식 등에서의 변화를 도모하는 구체적인 전략이 시행될 수 있다. 이 시점에서 인지행동치료 기법, 특히 자극 통제, 점진적 노출, 인지적 재구조화, 역할 연기, 사회기술 훈련 또는 역조건화가 가장 효과적일 수 있다. 문제행동을 유발하는 자극을 피할 수 있도록 일상생활을 재구조화하고 문제행동에 대한 대체 행동을 연습하는 것이

이러한 긍정적 변화를 강화시켜 개선할 수 있다.

- 유지 단계: 이 단계에서 치료사의 역할은 내담자를 격려하고 조언해 주는 코치 또는 자문위원과 같다. 재발이 어떻게 발생할지 그리고 이러한 상황이 발생하지 않거나 최소한 더 오랜 기간 동안 재발에 따른 영향력을 최소화시킬 보호 조치를 고려하는 것이 중요한 작업이 된다. 자극 통제, 사회적 계약, 사회적 지지 증진, 분노 관리 또는 재발이 예상될 경우 예방적 조치를 취하도록 하는 행동 계약 등 구체적인 전략을 활용할 수 있다.

기타 내담자 특성

치료 선정과 관련된 제언을 결정할 때 임상가가 고려해야 할 다른 내담자 특성이 있다. 여기에는 평가를 받는 개인의 문화와 더불어 치료에 대한 내담자의 기대 및 치료 유형에 대한 내담자의 선호도가 있다. 각각의 내담자 특성에 맞는 치료적 제언을 구성하는 것은 벅찰 수 있으나, 특정 상황에서 몇몇 내담자 특성이 다른 것에 비해 더 핵심적일 수 있다. 예를 들어 영어 이외의 언어를 사용하는 내담자는 모국어를 사용하도록 하는 것이 더 적합할 수 있다. 하지만 언어와 문화는 영어가 모국어이며 이성애자인 중산층 남성에게는 상대적으로 중요하지 않을 수 있다. 평가받는 내담자의 세부사항 그리고 평가 결과에 따라 어떤 내담자 특성이 세심한 주의를 요구하는지 구분할 필요가 있다.

치료적 제언을 제공하기 위해 고려할 수 있는 주요 내담자 특성은 내담자의 문화적 배경이다. 언어, 민족성, 종교, 경제적 배경, 성적 성향 그리고 기타 요인이 문화의 복합성에 기여한다. 따라서 포함할 수 있는 모든 요인을 파악하는 작업은 벅차고, 비효율적이며 비실용적이다. 대신 문헌을 통해 몇몇 구체적인 문화적 특성에 근거한 맞춤형 치료 방안을 확인할 수 있다(예를 들어 Barrera & González Castro, 2006; Hwang, 2009; Whitbeck, 2006). 치료의 문화적 각색은 특히 동양계 미국인의 치료 성과에 영향력을 갖는 것으로 보고되었으며, 영향력의 정도는 더 작으나 아프리카계 미국인과 히스패닉계 미국인 그리고 영향력이 더 적어지나 북아메리카 원주민 내담자의 경우에도 효과적인 것으로 밝혀졌다 (T. B. Smith et al., 2011). 이와 같은 문화적으로 각색된 치료의 효과는 아동, 청소년, 성인 초기 내담자에 비해 성인과 노인 내담자에게 특히 중요하다. 대부분의 문헌이 소수 민족에 초점을 맞추었으나 최근 성 및 성별 소수자(Austin & Craig, 2015), 비록 상대적으로 일관되지 않은 긍정적 효과가 보고되고 있으나 종교를 가진 내담자(Lim, Sim, Renjan, Sam, & Quah, 2014; Worthington, Hook, Davis, & McDaniel, 2011), 낮은 사회경제적 수준을 보고하는 내담자(Miranda, Azocar, Organista, Dwyer, & Areane, 2003) 그리고 이외의 내담자들을 위한 치료 조정안이 제안되고 있다. 치료의 문화적 각색은 각기 다른 양식을 따를 수 있다. 어떤 것은 근거기반 치료에 근거하여 내담자로부터 어떤 주안점이 나타나는지를 주시하고 필요할 경우 중재 방안을 변경하는 유연한 접근을 권장한다(Kendall & Beidas, 2007). 어떤 경우에는 매뉴얼화된 치료에 대한 보다 체계적이고 구체적인 수정을 제안한다(예를 들어 G. C. N. Hall, 2001; Sue, Bingham, Porché-Burke, & Vásquez, 1999; Trimble & Mohatt, 2006). 평가 결과에 따른 구체적인 제언을 고안할 때 문화는 하나의 고려사항이 될 수 있다.

특정 치료를 제언할 때 내담자의 선호도를 고려하고 내담자 자신에게 상당한 영향을 줄 수 있는 의사결정 과정에 내담자를 포함시키고 상호협력할 것을 연구자들은 점점 강조하고 있다. 이러한 선호도는 다음 세 가지 광범위한 영역으로 분류된다. (1) 자신 그리고 치료사가 맡을 역할 및 관련된 역할 선호도 (2) 치료사의 민족성, 성별, 경력 또는 성격 속성과 같은 치료사 관련 내담자 선호도 (3) 이론적 지향성 또는 치료 관련 양식을 포함한 내담자의 치료 관련 선호도(Swift, Callahan, & Vollmer, 2011). Swift와 동료들(2011)은 메타 분석을 통해 이와 같은 세 가지 차원에 근거하여 내담자의 선호도와 치료를 맞출 경우 치료에서의 중도 하차율이 33% 감소하였으며 치료 성과에 중도의 효과 크기를 보였다고 하였다. 치료 선호도를 맞추어 나타나는 긍정적 효과는 건강 문제 또는 심각한 정신적 장애보다 불안, 우울 그리고 물질 남용 장애를 진단받은 개인에게서 발견되었다.

심리치료의 효과성에 대한 내담자의 기대 또한 중요하다. 치료에 대한 긍정적인 기대감은 치료 성과에 작지만 유의미한 영향을 갖는 것으로 나타났다(Constantino, Glass, Arnkoff, Ametrano, & Smith, 2011). 이와 같은 연구 결과는 제언과 관련된 임상적 결정을 내리는 상황보다 평가에 따른 결과를 내담자에게 전달할 때 더 중요한 것으로 나타났다. 즉 내담자에게 제공되는 제언과 피드백이 설득력이 있어 내담자 본인도 추천된 치료의 효과를 확신할 수 있다면 실제로 결과 또한 성공적일 수 있다.

체계적 치료 선택(STS)/내적 생활 접근

앞서 소개된 차원들은 논리적 일관성을 갖추고 충분히 감당 가능할 수 있도록 고안되었다. 하지만 임상 경험이 짧은 실무가는 심리평가에 근거하여 임상적 결정을 내릴 때 이 모든 차원을 내현화하고 사용하기 어려울 수 있다. 경험과 함께 많은 요소들이 점진적으로 내현화되어 정규 평가의 필요성이 심지어 감소될 수도 있다. 임상가는 내담자의 구체적인 세부사항에 따라 위 차원 중 몇몇 요소에 우선순위를 둘 수 있다. 또한 경험적 연관성에 대한 보다 정확한 정의가 연구를 통해 추가적으로 밝혀진다면 또 다른 차원이 포함될 수도 있다. 이와 같은 발전은 임상가를 Paul(1967)이 언급한 평가의 궁극적인 목표, 즉 치료사, 내담자, 문제 그리고 맥락 간의 최적의 조합을 가장 효과적인 치료에 결합시키는 것에 더 다가가게 할 것이다.

이미 논의된 많은 차원들에 대한 사례를 체계화하고 간소화하기 위해 Beutler와 동료들(Beutler, 2011; Beutler & Clarkin, 1990; Beutler et al., 2000; Beutler et al., 2006; Harwood & Williams, 2003)은 여러 내담자 특성을 파악하는 것에 기반한 체계적 치료 선택(Systematic Treatment Selection, STS)이라는 치료 선택 모델을 개발하였다. 이 모델은 특성을 체계적으로 파악하고 경험적 그리고 임상적으로 확인된 치료 성과와의 연관성에 근거한 제언을 제공하는 데 주력한다. 여기에는 기능 손상 정도, 사회적 지지, 문제 복합성/만성화 수준 그리고 주관적 고통/동기가 포함되며, 특히 대처 양식과 저항을 강조한다(Beutler, 2011). 근거기반 연구를 견지하고 이전 장에서 논의된 많은 평가 기법을 포함할 뿐만 아니라, 포괄적이며 명확한 의사결정 순서를 따르는 동시에 임상가가 감당할 수 있는 정도의 변인을 상세히 설명한다.

내담자를 직면하게 될 때 실무가는 적절한 정보를 수집하고 해당 정보에 근거하여 일련의 결정과 제언을 발달시킨다. Beutler와 동료들(Beutler et al., 2000; Beutler & Harwood, 2000; Beutler et al., 2006; Harwood et al., 2011; Harwood & Williams, 2003)은 최소 일곱 가지 내담자 차원을 포함하였고, 이를 여러 다른 결정 유형과 연관시켰다(표 14.1 참고). 첫 번째 변인은 기능 손상과 연관되며 전반적인 사례 관리에 명확한 함축을 갖는다.

앞서 "기능 손상" 부분에서 논의된 것과 같이, 포함된 쟁점에는 치료의 상대적 구속성

표 14.1 치료 계획을 포함한 STS 특성

변인	치료적 고려사항
1. 기능 손상	구속성(입원/외래)
	강도(기간 및 빈도)
	의학적 대 심리사회적 중재
	예후
	목표 달성 긴급성
2. 사회적 지지	인지행동적 대 관계 증진
	치료 기간
	심리사회적 중재 대 약물치료
	집단치료 가능성
3. 문제 복합성/만성화	협소한 증상 초점 대 주제와 관련된 미해결된 갈등
4. 대처 양식	행동적 증상-중심 대 내적 통찰 지향적 중재
5. 저항	지지적, 비지시적 또는 역설적 대 구조화된 지시적 중재
6. 주관적 고통	각성의 증가/감소
7. 변화 과정	차별화된 단기치료 목표
	지지적 대 통찰 지향적 대 인지행동적 중재

(입원/외래), 약물치료 고려의 필요성, 치료 강도(기간 및 빈도) 그리고 당면한 목표가 있다. 다른 여섯 가지 차원은 전반적인 사례 관리보다 치료상의 구체적인 기법과 보다 연관된다.

사회적 지지 수준은 내담자의 사회적 연결망을 신뢰할 수 있는지 또는 더 증진되어야 하는지를 결정하는 데 활용할 수 있다. 내담자 문제의 상대적 복합성(그리고 만성화)은 치료가 구체적이며 분리 가능하고 환경적으로 연관된 증상에 초점을 둘지 아니면 보다 내적, 만성적 갈등 영역에 초점을 둘지를 결정할 때 고려해야 한다. 또한 대처 양식은 중재가 외적 행동의 변화를 목표로 할지 아니면 보다 내적인 통찰 지향적인 변화 수준이 더 적절할지를 안내할 수 있으며, 저항(반항) 수준은 중재가 어느 정도 지시적이어야 할지를 가늠하게 한다. 주관적 고통은 임상가가 내담자의 각성 수준을 증가시키거나 감소시킬지를 결정할 때 지침으로 활용할 수 있다. 내담자가 머물고 있는 변화 단계 또한 단계별로 유용할 수 있는 특정 기법을 결정하는 데 도움을 줄 수 있다.

이러한 차원들은 각각 관련 영역에 초점을 맞춘 상대적으로 짧은 면접에서부터 다수의 정규 심리평가 도구로 구성된 광범위한 종합 심리평가에 이르기까지 정규 검사, 면접 자료, 행동 관찰 그리고 관련 개인력의 배합으로 평가될 수 있다. 또한 여러 측정치를 요약하는 데 보조하기 위해 평정척도[『STS 임상가 평정 양식』(*STS Clinician's Rating Form*; Corbella et al., 2003; Fisher, Beutler, & Williams, 1999)]가 개발되었다. 『심리 보고서 작성 보조』(*Psychological Report Writing Assistant*; Groth-Marnat & Davis, 2014)는 STS에 근거하여 제언 작성을 위한 체제를 제공한다. 프로그램을 완료하는 데 20분에서 40분이 소요된다. 마지막으로 내담자(그리고 임상가)는 www.innerlife.com(Beutler, Williams, & Norcross, 2008)에 접속하여 온라인상으로 평가 자료를 입력하면 내담자의 반응에 근거하여 STS 차원이 평정되고 이에 따른 치료 계획이 구체화될 수 있다. STS는 여러 내담자 변인을 활용하여 치료 및 기타 제언과 관련된 결정을 내릴 수 있도록 철저하고 체계적인 방안을 제공한다.

읽을거리

Antony, M. M. & Barlow, D. H. (2011). *Handbook of assessment and treatment planning for psychological disorders* (2nd ed.). New York, NY: Guilford Press.

Beutler, L. E. & Clarkin, J. F. (1990). *Systematic treatment selection: Toward targeted therapeutic interventions*. New York, NY: Guilford Press.

Butcher, J. N. & Perry, J. N. (2008). *Personality assessment in treatment planning: Use of the MMPI-2 and BTPI*. New York, NY: Oxford University Press.

Groth-Marnat, G., Roberts, R., & Beutler, L. E. (2001). Client characteristics and psychotherapy: Perspectives, support, interactions, and implications. *Australian Psychologist, 36*, 115-121.

Harwood, T. M., Beutler, L. E., & Groth-Marnat, G. (2011). *Integrative assessment of adult personality* (3rd ed.). New York, NY: Guilford Press.

Hersen, M. & Sturmey, P. (2012). *Handbook of evidence-based practice in clinical psychology* (Vols. 1, 2). Hoboken, NJ: Wiley.

Jongsma, A. E., Peterson, L. M., & Bruce, T. J. (2014). *The complete adult psychotherapy treatment planner: Includes DSM-5 updates* (5th ed.). Hoboken,

NJ: Wiley.

Norcross, J. (2011). *Psychotherapy relationships that work: Evidence-based responsiveness* (2nd ed.). New York, NY: Oxford University Press.

Norcross, J., Santrock, J. W., Campbell, L. F., Smith, T. P., Sommer, R., & Zuckerman, E. L. (2012). *Authoritative guide to self-help resources in mental health* (4th ed.). New York, NY: Guilford Press.

Prochaska, J. O. & DiClemente, C. C. (2005). The transtheoretical approach. In J. C. Norcross & M. R. Goldfried (Eds.), *Handbook of psychotherapy integration*(2nd ed.; pp. 147-171). New York, NY: Oxford University Press.

Wright, A. J. (2010). *Conducting psychological assessment: A guide for practitioners*. Hoboken, NJ: Wiley.

제15장

심리평가 보고서

심리평가 보고서는 평가(assessment)[1]의 가장 중요한 최종 결과물이다. 보고서는 평가 자료들을 하나의 기능적 완전체(functional whole)로 통합시키는 임상가의 노력을 나타내며, 보고서의 정보는 내담자의 문제해결 및 의사결정을 도움으로써 그의 삶을 향상시킬 수 있다. 아무리 좋은 검사라도 내담자와 의뢰처의 요구를 충족시키는 방식으로 산출된 정보들을 관련되게 또한 명료하게 설명하지 못한다면 쓸모가 없을 것이다. 이를 위해 임상가는 단지 검사 결과를 전달하는 것을 넘어 의뢰 질문에 대한 답변과 제언이 포함된 유용한 결론을 제공하는 방식으로 평가 자료와 상호작용하면서 작업해야 한다.

평가 시행은 여러 방법으로 기록될 수 있다. 제시 방식은 보고서가 의도하는 목적뿐만 아니라 전문가의 개인적 방식, 이론적 관점에 따라 달라질 것이다. 이 장에서 제공하는 구성양식(format)은 단지 제안된 개요로 일반적이고 전통적인 지침을 따른 것이다. 이는 의뢰 질문(사유), 행동 관찰, 관련된 과거력, 인상(해석) 그리고 제언 등의 핵심 영역에 관하여 상세하게 기술하는 방법으로 되어 있다. 이 양식은 문제 중심적이고 변화를 위해 구체적인 처방을 제공하는 임상적 평가를 위한 접근에 특히 적합하다. 보고서를 조직하는 다른 방안으로는 편지 형식으로 작성하기, 요약과 제언만을 제공하기, 특정 문제에만 초점

---

1   역자 주: assessment와 evaluation을 모두 평가로 번역하였다.

맞추기, 검사별 결과 요약하기(이 장의 후반부에서 논의하는 것처럼 권장되지 않음), 내담자에게 직접 전달하는 식으로 작성하기, 특정 성격 이론에 따라 내담자에게 설명을 제공하기 등이 있다. 후반부에 제시된 견본 보고서들은 제안된 구성양식과 다소 다른 점이 있지만, 그래도 이 장에서 논의된 핵심적 범주의 정보는 대부분 유지하고 있다.

보고서의 질적 수준과 유용성은 철저하고 타당하며(정확하며) 명료한 평가 과정 자체에 기초한다는 것을 명심해야 한다. 아무리 잘 작성된 보고서라도 형편없는 검사 시행으로 인한 결점을 보완할 수는 없다. 윤리적이며 신뢰도와 타당도가 높은 평가를 시행하는 것 이외에도, 내담자가 체험하고 있는 주요 문제의 분야와 유형에 관한 임상가의 전문 지식은 보고사항 및 제언의 내용을 향상시킨다. 전문 지식은 해석의 깊이를 더하고, 연관된 모든 측면이 다루어졌는지를 확인하게 해 주는 문제 영역에 관한 일반 지도 및 관련된 정보를 제공한다. 강조하자면 문제 분야와 관련된 배경지식은 치료 개입의 범위 및 효과성(effectiveness)에 관한 정보를 제공한다. 예를 들어 우울증에 관한 배경지식은 임상가가 우울증의 원인 및 발현 방식, 치료 개입의 방안, 추가적인 평가가 필요한 상황(예를 들어 자살 가능성) 등을 명료하게 알 것을 요구한다. 최신의 훌륭한 교재를 참고하면 충분한 정보를 얻을 수 있을 것인데, 일반적인 임상 장면에서 유용한 교재는 다음과 같다. 『심리장애에 대한 임상 핸드북』(*Clinical Handbook of Psychological Disorders*; Barlow, 2014), 『근거기반 실제 지침에 대한 임상가 핸드북』(*Clinician's Handbook of Evidence-Based Practice Guidelines*; O'Donahue & Fisher, 2006), 『임상 정신의학을 위한 휴대용 핸드북』(*Pocket Handbook to Clinical Psychiatry*; Sadock & Sadock, 2010). 인지적 평가를 주로 시행하는 경우라면, 『임상 실제에서의 신경심리 평가: 검사 해석 및 통합 지침서』(*Neuropsychological Assessment in Clinical Practice: A Guide to Test Interpretation and Integration*; Groth-Marnat, 2000a), 『신경심리 평가』(*Neuropsychological Assessment*; Lezak, Howieson, Bigler, & Tranel, 2012) 혹은 『임상 신경심리: 평가를 위한 휴대용 핸드북』(*Clinical Neuropsychology: A Pocket Handbook for Assessment*; Parsons & Hammeke, 2014)이 있다. 교육용 보고서의 작성자에게 도움이 될 만한 참고서적은 『아동의 평가』(*Assessment of Children*; Sattler, 2008; Sattler & Hoge, 2006), 『아동의 행동적, 사회적, 임상적 평가의 기초』(*Foundations of Behavioral, Social, and Clinical Assessment of Children*; Sattler, 2014), 『임상 심리, 아동 청소년 장애에서의 근거기반 실제 핸드북』

(*Handbook of Evidence-Based Practice in Clinical Psychology, Child and Adolescent Disorders*; Hersen & Sturmey, 2012) 등이 있다. 직업과 관련된 평가를 실시할 때 유용한 참고서적은 『진로 흥미 평가의 핵심』(*Essentials of Career Interest Assessment*; Prince & Heiser, 2000)이다.

일반적인 지침

미국심리학회(APA)는 2010년에 성격평가를 특정적이고 고유한 숙달도(proficiency)[2] 분야로 인정하였는데, 이는 저질의 또는 심지어 유해한 서비스로부터 일반 대중을 보호하기 위하여 평가 및 측정, 궁극적 검증이 가능한 심리학의 실무들 중에서 특정적이고 잘 정의된 기술 집합으로 성격평가를 인정했다는 의미이다. 임상가는 여러 분야의 숙달도 인정 절차의 하나로 성격평가 숙달도의 인정을 신청할 수 있는데, 성격평가협회(Society for Personality Assessment, SPA)가 절차를 관할하고 있다. 인정 과정의 핵심은 작성된 심리평가 보고서(평가 과정 전반을 대표하는 것으로 간주됨)에 관한 심사이다. SPA에 의해 성격평가에 적용하기 위해 개발된 보고서 심사 양식 및 절차(심사 기준)가 제시되었는데, 이러한 개념들은 모든 다른 평가에도 적용될 것이다. 이 장의 내용은 숙달도 심사 기준(proficiency rubric)의 다섯 가지 주요 주제—포괄성(comprehensiveness), 통합성(integration), 타당도(validity), 내담자 중심성(client-centeredness), 전반적인 글쓰기—를 중심으로 조직화되었다. 보고서 작성에 관한 수련의 지침이자 보고서의 품질 향상에 사용 가능한 심사 기준이 그림 15.1에 제시되어 있다.

---

2   역자 주: 능숙도 또는 숙련도로 직역될 수 있으며, 이 책에서는 숙달도로 번역하였다. A proficiency is a circumscribed activity in the general practice of professional psychology or one or more of its specialties that is represented by a distinct procedure, technique, or applied skill set used in psychological assessment, treatment and/or intervention within which one develops competence(출처: www.apa.org).

포괄성

길이

전형적인 심리평가 보고서는 보통의 단일 행간으로 5~7쪽 정도이다. 그러나 보고서의 길이는 목적이나 상황 맥락(context), 의뢰처의 기대에 따라 근본적으로 변화될 수 있다. 의학적 상황 맥락에서 2쪽의 보고서는 드문 일이 아니다. 많은 의료 보고서의 구성양식이 비슷한 길이를 갖는다. 이와는 대조적으로, 법적 상황 맥락에서는 종종 7~10쪽의 보고서가 요구되는데, 보다 광범위한 의뢰 질문에 결부된 문서 작성의 요구가 더 많기 때문이다. 심리 전문가는 전문가 증인(expert witness)으로서 내담자를 평가해야 할 뿐만 아니라 반론을 예측하고 스스로를 변호해야만 하며, 더불어 다른 정신건강 전문가에 의해 작성된 보고서에 관한 논평 등의 서비스를 수행해야 하는 일이 드물지 않다. 보통 (대개 빈번한) 5~7쪽의 보고서는 주로 심리, 교육, 직업의 상황 맥락에서 흔히 볼 수 있다. 이러한 보고서의 길이는 임상 실무에서 매우 전형적인 것이지만, 심리평가 보고서와 관련된 가장 빈번한 불평 중의 하나는 너무 길다는 지적이다(Brenner, 2003). 보고서의 길이는 너무 많은 정보, 가외 정보, 관련성이 없는 정보, 심지어는 주의를 분산시키는 정보 등을 모두 배제하면서도 필수적이고 관련된 정보만을 포함하는 포괄성을 확보하는 것에 따라 변한다.

얼마나 많은 정보가 보고서에 포함되어야 하는가에 관한 구체적인 규칙은 없다고 할 수 있다. 일반적인 지침은 보고서를 읽는 사람이 현실적으로 얼마나 많은 정보를 이해할 수 있을 것 같은지 추측해 보는 것이다. 만일 너무 많은 세부사항이 제공된다면, 정보는 빈약하게 정의되고 모호해질 수 있으며 결과적으로 영향력과 유용성이 결여될 것이다. 선택가능한 매우 다양한 자료와 마주하였을 때, 임상가는 자료를 모두 포함시키려는 시도를 하지 말아야 한다. "내담자의 상대적인 강점은 추상적 추론, 전반적으로 축적된 지식, 단기기억, 주의 지속 시간 및 수학적 계산력이다"와 같은 문장은 너무 많은 사항을 기술하여 독자에게 과부하를 일으킬 수 있다. 대신 임상가에게는 보고서의 목적에 가장 관련되는 영역에 초점을 맞추고 각각의 다양한 사항을 적절하게 전개하는 것이 권장된다.

성격평가 숙달도:
보고서 심사 양식

지원자 이름: _____   심사자 이름: _____

날짜: _____

   1. 준거 항목의 충족 여부를 고려하여 주십시오.

     숙달도 준거 충족(예, 1점)

     숙달도 준거 미충족(아니오, 0점)

   2. 중요 항목은 별표(*)를 붙여 표시해 두었습니다.

   3. 또한 각 부분별로 전반적인 숙달도에 대해서 심사자의 논평(긍정적이며
건설적인 피드백)을 기술하여 주십시오.

준거	주석/세부사항	준거 충족 여부 아니오= 0, 예= 1	
포괄성			
1. 충분하고 적절한 신상 정보가 제시되었다.	보고서는 개인 및 관련된 최근 상황에 대한 기본적인 인구통계학적 정보를 포함하고 있다.	0	1
2. 의뢰처가 명료하게 밝혀져 있다.	보고서는 구체적으로 의뢰처를 적시하고 있다.	0	1
3. 평가를 위한 의뢰 질문과 사유가 명료하게 진술되어 있다.	보고서는 명료하게 평가의 사유를 명시하며 그럼으로써 목적과 결론, 제언이 일관되게 정렬되었는지, 궁극적으로 의뢰 질문이 다루어졌는지 판단 가능하다.	0	1
4. 제공되는 과거력은 평가 질문(들)에 관련되어 있고 적합하다.	과거력은 의뢰 질문, 현재 문제, 결론 및 제언이 내담자 및 그의 문화적 배경 내에서 맥락에 부합되어 독자에게 이해될 수 있도록 제시된다. 만일 심사자가 보고서에 너무 많은(혹은 부가적이거나 무관한) 과거력 사항이 포함되어 있다고 느끼더라도, 무관한 자료가 근본적으로 보고서의 명료성을 훼손시키지 않는 한 이 항목의 준거는 충족시킨 것으로 간주할 수 있다.특별히 주의를 기울여야 할 것은 검사 결과의 타당도와 적용 가능성을 결정하는 데 평가 대상의 개인적 상황에 대한 중요한 정보가 현저히 누락 또는 상실되는 것이다.	0	1

그림 15.1 성격평가 숙달도 보고서 심사 양식

출처 SPA의 특별 허가를 받음. SPA의 허가 없는 추가 복제를 금함.

준거	주석/세부사항	준거 충족 여부 아니오= 0, 예= 1	
5. 평가 동안의 내담자의 행동과 참여에 관한 관찰이 제시된다.	보고서는 대개 행동 관찰을 기반으로 평가 과정 동안의 자발적 참여도와 열의에 관한 간략한 논의를 포함한다. 또한 행동 관찰은 평가 자료와 함께 지지 또는 반대의 증거를 제공함으로써 다른 분야에 관한 정보를 제공해 줄 수 있다.	0	1
6. 요약 부분이 포함되어 있다.	보고서는 의뢰 문제를 다루기 위해 과거력, 행동 관찰, 검사 결과를 통합시키는 명료한(그리고 일반적으로 간결한) 인상적 정보의 요약을 제공하고 있다.	0	1
포괄성에 대한 논평			
통합성			
*7.평가는 적어도 세 가지 이상의 다른 평가 방법을 포함한다(예를 들어 자기보고, 수행 기반, 임상 면담).	보고서는 개인의 성격/정서적 기능을 평가하기 위해서 최소한 세 가지 유형의 평가 측정치/자원을 활용한다. 인지 또는 다른 특정 분야의 기능과 관련된 여타 측정 도구가 포함되어 있을 수 있는데, 성격 기능의 이해 및 설명을 위한 측정 도구의 사용에는 이 준거가 적용된다.	0	1
8. 방법 간 교차 해석(Cross-method interpretations)은 통합된 방식으로 제공된다.	별개의 평가 방법에서 산출된 결과를 궁극적으로 독자가 통합시키도록 요구하지 않는 방식으로 보고서의 발견사항이 제시되어야 한다. 즉 다른 방법들로부터 유사한 (또는 상충되는) 발견사항이 있는 경우, 보고서의 어느 곳에선가 궁극적인 결론을 설명하는 방식으로 통합되어야 한다.	0	1
9. 상충된 발견사항들은 적합하게 다룬다(적용될 수 있다면).	보고서는 독자가 증거를 어떻게 해석해야 하는지 이해를 돕는 방식으로 상충된 발견사항을 제시하고 있다. 다음의 예들을 포함한다(물론 제시된 예시에만 국한된 것은 아니다): • 상이한 방법이 상이한 정보를 산출하는 이유를 설명하기 ("내담자가 자기보고로는 X라고 하였으나, 자기보고가 아닌 측정 도구로 평가하였을 때는 Y가 드러났다. 이러한 차이는 Z에 의한 차이일 가능성이 높다.") • 상충되는 부분들 중에서 보다 신빙성이 부여되어야 할 것이 어느 것인지 결정하기 위하여 다른 결과를 사용하기("왜냐하면 그가 스스로를 매우 긍정적인 관점에서 묘사하려고 노력하는 경향이 나타났기 때문에….") • 마치 상충된 듯 보이는 정보가 실제로는 그렇지 않음을 의미한다는 미묘한 차이를 설명하기("X와 Y는 상충된 것처럼 보이지만, 실제로는 어떤 사람에게는 X와 Y 모두가 가능하다. 이러한 특질은 마치….") 상충된 발견사항이 없는 경우라면, 이 준거에 대한 평점을 부여한다.	0	1

그림 15.1 계속

준거	주석/세부사항	준거 충족 여부 아니오= 0, 예= 1	
통합성에 대한 논평			
타당도			
10. 검사 발견사항 및 자료의 질적 수준에 관한 타당도가 논의된다.	심리평가 보고서에서는 문화적 다양성과 기타 요인에 의하여 사용된 측정 도구의 잠재적 제한점을 인정하고 있다. 심리측정적 기초가 취약하거나 관련된 규준 자료가 결여된 측정 도구는 그러한 점을 감안한 방식으로만 인식되어야 한다(취약한 문제점에 관해 직접 논의하거나 논의할 때 덜 강조하는 식 등으로).	0	1
*11. 검사 해석은 경험적인 문헌과 승인된 임상 실무와 일치한다.	보고서에서 검사 결과의 서술은 일반적으로 임상 실무에서 승인되거나 문헌에서 알려진 것과 일치한다. 보고서는 전반적으로 근거기반으로 간주되거나 일반적으로 승인된 검사 해석을 제공한다. 일반적으로 승인된 실무로부터 벗어난 어떤 주요한 변형(variations)이 있다면, 이는 명료하고도 논리적이며 방어될 수 있도록 정당화된다(예를 들어 자기보고형 특정 척도들의 상승을 정확하고 적절한 것으로 논의할 것인지 아니면 과잉병리화 또는 검사 자료에 기초한 문제 영역을 인식하지 못하는 것으로 논의할 것인지).	0	1
*12. 검사 결과로부터 제기된 주장은 수집된 자료와 일치한다.	평가를 위해 검사 점수 부록(검사 규준과 해석 지침 등이 있는)을 사용하고, 보고서는 있는 그대로 수집된 자료 전부에 기초한 발견사항을 제시한다. 즉 어떠한 이유로든 주요 검사 결과가 누락되지 않으며, 검사 결과가 무엇을 의미하는지에 관한 서술적 설명은 실제 검사 결과/점수와 일치하며, 모든 결과의 서술된 설명은 어떤 식으로든 읽는 사람을 그릇된 길로 이끌지 않는다.	0	1
13. 검사 해석은 민족, 인종, 성별, 연령, 성적 지향성, 종교, 능력 등을 포함하는 문화 및 다양성의 관심 사안을 민감하게 다룬다.	검사 해석 및 평가의 전반적인 해석과 관련하여 다양성의 관심 사안은 적절한 곳에서 다루어진다. 분명히 어처구니없는 문화적으로 부적절한 해석과 주장의 경우는 제시되지 않는다. 문화는 개인의 민족성보다 더 많은 것을 반영하며 다양성 요인들의 광범위한 집합을 포함하고 있음을 감안해야 한다.	0	1
*14. 진단적 인상과 결론은 제시된 자료에 근거하여 합리적이다.	보고서는 과거력, 검사 결과, 행동 관찰, 문화 및 기타 관련 정보에 근거하여 합리적인 결론을 제시한다. 평가가 결론을 충분히 정당화할 수 있음이 분명하다.	0	1
타당도에 대한 논평			

그림 15.1 계속

준거	주석/세부사항	준거 충족 여부 아니오= 0, 예= 1	
내담자 중심성			
*15. 의뢰 질문(들)을 적절하게 다루고 있다.	결론과 제언은 역으로 의뢰 질문과 묶여 있어 애초의 평가 사유와 평가의 궁극적인 목적이 일치됨을 보여 준다. 만일 결론과 제언이 의뢰 질문을 지적하지 않는다면, 보고서는 이에 대해 명료하게 설명해야 한다.	0	1
16. 전반적으로 개별 검사 결과는 평가되는 개인에 관해 명료하고 구체적인 방식으로 제시된다.	내담자에게 초점을 맞추기 위하여(그리고 대부분의 개인에게 적용 가능한 과잉 일반화된 진술 또는 제언을 피하기 위하여), 보고서는 평가되는 특정 개인에 관한 결론을 맞춤형으로 만들 수 있는 용어와 조직화를 사용한다. 보고서의 용어는 컴퓨터 보고서로부터 직접적으로 복사된 것이 아니다.	0	1
17. 전반적으로 보고서는 '검사에 초점'을 맞추는 것보다는 '인물에 초점'이 맞춰져 있다.	숙달도를 위해 여러 구성양식이 받아들여질 수 있지만, 일반적으로, 검사 보고서는 평가 대상 개인에게 명료한 초점을 둔다. 다음의 몇 가지 예를 포함한다(물론 제시된 예시에만 국한된 것은 아니다). • 검사 결과를 제시할 때 시행된 각각의 검사별(test-by-test)로 제시하기보다는 주제별로 검사 결과를 제시하라. • 검사 결과를 그대로 제시하기보다는 능력이나 특질과 관련지어 제시하라. • 검사나 방법에 따라 결과들이 제시된다면, 평가되는 특정 개인에 대하여 그 자료들이 의미하는 것을 기술하는 포괄적이고 통합적인 요약을 함께 포함시켜라.	0	1
18. 제언은 검사 결과를 비롯한 내담자의 임상적 양상, 의뢰 질문, 과거력이 포함된 자료로부터 직접적으로 또한 명료하게 이어져 있다.	보고서에서 제시된 제언은 평가 중에 수집되고 제시된 정보에 의해서 논리적으로 생성되고 정당화된다. 다양한 자료 출처로부터 얻어진 제언과 결론들은 (일관되게끔) 조정되어 있다. 만약 보고서의 제언이 적절하다면, 이는 의뢰 질문/요약 부분에 대한 답변을 포함하고 있을 것이다.	0	1

그림 15.1 계속

준거	주석/세부사항	준거 충족 여부 아니오= 0, 예= 1	
19. 제언은 명료하고, 해당 인물에게 특정적이며, 합리적이다.	제언의 요건은 다음과 같다. • 독자들이 쉽게 이해할 수 있을만큼 충분히 명료하다. • 특정적으로, 평가받는 개인에게 성공의 가능성을 향상시키는 데 충분한 세부사항을 포함한다(예를 들어 단지 '치료'를 추천하는 것이 아니라 가장 도움이 될 수 있는 특정 치료 유형과 심지어 특정 전문가까지 구체화하는 식으로). • 합리적으로 현재 주어진 상황에서 내담자에게 가용한 것을 포함시킨다(예를 들어 고도의 기술적이고 특정화된 치료로 근거기반의 장점을 갖고 있지만 경제적 어려움을 가지거나 농촌 지역의 내담자에게 가용하지 못한 것을 추천하는 것은 합리적이라고 할 수 없을 것이다). 만약 보고서의 제언이 적절하다면, 이는 의뢰 질문/요약 부분에 대한 답변을 포함하고 있을 것이다.	0	1
내담자 중심성에 대한 논평			

전반적인 글쓰기

20. 검사 점수와 응답의 예시는 적절하게 사용되고 있다 (해당하는 경우).	검사 점수와 응답 예시가 보고서에 포함되는 경우, 이 때문에 산만해지기보다는 제시된 자료에 대한 독자의 이해를 증가시키고자 하는 목적에 기여한다. 만일 검사 점수나 사용된 응답 예시가 없다면, 이 준거에 대한 평점을 부여한다.	0	1
21. 보고서는 명료하고 일관되며 전체적으로 알기 어려운 전문용어 (jargon)로부터 자유롭다.	전반적으로, 보고서는 전문 직업적(professional) 용어로 작성되었지만, 알기 어려운 전문용어를 최소화함으로써(내담자를 포함하여 대부분의 경우) 독자가 쉽게 이해하고 따를 수 있는 가능성이 높다.	0	1
22. 전반적으로, 보고서는 잘 작성되고, 조직화되어 있으며, 거의 문법적 오류가 없다.	전반적으로, 보고서는 명료한 조직화로써 작성되며, 문법적 오류가 없다.	0	1
전반적인 글쓰기에 대한 논평			
추가적인 일반적 논평			

그림 15.1 계속

전반적 숙달도

각 중요 문항을 **충족**한다면 표시하시오.	여기에 표시하시오(X)
7번	
11번	
12번	
14번	
15번	
만약 총점수가 **19점 이상**이라면 표시하시오.	
	↑
6개의 강조표시가 된 칸에 모두 표시가 되었는가? 만약 그렇다면, 표시하시오.	

총점

숙달도를 충족합니까?

지원자는 숙달도를 ━ **충족한다.**

지원자는 숙달도를 ━ **충족하지 못한다.**

이 양식의 초기 양식은 Mark Blais에 의해 개발되었고 SPA 숙달도위원회에 의해 현재판으로 수정되었다. 이 보고서 검토 양식은 SPA 이사회에 의해 승인된 것이다.

그림 15.1 계속

주제 항목

임상가가 보고서에서 논의할 수 있는 주제 항목 및 영역의 범위는 매우 광범위하다. 가장 일반적인 네 가지 주제 항목은 인지, 정서(정동/기분), 자기개념, 대인관계와 관련되어 있다. 이러한 주제들은 보고서 작성자가 의사소통하려는 정보의 형식과 방향에 대한 개념적 도구를 제공해 줄 수 있다. 많은 보고서들은 이러한 네 가지 분야를 중심으로 적절

표 15.1 사례 제시 시 개념화될 수 있는 일반적인 주제 항목의 예

갈등	생물학적 위험 요인	정서적 기능
감성(sentiment)	생활양식	정서적 조절(통제)
감정	성	정신병리
결손	성 역할	정체성
고착	성 정체성	좌절
공격성	성취	주관인인 감정 상태
기능적 결함	역량(competence)	중요한 타인
기분	욕구	지적 수준
대인관계	융통성	지적 조절(통제)
대인관계 기술	의식의 내용	직업 배치 전망
대처 기술	인지 기능	진단적 고려
목적	인지 기술	추동, 역동
문제의 복합성	인지 양식(style)	태도
반사회적 성향	자각	특수한 자산(assets)
발달 요인	자기에 대한 지각	행동 문제
방어	재활 요구	행동의 개인적 결과
불안	재활 전망	행동의 사회적 결과
비합리적 인지	저항	혐오
사회적 구조	적개심	환경의 지각
사회적 역할	적성	흥미
사회적 지지	전망	
상황적 요인	정동	

출처 N. Tallent(1988), *Psychological Report Writing*(3rd ed., p. 120) Englewood Cliffs, NJ: Prentice-Hall.

히 조직될 수 있다. 추가적인 주제 항목으로는 개인의 강점, 직업적 적성, 자살 가능성, 방어, 갈등 영역, 스트레스 상황에서의 행동, 충동성, 성(sexuality) 등이 포함될 것이다. 때로는 이러한 주제의 일부만을 기술하는 적당한 보고서가 제시될 수도 있다. 예를 들어 고도로 초점화된 보고서는 1~2가지 중요한 기능 영역을 정교화하는데, 보통 일반적인 평가는 7~8가지의 관련된 주제 항목을 논의한다. 표 15.1은 평가에서 고려할 수 있는 주제 항목의 대표적인 목록의 하나이다. 이 목록이 완벽하지는 않지만, 보고서 작성자에게 선택 가능한 광범위한 주제 항목에 관한 일반적인 지침을 제공할 수 있을 것이다.

무엇을 포함시킬 것인지 결정하기

심리평가의 일반적인 목적은 의뢰 질문에 답변하고 내담자의 요구를 만족시키는 데 가장 도움이 되는 정보를 제공하는 것이다. 이러한 맥락에서, 임상가는 너무 많은 정보를 제공하는 것과 너무 적은 정보를 제공하는 것 사이에서, 너무 무미건조한 것과 너무 극적인 것 사이에서 균형을 유지해야 한다. 정보는 원칙적으로 의뢰 질문을 다루고 내담자에 대한 이해를 높이는 데 도움이 되는 경우에만 포함시켜야 한다. 예를 들어 내담자의 외모에 대한 기술은 내담자의 불안이나 저항 수준 같은 영역에 관심을 두는 것일 수 있다. 내담자는 과제에 대한 접근 방식에서 거리낌을 보인다고 기술될 수 있으며, "아무튼 제가 왜 이 모든 검사를 받아야 하나요?"라는 식의 말을 했다고 기술될 수 있다. 만일 어느 인물이 기이한 옷을 입고 머리가 흐트러졌거나 보라색 염색을 하고 있다면, 의뢰 질문과 연관된 경우 이러한 정보를 포함시키는 것은 또한 중요할 수 있다. 그러나 일반적으로 내담자가 입고 있는 옷의 스타일이나 눈동자나 머리칼의 색깔 등의 정보는 관련성이 없는 경우가 대부분이다.

보고서에 무엇을 포함시킬지를 결정하기 위한 기본적인 지침은 의뢰 상황의 요구, 읽는 사람의 배경 정보, 검사의 목적, 정보의 상대적인 유용성, 인물의 고유한 특성에 관한 상세한 묘사의 정도 등과 관련된다. 이러한 일반적인 지침이 고려된 이후, 다음 단계는 검사에서 유도된 정보를 조직화하고 초점을 찾는 것이다. 예를 들어 성격의 측면에 대한 일반적인 검토가 보고서의 목적이라면, 임상가는 이를 위해 구체적으로 제공 가능한 정보는 무엇인지를 결정하기 위하여 각 검사를 살펴볼 수 있다.

좀 더 일반적인 규칙으로, 정보는 내담자가 심리적 기능 영역에서 채택하는 고유한 방식에 초점을 두어야만 한다. 보고서를 읽는 사람은 내담자가 보통 사람과 얼마나 유사한 지보다는 어떤 식으로 다른 것인지에 관심을 갖는다. 심리평가 보고서의 공통적 오류 중 하나는 모든 사람에게 대부분 적용될 수 있는 매우 모호한 일반적인 진술을 제시하는 것이다. 이러한 모호한 일반적 진술은 무작위로 선택되더라도 어떤 개인에게 무조건 적용되는 것으로 받아들여질 수 있다. 예를 들어 Sundberg(1955)는 한 집단의 학생들에게 소위 '성격' 검사를 시행하고, 그들 모두에게 13개의 진술문으로 구성된 보편적이거나 고정관념적인 성격 묘사에 기초하여 똑같은 "해석"을 제시해 주었다. 예를 들면 다음과 같다.

- 당신은 다른 사람들로부터 사랑받고 칭찬받고 싶은 욕구가 클 것이다.
- 당신은 스스로에 대해 비판적인 경향이 있을 것이다.
- 당신은 아직 장점으로 변화시키지 못한 아주 많은 잠재력을 가지고 있을 것이다.
- 당신은 약간의 성격적 약점을 가지고 있지만, 일반적으로 이를 보완할 수 있을 것이다.
- 당신은 가끔 옳은 결정을 하였는지 올바른 일을 하고 있는지 심각한 의문을 가질 것이다.

실제로 연구에 참여한 모든 학생들은 이러한 평가 진술문이 자신을 정확하게 기술하였다고 보고하였다. 다른 연구들은 학생들이 허구와 실제의 피드백을 구별할 수 없었을 뿐만 아니라, 특히 긍정적인 맥락의 틀에 맞춰질 경우 그들은 일반적인 허구의 결과를 더욱 선호하게 되는 것 같다고 보고하였다(Dies, 1972). 이러한 무비판적인 검사 해석의 수용은 객관적 외양을 갖는 컴퓨터 출력 결과가 사용될 때 더욱 고무될지도 모른다(Groth-Marnat & Schumaker, 1989). W. G. Klopfer(1960)는 보편적으로 타당한 진술의 무비판적인 수용을 "바넘 효과(Barnum effect)"라고 지칭하였는데, 이는 "매 순간마다 바보가 태어난다"는 P. T. Barnum의 말을 인용한 것이다. 또한 바넘 효과는 모호함에 상관없이 소비자가 피드백을 진실로 받아들일 준비와 태세를 갖게 된다는 심리평가의 위력을 말하고 있다. 내담자가 보고서를 읽을 때 보편적인 진술이 보고서의 "주관적" 타당도를 증가시킬지는 모르지만, 인물의 본질적인 고유성을 강조하는 것을 선호하는 입장에서 이러한 진술은 회피되어야만 한다.

요약

대부분의 심리평가 보고서는 매우 길기 때문에, 관례적으로 보고서의 말미에 요약을 포함하고 있다(종종 제언 앞에 위치한다). 모든 요약에는 두 가지 중요한 고려사항이 요구된다. 첫째, 요약은 포괄적이어야 한다. 요약은 의뢰 질문에 대한 것으로 평가에서 산출된 가장 관련되고 중요한 발견사항을 포함해야 하며, 과잉의 불필요한 정보는 배제된 것이어야 한다. 만약 네 가지 영역을 측정하고 보고서에 이에 대하여 적었다면(인지 기능, 정서적 기능, 자기개념, 대인관계), 요약은 네 가지 각 영역을 포괄해야만 한다. 가능하다면 언제나 이 네 가지 영역은 한 개인에 관한 일관된 이야기로 통합되어야 한다. 둘째, 요약은 특정 사람들이 읽는 유일한 부분이 될 수 있음을 염두에 두고 작성되어야 한다. 포괄적이어야 한다는 요구를 강조하는 것 이상으로, 요약은 또한 상대적으로 간결해야만 한다. 길이가 3쪽인 요약은 보고서의 대부분을 처음부터 훑으며 건너뛴 독자에게 흥미와 주의를 끌 수 없을 것이다. 요약을 포괄적이고도 간결하게 작성하기란 어려운 작업이지만, 이는 내담자가 진정으로 평가를 이해할 것인지 아닌지 간의 차이를 만들 수도 있다.

통합성

검사 해석 제공하기

보고서는 특정한 의뢰 질문을 중심으로 정보를 조직화해야 한다. 결과는 고도로 초점화되고, 잘 통합되며, 불필요한 가외 자료는 배제하는 보고서로 작성되어야 한다. 예를 들어 만약 의뢰처가 내담자는 인지장애를 경험하는 것인지 질문한다면, 검사 자료에 기초한 해석은 이 가설의 지지 여부에 대한 답변을 지향하는 것이 될 것이다.

해석은 대처 양식, 기억, 성격 또는 대인관계와 같은 특정한 영역을 중심으로 조직화되어야 한다. 이러한 접근은 포괄적이고, 내담자의 강점과 약점을 설명하며, 일반적으로 읽는 사람에게 인물 전체에 관하여 잘 설명한다는 느낌을 준다. 의뢰 질문에 대해 답변하는 경우에도 관련된 특정 영역에 관한 반응을 지적하는 방식이어야 한다. 보고서를 읽는 사람은 검사 점수보다는 기능적 영역을 다루면서 작성된 통합된 보고서를 선호하고 훨씬 잘 이해하는 경향이 있다. 영역 지향적인 보고서의 약점이라면 너무 많은 정보를 제공할 가능성으로, 이는 읽는 사람이 과부하되도록 할 수 있다.

일부 보고서는 한 번에 하나씩 검사별 결과를 제공한다(WAIS-IV, 벤더, MMPI-2 식으로). 이러한 접근법은 자료의 출처를 명료하게 드러내며, 읽는 사람으로 하여금 임상가가 어떻게 내담자에 관한 추론을 작성한 것인지 보다 분명히 이해하도록 할 수 있다. 또한 이 방식은 검사자가 검사 결과의 조직화를 상대적으로 쉽게 할 수 있도록 해 준다. 하지만 이러한 장점은 심각한 단점에 의해 상쇄된다. 검사에 대한 강조는 읽는 사람의 주의를 분산시킬 수 있으며, 내담자를 한 인물이 아닌 일련의 검사 점수로 환원시키는 경향이 있다. 이론 또는 훈련의 배경과는 무관하게 보고서의 독자들은 이러한 보고서 작성 방식을 좋아하지 않는다(Mendoza, 2001; Tallent 1992, 1993). 또한 검사별 제시 방식은 자료

통합의 실패를 반영하는 것이다. 상이한 검사 점수들 간에 불일치가 발생하는 일이 드물지 않기 때문에 검사별 구성양식이 특별히 관심사가 되는 경우도 있을 것이다. 그러나 해석 지침서 또는 컴퓨터 진술이 나열하는 모든 가능한 해석 중에서 대개 절반 정도만 특정한 내담자에게 실제적으로 진실에 해당된다. 모든 가능한 해석 중에서 어떤 것을 내담자에게 적용할 것인지에 관해 결정하는 사람은 바로 임상가이다. 검사별 접근법을 사용하여 보고서를 작성하는 사람은 때때로 "비슷한 검사 프로파일을 가진 다른 사람들은 다음과 같은 특성을 가진다"와 같은 문구로 본인의 '해석'을 얼버무린다. 하지만 의뢰처는 다른 사람들에 대해 알고 싶어 하는 것이 아니며, 이 시점에 특정한 맥락에서 살고 있는 **특정 내담자**에게 관심이 있는 것이다. 아울러 검사별 해석은 임상가가 관련된 역동을 적당히 개념화하지 못하였을 뿐만 아니라 조사 중인 영역을 충분히 이해하지도 못하였음을 암시한다(Mendoza, 2001; Wolber & Carne, 1993). 이러한 방식은 평가자가 의뢰된 질문에 답하기 위하여 다중의 정보 출처를 사용하고 내담자가 직면한 문제를 해결하도록 돕는 임상가라기보다는 단순히 검사를 시행하는 기술자라는 믿음을 조장시킬 수 있다. 또한 이는 흔히 해석 능력이 없는 독자로 하여금 상충되는 발견사항들을 조정하고 어떠한 사항을 내담자에게 적용시킬 것인지의 여부를 결정하게끔 책임을 떠넘기는 일이 된다. 기존의 문헌은 검사별 방식이 권장되지 않음에 전적으로 동의하였으며, 그보다는 통합된 사례 중심의 문제해결 방식을 강력하게 추천한다(Groth-Marnat, 2003; Groth-Marnat & Horvath, 2006; Harwood, Beutler, & Groth-Marnat, 2011; S. Kvaal, Choca, & Groth-Marnat, 2003; Mendoza, 2001; Michaels, 2007; Sattler, 2008, 2014; Sattler & Hoge, 2006; Tallent, 1992, 1993; Wolber & Carne, 1993; Wright, 2010; Zuckerman, 2005).

Wright(2010)는 다중의 출처로부터 개념 영역 주도형(conceptual domain-driven) 보고서로 자료를 통합시키는 단계별 체제(step-by-step framework)와 과정을 제시하였다. 이 과정은 자연스럽거나 직관적인 것이 아니며, 임상가는 이 과정에서 요구되는 대로 훈련하면서 지원을 얻고 지도와 자문을 받는 것이 권장된다. 이 과정의 핵심은 모든 검사는 측정오차가 포함되어 있기 때문에 어느 단일 검사로부터 산출된 개별 점수를 과잉 진술하지 말아야만 함을 이해하는 것이다. 특정 검사에서 산출된 개별 자료 점수는 검사 도구 및 과거력, 상황 맥락 등의 모든 자료의 맥락 속에서 고려되어야만 한다. 상이한 방식 및 측정 도구에서 얻어진 자료를 통합하는 것은 평가자의 역할이며, 이를 보고서로 완성하고 의사 전달하는 과정에는 상당한 시간이 소요될 수 있다.

타당도

강조

결론에 대한 적절한 강조에는 신중한 고려가 있어야만 하는데, 내담자 행동의 상대적인 강도를 지적할 때 특히 그렇다. 일반적인 요약으로 "내담자의 우울 수준은 입원 환자 군의 특징에 해당된다"는 식으로 제시되거나, 내담자가 겪는 장애 중 어떤 양상의 상대적 강도를 좀 더 상세하게 논의할 수 있을 것이다. 우울증의 예를 들자면, 임상가는 환자의 인지적 자기비판이나 느려진 행동의 정도, 사회적 지원의 범위, 사회기술 수준, 자살 가능성 등에 관하여 논의할 수 있다. 병리에 관한 논의 및 적절한 강조 외에도 내담자의 상대적인 심리적 약점에 대비되는 심리적 강점이 반드시 비교되어야만 한다. 더불어 평가의 목적과 관련되지 않는다면 미미한 관련 영역은 보고서에서 논의되지 말아야 한다. 적절한 강조를 달성하기 위하여 평가자와 의뢰처는 평가의 목적을 명료화하고 동의해야만 한다. 둘 간의 동의가 이루어진 이후에만 평가자는 특정 정보를 심도 있게 상술할지 간단하게 언급할지 또는 삭제할 것인지 결정할 수 있다.

임상가가 자신의 결론을 제시할 때, 확실성(certainty)의 상대적인 정도를 지적해야 한다. 특정한 결론적 내용은 객관적인 사실(fact)에 기초한 것인가 아니면 단지 임상가의 추측(speculation)인가? 예를 들어 "존의 지능은 평균 하 범위에 속한다"는 진술은 일종의 객관적인 사실일 것이다. 그러나 이러한 사례에서조차도, 임상가는 점수의 잠재적 범위에 관한 추정치를 제공하기 위해 측정의 표준오차를 제시하고 싶을 수 있다. 만약 가용한 지지 자료가 부족한 경우이거나 임상가의 추측을 제시하는 경우라면, "그것은 ~으로 보인다", "아마도…", "~한 경향이 있다…" 또는 (좀 더 분명한 경우라면) "~할 것 같은…" 등의 어구가 사용되어야 할 것이다. 이렇게 표현하는 것은 임상가가 환자의 행동에 대한 예측을 시도할 때 특히 중요한데, 왜냐하면 행동이 아직 관찰되지 않았기 때문이다. 임상가의 예측이 검사 자체에서 직접 찾을 수 있는 것이 아니며, 그보다 검사 자료들에 근거하여 추론된 것임을 밝히는 것이 유용할 수 있다. 어떤 내담자가 "실제 행동한 것"과 그의 "행동을 예측하는 것"은 분명히 구분되어야 한다. 만약 보고서의 진술이 추측에 의한 것이라면, 그 진술은 중간 정도 혹은 미미한 수준의 확실성을 갖고 있음을 명료하게 나타내야 한다. 추론이 포함되는 경우라면, 그것은 언제나 의뢰 질문과 관련된 것이어야 한다.

특정 결론에 관한 확실성의 정도를 전달하기 위한 용어의 사용 이외에도, 임상가는 검사의 발견사항에 관한 상대적인 타당도를 설명하는 진술을 포함시켜야 한다. 예를 들어 실시된 모든 검사에서 내담자가 진정으로 노력하는 시도를 보였다는 행동 관찰은 보고서의 독자로 하여금 검사 결과가 내담자의 최선의 노력이 반영된 타당한 대표적 양상(representation)이라고 이해하도록 만든다. 반면 평가 회기의 끝으로 향할수록 명백한 피로가 현저하였다면, 이것은 내담자의 기능을 과소 추정하게 하는 결과일 수 있음을 독자에게 경고해 줄 수 있다. 노골적 언급 없이 자료의 각 부분의 상대적 타당도를 의사소통하는 또 다른 방법은 보고서의 각 부분에서 반복 강조하는 것이다. 일례로 임상가는 보다 강경하고 분명한 진술은 다중의 출처에서 특히 경험적으로 지지된 검사로부터 산출된 자료에 근거한다는 것을 고려할 수 있을 것이다. 주제통각검사(TAT) 또는 그림 검사 등의 투사 기법에서 산출된 자료는 주요 발견사항에 미묘한 차이(nuance)를 더할 수 있겠지만, 이러한 자료는 덜 강조되어야 하며 강력한 경험적 타당도를 갖추지 못한 측정 도구에서 산출된 것으로 여겨진다. 예를 들어 다중의 측정 도구(MMPI-2-RF 및 R-PAS를 포함하는 등)를 통해 내담자가 우울 관념을 갖고 있음이 반영되었고, TAT에서 우울 관념이 절망감이나 무가치감, 외로움이라기보다는 주로 무기력감이라는 결과가 제시되는 경우를 가정해 보자. 이러한 발견사항에 대한 적절한 강조의 표현 예는 다음과 같다. "TAT에서 내담자가 경험하는 우울한 생각이란 현 상황을 변화시킬 수 없고 스스로를 개선시킬 수도 없다는 무기력감에 관한 것이 거의 대부분인 것처럼 보이는 결과를 제시한다."

부적절한 강조는 검사자의 잘못된 해석을 반영할 수 있고, 이러한 오해석은 읽는 사람에게 전달될 수 있다. 임상가는 때로 잘못된 결론에 이르는데, 이는 임상가가 갖고 있는 개인적 편향이 자료에 대한 선택적 지각을 초래하였기 때문이다. 또한 임상가는 잠재적으로 관련성이 있는 자료를 간과하는 지나치게 협소한 강조점을 전개할 수 있다. 개인적 편향은 제한적인 이론적 지향성, 내담자에 관한 부정확한 주관적 느낌, 병리에 대한 과잉 강조, 심지어 특정 검사에 대한 과신 같은 여러 요인 때문에 생길 수 있다. 부정확한 결론은 의뢰처를 만족시키려는 시도 때문에 또는 불충분한 자료에 근거한 해석 때문에 발생할 수 있다. 보고서가 전반적으로 지나친 추측으로 작성된다면 그리고 추측된 내용이 특정적이지 않을 뿐더러 심지어 주장인 것처럼 꾸며져 있다면, 읽는 사람은 또한 결론을 오해석하기 쉬울 것이다. 과도하게 주장적인 추측은 독자로 하여금 잘못된 결론을 전개하도록 이끄는 것 이상을 초래한다. 즉 그러한 보고서는 과도하게 권위적이고 독단적이 될 수 있으며, 읽는 사람을 짜증스럽게 또한 회의적이 되도록 이끌 수 있다.

오해석은 내담자의 행동에 대한 부정확하거나 오도된 강조사항을 두는 모호하고 애매한 단어로 쓰인 문장 때문에 생길 수 있다. "내담자는 사회적 기술을 결여하고 있다"와 같은 문장은 기술적으로 잘못된 것인데, 왜냐하면 내담자는 비록 사회적 기술이 적당하지 못할 수는 있겠지만 몇몇 사회적 기술은 틀림없이 갖고 있기 때문이다. 좀 더 올바른 묘사는 내담자의 사회적 기술은 "빈약하게 발달된" 또는 "평균 하 수준" 같은 진술이 될 것이다. 비슷한 방식으로 "내담자가 사회적으로 부적절한 행동을 한다"와 같은 문장은 달리 해석할 여지가 너무 많다. 이는 보다 행동 지향적 묘사로 재진술될 수 있는데, 예를 들어 "빈번하게 차단된다" 또는 "관련성이 없는 일탈된 것을 추구한다" 등이다.

강조의 영역, 정도, 방식은 보고서의 결론에 중요하게 기여한다. 그러나 보고서의 결론에 관한 책임은 임상가에게 있다. 이 책임은 심리검사 도구 또는 독자에게 떠넘길 수 없고 넘겨서도 안 된다. 한걸음 더 나아가 한 인물에 대한 결정은 검사 도구에만 달려 있지 않은데, 검사는 필연적으로 일부 오차를 갖고 있으며 심지어는 특정 맥락 상황에서 타당도가 의심되기도 한다. 사람에 관련된 결론과 결정은 오히려 언제나 책임질 수 있는 사람의 손에 달려 있어야 한다. 강조 형식은 이러한 사항을 반영할 수 밖에 없다. 예를 들어 "검사 결과가 나타내는 것은…" 식의 문구는 검사자가 뒤로 숨으려 하고 진술문에 관한 임상가의 책임을 심리검사에 전가하려 노력한다는 인상을 줄 수 있다. 검사 도구에 책임을 지울 수는 없는 것이며, 이 경우 독자는 임상가에 대한 확신을 갖지 못하게 될 것이다. 만일 임상가가 어떤 특정 영역에 대해 불확실하다고 느낀다면, 그는 이러한 불확실성을 명료하게 알고 있어야 한다. 만일 임상가가 개인적으로 결과를 이해하지 못한다면, 그러한 결과는 보고서에서 제외해야 한다.

문화적 다양성 지적하기

심리평가 보고서에만 국한된 문제는 아니지만, 검사 해석과 결론은 문화 및 다양성 관련 사안을 유념하여 작성하여야 한다. 이 책에 제시된 논의에는 다양한 인구 집단에서 각 검사의 사용 및 적용에 관한 부분이 포함되어 있다. 하지만 내담자의 문화적 측면이 검사를 통해 완벽하게 지적되지 못하는 경우가 그렇지 않은 경우보다 흔할 것이다. 보고서에서 문화 관련 사안을 다루는 것은 대개 유용하지만 반드시 특정한 목적을 위한 것이어야만 한다. 즉 예를 들어 검사 해석이 문화적 고려사항 탓에 조심스럽게 적용되어야만 하는 경우에 이를 명확히 언급하는 것이 유용할 것이다. 반면 보고서에서 문화 관련 사안을 논의할 직접적인 목적이 없다면, 그러한 논의는 독자의 주의를 분산시킬 수 있으며 심지어 잠재적으로 오도하는 것이 될 수도 있다. 기본적으로 이러한 사안이 보고서 전반에서 명확하게 다루어지지는 않더라도, 다른 전문가가 볼 때 문화적으로 부적절한 해석이나 주장은 존재하지 않음을 확신할 수 있어야 한다.

진단 및 제언

평가 보고서는 누가 읽더라도 결론 및 진단, 제언의 배후 논리를 따라갈 수 있도록 작성되어야 한다. 진단은 보고서에 포함될 수도 있고 아닐 수도 있는데, 포함된다면 평가 자체에서 산출된 자료와 논리적으로 대응되어야 한다. 의뢰 질문의 주요 초점이 아닌 경우라면, 부분적으로 지지되지 못한 진단은 보고서에 제시되지 말아야 한다. 예를 들어 20여 년간의 알코올중독에서 회복 중인 내담자의 경과 개선방안을 찾기 위하여 치료 초점을 결정하기 위한 평가가 의뢰될 수 있다. 이러한 보고서에서 진단은 포함되지 않을 수 있겠지만, 추천되는 치료 양식의 결정에는 분명한 영향을 미칠 수 있다. 알코올 의존(이라는 진단)이 현재 평가의 초점이 아니므로 진단을 지지하는 정보들이 보고서의 앞부분에서 제시되지 않는다면, 보고서의 말미에 "부분 관해된 알코올 의존"이라는 진단도 제시되지 말아야 한다. 이러한 경우 진단은 배경 정보나 과거력, 자기보고 정도로만 간단히 언급되어야 하며, 독자도 이러한 정보가 어느 출처로부터 산출된 것인지 알 수 있어야만 한다. 이는 제언에서도 마찬가지이다. 독자는 왜 이러한 제언이 제시되었는지 논리적으로 역추적할 수 있어야 한다. 심리적 지식이 빈약한 독자를 위해서는 특정 유형의 증상에 관하여 특정 유형의 치료 개입이 효과적이라는 식의 개별적인 제언과 관련된 보다 상세한 설명을 제시하는 것도 필수적이다.

내담자 중심성

사례 초점화 보고서

일반적으로 피해야 할 보고서 양식 중 하나는 종종 산탄총(shot-gun) 보고서로 불리는 것이다(Tallent, 1992, 1993). 이 보고서는 그 내용의 어느 부분에서든 유용한 정보가 발견될 수 있을 것이라는 기대하에 매우 광범위한 단편적인 묘사를 제공한다. 산탄총 접근방식은 일반적으로 정형화되고 모호하며 포괄적이다. 치료 제언은 대부분 특정적이지도 실제적이지도 못하다. 산탄총 보고서 작성의 가장 흔한 이유는 의뢰 질문이 너무 전반적이고 모호하며 결과적으로 잘 이해되지 못하였기 때문이다. 이에 비해 사례 초점화(case-focused) 보고서는 의뢰인에 의해 개관된 특정 문제에 초점을 둔다. 사례 초점화 보고서는 이론 내지는 검사와 과도하게 연관된 고정관념을 기술하기보다는 내담자의 고유한 측면을 밝히며 특정하고도 정확한 기술을 제시한다. 더 나아가 치료에 관한 제언은 특정적일 뿐만 아니라 실제적이다. 사례 초점화 보고서의 일반적인 접근 방식은 보고서의 목적을 위해 무엇을 알아야만 하느냐뿐만 아니라 왜 다른 유형의 정보들이 중요한지를 다루는 것이다.

사례 초점화 보고서를 작성하기 위해서는 다음의 기본 원칙을 이해하고 적용해야 한다. 첫째, 보고서는 검사 자료의 개별 부분들을 중심으로 조직하는 것을 넘어 이를 통합하는 것이어야 한다. 달리 말하자면, 임상가는 단순히 검사 자료를 보고하기보다는 특정 인물을 기술해야 한다. 둘째, 사례 초점화 보고서의 제언은 특정 환경 속에서 내담자를 위해 구체적으로 무엇이 가능한 것인지와 직접적으로 관련될 필요가 있다. 제언은 직업 선택이나 심리치료, 기관 제공 프로그램 또는 추가 평가 같은 분야에 적용될 수 있다. 반면 내담자가 스스로 심리치료를 받기 위해 내원한 경우라면, 내담자의 개인적 통찰 수준의 증진을 돕는 것이 중요한 목적이 될 수 있을 것이다. 이러한 경우에는 상대적으로 폭이 좁은 문제해결적인 접근 방식보다는 여러 다른 주제 항목을 포함하여 내담자를 보다 폭넓게 기술하는 것이 적절할 수 있다. 이와 더불어 한 인물을 다른 이와 구분하는 것은 무엇인가에 관한 초점도 있어야만 한다. 이러한 차별화는 내담자에 관하여 평균적인 것을 논의하는 것을 피함을 의미하며, 그 대신 그 개인에게 고유하고 대표적인 것을 강조한다는 것이다. 또한 사례 초점화 보고서는 흔히 진단이나 원인론은 덜 강조한다. 그보다는 오히려 특정 행동에 매여 있는 인물에 관한 현재 진행형 기술에 초점을 둔다. 일부 사례는, 특히 의학적 상황에서, 행동적으로 지향된 기술과 더불어 여전히 진단을 제공할 것을 임상가에게 요구한다. 사례 초점화 보고서가 갖춰야 하는 또 다른 고려사항은 잠재적인 독자의 관점을 감안하여 작성되어야 한다는 것이다. 독자의 시각을 감안할 때 고려사항은 읽는 이의 전문성 수준 및 이론적 또는 전문적 지향성, 직면하고 있는 결정사항, 정보가 될 만한 가능한 해석 등이다.

개별화

사례 초점화 보고서 및 다른 자료와 검사 결과의 통합과 관련하여, 보고서가 제공하는 자료는 개개의 분리된 정보 사항의 나열이어서는 안 되며, 그보다는 평가되는 개별 인물에 관한 일관되고 서술적(narrative)이며 관련된 견해여야 한다. 단일 검사에서 발견된 개별적인 발견사항을 강조하고 싶을 수 있는데, 이는 특히 임상가가 해당 검사와 발견 사항에 관하여 큰 자신감을 가지고 있을 때 그러하다. 그러나 과장된 것이 되지 않으려면, 발견사항은 평가 과정에서 산출된 모든 발견들과 맥락을 이루어야만 한다. 심리평가 보고서(그리고 심리평가자 본인)는 매우 큰 권위와 권력을 갖고 있으므로, 임상가는 보고서에서 제기된 주장이 구체적으로 평가받는 인물에 관한 것임을 보증할 필요가 있다. 이와 관련하여 임상가는 컴퓨터 해석이나 이 책에서 볼 수 있는 개개의 검사 점수에 관한 서술적 해석에 의거할 수 있겠지만, 그것들을 보고서에 발췌한 대로 복사하여 붙여 넣는 것은 피해야 한다. 대부분의 경우 그러한 용어의 표현은 보고서에 최적화되어 있지 않다. 더 중요한 것은 일부 발췌록을 그대로 복사하는 것은 필연적으로 평가받는 개인에 관한 정보와 자료의 맥락에서 벗어난 개별적 발견사항을 제공할 수 있다. 심지어 다중의 자료 출처로부터 분명히 산출되어 일반적으로 정확하다는 견해를 제시할 때조차도, 평가받는 인물에게 구체적으로 적용되는 정보가 되는 용어로서 개별화(individualization) 시켜야만 최선의 실무가 될 것이다.

제언은 보고서의 나머지 부분에 근거하는 논리적 결론일 뿐만 아니라("타당도" 부분 참고), 이는 평가받는 개인에게 구체적으로 맞춰진 것이어야만 한다. 제언은 명료하고, 특정적이며, 합리적(clear, specific, reasonable)이어야 한다. 예를 들어 누군가에게 "치료받기"를 추천하는 것은 명료하고 합리적일 수 있지만, 그것이 그 개인에게 다음 단계가 무엇을 뜻하는지 특정적이지 않을 수 있다. 내담자 중심의 제언은 그 인물에게 자원들이 얼마나 가용하며 접근 가능한지 고려된 것이어야만 한다. 다른 예로 임상가는 내담자를 경계성 성격장애로 진단할 수 있고, 그에 따라서 변증법적 행동치료(dialectical behavior therapy, DBT) 제언이 논리적(logical)이고 명료하며 특정적일 수 있다. 그러나 만약 내담자가 그러한 치료를 받을 수 없는 지역에 살고 있다면, 혹은 DBT를 재정적으로나 기타 사유로 이용할 수 없다면, 이것은 합리적인 제언이 못 될 것이다. 내담자 중심의 제언은 내담자에게 무엇이 합리적이고 현실적으로 실행 가능한지 반드시 고려된 것이어야 한다.

전반적인 글쓰기

심리평가 보고서의 전반적인 글쓰기 및 문체, 용어 등에 관하여 임상가를 도와줄 몇 가지 좋은 자원이 있다. 첫째로 이 장에서 제시한 견본 보고서 및 Wright(2010)의 저서는 좋은 참고가 될 것이다. Groth-Marnat와 Davis(2014)의 『심리평가 보고서 작성 보조』(*Psychological Report Writing Assistant*)는 작문 기술과 관련된 훌륭한 참고서적으로, 보고서 작성을 지원하는 소프트웨어도 제공한다. 마지막으로 심리평가에 관한 Allyn(2012)의 『심리평가 결과에 대한 내담자 보고서 및 전문가 의뢰서 작성법: 문체와 문법 지침서』(*Writing to Clients and Referring Professionals about Psychological Assessment Results: A Handbook of Style and Grammar*)는 보고서에서 쓰이는 특정 용어와 문법, 구조 등에 관한 기술적 지원을 제공한다.

문체

보고서의 문체(style) 또는 "문조(flavor)"는 주로 평가자의 훈련과 이론적 지향에 영향을 받는다. 임상가는 일반적으로 네 가지 보고서 작성 방식—문학적, 임상적, 과학적, 전문적—중 하나를 선택할 수 있다(Ownby, 1997; Tallent, 1992, 1993). 모든 서술 형식은 고유한 강점을 가지며, 동시에 약점도 갖고 있다. 문학적 방식은 일상적 용어를 사용하고 창의적이며 때때로 극적인 표현을 한다. 이는 읽는 사람의 주의를 효과적으로 끌 수 있으며 화려한 설명을 제공할 수 있는데, 종종 부정확하고 과장하는 경향이 있다.

임상적 방식은 인물의 병리적 차원에 초점을 맞춘다. 이것은 내담자의 비정상적인 양상, 방어, 부적응 관련 역동, 스트레스에 대한 전형적인 반응 등을 기술한다. 임상적 접근 방식의 강점은 변화가 필요한 분야에 대한 정보를 제공하고, 치료 과정 중에 생길 수 있는 어려움 같은 것을 임상가에게 경고해 줄 수 있다는 것이다. 그러나 이러한 보고서는 일방적인 경향이 있으며, 인물의 중요한 강점을 누락시킬 수 있다. 그 결과 "인물"을 기술하지 못하고 "환자"에 대한 기술을 더 많이 할 수 있다. 이러한 부적응 편향은 임상심리학에서 흔한 어려움이며, 내담자에 관한 왜곡되고 비현실적인 시각을 초래할 수 있다. 대개의 임상 보고서는 인물의 문제 영역을 기술해야 하지만, 이는 내담자의 관련된 강점과 자원이 고려되는 맥락 속에서 적절히 강조되어야만 한다.

과학적 방식은 보고서 작성에서 규준적 비교를 강조하고, 보다 학문적이며, 내담자의 병리의 본질에 관련된 정도는 적은 편이다. 앞선 두 가지 방식에 비해 과학적 방식은 개념, 이론, 자료 등을 주로 참고하여 논의한다는 점이 다르다. 검사의 발견사항을 객관적이고 사실적인 방식으로 간주하고 기술한다. 그러므로 의사결정을 위해 사용되는 검사 자료, 규준 비교, 확률적 진술, 절단점수 등이 흔히 참고될 것이다. 이 방식은 성격의 각 부분을 다른 것이며 종종 분리된 것으로 간주하고서 인물에 관해 논의하기 쉽다. 그래서 특히 내담자의 인지적, 지각적, 동기적 능력 같은 것들은 별개의 것으로 또한 흔히 관련되지 않은 기능으로 기술될 수 있다. 이 방식이 객관적이고 사실적이더라도, 성격의 통일성(unity)을 위배한다는 점에서 비판받아 왔다. 다른 전문직의 전문가를 비롯한 많은 독자들은 과학적 평가를 존중하거나 강조하지 않으며, 이 방식을 너무 객관적이고 냉담하며 무심한 것으로 여긴다. 순수하게 자료 지향적인 평가는 임상가에 의한 전문적인 자문이 아니라 실험실 검사라는 관점을 강화함으로써 전문가가 제공하는 서비스를 외면할 위험성을 내포하고 있다. 심지어 사실적 자료에 관한 초점은 내담자와 의뢰처가 당면하고 있는 실제 의사결정을 다루지 못하게 될 수도 있다.

실제 실무에서 순수하게 문학적 또는 임상적, 과학적인 보고서의 예를 찾기란 힘든 일이다. 임상가는 일반적으로 세 가지 방식을 모두 쓰며, 전형적으로 어느 하나를 강조한다. 효과적인 보고서 작성의 중요한 부분은 각 문체의 장점과 한계를 평가하고 이를 적절하게 결합시킬 수 있는 유연한 입장을 유지하는 능력이다. 어떤 보고서에서 창의적이고 문학적 묘사와 상이한 병리 차원들에 관한 상세한 설명, 필수적인 과학적 정보의 제공 등이 동시에 요청될 수 있다. 재차 강조하건대, 이러한 각 방식의 상대적인 강점에도 불구하고 어느 하나에만 유독 초점을 둠으로써 생길 수 있는 함정을 피하는 것이 관건일 것이다.

Ownby(1997)는 보고서 작성 방식 중에서 가장 중요한 것을 전문적 방식이라고 칭하였다. 이 방식은 일상적이고 정확한 의미를 갖는 간결한 단어를 사용하는 것이 특징이다.

읽는 사람의 흥미를 유지할 수 있도록 문법적으로 다양한 구조와 길이로 작성된 문장들이 사용된다. 각 문단은 짧아야 하며, 매 단락은 하나의 개념에 초점을 두어야 한다. 유사한 개념들은 보고서에서 근접하도록 배치되어야 한다. Hollis와 Donna(1979)가 짧은 단어, 짧은 문장 및 짧은 문단의 사용을 촉구하였지만, 『미국심리학회 출판 지침서』(*Publication Manual of the American Psychological Association*, 6th ed., 2009)에서는 문장과 문단의 길이는 다양하게 변할 수 있다고 제시한다. 보고서의 결과는 정확성과 명료성, 통합성 및 가독성이 결합된 것이어야 한다.

전문용어

심리평가 보고서에서 전문용어를 사용할지 말지에 관한 논쟁이 수차례 있어 왔다. 전문용어는 정확하고, 경제적이며, 작성자의 신빙성을 높여 주는 동시에 더불어 비전문용어로는 전달이 불가능한 개념에 관한 의사소통을 가능하게 해 준다. 그러나 전문용어의 사용은 많은 어려움을 동반한다. 가장 빈번한 문제는 보고서를 읽는 사람의 소양이 직업적 배경과 수준에 따라 천차만별이라는 점이다. 보고서를 가장 자주 접하는 이들은 내담자 외에도 교사, 행정가, 판사, 변호사, 정신건강의학과 의사, 일반 의사, 사회복지사 등이다. 따라서 보고서를 읽는 대부분의 소비자가 전문기술 용어를 정확하게 해석할 수 있는 직업적 배경을 갖고 있는 것은 아니다. 심지어 심리학자들 사이에서도 이론적 접근이 상이한 경우 일부 용어를 오해석할 수 있으며, 정신건강의학과 의사는 심리학자와 다소 다른 방식으로 유사한 전문용어를 사용하기도 한다. 예를 들어 Freud, Jung, Erikson은 자아(ego)를 각기 다른 의미로 사용하였다. 또한 불안이라는 용어도 쓰임에 따라 몇 가지로 분류될 수 있다. 전문용어가 의심할 여지없이 정확할 수 있지만, 그 정확성은 단지 특정 맥락과 해당 용어에 대하여 배경 정보를 가진 사람에게만 유용하다. 일반적으로 보고서의 내용 자료들이 기본적이고 명료한 일상용어로 기술될 때, 보고서는 보다 효과적인 것으로 평정된다(Brenner, 2003; Finn, Moss, & Kaplan, 2001; Groth-Marnat & Davis, 2014; Harvey, 1997, 2006; Ownby, 1990, 1997; Sandy, 1986; Tallent, 1993; Wright, 2010). 전문용어를 이해할 만한 배경 정보를 가진 독자들조차도 많은 경우 좀 더 직설적인 제시를 선호한다(Ownby, 1990, 1997; Tallent, 1992, 1993). 전문용어는 단지 현상에 이름을 붙이는 방식인 명목론(nominalism)의 위험성을 가지며, 사례에 대해 실제 이상으로 이해하였다는 착각을 갖도록 할 수 있다. "미성숙" 또는 "가학적" 같은 말은 매우 많은 정보를 내포하는 일상적 용어인데, 실제로는 특정 인물이 언제 무슨 내용으로 부적응 방식의 어떠한 행동을 할 것 같은지 아무것도 얘기해 주지 못한다. 또한 대개 모호하며 한 사람을 다른 사람과 적절히 구분하지 못한다. 게다가 전문용어는 때때로 부적절하게 사용된다(예를 들어 대인관계에 민감하고 신중한 사람을 편집증적 또는 경계심이 높다고 표현하거나, 사소한 일을 처리할 때 세심하고 양심적이며 효율성을 고려하는 사람을 강박적이라고 한다).

　　W. G. Klopfer(1960)는 전문용어보다는 일상용어를 사용하는 것에 관해 현재까지도 여전히 합당하며 탁월한 논거를 제공하였다. 첫째, 기본적인 일상용어 표현의 가장 중요한 역할은 평가자가 보고서를 통해 광범위한 사람들과 소통하고 영향력을 발휘할 수 있도록 해 주는 것이다. 이러한 능력은 20~30년 전보다 보고서를 읽는 사람의 수효 및 다양성이 증가하였다는 면에서 특히 중요하다. 게다가 전문용어가 보편성을 다루는 경향이 있는 반면, 기본적 일상용어는 개인의 독특성에 대해 보다 정교한 표현을 가능하게 한다. 예를 들어 적대감이나 가학피학성 같은 용어는 어떤 인물이 공격 행동을 감행할 것인지 자살 우려가 있는지 등의 핵심적 정보를 제공하지 못한다. 마지막으로 일상용어를 사용하면, 평가자는 자신이 다루고 있는 정보에 관해 더 깊이 있는 이해를 하고 있으며 이러한 이해를 정확하고도 구체화된 방식으로 의사소통할 수 있음을 보여 줄 수 있다. Klopfer는 심리평가 보고서란 최소한의 평균 지능을 가진, 글을 읽을 줄 아는 누구에게라도 이해 가능한 수준으로 기술되어야 함을 강조하였다. 반면 심리학자들은 보통의 내담자와 비교할 때 보다 더 전문적이고 복잡한 수준에서 보고서를 작성하고 있음이 밝혀졌다(Harvey, 1997, 2006). 아래 중 처음 네 가지 예시들은 전문기술적 개념이 어떻게 일상용어의 표현으로 바뀔 수 있는지를 보여 준다(Klopfer, 1960).

　　"아버지 같은 인물(father figure)에 대한 적대감"은 "내담자는 권위적 지위의 인물에 대해 매우 두려워하고 의심하는데, 그래서 내담자는 그들에 대한 공격적인 태도를 자동적으로 당연하게 여기며, 그들에 의한 즉각적인 보복이 뒤따를 것이라고 굳게 믿고 있다. 그런 사람들은 모두 똑같다고 가정하기 때문에, 내담자는 그 사람들이 진정한 특성을 보여줄 기회조차 부여하지 않는다"로 바꾸어 쓴다.

"내담자는 광범위하게 투사한다"는 "내담자는 다른 사람들이 느낄 수 있는 감정은 무시한 채, 본래 자기 내부에서 시작된 생각과 감정을 다른 사람 탓이라고 여기는 경향이 있다"로 바꾸어 쓴다.

"내담자가 사용하는 방어는…"은 "내담자가 불안을 감소시키기 위해 사용하는 특징적인 방법은…"으로 바꾸어 쓴다.

"공감"은 "내담자는 다른 사람의 입장에 처하는 것을 상대적으로 쉽다고 하듯이, 다른 사람들의 감정을 이해하고 동정할 수 있다"로 바꾸어 쓴다.

"내담자는 적대적이고 저항적이다"를 행동 묘사를 포함하여 바꿀 수 있을 것이다. "내담자가 검사실에 들어온 다음, '우리 아버지가 가야 한다고 하였고, 내가 여기 온 이유는 오로지 그거예요.'"라거나 "검사 진행 중 얼마 후에, '이건 바보 같은 질문이에요'와 같은 식의 몇몇 비평을 하였다"라고 바꾸어 쓴다.

앞의 예들에 포함된 일반 원칙은 높은 수준의 추상적 용어들을 유용하고도 구체화된 행동적 묘사의 기본 용어로 표현을 바꾸는 것이다.

Ownby(1990, 1997)는 어떠한 결론이나 일반화는 특정 행동 또는 검사 관찰사항들과 묶어서 제시하라고 권고하였다. 또한 제언의 경우도 보고서의 해당 위치에서 또는 어느 특정 부분에서 관련된 행동/일반화와 직접 연결된 식으로 제시해야 한다. 예를 들어 보고서 작성 시 "내담자는 우울하다"라고만 표현하기보다는 "내담자는 자기비하와 이따금씩 우는 등의 행동으로 우울 상태가 시사되며, 이는 검사에서도 역시 같은 결과를 나타낸다"라고 진술하는 것이다. 일반화 진술을 명료하고 구체화된(concrete) 묘사와 연결시킬 때, 상대적으로 신빙성과 설득력이 높아 보이는 보고서가 작성될 것이다(Ownby, 1990, 1997). 제시된 이러한 절차들을 따랐다면, 기술된 내용은 오해석의 소지가 적고 덜 모호하며 그럼으로써 내담자의 고유한 특성을 잘 전달할 수 있을 것이다. 추상적인 전문용어가 때로 심리평가 보고서의 중요 요소가 될 수도 있겠지만, 명백하게 적절한 상황에서만 가끔씩 사용되어야 한다. 보고서를 읽는 사람의 배경 정보에 관한 신중한 고려는 전문적 정보를 포함시킬지의 여부를 결정하는 데 핵심적 기준이 된다. 어떤 저자들은 내담자를 포함하여 보고서의 수령자와 협력할 것을 추천하는데, 그럼으로써 최종 보고서는 해석적이기보다는 기술적이 되며, 독자도 보다 상위의 입장인 심리학자가 제공하는 지식 사항을 전달받는 수동적 입장에서 벗어날 수 있을 것이다(Finn, Fischer, & Handler, 2012; Sandy, 1986).

원자료의 사용

보고서 작성자는 일반적으로 인상 소견과 해석 부분을 작성할 때, 원자료에 지나치게 의존하지 말아야 한다. 그러나 확실한 목적이 있다면, 원자료를 포함하거나 심지어 검사 자체를 기술하는 것이 유용할 수 있다. 단지 최종적인 추론을 제공하는 것을 넘어 검사(반응)에 관한 묘사는 훈련받지 않은 사람도 내담자에 관한 특정 행동을 파악할 수 있도록 해 준다. 결론적으로 보고서의 소비자들은 행동적 관련 참조사항이 포함된 보고서를 매우 호의적으로 평정한다(Finn et al., 2001). 예를 들어 보고서에 "A씨는 시각적 정보에 대한 단기기억 회상 수준이 평균인데, 이는 이전 5분 동안 작업하였던 9개의 기호 모양 중에 5개를 정확하게 회상하여 표현할 수 있음을 나타낸다"는 기술을 포함할 수 있다. 이 문장은 "A씨는 Bender-2 회상 검사에서 평균 수준으로 추정되었다"는 문장에 비해 좀 더 행동적으로 관련된 묘사를 제공한다. 또 다른 예로 TAT 이야기의 일부 내용을 포함시키는 것이다(예를 들어 "A씨는 가끔 그가 조절하기 어려운 상황에서 강한 충동을 느낀다. 즉 일례로 그림에 관한 이야기를 만들어 달라는 요청으로 과제를 수행하던 중, 그는 '음…, 그는 바이올린을 켰어요. 그리고 생각조차 하지 않고 불에 던져 버리고 달아났네요'"라고 말하였다). 이 같은 전략은 내담자의 능력과 성격에 관련하여 보다 심층적이고 정확하며 친숙한 관련사항을 제공할 가능성이 크다. 그러나 원자료 및 행동에 관한 예시는 내담자를 혼란스럽게 만들지 말아야 하며, 결과를 모호하게 만든다거나 보고서의 내용을 검사 반응으로 가득 채우지 않는다는 것을 분명히 하는 것이 중요하다. 그 외에도 실제 검사 문항은 검사의 보안 및 저작권과 관련하여 당연히 포함시키지 말아야 한다.

원자료와 행동에 관한 묘사를 제공하는 목적은 주제 항목에 관한 예시와 풍부한 자료를 제공하는 것으로, 이는 임상가가 작업한 추론에 관한 문서 증빙이나 논리적 설득을 추구하는 것이 아니라는 점을 분명히 강조한다. 임상가는 추론을 전개하는 과정에서 폭넓은 다양한 자료를 이용해야 한다. 하지만 임상가가 결론에 이르기까지의 모든 양상이나 유형, 관계 등을 전부 논의하는 것은 불가능할 것이다. 만일 그러한 시도가 있다면, 보고서는 분명 과도한 상세 및 과중한 번잡함, 불완전성을 보이게 될 것이다. 예를 들어 "MMPI-2에서 4번과 9번 척도가 상승한 패턴을 보이고 있는 것을 고려하면, 이러한 결론은 안전할 것이다"와 같은 진술은 전반적인 보고서의 유용성을 향상시키는 데 거의 기여하는 것이 없으며 심지어 불필요한 것이다. 단 법정 자문과 같이 명백한 목적이 있는 유형의 보고서라면 일정한 원자료를 포함시키는 것이 도움이 될 것인데, 이는 임상가의 판단 과정을 반복하는 것이 아니라 자료에 근거한 추론임을 증빙하는 것으로써 논의된 결과에 대한 관련 사항을 제공하며 사용된 평가 절차를 제시하는 것이다.

피드백

심리평가 보고서와 반드시 직접적으로 관련되지는 않을지라도, 피드백은 심리평가의 진행 과정에서 또한 중요한 관심사항이다. 심리평가의 초창기 시절, 평가자는 그 결과를 내담자에게 조심스럽게 감추는 경우가 흔하였다. 심리평가의 결과는 내담자가 적절히 이해하기에는 너무 복잡하고 신비로운 것이라는 기저의 믿음이 흔한 때였다. 이와 대조적으로 최근의 경우에는 내담자에게 평가 결과에 관한 명료하고 직접적이며 정확한 피드백을 제공한다(S. J. Ackerman, Hilsenroth, Baity, & Blagys, 2000; Finn, 2007; Finn et al., 2012; Finn & Tonsager, 1997; Lewak & Hogan, 2003; Pope, 1992).

내담자에게 피드백을 제공하는 방향으로의 변화는 몇 가지 요인에 의해 촉진되어 왔다. 첫째, 다양한 정보에 대한 권리를 포함하여 소비자의 권리에 대한 법적 규제가 강화되었다. 둘째, 만일 내담자가 몇 시간에 걸쳐 실시한 평가 결과에 대한 피드백을 받지 못한다면, 이는 신의 위반(violation of trust)으로 간주될 수 있다. 안정된 내담자라고 할지라도, 본인도 보지 못한 개인적인 정보로 이루어진 보고서가 자기의 장래에 관한 의사결정을 위하여 담당 인력 간에 회람되거나 사용될 수 있음을 알게 된다면 거북함을 느끼기 쉬울 것이다. 이러한 업무 관행이 일반 대중의 의혹과 동요를 일으킬 수 있다는 것은 당연히 이해할 만하다. 셋째, 임상가는 원래의 의뢰자가 내담자에게 피드백을 제공할 것인지 확신할 수 없다. 행여나 의뢰자가 피드백을 제공할지라도, 그 정보가 적절한 방식으로 전달된다고 보장할 수 없다. 그러므로 피드백의 제공과 관련된 책임은 궁극적으로 임상가(평가자)에게 있다. 마지막으로 내담자에게 검사 피드백을 제공하는 것이 중요한 치료적 이득을 낳을 수 있다는 증거가 증가하고 있다(S. J. Ackerman et al., 2000; Finn, 2007; Finn et al., 2012; Finn & Tonsager, 1992; Gass & Brown, 1992).

임상가의 피드백 제공 정도에 따라 내담자가 보고서의 전체 내지는 일정 부분을 실제로 얼마나 읽게 되느냐가 변한다. 내담자에게 보고서를 실제로 읽도록 허용하는 근거는 그렇게 함으로써 내담자가 평가의 산물을 직접적인 방식으로 체험할 수 있게 한다는 것이다. 또한 이는 임상가로 하여금 명료하지 못한 일부 영역을 설명하게끔 할 것이다. 내담자는 보고서의 다양한 부분을 잘못 해석할 수 있는데, 중요한 하나의 어려움은 특히 IQ 점수 및 진단과 관련된다. 이러한 이유로 대부분의 임상가는 보고서의 이 영역에서 좀 더 부연되고 정교화된 설명을 한다. 이러한 방법을 사용함으로써 내담자가 지나치게 많은 내용으로 과부하되지 않으면서도 가장 중요한 내용을 쉽게 이해할 가능성이 높아질 수 있다.

Wright(2010)는 내담자와의 피드백 회기를 "결합" 회기로 특징지었는데, 이는 검사(연구자/학자의 입장)와 치료(임상가의 입장)의 요소가 섞인 것이다. 몇 가지 지침을 따름으로써 효율적인 피드백을 제공할 가능성을 향상시킬 수 있다. 먼저 평가에 대한 논리적 근거를 설명해야 하며, 어떠한 개념도 잘못된 것은 수정해야만 한다. 특히 중요한 오해 중 하나는 가끔 내담자들이 그들의 정신적 온전함을 평가하는 것이 평가 목적이라고 잘못된 두려움을 갖는 것이다. 임상가는 반드시 내담자에게 전달할 가장 필수적인 정보를 골라야 한다. 보다 넓은 범위에서 이 작업은 임상적 판단을 포함한다. 중요한 고려사항으로는 내담자의 자아 강도, 생활환경, 안정성, 상이한 유형의 현실적 문제에 관한 수용성(receptiveness) 등이 포함된다. 전형적으로 최적의 정보량은 전반적으로 잘 전개된 3~4개의 영역에 관한 정보이다. 제공된 정보는 개인의 삶의 전반적 맥락 속에서 신중하게 통합되어야 한다. 이러한 통합은 구체적인 행동 예시를 제공하기, 내담자 행동의 여러 양상들을 반영하기, 내담자 과거력의 관련된 양상들을 언급하기, 내담자의 자기묘사를 부연하고 확장시키기 등으로 향상될 수 있다.

한 가지 유용한 기법은 내담자에게 해당 정보의 정확성과 관련성을 평가해 보도록 요청하는 것이다. 내담자에게 보고서에서 묘사된 특질이나 행동 유형과 관련된 본인만의 예들을 제시해 달라고 요청할 수도 있다. 이러한 협력은 임상가로 하여금 내담자가 피드백을 얼마나 잘 이해하였는지를 결정할 수 있도록 돕는다. 어떤 피드백을 강조하려면, 해당 정보는 반드시 명료하고 이해 가능한 방식으로 제공되어야 하며, 심리학적 전문용어(jargon) 대신에 일상용어가 사용되어야 한다. 또한 내담자의 지적 수준, 교육 경험, 어휘력, 심리적 소양 수준 등에 관한 고려도 중요하다. 피드백은 중립적인 자료의 전달일 뿐만 아니라 일종의 임상적 개입이다. 이러한 정보는 내담자에게 새로운 관점과 선택 가능 사항을 제공해야 하고, 내담자 본인의 문제해결을 지원하는 것이어야 한다.

내담자에 관하여 특정적으로 설계된 개인화된 보고서를 제공하기 위해 임상가는 명료하고 직설적인 방식으로 글을 써야 할 것이다. 이러한 보고서는 병리적인 측면보다 적응적인 측면을 강조하며 명료한 권고/제언을 강조하는 추세이다. 내담자와 의사소통을 위한 최적의 형식은 일상적인 편지 형식이다("나는 우리가 진행한 심리평가 결과를 전달하기 위하여 이 글을 씁니다"). 최근에는 내담자에게 직접 피드백을 제공한다는 컴퓨터용 보고서도 몇 가지가 있다. 또한 내담자에게 직접적인 해석을 제공하기 위한 추가적인 자원들도 등장하는 추세이다. 여기에는 Levak, Siegel, Nichols(2011)의 『MMPI-2를 사용한 치료적 피드백: 긍정심리학 접근』(*Therapeutic Feedback with the MMPI-2: A Positive Psychology Approach*), Finn, Fischer, Handler(2012)의 『심리평가로 심리치료하기: 사례 가이드북』[3](*Collaborative/Therapeutic Assessment: A Casebook and Guide*), Finn(2007)의 『내담자의 눈으로』[4](*In Our Client's Shoes: Theory and Techniques of Therapeutic Assessment*) 등이 있다. 이러한 자원들이 내담자와의 역동적 상호작용의 대체물로 간주되어서는 안 되며, 그러한 과정을 촉진하기 위한 보조물로 사용되어야만 한다.

---

3   역자 주: 국내 번역 출간됨. S. E. Finn.(2014). 박영사.
4   역자 주: 국내 번역 출간됨. S. E. Finn.(2014). 박영사.

심리평가 보고서의 구성양식

비록 합의된 단일 양식은 존재하지 않지만, 모든 보고서는 과거의 정보를 통합할 뿐만 아니라 인물에 대한 새롭고 독특한 관점을 제공해야 한다. 과거 정보는 인적사항(이름, 생일 등), 의뢰 질문, 관련된 과거력 등을 포함한다. 새로운 정보는 평가 결과와 요약/결론 그리고 제언 등을 포함한다. 임상가는 보고서의 상단에 문서의 비밀이 유지되어야 하는 성질임을 나타내는 "기밀 심리평가"를 표기해야 한다. 제안하는 개요는 다음과 같다.

이름 :

연령(생년월일) :

성별 :

인종 :

보고 일자 :

평가자 성명 :

의뢰처 :

Ⅰ. 의뢰 질문

Ⅱ. 평가 절차

Ⅲ. 배경 정보(관련된 과거력)

Ⅳ. 행동 관찰

Ⅴ. 해석 및 인상

Ⅵ. 요약 및 제언

이러한 개요는 자주 접하게 되는 구성양식을 대표하지만, 또한 다른 경우도 많이 존재한다. 일부 임상가는 보고서 앞부분의 인구학적 정보에 내담자의 결혼 상태, 직업, 우세 손(handedness)의 표기(신경심리 보고서를 위한) 등의 추가 정보 표기를 선호한다. 다른 임상가들은 진단, 사례 개념화 및 요약과 더불어 검사 결과를 추가하거나 별도의 영역으로 포함시키기도 한다. 때로 의뢰처에 편지 형식으로 보고서를 직접 보내는 양식이 더 적합할 때도 있다("XXX 박사님께~"). 이 장의 끝부분에 제시된 견본 보고서는 다양한 형식과 맥락에서의 여러 구성양식을 예시하기 위하여 고른 것들이다. 각 임상가는 내담자와 의뢰처의 요구에 가장 효과적으로 상응하는 구성양식과 형식을 개발할 필요가 있다. 더불어 상이한 평가 맥락 상황에서는 역시 별도의 형식과 초점 영역이 요구될 것이다.

의뢰 질문

보고서의 의뢰 질문 영역은 내담자에 대한 간단한 묘사와 평가 수행의 전반적인 사유에 대한 진술을 제공한다. 특히 이 영역에는 문제의 성질에 관한 간략한 기술이 포함되어야 한다. 만약 이 영역이 적절하게 완성되었다면, 다루어질 관심사의 유형 및 무엇이 따라올지에 관해 독자에게 방향을 제시함으로써 보고서의 초기 초점들을 제공할 수 있다. 이 영역은 내담자에 관한 필수적인 정보를 포함하는 간략하고도 방향을 제시하는 문장으로 시작되어야 한다("스미스 씨는 35세의 유럽계 미국인으로 고졸의 기혼 남성이며, 현재 주 호소는 우울과 불안이다"). 이러한 문장은 명료하고 간결하게 내담자에 대해 설명한다. 이 영역의 전제는 임상가가 의뢰 질문을 적합하게 명료화시킨다는 것이다. 검사의 목적은 정밀하고 문제 중심적인 방법으로 진술되어야 한다. 예를 들어 "내담자는 심리적 평가를 위해 의뢰되었다" 또는 "수업 계획 요구의 일환으로" 같은 문장은 문제의 초점과 정밀성을 결여하고 있기에 부적합하다. 평가의 구체적인 목적과 의뢰처가 당면하고 있는 결정사항을 포함하는 것이 도움이 된다.

가능한 의뢰 사유로 포함될 수 있는 예들은 다음과 같다.

- 지적 평가: 일상적 시행, 지적장애, 영재
- 감별 진단, 예를 들어 심리적 어려움(예를 들어 우울로 인한 기억 문제) 또는 기질적 손상(예를 들어 초기 알츠하이머형 치매로 인한 기억 문제)의 상대적인 존재 여부
- 두뇌 손상의 성질과 범위에 대한 평가
- 직업 상담에서 일종의 요소로 또는 제언을 제공하기 위한 평가
- 심리치료의 적절성 및 최적의 접근 방식, 동반될 수 있는 어려움 등에 관한 평가
- 대인관계의 어려움에 관한 개인적인 통찰
- 내담자의 직업 배치를 돕기 위한 평가

이러한 사유들은 일반적인 의뢰 질문을 대표하며, 실제 상황에서는 추가적인 명료화가 요구될 수 있는데, 의뢰처가 의사결정에 직면해 있다면 더욱 그러할 것이다(Armengol, 2001 참고). 중요한 점은 의뢰인이 보고서에서 진정으로 원하는 것이 무엇인지 반드시 밝혀야 한다는 것이다. 이러한 과정은 표면적인 의뢰 질문의 속내를 읽고, 숨겨진 가능한 의제를 명확히 하며, 의뢰 질문을 제시된 문제보다 더욱 폭넓은 맥락 상황 속으로 배치시키는 것 등을 통해 이루어진다. 몇몇 경우에 심리평가의 장단점과 관련하여 의뢰처를 교육시키는 것이 필요할 수도 있는데, 이 과정에서 임상가는 심지어 검사를 하지 말라는 추천을 할 수도 있다. 효과적인 의뢰 질문은 반드시 내담자와 의뢰처의 현재 문제를 정확하게 기술해야만 한다.

의뢰 문제들이 명료화되고 개관된 이후, 이는 보고서의 나머지 부분을 통해 다루어지게 될 것이다. 보고서의 끝부분을 향하면서 의뢰 질문을 간략하게 재언급하고 그에 대한 답변을 요약하는 것이 좋다. 의뢰 질문 영역에서 나열된 구체적인 각 질문들에 번호를 매기고, 이에 따른 답변을 요약 및 제언 영역에서 순번대로 간략하게 제시하는 것이 유용한 전략일 것이다. 질문과 답변의 번호는 서로 같아야만 할 것이다. 이러한 방안은 사용자 친화적인 방식이며, 각 질문에 대한 명료한 답변과 보고서의 균형, 통합, 완결성을 제공한다.

평가 절차

평가 절차 상세를 다루는 이 영역에는 사용된 검사 및 기타 평가 절차가 단순히 열거되며, 평가 결과는 포함되지 않는다. 사용된 검사 도구는 일반적으로 약칭과 함께 정식 명칭으로 제시된다. 이후로는 보고서에서 약칭을 사용할 수 있겠지만, 약칭에 익숙하지 않은 독자를 위하여 최초에는 검사 도구의 정식 명칭을 제공하여야 한다. 법적 평가 또는 시행의 정밀한 세부사항이 반드시 요구되는 평가인 경우, 각 검사를 완성하는 데 소요된 시간 및 개별 검사의 시행 일시도 포함하는 것이 중요하다. 대부분의 일상적 평가에서는 이 정도 수준의 세부사항이 요청되지는 않는다. 또한 임상적 면담이나 정신상태검사를 시행하였다면, 면담 및 검사 시행에 소요된 시간 및 면담의 구조화 정도를 포함시키는 것도 중요하다. 평가 절차 항목이 내담자에 대한 면담과 검사만으로 제한될 필요는 없다. 흔히 평가는 의료 기록 및 간호 기록, 군대 기록, 경찰 기록, 이전의 심리적 또는 정신과적 기록, 교육 기록 등 관련 기록물의 검토를 포함한다. 배우자 및 자녀, 부모, 친구, 고용주, 의사, 변호사,

사회복지사, 교사 같은 인물과의 면담을 통해서도 추가 자료가 나올 수 있다. 또한 아동을 학교 환경에서 관찰하는 것처럼 관찰 방안이 포함될 수도 있다. 어떠한 자료 출처가 사용되었다면 그 일자와, 관련이 있다면 누가, 이러한 자료를 기록하였는지도 포함되어야 한다. 이 영역은 평가의 총 소요시간을 요약하는 진술로 끝나게 될 것이다.

배경 정보(관련된 과거력)

내담자의 배경 정보 작성에는 해당 인물의 당면한 문제 및 검사 결과 해석과 관련된 과거력의 측면들이 포함되어야 한다. 과거력은 의뢰 질문과 더불어 내담자의 문제와 검사 결과를 적정 맥락 상황 속에 놓이도록 해야 한다. 이러한 목표를 달성하기 위해 매우 많은 상세사항의 장황한 연대기가 필요하지는 않으며, 그보다는 가능한 간략한 과거력이 요구된다. 일부 임상가는, 특히 간결함을 강조하는 병원 장면에서는, 배경 정보를 간략한 한 문단 정도로 작성할 것을 권유한다. 보고서에 어느 부분을 포함시킬지 말지를 결정할 때, 평가자는 반드시 해당 부분들이 보고서의 전체적인 목적과 연관되는지를 지속적으로 평가해야 한다. 각 개인은 다르기 때문에 정밀한 규칙을 명시하기란 힘들다. 더욱이 각 평가자의 개인적이고 이론적인 지향성 때문에 중요하다고 여기는 정보의 유형도 바뀐다. 어떤 임상가는 주로 인간관계에 대하여 기술하는 반면, 다른 평가자는 심리 내적 변인, 출생 순위, 초기 아동기 사건 혹은 내담자의 현재 상황과 환경에 관한 상세사항에 초점을 두는 식이다. 핵심은 읽는 사람이 내담자의 삶의 중요 요소를 알아차릴 수 있도록 유연한 관점을 견지하는 것이다. 일반적으로 최종 결과물은 인생의 중요 사건, 가족 역동, 직업 경력, 개인적 흥미, 의학적 과거력, 일상활동, 과거와 현재의 대인관계(3장의 표 3.1 참고) 같은 분야를 포괄하는 문제의 이력이어야 할 것이다.

내담자의 배경을 기술할 때 해당 정보의 출처를 명확히 하는 것이 중요하다("내담자의 보고에 따르면…"). 이는 내담자의 자기보고의 진실성에 관해 의문이 있거나 과거사가 복수의 출처에서 얻어진 것일 때 특히 필수적이다.

보통 과거력은 내담자의 일반적인 배경을 간략히 요약하는 것으로 시작된다. 이후 가족 배경, 개인력, 의학적 과거력, 문제의 과거력 그리고 현 생활 상황 등을 기술하는 영역이 잇따를 수 있다.

임상가가 내담자의 가족 배경에 대해 얼마나 추적하고 논의할 것인지는 때에 따라 매우 큰 차이가 있다. 이러한 정보 파악의 주 목적은 인과 요소 및 관련 행동의 유지 변인, 가족 구성원을 체계적 개입의 초점으로 사용할 것인지 아니면 단지 사회적 지지 자원으로 사용할 것인지 등을 결정할 수 있도록 하는 것이다. 적어도 내담자의 부모에 관한 간략한 기술은 흔히 당연한데, 여기에는 부모의 별거 또는 이혼 여부, 생존 여부, 사회경제적 지위, 직업, 문화적 배경과 건강 상태 등에 관한 정보가 포함되어야 한다. 때때로 부모와 가까운 친척의 정서 문제나 의학적 과거력에 관한 정보를 포함시키는 것이 중요할 터인데, 왜냐하면 어떤 질환은 전체 인구에 비해 한 가족 내에서 더 많이 발생하기 때문이다. 가족의 전반적인 분위기에 관한 묘사도 도움이 되는데, 이에는 가족 구성원에게 느끼는 내담자의 독특한 느낌과 서로 간의 관계에 관한 지각이 포함된다. 공통적인 가족 활동 및 가족이 도시나 농촌 어디에서 거주하였는지도 포함되어야 한다. 만약 내담자가 어렸을 때 양쪽 또는 한쪽의 부모가 사망하였더라도 내담자가 부모에 대해서 어떻게 추측하는지 그리고 이제 성장하고 보니 내담자에게 부모가 중요한 인물로 묘사되는지 등에 관하여 논의해야 할 수도 있다.

　내담자의 개인력은 유아기, 초기 아동기, 청소년기, 성인기의 정보를 포함할 수 있다. 각 단계는 전형적으로 탐색해야 할 영역 및 유의해야 할 문제를 갖고 있다. 유아기의 정보는 보통 희미한 기억 또는 부모와 친척으로부터 나온 간접적 정보에 해당된다. 그러므로 이것은 상당히 과장되고, 선택적으로 생략되며 위조될 수 있다. 가능하면 부모에게 직접 질문하거나 의료 기록의 조사 같은 것을 통해 추가적인 정보원을 이용하여 세부사항을 검증하는 것이 도움이 될 것이다. 부모와의 접촉 정도, 가족의 분위기, 발달 지표는 논의의 중요 부분일 것이다. 내담자의 초기 의학적 과거력을 포함시키는 것이 때로 중요한데, 신체적 어려움과 심리적 어려움은 밀접하게 연관되기 때문이다. 아동기 동안 가장 중요한 과제는 또래 관계의 발달 및 학교 적응이다. 내담자의 초기 우정 관계의 질은 어떠하였는가? 내담자는 얼마나 많은 시간을 다른 사람들과 보냈는가? 싸움이나 반항적인 행동화가 자주 있었나? 내담자는 기본적으로 외톨이였는가 또는 많은 친구를 가지고 있었나? 내담자는 동아리에 가입하고 집단 활동이나 취미, 과외 활동에 관한 흥미를 가졌나? 학업 분야에서는 내담자의 평소 성적, 가장 잘하는 과목과 못하는 과목 그리고 내담자가 학년을 월반 또는 유급하였는지 등이 관심사항이 될 수 있다. 더 나아가 내담자와 부모의 관계는 어떠하였는지, 부모는 내담자의 활동을 제한하는 편이었는지 아니면 상대적으로 자유를 준 편이었는지? 내담자는 청소년기 동안에 전형적으로 고등학교에서 더 큰 학업적, 심리적, 사회 적응적 어려움에 맞닥뜨리게 된다. 특히 중요한 것은 사춘기적 변화와 초기의 애정 관계, 성 관계에 대한 반응이다. 내담자가 본인의 성 역할 정체성, 마약 또는 알코올 남용, 권위자들에 대한 반항 등의 어려움을 갖고 있는가? 성인기는 직업적 적응과 결혼/가족 관계의 수립을 중심으로 관심이 집중된다. 초기 성인기 동안 연애 관계 및 결혼에 관한 내담자의 느낌과 열망은 어떠한가? 내담자의 직업적 목표는 무엇인가? 내담자는 부모로부터 실제적으로 독립하였는가? 성인기가 진행되면서 내담자의 친밀한 관계, 직업적 고용 문제, 성생활 등에서 질적으로 중요한 변화가 있는가? 여가 시간에 무슨 활동을 하는지? 내담자는 연령에 따라 능력 감퇴와 한계에 적응하고 자기 삶에 관한 의미 있는 관점을 개발해야 하는 도전에 직면한다. 이러한 것 중 대부분은 면담에서 평가될 수 있다(3장 참고). 모든 것이 의뢰 질문 혹은 검사 해석에 관련되지는 않을 것이며, 상당 부분이 보고서에 언급되지 않음을 명심하는 것이 중요하다.

개인력은 적정한 맥락 상황에 문제를 배치하며 특정 원인 요인을 설명하는 데 도움을 주지만, 그 자체로도 직접적으로 초점을 맞춰 일부 시간을 할애하는 것이 보통 필수적이다. 특히 중요한 것은 초기 발병과 증상의 성질이다. 내담자가 처음 이러한 증상을 알아차린 이후로 증상의 빈도, 강도 및 표현에서 어떤 변화가 있어 왔는가? 만일 공식적인 진단이 내려졌다면, 이러한 진단을 입증해 주는 증상 양상에 관한 명료한 기술을 하는 것이 특히 중요하다. 그들이 이전에 치료를 시도한 적이 있는지, 그랬다면 치료 결과는 어땠는지를 확인하는 것도 중요할 수 있다. 몇몇 보고서에서 문제의 과거력은 가장 중요하고도 길게 언급되는 과거력의 일부분이다.

가족력과 개인력이 대개 내담자 문제의 선행 원인에 관련된 정보를 알려 주는 반면, 문제의 과거력은 문제의 촉발적이며 강화적인 원인에 관한 상세사항을 제공한다. 이 그림을 완성하려면, 임상가는 현존하는 문제의 강화 요소를 알아차리는 감각을 발달시켜야 한다. 그렇게 하려면, 내담자의 삶의 상황과 관련된 정보가 요구된다. 내담자의 삶의 변화가 포함된 일상 스트레스가 중요한 분야가 될 수 있다. 더불어 내담자의 가족관계 및 사회적, 직업적 관계의 성질은 어떠하며 이와 관련하여 제공되는 자원은 무엇인지 알아야 한다. 마지막으로 내담자가 직면하고 있는 결정사항 및 대안적인 사항을 이해하는 것도 중요하다.

때때로 기질적 손상의 존재 여부 및 그 성질에 관한 평가가 요구된다. 많은 경우 과거력은 검사 결과보다 훨씬 중요하며, 흔히 내담자를 의뢰한 의료 관련 전문가에게 심리학자가 제공할 수 있는 가장 가치 있는 정보는 빈틈없는 과거력이다. 그렇기 때문에 과거력은 완벽하게 작성될 필요가 있고, 보통 성격평가에서 다루지 못한 몇몇 분야들을 지적해야만 한다. 몇 가지 면담 보조 도구가 상업적으로 개발되었고(12장 참고), 이는 가장 관련된 분야를 확인할 수 있도록 해 준다. 만일 두부 외상이 보고된 경우라면, 내담자가 의식을 잃었던 기간(전적인 의식 상실의 경우)을 정확히 기록하는 것이 중요하다. 내담자가 실제로 외상을 입은 것을 기억하는지, 외상 이전의 마지막 기억은 무엇인지 그리고 손상 이후 뚜렷이 기억하는 첫 번째 일은 무엇인지 등에 관한 기록도 중요하다. 모든 신경심리 평가에서 중요한 분야는 환자의 병전 기능 수준을 규명하는 것이다. 이를 위해서 임상가는 내담자의 고교 및 대학의 성적, 관련 기록(예를 들어 병전 지능지수), 이전 최상 수준의 직업, 개인적인 취미와 흥미 등에 관한 정보를 확보해야 할 것이다. 본인 외에 부모, 배우자, 자녀, 고용주 등과 같은 외부 출처에 의해 내담자의 이전 기능 수준이 검증될 필요도 있다. 두뇌 손상의 추정 원인을 결정하는 것은 어려울 수 있는데, 유해물질 노출, 뇌졸중, 고열 또는 별도의 두부 외상 같은 여러 다른 가능성을 감별해야 하기 때문이다. 현재의 기억 문제, 단어 찾기 곤란, 신체의 편측 허약, 보행의 변화, 의식 상실, 이상한 감각 등의 기능이 포함된 분야를 다룰 필요가 있다. 컴퓨터단층촬영(CT), 자기공명영상(MRI), 기능적 자기공명영상(fMRI), 뇌전도(EEGs) 및 신경학적 신체검사 등의 이전 정보도 확보하는 것이 중요하다. 이러한 의학적 기록은 병변의 위치와 크기를 확인할 수 있도록 하지만, 병변의 결과로 내담자가 어떻게 기능하는지에 대하여 기술하는 것은 여전히 심리학자의 과업이다. 현재 및 과거의 약물(불법적 및 합법적) 복용, 특히 최근 처방의 변경이 있었는지에 관한 정보도 중요한데, 이는 심리적 기능에 영향을 미칠 수 있기 때문이다. 심리학자에 의한 면담 자료와 신경심리 검사 결과는 논리적으로 결합되어야 하며, CT나 신경학적 검사와 같은 의학적 기록을 보완해 줄 것이다. 위에 열거된 항목들이 전부는 아니지만, 이는 신경심리 손상의 가능성과 관련된 과거력 조사에서 고려해야 하는 좀 더 중요한 분야들을 대표하고 있다.

이러한 정보의 양은 어마어마해 보일 수 있겠지만, 여기에 기술된 과거력 구성양식은 단지 일반적인 지침의 하나일 뿐이다. 종종 앞서 언급된 많은 부분들이 무시되고 오히려 다른 것에 초점을 두는 것이 적절할 수 있을 것이다. 내담자의 과거력을 보고서에 요약할 경우, 지속적으로 보고서의 전반적인 목적에 관련된 정보인지 질문해야 한다. 그러므로 보고서의 과거력 영역은 모든 관련된 정보를 포함해야 하지만 너무 지나치지도 말아야 한다.

행동 관찰

내담자의 행동에 관한 기술은 인물의 문제에 대한 통찰을 제공할 수 있고, 검사의 타당도를 평가하게 할 중요한 자료 원천이며, 검사 관련 해석을 확증하거나 수정 또는 의문을 제기하도록 할 수 있다. 이러한 관찰은 내담자의 외모 및 전반적인 행동 관찰, 검사자와 내담자의 상호작용 등과 관련된다. 이러한 행동적 기술은 일반적으로 특정 행동에 결합되어야 하며, 임상가의 추론이 아니어야 한다. 예를 들어 "내담자가 우울하다"라고 추론하기보다는 "내담자는 느리게 말하고, 빈번하게 자기비판적인 진술을 하였다. 일례로 '나는 무엇을 제대로 할 만큼 똑똑하지 못합니다'라고 하였다"로 기술하는 것이 바람직하다.

면담 중에 시행될 관련된 행동 관찰에는 외모, 과제 및 검사자를 향한 행동, 협조 정도 등이 포함된다. 내담자의 신체적 외모에 대한 기술은 얼굴 표정, 복장, 체형, 버릇, 동작 등에서의 특이사항에 초점을 두어야 한다. 예를 들어 18세처럼 행동하는 14세 소년이라든지 더럽고 헝클어진 외모이지만 탁월한 어휘력과 높은 수준의 언어 유창성을 보이는 사람같이, 어떤 상반되는 사항에 관한 기록이 특히 중요하다. 내담자가 검사도구와 검사자를 향하여 표현한 행동은 흔히 중요한 정보의 원천이 된다. 이것은 내담자의 정동 수준, 표현 불안, 우울의 존재, 적개심의 정도를 반영하는 행동을 포함할 수 있다. 면담에서 내담자의 역할은 적극적인 참가자이거나 전반적으로 수동적 또는 복종적일 수 있다. 즉 내담자는 자신의 수행에 대해서 매우 관심이 있거나 상대적으로 무관심할 것이다. 내담자가 문제를 해결하는 방법은 흔히 유의해야 할 중요한 부분으로, 이는 충동적이고 와해된 것에서 조심스럽고 체계적인 해결 방식의 범위를 가진다. 검사도구에 대해 내담자가 어떤 특이한 언어 반응을 하는지 주목하는 것도 중요하다. 내담자가 표현한 협조 수준은 검사에 임하는 노력의 정도와 더불어 검사 결과의 타당도를 평가하는 요소가 될 것이다. 협조 수준은 특별하게 지능과 능력 검사에서 중요한데, 전제조건이 내담자가 세심하게 주의를 기울이고 최선을 다하는 것이기 때문이다. 검사 이전의 사건들을 기록하는 것도 중요할 것인데, 이에는 상황적 위기 또는 평가 전날 밤의 수면, 약물 사용 등이 해당된다. 만일 이러한 상황적 요인이 있다면 검사의 타당도는 수정되거나 의문시될 것이므로, "검사 결과는 ~와 같은 이유로 인하여 주의할 필요가 있다" 또는 "검사 점수에서 나타난 부적응의 정도는 검사 시행을 둘러싼 상황적 조건 탓에 내담자의 평소 기능 수준이 과장되어 나타났을 수 있다" 등과 같이 기술되어야 한다. 내담자와의 관계에서 검사의 타당도를 결정하는 가장 중요한 방식은 검사 이전의 일상 상황과 내담자의 검사와 관련된 행동을 면밀하게 살펴보는 것이다.

행동 관찰은 대개 간결하고 구체적이며 관련되어 있어야 한다. 만약 기술된 것이 내담자에 대한 어떤 통찰을 제공하거나 고유성의 예시를 제시하지 못한다면, 포함되어서는 안 된다. 그래서 행동이 정상적이거나 평균적인 경우, 예를 들어 보통의 협조, 경계, 불안의 수준일 때라면, 그것을 간략하게 언급하는 것 외에는 중요하지 않다. 초점은 고유한 인상을 만드는 내담자의 행동에 있어야만 한다. 이 부분은 대개 한 문단을 넘지 않을 것이다. 하지만 어떠한 경우에는 관련된 정보가 상당히 많을 수 있는데, 이때는 2~3문단이 필요하기도 하다. 전체적인 보고서와 관련된 이 부분의 중요성은 꽤 많이 달라질 수 있다. 간혹 행동 평가는 거의 검사 결과만큼 중요할 수 있으며, 다른 때에는 몇몇의 사소한 관찰로 이루어진 기술이 되기도 한다.

행동 평가 절차를 선호하는 임상가는 이 영역에서 관련된 선행사건을 보다 자세히 서술하는 것을 강조하고 싶을 수 있다. 그 외에도 문제행동 자체를 둘러싸고 있는 결과 사건들은 최초 시작(발병), 기간, 빈도, 강도의 차원에서 평가될 것이다. 행동 평가의 구체적인 전략으로는 이야기식 서술, 간격 기록법, 사건 기록법, 평정 기록법 그리고 자기보고 등이 포함된다(4장 참고).

몇몇 평가자들은 행동 관찰 영역에 정신상태검사에서 산출된 정보를 요약하고 싶어한다. 이 경우에 행동의 구체적인 묘사에서 이탈하여 이러한 행동에 관한 추론으로 향하게 되는 것이 필연적이게 된다. 예를 들어 임상가는 정신상태검사의 반응을 관찰한 근거를 토대로 내담자의 시간 및 장소에 관한 지남력을 추론할 수 있다. 그 외 범주는 언어 표현, 정신운동 활동, 정동, 사고 과정/내용, 통찰/판단력 등이 포함될 수 있다(3장의 '정신상태검사' 절 참고).

구체적인 행동의 기술을 엄격히 준수하는 것에서의 또 다른 예외는 행동 관찰 영역의 끝부분에서 관례적이고 적절한 것으로서 평가 절차의 타당성을 지적하는 진술을 포함시키는 것이다. 예를 들어 "내담자 반응의 세부사항 및 일관성, 내담자의 높은 동기 수준, MMPI-2-RF 타당도 척도를 고려할 때, 검사 결과는 내담자의 현재 기능 수준에 관한 정확한 평가가 될 것으로 보인다"와 같은 진술을 하는 것이다.

해석 및 인상

많은 경우 보고서에 검사 점수를 열거하는 것이 필수적이지는 않다. 일부 임상가는 실제 검사 점수를 내놓지 않는데, 왜냐하면 검사 점수들이 오해석될 수 있으며 보고서가 너무 자료/검사 중심적이라는 인상을 줄 수 있기 때문이다. 그러나 가끔 보고서의 어떤 지점에 검사 점수가 포함되는 것이 권장되는데, 특히 법률적 보고서나 검사에 대한 소양을 갖춘 전문가에게 전달되는 경우 더욱 그렇다. 한 가지 다른 선택 방안은 보고서의 부록에 검사 점수를 포함시키는 것이다. 이러한 방법은 보고서의 서술 부분에서 잠재적으로 주의를 분산시키는 기술적 세부사항을 제거하는 이점이 있다.

만약 실제 검사 점수가 포함된다면, 표준점수(원점수보다는) 방식으로 제시되어야 한다. 의뢰처들이 일관되게 지적하는 것은 백분위 점수가 다른 유형의 표준점수보다 선호된다는 점이다(Finn et al., 2001). 왜냐하면 각기 다른 유형의 검사들은 다른 형식의 표준점수를 사용하지만, 표준점수와 더불어 백분위 점수가 세트를 구성하여 제시될 수 있도록 권장되기 때문이다. 또한 임상가는 관련된 점수의 상대적인 강도('최상위', '상위' 등)나 검사 점수가 임상적으로 어떤 의미 있는 절단 기준을 초과하는지를 표시할 수 있기를 바랄 수 있다.

만약 표나 부록으로 제시한다면, 웩슬러 척도 같은 지능검사 점수가 전통적으로 표의 제일 앞에 있게 되고 여기에는 전체척도 IQ 점수, 지수점수 그리고 하위검사의 점수가 포함되어야 한다. 하위검사에서 유의미한 강점은 검사 점수의 옆에 "S[5]"라고 표시하고 유의미한 약점은 "W[6]"라고 표시한다. 이러한 표 작업 이후 Bender-2나 WMS-IV와 같은 인지검사 결과들이 따라온다. Bender-2의 결과는 "경험적으로 기질적 범위에 있지 않으나 도형을 조직화하는 데 곤란을 보이며 빈번하게 지운다"와 같이 단순히 상태를 요약할 수 있

---

5   역자 주: strength 강점.
6   역자 주: weakness 약점.

다. MMPI-2/MMPI-A/MMPI-2-RF의 결과는 흔히 결과지의 순서대로 열거된다. 객관적 성격검사(MMPI-2/MMPI-A/MMPI-2-RF, MCMI-Ⅳ, PAI, NEO-PI-R)는 항상 원점수가 아닌 표준점수(보통 T 점수)로 언급된다. 객관 검사 및 지능 검사의 점수는 있는 그대로 나열되는 데 비해, 투사 검사의 점수는 적절하게 기술하는 것이 훨씬 어렵다. 로르샤하 요약 기록지가 포함될 수 있지만, 투사적 그림과 TAT의 결과들은 보통 생략된다. 만약 임상가가 투사적 그림 검사를 요약하기를 원한다면 "두 번의 투명성 오류를 포함한 인물화는 인형처럼 작게 그려졌고 미숙하다"와 같이 간략하게 진술하는 정도면 보통 충분하다. 비슷하게 TAT의 "점수"들도 이야기에서 접할 수 있는 가장 공통된 주제에 대한 간략한 진술로 요약될 수 있다.

검사 결과가 포함되든 아니든, 해석과 인상 영역은 보고서의 본론이라고 할 수 있다(때로 간단하게 인상 영역으로 불린다). 이 영역에서 평가의 주요 발견 사항들은 통합된 가설의 형식으로 표현된다. 이 영역은 각 임상가의 개인의 이론적 지향성 및 검사의 목적, 평가 대상이 되는 개인, 시행된 여러 유형의 검사의 종류 등에 따라 다양한 형식으로 논의된다. 이전에 강조하였듯이, 평가 자료는 통합된 주제 항목의 종류별로 조직화되어야 한다. 이와 대조적으로 검사별 제시는 분명히 권장되지 않는다. 평가로부터 정보를 조직화하기 위해, W. G. Klopfer(1960)는 왼편에는 고려해야 할 주제 항목을, 맨 윗열에는 평가 결과를 열거한 격자 모양의 교차표 이용을 추천하였다. 이러한 양식은 임상가가 주제와 평가 방법이 교차하는 적합한 네모 칸에 정보들을 나열하고 그러한 자료에서 핵심적인 발견 사항을 추출할 수 있게끔 해 준다. Wright(2010)는 추가적으로 평가 방법들에 걸쳐서 공통적이거나 관련되거나 상반되는 정보를 평가하기 위해 교차비교 방법을 어떻게 사용하는지 서술하였다. 보고서의 해석과 인상 부분을 실제로 작성할 때, 임상가는 특정 주제 항목에서의 모든 발견 사항을 검토할 수 있고 그것을 보고서에 요약할 수 있다. 표 15.2에 한 가지 예가 제시된다. 평가 방법의 목록은 평가자가 시행한 검사에 의거하지만, 주제 항목은 임상가가 초점을 두는 분야에 따라 선택되고 배열될 수 있다.

해석과 진단 영역의 모든 추론은 검사 자료 및 행동 관찰, 관련된 배경 정보, 기타 가용한 자료의 통합에 근거한 것이어야 한다. 내담자의 인지적 강점과 약점, 정서적 어려움, 대처 양식, 자아개념, 현 문제 이면의 역동, 대인관계, 내담자의 기타 강점 등이 논의되고 결론지어질 것이다. 내담자의 지적 능력은 흔히 여러 성격 변인에 대한 전반적인 비교의

표 15.2 시행된 검사에 의한 평가영역 교차비교 표본

주제 항목	평가 절차					
	면담	WAIS-IV	MMPI-2-RF	BDI-II	R-PAS	행동 관찰
인지 기능						
성격						
정서 기능						
대인관계						
자기평가						
대처 양식						
내담자 강점						
진단적 인상						

출처 *The Psychological Report* by W. G. Klopfer, 1960, New York. NY: Grune & Stratton.

기준(참조체제)을 제공한다. 이러한 이유로 제일 먼저 내담자의 지적 능력에 관한 논의가 이루어지는 것이 보통이다. IQ 검사 점수는 개인의 지능에 관한 전반적 추정치로서 당연히 포함되겠지만, 그 외 특정한 능력에 관한 논의를 제공하는 것도 역시 중요하다. 이러한 논의는 기억, 문제해결, 추상적 추리, 집중력, 축적된 지식 등의 영역에 관한 분석을 포함할 것이다. 만약 검사 이론에 친숙한 사람만이 보고서를 읽는다면, 규준적 유의성에 관한 설명 없이 IQ 점수만을 포함시키는 것으로도 충분할 수 있을 것이다. 대부분의 보고서의 경우, IQ 검사 점수뿐만 아니라 백분위와 질적 차원의 전반적인 지능 수준의 분류(평균 상, 우수 등, 표 5.5 참고)를 포함시키는 것이 도움이 된다. 일부 검사자는 실제로 IQ 검사 점수를 빼고 단지 백분위 점수와 전반적 분류만을 포함시키는 것을 선호한다. 이러한 방법은 보고서를 읽는 사람이 상세화되지 못한 IQ 검사 점수를 잘못 이해하거나 오해석할 가능성이 높은 경우에 유용할 것이다. 지능의 전반적인 추정을 한 이후에는 항상 내담자의 지적 강점과 약점에 대한 논의가 뒤따라야 한다. 이러한 논의는 지수점수들 간의 차이나 하위 검사의 산포의 의미에 대한 정교한 설명을 포함할 수 있다. 그 외에도 내담자의 잠재적인 기능 수준과 실제 수행을 비교하는 것이 유용할 수 있다. 만일 양자 간의 불일치가 크다면, 이러한 차이에 대한 이유가 제공되어야만 한다. 예를 들어 내담자는 불안, 낮은 동기, 정서적인 간섭, 지각적 처리 과정의 어려움 등의 이유로 과소 수행한 것일 수 있다. 또한 임상가는 지적 평가에 부가되어 있는 비인지적 분야에 관해 논의하기를 원할 수 있는데, 여기에 포함될 수 있는 예는 성취 상황에서 내담자가 독립적 활동을 선호하는지 아니면 구조화된 환경에서의 활동을 선호하는지, 동기 수준, 상대적인 지적 효율성, 성격적 강인성 등이다. 정신의학적 맥락에서 인지적 평가는 내담자 사고의 와해 수준, 기태적 연합, 사고 과정의 구체성/추상성 수준 등을 포함할 수 있다. 지적 능력에 대한 언급이 상대적으로 명료하고 직설적인 반면, 보고서의 이후 영역은 대개 논의하는 것이 더 어렵다. 표 15.1에 선택 가능한 많은 항목이 있다. 일부 임상가는 일반적으로 내담자의 인지적 기능 수준, 감정적 기능(정동과 기분), 자아개념, 대인관계와 같이 정해진 주제 항목을 포함시킬 것을 추천한다. 신경심리 평가에서는 해석과 인상 영역을 기억, 언어 기능, 집행 능력, 결손의 자각, 감각/지각 기능, 성격 분야로 나누기도 한다(Groth-Marnat, 2000a; Hebben & Milberg, 2002). 논의될 주제 목록을 미리 정하지 않는 이유의 하나는 기본적으로 주제 항목은 의뢰 문제에 따라 정해져야 하기 때문이다. 주제 항목에 관해 미리 정해진 사전 목록이 없으므로, 임상가는 보고서의 맥락에 근거해서 의뢰처와 내담자의 요구 등의 정보를 융통성 있게 조직할 수 있다. 만약 의뢰 문제가 특정 문제로 명료하게 초점이 맞추어질 수 있다면, 간단히 2~3개의 주제 항목에 관해 정교하게 설명하면 될 것이다. 좀 더 일반적인 의뢰 문제는 보다 폭넓은 6개 이상의 주제 항목 분야에 관한 논의가 요구될 수도 있다. 일반적으로 주제 항목의 융통성은 사례 개념화에서 좀 더 내담자 초점적인 접근 방식을 가능하게 만들 것이다(14장의 사례 개념화 참고).

추가적으로 중요한 공통적인 몇 가지 주제가 있는데, 수준을 달리하는 내담자의 정신병리, 의존성, 적개심, 성욕, 대인관계, 진단 및 행동적 예측 등이 그것이다. 내담자의 정신병리 수준은 경험하는 장해의 상대적 심각성을 말한다. 평가 결과의 특성이 비임상적 모집단 또는 외래 환자, 입원 환자 중 어느 경우를 나타내는지, 어려움이 만성적인지 아니면 현재의 생활 스트레스에 반응적인지 등을 구별하는 것이 중요하다. 환자의 대처 행동은 적응적인가 아니면 부적응적이거나 자기패배적인가? 사고 과정 영역에서 지속되는 생각, 망상, 환각, 연상의 이완, 사고 차단, 보속증 또는 비논리적 사고가 있는가? 당연히 내담자가 보이는 통찰의 상대적인 수준 및 판단의 적절성을 평가하는 것이 중요할 것이다. 내담자는 효과적으로 계획할 수 있고, 자신이 다른 사람에게 주는 영향을 이해하며, 자기 행동의 적절성을 판단할 수 있는가? 성공적인 치료의 가능성을 평가하려면, 특히 환자의 통찰 수준을 평가하는 것이 중요하다. 이는 내담자의 심리적 사고 능력을 비롯하여 자기 기분 변화의 자각, 타인 행동의 이해, 관련된 통찰을 논의하고 개념화하는 능력 등의 평가를 포함한다.

대인관계에서 내담자의 역할과 특징적인 관계 유형을 논의하는 것은 매우 유용할 수 있다. 이는 순종성/지배성 및 사랑/증오의 차원에 따라서 또는 타인을 통제하려 하든지 애정을 구하는 식으로 어떤 욕구를 중심으로 움직이는 정도 등의 관계에서 논의될 수 있다. 내담자의 의사소통 유형이 전형적으로 방어적인가 또는 괴로운 감정과 공포와 같은 부분을 논의하는 데도 열려 있고 자기개방을 하는 편인가? 어떠한 상황에서 구체적인 것을 다룰 수 있는가, 보통 일반적이거나 모호한가? 주로 적극적이고 직접적인가 아니면 수동적이고 간접적인 것으로 보이는가? 궁극적으로 내담자가 본인의 대인관계 및 갈등 해결을 위한 전형적인 접근 방식을 얼마나 잘 지각하는지의 정도를 결정하는 것이 중요하다.

또한 직업 관련 목표와 적성에 관한 기술을 포함시키는 것이 적절한 경우가 있을 것이다. 이러한 정보는 장애 학생과 같이 특수교육적 요구를 가진 학생을 위한 교육용 보고서에서 특히 중요하다. 이 책에서 다룬 많은 검사들이 내담자의 강점과 약점을 평가할 때 도움을 줄 수 있겠지만, 임상가는 진로탐색검사(Self-Directed Search), 스트롱 흥미검사(Strong Interest Inventory) 또는 쿠더 직업흥미검사(Kuder Occupational Interest Survey) 등의 추가 평가를 필요로 할 수 있다(Prince & Heisser, 2000 참고).

한 가지 빈번한 고려사항은 내담자의 어려움이 지속될 것인지, 아울러 현재는 어려움이 없더라도 재출현할 것인지에 관한 것이다. 만약 내담자의 미래 전망이 좋지 못하다면, 이러한 결론의 논거가 제시되어야만 한다. 예를 들어 환자가 통찰이 결여된 채 높은 수준의 방어성으로 지극히 과잉 정상으로 보이기를 원한다면, 임상가는 이러한 이유로 내담자의 치료 반응이 좋지 못할 것임을 예측할 수 있다고 설명해야 한다. 이와 비슷하게 호의적 예측은 내담자의 자산과 자원, 예를 들어 심리적 마음 자세, 변화에 대한 동기, 사회적 지원 등에 관한 요약을 포함해야 한다. 만일 치료 과정에서 마주칠 가능성이 높은 어려움이 있다면, 이러한 어려움의 성질과 강도가 논의되어야 한다. 특정 유형의 보고서에서 자살 가능성 및 공격 행동, 아동 학대, 범죄 행위 등은 필수적으로 예측이 요구된다. 종종 검사 자체는 이러한 행동을 예측하는 데 유용하지 못하다. 자살 가능성을 예측하는 가장 좋은 방법 중에 하나는 예를 들어 환자의 과거력, 현재 환경, 개인적 자원, 자살 의도의 정도를 평가하는 것이다(Bernert, Hom, & Roberts, 2014; Simon & Hales, 2012). 하지만 위험성 같은 행동 예측의 여러 경우에서 오류가 나타난다는 연구 결과가 있다(Fowler, 2012; M. Yang, Wong, & Coid, 2010). 장기적 예측을 하는 것은 특히 오류의 가능성이 높다. 그러므로 예측을 할 때 임상가는 적절한 주의를 기울이는 연습을 해야 하며, 합리적 확실성의 경계선을 넘지 말아야 한다.

때때로 임상가는 별도의 영역으로 진단을 다루고 싶을 수 있다. 단 *DSM-5* 또는 *ICD-10*의 진단명을 포함시킬지에 관한 논쟁은 여전하다. 어떤 임상가들은 진단 부여는 낙인으로 자기충족적 예언이 되고, 과도하게 환원주의적이며, 내담자가 자신의 행동에 대해서 책임을 회피할 수 있도록 만들기 때문에 피해야 한다고 주장한다. 진단을 반대하는 또 다른 진영은 연구자들로 이들은 많은 용어들이 과학적으로 타당하지 못하다고 느끼며(Beutler & Malik, 2002; Rosenhan, 1973), 특히 치료 개입 계획 수립에 유용하지 못하다고 주장한다(Beutler & Malik, 2002; Groth-Marnat, Roberts, & Beutler, 2001; Houts, 2002). 만일 진단을 부여하기로 결정하였다면, 임상가는 진단 용어에 관한 명료한 조작적 지식을 갖고 있어야 한다. 또한 환자의 병전 적응 수준뿐만 아니라 장해의 심각도와 빈도를 포함시켜야만 한다. *DSM-5*의 구조화된 임상 면담(Structrured Clinical Interview for the *DSM-5*, SCID-5; First, Williams, Karg, & Spitzer, 2015), *DSM-IV* 성격장애의 구조화된 면담(Structured Interview for *DSM-IV* Personality Disorder, SIDP-IV; Pfohl, Blum, & Zimmerman,1997), 불안장애 면담 스케줄(Anxiety Disorders Interview Schedule, ADIS-IV; DiNardo, Brown, & Barlow, 1994) 등이 진단의 신뢰도를 높이는 데 도움을 줄 것이다. 또한 장애의 가능한 원인을 포함시키는 것이 중요하다. 원인에 대한 논의는 지나치게 단순화되거나 일차원적이어서는 안 되며, 그보다는 원인 요인들의 복잡성을 감안하는 것이어야 한다. 그러므로 원인은 일차적 및 선행적, 촉발적, 강화적 요인이라는 관점에서 기술되어야 한다. 또한 임상가는 생물학적, 심리학적, 사회문화적 변인의 상대적인 중요성에 관하여 논의할 수 있다.

내담자의 강점을 포함시키는 것은 점점 더 유행하며 적절한 것이 되고 있다. 내담자의 강점을 기술하는 것은 대다수의 심리평가 보고서에서 다뤄 온 전형적인 부정적 특징의 기술과 균형을 이루도록 만든다(C. R. Snyder, Ritschel, Rand, & Berg, 2006). 강점의 포함은 읽는 내담자에게 좀 더 균형을 잡도록 할 뿐만 아니라 자신의 강점이 열거된 것을 봄으로써 내담자와 정신건강 전문가 사이의 라포 증진을 도울 수 있다. 내담자의 독특한 강점

유형을 지향하는 맞춤형 치료 개입이 성과 향상에 도움이 된다는 연구 증거들도 증가하고 있다(M. E. P. Seligman, Steen, Park, & Peterson, 2005).

요약 및 제언

요약 영역의 목적은 보고서의 주요 발견사항과 결론을 간략하게 다시 진술하는 것이다. 이렇게 하려면 임상가는 가장 중요한 관심사항만을 선택해야 하고, 보고서를 읽는 사람이 불필요한 세부사항에 압도되지 않도록 주의해야 한다. 앞서 강조하였듯이("의뢰 질문" 절 참고), 요약 영역에서 사용될 수 있는 유용한 전략은 의뢰 질문 영역에서 열거된 순서대로 번호를 매겨 가면서 간략한 답변을 제공하는 것이다. 이전에 언급한 바와 같이, 요약 영역은 독자가 이 부분만을 읽을 것이라고 예상하면서 작성해야 한다. 즉 요약 영역은 그 자체로서 분명해 보이도록 작성되어야 한다.

보고서의 궁극적인 실제적 목표는 제언에 들어 있다고 할 수 있는데, 왜냐하면 제언은 문제해결을 위해 채택할 수 있는 단계를 제안하고 있기 때문이다. 그러한 제안은 명료하고 구체적이며 실제적이고 획득 가능해야 하며, 보고서의 목적에 직접적으로 관련된 것이어야 한다. 가장 좋은 보고서는 내담자 및 의뢰처가 당면한 문제들을 해결할 수 있도록 해 주는 것이다(Armengol, Moes, Penney, & Sapienza, 2001; Brenner, 2003; Finn et al., 2001; Groth-Marnat & Davis, 2014; Ownby, 1997; Tallent, 1993). 이러한 보고서 작성의 목표를 이루려면, 임상가는 문제를 비롯하여 개선을 위한 최선의 선택 가능한 대안들, 지역사회에서 가용한 자원에 대하여 분명하게 이해하고 있어야 한다. 한 가지 실제적인 시사점은 임상가가 보고서의 향후 용도에 관하여 최대한 익숙해질수록 보고서는 향상될 것이라는 것이다. 효과적인 보고서는 의뢰 질문에 관하여 답변할 수 있어야 하며 가치 판단에 도움이 되어야만 한다. 이러한 요인들이 신중하게 검토되는 과정을 거친 이후에 제언이 개발될 수 있을 것이다.

14장에서 사례 관리와 관련하여 치료 관계 및 의사결정 증진의 고려사항에 따라 최적의 개입 절차를 선정하는 데 초점을 두는 심리치료의 지침을 상세히 설명하였다. 일부 사례는 종종 좀 더 다양하고 폭넓은 제언을 필요로 하는데, 특히 법정 및 의학, 교육, 재활 장면에서 그러하다. 이때 제언에는 선택 가능한 치료 사양, 배치 결정, 추가 평가, 내담자의 환경 변경, 자조 자원의 이용, 기타 사소한 사항 등이 포함된다. 14장에서 논의된 것과 같

표 15.3 치료 제언 유형

제언 유형	예
처치	심리치료, 언어치료, 작업치료, 약물, 명상, 교정
배치	특수교육, 보호센터(예를 들어 양로원 등), 상시 관찰, 공동 보호, 입원 보호
추가 평가	현재 검사의 일부를 재검사, 신체검사, 영상술(예를 들어 CT/MRI)
환경 변화	약물 투여 경보기, 내적/외적 알림 도구
자조 기술	자조 안내서, 동영상, 웹사이트, 지지 집단, 컴퓨터-지원 개입 방안
기타 사항	운전 면허증 취소, 의학 경고용 팔찌 착용, 보호 관찰, 과제(감사 편지, 자기진술 연습)

이, 임상가는 보고서에 포함될 추가적인 제언을 위해 표 15.3을 참고할 수 있다.

자조 자원은 특히 잘 개발되고 유용하며 비용 효율이 높은 선택사양이 되고 있다. 문제의 유형과 인물의 특성에 따라 많은 자조 프로그램이 공식적인 정신건강 치료에 근접할 만큼 효과적이라는 연구 결과가 있다(Norcross, 2006). Norcross 등(2013)은『효과적인 자조 작업: 정서건강을 개선하고 관계를 강화하는 방안』(*Self-Help That Works: Resources to Improve Emotional Health and Strengthen Relationships*)에서 다양한 자원들을 열거하고, 그것들의 질적 수준을 평정하며, 아울러 서적, 자서전, 동영상, 인터넷/온라인 자료, 전국적인 지원 단체 별로 자원들을 정리하고 있다. 이와 더불어 매우 다양한 컴퓨터 보조 심리치료 프로그램도 존재한다(Cucciare & Weingardt, 2009; I. M. Marks, Cavanagh, & Gega, 2007). 자조 자원은 공식적 정신건강 치료와 결합되거나 독자적 개입으로 사용될 수 있다.

분명한 한 가지 발견사항은 제언이 일반적이기보다는 매우 구체적일 경우에 전형적으로 보고서가 가장 유용하다는 평가를 받게 된다는 것이다(Armengol, 2001; Finn et al., 2001; Ownby, 1990, 1997; G. W. White, Nielsen, & Prus, 1984). 그러므로 "내담자는 심리치료를 시작해야 한다"라는 제언은 유용성이 낮으므로 "다음의 영역에 중점을 둔 개인치료 : 자기주장 증진, 불안 감소를 위한 이완 기술, 대인관계에서 형성하는 자기패배적 양상의 자각이 요청된다"는 식으로 진술하는 것이 낫다. 이와 비슷하게 "특수교육이 요구된다"는 제언은 "특수교육 배치를 하루 2시간 정도 진행하면서, 청각적 순서 배열 훈련을 강조하고 언어적으로 관련된 정보를 즉각적으로 회상하기를 증진하는 것이 권장된다"로 확장함으로써 개선할 수 있을 것이다. 단 건강 관련 전문가(예를 들어 의료진 등)가 치료 제언의 개발이 일차적으로 본인의 책임이라고 여기는 경우이거나 치료 제언은 전체 치료 팀에 의해 만들어져야만 한다고 느끼는 경우 등 일부 상황에서는 구체적인 제언을 제공할 때 주의가 요구된다. 보고서가 제출된 후 독자에게 연락을 취해 보고서가 분실되거나 망실되지 않도록 확인해야 한다. 최고의 보고서라 할지라도 제언의 실제성, 획득 및 실행 가능성이 결여되어 있다면 유용하지 못할 것이다(Geffken, Keeley, Kellison, Storch, & Rodrigue, 2006).

견본 보고서

이 부분에 제시되는 견본 보고서는 임상가가 작업하고 자문하는 매우 일반적인 장면에서 제시되는 것이다. 보고서가 달라질 수 있는 차원은 아래와 같다.

- 구성양식
- 의뢰 질문
- 과거력을 검사 자료에 비해 강조하는 정도
- 사용된 검사의 형식
- 주제 항목의 포함 범위—"다양한 사항에 관한 기술" 또는 "사례 중심의 상대적으로 제한된 주제"

각 장면에서 특정 질문이 제시되었고, 그에 따라 내담자와 관련된 결론이 작성되어야만 하였다. 각기 다른 견본 보고서들은 임상가가 의뢰 질문을 다루기 위해 검사 자료와 내담자의 과거력, 행동 관찰을 통합하는 방식을 보여준다. 이 보고서들은 구성양식과 길이, 의뢰 장면, 의뢰 질문, 사용된 검사의 광범위한 다양성을 예시하기 위하여 선택되었다.

첫 번째 보고서는 정신의학적 장면에서 정신건강 전문가를 위하여 작성된 것이다. 그렇기 때문에 주로 공식적인 *DSM-5* 진단 형태의 전문용어가 사용되었다. 추가적으로 주목할 사항은 환자의 인지적 기능의 평가가 공식적 검사보다는 행동 관찰과 정신상태에 근거하고 있다는 것이다. 이 보고서는 심리치료 개입을 위한 상세한 치료 계획을 폭넓게 전개한 것이 주요 특징이다. 치료 계획은 체계적 치료 선택 모형(Systematic Treatment Selec-tion, STS)에 근거하였는데, 이는 14장에 상세하게 제시되어 있다. 제언은 이론적 관점에서 절충적이며, 치료 담당 임상가는 다양한 이론적 관점의 여러 기법을 효과적으로 사용할 수 있을 것으로 가정되었다. 보고서의 또 다른 특징은 심리검사 자료가 없는 것이다. 특별히 검사 결과 영역을 별도로 두지 않았는데, 어떤 임상가는 상세한 검사 결과를 포함시키는 것이 불필요하고 산만한 세부사항 때문에 보고서가 산만해지는 결과를 낳을 것이라고 믿기 때문이다. 의뢰처의 주된 관심은 일맥상통하는 전반적인 평가 결과들이 통합되어 관련된 제언으로써 제공된다고 간주되었다.

두 번째 보고서는 법률적 맥락에서 작성된 것으로, 미란다 원칙[7]을 이해하는 것과 경찰 심문 과정에의 참여 능력, 허위 자백의 가능성 등에 초점을 둔다. 결과적으로 보고서는 인지 능력과 성취 수준의 측정치에 의존한다. 의뢰 질문은 명료하고 초점화되어 있다. 의뢰 질문 영역에서 질문은 순번대로 열거되며, 요약 영역에서는 질문의 순번대로 답변된다. 대부분의 보고서에서 참고문헌/인용 출처의 표기가 권고되나 필수적인 것은 아니다. 하지만 법률적 보고서에서는 그러한 사항들이 주장의 신빙성을 담보하기 위하여 포함된다. 조사에 근거하여, 내담자는 미란다 원칙을 이해할 수 없으며 지적으로 또한 의식적으로 경찰의 심문 과정에 임하는 것이 가능하지 못할 만한 일련의 특성을 갖고 있음이 보고서에서 주장되었다.

세 번째 보고서는 교육적 맥락에서의 형식이다. 즉 내담자는(12세 백인 남자) 학업 수행 전반에서 어려움을 겪고 있으며, 지금은 가라앉아 있어 보이지만 올 초에는 행동적 사회적 어려움도 있었던 사례이다. 이 보고서는 청소년 대상일 뿐만 아니라 검사자가 복잡한 인지적 및 학업적 성취의 발견사항을 취급하는 방식을 예시한다는 점에서 중요하다. 인지적 발견사항이 분명한 진단을 지지하지 않을 때, 평가자는 가능한 진단적 결과에 대해 철저하게 이해하고 있어야만 한다는 것을 보고서는 강조한다. 부가적으로 정서 영역은 14장에서 제시된 복합 모형을 이용한 사례 개념화를 포함하며, 요약 영역은 인지적이고 정서적인 정보가 함께 통합되는 작업을 보여 준다. 의뢰 질문이 단지 진단과 치료 제언이

---

7   역자 주: 경찰이 범죄 용의자를 체포할 때 공정한 재판의 보장을 위해 인정하는 피고인의 권리를 사전에 고지해야 한다는 지침

었기 때문에 순번을 매기고 그에 따라 제언으로 답변하기보다는, 진단을 별도의 영역에서 다루었고 치료 계획은 요약과 제언 영역에 포함되었다. 대부분의 경우 제언은 간략해야 한다. 하지만 이 보고서에서는 매우 길고 광범위한 제언을 볼 수 있는데, 내담자와 함께 작업할 여러 담당자별로 제언을 조직하였기 때문이다. 예를 들어 (순응과 관련해서) 학교를 위한 일련의 제언이 있고, 학습 코치를 위한 별도의 제언이 있는 식으로 작성되었다. 장문의 상세한 제언은 내담자나 부모, 그 외 보고서의 수령자들에게 종종 번거로울 수 있는데, 예상되는 각 담당자별로 제언을 분명히 나눔으로써 폭넓은 "치료 팀"의 각 성원들이 평가에 기초한 구체적인 의사결정을 할 수 있도록 도울 수 있다.

마지막 보고서의 형식은 직접 내담자에게 전달되는 편지로 작성된 것이다. 용어는 친숙하고 공감적이며 때때로 내담자 본인이 사용한 어구를 채택한다. 이 또한 분명히 의뢰 질문에 답변하는 식으로 조직화된다. 이러한 보고서는 평가와 치료를 통합하는 최신 경향을 대표한다. 또한 평가 과정에 대해 고도의 협력 관계와 동등성을 추구하는 접근 방식을 반영한다.

이름 A. G.

생년월일 1943/5/30

평가일자 2013/12/12; 12/13; 12/21

성별 여성

인종 유럽계 미국인

의뢰처 Dr. M.

의뢰 질문

A. G.는 70세 이혼 여성으로, 13년의 교육 경험이 있으며 불안과 해리 삽화를 보고하였다. 내담자는 과거에 광장공포증을 경험하였지만, 지금 자신의 문제는 공황보다는 동기와 관련된 것이라고 밝혔다. 그녀는 여행할 때 심하게 불안해지지만 그로 인하여 이동하지 못하는 경우는 없다고 하였다. 그러나 집을 나서기로 계획할 때 "내재하는 염려"는 인정하였으며, 결과적으로는 출발이 지체되곤 하였다. A. G.는 담당 정신건강의학과 의사인 M 박사에 의해 의뢰되었고, 아래의 질문에 관한 명확한 평가가 요구되었다.

1. 이 문제의 본질과 역동은 무엇인가?
2. 내담자의 강점은 무엇인가?
3. 최적의 치료 계획은 무엇인가?

평가 절차

생활사 질문지(2013/12/12).

임상적 면담(2013/12/12).

DSM-Ⅳ의 구조화된 임상 면담(SCID; 2013/12/22).

상태-특성 불안 검사(STAI; 2013/12/13).

밀론 다축 임상성격검사 3판(MCMI-Ⅲ; 2013/12/13).

개인 태도 검사(Dowd 치료 저항 척도; 2013/12/13).

벡 우울 척도(BDI; 2013/12/13).

벡 절망 척도(BHS; 2013/12/13).

미네소타 다면적 인성검사 2판(MMPI-2; 2013/12/21).

Sarason 사회적 지지 질문지(SSQ; 2013/12/21).

행동 관찰

평가 과정 내내 A. G.는 분명하게 말하고 심사숙고하며 협조적이었다. 그녀의 성적 취향과 신앙적 감정에 대해 이야기할 때는 불편함을 인정하였으나 직접적인 질문에 매우 솔직하게 답하였다. 타당한 MMPI-2 프로파일은 협조적이고 심사숙고하는 자발적 태도와 함께 이 평가가 그녀의 현재 기능 수준에 관한 타당한 소견임을 보여 준다.

관련된 과거력

개인적/사회적. A. G.는 중산층의 유대인 가정에서 자랐다. 그녀는 남매 중 첫째였고 1년 6개월 어린 남동생이 있었다. 가족은 적어도 외양으로는 종교의 정체성과 행복한 겉모습을 항상 유지하였다. 그러나 그녀는 행복의 겉모습 뒤에 잠재된 가족의 깊은 갈등에 대해 보고하였다. 그녀가 유지한 성적 취향 탓에 종교는 항상 갈등의 원천이 되어 왔다. 더욱이 그녀는 정신질환과 대인관계의 갈등에 관한 오래된 가족력을 보고하였다. 부모님은 모두 정서적으로 안정적이라고 보고되었지만, 양쪽 집안 모두 정신의학적 장애의 가족력을 갖고 있었다. 그녀의 어머니는 아홉 남매 중 장녀였는데, 외삼촌 중 1명은 조현병으로 진단되고 반주거형 재활시설에서 사망하였으며, 그 외에도 양극성장애 1명, 우울장애 1명의 형제가 있었다. 아버지 쪽에서는 적어도 1명의 삼촌이 주요우울장애로 항우울제 치료를 받았다고 보고되었다.

A. G. 본인의 개인력에 따르면, 그녀는 항상 성적 취향에 대한 혼란을 겪었다고 보고하였다. 17세에 청혼을 받아 거부하였지만 남자는 계속 고집하였고, 그녀는 그를 피해 삼촌네로 가서 살게 되었다. 그녀의 "더 좋은 결정"에도 불구하고, 그는 A. G.를 쫓아왔고, 결국 결혼하기로 얘기가 되었다. 신혼부부는 Metroville로 이사하여 그녀의 가족과 함께 지냈지만 문제는 지속되었고, 일 년쯤 후에 별거하게 되었다. 그 무렵 그녀는 딸을 출산했다. 그녀는 친부모와 함께 살게 되었지만, 어머니와의 오래 지속된 갈등은 더욱 빈번해졌다. 남편이 이혼 결정에 관해 재론하고 제지하려 하였을 때 A. G.는 집을 나가 일을 구하였고, 아이는 어머니에게 남겨 두었다. A. G.는 실패한 결혼에 대해 부모를 비난하였고, 이후 만남도 거부하였다. 그 후 2년간 그녀는 딸과 얘기하지도 보지도 않았다.

부모와 딸을 외면하고 일정 기간이 흘렀을 때, 그녀는 어머니가 더 이상 그녀의 딸을 기를 수 없다고 하였다는 소식을 변호사에게서 들었다. 그녀의 남편 또한 그 사실을 알게 되었고, 그는 아이를 기르기 위해 A. G.에게 화해하자고 요구하였다. A. G.는 Betterville로 가서 새로운 시작을 할 수 있다면 그렇게 하기로 합의하였다. Betterville로 이사한 지 얼마 되지 않아, 남편은 환멸을 느끼고 A. G.에게 아이를 남겨둔 채 Metroville로 되돌아갔다. 바로 그 직후 그녀는 자신이 레즈비언이라는 사실을 인정하였다. 이후 단기간의 레즈비언의 관계를 수차 가졌으며, 이러한 성적 취향에 대해 부모와 남편이 알 수 없도록 하면서 "은밀한 생활"을 계속하였다.

딸의 양육과 직업을 병행할 수 없었기에, 일시 보호를 위해 수양가족에게 아이를 맡겨야만 했다. 수년이 지난 후 아이를 되찾기 위한 노력을 시작하였다. 레즈비언 관계에서 아이를 기르는 것을 걱정하였기에, 그녀는 자신의 레즈비언 생활양식에 대해 알고 있는 한 남자의 청혼을 수락하였다. 그는 아이의 입양을 동의하였을 뿐만 아니라 그녀가 레즈비언의 관계도 계속 맺을 수 있도록 허락하였다. 그들의 결혼은 23년 동안 유지되었고, 두 아들이 생겼다. 그녀는 이중생활이 불만이었지만 둘째아들이 고등학교를 졸업할 때까지 이혼을 미루었고, 이후 전적이고도 개방적으로 레즈비언의 관계를 추구하였다. 그녀는 2006년에 현재의 애인을 만났다. 약 6년 전부터 성적 접촉을 하지 않고 있으나, 이들은 계속 친밀한 만남을 유지하고 있다.

현재 문제력

A. G.는 광장공포증, 공황발작, 해리 증상을 보고하였다. 그녀는 12세부터 광장 공포증을 동반하지 않는 공황발작의 오랜 병력을 보였다. 최초의 공황발작은 그 녀가 친구 가족의 유아 돌보미를 하고 있을 때 일어났다. 그녀는 갑자기 과호흡을 시작하였고, 심장이 두근거렸으며, 이러다가 죽는 것이 아닐까 무서웠다. 그녀는 길거리로 뛰쳐나가 도움을 요청하였지만 아무도 듣지 못하였고 도와주려던 사람 도 없었다. 이러한 상황은 "자기통제"의 노력으로 해결되었다.

최초의 공황발작이 시작된 후, 10대 시절 동안 일주일에 한 번 정도로 횟수 가 점차 증가하였다. 그녀는 공황발작과 죽을 것 같은 느낌에 대한 무서움을 피하 기 위해 자주 부모와 함께 잠을 잤으며, 익숙한 지역과 장소에만 틀어박혀 생활하 였다. 그녀의 공황발작 중 최악은 신체적 증상으로 메스꺼움, 호흡 곤란(과호흡), 현기증을 동반하고, 인지적 증상으로 정신을 잃거나 죽을 것 같고 뭔지 모를 위험 에 압도당한다는 것 등이었다. 하지만 그녀는 시간이 지남에 따라 외출, 운전, 사 교적인 만남과 같은 활동을 회피함으로써 이러한 증상들을 통제할 수 있음을 알 았다. 이러한 노력은 성공적이었고, A.G.는 31년간 광장공포증 및 공황의 증상은 없었다고 보고하였다.

그녀는 현재 여행이나 사회적 활동에 대해 염려하고 있지만, 관련된 증상들 은 초기의 예기 불안, 위장장애 그리고 두통 정도일 뿐이며, 심계항진이나 호흡 곤란, 기절은 동반하지 않는다고 보고하였다. 그녀는 여행을 피하고 여러 가지 주 의분산 절차를 통해서 보다 광범위한 증상들을 방지하였다. 그녀는 공황발작이 시작될 것 같으면 누군가에게 전화하거나 재미있는 책을 읽기 시작하였다. 이런 때 다른 사람과 만나고 있는 중이라면 대화나 토론에 공황에 대한 것을 포함시키 지 않았으며, 오로지 그 사람과의 관계에만 관심을 기울이며 그러한 기분이 마음 에서 멀어지도록 하였다고 보고하였다.

그녀는 현재 증상은 강도가 약하다고 하였으며, 여행할 때 전반적인 불편감, 혼자일 때 편안함을 느끼기 어려움, 귀가할 때까지 전반적으로 고조된 염려와 불 안정감을 보고하였다. 연합되어 있는 불안을 방지하기 위하여 가능하면 밤에 여행하거나 혼자 있는 것을 피하려는 노력을 계속하고 있다.

1996년 이후로 몇몇 해리성 삽화들이, 그녀가 믿기로는 자기가 동성애 성향을 공개적으로 인정하는 결정을 한 이후에 촉발되어, 발생해 왔다고 한다. 최초의 경험은 휴가 중 그녀의 현재 파트너와 성적인 관계를 한 직후였다. 내담자는 성행위를 한 후 뚜렷한 해리성 둔주를 경험하였다. 그녀는 지남력을 상실하였고, 본인의 개인정보, 예를 들어 그녀의 부모가 돌아가셨는지 등을 회상할 수 없었으며, 완전히 제정신이 아닌 상태로 그녀의 파트너에게 "왜 내가 여기에 있지?"라고 말하였다. 그 삽화 이후 여러 차례 증상이 재발하였다. 해리 증상은 갑자기 경고 없이 생겼으며, 결과적으로 그녀는 그 사건에 대한 기억이 없었다. 이는 한결같이 레즈비언 성관계를 할 때 찾아왔고, 그녀의 파트너가 이 기간(때로는 수 시간까지) 동안 함께 있으면 무서움은 점차 가라앉았다. 그러나 해리 상태 이후, 그녀는 무기력감, 절망, 혼란, 두통, 메스꺼움을 느꼈고, 이는 수일간 지속되기도 하였다고 보고하였다. 그녀는 거의 6년 동안 성적인 활동을 하지 않음으로써 이러한 삽화들을 성공적으로 피할 수 있었다.

치료 기록. A. G.는 1983년에 광장공포증으로 병원에 입원하여 처음 치료를 받았다. 이후 입원을 한 기록은 없다. 단 그 이후 그녀는 수년간 두 가지 처치를 받았다. 그녀의 최근 약물치료는 정신과 의사가 담당하는데, 자낙스(Xanax, 공황장애약), 타가메트(Tagamet, 위장약) 그리고 팍실(Paxil, 항우울제)을 처방받았다. 그녀는 약물치료 과정 동안 과도하게 졸리고 낮 동안 깨어 있기 어려웠다고 보고하였다. 또한 그녀는 위의 불편감과 설사 증상이 잦아짐을 경험하였다. 그녀는 2003년에 내과와 정신건강의학과 의사에 의해 단기간 치료를 받았다고 했다. 그때 그녀는 삼환계 항우울제를 받았다. 이 약물이 환각을 유발하였고, 이내 약물을 중단했다.

내담자의 증상 병력에 대한 검토는 상당 기간 둔주, 공황발작, 광장공포증의 증상이 없는 기간이 존재한다는 것을 확인하여 주었다. 그녀는 2011년 8월과 2012년 6월 사이가 "지금까지 중 최고"였다고 보고하였다. 그녀는 혼자 여행할 수 있었고, 인생의 즐거움을 발견하였으며, 불편감과 두려움의 어떤 삽화도 경험하지 않았다. 그녀는 최근 들어 촉발 요인이 없는데도 점차 더욱 우울해지고 불쾌감뿐만 아니라 두려움을 느끼게 되었다.

　　의료 기록. A. G.의 의료 기록은 특별한 것이 없다. 그녀는 현재 위장 불편감에 타가메트를, 불안에 자낙스를 복용 중이다. 정신생리학적 증상과 일부 청력 저하 외에는 중요한 의학적 문제는 없다고 하였다.

해석 및 인상

지적 능력. 지적 수준에 관한 공식적인 평가는 없었으나, A. G.의 언어 개념 능력과 말하기 능력은 적어도 평균이며, 평균 이상의 지적 수행도 가능해 보였다. 그녀의 사고 관념은 신체 증상에 관한 걱정에 동반되는 불편한 기분을 회피하는 방식에 관한 집착이 지배적이다. 종합하자면 그녀의 인지적 효율성은 경미하게 손상된 정도이다. 그녀의 언어적 과정은 조직화되고 지나치게 세부적이며 경우에 따라서는 자기를 짓누르는 관심 주제에 의해 지배된다. 하지만 와해나 기억의 손상은 없고 중등도 수준으로 잘 발달된 연합 및 추상적 추리 과정을 반영하고 있다. 그녀는 사람, 장소, 시간의 지남력이 분명하며 중대한 정신적 손상은 보이지 않았는데, 그럼에도 정신 기능의 잠재적인 상실에 대하여 항상 걱정한다는 언급을 하였다.

　　성격 및 증상 양상. A. G.는 적응 기능에 중등도의 어려움을 갖는 양면적(am-bivalent) 성격 조직화를 경험하고 있다. 그녀의 지배적인 갈등은 의존에 대한 강력한 욕구와 역균형적이고 동등하게 강력한 자기정의(self-difinition)의 추구를 포함하고 있다. A. G.는 불쾌감, 우울 및 불안을 부인한다. 그녀는 수면 곤란, 기력 상실, 동기 결여를 호소한다. 공식적 평가로 현재 식물성 증상의 존재(식욕 증가, 불안정한 수면, 사회적 철회, 흥미 상실, 리비도의 감소)가 확인되며, 주관적인 불쾌감을 동반하지 않는 경도에서 중등도의 우울증과 일치하는 상태이다. 특성 불안 수준은 그녀의 연령대에서 평균 수준이고 주관적 우울은 단지 경도 수준인데, 주로 정신생리적 증상으로 구성되어 있다. 정동 반응성은 기분부전적이고 둔화되어 있다.

　　대처 양식. A. G.의 기분장애는 만성적인 상태이다. 이에 반해 그녀는 경직되고 깨지기 쉬운 다양한 방어를 형성해 왔다. 그녀는 위협의 환경 신호에 극도로 민감하며, 정서적 각성의 최소한의 암시에도 직접적이며 인지적인 회피 양식을 동원한다. 그 결과 그녀는 자신을 압도할 수 있는 감정이 심화되거나 심지어 생기는 것조차도 막고 있다. A. G.의 방어는 불안과 불쾌감의 주관적 감각으로부터 그녀를 일부 보호하고 있지만, 다양한 이차적 증상의 출현을 방지할 만큼 충분히 강력하지 않다. 예기 단서에 직면하였을 때의 부인, 공포 회피, 자기비판, 구획화(해리의 방어기제) 및 신체화는 그녀가 가장 자주 사용하는 방어이다. 위협이 강해지면 그녀의 유약한 부인은 악화되고, 신체 증상과 직접적 회피가 지배적으로 두드러진다. 따라서 급성 스트레스는 다양한 스트레스 관련 신체 증상과 공포 행동을 일으키는데, 이는 그녀의 불안과 우울이 부인됨으로써 나타난다고 할 수 있다.

그녀의 대처 양식은 이러한 강력한 추동들을 조정하기 위한 수동적인 노력과 능동적인 노력을 모두 포함하고 있다. 따라서 그녀는 개인적 갈망을 포기할 만큼 과도한 영합의 수준까지 타인의 인정과 승인을 구하였지만 이는 흔히 그녀의 인생에서 타인의 존재를 확인하려는 헛된 노력이 되었다. 실제로 이러한 노력들은 대개 커다란 일군의 내재적인 반항과 분노의 충동을 보상하기 위하여 고안된 것이었고, 외현적으로는 자율적이고 자립적(self-guided)으로 보이려고 한 것이었다. 그러므로 이러한 자기실현과 자율성을 성취하기 위한 노력에는 공포와 철회가 지배하는 죄책감과 자기의심, 수치심이 따르고 있다. 이러한 죄책감 등의 증상들은 대인관계의 분노, 상처, 원한과 기능적으로 등가적인 것으로서 매우 관심이 요구된다고 할 수 있다. 따라서 그녀의 공포증적 불안과 해리는 성관계로부터 철회와 신체적 의존을 이끌게 했다. 그녀의 철회 반응은 분노의 간접적 표현이며 또한 반사회적 충동과 승인 욕구 간의 타협이라 할 수 있다. 불행하게도 이러한 타협은 자기존중감을 저하시켰고 이동을 제한하였다. 이러한 행동 양상의 또 다른 결과는 지원을 제공할 수 있는 사람이 거의 없도록 만들었다는 것이다. 하지만 그럼에도 불구하고 중요한 타인에게 얻을 수 있는 지원수준에 대한 A. G.의 만족도는 좋았으며, 이는 어떠한 치료 프로그램에서도 이 사람들이 지지 제공자가 될 수 있음을 시사한다.

내담자의 강점. A. G.는 적당한 자아강도를 가지며, 자신의 상태 배후의 여러 역동에 대하여 잘 알고 있다. 그녀의 인지 능력은 평균~평균 상 범위에 속하는 것으로 추정되며, 사고 과정은 온전하고 초점화될 수 있다. 매우 회피적임에도 불구하고 그녀의 고통 수준은 치료 참여의 동기를 확인할 수 있을 정도로 적정수준이었다. 현재 파트너와의 관계는 장기적이며 매우 지지적이다.

진단적 인상

불안장애의 진단, 특히 광장공포증(300.22) 진단은 현재의 증상보다 병력에 근거한 것이다. 감별 진단으로 주요우울장애(296.3)의 존재 가능성이 주로 질문되어야 한다.

요약 및 제언

A. G.는 70세의 이혼 여성으로, 13년의 교육을 받았으며 광장공포증, 공황발작, 해리와 관련된 증상을 보고하였다.

1. 문제의 성질과 역동. A. G.의 증상은 복합적이며 장기간 지속된 성질로, 유관성 차원보다는 초기 대인관계에서의 기대와 갈등의 발달 과정 및 역동성 차원에서 더 많은 것이 발견되고 있다. 이러한 핵심 갈등은 자율성과 의존성에 대한 욕구를 해결하려는 사춘기 이후의 분투에서 주로 생긴 것으로 보인다. A. G.의 기능적 손상도는 중등도 수준이었다. 기능의 다양한 분야들이 영향을 받았고, 만성적인 조건들과 연계되기도 하였으며, 결론적으로 장기적인 치료의 필요성이 시사되었다. 그녀의 심리적 고통 수준은 잘 억제되어 있는데, 치료를 찾는 다른 환자에 비해 평균 또는 평균 하 수준에 해당되는 정도였다. 즉각적인 위협에 노출되면 그녀의 고통은 유의미하게 증가되지만, 그녀는 즉시 이를 보상할 수 있으며 회피에 능숙하였다.

2. 내담자의 강점. A. G.의 강점으로는 좋은 자각 능력 및 평균~평균 상 수준의 온전한 지적 능력, 동기를 부여하는 적정한 심리적 고통 수준, 매우 지지적인 장기간의 지속되는 관계를 맺고 있는 점 등이다.

3. <u>치료 계획</u>. 중요한 타인과의 관계에서 체계적인 역기능을 유지하게 만드는 연합된 갈등의 역동적 성질과 역할은 증상에 초점을 맞춘 치료와 근본적인 갈등을 해결하기 위한 노력을 결합해야 할 필요성을 시사한다. 치료의 첫 초점은 거주지와 관련된 염려를 줄이는 것이어야 하며, 동시에 사회적 참여와 독립적 기능의 증가에 맞춰져야 할 것이다. 초기의 증상적 호전이 있다면, 이후로 추가적인 개입은 A. G.가 지닌 반항심의 양상에 초점을 두어야 할 것인데, 이는 자기징벌, 죄책감 및 철회가 뒤엉켜 있는 것처럼 보인다. 이러한 개입에서는 특히 이러한 자신의 양상에 대해 보다 큰 통찰과 함께 자율성 및 수용의 욕구 모두를 확인하는 것이 강조되어야 할 것이다.

내담자의 방어와 개인적 통제의 수준은 충분하며, 주관적인 낙담과 절망의 수준은 외래 치료가 적당함을 제안하는 범위이다. 자신과 타인에 대한 직접적 위험의 증거는 없다. 항불안제와 항우울제 약물치료는 권장되지 않는데, 왜냐하면 신체적 부작용이 결합되어 나타날 가능성이 높고 자신의 증상을 상대적으로 양호하게 통제하기 때문이다. 개인치료를 통해 문제행동에 관해 좀 더 선택적이고도 중점적으로 초점을 맞출 수 있을 것이다. 또한 개인치료는 집단치료에 비해 불편함을 직접적으로 회피하는 시도를 방지할 가능성이 높아 보인다. 동기적 고통 수준이 적정함에도 불구하고, 그녀의 강력한 회피 양상 탓에 치료에 대한 충분한 동기를 유지하는 데 어려움을 겪을 수 있다. 그러므로 두려워하고 회피하려는 상황에 직면하거나 노출하는 개입은 불안을 둔감화시키는 데 도움을 줄 뿐만 아니라 치료를 지속하는 동기 수준을 유지시켜 줄 수 있을 것이다.

A. G.의 대처 양식은 일차적으로 충동적/외재화하는 것과 자기비판적/내재화하는 것 사이에서 요동친다. 이러한 순환적 대처 양상은 그녀의 문제를 행동 수준과 통찰 수준 모두에서 다루어야 할 필요성을 제안한다. 그녀의 충동과 직접적인 회피가 지배적일 때는 행동적 전략이 강조되어야 한다. 그녀가 좀 더 내향적으로 숙고하면서 자기비난적일 때는 통찰 지향적인 개입들이 좀 더 효과적일 것이다. 그녀의 주관적 고통의 비지속적인 성질을 감안하면, 감정 방출적(abreactive)이고 감각-초점적, 정화적 개입 방안들이 이렇게 좀 더 내향적으로 숙고하는 국

면 동안에 특히 도움이 될 수도 있을 것이다.

　　A. G.는 도움 제공자의 지시에 겉으로는 순응하지만 속으로는 그 이상으로 저항하는 패턴을 보인다. 그러므로 신뢰 관계를 발전시키기 위하여 특별한 관심을 두어야만 한다. 반면 신뢰 관계가 이루어졌다고 하더라도, 그녀는 치료자가 일방적으로 부여하는 직접적 제안과 구체적 과제들을 여전히 몰래 훼손시킬 것으로 예상된다. 따라서 가장 효과적인 접근 방식은 협력적 개입 방안을 강조하는 것으로, 분명한 행동 변화, 유관 계약, 증상 처방하기 및 "변화하지 않도록 지시하기"와 같은 역설적 개입 등이 포함될 수 있을 것이다. 강도 높은 치료 회기 후에는 신체적 증상 및 공포 반응의 악화가 예측되므로 이에 특별한 관심을 두어야 하는데, 왜냐하면 치료 회기는 무증상의 방향에 있던 그녀의 저항 충동이 총동원되도록 할 수 있기 때문이다.

　　종합적으로 내담자의 공포 및 두려움의 증상 양상은 구조화된 노출 절차, 인지적 재구조화 그리고 내부감각 자각(interoceptive awareness)이 결합된 치료 개입에 잘 반응할 것이다(Craske & Barlow, 1993). 이러한 절차들은 자기검토(self-monitoring) 및 증상과 행동 모두에 초점을 맞추는 것에 의거한 장점을 가짐으로써 환자의 저항을 피해 갈 것이다. A. G.의 문제가 갖고 있는 보다 주제 중심적이며 역동적인 양상은 작업 개시 과정에서 지적될 수 있는데, 이러한 작업은 구체적으로 그녀의 불안을 동기적 방향으로 움직이도록 할 것이다. 두려움의 대상을 직면하는 것으로는 2개의 의자 작업과 미해결 관계 문제에 관한 심상적 해결하기(imaginal reliving)가 도움이 될 수 있다. 심상적 직면은 자기를 받아들여 주지 않았던 부모, 자녀, 그 외의 중요한 타인들에 관한 심상과 기억으로 시작될 수 있을 것이며, 목표는 그녀가 불편함과 불승인을 감내할 수 있도록 돕는 것이다. 과잉 통제된 환자와의 작업을 위해 Daldrup, Beutler, Engle 및 Greenberg(1988, *Focused Expressive Psychotherapy*)가 개관한 절차들이 특히 도움이 될 것이다.

....

출처 캘리포니아 팔로알토 소재 Palo Alto 대학교의 Larry Beutler, PhD, ABPP가 작성하고 제출한 보고서

이름 Joe Competent

연령(생년월일) 49 (65/1/10)

성별 남성

인종 히스패닉

보고일자 2014/6/25

평가자 Frank Clinician, Ph.D., ABPP

의뢰처 John McReferral

의뢰 질문

Mr. Competent는 49세, 오른손잡이, 이혼, 이전에 편집성 조현병 및 "학습장애"로 진단된 적이 있는 히스패닉계 남성이다. 나는 그가 강도 용의자로 구금된 이후, 미란다 권리를 포기하였고 경찰에게 심문을 받았으며 가택침입을 자백하였음을 알게 되었다. 나는 그의 인지 능력에 관하여 알아보고 다음의 질문을 다루기로 했음을 인지하고 있다.

1. 그는 자신에게 고지된 미란다 권리를 어느 정도 이해할 수 있는가?
2. 그가 심문 과정에 의식적으로 또한 지적으로 참여할 수 있는 능력의 수준은 어떠한가?

평가 절차

임상적 면담, 신경심리 증상 평정척도, 웩슬러 성인 지능검사-IV, 웩슬러 기억검사-IV, 광범위 성취검사-IV, 통제 단어연상 검사, 벤더, Bender-2 기억검사, MMPI-2(질문을 읽어 주었음), 레이 15항목 검사, 기억 거짓말 검사(TOMM)), 경찰 심문 기록, Jonathan Smith, M.D.의 유능성 평가(2012/7/22), Patricia Jones, M.D.의 유능성 평가(2012/6/15). 전체 대면 평가 소요시간 5시간 40분.

행동 관찰

Mr. Competent를 메트로타운 교도소에서 만났다. 그는 죄수복을 입고 있었고 결박되지 않은 상태였다. 그는 치아가 대부분 빠져 있었고, 입의 왼쪽 부위가 오른쪽보다 살짝 내려가 있었다. 단어 발성이 다소 어눌하였는데, 그는 "구순열(언청이)" 때문이라고 이유를 설명하였다. 그의 정동은 다소 무뎠지만, 그 외는 정상적이었다. 그의 사고는 때로 와해되었고, 반응은 상당히 사고 이탈적(tangential)이었다. 반면 망상에 대한 명백한 징후는 없어 보였고, 그는 어떠한 환각도 부인하였다. 이러함에도 그는 다소 의심이 많아 보였고, 내가 그에 관하여 준비하는 보고서를 누가 읽게 될 것이냐를 두 번씩이나 물었다. 그는 자신의 정신의학적 어려움에 관한 통찰이 상당히 부족해 보였고, 타인에 대한 의심은 단순히 20대 때에 공격당하였던 경험 탓이라고 느낀다고 하였다. 약을 먹는 이유와 약효에 대하여 질문하였을 때, 그는 약이 자신을 피곤하게 만들지만 정서 또는 인지 기능에는 어떠한 영향도 주지 않는다고 하였다. 그가 개인적 배경에 관하여 제공한 답변은 상당히 모호하였으며, 몇 가지 경우에는 일부 세부사항을 변경하기도 하였다. 예를 들어 결혼을 하였는지 물었을 때, 처음에는 아니라고 하였지만 이내 결혼을 하였는데 교도소에 있었을 때였다고 하였다. 그는 이혼하였다고 말하였지만, 금세 "아니에요. 나는 이혼한 적이 없어요"라고 말하기도 하였다. 이러한 괴리 때문에 나는 그가 개인력에 대한 기억이 상당히 부정확하다고 생각하였다. 그는 나의 질문을 이해하는 듯하였고 일반적으로 지시에 따를 수 있었다. 하지만 많은 경우 그는 지시를 반복해 줄 것을 요구하였다. 한 번은 분명하게 설명하려는 노력을 반복하였음에도 과제에 관한 지시를 이해하지 못하는 듯하였다. 그는 자신에게 제시된 과제에 대해 최선의 노력을 하는 것으로 보였다.

위의 행동 관찰로 보아, 나는 그의 와해되고 이탈적인 사고로 인해 그가 이야기한 일부 개인력이 상당히 부정확하리라고 믿었다. 그 결과 나는 정확한 과거력을 만들기 위해 여러 기록을 검토하는 것에 의지하였다. 그의 인지검사 반응의 타당도 평가 측정[*] 점수는 낮았다. 많은 내담자의 경우에 이러한 반응은 결손의 과

....

[*] 역자 주: 소위 허위 부정검사(fake-bad test)로 불리는 것과 유사한 내용이다.

장을 나타내는 것일 수 있다. 반면 Mr. Competent의 경우, 이러한 낮은 점수는 그의 과거력, 이전 평가 그리고 다른 인지적 검사에서의 상당히 낮은 수행과 일관적이었다. 그 결과 나는 검사의 결과가 그의 현재 기능 수준에 대하여 대체로 정확한 평가였다고 느낀다. 단 그의 인종적 배경(히스패닉)을 고려하면, 이러한 결과 일부는 그의 잠재 능력을 다소 과소평가하였을 가능성이 있다. 따라서 검사 점수를 해석할 때 이러한 점이 고려되어야 한다.

배경 정보

(주의: 배경 정보는 상당 부분 생략되었고 익명성을 보장하기 위해 변경되었다.)

개인적/사회적 정보. Mr. Competent는 Anytown에서 나고 자랐다고 한다. 그는 2명의 형과 6명의 여형제가 있었다고 하였는데, 이들이 생물학적 친형제인지 입양된 의형제인지는 분명히 알지 못한다고 하였다. 집에서 주로 사용한 언어는 영어였다. 의료 기록에 따르면, 그가 입양 가족과 살았다는 언급은 없었다. 또한 그는 Anytown에서 태어났으나 9세 무렵 가족들과 함께 Metrotown으로 이사하였음이 기록되어 있다. Mr. Competent는 그의 "양어머니"가 79세에 돌아가셨고 "양아버지"는 1993년에 마지막으로 보았기 때문에 살아 계신지 알지 못한다고 하였다. 그가 양부모님을 말하였을 때, 실제로는 친부모를 그렇게 불렀을 가능성이 크다. Mr. Competent는 자신의 아버지는 목장에서 일하였고, 어머니는 청소일을 하였다고 하였다.

Mr. Competent는 고등학교 시절에 "사람들과 잘 어울려 다니는 편"이었고 친구도 많았다고 한다. 그는 체육 수업과 파티에 가는 것을 좋아했다고 하였다. 법률적, 정신의학적 기록은 그가 여러 법적 문제를 가졌고 1983년부터 몇 년간 소년원 시설에 있었음을 보여 주었다. 의료 기록에는 그가 1987년에 결혼하였다고 나타났으며, 그는 자기가 자식이 없다고 하였다. 그의 주장과는 대조적으로, 그의 의료 기록에는 3명의 아이가 있다고 되어 있었다. 의료 기록은 또한 그가 아내/자녀들이나 원가족과 접촉이 없음을 보여 주었다.

학문적/직업적 정보. Mr. Competent는 고교 시절에 "특수학급"에 다녔는데,

이유는 읽기에 어려움이 있었기 때문이라고 하였다. 가장 어려운 과목은 영어, 역사, 수학이었고, 교과 성적은 A, B, C가 섞여 있었다고 하였다. 그는 자신을 "느리게 배우는 사람"이라고 표현하였고, "학습장애"가 있었다고 하였다. 일부 기록은 그가 Metrotown 고등학교에 재학하였음을 보여 주는 반면, 다른 기록에는 그가 Northbridge 특수학교에 다녔다고 적혀 있었다. 이 시기 중 적어도 일정 기간 동안 소년원 부설 학교에 다녔음도 주목해야 할 것이었다. 공식적인 심리평가가 포함된 학생기록부는 이 검토에서 활용할 수 없었다. 취업은 간헐적으로 하였고, 수주 이상 지속되는 경우는 드물었다. 그는 "그만둔 것이 아니라 단지 다시 일하러 가지 않았을 뿐이다"라고 말하였다.

의학적 정보. 그는 종양, 뇌졸중, 특이한 고열, 신경독성 물질 노출 등을 부인하였으며, 중등도 수준으로 알코올과 약물(심각한 마약은 아닌)을 사용하였다고 하였다. 그의 삶의 많은 기간 동안 하루 한 갑 정도의 흡연을 해 온 것이 분명해 보였다.

정신의학적/법적 정보. 1993년 이전의 초기 정신과적 과거력은 얻을 수 없었기에, 그의 처음 증상이 어떻게 시작되었고 어떻게 표출되었는지 명료하지 않다. 법정 및 정신과 기록의 검토를 통해 그가 대개 편집형 조현병의 진단을 받아 왔음을 알 수 있었다. 추가적 진단으로 조현정동장애 및 양극성장애도 있었다. 처방된 약물은 할돌(Haldol), 자이프렉사(Zyprexa), 리스페달(Risperdal), 코젠틴(Cogentin), 프로리신(Prolixin), 데파코트(Depakote), 팍실(Paxil) 등이 포함되어 있었다. 치료의 합병증으로는 자신이 정신질환을 갖고 있다는 자각의 빈약, 입원과 퇴원의 기준에 대한 빈약한 이해, 건강관리의 곤란, 빈약한 약물치료 순응도, 사회적 고립과 의심을 보여 왔다. 가끔씩 자신이 정신질환이 있으며 약물치료가 도움을 준다고 진술하기도 하였다. 하지만 대부분의 경우 그는 자신이 정신질환을 갖지 않은 것으로 느낀다고 표현하곤 하였다. 물질 남용이 부분적으로 확인되었으나, 이것이 실제적으로 그에게 문제가 되었다는 기록은 분명하지 않았다. 그는 면담 동안에 어떠한 물질 남용 문제도 최소화하여 얘기했는데, 이러한 양상이 그의 부족한 통찰력에 의한 것인지 아니면 단지 그에게 물질 남용 문제는 없었던 것인지 명료하지 않았다. 치료는 부분적으로 또한 일부 시기에만 성공적이었던 것 같다. 성공적인 한 가지 영역은 완전히 활성화된 수준의 정신과적 증상인 망상이나 환각 등의 경험이 거의 보고되지 않았다는 점이다. Mr. Competent는 근래에 약물치료로 리스페달(4mg/일)과 코젠틴(2mg/일)을 처방받았다. 과거의 정신 건강 기록은 그의 매우 낮은 언어 이해력, 낮은 통찰력, 낮은 학업 성취 그리고 전반적으로 낮은 지적 능력과 모두 일관된 양상이었다. 단 이러한 것은 인상적 분석을 바탕으로 한 것이며, 보다 공식적이고 정밀한 심리학적 측정치에 의한 것은 아니었다.

범법 혐의의 요약

Mr. Competent는 2014년 5월 25일 저녁에 "배회"하던 중 체포되었다. 그는 자신의 미란다 권리를 포기하였고, 심문에 답하기를 가택침입을 하였고 거기에 있었다고 자백하였다. 이후 그는 Metrotown 지역 교도소로 이송되었고, 현재 그곳에 수감되어 있다. 그는 지금 보니 경찰에 의해 강도짓을 시도한 거라고 자백하게끔 조종되었다는 느낌이 든다고 하였다.

해석 및 인상

전반적인 지적 기능 수준. 전반적 기능 수준은 동 연령대와 비교할 때 극도로 낮은 수준 범위이며 전 인구의 하위 1%에 속하였다(전체지능지수 FSIQ=62). 이는 경도의 지적장애 범위에 해당된다. 그의 언어적 지식/추론 능력뿐만 아니라 시공간 정보처리 능력도 같은 수준으로 모두 낮았다. 그의 과거력과 이전의 평가를 보면, 그의 낮은 지적 수준은 장기적인 것일 가능성이 높다.

주의 및 집중. 주목해야 할 어려움은 그가 주의를 기울여야 할 때 극도로 어려움이 있어, 대화에 집중하기 어렵고 새로운 내용을 배우는 데 심한 어려움이 있을 가능성이 높다는 것이다. 이 영역에서 그의 공식적인 점수는 0.1 백분위에 해당하는데, 그것은 1,000명 중 1명만이 이렇게 낮은 범위에서 수행함을 의미한다.

기억. 전체 기억은 극도로 낮은 범위 수준 또는 인구의 0.1%에 해당하였다(즉각기억 지수=55). 이것은 그가 사람들이 그에게 하였던 말이나 경험하였던 사건 등을 기억하는 데 상당히 어려움을 겪고 있음을 의미한다. 예를 들어 그는 그에게 읽어 준 숫자를 최대로 세 자리만 반복해서 따라할 수 있었다. 그에게 읽어 준 짧은 단락을 회상할 수 있는 능력은 극도로 제한적이었다.

언어적 기술. 언어적 능력은 인구의 하위 2%에 속하였다(언어이해 지수점수=68). 그의 단어 지식은 정보의 축적 수준처럼 상당히 제한적이었다. 예를 들어 그는 "오늘"을 "예전에"라고 의미로 썼고, 일주일은 "6일"이라고 하였다. 일반적 상황을 이해하기 위한 일상적 추론 능력도 매우 낮았다. 그는 교차로나 광장 같은 일상적 장소의 이름을 알고는 있었지만, 철자를 맞춤법대로 쓰지 못하였다.

성취 수준. 공식적인 읽기 평가에서 그는 4학년 수준까지 읽을 수 있었다. 그의 맞춤법은 1학년 수준이었다. "개" 또는 "모자"는 쓸 수 있었으나 "교량"이나 "셔츠" 철자는 적지 못하였다. 산수는 3학년 수준이었다. 예를 들어 그는 숫자 더하기와 빼기는 할 수 있었으나 간단한 나누기는 하지 못하였다(그는 20을 4로 나누면 30이라고 생각하였다). 이러한 점수는 그가 기능적으로는 문맹 수준임을 나타내는 것으로, 신문이나 잡지, 책, 법률 문서 또는 재정적 정보를 제대로 읽을 수 없을 것으로 보였다.

비언어적 기술. Mr. Competent의 비언어적 능력은 기억이나 주의에 비해 상대적으로 나은 편이었다. 이는 그가 보는 정보를 이해하고 문제해결하는 능력이 상대적으로 강점이라는 것을 의미한다. 그럼에도 그의 비언어적 능력은 여전히 전인구 중 하위 2%에 속하였다(지각추론 지수점수=72). 그 외에도 일련의 단순한 디자인을 재생해 내는 능력도 분명히 손상된 수준이었다.

정보처리 속도. Mr. Competent의 정보처리 속도는 전 인구의 하위 1%에 속한다. 이는 설명하고 질문하는 데 극도의 배려가 주어져야만 한다는 의미이다. 그가 문제를 이해하고 해결하기 위해서는 별도의 시간이 또한 주어져야만 할 것이다. 단 그가 복용하는 일부 정신과 약물이 진정 작용을 갖기 때문에 Mr. Competent의 저하된 처리 속도는 과장된 것일 수도 있음이 지적되어야 한다. 이를 보완하기 위하여, 나는 약물의 영향이 최소화되었을 시기에 속도, 집중 그리고 기억이 요구되는 과제를 부여하려고 노력하였다.

정신과적. 성격과 증상을 검토해 볼 때, MMPI-2의 점수 양상은 특이한 것으로 보인다. 그는 자신의 증상을 과장하여 호소하는 것 같다. 동시에 그는 비현실적 방식으로 자신의 긍정적인 특성을 강조함으로써 이를 최소화하려고 하였다(예를 들어 이전에 화를 낸 적이 없다고 부인하였고, 결코 욕하고 싶었을 때가 없다고 진술하였다). 아마도 읽기가 4학년 수준이기 때문에, 질문을 적절하게 이해하지 못하였기 때문이라고 생각된다. 동시에 이전의 평가도 그가 증상을 최소화하지만 여전히 상당히 심각한 정신과적 질환을 보이는 식임을 나타낸다고 할 수 있었다. 이러한 점에도 불구하고 전반적인 프로파일은 여전히 그의 과거력과 일관적이었다. 와해된 사고 및 특이한 사고 과정, 이탈적 사고, 높은 활력과 다행감(euphoria)의 기간을 측정하는 척도에서 중등도의 점수 상승을 나타냈다. 또한 그는 과민하고 잘 믿지 않았으며 의심이 많았다. 단 평가 당시 그는 협조적이었으며 드러난 어떠한 망상이나 환각도 없어 보였다.

요약과 질문에 대한 의견

Mr. Competent는 49세, 오른손잡이, 기혼 남성으로, 정신질환과 법적 문제의 과거력이 있다. 과거 치료는 여러 합병증적 양상을 동반하였는데, 낮은 병식 및 낮은 지적 수준, 사회적 고립, 간헐적 폭력 행사, 의심, 부적절한 의학적 건강관리, 빈약한 순응성 등이었다. 나의 평가에서 그는 경도의 지적장애 범위(전체 IQ=62 또는 전 인구의 하위 1%)에서 기능하는 것으로 밝혀졌는데, 특히 언어이해, 언어추리, 손상된 주의, 빈약한 기억, 낮은 정보처리 속도, 시각적 도형 구성 능력의 손상을 나타냈다. 학업 성취 능력은 1학년 수준의 맞춤법에서 4학년 수준의 읽기 수준의 범위였다. 이러한 결과는 그가 기능적으로 문맹 수준이라고 할 만큼 저하된 수준임을 충분히 나타내고 있다. 그는 경미한 수준의 복잡성을 가진 개념을 이해하는 데도 어려움을 겪을 것이다. 이러한 결과는 그에게 정보를 제시할 때는 자기의 반응에 대한 숨은 의미를 분명하게 설명하는 식으로 지극히 간단한 형식을 갖출 필요가 있음을 의미한다. 그의 빈약한 주의와 느린 정보처리 능력 때문에, 정보를 이해하고 반응하기 위해서 많은 추가적인 시간이 필요할 것이다. 그럼에도 일반적인 정보를 간단하고 단순한 용어로 설명할 때면 그것들을 이해할 수 있다. 정신과적 증상으로는 와해된 사고 및 특이한 사고 과정, 이탈적 사고, 과민성, 의심, 높은 활력과 다행감을 경험하는 시기 등을 나타냈다.

1. 미란다 경고의 포기와 포기 능력에 관하여

Mr. Competent의 읽기와 언어기술에 관한 검사는 미란다 권리를 충분히 이해하는 데 요구되는 독해와 읽기 수준과의 비교에서 중대한 차이를 나타낸다. 그의 언어 능력과 전반적인 정신 능력은 경도의 지적장애(전 인구 하위 1% 수준) 수준이고, 1학년에서 4학년 수준 사이의 범위이다. 반면에 미란다 경고를 충분히 이해할 만한 능력은 전형적으로 6학년에서 8학년 수준에 속한다(Helms, 2003의 연구 개관 참고). 이러한 점을 고려할 때, 개인적 의견으로 합리적 수준의 심리적 확실성을 갖고 표현하자면, Mr. Competent가 메트로타운 경찰서에서 자신의 미란다 권리를 포기한 것이 "의식적이며 지적인" 것일 가능성은 거의 없다. 그가 권리 포기와 그러한 결정의 결과에 관하여 충분한 자각을 갖고 미란다 권리를 포기할 만한 능력을 보유하였을 가능성은 거의 없을 것으로 믿는다.

2. 의식적으로 또한 지적으로 심문에 반응할 수 있는 그의 능력에 관하여

Mr. Competent의 만성적 정신질환에 동반된 낮은 지능 수준은 그가 의식적으로, 지적으로 그리고 자발적으로 심문 과정에 참여하는 것을 어렵게 만들 것이다. 그는 심문의 스트레스를 견뎌 내지 못할 것 같으며, 외견상 "친절한" 경찰의 의도와 숨은 뜻을 이해할 수 없을 것으로 보인다. 달리 말하자면, 그는 친절함의 외면적 모습과 사실을 구분하는 데 어려움이 있었을 것이다. 연구에 따르면, 지적장애를 가진 대부분의 사람들이 질문의 내용과 무관하게 "예"라고 반응한다(Sigelman et al., 1981; "의심될 때는 네라고 말한다: 정신지체를 가진 사람들의 묵종" 참고). 또한 정신질환과 정신적 결핍을 가진 사람들이 흔히 거짓 자백으로 여겨지는 것을 제공할 가능성이 가장 높다는 연구가 있다(Clare & Gudjonsson, 1995). 그들은 유도 질문에 더 취약하고, 작화 반응을 더하며, 심문자에게 더 많이 묵종한다(Clare & Gudjonsson, 1995). 그들은 허위 자백에 대한 결과가 대수롭지 않거나 아무 일도 없을 것이라고 믿는 경향이 보다 높다. 따라서 Mr. Competent는 "허위 자백" 등을 제공할 위험이 높은 일련의 더할 나위 없는 특성을 갖고 있다.

여기에 제시된 의견과 결론은 본질적으로 임상적인 것으로, 법률적 결론을 나타내지 않음에 유의해야 한다. 근본적인 법적 질문들은 오로지 법원의 결정을 위한 것이다. 나는 이러한 서비스를 제공할 기회를 가진 것에 대해 감사를 전한다. 위 내담자에 관하여 질문이 있다면, 귀하의 편의에 따라 주저 없이 내게 연락해 주기 바란다.

Gary Groth-Marnat, Ph.D., ABPP, ABAP

캘리포니아주 면허(PC XXXX)

참고문헌

Clare, I. C. H., & Gudjonsson, G. H. (1995). The vulnerability of suspects with intellectual disabilities during police interviews: A review and experimental study of decision-making. *Mental Handicap Research, 8,* 110-128.

Helms, J. L. (2003). Analysis of *Miranda* reading levels across jurisdictions: Implications for evaluating waiver competency. *Journal of Forensic Psychology Practice, 3,* 25-37.

Sigelman, B. E., Spanhel, C., & Schoenrock, C. (1981). When in doubt say yes: Acquiescence in interviews with mentally retarded persons. *Mental Retardation, April,* 53-58.

이름 데이비드 W.

생년월일 XX/XX/XX

성별 남성

평가일자 2015년 2월 4일, 12일, 16일

작성일자 2015년 2월 25일

평가자 A. Jordan Wright, Ph.D., ABAP

의뢰 질문과 현재 문제

내담자는 12세, 오른손잡이, XXXXXX에 있는 사립학교 6학년에 재학 중인 백인 소년이다. 평가는 일차적으로 미래의 그의 학습 관련 요구를 살펴보기 위하여 의뢰되었다. 부모는 그가 "집행 기능 문제"를 갖고 있다고 보고하였다. 구체적으로 부모는 그의 학교에서의 능력과 "참여 및 실행" 간의 "단절"을 지적하였다. 부모에 따르면, 그는 관심을 가진 과목에는 A 또는 B를 받지만, 그에 비해 대부분의 경우에는 수업에 적극적으로 참여하지 않으며 좋은 성적을 위해 노력하지 않는다고 하였다. 가장 주목할 만한 것으로는 그가 수학에 심한 어려움이 있다는 점이다. 부모는 내담자가 시험을 칠 때 어려움을 겪는데, 시간과 관련되어 지시를 따르는 것이 힘들다고 보고하였다. 그의 지시 따르기 문제는 시험 외에 교과시간에도 복잡한 지시를 따르는 데 어려움이 있는 것으로 나타났다. 부가적으로 그는 흥미를 갖고 좋아하는 것(특히 우주와 우주여행)을 읽는다고 보고하였는데, 다른 것은 읽지 않는 경향이 있었다. 그는 현재 담당교사 및 부모, 이전 학교의 선생님이었던 가정교사를 포함하여 매우 많은 학업 지원을 받고 있다.

내담자와 부모는 학령기 초기에 몇 번 또래와 싸우는 것과 관련된 행동적이며 사회적인 문제를 보고하였지만, 이러한 보고는 몇몇 개입(학교, 부모, 현재 담당 치료자에게 받은)에 따라 사라졌다고 하였다. 평가의 목적은 내담자 어려움의 성질을 명확히 하는 것이며, 미래의 기능, 특히 학교에서의 기능을 개선할 수 있는 제언을 위한 것이다.

평가 절차/정보 출처

과거 평가 개관(2011년부터)

내담자에 대한 임상적 면담

내담자 부모와의 합동 면담

벤더 시각 운동 게슈탈트 검사 2판(Bender-2)

웩슬러 아동 지능검사 5판(WISC-Ⅴ)

코너스 연속수행검사 2판(CPT-2)

반복 가능한 신경심리 상태 평가집 최신판(RBANS)

위스콘신 카드 분류 컴퓨터용 검사 4판(WCST-Ⅳ)

선 추적 검사(Trails A와 Trails B)

웩슬러 개인 성취검사 3판(WIAT-Ⅲ)

로르샤하 수행 평가체계(R-PAS)

아동 행동 평가체계 2판(BASC-2)

부모 보고 척도-청소년용(PRS-A)

교사 보고 척도-청소년용(TRS-A)

자기 보고 척도-청소년용(SRS-A)

배경 정보

현재 문제력. 내담자는 처음 배울 때부터 읽는 것이 약간 느렸고, 부모는 아마도 흥미가 부족하였기 때문인 것 같았다고 보고하였다. 그들은 내담자의 학업 발달을 직선적이기보다는 "단계적"인 것으로 설명하였는데, 학업 기술은 각기 다른 시기에 갑자기 또한 급속히 발달하였던 것 같다고 하였다. 주목할 만한 것으로, 부모는 내담자가 탁월한 어휘를 가졌던 것 같다는 보고를 한 것이다. 그들은 숙제가 "현실"이 되고 실제 학업 기술 발달에 초점이 맞춰지는 때가 되자 내담자에게 학교에서의 어려움이 진정으로 시작되었다고 보고하였다. 학교에서 수업이 힘들어지면서, 내담자는 "발달을 따라가지 못한" 것으로 보고되었다. 2011년에

XXXXXX 박사(보고일자 2011/4/23)에 의하여 인지와 신경심리 기능에 대한 평가가 시행되었는데, 당시 전반적으로 온전한 인지 기능을 갖고 있으며 계획 수립 및 반응 억제, 지속적 주의에서 경미한 곤란을 동반하였지만 광범위하게 손상되지는 않았다고 보고하였다. 그는 5학년을 마치고 다른 학교로 전학을 갔고, 새 학교에서 5학년 과정을 반복하기로 결정하였다.

관련 있는 기타 과거력. 내담자는 2명 중 둘째이며, 현재 어머니, 아버지, 14세의 누나와 함께 살고 있다. 그의 어머니는 XXXXX에서 일하고, 아버지는 YYYYY에서 일한다. 부모는 내담자가 우주와 우주여행(그가 열정을 갖는)에 관한 것을 포함하여 테니스와 축구, 그 밖의 스포츠도 배우는 등 다양한 취미를 갖고 있다고 하였다. 또한 그는 조립하기(레고)와 디자인 소프트웨어를 갖고 노는 것을 즐긴다고 보고되었다.

그의 부모에 따르면, 임신 및 출산 동안 내담자에게 별 문제는 없었다고 한다. 모든 발달지표는 적합하였던 것으로 보고되는데, 전반적으로 약간 느렸지만 걷기와 말하기는 빨랐던 것 같다고 보고되었다. 그는 자기 혼자 어린이용 변기를 사용할 수 있었다고 한다. 과거 및 현재에 의학적 주요 문제는 없었으며, 중대한 신경학적 문제의 기록도 없다. 그의 아버지는 10년 전에 암이 발생하였지만 나아지고 있는 상태이며, 그의 직계 가족에서도 중요한 의학적 문제는 없는 것으로 보고되었다. 외할아버지가 과도한 약물과 술을 사용하였고 외할머니는 "아마도 우울"하였던 것 같지만, 그 밖에 다른 정신의학적 가족력은 없다고 한다. 내담자는 현재 어떠한 약물치료도 받고 있지 않다.

보고에 따르면, 내담자는 또래관계는 원만하다고 하였다. 비록 이번 학년 초기에 약간의 사회 행동적 문제가 있었지만, 그 빈도는 잦아들었다. 그는 특히 학교 축구팀에서 친구들과 시간을 보내는 것을 즐긴다고 보고하였다. 그는 이번 학년 초기에 보였던 행동적 문제에 초점을 맞추어 현재 XXXXXXXXXX에서 인지 행동치료를 받고 있다.

행동 관찰/정신상태 평가

내담자는 평가 동안 계절에 적절한 옷을 갖춰 입고 위생상태는 깔끔하였으며, 그 나이에 적절한 행동을 보였다. 그는 매번 약속 시간보다 10분 일찍 도착하였으며, 아버지와 동행하였다. 그는 다소 느리게 평가자와 준비 작업을 하였고, 말수가 적었으며, 첫 회기 시작부터 하품을 하였다. 평가가 진행되면서 그는 좀 더 말을 많이 하였고 친숙해진 이후 자발적으로 이야기하면서 눈맞춤도 좋아졌다. 그는 모든 활동에 최대한 노력을 기울이고 유지하는 것처럼 보였는데, 예외적인 경우는 때로 시간이나 노력을 너무 많이 기울여야 하거나 포기하는 문제를 만난 때였다. 그의 눈맞춤은 적절하였으며, 정신운동적 초조나 지연은 나타나지 않았다. 그의 말하기와 언어는 정상범주 내에 있었다. 그의 기분은 "좋은" 것으로 보고되었고, 그의 정동은 일관되게 기분과 잘 조화되었다. 그의 사고 과정은 전반적으로 명료하였고 목표 지향적이었다. 그의 사고 내용은 망상이나 불안, 우울 사고를 보고하지 않았다. 내담자는 환각과 자살, 공격/살인 관념을 부인하였다. 그의 주의와 집중은 평가 내내 적당하였고, 그의 기억 기능도 온전한 것으로 나타났다. 그의 통찰은 적절하였는데, 다만 어떤 사람들이 이유는 모르겠지만 자신을 짜증나게 만든다는 느낌을 보고하기도 하였다. 그의 판단은 평가 시점에서 전반적으로 양호해 보였다. 실시된 검사 수행에 노력을 기울이는 것으로 보아, 이 평가는 그의 현재 기능의 양호한 추정치일 것으로 보인다.

검사 발견사항에 관한 전반적 해석

인지 기능

내담자의 전반적 능력은 그의 연령대에서 평균 범위에 있었다(WISC-V FSIQ, 63 백분위, 동일 연령 집단의 63%보다 높음). 단 그의 능력에는 몇 가지 주목할 만한 변동 양상이 있다.

강점

언어 능력. 그의 언어 능력은 그의 연령대에서 평균 상이고(WISC-V 언어이해 지수점수, 동일 연령 집단의 86%보다 높음), 명료하게 자신을 표현할 수 있으며, 동시에 복합적이고 세련된 방식으로 언어를 사용하여 추상적으로 사고할 수 있는 특별한 강점을 갖고 있다(WISC-V 어휘, 동일 연령 집단의 91%보다 높음; WISC-V 공통성, 동일 연령 집단의 75%보다 높음). 그는 스스로를 표현하는 데 별다른 노력을 들이지 않고 세련된 방식으로 언어를 이해하며 사용할 수 있다.

비언어적 능력. 그는 미세 운동 조절에서 어려움을 보이지 않았으며(Bender-2 운동 하위검사, 동일 연령 집단의 76~100%보다 높음), 글씨를 깔끔하게 쓴다든지 그림을 정밀하게 그리는 데 어려움이 없었다. 그의 시지각 능력(WISC-V 시각공간 지수점수, 동일 연령 집단의 63%보다 높음)과 시각운동 통합 능력(Bender-2 모사, 동일 연령 집단의 61%보다 높음; WISC-V 토막짜기, 동일 연령 집단의 50%보다 높음) 또한 적절하였다. 이것으로 볼 때 그는 시각 정보를 잘 지각하며 디자인과 그림을 잘 모사할 수 있다.

학습과 문제해결. 더 나아가 그는 새로운 정보를 학습하는 데 어려움이 없었으며, 단기기억을 유지하고 집중하며 정보를 다루어 어떤 결과 혹은 추리된 결과에 이르게 할 수 있었다(WISC-V 작업기억 지수점수, 동일 연령 집단의 50%보다 높음). 그 외에도 사전 지식이나 숙달된 전문성이 거의 사용되지 않는 새로운 문제를 해결하는 능력(WISC-V 유동추론 지수점수, 동일 연령 집단의 50%보다 높음), 문제해결 및 전략 변경, 충동 억제(역시 집행 기능으로 알려진; 선 추적 B, 동일 연령 집단의 61%보다 높음; WCST-IV 전체 오류, 동일 연령 집단의 50%보다 높음) 등도 무난하였다. 그는 새로운 정보를 갖고 문제를 해결한다든지 채택한 문제해결 전략이 작동하지 않을 때 이를 변경하는 것에 어려움을 보이지 않았다.

약점

주의. 내담자는 주의를 유지하거나 빠르고 정확하게 작업하는 능력에서 기복을 보였는데, 비슷하거나 같은 과제인 경우에도 한 번은 잘하다가 다른 때는 잘하지 못하곤 하였다. 주의를 유지하고 지루한 과제 동안에 지속하도록 요구하는 것을 두 차례 하도록 되어 있는 검사의 첫 번째 수행에서 시간 경과에 따라 지속하고 일관성을 유지하는 데 어려움을 나타냈다(CPT-2 적중 표준오차 구획 변화, 동일 연령 집단의 단지 5%보다 높음). 그 시행에서 그는 하품을 하였고 다분히 주의가 분산되어 보였다. 똑같은 과제를 두 번째 수행하였을 때, 그의 지속성과 일관성은 94%의 동일 연령 집단의 아동보다 높았다. 이번 수행은 점심을 먹고 바로 하였으며, 그 시점에서 평가자와의 라포도 좀 더 잘 형성되어 있었다.

처리 속도. 비슷하게도 여러 과제에서 그의 정보처리와 수행 속도는 그의 연령대의 타인에 비해 유의미하게 낮았다(선 추적 A, 동일 연령 집단의 단지 5%보다 높음; WISC-V 처리속도 지수점수, 동일 연령 집단의 18%보다 높음). 반면 그의 정보처리 속도는 유사한 과제에서 어떤 때는 매우 빨리 수행하고 다른 때는 느린 모습을 보여 줬던 것처럼(WISC-V 기호쓰기, 동일 연령 집단의 단지 5%보다 높음; RBANS 기호쓰기, 동일 연령 집단의 61%보다 높음), 그의 현재 마음 상태 및 동기에 따라 매우 다른 것으로 보인다.

기억. 내담자의 인지 능력 중 마지막 약점은 그의 지연 (중간 기간)기억이다. 그는 단어 목록이나 이야기, 시각 정보를 포함하여 어떠한 즉시적 정보에 관한 기억 및 학습 분야에서 어려움을 보이지 않았다(RBANS 즉각기억, 동일 연령 집단의 70%보다 높음). 단 동일 과제에 대한 그의 지연기억(30분 후)은 평균 하에 해당되었다(RBANS 지연기억, 동일 연령 집단의 18%보다 높음; Bender-2 회상, 동일 연령 집단의 14%보다 높음). 그의 초기 학습된 언어 정보에 대한 지연재인은 적절하였다(RBANS 목록 재인, 동일 연령 집단의 75%보다 높음). 이러한 것은 그가 정보를 습득하여 학습한 것을 인식하는 쉬운 과제에서는 어려움이 없음을 나타낸다. 이에 비해 지연 후 정보를 회상하는 능력은 그에게 약점이며, 그가 학교와 관련된 정보를 공부하고 학습할 때 이러한 약점을 유념해야 한다.

학업 성취

그의 평균적인 전반적 인지적 잠재력 및 탁월한 언어 능력을 감안할 때, 학업 분야에서의 내담자의 수행은 일관적으로 평균 또는 평균을 상회하는 수준인데, 속도와 유창성은 예외였다.

강점

읽기. 그는 읽기 능력에 어려움을 나타내지 않았고(WIAT-III 전체 읽기, 동일 학년 집단의 82%보다 높음), 발성법과 단어 인식, 이해에서 양호한 지식을 갖고 있었다(WIAT-III 유사단어 해독(Pseudoword Decoding), 단어 읽기, 이해에서 각각 동일 학년 집단의 61%, 86% 및 84%보다 높음).

쓰기. 그의 쓰기 능력은 평균 상에 가까웠다(WIAT-III 쓰기 표현, 동일 학년 집단의 84%보다 높음).

수학. 그의 기본 수학 능력 또한 그의 학년 수준에서 다른 아동과 비교하였을 때 평균 상 수준이었다(WIAT-III 수학, 동일 학년 집단의 82%보다 높음).

약점

속도와 유창성. 그는 소리 내어 읽기의 속도, 정확성에 다소 곤란을 가지며(WIAT-III 읽기 유창성, 동일 학년 집단의 34%보다 높음), 기본 산수의 속도와 정확성에서도 그러하다(WIAT-III 수학 능력, 동일 연령 집단의 39%보다 높음). 읽기 및 수학 과제를 완료하는 속도, 용이성, 정확성은 그의 전반적으로 양호한 다른 능력과 비교할 때 예상보다 더 낮은 수준이다. 그러나 주의 지속 능력과 신속한 작업 능력이 전반적으로 심각하게 기복을 보임을 고려할 때, 경미하게 저하된 이러한 성취 수준은 이해할 만하다.

정서 기능

이 평가는 내담자가 학업적으로 분투하고 있다는 것 외에도 좌절을 인내하는 데 어려움이 있음을 보여 준다. 학업적으로 어려우며 학교에서 분투하며 겪는 좌절을 인내하지 못하는 결과는 자신에 대한 약간의 불안정감으로 나타나는 듯하다. 좌절하게 만드는 상황을 인내하는 어려움이 초래한 그의 낮은 자존감은 어느 정도 행동화를 이끌었으며, 최근에는 이러한 것은 잦아든 상황이다.

학업 문제

내담자는 학교에서 학업적으로 분투하고 있으며, 이는 이 평가의 인지검사에서 밝혀진 사항과 일관적이다. R-PAS는 그가 현재 환경과 관련된 일정 유형의 스트레스를 경험하고 있음을 드러내며, TRS-A는 이러한 스트레스가 그의 학습 문제와 관련됨을 밝혀 냈다. SRS-A는 현재 그가 학교에서 상당히 좌절하고 있으며, 이러한 상태를 싫어하고 선생님들이 자신을 이해하지 못한다고 느끼고 있음을 나타냈다. 그의 학업적 문제는 좌절을 인내하는 그의 능력에 과중한 부담이며 자신에 관한 부정적 관점을 이끌어 내고 있다.

낮은 좌절 인내력

내담자는 좌절을 인내하려고 분투하는데, 과제를 지속해야만 할 경우에는 쉽게 포기하며 충동적으로 행동하기도 한다. R-PAS는 그가 문제를 통해 숙고하기보다는 자발적으로 반응함으로써 세계와 문제 자체에 접근한다는 것을 보여준다. SRS-A는 짧은 주의 지속 기간을 나타냈으나, PRS-A와 TRS-A는 그가 쉽게 주의 분산되지 않음을 밝혔고 그의 짧은 주의 지속 기간은 주의력 문제의 결과가 아님을 제시하였다. TRS-A와 PRS-A는 좌절 상황에서 그가 쉽게 동요된다는 것을 드러내며, 더불어 TRS-A는 그가 종종 생각 없이 행동함을 드러냈다. SRS-A는 그가 좌절할 때 쉽게 포기함을 밝혔으며, R-PAS는 그의 충동성과 포기는 전반적 대처 기술이 저조한 결과임을 나타낸다. 이러한 낮은 좌절 인내력은 학업적 어려움과 결합되어 자신에 관한 부정적 관점을 이끌어 내고 있다.

낮은 자존감

좌절 인내의 어려움과 학업적 어려움의 결과로, 내담자는 스스로에 관한 관점을 부적당하고 손상된 것으로 받아들이고 있다. SRS-A는 그의 전반적으로 낮은 자존감뿐만 아니라 자신이 부적당하다는 강한 느낌을 나타낸다. R-PAS는 그가 자기를 이해하는 데 문제의 소지가 많으며 어떤 식으로든 취약하고 손상되었다는 느낌이 특징이라는 것을 보여준다. PRS-A는 그가 때때로 자신을 증오한다고 말함으로써 낮은 자존감을 표출한다는 것을 밝혔다. 낮은 자존감의 결과는 빈약한 좌절 인내력과 함께 일부 행동화로 나타난다.

행동화 문제

내담자는 낮은 자존감과 좌절 인내의 어려움의 결과로 행동화 문제를 보이는 경향이 있는데, 다만 현재는 치료와 함께 거의 진정되고 있다. PRS-A와 TRS-A는 둘 다 그가 다른 청소년을 괴롭힐 뿐만 아니라 때때로 규칙을 어기며 교사에게 반항한다는 것을 제시한다. 그러나 이러한 행동은 이번 학년 초기에 보고된 것이며, 현재는 학교와 집에서 이러한 문제가 생기지 않는 것으로 보고되었다.

진단적 인상

내담자는 현재 비언어적 학습장애(Nonverbal Learning Disability, NVLD)의 준거를 충족시키는데, 이는 *DSM-5*에서는 "달리 명시된 신경발달장애(315.8)"에 해당한다. 구체적으로 NVLD의 주요 증상들은 다음과 같다. 주목받지 않은 채 지나칠 만한 사소한 세부 문제(예를 들어 자신에게 주어진 지시를 각기 개별적 부분으로만 이해하는 행동), 주의 집중 능력의 기복, 조심성이 없는 것으로 오인되기 쉬운 학업적 어려움(특히 수학), 주로 학교에 국한되는 주의의 문제, 스트레스 및 시각적/촉각적 입력 자극 모두와 관련되어 보이는 일부 행동화 문제 등이다. 주목해야 할 점은 주의가 일종의 문제이기는 하지만 주의력결핍 과잉행동장애(ADHD)와 일치되는 인지적 프로파일을 나타내지는 않는다는 것이다.

NVLD를 가진 타인과 마찬가지로, 내담자는 다음과 같은 방식으로 학업 수행에서 분투하게 될 것으로 예상된다.

- 마지막 순간에 스케줄을 바꾼다든지 정해진 일과를 바꾸는 경우와 같은 예상치 못한 변화에 대한 어려움
- 이전에 배운 정보를 일반화하는 것의 어려움
- 여러 단계의 지시를 이행하는 것의 어려움
- 느린 처리 속도
- 쉽게 압도되며(특히 정보처리 속도가 느리기 때문에), 이는 포기 또는 동기 상실을 이끌 수 있음

- 다중 감각 정보(예를 들어 동시적인 시각 및 청각 정보)에 반응하는 것이 어렵고, 이에 동반되는 감각 자극에 대한 항진된 예민성
- 흔히 잠재 능력을 발휘하지 못하는 것처럼 보임. 왜냐하면 다른 모든 측정 도구로는 그 이상의 능력을 가진 것으로 보이기 때문임
- 학습된 정보에 관한 보다 장기적인 기억의 문제

요약 및 제언

12세 남아, 백인 내담자가 학습적 요구와 이 요구와 관련하여 앞으로 강구되어야 할 개입 방안을 평가하기 위하여 의뢰되었다. 보고되기로 그는 학교에서 수학과 같은 특정 과목에 잠재력을 발휘하는 데 분투하고 있다. 그는 복잡한 지시를 이행하는 데 어려움을 겪고 있으며, 특히 제한된 시간 내 시험을 치르는 것에 어려움을 보였다. 다소 느리게 시동이 걸렸지만 평가 과정 동안에 그는 평가자와 친숙해지고 관계를 형성할 수 있었으며, 실시된 모든 검사에 노력을 기울여 임하는 것으로 보였다.

내담자는 어휘 및 언어적 능력에 강점을 가지고 있으며, 일반적으로 읽기, 쓰기, 수학에서 평균 상 수준의 능력을 가졌다. 이러한 능력은 다양한 삶의 분야에 걸쳐, 특히 학업적이고 전문 직업적인 상황에서 내담자에게 도움이 될 것이다.

이러한 강점과 대조적으로, 그는 주의 및 정보처리 속도를 유지하는 능력에서 큰 기복을 보이는데, 이는 그의 현재 마음과 동기 상태에 매우 의존적이다. 그는 주의를 유지(집중)하고 신속하게 정보처리할 수 있는 능력을 가졌지만, 어떤 경우에는 이러한 능력에 방해가 되는 생각 및 기분, 태도가 있었다. 이러한 어려움들은 소리 내어 읽기의 속도와 용이성, 정확성의 어려움이었으며, 기본적인 계산 수행의 문제로 나타났다.

또한 그는 일정 시간이 경과한 이후 학습 내용을 기억하는 지연회상 능력에 약점을 보였다. 주의 및 정보처리 속도의 기복과 함께, 이 문제는 학교 및 숙제 수행에서 분명히 드러날 것 같다. 이 경우 그의 전반적인 수행과 특히 시험 상황에서 어려움의 기복을 보일 것이다.

그의 학업적이고 인지적인 어려움들은 기존의 약한 좌절 인내 능력을 더욱 악화시켰으며, 이러한 요인들은 모두 함께 자신에 대한 불안정감을 이끌었다. 불행하게도 이러한 낮은 자존감은 지속적으로 노력하기보다는 학업의 일부를 포기하게 하였고 이로 인해 그의 학업 수행은 더 나빠질 뿐이었다. 그의 낮은 자존감은 좌절 상황을 인내하는 어려움과 인지적 약점과 결합하여 일부 행동화 문제를 이끌었는데, 이 문제는 최근 가라앉아 있다.

이러한 발견사항에 따라, 다음과 같은 제언을 할 수 있다.

1. 내담자의 부모는 이 평가의 결과를 학교의 담당자와 논의해야만 한다.
2. 내담자는 다음처럼 학교와 학업 장면에서 편의를 제공받아야 할 것이다.
   - 표준화된 것이든 학교 수업의 상황에서든, 그는 모든 시험에서 추가 시간을 제공받아야 한다.
   - 여러 단계의 지시로 구성된 과제 및 시험을 성공적으로 완료하기 위하여 지시는 분명한 단계별로 세분화하여 제시되어야 한다. 각 단계들은 성공적인 완료를 위하여 가장 효율적이고 논리적인 경과에 따라 배열되고 순번이 매겨져야 한다. 가능하다면 각 단계 별 지시는 적게 주어져야만 한다.
   - 과제나 시험에서 내담자가 모든 지시들을 이해하였는지 확인하기 위하여 가능하다면 교사는 언제나 내담자와 함께 점검해야 한다.
   - 감각 자극의 출처가 최소화되도록 노력해야 한다. 즉 가능한 한 주의를 분산시키는 배경이 없는 곳에 내담자가 있을 수 있도록 해야 한다. 수업 중에는 시각적 자극화가 최소화되는 방식이 시도되어야 하며, 이와 함께 내담자가 원한다면 손을 아무 생각 없이 만지작거리는 행동도 허락되어야 한다.
   - 압도되고 그래서 결과적으로 포기하는 일이 발생하는 것을 줄이기 위하여 일과 중 정기적인 휴식을 취하는 것이 허용되어야 한다.
   - 교사와 내담자는 함께 과부하의 징후를 식별하고 논의할 수 있어야 하며, 그럼으로써 과부하가 생길 때 이를 볼 수 있고 적절히 개입(예를

들어 잠시 휴식을 취함)할 수 있다.

- 집에서 해야 할 과제는 학교 수업에서 학습된 것을 강화하는 데 필수적인 최소한으로 줄여야만 한다.

- 교사는 내담자가 (그가 듣고 읽은) 개념들을 단지 다시 말하거나 피상적인 수준에서 설명하는 것을 넘어 진정으로 이해하였는지 확인하는 전략을 채택해야 한다. 비록 내담자의 기본적 읽기와 피상적 독해, 심지어는 청취 기술이 탁월하지만, 장기간의 기억 및 특히 학습한 것을 다른 상황에 적용하기는 내담자에게 훨씬 어려워 보인다. 그러므로 그가 이해한 것처럼 보일지라도 교사는 그의 학습이 심화 수준까지 이루어졌는지 확인하는 방안을 찾을 필요가 있다.

- 교사들은 이해를 확인하기 위해서 지시가 분명한 경우에도 추가적으로 구두 지시를 제공해야 한다.

- 학교는 내담자가 필요에 따라 짧은 시간 동안 마음을 가다듬거나 휴식을 취할 수 있는 중립적이고 개인적인 공간을 찾을 수 있도록 도와야 한다.

3. 학습 전문가는 다음과 같은 방법으로 내담자를 도와야 할 것이다.

- 내담자에게 아래와 같은 전략에 따라 지시를 주어야 하고 실행이 격려되어야 한다. 즉 지시는 신중하게 나눠져야 하고, 필요에 따라 보다 세분화되게끔 재작성되어야 하며, 순서가 있어야 하고, 지시들을 신중하게 따라가게 해야 한다.

- 내담자는 과거의 배움이 어떻게 새로운 상황에 적용되는지 분명하게 말할 수 있어야 한다. 예를 들어 새로 배운 수학적 개념은 철저하게 이해되어야 하며, 이것이 새로운 유형의 문제에 어떻게 적용되는지 분명하게 설명되어야 한다.

- 내담자는 특정한 학습과 상황으로부터 어떤 일반화가 가능한지 분명하게 말하기를 연습해야 한다.

- 내담자는 방법론적으로 사건 간의 인과 관계를 논의할 수 있어야 한다.

- 내담자의 (중간 기간) 지연기억 향상을 위해 기억 증진 기법을 가르쳐야 한다.

- 내담자는 감정에 압도되거나 혼란을 느끼는 순간을 식별하는 것을 배워야 하며, 그래서 적절하게 대응할 수 있어야 한다.

4. 인지행동치료 전문가는 다음과 같은 방법으로 내담자를 도울 수 있다.

- 학습 전문가와 마찬가지로, 내담자가 감정에 압도되거나 혼란을 느끼기 시작할 때 이 순간을 식별하는 것을 가르쳐야 하며, 그래서 적절하게 대응할 수 있도록 해야 한다.

- 포기의 영향을 줄이기 위한 방안을 찾아내야 한다. 예를 들어 만약 그가 포기하게 되는 순간을 알 수 있다면, 그는 휴식을 취하는 방법이나 다른 활동으로 우회하거나(아주 짧은 시간이라도) 그것과 싸우기 위한 인지적 전략 등을 배울 수 있다.

- 내담자가 어떤 개념을 이해하지 못할 때, 당황하지 않고 주변의 관심을 최소화하면서 교사에게 이를 전달하는 적절한 방식을 찾도록 격려되어야 한다.

- 부모님과 함께 매일 밤 자신의 과제 수행을 위한 일정과 계획을 세우도록 격려해야 하며, 이때 휴식 시간에 관한 융통성 있는 계획도 허용해야 한다. 이러한 계획에는 그가 과제를 수행하는 동안 감각 자극을 줄이는 방안도 있어야 한다.

5. 내담자는 그의 특정 요구에 부응하는 대부분의 학교 환경에서 적당하게 수행할 수 있을 터이지만, 보다 개별화된 맞춤형의 교육프로그램이 제공된다면 보다 성장할 수 있을 것이다. 하나의 선택 가능 방안은 중고생을 위해 고도로 개별화되고 개인적인 교육 프로그램을 제공하는 XXXXXX이다. 그의 학습 욕구를 위한 또 다른 좋은 선택 가능 방안은 YYYYY인데, 역시 고도로 개별화된 교육 프로그램을 제공한다.

A. Jordan Wright, Ph.D., ABAP
뉴욕주 면허: XXXXXX

S씨

100 메인 스트리트

스몰타운, 텍사스 7XXXX

친애하는 S씨,

이 편지는 지난 달 우리가 함께하였던 심리평가 결과를 요약해 드린다는 약속에 따른 것입니다. 지난 시간에 제가 시행하였던 것처럼, 당신의 각 질문에 따라 답변을 드리는 식으로 편지를 구성하였습니다.

나는 왜 울지 못할까요?

당신이 기억하는 것처럼 우리는 2개의 주요 성격검사를 실시하였는데, MMPI-2—당신이 받은 긴 그렇다/아니다 검사—그리고 로르샤하 검사였습니다. 이 두 검사에서 점수 조합은 당신이 울고 싶을 때조차도 왜 울지 못하는지를 이해하는 데 도움이 되었습니다.

MMPI-2는 사람의 외부 '페르소나'—세상에 자기를 보여 주는 방식과 자신에 대해 일반적으로 생각하는 것—를 측정하는 데 다른 검사보다 월등합니다. 검사 결과에서 당신은 매우 강한 심리적 대처기제를 가지고 있으며, 이것이 당신의 힘든 감정을 "비밀로" 그리고 자각하지 못하게끔 유지하도록 만든다는 것이 나타났습니다. 이러한 대처기제가 MMPI-2를 실시한 대부분의 사람들보다 당신이 우울, 분노, 불안을 적게 보고하도록 만든다고 생각합니다. MMPI-2에서 당신의 "모습"은 보통 타인이나 당신 자신이 생각하는 것과 매우 비슷할 것인데, 당신은 매우 단호하고 반응이 없는 남자로 화를 잘 안 내고 탄력적이며 쉽게 동요되지 않습니다. 이러한 당신의 인상은 당신이 누구인지에 관한 중요한 진실을 포착하고 있습니다.

이와 대조적으로 로르샤하는 우리에게 영향을 주지만 우리가 쉽게 자각하지 못하는 "기저의" 감정을 밝히는 데 탁월합니다. 이 검사에서 당신은 슬픔, 불안, 분노, 후회, 소외, 자기의심이 포함된 심각하게 고통스러운 감정을 겪고 있는 사람들과 매우 유사한 점수를 보였습니다. 제 추측으로는 이러한 감정들 역시 당신에 대한 중요한 현실을 포착하는 것으로 보입니다. 즉 당신은 인생 초기에 어려운 사건을 겪은 이후 남겨진 내면의 많은 고통을 간직하고 있습니다. 이 고통이 처음 떠올랐을 때, 필연적으로 당신은 이를 한편에 떼어 두는 방안을 찾았을 것입니다. 이제 이러한 "저장된" 감정들과 관련된 어떤 기분을 다시 접촉하는 것은 위협적으로 느껴지며, 그래서 그 감정들은 "심층에 저장"되고 당신은 기분이 동요될 때조차도 울지 못하는 것입니다.

또한 로르샤하는 당신이 울지 못하게 만드는 또 다른 요인을 제시합니다. 당신의 정서적 "통제"는 당신의 나이에 적정한 수준에 비해 덜 발달된 것으로 보입니다. 당신이 제대로 표현하였듯이, 지금 시점에서 당신은 감정 조절을 할 때 "명암 조절기"보다는 단순하게 "켜고 끄는 점멸식" 스위치를 가진 것 같습니다. 이러한 상황은 안전을 위해 생애 초기에 감정을 차단하고 회피하였던 것과 공통점을 갖습니다. 이러한 대처 전략이 당신에게 도움이 되고 잘 이용되었기에, 정서적 관리 기술은 당신의 나머지 부분만큼 빠르게 성장할 수 없었습니다. 이제 만약 당신이 내부의 강한 감정을 열게 된다면 그 감정들은 당신에게 홍수처럼 밀려들 수 있으며, 당신을 압도하고 당신의 사고 능력을 방해하며 혼란감과 통제 상실감을 남길 것입니다. 따라서 당신은 평소 감정 스위치를 "끈 상태"를 유지하는 것입니다.

그래서, 간단히 말하자면, 당신이 좀 더 나은 감정 조절을 발전시키고 당신의 감정적 차단에 관하여 전문 지식을 가진 누군가의 도움을 구하는 기회를 갖기 전에는 우는 것은 아마도 너무 두려운 일이 될 것입니다. 도움 과정을 거쳐 당신이 감정에 좀 더 다가가는 것을 발전시키게 되고, 또한 그렇게 하는 것이 자신에게 상처가 되기보다 이익이 된다는 것을 발견할 것으로 보입니다(예를 들어 친밀한 관계 형성에).

나는 왜 어린 시절을 거의 기억하지 못하는가?

S씨, 나는 당신이 아시는 것처럼 스미스 박사(당신이 7~14세일 때의 치료사)와 이야기하였는데, 그는 내게 당신의 어린 시절에 관하여 이야기해 주었습니다. 내가 당신의 여동생과 부모님을 평가하였을 때, 부모님과의 얘기를 통해 당신 가족의 상황에 대한 일들을 알게 되었습니다. 마지막으로 당신은 자신의 어린 시절에 대한 초기 기억 질문지를 작성했습니다(작성하신 질문지 원본을 이 편지와 함께 돌려드립니다).

모든 설명에서 어렸을 적에 당신은 어떤 외상적인 유기(버림받음)와 폭력적인 가족의 장면들을 경험하였는데, 이는 어떠한 아이에게라도 정서적으로 압도하는 경험이 되었을 것입니다. 그 중 가장 우선적인 것은 당신이 그때 외상 경험에서 파생된 관련 경험과 기분을 처리하도록 해 주는 주위의 적당한 정서적 지지를 받지 못하였다는 것입니다. 그래서 일정 시점이 되자, 당신은 보고하신 대로 대처기제로 "끄기(tune out)"와 "해리"를 사용하게 되었습니다. 이 기제는 과부하되고 압도되는 뇌의 어떤 부분을 작동 중지시키려고 정서적 "전원 연결 안전장치(퓨즈)"를 날려 버리는 것과 매우 비슷합니다. 이는 우리가 경악하게 되는 상황에서 물리적으로 도망갈 수 없거나 싸울 수 없을 때 전형적으로 나타낼 수 있는 최후 방어선의 생존 기제입니다.

이러한 모든 것이 의미하는 것은 당신의 어린 시절 기억의 일부분은 당시 아예 "부호화"되지도 않았을 가능성이 있는데, 왜냐하면 당신은 너무 압도되고 감정적 충격 상태였기 때문입니다(이는 우리가 더욱 짓눌리지 않도록 우리를 지키려고 우리의 감각이 입력 자료를 차단하는 일종의 변경된 상태입니다). 또한 일부의 기억이 여전히 거기에 있다고 하더라도 이는 현재 자각하지 못하게끔 유지될 것인데, 왜냐하면 여전히 당신이 그러한 기억을 되돌리는 감정에 직면할 만한 준비가 되지 않았기 때문입니다. 심지어 당신이 더 나은 감정 통제를 발달시킬 때까지는 이러한 감정이 지금도 당신을 압도할 수 있을 것입니다. 더불어 당신 스스로가 얘기한 대로 어렸을 때 일어났던 부모와 당신과의 관계에서의 영향을 다룰 수 있는 준비가 아직 되어 있지 않습니다. 따라서 당신은 어린 시절에 관해 많은 기억을 하지 않음으로써 당신 자신을 직감적으로 보호해 왔습니다.

왜 나는 반복적으로 애인과 여성 친구의 보호자 역할을 하게 될까요?

당신이 알고 있는 몇 가지 일을 다시 떠올려 보도록 하겠습니다. 첫째, 과거에 당신과 아버지는 어머니의 보호자로서의 역할을 해 왔고, 그래서 이러한 역할은 당신에게 친숙하며 여성과 함께 지내는 방식에 대하여 당신에게 본보기가 되었습니다. 둘째, 또한 보호자 역할은 당신 스스로에 대해 긍정적으로 느끼게 만드는 방식이었습니다. 당신의 일부분은 사람들을 돕기를 그리고 가능한 때에 좋은 기분을 느끼기를 진정으로 원하였으며, 이러한 행동은 과거에 보상받아 왔습니다. 셋째, 당신은 어머니를 보면서 다른 사람에게 너무 의지하지 않겠다고 결심하였습니다. 이는 당신을 "과잉 교정"하도록 강요하였습니다. 즉 보호받고 싶은 자신의 욕구를 부인하고 다른 사람을 돌보는 것에만 초점을 두는 식이었습니다.

검사 결과는 퍼즐에 다음의 조각들을 추가합니다. 당신을 보호하기 위하여 감정이 차단되기 때문에 당신은 분노와 직접 접촉한 적이 없으며, 그래서 때때로 당신에게 지나치게 의존하고 있는 여성에게 이용당한다는 느낌을 알아차릴 수 없습니다. 또한 사람들은 대부분 심리적 고통을 가진 타인을 도움으로써 외부에 초점을 맞출 때 자신의 고통에 접근하지 않을 수 있습니다. 결국 이러한 모든 것은 또한 우리가 치유되고자 노력하는 일종의 방식이라고 저는 믿습니다. 우리는 자신의 슬픔과 상처받은 감정을 타인에게 투사하며(또는 이러한 감정을 구현하는 것처럼 보이는 사람을 찾으며), 그때 우리 외부에서 그 문제를 "고치려고" 노력합니다. 최종적으로 이 모든 것이 성공하여도 우리는 마침내 우리 자신—역시 지지와 보호의 욕구를 가진—과의 중대한 직면을 할 수밖에 없을 것인데, 우리는 이러한 욕구를 단지 남을 돌보는 것만으로는 다룰 수 없습니다. 최근에 당신은 이 같은 깨달음을 얻은 것처럼 보입니다.

S씨, 이 분야에서 당신이 만들어 온 진전을 보게 된 것이 매우 좋았습니다. 검사 결과는 당신이 여전히 보호자 역할에 빠져들 위험이 있음을 말하며, 그래서 당신은 이에 대해 눈여겨보고 또한 타인을 돌보는 것에 대해 당신이 느끼는 어떠한 분노가 있는지 주목하기를 원하게 될 것입니다. 그러한 분노는 당신이 너무 많은 것을 하고 있다는 징조일 수 있습니다.

나는 왜 어떤 기분인지 모르는 일이 자주 있을까요?

S씨, 당신은 자신에 대해 보다 확실히 또한 더욱 통제하고 있다고 느끼기 시작한 때가 9학년(중학 3학년) 무렵의 전환이었다고 설명하였습니다. 당신이 마침내 자신의 감정을 차단함으로써 더 이상 불안이나 혼란 그리고 짓눌림을 언제나 느끼지 않게 된 것이 그때인지 나는 궁금합니다. 하지만 당신은 아마 훨씬 이전에 이러한 대처기제의 일부를 이미 사용하였을 것입니다. 다시 한 번 말씀 드리지만, 저는 그러한 전략이 당신이 집에서 "평지풍파"를 일으키지 않도록 도와주었을 것이라고 믿습니다. 이는 싸움으로부터 당신의 부모님을 떨어뜨리고 어머니를

안정시키는 데 도움이 되었을 것입니다. 당신의 대처 양식은 가까이 있었고 당신이 칭송한 누군가—당신의 아버지—를 본뜬 것입니다. 그리고 우리가 얘기하였듯이, 어린 시절 당신은 분노, 성급함, 초조함과 같은 정상적인 감정을 보이지 않았을 때—"어른 같고", "조숙하며", "좋은 매너"였을 때—다른 사람들로부터 보상을 받았을 것입니다.

마지막으로 이 평가에서 내가 이해한 것은 다음과 같습니다. 그러한 이후 당신이 한쪽에 쌓아 둔 감정들은 너무나 크고 고통스러운 것이 되었고, 이에 접근하고 관리하는 데 도움이 필요하게 되었을 것입니다. 덧붙여 당신은 가장 사랑하는 사람—부모—이 고통스러운 감정을 처리할 수 있도록 당신을 도울 능력이 실제로 없었다는 것을 경험을 통해 배웠습니다. 당신에게는 선택의 여지가 거의 없었습니다. 당신은, 나머지 우리처럼, 감정을 조절할 수 없다는 느낌을 싫어하였을 것이기 때문에 감각이 느껴지면 무엇인가 했는데, 즉 당신의 기분을 자각하지 못하도록 유지한 것입니다. 이미 논의하였듯이, 당신이 준비가 된다면 이러한 감정의 일부를 "개봉하는"것—치료사의 도움을 받아—이 도움이 될 것이라고 나는 믿습니다. 그리고 이는 당신이 친밀한 관계를 형성하는 데도 도움이 될 것입니다.

S씨, 나는 기꺼이 당신과 함께 작업하였으며, 이 평가와 편지가 도움이 되기를 바랍니다. 평가 결과에 대한 질문이 있으면 주저 없이 전화나 방문 요청, 이메일을 보내기 바랍니다.

마지막으로 부탁이 있습니다. 이 편지에 동봉된, 평가에 대한 피드백 양식을 작성하여 보내 주실 수 있겠습니까? 당신의 정직한 의견은 제가 미래에 다른 사람을 돌보는 데 도움이 될 것입니다.

당신의 미래를 위해 행운을 빌며,
Stephen E. Finn, Ph.D.
면허 심리 전문가

....

출처 Stephen E. Finn, PhD가 이 보고서를 작성하고 제출함. 치료 평가 센터.

읽을거리

Allyn, J. B. (2012). *Writing to clients and referring professionals about psychological assessment results: A handbook of style and grammar.* NewYork, NY: Routledge.

Finn, S. E. (2007). *In our client's shoes: Theory and techniques of therapeutic assessment.* Mahwah, NJ: Erlbaum.

Groth-Marnat, G. & Davis, A. (2014). *Psychological report writing assistant.* Hoboken, NJ: Wiley.

Harvey, V. S. (2006). Variables affecting the clarity of reports. *Journal of Clinical Psychology, 62,* 5-18.

Wright, A. J. (2010). *Conducting psychological assessment: A guide for practitioners.* Hoboken, NJ: Wiley.

찾아보기

[주제 색인]

역자 소개

신민섭

서울대학교 소비자아동학과 학사 및 심리학과 석사, 연세대학교 심리학과 박사(임상심리학)

서울대학병원 신경정신과 임상심리전문가과정 3년 수료

(전) 하버드의대 소아정신과 방문교수

(전) 독일 울름의대 소아청소년정신과 정신치료학과 방문교수

(전) 한국임상심리학회, 한국인지행동치료학회, 한국심리치료학회 회장

서울대학병원 정신건강의학과 교수, 서울대학교 의과대학 정신과학교실

정신보건임상심리사 1급, 임상심리전문가, 인지행동치료전문가

김은정

서울대학교 영어영문학과 학사, 서울대학교 심리학과 석사 및 박사(임상심리학)

(전) 삼성공익재단 사회정신건강연구소 선임연구원

(전) 아주대학교 아주심리상담센터장

(전) 한국임상심리학회 부회장

아주대학교 심리학과 교수

임상심리전문가, 정신보건임상심리사 1급, 인지행동치료전문가

민병배

서울대학교 심리학과 학사, 석사 및 박사(임상심리학)

(전) 한국임상심리학회 회장

(전) 한국인지행동치료학회 회장

(전) 용문상담심리대학원대학교 총장

마음사랑인지행동치료센터 소장

임상심리전문가, 정신보건임상심리사 1급, 인지행동치료전문가

박수현

Smith College 학사, 연세대학교 심리학과 석사, Boston University 박사(임상심리학)

(전) 연세대학교 작업치료학과 조교수

(전) 마인드빅상담센터 국제크리닉 소장

(전) Columbia University Medical Center Pain Medicine Center Postdoctoral Fellow

연세대학교 심리학과 교수, 연세대학교 인간행동연구소 부설 연세심리건강센터장

한국심리학회지 임상 편집위원, 임상심리전문가, 미국 뉴욕주 공인 심리학자

박중규

연세대학교 심리학과 학사, 석사 및 박사(임상심리학)

(전) 서울대학병원 신경정신과 임상심리전문가과정 3년 수료

(전) 연세의대 세브란스병원 정신과 강사

(전) 인제의대 일산백병원 신경정신과 조교수

대구대학교 재활심리학과 교수, 대구대학교 정신건강상담센터 소장

한국임상심리학회 53대 회장(2016~17), 한국재활심리학회 회장(2017~)

정신건강임상심리사 1급, 한국심리학회 임상심리전문가

송현주

연세대학교 심리학과 학사, 석사 및 박사(임상심리학)

(전) 서울아산병원 정신건강의학과 임상심리 레지던트

(전) 마인드빅상담센터 공동소장

(전) Yale Univ. Dept of psychiatry. postdoc(2004). visiting assistant professor(2013)

서울여자대학교 특수치료 전문대학원 교수

한국심리치료학회 회장

정신보건임상심리사 1급, 한국심리학회 임상심리전문가, 한국심리치료학회 심리개입전문가

신민영

연세대학교 주거환경학과 학사, 서울대학교 심리학과 석사 및 박사(임상신경심리)

(전) 서울대학교 전기공학부 학생상담실 상담원

(전) 삼성서울병원 정신과 임상심리 레지던트

(전) 서울대학교 대학생활문화원 특별연구원

삼성 생명과학연구소 선임연구원

임상심리학회 치매 정책지원 연구사업단 위원

임상심리전문가, 정신보건임상심리사 1급

이혜란

이화여자대학교 교육심리학과 학사, 심리학과 석사 및 박사(발달·발달임상)

(전) 경원대, 한성대, 한신대, 서울사이버대 외래교수

(전) 분당 서울대학병원 정신건강의학과 임상심리실 수퍼바이저

(전) 이안아동발달연구소 소장

가천대학교 특수치료대학원 특수치료학과 교수

한국임상심리학회 영유아임상연구회 총무이사

정신건강임상심리사 1급, 한국임상심리학회 임상심리전문가

한국발달지원학회 놀이심리상담 수련감독자

이훈진

서울대학교 심리학과 학사, 석사 및 박사(임상심리학)

(전) 한림대학교 심리학과 교수

(전) 서울대학교 학생상담센터장

(전) 한국임상심리학회, 한국인지행동치료학회 부회장

서울대학교 심리학과 교수, 서울대학교 대학생활문화원장

임상심리전문가, 정신건강임상심리사 1급, 인지행동치료전문가

최진영

서울대학교 심리학과 학사, 하버드대학교 심리학과 석사 및 박사

(전) 성신여자대학교 심리학과 조교수

서울대학교 심리학과 교수, 과학기술정보통신부 뇌연구촉진실무위원회 위원

한국임상심리학회 회장

임상심리전문가, 정신보건임상심리사 1급

하승수

서울대학교 심리학과 학사, 석사 및 박사(임상·상담심리학)

University of Texas at Austin 석사(임상심리학)

(전) 서울대학교 대학생활문화원 전문상담원

(전) 심리플러스상담센터 자문교수

한양사이버대학교 상담심리학과 교수

한국임상심리학회 전문회원, 한국임상심리학회 임상심리전문가

현명호

중앙대학교 심리학과 학사, 석사 및 박사(임상심리학)

(전) 연세의대 광주세브란스 정신건강병원 심리실장

(전) 우석대학교 심리학과 교수

(전) 한국임상심리학회 회장

중앙대학교 심리학과 교수, 중앙대학교 사범교육처 처장

전국대학연구윤리협의회 부회장, 생명문화학회 회장

임상심리전문가, 정신건강임상심리사 1급, 건강심리전문가

홍상황

경북대학교 심리학과 학사, 석사 및 박사(심리학)

(전) 대구정신병원 임상심리가

(전) 한국학교심리학회, 한국초등상담교육학회 회장

진주교육대학교 교육학과 교수

한국초등상담교육학회 편집위원장

한국임상심리학회 임상심리전문가, 학교심리학회 학교심리전문가

황순택

부산대학교 심리학과 학사, 연세대학교 심리학과 석사 및 박사(임상심리학)

(전) 한양대학교 의과대학 외래교수

(전) 한국임상심리학회 상벌 및 윤리위원장

(전) 충북대학교 심리학과 교수, 법원 전문심리위원, 경찰청 진술분석전문가 수퍼바이저

임상심리전문가, 정신보건임상심리사 1급, 범죄심리전문가, 중독심리전문가